2022

中国国有资产监督管理年鉴

《中国国有资产监督管理年鉴》编委会 编

图书在版编目（CIP）数据

中国国有资产监督管理年鉴. 2022/《中国国有资产监督管理年鉴》编委会编. --北京：中国经济出版社，2022.11

ISBN 978－7－5136－7127－9

Ⅰ.①中… Ⅱ.①中… Ⅲ.①国有资产管理－中国－2022－年鉴 Ⅳ.①F123.7-54

中国版本图书馆CIP数据核字（2022）第190023号

责任编辑　郑　潇　李玄璇
责任印制　马小宾
封面设计　原创在线

出版发行	中国经济出版社
印 刷 者	北京富泰印刷有限责任公司
经 销 者	各地新华书店
开　　本	889mm×1194 mm　1/16
印　　张	53.25
插页印张	2
字　　数	2000千字
版　　次	2022年11月第1版
印　　次	2022年11月第1次
定　　价	480.00元

广告经营许可证　京西工商广字第8179号

中国经济出版社　网址 www.econmyph.com　社址 北京市东城区安定门外大街58号　邮编 100011
本版图书如存在印装质量问题，请与本社发行中心联系调换（联系电话：010-57512564）

版权所有　盗版必究（举报电话：010-57512600）
国家版权局反盗版举报中心（举报电话：12390）　服务热线：010-57512564

编写说明

一、《中国国有资产监督管理年鉴》（以下简称《国资年鉴》）由国务院国有资产监督管理委员会（以下简称国务院国资委）主管、主办，《国资年鉴》编委会编纂，中国经济出版社编辑出版。

二、《国资年鉴》是一部全面记载我国国有经济运行、国有资产监管体制改革和国有企业改革发展，尤其是中央企业和地方国资监管机构所监管企业总体情况的大型工具书和资料性年刊，是国务院国资委统一对外宣传的重要窗口和交流平台，对于宣传、指导我国国有资产监督管理工作及国有企业工作具有重要参考价值。

三、《国资年鉴》突出政策性、权威性、实用性和连续性。主要用户包括全国各级国有资产监管机构及相关行业管理部门，各类国有企业，有关中介机构，各国驻华机构，有关科研院所、图书馆、资料室等。

四、《国资年鉴（2022）》共设九篇内容。

第一篇　重要经济文献。刊载国务院国资委、郝鹏同志收录于《求是》《学习时报》《旗帜》等的文章。

第二篇　国有资产监督管理概况。国务院国资委各厅局就2021年我国国有资产监督管理情况、国有企业改革与发展情况予以分析、评述。

第三篇　各省（区、市）国有资产监督管理概况。由31个省、自治区、直辖市国资委，新疆生产建设兵团国资委和5个计划单列市国资委就2021年本地区国有经济运行情况及国有企业改革与发展状况进行评述。

第四篇　中央企业改革与发展。100户中央企业就2021年经济运行、主要经济指标、国有资产保值增值、重大创新、履行社会责任等方面进行分析、评述。

第五篇　国有资产统计资料。刊载由国务院国资委财务监督与运行评价局提供的2021年国资系统监管企业户数、从业人数、国有资产总量之综合、行业、地区分析表；国资系统监管企业资产负债之综合、行业、地区分析表；国资系统监管工业企业户数、从业人数、国有资产总量地区分析表；国资系统监管工业企业资产负债地区分析表；国资系统监管商业企业户数、从业人数、国有资产总量地区分析表；国资系统监管商业企业资产负债地区分析表；31个省（自治区、直辖市）、5个计划单列市和新疆生产建设兵团监管企业主要指标表。

第六篇　国有资产监督管理政策法规选编。精选2021年有关国有资产监督管理的重要行政法规、部门规章和规范性文件。

第七篇　国有企业党的建设成果概览。采用图文并茂的形式重点展示国有企业在党的建设方面取得的成就。

第八篇　大事记。刊载2021年国务院国资委大事记。

第九篇　附录。刊载2021年度和2019—2021年任期中央企业负责人经营业绩考核A级企业、《财富》"世界500强"中国企业上榜情况等相关资料。

五、《国资年鉴（2022）》涉及全国性统计数据，暂未包括港、澳、台地区。统计数据截至2021年底。

六、《国资年鉴（2022）》编委会编委名单，各地方国资委工作站和中央企业工作站站长、撰稿人名单截至2022年12月底。

《中国国有资产监督管理年鉴》编辑部
二〇二二年十二月

国务院国资委党委委员、副主任赵世堂出席 2022 世界制造业大会及中央企业合作发展座谈会并致辞

国务院国资委党委委员、副部长级干部周国平赴中国安能集团第三工程局有限公司成都分公司调研

国务院国资委党委委员、副主任袁野赴贵州调研中央企业迎峰度夏能源电力保供工作

中央纪委国家监委驻国务院国资委纪检监察组组长、国务院国资委党委委员龚堂华赴中国广核集团有限公司宣讲党的二十大精神

国务院国资委党委委员、副主任,直属机关党委书记翁杰明赴中国电子信息产业集团有限公司所出资的奇安信科技集团股份有限公司调研

国务院国资委党委委员、副主任谭作钧出席部分中央企业学习贯彻习近平总书记"七一"重要讲话精神暨党委(党组)理论学习中心组学习交流会

国务院国资委党委书记、主任郝鹏赴海南调研，其间，赴中国石油化工集团有限公司所属海南炼化原油码头，考察中国远洋海运集团有限公司所属31.9万吨级"远福洋"轮卸船作业

国务院国资委党委委员、秘书长,智库学术委员会主任彭华岗出席"新发展阶段与国有企业"学术论坛并作主旨发言

时任中央纪委国家监委驻国务院国资委纪检监察组组长，国务院国资委党委委员陈超英赴中国第一汽车集团有限公司调研

时任国务院国资委党委委员、副主任赵爱明出席国务院国资委全国国有产权管理工作会议并讲话

时任国务院国资委党委委员、副主任任洪斌出席首届中央企业数字化转型峰会开幕式并致辞

《中国国有资产监督管理年鉴》编委会

编委会主任

郝　鹏　国务院国有资产监督管理委员会　党委书记、主任

编委会副主任

（在任）

翁杰明　国务院国有资产监督管理委员会
　　　　党委委员、副主任，直属机关党委书记
谭作钧　国务院国有资产监督管理委员会
　　　　党委委员、副主任
袁　野　国务院国有资产监督管理委员会
　　　　党委委员、副主任
龚堂华　中央纪委国家监委驻国务院国资委纪检监察组
　　　　组长
　　　　国务院国有资产监督管理委员会　党委委员

赵世堂　国务院国有资产监督管理委员会
　　　　党委委员、副主任
周国平　国务院国有资产监督管理委员会
　　　　党委委员、副部长级干部
彭华岗　国务院国有资产监督管理委员会
　　　　党委委员、秘书长

（时任）

陈超英　中央纪委国家监委驻国务院国资委纪检监察组
　　　　组长
　　　　国务院国有资产监督管理委员会　党委委员
赵爱明　国务院国有资产监督管理委员会
　　　　党委委员、副主任

任洪斌　国务院国有资产监督管理委员会
　　　　党委委员、副主任

主　编

殷长波　国务院国有资产监督管理委员会办公厅（党委办公厅）　主任

副主编

张璟平　国务院国有资产监督管理委员会办公厅（党委办公厅）　党委机要秘书兼副主任

毛增余　中国经济出版社有限公司　总经理、总编辑

编委会委员（一）
（委机关厅局）

殷长波　国务院国有资产监督管理委员会办公厅（党委办公厅）　主任

董朝辉　国务院国有资产监督管理委员会综合研究局　局长

林庆苗　国务院国有资产监督管理委员会政策法规局　局长

戴　希　国务院国有资产监督管理委员会规划发展局　副局长

刘绍娓　国务院国有资产监督管理委员会财务监管与运行评价局　副局长、一级巡视员

贾立克　国务院国有资产监督管理委员会产权管理局　局长

郭祥玉　国务院国有资产监督管理委员会企业改革局　局长

赵红严　国务院国有资产监督管理委员会考核分配局　局长

李　冰　国务院国有资产监督管理委员会资本运营与收益管理局　局长

苟　坪　国务院国有资产监督管理委员会科技创新局　局长

魏　伟　国务院国有资产监督管理委员会综合监督局　局长

肖福泉　国务院国有资产监督管理委员会监督追责局　局长

夏庆丰　国务院国有资产监督管理委员会企业领导人员管理一局（董事会工作局）　局长

姜维亮　国务院国有资产监督管理委员会企业领导人员管理二局　局长

姚　焕　国务院国有资产监督管理委员会党建工作局（党委组织部、党委统战部）　局长（部长）

陈国栋　国务院国有资产监督管理委员会宣传工作局（党委宣传部）　局长（部长）

李　军　国务院国有资产监督管理委员会社会责任局　局长

孟华强　国务院国有资产监督管理委员会国际合作局　副局长

肖宗辉　国务院国有资产监督管理委员会人事局　局长

高　岩　国务院国有资产监督管理委员会行业协会商会党建工作局（行业协会商会工作局）　局长

周　勇　国务院国有资产监督管理委员会机关服务管理局（离退休干部管理局）　局长

周　昊　国务院国有资产监督管理委员会机关党委　常务副书记

贾春曲　国务院国有资产监督管理委员会党委巡视
　　　　工作办公室　　　　　　　　　　主任

尹义省　国资委全面深化改革领导小组办公室
　　　　　　　　　　　常务副主任（正局长级）

编委会委员（二）
（地方国资委）

张贵林　北京市国有资产监督管理委员会　　　主任
曾　劲　北京市国有资产监督管理委员会　党委书记
洪全印　天津市国有资产监督管理委员会　二级调研员
周革非　河北省国有资产监督管理委员会　二级巡视员
贠　钊　山西省国有资产监督管理委员会
　　　　　　　　　　　　　　　　　党委书记、主任
许振山　内蒙古自治区国有资产监督管理委员会　主任
关　岩　辽宁省国有资产监督管理委员会　　　副主任
孟　伟　大连市国有资产监督管理委员会
　　　　　　　　　　　　　　　　　党委书记、主任
周　勇　吉林省国有资产监督管理委员会　　　副主任
王智奎　黑龙江省国有资产监督管理委员会
　　　　　　　　　　　　　　　　　党委书记、主任
白廷辉　上海市国有资产监督管理委员会
　　　　　　　　　　　　　　　　　党委书记、主任
谢正义　江苏省国有资产监督管理委员会
　　　　　　　　　　　　　　　　　党委书记、主任
董贵波　浙江省国有资产监督管理委员会
　　　　　　　　　　　　　　　　　党委书记、主任
徐　红　宁波市国有资产监督管理委员会　　　主任
李　中　安徽省国有资产监督管理委员会
　　　　　　　　　　　　　　　　　党委书记、主任
黄　纯　福建省国有资产监督管理委员会
　　　　　　　　　　　　　　　　　党委书记、主任
王跃平　厦门市国有资产监督管理委员会
　　　　　　　　　　　　　　　　　党委书记、主任
陈德勤　江西省国有资产监督管理委员会
　　　　　　　　　　　　　　　　　党委书记、主任
尹　刚　山东省国有资产监督管理委员会
　　　　　　　　　　　　　　　党委委员、副主任
李　蔚　青岛市国有资产监督管理委员会
　　　　　　　　　　　　　　　　党委委员、主任

严俊杰　河南省国有资产监督管理委员会　二级巡视员
黎东辉　湖北省国有资产监督管理委员会
　　　　　　　　　　　　　　　　　党委书记、主任
丛培模　湖南省国有资产监督管理委员会
　　　　　　　　　　　　　　　　党委副书记、主任
贺　宇　广东省国有资产监督管理委员会
　　　　　　　　　　　党委副书记、副主任（正厅级）
任　萍　深圳市国有资产监督管理委员会
　　　　　　　　　　　　　　　党委委员、副主任
李杰云　广西壮族自治区国有资产监督管理委员会
　　　　　　　　　　　　　　　　　党委书记、主任
刘凤花　海南省国有资产监督管理委员会
　　　　　　　　　　　　　　　党委委员、副主任
向　曦　重庆市国有资产监督管理委员会　党委副书记
任兴文　四川省国有资产监督管理委员会　　　副主任
肖凯林　贵州省国有资产监督管理委员会
　　　　　　　　　　　　　　　　　党委书记、主任
洪国正　云南省国有资产监督管理委员会　　　副主任
刘凤城　西藏自治区国有资产监督管理委员会
　　　　　　　　　　　　　　　党委委员、副主任
汪　亮　陕西省国有资产监督管理委员会
　　　　　　　　　　　　　　　党委委员、副主任
张福林　甘肃省国有资产监督管理委员会　　　副主任
洪　涛　青海省国有资产监督管理委员会
　　　　　　　　　　　　　　　　　党委书记、主任
赵建新　宁夏回族自治区国有资产监督管理委员会
　　　　　　　　　　　　　　　　　　　　副主任
王　刚　新疆维吾尔自治区国有资产监督管理委员会
　　　　　　　　　　　　　　　党委书记、副主任
张桂玲　新疆生产建设兵团国有资产监督管理委员会
　　　　　　　　　　　　　　　党委委员、副主任

编委会委员（三）
（中央企业）

余剑锋	中国核工业集团有限公司	党组书记、董事长
张忠阳	中国航天科技集团有限公司	党组副书记、总经理
袁 洁	中国航天科工集团有限公司	董事长
郝照平	中国航空工业集团有限公司	党组副书记、总经理
张 华	中国兵器工业集团有限公司	党组成员、总会计师
刘卫东	中国兵器装备集团有限公司	党组成员、副总经理
黄兴东	中国电子科技集团有限公司	副总经理
陈少洋	中国航空发动机集团有限公司	党组成员、副总经理
李世宏	中国融通资产管理集团有限公司	党组成员、副总经理
汪东进	中国海洋石油集团有限公司	党组书记、董事长
张 伟	国家石油天然气管网集团有限公司	党组书记、董事长
孟振平	中国南方电网有限责任公司	党组书记、董事长
邹 磊	中国大唐集团有限公司	党组书记、董事长
温枢刚	中国华电集团有限公司	党组书记、董事长
王祥喜	国家能源投资集团有限责任公司	党组书记、董事长
董 昕	中国移动通信集团有限公司	党委副书记、总经理
牟相军	中国卫星网络集团有限公司	党组成员、副总经理
曾 毅	中国电子信息产业集团有限公司	党组副书记、总经理
何 伟	东风汽车集团有限公司	党委副书记、工会主席
隋炳利	中国一重集团有限公司	党委副书记、董事
吴伟章	哈尔滨电气集团有限公司	党委副书记、董事、总经理
张继烈	中国东方电气集团有限公司	党组成员、副总经理
魏 尧	中国宝武钢铁集团有限公司	党委常委
姚 林	中国铝业集团有限公司	党组书记、董事长
张 胜	中国航空集团有限公司	副总经理
阳世昊	中国中化控股有限责任公司	党组成员、副总经理
栾日成	中粮集团有限公司	党组副书记、总裁
董明俊	中国五矿集团有限公司	党组副书记、董事
张兆祥	中国建筑集团有限公司	党组副书记、总经理
许高峰	中国储备粮管理集团有限公司	党组成员、副总经理
孙智勇	国家开发投资集团有限公司	党组副书记、董事
王祥明	华润（集团）有限公司	董事长
陈 寅	中国旅游集团有限公司［香港中旅（集团）有限公司］	董事长
朱碧新	中国诚通控股集团有限公司	党委书记、董事长
王树东	中国中煤能源集团有限公司	党委书记、董事长
李建友	机械科学研究总院集团有限公司	副总经理
高宏斌	中国钢研科技集团有限公司	副总经理
戴和根	中国化学工程集团有限公司	党委书记、董事长
李耀强	中国盐业集团有限公司	党委书记、董事长
周育先	中国建材集团有限公司	党委书记、董事长
杨国安	中国稀土集团有限公司	党委副书记
周 洲	矿冶科技集团有限公司	党委副书记、总经理
卜玉龙	中国国际技术智力合作集团有限公司	党委书记、董事长
许杰峰	中国建筑科学研究院有限公司	总经理
孙永才	中国中车集团有限公司	党委书记、董事长
李新生	中国铁路工程集团有限公司	副总裁
汪建平	中国铁建股份有限公司	党委书记、董事长
鲁国庆	中国信息通信科技集团有限公司	党委书记、董事长
彭敖瑞	中国农业发展集团有限公司	党委副书记、职工董事、工会主席
刘敬桢	中国医药集团有限公司	党委书记、董事长

张万顺	中国保利集团有限公司 总经理	李茂华	中国华录集团有限公司 党委委员、董事、副总经理
文　兵	中国建设科技有限公司 党委书记、董事长	薛丽军	华侨城集团有限公司 党委副书记、董事
牛建华	中国冶金地质总局 党委书记、副局长	赵玉卓	南光（集团）有限公司（中国南光集团有限公司） 集团总法律顾问、董事会秘书
王海宁	中国煤炭地质总局 副局长		
贾世瑞	新兴际华集团有限公司 党委书记、董事长、总经理	白忠泉	中国电气装备集团有限公司 党委书记、董事长
袁雷峰	中国民航信息集团有限公司 党委常委、副总经理	徐增堂	中国物流集团有限公司 党委常委、副总经理
周　强	中国航空油料集团有限公司 党委书记、董事长	莫德旺	中国国新控股有限责任公司 党委副书记、总经理
王忠夫	中国航空器材集团有限公司 总经理	高和生	中国汽车技术研究中心 党委副书记、董事
丁焰章	中国电力建设集团有限公司 党委书记、董事长	顾晓敏	中国铁塔股份有限公司 总经理
周庆丰	中国安能建设集团有限公司 党委副书记、总经理	蓝　海	中国绿发投资集团有限公司 党委副书记
卢　进	中国黄金集团有限公司 党委书记、董事长	蒋旭光	中国南水北调集团有限公司 党组书记、董事长
杨长利	中国广核集团有限公司 党委书记、董事长		

《中国国有资产监督管理年鉴》
工作站站长（一）
（地方国资委）

杨　军	北京市国有资产监督管理委员会 研究室主任	刘聪斌	厦门市国有资产监督管理委员会 办公室主任
吴爱明	天津市国有资产监督管理委员会 研究室处长	陈海华	江西省国有资产监督管理委员会 办公室（党办）主任
张一凡	河北省国有资产监督管理委员会 综合处处长		
李　强	山西省国有资产监督管理委员会 办公室主任	程　烨	山东省国有资产监督管理委员会 办公室副主任
吴大鹏	内蒙古自治区国有资产监督管理委员会 办公室主任	张学生	青岛市国有资产监督管理委员会 办公室主任
徐劼非	辽宁省国有资产监督管理委员会 办公室主任	郝　翔	河南省国有资产监督管理委员会 研究室主任
张　智	大连市国有资产监督管理委员会 办公室主任	陈志友	湖北省国有资产监督管理委员会 办公室二级调研员
王显东	吉林省国有资产监督管理委员会 研究室处长		
刘光东	黑龙江省国有资产监督管理委员会 政策法规处（国企改革办）副处长	陈　宁	湖南省国有资产监督管理委员会 政策研究与法规处处长
富思渊	上海市国有资产监督管理委员会 办公室主任	吕　宁	广东省国有资产监督管理委员会 办公室（党委办）主任、一级调研员
何元胜	江苏省国有资产监督管理委员会 办公室主任	李传伟	深圳市国有资产监督管理委员会 办公室主任
潘礼军	浙江省国有资产监督管理委员会 办公室副主任	邓明甫	广西壮族自治区国有资产监督管理委员会 办公室副主任
谢孝宏	宁波市国有资产监督管理委员会 办公室主任		
张政政	安徽省国有资产监督管理委员会 办公室主任	范贤权	海南省国有资产监督管理委员会 办公室副主任（主持工作）
李宇昆	福建省国有资产监督管理委员会 办公室副主任		

隆　洋	重庆市国有资产监督管理委员会　办公室副主任	李　伟	甘肃省国有资产监督管理委员会　政策法规处处长
王　毅	四川省国有资产监督管理委员会　办公室主任	李国雄	青海省国有资产监督管理委员会　综合处处长
戴卫华	贵州省国有资产监督管理委员会　办公室主任	马　存	宁夏回族自治区国有资产监督管理委员会　办公室主任
杨宝明	云南省国有资产监督管理委员会　办公室主任	朱永生	新疆维吾尔自治区国有资产监督管理委员会　综合处处长
马玉芳	西藏自治区国有资产监督管理委员会　政策法规处副处长	胡杨军	新疆生产建设兵团国有资产监督管理委员会　办公室主任
张　飞	陕西省国有资产监督管理委员会　办公室（党委办公室）主任		

工作站站长（二）

（中央企业）

乔书荣	中国核工业集团有限公司　档案馆馆长	赵晓东	中国华电集团有限公司　办公室主任
才　华	中国航天科技集团有限公司　集团办公室党组工作处处长	王　冬	国家能源投资集团有限责任公司　综合管理部主任
苏庆元	中国航天科工集团有限公司　集团办公室主任	朱拥华	中国电信集团有限公司　综合调研室副主任
殷云浩	中国航空工业集团有限公司　综合管理部副部长	白福柱	中国联合网络通信集团有限公司　集团办公室副主任
洪方智	中国船舶集团有限公司　政策法规部政策研究处处长	邓小琳	中国移动通信集团有限公司　办公室副主任、新闻中心主任
袁树宝	中国兵器工业集团有限公司　改革与资产管理部部长	童　鹰	中国卫星网络集团有限公司　综合管理部资深专家
赵　伟	中国兵器装备集团有限公司　综合管理部副主任	杜长征	中国电子信息产业集团有限公司　改革办、人力资源部副主任
施岐峰	中国电子科技集团有限公司　党建工作部副主任	冷永昆	中国第一汽车集团有限公司　办公室（党委办公室）机要保密部总监
赵晓永	中国航空发动机集团有限公司　党组办公室主任	毛　静	东风汽车集团有限公司　董事会（党委）办公室副主任
董之光	中国融通资产管理集团有限公司　办公室主任	梁志勇	中国一重集团有限公司　办公室主任
程庆昭	中国石油化工集团有限公司　年鉴编辑部副主任	杜文朋	哈尔滨电气集团有限公司　办公室（党委办公室、董事会办公室、总经理办公室、保密办公室）主任
王瑞军	中国海洋石油集团有限公司　办公室副主任	何正洪	中国东方电气集团有限公司　党组（董事、公司）办公室档案管理室副主任
李　荡	国家石油天然气管网集团有限公司　总经理助理、集团办公室（党组办公室、董事会办公室）主任	张文良	中国宝武钢铁集团有限公司　史志办公室主任
陈向阳	中国南方电网有限责任公司　办公室副主任	刘东军	中国铝业有限公司　办公室副总经理
李卫华	中国华能集团有限公司　办公室（党组办公室、董事会办公室）副主任	王泽明	中国航空集团有限公司　总经理办公室副主任
赵大斌	中国大唐集团有限公司　办公室（党组办公室、董事会办公室）主任	姚　雁	中国中化控股有限责任公司　办公室副主任

刘　云	中粮集团有限公司	办公室主任
王文海	中国五矿集团有限公司	党群工作部部长
栗　冀	中国通用技术(集团)控股有限责任公司	办公室主任
田　威	中国建筑集团有限公司	集团办公室(党组办公室)主任
张祥发	中国储备粮管理集团有限公司	综合部副部长
刘洋河	国家开发投资集团有限公司	党群工作部(党组宣传部、党组统战部、工会、团委)主任
樊　勇	招商局集团有限公司	档案馆馆长
朱虹波	华润(集团)有限公司	办公室副主任
辛健松	中国旅游集团有限公司[香港中旅(集团)有限公司]	总经理办公室副主任
苑　彤	中国商用飞机有限责任公司	办公室副主任
郝成涛	中国节能环保集团有限公司	办公室副主任
裴晓东	中国诚通控股集团有限公司	集团办公室主任
曹　君	中国中煤能源集团有限公司	办公室副主任
李爱国	机械科学研究总院集团有限公司	院务工作部部长
王　洋	中国中钢集团有限公司	办公室综合处经理
刘掌权	中国钢研科技集团有限公司	集团办公室副主任
贾　浩	中国化学工程集团有限公司	党委办公室(总经理办公室)副主任(主持工作)
屈晓明	中国盐业集团有限公司	办公室(党委办公室)主任
金　星	中国建材集团有限公司	办公室副主任
李程亮	中国稀土集团有限公司	党群工作部负责人
吉兆宁	矿冶科技集团有限公司	办公室主任
韩军旗	中国国际技术智力合作集团有限公司	办公室(党委办公室)主任
张　晓	中国建筑科学研究院有限公司	办公室副主任
梁　军	中国中车集团有限公司	办公室(党委办公室)主任
甘　军	中国铁路工程集团有限公司	办公室副主任
沈玉泉	中国铁建股份有限公司	办公室(党委办公室)主任
屈耀斌	中国交通建设集团有限公司	办公室(党委办公室)文书处(档案处、保密处)处长
丁　峰	中国信息通信科技集团有限公司	总经理办公室主任
贾建国	中国农业发展集团有限公司	办公室副主任、党委宣传部部长、研究室主任
晋　斌	中国医药集团有限公司	办公室(信访办公室)主任
於骁冬	中国保利集团有限公司	战略投资中心主任
蒋　捷	中国建设科技有限公司	办公室副主任
王卫东	中国冶金地质总局	党委办公室副主任、办公室副总经理
宋思哲	中国煤炭地质总局	秘书处处长
宋连堂	新兴际华集团有限公司	党委委员、总经济师、董事会秘书、综合部部长、产业运行部部长
乔秀华	中国民航信息集团有限公司	办公室副主任
魏建华	中国航空油料集团有限公司	规划发展部总经理
曲京荣	中国航空器材集团有限公司	办公室主任
魏立军	中国电力建设集团有限公司	党委工作部副主任
张学武	中国安能建设集团有限公司	办公室主任
刘科军	中国黄金集团有限公司	办公室、党委办公室、董事会办公室主任
胡光耀	中国广核集团有限公司	集团办公室主任
刘　秀	中国华录集团有限公司	综合管理部副主任(主持工作)
谢　军	华侨城集团有限公司	品牌与企业文化部副总经理
严健标	南光(集团)有限公司(中国南光集团有限公司)	办公室综合管理组副组长
马新征	中国电气装备集团有限公司	办公室主任
祝琳海	中国物流集团有限公司	集团办公室主任
唐玉立	中国国新控股有限责任公司	董事会秘书、办公室(党委办公室、公司办公室、董事会办公室)主任
张立雄	中国汽车技术研究中心	办公室副主任(主持工作)
陈晓杰	中国铁塔股份有限公司	宣传中心主任
董　伟	中国绿发投资集团有限公司	办公室副主任兼党委秘书,政策研究室主任
井书光	中国南水北调集团有限公司	办公室主任

《中国国有资产监督管理年鉴》撰稿人

(按姓氏笔画排序)

丁 磊	丁若沙	万友元	于丽媛	卫 旻	马国亮	马泽坤
尹诗岚	尹爱岭	孔 爱	孔小可	王 飞	王 恒	王 洋
王 爽	王 喆	王 琳	王 馨	王子亚	王友叶	王天佐
王亚坤	王丽琴	王春娟	王英伟	王振华	邓 巧	邓明甫
邓慧都	付 睿	冯 睿	史彩言	田向庆	石义刚	边国栋
乔明邦	乔晓欢	任 哲	任洁江	刘 骏	刘 维	刘 超
刘 瑞	刘 鑫	刘之阳	刘宇轩	刘志宏	刘轶伟	刘爱民
刘梦钰娇	刘银海	吉 军	向心怡	孙佩鑫	孙春雨	朱 平
朱 军	朱永国	朱亦珺	朱奕璇	朱虹波	江 翀	米星雨
闫 莲	阳 煜	严丽华	余利平	余铸忠	吴桂勇	吴竞东
宋 乾	宋 莹	宋明信	张 旺	张 涛	张 润	张 超
张 巍	张文良	张永海	张华生	张宇锡	张志峰	张晓松
张晓哲	张海峰	张海磊	张晨旭	张程程	张楚良	李 威
李 盈	李 曼	李 巍	李小龙	李宁宇	李纪龙	李国强
李泓全	李青林	李曼宁	束 斌	杨 冰	杨 威	杨 迪
杨 蒙	杨 曦	杨玄佳	杨冰莹	杨叔军	杨涵雪	杨耀红
沈妮妮	沈艳艳	邱文凯	邴颂东	陆文星	陈 芮	陈大龙
陈净涤	单新东	周驰凯	周秋慧	孟媛媛	孟靖雯	欧天奕
罗 乾	罗光涛	郑丁山	郑礼建	侯雁初	俎继兵	姚记威
姚记威	姚雪亮	姚新宇	姜力祺	施 浪	柳 东	胡 昊
赵 发	赵 坤	赵 艳	赵一玮	赵阳灿	赵彦雄	钟 杨
郝 峰	郝梦朔	党晓晨	唐照寓	夏 雨	夏小雨	徐晓春
殷丽丹	袁 芳	袁 圆	袁晓健	高文福	高培峻	高鈢昊
郭京萌	郭振天	郭晓瑛	郭航空	康 莉	康 蓉	曹 宇
曹庆冬	曹昆鹏	梁国平	龚利杉	黄 杰	黄 健	黄兴鸿
黄晓天	喻晓峰	曾 俊	曾红梅	温 杰	温 巍	韩 露
韩永权	韩志涛	董昆仑	董银玉	蒋晓琳	蒋都辉	简俊涛
蓝天一	漆 琪	翟 宇	裴雄飞	谭 锐	谭文武	蔡洪检
黎 源	薛俊武	戴 佳	戴黎黎	魏代虎	魏江南	

目 录

第一篇 重要经济文献

坚持党的领导、加强党的建设是国有企业的"根"和"魂" ………………………… 国务院国资委党委(3)

在脱贫攻坚中彰显国资央企使命担当
………………………… 国务院国资委党委(5)

为实现中华民族伟大复兴提供坚实物质基础
………… 国务院国资委党委理论学习中心组(9)

坚定不移做强做优做大国有企业 充分发挥国有经济战略支撑作用
…… 国务院国资委党委书记、主任 郝 鹏(12)

赓续共产党人精神血脉 弘扬国有企业先进精神
…… 国务院国资委党委书记、主任 郝 鹏(17)

深入实施国企改革三年行动 推动国资国企高质量发展
…… 国务院国资委党委书记、主任 郝 鹏(23)

充分发挥国有经济战略支撑作用
…… 国务院国资委党委书记、主任 郝 鹏(26)

坚定不移做强做优做大国有资本和国有企业 乘势而上开启"十四五"奋斗新征程
…… 国务院国资委党委书记、主任 郝 鹏(29)

从党的百年历史中汲取智慧和力量
…… 国务院国资委党委书记、主任 郝 鹏(31)

第二篇 国有资产监督管理概况

国有资产监督管理体制改革和国有企业改革发展综述 ………………………………… (37)

企业国有资产监管法治建设 …………………… (42)

中央企业规划发展工作 ………………………… (43)

中央企业财务监督工作 ………………………… (45)

全国国资委系统监管企业资产与财务状况分析 ……………………………………… (49)

企业国有产权管理工作 ………………………… (51)

国有企业改革与重组 …………………………… (53)

剥离国有企业办社会职能和解决历史遗留问题进展情况 …………………………… (56)

中央企业收入分配调控工作 …………………… (58)

中央企业经营业绩考核工作 …………………… (59)

中央企业资本运营与收益管理工作 …………… (62)

中央企业科技创新工作 ………………………… (64)

国有资产综合监督工作 ………………………… (65)

中央企业监督和违规经营投资责任追究工作 ……………………………………… (69)

中央企业董事会建设 …………………………… (70)

中央企业领导人员管理 ………………………… (72)

人才工作和人才队伍建设 …………………… (73)
中央企业党建工作 …………………………… (74)
中央企业统战群团工作 ……………………… (76)
中央企业宣传思想文化工作 ………………… (78)
中央企业履行社会责任工作 ………………… (80)
国际合作与港澳台工作 ……………………… (83)
行业协会商会监督管理与党建工作 ………… (84)
国务院国资委党委对中央企业开展巡视
　　工作情况 ………………………………… (86)
国企改革三年行动进展情况 ………………… (89)

第三篇　各省(区、市)国有资产监督管理概况

北京市 ………………………………………… (95)
天津市 ………………………………………… (102)
河北省 ………………………………………… (109)
山西省 ………………………………………… (115)
内蒙古自治区 ………………………………… (124)
辽宁省 ………………………………………… (129)
大连市 ………………………………………… (135)
吉林省 ………………………………………… (140)
黑龙江省 ……………………………………… (146)
上海市 ………………………………………… (152)
江苏省 ………………………………………… (156)
浙江省 ………………………………………… (163)
宁波市 ………………………………………… (169)
安徽省 ………………………………………… (174)
福建省 ………………………………………… (184)
厦门市 ………………………………………… (191)
江西省 ………………………………………… (197)
山东省 ………………………………………… (204)
青岛市 ………………………………………… (211)
河南省 ………………………………………… (219)
湖北省 ………………………………………… (226)
湖南省 ………………………………………… (234)
广东省 ………………………………………… (240)
深圳市 ………………………………………… (247)
广西壮族自治区 ……………………………… (254)
海南省 ………………………………………… (261)
重庆市 ………………………………………… (265)
四川省 ………………………………………… (274)
贵州省 ………………………………………… (281)
云南省 ………………………………………… (286)
西藏自治区 …………………………………… (293)
陕西省 ………………………………………… (297)
甘肃省 ………………………………………… (304)
青海省 ………………………………………… (311)
宁夏回族自治区 ……………………………… (318)
新疆维吾尔自治区 …………………………… (323)
新疆生产建设兵团 …………………………… (330)

第四篇　中央企业改革与发展

中国核工业集团有限公司 …………………… (341)
中国航天科技集团有限公司 ………………… (343)
中国航天科工集团有限公司 ………………… (346)
中国航空工业集团有限公司 ………………… (349)
中国船舶集团有限公司 ……………………… (351)

中国兵器工业集团有限公司 …………… （353）	中国南方航空集团有限公司 …………… （457）
中国兵器装备集团有限公司 …………… （356）	中国中化控股有限责任公司 …………… （461）
中国电子科技集团有限公司 …………… （358）	中粮集团有限公司 …………………………（463）
中国航空发动机集团有限公司 ………… （361）	中国五矿集团有限公司 …………………（467）
中国融通资产管理集团有限公司 ……… （364）	中国通用技术（集团）控股有限责任公司 …… （470）
中国石油天然气集团有限公司 ………… （366）	中国建筑集团有限公司 …………………（473）
中国石油化工集团有限公司 …………… （368）	中国储备粮管理集团有限公司 ………… （475）
中国海洋石油集团有限公司 …………… （370）	国家开发投资集团有限公司 …………… （477）
国家石油天然气管网集团有限公司 …… （374）	招商局集团有限公司 ………………………（479）
国家电网有限公司 ………………………… （380）	华润（集团）有限公司 …………………（482）
中国南方电网有限责任公司 …………… （384）	中国旅游集团有限公司［香港中旅（集团）
中国华能集团有限公司 …………………（387）	有限公司］……………………………（484）
中国大唐集团有限公司 …………………（389）	中国商用飞机有限责任公司 …………… （487）
中国华电集团有限公司 …………………（392）	中国节能环保集团有限公司 …………… （489）
国家电力投资集团有限公司 …………… （395）	中国国际工程咨询有限公司 …………… （490）
中国长江三峡集团有限公司 …………… （399）	中国诚通控股集团有限公司 …………… （493）
国家能源投资集团有限责任公司 ……… （404）	中国中煤能源集团有限公司 …………… （499）
中国电信集团有限公司 …………………（407）	中国煤炭科工集团有限公司 …………… （501）
中国联合网络通信集团有限公司 ……… （410）	中国机械科学研究总院集团有限公司 ……… （504）
中国移动通信集团有限公司 …………… （412）	中国中钢集团有限公司 …………………（507）
中国电子信息产业集团有限公司 ……… （415）	中国钢研科技集团有限公司 …………… （509）
中国第一汽车集团有限公司 …………… （417）	中国化学工程集团有限公司 …………… （511）
东风汽车集团有限公司 …………………（419）	中国盐业集团有限公司 …………………（515）
中国一重集团有限公司 …………………（422）	中国建材集团有限公司 …………………（517）
中国机械工业集团有限公司 …………… （424）	中国有色矿业集团有限公司 …………… （519）
哈尔滨电气集团有限公司 ……………… （428）	中国稀土集团有限公司 …………………（521）
中国东方电气集团有限公司 …………… （430）	有研科技集团有限公司 …………………（523）
鞍钢集团有限公司 ………………………… （434）	矿冶科技集团有限公司 …………………（526）
中国宝武钢铁集团有限公司 …………… （438）	中国国际技术智力合作集团有限公司 ……… （529）
中国铝业集团有限公司 …………………（441）	中国建筑科学研究院有限公司 ………… （531）
中国远洋海运集团有限公司 …………… （444）	中国中车集团有限公司 …………………（534）
中国航空集团有限公司 …………………（451）	中国铁路通信信号集团有限公司 ……… （539）
中国东方航空集团有限公司 …………… （454）	中国铁路工程集团有限公司 …………… （545）

中国铁建股份有限公司 …………………… (549)
中国交通建设集团有限公司 ………………… (556)
中国信息通信科技集团有限公司 …………… (562)
中国农业发展集团有限公司 ………………… (564)
中国林业集团有限公司 ……………………… (566)
中国医药集团有限公司 ……………………… (569)
中国保利集团有限公司 ……………………… (574)
中国建设科技有限公司 ……………………… (576)
中国冶金地质总局 …………………………… (579)
中国煤炭地质总局 …………………………… (582)
新兴际华集团有限公司 ……………………… (584)
中国民航信息集团有限公司 ………………… (587)
中国航空油料集团有限公司 ………………… (590)
中国航空器材集团有限公司 ………………… (592)
中国电力建设集团有限公司 ………………… (595)
中国能源建设集团有限公司 ………………… (600)
中国安能建设集团有限公司 ………………… (602)
中国黄金集团有限公司 ……………………… (605)
中国广核集团有限公司 ……………………… (609)
中国华录集团有限公司 ……………………… (615)
华侨城集团有限公司 ………………………… (617)
南光(集团)有限公司(中国南光集团
　有限公司) ………………………………… (619)
中国电气装备集团有限公司 ………………… (621)
中国物流集团有限公司 ……………………… (623)
中国国新控股有限责任公司 ………………… (626)
中国检验认证(集团)有限公司 ……………… (629)
中国汽车技术研究中心有限公司 …………… (633)
中国铁塔股份有限公司 ……………………… (636)
中国绿发投资集团有限公司 ………………… (639)
中国南水北调集团有限公司 ………………… (642)

第五篇　国有资产统计资料

2021年国资系统监管企业户数、从业人数、国有
　资产总量综合分析表 ……………………… (649)
2021年国资系统监管企业户数、从业人数、国有
　资产总量行业分析表 ……………………… (650)
2021年国资系统监管企业户数、从业人数、国有
　资产总量地区分析表 ……………………… (651)
2021年国资系统监管企业资产负债综合
　分析表 ……………………………………… (652)
2021年国资系统监管企业资产负债行业
　分析表 ……………………………………… (653)
2021年国资系统监管企业资产负债地区
　分析表 ……………………………………… (655)
2021年国资系统监管工业企业户数、从业人数、
　国有资产总量地区分析表 ………………… (656)
2021年国资系统监管工业企业资产负债地区
　分析表 ……………………………………… (658)
2021年国资系统监管商业企业户数、从业人数、
　国有资产总量地区分析表 ………………… (660)
2021年国资系统监管商业企业资产负债地区
　分析表 ……………………………………… (661)
2021年北京市监管企业主要指标表 ………… (663)
2021年天津市监管企业主要指标表 ………… (664)
2021年河北省监管企业主要指标表 ………… (666)
2021年山西省监管企业主要指标表 ………… (667)
2021年内蒙古自治区监管企业主要
　指标表 ……………………………………… (669)
2021年辽宁省监管企业主要指标表 ………… (670)
2021年大连市监管企业主要指标表 ………… (672)
2021年吉林省监管企业主要指标表 ………… (673)

2021年黑龙江省监管企业主要指标表 ……… (675)
2021年上海市监管企业主要指标表 ………… (676)
2021年江苏省监管企业主要指标表 ………… (678)
2021年浙江省监管企业主要指标表 ………… (679)
2021年宁波市监管企业主要指标表 ………… (681)
2021年安徽省监管企业主要指标表 ………… (682)
2021年福建省监管企业主要指标表 ………… (684)
2021年厦门市监管企业主要指标表 ………… (685)
2021年江西省监管企业主要指标表 ………… (687)
2021年山东省监管企业主要指标表 ………… (688)
2021年青岛市监管企业主要指标表 ………… (690)
2021年河南省监管企业主要指标表 ………… (691)
2021年湖北省监管企业主要指标表 ………… (693)
2021年湖南省监管企业主要指标表 ………… (694)
2021年广东省监管企业主要指标表 ………… (696)
2021年深圳市监管企业主要指标表 ………… (697)
2021年广西壮族自治区监管企业主要
　指标表 …………………………………… (699)
2021年海南省监管企业主要指标表 ………… (700)
2021年重庆市监管企业主要指标表 ………… (702)
2021年四川省监管企业主要指标表 ………… (703)
2021年贵州省监管企业主要指标表 ………… (705)
2021年云南省监管企业主要指标表 ………… (706)
2021年西藏自治区监管企业主要指标表 …… (708)
2021年陕西省监管企业主要指标表 ………… (709)
2021年甘肃省监管企业主要指标表 ………… (711)
2021年青海省监管企业主要指标表 ………… (712)
2021年宁夏回族自治区监管企业主要
　指标表 …………………………………… (714)
2021年新疆维吾尔自治区监管企业主要
　指标表 …………………………………… (715)
2021年新疆生产建设兵团监管企业主要
　指标表 …………………………………… (717)

第六篇　国有资产监督管理政策法规选编

关于印发《国资监管责任约谈工作规则》的
　通知 ……………………………………… (721)
关于印发《关于加强地方国有企业债务风险管控
　工作的指导意见》的通知 ……………… (723)
关于加强中央企业资金内部控制管理有关事项的
　通知 ……………………………………… (724)
关于做好2021年中央企业违规经营投资责任追究
　工作的通知 ……………………………… (726)
关于废止失效部分规范性文件的通知 ……… (728)
关于进一步加强金融衍生业务管理有关事项的
　通知 ……………………………………… (729)
关于进一步促进中央企业所属融资租赁公司健康
　发展和加强风险防范的通知 …………… (730)
关于发布《中央企业科技创新成果推荐目录
　(2020年版)》的通知 …………………… (731)
关于印发国有重点企业管理标杆创建行动标杆企业、
　标杆项目和标杆模式名单的通知 ………… (738)
关于加强中央企业融资担保管理工作的通知 … (745)
关于印发《关于进一步深化法治央企建设的意见》的
　通知 ……………………………………… (747)
关于印发《关于推进中央企业高质量发展做好
　碳达峰碳中和工作的指导意见》的通知 …… (750)
关于印发《中央企业重大经营风险事件报告工作
　规则》的通知 …………………………… (754)
关于认真贯彻落实《保障中小企业款项支付条例》
　进一步做深做实清理拖欠中小企业账款工作的
　通知 ……………………………………… (756)
关于印发《关于全面推行中国特色企业新型学徒制
　加强技能人才培养的指导意见》的通知 …… (758)

第七篇 国有企业党的建设成果概览

中国石油化工集团有限公司 …………（A1～A2）
中国长江三峡集团有限公司 …………（A3～A4）
中国第一汽车集团有限公司 …………（A5～A6）
东风汽车集团有限公司 ………………（A7～A8）
广州汽车集团股份有限公司 …………（A9～A10）
新兴际华集团有限公司 ………………（A11）

第八篇 大事记

2021年国务院国有资产监督管理委员会大事记 ……………………………………（765）

第九篇 附 录

行政事业性国有资产管理条例 ………（779）
2021年度和2019—2021年任期中央企业负责人经营业绩考核A级企业名单 ……（783）
2021年《财富》"世界500强"中国企业上榜情况 ……………………………………（784）

索 引

索引 ……………………………………（791）

Contents

Chapter I. Important Economic Literature

Under the Overall Leadership of the Party and Strengthen Party Building to be the Root and Soul of State-owned Enterprise ………………………… (3)

Show the Mission and Responsibility of Government Capital and State-owned Enterprise in the Fight Against Poverty ……………………………… (5)

Provide the Solid Material Foundation to Achieve the Rejuvenation of the Chinese Nation …………… (9)

Unswerving to Make State-owned Enterprise More Stronger, Better and Bigger, Give Full Play to the Provide Important Support to State-owned Economy ……………………………………… (12)

Persist Continue the Spirit and Blood of Communist, Promote the Advanced Spirit of State-owned Enterprise ……………………………………… (17)

Deeply Fulfill Three-year Action Plan of State-owned Enterprises, Promoting High-quality Development of State-owned Enterprise ………………………… (23)

Give Full Play to the Provide Important Support to State-owned Economy …………………………… (26)

Unswerving to Make Government Capital and State-owned Enterprise More Stronger, Better and Bigger, Beginning a New Journey of The 14th Five-Year Plan ……………………………………………… (29)

Gain Knowledge and Power from the History of Communist Party of China ……………………… (31)

Chapter II. General Situation of the Supervision and Administration of State-owned Assets

Summary of the Reform of the Supervision and Administration System of State-owned Assets and of SOE Reform ……………………………………… (37)

Legal System Construction of the Supervision and Administration of State-owned Assets of Enterprises …………………………………… (42)

Central SOEs Planning and Development ……… (43)

Financial Supervision of Central SOEs .... (45)

Analysis on the Assets and Financial Situation of SOEs in China .... (49)

Management of the State-owned Property Right of Enterprises .... (51)

Revolution and Reorganization of Central SOEs .... (53)

Progress Made in Peeling Social Functions and Solving Historical Problems of SOEs .... (56)

Regulating and Controlling of Income Distribution of Central SOEs .... (58)

Operational Performance Assessment of Central SOEs .... (59)

Capital Operation and Revenue Management of Central SOEs .... (62)

Scientific and Technological Innovationof Central SOEs .... (64)

Comprehensive Supervision of State-owned Assets .... (65)

Supervision, Accountability of Investment and Operation by Violating Regulations Works of Central SOEs .... (69)

Establish the Board of Directors in Central SOEs .... (70)

Administration of Corporate Executives .... (72)

Work related to Competent Professionals and Human Resources Development .... (73)

Party Building Work of Central SOEs .... (74)

United Front and Mass Work of Central SOEs ... (76)

Publicity Work of Central SOEs .... (78)

Fulfil our Social Responsibilityof Central SOEs ... (80)

International Cooperation and the Work of Hong Kong, Macao and Taiwan .... (83)

Supervision, Administration and Party Building Work of Industry Associations and Chambers of Commerce .... (84)

Inspection Work carried out by SASAC on Central SOEs .... (86)

Progress of Three-year Action Plan of State-owned Enterprises .... (89)

Chapter Ⅲ. General Situation of the Supervision and Administration of State-owned Assets in Provinces, Autonomous Regions, Municipalities and Cities

Beijing Municipality .... (95)
Tianjin Municipality .... (102)
Hebei Province .... (109)
Shanxi Province .... (115)
Inner Mongolia Autonomous Region .... (124)
Liaoning Province .... (129)
Dalian City .... (135)
Jilin Province .... (140)
Heilongjiang Province .... (146)
Shanghai Municipality .... (152)
Jiangsu Province .... (156)
Zhejiang Province .... (163)
Ningbo City .... (169)
Anhui Province .... (174)

Fujian Province ……………………… (184)

Xiamen City ……………………………… (191)

Jiangxi Province ……………………… (197)

Shandong Province …………………… (204)

Qingdao City …………………………… (211)

Henan Province ………………………… (219)

Hubei Province ………………………… (226)

Hunan Province ………………………… (234)

Guangdong Province …………………… (240)

Shenzhen Municipality ……………… (247)

Guangxi Zhuang Autonomous Region ………… (254)

Hainan Province ………………………… (261)

Chongqing Municipality ……………… (265)

Sichuan Province ……………………… (274)

Guizhou Province ……………………… (281)

Yunnan Province ………………………… (286)

Xizang Autonomous Region …………… (293)

Shaanxi Province ……………………… (297)

Gansu Province ………………………… (304)

Qinghai Province ……………………… (311)

Ningxia Hui Autonomous Region …………… (318)

Xinjiang Uygur Autonomous Region ………… (323)

Production and Construction Corps of

　Xinjiang ……………………………… (330)

Chapter Ⅳ. Reform and Development of China's Central SOEs

China National Nuclear Corporation ………… (341)

China Aerospace Science and Technology

　Corporation …………………………… (343)

China Aerospace Science and Industry

　Corporation Limited ………………… (346)

Aviation Industry Corporation of

　China, LTD. ………………………… (349)

China State Shipbuilding Corporation

　Limited ……………………………… (351)

China North Industries Group Corporation

　Limited ……………………………… (353)

China South Industries Group Corporation …… (356)

China Electronics Technology Group

　Corporation …………………………… (358)

Aero Engine Corporation of China ………… (361)

China Rong Tong Asset Management Group

　Corporation Limited ………………… (364)

China National Petroleum Corporation ……… (366)

China Petrochemical Corporation …………… (368)

China National Offshore Oil Corporation …… (370)

China Oil & Gas Pipeline Network

　Corporation …………………………… (374)

State Grid Corporation of China …………… (380)

China Southern Power Grid ………………… (384)

China Huaneng Group Co., LTD. …………… (387)

China Datang Corporation ………………… (389)

China Huadian Corporation ………………… (392)

State Power Investment Corporation ………… (395)

China Three Gorges Corporation …………… (399)

China Energy Investment Corporation ……… (404)

China Telecom Corporation Limited .... (407)

China United Network Communications

    Group Co., Ltd. .... (410)

China Mobile Communications Corporation ... (412)

China Electronics Corporation .... (415)

China FAW Group Corporation .... (417)

Dongfeng Motor Corporation .... (419)

China First Heavy Industries .... (422)

China National Machinery Industry

    Corporation .... (424)

Harbin Electric Corporation .... (428)

Dongfang Electric Corporation .... (430)

Anshan Iron and Steel Group Corporation ...... (434)

China Baowu Steel Group Corporation

    Limited .... (438)

Aluminum Corporation of China .... (441)

China COSCO SHIPPING Corporation

    Limited .... (444)

China National Aviation Holding Corporation

    Limited .... (451)

China Eastern Airlines Co., Ltd. .... (454)

China Southern Airlines Company Limited ... (457)

Sinochem Holdings Corporation Ltd. .... (461)

COFCO Corporation .... (463)

China Minmetals Corporation .... (467)

China General Technology (Group) Holding

    Co., Ltd .... (470)

China State Construction Engineering

    Corporation .... (473)

China Grain Reserves Group LTD.

    Company .... (475)

State Development & Investment Corp.,

    LTD. .... (477)

China Merchants Group .... (479)

China Resources (Holdings) Co., Ltd. .... (482)

China National Travel Service (HK) Group

    Corporation .... (484)

Commercial Aircraft Corporation of China,

    Ltd. .... (487)

China Energy Conservation and Environmental

    Protection Group .... (489)

China International Engineering Consulting

    Corporation .... (490)

China Chengtong Holdings Group Ltd. .... (493)

China National Coal Group Corporation .... (499)

China Coal Technology & Engineering

    Group .... (501)

China Academy of Machinery Science and

    Technology Group .... (504)

Sinosteel Group Corporation Limited .... (507)

China Iron & Steel Research Institute

    Group .... (509)

China National Chemical Engineering Group

    Corporation Ltd .... (511)

China National Salt Industry Group

    Co. , Ltd. ·················· (515)

China National Building Material Group

    Co. , Ltd. ·················· (517)

China Nonferrous Metal Mining (Group)

    Co. , Ltd ·················· (519)

China Rare Earth Group Corporation

    Limited ·················· (521)

Grinm Group Corporation Limited ·········· (523)

BGRIMM Technology Group ·············· (526)

China International Intellectech Group

    Co. , Ltd. ·················· (529)

China Academy of Building Research ········ (531)

CRRC Corporation Limited ·············· (534)

China Railway Signal & Communication

    Corporation Limited ·············· (539)

China Railway Group Limited ············ (545)

China Railway Construction Corporation

    Limited ·················· (549)

China Communications Construction

    Company Ltd. ················ (556)

China Information Communication Technologies Group

    Corporation ·················· (562)

China National Agricultural Development Group Co. ,

    Ltd. ·················· (564)

China Forestry Group Corporation ·········· (566)

China National Pharmaceutical Group

    Corporation ·················· (569)

China Poly Group Corporation Limited ······ (574)

China Construction Technology Consulting

    Co. , Ltd. ·················· (576)

China Metallurgical Geology Bureau ········ (579)

China National Administration of Coal

    Geology ·················· (582)

Xinxing Cathay International Group ········ (584)

China TravelSky Holding Company

    Limited ·················· (587)

China National Aviation Fuel Group

    Limited ·················· (590)

China Aviation Supplies Holding

    Company ·················· (592)

Power Construction Corporation of China ······ (595)

China Energy Engineering Corporation

    Limited ·················· (600)

China Anneng Construction Group Corporation

    Limited ·················· (602)

China National Gold Group Co. , Ltd. ······ (605)

China General Nuclear Power Group ········ (609)

China Hualu Group Co. , LTD. ············ (615)

Overseas Chinese Town Holdings

    Company ·················· (617)

Nam Kwong (Group) Company Limited ······ (619)

China Electrical Equipment Group Co. , LT ··· (621)

China Logistics Group Co. , Ltd. ·········· (623)

China Reform Holdings Corporation LTD. ...... (626)

China Certification & Inspection Group .... (629)

China Automotive Technology and Research Center Co., Ltd. .... (633)

China Tower Corporation Limited .... (636)

China Green Development Investment Group Co., Ltd. .... (639)

China South-to-North Water Diversion Corporation Limited .... (642)

Chapter Ⅴ. Statistic Data of State-owned Assets

Comprehensive Analysis Table on the Number of SOEs, the Number of SOE Employees and the Total State-owned Assets Volume of SOEs in China in 2021 .... (649)

Industrial Analysis Table on the Number of SOEs, the Number of SOE Employees and the Total State-owned Assets Volume of SOEs in China in 2021 .... (650)

Regional Analysis Table on the Number of SOEs, the Number of SOE Employees and the Total State-owned Assets Volume of SOEs in China in 2021 .... (651)

Comprehensive Analysis Table on Assets and Liabilities of SOEs in China in 2021 .... (652)

Industrial Analysis Table on Assets and Liabilities of SOEs in China in 2021 .... (653)

Regional Analysis Table on Assets and Liabilities of SOEs in China in 2021 .... (655)

Regional Analysis Table on the Number of State-owned Industrial Enterprises, the Number of Employees in State-owned Industrial Enterprises and the Total State-owned Assets Volume of State-owned Industrial Enterprises in China in 2021 .... (656)

Regional Analysis Table on Assets and Liabilities of State-owned Industrial Enterprises in China in 2021 .... (658)

Regional Analysis Table on the Number of State-owned Commercial Enterprises, the Number of Employees in State-owned commercial Enterprises and the Total State-owned Assets Volume of State-owned Commercial Enterprises in China in 2021 .... (660)

Regional Analysis Table on Assets and Liabilities of State-owned Commercial Enterprises in China in 2021 .... (661)

Table on Main Indictors of State-owned Enterprises in Beijing Municipality in 2021 .... (663)

Table on Main Indictors of State-owned Enterprises in Tianjin Municipality in 2021 .... (664)

Table on Main Indictors of State-owned Enterprises in

Hebei Province in 2021 ……………………… (666)

Table on Main Indictors of State-owned Enterprises in Shanxi Province in 2021 ……………… (667)

Table on Main Indictors of State-owned Enterprises in Inner Mongolia Autonomous Region in 2021 ………………………………… (669)

Table on Main Indictors of State-owned Enterprises in Liaoning Province in 2021 …………………… (670)

Table on Main Indictors of State-owned Enterprises in Dalian City in 2021 ……………………… (672)

Table on Main Indictors of State-owned Enterprises in Jilin Province in 2021 ……………………… (673)

Table on Main Indictors of State-owned Enterprises in Heilongjiang Province in 2021 …………… (675)

Table on Main Indictors of State-owned Enterprises in Shanghai Municipality in 2021 ……………… (676)

Table on Main Indictors of State-owned Enterprises in Jiangsu Province in 2021 ……………………… (678)

Table on Main Indictors of State-owned Enterprises in Zhejiang Province in 2021 …………………… (679)

Table on Main Indictors of State-owned Enterprises in Ningbo City in 2021 ……………………… (681)

Table on Main Indictors of State-owned Enterprises in Anhui Province in 2021 ……………………… (682)

Table on Main Indictors of State-owned Enterprises in Fujian Province in 2021 ……………………… (684)

Table on Main Indictors of State-owned Enterprises in Xiamen City in 2021 ……………………… (685)

Table on Main Indictors of State-owned Enterprises in Jiangxi Province in 2021 ……………………… (687)

Table on Main Indictors of State-owned Enterprises in Shandong Province in 2021 ………………… (688)

Table on Main Indictors of State-owned Enterprises in Qingdao City in 2021 ……………………… (690)

Table on Main Indictors of State-owned Enterprises in Henan Province in 2021 ……………………… (691)

Table on Main Indictors of State-owned Enterprises in Hubei Province in 2021 ……………………… (693)

Table on Main Indictors of State-owned Enterprises in Hunan Province in 2021 ……………………… (694)

Table on Main Indictors of State-owned Enterprises in Guangdong Province in 2021 ………………… (696)

Table on Main Indictors of State-owned Enterprises in Shenzhen City in 2021 ……………………… (697)

Table on Main Indictors of State-owned Enterprises in Guangxi Zhuang Autonomous Region in 2021 ………………………………… (699)

Table on Main Indictors of State-owned Enterpirses in Hainan Province in 2021 ……………………… (700)

Table on Main Indictors of State-owned Enterprises in Chongqing Municipality in 2021 …………… (702)

Table on Main Indictors of State-owned Enterprises in Sichuan Province in 2021 …………………… (703)

Table on Main Indictors of State-owned Enterprises in Guizhou Province in 2021 …………………… (705)

Table on Main Indictors of State-owned Enterprises in Yunnan Province in 2021 …………………… (706)

Table on Main Indictors of State-owned Enterprises in Xizang Autonomous Region in 2021 ……… (708)

Table on Main Indictors of State-owned Enterprises in Shaanxi Province in 2021 …………………… (709)

Table on Main Indictors of State-owned Enterprises in

Gansu Province in 2021 ……………… (711)

Table on Main Indictors of State-owned Enterprises in Qinghai Province in 2021 ……………… (712)

Table on Main Indictors of State-owned Enterprises in Ningxia Hui Autonomous Region in 2021 … (714)

Table on Main Indictors of State-owned Enterprises in Xinjiang Uygur Autonomous Region in 2021 … (715)

Table on Main Indictors of State-owned Enterprises in Production and Construction Corps of Xinjiang in 2021 ……………………………………… (717)

Chapter Ⅶ. Selected Policies and Regulations on Supervision and Administration of State-owned Assets

Notice on Printing and Distributing the Admonition System of State Assets' Supervision and Responsibility ……………………………… (721)

Notice on Printing and Distributing the Guideline of Strengthen the Debt Risk Management Work on Local State-owned Enterprises ……………… (723)

Notice on Strengthen the Relevant Matter of Internal Capital Control and Management on Central SOEs ……………………………………… (724)

Notice on Doing Well the Work to Find Out the Responsibility of Illegal Operation and Investment on Central SOEs in 2021 ……………… (726)

Notice on Abolishing the Lose Efficacy Part of Eegulating Document ……………… (728)

Notice on Further Strengthen the Work of the Management of Financial Derivatives Business ……………………………………… (729)

Notice on Further Promoting the Regulate of Healthy Development and Strengthen the Risk on Financial Lessors of Central SOEs ……………… (730)

Notice on Publishing the Recommended List in 2020 of the Outcome of Technological Innovation on Central SOEs ……………………………………… (731)

Notice on Printing and Distributing the Created Activity List of Management Benchmark of Important State-owned Enterprises on Benchmarking Enterprises, Project and Model ……………… (738)

Notice on Enhancing the Management of Financing Assurance of Central SOEs ……………… (745)

Notice on Printing and Distributing the Opinion of Further Deepening Legal Construction of Central SOEs ……………………………………… (747)

Notice on Printing and Pubilshing the Guidance about Propelling the High-quality Development of Central Enterprises, Doing Well the Work of Carbon Emission Peak and Carbon Neutrality ……… (750)

Notice on Printing and Pubilshing the Working Rules of Reports for Operating Risk Events on Central Enterprises ……………………………… (754)

Notice on Esrnestly Implement "The rules of safeguarding payment" on Middle and Small-sized Enterprises, Doing Deeper the Work of Clear the Defaults on the Payment for Goods ………… (756)

Notice on Printing and Distributing the Guideline of Fully Implement New Apprenticeship with Chinese Characteristics and Strengthen the Training of Skilled Applied Talent ……………… (758)

Chapter VII. Fulfilling Party Building of SOEs China Electronics Technology Group

China Petrochemical Corporation ……… (A1~A2)

China Three Gorges Corporation ……… (A3~A4)

China FAW Group Corporation ………… (A5~A6)

Dongfeng Motor Corporation …………… (A7~A8)

Guangzhou Automobile Group Co., Ltd. … (A9~A10)

Xinxing Cathay International Group ………… (A11)

Chapter VIII. Chronicle of SASAC

Chronicle of SASAC in 2021 ………………… (765)

Chapter IX. Appendix

Regulation on the Administration of Administrative and Institutional State-owned Assets ……… (779)

Class A of Operating Performance Evaluation of Central State-owned Enterprise Executives in 2021 and 2019-2021 Tenure ……………………… (783)

Chinese Companies ranked on List of 2021 Global Top 500 Enterprises ……………………………… (784)

Index

Index ………………………………………… (791)

重要经济文献

第一篇

2022
CHINA'S STATE-OWNED ASSETS SUPERVISION AND ADMINISTRATION YEARBOOK

中国国有资产监督管理年鉴

坚持党的领导、加强党的建设是国有企业的"根"和"魂"

国务院国资委党委

国有企业是中国特色社会主义的重要物质基础和政治基础,是我们党执政兴国的重要支柱和依靠力量。党的十八大以来,习近平总书记就国有企业改革发展和党的建设发表了一系列重要讲话,特别是2016年10月10日亲自出席全国国有企业党的建设工作会议并发表重要讲话,深刻回答了国有企业还要不要、国有企业要不要加强党的建设、怎样加强党的建设等一系列重大理论和实践问题,为新时代坚持党对国有企业的全面领导、做强做优做大国有企业指明了方向、提供了根本遵循。

坚持把党的政治建设作为党的根本性建设,牢牢把握国有企业发展道路和方向

习近平总书记强调,党政军民学,东西南北中,党是领导一切的。国有企业是党领导的国家治理体系的重要组成部分,理所当然要坚持党的领导。坚持党的领导、加强党的建设,是我国国有企业的光荣传统,是国有企业的"根"和"魂",是我国国有企业的独特优势。党的政治建设是党的根本性建设,决定党的建设方向和效果。没有离开政治的经济,政治工作是一切经济工作的生命线。国有企业作为中国特色社会主义经济的顶梁柱,必须旗帜鲜明讲政治,把党的政治建设摆在首位,增强"四个意识"、坚定"四个自信"、做到"两个维护",牢记"国之大者",始终成为党和国家事业发展的重要依靠力量。

坚定把"两个维护"作为首要任务。全面建立学习贯彻习近平总书记重要指示批示"首要责任"、"第一议题"制度,按照"有没有学习研讨、有没有贯彻措施、有没有督导推动、有没有跟踪问效"四项标准督促跟踪落实情况,确保总书记重要指示批示落地生根。

坚持用马克思主义中国化最新成果强化理论武装。扎实开展"两学一做"学习教育、"不忘初心、牢记使命"主题教育、党史学习教育,编印《习近平关于国有企业改革发展和党建论述摘编》《习近平关于发展国有经济论述摘编》学习材料,推动习近平新时代中国特色社会主义思想在全系统大学习大普及大落实。

坚决贯彻党中央决策部署。把提高政治能力作为重要任务,引导国资国企广大党员干部切实提高政治判断力、政治领悟力、政治执行力,在维护国家战略安全、加快科技自立自强、促进区域协调发展、保障和改善民生等方面担当作为,坚决按照党中央指明的政治方向、确定的前进路线开展工作,真抓实干把党中央决策部署落到实处。

坚持建立和完善中国特色现代国有企业制度,把加强党的领导和完善公司治理统一起来

习近平总书记强调,坚持党对国有企业的领导是重大政治原则,必须一以贯之;建立现代企业制度是国有企业改革的方向,也必须一以贯之。要把加强党的领导和完善公司治理统一起来,建设中国特色现代国有企业制度。中国特色现代国有企业制度,"特"就特在把党的领导融入公司治理各环节。习近平总书记关于中国特色现代国有企业制度的重要论述,是对我们党领导国有企业改革发展丰富实践和历史经验的科学总结,是运用马克思主义立场观点方法对国有企业发展理论的重大创新,是坚定走中国特色国有企业改革发展道路的科学指南。必须全面理解和落实"两个一以贯之",确保国有企业党委(党组)把方向、管大局、促落实,董事会定战略、作决策、防风险,经理层谋经营、抓落实、强管理,各治理主体不缺位、不越位、不相互替代、不各自为政。

在完善公司治理中加强党的领导。全面落实《关于中央企业在完善公司治理中加强党的领导的意见》,制定《中央企业董事会工作规则(试行)》,推动中央企业集团全面完成"党建入章",全部实现党委(党组)书记、董事长"一肩挑",专职副书记应配尽配并进入董事会,普遍建立党委(党组)对重大经营管理事项前置把关的制度机制。

在制度建设中提高治理效能。推进董事会建设,落实好董事会职权,健全外部董事选聘和管理制度,增强董事会的独立性和权威性,提升董事会整体功能。保障经理层依法履行职责,完善董事会向经理层授权的管理制度,明确授权原则、管理机制、事项范围、权限条件。

在健全机制中更好促进各治理主体发挥作用。

加强出资人监管,规范和完善企业领导人员管理工作,完善董事会和董事评价办法,健全外部董事服务保障体系,健全市场化经营机制,切实深化企业内部人事、劳动、分配三项制度改革,权责法定、权责透明、协调运转、有效制衡的公司治理机制正在加快形成,党的领导制度优势正在转化为公司治理效能。

坚持把党管干部原则和发挥市场机制作用结合起来,建设高素质国有企业领导人员队伍

习近平总书记强调,国有企业领导人员是党在经济领域的执政骨干,是治国理政复合型人才的重要来源,肩负着经营管理国有资产、实现保值增值的重要责任。国有企业领导人员必须做到对党忠诚、勇于创新、治企有方、兴企有为、清正廉洁。对国有企业领导人员,既要从严管理,又要关心爱护,树立正向激励的鲜明导向。正确的路线确定之后,干部就是决定的因素,建好、用好、管好国有企业领导人员队伍,对国有企业坚持党的领导、加强党的建设,对做强做优做大国有企业至关重要。必须严格落实总书记提出的要求,努力培养造就一支政治上、能力上、作风上、纪律上都过得硬的国企领导干部队伍。

精准科学选人用人。坚持党管干部原则,发挥市场机制作用,积极探索"揭榜挂帅"、"赛场选马"机制,积极实施经理层任期制和契约化管理,"一企一策"建强配优领导班子,大力选拔基层经验丰富、实干实绩突出的优秀年轻干部,干部队伍结构明显优化、素质明显提升。

加大培养锻炼力度。按照"政治家+企业家"培养方向,积极开展专业化培训和轮岗交流,让干部到吃劲负重岗位经受摔打,在开拓市场、推进改革、专项攻坚等一线前沿经受磨练,加快成长为善于治企兴企、管党治党的复合型干部。

激励干部担当作为。坚持严管和厚爱相结合、激励和约束并重,制定落实"三个区分开来"激励干部担当作为的制度文件,建立容错机制、完善激励政策,大力弘扬企业家精神,极大激发调动企业领导人员干事创业积极性。

坚持强基固本,把国有企业基层党组织建设成为坚强战斗堡垒

习近平总书记强调,基层党组织是党执政大厦的地基,地基固则大厦坚,地基松则大厦倾。全面从严治党要在国有企业落实落地,必须从基本组织、基本队伍、基本制度严起。党的基层组织是我们党全部工作和战斗力的基础,中央企业29.3万个基层党组织、415.2万名党员是我们党宝贵的组织资源和组织优势。必须坚持建强国有企业基层党组织不放松,确保企业发展到哪里、党的建设就跟进到哪里、党支部的战斗堡垒作用就体现在哪里,为做强做优做大国有企业提供坚强组织保证。

全面压实党建责任。开展党建工作责任制考核,结果同薪酬激励、奖惩任免挂钩,健全中国特色国有企业考核评价体系,既看经济指标,也看党建实绩,有效破解多年来国有企业党建工作责任"落实难、难落实"的问题。

全面夯实基层基础。中央企业5年来累计新发展党员49.8万名,新配增配基层党组织书记近10万名,集中整治1600多个软弱涣散基层党组织,党务干部全部按照不少于在岗职工总数1%配备,党组织工作经费全部按照不低于职工工资总额1%保障,从根本上解决长期困扰基层党建的无人干事、无钱干事、无章干事等"老大难"问题。

全面发挥党组织战斗堡垒作用和党员先锋模范作用。深入开展党员示范岗、责任区创建,组建党员突击队、技术攻关小组,引领各级党组织和党员干部在企业改革发展中当先锋作表率。2020年,面对突如其来的新冠肺炎疫情,中央企业15万个基层党组织、4万支党员突击队、68万名党员战斗在疫情防控最前沿和经营发展第一线,以实际行动展现国有企业党组织和党员的风采。

坚持加强和改进思想政治工作,为做强做优做大国有企业汇聚团结奋进的正能量

习近平总书记强调,思想政治工作是国有企业的传家宝;要把思想政治工作作为企业党组织一项经常性、基础性工作来抓。在"两个大局"的大背景下,国有企业所处的社会环境、经营环境发生很大变化,职工队伍结构呈现出许多新特点,思想政治工作如果跟不上,就会散了人心、乱了队伍。必须通过抓好思想政治工作,多做得人心、暖人心、稳人心的工作,为国有企业改革发展加油鼓劲、凝心聚力。

创新宣传思想工作。针对职工队伍结构的新特点和经营环境新变化,强化国资国企正面宣传和舆论引导,深入做好释疑解惑、排忧解难、稳定人心工作,

引领广大职工群众坚定听党话、跟党走。大力弘扬国企先进精神，选树"时代楷模"、"央企楷模"、"抗击疫情先进典型"，深入传承劳模精神、劳动精神、工匠精神等优良传统，积极宣传党的十八大以来形成的新时代北斗精神、探月精神、载人深潜精神等国企先进精神，为企业改革发展汇聚强大力量。

树立国企良好形象。讲好、讲活国企故事，扎实开展中国共产党成立100周年、新中国成立70周年、改革开放40周年等系列庆祝活动和重大主题宣传，打造"国企公开课"、"信物百年"经典品牌，国有企业舆论环境明显改善。

加强党对群团工作的领导。全心全意依靠工人阶级办企业，坚持和完善职工董事、职工监事、厂务公开等制度，支持工会组织充分发挥作用，鼓励职工代表有序参与公司治理，深化"爱企业、献良策、做贡献"活动，加强新时代中央企业共青团工作，不断深化党建带团建，团结凝聚广大职工群众和团员青年为党的事业建功立业。

坚持深化国有企业全面从严治党，营造风清气正的良好政治生态

习近平总书记强调，要加大国有企业反腐力度；完善国有资产资源监管制度，强化对权力集中、资金密集、资源富集的部门和岗位的监管。国有企业党风廉政建设和反腐败工作事关企业改革发展全局，事关党的形象，事关党执政的重要物质基础和政治基础，必须以永远在路上的韧劲和执着，持续推进国有企业正风肃纪反腐。

切实加强政治监督。各级党组织充分发挥政治功能，紧盯贯彻落实习近平总书记重要指示批示精神和党中央决策部署，聚焦疫情防控、三大攻坚战、高质量发展、国企改革、科技创新等重点任务加大政治监督力度，制定贯彻落实习近平总书记重要指示批示和党中央决策部署工作办法和督查办法，建立定期报告制度和工作台账。驰而不息纠治"四风"，对违反中央八项规定及其实施细则精神的问题和线索快查严处。

集中开展专项整治。深入推进"驻京办"、"总部机关化"、利益输送、设租寻租、化公为私等问题专项整治，健全履职待遇、业务支出等一批制度，规范企业资金审批、物资采购、产品销售、工程建设等重点领域和关键环节的权力运行，坚决防止国有资产流失。

始终保持反腐败高压态势。坚持严的主基调，突出重点减存量、零容忍遏增量，严肃查处了一批国企"蛀虫"。切实发挥巡视利剑作用，一体推进不敢腐不能腐不想腐，治理腐败效能不断增强。2020年，中央企业全面从严治党民意调查结果显示，职工群众对全面从严治党成效满意的比例为96.1%，对遏制中央企业腐败现象有信心的比例为96.6%。

国有企业党的领导、党的建设持续加强，有力推动了企业改革发展取得重要进展、重要成就。"十三五"时期，全国国资系统监管企业实现劳动生产总值60.4万亿元，约占同期全国GDP的1/8；截至2020年底国有资产总额234.7万亿元，年均增速14.4%；2020年实现营业收入60.4万亿元、利润总额3.6万亿元，年均增速分别达7.8%、11.3%。国有企业特别是中央企业有力维护了我国国防、能源资源、粮食和重要基础设施安全，推动国家区域重大战略和区域协调发展战略深入实施，服务社会保障民生重要作用充分彰显，在脱贫攻坚战中发挥重要作用。特别是2020年面对新冠肺炎疫情严重冲击，国有企业在专门医院建设、防疫物资保障、生活物资供应、疫苗等医药用品研发生产、复工复产等方面作出了突出贡献。

实践充分证明，坚持党的领导、加强党的建设是我国国有企业的光荣传统和独特优势，是国有企业的"根"和"魂"。踏上实现第二个百年奋斗目标新的赶考之路，我们必须持续深入贯彻习近平总书记关于国有企业改革发展和党的建设的重要论述，坚持和加强党对国有企业的全面领导，深入实施国企改革三年行动，奋力开创国有企业改革发展和党的建设新局面。

(文章刊发于2021年第18期《求是》)

在脱贫攻坚中彰显国资央企使命担当

国务院国资委党委

党的十八大以来，习近平总书记向全党发出坚决打赢脱贫攻坚战的伟大号召，亲力亲为组织实施了人类历史上规模最大、力度最强的脱贫攻坚战。习近平总书记多次指示国有企业要在脱贫攻坚中发挥重要作用，强调"国有企业要承担更多扶贫开发任务"，"承担定点扶贫任务的中央企业，要把帮扶作为政治责任，不能有丝毫含糊"。国务院国资委和中央企业坚

决贯彻落实习近平总书记重要指示和党中央重大决策部署，把助力脱贫攻坚作为重大政治任务，以大国重器的责任担当全力以赴投入脱贫攻坚战。8年多来，国资央企定点帮扶的248个国家扶贫开发工作重点县全部脱贫摘帽，承担行业主管部门、地方党委政府安排的1.2万个各类扶贫点任务全部完成，累计在贫困地区直接投入和引进各类资金超过千亿元，其中无偿帮扶资金超过540亿元，圆满完成各项扶贫任务，帮助贫困地区广大群众走上共同富裕的康庄大道。

一、坚持立足专业特长，努力改变贫困地区生产生活落后条件

习近平总书记强调，要把脱贫攻坚重点放在改善生产生活条件上，着重加强农田水利、交通通信等基础设施和技术培训、教育医疗等公共服务建设，特别是要解决好入村入户等"最后一公里"问题。国资央企充分利用优势资源，发挥企业专长特长，加快推进贫困地区基础设施建设，畅通堵点、补齐短板，极大加快了贫困地区现代化进程。

修通了"致富路"。贫困地区，往往地形地质复杂、自然条件恶劣，与世隔绝成为压在贫困群众身上最重的"石头"。要想富，先修路，打通交通运输线是脱贫攻坚重要的基础工作。中央建筑企业高质量承建了一大批铁路、公路、桥梁、隧道等基建项目，极大改善了贫困地区交通基础设施水平；中央航空企业不断完善航线网络，架起了贫困地区与外部互联互通的空中之路。与此同时，国资央企还建立起"工程建设到哪里、扶贫工作就跟进到哪里"的扶贫工作机制。在交通极为不便的云南省怒江州，中国华电、中交集团等一大批中央企业投资建桥修路，一举解决了当地群众长期存在的出行难题。

送来了"惠民电"。电网不覆盖、用电不稳定一直是制约贫困地区经济社会发展的难题。中央电网电力企业加快推进新一轮农网改造升级和村村通动力电工程，累计投入超过万亿元，提前完成脱贫攻坚电网建设目标，仅机井通电一项每年就可节约燃油275万吨，降低农民灌溉成本116亿元。国家电网克服高原地区施工困难，开展青藏电力联网工程，川藏、青藏、藏中、阿里联网工程等4条"电力天路"跨高山、过大河，彻底解决了困扰藏区多年的缺电问题。中国华电在青海省互助土族自治县班彦新村实施了"光伏+储能+污水处理+农林灌溉"综合能源利用示范及旱厕改水厕、电热炕和"柴改电"电能替代等示范项目，打造了电力服务乡村振兴的"高原新样板"。

开通了"幸福网"。信息化时代，"数字鸿沟"是造成贫困地区落后的重要方面。中央电信企业大力开展通信扶贫，累计投入超过2000亿元，持续完善贫困地区信息通信基础设施建设，开展村村通电话工程和电信普遍试点服务，贫困村通光纤、通4G均超过98%，并针对农村贫困群众推出"扶贫套餐"，有效弥补了城乡"数字鸿沟"，地处深山峡谷的贫困群众也搭上了互联网快车，网络带货成为脱贫利器。中国电信连续奋战百余天，人背肩扛通信设备，彻底打通了四川省昭觉县阿土列尔村的信息天路，"悬崖村"通信水平"一步跨千年"。

支援了"医疗队"。因病致贫、因病返贫是脱贫攻坚中的"硬骨头"。中央企业把健康扶贫放在重要位置，累计在贫困地区投入医疗帮扶资金22亿元，援建（捐建）医院、乡村卫生所2600多所，向贫困地区捐赠了大批先进医疗设备，培训了大批医护人员，开展了一系列送医下乡、无偿义诊等活动，努力解决"看病难"、"看病远"等突出困难。国药集团发挥医药健康行业全产业链优势，向21家医疗机构捐赠设备，帮助地处高原的青海省治多县提升了医疗机构等级，培训各地医护人员上千人次。中国石化连续16年开展"中国石化光明号"健康快车公益项目，使4.6万名贫困白内障患者重见光明。中国三峡集团连续10年开展"幸福微笑"公益活动，累计帮助600多位贫困家庭唇腭裂儿童进行整形修复手术和康复治疗。

二、坚持发挥产业优势，让贫困地区对接联通广阔市场

习近平总书记强调，发展产业是实现脱贫的根本之策，要因地制宜，把培育产业作为推动脱贫攻坚的根本出路。国资央企始终坚持把企业产业优势同贫困地区的资源禀赋紧密衔接起来，在产业扶贫上解贫困地区所需，在消费扶贫上解贫困群众所急，真正做到把扶贫扶到点上、扶到根上。

在产业培育上注重体现特色。产业培育是产业扶贫的先手棋。国资央企充分考虑贫困地区自然资源、生态环境、土地、劳动力等要素禀赋结构和经济特征，抓住贫困地区的"独一份"，因地制宜大力发展贫困地区特色产业，累计援建产业扶贫项目5万多个，扶持乡村龙头企业和农村合作社1.2万个，引进扶贫

企业 2400 多家,带动投资 200 多亿元。中国中铁在陕西省柞水县围绕木耳等特色农产品进行产业扶贫,帮助当地建立了"生产、包装、销售"的产业链,习近平总书记在考察时曾点赞"小木耳、大产业"。中国旅游集团、华侨城集团深度发掘对口帮扶贫困县旅游资源,帮助编制旅游规划、培训管理队伍、培育旅游路线、打造品牌景区。

在扩大市场上注重推广品牌。品牌扶贫是产业扶贫的重要抓手,贫困地区的特色产品只有插上品牌的翅膀,才能飞出山沟沟,变成金凤凰。兵器工业集团在云南省红河县与联合国粮农组织合作推广哈尼梯田"双遗产"项目,使哈尼梯田成为红河县旅游产业提档升级和乡村振兴的持续推动力。国机集团把四川省朝天区"麻柳刺绣"打造成当地民俗文化品牌,走上央视舞台、走进联合国。中航集团、东航集团、南航集团通过开发航空餐食,推动特色产品"上蓝天"、"飘客舱",既丰富了餐食种类,又有力促进了扶贫产品销售和品牌推广。

在消费帮扶上注重搭建平台。建立稳定的销售渠道是产业扶贫形成闭环的关键。党的十八大以来,国资央企积极搭建贫困地区"千家万户小商品"与"千变万化大市场"的网络桥梁,累计购买贫困地区农产品 140 多亿元,帮助销售贫困地区农产品 40 多亿元,一张为贫困地区老百姓造福的"幸福销售网"已经建立起来。中粮集团借助旗下"我买网"引入覆盖全国 27 个省(区、市)63 个国家级贫困县的 579 个扶贫产品。中国五矿坚决贯彻习近平总书记在湖南省花垣县作出的"把种什么、养什么、从哪里增收想明白,帮助乡亲们寻找脱贫致富的好路子"的重要指示,在当地探索建立了"央企出资+农村合作社运营+带动建档立卡户收益+企业购买产品"闭环产业扶贫模式。

三、坚持扶志扶智并举,切实增强贫困群众勤劳致富本领

习近平总书记强调,脱贫致富贵在立志,只要有信心,黄土变成金;要加强扶贫同扶志、扶智相结合,激发贫困群众积极性和主动性,激励和引导他们靠自己的努力改变命运,使脱贫具有可持续的内生动力。国资央企高度重视增强贫困群众勤劳致富的自我意识和发展观念,注重传授贫困群众劳动技能和致富本领,推动贫困群众切实从"要我脱贫"转变为"我要脱贫"、"我能脱贫"。

以加强教育转变思想观念。富脑袋才能鼓口袋,教育是阻断贫困代际传播的根本之策。国资央企累计投入教育帮扶资金 54 亿元,援建学校 2400 多所,资助贫困学生 110 多万名。中央企业"雪域雏鹰央企行"暑期夏令营活动、招商局集团西藏那曲地区"走出去"帮扶计划等帮助藏族中学生和学龄儿童走出大山、走进城市、开拓视野。中国电信全力支持四川省凉山彝族自治州"学前学会普通话"试点行动,投入上亿元资金解决深度贫困地区通信瓶颈,扩大偏远地区幼教点网络覆盖范围。国家能源集团累计投入教育扶贫资金 4 亿元,实施项目 114 个,援建"爱心书屋" 14604 所。

以强化培训提升致富本领。加强对贫困家庭劳动力技能培训,推动贫困家庭劳动力掌握更多实用技能,是激发脱贫致富内生动力的有效途径。中国中铁在湖南省汝城县建设精准扶贫技能教育培训基地,连通培训就业链,赓续共产党人和老百姓的"半条被子"情谊。航天科技注重打造"科技+就业"扶贫样板,大力推进扶贫县职业教育发展。保利集团创办"保利星火班",对建档立卡贫困户子女开展"订单"、"定向"式技能培训。

以帮助就业增强发展动力。一人就业,全家脱贫。帮助贫困地区群众端上就业"饭碗",是最直接最快速的脱贫方式。国务院国资委推动组建由全部中央企业共同出资的央企扶贫基金,累计滚动投资 340 亿元,投资项目 132 个,带动 55 万名贫困地区群众就业,每年为就业人口提供收入 48 亿元。中央企业直接招用贫困群众 5 万多名,帮助超过 60 万名贫困劳动力转移就业。针对新冠肺炎疫情给贫困群众外出务工带来的特殊困难,国务院国资委及时组织开展了"抗疫稳岗扩就业"专项行动,在定点扶贫县举办贫困农民工专场招聘会,提供就业岗位 14.7 万个,招录 5.4 万人。

四、坚持聚焦深度贫困地区,确保小康路上一个都不掉队

习近平总书记强调,深度贫困地区是脱贫攻坚的坚中之坚,务必深刻认识深度贫困地区如期完成脱贫攻坚任务的艰巨性、重要性、紧迫性,采取更加集中的支持、更加有效的举措、更加有力的工作,扎实推进深度贫困地区脱贫攻坚。国资央企聚焦"三区三州"等深度贫困地区,推动扶贫资源向深度贫困地区聚集,坚决打好深度贫困攻坚战、歼灭战。

深入推进攻坚行动。攻克深度贫困堡垒,组织领导是保证。以"三区三州"为代表的深度贫困地区是脱贫攻坚的坚中之坚,是脱贫攻坚这场硬仗中的硬中之硬,必须集中优势力量、全力以赴推进。国务院国资委先后14次召开帮扶深度贫困地区专项会议,专题召开中央企业产业援疆座谈会、助力青海持续健康发展座谈会,组织开展中央企业助力富民兴藏活动,主要负责同志带队赴甘肃、西藏、新疆、青海四地调研并召开扶贫现场推进会。在强力推动下,中央企业在"三区三州"定点扶贫和对口支援的贫困县达到78个,扶贫资源不断向深度贫困地区聚集。

狠抓改进攻坚作风。脱贫攻坚任务能否高质量完成,关键在人,关键在干部队伍作风。国务院国资委认真开展扶贫领域作风问题专项治理工作,着力解决扶贫领域"四个意识"不强、责任落实不到位、工作措施不精准、资金管理使用不规范、工作作风不扎实、考核评估不严不实等突出问题,引导企业更加关注深度贫困地区,引导扶贫干部扑下身子和贫困群众一起干。从黄土高坡到雪域天路,从西北边陲到云贵高原,全国14个集中连片特困地区,都遍布国资央企扶贫队伍的身影。

全面确保攻坚成效。不漏一村、不落一人,让乡亲们都过上好日子,是深度贫困地区脱贫攻坚的目标追求。中国华能、中国大唐、中国三峡集团全力支持云南省打赢"直过民族"脱贫攻坚战,累计投入近60亿元,帮助解决了"直过民族"的生存发展困境。华润集团在革命老区和贫困地区建设12座"华润希望小镇",打造了一批具有农业发展活力、鲜明地方和民族特色的社会主义新村镇。中国石化坚决落实对甘肃省东乡族自治县布楞沟村的定点帮扶任务,引来幸福水、修通惠民路、建设新农村,有效改变了当地贫困面貌。

五、坚持党的领导,充分彰显国资央企姓党为民政治本色

习近平总书记强调,打赢脱贫攻坚战,组织领导是保证;坚持党的领导,发挥社会主义制度可以集中力量办大事的优势,这是我们的最大政治优势。国资央企各级党组织把助力脱贫攻坚作为义不容辞的政治责任,加强党的建设,健全完善强有力的扶贫组织工作体系,完善层层抓落实的工作机制,为扶贫工作任务顺利推进提供坚强保证。

聚非常之力,建立一套强力高效的扶贫工作体系。国务院国资委党委成立扶贫开发工作领导小组,组织中央企业每年签订定点扶贫责任书,并作为经营业绩考核的重要内容。中央企业党委(党组)全部成立扶贫工作领导机构,健全扶贫工作组织体系,仅2017年以来累计召开各类扶贫会议3000余次,领导班子成员累计2400多人次赴定点扶贫县专项推动工作。国资央企各级党组织把脱贫攻坚作为"一把手"工程专题研究、专题部署、专题推进,各级领导干部坚决把扶贫政治责任扛在肩上,形成了国资央企总动员、干部职工齐发力,上下联动、一体推进的生动局面。

施非常之策,探索一条精准管用的扶贫开发路径。贯彻精准扶贫精准脱贫基本方略,国务院国资委党委先后出台10个扶贫工作文件,明确扶贫基本原则、主要任务、工作重点以及对"三区三州"深度贫困地区扶贫工作的具体要求。中央企业党委(党组)立足地方所愿、群众所需、企业所能,在精准施策上出实招、在精准推进上下实功、在精准落地上见实效,真正做到了扶贫扶到点上、扶到根上,实现了产业有效益、群众有收入、企业有回报、地方有发展的良性循环。

尽非常之责,锻造一支敢打必胜的扶贫工作队伍。把扶贫一线作为培养锻炼干部的重要平台,选派精兵强将直接嵌入贫困地区,累计派出挂职扶贫干部3.7万人。国资央企的扶贫干部与当地人民群众一起战天斗地,结下了深厚的情谊。特别是中核集团等12家中央企业先后有19名扶贫干部牺牲在扶贫工作一线,用生命谱写了一首首新时代的扶贫壮歌、青春之曲,在国资央企干部职工和帮扶地区基层群众中广为传颂。中国化学工程扶贫干部邱军同志挂职甘肃省华池县副县长,累倒在扶贫岗位上,在重症监护室仅有的三天清醒时间仍惦念着贫困群众,用颤抖的手写下三项未尽的扶贫工作,给妻子和两个年幼孩子留言"好想一家人一起吃顿饭,我去买,给你们做",以一心为公、舍身忘我的行动践行了共产党人的初心使命。

下非常之功,建强一批扎根农村的坚强战斗堡垒。把党建工作作为扶贫的重要抓手,通过结对共建、干部培训、志愿服务等多种形式,在贫困地区累计结对共建党支部超过1.8万个,培训基层干部超过27万人,有力增强了贫困地区基层党组织政治功能和组织力。国资央企扶贫干部走入村寨、坐到炕头,面对面传递党的声音,把习近平总书记和党中央的关怀温暖送到贫困群众心坎上,使帮扶地区人民群众真切感受到共产党好、社会主义好、伟大祖国好。"以前只知道央企大,现在更知道央企最听党的话","感谢央企感谢党",老百姓这些朴实的话语是对国资央企坚决

做到"两个维护"、不折不扣贯彻落实党的扶贫政策最大的褒奖。

进入新发展阶段、迈向新征程,国资央企要有新作为。国务院国资委党委和中央企业党委(党组)将把推动企业自身改革发展同巩固拓展脱贫攻坚成果、全面推进乡村振兴有机统一起来,以更有力的举措、汇聚更强大的力量确保党中央决策部署落到实处,为全面建设社会主义现代化国家作出更大贡献。

(文章刊发于2021第4期《求是》)

为实现中华民族伟大复兴提供坚实物质基础

国务院国资委党委理论学习中心组

习近平总书记在庆祝中国共产党成立100周年大会上指出,党的十八大以来,"党和国家事业取得历史性成就、发生历史性变革,为实现中华民族伟大复兴提供了更为完善的制度保证、更为坚实的物质基础、更为主动的精神力量。"实现中华民族伟大复兴,是近代以来中华民族最伟大的梦想,坚实物质基础是实现中华民族伟大复兴的基本前提和必要条件。国有企业作为中国特色社会主义的重要物质基础和政治基础、我们党执政兴国的重要支柱和依靠力量,在为实现中华民族伟大复兴提供坚实物质基础方面具有不可替代的重要作用。

以习近平同志为核心的党中央高度重视国资国企工作。党的十八大以来,习近平总书记对国有企业改革发展和党的建设作出一系列重要指示批示,特别是2016年10月10日亲自出席在国企发展史上具有里程碑意义的全国国有企业党的建设工作会议并发表重要讲话,深刻回答了国有企业要不要加强党的建设、怎样加强党的建设等重大理论和实践问题,深刻阐明了为什么要做强做优做大国有企业、怎样做强做优做大国有企业这个重大时代命题,为新时代国资国企工作指明了前进方向、提供了根本遵循。在以习近平同志为核心的党中央坚强领导下,国资国企坚持以习近平新时代中国特色社会主义思想为指导,把深入学习贯彻习近平总书记在全国国有企业党的建设工作会议上的重要讲话精神作为全部工作主线,坚决贯彻落实党中央、国务院决策部署,扎实推进国资国企改革发展和党的建设各项工作,党对国有企业的领导全面加强,中国特色现代企业制度加快健全,国有企业发展质量效益显著提升,国有资本布局结构显著改善,国有经济竞争力、创新力、控制力、影响力、抗风险能力显著增强,为全面建设社会主义现代化国家、实现中华民族伟大复兴的中国梦提供了坚实物质基础。

牢牢把握发展第一要务,为我国经济实力跃上新台阶提供坚实基础

习近平总书记指出:"实现'两个一百年'奋斗目标、实现中华民族伟大复兴的中国梦,不断提高人民生活水平,必须坚定不移把发展作为党执政兴国的第一要务,坚持解放和发展社会生产力,坚持社会主义市场经济改革方向,推动经济持续健康发展。"国有企业是中国特色社会主义的重要物质基础和政治基础,是我国生产力发展水平和综合国力的重要体现。党的十八大以来,国资国企坚持发展第一要务不动摇,坚持公有制主体地位不动摇,坚持做强做优做大国有企业不动摇,始终坚持稳中求进工作总基调,扎实推动高质量发展,加快推动提质增效,经营业绩不断取得历史性突破,有力促进和带动了国民经济持续健康发展。

创造了大量社会财富。"十三五"时期,全国国资系统监管企业持续巩固良好发展态势,经济运行稳中向好、稳中提质,累计实现增加值59.5万亿元,约占同期全国GDP的1/8;资产总额、营业收入、利润总额年均增速分别为12.7%、7.4%、10.7%,均高于同期全国GDP和规模以上工业企业有关指标增速,为我国经济增长提供了坚强支撑。

提供了重要基础保障。我国煤电油气等基础能源供给,电信、铁路、航空等基础网络运营,还有许多投资大、收益薄的基础设施、民生工程以及关系国民经济命脉的重大工程项目,主要都是国有企业承担的。特别是在抗击新冠肺炎疫情斗争中,石油石化、电网电力、通信、航空运输等行业国有企业全力保供稳价、稳链固链,在关键时刻发挥了中流砥柱的重要作用。

作出了重大社会贡献。"十三五"时期,国有企业累计贡献税收17.7万亿元,约占同期全国税收收入的1/4;中央企业累计上交国有资本收益4135亿元,率先完成向社保基金划转国有股权任务,累计划转国有资本1.21万亿元。国有企业发展质量效益不断提升,49家中央企业进入世界500强,涌现出一批具有

核心竞争力的骨干企业,有力促进了产业链上下游协同、大中小企业融合发展,成为体现我国综合国力的重要力量。

实践证明,企业强则国家强,实现中华民族伟大复兴,必须有一批大企业挑重担、扛大梁。新的征程上,必须更加坚定地做强做优做大国有企业,加快建设世界一流企业,以国有企业高质量可持续发展,为全面建成社会主义现代化强国提供有力支撑。

牢牢把握创新第一动力,为实现高水平科技自立自强提供坚实基础

习近平总书记指出:"实现'两个一百年'奋斗目标,实现中华民族伟大复兴的中国梦,必须坚持走中国特色自主创新道路""中央企业等国有企业要勇挑重担、敢打头阵,勇当原创技术的'策源地'、现代产业链的'链长'。"当今世界,科技创新已经成为国际战略博弈的主要战场,围绕科技制高点的竞争空前激烈。国有企业特别是中央企业作为科技创新的国家队,坚决贯彻创新驱动发展战略,把科技创新作为"头号任务",强化需求牵引、研用结合,推动资源集中、人才集聚,不断增强科技创新策划力、整合力、带动力,在关键核心技术攻关新型举国体制中发挥了中坚作用。

打造科技攻关重地。"十三五"期间,中央企业累计研发投入3.4万亿元,占比超过全国1/4。关键核心技术攻坚项目取得重大进展,一批基础应用技术、前沿技术、长板技术加快突破,一批关键核心技术"卡脖子"问题有效解决。

打造重大创新要地。在载人航天、探月工程、北斗导航、载人深潜、5G应用、国产航母、航空发动机、特高压输变电、第三代核电等战略高技术领域,取得了一批具有世界先进水平的重大标志性成果。"十三五"期间累计获得国家科技进步奖和技术发明奖364项,占全国同类奖项的38%。

打造科技人才高地。大力实施人才强企战略,注重引才聚才、育才用才,培养造就了一批急需紧缺的战略科技人才、科技领军人才、青年科技人才和高水平创新团队。目前,中央企业拥有两院院士229人,各类科研人员超过100万人,高技能人才超过200万人。

实践证明,国有企业是集中体现新型举国体制优势的国家战略科技力量。新的征程上,必须切实增强机遇意识和危机意识,务求在受制于人的"卡脖子"领域和薄弱环节不断取得突破,研发和掌握更多国之重器,为实现高水平科技自立自强提供重要支撑。

牢牢把握"国之大者"勇于作为,为构建新发展格局提供坚实基础

习近平总书记指出:"构建新发展格局,是与时俱进提升我国经济发展水平的战略抉择,也是塑造我国国际经济合作和竞争新优势的战略抉择。"构建新发展格局,是把握未来发展主动权的战略性布局和"先手棋",是新发展阶段要着力推动完成的重大历史任务。国资国企坚持把新发展理念作为"指挥棒",胸怀"两个大局"、心系"国之大者",紧紧围绕发挥国有经济战略支撑作用,聚焦战略安全、产业引领、国计民生、公共服务等功能,持续完善组织架构、产业结构、空间布局,在畅通国民经济循环、培育完整内需体系、促进高水平对外开放中发挥骨干作用。

在落实国家区域重大战略上勇作表率。积极服务京津冀协同发展、长江经济带发展、粤港澳大湾区建设、长三角一体化发展、黄河流域生态保护和高质量发展、海南自贸港建设等重大战略,"十三五"时期累计完成投资17.9万亿元,比"十二五"时期增长了36.4%。

在坚持生态优先、绿色发展上勇作先锋。大力推进重点行业减排降碳,严控"两高"项目和过剩产能项目投资,严守生态安全红线。"十三五"期间,中央企业万元产值综合能耗(可比价)下降17%,二氧化硫、氮氧化物、化学需氧量、氨氮排放总量分别下降30%、25%、35%、31%。

在高质量共建"一带一路"上勇作主力。统筹国内国际两个市场、两种资源,以共建"一带一路"为重点,建设面向全球的生产经营网络,中白工业园、蒙内铁路、希腊比雷埃夫斯港等一批重大项目和标志性工程成功落地。截至目前,中央企业拥有海外资产约8万亿元,在180多个国家和地区拥有机构和项目超过8000个。

实践证明,国有企业讲政治、顾大局,认真执行党的政策、落实国家战略、贯彻宏观调控举措,按照社会主义市场经济规律办事,是解决发展不平衡不充分问题的重要依靠。新的征程上,必须完整、准确、全面贯彻新发展理念,坚持从党和国家事业大局来谋划推动国资国企工作,努力当好构建新发展格局、推动高质量发展的主力军。

牢牢把握人民至上的价值追求,为改善人民生活、促进共同富裕提供坚实基础

习近平总书记强调:"江山就是人民、人民就是江山,打江山、守江山,守的是人民的心。"国有企业属于

全民所有,人民性是国有企业的根本属性,一切以人民利益为重是国有企业的政治本色和价值追求。国资国企坚决贯彻以人民为中心的发展思想,把人民对美好生活的向往作为奋斗目标,真抓实干解民忧、纾民难、暖民心,努力让改革发展成果更多更公平惠及广大人民群众。

大力扶贫脱贫。充分发挥企业优势,加快推进贫困地区基础设施建设,加大通路、通电、通信、通航等投入力度,通过产业扶贫、就业扶贫、消费扶贫等多种方式,推动改变贫困地区生产生活条件。"十三五"以来,中央企业累计投入和引进帮扶资金近千亿元,承担地方结对帮扶任务1.2万个、派出扶贫干部超过3.7万人,定点帮扶的246个国家扶贫工作重点县全部脱贫摘帽。

积极惠民利民。坚决落实国家提速降费、降电价等政策,"十三五"期间通信企业降费让利约7000亿元,电网电力企业降低全社会用电成本约4000亿元。2020年中央企业为支持复工复产、促进经济发展,主动降电价、降气价、降资费、降路费、降房租,累计降低全社会运行成本1965亿元。

全力安民为民。坚持人民至上、生命至上。在抗击新冠肺炎疫情斗争中,国有企业在专门医院建设、防疫物资保障、生活物资供应、疫苗药物研发等方面作出了突出贡献。面对今年7月河南发生的特大洪灾,国有企业千里驰援、一线抢险,及时抢通道路、电力与通信设施,保护救助被困群众,中央企业在一天内捐赠现金超过10亿元,在危急关头、关键时刻再次展现了责任担当。

实践证明,国有企业是维护人民共同利益的重要力量,是促进人民共同富裕的重要保障。新的征程上,必须把企业改革发展同满足人民对美好生活的需要紧密结合起来,在增进民生福祉上更好发挥基础性、公益性、保障性的重要作用,有力促进共同富裕取得更为明显的实质性进展。

牢牢把握坚持党的领导、加强党的建设独特优势,为做强做优做大国有企业提供坚强保证

习近平总书记指出:"坚持党的领导、加强党的建设,是我国国有企业的光荣传统,是国有企业的'根'和'魂',是我国国有企业的独特优势。"新时代国资国企改革发展之所以取得重大进展和显著成效,坚持党的领导、加强党的建设是根本保证。国资国企以钉钉子精神深化落实全国国有企业党的建设工作会议精神,坚决扛起管党治党主体责任,推动国企党建工作全面强起来、严起来、实起来。

在强化政治建设中坚持和加强党对国有企业的全面领导。坚持把政治建设作为根本性建设,把做到"两个维护"作为最高政治原则和根本政治规矩,扎实开展"两学一做"学习教育、"不忘初心、牢记使命"主题教育、党史学习教育,专题编印《习近平关于国有企业改革发展和党建论述摘编》《习近平关于发展国有经济论述摘编》,健全学习贯彻习近平总书记重要指示批示"首要责任""第一议题"制度,推动习近平新时代中国特色社会主义思想在全系统大学习大普及大落实,切实提高政治判断力、政治领悟力、政治执行力,有效凝聚起推动企业改革发展的强大内驱力。

在深化国企改革中推动党的建设与生产经营深度融合。坚决贯彻"两个一以贯之",把加强党的领导和完善公司治理统一起来,加快建设中国特色现代企业制度,中央企业集团层面全面完成"党建入章","双向进入、交叉任职"和党委(党组)书记、董事长"一肩挑"实现全覆盖,企业党委(党组)把方向、管大局、促落实的领导作用进一步发挥,党建责任和生产经营责任有机融入企业治理体系,制度优势更好转化为治理效能。

在推进全面从严治党中营造风清气正的政治生态。深化落实习近平总书记关于国有企业领导人员"20字"要求,着力建设党在经济领域的执政骨干队伍。坚持强基固本、实施"三基建设"工程,推动基层党建工作质量全面提升。加大国企反腐力度,坚决整治"四风"和违反中央八项规定精神问题,一体推进不敢腐不能腐不想腐,切实营造风清气正的良好环境。

实践证明,坚持党的领导、加强党的建设是做强做优做大国有企业的根本保证,只能加强、不能削弱。新的征程上,必须持之以恒深入贯彻全国国有企业党的建设工作会议精神,始终坚持党对国有企业的全面领导,持续巩固深化国有企业党的建设工作成果,以高质量党建引领保障高质量发展。

当前,实现中华民族伟大复兴进入了不可逆转的历史进程,国资国企使命光荣、责任重大。我们要更加紧密地团结在以习近平同志为核心的党中央周围,坚持以习近平新时代中国特色社会主义思想为指导,深入学习贯彻习近平总书记"七一"重要讲话精神和关于国有企业改革发展和党的建设的重要论述,坚定不移做强做优做大国有企业,充分发挥国有经济战略支撑作用,加快建设世界一流企业,为全面建成社会主义现

代化强国、实现中华民族伟大复兴的中国梦提供更为坚实的物质基础,努力为党和人民争取更大光荣。

(文章刊发于2021年10月26日《人民日报》)

坚定不移做强做优做大国有企业 充分发挥国有经济战略支撑作用

国务院国资委党委书记、主任 郝 鹏

党的十九届五中全会审议通过的《中共中央关于制定国民经济和社会发展第十四个五年规划和二〇三五年远景目标的建议》(以下简称《建议》)清晰展望了到二〇三五年基本实现社会主义现代化的远景目标,明确提出了"十四五"时期我国经济社会发展的指导方针、主要目标、重点任务、重大举措,同时也对国资国企工作作出了新的重要部署、提出了新的明确要求,充分体现了以习近平同志为核心的党中央对国资国企的高度重视。党的十八大以来,习近平总书记多次主持召开中央政治局会议、中央政治局常委会会议、中央深改委会议、中央财经委会议等重要会议审议研究国资国企改革发展重要政策文件,亲自出席全国国有企业党的建设工作会议并发表重要讲话,在每年的中央经济工作会等重要会议上对国资国企工作作出重大部署,先后考察国企央企超过百家。习近平总书记就国有企业改革发展和党的建设发表的一系列重要讲话、作出的一系列重要指示,深刻阐明了新时代为什么要做强做优做大国有企业、怎样做强做优做大国有企业这个重大的时代命题,为我们做好国资国企工作指明了前进方向、提供了根本遵循。

一、为什么要做强做优做大国有企业

在2016年10月10日党中央召开的全国国有企业党的建设工作会议上,习近平总书记开宗明义地提出,首先要弄清楚一个问题,就是国有企业还要不要?对此习近平总书记旗帜鲜明、掷地有声地指出,国有企业不仅要,而且一定要办好,要坚定不移做强做优做大国有企业。习近平总书记多次强调,国有企业是中国特色社会主义的重要物质基础和政治基础,是我们党执政兴国的重要支柱和依靠力量,是党领导的国家治理体系的重要组成部分,必须坚定不移把国有企业做强做优做大。党的十八大以来,习近平总书记多次强调做强做优做大国有企业,特别是2020年多次对国资国企在统筹疫情防控和经济社会发展这场大战大考中作出的突出贡献给予充分肯定,结合抗疫斗争、中美战略博弈、统筹经济社会发展等,在多个会议上又反复强调做强做优做大国有企业的重要意义。对于习近平总书记强调的做强做优做大国有企业重要论述精神,可以从实践和理论两个维度来理解和把握。

(一)从实践维度看,不断做强做优做大的国有企业为实现第一个百年奋斗目标作出了彪炳史册的重大贡献、立下了不可磨灭的历史功勋

在全国国企党建会上,习近平总书记指出,我国国有企业为我国经济社会发展、科技进步、国防建设、民生改善作出了历史性贡献,功勋卓著! 功不可没! 社会主义建设时期,在新中国成立之初一穷二白、满目疮痍的烂摊子上,我们党创办国有企业,自力更生、艰苦奋斗,在前苏联援建的156项重大项目的基础上,逐步建立起独立的比较完整的工业体系和国民经济体系,有效维护了国家主权和安全,有力推动了社会主义现代化建设。六七十年代,国有企业广大干部职工和科研人员克服外部封锁和国家经济技术基础薄弱等困难,研制出"两弹一星一艇"等一系列"大国重器",真正奠定了我国有影响力的大国地位。改革开放以来,我们党坚持以经济建设为中心,把国有企业改革作为经济体制改革的中心环节,通过放权让利、实行承包经营责任制、建立现代企业制度、"抓大放小"、国企三年改革脱困、深化国有资产管理体制改革等一系列改革举措,推动国有企业一步步从计划走向市场、从国内走向国外,从传统计划经济体制下政府的附属机构,逐步发展成为依法独立自主经营的市场主体,质量效益明显改善,规模实力大幅提升。特别是进入新时代以来,在以习近平同志为核心的党中央坚强领导下,国资国企战线广大干部职工坚决贯彻落实习近平总书记关于国有企业改革发展和党的建设的重要论述精神,推动国有企业改革发展取得了重大进展、重要成果,为经济社会发展、科技进步、国防建设、民生改善作出了重大贡献。

一是积极履行经济责任,在中国特色社会主义经济建设中发挥了顶梁柱作用。从GDP看,2020年全国国资系统监管企业实现劳动生产总值13万亿元,约占当年全国GDP的1/8。从财税贡献看,2012—

2020年全国国资系统监管企业累计上交税费29.5万亿元,约占同期全国税收收入的1/4。从基础保障看,全国国资系统监管企业提供了全国近100%的原油产量和上网电量、97%的天然气供应量,搭建了覆盖全国的基础交通网络和电信网络,在重大基础设施和民生工程的建设运营上发挥了重要作用,为国计民生提供了有力保障。从企业总体实力看,2020年我国大陆进入《财富》世界500强的企业达到124户,首次超过美国。进入世界500强的92家国有企业中,国资系统监管企业有80家,这些大企业大集团成为我国参与全球竞争的重要力量。特别是2020年,面对新冠肺炎疫情严重冲击和全球经济下行压力,中央企业统筹疫情防控和经济社会发展,围绕落实"六稳六保"要求,全力稳经营、稳运行、稳增长,净利润增速达到2.1%,为经济社会发展企稳回升作出了重要贡献。

二是积极履行政治责任,在落实国家战略中发挥了主力军作用。国有企业特别是中央企业在维护我国国防安全、能源资源安全、粮食安全、重要基础设施安全方面,承担了主要责任。在促进区域发展方面,国有企业积极响应党中央号召,充分发挥自身优势,在推进西部大开发、东北全面振兴、中部地区崛起、东部地区加快推进现代化和京津冀协同发展、长江经济带发展、粤港澳大湾区建设、长三角一体化发展等区域协调发展战略中发挥了表率作用。在助力打好三大攻坚战方面,中央企业充分运用比较优势,在产业扶贫、消费扶贫、就业扶贫方面发挥了重要作用,定点帮扶246个国家扶贫工作重点县,占全国的42%,为打赢打好脱贫攻坚战作出了重要贡献。

三是积极履行社会责任,在服务社会、保障民生中发挥了排头兵作用。国有企业是全民所有,国有企业的宗旨就是为人民服务。党的十八大以来,国有企业坚决落实中央有关政策,着力降低社会运行成本,支持民营企业发展,带动全社会经济持续健康发展。在降低社会运行成本方面,近年来中央企业坚决落实国家提速降费、降电价等政策,仅2019年降费让利就超过5000亿元。2020年中央企业为支持复工复产,主动落实降电价、降气价、降资费、降路费、降房租政策,累计降低全社会运行成本1965亿元。在支持民营企业和中小企业方面,改革开放以来,国有企业和民营企业一直是相伴而生、共同成长、共同进步。改革开放初期,一批国有企业"星期六工程师"支撑了民营企业发展,上世纪末国有企业"抓大放小"又放活了一批中小企业。今天国有企业和民营企业已经形成了完整的产业链、供应链,大家相互依存、相互协同,你中有我、我中有你。在自然灾害和突发事件的抗击救援方面,国有企业第一时间冲锋在前,全力投入国家救援和应急行动,在抗灾救灾中发挥了重要骨干作用。特别是2020年,面对突如其来的新冠肺炎疫情,国资国企闻令而动、勇挑重担,在扎实做好境内外员工防疫工作的同时,主动服务国家防疫大局,倾尽全力参与医疗救治,分秒必争抢建专门医院,不计代价转产扩产防疫物资,不讲条件执行包机任务,全力以赴攻关疫苗研发,千方百计保障民生供应,有力有序推进复工复产,在党和人民最需要的时候挺身而出、不辱使命。

实践充分证明,国有企业是我们党和国家最可信赖的依靠力量,是我国经济社会持续健康发展的战略支撑力量。正如习近平总书记所指出的,关键时刻真正靠得住的还是国有企业,必须坚定不移做强做优做大。

(二)从理论维度看,做强做优做大国有企业是坚持和完善社会主义基本经济制度、坚持和发展中国特色社会主义的必然要求

马克思主义政治经济学指出,生产力和生产关系、经济基础和上层建筑相互作用、相互制约,支配着整个社会发展进程;生产资料所有制是生产关系的核心,决定着社会的基本性质和发展方向。社会主义基本经济制度在我国经济制度体系中具有基础性决定性地位。坚持和发展中国特色社会主义,在经济领域,必须要把社会主义基本经济制度坚持好、巩固好、完善好、发展好。做强做优做大国有企业,发挥国有经济主导作用,坚持公有制主体地位,对于坚持和完善社会主义基本经济制度、坚持和发展中国特色社会主义具有重大而深远的意义。

第一,做强做优做大国有企业是坚持和完善社会主义基本经济制度的必然要求。公有制为主体、多有所有制经济共同发展,按劳分配为主体、多种分配方式并存,社会主义市场经济体制,共同构成社会主义基本经济制度。公有制为主体是社会主义基本经济制度的鲜明特征。坚持公有制主体地位,必须发挥国有经济主导作用。我国《宪法》第六条规定:"中华人民共和国的社会主义经济制度的基础是生产资料的社会主义公有制,即全民所有制和劳动群众集体所有制。"第七条规定:"国有经济,即社会主义全民所有制经济,是国民经济中的主导力量"。坚持和完善基本经济制度、坚持公有制的主体地位,就必须毫不动摇地发展壮大国有经济、巩固国有经济在国民经济中的主导地位。发挥国有经济主导作用,必须有一批强、优、大的国有企业作支撑。在社会主义市场经济条件下,国有经济在国民经济中的主导作用主要体现在控制力、影响力、带动力上。国有企业是国有经济的重要载体,发挥国有经济主导作用,需要我们做强做优做大国有企业,把国有企业打造成为能够体现我国经济实力和国际竞争力的国家队,发挥好经济社会运行"稳定器""压舱石"的重要作用。

第二,做强做优做大国有企业是坚持使市场在资源配置中起决定性作用、更好发挥政府作用的必然要求。在党的十八届三中全会上,习近平总书记明确提出"使市场在资源配置中起决定性作用和更好发挥政府作用",揭示了社会主义市场经济的本质要求。一方面,做强做优做大国有企业是使市场在资源配置中起决定性作用的客观需要。市场决定资源配置是市场经济的一般规律。企业是市场经济的力量载体,是配置资源的市场主体。国有企业和其他所有制企业一样,都必须遵循市场经济规律和企业发展规律,不断提高配置资源的能力和核心竞争力,通过优胜劣汰在市场竞争中不断发展壮大。做强做优做大国有企业,有利于在更大范围、更广领域进行资源配置,有利于提高市场配置资源效率。另一方面,做强做优做大国有企业是更好发挥政府作用的重要途径。市场在资源配置中起决定性作用,并不是起全部作用。我国实行的社会主义市场经济体制,要坚持发挥社会主义制度的优越性、发挥政府积极作用,实施宏观调控,弥补市场失灵。国有企业既有一般企业治理结构规范、运行机制灵活、资源配置高效的突出特点,又有讲政治、顾大局、为人民的红色基因和优良传统,是连接有为政府和有效市场的重要纽带,在执行党的政策、落实国家战略、实施宏观调控、促进社会公平正义、推动实现共同富裕等方面从来都是最坚决、最有效的。做强做优做大国有企业,有利于把我国制度优势转化为治理效能,充分发挥集中力量办大事的体制优势。

第三,做强做优做大国有企业是巩固党执政兴国重要基础的必然要求。做强做优做大国有企业,有利于更好巩固我们党执政兴国的重要物质基础。我们党能够长期执政,带领全国人民取得历史性成就,实现"两大奇迹",国有企业发挥了重要作用。只有国有企业不断发展壮大,为我们党和国家事业发展打下重要物质基础,才能维护我国的经济独立和国家安全,支撑我国大国地位;才能保障人民生活的不断改善,增强我们党执政的最大底气。做强做优做大国有企业,有利于更好巩固党执政兴国的重要政治基础。我们党应对前进道路上各类风险挑战,做到"任凭风浪起、稳坐钓鱼台",必须要有关键时刻听指挥、拉得出,危急关头冲得上、打得赢的基本队伍。国有企业就是这样的队伍。目前,我国国有企业拥有80多万个党组织,1000多万名党员,4000多万名在岗职工,这是我国工人阶级的骨干力量,也是我们党领导的一支政治上绝对可靠、思想上绝对忠诚、行动上绝对坚定的基本力量。

无论实践还是理论都雄辩地证明,只要我们坚持党的领导不动摇,坚持和发展中国特色社会主义不动摇,就必须坚持做强做优做大国有企业不动摇。我们要坚定搞好国有企业的信心决心,共同努力把国有企业做强做优做大,确保中国特色社会主义制度坚如磐石,中国特色社会主义事业行稳致远。

二、怎样做强做优做大国有企业

党的十八大以来,习近平总书记围绕怎样做强做优做大国有企业作了一系列重要部署,既明确了"过河"的任务,又指导解决"桥或船"的问题,讲得非常系统、全面、具体。近期,习近平总书记又多次就做强做优做大国有企业作出重要部署。五中全会通过的《建议》在第六章中以"激发各类市场主体活力"为题对国资国企工作作了集中部署,明确提出做强做优做大国有资本和国有企业,首次提出发挥国有经济战略支撑作用。2020年6月30日,习近平总书记主持召开中央深改委第14次会议审议通过《国企改革三年行动方案(2020—2022年)》,这是继《党中央、国务院关于深化国有企业改革的指导意见》之后,深化国有企业改革的又一份纲领性文件。11月2日,习近平总书记主持召开中央深改委第16次会议审议通过《关于新时代推进国有经济布局优化和结构调整的意见》,明确了国有经济布局优化和结构调整的重大意义、总体要求、战略导向和具体方向、重点领域、机制手段等。12月30日,习近平总书记主持召开中央深改委第17次会议审议通过《关于中央企业党的领导融入公司治理的若干意见(试行)》,明确了企业党委(党组)在决策、执行、监督各环节的权责和工作方式。这三个重要文件,紧紧围绕贯彻落实习近平总书记关于国有企业改革发展和党的建设的重要论述精神,与党的十九届五中全会和中央经济工作会议关于国资国企工作的部署一起,共同构成了做好国资国企工作的重要遵循。具体工作上要突出抓好八个方面重点任务。

第一，完善中国特色现代企业制度，为做强做优做大国有企业提供制度支撑。

中国特色现代企业制度是做强做优做大国有企业的制度根基。习近平总书记指出，坚持党对国有企业的领导是重大政治原则，必须一以贯之，建立现代企业制度是国有企业改革的方向，也必须一以贯之；要把加强党的领导和完善公司治理统一起来，建设中国特色现代国有企业制度；国有企业党委（党组）发挥把方向、管大局、保落实的领导作用，要明确党组织在决策、执行、监督各环节的权责和工作方式，使党组织发挥作用组织化、制度化、具体化；要处理好党组织和其他治理主体的关系，明确权责边界，做到无缝衔接，形成各司其职、各负其责、协调运转、有效制衡的公司治理机制。

进入新发展阶段、迈向新征程，贯彻落实习近平总书记有关重要论述精神，国有企业要进一步完善公司治理机制，力争在中国特色现代企业制度更加成熟更加定型上取得明显成效，持续推动制度优势转化为做强做优做大国有企业的治理效能。一是实现党的领导融入公司治理各环节制度化、规范化、程序化。从制度层面、操作层面进一步明确党组织在决策、执行、监督各环节的权责和工作方式，厘清党委（党组）、董事会、经理层权责边界和工作程序，确保各治理主体不缺位、不越位，不相互替代、不各自为政。二是推动董事会应建尽建、落实职权。在目前集团层面基本完成董事会建设的基础上，把这项工作向子企业延伸，实现应建尽建，依法落实董事会职权。健全外部董事选聘和管理制度，拓宽外部董事来源渠道，强化外部董事作为出资人代表的职责定位，充分发挥外部董事重要作用。三是保障经理层依法行权履职。建立董事会向经理层授权的管理制度，明确授权原则、管理机制、事项范围、权限条件，确保经理层切实履行好经营管理职责。

第二，着力推进创新驱动、促进科技自立自强，为做强做优做大国有企业提供强劲动能。

科技创新是高质量发展的第一动力，是做强做优做大国有企业的强劲动能和强大支撑。习近平总书记指出，要坚持创新在我国现代化建设全局中的核心地位，把科技自立自强作为国家发展的战略支撑，强化国家战略科技力量，强化企业创新主体地位，提升企业技术创新能力；要推动企业成为技术创新决策、研发投入、科研组织和成果转化的主体，培育一批核心技术能力突出、集成创新能力强的创新型领军企业；关键核心技术是国之重器，国有企业特别是中央所属企业一定要研发和掌握更多的国之重器。

进入新发展阶段、迈向新征程，国有企业特别是中央企业作为国家战略科技力量，要牢牢把握面向世界科技前沿、面向经济主战场、面向国家重大需求、面向人民生命健康的要求，深入实施创新驱动发展战略，切实提升企业自主创新能力，努力在我国科技自立自强中充分发挥引领支撑作用，为做强做优做大国有企业提供源源不断的强劲动能。一是坚决打好关键核心技术攻坚战。实施关键核心技术集中攻关和应用迭代，积极牵头承担国家重大科技项目或重大专项，集中优势力量开展协同攻关，把最优秀的人才、最急需的资源、最先进的设备配备到攻关任务上来，尽快解决"卡脖子"问题。二是超前谋划抢占"制高点"。围绕国家战略和高质量发展需求，分层次、分领域部署一批产业关键技术、前沿引领技术和应用基础技术，针对工业母机、高端芯片、基础软件、大飞机、发动机等产业薄弱环节，加大攻关力度。三是切实强化基础研发力度。针对基础研发这一短板，积极参与重组国家重点实验室，加强共性技术平台建设，加强创新资源统筹，在核心基础零部件（元器件、软件）、关键基础材料、先进基础工艺和产业技术基础等领域尽快取得突破，促进产业基础高级化、产业链现代化。四是抓好人才和机制两个关键点。对优秀科技人才的激励要摆在更加突出位置，不能与其他领域人员等量齐观，不能简单攀比拉平，要体现特殊人才特殊激励，落实"军令状"制度和"揭榜挂帅"等机制，充分激发广大科研人员创新动力、创造潜能。

第三，积极推进国有资本布局优化和结构调整，为做强做优做大国有企业提供更大空间。

推进国有资本布局优化和结构调整，提升国有资本的整体功能和配置效率，是在更大空间、更广范围、更高层次推动国有企业做强做优做大的重要举措。习近平总书记指出，要坚持有进有退、有所为有所不为，聚焦战略安全、产业引领、国计民生、公共服务等功能，调整存量结构，优化增量投向，更好把国有企业做强做优做大；实体经济是大国的根基，要推动企业高质量发展，发展壮大主业实业；国有资本投资运营要服务于国家战略目标，更多投向关系国家安全、国民经济命脉的重要行业和关键领域；要更深更广融入全球供给体系，海外并购重组要突出实体经济，突出技术、品牌、市场，推进价值链从中低端向中高端延伸。

进入新发展阶段、迈向新征程，国有企业特别是中央企业要紧紧围绕构建新发展格局，进一步加大国有资本布局优化和结构调整力度，从战略上促进国有企业做强做优做大。一是推动国有资本进一步向重要行业和关键领域集中。围绕发挥国有经济战略支撑作用,推动国有资本向国防军工、能源资源粮食供应保障、骨干网络、战略性物资储备、重大金融基础设施等关系国家安全和国民经济命脉的重要行业领域集中,向提供公共服务、应急能力建设和公益性等关系国计民生的重要行业和关键领域集中,向前瞻性战略性新兴产业集中,加大新型基础设施建设投入,巩固和增强在关系国家经济、科技、国防、安全等领域的控制力、影响力。二是促进国有资本在充分竞争领域合理有序流动。把发展的着力点放在实体经济上,实施更为科学的主业管理,严控非主业投资比例和投向。集中抓好"两非两资"剥离处置工作,加快不具备竞争优势、缺乏发展潜力的非主业、非优势业务剥离,抓好无效资产、低效资产处置,清理无实质性股权关系的挂靠经营。下大力气清退"空转""走单"、与主业无关、占资多、效益低的贸易业务,对融资性贸易"零容忍"。三是优化区域布局和对外开放格局。优化调整区域和境外国有资本布局,发挥国有经济在重大区域战略和高水平对外开放战略中的引领示范作用,提升国有经济服务国家重大战略能力。主动适应公平竞争的要求,遵守国际规则、依法合规诚信经营,同时积极参与和推动国际规则制定,善于通过引领规则、塑造规则拓展海外发展空间。积极构建以国内大循环为主体、国内国际双循环相互促进的新发展格局,统筹利用国际国内两个市场、两种资源,坚定不移"走出去",在高水平对外开放中抢占先机,更深更广融入全球供给体系,营造良好的外部发展环境。

第四,不断完善灵活高效的市场化经营机制,为做强做优做大国有企业提供动力活力。

健全市场化经营机制,是国有企业适应市场竞争需要、做强做优做大的关键。习近平总书记指出,以解放和发展社会生产力为标准,坚持政企分开、政资分开,以增强企业活力、提高效率为中心,提高国企竞争力;深化企业内部管理人员能上能下、员工能进能出、收入能增能减的制度改革,国有企业要合理增加市场化选聘比例,建立职业经理人制度,更好发挥企业家作用;按照完善治理、强化激励、突出主业、提高效率的总体要求,积极稳妥推进混合所有制改革,严格程序、明确范围,做到公开公正透明,不能"一混了之",也不是"一混就灵",切实防止国有资产流失。

进入新发展阶段、迈向新征程,国有企业要进一步加大市场化改革力度,为做强做优做大国有企业提供活力动力。一是打造独立市场主体。适应市场化、法治化、国际化的新形势新要求,坚持政企分开、政资分开,切实维护企业法人财产权和经营自主权,推动国有企业全面完成公司制改制,全面建设规范董事会,打造依法自主经营、自负盈亏、自担风险、自我约束、自我发展的现代企业。二是充分激发活力。以市场化竞争机制激发活力,推行经理层成员任期制和契约化管理,具备条件的商业类子企业加快推进职业经理人制度,全面推行用工市场化。以市场化激励约束机制激发活力,完善按业绩贡献决定薪酬的分配机制,积极有序推进关键岗位核心人才激励,灵活开展多种方式的中长期激励。三是积极稳妥推进混合所有制改革。按照完善治理、强化激励、突出主业、提高效率的总体要求,把混改工作重点放在国有资本投资、运营公司出资企业和商业一类子企业上,切实通过混改激发企业活力。坚持"两个毫不动摇",通过实施混改、产业链合作、协同创新等重要举措,推动国有企业和民营企业、外资企业优势互补、共同发展。

第五,健全管资本为主的国有资产监管体制,为做强做优做大国有企业提供体制保障。

以管资本为主加强国有资产监管,对于切实防止国有资产流失、促进国有资产保值增值,做强做优做大国有企业,意义重大。习近平总书记指出,以管资本为主加强国有资产监管,依法依规建立和完善出资人监管权力和责任清单,重点管好国有资本布局、规范资本运作、提高资本回报、维护资本安全;推进国有资本授权经营体制改革,改组组建国有资本投资、运营公司;以国有资本投资、运营公司为平台,推动国有资本投向符合国家战略的领域;加强监管切实防止国有资产流失,国有资产是全体人民共同的宝贵财富,是保障党和国家事业发展、保障人民利益的重要物质基础,一定要管好用好;要加快形成全面覆盖、分工明确、协同配合、制约有力的国有资产监督体系。

进入新发展阶段、迈向新征程,加快健全管资本为主的国有资产监管体制,要坚持授权与监管相结合、放活与管好相统一,为做强做优做大国有企业提供有力体制保障。一是提高国资监管效能。进一步推进国资监管法治建设,完善权力责任清单,优化授权放权清单,制定尽职免责清单。完善国资国企在线监管系统,探索基于大数据的有效监管方式,加快推进数字化智能化监管,推动监管理念、监管思路、监管方式、监管手段、监管导向等跟上时代步伐,实现与时俱进。二是深化国有资本投资、运营公司改革。区分国有资本投资、运营公司和产业集团等不同类型企业情况,探索更加精准有效的差异化考核和监管。引导国有资本投资公司更好聚焦实体经济发展，充分发挥市场化运作专业平台作用，优化产业布局结构，调整优化总部职能定位和管控模式，激发所出资企业活力。三是加大国资监督工作力度。以党内监督为主导，充分发挥业务监督、综合监督和责任追究三位一体监督效能，推动出资人监督和纪检监察监督、巡视监督、审计监督、社会监督等各类监督力量有机贯通、相互协同，加强境外等重点领域国有资产监管，不断增强监督工作的系统性、针对性、有效性。

第六，坚持党对国有企业的全面领导、加强国有企业党的建设，为做强做优做大国有企业提供根本保证。

坚持党的领导、加强党的建设是国有企业的"根"和"魂"，是我国国有企业的光荣传统和独特优势，也是做强做优做大国有企业的根本保证。习近平总书记指出，坚持党对国有企业的全面领导，从组织上、制度上、机制上确保国有企业党组织的领导地位，保证党和国家方针政策、重大部署在国有企业贯彻执行，确保国有企业和国有资产牢牢掌握在党的手中；坚持服务生产经营不偏离，把提高企业效益、增强企业竞争力、实现国有资产保值增值作为国有企业党组织工作的出发点和落脚点；加强国有企业领导人员队伍建设，国有企业领导人员是党在经济领域的执政骨干，是治国理政复合型人才的重要来源，要着力建设对党忠诚、勇于创新、治企有方、兴企有为、清正廉洁的高素质专业化国有企业领导人员队伍；坚持建强国有企业基层党组织不放松，从基本组织、基本队伍、基本制度严起，在打牢基础、补齐短板上下功夫，不断增强基层党组织的政治功能和组织力；思想政治工作是国有企业的传家宝，要把思想政治工作作为国有企业党组织一项经常性、基础性工作来抓；全面从严治党、加强党的建设，国有企业没有特殊、没有例外，要把纪律和规矩挺在前面，持之以恒落实中央八项规定精神，抓好巡视发现问题的整改，加大国有企业反腐力度，严肃查处侵吞国有资产、利益输送等问题，确保国有企业健康发展。

进入新发展阶段、迈向新征程，国资国企作为经济领域贯彻落实习近平总书记重要指示批示和党中央决策部署的重要主体，是实现党的战略意图的骨干力量，要全面贯彻新时代党的建设总要求和新时代党的组织路线，围绕迎接建党100周年和全国国企党建会召开5周年，扎实开展"中央企业党建创新拓展年"，不断推进党建工作理念创新、机制创新、方式创新，全面推动国企党建向基层拓展、向纵深拓展、向国有资本延伸的新行业新领域拓展，以高质量党建引领中央企业高质量发展。一是以完善体制机制保证党对国资国企的全面领导。建立完善学习贯彻习近平总书记重要讲话和重要指示批示精神的第一议题制度，健全企业贯彻落实党中央重大决策部署的机制，完善国有企业坚定维护党中央权威和集中统一领导的各项制度，实现企业改革发展与党的建设同频共振、相互促进。二是以提高党建工作质量支撑党对国资国企的全面领导。坚持党的领导与公司治理有机统一、党管干部党管人才与市场化选人用人有机统一、党组织设置与企业组织架构运行有机统一、思想政治工作和企业文化建设有机统一、党内监督与出资人监督和企业内控机制有机统一、党建责任与经营责任有机统一，全面加强企业党的建设，切实提高干部队伍建设质量，着力夯实党建基层基础，以高质量党建引领和保障高质量发展。三是以强力正风肃纪反腐保障党对国资国企的全面领导。落实全面从严治党主体责任、监督责任，把严的主基调长期坚持下去。大力弘扬求真务实、真抓实干的优良作风，严格落实中央八项规定精神，坚决反对"四风"，力戒形式主义、官僚主义。持续加大国企反腐力度，巩固提升巡视整改质量，巩固深化境外腐败、利益输送、设租寻租、化公为私等四个专项整治成果，一体推进不敢腐、不能腐、不想腐，努力营造干事创业、风清气正的良好氛围。

（文章刊发于2021年第1期《时事报告 党委中心组学习》）

赓续共产党人精神血脉 弘扬国有企业先进精神

国务院国资委党委书记、主任　郝　鹏

习近平总书记在党史学习教育动员大会上指出，要教育引导全党大力发扬红色传统、传承红色基因，赓续共产党人精神血脉，始终保持革命者的大无畏奋斗精神，鼓起迈进新征程、奋进新时代的精气神。总书记在庆祝中国共产党成立一百周年大会上发表的重要讲话中深刻指出，一百年前，中国共产党的先驱们创建了中国共产党，形成了坚持真理、坚守理想，践行初心、担当使命，不怕牺牲、英勇斗争，对党忠诚、不负人民的伟大建党精神，这是中国共产党的精神之源。习近平总书记的重要论述，高屋建瓴、格局宏阔，内涵丰富、思想深刻,对于指引和激励共产党人弘扬伟大建党精神、传承在长期奋斗中构建起的中国共产党人精神谱系,自觉做共产主义远大理想和中国特色社会主义共同理想的坚定信仰者和忠实实践者,确保我们党永葆旺盛生命力和强大战斗力具有重大意义。

历史川流不息,精神代代相传。国有企业在党的坚强领导下,顽强奋斗、拼搏奉献,在不同历史时期孕育凝结形成的一系列先进精神,是伟大建党精神在国资国企战线的具体体现,是中国共产党人精神谱系的重要组成部分。传承弘扬国有企业先进精神是国资委机关干部的必修课,也是新时期履行国资监管职责、做强做优做大国有企业的强大精神力量。我们要以学习贯彻习近平总书记"七一"重要讲话为引领,弘扬光荣传统、赓续红色血脉,继承发扬伟大建党精神,传承弘扬国有企业先进精神,切实扛起国资监管重任,坚定不移发展壮大国有经济,为全面建设社会主义现代化国家、实现中华民族伟大复兴的中国梦作出更大贡献。

一、在党的坚强领导下,国有企业在不同历史时期孕育形成许多有代表性的先进精神

国有企业特别是中央企业是我们党一手缔造的,从革命和建设时期、改革开放时期到进入新时代,国有企业始终在党的坚强领导下奋力拼搏、勇挑重担,为党和国家事业发展建立了卓越功勋,同时也孕育形成了一系列国有企业先进精神。这些先进精神既一脉相承,又富有时代内涵,是国有企业初心使命、人格力量、优良作风的集中体现。特别是党的十八大以来,习近平总书记在一些重要场合和重要讲话中多次论及国有企业创造的一系列先进精神,如大庆精神、"两弹一星"精神、载人航天精神、新时代北斗精神、载人深潜精神等,这是国资国企战线获得的崇高荣誉,也是国企精神的突出代表。

(一)国有企业先进精神发轫于社会主义建设时期

1921年,在中国人民和中华民族的伟大觉醒中,在马克思列宁主义同中国工人运动的紧密结合中,中国共产党应运而生,这是开天辟地的大事变,深刻改变了近代以后中华民族发展的方向和进程,深刻改变了中国人民和中华民族的前途和命运,深刻改变了世界发展的趋势和格局。中国共产党成立后,团结带领中国人民进行了28年浴血奋战,创造了新民主主义革命的伟大成就,建立了人民当家作主的中华人民共和国。建国后,我们党进一步团结带领人民创造了社会主义革命和建设的伟大成就,确立社会主义基本制度,推进社会主义建设,实现了中华民族有史以来最为广泛而深刻的社会变革,实现了一穷二白、人口众多的东方大国大步迈进社会主义社会的伟大飞跃。战争年代,我们党孕育和发展了中央兵工厂、中华钨矿公司、中华造船厂等一批公营企业,并在敌占区建立了联和行等企业,这些企业是国有企业的前身,为中国革命胜利作出了重要贡献,也孕育了国有企业先进精神的重要基因。新中国成立后,我们国家刚从战争中走出来,百废待兴。毛泽东同志曾感慨地说,现在我们能造什么?能造桌子椅子,能造茶碗茶壶,能种粮食,还能磨成面粉,还能造纸,但是,一辆汽车、一架飞机、一辆坦克、一辆拖拉机都不能造。为扭转这一局面,党中央提出了基本实现社会主义工业化、使我国由落后的农业国变为先进的工业国的奋斗目标,随着"一五"时期建设高潮的到来,特别是156项重点工程的实施,鞍钢、一重、一汽、一拖、沈飞、东风、东电等一批企业迅速建立,核工业、航空航天等军事工业艰辛起步。国有企业特别是中央企业作为共和国长子,以敢教日月换新天的壮志豪情,仅用20多年的时间就建成了西方用一个多世纪建成的国家基础工业体系。在这个艰苦奋斗的历程中,涌现出一批英雄楷模,孕育形成一系列伟大精神,成为推动国有企业与共和国同成长、共进步的强大力量。

一是在川藏、青藏公路建设中形成的"两路"精神。其主要内涵是"一不怕苦、二不怕死,顽强拼搏、甘当路石,军民一家、民族团结"。习近平总书记在2014年川藏、青藏公路通车60周年时作出重要批示强调,要继续弘扬"两路"精神,使川藏、青藏公路始终成为民族团结之路、西藏文明进步之路、西藏各族同胞共同富裕之路。川藏、青藏公路始建于新中国成立之初,由解放军战士和中国中铁、中国铁建、中交集团等交通建设战线的前辈们组成的11万筑路大军挺进青藏高原,以"让高山低头、让江河让道""艰苦不怕吃苦,缺氧不缺精神,风暴强意志更强,海拔高追求更高"的无畏气魄,决战极寒缺氧的世界屋脊,不到五年时间挖石填土3000多万方、造桥400多座,3000多名英烈捐躯雪域高原,建成总长4360公里的川藏、青藏公路,在人类生命禁区实现了"天堑变通途",创造了人类建设史上的奇迹。党中央决策建设川藏、青藏公路具有重大战略意义,从当时看,防止了西藏被分裂的危险,实现了祖国内陆板块的完整统一;从现在看,粉碎了敌对国家在西南边陲围堵我国的图谋,保障了

国家战略安全。

二是在大庆油田大会战中形成的大庆精神、铁人精神。其主要内涵是"爱国、创业、求实、奉献"。建国初期，我国石油工业基础十分薄弱，不少外国专家断言"中国找不出多少石油来"，国际敌对势力更是妄图用石油卡住我们的脖子，一顶"贫油"的帽子压得中国人喘不过气来。在巨大的困难面前，以王进喜为代表的中国石油工人，在一无经验、二无技术、设备严重落后的情况下，响亮地喊出"困难面前有我们，我们面前无困难""宁可少活二十年，拼命也要拿下大油田"的口号，打响了一场惊天动地的石油大会战，硬是用三年时间在天寒地冻的北大荒建设了大庆这个世界级大油田，为共和国成立10周年献上了一份厚礼。大庆油田建设过程中形成的"三老四严""四个一样"的作风影响了几代人，一批批优秀的领导干部、科技骨干、先进劳模成为大庆精神的传承者，许多国有企业在大庆精神的指引感召下奋发图强、发展壮大。习近平总书记对大庆精神高度赞扬，在出席大庆油田50周年庆祝大会时指出，大庆精神、铁人精神永远是激励中国人民不畏艰难、勇往直前的宝贵精神财富；在大庆油田发现60周年之际专门发出贺信强调，大庆油田的卓越贡献已经镌刻在伟大祖国的历史丰碑上，大庆精神、铁人精神已经成为中华民族伟大精神的重要组成部分。

三是在铸就共和国实力基石的惊天伟业中形成的"两弹一星"精神。其主要内涵是"热爱祖国、无私奉献，自力更生、艰苦奋斗，大力协同、勇于登攀"。上世纪50年代，面对国际上的核讹诈、核垄断，党中央果断作出研制"两弹一星"的战略决策。老一辈核工业人响应号召，毅然决然奔向人迹罕至的大西北，在茫茫无际的戈壁荒漠，在海拔3000多米的雪域高原战风沙、斗严寒，"干惊天动地事、做隐姓埋名人"。著名科学家邓稼先接受任务后对妻子说，"我的生命就献给未来的工作了，做成了这件事，就算死了也值得"，从此销声匿迹28年，归来时已是白发苍苍，还因受到过量的核辐射而身患癌症。郭永怀在空难中与警卫员紧紧相抱在一起，当人们从飞机残骸中寻找到他俩的遗体、费力地分开时，发现装有绝密资料的公文包几乎完好无损地夹在他们胸前。不仅仅是这些伟大的科学家，还有千千万万普通的干部职工，为了这项隐秘而伟大的事业，默默无闻付出了心血汗水、奉献了无悔青春。1964年第一颗原子弹爆炸成功，1967年第一颗氢弹空爆试验成功，1970年东方红一号发射成功，打碎了"离开苏联中国造不出原子弹"的国际嘲讽，铸就了"两弹一星"的不朽丰碑，从此奠定了中国无可撼动的大国地位。邓小平同志讲，没有原子弹、氢弹，没有发射卫星，中国就不能叫有重要影响的大国，就没有现在这样的国际地位。习近平总书记指出，"两弹一星"精神激励和鼓舞了几代人，是中华民族的宝贵精神财富，一定要一代人一代人地传下去，使之转化为不可限量的物质创造力。

（二）国有企业先进精神发展于改革开放时期

党的十一届三中全会作出把党和国家工作中心转移到经济建设上来、实行改革开放的历史性决策后，我们党团结带领全国各族人民解放思想、锐意进取，创造了改革开放和社会主义现代化建设的伟大成就，为实现中华民族伟大复兴提供了充满新的活力的体制保证和快速发展的物质条件。在这一历史阶段，国有企业勇立改革开放潮头，从蛇口炸响"中国改革开放第一炮"开始，不断从计划走向市场、从国内走向国外，国有经济布局结构发生重大变化，在重要行业和关键领域的控制力影响力不断增强，参与了三峡工程、青藏铁路、载人航天、京沪高铁等一批重大工程项目，为我国科技进步、国防建设、民生保障和综合实力提升作出了重要贡献。在创造巨大物质财富的同时，改革开放中觉醒的开拓创新、勇于担当、开放包容、兼容并蓄的精神品格不断融入国有企业基因血脉，进一步丰富了国有企业精神内涵。

一是在筑梦飞天的载人航天工程中形成的载人航天精神。其主要内涵是"特别能吃苦、特别能战斗、特别能攻关、特别能奉献"。自1992年党中央实施载人航天工程"三步走"发展战略以来，参与航天工程建设的国有企业干部职工接续奋斗，坚持"一切为了祖国、一切为了成功"，一次次向艰难险阻发起进攻。面对飞船设计、火箭改进、轨道控制、空间应用等众多尖端课题，他们恪守"把一切事故消灭在地面上""不能带着疑点上天"的原则，不断实现关键技术重大突破，推动我国载人航天事业实现跨越式发展。从神舟一号无人试验飞船成功发射，到神舟五号载人飞船翱翔太空，到神舟十一号与天宫二号太空对接，再到神州十二号载人飞船与天和核心舱完成自主快速交会对接，航天人以令人惊叹的速度不断推动我国稳步迈入航天大国的行列。习近平总书记指出，载人航天事业的成就，充分展示了伟大的中国道路、中国精神、中国力量，坚定了全国各族人民实现中华民族伟大复兴中国梦的决心和信心。

二是在青藏铁路建设中形成的青藏铁路精神。其主要内涵是"挑战极限，勇创一流"。新中国成立不久,党中央作出建设青藏铁路的重大决策,但由于技术水平的限制没有实施。上世纪末,党中央明确提出要抓紧做好进藏铁路建设前期准备工作。从 2001 年开始,10 多万建设大军顶风雪、冒严寒,以惊人的毅力和勇气战天斗地,攻克了高寒缺氧、多年冻土、生态脆弱三大难题,在海拔 4000 多米的青藏高原上建成了全长 1956 公里的"钢铁大道"。其中,中国中铁、中国铁建、中国建筑、中交集团等一批国有企业承担了大量建设任务,是青藏铁路建设当之无愧的主力军。青藏铁路的成功通车,让西藏与祖国内地紧紧联结在一起,有力维护了国家主权和领土完整。青藏铁路建设中熔铸形成的青藏铁路精神,是以爱国主义为核心的民族精神的传承和升华,以改革创新为核心的时代精神的延伸和拓展,有力彰显了中国人的志气和骨气。

(三)国有企业先进精神彰显于新时代

党的十八大以来,以习近平同志为核心的党中央统揽伟大斗争、伟大工程、伟大事业、伟大梦想,团结带领全党全国各族人民统筹推进"五位一体"总体布局、协调推进"四个全面"战略布局,解决了许多长期想解决而没有解决的难题,办成了许多过去想办而没有办成的大事,推动党和国家事业取得历史性成就、发生历史性变革,创造了新时代中国特色社会主义的伟大成就,中华民族迎来了从站起来、富起来到强起来的伟大飞跃,实现中华民族伟大复兴进入了不可逆转的历史进程。新时代以来,国有企业在新的历史起点上奋力攻坚、开拓进取,取得重大历史性成就。一批企业具备了与跨国公司比肩的实力,一批企业走出国门、建成大批海外超级工程,一批企业加快转型、高端产业发展不断取得突破,涌现出一大批重大科技创新成果,嫦娥五号采样返回,北斗系统全面开通,天舟二号顺利升空,东风系列导弹研制成功,国产航母下水,三代核电取得突破,歼 20、运 20、直 20 等作战平台形成,时速 600 公里磁浮交通系统成功下线,5G 率先在全球规模化应用等,推动我国科技实力大幅提升。在庆祝中国共产党成立 100 周年大会、庆祝建党百年文艺演出《伟大征程》等一系列重大活动和"不忘初心、牢记使命"中国共产党历史展览中,呈现了众多国资国企元素,让我们倍感骄傲和自豪。特别是在党领导的历次重大斗争、突发事件处置中,国有企业关键时刻勇担当、冲锋在前、敢战能胜,为保障国家安全、服务国家战略、决战脱贫攻坚、抗击新冠疫情、维护社会稳定发挥了重要作用。习近平总书记多次用"大国重器""中坚力量""中流砥柱"表扬国有企业重要贡献和优秀表现,并肯定了新时代北斗精神、探月精神、载人深潜精神等有代表性的国有企业先进精神。

一是在全球卫星导航系统建设中形成的新时代北斗精神。其主要内涵是"自主创新、开放融合、万众一心、追求卓越"。卫星导航系统是国民经济和国防建设不可或缺的关键空间基础设施。面对缺乏频率资源、没有自己的原子钟和芯片等关键难题,北斗人以"祖国利益高于一切、党的事业大于一切、忠诚使命重于一切"的责任担当,二十六载风雨兼程,九千日夜集智攻关,先后攻克 160 余项关键核心技术,实现核心器部件 100% 国产化,创造了两年半发射 18 箭 30 星的世界导航卫星组网奇迹,建成开通了我国规模最大、覆盖范围最广、服务性能最高、与百姓生活关系最紧密的巨型复杂航天系统,使中国北斗走向了服务全球、造福人类的时代舞台。北斗导航系统是独树一帜的自主导航系统,是我国打赢现代化信息化战争的重要"撒手锏",为维护国家安全提供了有力支撑。习近平总书记在北斗三号全球卫星导航系统建成暨开通仪式上指出,26 年来,参与北斗系统研制建设的全体人员迎难而上、敢打硬仗、接续奋斗,发扬"两弹一星"精神,培育了新时代北斗精神,要传承好、弘扬好。

二是在"可上九天揽月"的追梦征程中形成的探月精神。其主要内涵是"追逐梦想、勇于探索、协同攻坚、合作共赢"。探月工程是技术密集度高、尖端科技聚集的高科技事业,风险很高、难度极大。探月工程研发团队面对科技高峰不畏难、面对尖端技术敢攻关。从嫦娥一号拉开探月序幕,到嫦娥三号带着第一辆月球车成功登月,再到嫦娥五号地外天体采样返回、如期实现"绕落回"三步走规划,在探索浩瀚太空的道路上,航天人永不停歇、永不止步,取得了一个又一个重大突破。今年,天问一号携祝融号着陆火星,实现从地月系到行星际的跨越,推动我国进一步从航天大国向航天强国大踏步迈进。习近平总书记在会见探月工程嫦娥五号任务参研参试人员代表并参观月球样品和探月工程成果展览时指出,17 年来,参与探月工程研制建设的全体人员大力弘扬追逐梦想、勇于探索、协同攻坚、合作共赢的探月精神,不断攀登新的科技高峰,可喜可贺、令人欣慰。

三是在"可下五洋捉鳖"的不懈探索中形成的载人深潜精神。其主要内涵是"严谨求实、团结协作、拼搏奉献、勇攀高峰"。进入深海、研究深海、开发深海,事关国家安全发展的战略空间。党中央高度重视海洋强国建设,提出要从近海走向深海、深蓝。进入新时代以来,从蛟龙号填补空白,到深海勇士号加快自主创新步伐，再到奋斗者号实现从追赶到领跑，我国已经成为世界上潜海最深的国家之一。在这一不断探索奋进的过程中，深潜人改变的是探知海洋的深度，不变的是追求不止、奋斗不息的精神，传承的是老一辈核潜艇研制工作者和几代船舶人勇于拼搏、甘于奉献的意志品质。革命前辈彭湃烈士之子、时代楷模彭士禄同志，国家最高科学技术奖得主黄旭华同志，就是这方面的突出代表。习近平总书记在奋斗者号完成万米海试时发来贺信，赞扬科研工作者以严谨科学的态度和自立自强的勇气，践行中国载人深潜精神，为科技创新树立了典范。

习近平总书记肯定过的以上8个国有企业先进精神，是国有企业在各个时期孕育的若干先进精神的生动缩影、优秀典型。习近平总书记在党史学习教育动员大会上还讲到了抗美援朝精神、特区精神、抗洪精神、抗震救灾精神、抗疫精神，在全国脱贫攻坚总结表彰大会上还概括了伟大脱贫攻坚精神，包括在两院院士大会提到的科学家精神、在企业家座谈会上强调的企业家精神，都蕴含着国有企业广大干部职工的重要贡献。同时，在长期实践中，国有企业培育形成了劳模精神、劳动精神、工匠精神，一些行业、企业在发展过程中还凝聚了若干先进精神，这些都是国有企业先进精神的重要内容。国有企业先进精神记录的是过去，启示的是当下，照亮的是未来，是鼓舞我们风雨无阻、勇毅前行的强大精神动力。

二、在新时代的奋斗征程中，国资委机关干部要传承弘扬国有企业先进精神，进一步鼓起迈进新征程、奋进新时代的精气神

国资监管与国企发展同根同脉、共生共荣，目标同向、责任同担。对于国有企业孕育形成的先进精神，国资监管系统应该首先学习好、传承好、发扬好，从国有企业先进精神中汲取智慧力量，始终保持那么一股劲、那么一股革命热情、那么一种拼命精神，敢于斗争、敢于胜利，在新起点上奋力谱写国资国企事业新篇章。

第一，牢牢把握国有企业先进精神的政治性特征，始终保持姓党为民、矢志报国的政治本色。

国有企业先进精神的政治性，主要体现在姓党为民、矢志报国上，这是国有企业区别于一般经济组织的根本属性。"姓党"就是听党话、跟党走，"为民"就是坚持以人民为中心的发展思想，一切以人民利益为重、全心全意为人民服务。国有企业由党而建、跟党创业、为党奋斗，自诞生之日起，就深深镌刻了姓党为民的烙印，红色基因也深深融入了国有企业的血脉和灵魂。核工业人克服极端艰苦条件，奋力造出"争气弹"；航空人践行报国誓言，为祖国设计和制造"最好的飞机"，都饱含着对党的无比忠诚，对国家、对人民的无限热爱。无论哪一时期的哪一种国有企业先进精神，坚定的理想信念都贯穿其中，姓党为民的政治本色都是最深层的精神内核。

国资委作为贯彻落实党中央关于国有企业改革发展和党的建设决策部署的第一方阵，承担着监管和服务国有企业、守护和发展国有资产的重大责任。国资委机关干部履职尽责、干好工作，必须永葆姓党为民、矢志报国的政治本色，善于从政治上看问题，增强"四个意识"、坚定"四个自信"、做到"两个维护"，牢记"国之大者"，不断提高政治判断力、政治领悟力、政治执行力，始终同以习近平同志为核心的党中央保持高度一致。弘扬国有企业先进精神，就是要把对马克思主义的信仰、对中国特色社会主义的信念作为毕生追求，永远信党爱党为党，保持对党绝对忠诚，对习近平总书记绝对忠诚，模范落实好党中央决策部署和习近平总书记重要指示，坚定走好第一方阵，时刻绷紧政治这根弦，强化身在兵位、胸为帅谋的意识，在工作岗位的"小天地"上作出大文章，对党的事业高度负责，为国有企业做好服务，使我们党执政的物质基础更加牢固、依靠力量更加坚强，让党中央放心。就是要始终践行以人民为中心的发展思想，把守护好、发展好全体人民共同财富作为最高价值追求，坚持依靠职工群众办企业，通过做强做优做大国有企业直接增加人民共同财富，通过发挥国有企业优势、服务国家区域发展战略更好解决发展不平衡不充分问题，在满足人民日益增长的美好生活需要中进一步发挥基础性、公益性、保障性的重要作用，有力促进全体人民共同富裕取得更为明显的实质性进展。

第二，牢牢把握国有企业先进精神的民族性特征，大力传承自力更生、艰苦奋斗的优良作风。

敢于斗争、敢于胜利，是中国共产党不可战胜的强大精神力量。习近平总书记深刻指出，中华民族奋斗的基点是自力更生，要把国家和民族发展放在自己力量的基点上，坚持民族自尊心和自信心，坚定不移走自己的路。习近平总书记还多次强调，要坚持自立自强，奋力走好新时代长征路。我们党坚持独立自主开拓前进道路，这种独立自主的探索和实践精神，是党和人民事业不断从胜利走向胜利的根本保证。这样的光荣传统和宝贵品质在国有企业得到了很好的

传承和发扬。从"两弹一星"研制，到载人航天事业不断取得突破，再到北斗导航全球组网，国有企业取得的一系列重大科技成果，没有一项不是在西方国家严密封锁的情况下，靠着斗争和奋斗的意志品质奋力夺取的。无论是过去、现在还是将来，自立更生、艰苦奋斗的优良作风，始终是国资国企干部职工战胜挑战、奋发图强的信心所在、底气所在。

自力更生就是要始终把发展的立足点放在办好自己的事上。今天，具有新的历史特点的伟大斗争仍在继续，世界百年未有之大变局加速演进。我们要保持清醒头脑，对外不抱幻想，挺起精神脊梁，做好较长时间应对外部环境变化的思想准备和工作准备，不断增强斗争意识、丰富斗争经验、提升斗争本领，坚持自力更生，在危机中育新机，于变局中开新局。当前，最为重要的就是贯彻落实习近平总书记反复强调部署的重大任务，推动中央企业加快打造原创技术"策源地"和现代产业链"链长"，着力打造国家战略科技力量，攻克关键核心"卡脖子"技术，实现科技高水平自立自强。自力更生不是封闭保守，我们要坚持改革开放、合作共赢，吸收借鉴世界一切先进技术和文明成果，取其精华、为我所用。

艰苦奋斗要始终成为我们坚守的"传家宝"。艰苦奋斗一直是我们党的优良传统，也是国企人宝贵的精神财富。国有企业能够取得今天的成就，是一代代干部职工不计名利、不惜代价、不怕牺牲，克服重重困难艰苦奋斗得来的。我们要切实筑牢拒腐防变的思想防线，牢记党的性质宗旨，恪守立党为公、执政为民理念，保持共产党人艰苦朴素、公而忘私的光荣传统，不计较个人得失，不贪图享受，清清白白做人，干干净净做事，永葆清正廉洁的政治本色。同时，要坚持勤俭节约、以俭修身、以俭兴业，牢固树立过紧日子的思想，大力弘扬老一辈国企干部职工艰苦奋斗、吃苦耐劳的光荣传统，从节约一张纸、一度电、一粒米、一滴水做起，落实"光盘行动"、杜绝"舌尖上的浪费"，深入推进节约型机关建设。

第三，牢牢把握国有企业先进精神的时代性特征，积极弘扬改革创新、追求卓越的进取精神。

改革创新、追求卓越是国有企业更好履行职责使命、提高核心竞争力的时代要求。这种时代性，一方面体现在国有企业作为独立市场主体，必须主动适应市场竞争要求，始终把改革创新作为根本动力、唯一出路，不断革故鼎新、提升自己；另一方面体现在国有企业作为中国特色社会主义经济的顶梁柱，必须紧紧围绕党和国家事业发展的时代要求，不断追求更高质量、更有效率、更加公平、更可持续、更为安全的发展。国有企业一路走来，靠的就是改革创新、追求卓越的进取精神，实现了一个又一个艰难跨越，国有企业筚路蓝缕的发展史也是一部彰显改革创新精神的奋斗史。进入新时代，国有企业涌现出新时代北斗精神、探月精神、载人深潜精神等一系列先进精神，都印刻着国企干部职工"没有最高只有更高"的奋斗者足迹，展示出改革创新、追求卓越的执着信念。

习近平总书记深刻指出，生活从不眷顾因循守旧、满足现状者，而将更多机遇留给勇于和敢于、善于改革创新的人们；要拿出"敢为天下先"的勇气，锐意改革，激励创新。进入新阶段、开启新征程，党中央和习近平总书记对国资国企作出了一系列新的战略部署，强调要坚定不移做强做优做大国有资本和国有企业，发挥国有经济战略支撑作用，加快建设世界一流企业，在贯彻新发展理念、构建新发展格局中展现更大担当作为，这对我们履行好国资监管职责、发挥好国资监管作用提出了新的更高要求。国资委是改革的产物，富有改革创新的基因，面对新情况新问题新挑战，因循守旧不行，固步自封也不行，必须敢于探索、勤于实践，多谋创新之策、多出创新之招、多办创新之事。弘扬国有企业先进精神，就是要保持"越是艰险越向前"的英雄气概，保持"敢教日月换新天"的昂扬斗志，把改革创新、追求卓越摆在更加重要的位置，始终保持改革创新的朝气锐气，与时代同步伐，与国企同进步，埋头苦干、攻坚克难，干在实处走在前列，勇当先锋敢打头阵。特别是要准确识变、科学应变、主动求变，创造性地开展工作，打破传统思维定式，在求变求新中破难题、解新题，在精益求精、追求卓越中把国资监管工作越干越好，努力创造无愧于党、无愧于人民、无愧于时代的业绩。

第四，牢牢把握国有企业先进精神的实践性特征，不断淬炼敢于担当、拼搏奉献的优秀品格。

理论一经掌握群众，就会变成物质力量；先进精神一旦成为思想自觉，一定会激发出无穷动力。国有企业先进精神的实践性特征，集中体现在敢于担当、拼搏奉献上，这是共产党人鲜明政治品格的重要体现，也是国企干部职工的精神特质。在共和国的建设和发展史上，党和国家的事业需要什么，国有企业就创造条件干什么，每遇重大事件、重要关头、重点任务，哪里有使命召唤，哪里就有国企干部职工闻令而动、挺身而出的奋斗身影；哪里有困难挑战，哪里就有国企干部职工舍我其谁、冲锋在前的无私奉献。国有企业先进精神孕育发展于一代代国企干部职工的艰辛实践,既是我们改造主观世界的有力武器,也是我们改造客观世界的重要力量。敢于担当、拼搏奉献,应当成为国资委机关干部奋进新时代的良好精神状态。

担当奉献必须要有专业能力作支撑。习近平总书记强调,无论是干事创业还是攻坚克难,不仅需要宽肩膀,也需要铁肩膀;不仅需要政治过硬,也需要本领高强。我们既要当好政治上的明白人,又要当好专业上的内行人,不断提升专业素质和专业能力,当好"螺丝钉",做好每一件实事,努力成为政治强、专业精、作风优的新时代治企兴企的行家里手,为国资国企事业行稳致远作出自己应有的贡献。

提升专业能力重在加强学习、加强研究。一方面要深入学习、终身学习。坚持以习近平新时代中国特色社会主义思想武装头脑,学习好、领会好习近平总书记系列重要指示批示,特别是关于国有企业改革发展和党的建设的重要论述精神,牢牢把握正确政治方向。另一方面要走出机关,搞好调查研究。结合国资委工作实际,从大处着眼、小处着手,深入企业、解剖麻雀,向企业学习、向基层学习,多听多看、多问多思,通过立体式、全方位的调研,找准真问题、真解决问题,使各项工作更加受欢迎、起作用,取得应有的良好效果。

精神彰显国企气概,奋斗成就光辉未来。立足百年新起点、时代新征程,国资国企要更加紧密地团结在以习近平同志为核心的党中央周围,深入学习贯彻习近平总书记"七一"重要讲话精神,把习近平总书记代表党中央发出的伟大号召作为座右铭,牢记初心使命,坚定理想信念,践行党的宗旨,继承发扬伟大建党精神,意气风发踏上新的赶考之路,不懈奋斗、永远奋斗,奋力开创新时代国资国企事业新局面,为全面建设社会主义现代化国家、实现中华民族伟大复兴中国梦作出新的更大贡献。

(文章刊发于2021年第4期《时事报告 党委中心组学习》)

深入实施国企改革三年行动 推动国资国企高质量发展

国务院国资委党委书记、主任 郝 鹏

2020年6月30日,习近平总书记主持召开中央深改委第十四次会议,审议通过了《国企改革三年行动方案(2020—2022年)》,这是面向新发展阶段我国深化国有企业改革的纲领性文件。党的十九届五中全会着眼"十四五"以及更长时期经济社会发展目标任务,对国资国企改革发展作出重大战略部署。2020年底召开的中央经济工作会议进一步强调要深入实施国企改革三年行动。当前,要深刻认识实施国企改革三年行动的重大意义,努力推动国有企业改革向纵深发展,以改革创新引领国资国企高质量发展,在构建新发展格局中展现新作为,为全面建设社会主义现代化国家作出重要贡献。

一、新时代深化国企改革的强大思想武器和科学行动指南

以习近平同志为核心的党中央高度重视国资国企工作。党的十八大以来,习近平总书记站在党和国家事业发展全局的战略高度,针对国有企业改革发展和党的建设发表一系列重要讲话、作出一系列重要指示批示,用一系列相互联系、相互贯通的重大理论创新和科学判断,深刻阐明了新时代为什么要做强做优做大国有企业、怎样做强做优做大国有企业这个重大的时代命题,为深入推进新时代国有企业改革发展提供了强大思想武器和科学行动指南。

一是明确了新时代深化国企改革的出发点和落脚点。强调国有企业是中国特色社会主义的重要物质基础和政治基础,是党执政兴国的重要支柱和依靠力量,是党领导的国家治理体系的重要组成部分;强调要坚定不移把国企做强做优做大,不断增强国有经济竞争力、创新力、控制力、影响力、抗风险能力。这一系列重要论述,深刻阐明了做强做优做大国有企业决不只是一个纯粹的经济问题,更是一个重大的政治问题,在改革推进的过程中必须理直气壮地做强做优做大国有资本和国有企业,决不能把国有企业搞小了、搞垮了、搞没了。

二是明确了新时代深化国企改革的原则。强调要坚持和加强党对国有企业的全面领导,坚持和完善基本经济制度,坚持社会主义市场经济改革方向;强调坚持党对国有企业的领导是重大政治原则,必须一以贯之,建立现代企业制度是国有企业改革的方向,也必须一以贯之。这一系列重要论述,深刻阐明了我国国企改革是有立场、有方向、有原则的,必须根植于中国国情,体现中国特色社会主义的本质要求,同时必须遵循市场经济规律和企业发展规律,坚持建立现代企业制度的方向,要将两者统一于中国特色现代国

有企业制度的实践中。

三是明确了新时代深化国企改革的标准。强调推进国企改革要以增强企业活力、提高效率为中心，提高国企核心竞争力；强调推进国有企业改革，要有利于国有资产保值增值，有利于提高国有经济竞争力，有利于放大国有资本功能。这一系列重要论述，深刻阐明了通过改革使国有企业真正成为独立的市场主体，在激烈的市场竞争中充满活力、发展壮大，是检验改革成效的根本标尺。

四是明确了新时代深化国企改革的前提。强调国有企业改革要先加强监管、防止国有资产流失；强调要按照以管资本为主加强国有资产监管的要求，依法依规建立和完善出资人监管权力和责任清单，重点管好国有资本布局、规范资本运作、提高资本回报、维护资本安全。这一系列重要论述，深刻阐明了国有资产属于全民所有，是全体人民的共同财富，实现国有资产保值增值、防止国有资产流失，是国企改革的根本前提。

五是明确了新时代深化国企改革的政治保证。强调坚持党的领导、加强党的建设是国有企业的"根"和"魂"；强调国有企业党的领导、党的建设只能加强，不能削弱。这一系列重要论述，深刻阐明了我国国有企业不同于其他所有制企业，也不同于其他国家的国有企业，具有中国特色的特殊属性，"特"就特在必须坚持中国共产党的领导，这是深化国企改革必须坚守的政治方向、政治原则。

党的十八大以来，在以习近平同志为核心的党中央坚强领导下，国资国企系统以习近平新时代中国特色社会主义思想为指导，蹄疾步稳深化国企改革，坚决破除各方面体制机制弊端，全面发力、多点突破、纵深推进，推动国企改革取得了突破性进展。

国企改革顶层设计方案形成，改革的系统性、协调性、协同性显著增强。形成了以《关于深化国有企业改革的指导意见》为统领、以35个配套文件为支撑的"1+N"政策体系。这是改革开放以来国企改革领域最系统、最全面、最有针对性的政策体系，有力保证了国企改革有方向、有目标、有遵循。

国资国企体制机制改革实现重大突破，国有企业的活力动力显著增强。公司制改制全面完成，实现了历史性突破。董事会建设迈出重要步伐，82家中央企业建立了外部董事占多数的董事会。市场化经营机制加快建立健全，积极推进经理层成员任期制和契约化管理，扎实推行职业经理人制度，统筹运用多种方式强化中长期激励。混合所有制改革更加积极稳妥，形成层级较为齐全、覆盖各环节的混改配套政策。加快从管企业向管资本转变，进一步突出管资本重点职能，构建业务监督、综合监督、责任追究三位一体的监督工作闭环，国资监管体系更加完善。

国有资本布局结构调整取得重大进展，国有资本配置效率和整体功能显著增强。战略性重组和专业化整合扎实推进，2012年以来完成22组、41家中央企业战略性重组，有序推进铁塔、航材、煤炭、海工装备等领域专业化整合。瘦身健体成效明显，中央企业2041户"僵尸"特困企业已基本完成治理任务，安置富余人员约80万人；煤钢去产能任务全面完成，累计化解煤炭过剩产能1.14亿吨、钢铁过剩产能1644万吨；全面开展"压缩管理层级、减少法人户数"工作，中央企业累计减少法人超过1.5万户，减少比例达28.4%，管理层级全部压缩至5级以内。剥离企业办社会职能和解决历史遗留问题取得标志性成果。

党的领导和党的建设全面加强，国有企业管党治党意识和责任显著增强。国资国企系统深入贯彻落实全国国有企业党的建设工作会议精神，以前所未有的鲜明态度和战略定力坚持党的全面领导，以前所未有的决心和意志坚持党要管党、全面从严治党，以前所未有的自觉和力度抓党建、强党建，国有企业党的领导弱化、党的建设缺失、从严治党不力状况明显改观，党的领导、党的建设得到实质性加强。

国企改革的不断深化有力促进了国有企业质量效益提升。截至2019年底，国资系统监管企业资产总额201.3万亿元，比2012年增加129.9万亿元，年均增长16%；2019年国资系统监管企业实现营业收入59.1万亿元，比2012年增加21.1万亿元，年均增长6.5%；实现利润总额3.6万亿元，比2012年增加2万亿元，年均增长8.8%。特别是面对突如其来的新冠肺炎疫情，国资国企闻令而动、勇挑重担，在扎实做好境内外员工防疫工作的同时，主动服务国家防疫大局，倾尽全力参与医疗救治，分秒必争抢建专门医院，不计代价转产扩产防疫物资，不讲条件执行包机任务，全力以赴攻关疫苗研发，千方百计保障民生供应，有力有序推进复工复产，在党和人民最需要的时候挺身而出、不辱使命，发挥了主力军作用。

实践充分证明，只要我们坚决做到"两个维护"，不折不扣贯彻落实习近平总书记关于国有企业改革发展和党的建设的重要论述和党中央决策部署，统一思想、统一意志、统一行动，就一定能够有效应对各种复杂局面和风险挑战，把国有企业改革发展不断推向前进。

二、实施国企改革三年行动是党中央面向新发展阶段作出的重大决策部署

我国进入新发展阶段，无论是构建新发展格局、推动经济高质量发展，还是化解外部风险挑战、打造国际合作和竞争新优势，都对国有企业发挥好战略支撑作用提出了全新要求。国有企业必须适应新要求，勇担新使命，紧抓时间窗口，坚持目标引领和问题导向，积极主动深化改革，依靠改革应对变局、开拓新局。

紧紧围绕进入新发展阶段，着力解决国有企业发展质量还不够优的问题。近年来，国有企业虽然在很多行业和领域已经形成世界级规模的大企业大集团，但"大而不强、大而不优"的问题仍存在，科技创新能力不强、关键核心技术"卡脖子"问题仍较为突出。实施国企改革三年行动，必须扭住新发展理念不放松，坚持以改革激发活力动力，全力破除影响和制约企业高质量发展的顽瘴痼疾，坚持创新驱动发展，大力推进关键核心技术攻关，激发人才创新活力，完善创新体制机制，提升产业链供应链现代化水平，推动国有经济实现质量更高、效益更好、结构更优、更可持续、更为安全的发展。

紧紧围绕构建新发展格局，着力解决战略性新兴产业、满足国家所需的产业布局还不够合理的问题。构建新发展格局，关键在于实现经济循环流转和产业关联畅通，根本要求是提升供给体系的创新力和关联性，畅通国民经济循环。实施国企改革三年行动，必须牢牢把握扩大内需战略基点，聚焦主责主业发展实体经济，持续调整优化国有资本的产业布局、空间布局，加快发展数字经济、智能制造、生命健康、新材料等战略性新兴产业，提高供给体系对需求的适配性；必须以全球视野谋划和推动发展，更好利用国际国内两个市场、两种资源，提高把握国际规则、市场动向和需求特点的能力，积极锻造国际竞争合作新优势，努力实现质量更高、效益更好、结构更优的发展。

紧紧围绕国家治理体系和治理能力现代化要求，着力解决国有企业体制机制还不够完善的问题。国有企业体制机制还有不少需要完善的地方，党的领导融入公司治理还不够成熟定型，企业法人治理结构有待进一步健全，经营性国有资产集中统一监管仍有较大差距，以管资本为主加强国资监管的途径和方式需要进一步探索和拓展。实施国企改革三年行动，必须坚持系统集成、协同高效，大力实施变革性、牵引性、标志性改革举措，在解决深层次体制机制问题上取得实质性突破。

三、奋力开创国资国企改革新局面

发展出题目，改革做文章。深入实施国企改革三年行动，要坚持以习近平新时代中国特色社会主义思想为指导，坚持和加强党对国有企业的全面领导，坚持和完善社会主义基本经济制度，坚持社会主义市场经济改革方向，抓重点、补短板、强弱项，在形成更加成熟更加定型的中国特色现代企业制度和以管资本为主的国资监管体制上取得明显成效，在推动国有经济布局优化和结构调整上取得明显成效，在提高国有企业活力和效率上取得明显成效，不断增强国有经济竞争力、创新力、控制力、影响力、抗风险能力。

坚持"两个一以贯之"，加快完善中国特色现代企业制度。充分发挥企业党委（党组）把方向、管大局、促落实的领导作用，把党的领导融入公司治理各环节实现制度化、规范化、程序化。充分发挥董事会定战略、作决策、防风险的重要作用，实现董事会应建尽建、配齐建强。充分发挥经理层谋经营、抓落实、强管理的积极作用，全面建立董事会向经理层授权的管理制度。夯实中国特色现代企业制度基础，大力推进国有企业管理体系和管理能力现代化，提高制度执行力，开展对标世界一流企业管理提升行动。

着力推进国有经济布局优化和结构调整，提高资源配置效率。坚持更好服务国家战略，进一步聚焦战略安全、产业引领、国计民生、公共服务等功能，调整存量结构，优化增量投向，充分发挥国有企业在解决发展不平衡不充分问题上的重要作用。积极推动国有资本向关系国家安全、国民经济命脉的重要行业和关键领域集中，向提供公共服务、应急能力建设和公益性等关系国计民生的重要行业和关键领域集中，向前瞻性战略性新兴产业集中，加快不具备竞争优势、缺乏发展潜力的非主业、非优势业务剥离，抓好无效资产、低效资产处置。紧紧围绕加快科技自立自强，充分发挥国有企业在构建关键核心技术攻关新型举国体制中的重要作用。

积极稳妥深化混合所有制改革，促进各类资本优势互补、共同发展。把握好混合所有制改革方向，坚持因地施策、因业施策、因企施策，宜独则独、宜控则控、宜参则参，不搞拉郎配、不搞全覆盖、不设时间表，按照完善治理、强化激励、突出主业、提高效率的要求，积极稳妥深化混合所有制改革。重点推进国有资本投资、运营公司出资企业和商业一类子企业混合所有制改革，稳妥推进商业二类子企业混合所有制改革，规范有序推进具备条件的公益类企业投资主体多元化。加

强对混改全过程的监督,切实防止国有资产流失。

不断健全市场化经营机制,充分激发企业活力。深化企业内部三项制度改革,提高核心竞争力,不断释放发展活力,创造更大经济价值。积极推行经理层成员任期制和契约化管理,推动管理人员能上能下,全面实行经理层任期管理,加快推行职业经理人制度。全面推进用工市场化,推动员工能进能出。健全业绩决定薪酬分配的机制,推动收入能增能减,推动薪酬分配向作出突出贡献的人才和一线关键苦脏险累岗位倾斜。支持更多国有企业运用国有控股上市公司股权激励、国有科技型企业股权和分红激励等中长期激励政策,充分激发骨干员工干事创业的积极性主动性创造性。

健全以管资本为主的国有资产监管体制,提高国有资产监管效能。深入推进国资监管机构职能转变,重点管好资本布局、规范资本运作、提高资本回报、维护资本安全。优化管资本的方式手段,全面实行权责清单管理,深入开展分类授权放权,加强事中事后监管,切实推进信息化与监管业务深度融合,全面建成全国国资国企实时在线监管系统。深化国有资本投资、运营公司改革。改进考核评价体系,深化差异化分类考核。健全协同高效的监督机制,推进出资人监督和纪检监察监督、巡视监督、审计监督、社会监督等统筹衔接,建立健全企业内部监督体系,全面建立覆盖各级国资监管机构及国有企业的责任追究工作体系和工作机制。稳步推进中央党政机关和事业单位经营性国有资产集中统一监管,完成地方经营性国有资产集中统一监管工作。

积极推动国有企业公平参与市场竞争,优化营商环境。强化国有企业的市场主体地位,营造各种所有制主体依法平等使用资源要素、公开公平公正参与竞争、同等受到法律保护的市场环境。推进政府职能转变,凡是市场机制可以有效调节、社会组织可以替代、企业在法律范围内能够自主决定的事项,政府部门不再审批。进一步完善公平竞争制度,加强和改进反垄断和反不正当竞争执法。深化自然垄断行业改革,在电网、电信、铁路、石油、天然气等重点行业和领域,放开竞争性业务,进一步引入市场竞争机制。实行分类核算和分类考核,对商业类企业中的公益类业务,按照不同类别业务分类核算相应的收入和成本。规范补偿机制,建立健全符合国际惯例的补贴体系。

抓好国企改革专项工程,积极发挥示范引领作用。纳入示范工程的企业要自加压力、主动作为,率先实现国企改革三年行动明确的各项任务。积极开展"百户科技型企业深化市场化改革提升自主创新能力专项行动",重点在完善公司治理、市场化选人用人、强化激励约束、激发科技创新动能等方面取得创新突破。动态调整充实"双百企业"名单,保持"一池活水",推动更多企业制定实施个性化、差异化综合改革方案。在深入推进上海、深圳、沈阳三地综合改革试验的基础上,配合实施国家重大区域战略,将青岛、西安、武汉、杭州等地纳入综合改革试验范围。深化东北地区国资国企改革,加大力度推进东北地区国资国企改革若干措施落实落地。深化世界一流企业创建示范工程。

加强党的领导和党的建设,为国有企业改革发展提供根本保证。始终把加强国有企业党的政治建设放在首位,建立完善学习贯彻习近平总书记重要讲话和重要指示批示精神的第一议题制度,健全贯彻落实党中央重大决策部署的机制,完善国有企业坚定维护党中央权威和集中统一领导的各项制度。紧紧抓住党建责任制这个"牛鼻子",着力推进党建工作与生产经营深度融合,积极推动党建责任制和生产经营责任制有效联动。积极培育高素质专业化的企业家队伍,坚持"对党忠诚、勇于创新、治企有方、兴企有为、清正廉洁"的国有企业领导人员标准,建立完善区别于党政领导干部、符合市场经济规律和企业家成长规律的国有企业领导人员管理机制。落实"三个区分开来"要求,坚持公私分明、功过厘清,制定尽职合规免责事项清单。持续深入推进全面从严治党,完善和落实全面从严治党责任制度,持续加大国有企业反腐败力度,加快构建一体推进不敢腐、不能腐、不想腐的体制机制。

(文章刊发于2021年1月16日《求是》)

充分发挥国有经济战略支撑作用

国务院国资委党委书记、主任　郝　鹏

党的十九届五中全会精神的核心要义,主要体现在把握新发展阶段、贯彻新发展理念、构建新发展格局、实现高质量发展。习近平总书记从历史和现实、理论和实际、国内和国际相结合的高度,围绕把握新发展阶段、贯彻新发展理念、构建新发展格局,多次发表重要讲话、作出重要指示,深刻回答了事关我国发展全局的一系列方向性、根本性、战略性重大问题，进一步深化了我们党对中国特色社会主义规律的认识，为全党全国深刻把握新的机遇和挑战、开创全面建设社会主义现代化国家新局面指明了前进方向、提供了根本遵循。国有企业是中国特色社会主义的重要物质基础和政治基础，是我们党执政兴国的重要支柱和依靠力量，是党领导的国家治理体系的重要组成部分。我们必须深入学习贯彻习近平总书记重要讲话精神，始终立足"两个大局"、心怀"国之大者"，进一步提高政治判断力、政治领悟力、政治执行力，把国有企业改革发展和党的建设工作放到把握新发展阶段、贯彻新发展理念、构建新发展格局中去谋划和推动，在全面建设社会主义现代化国家新征程中坚决走在前、作贡献。

一、进入新发展阶段，国资国企必须坚定扛起新的历史使命和重大责任

习近平总书记强调，全面建成小康社会、实现第一个百年奋斗目标之后，我们要乘势而上开启全面建设社会主义现代化国家新征程、向第二个百年奋斗目标进军，这标志着我国进入了一个新发展阶段。新发展阶段是社会主义初级阶段中的一个阶段，同时是其中经过几十年积累、站到了新的起点上的一个阶段；是我们党带领人民迎来从站起来、富起来到强起来历史性跨越的新阶段。学习贯彻习近平总书记重要讲话精神，我们要深刻认识新发展阶段在中华民族伟大复兴进程中的重大意义，深刻认识我们党和国家事业发展所处的历史方位，深刻认识新发展阶段面临的新机遇新挑战，全力办好自己的事，肩负起新的使命责任，在全面建设社会主义现代化国家新征程中实现新的更大作为。

切实担负起做强做优做大国有资本和国有企业的重大责任。这是习近平总书记和党中央着眼党和国家事业发展全局，对国资国企工作作出的重大战略部署，是"十四五"时期国资国企工作的总目标。一方面，要将做强做优做大国有资本和做强做优做大国有企业统一起来，国有企业是独立市场主体，是国有资本的主要运营载体，做强做优做大国有企业对于做强做优做大国有资本具有基础性、实质性和决定性的意义。另一方面，要将"做强""做优""做大"统一起来，三者是一个有机的整体，既各有侧重，又相互联系。当前"做强""做优"更为紧迫，也是进一步"做大"的重要基础和前提，必须从整体上来认识把握，从全局上统筹推动。

切实担负起加快建设世界一流企业的重大任务。这是在党的十九大提出培育具有全球竞争力的世界一流企业基础上，五中全会结合国际国内形势的新发展提出的新任务新要求。"十四五"期间做强做优做大国有资本和国有企业的标志性成果，就是建成一批世界一流企业。要围绕构建新发展格局，坚持与现代产业体系相适应、与国家创新体系相衔接，更加突出主业实业和核心竞争力标准，努力打造一批行业产业龙头企业、一批科技创新领军企业、一批"专精特新"冠军企业、一批基础保障骨干企业，确保国有企业真正成为主责主业突出、功能作用显著、有力支撑经济社会发展的国家队。

切实担负起发挥国有经济战略支撑作用的重大使命。这是我们党从国有企业在历次应对突发事件、重大危机特别是这次战疫的突出表现中得出的深刻启示，是习近平总书记和党中央立足新发展阶段赋予国有企业、国有经济新的光荣使命。做强做优做大国有资本和国有企业、建设世界一流企业，目的就是更好发挥国有经济战略支撑作用。要聚焦战略安全、产业引领、国计民生、公共服务等功能，调整存量结构，优化增量投向，推动国有企业更好服务国家重大战略和地方经济社会发展，更好推动解决发展不平衡不充分问题，更好满足人民日益增长的美好生活需要。

二、贯彻新发展理念，国资国企必须在高质量发展的道路上坚实奋进

习近平总书记强调，新发展理念是一个系统的理论体系，回答了关于发展的目的、动力、方式、路径等一系列理论和实践问题，阐明了我们党关于发展的政治立场、价值导向、发展模式、发展道路等重大政治问题，全党必须完整、准确、全面贯彻新发展理念。学习贯彻习近平总书记重要讲话精神，我们要深刻把握新发展理念的丰富内涵和实践要求，始终坚持把以人民为中心的发展思想作为新发展理念的"根"和"魂"，坚持以问题导向精准贯彻新发展理念，坚持用底线思维统筹发展和安全，以推动高质量发展为主题，深入推进供给侧结构性改革，努力实现更高质量、更有效率、更加公平、更可持续、更为安全的发展。

以提质增效夯实高质量发展基础。坚持和完善"两利四率"指标体系，推动中央企业净利润、利润总额增速高于国民经济增速，营业收入利润率、研发投

入强度、全员劳动生产率明显提高,同时保持资产负债率的稳健可控。加快提升企业生产经营效率,全方位对标世界一流企业,打造精干高效的组织和运行体系,加快构建现代化管理体系,提高资本效率、劳动效率和全要素生产率。加快提升产品服务质量,不断增加高质量、高附加值产品的有效供给,使国企制造、国企服务、国企产品成为让人放心、受人尊敬的高质量标识。

以优化布局补齐高质量发展短板。深入贯彻落实《关于新时代推进国有经济布局优化和结构调整的意见》部署要求,推动国有资本更多投向关系国计民生的重要领域和关系国家经济命脉、科技、国防、安全等领域,大力发展实体经济,使国有经济在战略安全、公共服务领域的主体作用更加突出,在基本民生领域的有效供给更加充足,在战略性前瞻性新兴领域的发展动能更加强劲,不断提升国有资本配置效率和整体功能。

以深化改革激发高质量发展活力。以实施国企改革三年行动为抓手,在完善治理、健全体制、激发活力、提高效率上下更大功夫,加快完善中国特色现代企业制度,加大市场化改革力度,积极稳妥深化混合所有制改革,着力深化劳动、人事、分配三项制度改革,不断健全市场化经营机制,健全管资本为主的国有资产监管体制,完善专业化、体系化、法治化监管,提高国资监管效能,为贯彻新发展理念提供体制机制保障。

以防控风险筑牢高质量发展底线。强化重点领域风险防范,及时有效化解投资、债务、金融业务、境外经营等领域风险,坚决守住不发生重大风险的底线。强化企业海外利益安全,加快构建海外利益保护和风险预警防范体系,维护境外资产和员工人身安全。强化风险防控机制建设,把风险防控嵌入业务流程各环节,增强风险识别和处置能力,进一步提升内控体系有效性,确保各类风险可控在控,促进企业稳健发展。

三、构建新发展格局,国资国企必须充分发挥带动拉动作用

习近平总书记强调,加快构建以国内大循环为主体、国内国际双循环相互促进的新发展格局,是"十四五"规划《建议》提出的一项关系我国发展全局的重大战略任务,需要从全局高度准确把握和积极推进;构建新发展格局的关键在于经济循环的畅通无阻,最本质的特征是实现高水平的自立自强,要建立起扩大内需的有效制度,实行高水平对外开放。学习贯彻习近平总书记重要讲话精神,我们要准确把握构建新发展格局的主攻方向,找准工作着力点和突破口,主动发力、率先行动,切实发挥好骨干中坚作用。

坚决当好科技自立自强的国家队。将科技创新作为"头号任务",集中资源、集中力量,坚决把中央企业打造成为国家战略科技力量。努力打造科技攻关重地,针对产业薄弱环节,组建创新联合体,尽快解决"卡脖子"问题。努力打造原创技术策源地,加大原创技术研发投入,布局一批基础应用技术,突破一批前沿技术,锻造一批长板技术。努力打造科技人才高地,培养急需紧缺的科技领军人才和高水平创新团队,坚持特殊人才特殊激励,激发创新创造活力。努力打造科技创新"特区",在政策支持上坚决做到能给尽给、应给尽给,积极推行科研项目"揭榜挂帅"、项目经费"包干制"新型管理模式,营造良好创新环境。

坚决当好现代产业链的链长。发挥中央企业投资规模大、辐射范围广、带动能力强的龙头牵引作用,着力增强产业链供应链自主可控能力。在补链上下更大功夫,着力突破一批关键核心技术,为产业基础高级化、产业链现代化提供更多"央企解决方案"。在强链上下更大功夫,立足优势领域,练就更多独门绝技,加强新型基础设施建设,推进数字产业化和产业数字化,更好赋能传统产业转型升级。在固链上下更大功夫,构建融合畅通的产业生态体系,形成一批各具特色的产业集群,推动上下游、产供销有效衔接、协调运转,把产业链关键环节留在国内。

坚决当好培育完整内需体系的主力军。在提升供给体系对国内需求的适配性上发挥主导作用,优化供给结构、改善供给质量,促进国内供给、需求在更高层次、更高水平上实现动态平衡。在加强现代流通体系建设上发挥支撑作用,推进物流枢纽建设,建立应急物流体系,夯实国内国际双循环的重要基础。在落实国家重大战略上发挥带动作用,积极对接区域重大战略、区域协调发展战略、主体功能区战略,加快各类要素合理流动和高效聚集,助力区域协调发展。

坚决当好高水平对外开放的排头兵。坚持共商共建共享,加大开放合作力度,确保在国际化道路上走得更稳、更实、更好。"更稳"重点是畅通合作渠道,防范化解境外项目的各类风险,统筹做好疫情防控和生产经营。"更实"重点是增强合作动能,把握好我国签署区域全面经济伙伴关系协定、中欧投资协定达成

等机遇,创新投资合作发展的模式。"更好"重点是提高合作成效,不断取得双赢多赢的合作成果,积极建设一批综合效益好、带动作用强的重大项目和产业园区,实施更多的民生工程,助力"一带一路"打造成为合作之路、健康之路、复苏之路、增长之路。

把握新发展阶段、贯彻新发展理念、构建新发展格局,加强党的全面领导是根本。我们要坚持不懈用习近平新时代中国特色社会主义思想武装头脑、指导实践、推动工作,增强"四个意识"、坚定"四个自信"、做到"两个维护",切实提高政治判断力、政治领悟力、政治执行力,坚持将贯彻落实五中全会精神同贯彻落实全国国有企业党的建设工作会议精神紧密结合起来,将党的全面领导的政治优势和中国特色社会主义制度的制度优势同新发展理念的理论优势统一起来,按照党中央部署组织做好党史学习教育,全面加强企业党建工作,以高质量党建引领国有企业高质量发展,以优异成绩庆祝建党100周年。

(文章刊发于2021年3月10日《学习时报》)

坚定不移做强做优做大国有资本和国有企业 乘势而上开启"十四五"奋斗新征程

国务院国资委党委书记、主任　郝　鹏

党的十九届五中全会明确提出了"十四五"时期我国经济社会发展的指导方针、主要目标、重点任务和重大举措,同时也对国资国企工作作出了重大部署。国有企业是中国特色社会主义的重要物质基础和政治基础,是党执政兴国的重要支柱和依靠力量。国资委和中央企业要深入贯彻落实五中全会精神,立足新发展阶段、贯彻新发展理念、构建新发展格局,切实当好畅通国内大循环、促进国内国际双循环的主力军,更好服务党和国家事业发展大局。

一、"十四五"时期国资央企工作的总体要求和主要目标

贯彻落实好五中全会精神,我们必须深刻领会习近平总书记和党中央对国有企业的战略部署,把国资央企工作放在进入新发展阶段、构建新发展格局的战略抉择中去谋划和推动,放在全面建设社会主义现代化国家新征程中去谋划和推动。

"十四五"时期做好国资央企工作的总体要求是:高举中国特色社会主义伟大旗帜,以习近平新时代中国特色社会主义思想为指导,全面贯彻党的十九大和十九届二中、三中、四中、五中全会精神,深入贯彻习近平总书记关于国资国企改革发展和党的建设的重要论述精神,立足新发展阶段、贯彻新发展理念、构建新发展格局,坚持稳中求进工作总基调,以推动高质量发展为主题,以深化供给侧结构性改革为主线,以改革创新为根本动力,以满足人民日益增长的美好生活需要为根本目的,更好统筹发展和安全,深化国资国企改革,强化创新驱动发展,优化调整布局结构,健全国资监管体制,防范化解重大风险,提升党的建设质量,坚定不移做强做优做大国有资本和国有企业,充分发挥国有经济战略支撑作用,加快建设世界一流企业,为促进经济社会持续健康发展、全面建设社会主义现代化国家作出更大贡献。

"十四五"时期做好国资央企工作的主要目标是:综合考虑发展机遇、优势和条件,推动国资央企工作全面进步,取得新的明显成效。一是高质量发展迈上新台阶。坚持质量第一、效益优先,在质量效益明显提升的基础上,实现规模实力持续增长、国有资产保值增值,经济效益增速与国民经济增长相匹配,营业收入利润率、净资产收益率、全员劳动生产率等投入产出指标明显提高,供给质量和水平更好满足人民日益增长的美好生活需要。二是科技自立自强展现新作为。央企攻坚工程取得重要成果,在关键行业和重要领域攻克一批"卡脖子"技术,研发投入强度、高新技术企业数、发明专利拥有量等显著提高,建成一批国家级科技创新平台,牵头承担或参与的国家重大科技项目取得重大创新突破,对国家战略和现代化经济体系建设的科技支撑能力大幅提升。三是国有经济布局实现新优化。国有经济在关系国家安全、国民经济命脉和国计民生重要行业领域的控制地位持续巩固,在前瞻性战略性新兴产业的布局比重大幅提升,在经济社会发展中的战略引领和基础保障作用全面增强,产业基础高级化、产业链现代化水平明显提高,国有经济布局优化机制更加成熟定型。四是国资国企改革取得新突破。国企改革三年行动任务全面完成,中国特色现代企业制度更加成熟定型,市场化经营机制更加灵活高效,管资本为主的国有资

产监管体制更加健全,与各类所有制企业公平竞争、优势互补、共同发展的良好格局全面形成。五是党的领导党的建设得到新加强。党对国资央企工作的全面领导切实加强,企业党委(党组)领导作用充分发挥,党建基层基础更加巩固,领导班子和人才队伍建设明显加强,全面从严治党、党风廉政建设和反腐败斗争向纵深发展,党建工作引领企业发展、服务生产经营的制度机制更加完善,企业政治优势、组织优势充分发挥。

二、牢牢把握新部署新使命新要求

牢牢把握做强做优做大国有资本和国有企业这一新部署。党的十八届五中全会强调"坚定不移把国有企业做强做优做大",党的十九大和十九届四中全会强调"做强做优做大国有资本",在此基础上,党的十九届五中全会完整提出做强做优做大国有资本和国有企业,这是习近平总书记和党中央统筹"两个大局",从巩固中国特色社会主义的重要物质基础和政治基础的战略高度,对国资国企工作作出的重大部署。一方面,做强做优做大国有资本与做强做优做大国有企业有机统一。国有企业是独立市场主体,是国有资本的主要运营载体,做强做优做大国有企业对于做强做优做大国有资本具有基础性、实质性和决定性的意义,要在实践和政策层面把两者统筹好、衔接好。另一方面,"做强""做优""做大"有机统一。做强要求国有企业能够体现我国经济实力和国际竞争力;做优要求国有企业能够在严峻复杂外部环境中持续创造优秀业绩、实现高质量发展;做大要求国有企业能够成为促进我国经济社会健康发展的"稳定器""压舱石"。当前,"做强""做优"更为紧迫,也是进一步"做大"的重要基础和前提,要从整体上来认识把握,从全局上统筹推动。

牢牢把握发挥国有经济战略支撑作用这一新使命。这是我们党从国有企业在历次应对突发事件、重大危机特别是这次战疫的突出表现中得出的深刻启示,是习近平总书记和党中央赋予国有企业、国有经济新的光荣使命。做强做优做大国有资本和国有企业,目的就是更好发挥国有经济战略支撑作用,更好推动解决发展不平衡不充分问题。在战略安全方面,要强化国防军工领域布局,提升国有经济对能源资源和粮食安全的保障能力,增强国有资本对骨干网络的控制力。在产业引领方面,要增强国有企业攻克"卡脖子"关键核心技术和制造业强基补链的能力,引领我国产业发展和自主创新。在国计民生方面,要推动国有经济在重要行业和关键领域承担起基础性、保障性功能,发挥好国有经济在重大区域战略和高水平对外开放战略中的引领示范作用。在公共服务方面,要加大国有资本对民生保障、生态环保、防灾减灾救灾、应急物资保障等公共服务领域的有效供给,有效弥补市场失灵。

牢牢把握加快建设世界一流企业这一新要求。在党的十九大提出培育具有全球竞争力的世界一流企业基础上,五中全会提出了新的要求,凸显了建设世界一流企业的紧迫性。做强做优做大国有资本和国有企业、发挥国有经济战略支撑作用,必须有一批能够体现国家实力和国际竞争力的世界一流企业作支撑。要坚持与现代产业体系相适应、与国家创新体系相衔接、与构建新发展格局相协同,遵循市场经济规律和企业发展规律,更加突出主业、实业和核心竞争力标准,努力打造一批行业产业龙头企业、一批科技创新领军企业、一批"专精特新"冠军企业、一批基础保障骨干企业,确保国有企业特别是中央企业真正成为主责主业突出、功能作用显著、有力支撑经济社会发展的国家队。

三、为"十四五"开好局作出国资央企应有贡献

2021年是我国现代化建设进程中具有特殊重要性的一年。国资央企要突出高质量发展主题,紧紧围绕构建新发展格局谋划推动工作,更好落实"六稳""六保"任务,为保持宏观经济运行在合理区间、实现"十四五"良好开局作出新贡献,以优异成绩迎接建党100周年。

一是发挥优势带动构建新发展格局,立足国内大循环,主动适应和创造市场需求,提升供给对需求的适配性;助力畅通国内国际双循环,高质量推进"一带一路"重大项目建设,坚定不移深化对外合作。二是深入实施创新驱动发展战略,着力抓好关键核心技术攻关,推动科技创新不断取得突破性、标志性重大成果;抓好人才和机制两个关键点,落实好"揭榜挂帅"等制度,充分激发科研人员创新活力。三是抓紧抓实国企改革三年行动,更加聚焦重点任务,更加注重激发活力,更加突出基层创新,确保在重要领域、关键环节取得实质性突破。四是着力打造提质增效"升级版",向市场升级要效益、向管理升级要效益、向质量升级要效益,切实增强提质增效措施的精准性、有效

性。五是加快国有资本布局优化和产业结构调整，把发展的着力点放在实体经济上，稳步推进战略性重组和专业化整合，加大新型基础设施投资力度，推动现代信息技术赋能传统产业。六是切实有效防范化解各类风险，坚决守住不发生重大风险的底线。七是增强监管效能，推进数字化智能化监管，推动国有资本投资、运营公司聚焦实体经济发展，强化监督成果运用，严防国有资产流失。八是主动服务和支撑国家重大战略，认真落实国家宏观调控政策，在履行社会责任中发挥带头示范作用。

面对严峻复杂的外部环境和艰巨繁重的国资央企改革发展任务，要坚持党对国资央企工作的全面领导，紧紧围绕迎接建党100周年和全国国企党建会召开5周年，扎实开展"中央企业党建创新拓展年"，不断推进党建工作理念创新、机制创新、方式创新，全面推动央企党建向基层拓展、向纵深拓展、向国有资本延伸的新行业新领域拓展，以高质量党建引领国资央企高质量发展。

（文章刊发于2021年第3期《旗帜》）

从党的百年历史中汲取智慧和力量

国务院国资委党委书记、主任　郝　鹏

在全党开展党史学习教育，是以习近平同志为核心的党中央作出的一项重大决策。习近平总书记在党史学习教育动员大会上发表重要讲话，并在中央政治局会议、中央党校（国家行政学院）2021年春季学期中青年干部培训班开班式、全国两会团组讨论等多个重要场合就党史学习教育作出一系列重要指示，深刻阐述了新时代为什么学党史、学什么、怎么学的重大问题，为全党开展好党史学习教育指明了方向、提供了根本遵循。国资委党委和中央企业党委（党组）认真学习贯彻习近平总书记重要讲话和重要指示精神，贯彻落实党中央决策部署，坚持学史明理、学史增信、学史崇德、学史力行，坚持学党史、悟思想、办实事、开新局，坚持突出央企特色、突出学用结合、突出惠及群众、突出担当作为，迅速掀起党史学习教育热潮。

坚决落实进一步感悟思想伟力的要求，用习近平新时代中国特色社会主义思想武装头脑、指导实践、推动工作

我们党的历史，就是一部不断推进马克思主义中国化的历史，就是一部不断推进理论创新、进行理论创造的历史。马克思主义深刻改变了中国，中国也极大丰富了马克思主义。党的奋斗历程启示我们，我们党之所以坚强有力，无坚不摧、无往而不胜，能够完成近代以来其他各种政治力量所不能完成的艰巨任务，取得革命、建设、改革的伟大胜利，归根到底就在于始终把马克思主义这一科学理论作为行动指南，用马克思主义真理的力量激活了中华民族历经几千年创造的伟大文明，使中华文明再次迸发出强大精神力量。党的十八大以来，我们党和国家事业取得历史性成就、发生历史性变革，根本在于以习近平同志为主要代表的中国共产党人与时俱进创立了习近平新时代中国特色社会主义思想，实现了马克思主义基本原理与中国具体实际相结合的又一次飞跃，成为全党的思想旗帜、精神旗帜，成为全国人民为实现中华民族伟大复兴而奋斗的科学行动指南，在中国特色社会主义新时代的伟大实践中展现出强大思想伟力。

党的十八大以来，习近平总书记亲自谋划、亲自部署、亲自推动国资国企工作，发表了一系列重要讲话、作出了一系列重要部署，深刻回答了国资国企事业发展的一系列重大理论和实践问题，特别是深刻阐明了新时代为什么要做强做优做大国有企业、怎样做强做优做大国有企业这个重大的时代命题，形成了相互贯通、有机联系、全面系统的理论体系，把我们党对国资国企工作的规律性认识提升到了一个新的高度，为推进国资国企改革发展和党的建设指明了方向、提供了根本遵循。对国资央企来说，开展好党史学习教育，就是要全面学习党史，从党的非凡历程中领悟历史为什么选择马克思主义、马克思主义如何不断改变中国，紧密结合党的十八大以来党和国家事业取得的新的伟大成就，结合国资央企在党中央坚强领导下取得的重大进展、重要成果，教育引导广大党员深刻认识习近平新时代中国特色社会主义思想是党的十八大以来实践经验的集中总结，也是改革开放40多年、新中国成立70多年、中国共产党成立100年来历史经验的深刻凝练，实现了马克思主义中国化新的历史性飞跃；是在新时代伟大斗争中锻造的，又在指导新时代的伟大实践中彰显出磅礴伟力；不仅是当代中国马克思主义，而且是21世纪马克思主义，

深刻影响着世界;坚决用习近平总书记关于国有企业改革发展和党的建设的重要论述统领各项工作,切实把学习成果转化为提升党性觉悟和思想境界的精神动力,不断提升用党的创新理论指导推动工作的能力和水平。

坚决落实进一步把握历史规律和大势的要求,不断增强推进工作的系统性、预见性、创造性

了解历史才能看得远,理解历史才能走得远;只要把握住历史发展规律和大势,抓住历史变革时机,顺势而为,奋发有为,我们就能够更好前进。党的奋斗历程启示我们,我们党之所以能够发展壮大、成为百年大党,一个重要原因就是我们党始终以马克思主义基本原理分析把握历史大势,正确处理中国和世界的关系,善于抓住和用好各种历史机遇。我们党的诞生就是顺应十月革命胜利、社会主义兴起的世界发展大势的结果。中华人民共和国的成立和巩固,也是顺应时代大潮的产物。那时,社会主义发展壮大,亚非拉民族解放运动风起云涌,出现了"东风压倒西风"的气象,新中国就是沐浴着这个东风诞生并站住了脚的。我们党关于改革开放的重大决策,也是基于对时代潮流的深刻洞察、对世界大势的科学判断作出的。

国有企业是在党的领导下成长起来的,改革发展的每一步都与党和国家的前途命运紧紧相连,都是顺应发展大势和时代潮流的结果。我们党成立初期,党领导的工人运动的发祥地有不少就是国有企业、中央企业的前身。比如中共一大代表、党的创始人之一王尽美同志1922年就在中铁山桥(原中国山海关桥梁厂)建立了冀东地区第一个党组织,并组织开展了轰轰烈烈的工人运动,这也开启了中国中铁坚决听党话跟党走、在党的光辉下成长和发展的百年征程。革命战争时期,为了给人民军队提供武器弹药和后勤保障,革命根据地孕育形成了一批公营企业,兵器工业集团的前身就是我们党历史上的第一个兵工厂。华润集团以两根金条起家,从创立伊始就怀揣着"中华大地、雨露滋润"的理想,在为根据地筹集物资的过程中逐步成长。新中国成立后,为迅速改变贫困落后的状况、打破帝国主义封锁,我们党提出实现社会主义工业化的目标,进行社会主义改造,建设156项重点工程,核工业、航空航天等军工企业基本上都是这一时期组建的,中国石油、鞍钢、中国一汽等一大批企业应运而生,为我国建立独立完整的工业体系和国民经济体系奠定了重要基础。改革开放以来,随着党和国家工作中心的转移,特别是社会主义市场经济体制的建立,国有企业从计划走向市场、从国内走向国外,规模实力不断壮大。这一时期,我们党缔造了宝钢、中国海油、保利集团等一批与改革开放同行、引领我国工业现代化发展的龙头企业。特别是进入新时代,党和国家事业取得了历史性成就,国有企业改革发展取得重大进展,这一时期我们在党中央的坚强领导下,通过深入推进战略性重组,打造了中国船舶集团、中国远洋海运、中国中车集团、中国建材等一批具有世界一流水准的行业龙头企业。可以说,国有企业就是伴随着党领导的新民主主义革命的胜利而逐步建立,伴随着我国社会主义建设和改革开放而不断成长,伴随着新时代党和国家事业蓬勃发展而不断取得新的重大进步的。对国资央企来说,开展好党史学习教育,就是要教育引导广大党员树立大历史观,深刻感悟我们党科学把握历史规律和世界大势的宝贵经验,始终胸怀中华民族伟大复兴战略全局和世界百年未有之大变局,心怀"国之大者",紧紧围绕立足新发展阶段、贯彻新发展理念、构建新发展格局来思考和谋划国资央企改革发展,周密部署国资央企"十四五"工作,增强工作的系统性、预见性、创造性,在新起点新征程上育新机、开新局,展现国资央企新的更大作为。

坚决落实进一步深化对党的性质宗旨认识的要求,坚定践行以人民为中心的发展思想

我们党来自于人民,党的根基和血脉在人民;为人民而生,因人民而兴,始终同人民在一起,为人民利益而奋斗,是我们党立党兴党强党的根本出发点和落脚点。党的奋斗历程启示我们,从"红船初心"到"两个务必",从贯彻为人民服务宗旨到树牢人民至上理念,我们党的百年历史就是一部践行党的初心使命的历史,就是一部党与人民心连心、同呼吸、共命运的历史。社会主义革命和建设的成就是人民群众干出来的;改革开放的历史伟剧是亿万人民群众主演的。历史充分证明,江山就是人民,人民就是江山,人心向背关系党的生死存亡。

国有企业作为维护人民群众根本利益的重要力量,矢志践行党的初心使命,把守护好、发展好全体人民的共同财富作为最高价值追求和根本政治责任,坚决践行全心全意为人民服务的根本宗旨。长期以来,

国有企业通过自身不断发展壮大,为保障和改善民生提供了重要支撑。许多投资大、收益薄的基础设施和公共服务建设,许多周期长、风险大的基础性研发,都是国有企业扛起来的。在如期夺取脱贫攻坚战全面胜利、历史性地解决困扰中华民族几千年的绝对贫困问题上,国有企业特别是中央企业也付出了艰辛努力、作出了重要贡献。可以说,人民性是国有企业的根本属性,以人民为中心的发展思想是国资央企的使命所系。对国资央企来说,开展好党史学习教育,就是要教育引导广大党员更加深刻认识党的性质宗旨,坚持一切为了人民、一切依靠人民,始终把人民放在心中最高位置,永葆对人民的赤子之心,把人民对美好生活的向往作为奋斗目标,在解决发展不平衡不充分问题上更好发挥重要作用,推动改革发展成果更多、更好惠及人民群众,有力促进共同富裕取得更为明显的实质性进展,不断增强人民群众获得感、幸福感、安全感。

坚决落实进一步总结党的历史经验的要求,不断提高应对风险挑战的能力水平

我们党一步步走过来,很重要的一条就是不断总结经验、提高本领,不断提高应对风险、迎接挑战、化险为夷的能力水平。党的奋斗历程启示我们,党的经验是我们党在历经艰辛、饱经风雨的长期摸索中积累下来的,饱含着成败和得失,凝结着鲜血和汗水,充满着智慧和勇毅。当年,毛泽东同志总结革命斗争经验,把统一战线、武装斗争、党的建设概括为克敌制胜的"三大法宝",为我们党取得新民主主义革命胜利发挥了重要作用,至今依然发挥着重要作用。党的十八大以来,正是因为有以习近平同志为核心的党中央居安思危、未雨绸缪,总结运用党在不同历史时期成功应对风险挑战的丰富经验,不断提高治国理政能力和水平,才使我国能够在国际局势动荡不安、全球经济波谲云诡的情况下,有效防范化解各类风险挑战,保持了经济社会大局稳定,推动党和国家事业取得了历史性成就。

"十四五"时期,我国发展面临着前所未有的风险挑战,既有国内的也有国际的,既有政治、经济、文化、社会等领域的也有来自自然界的,既有传统的也有非传统的。国有企业面临的风险挑战也十分复杂严峻。从外部环境看,世纪疫情和百年变局交织带来深远影响,保护主义、单边主义上升,产业链供应链受非经济因素冲击,企业发展面临的不确定不稳定因素依然较多。从企业自身看,中央企业近年来持续加大风险防控力度,总体上看各类风险可控在控,但在投资、债务、金融业务、境外经营等领域,一些企业的风险隐患还不容低估。对国资央企来说,开展好党史学习教育,就是要抓住建党一百年这个重要节点,从我们党进行具有许多新的历史特点的伟大斗争出发,认真总结历史经验教训,做好较长时间应对外部环境变化的思想准备和工作准备,不断增强斗争意识、丰富斗争经验、提升斗争本领,持续完善企业风险防控体系,增强抵御风险能力水平,坚决守住不发生重大风险的底线,有力维护经济社会大局稳定。

坚决落实进一步发扬革命精神的要求,始终保持艰苦奋斗的昂扬精神

在一百年的非凡奋斗历程中,一代又一代中国共产党人顽强拼搏、不懈奋斗,涌现了一大批视死如归的革命烈士、一大批顽强奋斗的英雄人物、一大批忘我奉献的先进模范,形成了井冈山精神、长征精神、遵义会议精神、延安精神、西柏坡精神、红岩精神、抗美援朝精神、"两弹一星"精神、特区精神、抗洪精神、抗震救灾精神、抗疫精神等伟大精神,构筑起了中国共产党人的精神谱系。党的奋斗历程启示我们,我们党之所以历经百年而风华正茂、饱经磨难而生生不息,就是凭着那么一股革命加拼命的强大精神。这些宝贵精神财富跨越时空、历久弥新,集中体现了党的坚定信念、根本宗旨、优良作风,凝聚着中国共产党人艰苦奋斗、牺牲奉献、开拓进取的伟大品格,深深根植于我们党、国家、民族、人民的血脉之中,为我们立党兴党强党提供了丰厚滋养。

国有企业自诞生之日起,就始终坚持党的领导、听从党的召唤、服从党的指挥,把自身发展熔铸到党和国家事业发展的伟大征程中。我们的伟大民族精神和时代精神,在一代代爱国奉献、开拓进取、坚韧不拔、勇攀高峰的国企人身上得到集中体现,涌现出邓稼先、王进喜、罗阳、孙家栋、郭明义等一批批英雄楷模,在不同时代铸就了"两弹一星"精神、大庆精神、铁人精神、载人航天精神、青藏铁路建设精神等一座座精神丰碑,与党的十八大以来铸就的新时代北斗精神、载人深潜精神、探月精神等一道,成为了推动国有企业改革发展最基本、最深沉、最持久的精神力量。对国资央企来说,开展好党史学习教育,就是要从党在各个历史时期形成的伟大精神中汲取锤炼党性的丰厚滋养,赓续共产党人的精神血脉,传承国有企业

的优良传统,深入挖掘国资央企历史资源、文化资源、红色资源,传承弘扬蕴含家国情怀、具有时代特征、体现国企特色的时代精神,宣传先进典型,讲好央企故事,引导广大党员干部始终保持那么一股劲、那么一股革命热情、那么一种拼命精神,鼓起迈进新征程、奋进新时代的精气神,在新起点上把国资央企事业不断推向前进。

坚决落实进一步增强党的团结和集中统一的要求,以更加自觉的行动做到"两个维护"

旗帜鲜明讲政治、保证党的团结和集中统一是党的生命,也是我们党能成为百年大党、创造世纪伟业的关键所在。党的奋斗历程启示我们,只有全党团结成"一块坚硬的钢铁",才能战胜强大敌人、克服艰难险阻,而实现全党团结统一,必须要有一个在实践中形成的坚强中央领导集体,在这个领导集体中必须有一个核心。革命时期,如果我们党没有及时确立毛泽东同志在党中央和红军的领导地位,没有以毛泽东同志为核心的党的第一代中央领导集体的集中统一领导,在最危急关头挽救了党、挽救了红军、挽救了中国革命,至少我们中国人民还要在黑暗中摸索更长的时间。党的十八大以来,面对严峻复杂的国内外形势,我们之所以能够战胜一系列重大风险挑战,"中国之治"与"西方之乱"形成鲜明对比,关键在党,关键在党中央权威,关键在核心,而党中央权威中起决定性作用的是习近平总书记,党中央的判断力、决策力、行动力中起决定性作用的是习近平总书记,"两个维护"是党的最高政治原则和根本政治规矩。

国有企业是我们党长期执政最可信赖和依靠的基本队伍,讲政治是第一位要求。党的十八大以来,我们坚决做到"两个维护",将学习贯彻习近平总书记重要讲话和指示批示作为党委(党组)会"第一议题",将贯彻落实习近平总书记重要指示批示和党中央决策部署作为"两个维护"最直接、最重要、最具体的检验。回顾近年来国资央企取得的显著成效,没有哪一项不是习近平总书记预见在先、指示在先,没有哪一项不是遵照习近平总书记的重要指示精神干出来的。对国资央企来说,开展好党史学习教育,就是要从党史中汲取正反两方面历史经验,进一步坚定对党的忠诚,坚决维护习近平总书记党中央的核心、全党的核心地位,坚决维护党中央权威和集中统一领导,切实增强忠诚核心、维护核心、看齐核心的思想自觉、政治自觉、行动自觉,坚定不移向党中央看齐,不断提高政治判断力、政治领悟力、政治执行力,从政治上把贯彻党中央精神体现到谋划重大战略、制定重大政策、部署重大任务、推进重大工作的实践中去,经常同党中央精神对表对标,不折不扣贯彻落实习近平总书记重要指示批示和党中央决策部署,坚决把"两个维护"体现到国资央企各项工作中,自觉在思想上政治上行动上同以习近平同志为核心的党中央保持高度一致。在新的历史起点上把国资央企事业不断推向前进,以优异成绩庆祝建党一百周年。

(文章刊发于2021年第7期《人民论坛》)

2022
CHINA'S STATE-OWNED ASSETS SUPERVISION AND ADMINISTRATION YEARBOOK

中国国有资产监督管理年鉴

国有资产监督管理概况

第二篇

国有资产监督管理体制改革和国有企业改革发展综述

2021年,在以习近平同志为核心的党中央坚强领导下,各级国资委和广大国有企业面对复杂严峻的国内外形势和诸多风险挑战,坚持以习近平新时代中国特色社会主义思想为指导,增强"四个意识"、坚定"四个自信"、做到"两个维护",坚决贯彻党中央、国务院决策部署,统筹疫情防控和经济社会发展,带领国有企业广大干部职工顽强拼搏、锐意进取,国资国企各项工作取得新的重要进展和显著成效。

一、始终把政治建设摆在首位,切实筑牢捍卫"两个确立"、做到"两个维护"的政治忠诚

各级国资委和广大国有企业坚持把讲政治作为最根本的第一位要求,把深入学习贯彻习近平新时代中国特色社会主义思想作为首要政治任务,深刻认识、深刻理解、深刻感悟"两个确立"的决定性意义,切实增强做到"两个维护"的思想自觉、政治自觉、行动自觉。

(一)坚定不移用习近平新时代中国特色社会主义思想统领国资国企工作

国务院国资委坚持学懂弄通做实习近平新时代中国特色社会主义思想,用习近平总书记关于国有企业改革发展和党的建设的重要论述统领新时代国资央企工作,深入学习贯彻习近平总书记"七一"重要讲话和党的十九届六中全会精神,深刻认识"两个确立"的决定性意义,把坚决做到"两个维护"作为最高政治原则和根本政治规矩,在思想上政治上行动上同以习近平同志为核心的党中央保持高度一致。专门编印并组织学习《习近平关于发展国有经济论述摘编》和学习读本,坚持及时跟进学、融会贯通学、以上率下学,切实做到学思用贯通、知信行统一。把学习贯彻习近平总书记重要论述精神作为党委(党组)会议"第一议题",2021年召开党委会50次,理论学习中心组开展集体学习研讨8次,既抓对标看齐、贯彻部署,又抓跟踪督办、推动落实,确保党中央决策部署和习近平总书记重要指示批示精神在国资央企一贯到底。

(二)坚决抓好习近平总书记重要指示批示不折不扣贯彻落实

国务院国资委持续完善习近平总书记重要指示批示贯彻落实工作机制,落实《国资委党委贯彻落实习近平总书记重要批示工作办法》《关于推动中央企业深入贯彻落实习近平总书记重要指示批示的督查办法》《国资委督促检查工作实施办法》,构建传达学习、研究部署、贯彻落实、跟踪督办、报告反馈的工作闭环。组织开展贯彻落实习近平总书记重要指示批示情况"回头看",深入学习贯彻习近平总书记视察国家能源集团榆林化工、中国石化胜利油田等重要讲话精神,扎实推进中央企业贯彻落实习近平总书记关于科技创新重要指示精神专项督查等工作。

(三)坚持把严守政治纪律和政治规矩作为最重要的政治要求

国务院国资委严格执行新形势下党内政治生活若干准则,认真贯彻民主集中制各项要求,带头落实"三会一课"、民主生活会和组织生活会、谈心谈话、请示报告等基本制度,严肃认真开好党委班子党史学习教育专题民主生活会,主动自觉接受组织监督和干部群众监督。持续强化国资央企各级党组织的纪律意识和组织观念,通过开展专项监督检查、定期督导民主生活会、集中开展教育培训、实地走访调研等方式,推动国资央企各级党组织和广大党员干部牢记初心使命、坚定政治信念、强化责任担当,旗帜鲜明讲政治、从严从紧抓纪律,自觉做到党中央提倡的坚决响应、党中央决定的坚决照办、党中央禁止的坚决不做。

二、完整、准确、全面贯彻新发展理念,推动国有企业高质量取得明显成效

各级国资委和广大国有企业紧紧围绕做好"六稳"工作、落实"六保"任务,大力拓市场、优经营、增收入、降成本,攻坚克难、苦干实干,保持高质量发展良好态势,有力支撑经济社会发展大局。

(一)经济效益创历史最好水平,为我国经济发展保持全球领先作出重要贡献

各级国资委和广大国有企业积极应对多年未见的需求收缩、供给冲击、预期转弱等多重挑战,全力保持稳中向好、快中提质的发展态势,充分发挥国有经济的"稳定器""压舱石"作用。国务院国资委按照完

整、准确、全面贯彻新发展理念的要求,首次提出并实施"两利四率"目标管理体系,"两利"即净利润、利润总额,"四率"即营业收入利润率、资产负债率、研发投入强度、全员劳动生产率,引导企业扭转过去的规模效益导向,更加注重服务国家战略和创新驱动发展,更加突出质量第一、效益优先,加快转变发展方式,实现高质量发展。2021年,全国国资系统监管企业实现营业收入71.7万亿元,比上年增长19.2%;实现净利润3.3万亿元、利润总额4.5万亿元,分别比上年增长28.7%、28.3%;实现营业收入利润率6.1%,资产负债率66.9%,研发投入强度1.8%,全员劳动生产率55.3万元/(人·年);累计上缴税费4.3万亿元,比上年增长19%,约占全国财政收入的20%。其中,中央企业累计实现营业收入36.3万亿元,增长19.5%;实现净利润1.8万亿元、利润总额2.4万亿元,分别增长29.8%、30.3%;实现营业收入利润率6.8%,资产负债率64.9%,研发投入强度2.5%,全员劳动生产率69.4万元/(人·年);上缴税费2.4万亿元,增长20%。截至2021年底,全国国资系统监管企业资产总额259.3万亿元,比上年增长10.3%,其中中央企业资产总额75.6万亿元,增长9.7%;全年全国国资系统监管企业完成固定资产投资(不含房地产)8.3万亿元,比上年增长8.5%,占全社会固定资产投资总额的15.2%①。2021年,我国大陆进入《财富》"世界500强"的企业132家,其中国资系统监管企业80家、中央企业49家。

(二)科技创新全面发力,为壮大国家战略科技力量发挥重要作用

各级国资委和广大国有企业把科技创新作为"头号任务",不断强化企业创新主体地位,着力打造国家战略科技力量,勇当原创技术策源地和现代产业链链长,取得一大批重要战略性成果。国务院国资委坚决贯彻落实习近平总书记关于中央企业等国有企业勇当原创技术"策源地"、现代产业链链长的重要指示,与中央企业党委(党组)召开理论学习中心组联学会,制定印发《关于中央企业加快打造原创技术策源地和现代产业链链长的指导意见》,确定首批29家策源地企业和6家链长企业,推动中央企业在提升我国产业链韧性、促进高水平科技自立自强上发挥重要作用。2021年,国资系统监管企业研发经费投入1.3万亿元,约占全国的50%;其中,中央企业研发经费投入9045.9亿元,增长16.1%;研发投入强度2.5%。截至2021年底,中央企业拥有科技活动人员171.7万人,比上年增长5.3%;研发人员107万人,比上年增长3.9%;两院院士244人,新增中科院院士4人、工程院院士18人,院士增选人数创历史之最。2021年,中央企业获得国家科技进步奖和技术发明奖106项,占全国同类获奖总数的49%。中央企业在航天、深海、能源、交通、国防军工等领域涌现出一大批具有世界先进水平的标志性重大创新成果,"奋斗者号"万米探海、"北斗三号"建成开通、"天问一号"登陆火星、"神舟""天和"自主快速交会对接极大振奋中华民族自信自强的志气、骨气、底气。

(三)坚决落实国家重大战略,服务构建新发展格局的作用进一步发挥

各级国资委和广大国有企业围绕贯彻落实国家"十四五"规划,高标准高质量首次构建全国国资系统"十四五"三级规划体系,突出主业实业、发挥优势所长,主动服务国家重大战略,积极促进国内大循环,畅通国内国际双循环。国务院国资委指导推动中央企业坚决贯彻落实京津冀协同发展、长三角一体化发展、粤港澳大湾区建设、雄安新区建设、长江经济带发展、黄河流域生态保护和高质量发展等重大区域发展战略,积极落实北京非首都功能疏解任务,指导中国星网、中国华能、中国中化等3家企业总部落户雄安,中国船舶、中国三峡集团、中国电子等3家企业总部迁出北京,中国稀土集团落户赣州,推动中央企业积极参与雄安新区项目800余个。围绕落实碳达峰碳中和部署推动绿色低碳转型,制定《关于推进中央企业高质量发展做好碳达峰碳中和工作的指导意见》,推动减污降碳协同增效,严控"两高"项目盲目发展。围绕做好重大活动服务保障工作,指导推动中央企业高质量高标准制定方案,在北京冬奥会和冬残奥会、中国共产党成立100周年系列庆祝活动、中华人民共和国成立70周年系列庆祝活动等重大活动中发挥重要作用。围绕高水平共建"一带一路",扎实做好境外投资、经营、疫情、安全等风险防控,高标准实施一批境外重点项目,埃及新首都CBD标志塔主体结构封顶,莫斯科地铁新环线投入运营,中俄能源合作项目加快落地,中老铁路正式开通,高水平对外开放的"排头兵"作用充分彰显。

(四)坚守姓党为民政治本色,推动发展成果更多更公平惠及人民群众

各级国资委和广大国有企业始终坚持以人民为

---

① 年鉴中相同指标数据不同为统计口径不同所致。

中心的发展思想,紧紧围绕保障和改善民生,提高产品服务质量,勇担急难险重任务,以实际行动增进人民福祉、守护群众安全。在落实乡村振兴战略上大力攻坚,成立国务院国资委乡村振兴工作领导小组,印发《关于做好中央企业助力乡村振兴工作的通知》,明确中央企业助力巩固拓展脱贫攻坚成果、全面推进乡村振兴的具体措施和工作要求,2021年中央企业在246个定点帮扶县投入帮扶资金227亿元,派出帮扶干部、第一书记583人,直接购买和帮助销售脱贫地区农产品101亿元,累计投资134亿元,一批带动效果好、群众受益多的产业项目建成落地。在服务保障民生上不遗余力,面对2021年第三季度以来的能源电力供应紧张严峻局面,组建保供工作专班,指导推动中央企业增产增供、稳价稳市,坚决打好能源保供攻坚战,有力保障人民群众供电供暖安全。在应对重大风险挑战上冲锋在前,特别是2021年7月中下旬,河南遭遇千年一遇的极端强降雨,中央企业全力抢通电力保障民生,全力恢复通信保障抗洪,全力保障油气充足供应,累计投入抢险人员4.2万人、各类抢险装备和车辆1.3万台(辆),切实维护人民生命财产安全。

三、国企改革三年行动全面发力,企业发展活力动力有效激发

各级国资委和广大国有企业把深入实施国企改革三年行动作为重大政治任务,紧紧围绕抓重点、补短板、强弱项,国务院国资委于6月4日在长春市召开中央企业改革三年行动推进会,推动中央企业改革提速加力,2021年国企改革三年行动70%目标任务顺利完成,在重要领域和关键环节实现一系列重大进展,取得一系列重要成果。

(一)中国特色现代企业制度更加成熟定型

各级国资委全面落实"两个一以贯之"重要要求,持续健全完善党的领导、董事会建设、公司治理等方面的制度体系。国务院国资委印发《中央企业党委(党组)前置研究讨论重大经营管理事项清单示范文本(试行)》,全部中央企业集团公司、绝大多数中央企业制定清单,推动企业党组织发挥作用组织化、制度化、具体化。董事会配齐建强深入推进,深化落实董事会职权试点,举办中央企业董事会建设研讨班,出台《中央企业董事会工作规则(试行)》《中央企业董事会和董事评价办法》,成立专职外部董事党委,加强外部董事履职支撑服务,全面推行外部董事召集人制度,建立国有企业外部董事人才库,推动中央企业集团层面及绝大多数子企业实现董事会应建尽建,超过70%的集团公司制定董事会授权制度,公司治理能力和治理水平明显提升。

(二)灵活高效的市场化经营机制加快健全

各级国资委着眼于充分激发市场主体活力,不断深化企业内部三项制度改革,在破解制约企业活力效率的老大难问题上取得重要突破。2021年,中央企业、地方国企管理人员竞聘上岗人数占比分别为42.9%、37.7%;员工末等调整和不胜任退出比例分别为4.5%、3.0%;中央企业集团公司及各级子企业公开招聘人员占新进员工总数的99.5%;地方一级企业及各级子企业公开招聘人员占新进员工总数的99.3%,能者上、优者奖、庸者下、劣者汰的机制在更大范围形成。国务院国资委印发《关于加大力度推行经理层成员任期制和契约化管理有关事项的通知》,指导督促中央企业全面建立经理层成员任期制和契约化管理制度,经理层成员签订契约的中央企业子企业和地方国有企业占比分别为97.3%和94.7%,统筹运用股权激励、超额利润分享和项目跟投等强化正向激励,经理层成员干事创业的积极性主动性进一步激发。

(三)混合所有制改革积极稳妥推进

各级国资委始终坚持"三因三宜三不"原则,按照完善治理、强化激励、突出主业、提高效率要求,积极稳妥深化混合所有制改革。国务院国资委专门印发《关于积极稳妥深化混合所有制改革有关事项的通知》,2021年指导推动中央企业通过市场化方式实施混合所有制改革项目超过890项,引入社会资本超过3800亿元,重要领域混合所有制改革试点取得阶段性成效,4批混合所有制改革试点企业中累计97户完成主体任务。大力推动混合所有制企业深度转换经营机制,38户国有股权超过50%的上市公司引入持股比例5%以上战略投资者。持续加强对混合所有制改革全过程监督,重点强化对混合所有制改革后企业的管控,切实防范经营风险,有力促进混合所有制经济健康发展。

(四)国有经济布局优化和结构调整扎实推进

各级国资委积极落实《关于新时代推进国有经济布局优化和结构调整的意见》,有效发挥国有经济在优化结构、畅通循环、稳定增长中的重要作用。在推进战略性重组专业化整合方面,中国星网、中国电气装备、中国物流集团、中国稀土集团挂牌成立,中化集团和中国化工联合重组,中国电科重组中国普天,中国

宝武重组太钢，鞍钢重组本钢，国家管网集团资产重组顺利完成，煤炭等专业化整合深入实施，物流大数据平台、海工装备创新平台加快落地。在清退低效无效资产方面，2021年中央企业压减法人户数2906户，减少人工成本49.9亿元，管理费用49.2亿元，利用产权市场处置低效无效资产527.9亿元，"两非"剥离任务完成率86.4%。在剥离企业办社会职能和解决历史遗留问题方面，全国国有企业"三供一业"分离移交、医疗教育机构改革、厂办大集体改革和退休人员社会化管理等，完成比例均为99.6%以上，企业更加聚焦主责主业，核心竞争力不断提高。

（五）改革专项工程持续深化

各级国资委深入实施国企改革专项工程，强化各项政策措施综合运用和系统集成，鼓励基层大胆探索创新，充分发挥示范引领和突破带动作用。国务院国资委持续推动"区域性综合改革试验"拓展扩围，全面梳理总结上海、深圳两地取得的成效和经验，印发《关于推广区域性国资国企综合改革试验第一批经验成果的通知》，在全国范围内推广，完成第二批综合改革试验扩围工作，批复辽宁沈阳、浙江杭州、陕西西安、青岛区域性综合改革试验实施方案。创建世界一流示范企业深入推进，研究制定加快建设世界一流企业指导意见，选树推广310个管理标杆企业、项目和模式。"双百行动""科改示范行动"巩固深化，组织开展"双百企业"和"科改示范企业"改革情况专项评估，涌现出柳工、深投控等一批"双百企业"先进典型，浪潮集团、上海集成电路、洛轴等8家地方企业被评为"科改示范标杆企业"，基层改革呈现多点开花、纵深推进的良好局面。

四、国资监管体制加快完善，专业化体系化法治化监管优势持续彰显

各级国资委牢牢把握职责定位，坚持政企分开、政资分开，大力推进监管理念、重点、方式、导向等全方位转变，不断提高专业化、体系化、法治化监管水平，着力构建与中国共产党集中统一领导优势相适应、组织动员优势相衔接、集中力量办大事制度优势相配套的中国特色国有资产监管新模式。

（一）"三统一、三结合"的国资监管职能体系持续健全

国务院国资委牢牢坚持授权与监管相结合、放活与管好相统一，不断优化国资监管体系，持续提升国资监管效能。职责定位全面重塑，对国务院国资委职责使命进行再梳理再定位，促进履行中央企业出资人职责、专司国有资产监管职责和负责中央企业党的建设3项职责相统一，推动管资本与管党建相结合、履行出资人职责与履行国资监管职责相结合、党内监督与出资人监督相结合，建立健全"三统一、三结合"的国资监管职能体系。监管职能加快转变，扎实推进国有资本投资、运营公司试点，印发《关于进一步深化国有资本投资公司改革有关事项的通知》，持续推进国有资本授权经营体制改革，指导各地国资委深入推进授权经营体制改革，全面完成权责清单制定和分类授权放权工作，为全面规范履行国资监管职责提供有力保障。

（二）"三化"监管优势不断强化

国务院国资委在履行好国有资产监管职责的基础上，根据国有企业改革发展和党的建设各项工作的新情况、新问题，积极探索国资监管的新途径、新方式，专业化、体系化、法治化的"三化"监管水平明显提升。分类监管扎实推进，在完成监管企业功能界定与分类的基础上，结合企业实际，大力实施更为精准有效的分类考核、分类核算，针对重点企业"一企一策"加强指导交流，有效提升服务企业的能力和水平。法治化监管深入开展，在全面总结"十三五"法治央企建设成效基础上，出台《关于进一步深化法治央企建设的意见》，首次召开中央企业涉外法治工作会议，每年定期向全国人大报告国有资产管理情况，配合做好公司法、企业破产法修改工作。信息化监管取得重大突破，全面建成全国性国资国企在线监管系统，实现对企业运行关键环节和重大决策事项的动态监测和实时监管，有效确保国有资本投入布局哪里、监管就延伸跟进到哪里。

（三）国资监督效能明显提升

国务院国资委积极打造全面覆盖、分工明确、协同配合、制约有力的国有资产监督体系，实现具有出资人特色的全链条全过程全方位监督。监督机制持续完善，不断加强对规划、投资、产权、财务、考核分配、选人用人等重点事项监督，加强境外国有资产监管，指导推动中央企业不断完善内控体系，健全重大资产损失风险报告机制。监督力量有效整合，坚持以党内监督为主导，推动出资人监督和纪检监察监督、巡视监督、审计监督、社会监督等各类监督力量有机贯通、协同配合。监督问责制度体系和组织体系不断健全，组织制定《国资监管责任约谈工作规则》，持续加大违规经营投资典型问题通报力度，2021年指导中央企业

查处违规问题线索近1500件,责任追究7800人,有效防止国有资产流失。

(四)上下联动的国资监管大格局加快构建

国务院国资委站位党和国家工作大局和国资国企改革发展全局,把全国国有企业作为一个整体,从宏观层面上加强研究、规划、运作和调控,加快构建国资监管大格局。2021年,组织召开地方国资委负责人会议和年中视频座谈会,专门举办全国国资委系统构建国资监管大格局研讨培训班,进一步加强国资监管工作体系建设。印发年度指导监督地方国资工作计划,加强对地方涉及国资监管体制问题的研究指导,对山西、重庆、河北等10多个地方拟出台的改革文件或请予支持事项提出明确意见或政策支撑。指导各地国资委加快推动经营性国有资产集中统一监管,全国省级经营性国有资产集中统一监管平均比例98.2%,提前完成三年行动目标要求,其中34个地方在95%以上,上海、深圳将金融、文化类资产全部纳入集中统一监管范围。

五、全面加强党的领导党的建设,切实以高质量党建引领保障高质量发展

各级国资委党委和广大国有企业党委(党组)坚决扛起管党治党的重大政治责任,认真落实新时代党的建设总要求,始终坚持党对国有企业的全面领导,深化落实全国国企党建会精神,推动国资国企党的领导党的建设全面严起来、实起来、强起来。

(一)扎实开展党史学习教育

国务院国资委成立党史学习教育领导小组和工作机构,明确20项重点任务、40项重点举措,突出中央企业特色、突出学用结合、突出惠及群众、突出担当作为,一体推进学党史、悟思想、办实事、开新局。指导中央企业扎实开展"我为群众办实事"百项特色实践活动、千项重点民生项目,集团层面及二级企业为群众办实事超过33万项。组织赴革命圣地西柏坡现场学习,主要负责人以"赓续共产党人精神血脉、弘扬国有企业先进精神"为题讲专题党课,制作推出《信物百年》,命名首批百个中央企业爱国主义教育基地,引导党员干部传承红色基因,极大激发广大干部职工坚定跟党创业、为党奋斗的精气神。

(二)深入推进全国国企党建会精神落实情况"回头看"

以习近平总书记全国国企党建会重要讲话发表五周年为契机,组织开展全国国企党建会精神落实情况"回头看",召开习近平总书记全国国企党建会重要讲话发表五周年学习座谈会,举办"中央企业永远跟党走"工作展,系统总结五年来国资央企全面落实全国国企党建会精神取得的显著成效,深化"八个牢牢把握"实践认识,明确"六个有机统一"工作重点,进一步对标检视、深化落实、巩固提升,企业党的政治优势进一步彰显。制定贯彻落实《中国共产党组织工作条例》4个方面18条举措,在中央企业和地方国有企业全面开展党委书记抓基层党建工作述职评议考核工作,不断深化第二批中央企业基层示范党支部建设。加强党建责任制考核,专题调研推动混合所有制改革企业党的建设,召开党建带团建工作会,不断加强党对团青工作的全面领导,国有企业基层党建工作基础进一步夯实。

(三)持续加强企业领导班子和人才建设

国务院国资委认真落实国有企业领导人员"二十字"要求,坚持把政治标准作为第一标准,选优配强国有企业领导班子。积极协助中央组织部加强中管企业领导班子建设,全年协助办理领导人员任免153人次、补充"70后"干部25人。全面抓好委管企业干部队伍建设,完成45家委管企业领导人员调整218人次,24家企业主要负责人调整48人次。大力选用优秀年轻干部,出台《"十四五"时期国资委党委管理领导班子的中央企业优秀年轻领导人员队伍建设的实施意见》,为26家企业选拔"70后"干部40人,2021年底委管企业"70后"班子成员103人,占比26.8%。

(四)深入推进党风廉政建设和反腐败斗争

国务院国资委深入贯彻全面从严治党方针,认真落实中央八项规定及其实施细则,持之以恒纠"四风",不敢腐、不能腐、不想腐一体推进,惩治震慑、制度约束、提高觉悟一体发力,推动国资央企反腐败斗争压倒性胜利态势持续巩固发展。持续加大国企反腐力度,深化境外腐败、利益输送、设租寻租、化公为私"四个专项整治",组织召开中央企业深入整治靠企吃企问题工作推进会,深入开展民企挂靠国资问题综合整治和"影子股东"问题专项整治,有效整治一批靠企吃企顽瘴痼疾,持续巩固整治效果。贯彻落实《中共中央关于加强"一把手"和领导班子监督的意见》,着力破解"一把手"监督和同级监督难题。坚持以案为鉴、以案促改、以案促治,拍摄警示教育片,编印2021年《严重违纪违法人员忏悔录》,发挥警示震慑

遏制作用,筑牢拒腐防变的思想防线。全年支持驻委纪检监察组和中央企业纪检监察机构处置问题线索5万件、立案1.3万件、处分近1.8万人,干部职工对中央企业反腐败工作的满意度96.75%,风清气正的良好政治生态加快形成。

(审稿人:董朝辉　撰稿人:陈大龙)

企业国有资产监管法治建设

2021年,国务院国资委以习近平新时代中国特色社会主义思想为指导,坚决贯彻党的十九大和十九届历次全会精神,深入学习贯彻习近平法治思想,围绕国资国企发展改革监管和党的建设中心工作,聚焦依法监管和依法治企,扎实开展法治建设各项工作,取得积极进展。

一、健全国有资产监管体制

持续推动构建国资监管大格局。贯彻落实国企改革三年行动方案关于国务院国资委承担出资人职责、国有资产监管和国有企业党的建设"三大职责"的文件精神,推动构建国资监管大格局工作走深走实。印发年度指导监督地方国资工作计划,重点加大对地方国资监管体制问题的指导力度,深入研究山西、重庆、河北等10多个地方拟出台的改革文件或请求支持事项,提出明确意见,给予政策支撑。

有序推进经营性国有资产集中统一监管。针对监管比例低于90%的10个省份,重点开展专项调研、督导、跟踪,全国省级国资委集中统一监管平均比例超过98%,监管比例较改革前提高22个百分点。按照分类分步、稳妥有序的要求,多次开展中央部门单位及所办企业调研,稳步推进中央党政机关和事业单位经营性国有资产集中统一监管。

二、完善国资监管法规制度

加强规划引领,编制《国资委2021年立法工作计划》《国资委党委2021年规范性文件制定计划》,加大计划执行督促落实力度。全年审核规章规范性文件、党委规范性文件51件次,围绕董事会建设、科技创新、考核分配等重点领域出台规范性文件13件、党委规范性文件6件。

持续开展规章规范性文件清理,废止失效规范性文件15件。截至2021年底,国资监管现行有效规章27件、规范性文件217件、党委规范性文件79件,并首次实现国资监管规章规范性文件在官网集中统一公开。

加强制度体系化建设,梳理国资监管规章规范性文件,明确制度板块、制度类型以及制度间从属关系,形成制度体系图,推动形成体系完备、结构严谨、精简高效的国资监管制度体系。

三、强化法治机构建设

印发《国务院国资委全面推进国资监管法治机构建设实施方案(2021—2025年)》,提出完善国资监管机构职能体系、健全国资监管决策机制、强化国资监管权力运行制约和监督等7个部分25项举措。

制定实施国资央企系统"八五"普法规划。按照中央部署要求,结合国资系统实际,制定《全国国资委系统开展法治宣传教育的第八个五年规划(2021—2025年)》,将习近平法治思想作为宣传教育的首要内容,突出宣传《中华人民共和国宪法》《中华人民共和国民法典》,深入宣传党内法规。

组织开展法治宣传培训。举办国资委系统法治建设专题培训班,重点培训解读习近平法治思想、党内法规制度建设和公职人员政务处分法等。面向中央企业、地方国资委和国有企业,举办法治讲堂,邀请专家讲授企业合规管理、《中华人民共和国个人信息保护法》等。

创新普法方式方法。在国务院国资委网站设立"国资监管法治建设"专栏,利用"国资法治"微信公众号宣传重要法律法规,及时摘编最新党内法规在机关显示屏滚动播放,将党内法规学习融入日常。组织中央企业开展"法治宣传周""法治宣传月"等活动,举办法治央企建设媒体通气会,介绍中央企业法治建设情况并回答记者提问。

四、加强法治央企建设

顶层推动不断强化。在全面总结"十三五"法治央企建设成效基础上,出台《关于进一步深化法治央企建设的意见》,提出"实现一个目标,健全五个体系,提升五种能力"的总体思路的举措,对"十四五"时期中央企业法治建设作出部署。

合规管理持续深化。部署启动中央企业"合规管理强化年"专项工作,要求企业加强合规管理,提升依法合规经营管理水平。全面评估中央企业合规管理体系建设情况,及时发现短板不足,推动企业健全管理体系、明确岗位职责、完善运行机制。在面上推动的同时,组织编印第四批重点领域合规管理指南,指导企业在出口管制、应对世界银行制裁、完善法人治理等方面强化合规管理,切实防范风险。

法律纠纷案件管理落地见效。印发中央企业法律纠纷案件2020年度综合分析报告与通报,分行业、分类型、分地域深入分析问题,提出下一步工作思路和具体要求。组织8家建筑行业中央企业开展"压存控增、提质创效"案件管理专项行动,指导14家企业启动劳动用工领域案件管理专项工作,进一步提升依法维权能力。

涉外法治工作打开新局面。在国资央企系统首次召开涉外法治工作会议,总结进展、分析问题、部署工作,切实防范风险挑战,为加快建设世界一流企业提供有力支撑和保障。指导中央企业妥善处理重大境外法律纠纷案件,有效维护境外国有资产安全。

(审稿人:林庆苗 撰稿人:刘 鑫)

中央企业规划发展工作

2021年,国务院国资委坚持以习近平新时代中国特色社会主义思想为指导,深入学习贯彻党的十九大和十九届历次全会精神,牢记"国之大者",积极打造现代产业链链长,加强规划引领,完善投资监管,优化国有资本布局结构,落实区域发展战略,推动国际化经营稳中有进,取得一系列重要成果。

一、引领国资央企"十四五"发展的作用更加突出

(一)国资央企"十四五"规划编制工作高质量完成

研究吸收国家规划和近100份行业、区域规划内容,形成国资央企未来五年发展蓝图,首次构建起全国国资系统三级规划体系。

(二)国家"十四五"重点任务扎实推进

研究制定国务院国资委落实国家"十四五"规划纲要实施机制的工作方案,明确各项任务的具体落实举措和责任单位。完善国资央企"十四五"规划的重点任务分工方案,建立工作台账,落实责任主体,明确进度要求,为推进规划落实落地打好基础。

(三)战略规划和主责主业管理更加规范

修订中央企业发展战略和规划管理有关文件,推动建立中央企业和国务院国资委规划管理"双闭环"工作机制。试点选取农业、电力行业及相关企业开展规划执行情况评估,督促企业强化规划执行。在前期全面梳理中央企业主责主业的基础上,启动新组建中央企业主责主业核定试点工作。

二、推动中央企业打造现代产业链链长扎实起步

国务院国资委党委深入学习贯彻习近平总书记关于中央企业等国有企业勇当现代产业链链长的重要指示精神,推动中央企业立足全局全国全产业链,强化勇挑重担、敢打头阵的责任担当,切实发挥主体支撑和融通带动作用。

(一)加强组织领导

国务院国资委成立主要负责人任组长的专项工作领导小组,统筹各方力量给予协调保障。先后组织开展近50次现场调研会、工作部署会和链长经验交流会,不断增进思想和行动自觉。相关中央企业成立由主要负责人牵头的领导小组,组建工作专班,形成上下贯通抓落实的工作体系。

(二)夯实工作基础

按照"建体系、搭机制、强保障"总体要求,强化产业链基础理论研究,印发指导意见、链长工作指引等相关指导性文件。"开门办链长",与相关部门开展的产业链"链主"企业、培育"专精特新"中小企业、"百链千企"专项金融活动等工作建立沟通机制,加强部门联动,汇聚工作合力。

(三)坚持重点突破

总结提炼链长企业遴选原则,坚持创新管理,立足中央企业产业基础和优势特色,指导推动企业加快构建重点突出、协同联动的产业链组织管理模式,营造分工协作、优势互补、高效运转的产业生态,发挥产业基础能力提升支撑者、发展方向引领者、协同合作组织者的作用,着力提升我国产业基础能力和产业链现代化水平。

三、重大投资的支撑作用和质量效益不断提升

（一）投资监管制度更加健全

制定中央企业投资监督管理相关实施细则，建立境外特别监管类和特别关注类项目跟踪监测机制，研究修订中央企业投资后评价工作指南并启动相关摸底工作，指导企业不断完善自身制度，上下衔接的投资管理制度体系逐渐成熟定型。

（二）投资支撑作用充分发挥

按照"稳投资"要求，动态监控重大投资执行情况，督促推进产业链强链补链项目，研究提出国有资本投资布局新一代信息技术、新型基础设施、生物医药等领域的建议举措。2021年，中央企业完成固定资产投资（不含房地产）3.2万亿元，比上年增长10.1%。

（三）投资监管力度持续加强

持续关注新能源、煤电、并购项目等阶段性热点领域热点问题，抓好专项整改。高度关注房地产行业风险，组织房地产企业风险自查专项行动，做到早预警早处置。全面开展中央企业拟建"两高"项目摸底，形成工作台账，严控严禁火电、石化、化工、钢铁、有色、建材等领域"两高"项目盲目发展。

四、推动中央企业间协同发展能力持续加强

（一）推动中央企业加快现代物流体系建设

推动招商局集团加快物流大数据平台建设，探索打造数字经济国家队。研究形成中央企业冷链物流高质量发展报告，配合行业主管部门编制印发冷链物流建设专项规划。指导中粮集团、中储粮等切实采取措施解决进口粮食压港压库问题。

（二）扎实推进中央企业新能源汽车产业体系建设

支持引导中汽创智（新能源汽车T3平台）加强与行业优势资源协同合作，持续跟踪共性技术研发进展，全面启动氢燃料动力系统等8个领域的技术研发工作，取得一大批阶段性成果，专业化整合初见成效。推动力神电池深化改革和持续健康发展，深化稳、减、拓、提的管理提升思路，快速实施组织结构重塑，年营收创历史新高。

（三）加快中央企业工业互联网协同推进机制落实落地

指导中国石化、航天科工、中国移动、中国电子、机械总院等5家企业围绕工业互联网协同推进机制重点任务，加快广州石化、茂名石化试点项目落地。

五、落实国家重大区域战略成果显著

（一）央地合作持续深化

印发首个央地合作指导文件，支持引导相关中央企业围绕湖北疫后重振、京津冀协同发展、东北振兴等主题，与湖北、海南、福建、河北、吉林、甘肃、云南等7个省份深入开展央地合作活动，在基础设施建设、制造业高质量发展、生态环境保护等领域签约200余个重点项目。截至2021年底，7场央地合作活动签约项目开工率近50%，累计完成投资近800亿元。

（二）央企总部非首都功能疏解稳妥有序

推动中国星网、中国中化落地雄安，中国华能雄安总部项目启动，中国三峡集团迁址武汉，中国船舶、中国电气装备扎根上海，中国稀土集团落地赣州，中国电子南下深圳，在京央企减少至69家，进一步优化提升首都核心功能、促进区域协调发展。

（三）冬奥会服务保障有力有效

建立国务院国资委冬奥会服务保障工作机制，协调相关企业在场馆及配套设施运维、开闭幕式技术支持、通信及网络信息安全、电力服务、能源供应、交通运输、食宿餐饮、药品供应、专用服装、文化传播等方面持续提供可靠服务保障。组织推动中央企业按期优质完成10个冬奥会主场馆的建设改造和2个奥运村的运维保障任务，高标准严要求建设京张高铁、京礼高速、崇礼铁路、太锡铁路、配套综合管廊等一批冬奥会重要基础设施工程，多项关键核心技术实现突破，为如期办赛提供有力支撑。围绕"三亿人参与冰雪运动"宏伟目标，利用国家重大工程资源、设计制作专用功能性服装等充分体现冬奥元素、冬奥理念，积极弘扬冬奥文化。

（四）在重点区域发展中彰显央企作为

推动央企参与雄安新区项目800余个，设立分支机构110余家。出台政策文件支持中央企业在推进海南自由贸易港建设中发挥更大作用，新落户海南企业年营业收入约1300亿元，比2018年自贸港获批前增长超20倍。

六、中央企业国际化经营向稳向实向好

（一）一大批重点项目建成落地

完善新形势下推进中央企业参与共建"一带一

路"工作的顶层设计,构建起横向协同、上下联动的工作格局,推动境外项目稳妥有序实施,希腊比港完成第二阶段股权交割,中老铁路、莫斯科地铁等超300个项目完工或投产运营,新签项目超500个,有效发挥示范引领和带动作用。

(二)合作领域持续拓展

深化绿色、健康等领域合作,老挝南欧江流域梯级水电站等一批清洁能源项目相继投产发电,首个中医药产业项目入驻中白工业园,推动中白两国健康卫生合作发展。创新合作方式,鼓励企业通过与外方合资合作、三方合作、联合融资等方式,深耕本地市场,拓展第三方国际市场,尼日利亚莱基深水港项目顺利实施,成为中法第三方市场合作示范性项目。组建中央企业代表团参加第二届服贸会,达成交易成果111个,比上年增长61%。

(三)境外风险防控切实加强

组织中央企业开展境外项目风险排查工作,梳理存在的突出风险,有针对性地制定应对举措,建立健全风险防范长效机制。中央企业持续做好境外疫情防控和突发事件处置,积极开展抗疫国际合作,保障境外中方员工生命安全。

(审稿人:戴 希 撰稿人:张晓哲)

中央企业财务监督工作

2021年,国务院国资委和中央企业以习近平新时代中国特色社会主义思想为指导,深入学习贯彻党的十九大和十九届历次全会精神,按照中央经济工作会议要求,在国务院国资委党委正确领导下,坚定不移贯彻新发展理念,坚持稳中求进工作总基调,紧紧围绕新发展格局,以推动高质量发展为主题,以供给侧结构性改革为主线,扎实做好各项工作,财务监督工作体系日益创新和完善。

一、强化经济运行监测,全力推动提质增效稳增长

2021年,国务院国资委强化重点行业运行监测,有效推动中央企业平稳运行。

(一)强化经济运行跟踪监测

围绕"两利四率"和高质量指标体系,在快报中重点突出"两利四率"生产经营目标完成进度、研发支出、资金成本、债务风险防控相关要求,引导中央企业更加关注提升发展质量;每月完成中央企业财务快报分析、重点行业生产经营动态分析、党委会经济运行情况汇报;按季度组织召开宏观经济专家座谈会,完成中央企业经济运行情况的国务院报告,形成对宏观经济走势和央企运行态势的预研预判;每季度完成经济运行新闻发布会通稿及问题应答口径准备工作,主动发声回应各方关切。

(二)推动运行监测数智化建设

开展国资国企经济运行大数据平台建设工作,会同电科云探索建立宏观指标、行业指标、生产经营指标等中央企业经济运行预测模型,并赴东北财经大学、物流协会开展调研,启动央企PMI及综合运行指数研究工作,协调两家电网公司获取中央企业所属子企业用电量相关数据,针对用电情况波动做好案例分析。初步构建国资监管企业SARIMA-RF财务预测、中央企业景气综合指数、PMI等模型。

(三)推动重点亏损子企业专项治理

加强日常动态跟踪,逐月滚动监测分析工作开展情况,定期通报亏损治理工作进展,督促有关企业采取切实有效措施减亏治亏;对治理成效显著的企业,编发治理经验专刊,供相关中央企业参考借鉴。截至2021年底,纳入中央企业重点亏损子企业专项治理工作范围的1400余户子企业,整体实现大幅减亏,超额完成专项治理工作任务,其中近六成子企业实现扭亏为盈。

(四)抓实抓细"两金"管控工作

逐月跟踪监测"两金"管控情况,每月随快报进行通报,对部分"两金"规模大、增长快、经营活动现金大额流出的企业,逐户印发督导函,要求企业尽快扭转不利势头。在建筑企业财务资金专项检查中,将应收账款管控情况作为重点,开展现场抽查。配合国家铁路局、交通运输部做好调增铁路工程造价标准相关事项,提高人工费定额标准。指导中国国新积极完善"企票通"平台功能,支持平台在产业链清欠中探索发挥作用。

(五)持续推动电信企业提速降费

指导和督促电信企业落实提速降费工作任务,与工业和信息化部联合召开国务院提速降费政策

吹风会,介绍国务院国资委在推动提速降费、平衡好提速降费与稳增长关系的有关情况。2021年,3家电信企业均超额完成"中小企业宽带和专线平均资费降低10%"的提速降费年度目标,全年让利超过54亿元。

二、全面加强风险管控,坚决守住不发生重大风险的底线

2021年,国务院国资委持续加强中央企业债务风险和高风险业务管控,加强对地方国有企业债务风险防控工作的督促指导,中央企业债务风险总体可控在控,保持债券"零违约",地方国有企业也未再发生债券违约。

(一)健全中央企业风险管控工作机制

成立中央企业风险管控工作小组,建立风险监测预警机制、风险报告机制、穿透监管机制、挂牌督导机制、联动管控机制,推动实现中央企业风险早发现、早预警、早处置。以债务风险为重点,从投资风险、金融风险、潜在风险、表外风险等5个维度对每家企业整体风险水平进行量化评估,并结合日常监管开展定性评价,确定年度重点管控名单,联合风险管控小组采取特别管控措施。

(二)强化资产负债率刚性约束

全面总结通报中央企业三年降杠杆工作完成情况,提出长效管控要求。强化资产负债率目标管控和考核约束,继续将负债率纳入"两利四率"指标体系,逐家确定企业年度负债率管控目标,并作为约束性指标纳入考核。2021年中央企业整体负债率始终保持在65%左右的合理区间。

(三)持续加强金融衍生业务监管

印发补充工作通知,聚焦业务准入、年度计划、系统建设、报告制度等4个方面,对监管制度进行细化,进一步指导企业提升金融衍生业务管控水平。完善监管手段,修订季度监测报表,突出"期现一体"科学监管理念,提高监测的有效性。开展金融衍生业务专项检查,督促企业进一步强化业务管理,健全内控机制。

(四)推动中央企业建设司库体系

多次组织中央企业开展司库研讨会,实地调研企业资金管理系统,制定印发《关于推动中央企业加快司库体系建设 进一步加强资金管理的意见》,以资金管理为突破口规范企业财务管理,以司库体系建设为切入点推动企业加快数字化、信息化、智能化转型,通过信息化手段严防资金舞弊风险、合规性风险、流动性风险和金融市场风险。

(五)坚持融资性贸易业务"零容忍"

对风险敞口处置进展缓慢以及新发现开展或疑似开展融资性贸易和虚假贸易业务的企业进行通报批评,重申坚决禁止开展融资性贸易业务和"空转""走单"等虚假贸易业务,督促中央企业加强风险全面排查,扎实推进风险敞口处置,加快退出非主业低毛利贸易业务,并对违规单位和人员严肃追责。

(六)指导督促地方加强债务风险管控

印发《关于加强地方国有企业债务风险管控工作的指导意见》,指导地方国资委建立包括监测预警、过程管控、风险处置的债务风险全过程管控机制。与人民银行、证监会共同建立国有企业债券风险监测预警机制,指导各地方建立省级预警机制,开展跨部门信息共享和联合防控。建立地方国企债务风险定期监测制度,及时向存在国企债券违约风险的地方国资委印发提示函,督促采取措施防范化解风险。

三、积极承担社会责任,能源电力保供攻坚战取得阶段性胜利

国务院国资委和中央企业坚决贯彻习近平总书记关于做好能源电力保供工作的重要指示批示精神,认真落实能源电力保供任务,在关键时期充分发挥国资央企托底作用。

(一)全面做好动员部署

向中央企业党委(党组)印发《关于中央企业加强党的领导为打赢今冬明春能源电力保供攻坚战提供坚强政治保证的通知》,要求中央企业各级党组织在能源电力保供大战大考中积极发挥作用。向中央企业印发《关于进一步做好今冬明春能源电力保供工作的通知》,要求中央企业全力做好能源电力保供工作。

(二)建立专门工作机制

第一时间组建国务院国资委保供工作专班,由委领导牵头,相关业务厅局参加,及时组织召开座谈会,每日监测煤炭库存、临停机组开启、中长协合同落实等情况,第四季度编报保供工作日报36期、周报7期;向国务院上报报告,反映企业保供工作成效及面临的困难。

(三)积极协调支持政策

积极协调解决中央发电企业煤电成本倒挂、长期经营亏损等问题,协调有关部门为重点保供电厂争取信贷支持,呼吁出台保供专项低息贷款、阶段性财政补贴等政策,推动加快解决新能源补贴欠款问题,协调推动中央企业煤炭产能释放,协调国铁集团解决部分中央企业煤炭运力不足问题,配合国家发展改革委做好油品体制机制改革工作。

(四)全力抓好督导落实

会同国家发展改革委、能源局约谈质询个别停机电厂,组织开展中央企业临停机组全面自查,督促尽快并网发电。督促中央煤炭企业多签订中长期合同,带头执行长协价格,提高长协履约率,稳定煤炭市场价格。多次赴电网企业、在京中央发电供热企业和中央企业在蒙煤矿开展督导调研,督促企业多措并举落实保供责任。

(五)指导地方国有企业落实保供责任

向地方国资委印发《关于督促指导地方国有企业全力以赴做好今冬明春能源电力保供工作的紧急通知》,要求地方国资委压实企业主体责任,充分发挥国有企业在能源保供中的支柱作用。

中央煤炭企业开足马力增产增供,2021年煤炭产量首次突破10亿吨,创历史新高。中央发电企业不计成本采购电煤,全力多发满发,截至2021年底,电煤库存量9569万吨,比上年增长29.2%;电煤库存可用天数20.1天,比上年增加5.1天;非计划停运机组占比1.3%,好于往年同期水平,比全国水平高1.3个百分点。中央电网企业2020年9月以来累计组织跨区跨省支援732余次、电量53亿千瓦·时,有力保障11月7日以来连续55天有序用电持续清零。中央石油石化企业加大天然气采购力度,全力增产增储,截至2021年底,天然气总库存147.9亿立方米,比上年增长38.4%,负责筹措的1600亿立方米天然气资源量全部落实到位。

按照国务院领导要求全周期做好化肥保供稳价工作,建立中央企业化肥生产跟踪监测机制,紧盯春耕、夏播、冬储等节点配合国家发展改革委督促指导中央涉化肥企业稳产增供。

四、深化创新监管方式,不断夯实财务监管基础工作

2021年,国务院国资委继续夯实监管基础,创新监管方式,提高监管效能,持续优化全面预算、财务决算、国有资产统计等基础工作,有力促进中央企业管理提升。

(一)做好全面预算管理工作

科学研判2021年经济形势,结合专家对重点行业走势分析及企业预算情况,预判2021年经济态势。逐户分解落实2021年"两利四率"目标,围绕中央企业"两利四率"总体目标要求,对中央企业报送的2021年预算目标进行审核,结合企业实际,逐家确定"两利四率"分解目标,通过预算复函推动落地,加强预算与考核目标的衔接。研究提出2022年中央企业预算总体目标,明确突出跨周期调节、提质增效、风险防控等重点工作要求;修改完善预算报表,召开预算布置视频会进行统一布置,下发预算管理工作通知,指导督促企业做好预算编制工作。

(二)持续做好中央企业财务决算管理工作

改进工作组织。按照"重点突出、精简高效"原则,坚持问题导向,着力优化工作流程和审核方式,更加关注以往年度问题整改进展和重点风险事项梳理评估,实现决算审核的有的放矢和聚焦高效。起草决算审核情况报告报送国务院国资委领导,并对部分问题在全中央企业进行通报。强化成果运用。逐户批复财务决算审核发现问题,系统梳理会计信息质量、资金管理、债务管控、高风险业务等问题,充分揭示企业风险。将审核发现的企业重大违规投资经营问题线索移交追责部门,充分发挥决算闭环管理作用。运用决算数据,起草有关研究报告报告,为下一步优化国有资本布局、提升国资监管效能提供依据。

(三)总结形成中央企业财务工作发展思路

会同北京国家会计学院开展世界一流财务管控体系课题研究,对航天科技等8家连续17年获得经营业绩考核A级企业财务管控经验进行总结剖析,结合境外企业、民营企业先进做法,归纳总结优秀企业财务管控体系的模式和路径,并在此基础上研究起草指导意见,强化目标引领,指导企业更好适应新发展格局要求和信息技术变革大势,加快建设世界一流财务管控体系,推动财务管理理念变革、组织变革、机制变革、手段变革,进一步发挥财务功能作用,为企业高质量发展提供有力支撑。

(四)召开中央企业财务工作专题培训

9月底,举办中央企业财务工作专题培训班,国务

院国资委党委委员、副主任袁野出席,并作题为《加快世界一流财务管控体系建设 推动中央企业实现高质量发展》的讲话,全面总结"十三五"时期中央企业财务工作取得的积极成效,分析当前面临的形势和任务,宣传贯彻"十四五"及未来一段时期中央企业财务工作的思路和要求。

(五)深化中央企业委派总会计师管理

印发《关于做好委派总会计师定期述职和专项履职报告工作的通知》,进一步明确、细化具体工作要求,规范委派总会计师定期述职和专项履职报告工作。组织召开部分中央企业委派总会计师年度述职会,听取6位委派总会计师现场述职,肯定工作成绩,提出下一阶段工作任务。开展2020年度委派总会计师工作述职意见反馈工作,在以往年度工作的基础上,2021年首次对所有任职满一年的委派总会计师印发述职反馈意见,对上一年度工作情况进行评价,提出当年需关注事项和重点工作任务,形成闭环管理。

(六)促进中央企业财务队伍交流和提升

启动中央企业多层次财会专业队伍履职能力提升培训工作,举办第二期中央企业总会计师履职能力强化培训班、第一期财务部部长综合素质提升培训班、第一期财务菁英EMT培训班,聚焦中央企业改革发展相关重点问题,针对不同层次培训对象精心设计针对性培训课程,取得良好的培训效果。会同财政部开展全国大中型企事业单位总会计师培养高端班,在上海国家会计学院完成第一期中央企业班培训工作。围绕世界一流财务管控体系、财务共享实践、境外财务管控等专题印发总会计师交流专刊20期,推进总会计师交流专刊内容系统化、多样化、深度化,强化学习交流效果。

(七)做好地方财务监管工作监督与指导

印发《关于做好2021年地方企业财务快报工作通知》,修订2021年地方监管企业财务快报表样,更加突出"两利四率"的日常监测;每月按时完成地方国有企业快报数据收集、整理和分析工作,编发地方企业财务动态和国资系统监管企业财务动态,为各地国资委加大日常管理、强化工作对标提供参考。完成地方国有企业2020年度国有资产统计报表验审工作,采集、整理完成国资系统企业国有资产统计数据。组织专题培训,对国有企业经济运行、重点亏损子企业治理、企业信息化监管等内容进行专题培训,促进提高地方国资委业务监管能力,加强数据共享,多次提供中央驻地方企业财务状况和基本信息,为央地对接、对标分析等工作提供服务支撑。

五、推进国企国资改革任务,做好政策协调服务

国务院国资委和中央企业认真贯彻落实党中央、国务院重大部署,深耕国资国企改革发展重点任务,取得积极成效。

(一)圆满完成全国人大国资报告审议意见整改"下半篇文章"

成立专门工作小组,系统梳理全国人大常委会对《国务院关于2019年度国资系统监管企业国有资产管理情况的专项报告》的审议意见,明确整改任务,细化整改措施、责任主体和完成时限,组织国务院国资委全部力量立足当前、着眼长远,认真进行整改,在2021年3月底经国务院办公厅向全国人大常委会转报整改报告,并于4月底通过全国人大常委会审议。从组织中央企业抗疫、开展提质增效、打赢三大攻坚战、促进技术攻关、加快国企改革、优化国资布局、加强党建工作等方面起草《关于2020年中央企业发展与改革情况的报告》。

(二)持续清理拖欠民营企业中小企业账款

贯彻落实《政府工作报告》和国务院减负办有关要求,持之以恒推动中央企业防范和化解拖欠中小企业账款工作。要求中央企业及时支付款项,加快解决有分歧欠款,严格落实《保障中小企业款项支付条例》,进一步加强长效机制建设。深入研究因上游政府部门、事业单位等拖欠导致的"三角债"问题,多次向相关方面反映问题,协调配合相关部门研究从源头解决拖欠问题。按照"统筹协调、重点突破"的原则,将解决违规收取保证金问题、提高工程进度款支付比例等事项作为重点予以协调推动。

(三)与中国农业银行开展助力服务乡村振兴战略合作

贯彻落实党中央、国务院关于全面推进乡村振兴、加快农业农村现代化部署要求,与中国农业银行开展服务乡村振兴战略合作,约定在"十四五"期间,中国农业银行对中央企业及地方国资委管理企业累计发放不低于6000亿元涉农贷款,给予中央企业投资乡村振兴重点项目优惠贷款支持;组织中国中化、中粮集团、中储粮集团、国投、中国农发集团、中林集团6家涉农央企与中国农业银行召开专题沟通会,帮助双方对接合作,立足服务"三农"、匹配企业需要,分别签署

战略合作协议,在进一步增加授信支持等方面,进一步拓展合作广度、深度、精度。

(审稿人:赵世堂 撰稿人:宋 乾)

全国国资委系统监管企业资产与财务状况分析[①]

2021年,面对复杂严峻的国际环境和疫情散发多发等多重挑战,全国国资委系统监管企业(以下简称国资系统监管企业)在以习近平同志为核心的党中央坚强领导下,迎难而上、锐意进取,立足新发展阶段,完整、准确、全面贯彻新发展理念,构建新发展格局,持续做好"六稳""六保"工作,全力抓好能源保供稳价,深入实施提质增效升级版专项行动,效益规模创历史最好水平,为国民经济平稳健康发展、"十四五"良好开局作出积极贡献。

一、规模实力不断壮大

面对复杂多变的严峻形势,国资系统监管企业统筹抓好疫情防控和生产经营,多措并举稳生产、稳经营、稳市场,经营规模延续增长态势,竞争实力不断增强。2021年末,国资系统监管企业资产总额273.5万亿元,比上年增加38.8万亿元,增长16.5%;净资产90.7万亿元,比上年增加12.3万亿元,增长15.7%。2021年,实现营业总收入72.5万亿元,比上年增加12万亿元,增长19.9%。从隶属关系看,中央企业实现营业总收入36.3万亿元,占国资系统监管企业的50.1%,营业总收入超过1000亿元的60家,其中超过2万亿元的企业3家;地方监管企业实现营业总收入36.2万亿元,占国资系统监管企业的49.9%,其中实现营业总收入超过1万亿元的地区13个。2022年美国《财富》杂志公布的"世界500强"企业中,86家国资系统监管企业上榜,其中,中央企业上榜47家,3家企业入围前五名;地方监管企业上榜39家。

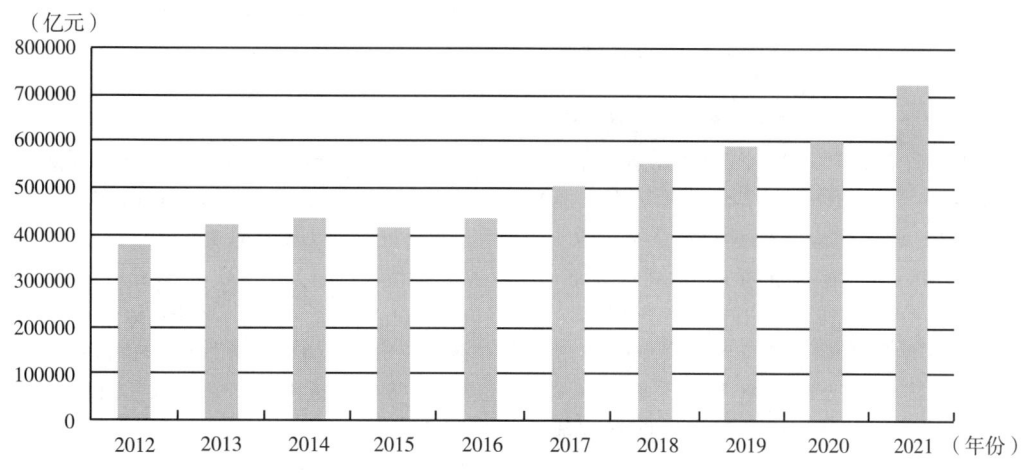

图1 2012—2021年国资系统监管企业营业收入变化

二、经济效益快速增长

国资系统监管企业积极应对不利影响,强化管理提质增效,保持高质量发展良好态势。2021年,实现利润总额4.5万亿元,比上年增加9886.3亿元,增长27.8%;实现净利润3.4万亿元,比上年增加7407.2亿元,增长28.1%,其中,归属于母公司所有者的净利润1.9万亿元,增长26.5%。从隶属关系看,中央企业实现净利润1.8万亿元,比上年增长29.4%,占国资系统监管企业的53.6%,净利润超过100亿元的企业44家;地方监管企业实现净利润1.6万亿元,占国资系统监管企业的46.4%,其中实现净利润超过100亿元的地区21个。

---

① 本年鉴中相同指标不同金额为口径不同所致。

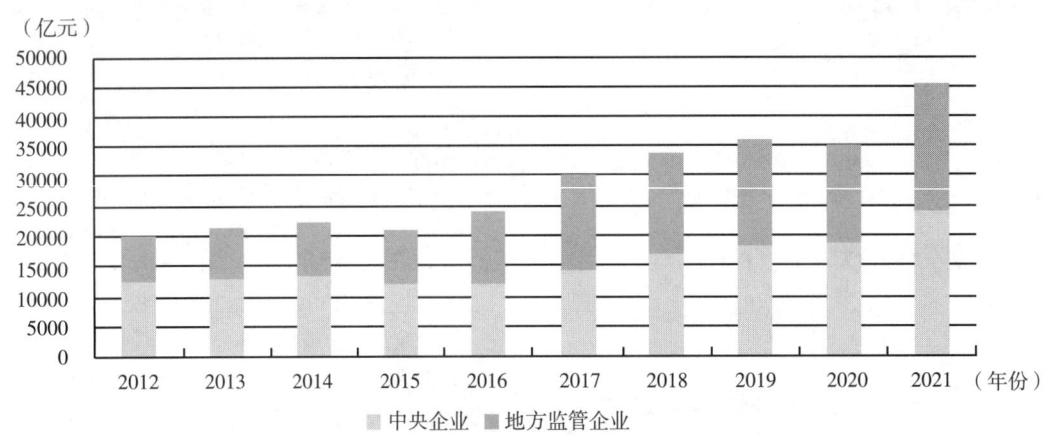

图2 2012—2021年国资系统监管企业利润总额构成及变化

三、保值增值任务圆满完成

国资系统监管企业千方百计克服疫情影响,积极聚焦实业、突出主业,坚决保质量保任务、抢进度抢工期,扎实推进国家重大项目和重大工程,国有资本规模持续壮大,保值增值任务圆满完成,彰显国民经济中坚力量的责任担当。2021年末,国资系统监管企业国有资产总量66.7万亿元,比上年增长16.6%,其中,企业经营积累增加2.6万亿元;因国家追加投资、资本溢价、无偿划入等客观因素增加5.6万亿元;因无偿划出、自然灾害损失、上缴国有资本经营收益等客观因素减少2.5万亿元。扣除客观增减因素后,2021年国资系统监管企业平均国有资本保值增值率103.3%。从隶属关系看,中央企业年末国有资产总量15.3万亿元,比上年增长9.1%,平均国有资本保值增值率107.5%,高于国资系统监管企业平均水平4.2个百分点,21家企业保值增值率超过110%;地方监管企业年末国有资产总量51.4万亿元,比上年增长19.8%,平均国有资本保值增值率102%。

四、职工队伍保持稳定

国资系统监管企业在保障社会就业、提高职工工资水平的同时,进一步提升职工队伍整体素质,提高职工福利保障水平。2021年末,国资系统监管企业从业人员3214.3万人,比上年增长2.0%;年末职工2912.3万人,比上年增长1.7%。从隶属关系看,中央企业年末职工1233.4万人,占国资系统监管企业职工人数的42.4%;地方监管企业年末职工1678.9万人,占国资系统监管企业职工人数的57.6%。2021年,国资系统监管企业实际发放职工工资总额3.9万亿元,比上年增长11.4%;职工人均工资13.5万元,比上年增长9.6%。2021年,国资系统监管企业基本养老保险覆盖面(参加保险职工人数占年末职工人数的比例,下同)93.5%;基本医疗保险覆盖面92.9%;失业保险覆盖面92.1%,较上年进一步提升。

五、科技创新能力持续增强

2021年,国资系统监管企业着力抓好关键核心技术攻关,持续加大创新投入力度,完善创新体制机制,推动资金、人才、政策向重点企业、重点项目倾斜,创新发展步伐不断加快,2021年国资系统监管企业研发经费投入1.4万亿元,比上年增长17.5%。在研发经费持续投入的推动下,G50燃气轮机、电子特气、通用建模软件等先进技术和产品成功应用,高纯靶材、5G通信终端综测仪等一批重大科技创新成果涌现。截至2021年底,国资系统监管企业拥有自主知识产权的专利数量151.4万件,比上年增长19.9%。

六、社会贡献持续增加

国资系统监管企业坚持算大账、算长远账、算政治账,在实现自身发展的同时,积极履行社会责任,在落实国家宏观调控政策、参与乡村振兴和防疫救灾等方面,发挥"主力军"和"先锋队"作用;在助力上下游企业复工复产、促进产业链供应链安全稳定等方面,突出"稳定器""压舱石"的责任担当,为国家经济社会发展作出积极贡献。2021年国资系统监管企业实际上缴税费总额4.2万亿元，约占全国财政收入的20%。从隶属关系看，中央企业上缴税费总额2.3万亿元，占国资系统监管企业上缴税费总额的53.7%，其中上缴税费超过100亿元的企业45家；地方监管企业上缴税费总额1.9万亿元，占国资系统监管企业上缴税费总额的46.3%。国资系统监管企业在保持生产经营稳步发展的同时，加强安全生产管理，加大环境保护投入力度，推动技术改造，大力推进节能减排，更好地实现安全、绿色、可持续发展。2021年，国资系统监管企业支出的安全生产费用3020.5亿元，支出的环境保护及生态恢复费用1650.2亿元。

（审稿人：赵世堂　撰稿人：李泓全）

企业国有产权管理工作

2021年，企业国有产权管理工作以习近平新时代中国特色社会主义思想为指导，认真学习贯彻习近平总书记关于国资国企改革发展和党建的重要指示批示精神，全面贯彻党的十九大和十九届历次全会精神，坚决贯彻落实党中央、国务院决策部署，以新发展理念为引领，以高质量发展为主题，坚持稳中求进，牢牢把握"促流转、防流失"工作定位，着力落实国企改革三年行动，着力优化国有资本布局结构，着力提升监管效能，强化使命担当，锐意开拓进取，各项工作取得显著成效。

一、着力落实国企改革三年行动，积极稳妥深化混合所有制改革

（一）牢牢把握混合所有制改革正确方向

国务院国资委坚持"三因三宜三不"原则，落实"完善治理、强化激励、突出主业、提高效率"指导方针，严守国有资产不流失、党的领导不削弱的红线底线，对中央企业和地方制定的混合所有制改革方案内容进行严格把关。制定《关于推动中央企业、民营企业协同发展的工作方案》，指导推动中央企业发挥龙头带动作用，带动上下游各类企业共建产业链供应链，实现国有经济与民营经济相互融合、共同发展。国家发展改革委、国务院国资委联合印发《深化东北地区国有企业混合所有制改革实施方案》，为在更深层次做好东北地区国有企业混合所有制改革指明方向，提出具体要求。

（二）坚持以市场化方式推动混合所有制改革取得实效

2021年，中央企业通过转让部分股权、增资扩股、合资新设、投资并购、股票首发（增发）等方式实施混合所有制改革超过890项，引入社会资本3800亿元。组织召开2021年混合所有制改革项目推介会，集中推介项目286个，拟募集资金超过1200亿元，主要围绕落实碳达峰碳中和、科技创新、京津冀协同发展等国家重大战略，涉及战略性新兴产业的项目占比超过50%。混合所有制改革代表性企业东航物流、江航装备实现首发上市，获得市场较高认可。

（三）指导混合所有制改革企业深度转换经营机制

组织召开推动混合所有制企业深度转换经营机制专题推进会，强调把深化混合所有制改革的工作重点放到转机制上。推动企业系统性改革，混合所有制企业中外部投资者派出董事的占比70%，各方股东共同参与公司治理形成合力。中央企业控股上市公司通过多种途径引入战略投资者，辽港股份与攀钢钒钛换股、中直股份引入国新投资等多个项目实施完成。国务院国资委指导国投、中国建材选择部分混合所有制改革企业，在公司治理、投资管理、中长期激励、薪酬分配等方面开展灵活高效的差异化管控探索。研究提出混合所有制改革效果评价指标体系，从4个维度对集团公司推动混合所有制改革工作及具体混合所有制改革企业效果进行较为立体、全面的评价，为推动混合所有制改革取得实效提供目标指引，完成20个中央企业和地方国资委试评价。

二、着力服务国有资本布局优化和结构调整，引增量、盘存量、优布局、提质量

（一）利用资本市场开展直接融资，引入增量资金

2021年，中央企业通过股票、产权市场融资2804亿元。三峡能源在上海证券交易所主板上市，成为中国电力行业史上规模最大的IPO项目。推动中央企业"硬科技"企业赴科创板上市，助力科技创新。国务院国资委与证监会、上海证券交易所加强协作，建立中央企业科创板上市联合服务机制，协调解决上市困难和障碍，2021年高端装备、新材料等行业的有研粉材、铁建重工等11户完成上市，履行审核程序8户，

另有储备企业约200户;中央企业通过科创板上市累计融资472.4亿元,其中超过75%投向核心技术研发及其产业化领域。指导企业积极用好创新债券品种,主动服务国家重大战略。2021年,中央企业通过境内外债券市场发行债券超过2600只,募集资金超过3.9万亿元。国家电网、中国三峡集团、国家能源集团等发行碳中和债、可持续发展挂钩债券,中国诚通、中国国新发行全国首批科技创新债券,中粮集团、南方电网、国家电投、中国电建等发行全国首批乡村振兴债券。

(二)运用市场化手段促进资本形态转换,盘活存量资产

2021年,中央企业通过产权市场盘活存量企业产权、资产1090亿元。其中,退出非主业回笼资金189亿元;处置低效无效企业股权、资产528亿元,实现减亏67亿元;处置参股股权361宗,回收资金192亿元。加快"两非"剥离进程,军工、交通运输等行业中央企业突出主业实业,退出非主业、非优势企业和项目回收资金43亿元。加大"两资"清退力度,商务服务业、房地产业及电力热力生产等行业累计处置83家微利及亏损企业股权。指导企业积极参与基础设施REITs试点,促进盘活存量资产,提升再投资能力。招商蛇口产业园基础设施REITs作为全国首批、中央企业首单成功发行上市,募集资金超过20亿元。

(三)助力专业化重组整合,优化资本布局

国务院国资委运用市场化方式和出资人管理手段,指导企业积极开展横向联合、纵向整合和专业化重组,持续优化国有资本布局结构。落实国家战略部署,在卫星通信、电气装备、稀土集团等专业平台的组建过程中,优化方案,做好产权划转、转让、评估等工作,指导相关上市公司做好信息披露。支持中电有限采取非公开协议增资方式引入战略投资者,推动中国电子打造自主安全计算产业链"链长"。中国能建股份换股吸收合并葛洲坝,为规模最大的H股公司吸并A股公司项目,彻底解决同业竞争问题。

(四)积极主动开展上市公司投资者沟通工作,提升市场价值

针对部分中央企业控股上市公司长期存在的不关注资本市场表现、与投资者互动交流不足的问题,国务院国资委印发专门文件,积极引导中央企业控股上市公司将召开业绩说明会、加强投资者沟通作为年度工作重点,中央企业控股上市公司在2020年年报披露后及时召开业绩说明会,实现"全覆盖",充分传递公司价值、展示良好市场形象,部分公司市值大幅增长、价值有效提升。

三、着力提升监管效能,防范化解各类风险

(一)进一步健全产权管理制度体系

印发《关于规范开展中央企业国有资产交易业务有关事项的通知》,督促各地产权交易机构严格执行企业国有资产交易管理相关规定。针对企业国有资产交易过程中遇到的新情况和新问题,研究制定《关于企业国有资产交易流转有关事项的通知》。

(二)进一步加强在线动态监管

国务院国资委持续完善产权管理综合信息系统,实现对企业各类经济行为在线监测,加强对产权流转全过程的动态监管。严格产权登记合规审核,2021年在线处理产权登记申请1.7万项,对其中存在的问题,坚决退回企业整改完善;对中央企业参股企业产权情况加强监测,进行专项分析。严格产权交易日常监测,2021年在线监测各类国有资产交易行为2万项,发现不合格59项,及时督促企业和交易机构整改,持续推动产权交易机构规范运作,有序竞争,防范交易风险。

(三)进一步发挥监督检查作用

持续完善产权登记核对,将核对模式由"三年全覆盖"调整为"两随机一公开",将个人代持境外国有产权和特殊目的公司管理情况纳入核对工作。完成对15家中央企业所属1.53万户子企业产权登记核对,发现疑似假冒国企422户、"僵尸企业"1237户,及时向企业发出"风险预警",督促企业完成补登428户。持续完善资产评估专项检查,完成17家中央企业的现场检查,重点抽查收购非国有资产、混合所有制改革等评估项目。中央企业资产评估项目质量逐年提高,应评未评、应备未备事项逐年减少,以检查促管理效果明显。

(四)积极防范化解上市公司并购和运行相关风险

加强上市公司并购事项的审核把关及投后管理,国务院国资委严把"入口"关,向企业充分提示风险,切实维护国有权益;建立投后监督工作机制,对上市公司收购项目每半年进行一次跟踪问效。加强对高风险中央企业控股上市公司的监测,指导企业妥善应对个别上市公司风险事件;针对有关问题,印发监管提示函。加强对地方国有企业收购民营上市公司工作的指导,紧密跟踪地方有关情况,指导部

分地方国资委完善制度规定、出台工作细则;针对地方重大收购事项加强指导,助力优化方案设计、强化风险防控。

(审稿人:贾立克　撰稿人:龚利杉)

国有企业改革与重组

2021年,国务院国资委始终坚持以习近平新时代中国特色社会主义思想为指导,全面贯彻党的十九大和十九届历次全会精神,认真落实党中央、国务院决策部署,围绕全国国资国企"一盘棋",指导带动全国国资系统增强"四个意识"、坚定"四个自信"、做到"两个维护",努力克服疫情不利影响,开拓奋进、埋头苦干,国有企业改革与重组工作取得积极进展和明显成效。

一、突破国有企业重组整合重点难点,调整优化布局结构

(一)稳步实施集团层面重组

推动"两化"重组成立中国中化,打造全球规模最大的化工企业,切实增强中央企业在农业等领域的核心竞争力。完成中国电科重组中国普天,企业行业地位更加巩固,民品产业布局延伸拓展,培育世界一流信息通信企业的基础进一步夯实。鞍钢重组本钢"六措并举"综合性改革顺利实施,企业产能跃居国内第二、世界第三,市场话语权大大增强,成为真正的东北"钢铁航母"。四川重组省交投集团和省铁投集团组建蜀道集团,资产总额突破1万亿元,加快培育交通基础设施领域龙头企业。福建能源集团与福建石化集团重组成立福建省能源石化集团,打造能源、石化产业一体化的龙头产业集团。

(二)切实做好新公司组建

统筹中央企业相关资源组建中国星网,加快存量项目整合优化、关键核心技术攻关,为保障我国通信产业发展与安全奠定坚实基础。聚焦稀土产业安全与高质量发展,整合中重稀土资源组建中国稀土集团,有效提升稀土资源掌控力、战略威慑力、国际影响力,为我国重要战略资源安全保驾护航。河北整合地理测绘资产组建河北地理信息集团、整合地质勘探资产组建河北地矿集团,推动相关产业加快发展。重庆市整合市政设计院、建筑科学研究院等单位组建重庆设计集团,加快打造全国一流、西部领先的综合性工程设计咨询集团。

(三)积极开展专业化整合

实施中国铁物和中国诚通物流板块专业化整合,加快我国现代流通体系建设步伐,有效提升基础物流保障水平。整合国家电网有关企业与中国西电集团设立中国电气装备,系统集成、综合方案解决能力大幅增强。推动国家管网集团资产重组顺利收官,指导中粮集团、中储粮集团通过组建合资公司开展股权合作,深化中国中检央企质量服务合作。湖北结合省属企业主业梳理核定推动资源整合,成立湖北交投集团、联投集团等5家省属企业,加快实现"一主业一主体"。上海整合市、区两级科技创业投资企业组建新上海科创集团,促进集成电路、生物医药、人工智能等先导产业创新发展。

(四)深入推进中央企业"压减"工作

印发《关于中央企业进一步深化"压减"工作的通知》,加强在线监测和重点督促,指导中央企业形成"压减"清单,制定相应考核指标和规则。2021年,中央企业减少法人2906户。其中,国家电网、中国宝武等19家企业减少数量50户以上,中煤集团、中国国新等35家企业实现户数净减少。国投、中煤集团明确落实各级"一把手"责任制,做到压减工作领导机构不变、工作力量配备不减。中国宝武、鞍钢将"压减"工作与重组并购同步规划、同步推进,太钢、本钢并入后压减幅度分别为40%、38%。

(五)巩固去产能工作成果

组织开展钢铁煤炭去产能"回头看",强化实地督导检查,健全完善长效机制。与有关中央企业签订粗钢"压减"工作责任书,压紧压实工作责任,高质量完成2021年粗钢压减任务。推动国源公司接收中国华电所属白芦煤业等6座煤矿,涉及产能870万吨。完成中央企业煤炭资产管理平台公司转隶,正式交由中煤集团管理。

二、推进公司制股份制改革,激发企业发展活力动力

(一)全面推进公司制改革

组织召开工作推进会,建立"月通报"机制,编印公

司制改革专刊6期,开展"一对一"督导36次,对公司制改革进行全面部署、指导和推动。协调财政部等出台《关于中央党政机关和事业单位办企业公司制改制登记注册有关事项的通知》等支持政策,切实解决公司制改革中遇到的重点难点问题,为工作推进提供重要保障。截至2021年底,中央党政机关和直属事业单位所管理企业中公司制企业占比98.71%,地方国有企业中公司制企业占比99.97%。

(二)扎实推动上市工作

密切跟踪我国资本市场改革动态,对科创板设立、注册制发行、分拆上市、退市监管等改革举措进行研究。加强指导协调,全面梳理中央企业上市情况,对没有上市公司和资产证券化率较低的24家企业进行专题调研,深入了解企业上市工作进展、存在问题,推进企业加大力度开展改制上市工作。冶金地质总局控股的正元地理信息实现科创板上市,机械总院控股的哈焊华通完成IPO过会审核,实现上市公司"零的突破"。

(三)持续加强中央企业参股管理

强化指导督促,组织召开座谈会,对低效无效参股股权处置难点问题进行深入研讨。深化自查整改,召开视频会议,通报专项巡视反映的参股管理问题,就推进参股问题整改进一步作出部署安排。强化在线监管,在将参股经营投资纳入国资国企在线监管系统基础上,增加完善相应模块,进一步优化强化参股管理系统功能。整改工作开展以来,中央企业累计完成问题整改5527个,清理退出低效无效参股股权1099项,收回资金211亿元。

(四)稳慎推进骨干员工持股

落实国企改革三年行动有关要求,加强系统调研,深入了解员工持股进展成效和问题,听取意见建议。聚焦实践中企业反映的重点难点问题,进一步细化相关要求,研究形成员工持股操作性文件,着力推进员工持股在总结经验基础上走向规范化制度化。针对员工持股不规范等问题约谈有关企业,指导企业扎实推进整改。

三、健全中国特色现代企业制度,完善公司法人治理

(一)加强制度体系建设

印发《中央企业完善中国特色现代企业制度2021年工作安排》,研究制定《关于在建设中国特色现代企业制度中完善中央企业"三重一大"决策机制的实施意见》,修订《中国特色现代企业制度建设百问》《中央企业公司章程指引(试行)》,基本形成以加强党的领导、规范董事会建设、完善公司治理、强化监督保障等4个领域为支撑的制度体系。

(二)深入推进董事会建设落实董事会职权

印发《关于中央企业加强子企业董事会建设有关事项的通知》《关于中央企业落实子企业董事会职权有关事项的通知》及操作指引。在8.56万户国有企业各级子企业中3.94万户符合"应建"条件,占46%。其中,中央企业1.36万户全部完成董事会设立,地方国有企业完成2.57万户、完成率99.6%,中央企业和地方企业外部董事占多数的比例分别为99.3%和93.6%。98.9%的中央企业制定落实子企业董事会职权工作方案,1511户重要子企业纳入落实职权范围,94%出台具体实施方案。

(三)规范董事会向经理层授权

研究制定《中央企业董事会授权管理办法(试行)》,规范授权行为。截至2021年底,指导93.8%的中央企业、94.5%的地方国有企业建立董事会授权管理制度,确保授权科学、合理、可控,保障经理层具有足够的自主经营空间。

(四)积极开展公司治理示范企业创建活动

总结提炼差异化的国有企业治理范本,从不同层级、不同类型的国有企业中优中选优推选145家示范企业。其中,中央企业集团28家、基层60家,地方国有企业集团17家、基层40家。包括国有独资、全资、控股公司和上市公司等不同类型,涵盖装备制造等10多个领域。通过治理示范引领带动,以点促面有力推动中国特色现代企业制度建设从"有没有"迈向"好不好"的新阶段。

四、加强企业管理,推进世界一流企业建设

(一)深入开展对标世界一流管理提升行动

通过召开现场推进会、实施在线监管、强化督导考核等,持续推动工作落实。开展管理标杆创建活动,选树推广310个标杆企业、项目和模式,编纂出版专题丛书。截至2021年底,中央企业对标提升工作清单平均完成进度超过85%,修订完善管理制度5200多个,近2000个管理案例获得省部级以上表彰。

(二)持续深化世界一流企业示范工作

会同国家发展改革委研究制定《关于加快建设世界一流企业的指导意见》,提请中央深改委会议审定。11家示范企业高度重视,紧紧围绕"三个领军""三个领先""三个典范"的核心内涵,全面对标世界一流企业,找差距、补短板、抓改革、强创新,开创良好局面。航天科技、国家电网、中国宝武、中国中车集团高站位加强组织领导,以创建世界一流统领企业改革发展。中国移动、中航集团、中广核、中国三峡集团高标准抓好落实,将创建世界一流转化为扎实行动。中国石油、国家能源集团、中国建筑高起点谋划推动,将创建世界一流融入企业战略。

(三)大力推动采购规范管理

印发《关于进一步加强中央企业采购管理有关事项的通知》《关于开展中央企业采购管理有关问题自查整改工作的通知》,要求中央企业对照问题清单,全面检视采购招投标交易行为。充分利用国资国企在线监管系统,搭建并持续完善采购交易数据管理平台,组织中央企业每月上报集团各级企业200万元以上采购交易数据。委托专业机构,运用大数据等手段,对招投标交易的合规性、程序性等信息进行全方位分析,查找企业未能发现的风险漏洞和问题,并以风险提示函的形式"点对点"转送相关企业核查整改,逐步建立数据"上报—分析—转送—整改—反馈"的工作机制,累计向企业移交风险问题871个。

(四)持续深化"总部机关化"专项治理

开展专项整改工作评估,形成《中央企业"总部机关化"问题专项整改工作评估报告》。国家电网、中国中车集团等10家世界一流示范企业积极推行"大部制""扁平化",平均压缩一级部门机构4个,压缩比例17.9%。中国诚通、中国国新等19家国有资本投资公司试点企业积极探索"小总部大产业"模式,平均压缩内设二级机构超过12个,压缩比例18.75%,平均压缩总部人员编制128个,压缩比例32.9%。印发工作资料汇编,建立总部机构定期报送机制,加强在线动态监管。

(五)深入推进国有资本投资公司改革

组织国有资本投资公司试点企业召开专题工作会,对深化国有资本投资公司改革进行再部署、再推进。围绕率先完善公司治理、提升资本投资运营能力等重点任务,研究制定《关于进一步深化国有资本投资公司改革有关事项的通知》,进一步明确改革试点的主要任务和目标。总结投资公司改革经验,聚焦"投资公司功能特点类""企业改革发展类""组织实施及改革成效类"三大类18项评估指标,组织开展专项评估,以评促改推动投资公司改革走深走实。

(六)稳步推动授权经营体制改革

加大指导督促和经验推介,推动落实《改革国有资本授权经营体制方案》。各地国资委均制定分类授权放权清单,中央企业全部制定总部授权放权事项清单,部分企业下放权限超过50%,形成《关于推进国有资本授权经营体制改革工作进展情况的报告》。全国绝大多数省市均建立以国有资本投资公司为重点的分层分级授权机制。

五、稳步推进东北地区国资国企改革,促进区域协调发展

(一)召开深化东北地区国资国企改革推进会

研究形成《召开东北地区深化国资国企改革推进会工作方案》,召开深化东北地区国资国企改革现场推进会,会议总结交流招商局集团、鞍钢、中国一重、中国一汽、通用技术集团等5家中央企业的经验做法,以点带面,在深化东北地区国资国企改革工作中切实发挥中央企业示范带动作用。

(二)持续深化中央企业综合改革试点

指导推进鞍钢、中国一重在集团层面,中国一汽、哈电集团和华录集团在子企业层面开展综合改革试点,列出"任务单",用好"政策包",创新体制机制,增强企业发展活力。5家试点企业加强组织领导,明确目标任务,层层落实责任,多措并举综合施策,试点不断取得新成绩。3年来,5家试点企业营业收入、净利润年均增长率12.5%、16.6%,资产总额、净资产年均增长率12.1%、9.5%,企业体制机制更加完善,活力动力不断激发,经营发展质量明显提升,初步探索东北国企改革有效方式。

(三)组织开展振兴东北央地百对企业协作行动

印发《关于开展振兴东北央地百对企业协作行动的通知》,针对东北地区地方国有企业改革发展相对滞后等问题,通过央地百对企业协作行动,将改革发展措施落到具体企业具体事项上,让市场化经营机制和产业链协同在东北地区落地生根,形成中央企业与东北地区地方国有企业资源共享、合作共赢的局面。

召开振兴东北央地百对企业协作行动推进会，51家央企所属100户子企业与111户地方国企围绕"八个一"重点任务，即构建一个产业链供应链合作机制、构建一个科技创新联合攻关机制、构建一个产业转型升级协作机制、构建一个公司治理互动完善机制、构建一个企业管理共同提升机制、搭建一个人才培养提升平台、搭建一个交流研讨平台、建立一个工作对接体系，开展"一对一"深度合作，86对企业取得实质进展，协作成果不断显现。

（四）推动太平湾绿色低碳高质量发展先行区等重点项目建设

积极推动招商局集团引入深圳前海改革经验，按照"创新驱动、内外循环、央企抱团、振兴东北"总体开发思路，依托国资央企、面向东北亚、服务大东北，整合多方资源，着力打造"东北新蛇口"。

（五）做好典型宣传

总结提炼招商局集团、国投、中国一重、兵器工业集团、通用技术集团、航空工业集团等中央企业在重组整合、央地合作、混合所有制改革、健全市场化经营机制等方面的典型经验，在《国有企业改革动态》、"国企改革"公众号等刊发。

（审稿人：张学勇　撰稿人：李宁宇　刘宇轩）

剥离国有企业办社会职能和解决历史遗留问题进展情况

剥离国有企业办社会职能和解决历史遗留问题是党中央、国务院作出的重大决策部署，习近平总书记多次作出重要指示。2021年4月1日，全国剥离国有企业办社会职能和解决历史遗留问题工作电视电话会议召开，总理李克强作出批示，副总理刘鹤提出要求，国务委员王勇出席并讲话，全面部署安排。国务院国资委、财政部等有关部门，各地和各国有企业认真贯彻党中央、国务院决策部署，加强组织领导，密切沟通配合，扎实推进各项工作。截至2021年底，全国国资系统监管企业剥离办社会职能各项改革进度均超过99.6%。

一、剥离国有企业办社会职能和解决历史遗留问题基本完成

按照国企改革三年行动部署要求，在各有关方面共同努力下，这项改革取得明显成效，为深化国有企业改革和改善民生作出重要贡献。

（一）改革基本完成

截至2021年底，全国国有企业办689个消防机构分类处理全部完成，1500万户"三供一业"、1.4万个市政设施、1831个社区管理机构分离移交、1900个教育机构深化改革、173.2万名厂办大集体企业在职职工安置完成99.9%，2525个医疗机构深化改革、2027.4万名退休人员社会化管理完成99.6%。

（二）改革成效显著

一是减轻企业负担，激发活力。办社会职能交由专业化企业实行市场化运营，亏损严重、资不抵债的企业市场化退出，清除束缚企业发展的障碍，市场化经营机制更加灵活高效，全国国资系统监管企业每年减轻负担约1500亿元，企业得以卸下历史包袱、轻装上阵、公平参与市场竞争。二是突出主业发展，优化资源配置。推动国有企业聚焦主业，全国国资系统监管企业约2500亿元非主业资产转化为专业企业的主业资产，几十万名负责办社会的职工进入专业企业，壮大一批专业企业。以医疗健康为主业的通用技术集团、华润集团、国药集团整合国有企业办医疗机构，整体实力、规模显著提升，服务质量、经营能力稳步增强，为打造一流医疗健康集团奠定坚实基础。三是提升社会治理能力，健全基本公共服务体系。将国有企业承担的市政、社区、退休人员管理等办社会职能归位政府，增强地方政府基本公共管理服务保障能力，形成政府主导的社会化、专业化社会治理格局，提升服务水平，改善营商环境，促进地方经济社会的发展。四是补齐民生短板，增强人民群众获得感。全国国有企业1500万户、5000万名职工群众用上安全电、喝上干净水、住上暖房子，生活环境显著改善。国有企业办医疗机构通过整合，有力提升对职工群众的医疗保障能力，在抗击新冠肺炎疫情中发挥重要作用。在陕西省西安市两个月期间，中央企业办医疗机构累计派出超过3000名医护人员开展核酸采样检测等工作，完成核酸采集超过1000万人次、检测超过800万人次。通用技术集团所属西安北环医院建立绿色通道，提前准备隔离产房，为核酸报告未出、急需手术的产妇开展剖宫产，有效缓解疫情期间群众看病难问题。

二、各项工作开展扎实有序

在国务院国有企业改革领导小组领导下,剥离国有企业办社会职能和解决历史遗留问题专项小组深入落实全国电视电话会议精神,强化组织,完善政策,突出重点,积极推进剥离企业办社会职能各项改革。

(一)统筹谋划部署,精心组织实施

一是加强部门联动,发挥专项小组作用。专项小组多次专题研究,系统、协同推进改革。国务院国资委、财政部积极发挥牵头作用,中央组织部、国家发展改革委、教育部、民政部、人力资源和社会保障部、住房和城乡建设部、卫生健康委、应急部、银保监会、医保局、国防科工局等部门在党员组织关系接转、职工安置、资产划转等方面提供有力指导。二是健全体制机制,细化工作部署。各有关方面健全工作组织体系,完善工作流程,形成横向到边、纵向到底、协同推进工作局面。全国电视电话会议后,国务院国资委第一时间全面部署贯彻落实措施,财政部认真学习传达会议精神,山东等省(自治区、直辖市)主要负责人作出批示,中粮集团等企业主要负责人召开专项会议进行工作部署。三是加强制度设计,完善配套措施。有关部门先后出台26份配套政策,明确剥离企业办社会各项改革的目标、任务和保障措施。财政部加强统筹协调,2021年研究印发《财政部办公厅关于加快推进中央行政事业单位所办企业剥离办社会职能和解决历史遗留问题工作的通知》《财政部办公厅关于加快推进中央文化企业剥离办社会职能和解决历史遗留问题工作的通知》,进一步明确其他部门监管企业剥离办社会职能工作要求。四是纳入考核体系,压实工作责任。国务院国资委、各省(自治区、直辖市)、各中央企业持续将剥离办社会职能工作纳入对中央企业集团公司、所属地市、所属企业的考核,以责促行。四川省将考核问效覆盖省内各地(市)、各部门、各企业,向进度慢的地(市)、企业印发督导函,以责问效。

(二)狠抓重点难点,聚力攻坚克难

一是逐项梳理排查,全力开展收尾工作。国务院国资委通过印发通知、调研督办等多种方式,推动中央企业、各省级国资委梳理摸清剩余任务,找准有关难点问题,明确责任人,倒排时间表,加快推进收尾工作。天津市指导推动各区组织自查、部分企业检查、接收单位抽查,高质量开展扫尾工作。中国节能派专人,赴退休人员社会化管理工作问题突出的所属企业,协调加快推进收尾工作。二是根据"谁管理谁负责"原则,有关部门统筹推进所监管企业剥离办社会职能工作。财政部加强与有关部门的沟通,积极推进中央行政事业单位所办企业、中央文化企业剥离办社会职能工作。工业和信息化部高度重视,将剥离企业办社会职能工作纳入部属单位所办企业改革工作范畴统一推进。教育部认真摸排直属高校、直属单位所办企业办社会职能情况,建立工作台账,督促指导相关单位主动对接地方政府和接收企业,抓紧推进剥离办社会职能各项改革。三是聚焦改革难点,着力推动厂办大集体企业改革。重点推动国家电网、南方电网厂办大集体改革工作,会同有关部门实地调研,与两家企业深入沟通,摸清实际情况,研究难点问题,创新工作思路,探索方法路径。与有关方面加强协调,充分发挥系统集成效应,指导督促两家企业研究制定大集体企业深化改革方案,统筹推进改革,取得积极进展。四是合理分担成本,筹集改革资金。充分发挥各级政府和国有企业合理分担改革成本机制作用,通过中央财政投入引导地方和企业积极筹措资金。中央财政2016—2021年累计投入2112亿元支持"三供一业"分离移交、94亿元支持厂办大集体改革、69亿元支持退休人员社会化管理,地方政府、国有企业累计投入超过3000亿元。

(三)做好改革衔接,完善长效机制

一是起草制定方案,支持国有企业办医疗机构高质量发展。落实副总理孙春兰、国务委员王勇主持召开的国务院专题会议精神,国务院国资委、卫生健康委、中央编办、国家发展改革委、财政部、人力资源和社会保障部、医保局等7个部门组建工作专班,深入一线调研,广泛听取意见,围绕国有企业办医疗机构面临的享受同等待遇难等问题,起草形成支持国有企业办医疗机构高质量发展工作方案。二是研究支持措施,促进地方接收大型独立工矿区办社会职能后实现持续发展。财政部、国务院国资委组成联合调研组,赴河南省濮阳市中原油田、湖北省潜江市江汉油田等地调研,系统了解地方接收大型独立工矿区办社会职能后实际困难,深入研究面临的有关问题,提出阶段性给予地方补助的具体思路。三是加强督促指导,推动地方积极完善接收的企业办社会职能。地方将企业移交的教育、医疗机构纳入区域教育、卫生规划,消防、市政、社区、退休人员管理职能纳入当地基本公共服务体系,在基本完成退休人员社会化管理基础上完善工作流程实现新退休人员随退随交。四是建立常态机

制,推动"三供一业"实现市场化运营。督促接收单位完善分户设表、按户收费、社会化管理机制,实现收支平衡,不断提高管理水平和运营效率。推动移交企业紧紧抓住"三供一业"设备设施刚完成维修改造、小区环境焕然一新的有利时机,配合接收单位深入做好职工思想工作。南航集团通过公司内部各种媒体广泛宣传,引导职工群众养成按时交费习惯。

(四)坚持稳中求进,维护社会稳定

一是发挥党建优势,做好思想工作。切实将党的政治优势、组织优势转化为剥离办社会职能的工作优势,充分发挥基层党组织战斗堡垒作用和党员先锋模范作用,通过职工群众喜闻乐见的形式加强政策宣传、引导合理预期,取得职工、退休人员、家属等群体对改革的理解支持,汇聚起拥护改革、支持改革、共同推动改革的强大合力。二是细化保障措施,持续关心关爱。督促国有企业通过党建共建、活动联办、走访慰问等多种形式继续关心关爱退休人员,保持与退休人员的感情纽带,使退休人员能够了解企业改革发展情况、提出意见、发挥余热。推动各地加强街道社区建设,赋予基层党组织、社会化管理服务机构相应职能、资源,努力提高退休人员移交后的归属感、获得感。山西充实属地工作力量,加强业务培训,提升服务能力,确保街道社区接得住、管得好,提高退休人员幸福感。三是依法依规推进,维护合法权益。指导各地各国有企业贯彻以人民为中心的发展思想,依法依规推进改革,严格履行职工民主管理程序,采取多种方式做好职工分流安置,保障职工合法权益,积极解决职工群众提出的具体合理诉求,确保企业正常运转和职工队伍稳定。四是强化风险意识,主动化解矛盾。将底线思维贯穿工作始终,统筹好改革、发展与稳定的关系,提前了解职工群众、退休人员心声,把解决思想问题同解决实际困难结合起来,做深做细做实各项工作。注重风险预判,有苗头早发现早处理,有效化解矛盾问题,防止出现群体性不稳定事件,维护企业和社会的稳定。

(审稿人:唐祖君 撰稿人:王亚坤)

中央企业收入分配调控工作

2021年,面对严峻复杂的国内外形势,特别是百年变局和世纪疫情影响,国务院国资委坚持以习近平新时代中国特色社会主义思想为指导,深入贯彻党的十九大和十九届历次全会精神,坚决落实党中央、国务院决策部署,坚持创新引领,深化改革驱动,持续深化中央企业工资决定机制改革,积极推进工资总额分类管理,加强工资总额跨周期调节,督促引导中央企业强化工资效益联动,加大对服务国家战略、实施重大科技创新的工资支持,较好发挥收入分配对企业高质量发展的杠杆撬动作用。全年中央企业工资效益匹配情况良好,科技创新激励力度显著增强,能源保供支持作用充分彰显,继续保持橄榄型收入分配格局。

一、工资效益完全匹配情况总体良好

国务院国资委贯彻党中央做好跨周期调节相关决策部署,主动加强工资总额预算跨周期设计与调控,完善人工成本动态分级监测预警机制,强化过程管控,推动中央企业实现效益增长与效益下降时激励约束总体平衡。从年度清算数据看,中央企业实现利润总额、劳动生产率分别比上年增长27.7%、18.5%;职工工资总额、平均工资分别比上年增长9.5%、10.5%,职工工资总额增幅低于利润总额增幅18.2个百分点,平均工资增幅低于劳动生产率增幅8个百分点,符合"两低于"的政策要求。从跨周期(2019—2021年任期)情况看,中央企业利润总额、劳动生产率分别累计增长42.4%、30.9%,职工工资总额增幅低于利润总额增幅15.3个百分点,职工平均工资增幅低于劳动生产率增幅0.8个百分点,年度和周期内工资效益匹配情况良好。

二、科技人才激励力度显著增强

国务院国资委制定印发系统推进科技创新激励保障机制建设有关意见,系统构建支持企业科技创新的政策体系,对企业科技创新激励所需工资总额实行单列管理、按需保障。2021年用于支持重大科技创新的单列工资总额较上年同比增长13.2%,高出中央企业职工工资总额增幅约3.7个百分点。支持的工资总额主要涉及承担国家重大专项任务、建设国家级创新平台、开展关键核心技术攻关、引进高端人才等科技创新重要事项,有效激发科技人才创新活力,推动企业更好落实国家创新驱动发展战略、加快突破"卡脖子"关键核心技术。

三、助力能源保供作用彰显

2021年第四季度，面对异常严峻的能源供应保障形势，国务院国资委制定推动中央企业今冬明春能源供应保障奖惩办法，明确3个方面8条奖惩措施，引导中央企业坚决打好能源保供攻坚战。中国华能、中国大唐等6家涉及火电发电业务的中央企业利润总额总体下降，但考虑能源保供影响后，仍给予一定幅度的工资总额支持，同时直接单列国家电网、南方电网等5家企业能源保供加班工资、特殊补贴等临时性工资支出。以上支持政策，为中央企业圆满完成能源供应保障任务、挑起稳定宏观经济大盘重担提供坚强支撑保障。

四、多措并举支持航空企业渡过难关

按照党中央、国务院支持航空企业纾困决策部署，国务院国资委考虑中航集团、中国东航、南航集团受疫情冲击严重，行业运行面临巨大困难，按现行工资总额管理政策顶格上限给予支持。对3家航空企业飞行员工资、抗疫补贴、ARJ支线飞机运行和科改示范企业等特殊事项工资予以单列管理，不与企业经济效益挂钩。在上述政策支持下，3家企业全口径工资总额保持一定增长，为企业队伍稳定、平稳运行提供坚实保障。

五、工资总额分类管理稳步推进

国务院国资委落实国务院关于改革国有企业工资决定机制要求，加快推进工资总额分类改革，基本实现商业一类企业工资总额备案制管理全覆盖，稳妥推进工资总额周期预算管理。2021年，中国五矿等40家工资总额备案制管理企业同口径工资总额增幅7.9%，低于利润总额增幅25.7个百分点；实行周期预算管理的中国宝武周期内（2019—2021年）同口径工资总额年均增幅低于利润总额增幅36.6个百分点。两类企业同口径工资总额增幅均显著低于效益增幅，表明近年来工资总额分类管理推进总体平稳有序，相关企业较好履行收入分配重大事项决策和监督职责。

六、收入分配关系持续优化改善

按照国企改革三项行动要求，国务院国资委指导中央企业深入推进三项制度改革，主动对标劳动力市场价位，合理调整不同岗位职工薪酬水平，加强对高收入群体的规范和调节，推动工资增量向一线核心骨干和苦脏险累岗位倾斜，增加劳动者特别是一线劳动者劳动报酬。2021年，中央企业集团总部职工平均工资约为全部职工的2.61倍，比上年缩窄0.10倍。中央企业职工平均工资是全国城镇非私营单位就业人员平均工资的1.55倍，与2020年基本持平，收入水平中等偏上。9家中央企业职工平均工资低于全国城镇非私营单位就业人员平均工资，83家企业处于1～3倍区间，2家企业超过3倍，继续呈现"两头小、中间大"的橄榄型收入分配格局。

（审稿人：刘新伟　撰稿人：高钵昊）

中央企业经营业绩考核工作

2021年，面对百年变局和世纪疫情，在以习近平同志为核心的党中央坚强领导下，国务院国资委党委坚决贯彻落实党中央、国务院决策部署，完整、准确、全面贯彻新发展理念，在坚持质量第一、效益优先的基础上，更加突出服务国家战略、创新驱动、深化改革、统筹发展和安全考核导向，引导中央企业高效统筹疫情防控和经济社会发展，积极履行责任使命，扎实推进国企改革三年行动，稳步提升经营业绩与发展质量，有力发挥国民经济"顶梁柱""压舱石"作用。

一、落实高质量发展要求，持续完善业绩考核体系

围绕高质量发展主题，深耕细作差异化分类考核，引导中央企业加快补齐发展短板，提升发展质量，创建世界一流，更好履行责任使命。一是完善业绩考核体系。坚持目标导向和问题导向，构建以"两利四率"为主的考核指标体系，结合企业功能定位、行业特点、发展阶段等，"一企一策"调整优化中央企业2021年度考核指标。二是出台专项考核实施方案。突出行业特点，出台科研设计、国有资本运营公司、涉粮企业等专项考核实施方案，更好引导企业做强做优主业实业，更好发挥功能作用。三是推进公益类业务分类考核。落实国企改革三年行动部署，客观评价中央企业经营成果，研究推进中央企业公益类业务分类考核，

对接公益类业务目录,完善业绩考核特殊事项清单,出台中央企业公益性业务分类考核改革实施方案,推动企业更好履行经济责任、政治责任和社会责任。四是制定专项激励政策。贯彻落实中央领导的重要指示批示和今冬明春能源电力保障协调小组会议部署,研究出台专项奖惩办法,明确业绩考核、薪酬激励等方面奖惩措施,有力推动和支持中央企业全力以赴做好能源保供工作,有力保障群众基本生活和经济平稳运行。

二、强化目标引领,为稳定宏观经济大盘提供有力支撑

国务院国资委坚持稳中求进工作总基调,按照高质量发展要求,提出中央企业经济效益增速高于国民经济增速、发展质量和经营效率实现边际改善的"两利四率"总体目标,引导中央企业全力以赴促进提质增效,为国民经济持续健康发展和社会大局稳定作出更大贡献。一是鼓励企业挑战自我。坚持质量第一效益优先是业绩考核遵循的首要原则。为确保中央企业稳增长"基本盘",进一步强化考核目标引领,着力激发企业内生动力。坚持目标分档管理,将净利润、经济增加值一档目标设定为比上年增长6%以上或者达到历史最好水平,完成一档目标的,根据目标值先进程度给予加分奖励;未完成的,设置"降落伞"机制,鼓励企业主动追求"步步高",有效激发企业内生动力,引导企业勇挑重担、奋勇争先,确定具有挑战性的业绩目标。二是聚焦发展动力质量。坚持目标导向和问题导向,形成"四率"指标体系,着力引导中央企业实现高质量发展。突出创新在企业发展全局中的核心地位,对科技进步要求高的工业和科研企业,设置研发经费投入强度指标,目标不低于上年水平或达到行业优秀水平。首次将行业共性技术研发纳入科研企业考核,并提高基础研究投入视同利润的加回比例,推动企业勇当原创技术策源地。对营业收入利润率低于行业平均水平或中央企业整体水平的企业,设置营业收入利润率指标,目标较上年有所改善或持平;对全员劳动生产率低于行业平均水平或职工人数较多的企业,设置全员劳动生产率指标,目标较上年边际改善。加强战略性新兴产业占比、新业态新产品收入占比等指标考核,推动企业调整存量结构,优化增量投向,加快新旧动能转换。按照稳杠杆防风险工作要求,继续将资产负债率指标纳入各企业年度经营业绩责任书。三是更加突出精准考核。对不同功能定位、不同行业领域、不同发展阶段的企业,"一对一"明确考核重点。针对企业承担的服务保障和专项任务,强化服务国家战略考核,按照"能设尽设"原则,设置油气保障量、专项任务完成情况等服务国家战略指标。对国有资本投资、运营公司,综合考核投资组合回报、布局优化调整等情况。对处于特殊发展阶段的企业,根据改革目标和发展战略,"一企一策"设置个性化考核指标。首次探索开展上市公司质量考核。四是持续推动深化改革。按照国企改革三年行动方案部署要求,推动企业聚焦重点任务,深化改革,在重要领域、关键环节取得实质性突破和进展。一方面,加强专项考核。将国企改革三年行动、剥离企业办社会职能、压缩管理层级减少法人户数等重点专项工作,纳入企业负责人业绩考核体系,对工作推动不力或者任务完成较差的,给予考核扣分处理。另一方面,健全容错机制。企业实施重大产业兼并重组、消化历史遗留问题、推进改革先行先试等,对经营业绩产生的重大影响,给予实事求是的考虑。五是统筹疫情影响和稳增长贡献。在确定年度目标时,充分考虑企业上年度疫情影响和稳增长贡献,确保2021年度质量效益目标稳中有进。

2021年4月16日,国务院国资委召开中央企业一季度经济运行情况通报暨2021年度经营业绩责任书签订视频会议,国务院国资委党委书记、主任郝鹏现场与航天科技、中国海油等20家企业主要负责人签订业绩责任书,与其他中央企业主要负责人视频签订业绩责任书。中央企业2021年度净利润考核目标值较上年快报数增长8%以上,"四率"指标目标总体较上年有所改善。

三、加强评估监测,及时激励企业努力完成目标任务

充分调动企业负责人积极性,引导督促中央企业全力以赴稳增长,积极实现"两高三增一稳"的全年目标要求。根据《中央企业负责人经营业绩考核办法》《中央企业负责人薪酬管理暂行办法实施细则》有关规定,国务院国资委开展2021年度中央企业负责人经营业绩考核半年预评估工作,对预评估结果为A级的36家企业,调增负责人预发绩效年薪,及时予以正向激励。对于半年预评估情况较差、完成全年目标存在较多不确定因素的企业,紧盯经济运行变化和行业走势,加大跟踪监测力度,通过电话通知、发提醒函、实地调研督导等形式,了解分析企业经营中的深层次问题

和突出矛盾,及时提示督促企业,防范和化解经营风险,督促企业努力完成年度考核目标。

四、坚持稳健发展,企业效益效率进一步改善提升

2021年度和2019—2021年任期,国务院国资委和中央企业统筹推进疫情防控和经济发展各项重点工作,较好地完成年度和任期经营目标,有效落实国有资产保值增值责任,有力发挥国有经济战略支撑作用。一是更加突出高质量发展鲜明导向,以经济效益屡创历史新高助力宏观经济稳定运行。积极引导中央企业在高质量发展中作表率,强化营业收入利润率、全员劳动生产率、总资产周转率和国有资本保值增值率等指标考核,推动稳增长与高质量发展统筹推进,经营效益与质量同步提升。2021年,中央企业实现利润总额2.4万亿元,净利润1.8万亿元,营业收入利润率比上年增加0.6个百分点,全员劳动生产率比上年增长7.5%,研发经费投入比上年增长16.1%,资产负债率64.9%,实际上缴税费2.4万亿元,中央企业以创纪录的效益增长和社会贡献,有力支撑我国经济总量和人均国内生产总值进一步提升。二是更加突出服务"国之大者",以强有力支撑保障国家重大战略需要。实施服务国家战略考核全覆盖,对有力落实习近平总书记重要批示指示、承担重大专项任务等作出突出贡献的,考核给予奖励加分。对积极保障煤电油气供应、建设海外重大基础设施项目、落实减免房租政策等,在考核经济效益指标时,据实考虑相关影响,全面客观评价经营业绩。第六任期,中央企业建成并开通北斗全球导航系统、首次实现地外天体采样返回、航空发动机制造取得重大节点突破,不计代价打好能源保供攻坚战,全力保障新冠疫苗生产供应,有力发挥国有经济战略支撑作用。三是更加突出创新考核激励,以强劲动力打造国家战略科技力量。国务院国资委把科技创新作为"头号任务",坚持"能给尽给、应给尽给"原则,强化创新考核激励,推动企业加快攻坚攻关步伐,努力打造原创技术"策源地"和现代产业链"链长"。在考核净利润、经济增加值指标时,将研发费用视同利润加回;对关键核心技术攻关、基础研究研发投入,进一步提高加回比例。对获得国家科技进步奖、国家技术发明奖、中国专利金奖、中国专利银奖和主导制定国际标准等取得重大实效的企业,进一步提高加分奖励上限;对承担关键核心技术攻关任务、创新联合体取得突出成绩或实现重大节点突破的,再给予额外奖励。第六任期,中央企业在关键材料、核心元器件、基础软件、基础零部件等领域突破一批短板技术,在航天、深海、能源、交通等领域取得一批世界级科研成果,为壮大国家战略科技力量发挥重要作用。四是更加突出深化改革,以扎实行动提升企业活力效能。国务院国资委注重发挥业绩考核对国企改革三年行动的推动作用,对取得重大进展和显著成效的企业,给予考核加分奖励。着力引导推动中央企业战略性重组和专业化整合,对实施重组整合、基础产业并购、处理低效无效资产和消化历史遗留问题等支出改革成本,按照国务院国资委认大头、企业自行消化一部分原则,在考核中给予实事求是的考虑。截至2021年底,中央企业顺利完成国企改革三年行动70%目标任务,"三供一业"移交和退休人员社会化管理等剥离办社会职能任务完成进度均超过99.6%,重点亏损子企业专项治理任务全面完成,1400余户亏损子企业实现大幅减亏,为企业高质量发展提供强劲动力。五是更加突出统筹发展与安全,以严监管防风险夯实企业稳健运营根基。国务院国资委把业绩考核作为推动国资监管"带电""长牙"的重要抓手,不断健全考核约束机制,加大违规惩戒力度,引导中央企业坚决守住不发生重大风险底线。对发生较大以上生产安全责任事故、重大生态环境事件,开展虚假或融资性贸易,经济责任审计和境外腐败治理专项检查中发现问题的企业,予以考核降级或扣分惩戒。对降杠杆减负债、"两金"管控、重点亏损子企业治理等完成情况较差的企业,给予考核扣分处理。

2021年度考核结果为A级的企业48家,2019—2021年任期考核结果为A级的企业46家,任期业绩优秀企业46家,科技创新突出贡献企业28家。

五、加强制度储备,开展前瞻性战略性研究

党的十九大报告作出我国经济已由高速增长阶段转向高质量发展阶段的重大判断,明确提出要提高全要素生产率(以下简称TFP)。国务院国资委汇集政府、企业、高校多方力量,组织课题组开展国有企业TFP的核算与应用研究,以TFP投入转化产出的总体效率,判断行业、企业增长质量和增长潜力。课题组兼顾理论与实践,结合现有数据,探索核算国有企业TFP,考虑到不同行业生产方式的显著差异,对第二、第三产业中央企业TFP分别进行测算。从测算结果看,过去十年中,第二、第三产业TFP除个别年度扰动因素影响,基本保持平稳或正增长。通过分析发现,技

术进步、效率提升是主要影响因素。一是企业资产利用效率对TFP有显著正向影响。资产总额增长在一定范围内能发挥规模效应，但提高TFP的重点是提高企业价值创造能力。二是企业人力资本水平对TFP有较大正向影响。人力资本水平提高能够通过资源配置效应、技术创新效应推动TFP提升。三是企业成本费用管理水平会对TFP产生影响。企业可通过控制成本费用、优化成本结构、加强运行管理等方式提高TFP。

（审稿人：万　良　撰稿人：曹昆鹏）

中央企业资本运营与收益管理工作

2021年是建党百年大庆之年、"十四五"规划的开局之年，国务院国资委坚持以习近平新时代中国特色社会主义思想为指导，学习弘扬伟大建党精神，牢牢把握做强做优做大国有资本和国有企业、加快建设世界一流企业的工作目标，优化国有资本收益管理，加强金融风险防范，积极探索有别于国有独资公司的多元股东治理机制和监管方式，深化国有资本运营，各项工作取得明显成效。

一、优化国有资本经营预算和收益管理

（一）优化资本预算支出安排

做好2021年度资本金落实工作，进一步强化国有资本权益落实，明确绩效评价指标。编制2022年国有资本经营预算（以下简称资本预算）建议草案，聚焦支撑科技自立自强、优化国有资本和产业布局结构、落实国家重大战略等方面，强化资本金注入，对承担能源保供工作的有关发电企业继续给予重点支持。按照有关工作部署，与全国人大预工委等方面积极汇报沟通，推进落实资本预算改革任务。

（二）组织完成年度利润分配和收益上交任务

组织完成国有独资公司年度国有资本收益预收、申报、审核和上交等各项工作，做好向社保基金会分红的工作衔接。印发《国资委履行出资人职责的多元投资主体公司利润分配管理暂行办法》，组织股权多元化企业履行股东会决策程序，完成2020年度利润分配工作，积极探索有别于国有独资公司市场化利润分配机制。商财政部和有关部门合理确定中国融通集团、中国中检等中央企业国有资本收益收取比例，考虑企业重组等特殊事项合理核定有关中央企业应交收益，避免重复征收。

（三）强化预算执行监督和绩效管理

按照"有目标、有考核、有报告、有抽查"的要求，提高绩效目标下达和自评工作的时效性，改进绩效目标考核和检查方式，形成资本预算闭环管理。组织开展以前年度资本性预算资金使用情况专项核查工作，对中国一汽、通用技术集团等企业资本预算绩效情况组织专题调研，启动"十三五"期间资本预算重点事项绩效后评价工作。

二、加强中央企业金融业务监管

（一）健全制度体系

印发《关于进一步促进中央企业所属融资租赁公司健康发展和加强风险防范的通知》，压实中央企业管理责任，要求中央企业所属租赁公司回归租赁本源，坚持立足企业和产业链供应链上下游服务实体经济的功能定位，对租赁物管理、资金投向等薄弱环节设定禁令。基本搭建起以金融、基金监管基础制度＋信托、融资租赁等重点领域专项制度为框架的中央企业金融业务监管制度体系。

（二）强化风险防范

建立中央企业金融业务季度报告、信托房地产业务月度报告和重大风险事件及时报告等日常监测制度。组织梳理全国国资委系统监管国有企业投资基金情况。开展中央企业基金业务专项检查，对超过80%的中央企业管理基金组织全面排查，梳理存在的问题和风险。密切跟踪重大风险事件，约谈有关中央企业集团公司负责人。形成以健全制度机制、日常风险监测、专项自查检查、督导整改落实为主线，以高风险领域为重点，以重大风险事件处置为抓手的多层次风险防控体系。

（三）优化金融业务布局

严把新增金融业务审核备案和中央企业年度投资计划备案两道关口，严控新增投资。对主业竞争力不强、资产负债率较高、管控能力不足的中央企业严控；对以融促产效果较小、风险外溢性较大的持牌金

融机构一律不予新设、收购、参股和增持,遏制中央企业盲目追求金融牌照冲动。推动中央企业对存量金融业务进行优化调整。

三、深化股权多元化中央企业履职管理

(一)完善股东履职制度机制和模式

建立股东履职向国务院年度报告制度。结合推进国企改革三年行动和股权多元化中央企业实际,研究印发《股权多元化中央企业股东会工作指引(试行)》,明确股东会的议事决策方式和运行机制。根据不同企业的股权结构和功能定位,积极探索形成直接控股、一致行动、委托持股三种履职模式,强化股东会运作与国务院国资委履行"三位一体"职责有机结合,实施有别于国有独资公司的治理机制和监管方式。

(二)规范高效履行国家股东职权

坚持市场化、法治化原则,依法依规行权履职,会同各方股东,围绕落实国资监管要求和推动企业高质量发展,有效发挥股东会作为公司权力机构作用,依法履行好重大事项决策程序。2021年,组织完成股权多元化中央企业股东会会议24次,审议议案84项。积极筹备组织鞍钢、中国电气装备、中国稀土集团、中国物流集团等企业首次股东会会议,依法选举公司董事会,审议公司章程和相关议事规则,加快向多元化治理转型。

(三)理顺南方电网股权

在国务院国资委领导带领协调下,针对南方电网股权理顺问题与广东省政府、海南省政府和财政部等各方股东反复沟通协商,就国务院国资委控股51%达成一致意见,相关工作方案上报获得国务院批准,依法落实1000多亿元的历史国有资本权益,彻底解决南方电网成立19年来股权结构与管理关系不一致的历史问题,为南方电网建立中国特色现代企业制度和实现高质量发展奠定坚实基础。

四、进一步提升国有资本运营公司功能作用

(一)加强工作指导,推动改革深化

总结上报中央企业国有资本运营公司五年改革试点实践探索,根据领导批示精神,将坚守平台定位和发挥功能作用作为深化运营公司改革的主基调,严控风险、改进完善。向中国诚通、中国国新2家运营公司印发2021年度改革重点任务清单,提出5个方面20余项重点任务,定期实地督导,逐项对照落实,切实推动改革深化。指导中国诚通设立中国国有企业结构调整基金二期长三角基金,募资规模737.5亿元。

(二)发挥功能作用,服务改革大局

指导2家运营公司出资参与7家中央企业专业化重组、股权多元化改革等重点工作,积极服务国资央企重大改革。指导运营公司积极参与"两非两资"处置,支持中国诚通打造中央企业资产管理专业化平台,中国国新通过设立专项基金等方式接收托管"两非"资产,总金额超过500亿元。指导两家运营公司利用基金投资等方式,聚焦"卡脖子"关键核心技术、制造业强基补链等累计投资近2600亿元,在新能源汽车、生物医药、集成电路等领域形成一批"补短板、锻长板"重点项目。

(三)加强风险防控,提高运营质量

根据运营公司业务结构和风险特点,对基金业务进行重点检查,同时围绕公司治理、内控和风控体系建设、资产质量和盈利结构等开展专项稽核,对2家运营公司进行全面排查,及时揭示问题和风险,责成企业认真整改,有效提高企业的风险意识和风控水平。研究起草国家级基金操作指引和专项监管办法,完善国家级基金在线监测系统,提高监管的针对性、有效性。

五、推动海工装备产业转型升级取得明显进展

按照习近平总书记重要批示精神,精心谋划、加强协调,组建跨央地、跨所有制、覆盖全产业链的国家海工装备创新平台,于2021年底在上海完成挂牌设立,将积极探索以政策引导、市场化运作有机结合,贯通供给与需求、研发与制造、主机与配套的联合创新路径。积极推进中央企业海工装备资产处置三年行动,指导存量海工资产处置。截至2021年底,列入处置范围的173艘海工资产通过出租出售、破产重整、取消订单、协调船东履约等多种方式处置153艘,占总量的近90%。

六、初步建立部分国有资本划转社保后的管理框架

按照划转不改变现行国资监管体制的要求,与有关部门反复协商,初步建立划转后管理框架。一是积极组织向社保基金会进行2020年度分红,分配当年红利104.1亿元,三年累计向社保基金会分红近200亿元。二是商有关部门研究划转后企业重组、增资确权

等具体问题,制定划转后国有资本管理有关试行文件。

(审稿人:李冰 撰稿人:张旺)

中央企业科技创新工作

2021年,国务院国资委指导中央企业深入贯彻落实习近平总书记重要指示批示精神和党中央、国务院决策部署,坚持创新在改革发展全局中的核心地位,深入实施创新驱动发展战略,聚焦主责突出主导,推动国资央企科技创新规划纳入国家、部委、国资"十四五"规划等相应规划计划政策,研究出台原创技术策源地、数字化转型、北斗等方面指导意见,奋力实现关键核心技术攻关取得重大进展,原创技术策源地建设迈出实质一步,双创和数字化转型取得积极成效,中央企业创新能力得到明显提升,为推动构建新发展格局、加快实现高质量发展提供有力支撑。

一、重大创新成果情况

(一)服务国家战略展现新作为

"天问一号"探测器成功登陆并巡视火星,一次实现"绕、着、巡"目标;空间站核心舱,神舟十二号、十三号载人飞船发射成功,中国人首次进入自己的空间站。导弹驱逐舰、两栖攻击舰等主战舰艇入列。配装国产发动机的歼—20大规模列装。世界首套设计时速600千米高速磁浮交通系统成功下线。

(二)推进重大工程取得新成效

水电领域,中乌东德水电站机组全部投产发电,白鹤滩水电站首批机组投产发电。核电领域,自主三代核电"华龙一号"正式投入商业运行。油气领域,"深海一号"超深水大气田正式投产。交通领域,我国首条高原电气化铁路川藏铁路拉林段开通运营。

(三)攻克关键卡点实现新突破

核心电子元器件领域,通信用大规模高端FPGA(现场可编辑门阵列)实现量产。关键材料领域,成功研制国内首套六氟丁二烯200吨/年连续工艺产业化装置。基础软件领域,BIMbase软件填补国产BIM基础平台的空白。关键零部件领域,自主研制的7MW风电主轴轴承应用于海上风电项目。

(四)承担重大任务作出新贡献

保障冬奥方面,中央企业在建设高标准冬奥场馆、打造高技术运动装备、支撑高水平赛事传播、保障高质量赛事服务等方面尽锐出战,打造"冰丝带""冰立方"等一张张亮眼名片,以科技助力北京冬奥会成功举办。抗击疫情方面,二代重组蛋白新冠疫苗在阿联酋获批紧急使用,成为全球首个获批紧急使用的二代新冠疫苗;防疫消杀无人车基于5G+北斗高精度定位能力,实现厘米级精准路线规划、无人作业等功能。

二、创新要素集聚情况

(一)研发投入方面

2021年,中央企业研发投入9415.6亿元,比上年增长21.9%,研发投入强度2.59%,其中工业企业2.97%。中国电科、航天科技等32家企业研发投入超过100亿元。

(二)科技人才方面

截至2021年底,中央企业拥有科技活动人员171.7万人,比上年增长5.3%;研发人员107万人,比上年增长3.9%;高级技工与技师223.9万人。科技活动人员、研发人员和高级技工与技师占中央企业年末职工人数的比重分别为15%、9.4%和19.6%。拥有两院院士241人,其中中科院院士42人、工程院院士196人、双院士3人;2021年新增中科院院士4人、工程院院士18人,院士增选人数居历年之首。拥有各类国家计划人员近1900人。

(三)研发平台方面

截至2021年底,中央企业拥有国内研发机构总计5066个(包括软科学研究机构41个),比上年新增340个,其中国家级研发平台764个,包括国家重点实验室91个、国家技术创新中心4个、国家制造业创新中心7个、国家(工程)技术研究中心83个、国家工程研究中心73个、国家工程实验室21个、国家级企业技术中心411个。2021年,在政法智能化、三代半导体和玉米种业方向牵头新建3个国家技术创新中心。在硅基混合集成和玻璃新材料方向牵头新建2个国家制造业创新中心。

三、开放协同创新情况

(一)央企协同方面

截至2021年底,国务院国资委组建运行7个中央企业创新联合体,超过 60 家中央企业参与,组建超过 200 个攻关团队,带动超过 180 家高校院所、国企民企,围绕核心电子元器件、高端金属材料等开展协同创新。

(二)国内合作方面

截至 2021 年底,71 家中央企业牵头国家及地方产业技术创新战略联盟 247 个,其中国家级 106 个;参加产业技术创新战略联盟 672 个。2021 年,47 家中央企业牵头、参与新建产业技术创新战略联盟 107 个。组建中国氢能源及燃料电池产业创新战略联盟,推动氢能产业科学有序发展。

(三)国际合作方面

截至 2021 年底,38 家中央企业拥有境外研发机构 261 个,拥有海外科研人员 13423 人。从建设方式看,自建 40 个,合作共建 49 个,通过海外并购 172 个。从地域分布来看,欧洲 111 个,亚洲 62 个,北美洲 49 个,南美洲 17 个,非洲 18 个,大洋洲 4 个。

(四)双创工作方面

截至 2021 年底,中央企业拥有国家级双创示范基地 16 个,累计建设线上双创平台 83 个,注册用户近 2000 万人,打造线下专业孵化器和科技产业园区 217 个,入驻企业和创业团队超过 2.6 万个,有效促进大中小企业协同创新。2021 年,第三届中央企业熠星创新创意大赛成功举办,国务委员王勇出席大赛总结颁奖活动,76 家中央企业、53 家高校院所和 566 个创客团体参赛,熠星大赛品牌吸引力、影响力进一步扩大。

四、科技创新成效情况

(一)科技奖励方面

在 2021 年 11 月 3 日举行的国家科技奖励大会上,中央企业获得 107 项奖励表彰,其中航空工业集团顾诵芬获得最高科技奖。44 家中央企业获得国家技术发明奖和国家科技进步奖 106 项,占同类奖项总数的 49%,其中,获得国家技术发明奖 29 项,占同类奖项总数的 48%;国家科技进步奖 77 项,占同类奖项总数的 49%。中央企业获奖总数及比例均再创历史新高。

(二)成果转化方面

中央企业不断完善成果转化相关制度,积极建设专业化平台,加快推动成果落地。2021 年,通过许可、自行实施、作价投资等方式完成科技成果转化项目 1692 项,实现合同交易额超 7000 亿元,累计建设技术转移、成果转化专业机构平台 77 个。

(三)专利方面

从拥有量看,截至 2021 年底,中央企业累计拥有有效专利 103.2 万件,比上年增长 14.4%,其中拥有有效发明专利 43.7 万件,增长 16.1%,占拥有总量的 42.3%。从申请情况看,2021 年中央企业申请专利 27.8 万件,比上年增长 18.5%;申请发明专利 17.6 万件,比上年增长 22.5%。从授权情况看,2021 年中央企业获得授权专利 18.5 万件,比上年增长 23.9%;授权发明专利 6.1 万件,比上年增长 21.8%。从 PCT(专利合作协定)情况看,截至 2021 年底,中央企业累计申请 PCT 专利 2.6 万件。2021 年,PCT 专利申请量超过 4000 件,比上年增长 44%;PCT 专利申请进入国家阶段的超过 3000 件,比上年增长 36%,全球专利布局进一步加强。

(四)标准方面

截至 2021 年底,中央企业累计主持制定国际标准超过 1500 项,国家标准 1.6 万项,行业标准 4 万余项;累计参与制定国际标准超过 1800 项,国家标准近 1.5 万项,行业标准 3 万余项,技术标准竞争力持续提高。

五、科技创新政策情况

(一)出资人政策方面

2021 年,国务院国资委强化政策供给,研究出台一揽子创新支持政策,并推动落地见效。对一批取得重大科技成果和攻关成效较好的企业给予加分,将攻关研发投入加回比例提高至 100%。

(二)企业政策方面

截至 2021 年底,中央企业集团层面研究出台科技政策 705 个,其中 2021 年新增(含修订)185 个,政策体系更加健全完善。

(审稿人:苟　坪　撰稿人:于丽媛)

国有资产综合监督工作

2021 年,国务院国资委认真贯彻落实习近平总书记关于完善党和国家监督体系的重要论述,聚焦国有资产监管重点工作,探索监督检查有效方式,不断拓展综合监督广度和深度,监督保障执行、促进完善发展作用得到有效发挥,综合监督发展深化之年各项工作取得积极成效。

一、完善综合监督检查工作机制,切实发挥监督保障执行作用

国务院国资委创新监督手段方式,强化监督协同联动,持续加强监督检查和问题整改等关键环节建设,综合监督工作专业化、体系化、规范化取得新突破,促进中央企业高质量发展、保障国有资产安全的综合监督效能进一步提升。

(一)科学编制年度综合监督计划

为落实中央经济工作会议精神,更好服务于国资监管中心工作,在业务监管工作基础上,结合各类监督中发现的重点难点问题和风险易发多发频发环节,针对企业改革发展、创新转型过程中的薄弱环节和短板弱项,研究制定《2021年度国有资产综合监督检查工作计划》,明确6个方面14项国有资产监管重点专项检查工作任务。

(二)精准实施综合监督检查

坚持问题和风险导向,探索向精准化、数字化监督转变,采取全面自查与重点督查相结合、交叉互查与专项检查相结合、现场检查与大数据筛查相结合的方式,2021年综合监督检查覆盖83家中央企业300余户子企业。组织开展混合所有制改革专项督查,对混合所有制改革过程中违规实施员工持股、参股企业失管失控及混合所有制改革效果不佳等问题及时提醒纠正;开展重大科技投入管理专项督查,揭示研发投入统计不实、虚增研发费用等问题,有力促进中央企业提升科研投入管理水平;开展信托风险项目"回头看",深入核实并剖析通道类违规业务处置化解缓慢、房地产业务规模居高不下等问题,及时移送银保监会查处。

(三)积极拓展综合监督成果运用

坚持"查、惩、治、防"一体推进,通过健全体制机制、强化风险防控、完善监管制度等一系列措施,切实做好综合监督"后半篇文章"。一是坚持系统观念,创新监管方式,促进企业管理提升。2021年,向中央企业下发国资监管通报、提示函26份,向63家企业印发整改通知,指导企业及时补齐经营管理短板弱项,由事后监督向事前防范转变。二是坚持监督约束与激励并重。将综合监督检查结果、问题整改成效与年度中央企业董事会测评、经营业绩考核等挂钩,提升监督工作权威性的同时,有效促进中央企业强化日常监管和问题整改,进一步夯实高质量发展基础。三是充分发挥监督震慑作用。将监督检查发现的企业重大违规经营问题线索及时移交责任追究部门,依法依规依纪从严问责,让监督"带电""长牙",促进形成监督闭环,切实筑牢国有资产安全防线。

(四)着力提升综合监督协同效能

立足统筹国有资产综合监督职责,积极推动出资人监督与各类监督力量贯通协同,促进形成上下贯通、左右联动、内外互动、常态长效的综合监督大格局。一是加强出资人综合监督与业务监督协同。强化审计移送事项和企业违规问题线索国务院国资委移送办理工作,对综合监督检查发现的共性问题,及时反馈国务院国资委相关业务厅局,健全完善国务院国资委联动、分工协作、运转高效、反馈及时的监管机制。二是加强与中央企业内部审计内控部门协同。及时向中央企业反馈国资监管要求,为规范精准开展企业内部监督提供有力指导;探索建立中央企业审计骨干人才库,通过以审代训方式抽调100余人参与多项检查工作,促进提升中央企业审计人员整体业务水平。三是加强与国家相关监督力量协同。推动出资人监督与纪检监察、巡视、审计等监督的贯通协同,与审计署建立监督信息共享、贯通协作机制,协同配合中央纪委国家监委、审计署等国家监督力量开展特定行业专业领域专项检查。

二、做好审计移交事项办理,指导企业深化内部审计工作

深入贯彻习近平总书记关于审计监督工作的重要指示批示精神,加强与中央审计办、审计署密切配合,切实把党中央关于审计监督体制改革的各项部署落实到位,督促指导中央企业围绕完善体制、全面覆盖、提升质量等方面,持续深化企业内部审计监督工作。

(一)做好审计署审计移交事项办理和问题整改工作

立足国务院国资委审计工作领导小组办公室职责,及时传达贯彻中央审计委员会会议精神,进一步理顺工作机制,协同做好国务院国资委审计监督和整改落实工作。一是加强与审计署的沟通,根据国务院国资委相关厅局职责对审计署移交的审计发现问题

进行任务分工,形成责任清单,压实工作责任,落实整改任务。二是加强整改跟踪问效,统筹相关厅局按业务条线协同做好审计整改落实工作,严把整改质量关,建立季度审计整改情况汇总报告制度,实现由"分兵把守"向"统筹协调"转变。三是针对2021年中央企业经济责任审计、中央预算执行审计、国家重大政策措施落实季度跟踪审计等1000余项国家审计移送问题,建立整改工作台账,督促指导中央企业落实整改举措2293条,修订制度1769项,追责1870人次,整改完成率84%,整改及时性和质量成效大幅提升。

(二)督促指导中央企业完善内部审计工作机制

加强对中央企业内部审计工作的监督指导,压实企业审计监督主体责任,促进中央企业提升内审工作能力和水平。一是督促指导中央企业建立健全符合中国特色现代企业制度的审计领导体制,确保把党和国家重大决策部署落实到内部审计工作各个环节。57家中央企业成立党委(党组)审计工作领导小组,95家中央企业由主要负责人直接分管审计工作,84家中央企业所属二级及二级以下重要子企业均设立专门审计部门,"上审下"统一管控体系基本形成。二是统筹推进审计制度标准化建设。指导中央企业对照新审计法规定和国务院国资委监管要求,聚焦重点领域补齐审计制度短板,2021年围绕审计质量、审计整改、内控审计等方面制定完善内部审计制度1.64万项,为内部审计监督更加规范精准提供有力保障。三是探索建立审计工作质量评估机制。制定印发《关于开展内部审计工作质量评估的通知》,引导中央企业规范内部审计工作,对标管理差距,查找短板弱项,促进提升审计监督能力和水平,加快实现内部审计高质量发展。四是推动审计整改长效机制建设。印发《关于贯彻落实〈关于建立健全审计查出问题整改长效机制的意见〉的通知》,督促中央企业将审计整改成果转化为治理效能,完善体制机制,强化成果运用,更好发挥审计监督"治已病、防未病"作用。

(三)推动中央企业扩大内部审计监督覆盖范围

严格落实中央审计委员会《关于深入推进审计全覆盖的指导意见》,不断拓展审计监督广度和深度。一是切实发挥审计规划引领作用,及时印发2021年中央企业内部审计工作通知,下发内审重点任务,督促指导中央企业定期报告年度审计计划、审计工作,及时报告审计发现的重大问题,推动审计监督走深走实。二是持续加大审计业务穿透力度,聚焦重大投资、财务资金、核心业务等重点领域推进审计全覆盖,部分中央企业基本实现二级子企业三年必审一次,重点领域每年必审必查,审计监督效能进一步发挥。三是审计监督覆盖范围大幅拓展。2021年,指导中央企业开展各类审计项目9.1万项,审计资产量66.1万亿元,审计全级子企业3.1万家,揭示问题30.1万个,促进完善制度4.6万项。

三、加强中央企业内控体系建设与监督,提升依法合规经营管理水平

深入落实《关于加强中央企业内部控制体系建设与监督工作的实施意见》(以下简称《实施意见》),督促指导中央企业建立健全内控体制机制,提升内控体系有效性,为持续健康发展奠定坚实基础。

(一)初步形成符合出资人监管特色的中央企业内控体系

一是注重顶层设计,指导中央企业以"强内控、防风险、促合规"为目标、风险管理为导向、合规监督为重点,积极探索形成符合自身经营特点和经营环境的内部控制体系。二是压实主体责任,推动59家企业建立党委(党组)前置审议、董事会全面领导、经理层组织建设的内控责任工作机制,71家企业明确集团和子企业内控职能部门和工作职责。三是将完善内控体系建设的工作要求纳入《中央企业董事会工作规则》,推动各级企业负责人切实履行内控体系建设第一责任人职责,带头遵守内控规定、执行内控流程、接受内控约束,组织、领导、推动内控体系建设与监督工作落实落地。

(二)积极构建"1+N"内控制度框架

以《实施意见》为纲,制定资金内控、重大风险报告、境外国有资产监管等配套制度,构建形成"1+N"内控制度框架。一是制定印发《关于加强中央企业资金内部控制管理有关事项的通知》,从健全资金内控管理体制机制、强化资金内控关键环节监管等6个方面加强中央企业资金内控监管工作,促进提升防范重大资金损失风险能力。二是制定印发《中央企业重大经营风险事件报告工作规则》,对报告责任、范围、程序及违规情形等作出明确规定,指导督促中央企业健全报告工作机制,落实报告工作责任,对重大经营风险事件快速反应、及时报告、精准管控、稳妥处置。

(三)以评促建提升中央企业内控体系有效性

分层分级开展内控体系监督评价工作,推动中央

企业内控体系持续优化。一是加大内控抽查评价力度，聚焦内控建设、"两金"压降、资金管理、信托风险、融资租赁、重大投资、债务管控、收入分配、招标采购等9个方面，分两批组织对27家中央企业所属272户子企业开展内控体系有效性抽查评价，揭示问题风险2500余项，以强有力的监督检查推动企业落实内控制度。二是中央企业组织集团内部监督评价取得实效。多数企业实现子企业自评全覆盖，近半数企业积极推动实现集团对子企业内控监督评价三年全覆盖目标，及时发现资金管理、招投标管理等内控缺陷。三是促进内控体系持续优化完善。及时组织企业对各类问题落实整改，多数企业上年度内控缺陷整改完成率超过80%；推动企业对内控、风险和相关业务管理制度等进行修订完善，切实发挥"以评促改""以评促建"作用。

（四）以信息化建设推动内控体系落实"刚性约束"要求

指导推动中央企业加快内控信息化建设，以信息化手段固化重要领域、关键环节内部管控措施。75家中央企业通过跨部门联合协作、系统整合、标准固化等方式，加快推进内控与业务管理信息系统的融合衔接；部分中央企业探索利用大数据、云计算、人工智能等技术，实现内控体系实时监测、自动预警、监督评价等在线监管功能，实现由"人防人控"向"技防技控"转变。

四、有效发挥重大风险评估和监测预警作用，着力提升重大风险处置化解能力

坚持关口前移、立足于防，围绕"提前预警、精准防控"两条主线，以重大风险年度评估、季度监测、重大风险事件报告为抓手，探索从业务前端预警和防范重大风险的有效方法，实现中央企业总体风险可控在控。

（一）深入开展年度风险预测评估

组织力量对中央企业上报的2021年度重大风险评估报告从战略、财务、市场、运营、法律等5个方面进行分析研判，并结合行业协会对相关行业的形势预测，研究形成《2021年中央企业重大风险评估分析报告》，揭示2021年中央企业可能面临的市场竞争风险、产业链断供风险、现金流风险、投资风险、科技创新风险等重大经营风险及有关应对措施建议。

（二）科学规范开展重大风险动态监测

健全优化中央企业季度重大风险监测机制，指导企业科学设置反映所属行业、企业特点的风险量化监测指标，强化重大风险监测成果运用，及时向所属企业预警提示或通报重大风险事件，有效防范重大风险蔓延和叠加；梳理分析各企业上报的风险监测情况，按季度编制风险监测报告，为领导决策和加强监管提供参考依据。

（三）抓好重大风险处置化解

建立健全重大投资决策风险评估机制、风险防控协同机制和风险防控责任机制，推进重大风险分类处置，增强重大风险分析判断、快速反应能力，确保重大风险事件早发现、早报告、早处置。2021年，20家企业报告重大经营风险事件30项，及时督导推进或分类转送国务院国资委相关厅局督办处置。针对中央企业重大违规违法事件，组织开展专项风险排查，深入分析问题根源，有针对性地指导企业建制度、堵漏洞，防止发生系统性风险，切实保障企业持续健康发展。

五、巩固深化境外国有资产监督工作，保障"走出去"国有资产安全

建立健全权责明确、放管结合、规范有序、风险控制有力的境外国有资产监管体制机制，促进中央企业有效防范化解境外经营风险，确保境外国有资本保值增值。

（一）聚焦重点领域持续深化境外业务监管

结合中央企业境外国有资产监管工作要求，统筹发展与安全，坚持问题导向，标本兼治，综合施策。一是紧盯"人、财、物"等重要领域和关键环节，持续完善境外监管制度体系，把防范廉洁合规风险贯穿境外经营投资管理全过程。二是持续深入开展境外专项检查，将发现的各类问题和风险通报全部中央企业对照检查、整改落实，强化境外经营管控要求，及时总结经验做法，切实提高境外国有资产监督效能。

（二）以强化内控体系有效性推动防范境外重大经营风险

聚焦境外风险易发多发领域及环节，指导境外企业建立健全既满足国内外监管要求又符合企业实际情况的内控体系，促进境外企业合规经营和高质量发展。一是指导71家企业探索开展境外企业内控评价工作，发现境外管理制度不健全、购销合同审批不规范等内控缺陷，有效弥补境外监管短板漏洞。二是结合6家中央企业报告的8项国际化经营风险事件，及时提示中央企业做好海外工程项目

合规风险、矿产资源项目稳产顺产等境外风险的防范和应对处置工作。三是协同外交部、商务部等有关部门，积极研究境外业务委托代理等商业运作规则，具体指导中央企业制定风险应对策略，持续跟踪问效，尽力减少损失。

（三）推动企业加大境外内部审计监督力度

指导中央企业克服疫情影响，依托信息化手段，积极运用远程数字化、智能化审计落实境外国有资产审计任务。2021年，中央企业开展境外审计项目3185项，揭示内控缺陷和问题1.02万个，完善制度5375项，挽回损失4.34亿元，追责问责1271人次，17家企业实现境外审计全覆盖。

六、扎实有序推进专项工作，高质量实施"两非"剥离和粮食购销领域治理工作

（一）按计划完成"两非"剥离任务

根据国企改革三年行动安排，按照中央企业"两非"剥离专项治理工作方案要求，建立"月统计、季报告、年总结"跟踪督导机制，压实企业主体责任，先后召开4场推进会对31家任务重、难度大的企业集中约谈、政策引导，对7家进展慢、效果差的企业挂图作战、现场督导，同时指导国投、中国诚通、中国国新积极发挥资源整合平台作用，为中央企业提供专业化服务。经逐项审核验收，截至2021年底，有剥离任务的79家企业通过对外转让、无偿划转、资产置换、内部整合、关停注销等方式完成"两非"剥离任务1349项，占三年全部任务（1562项）的86.4%，超额完成剥离70%的年度目标，为推动中央企业提质增效、实现高质量发展作出积极贡献。

（二）积极组织做好粮食购销领域腐败治理工作

制定印发涉粮中央企业粮食购销领域腐败问题专项整治工作方案，指导督促涉粮中央企业落实主体责任，对所属各层级粮食企业进行"拉网式"排查，强化粮食收储全链条质量、安全管理，全面梳理粮食购销领域存在的管理漏洞和廉洁风险，从严查处违规违纪违法的涉粮腐败问题，以查促改、以案促治、以案示警，进一步完善管理制度、强化业务监管、建立长效机制，推进智能粮库建设，提升粮储管理现代化能力和水平，有效根治涉粮中央企业粮食购销领域腐败问题，切实维护国家粮食安全。

（审稿人：孟晓彤　撰稿人：沈艳艳　喻晓峰　曹庆东）

中央企业监督和违规经营投资责任追究工作

2021年，国务院国资委以习近平新时代中国特色社会主义思想为指导，深入学习贯彻党的十九大和十九届历次全会精神，坚决贯彻落实党中央、国务院决策部署，按照国企改革三年行动方案要求，扎实推进中央企业违规经营投资责任追究工作，不断提升监督震慑力、合规约束力、机制保障力、监督聚合力，持续强化业务监督、综合监督、责任追究"三位一体"国有资产出资人监管机制效能，为维护国有资产安全，促进中央企业高质量发展提供支撑保障。

一、抓牢重大违规问题查处主业，不断提升监督震慑力

一是严肃查办重大违规案件。对党中央、国务院领导关注、中央巡视和国家审计反馈的央企资产损失事件，按照"稳、准、快"的原则，查实未经审批开展金融衍生品业务、控股子企业风险管控缺失、违规决策投资等问题，从严追究中央企业负责人等人员责任，将发现的涉嫌违纪问题线索移送纪检监察机关。二是全面追究违规责任。注重发挥财务决算审核、投资规划、内控抽查评价、产权管理等监督作用，对国资监管工作中发现的企业有关融资性贸易、违规投资决策、虚增收入利润等问题开展核查，按照分级分层原则从严追究问题子企业、职能部门责任人违规责任。三是有效发挥"再起点"作用。坚持责任追究不是目的，以追责工作发现的管控漏洞为"再起点"，推动企业深入挖掘问题根源，不断完善内部控制与风险防范的联动机制，针对个案反映的重大监管风险，提出管理建议，发挥以追责促整改、促落实、促提升的监督效能。

二、抓实追责工作体系健全运行，不断提升合规约束力

一是压实主体责任。指导中央企业注重发挥责任追究工作领导小组作用，探索双重考评、绩效激励等举措，为追责干部鼓劲撑腰，逐步减轻思想顾虑。

督促企业将追责主体向基层延伸拓展，按照归口管理和分级负责相结合的方式，实现责任主体"无死角""全覆盖"。二是完善督办方式。以挂牌方式督促集团公司组织查办，对挂牌问题线索实行销号管理，办结一项、销号一个，推进追责工作走深走实。加大提级查办力度，对长期挂账和久拖不追的问题，要求上级企业直接查办，有效破解中央企业不敢追责、不愿追责、不会追责的"三不"问题。三是聚焦关键环节。组建中央企业责任追究专业队伍，抽调专业人员参与重大项目核查，引导企业进一步强化专业人员保障。推进中央企业与国资委监督追责信息系统数据对接，初步实现中央企业各类违规问题动态监测、实时预警。指导企业做实事中跟踪监控、事后监督问责机制，主动开展共性问题专项检查，助力防范化解重大风险。

三、抓准追责制度建设短板弱项，不断提升机制保障力

一是补强出资人监督手段。制定《国资监管责任约谈工作规则》，明确国资监管中针对中央企业重大问题、资产损失或风险隐患等，及时开展责任约谈工作，为依法监管、从严监管提供有力抓手。研究形成关于建立中央企业经营投资免责事项清单机制的考虑，为鼓励引导中央企业经营管理人员担当作为、干事创业提供保障。二是规范追责工作程序。针对中央企业负责人进一步完善问题和线索查处工作规则，明确核查工作界面，细化落实追责处理委内分工等，进一步规范企业负责人违规问题查处工作。制定《国有资产监督追责业务档案工作规则》，对档案归档范围、保管利用等作出规定，做实追责基础工作。三是加大地方指导力度。印发《加强和改进违规经营投资责任追究工作的通知》，明确地方追责工作的总体要求、原则和重点任务等，组织交流追责工作先进经验，推进地方追责工作平衡发展。

四、抓深专项工作整改追责协同，不断提升监督聚合力

一是强化源头协同。在经济责任审计问题整改、巡视问题整改、专项整治等专项工作中，强化沟通协调，认真反馈意见，将违规责任追究规定和要求嵌入相关通知方案，有效增强措施要求的执行力，使国资监管从起点"带电""长牙"。二是加强过程督导。指导中央企业在专项工作开展过程中，坚持立查立改与责任追究相结合，加大分类处置工作力度，对发现的违规问题线索及时开展责任追究。聚焦问题定性、定损、定责、定罚等关键节点和重要环节，通过点对点督促、面对面指导，推动企业查深查透，确保专项工作深入开展。三是用好追责成果。做深追责成果运用"后半篇文章"，推动企业通过多种形式开展警示教育，强化责任追究震慑作用，夯实专项整治成果，将专项工作总结与用好追责成果一体推进，营造遵规守纪的崇规氛围，切实维护国有资产安全。

（审稿人：肖福泉　撰稿人：郭京萌）

中央企业董事会建设

2021年，国务院国资委坚持以习近平新时代中国特色社会主义思想为指导，深入贯彻落实习近平总书记关于坚持"两个一以贯之"、建设中国特色现代企业制度的重要论述精神，坚定不移建好建强中央企业董事会，持续打造高素质专业化外部董事队伍，推动中央企业董事会建设从"试点探索"进入"全面推进"，从"集团层面为主"拓展到"覆盖重要子企业"，从"有没有"转向"好不好"的新阶段。截至2021年底，中央企业集团层面实现董事会应建尽建，其中85家建立外部董事占多数的规范董事会，99.9%的符合条件的子企业建立董事会，其中99.3%实现外部董事占多数，中央企业董事会建设取得实质性重大进展和明显成效。

一、着力完善董事会建设顶层设计

坚持把董事会建设放到建立和完善中国特色现代企业制度的全局中、放到深入推进新时代国企改革的大局中、放到加快建设世界一流企业的新局中部署推动。

（一）对全面提升董事会建设质量进行动员部署

2021年10月，国务院国资委举办中央企业董事会建设研讨班，国务委员王勇作出批示，国务院国资委党委书记、主任郝鹏出席并讲话，系统总结全国国有企业党的建设工作会议以来董事会建设取得的成绩，提出建设专业尽责、规范高效董事会的新要求，对

坚持加强党的领导和完善公司治理相统一、全面提升董事会建设质量进行系统部署。

(二)完善董事会建设制度体系

印发《中央企业董事会工作规则(试行)》,对董事会组建组成、功能定位、权责边界、运行机制、管理监督等作出全面规范,修订《中央企业董事会及董事评价办法》,突出评价董事会功能作用发挥和外部董事履行监督职责情况,与之前出台的外部董事选聘管理办法等,形成董事会建设"1+N"制度体系。

(三)推动董事会建设向下贯通

指导推动中央企业、地方国资委加强所属或所监管企业董事会建设,制定印发《关于中央企业加强子企业董事会建设有关事项的通知》《关于进一步推动国有企业董事会配齐建强有关事项的通知》,明确国有企业董事会"应建尽建""配齐建强"的标准和要求,推动中央企业集团层面董事会建设的有益做法向中央企业子企业和地方国有企业延伸、促进治理能力整体提升。

二、不断健全董事会建设工作机制

聚焦更好发挥董事会"定战略、作决策、防风险"功能作用,强化监督职责,推动中央企业董事会规范高效运行,不断强化董事会经营决策主体地位作用。

(一)持续优化董事会运行机制

明确董事长、外部董事召集人每年组织战略研讨会、评估会等,推动董事会主动站位全局谋划发展战略;完善董事会会前沟通机制,建立重大投资项目后评价制度,推动董事会科学决策、民主决策、依法决策;建立董事会问题提示、外部董事风险提示制度,推动董事会提升风险防控能力水平。

(二)逐步强化董事会监督职责

指导推动中央企业董事会设立监督委员会,截至2021年底,33家中央企业董事会设立监督委员会。严格落实董事会报告重要情况、外部董事报告异常情况等制度,除例行履职报告外,2021年中央企业外部董事向国务院国资委提交专项分析报告79份,为加强国资监管提供重要参考。

(三)打造董事会履职支撑体系

研究制定《关于进一步加强和规范外部董事履职支撑服务的工作方案》,明确履职支撑规范要求,落实外部董事参加中央企业负责人会议等国务院国资委重要会议机制,召开4次外部董事季度沟通会暨董事会建设调度会;全面推行外部董事召集人制度,加强外部董事召集人与出资人机构、与任职企业以及外部董事相互之间的沟通。推动中央企业配强董事会工作力量,加强决策信息支持,建立"企情问询"和参与决策保障等机制,帮助外部董事了解出资人意志、掌握企业情况、提升履职水平、充分发挥作用。

三、持续打造高素质专业化外部董事队伍

加强和改进外部董事选聘管理,坚持从严管理监督,外部董事履职尽责、担当作为的自觉性进一步增强。

(一)坚持从严选聘

突出政治标准和专业能力,提高外部董事人选资格"门槛",分两批遴选43人进入外部董事人才库,包括从中央企业、国家部委选任熟悉产业发展政策、战略规划、财务与投资的专职外部董事9人,将50名不适宜人选调整出库,促进外部董事队伍结构进一步优化。科学分析中央企业董事会结构需要,强化外部董事资源统筹,全年调整外部董事192人次。

(二)坚持从严管理

2021年5月,成立中央企业专职外部董事党委,全面加强对专职外部董事的政治引领、管理监督和支撑服务,推动全面从严治党向专职外部董事队伍延伸。优化董事会和董事评价,累计派出251人次列席董事会和专委会等会议,全方位、多角度、近距离了解掌握外部董事履职表现,首次由国务院国资委有关厅局现场听取专职外部董事述职并测评,督促引导专职外部董事增强出资人代表意识。

(三)坚持从严退出

及时调整不适宜、不胜任的外部董事,2021年未到聘期解聘或到聘期未续聘30人次。严格落实专职外部董事到龄退休制度,2021年到龄免职退休6人。着眼为中央企业和地方国有企业解决外部董事人才短缺问题,建立国有企业外部董事人才储备库,首批入库人选261人,为中央企业和地方国资委提供外部董事人选21人。

(审稿人:乔腾飞 撰稿人:董昆仑)

中央企业领导人员管理

2021年,国务院国资委党委坚持以习近平新时代中国特色社会主义思想为指导,深入贯彻落实新时代党的建设总要求和新时代党的组织路线,落实新时代好干部标准和国有企业领导人员"二十字"要求,努力建设政治过硬、能力过硬、作风过硬、纪律过硬的中央企业领导人员队伍,不断提高企业领导班子建设质量,为"十四五"时期中央企业开好局、起好步提供有力组织保证。

一、突出政治建设,不断提高领导人员政治能力

坚持把政治建设摆在首位,教育引导企业领导人员深刻认识"两个确立"的决定性意义,不断增强"四个意识"、坚定"四个自信"、做到"两个维护"。

(一)以党的政治建设统领企业领导班子建设

指导督促中央企业党委(党组)建立完善学习贯彻习近平总书记重要指示批示精神和党中央决策部署"第一议题"制度,认真落实《关于中央企业在完善公司治理中加强党的领导的意见》,并结合干部考核考察、与干部谈心谈话、干部任职宣布、民主生活会督导等工作,对加强党的政治建设提出明确要求,促进企业领导人员不断提高政治判断力、政治领悟力、政治执行力。

(二)以创新理论武装凝心聚魂

始终把学习贯彻习近平新时代中国特色社会主义思想作为首课、主课、必修课,扎实开展党史学习教育,举办3期学习贯彻习近平总书记"七一"重要讲话精神研讨班暨提高政治能力专题培训,培训学员510人,推动企业领导人员持续筑牢信仰之基、补足精神之钙、把稳思想之舵。

二、科学选人用人,持续提升领导班子整体功能

严把政治关、能力关、品行关,大力选拔懂经营、会管理、善决策的企业领导人员。

(一)坚持正确用人导向

坚持重实干、重实绩、重担当,把干了什么事、干了多少事、干成什么事作为甄选干部的重要依据,特别是注重在疫情防控一线和完成重大专项、重大改革任务等工作中考察识别干部。

(二)不断优化班子结构

把组织需要、岗位需求和个人所长结合起来,统筹考虑年龄、经历、专业、性格等因素,使班子专业结构搭配合理、经历来源多元、性格气质相容,注重结合企业阶段性发展特征,搭配相应专业能力的干部,使领导班子结构适应企业发展需要。2021年,累计调整补充中央企业领导人员371人次,其中交流任职94人次。

(三)做好重组企业班子组建工作

贯彻落实农业化工、电子信息、卫星通信、装备制造、物流、稀土、铁矿石等行业调整重组要求,高质量完成中国中化、中国电科等有关重组企业和中国星网、中国电气装备、中国物流、中国稀土集团、中国矿产等新组建企业的领导班子配备工作。

(四)大力加强优秀年轻干部培养选拔工作

出台《"十四五"时期国资委党委管理领导班子的中央企业优秀年轻领导人员队伍建设的实施意见》,提出年轻干部队伍建设的总体思路、工作目标和具体举措,加快形成有利于优秀年轻干部脱颖而出、健康成长的良好环境。加大优秀年轻干部选拔力度,2021年选拔"70后"中央企业领导人员64人。

(五)积极推动经理层成员任期制和契约化管理

落实国企改革三年行动部署,指导5户委管试点企业继续深化集团经理层成员任期制和契约化管理工作,推动97.3%的中央企业子企业实行经理层成员任期制和契约化管理,较2021年初增加68个百分点,有效激发经理层成员干事创业的内生动力。

(六)强化干部交流和实践锻炼

贯彻落实习近平总书记视察西藏重要讲话精神、第八次全国对口援疆工作会精神,协调落实28名西藏国有企业干部和新疆干部到中央企业挂职,帮助培养当地人才。从中央企业选派6名干部到海南挂职,支持海南自由贸易港建设。会同吉林省选派15名国企干部到中央企业挂职锻炼,组织中央企业与贵州省管企业互派8名干部挂职锻炼,深化央地合作。协调22户中央企业选派26名干部人才到冬奥组委工作,服务冬奥会筹备。

三、坚持严管厚爱，有效激励领导人员担当作为

坚持严的主基调，做到真管真严、敢管敢严、长管长严，同时真诚关心爱护企业领导人员，激发和保护企业家精神。

（一）严格日常管理

督促中央企业贯彻落实《中共中央关于加强对"一把手"和领导班子监督的意见》，增强主动监督、相互监督的自觉，防止出现一言堂、家长制。经常性开展谈心谈话，对企业领导人员既加油鼓劲，又咬耳扯袖，抓早抓小、防微杜渐。全年与中央企业领导人员开展谈心谈话543人次。

（二）强化选人用人监督

结合巡视分两轮对11户委管企业开展选人用人专项检查，将发现的共性问题向企业进行通报。严格落实个人有关事项报告制度，开展领导干部配偶、子女及其配偶经商办企业行为规范工作，按规定对相关人员进行规范。进一步加强委管企业干部人事档案管理，建立干部人事档案集中管理、管档审核人员资格准入和专项审核过程管控机制。

（三）加大不胜任干部"下"的力度

坚持能者上、庸者下、劣者汰的用人导向，采取多种方式畅通干部"下"和"出"的渠道，3名委管企业班子正职因落实高质量发展要求不力、政绩观有偏差、业绩平平被免职、提前退出班子或降为副职。

（四）真诚关心关爱

分别召开中央企业援疆、援藏干部座谈会，国务院国资委负责人出席并讲话，看望慰问援疆援藏干部，对进一步做好国资央企干部人才援疆援藏工作作出部署。督促企业加强对援派干部、扶贫挂职干部的服务保障，提拔重用表现突出的援派干部。用心用情做好老干部工作，对596份委管企业离休干部档案及材料逐一审核，圆满完成提高抗战时期参加革命工作的部分离休干部医疗待遇这项政治任务。

（审稿人：苏云成　李　萍　撰稿人：李国强　赵一玮）

人才工作和人才队伍建设

2021年，国务院国资委党委以习近平新时代中国特色社会主义思想为指导，深入学习贯彻习近平总书记关于做好新时代人才工作的重要思想，坚决落实中央人才工作会议部署要求，围绕中心、服务大局，聚焦高水平科技自立自强，大力推动中央企业深入实施人才强企战略，中央企业人才队伍建设取得新进展新成效。截至2021年底，中央企业人才资源总量1233.4万人。

一、加强人才工作宏观谋划

深入调查研究，了解企业所需和人才所盼，厘清推动中央企业贯彻落实新时代人才强国战略的总体思路。一是围绕协助筹备召开中央人才工作会议、筹备召开中央企业人才工作会议，成立专题调研组赴企业问计问策，结合国资央企实际情况提出对策建议。二是依托中国社科院等高端智库，会同有关中央企业，启动国有企业人才队伍建设、中央企业科技人才思想政治工作等课题研究，深入研究进一步壮大战略人才力量、弘扬科学家精神的思路举措。

二、提升人才教育培训水平

根据不同类别、不同层次人才特点开展培训，提高培训的针对性、有效性。一是举办1期中央企业中青年干部培训班，选调130余名中央企业领导人员、外部董事参加"一校四院"有关班次的学习培训，进一步强化党性教育和专业培训。二是举办1期中央企业外部董事、董事会秘书培训班，培训学员240余人，帮助外部董事提高履职能力，推动董事会秘书更好地支撑董事会运行和外部董事履职。三是积极组织高技能人才参加培训深造，选调15人参加中央组织部举办的"大国工匠"高技能人才国情研修班，有效激发高技能人才创新创造热情。

三、强化人才培养引进

坚持育才引才并举，着力壮大中央企业高层次人才队伍。一是持续加强战略科技人才队伍建设。国务院国资委党委高度重视科技人才工作，国务院国资委领导专程慰问院士、专家，专门向新当选院士致贺信，在工作调研中加强指导推动。2021年，中央企业22人当选两院院士，其中科学院院士4人、工程院院士18人，是国务院国资委成立以来当选人数最多的一次。截至2021年底，中央企业院士239人，其中，科学院院士42人、工程院院士194人、双院士3人。国务

院国资委党委召开专题会议，指导推动中央企业更快引进、更好使用海内外各方面高层次人才，引才数量成倍增长。二是加强高技能人才培养。与人力资源和社会保障部共同制定印发《关于全面推行中国特色企业新型学徒制 加强技能人才培养的指导意见》，加大对企业培养技能人才的支持力度。三是组织中央企业积极参加人才评先推优。2021年，中央企业6人获评"全国杰出专业技术人才"，8个团队获评"全国专业技术人才先进集体"，5人入选国家高层次人才特殊支持计划科技创新领军人才，3人入选青年拔尖人才，1人入选文化名家暨"四个一批"人才；24人获得中华技能大奖，占获奖总人数的80%，143人获评"全国技术能手"，占获奖总人数的49%。

四、积极推动中央企业稳岗扩就业

面对新冠肺炎疫情对经济发展和社会就业的冲击，指导中央企业把当前用人所需和适当超前储备结合起来，深挖就业潜力，更多招收高校毕业生。联合教育部等六部委共同开展"国聘行动"大型融媒体招聘活动，中央企业带动社会用人单位累计发布招聘岗位近200万个，充分发挥稳就业的示范带动作用。继续开展中央企业面向西藏青海新疆高校毕业生专场招聘等专项工作，吸引更多优秀毕业生关注国资央企，产生良好的社会效应。2021年，中央企业招聘高校毕业生29.7万人。

五、做好博士服务团成员选派工作

加大对东北地区国有企业博士服务团成员选派力度，完成第21批博士服务团成员选调工作。加大对中西部地区的人才支持力度，精心组织开展第22批博士服务团成员推荐工作，按照人岗匹配、专业对口原则，综合考虑岗位任职条件、人选工作经历及专业背景等因素，遴选37名政治素质高、专业能力强的优秀博士赴西藏、新疆、云南等地区服务锻炼。

（审稿人：翁建雄　撰稿人：杨　曦）

中央企业党建工作

截至2021年底，中央企业系统党员434.5万人，其中女党员112.5万人，35周岁以下党员130.2万人，在岗工人党员129.4万人，离退休人员党员12.1万人，已社会化转出的离退休党员154.0万人，其他党员8.7万人。党组织30.4万个，其中党组40个、党委21929个、党总支15120个、党支部266425个。

2021年，国务院国资委党委坚持以习近平新时代中国特色社会主义思想为指导，全面贯彻党的十九大和十九届历次全会精神，隆重开展庆祝建党100周年系列活动，扎实推进党史学习教育，实施"中央企业党建创新拓展年"专项行动，开展全国国有企业党的建设工作会议精神贯彻落实情况"回头看"，推动中央企业持续加强党的领导党的建设，以高质量党建引领保障企业高质量发展。

一、把"两个维护"落实在工作中体现在行动上

一是把落实"第一议题"、拥护"两个确立"、践行"两个维护"作为中央企业领导班子民主生活会对照检查和党建责任制考核重要内容，按照有没有学习研讨、有没有贯彻措施、有没有督导推动、有没有跟踪问效"四项标准"，推动习近平总书记重要指示批示和党中央决策部署在中央企业落实落地。二是加强习近平总书记"七一"重要讲话和党的十九届五中、六中全会精神学习宣传贯彻，举办中央企业学习贯彻习近平总书记"七一"重要讲话精神研讨班，召开中央企业负责人视频会议传达学习党的十九届六中全会精神，邀请中央宣讲团成员向国资国企系统30万名干部职工作报告，灵活运用读书会、讲座论坛、专题专栏和"两微一端"等多种形式，全面系统学习习近平新时代中国特色社会主义思想，切实把"两个确立"转化为做到"两个维护"的自觉，把学习成效转化为高质量发展实效。三是配合中央组织部召开中央企业党的建设工作座谈会，对学习贯彻习近平总书记全国国企党建会重要讲话精神再动员再部署。

二、健全党对中央企业全面领导的体制机制

一是配合中央组织部制定《关于中央企业在完善公司治理中加强党的领导的意见》并以中办文件印发，坚持权责法定、权责透明、协调运转、有效制衡的公司治理机制，进一步明确企业党委（党组）在决策、执行、监督各环节的权责和工作方式，推动制度优势更好转化为治理效能。二是会同中央组织部制定印发

《中央企业党委（党组）前置研究讨论重大经营管理事项清单示范文本（试行）》，指导全部中央企业集团和重要子企业制定党委（党组）前置研究讨论重大经营管理事项清单，厘清党委（党组）和董事会、经理层的权责边界。三是深化中央企业党的领导党的建设理论研究，在中央党校《研究报告》发表《建立完善党的领导和国有公司治理有机融合的六个机制》，在《学习时报》发表《做百年大党忠实传人》，在《党建研究》内参发表《国资央企的新变化以及需要关注的新问题》，以理论研究带动实践落实。

三、组织开展建党100周年系列庆祝活动

一是深化"我为群众办实事"实践活动，明确关爱员工、智慧服务等中央企业民生项目782个，在办好实事中彰显央企为民惠民、服务群众的责任担当。二是在中央企业遴选推荐1名"七一勋章"和20个全国"两优一先"建议人选，组织开展中央企业"两优一先"评选，推荐表彰个人和集体对象991个，发放15032枚"光荣在党50年"纪念章，高质量完成在京中央企业36784名发展党员计划指标。三是组织102名新党员参加中央组织部新党员代表集中入党宣誓活动，组织60名中央企业全国"两优一先"、新党员代表、"光荣在党50年"纪念章颁发对象代表参加庆祝中国共产党成立100周年大会。

四、开展全国国企党建会精神贯彻落实情况"回头看"系列活动

一是印发"回头看"工作方案，组织召开启动会、推进会，督促指导全部中央企业对照全国国企党建会重点任务30项、重点工作23项，从思想认识、体制机制、工作成效、基础保障、主体责任方面锻长板补短板，推动全国国企党建会"硬任务"全面完成。二是组织召开习近平总书记全国国有企业党的建设工作会议重要讲话发表五周年学习座谈会、中央企业党委（党组）专职副书记学习研讨会，在中央企业掀起学习贯彻习近平总书记重要讲话精神又一轮热潮。三是举办"中央企业永远跟党走"大型专题展，制作专题片，通过700多张图片、80多张图表、50多件实物模型、近500本书籍和大量音像资料，全景展现五年来贯彻落实习近平总书记重要讲话精神的成效变化。广大党员干部纷纷表示，展览鼓舞人心、催人奋进，坚定做强做优做大国有企业的信心决心。

五、持续提升基层党建"三基"建设质量

一是开展国有企业混合所有制改革过程中党的建设等问题专题调研，提出推进国企混合所有制改革6条原则。即：坚持用习近平总书记关于混合所有制改革重要论述统一思想和行动，及时纠偏纠正混合所有制改革过程中苗头性倾向性问题；坚持党的领导不能削弱、国有资产不能流失"两条底线"，确保混合所有制改革始终沿着正确方向推进；坚持党的组织党的工作"两个覆盖"、发挥党组织和党员"两个作用"，确保党建工作独特优势在混合所有制企业充分彰显；坚持规范程序和监督权力相结合，在防范腐败堵塞漏洞中保障国企混合所有制改革健康顺利推进；坚持围绕完善治理、强化激励、突出主业、提高效率，以混促改放大国有资本功能、实现保值增值；坚持"两个毫不动摇"，在促进各种所有制资本优势互补、融合发展、国民共进中推进混合所有制改革。二是持续深化党的组织覆盖质量，制定贯彻落实《中国共产党组织工作条例》4个方面18条举措，"一企一策"推进21家中央企业党委（直属党委）按期换届，做好北京非首都功能疏解企业、新成立企业、重组企业党组织设立调整，对中国船舶、中国电子、中国三峡集团3家总部外迁企业直属单位组织关系进行调整，新成立中国中化、中国星网、中国电气装备、中国物流4家企业党组织，完成12家34人次企业直属党委届中任免工作。三是持续提升"三支队伍"建设质量，和中央组织部一起在福建古田干部学院举办国有企业基层党组织书记培训示范班，对《2019—2023年全国党员教育培训工作规划》实施情况进行中期评估。向30家中央企业划拨支持疫情防控专项党费，向中央组织部上交60笔大额党费，慰问党内功勋荣誉表彰的党员、生活困难党员、老党员、因公殉职党员干部家属48972人。四是持续开展岗位建功创先争优活动，深化第二批中央企业基层示范党支部建设，开展党员责任区、示范岗、先锋队、服务队载体建设，总结推广包保联建、立项攻关、承诺践诺等典型做法，基层党组织政治功能和组织力显著增强，党员在能源电力保供、医疗防护物资生产等急难险重任务中的先锋模范作用有效发挥。

六、持续深化党建责任制落实成效

一是开展2020年度中央企业党建工作责任制考核，坚持考精考实考好，统筹运用个别访谈、线上查阅、

实地走访、满意度测评等方式，对97家中央企业抓党建促改革强发展实绩实效"扫描画像"，考核结果与薪酬奖惩有效挂钩。二是加强对中央企业所属企业党建考核工作的指导，指导企业持续优化指标完善机制，将党建考核同经营业绩考核、领导班子综合考核评价有机衔接，促进企业改革发展和党的建设同频共振共同提升。三是深化党建述职评议等3项制度，召开2020年度中央企业党委（党组）书记党建工作述职会，中央企业党委（党组）连续六年向国务院国资委党委报告年度党建工作、党委（党组）书记连续五年向国务院国资委党委作党建现场述职，督促指导中央企业开展年度基层党组织书记抓党建述职评议考核。

（审稿人：丁少中　撰稿人：姚记威）

中央企业统战群团工作

2021年，国务院国资委党委深入学习习近平新时代中国特色社会主义思想，全面贯彻党的十九大和十九届历次全会精神，始终坚持党的全面领导，围绕中心、服务大局，在中央企业广泛开展"庆百年、爱企业、献良策、做贡献"主题活动，召开中央企业党建带团建工作会，试点中央企业青年精神素养提升工程，加强中央企业职工代表大会制度建设，实施科技创新巾帼行动，切实推动中央企业统战、青年、工会、女职工等各项工作再上新台阶，为企业高质量发展集聚智慧和力量。

一、统战工作

（一）加强思想政治工作，引导中央企业统战成员坚定不移听党话跟党走

一是贯彻落实《中国共产党统一战线工作条例》和全国统战部长会议精神，印发《关于中央企业深入贯彻落实〈中国共产党统一战线工作条例〉的通知》，推动中央企业结合实际开展统战工作。二是学习贯彻习近平总书记"七一"重要讲话精神，召开中央企业统战代表人士学习座谈会，听取并书面反馈中央企业统战代表人士意见建议，汇聚中央企业高质量发展的强大合力。三是开展四史教育和统一战线优良传统学习教育，组织统战成员赴爱国主义教育基地开展教育活动，指导中央企业举办党外干部、民族干部培训班，传承先进精神，发扬光荣传统，坚守初心使命。

（二）聚焦庆祝建党百年，推动中央企业统战工作提质增效

一是印发《关于在中央企业广泛开展"庆百年、爱企业、献良策、做贡献"主题活动的通知》，在中央企业广泛开展理论学习、征文活动、主题座谈和建言献策活动，覆盖各级次全部统战成员，编印《奋斗百年路　央企同心筑——中央企业"庆百年、爱企业、献良策、做贡献"主题活动优秀征文汇编》。二是加强党外知识分子工作载体建设，指导中央企业参考借鉴首个中央企业党外代表人士建言献策工作室——李卫工作室的实践经验创建工作室，鼓励探索创建党外知识分子联谊会等其他载体，为党外知识分子发挥作用搭建平台。三是加强党外代表人士队伍建设，开展中央企业统战工作数据统计，推动党外代表人士任各级人大代表、政协委员和民主党派中央及省级组织领导班子有关工作，先后推荐24名党外人士参加重要政治活动、重要培训班次，做好全国党外代表人士实践锻炼基地挂职工作。

（三）强化桥梁纽带作用，做好民族宗教和海外统战工作

一是系统梳理党的十八大以来中央企业民族工作取得的成果、形成的经验和存在不足，制定贯彻落实中央民族工作会议精神落实举措，提出《中共中央国务院关于以铸牢中华民族共同体意识为主线推进新时代党的民族工作高质量发展的意见》贯彻落实举措，配合国家民委完善民族工作政策文件。二是落实《关于支持爱国爱港力量发展壮大的意见》《关于支持爱国爱港力量发展壮大的意见重点任务分工方案》工作任务。指导中央企业充分发挥央企侨联组织作用，鼓励支持央企侨界人士密切与海外侨胞联系，为推进共建"一带一路"发挥作用。三是按照《中共中央关于加强新时代海外统战工作的意见》有关要求，梳理中央企业海外统战工作情况，总结形成专门报告。

（四）构建大统战工作格局，完善统战领导体制和工作机制

一是深化国务院国资委党委委员、中央企业党委（党组）成员与党外代表人士联谊交友工作，做好年底慰问统战代表人士工作，将思想引导融入日常。二是加强统战工作调研，会同中央统战部开展新时代国有企业统战工作调研，赴中国航发哈尔滨东安发动机有限公司、大庆油田有限责任公司、中国石油大庆石化分公司等6家国有企业开展实地调研。三是通过线上电话和线下调研、座谈、参加会议等各种形式做好督促指导。定期梳理中央企业统战工作进展,及时总结推广好经验好做法,推动中央企业统战工作不断取得新成效。

二、共青团和青年工作

(一)持续用习近平新时代中国特色社会主义思想武装青年

一是筑牢思想根基。组织中央企业团组织开展习近平总书记"七一"重要讲话、在清华大学考察时的重要讲话、在中青年干部培训班开班式上的重要讲话学习活动,组织全部基层团支部开展"请党放心、强国有我"主题团日活动,试点中央企业青年精神素养提升工程。二是坚定政治定力。深化第一批12家"青马工程"试点企业成效运用,印发《关于在中央企业进一步推进青年马克思主义者培养工程的通知》,推动"青马工程"向二级企业延伸,为国资央企培养输送政治立场坚定的青年政治骨干。三是强化行动自觉。利用"两微一端"团属新媒体制作《央企青年跟党走》等专题视频,策划《央企青年说:砥砺奋进,强国有我》专题宣传报道,展现中央企业青年精神风貌,唱响"强国有我"主旋律。

(二)引领青年紧扣中心大局岗位建功

一是在创新创效中当排头。推进"央企青创先锋工作室""央企青年创新论坛"等载体建设,落实"军令状""揭榜挂帅"等机制,选拔青年骨干担任重要项目总师或重大项目负责人,组织参加团中央"创青春"中国青年创新创业大赛,激发青年科研人员创新动力、创造潜能。二是在急难险重任务中当先锋。面对多发疫情,组织中央企业2万余支青年突击队、50万余名青年冲锋在隔离点施工、核酸点检测、战疫保供等任务一线。面对突发汛情,组织中央企业1万余支青年突击队、12万余名青年冲锋在修筑堤坝、设施抢修、物资搬运等工作前沿。三是在服务大局中走在前。组织18家中央企业为港澳大学生暑期匹配实习岗位112个,带领中央企业广大青年在"一带一路"工程现场、白鹤滩水电站建设现场等重点工程项目中勇挑重担,团中央与《中华儿女》杂志聚焦央企海外青年联合开展"最美丝路青年"专题报道。

(三)履行服务青年职责使命

一是搭建青年干事创业舞台。召开"推优入党"工作座谈会,组织中央企业广泛开展技术比武、技能竞赛,搭建长江大保护产业联盟、雄安建设战略合作联合体等示范平台,让广大青年干事有舞台、创业有平台、成长有空间。二是关心关爱青年成长。在白鹤滩、川藏铁路等施工区开展党团共建活动,组织中央企业团组织开展"我为青年办件事"活动,联系地方党团组织开展"福利大礼包""青春有约"等联谊活动800余场次,解决央企青年工作、学习、生活等方面实际困难。三是发挥青年典型示范引领作用。组织推荐中央企业获评中国青年五四奖章10个,获评第二十届全国青年文明号179个。组织"永远跟党走 奋进新时代"——中国青年五四奖章获奖者事迹分享会,召开中央企业五四表彰大会,命名"中央企业青年文明号"407个。

(四)推进团青组织改革

一是推动党建带团建深入落实。首次召开中央企业党建带团建工作会,组织3次片区推进会,调研了解14家中央企业和26家二级企业落实情况,编制《中央企业青年工作简报》,交流党建带团建工作经验。二是持续规范团组织建设。制定《中央企业团费使用管理规定》,印发《关于规范中央企业团委换届选举工作的通知》,出台《中央企业团委换届选举工作指导手册》,指导规范开展换届选举,所有新当选集团团委书记均落实部门正职待遇。三是不断提升团干部和青联委员素质能力。举办中央企业共青团系统学习习近平总书记"七一"重要讲话精神专题培训班,开展青联委员一线前沿"行动学习",中央企业青联获评全国青联优秀会员团体,10名中央企业系统全国青联委员年度考核为"优秀"。

三、工会和女职工工作

(一)修订一项制度

依照最新法律法规和有关文件,重新梳理职工代表大会各项重要议程和关键环节,形成科学规范、责权清晰的组织程序,研究起草加强中央企业职工代表大会制度建设的指导性文件。

(二)推进两项工作

召开中央企业系统实施科技创新巾帼行动座谈会,推动《关于实施科技创新巾帼行动的意见》《关于支持女性科技人才在科技创新中发挥更大作用的若干措施》在中央企业落实落地。组织中央企业系统49名全国妇女十二大代表开展联系基层群众工作,进行调查研究,积极献言献策,保障中央企业系统妇女十二大代表履职尽责。

(三)抓好三项表彰

组织推荐中央企业在北斗三号任务中作出突出贡献的10名优秀女科技工作者获评"三八红旗手"专项表彰、5个先进集体获评"三八红旗集体"专项表彰。组织推荐中央企业45名优秀女职工获评"全国巾帼文明岗"、15名优秀女职工获评"全国巾帼建功标兵"、1个先进集体获评"全国巾帼建功先进集体"。组织推荐中央企业18个模范职工家庭获评"全国最美家庭"。

(审稿人:丁少中　撰稿人:姚记威)

中央企业宣传思想文化工作

2021年,国务院国资委坚持以习近平新时代中国特色社会主义思想为指导,全面贯彻党的十九大、十九届历次全会精神和习近平总书记重要指示批示精神,围绕中心、服务大局,扎实推进宣传思想工作,统筹推进党史学习教育"双重任务",切实履行好国务院国资委党委党史学习教育领导小组办公室、中央企业组职责,全力确保党史学习教育与宣传思想工作"两不误、两促进",着力推动习近平新时代中国特色社会主义思想深入人心,着力培育和弘扬社会主义核心价值观,着力加强新闻宣传和舆论引导,着力提升国际传播能力,坚定主心骨、汇聚正能量、振奋精气神,为中央企业改革发展和党的建设提供坚强思想保证和强大精神力量。

一、理论武装深入推进

认真组织党的十九届六中全会精神学习宣传,自觉主动做党的创新理论的坚定信仰者和忠诚实践者,全力推动习近平新时代中国特色社会主义思想在中央企业落地生根、开花结果。强化理论学习,深化"第一议题"制度,加强和改进中央企业党委(党组)中心组学习,建立健全巡听旁听制度,着力提高党委(党组)运用科学理论解决实际问题、创造性推进工作的能力。深化理论研究,加强对习近平总书记关于国有经济重要思想的理论研究阐释,编印相关论述摘编。深入推动中央企业思想政治研究和成果转化,中央企业党建政研会等4家国资央企单位被中国政研会评为2021年度组织工作"先进单位"(占比50%),43篇中央企业论文被评为一类、二类、三类研究成果(占比41.7%),均创新高。优化理论宣传,截至2021年底,在《人民日报》《求是》刊发国务院国资委党委书记、主任郝鹏以及国务院国资委党委、国务院国资委党委中心组署名文章4篇,协调党报党刊刊发国务院国资委领导及中央企业主要负责人署名文章150多篇。规范管理宣传阵地,打造"学习强国"国资央企"1+N"(1个平台+28个学习强国号)理论宣传矩阵,粉丝超过3000万人,中央企业学习平台累计上线稿件5773篇,655篇被中宣部"学习强国"首页采用,"国企文化"微信公众号发布文章417篇,总阅读量超过4.7亿人次。

二、党史学习教育扎实有效

坚决贯彻落实习近平总书记在党史学习教育动员大会上的讲话精神和党中央决策部署,把党史学习教育作为一项重要政治任务,周密安排、精心组织,有力有序推动各项任务落实。高站位部署,迅速成立国务院国资委党委书记、主任郝鹏挂帅的领导小组,组建相应工作机构,制定印发工作方案,第一时间部署启动,中央党史学习教育领导小组第1期简报就予以报道。高质量推进,围绕学史明理、学史增信、学史崇德、学史力行要求,推动原原本本研读习近平总书记重要讲话和党史指定用书、开展"四史"教育、开展"我为群众办实事"实践活动,精准督促指导中央企业各级党组织加强理论学习中心组学习、讲好专题党课、开好专题组织生活会、开展全国国企党建会五周年"回头看"、开展党史学习教育评估、专题民主生活会和党史学习教育总结,确保全覆盖贯到底,确保党史学习教育与中心工作融通互促,真正实现学党史、悟思想、办实事、开新局。高频度宣传,中央主流媒体报道国资央企系统党史学习教育2.35万次,编发国务院国资委党史学习教育简报220期、(中央)党史学习教育简报刊发国资央企信息近60条次。编印《强国担当——党史学习教育助力社会主义强国建设恢宏实践》《红色传承——中央企业部分重点红色资源辑录》。国资央企各级党组织和广大党员干部全力做好贯彻新发展理念的"长远事"、为民服务的"关键事"、履行社会责任的"重点事"、关心关爱职工的"暖心事",形成百项特色实践活动、千项重点民生项目清单。各中央企业集团层面为群众办实事5864项,二级企业办实事32.6万多项,二级以上单位党组织与村(社区)党支部结对共建3万多对。高效能沟通,主动加强跟上级汇报,邀请、协同中央党史办和中央第十八指导组深入国资央企指导或参加活动20余次。中央党史办专题座谈会安排国务院国资委汇报发言。中央第十八指导组评价,国资央企系统党史学习教育在所指导7家单位中工作最为扎实、推进最为有力。

三、庆祝建党百年活动热烈出彩

大力弘扬伟大建党精神,广泛开展庆祝活动,开展百年百部微电影(微视频)展映、"百年铸辉煌 央企谱华章"优秀故事展示、"百年峥嵘 初心见证"红色资源网上展览、"经典红色电影 走进中央企业"系列庆祝活动。《信物百年》献礼百年华诞,引起良好的社会反响。组织央企党史知识竞赛、党史故事会、红色主题文艺展演等,央企听党话、跟党走政治自觉充分展现。充分发挥典型引领,选树发布彭士禄、邱军两位"时代楷模",推荐6人获评全国道德模范,发布宣传10名"央企楷模",组织中央企业"时代楷模""央企楷模"代表座谈会、"央企楷模 责任担当"中外记者见面会、"央企好榜样 建功新时代"媒体见面会,中央企业"大国顶梁柱"形象充分彰显。深入传承红色基因,弘扬伟大建党精神,践行中央企业先进精神,组织国资央企系统4万多人参观"不忘初心、牢记使命"大型主题展览,推荐17个中央企业红色展馆入选全国爱国主义教育示范基地,命名首批100家中央企业爱国主义教育基地,发布中央企业第六批工业文化遗产名录,中央企业红色基因历久弥新。

四、主流声势做大做强

坚持团结稳定鼓劲,做强正面宣传。新闻发声及时主动,全年组织各类新闻发布会15场,国务院国资委党委书记、主任郝鹏出席全国两会新闻发布会,介绍国企改革发展,回答中外记者提问,发布权威声音,有力提振国内外对中国经济、对国资央企的信心。"一月一主题"发布成效凸显,国务院国资委领导出席综改试验、结构调整和重组、高质量党建引领高质量发展等发布,有效助推改革发展党建工作。定期发布经济运行情况,持续向社会释放积极信号,有效助推国资央企改革发展党建工作。权威报道引导舆论,围绕开局"十四五"、国企改革三年行动、全国国企党建会五周年等重大主题和能源保供、科技创新、助力冬奥等重点工作,组织重点媒体全部发声、集中发声、权威发声,全方位多角度全媒体报道近17万篇。联合制作电视剧《突围》,指导制作电影《峰爆》。高端论坛赋能添彩,成功举办第四届中国企业论坛、首届中国智造品牌论坛、世界互联网大会5G论坛,200多家媒体报道1000余篇次,引发积极强烈反响。

五、国际传播有声有色

坚持将外宣工作融入国家外宣大局,以企业外宣助力国家外宣,借企业形象传播国家形象。建强传播体系,完善信息化管理平台,实现企业外宣工作从策划、制作、发布,到反馈、评价、提升的全流程在线闭环管理,建成运行产品生产、语言转换、理论研究等工作支撑平台。优化传播主题,策划举办"美好中国年"中央企业春节文化主题宣传、"我和我的外国朋友"社交平台征集展示、"同心同行 共筑未来"中央企业责任形象宣传、"共创美好生活"云开放日、"携手奋进新时代"中央企业改革发展成就集中展示、"共享机遇 共创美好"主题宣传、"中华之美"海外文化传播、"让世界更美好"中央企业绿色发展宣传展示、"我眼中的中国企业"短视频征集、"中国企业品牌故事"海外传播等系列活动,全方位讲述中国企业故事,广泛传播中国价值、中国理念。突出文化融合,发挥文化柔性作用,指导"走出去"企业依托海外重点项目,面向智库专家、媒体记者、外籍员工、社区居民、青年学生等群体,搭建交流平台、开展融合活动,不断夯实支持中国企业海外发展的民意基础。

六、网信工作协同高效

深入贯彻网络强国战略,加强顶层设计,系统谋划国资央企网信工作,制定年度任务书,国资央企"一张网""一盘棋"意识更加牢固,国家网信主力军作用更加彰显。筑牢安全屏障,认真履行党委网信办职能,圆满完成网信工作任务,国资央企获得国家网络安全先进集体和先进个人占比20%。推动专项工程,按照党和国家统一安排,稳步推进专项工程。

七、工作机制务实管用

强化完善业务运行协调联动,努力健全宣传思想工作机制保障。理论阐释平台更加多元,健全同《人民日报》《求是》等党报党刊长期合作机制,为国资央企理论声音搭建高端平台。新闻宣传机制更加完善,制定印发加强和改进新闻舆论工作的相关文件,完善国资央企新闻舆论规范运行机制；优化中央企业新闻通气例会制度和全网推送国资央企重要新闻、中央企业新闻联动等机制，有效放大国资央企好声音、正能量。大宣传格局进一步构建，与中央有关部门建立统筹协调机制；建立覆盖中央企业宣传思想战线常态化沟通联动机制、工作沟通平台和地方国资委新闻宣传工作联系平台。

（审稿人：陈国栋　撰稿人：陈净涤）

中央企业履行社会责任工作

2021年，国务院国资委以习近平新时代中国特色社会主义思想为指导，深入学习贯彻习近平总书记关于安全生产、生态环保、碳达峰碳中和、乡村振兴、对口支援、品牌质量、疫情防控等工作的重要指示批示精神，指导中央企业积极履行社会责任，各项工作有序推进，脱贫攻坚圆满收官，乡村振兴有效衔接，安全环保形势保持稳定，碳达峰碳中和成功破题，社会责任和品牌质量管理持续深化，中央企业社会贡献持续增大、社会形象持续提升。

一、脱贫攻坚圆满收官，乡村振兴有效衔接

（一）脱贫攻坚圆满收官

国资央企脱贫攻坚任务全面完成，得到社会各界充分认可，在全国脱贫攻坚评选表彰中，国资央企获得荣誉称号145个，其中全国脱贫攻坚楷模1个、先进集体69个、先进个人75个。认真总结国资央企脱贫攻坚成效，《求是》杂志刊发委党委署名文章《在脱贫攻坚中彰显国资央企使命担当》。《民族团结》杂志刊发国务院国资委党委书记、主任郝鹏署名专访文章《守护好发展好各族人民的共同事业　努力当好民族团结进步的建设者、促进者》。完成中央企业定点帮扶考核任务，2021年度考核中64家中央企业评价为"好"，27家评价为"较好"，没有"一般""较差"等次企业，取得考核以来的最好成绩。

（二）乡村振兴有效衔接

成立国务院国资委乡村振兴工作领导小组，国务院国资委党委书记、主任郝鹏任组长，督促指导中央企业全部设立乡村振兴工作机构，对到期挂职干部和驻村第一书记进行轮换。印发《关于做好中央企业助力乡村振兴工作的通知》，对助力乡村振兴工作作出全面部署安排。推动中央企业制定实施定点帮扶年度工作计划，保持帮扶力度，支持脱贫地区巩固拓展脱贫攻坚成果，2021年中央企业在246个定点帮扶县直接投入帮扶资金227亿元，帮助培训各类人才43万人次，直接购买和帮助销售脱贫地区农产品101亿元。组织中央企业向国家乡村振兴重点帮扶县选派科技特派员100余人，积极支持科技兴农。完成中央企业扶贫基金改组为央企乡村产业投资基金，进一步优化中央企业消费帮扶电商平台，深化服务乡村振兴功能。举办第六届安仁论坛央企乡村振兴分论坛，介绍国资央企落实乡村振兴战略情况，与社会各界交流央企乡村振兴经验做法。

（三）全面推进对口支援

以国务院国资委党委名义制定印发贯彻落实新时代党的治疆治藏方略、进一步做好中央企业援疆援藏工作的通知，对新时代中央企业援疆援藏工作作出全面部署。高质量举办中央企业援疆援藏专题活动，国务院国资委党委书记、主任郝鹏出席两次会议并讲话，国务院国资委与新疆维吾尔自治区、新疆生产建设兵团、西藏自治区签署合作备忘录，中央企业与地方以及地方国企签订一批合作协议。调整优化国务院国资委援疆援藏援青工作协调机制和组成人员，新增5个厅局为小组成员。调整优化中央企业对口援藏结对关系，新增6家中央企业参与对口援藏。加大"工装援疆"组织推动力度，动员中央企业拿出更多工装订单定向放到南疆生产加工，协调有关中央企业帮助新疆生产建设兵团企业解决实际困难。组织举办第十届中央企业面向西藏、青海、新疆高校毕业生专场招聘活动，加大就业支援力度。

二、严守安全风险防线

（一）树牢安全发展理念

始终将安全生产工作摆在重要位置，将安全生产与改革发展同部署、同推进、同落实。国务院国资委党委书记、主任郝鹏4次召开党委会议专题研究、2次召开视频会议部署安全生产工作，在中央企业负责人会议等重要会议上必讲必提安全生产。各中央企业党委（党组）中心组专题学习《生命重于泰山——学习习近平总书记关于安全生产重要论述》、新修改的《中华人民共和国安全生产法》等，创新开展重大工程现

场"学党史、抓落实、结对子、促安全"活动、安全管理直播课堂,以党史学习教育促进安全生产入脑入心。

(二)压实企业主体责任

强化通报、约谈、督导检查、视频巡检,在年度考核中对2020年较大责任事故涉及的13家企业严格扣分,并将事故情况报纪检监察、干部管理部门,合力共抓共促、倒逼责任落实。各中央企业持续完善责任体系,建立评估机制,拧紧责任链条。主要负责人参与研究部署安全生产重要工作,推进安全生产与生产经营深度融合,建立"大安全"协同工作格局。

(三)强化安全风险管控

坚持事故分析会和安全风险提示制度,督促指导企业加强形势预测分析,有效防范安全风险。河南郑州"7·20"特大暴雨灾害前5天,向中央企业发出灾害事故风险提示,中央企业闻信而动,驻豫央企未出现人员伤亡。各中央企业持续完善安全生产风险分级管控和隐患排查治理双重预防机制,建立安全风险隐患清单库,分类分级精准开展隐患排查治理。

(四)深化安全生产专项整治

深入推进安全生产专项整治三年行动集中攻坚,开展建筑施工危大工程巡检、化工企业安全风险系统治理、老旧设施安全风险隐患排查、武器弹药和民爆物品专项检查等。在能源保供期间,国务院国资委部署安排涉煤、电、油、气央企安全生产督导专项行动,坚持以安全保生产、以安全保供应,有效防范非计划停机事件和生产安全事故发生。

(五)推进"科技兴安"工程

坚持向科技要安全,把"科技兴安"作为实现企业本质安全的重要手段。能源企业开发新能源智慧运维系统,有力支撑故障预警和处置工作。化工企业推进"工业互联网+安全生产"应用实践,建成危化品运输信息化监管平台。建筑企业开展安全生产"一张网"数字化平台建设,对成员企业开展安全画像,提升监管的针对性。

(六)强化应急救援工作

以中国安能为综合平台联动加强中央企业应急救援体系建设,健全应急协调联动机制,打造专业化应急救援队伍。在河南郑州"7·20"特大暴雨灾害救援中,中央企业累计投入抢险人员4.2万人,各类抢险装备和车辆1.3万台(辆),集结舟艇6000艘,捐款超过10亿元,为抢险救灾和尽快恢复生产生活秩序提供坚实保障。有关中央企业在山东烟台五彩龙金矿事故救援、山西严重洪涝灾害救援中发挥重要作用,得到地方政府和有关部门的充分肯定。

(七)做好常态化疫情防控

认真落实国务院联防联控机制和首都严格进京管理联防联控机制工作部署,起草印发常态化疫情防控通知文件13份。统筹召开中央企业疫情防控工作会议,对疫情防控工作进行部署落实。赴中央企业在北京的医院、建筑工地、办公场所开展疫情防控检查,统筹抓好工作统筹,在开展安全环保督导的同时,检查疫情防控工作。印发风险提示函,提醒企业抓好施工现场、院感防控、疫苗研发、生产场所疫情防控。督促指导涉疫苗企业做好新冠疫苗研发、生产、保供,助力构筑群体免疫屏障。

三、推进央企"双碳"工作

(一)参与国家顶层设计

认真履行国家碳达峰、碳中和工作领导小组成员职责,积极配合国家发展改革委、生态环境部等部门研究制定国家层面碳达峰、碳中和指导意见和实施方案,建立完善相关政策体系。

(二)开展专项课题研究

课题纳入国务院国资委2021年度重大研究课题,以"揭榜挂帅"方式,组织有关中央企业、研究机构、高校成立课题组联合开展课题研究。对标对表中央要求,深入研究中央企业碳排放现状,科学合理设定工作目标,分行业、分领域提出切实可行的路径建议。

(三)加强统筹谋划

编制印发《关于推进中央企业高质量发展做好碳达峰碳中和工作的指导意见》。贯彻落实党中央、国务院重大决策部署,明确推进中央企业落实碳达峰、碳中和工作的指导思想、基本原则、主要目标和重点举措,指导中央企业科学论证、实事求是编制碳达峰、碳中和工作方案。

(四)推进绿色低碳技术创新和应用

在中央企业攻坚工程中布局风电、核电、氢能、新能源汽车等领域绿色低碳技术装备攻关任务。支持中国华能牵头成立海上风电产业技术创新联合体及碳捕集、封存和利用技术创新联合体。组织召开中央企业氢能产业关键核心技术发展座谈会。统筹推动氢能"制运储用"全链条发展,强化创新要素的投入和集聚。超过1/3的中央企业在制氢、储氢、加氢、用氢等全产业链积极布局，有力推动氢能产业发展。

（五）加强指导推动

对电网、发电、石油化工、钢铁等行业中央企业进行精准指导，召开重点行业领域碳达峰、碳中和工作座谈会。推动企业抓好产业结构绿色低碳转型、能源结构优化、能源资源利用效率提升等重点工作。电网企业制定发布推进碳达峰、碳中和工作方案，电力、石油等企业成立专门研究机构，开展碳达峰、碳中和路径、规划研究，推动能源结构持续优化。

（六）强化宣传引导

精心组织全国节能宣传周和低碳日活动，开展国资央企节能低碳主题视频展览、节能减碳知识科普等系列活动，广泛开展节能低碳宣传教育，大力营造节能低碳浓厚氛围。编制《中央企业绿色发展报告（2021）》。组织开展中央企业节能降碳线上培训，邀请中国工程院院士杜祥琬等专家授课，进一步提升中央企业干部职工绿色低碳意识和工作能力。

四、强化生态环境保护

（一）完成中央生态环境保护督察移交问题责任追究工作

组建工作专班，完成对中国五矿、中国化工集团领导班子的生态环境问题责任追究工作。对中国五矿、中国化工集团在中央企业范围内进行通报，给予中国五矿、中国化工集团公司分管负责人诫勉。

（二）督促企业坚决整改中央生态环境保护督察反馈问题

认真贯彻落实习近平总书记重要批示精神，督促中国有色集团、中国黄金整改突出环境问题，第一时间约谈两家企业主要负责人。国务院国资委党委书记、主任郝鹏在中国有色集团主持召开整改工作推进会，部署整改工作；前往中国有色集团大冶有色丰山铜矿尾矿库现场督导整改工作。

（三）组织召开中央企业生态环境保护工作推进视频会议

深入学习贯彻习近平总书记重要批示精神，通报有关中央企业在长江、黄河流域的突出环境问题，以及第二轮第四批中央生态环境保护督察指出的中央企业典型问题，深刻分析问题根源，以案示警，对全面开展环境问题排查整治、全力以赴推进生态环境保护作出安排部署。

（四）强化长江、黄河流域生态环境保护工作

持续推动有关中央企业认真落实长江共抓大保护战略，坚决整改环境问题。贯彻落实党中央、国务院领导重要批示精神，配合有关部门研究建立长江流域水生态考核体系相关工作，组织专家参与调研，配合起草《长江流域水生态考核办法（试行）》。针对黄河流域生态环境保护警示片反映的有关中央企业问题，逐一进行约谈，督促企业认真整改，坚决保护黄河流域生态环境，同时举一反三，开展全面排查整改。对部分企业整改情况进行现场调研督导。

五、强化社会责任和品牌质量管理

（一）举办专项活动

开展课题研究，广泛开展调研，督促中央企业编制发布社会责任报告，2021年9月在北京举办中央企业社会责任报告集中发布暨《中央企业社会责任蓝皮书（2021）》发布活动，以及晋沪粤国资国企社会责任论坛。支持四川省国资委举办四川国有企业社会责任峰会，支持广东省国资委举办粤港澳大湾区社会价值论坛。

（二）强化责任践行

指导中央企业带头吸纳残疾人就业，配合中国残联制定《机关、事业单位、国有企业带头安置残疾人就业办法》。指导中央企业关心关爱留守儿童，国资央企5个集体、4名个人被授予全国农村留守儿童关爱保护和困境儿童保障工作先进集体、先进个人称号。

（三）加强品牌建设

会同国家发展改革委在上海举办中国品牌日活动，活动期间举办中国企业品牌建设论坛。开展中央企业品牌建设对标工作，开展国有企业品牌建设典型案例和品牌故事征集活动。积极做好中央企业品牌服务，支持中国诚通、中铝集团、中国船舶、通用技术集团、国药集团等企业进行商标注册，积极维护中央企业品牌合法权益。

（四）强化质量管理

举办2021年国有企业质量提升培训班，中央企业质量管理部门负责人、地方国资委质量提升工作相关人员参加培训。"深入开展质量提升行动"要求，继续以《关于中央企业开展质量提升行动的实施意见》为抓手,召开国有企业质量提升培训班,提升干部队伍业务素质水平,举办QC小组创新成果发表赛,组织开展质量提升课题研究和质量创新活动,推动中央企业强化质量提升工作。

(审稿人:李　军　撰稿人:张晓松　黎　源)

国际合作与港澳台工作

2021年,国务院国资委坚持以习近平新时代中国特色社会主义思想为指导,深入学习习近平外交思想和习近平总书记关于港澳工作、对台工作主要论述,贯彻党的十九大和十九届历次全会精神,落实党中央国务院决策部署,围绕疫情防控和国资央企中心工作,通过对外拓展交流合作、对内服务改革发展、促进内外循环联通,推动国资央企国际合作和港澳台工作取得新进展。

一、聚焦"对外拓展",在推动构建开放型世界经济和人类命运共同体中作出国资央企贡献

(一)积极配合元首外交

3月19—21日,国务院国资委党委书记、主任郝鹏,国务院国资委党委委员、副主任翁杰明参加中国发展高层论坛2021年年会;4月20—21日,国务院国资委党委书记、主任郝鹏,国务院国资委党委委员、秘书长彭华岗参加博鳌亚洲论坛2021年年会;10月14日,国务院国资委党委委员、副主任谭作钧参加第二届联合国全球可持续交通大会;11月4—5日,国务院国资委党委委员、副主任任洪斌参加第四届中国国际进口博览会,主动服务主场外交,发出国资央企声音,烘托良好氛围。4月2日,国务院国资委党委委员、副主任任洪斌会见印度尼西亚国企部长艾瑞克·托希尔;8月20日,国务院国资委党委书记、主任郝鹏,国务院国资委党委委员、副主任谭作钧,国务院国资委党委委员、秘书长彭华岗,国务院国资委总会计师赵世堂视频会见南非国企部长戈尔丹;12月30日,国务院国资委党委书记、主任郝鹏视频会见古巴驻华大使佩雷拉,在双边交往中落实两国元首重要共识。7月27日,国务院国资委党委委员、副主任任洪斌出席联合国全球契约组织《企业碳中和路径图》官方发布会,宣传国资央企落实双碳目标实践。5月,向越南等15国、全球疫苗免疫联盟等推广中国医药集团有限公司新冠肺炎疫苗,落实多边外交承诺。

(二)积极参与国际治理

1月19日、5月21日、9月15日,国务院国资委党委委员、副主任任洪斌先后3次线上参加联合国全球契约组织理事会会议,参与制定该组织全球战略倡议等发展规划;6月,推荐中央企业专家参加金砖国家新工业革命伙伴关系有关工作机制,主动参与国际治理。5月25日、7月12日、11月5日分别与标普信用评级公司、穆迪信用评级公司、国际货币基金组织开展年度磋商;3月16—17日、3月30日、9月8日,派员参加经合组织有关会议,正面引导各方正确看待中国国资监管模式和国企改革路径,驳斥不实指责和不当表述。

(三)积极推动民间交往

2021年,认真落实中央外办相关会议精神及任务分工,推动健全工作体系;支持中央企业参与海外孔子学院建设,统计中央企业自有自筹资金开展援外工作情况,扎实推进人文交往;3月26日,协调中粮集团有限公司、中国农业发展集团有限公司线上参加"美中农业圆桌论坛";12月8日,组织中国远洋海运集团有限公司、中国五矿集团有限公司等中央企业参加第38届中日经济知识交流会,丰富民间交往成果。

二、聚焦"对内服务",为国资央企高质量发展提供外部资源

(一)着力开展国企改革对外交流

落实国企改革三年行动任务分工,在博鳌亚洲论坛、中国发展高层论坛举办主题研讨活动;6月10日、6月16日分别与中国欧盟商会、中国美国商会举办专场分享活动,针对发达国家工商界讲好中国国资国企改革故事。5月19日,与印度尼西亚国企部举办线上交流活动;8月20日,启动中国—南非国资国企改革发展结构化交流项目;6月,向俄罗斯、白俄罗斯、埃塞俄比亚、纳米比亚等国国资监管部门分享"十三五"国企改革发展成就和经验;12月,与古巴驻华大使馆及古巴驻华有关机构和国有企业交流两国国资国企发展改革监管情况,推动与发展中国家改革理念融合、凝聚发展共识。9月23日,在第四届中国企业论坛配合举办中外企业家对话会;9月23—24日,联合剑桥大学举办国企领导力高级研修班对话活动,围绕数字

经济、绿色转型等助力中央企业对标世界一流。

(二)着力搭建国际创新资源对接平台

4月、7月分别利用中国国际人才交流大会、促进金砖工业创新合作大赛两个平台,中国远洋海运集团有限公司、中国通用技术(集团)控股有限责任公司、中国中车集团有限公司等14家单位20个项目获奖,展示中央企业创新成果。全年统筹申报中央企业外国专家引进和国家引才引智示范基地两类项目,推荐的外国专家中2人获得中国政府友谊奖、1家企业获得国家经费支持、9个国家外国专家项目成功获批;梳理中央企业1210条外国专家、项目需求,接入科技部海外人才交流洽谈系统,开拓国际创新资源对接新渠道,助力企业提升创新能力。

(三)着力推进港澳台工作

4月20日,国务院国资委党委书记、主任郝鹏分别会见香港特区政府行政长官林郑月娥、澳门特区政府行政长官贺一诚;9月1日,国务院国资委党委书记、主任郝鹏视频出席香港第六届"一带一路"高峰论坛开幕式并致辞;11月11—14日,国务院国资委党委委员、副主任谭作钧视频出席第十一届中国(澳门)国际汽车博览会、第十一届中国(澳门)国际游艇进出口博览会和第十届澳门公务航空展,传递支持港澳发展的积极态度。全年与港澳特区政府共同举办两场共建"一带一路"功能平台系列活动,推动中央企业与港澳工商界和专业服务机构对话对接;系统梳理中央企业对台工作,指导中央企业积极推动两岸经济融合发展。

(四)主动发挥参谋助手作用

2021年,关注境外披露风险、国企反腐败等国际动态,跟进研究国际贸易投资规则等新变化,常态化梳理国际疫情发展态势及外国国资监管、国企改革最新进展,起草专题报告,编写《新冠肺炎疫情有关国际动态》50期和《国资国企国际要情》5期,为国务院国资委中心工作提供信息支撑。

三、聚焦"内外联通",以贸易畅通助力打造参与国际经济合作及竞争新优势

(一)做好稳外贸稳外资工作

1—6月,系统总结推动中央企业做好稳外贸稳外资工作情况,提出工作设想,报送专题报告,明确工作框架体系。研究制定支持举措,推动解决瓶颈问题,

有关企业海运运力得到提升;丰富统计维度,加强重点领域和行业外贸外资数据分析,不断夯实工作基础。

(二)用好重要抓手

11月5—10日,组织98个中央企业交易分团1300余家单位近1.7万人参加第四届中国国际进口博览会,实现按一年计意向成交金额174.6亿美元,较上届增长3.5%,占大会总成交金额的近1/4。

(三)一个积极尝试

7月,探索提升中央企业国际经贸合作能力,推动国机集团联合28家企业发起成立中央企业经贸促进联盟;9月23—27日、9月26—28日,以展团形式统一谋划、统一区域、统一标识、统一组织,整合各方优势资源,分别参加第十三届中国—东北亚博览会、第二届中国—非洲经贸博览会,为中央企业开拓国际市场、稳定产业链供应链、加强对外协同等方面搭建新的交流平台。

(审稿人:孟华强 撰稿人:郑丁山)

行业协会商会监督管理与党建工作

2021年,在党中央坚强领导下,国务院国资委党委认真贯彻落实新时代党的建设总要求和新时代党的组织路线,以党史学习教育为抓手和主线,推动协会党的建设明显加强、领导班子建设持续优化、服务大局意识不断强化,党建工作取得新进展、新成效。

一、聚焦学党史、庆百年,持续砥砺初心使命,共同奋进的思想基础进一步夯实

紧紧抓住党史学习教育重要契机,强化思想理论武装,引导协会系统党员干部从党的奋斗历程中汲取前进力量、传承红色基因。一是政治理论学习不断加强。行业协会各级党组织和广大党员干部深入学习贯彻习近平新时代中国特色社会主义思想和党的十九届六中全会精神,自觉做党的创新理论的坚定信仰者和忠诚实践者。在习近平总书记全国国企党建会重要讲话发表五周年之际,专门召开行业协会党建工作座谈会,进一步深入学习贯彻总书记重要讲话精

神。组织直管协会领导班子成员参加提高政治能力专题培训班,深化对习近平总书记"七一"重要讲话精神的理解认识。各直管协会党委坚持"第一议题"制度,发挥党委理论学习中心组学习"龙头"作用,汇编整理习近平总书记关于本行业的重要论述,持续在学懂弄通做实上下功夫,自觉把各项工作与党中央决策部署对标对表,有效带动党员干部坚决捍卫"两个确立"、做到"两个维护"。二是党史学习教育成效明显。各直管协会党委深入贯彻落实党中央部署及国务院国资委党委要求,在行业协会组指导下,围绕学史明理、学史增信、学史崇德、学史力行的目标要求,强化组织领导、层层压实责任、统筹工作开展,把规定动作做到位、把自选动作做出彩。中国工经联主持编纂《中国工业史》,中国钢铁协会组织拍摄《钢铁脊梁》纪录片,把学党史与回顾行业发展史、奋斗史有机结合。中国商联等协会主动为会员企业减免会费,中国物联积极反映货车司机权益诉求、推动相关保障政策出台,用心用情办实事解难题。三是庆祝建党百年活动丰富多彩。举办"我心永向党"主题歌咏会,1500余名党员干部用歌声抒发爱党爱国热情。为近600名老党员颁发"光荣在党50年"纪念章,走访慰问260余名困难党员、老党员和老干部,极大增强党员干部的荣誉感和归属感。各直管协会通过纪念座谈会、党史知识竞赛和重温入党誓词等红色宣教活动,感悟伟大建党精神、赓续共产党人精神血脉。

二、聚焦抓班子、带队伍,持续增强履职能力,推动发展的组织支撑进一步强化

牢牢抓住领导干部这个"关键少数",努力打造适应新时代行业协会发展的过硬干部队伍。一是优化领导班子结构功能。大力推进协会换届工作,拓宽负责人选用渠道,选调多名优秀人才到协会任职,一批年富力强的干部进入协会领导班子,班子结构持续优化、整体功能明显增强。二是加强领导班子监督。完善协会两类负责人审批审核制度,严格把好负责人人选政治关、廉洁关。通过任前谈话、综合调研、列席民主生活会和组织生活会等,加强对协会"一把手"和领导班子的监督。建立直管协会党委年度工作报告机制,持续抓好党建述职考核,结合党史学习教育与15家直管协会党委书记逐一开展谈心谈话,督促各级党组织书记切实履行第一责任人职责。三是加大年轻干部培养力度。协会党员干部培训渠道更加通畅,参加中央党校等"一校四院"培训学习的人数大幅增加,

行业协会第二期中青年干部培训班成功举办。各直管协会普遍加大年轻干部培养使用力度,后备干部梯队建设呈现良好态势。

三、聚焦抓基层、打基础,持续提升标准化规范化建设水平,攻坚啃硬的战斗堡垒进一步筑牢

扎实推进"三基"建设,不断提升协会党组织凝聚力号召力,努力建好建强战斗堡垒。一是基层组织建设持续加强。坚持把党支部标准化规范化建设作为重要抓手,修订印发"两化"建设工作手册,宣传推广好的经验做法,发挥先进支部示范引领作用。中国纺联召开"两化"建设工作推进会,中国轻工联建立"两化"建设评价量化指标体系,各直管协会党委普遍建立党建工作联系点制度,班子成员深入一线加强指导,有力推动基层党建提质增效。二是党员教育管理更加有力有效。坚持集中教育和经常性教育相结合、组织培训和个人自学相结合,认真落实"三会一课"、主题党日等制度,充分运用各类红色资源,开展一系列教育培训活动。协会系统举办线上线下培训1300余场,培训党员6万余人次。中国产权协会与会员企业开展联学联建,中国石化联建立党员分层分类培训体系,着力将骨干培养成党员、将党员培养成骨干。三是制度体系不断完善。坚持制度治党、依规治党,各直管协会党委健全完善包括党建、纪检、人事等在内的一系列规章制度,有效提升党建工作规范化制度化水平。中国质量协会制定党支部建设细则等多项制度,为党组织发挥作用提供有力保障。

四、聚焦扬优势、尽职责,持续服务党和国家工作大局,党建工作的引领作用进一步凸显

始终胸怀"两个大局"、牢记"国之大者",在落实国家战略、促进行业发展、履行社会责任等工作中主动作为,充分发挥"中字头"协会应有作用。一是围绕国家战略持续用力。坚决落实碳达峰碳中和、创新驱动发展等重大战略,开展调研摸底、建立研究平台、参与政策制定,取得积极成效。中国有色协会等协会提出行业绿色排放标准政策建议,为行业实施"双碳"战略提供路线图和施工图。中国建材联推出首批"揭榜挂帅"项目,调动全行业力量开展重大科技攻关。二是聚焦能源保供多点发力。坚决贯彻习近平总书记重要指示精神,在能源电力保供中积极作为、彰显担当。中国煤炭协会、中国电联等协会密切监测行业运行,及

时反映企业在执行保供政策中的难点堵点问题,积极动员煤电油气企业开足马力、挖潜增产,有力支持能源保供稳价,为提升百姓"温暖指数"作出贡献。三是围绕防汛救灾和乡村振兴共同出力。组织直管协会坚决贯彻习近平总书记重要指示精神,动员行业企业投身抗洪抢险,作出积极贡献。着力巩固脱贫攻坚成果,中国企联、中国机械联等协会积极发挥自身优势,通过捐款捐物、产业对接、培训人才等方式助力乡村振兴,展现负责任的协会形象。

五、聚焦强作风、严纪律,持续深化党风廉政建设,风清气正的政治生态进一步巩固

坚定不移贯彻落实全面从严治党要求,坚持把严的标准、严的措施贯穿协会党建全过程。一是"两个责任"有效压实。召开行业协会党风廉政建设和反腐败工作会议,对协会系统各级党组织落实"两个责任"作出部署、提出要求。各直管协会党委书记切实履行管党治党"第一责任",班子成员认真落实"一岗双责",推动党风廉政建设持续向好。二是重点问题整改深入推进。扎实开展巡视整改"回头看",再次梳理廉洁风险点,全面清理整治代持股权问题,健全完善制度,堵塞管理漏洞、规范内部运行。三是作风建设常抓不懈。持之以恒抓好中央八项规定精神落实,坚持在元旦、春节等重要时间节点加强工作提醒、开展警示教育,防微杜渐、警钟长鸣,努力营造风清气正的良好环境。

2021年,行业协会党的领导党的建设更加坚强有力,引领协会各项事业取得新的明显成效,1家协会党组织获评"全国先进基层党组织",12家协会获评"全国先进社会组织"。

(审稿人:高 岩 宋光兰 撰稿人:刘 瑞 史彩言)

国务院国资委党委对中央企业开展巡视工作情况

2021年,国务院国资委党委坚持以习近平新时代中国特色社会主义思想为指导,深入学习贯彻习近平总书记关于巡视工作的重要论述和党中央新部署新要求,贯彻落实《关于中央部委、中央国家机关部门党组(党委)开展巡视工作的指导意见(试行)》(以下简称《指导意见》)和《关于加强巡视巡察上下联动的意见》(以下简称《上下联动意见》),认真落实全国巡视工作会议和中央单位巡视工作调研座谈会精神,全面贯彻巡视工作方针,对标对表中央巡视,聚焦"国之大者",与时俱进深化政治巡视,高质量完成对国务院国资委党委管理领导班子的中央企业(以下简称委管企业)巡视全覆盖,推动国资央企巡视巡察上下联动,强化巡视整改落实和成果运用,着力加强规范化、法治化、信息化建设,国务院国资委巡视工作迈上新台阶、取得新成效,以高质量政治监督保障国资央企事业高质量发展。

一、主体责任进一步夯实,高质量完成对委管企业巡视全覆盖

(一)党委高站位统筹谋划巡视工作

国务院国资委党委坚决对标习近平总书记重要指示批示精神,坚决向习近平总书记看齐,把巡视工作作为强化党内监督,推进全面从严治党的重要抓手,与国资央企改革发展党建工作统一谋划、部署、推进。国务院国资委党委书记、主任郝鹏认真履行巡视工作第一责任人职责,担任巡视工作领导小组组长,把巡视工作作为"书记工程"来抓,多次在中央企业负责人会议、党风廉政建设和反腐败工作会议等系统重要会议上强调巡视工作的重要性,就做好巡视工作作出部署、提出要求;落实"四个亲自"要求,亲自确定每轮巡视对象和工作方案,带领巡视工作领导小组全面深入研究每份巡视报告、谈话报告、问题线索报告,主持召开党委会议及时听取巡视情况汇报,对巡视反映的突出问题提出明确具体的处理意见。中央纪委国家监委驻国务院国资委纪检监察组组长、国务院国资委党委委员陈超英作为分管领导直接推动巡视工作。担任巡视工作领导小组副组长,全程统筹指挥调度,出席每轮巡视部署会,明确任务要求;主持召开中期汇报会,对下一步工作把关定向,提出针对性指导意见;指导驻国务院国资委纪检监察组全面梳理研究各巡视组反映的重点人问题线索,对涉嫌严重违纪的,提前介入,及时办理;督促抓好立行立改,发挥巡视震慑作用;主持召开巡视工作领导小组会议,逐一听取巡视组巡视情况汇报,对做好向国务院国资委党委综合汇报提出明确要求。党委委员把抓好巡视工作作为履职尽责的重要抓手。巡视前与巡视办负责人深入研究分管领域的巡视监督重点,巡视后督促分管厅局抓好巡视移交事项办理,特别是参加巡视反馈成为

制度性安排,各党委委员参加每轮巡视反馈,与企业党委书记深入沟通,明确提出整改要求,压牢压实整改责任,增强巡视反馈的权威性。

(二)高质量完成对委管企业巡视全覆盖

积极克服疫情影响,坚持工防结合,创新组织方式,积极推进全覆盖步伐,助力实现十九届中央一届任期内对中央企业巡视全覆盖。高质量完成两轮常规巡视。组织开展两轮对12家委管企业常规巡视,党的十九大以来完成8轮对48家委管企业的巡视,高质量实现对委管企业巡视全覆盖,完成国务院国资委党委巡视的核心任务。创新开展违规挂靠专项巡视巡察。落实《上下联动意见》精神,与驻国务院国资委纪检监察组共同对42家委管企业开展违规挂靠专项巡视,委管企业同步开展内部专项巡视巡察,以上下联动推动习近平总书记有关重要指示批示精神在国资央企一贯到底。国务院国资委党委巡视组、委管企业巡视组、委管企业下级企业巡察组"三级联动",国务院国资委党委、驻国务院国资委纪检监察组派出6个巡视组65名干部,产权局、法规局、改革局等业务厅局参加,42家委管企业党委派出巡视巡察组参加专项巡视巡察。

(三)坚持把"严"的主基调一贯到底

始终坚持问题导向,把发现问题作为巡视工作生命线,准确把握委管企业全面从严治党阶段性特征,聚焦风险集中的重点领域、关键环节、重要岗位深入查找问题,切实把"严"的主基调贯穿巡视工作始终。突出加强对"一把手"的监督。认真落实《关于加强对"一把手"和领导班子监督的意见》要求,紧紧盯住"一把手"的权力责任,切实加强对"一把手"对党忠诚、履职尽责等方面情况的监督,巡视报告将"一把手"履行第一责任人职责、执行民主集中制、廉洁自律等方面情况单独列出,向党委和领导小组作专门汇报。坚决推进立行立改。巡视期间,巡视组坚决推动企业党委开展立行立改,在驻国务院国资委纪检监察组支持指导下,督促支持企业召开警示教育大会,持续释放惩治腐败高压信号,充分发挥警示遏制作用,解决一批群众反映强烈的突出问题,受到干部职工广泛好评。

二、政治巡视进一步深化,自觉跟进服务保障"国之大者"

(一)与时俱进深化政治巡视

紧扣新时代新阶段新任务,突出加强对习近平总书记重要指示批示精神落实情况的监督,重点发现并推动解决习近平总书记批示的、指出的、关注的问题。紧紧围绕企业贯彻落实党的十九届五中全会精神、贯彻"三新一高"要求、编制实施"十四五"规划、推进科技自立自强、落实国企改革三年行动、守住安全发展底线等党中央重大决策部署贯彻落实情况加强监督检查,推动企业进一步准确把握在新发展阶段、新发展格局中的定位,完整、准确、全面贯彻新发展理念,认真履行新时代赋予的职责使命,以精准务实的举措推动高质量发展,确保"十四五"开好局、起好步。

(二)更新完善政治巡视监督内容体系

坚持高标准对标对表中央巡视,把中央巡视国务院国资委和中管企业发现的突出问题作为巡视监督重点,持续优化完善国务院国资委政治巡视监督内容体系,努力做到与中央巡视上下联动、同题共答,与国资央企改革发展和党的建设重点工作同频共振、同向发力。在2021年的常规巡视中,滚动更新、优化形成以"4个落实,15个了解,132个是否"为主体的巡视监督内容体系;在违规挂靠专项巡视巡察中,将监督检查内容细化为"三大方面、36个是否",明确重点监督的行业领域和业务环节,提高巡视监督的针对性、实效性。

三、国资央企巡视巡察工作战略格局进一步完善,一体推进上下联动、贯通融合

(一)加强对委管企业巡视工作的督促指导

重点抓好《上下联动意见》落实。研究制定具体贯彻落实方案,确定5个方面15项重点任务。在北京召开委管企业巡视机构专题视频会议、在深圳召开驻粤3家委管企业巡视巡察办主任调研座谈会,推进《上下联动意见》进一步落实落地。压实委管企业党委巡视工作主体责任。通过专项检查、日常指导、检查督导、现场调研等方式,督促指导企业党委切实把巡视工作主体责任履行到位,将企业贯彻落实《指导意见》及实施办法情况,纳入中央企业年度党建考核内容。加强"一对一"精准业务指导。对14家中央企业进行"一对一"精准业务指导,重点就深入贯彻落实两个意见精神提出具体要求,覆盖企业各级巡视巡察干部近8000人。探索开展"一对一"精准考核。制定印发委管企业巡视巡察工作考核办法,按照"实绩优先、量化考核"的原则,设置5个方面30项量化考核指标,对企业年度

巡视巡察工作进行分档考核,考核结果通报中央企业。规范委管企业巡视机构设置。截至2021年底,48家委管企业全部设置巡视办,专职巡视办主任、专职副主任60余人,组长库、人才库6000余人。强化制度规范传导。对标中央巡视,编印《国资委党委巡视工作制度汇编》(52项制度),发送委管企业,以制度传导促进企业巡视巡察规范化。

(二)上下联动抓好队伍建设,发挥熔炉作用

抽调新提拔和具有培养潜力的中央企业领导干部参加巡视。探索建立抽调中央企业优秀年轻领导干部参加巡视工作机制,把新提拔和具有培养潜力的企业领导干部纳入巡视"组长库"和"人才库",由国务院国资委企干二局有计划、有重点地选派到巡视岗位接受锻炼,实现"淬火成钢"。2021年,两轮常规巡视抽调12名企业领导干部参加巡视,其中8人担任巡视组副组长。抽调国务院国资委机关和中央企业专业干部参加巡视。坚持从国务院国资委机关和中央企业选派熟悉纪检监察、组织人事、党建、财务、审计等业务的工作骨干参加巡视。每轮抽调委管企业纪委副书记进入巡视组,参加组会,有力提升巡视专业化水平和发现违纪违法问题线索的能力。积极选派国务院国资委和中央企业巡视干部参加中央巡视。在中央巡视办大力支持下,党的十九大以来,选派30余名国务院国资委机关巡视干部和中央企业巡视干部参加中央巡视。定期召开参加中央巡视经验分享会议,参加中央巡视的人员介绍经验、交流体会、查找自身不足,国务院国资委党委巡视机构全员参与、全员学习,进一步放大示范传导作用。抽调委管企业巡视巡察干部参加巡视。有计划地选派委管企业巡视办主任、巡视组组长参加国务院国资委党委巡视。对标对表中央巡视,制定《关于采取"以干代训"方式为委管企业培养巡视巡察工作骨干的实施办法(试行)》,建立抽调中央企业巡视巡察干部参加巡视的工作机制。党的十九大以来抽调中央企业巡视巡察干部180余人次进入国务院国资委巡视办工作、参加巡视组巡视,为中央企业内部巡视巡察培养"火种"。

(三)强化贯通融合,充分发挥国有资产大监督格局独特优势

加强制度创新,在制度流程中强化贯通融合的力度。国务院国资委党委高度重视各项监督贯通融合的制度建设,将完善贯通融合制度体系作为国企改革三年行动重要工作举措之一。巡视办持续加强有关制度建设,重点修订完善国务院国资委党委巡视工作流程和相关配套制度,进一步明确巡视监督与纪检监察监督、出资人监督沟通协调的工作机制和具体措施。加强机制创新,在常规巡视中不断拓展贯通融合的广度。在2021年两轮常规巡视中,驻国务院国资委纪检监察组和12个厅局向巡视组全面通报情况、共享监督成果,11个厅局深入落实巡视移交事项、共同督促巡视整改。特别是驻国务院国资委纪检监察组深度参与巡视工作,巡视前专门通报领导干部问题线索情况,巡视中参加中期汇报、指导立行立改加强政策指导。企干一局、企干二局派出专项检查组同步开展选人用人专项检查,深入发现选人用人突出问题,既借力巡视利剑作用,又助力巡视工作。加强实践创新,在违规挂靠专项巡视中不断挖掘贯通融合的深度。在2021年开展的违规挂靠专项巡视巡察中,驻国务院国资委纪检监察组与国务院国资委巡视办全程研究、持续推进。驻国务院国资委纪检监察组选派纪检监察室主任担任巡视组副组长,国务院国资委产权局选派局内优秀骨干分到各巡视组,法规局选调企业法务干部参加巡视。国务院国资委财管运行局同步开展财务资金专项检查,综合监督局同步开展境外腐败治理专项检查。通过巡视组多元化人员构成,推动巡视监督与纪检监督、监察监督、出资人监督贯通融合,发挥"大监督"优势。

四、巡视"后半篇文章"进一步做实,统筹推进国资央企巡视整改和成果运用

(一)持续推进中央巡视国务院国资委党委整改落实

对国务院国资委机关落实中央巡视整改情况开展"回头看",确定的208项整改措施中,落实148项应完成的整改措施,50项完成阶段性工作的整改措施按计划分阶段进行落实,10项长期坚持的整改措施基本形成长效机制。

(二)持续深入督促中管企业抓好中央巡视整改

坚持线上指导和线下督促相结合,整体推进与重点督促齐发力,充分发挥中央企业巡视巡察在线监管系统作用,探索通过审核报告、出具书面意见等方式,对中管企业巡视整改进行"一对一"指导。

(三)切实加强国务院国资委巡视委管企业成果运用和整改落实

严把整改成效审核关口,由巡视办会同驻国务院

国资委纪检监察组、企干二局等对2020年两轮巡视的12家委管企业巡视整改情况报告进行审核把关。加强对深化整改阶段的督促指导，对党的十九大以来巡视的30家委管企业深化巡视整改情况进行持续督导。强化贯通融合、发挥国资监管大监督优势，巡视办会同驻国务院国资委纪检监察组和法规局、财管运行局、科创局、综合监督局、监督追责局、企干二局等加强日常督导、重点督导，相互借力、成果共享，推动整改不断深化、走实，让"后半篇文章"更加精彩。

五、自身建设进一步提升，着力推进规范化、法治化、信息化建设

（一）对标中央巡视健全完善巡视工作制度体系

2021年，制（修）订制度17项，进一步完善以"一规划""两办法""四规则"为主体，以50项具体工作制度为支撑，相互衔接配合的巡视工作制度体系。进一步强化巡视方案刚性约束力。结合不同巡视对象的规律特点，领导小组专门研究制定每轮巡视方案，确定每轮巡视的路线图、施工图，各巡视组"挂图作战"有序推进、"按图索骥"查找问题，确保巡视客观精准发现问题。进一步强化中期汇报把关定向作用。巡视工作领导小组把听取中期汇报作为加强对巡视工作领导的重要抓手，对各巡视组中期汇报材料进行深入研究讨论，全面强化政治定位把关、总体判断把关、具体问题把关，对下一阶段工作提出明确要求，巡视办持续加强跟踪督促，确保巡视工作方向不偏、焦点不散。进一步强化组办沟通会商、协同发力。巡视办从巡视进驻就深入巡视组工作，会同巡视组听取企业汇报、研究下沉了解方案，对巡视报告、谈话报告、线索报告进行严格把关、实质审核，协助巡视组牢牢把握领导小组工作要求，切实提升巡视工作质量。

（二）积极稳妥推进巡视信息化建设和应用

认真贯彻《关于巡视巡察信息化建设的指导意见（试行）》，在做好保密前提下，积极落实中央巡视信息系统推广部署工作。中央企业巡视巡察在线监管系统全面投入试用，实现对中央企业巡视巡察全覆盖过程实时在线监管。完成巡视工作日常管理系统研发，进一步提升内部管理规范化水平。坚持保密管理与信息化应用同步提升，持续推进涉密单机版、涉密专管版等系统的应用。巡视信息化建设的总体规划目标全面完成，为提升监督质量和效率提供有力支撑。

（三）坚持党建引领走好"第一方阵"

强化创新理论武装。出台《巡视机构党总支学习成效评估制度》，建立"双周报、人人讲"机制，累计完成党课80余人次；着力完善青年理论学习小组学习机制，打造"青年说"品牌。扎实开展党史学习教育。制定党史学习教育23项重点任务，深入开展"我为群众办实事"实践活动，与中央企业基层党支部、北京市门头沟苇子水村党支部开展结对共建，帮助联系点企业、被巡视企业职工群众解决实际困难。严格纪律作风要求。制定加强和改进思想政治工作措施清单22项；严格规范八小时之外政治言行，严格管理巡视干部使用微信、微博等行为；全面实施巡视"后评估"，解决"谁来监督巡视组"的问题；严格落实党风廉政监督员制度。推动党建与业务工作深度融合。制定模范机关建设年度重点措施29项，出台管思想、管工作、管作风、管纪律的制度20项；通过现场督导、建立党建联络员等，推动各党支部完善业务工作制度37项。2021年，国务院国资委巡视机构党总支被评为"中央和国家机关先进基层党组织"。

（审稿人：贾春曲 撰稿人：王天佐）

国企改革三年行动进展情况

2021年是国企改革三年行动的攻坚之年。习近平总书记多次对国企改革三年行动作出重要指示批示，李克强总理在《政府工作报告》中提出明确要求。各地方、各相关部门和广大国有企业以习近平新时代中国特色社会主义思想为指导，坚决贯彻落实党中央、国务院决策部署，按照"可衡量、可考核、可检验、要办事"的要求，坚持高目标引领、高站位谋划、高效率推进，取得一系列重要成果和宝贵经验，截至2021年底，完成国企改革三年行动任务70％以上。

一、积极推动国企改革三年行动深入实施

国务院国资委始终以习近平总书记关于国有企业改革发展和党的建设重要论述为指导，将国企改革

三年行动作为重要政治任务来抓,以时不我待的强烈紧迫感和前所未有的工作力度,以高度的政治责任感和历史使命感推动各项任务举措落实落地。

(一)充分发挥国务院国资委作为国务院国企改革领导小组办公室的作用

一是系统谋划改革工作。协调推动各相关部门制定《国企改革三年行动方案(2020—2022年)》配套操作性文件。研究制定国企改革三年行动年度工作要点,明确改革思路和需要着力抓好的重点任务。二是统筹推进重点难点问题。筹备召开两次国务院国企改革领导小组会议,研究重大问题,制定方案和政策。通过召开领导小组办公室会议等方式,专题研究推动解决分类核算、规范补贴、建立和完善国有经济统计评价体系等重点专项任务。三是对国企改革中发现的问题进行把关、提醒,确保国企改革的正确方向。

(二)狠抓调研督导考核促进改革落地见效

一是深入开展调查研究。国务院国资委领导班子多次深入基层一线,了解主要矛盾焦点和企业重要期盼,听取各方面意见建议。二是开展专项督查。组织开展国企改革三年行动重点任务落实情况专项督查,对山东、吉林、广东、安徽4个省和10户中央企业开展督查。三是建立完善在线督办系统。每月采集97家中央企业、37个地方三年行动重点改革任务进度数据,及时通报并对进展滞后的印发督办函。四是分别对中央企业、地方三年行动重点任务进行考核、评估,充分发挥考核、评估"指挥棒"作用,扎实有力推进改革。

(三)建立健全系统高效的改革推进机制

一是建立"军令状"制度。各部门、各地方、各国有企业深入落实第一责任人制度,建立"一把手"挂帅的工作小组,层层立下军令状,做到"军中无戏言",全面压实责任。二是坚持系统化推进。运用系统思维谋划改革、推进改革,加强统筹协调,各改革主体之间、政策措施之间、改革成效之间更加突出系统集成、协同高效。三是建立清单化举措。把29个部门改革任务细化为337项具体举措,37个地方和98户中央企业分别形成3293项和13196项改革举措,层层分解任务,倒排工期,跑表计时,月清项清。四是实行穿透式操作。组织召开中央企业改革三年行动推进会、10次专题推进会,以视频方式直接连通重要子企业、地市国资委,一次会议2000多个分会场,30000多各层级人员参加,做到"一竿子插到底",发挥"指导、培训、示范、督导、纠偏"等作用。

(四)坚持"既做又说"营造良好的改革氛围

一是持续加强主流媒体宣传。通过《人民日报》、中央电视台、新华社专题报道,以及新闻发布会、媒体通气会等多种方式,大力宣传国企改革成就。利用企业发展高层论坛、亚布力论坛等场合积极为国企改革发声。二是注重典型经验推广。累计推出典型案例77个、编发改革简报139期,对改革经验进行学习宣传贯彻推广,营造典型引路、比学赶超的浓厚氛围。三是主动与国际社会交流沟通。与中国欧盟商会和美国商会、古巴驻华使馆举办中国国企改革对话等活动,讲好国企改革故事,取得良好效果。

二、国企改革三年行动取得一系列重大标志性成果

国企改革三年行动实施以来,有力解决一批长期想解决而没有解决的难题,有力激发企业发展的活力动力,有力提升国有企业服务国家战略、履行社会责任的能力,取得一系列标志性成果。

(一)全面深入落实"两个一以贯之",中国特色现代企业制度更加成熟定型

认真贯彻《关于中央企业在完善公司治理中加强党的领导的意见》,印发《中央企业董事会工作规则(试行)》《关于中央企业加强子企业董事会建设有关事项的通知》等文件,初步建立较为系统、务实管用的中国特色现代企业制度体系。各层级国有企业全面制定并实施党委(党组)前置研究讨论重大经营管理事项清单,基本实现董事会应建尽建,绝大部分企业实现外部董事占多数,超过80%的中央企业集团公司和地方一级企业制定董事会授权制度。国有企业党组织把方向、管大局、促落实,董事会定战略、作决策、防风险,经理层谋经营、抓落实、强管理,权责法定、权责透明、协调运转、有效制衡的公司治理机制加快形成,有效探索市场经济条件下党领导国有企业的治理架构。

(二)战略性重组和新兴产业布局取得重大进展,国有资本结构更加优化

加大中央企业重组整合力度,推动中化集团和中国化工联合重组、鞍钢重组本钢、宝武集团重组太钢、中国电科重组中国普天,组建成立中国星网、中国电气装备、中国物流和中国稀土集团等中央企业。随着重大重组整合项目的成功实施,国有资本在重要行业和关键领域的竞争力、影响力、控制力进一步增强,战略性新兴产业布局进一步提速。"僵尸企业"处置基本

完成,"两非"(非主业、非优势)、"两资"(低效资产、无效资产)剥离清退完成率均超过80%,1400余户中央企业重点亏损子企业实现大幅减亏,优势资源更为集中,抗风险能力持续提升。国有企业剥离办社会职能等任务进入扫尾阶段,全国国有企业"三供一业"和市政社区分离移交、医疗教育机构深化改革、厂办大集体改革和退休人员社会化管理完成比例均在99.6%以上,彻底卸下国企身上沉重的历史包袱,为国有企业轻装上阵迈向现代新国企提供必要条件。

(三)一批关键核心技术攻关取得突破,科技自立自强内生动力更加强劲

坚持支持政策"能给尽给、应给尽给",推动兑现考核加分、研发费用加回、资本金注入、工资总额单列等一系列政策落实落地,有效激发企业和职工创新创造活力。创新要素加速集聚,研发投入持续加大,2021年中央企业研发投入超过9000亿元,研发投入强度2.5%,其中工业企业研发投入强度2.9%;新建国家技术创新中心3家、制造业创新中心2家、国家工程研究中心1家;中央企业22人当选"两院"院士。科技攻关取得重要进展,组织中央企业加快关键核心技术攻关,在核心电子元器件、关键零部件、材料等领域取得系列突破;中央企业获得国家技术发明奖和国家科技进步奖106项,获奖数量创历史新高。推动自主创新成果应用,发布中央企业创新成果推荐目录,集中推广分析测试仪器、基础软件等8个领域178项成果。"天问一号"着陆火星、中国人首次进入自己的空间站、"深海一号"大气田正式投运、"华龙一号"商业运行等中央企业锻造的一系列大国重器极大振奋中华民族自信自强的志气骨气底气,国有企业在科技自立自强中更好地发挥引领作用。

(四)三项制度改革持续破冰破局,国有企业市场化经营机制更加灵活高效

以经理层成员任期制和契约化管理为"牛鼻子",更大力度、更深层次推进管理人员能上能下、员工能进能出、收入能增能减。截至2021年底,经理层成员任期制和契约化管理签约率超过90%,形成中国特色现代企业制度下的新型经营责任制。市场化用工制度普遍推行,各层级国有企业新进员工全面实行公开招聘,大力推进管理人员竞争上岗、末等调整和不胜任退出。中长期激励"政策包"和"工具箱"进一步丰富,5600多户具备条件的企业通过上市公司股权激励、科技型企业股权和分红激励、国有控股混合所有制企业骨干员工持股、超额利润分享等多种方式开展中长期激励,惠及人员超过45万人,企业与骨干员工形成更加紧密的利益共同体。市场化机制在各层级企业深入推进,一大批传统企业焕发新活力,国有企业干部职工干事创业的热情普遍空前高涨,一大批国有企业全面建设市场化机制,迈向现代新型国企。积极稳妥推进混合所有制改革,着力通过优化股权结构、引进积极股东、实施精准化差异化管控,着力推进混合所有制改革企业深度转换经营机制。上市公司成为国企混合所有制改革重要形式,截至2021年底,中央企业资产总额的67%、净资产的63%进入上市公司,营业总收入的67%、利润总额的78%来自上市公司。

省级经营性国有资产集中统一监管基本完成,"三化"监管更加彰显优势各级国资委认真履行国有企业出资人职责、专司国有资产监管职责和负责国有企业党的建设"三位一体"职责,不断强化管资本与管党建相结合、履行出资人职责与履行国资监管职责相结合、党内监督与出资人监督相结合"三个结合"的监管合力,形成专业化、体系化、法治化"三化监管"综合优势,为深化国企改革提供体制保障。全面完成权责清单制定,厘清界面关系,坚持授权与监管相结合、放活与管好相统一,不断优化管资本的方式和手段,充分激发微观主体活力。针对国有资本投资、运营公司和其他国有企业集团公司不同特点,进行分类授权放权。全国国资国企在线监管系统全面建成,业务监督、综合监督、责任追究"三位一体"的出资人监督闭环进一步完善,中央企业积极推动建立党内监督为主导,纪检监察、巡视巡察、财务、内审、违规追责等各类监督手段统筹协调、资源共享的"大监督"模式,监督更加协同高效。省级经营性国有资产集中统一监管占比95%以上。

(五)适应高水平对外开放要求,推进国有企业公平参与竞争的环境更加有利

全面完成公司制改革,国有企业作为独立市场主体,按照《中华人民共和国公司法》和公司章程健全内部治理体系,规范公司治理,依法自主开展生产经营。研究形成中央企业公益性业务分类核算分类考核实施方案,并在中央企业试行。推进国铁集团、邮政集团探索开展分类核算工作。研究规范补贴问题。研究制定国有经济统计监测制度,完善国有经济统计评价体系,推动国有经济功能作用的监测和评价指标体系相关工作。

(六)重点专项行动有力有序推进,典型示范带动效应更加显著

"双百行动""科改示范行动"持续推进,400余户

"双百企业"全员劳动生产率85.3万元/(人·年),远高于全国国有企业平均水平。200余户"科改示范企业"利润总额和净利润增长率均高出国有企业平均水平10个百分点以上。区域性综改试验进一步扩围升级,杭州、武汉、西安、青岛四地纳入第二批综改试验区。推动航天科技、国家电网、中国中车集团等11户示范企业创建世界一流,加快在通信、信息技术、互联网、清洁能源、高端装备制造等行业培育一批龙头企业。

(七)国有企业党的领导党的建设持续加强,高质量党建引领高质量发展更加坚强有力

扎实开展党史学习教育活动,组织召开习近平总书记全国国有企业党的建设工作会议重要讲话发表五周年学习座谈会,举办国资央企党建工作展,推进国有企业党建工作深入实施。推动中央企业和地方一级企业全面建立"第一议题"制度和践行不忘初心、牢记使命长效机制,健全跟进督办制度,确保习近平总书记重要指示批示和党中央决策部署得到不折不扣的落实。认真贯彻《中国共产党国有企业基层组织工作条例》,持续推进国有企业党建工作与生产经营深度融合,党建工作责任制考核全面施行。持续深化党风廉政建设和反腐败工作,巩固风清气正的政治环境。持续深化党风廉政建设和反腐败工作,保持正风肃纪反腐高压态势,加快构建一体推进不敢腐、不能腐、不想腐的体制机制,巩固风清气正的政治环境。

展提供强劲动力,有力提升国有企业服务国家战略和履行社会责任的能力,为我国经济稳中向好提供有力支撑。一是经济效益再创新高。2021年,全国国有企业实现营业收入75.6万亿元、利润总额4.5万亿元,分别比上年增长18.5%、30.1%,两年平均增速分别为9.9%、12.1%。国资系统监管企业实现营业收入71.7万亿元、利润总额4.5万亿元,分别比上年增长19.2%、28.3%,两年平均增速分别为10.7%、12.8%,其中,中央企业实现营业收入36.3万亿元、利润总额2.4万亿元,分别增长19.5%、30.3%,两年平均增速分别为8.2%、14.5%。二是战略支撑作用显著增强。坚决落实京津冀协同发展、长江经济带发展、粤港澳大湾区建设、长三角一体化发展等国家重大战略,深化央地合作,先后签署各类投资项目200多个。中央企业积极落实北京非首都功能疏解,参与雄安新区项目800余个。制定中央企业"双碳"工作的指导意见,推动减污降碳协同增效,严控"两高"项目盲目发展。三是社会贡献不断加大。高水平建设运营冬奥会场馆,履行强军首责优质高效交付军品任务,建立健全应急状态下参与应急救援的制度机制,全力保障新冠疫苗生产供应,紧急驰援河南防汛抢险,特别是不讲条件、不计代价坚决打好能源保供攻坚战。2021年,中央企业累计上缴税费2.4万亿元,比上年增长20%;地方监管企业累计上缴税费2万亿元,比上年增长17.7%。

(审稿人:尹义省 撰稿人:田相庆)

三、国企改革三年行动促进企业发展质量和效益提升

国企改革三年行动的深入实施,为企业高质量发

各省（区、市）国有资产监督管理概况

第三篇

2022
CHINA'S STATE-OWNED ASSETS SUPERVISION AND ADMINISTRATION YEARBOOK

中国国有资产监督管理年鉴

北京市

一、北京市国有资产监督管理工作综述

2021年,北京市国资委系统坚持以习近平新时代中国特色社会主义思想为指导,全面贯彻落实中央和市委、市政府决策部署,统筹疫情防控和国资国企改革发展,迎难而上、奋力拼搏,各项工作取得显著成效,实现"十四五"良好开局。2021年,市管企业资产总额6.47万亿元,实现营业收入超过2万亿元,比上年增长17.9%;利润总额1328.4亿元,比上年增长38.6%;已交税费总额1355.4亿元,比上年增长3.7%。

(一)深化改革实现新突破

以市委、市政府两办名义印发《北京市国企改革三年行动实施方案》,制定市、区、企业三级分工方案,完成90%以上的总体改革任务,超额完成国务院国资委年度考核目标。一是科学有效的国企治理体系加速形成。出台完善市管企业中国特色现代企业制度实施方案,市管企业全部制定党委前置研究清单,具备条件的国有独资、全资和绝对控股企业全部完成党建入章,全部实现"双向进入、交叉任职"。实现董事会应建尽建,超过70%的市管企业实现外部董事占多数,将董事会任期评价结果纳入任期经营业绩考核,切实提升董事会行权履职能力。二是市场化改革取得重要突破。基本完成公司制改革,改革企业数量位居全国前三,取得历史性突破。发挥市场化选人用人的"牛鼻子"作用,超过90%的市管企业实施经理层任期制和契约化管理。印发深化劳动用工、收入分配改革的实施意见,深入实施全员绩效管理,健全职工调整退出机制。制定规范实施股权和分红激励工作的指导意见,推动10家企业开展股权和分红激励。制定容错纠错工作的指导意见,营造干事创业良好氛围。三是国有资本功能有效放大。与国务院国资委共同举办混合所有制改革项目推介会,全年实施混合所有制改革项目100余项。出台推动市属国有上市公司高质量发展意见。

(二)创新发展迈出新步伐

一是强化创新政策供给。出台市管企业数字化转型实施意见。安排国资预算10多亿元,12家企业研发投入视同利润考核超过100亿元,市管企业研发经费投入523.9亿元,创历史新高。鼓励企业加快示范应用,6家市管企业采购首台(套)装备2600多台(套)。二是构建融通创新生态。联合中央企业共同发布应用场景106项,推动成立中关村数字经济产业联盟。三是加快创新成果落地。举办"十三五"创新成果发布会,展示国企创新发展成就。城建集团、建工集团、京城机电、京能集团、京投公司、北京建院等6家企业创新技术获得国家科技进步奖。

(三)布局优化获得新进展

出台国有经济"十四五"发展规划,确定"三四六"总体思路,市管企业全部编制战略规划。一是持续发力调结构。将市管企业主业由117个优化至59个。加快绿色低碳转型发展,北京绿色交易所升级为国家级绿色交易所。服务北京国际消费中心城市建设,推进新建和改造提升商业项目8个,首旅集团携手近30家品牌推出"北京有礼"京式伴手礼平台。全年处置"僵尸企业"212户、出清"两非""两资"企业240户。二是集中发力优配置。推进企业战略性重组,利用城乡集团上市公司平台推动外企人力资源公司重组上市;北辰集团组建首都会展集团,京能集团牵头组建健康养老集团。深化企业内部资源整合,首旅集团实施王府井和首商股份资产重组。三是精准发力减包袱。建立化解企业历史遗留问题市级联席会议机制,市领导亲自挂帅、市国资委专班协调、企业主责推进,迁安矿区"两种户口"、农租房腾退等12件积压多年"老大难"问题得到基本解决。市管企业非经营性资产及在京中央企业"三供一业"分离移交、退休人员社会化管理、所办医疗教育机构深化改革、厂办大集体改革等工作基本收尾。

(四)服务能力展现新作为

积极履行国有企业政治责任、社会责任。一是高

质量做好重大活动服务保障。全力服务保障建党100周年庆祝活动,完成环境提升、景观布置、物资供应、会场服务、交通保障等300多项任务;北投集团、城建集团、北京建院等企业完成中国共产党历史展览馆建设。高水平服务冬奥会、冬残奥会筹备召开,承担建设服务保障任务194项,国家速滑馆、高山滑雪中心、雪车雪橇中心等竣工投用。首钢集团、北辰集团、中关村发展集团等圆满完成服贸会、中关村论坛等保障任务。二是高标准推动京津冀协同发展。全面落实疏整促任务,完成违法建设拆除等项目。5家市管企业率先向城市副中心搬迁,北京环球影城克服疫情影响顺利开园运营。巴威曹妃甸高端制造业基地等项目加快建设,新机场北线东西延工程具备通车条件,永定河865千米河道自1996年以来首次实现全线通水。17家市管企业在雄安新区投资项目近100个。三是高水平融入城市治理。积极参与城市更新行动,市管企业完成四达大厦、新大都等低效楼宇改造,首开集团、建工集团等企业全面参与老旧小区综合整治。统筹抓好两件"关键小事",全系统物业管理实现全覆盖,42万名干部职工参与"桶前值守"。不断提升公共服务水平,北京鲜活农产品流通中心试营业,地铁公司在站点布设便民服务设施130处,新建自来水厂、新开通地铁线路数量均创历史新高。四是高起点保障和改善民生。积极对接毕业生、退伍军人等群体需求,京能集团坚决扛起保暖保供责任,排水集团成立抢险突击队、时尚控股调运救灾棉帐篷紧急驰援河南防汛抢险。市管企业"接诉即办"月均综合成绩在90分以上,始终保持全市前列。推进脱贫攻坚成果同乡村振兴有效衔接,选派118名第一书记帮扶集体经济薄弱村,占全市的20%,北京市国资委消费帮扶经验入选2021年全国典型案例。

(五)监管效能迈上新台阶

一是监管方式不断创新。强化出资人监管,紧盯外部董事、派出总会计师和企业总法律顾问履职情况,首次组织外部董事、派出总会计师现场述职报告。出台加强内部审计监督等制度,稳步推动总审计师试点工作。整合系统内外监督资源,在全国率先出台构建市管企业"六位一体"监督协同机制实施意见,成立推进小组。召开国资监管数字化转型推进会,协同建设出资人监管信息化平台和企业在线管控平台。二是提质增效深度发力。深入开展"三降一减一提升"专项行动,市管企业整体资产负债率64.9%,降至近十年最好水平;"两金"占比比上年减少3.3个百分点,每百元营业收入支付成本费用比上年降低1.5元,累计实现减亏639户。"一企一策"研究推进公共服务企业降本增效,取得初步成效。三是风险防范扎实推进。开展提高重大风险防控能力专项整治,市领导和市国资委领导班子带队到重点企业开展完善内控体系建设督导,推动企业提高风险防控能力。出台市管企业合规管理指引,强化法律纠纷管理。加强企业京外境外投资监管,开展融资性贸易等高风险业务"回头看"排查工作。

(六)国企党的建设取得新成效

一是党的政治建设持续强化。深化落实中央加强党的政治建设意见和市委贯彻措施,市管企业全部建立完善"第一议题"制度、跟进督办制度和践行"不忘初心、牢记使命"长效机制,全部建立重大事项请示报告制度。牢牢把握党对意识形态工作的领导权,妥善处置应对舆情事件。二是党史学习教育扎实开展。深入学习"四史",把学习贯彻党的十九届六中全会精神与学习贯彻习近平总书记"七一"重要讲话精神、党史学习教育系列讲话精神结合起来。精心组织庆祝建党100周年系列活动,颁发"光荣在党50年"纪念章,召开"两优一先"表彰大会,拍摄《力量》专题片,组织"永远跟党走"宣讲。结合开展"我为群众办实事"实践活动。三是基层组织建设不断加强。开展全国国企党建会精神贯彻落实情况"回头看",编印国企党建优秀案例,全面总结五年来国企党建成效经验。在全国率先出台国企党支部参与重大问题决策指引,研究制定加强混合所有制改革企业党建暂行办法,编制"十四五"人才发展规划。探索社会化背景下企业老干部工作运行机制,做好新形势下老干部工作。四是管党治党责任进一步压实。召开系统全面从严治党大会、警示教育大会,逐级制定党建"三个责任"清单,全覆盖开展全面从严治党考核和党建述职。狠抓巡视整改,对12家二级企业党组织开展政治巡察,深入开展意识形态、选人用人专项检查,境外腐败、"靠企吃企"、粮食购销领域腐败问题等专项整治。强化监督执纪问责,持续彰显反腐败高压态势的坚决态度和坚定决心。

二、北京市国有资产总量与结构分析

表1　2021年北京市国有企业指标

项　目	金　额(亿元)
资产总额	64735.4
所有者权益	22567.1
国有资产总量	12529.6
营业收入	20162.7
利润总额	1328.4
净利润	901.1
归属于母公司所有者的净利润	250.9
应交税金总额	1388.4
实际上缴税金总额	1355.4

表2　2021年北京市国有企业户数情况

2020年户数(户)	2021年户数(户)	比上年增长(%)
7345	7335	-0.1

表3　2021年北京市国有资产按地区分布情况

地　区	国有资产(亿元)	占国有资产总量比重(%)
全市国有企业	19159.9	100.0
市属企业	13172.0	68.7
市属监管企业	12529.6	65.4
市属非监管企业	642.5	3.3
区属企业	5987.9	31.3
东城区	310.4	1.6
西城区	1087.6	5.7
朝阳区	368.6	1.9
丰台区	177.5	0.9
石景山区	216.7	1.1
海淀区	734.1	3.8

续表

地　区	国有资产(亿元)	占国有资产总量比重(%)
门头沟区	54.4	0.3
房山区	122.3	0.6
通州区	137.9	0.7
顺义区	373.9	2.0
昌平区	553.1	2.9
大兴区	369.8	1.9
怀柔区	115.0	0.6
平谷区	62.6	0.3
密云区	85.1	0.4
延庆区	70.7	0.4
燕山区	0.4	0.0
亦庄经济技术开发区	1147.9	6.0

注:表中国有资产数据为2021年度全市单户企业叠加汇总数,汇总数与全市总量不等的原因是表中未考虑集团内部抵消数。

表4　2021年北京市国有资产按行业分布情况

行　业	国有资产(亿元)	占国有资产总量比重(%)
第一产业	347.9	0.7
农林牧渔业	347.9	0.7
第二产业	14394.2	27.4
工业	13332.1	25.3
建筑业	1062.1	2.0
第三产业	37861.7	72.0
交通运输业	3427.2	6.5
仓储业	54.6	0.1
商贸业	1448.6	2.8
房地产业	12131.6	23.1
社会服务业	18308.3	34.8
其他行业	2491.4	4.7

注:表中国有资产数据为2021年度全市单户企业叠加汇总数,汇总数与全市总量不等的原因是表中未考虑集团内部抵消数。

表5 2021年北京市国有资产按经营规模分布情况

经营规模	国有资产（亿元）	占国有资产总量比重（%）
大型企业	14676.1	27.9
中型企业	17575.6	33.4
小型企业	9554.6	18.2
微型企业	10797.5	20.5
合　计	52603.8	100.0

注：表中国有资产数据为2021年度全市单户企业叠加汇总数，汇总数与全市总量不等的原因是表中未考虑集团内部抵消数。

三、北京市国有资本保值增值综合分析评价

表6 2021年北京市国有企业地区和行业国有资本保值增值情况

地　区	国有资本保值增值率（%）	行　业	国有资本保值增值率（%）
全市国有企业	102.50	第一产业	103.84
市属企业	102.85	农林牧渔业	103.84
市属监管企业	102.68	第二产业	106.47
市属非监管企业	105.97	工业	106.29
区属企业	101.69	建筑业	108.83
东城区	101.68	第三产业	102.79
西城区	100.61	交通运输业	100.62
朝阳区	101.66	仓储业	105.38
丰台区	99.81	商贸业	134.53
石景山区	100.03	房地产业	101.94
海淀区	100.47	社会服务业	102.12
门头沟区	99.61	其他行业	103.11
房山区	102.12		
通州区	111.30		
顺义区	102.12		
昌平区	100.82		
大兴区	101.75		
怀柔区	101.42		
平谷区	98.97		
密云区	118.31		
延庆区	95.64		
燕山区	106.62		
亦庄经济技术开发区	102.92		

四、北京市国资委监管企业改革发展情况

按照国务院国资委部署要求，扎实推进国企改革三年行动各项任务落实落地，国有企业动力活力进一步激发释放，市管企业主要经济指标增速强劲反弹、持续向好。

（一）改革机制自上而下一体推进

一是组织领导健全有力。北京市把实施国企改革三年行动作为重大政治任务，以市委办公厅、市政府办公厅名义印发实施。制定市、区、企业三级分工方案，以市全面深化市属国资国企改革工作推进小组办公室名义印发，确保各项改革任务要求清晰具体、责任明晰到位。指导34家市管企业、17区全部结合实际制定国企改革三年行动实施方案。二是工作机制运转高效。建立"月度通报、季度调度、半年评估、年底总结、不定期督导"的工作机制，每周向分管市领导报告工作进展，每月统计分析改革任务进展情况，定期组织召开推进会、重点任务调度会，确保改革任务"一竿子扎到底"。对市管企业落实国企改革三年行动重点任务情况进行评估考核，将考核结果与企业领导人员绩效薪酬相挂钩。结合巡视巡察、全面从严治党工作考核动态抽查等，将企业改革三年行动落实情况纳入监督范围，对重点任务、重点企业进行现场调研督导，约谈提醒进展慢的企业，不让一家企业"掉队"。三是改革创新氛围浓厚。深入挖掘、及时总结

改革典型案例,市国资委专业化整合、加强国资监管、北京电控中长期激励机制等改革经验受到国务院国资委改革办高度肯定,代表地方在国务院国资委改革例会上交流。在《北京日报》、北京电视台、《首都建设报》开展专题报道,在《首都国资》、"国资京京"公众号开辟专栏,大力宣传进展成效和经验做法,充分展示首都国企改革的成绩和亮点。

(二)国有资本运行效率持续提升

一是调整重组成效凸显。出台国有经济"十四五"发展规划,市管企业主业由117个优化至59个,推动国有企业聚焦主责主业发展。稳步推进企业战略性重组,利用城乡集团上市公司平台推动外企人力资源公司重组上市。加快专业化整合,北辰集团引入京东集团等4家战略投资者,成立首都会展集团,京能集团牵头组建北京健康养老集团,服务首都经济发展。深化企业内部资源整合,首旅集团实施王府井和首商股份商业资产重组,首农食品集团加快重组后业务整合,二级企业由76家减少至32家,主要经济指标"四年四连增"。二是科技创新提档提速。构建融通创新生态,联合央企共同发布100项应用场景,推动科技成果在京落地转化。推动成立中关村数字经济产业联盟,北京电控、金隅集团、北京建院等企业在硅基光电子、"双碳"、智慧生活等领域加大与高校、高科技企业的合作。排水集团碳中和方案作为北京代表案例在《联合国气候变化框架公约》大会发布,金控集团发起设立国际大数据交易所。强化与"三城一区"联动,北控集团、京能集团与央企共同成立北京能源工业互联网研究平台。加快创新成果落地,举办市管企业科技成果发布会,充分展示国企创新发展成就。京东方成为全球唯一实现柔性外折和内折显示屏均量产的企业,天海工业具备70兆帕大容积车用氢气瓶批量供货能力,首钢朗泽在国际上首次将工业尾气合成为蛋白质,形成万吨级产能。三是"瘦身健体"重点突出。清理退出低效无效资产,开展亏损企业专项治理,滚动印发《连续三年亏损企业警示名单》《连续三年资不抵债企业警示名单》,加大长期亏损、扭亏无望企业清理力度。启动新一轮压缩层级专项治理,严控新设四级及以下法人企业。建立健全市领导挂帅、市国资委重点协调、企业主责推进的分级分类化解企业历史遗留问题机制,12件积压多年的难点问题得到基本解决。加快剥离国有企业办社会职能,市管企业"三供一业"分离移交、所办医疗教育机构改革、厂办大集体改革、退休人员社会化管理等主体工作均完成。

(三)经营发展活力动力明显增强

一是稳妥有序推进企业混合所有制改革。与国务院国资委、全国工商联共同举办混合所有制改革项目推介会,推出286个混合所有制改革项目,战略性新兴产业项目占比超过50%。市属企业通过产权市场、资本市场实施混合所有制改革项目77项。利用境内外资本市场,实现建工修复、城建京城佳业、菜百股份首发上市。有效盘活存量资产,首创水务和首钢绿能入选全国首批9个REITs试点,中发展产业园项目成为全国REITs认购规模最大、募集溢价率最高的产品。二是持续深化市场化选人用人。制定推行经理层成员任期制和契约化管理实施办法及工作范本,"一企一策、一人一岗"分类科学设定契约内容,逐户推进落实,一级企业全部建立任期制契约化管理制度。加快推进一级企业职业经理人试点,北汽集团在集团层面市场化选聘职业经理人2人。加快建立市场化用工机制,印发《关于进一步深化劳动用工、收入分配改革的实施意见》,深入实施全员绩效管理,健全职工调整退出机制。三是精准有效开展中长期激励。出台《关于市管企业规范实施股权和分红激励工作的指导意见》及两项工作指引,积极构建科研人员、管理骨干与企业风险共担、利益共享的长效激励机制。有效利用限制性股票、股票期权、分红等多种手段,推动10家企业开展股权和分红激励,充分调动职工积极性。完善工资总额管理体系,对于符合条件的上市公司、科技型企业推行工资总额备案制管理,授权企业董事会依法依规自主决定年度工资总额预算,进一步释放企业发展活力。

五、北京市国资委监管企业并购重组与完善法人治理结构情况

(一)聚焦主责主业,优布局调结构

全面落实《市属国有企业优化调整重组改革三年

行动方案(2018年—2020年)》,深入研究以市场化的重组路径,推动实施外企人力资源服务有限公司重组上市,积极打造国内人力资源行业领军企业。引入京东集团、法国智奥集团、首钢集团、首旅集团,组建首都会展集团有限公司,圆满完成2021年服贸会承办工作。深化企业内部资源整合,京能集团牵头组建北京健康养老集团;首旅集团实施王府井和首商股份资产重组;首农食品集团加快重组后业务整合,主要经济指标"四年四连增"。京唐公司成功注入首钢股份,金隅集团以冀东水泥为平台开展水泥资产重组。

(二)深化公司制改革,强化市场主体地位

落实国企改革三年行动要求,组织全市16个区、30个部门和26家市管企业推动1500余家企业公司制改革。市国资委会同有关部门加强组织领导,组建市级专班,实施挂账督办,全力推动全市各级各类国有企业公司制改革工作。2021年,全市公司制改革任务基本完成,完成数量居全国第三位,北京市在国企改革重点领域取得历史性突破。国务院国资委专门刊发改革经验案例供全国参考。

(三)注重各司其职,完善中国特色现代企业制度

一是充分发挥党组织把关定向。把党的领导融入公司治理各环节,实现"三个全部":市管企业和重要子企业全部出台党委前置研究讨论重大事项清单,具备条件的市属国有独资、全资和绝对控股企业全部完成党建入章,市管一级企业全部实现党委书记董事长"一肩挑"。二是积极发挥董事会决策作用。明确董事会应建范围,科学设置董事会,市管一级企业及各级子企业全部实现董事会应建尽建。面向全国市场化选聘社会高端人才进入外部董事人才库,定期梳理市管企业外部董事空缺情况,修订完善市管企业外部董事选聘办法。首次对董事会开展任期评价、组织外部董事现场述职报告工作,依规对外部董事履职情况开展评价,并根据评价结果发放差异化绩效补贴,促进外部董事勤勉尽责履职。研究制定《关于市管企业落实子企业董事会职权有关事项的通知》,重要子企业依法落实董事会各项职权。三是有效保障经理层发挥经营管理作用。研究制定《市管企业董事会向经理层授权管理指引》,进一步厘清公司治理主体之间的权责边界。不断健全完善总经理对董事会负责、向董事会报告的工作机制,指导一级企业建立董事会向经理层授权的管理制度,对授权行为提出明确要求,确保授权合理可控。

六、北京市国资委监管企业建立和完善经营业绩考核体系情况

(一)利用三项政策工具,撬动企业高质量发展

一是鼓励企业加大研发投入。将研发投入超过市管企业平均水平且高于全国行业平均水平以上、或高于全国行业优秀水平以上的部分视同利润总额进行考核,北京电控、首钢集团、北汽集团、京能集团、城建集团等12户竞争类企业视同利润超过100亿元。二是引导企业积极处理遗留问题。指导首钢集团、北汽集团、建工集团等企业在当年损益中逐步消化以前年度损失挂账、化解历史包袱,促进高质量发展。三是鼓励企业落实市政府重大任务。首旅集团承担战略先导产业发展任务产生的亏损,采取"产业投入期亏损不计"视同不亏损处理。国资公司、北辰集团、北控集团、金隅集团等企业因承担冬奥场馆建设、副中心建设以及发展"高精尖"产业任务等,对当期经营业绩产生的影响,在经营业绩考核中予以充分考虑。北京银行、华夏银行、农商银行等企业落实政府号召,积极向中小微企业减费让利,在利润总额考核中还原计算。

(二)围绕年度中心工作,进一步优化考核指标体系

一是统一四类企业经营业绩考核指标体系。将市场竞争、公共服务、特殊功能及金融四类企业全部调整为"双结合"的考核指标体系,突出效益效率相结合、定量定性相结合。定量指标占75%权重,重点考核盈利能力、运营能力、高质量发展能力、防范风险能力;定性指标占25%权重,重点考核政治责任、管理责任和社会责任。二是加大降成本考核力度。所有企业均考核"成本费用总额占营业总收入比重"指标,进一步与全国同行业对标对表,力争成本费用增幅低于营业收入增幅;与市财政局联合考核,将三年财政绩

效管理目标纳入城市公共服务类企业考核体系,引导企业切实树立成本意识,推动公共服务企业降本增效落到实处。三是增加全员劳动生产率考核指标。将"人均创利"指标替换为"全员劳动生产率"指标,引导企业提升劳动要素的投入产出效率,综合体现企业生产技术、经营管理、职工技术和劳动积极性。全员劳动生产率越高,企业竞争力就越强。

(三)督促重大项目建设,进一步发挥投资关键作用

2021年,首发集团、京投公司、建工集团等25户市管企业承担或参与市级重点建设任务176项,涉及基础设施项目、民生改善项目、高精尖产业项目3个方面。连续三年完成投资超过1000亿元,整体实现工程形象进度、固定资产投资进度"双落地"。一是冬奥会项目收尾工作进展顺利。国家体育场翻新改造、冬奥村建设、冬奥会主媒体中心、首钢滑雪大跳台中心及周边设施等7项冬奥会建设项目全部按期交付冬奥组委使用。二是有序进行副中心及配套项目。首旅集团环球主题公园项目一期、建工集团武窑桥改建工程、北运河(通州段)综合治理工程、北运河甘棠、榆林庄船闸建设工程、首都师范大学附属中学通州校区、公交集团广渠路快速公交系统、北投集团东方厂周边棚户区改造及安置房项目、首发集团环球主题公园增设京哈高速立交工程等一批项目实现完工。三是稳步推进京津冀及雄安新区项目。市管企业承担京津冀及雄安新区配套建设项目,北京燃气天津南港应急储备、张家口—北京清洁供热配套风电项目,北京四中雄安校区和雄安新区宣武医院项目,整体进度稳步推进。

七、北京市国资委监管企业党的建设和廉政建设情况

2021年,市国资委系统各级党组织坚持以习近平新时代中国特色社会主义思想为指导,深入贯彻落实党的十九大及十九届历次全会精神,加强党的全面领导,提升党建工作质量,为服务首都"四个中心"功能建设、做强做优做大国有资本和国有企业提供坚强保证。

(一)坚持国企姓党,践行"两个维护"

认真学习贯彻习近平总书记"七一"重要讲话精神,始终坚持姓党为民这一根本属性,增强"四个意识",坚定"四个自信",以实际行动落实"两个维护"。持续强化党的政治建设。深化落实"第一议题"制度,定期开展政治生态分析研判;严格执行重大事项请示报告制度,市管企业全部完成制度备案,把严明政治纪律和政治规矩落到实处。落实意识形态责任制,健全舆情应对三级联动机制和常态化工作专班,强化"两微一端"等阵地管理,及时妥善化解舆情风险。扎实开展党史学习教育。召开"两优一先"表彰大会,以"永远跟党走"为主题开展职工宣讲,拍摄《力量》专题片,组织"探寻国企红色基因"专题报道,引导党员干部坚定爱党信党跟党走的信念。结合"我为群众办实事",牵头建立市级协调机制,推动首钢迁安矿区户口、农租房腾退房源等一批历史遗留问题取得重大突破。

(二)开展"回头看",深化"两个一以贯之"

持续落实全国国企党建工作会精神,推动党的领导与公司治理相融合。一是组织开展"回头看"。以全国国企党建工作会召开五周年为契机,与市委组织部、市委宣传部共同组织全市国企开展"回头看",围绕贯彻落实习近平总书记重要讲话精神,从做强做优做大企业、发挥国企党建优势、补齐工作短板弱项等七方面进行对标检视,总结经验、查漏补缺、整改提升。二是持续健全党组织发挥作用的机制。落实国企基层组织条例、在完善公司治理中加强党的领导的意见,围绕推动党组织发挥作用组织化、制度化、具体化,不断完善各项机制,将党组织内嵌到公司治理结构中。市管企业全部制定党委前置研究清单,具备条件的国有独资、全资和绝对控股企业全部完成党建入章,全部实现"双向进入、交叉任职"。研究制定加强混合所有制改革企业党建暂行办法,在全国率先出台党支部参与重大问题决策指引,探索不同类型企业党组织发挥作用的途径。三是着力完善公司治理结构。出台《关于完善市管企业中国特色现代企业制度的实施方案》,推动董事会规范有效运行,90%以上企业建立董事会向经理层授权的管理机制,子企业基本实现董事会应建尽建。开展市管企业董事会和外部董事

评价,将董事会评价结果纳入企业领导班子考核和企业负责人任期经营业绩考核。大力推行经理层任期制契约化管理,积极开展职业经理人选聘,对总会计师履职情况进行专项考核,激发企业内生活力。

(三)压实主体责任,强化管党治党

将深化巡视整改与突出问题整治结合起来,持续拧紧全面从严治党螺丝。一是压实主体责任。严格落实全面从严治党主体责任规定,召开全面从严治党大会,逐级制定党委、党委书记、党委班子其他成员抓党建责任清单,全覆盖开展全面从严治党考核和基层党建述职评议,将考评结果作为领导班子和领导人员年度考核的重要依据。在全国率先出台"六位一体"监督协同机制实施意见,推动各类监督有机贯通、形成合力。二是推动问题整改。抓好中央巡视涉及企业问题整改,抓好市委巡视市国资委反馈问题整改,成立领导小组,制定整改方案,定期研究分析进展。对市管企业开展政治巡察和意识形态、选人用人专项检查,开展违反中央八项规定精神和"靠企吃企"问题专项整治。开展提高重大风险防控能力、境外腐败专项治理和完善内控体系建设督导。强化标本兼治,出台教育培训、资金管理、内审监督等制度,加强违规经营投资责任追究检查,市管企业基本实现违规经营投资责任追究制度体系、组织体系全覆盖。三是狠抓执纪从严。加大对信访举报、专项检查、巡视巡察等问题线索的查办力度,紧盯重大工程、重点领域、关键岗位,查处发生在选人用人、工程招标、投资开发等关键环节的腐败问题。

(撰稿人:韩志涛)

天津市

一、天津市国有资产监督管理工作综述

2021年,在天津市委、市政府正确领导下,天津市国资委坚持"真从严""真碰硬",着力转变监管方式,提高监管效能,助力国有企业改革发展。

(一)不断提升国资监管综合功效

推进依法监管依法治企,形成《市国资委关于加强监管企业法治建设的工作方案》,从企业主体责任和出资人责任两个层面,提出加强国企法治建设的思路措施和重点任务。围绕深化产权制度改革、加强董事会及专门委员会建设、投资监管、企业负责人经营业绩考核和薪酬管理,以及加强境外国有资产、外埠企业和参股管理等,出台规范性文件19件,促进企业合规管理。坚持分类监管,印发《天津市国资委授权放权清单(2021年版)》,分类提出授权放权事项。以市政府文件印发《天津市深化国有企业产权制度改革工作推动方案》,"一企一策"分批调整理顺国有企业出资人与产权管理关系。针对巡视整改关于规范"清审"工作的要求,对国企资产"清审评"中的重点环节和风险点进行强化;针对国企产权交易监管中发现的风险点,修订企业国有资产交易监督管理的具体落实办法。对债务风险防控"重点关注"类企业的投资计划实行核准制,对非"重点关注"类企业实行备案制,管投向、管程序、管风险、管回报。开展国企财务会计信息虚假问题专项整治行动,对市审计局转送的问题全部完成整改,并举一反三延伸检查,推进完善制度、加强管理。开展融资性贸易排查和整治,并会同市金融局对市属法人金融机构经营风险进行源头治理。推动企业各级法人和管理主体实现财务信息化、资金管理、"三重一大"、合并报表等系统建设应用全覆盖。

(二)寓监管于服务破解历史难题

解决天房集团ABS产品、天房发展债券等兑付问题,以及天房集团与天津住宅集团历史遗留银团贷款利息问题,维护国企在资本市场信用。解决渤海证券上市障碍问题,渤海证券A股IPO申请获证监会受理。解决樾梅江项目续建、弘房企管5个项目盘活等问题,维护购房业主合法权益和社会稳定。解决天津旅游集团、天津宾馆集团与天津农商行三方有关资产置换问题,实现多方共赢。加大企业法律纠纷案件协调和积案清理力度,与市委、政法委建立案件交办机制,梳理涉市国资系统案件两批67件,挽回损失5.8亿元,收回房产土地6万余平方米。

(三)有力彰显国企姓党为民的政治本色

在天津市疫情防控关键时刻发挥"顶梁柱"作用。

天津纺织集团全年生产一次性医用外科口罩1517万只，N95口罩84万只，防护服48.6万套。泰达控股生产平面口罩286万只，口罩滤材1459吨。渤化集团向各区及相关企业无偿提供84消毒液原液602吨。交通集团累计转运人员15.54万人次，运送民生物资72万千克、各类防疫和生活物资14.61万件。天津公交集团派车辆2883台次，累计运送密接、次密接、医护人员、志愿者等6.45万人次。天津旅游集团所属酒店全部按市疫情防控指挥部要求改造为隔离点，接待隔离人员1600余人次。食品集团统筹最大生产能力保供稳价，蔬菜销售价格下调8%~16%，守好疫情期间百姓"菜篮子""米袋子"。

在保障民计民生和服务城市运营中发挥"主力军"作用。天津能源集团全力应对能源供应紧张的严峻挑战，全力做好能源保供，采取特殊时期保供应运行措施，保障用户安心用气、温暖抗疫。天津水务集团推动水厂基础设施升级等41项重点工程建设，疫情期间外调原水1.73亿立方米，安全供水1.04亿立方米，保证市民用水需求和水质安全。天津城投集团开工建设天津市再生水管网连通工程第一批43个项目，国家会展中心一期18个配套基础设施项目如期完成，唐津高速海河特大桥建成通车。天津轨道交通集团新开工3条地铁线段，在建里程141千米，通车里程265千米，进入全国地铁排名前十。

在服务市场主体中发挥金融"活水"作用。渤海银行普惠型小微贷款余额比上年增长62.9%，绿色贷款余额较上年末增加49.1亿元。天津银行为京津冀地区企业发行债券规模突破900亿元，开展线上供应链金融、碳排放权质押融资等多项"首笔"业务。天津农商行支持先进制造业贷款余额较年初提高50%，向受疫情影响的2679户企业授信248亿元。天津滨海农商行提供涉农贷款96.8亿元，为民生企业提供融资支持25.5亿元。渤海证券协助各类市场主体，成功发行13只总规模86.5亿元债券。北方信托成立"关爱困境儿童慈善信托"，为1083名孤儿捐赠意外险和重疾险。

（四）积极防控重大风险

举办债券市场投资人恳谈会，推动市管企业与12家头部金融机构签署战略合作协议，国家开发银行为天津城投集团、轨道交通集团提供超过1000亿元信贷额度支持。指导企业持续强化资产负债率和带息负债"双管控"，根据企业债务风险系列指标，分类管控预警企业债务风险，按照"重点关注、关注、正常"3个类别分别提出监管要求，进一步提高债务监测的精准性、联动性。落实国务院国资委、人民银行、证监会的部署，全面加强债券管理，会同市金融局等部门，在全国国资系统率先建立覆盖市、区两级国资系统企业的债券全生命周期监测预警机制，将债券准入、基本发行情况、资金用途、还款来源等全部环节纳入监管范围，提前3个月逐笔监测，提前1个月落实资金。创设规模200亿元市属企业高质量发展基金，短期对出现债务兑付风险的企业提供流动性支持，换取风险缓释化解的"时间窗口"，长期支持企业上市、产权改革、资产配置等高质量发展业务。完成天津物产集团重整计划执行。天津城建集团及所属17家企业进入破产重整程序，积极开展战投引进工作。天房集团、市政集团改革发展方案获市委、市政府审议通过，稳步推进落地实施。

二、天津市国有资产总量与结构分析

表1　2021年天津市国有企业指标

项　目	金　额（亿元）
资产总额	74960.8
所有者权益	16355.5
国有资产总量	13903.8
营业收入	4754.7
利润总额	157.5
净利润	89.8
归属于母公司所有者的净利润	38.5
应交税金总额	326.5
实际上缴税金总额	336.5

表2　2021年天津市国有企业户数情况

2020年户数（户）	2021年户数（户）	比上年增长（%）
3647	3672	0.7

表3　2021年天津市国有资产按地区分布情况

地　区	国有资产（亿元）	占国有资产总量比重（%）
市属企业	5914.5	42.5
区属企业	7989.5	57.5
宝坻区	279.4	2.0
河西区	88.6	0.6
北辰区	470.1	3.4
宁河区	193.3	1.4
河东区	11.7	0.1
蓟州区	852.8	6.1
静海区	367.0	2.6
南开区	51.2	0.4
和平区	37.5	0.3
红桥区	115.7	0.8
武清区	607.9	4.4
东丽区	541.5	3.9
西青区	689.6	5.0
河北区	42.5	0.3
津南区	310.4	2.2
滨海新区	3330.3	24.0
合　计	13904.0	100.0

注：由于四舍五入，合计数与表1国有资产总量不相等。

表4　2021年天津市国有资产按行业分布情况

行　业	国有资产（亿元）	占国有资产总量比重（%）
农林牧渔业	87.0	0.3
工业	1639.1	5.9
建筑业	1732.9	6.3
交通运输业	4036.2	14.6
仓储业	246.7	0.9
商贸业	172.2	0.6
房地产业	3270.0	11.8
信息传输、软件和信息技术服务业	15.0	0.1
社会服务业	14573.7	52.6

续表

行　业	国有资产（亿元）	占国有资产总量比重（%）
教育文化广播业	50.3	0.2
科学研究和技术服务业	236.0	0.9
金融业	1695.2	6.1
其他	−31.9	−0.1

注：表中数据为加总数，未考虑合并抵扣。

表5　2021年天津市国有资产按经营规模分布情况

经营规模	国有资产（亿元）	占国有资产总量比重（%）
大型企业	1589.0	5.7
中型企业	7867.6	28.4
小型企业	13883.0	50.1
微型企业	4382.9	15.8
合　计	27722.5	100.0

注：表中数据为加总数，未考虑合并抵扣。

三、天津市国有资本保值增值综合分析评价

表6　2021年天津市国有企业地区和行业国有资本保值增值情况

地　区	国有资本保值增值率（%）	行　业	国有资本保值增值率（%）
宝坻区	99.2	农林牧渔业	99.4
河西区	99.1	工业	101.8
北辰区	101.0	建筑业	100.0
宁河区	100.1	交通运输业	101.7
河东区	104.7	仓储业	106.7
蓟州区	96.9	商贸业	95.0
静海区	99.3	房地产业	96.9
南开区	102.2	信息传输、软件和信息技术服务业	95.7
和平区	99.2	社会服务业	100.7
红桥区	98.6	教育文化广播业	99.3

续表

地 区	国有资本保值增值率(%)	行 业	国有资本保值增值率(%)
武清区	99.1	科学研究和技术服务业	102.9
东丽区	117.3	金融业	104.9
西青区	100.1	其他	—
河北区	97.0		
津南区	99.9		
滨海新区	101.1		

四、天津市国资委监管企业改革发展情况

2021年，天津市国资委始终把握社会主义市场经济方向，坚持转机制、"天津＋"原则，全力推进国有企业深化改革高质量发展。

(一)国有经济发展态势稳中向好

创效能力整体增强，3/4以上企业实现盈利，天津城投集团、泰达控股、天津食品集团、天津纺织集团、天津交通集团、天津轨道交通集团、滨海农商行、渤海证券、天津农商行等14家企业实现净利润两位数以上增长，天津百利集团、津智资本公司、津诚资本公司3家增幅超过100%。市管企业营业利润比上年增长20.7%，营业收入利润率比上年增加1.4个百分点。天津水务集团、天津利和集团、天津旅游集团、国兴资本4家企业实现整体扭亏为盈，天津市政集团、天津城建集团比上年减亏。

(二)国企改革三年行动走深走实

市属国有企业改革三年行动完成进度超过95%，在国家2021年中期和全年评估中取得A级，受到国家通报表扬。全市770户全民所有制企业公司制改革全面完成。市管企业全部实现党建入章和党委书记董事长"一肩挑"、全部建立董事会和专门委员会，子企业董事会应建尽建占比99.86%，98.4%的子企业全面落实董事会职权，一级企业和91.4%的已建董事会子企业实现外部董事占多数，促进决策更加科学、制衡更加有效。天津能源集团、天津港股份公司被确定为全国国企公司治理示范企业。推行职业经理人制度力度空前，一级和一级以下企业选聘职业经理人分别为98人和802人；严格落实末等调整、不胜任退出机制，2021年调整退出193人；出台市管企业中长期激励工作指引，上市公司股权激励和科技型企业股权或分红激励累计激励人数分别为308人和164人，激发调动企业发展内生动力。

(三)混合所有制改革积极稳妥推进

2021年，完成国企混合所有制改革60户，成交金额242.1亿元。渤海证券A股IPO申报获得证监会受理，天津磁卡重组置入渤海石化100%股权顺利完成。2017年以来累计完成17家市管企业混合所有制改革，带动792户所属二级及以下企业引入市场化经营机制，其他22家市管企业所属111户二级及以下企业实现混合所有制改革。开展国企混合所有制改革后评价和"回头看"，对混合所有制改革后企业扶上马送一程。2021年，混合所有制改革的市管企业实现营业收入、净利润分别比混合所有制改革前增长81.2%、455.8%，职工平均工资同比增长13.8%，混合所有制改革后企业在津上缴税金累计超过270亿元。国家发展改革委到天津调研国企混合所有制改革工作，认为天津国企混合所有制改革是以深化改革解决发展难题的生动诠释，紧扣当地实际，不仅引入资本、化解风险、改进治理、提升效益，而且放大国有资本功能、做强优势产业、搞活地方经济，符合党中央、国务院关于国企混合所有制改革的政策方向和要求。

(四)"一企一策"深化改革推进高质量发展

坚持系统思维、标本兼治、综合施治，在发展中解决国企问题和风险，选择天津城投、泰达控股、天津轨道交通等集团率先突破。通过向城市综合运营服务商转型、向国有资本投资公司发展、授予天津市城市更新实施主体等举措，加快系统性重塑、专业化整合、市场化转型，成立注册资本金100亿元的城市更新公司，设立初始总规模600亿元的城市更新基金，总投资400多亿元的3个城市更新试点项目加快落地。2021年，实现收入和净利润分别比上年增长14.2%和17.4%。泰达控股加快推进综合改革，所属企业整理的南开区天拖二期地块，成为天津市2021年首批成交地块中溢价率最高的地块，泰达时尚广场、金耀

广场等一批城市更新项目启动,企业发展活力有力增强。2021年,净利润比上年增长20.7%,带息负债总额比上年下降8.8%。天津轨道交通集团以成本规制模式进行债务重组,将存量债务期限延长至40~44年,增量资金用于项目后续建设,解决隐性债务对项目建设的制约问题。其他领域"一企一策"改革取得积极进展。

五、天津市国资委监管企业并购重组与完善法人治理结构情况

(一)聚焦新动能新产业加大资源整合

津智资本公司与中国通用技术集团合资设立注册资本100亿元的通用机床集团,吸引央企二级企业总部落户天津,携手打造集科研攻关、装备制造于一体的一流智能制造企业。整合天津市政设计院、建筑设计院、城市规划院、市测绘院、市勘察院、水务规划院、园林设计院7家"事转企"单位,组建海河设计集团,叫响"海河"设计品牌,发展壮大现代设计服务业。统筹市国资系统各类旅游、养老、医疗、疗养等资源,积极发展康养产业,医养结合助力解决"一老一小"问题。*ST劝业顺利完成重大资产重组,非公开发行股票获批,市值增值10倍并更名为"金开新能",实现从传统百货零售业向新能源行业转型。上市公司松江股份通过破产重整,从传统房地产业向信创产业转型升级。

(二)聚焦有效制衡提高效率完善公司治理

进一步完善中国特色现代企业制度体系建设,制定出台《监管企业董事会相关专门委员会议事规则指引》《监管企业落实子企业董事会职权操作指引》《关于进一步推动监管企业董事会配齐建强有关事项的通知》《关于监管企业加强子企业董事会建设有关事项的通知》《关于监管企业落实子企业董事会职权有关事项的通知》,对《市国资委监管企业外部董事薪酬管理暂行办法》进行修订。着力加强企业董事会建设,指导市管、委管企业健全完善董事会专门委员会,提高外部董事在专门委员会的比例,在薪酬和考核委员会、审计和风险控制委员会实现外部董事占多数。加强董事会和外部董事评价考核,从董事会的组织建设、制度建设、依规运行等方面进行规范性考核,从重大决策、战略引领、公司管控、风险防范、强化内部日常审计监督等方面进行有效性考核,将董事会的评价结果纳入企业领导人员经营业绩考核体系,与其薪酬紧密挂钩。积极推进外部董事评价考核,采取任职企业评价、出资人评价和外部董事自我评价相结合"三位一体"的方式,对外部董事各项履职情况进行实质性评价考核,将外部董事的评价结果与个人绩效薪酬紧密挂钩,对考核结果为优秀的外部董事给予一定奖励,对不称职的外部董事扣除绩效年薪并予以解聘,促进外部董事提高履职能力、更好履职尽责。

六、天津市国资委监管企业建立和完善经营业绩考核体系情况

(一)健全考核制度机制

制定印发《市管企业负责人经营业绩考核办法》《市管企业负责人薪酬管理办法》及配套实施方案,对原有考核体系和薪酬管理体系进行修订,加强综合管理考核、党建考核和经营业绩考核工作统筹,进一步健全和完善市管企业考核评价体系,实行年度考核与任期考核相结合、结果考核与过程评价相统一、考核结果与奖惩相挂钩的考核制度,构建以经营业绩考核为核心、综合管理考核与党建考核为两翼、科学完整高效统一的企业考核机制。

(二)完善考核评价体系

经营业绩考核主要聚焦企业效益效率,突出行业对标管理,细化考核等级设置,将A等级进一步细分为A+、A、A-3个级次,B等级细分为B+、B、B-3个级次,实施更加差异化的激励;综合管理考核为定性考核指标,主要包括落实宏观调控政策、深化国企改革、推进科技创新、服务城市发展等,促进企业加强精细化管理、提升监管效能;党建考核主要从企业党建、主体责任、基层党建等方面切入,将企业主要经营指标完成情况、重点改革任务落实情况等方面纳入考核体系,重点考核企业党建对企业改革发展的引领促进作用。以上三部分考核结果,通过考核系数相乘方式共同决定绩效薪酬,进一步明确考核导向、提高考核精度,更好发挥考核"指挥棒"作用。

(三)优化考核指标设置

年度考核实行"一利四率一流"考核,主业利润为基本指标,强化营业利润率、全员劳动生产率、资产负债率、科技投入率考核,同时根据企业实际,增加现金利息保障倍数或盈余现金保障倍数等经营性现金流指标。任期考核以国有资本保值增值率为基本指标,同时设置中长期发展、优化国有资本布局等指标。把握"求其上得其中、求其中得其下"的规律,按照"跳起来摘桃子"的总要求,引导企业确定更具激励性和挑战性的考核目标值。对于经营正常企业,按照行业对标与自身历史对标相结合的方式设定目标值,原则上不低于行业平均值和上年实际完成值;对于经营状况较差或功能定位特殊导致考核目标值较低的企业,坚持底线思维,国有资本保值增值率不得低于100%,推行职业经理人改革的企业成本收入比不得高于100%。

七、天津市国资委监管企业选人用人机制改革情况

(一)健全国企干部队伍管理制度体系

围绕深化选任机制改革建章立制。会同市委组织部制定印发《市管企业领导人员管理规定》,研究制定《天津市市管企业职业经理人管理暂行办法》《天津市市管企业聘任制经理层管理暂行办法》《关于加强市管企业经理层业绩考核和薪酬管理的指导意见(暂行)》《天津市国资系统职业经理人日常管理办法(试行)》《关于进一步加强国资系统职业经理人队伍建设的实施意见》等制度文件,配套出台委派总会计师、总审计师和总法律顾问管理办法,初步建立市管企业领导人员管理"1+3+N"制度体系,为不同身份领导人员的选任、考核、薪酬、管理、退出等提供制度遵循,不断提升对市管企业领导人员管理的科学化、规范化水平。推进二、三级企业选任机制创新。针对市管企业所属二、三级企业领导人员任职条件限制过多、选任方式不够灵活等问题,积极推动市管、委管企业结合自身实际制定选任管理办法,着力破除二、三级企业在选人用人上的制度束缚。大力推动市管企业落实所属企业董事会选聘经理层人员职权,全面推行经理层人员聘任制,积极探索推行职业经理人制度,为实现领导人员能上能下和优秀人才脱颖而出创造适度宽松政策环境和灵活高效制度机制。

(二)推进市场化选人用人机制改革

坚持党管干部原则与发挥市场机制作用相结合,全面推行企业领导人员任期制和契约化管理。在市管企业经理层全面推行任期制和契约化管理,经理层成员由董事会聘任,不再作为市管或委管干部,与经理层成员签订聘任合同、约定聘期,实行契约化管理,强化考核结果运用,年度考核或任期考核不称职,解除(终止)聘任关系,真正实现经理层能上能下。截至2021年底,市管、委管企业实现任期制和契约化管理全覆盖,其中,13家市管、委管企业实行经理层聘任制,采取面向全国发达省市定点选聘、面向市国资系统公开选聘等方式选聘高层次经营管理人才,在其他具备条件的企业逐步推行职业经理人制,持续加大市场化选聘力度。市场化选聘职业经理人力度空前。累计在22家市管、委管企业选聘98名职业经理人,指导推动330家市管、委管各级子企业累计选聘890名职业经理人。积极推行总会计师委派和总审计师制度。累计向23家市管、委管企业、146户重点子企业委派总会计师,配备比例80%。委派总会计师对市资委和出资企业负责,突出强化履职管理,加大考核力度,建立有别于任职企业其他班子成员的考核管理和薪酬激励机制,切实保障总会计师独立、客观履职。积极探索建立总审计师制度,促进企业抓紧抓实内审工作和内控机制建设,企业内部监督力量得到有力加强。

(三)大力选拔培养优秀年轻干部

制定印发《关于进一步加强国资系统年轻干部培养选拔管理监督工作的实施意见》《关于国资系统深入实施新时代人才强企战略推动引领国资国企高质量发展的意见》等一系列文件,健全完善年轻干部"选育管用"全链条机制。建立优秀年轻干部人才库,大力实施国资系统"未来青年企业家"培养工程暨"青马工程",组建国资系统百人攻坚克难突击队,不断加强年轻干部政治历练和实践锻炼。推动各市管、委管企业制定年轻干部进班子规划,结合实际"一企一策"确定配备指标,支持青年人才挑大梁、当主角。

八、天津市国资委监管企业党的建设和廉政建设情况

(一) 推进国企全面从严治党

完善全面从严治党主体责任工作体系,健全企业领导班子和领导人员责任清单、任务清单,统筹开展全面从严治党主体责任检查、党组织书记抓基层党建述职评议、党建工作考核以及经营业绩考核,组建9个检查组对国资系统2020年度主体责任落实情况进行检查考核,对排名靠后的5名市管企业党委书记进行约谈,促进党委主体责任、党委书记"第一责任人"责任和领导班子成员"一岗双责"的深化落实。加强国资系统政治生态形势分析,形成《2020年国资系统政治生态分析研判报告》,实施加强政治生态建设的"28条"重点任务措施,持续推进国企"改土治水"净化政治生态。继续整治形式主义官僚主义不担当不作为问题,着力整治"指尖上的形式主义",清理整合网络工作群519个、其他信息系统6个;持续推动扫黑除恶专项斗争,破解一批多年难以解决的疑难复杂问题;累计查处违反中央八项规定精神问题25起,处理41人次。

(二) 扎实开展党史学习教育

强化各级党委理论学习中心组"旗舰"领航作用,深入学习贯彻党的十九届六中全会精神,深刻领会"两个确立"的决定性意义,从党的百年奋斗重大成就和历史经验中汲取智慧力量。建立国资系统党史学习教育领导机构及内设组织,组建3个巡回指导组,推动学党史悟思想办实事开新局走深走实。启动国资系统高级政工师讲师团党史基层大宣讲"十百千万工程",获得中宣部和市委表彰。以迎庆建党百年为主题,举办"忆百年荣光 看百家国企""永远跟党走——天津市国资系统学党史庆百年主题音画党课"等系列活动,推动国资系统汲取智慧力量、振奋精神,凝聚打好"十四五"国企翻身仗的强大气场。深入开展"展现新作为、打造新国企、干出新业绩"主题活动,启动国资系统百人规模"攻坚克难突击队",破除一批制约国企改革发展和党的建设的"瓶颈"问题。以"勇担社会责任,诠释国企担当"主题活动为载体,擦亮"窗口"为民服务,在城市运营、能源保供、食品稳价、普惠金融、乡村振兴等方面,充分彰显国企担当和社会责任。

(三) 推动实施国企党建质量工程

深入开展全国国企党建工作会议精神贯彻落实情况"回头看",对标对表习近平总书记重要讲话精神,推动国企全面检视问题对标提升。深化落实国企基层党组织工作条例,围绕提高国企党建质量"14项"重点任务,构建起国企党委把方向、管大局、促落实的领导体系。会同市委组织部制定《市管企业在完善公司治理中加强党的领导的意见》,配套印发《市管企业党委前置研究重大经营管理事项清单示范文本(试行)》,从制度和程序上保证党委领导作用的发挥。配合市委组织部,调整市管、委管企业领导班子26次,企业领导人员64人次。加大优秀年轻干部选拔培养力度,启动完成首期"未来青年企业家培养工程"暨"青马工程",市管企业建档在册的经营管理人才突破2万人,专业技术人才和技能人才分别达到7万人和5.4万人。在生产经营一线新建党组织145个,消除党员空白点229个,整治软弱涣散基层党组织26个,指导1585个基层党组织完成换届选举。发展党员5296人,其中产业工人占到39.6%;培训二级党组织书记、新任职党支部书记和党员发展对象4000余人;指导1585个基层党组织完成换届选举;向1012名企业离退休党员颁发"光荣在党50年"纪念章。在"两优一先"评选表彰中,市国资系统2人获得全国表彰,25个组织和47名个人受到市级表彰。

(四) 积极聚人气护安全保稳定

统筹发展和安全,发挥各级党委总揽全局、协调各方的作用,凝心聚力促发展保安全。加强国资系统统战工作,市国资委党委7次专题研究统战工作,两委班子成员与统战对象建立联谊交友制度,组织开展"不忘合作初心·永远跟党走"主题宣讲,推动成立"曹景工作室"暨"才聚国兴智汇同心"党外专家库,吸收30名新会员充实国资系统知联会,举办天津市国资系统人大代表政协委员看国企、话履职情况新闻通气会,汇聚起勠力同心服务国企改革发展的智慧力量。加强信访维稳工作,累计接待集体访43批892人次、个人访520批812人次,交办国资系统的531件重复信访积案全部办结,国资系统化解积案的做法在全

市介绍经验。抓好安全生产工作,两委领导班子每季度听取一次安全生产工作汇报,督促企业严格落实安全生产主体责任,排查整改隐患约9.4万个,国资系统安全生产形势总体保持平稳。

(五)着力加强国企党风廉政建设

印发关于加强清廉国资清廉国企建设的实施方案,制定出台《市国资委党委关于开展政治谈话加强对市管、委管企业"一把手"监督的实施意见(试行)》,深入落实上级"一把手"对下级"一把手"政治谈话制度,以"关键少数"带动"绝大多数"。制定《关于国有企业领导人员近亲属和其他关系人与本企业业务往来报告办法(试行)》,对31名市管和30名委管企业领导人员进行家访,持续拓展对国企领导人员的监督半径,加大8小时以外的监督管理。运用国资国企典型案例开展警示教育,推动以案为鉴、以案促改、以案促治。

(撰稿人:刘 超)

河北省

一、河北省国有资产监督管理工作综述

2021年,河北省国资委及监管企业坚持以习近平新时代中国特色社会主义思想为指导,全面贯彻党的十九大和十九届历次全会精神,坚持稳中求进工作总基调,立足新发展阶段,完整准确全面贯彻新发展理念,服务融入新发展格局,在省委、省政府的坚强领导下,在国务院国资委的有力指导下,统筹疫情防控和生产经营,统筹发展和安全,深入推进国企改革三年行动,扎实推进党史学习教育,圆满完成年度目标任务,实现"十四五"良好开局。一是自觉服务做好"六稳"工作,落实"六保"任务,聚焦京津冀协同发展、雄安新区建设、冬奥服务保障等国家和河北省重大战略,优化资本布局,调整产业结构,强化能源保供,在河北省经济发展中发挥战略支撑作用。二是深入落实国企改革三年行动方案,按照"三因三宜三不"原则积极稳妥推进混合所有制改革,中国特色现代企业制度健全完善,党的领导融入公司治理实现制度化、规范化、程序化,三项制度改革不断深化,推动完善按业绩贡献决定薪酬的分配机制,中长期激励政策工具加快应用,超额完成年度目标。三是加快推进国有经济布局优化和结构调整,坚决去、主动调、加快转,制定印发《河北省人民政府国有资产监督管理委员会监管企业"十四五"发展规划指引》《"十四五"河北省国资系统国有资本布局优化和结构调整规划》,河钢宣钢实现关停,完成产能退出任务。四是坚决守住不发生系统性风险底线,制定完善风险化解方案,增强忧患意识,保持战略定力,强化风险排查,压实工作责任,既对已暴露的风险靶向施策,又对潜在的隐患精准拆弹,有力保护国有资产安全。五是持续健全完善国资监管体制,不断提升国资监管效能,以管资本为主加强国有资产监管,深入推进国资监管机构职能转变,优化管资本的方式和手段,专业化、体系化、法治化监管能力有效提升,切实维护国有资本权益,防止国有资产流失。六是发挥党建引领保障作用,把党的政治建设摆在首位,扎实开展全国国有企业党的建设会议精神贯彻落实情况"回头看",推进习近平总书记重要指示批示精神和党中央决策部署在河北省国资系统落地见效,压实党建责任,为监管企业高质量发展提供坚强的政治保证。

二、河北省国有资产总量与结构分析

2021年,河北省具有独立法人资格的国有企业资产总额50627.0亿元,比上年增长8.5%;实现营业总收入11723.8亿元,比上年增长11.8%;利润总额258.1亿元,比上年增长96.8%;平均职工人数69.7万人,比年初降低2.3%。

表1　2021年河北省国有企业指标

项　目	金　额(亿元)
资产总额	50627.0
所有者权益	14821.3
归属于母公司的所有者权益	12427.5

续表

项　目	金　额（亿元）
营业总收入	11723.8
利润总额	258.1
净利润	155.0
归属于母公司的净利润	41.6
上缴税费	505.8
平均职工人数（万人）	69.7
国有资产总量	12199.7
资产负债率（%）	70.7
净资产收益率（%）	1.09
总资产周转率（%）	0.24
国有资本保值增值率（%）	100.6

2021年，河北省国企5496户，比上年增长13.7%。比上年净增加661户，其中增加的1036户国企主要为上年应报未报514户、新投资设立270户、划转186户、收购分立等66户；减少的375户国企主要为撤销关闭202户、隶属关系改变48户、歇业24户、合并60户、改制出售等41户。按隶属关系分，市县属国企3828户，比上年增长16.8%，占69.7%；省属国企1668户，比上年增长7.1%，占30.3%，其中省国资委监管企业1386户，增长16.6%。按经营规模分，大型、中型、小型和微型企业分别为154户、614户、1871户和2857户，分别占2.8%、11.2%、34%和52%。全省监管企业中，大型企业合计128户（省级监管企业92户），占全部大型企业户数的83.1%。全省国有企业中，小微型企业占比较大，大中型企业特别是大型企业占比相对较小，且主要集中在各级监管企业。

表2　2021年河北省国有企业户数情况

2020年户数（户）	2021年户数（户）	比上年增长（%）
4835	5496	13.7

2021年末，河北省国有资产总量12199.7亿元，比上年增长8.9%。按隶属关系分，省属国企国有资产总量4027.8亿元，比上年增长2.5%，占33.0%；市县属国企国有资产总量8171.9亿元，比上年增长12.3%，

占67.0%。按行业分布分，国有资产主要集中在社会服务业、工业和交通运输业，分别占35.1%、18.3%和17.8%。工业企业中，冶金和煤炭国有资产总量分别为1013.4亿元和570.2亿元。按经营规模分，大型、中型、小型和微型企业国有资产总量分别为3332.1亿元、2081.0亿元、4192.9亿元和2593.7亿元，分别占河北省国企的27.3%、17.0%、34.4%和21.3%。

表3　2021年河北省国有资产按地区分布情况

地　区	国有资产（亿元）	占国有资产总量比重（%）
省属国有企业汇总	4027.8	33.0
市县属国有企业汇总	8171.9	67.0
唐山市	2392.4	19.6
石家庄市	1465.0	12.0
张家口市	866.8	7.1
邯郸市	642.7	5.3
沧州市	843.2	6.9
廊坊市	486.5	4.0
邢台市	383.3	3.1
承德市	256.7	2.1
秦皇岛市	288.5	2.4
保定市	322.2	2.6
衡水市	203.4	1.7
定州市	13.8	0.1
辛集市	7.4	0.1
合　计	12199.7	100.0

表4　2021年河北省国有资产按行业分布情况

行　业	国有资产（亿元）	占国有资产总量比重（%）
农林牧渔业	64.0	0.5
工业	2233.1	18.3
建筑业	1519.5	12.5
交通运输业	2175.3	17.8
仓储业	288.6	2.4

续表

行　业	国有资产（亿元）	占国有资产总量比重(%)
商贸业	313.4	2.6
房地产业	695.6	5.7
信息传输、软件和信息技术服务业	47.0	0.4
社会服务业	4283.8	35.1
教育文化广播业	74.9	0.6
科学研究和技术服务业	76.1	0.6
金融业	374.6	3.1
其他	53.6	0.4
合　计	12199.7	100.0

表5　2021年河北省国有资产按经营规模分布情况

经营规模	国有资产（亿元）	占国有资产总量比重(%)
大型企业	3332.1	27.3
中型企业	2081.0	17.0
小型企业	4192.9	34.4
微型企业	2593.7	21.3
合　计	12199.7	100.0

三、河北省国有资本保值增值综合分析评价

2021年,河北省国有企业国有资本保值增值率100.63%,比上年增加0.18个百分点,整体完成保值增值任务。按隶属关系分,省属国企保值增值率101.7%,比上年增加1.35个百分点;市县属国企国有资本保值增值率100.06%,比上年增加0.06个百分点。按行业分布分,仓储业、教育文化广播业、金融业、工业国有资本保值增值率较高,分别为112.8%、109.4%、106.3%、105.5%;工业企业中,作为支柱产业的冶金、煤炭行业国有资本保值增值率分别为105.6%、107.1%。按经营规模分,大型、中型、小型、微型国企国有资本保值增值率分别为103.6%、101.2%、101.5%、100.3%,均完成国有资本保值增值任务。

表6　2021年河北省国有企业地区和行业国有资本保值增值率情况

地　区	国有资本保值增值率(%)	行　业	国有资本保值增值率(%)
辛集市	100.6	农林牧渔业	103.3
张家口市	100.5	工业	105.5
沧州市	100.5	建筑业	100.1
承德市	100.3	交通运输业	100.0
石家庄市	100.3	仓储业	112.8
邯郸市	100.3	商贸业	102.7
唐山市	100.1	房地产业	99.6
邢台市	100.1	信息传输、软件和信息技术服务业	101.5
衡水市	99.9	社会服务业	100.5
廊坊市	99.6	教育文化广播业	109.4
秦皇岛市	98.4	科学研究和技术服务业	102.1
保定市	97.2	金融业	106.3
定州市	92.6	其他	96.5

四、河北省国资委监管企业改革发展情况

(一)国企改革走深走实

制定实施《河北省国企改革三年行动实施方案(2020—2022年)》,抓重点、攻难点、破堵点,将监管企业落实国企改革三年行动情况纳入纪检监察监督,截至2021年底,省级层面国企改革三年行动整体完成率91.27%,超额完成预定目标。一是混合所有制改革不断深化。积极稳妥深化混合所有制改革,通过首发上市、增资扩股、投资新设等方式,2021年引入非公资本65.15亿元。企业上市工作取得积极成效,财达证券在A股上市,募集资金18.8亿元;河北建工建筑装配公司在新三板挂牌上市。河北粮产集团股权多元化改革完成,河钢集团引入韩国浦项、达涅利、金蝶软件等战略投资者,做优主业。河北建投集团积极开展基金投资,引导新兴产业发展,基金总规模超过140亿元。二是市场化经营机制不断健全。截至2021

底,经理层成员中实现任期制和契约化管理的占比98.63%,各级子企业中签订契约的占比96.39%。全面推行全员绩效考核,河北建投集团二级以下企业负责人薪酬差异化分配试点取得显著成效,获得全国现代化创新成果二等奖。三是国企改革专项行动不断加强。积极推进国企改革"双百行动"、"科改示范行动"等改革专项工程。推动河北港口秦港股份、河北省资产管理公司、河钢集团唐钢公司、河北建投国融能源公司、河北国控资本公司、财达证券等6户"双百企业"改革政策措施综合运用和系统集成,激发基层改革创新动力,发挥示范引领和突破带动作用。河钢数字公司、华药新药等2户"科改示范企业"在国家改革创新情况的专项评估中被评为"良好"。河钢数字公司经验入选《"科改示范行动"案例集》。组织监管企业全面开展对标提升专项行动,河北港口集团扁平化管理等经验做法入选《国企改革三年行动简报》,唐山三友集团在国务院国资委组织的国有重点企业"三个标杆"创建活动中被评为标杆企业。

(二)高质量发展态势逐步显现

坚持以"十四五"规划为引领,加快推进国有经济布局优化和结构调整,聚焦国家、河北省重大战略,千方百计保证市场供应稳定,抓项目、促投资、稳增长,坚持创新驱动发展,国有经济战略支撑作用充分发挥。一是主动服务河北省经济社会发展。参与京津冀协同发展和雄安新区建设,"轨道上的京津冀"主骨架、雄安新区对外骨干路网基本成型;河北建投集团参与的京沈客专全线运营,太锡铁路太崇段开通,雄安金湖未来城建设加快推进;河北高速集团建设的京雄高速,河北交投集团建设的荣乌新线、京德高速公路建成通车;河北港口集团深化秦皇岛港、黄骅港与天津港的业务协同,提升集装箱运量。全力服务北京冬奥会,确保"两个冬奥、同样精彩",河北旅投集团、河北机场集团、河北交投集团、河北高速集团圆满完成承担的冬奥保障任务。全面打响能源保供攻坚战。开滦集团、冀中能源等煤炭企业最大程度释放产能,河北港口集团充分发挥能源运输"大动脉"作用,河北建投集团保障供电、供暖、供气,彰显国企担当。二是重点项目建设加快推进。河钢宣钢实现关停,完成产能退出任务,转型升级"三大基地"建设8个项目投产;河钢唐钢新区、河钢石钢新区退城搬迁后全面达产。开滦集团年产500万吨的红树梁矿建成投产。河北港口集团黄骅港散货港区矿石一期(续建)工程具备靠泊条件。冀中能源集团开鲁生物发酵基地、8万吨合成氨项目、20万吨玻纤一期投产。河北建投集团首个海上风电项目并网发电。河北高速集团延崇高速延伸工程、赤城支线均提前完工,青兰高速改扩建新建段主体贯通。河北交投集团迁曹高速全线通车。三是科技创新和数字化转型扎实推进。河钢数字公司重点打造weshare工业互联网平台,入选"2021全国企业数字化应用十佳案例",获评国家级第三批专精特新"小巨人"企业。国家级智能化示范矿井——钱家营矿顺利建成。截至2021年底,"一院一室两站两中心"(产业技术研究院,重点实验室,博士后工作站、院士工作站,工程技术研究中心、企业技术研究中心)科技创新平台累计131家,高新技术企业累计88家。

(三)国资监管"三化"能力持续提升

以管资本为主加强国有资产监管,实施专业化、体系化、法治化监管,加强智慧监管、阳光监管、依法监管,切实提高监管的系统性、针对性、有效性。一是国资监管效能逐步增强。推进信息化与监管业务深度融合,河北国资国企在线监管系统更加完善,"三重一大"决策、企业组织机构基本信息管理、国资监督追责等11个业务系统上线运行。监管企业建立信息公开的占比93.34%。新设内部审计处,加强监管企业内部审计。制定《国资监管责任约谈工作规则》,修订《境外国有资产监督管理办法》。对个别企业集采断供造成严重不良后果严肃追责问责。河北省第十三届人民代表大会常务委员会第二十四次会上,向省人大常委会报告2020年河北省及省级企业(非金融类)国有资产管理情况。二是省级经营性国有资产集中统一监管基本完成。全面落实《进一步深化省级经营性国有资产集中统一监管改革实施方案》,52户企业纳入集中统一监管,指导组建省地信集团、省地矿集团,省级集中统一监管比例99.8%。三是防范化解重大风险平稳有序。制定《进一步加强监管企业债务风险管控的若干措施》,明确7个方面30项举措,为做好债务风险防控提供重要依据。加强债券发行管理,建立"631"偿债保障机制,2021年到期债券全部按时足额兑付。开展"防风险、除隐患、保安全"大排查大整治行动,2021年事故起数和工亡人数同比实现"双下降"。加强信访隐患动态摸排和包联化解,河北省国资委系统持续保持平安稳定。

五、河北省国资委监管企业并购重组与完善法人治理结构情况

(一)中国特色现代企业制度健全完善

坚持"两个一以贯之",把加强党的领导和完善公司治理统一起来,会同省委组织部研究制定在完善公司治理中加强党的领导相关制度文件,规范党委前置研究讨论程序,监管企业集团公司和重要子企业全部制定党委前置研究讨论事项清单,党的领导融入公司治理实现制度化、规范化、程序化。配套修订党委会、董事会、经理层议事规则和"三重一大"决策制度,董事会建设从应建尽建到规范有效不断深化,修订外部董事管理办法、董事会和董事评价办法,省国资委监管各级企业100%实现董事会应建尽建,13户集团公司建立董事会向经理层授权管理制度。公司制改革全面完成。

(二)并购重组稳妥推进

按照市场化原则,以河北粮产集团为主体,对省内部分国有粮食企业进行整合重组。河北粮产集团净资产增长96.6%,粮油仓容规模增长64.6%,土地面积增长72.8%。以专业化为导向,河北省属企业内部整合有序推进。河钢集团组建河钢供应链、河钢工业技术、河钢钢构等一批特色明显的新兴企业;开滦集团以国和公司为平台,整合重组所属现代物流板块11家子、分公司资产。

六、河北省国资委监管企业建立和完善经营业绩考核体系情况

(一)强化考核导向

印发《关于进一步完善省国资委监管企业二级及以下公司经营业绩考核工作有关事项的通知》,将经营业绩考核目标层层分解、层层落实、传导压力。以经理层成员任期制和契约化管理为"牛鼻子",推动企业内部全员绩效考核开展。将省委、省政府关注的重点工作、国企改革三年行动确定的落实董事会职权等7项重点改革任务、投资经营"十个严禁"规定的落实情况纳入考核,通过考核实现与领导人员薪酬的刚性挂钩,有效推动各项工作开展。

(二)严格薪酬审批

核定2020年17家监管企业负责人薪酬和专职外部董事、兼职外部董事的薪酬。紧密结合业绩考核指标完成情况确定基本年薪和绩效年薪;将省审计厅对监管企业2020年专项审计和资产负债损益审计的结果直接与监管企业负责人2019年度薪酬挂钩,依据审计揭示的问题,按一定比例扣减监管企业负责人绩效年薪。严格落实监管企业负责人绩效年薪封顶。积极推动监管企业实施中长期激励,制定出台《河北省国资委监管企业实施中长期激励指导意见》,为企业开展正向激励工作提供政策支持。印发《关于积极推进"双百企业"和"科改示范企业"实施超额利润分享机制的通知》,对列入试点的河钢集团、冀中能源集团、河北港口集团、河北建投集团等下达硬任务,以点带面逐步推开中长期激励。

七、河北省国资委监管企业负责人考核与选人用人机制改革情况

(一)综合考核评价扎实开展

河北省国资委会同省委组织部对监管企业运行、管理、效益和班子建设等情况进行全面排查评估,对领导班子和领导人员2020年度工作情况开展综合考核评价,综合测评采用电子测评系统,提高考核工作效率。按照《河北省省属企业领导班子和领导人员综合考核评价办法》要求,逐企逐项研究确定监管企业2021年度定性考核任务目标,作为企业领导班子和领导人员2021年度考核评价的重要依据,并要求企业根据任务目标,将任务细化分解至每位领导班子成员,形成工作目标承诺,并报河北省国资委备案,确保年度各项重点工作按期完成。

(二)选人用人机制改革加快完善

深化经理层成员任期制和契约化管理,推行职业

经理人制度试点，不断激发经理层活力。在监管企业子企业全面推行经理层成员任期制和契约化管理，制定印发《关于在监管企业各级子企业推行经理层成员任期制和契约化管理的工作方案》，坚持因企制宜、分类推进、稳步实施。在符合条件的监管企业及子企业推行职业经理人制度，在一级监管企业层面重点推进财达证券公司职业经理人试点工作，市场化选聘3名副总经理。

八、河北省国资委监管企业党的建设和廉政建设情况

认真贯彻新时代党的建设总要求和新时代党的组织路线，持续深入落实全国国有企业党的建设工作会议精神，以庆百年、学党史为主线，以党的政治建设为统领，以提升组织力为重点，夯基础、补短板、强弱项、增活力，监管企业党建工作得到明显提升和实质性加强。2021年，监管企业5名个人和1个集体获评全国"两优一先"、10名个人和7个集体获评河北省"两优一先"和优秀基层党组织书记。

(一)筑牢国有企业"根"和"魂"

严格落实"第一议题"制度，及时跟进学习习近平总书记最新重要讲话精神，建立重大决策部署跟踪督办机制。召开监管企业党委书记抓基层党建工作述职评议会，将考核结果纳入监管企业领导班子综合考核评价体系，层层压实党建责任，企业各级党组织书记抓党建、强党建的意识不断增强。健全完善"不忘初心、牢记使命"长效机制，扎实开展党史学习教育和"四史"宣传教育，各级党组织丰富学习教育形式，精心组织"第一议题"学习和中心组学习，深入开展专题研讨，累计开展中心组专题学习4295次，举办专题读书班4256次、12.53万人次参加，组织线下培训4457次、22.19万人次参加。严肃政治生活，指导监管企业高质量召开民主生活会和组织生活会。

(二)党建基层基础进一步夯实

持续严密基层组织体系，认真落实"四同步、四对接"，依托生产经营单元动态优化党的基层组织设置，深化党支部标准化规范化建设，加强混合所有制企业党建，党的组织和党建工作实现全面覆盖。加强"三支队伍"建设，先后举办党支部书记示范培训班、党员骨干培训班、党员发展对象培训班等，带动企业层层培训基层党组织书记6075人次、党务工作人员5800人次、党员10万人次，基本队伍能力素质进一步提升。强化基层基础保障，按照不低于同级部门平均编制数配备党务工作人员，按照不低于1‰要求计提党组织工作经费。组织开展"抗疫一线党旗红"活动，及时下拨专项党费支持疫情防控，动员企业各级党组织和广大党员在疫情防控中发挥作用、担当作为，有力彰显国资国企责任担当。

(三)基层党建与生产经营深度融合

推进基层党建理念创新、机制创新、手段创新，培育河钢"钢铁先锋"、河北港口"价值党建"、唐山三友"党建登高计划"、财达证券"四强四融·守正共赢"等党建品牌，推出一批"四创"党建研究成果，基层党建活力不断增强。组织召开"七一"表彰会议，在《河北日报》刊发《强根铸魂 以高质量党建引领企业高质量发展——河北国资国企党建工作回眸和6户企业党建经验成效》，制作河北省国资委系统全国"两优一先"事迹展播，以先进典型带动基层党组织战斗堡垒作用和党员先锋模范作用充分发挥，推动形成以高质量党建引领保障企业高质量发展的浓厚氛围。

(四)风清气正政治生态逐步形成

强化权力运行监督制约，围绕重点人重点事重点岗，厘清职责权限，排查权力运行风险点，13户监管企业制定《廉洁风险防控手册》，健全完善风险防控运行机制，较好构建起监控、预警、处置工作闭环。召开政治性警示教育大会，开展党纪法规教育640余场次，开展警示教育2300余场次，以案示警、以案促改、以案促治，彻底肃清腐败案件恶劣影响，进一步优化政治生态，党员干部拒腐防变的思想防线进一步筑牢。充分发挥巡察"利剑"作用，九届省委任期内实现巡察全覆盖。全力做好省委巡视"回头看"反馈问题整改。持之以恒纠治"四风"，结合"我为群众办实事"实践活动，督促推动一批"急难愁盼"问题有效解决，针对"四风"问题开展明察暗访3200余次，提出意见建议510余条，及时纠治问题480余个。围绕"关键少数"，近距离监督"一把手"和领导班子履职用权，常态

化开展谈心谈话。深化运用"四种形态",处置化解一批旧案积案,存量基本清零,增量动态随清。保持惩治腐败高压态势,全力推进问题线索清仓,严肃查处一批违纪违法案件。

(撰稿人:尹爱岭)

山西省

一、山西省国有资产监督管理工作综述

2021年,山西省国资委始终坚持以习近平新时代中国特色社会主义思想为指导,在省委、省政府的坚强领导下,按照"全方位推动高质量发展"的总体思路和要求,聚焦主责主业,强化党建和监管,深化改革、提质增效、服务民生,"十四五"起步开局良好。

(一)发展质效全面提升,经营指标创历史新高

山西省国资国企系统全力稳生产、稳经营、稳市场,继续保持稳中加固、稳中向好的态势,有力支撑山西省经济迈上新台阶。一是经营规模稳中有进。截至2021年底,山西省国资系统监管企业资产总额4.28万亿元,营业收入1.93万亿元。其中,省级监管企业资产总额3.59万亿元,营业收入1.47万亿元;市级监管企业资产总额3376亿元,营业收入704亿元;县级监管企业资产总额3468亿元,营业收入379亿元。二是效益效率持续改善。省属企业利润总额首次突破500亿元,达到512亿元;净利润242亿元。市属企业利润总额74亿元,净利润45亿元。华新燃气、太重集团、交控集团、太原市成功实现扭亏为盈。山西焦煤强化精益化成本管控,原煤完全成本比上年减少5.4%,太重集团开展全面预算管理,降本增效10亿元。晋城市兰花集团实现利润近30亿元,忻州市打造3个"旗舰"产业集团,神达能源煤炭产量超过1000万吨。三是社会贡献继续提升。省属企业实现增加值首次迈过3000亿元,达到3085亿元,比上年增长24.3%;市属企业实现增加值349.4亿元,比上年增长87.1%。省属企业上缴税费1248亿元,比上年增长42.1%;市属企业上缴税费72.4亿元,比上年增长64.2%。山西省国资系统监管企业对山西省GDP增长的贡献率超过35%,上缴税费占山西省一般公共预算收入的42%。

(二)党的领导更加坚强,国企党建开创新局面

山西省国资国企系统以庆百年、学党史为主线,凝聚起团结奋进、干事创业的强大正能量。党的领导更加坚强有力,扎实推动国企党建开创新局面。一是忠诚践行"两个维护"。深入实施"第一议题"制度,健全中央和省委、省政府重大决策部署跟进督办制度,隆重庆祝建党百年,扎实开展党史学习教育和"我为群众办实事"实践活动,深入开展全国国企党建会议精神落实情况"回头看",组织召开"五周年"座谈会,汇编《习近平总书记关于国资国企改革重要论述摘编》。成立省国资委党委讲师团,以习近平总书记重要讲话精神、党的十九届六中全会、省第十二次党代会为重点,全系统组织宣讲6.7万场次、覆盖237万余人次。汾酒集团拿出专项资金开展"我为群众办实事",神农科技开展"金秋农耕体验季"主题活动,晋能控股建设全媒体宣传阵地,华阳集团形成研判、学习、监测、责任、考核意识形态工作"五大机制",运城市建立"六本台账"梳理"我为群众办实事"重点项目。二是切实加强企业党建。修订党建工作要求写入公司章程参考文本,制定省属企业党委前置研究讨论重大经营管理事项清单审批办法,省属企业集团及59户重点子企业全部制定党委前置清单及审批制度。与省委组织部联合印发党建工作责任制考核办法,建立党建考核与经营业绩考核"双挂钩"制度。晋能控股加强党建"六个引领",强化党建考核,潞安化工推动党建工作绩效管理,交控集团深入实施党建工作项目化管理,国际能源搭建"智慧党建"平台,太原市开展党建"一企业一品牌"创建活动,吕梁市制定市属国有企业在公司治理中加强党的领导的意见,晋城市培塑18家基层党组织规范化建设示范点。三是全面从严管党治党。制定从严治党4个清单,深入开展4个整治腐败专项行动,开展党纪国法教育和依法治国依规治党教育。积极开展"清廉国企"建设,建立廉洁风险排查机制,制定廉政风险防范清单。

(三) 国企改革向纵深推进，三年行动取得新突破

山西省国资国企系统将国企改革三年行动作为一项重大政治任务精心谋划、周密部署、扎实推进。截至2021年底，山西省三年行动总体完成率87.2%，超额完成70%的年初既定目标。一是督导检查持续发力。建立健全月通报、月例会制度，对18户省属企业、11个市开展两次督导检查，形成工作报告、问题清单、"一企""一市"整改清单。国际能源、交控集团、朔州市、太原市等单位总体进度靠前。二是重点难点加快攻坚。省属企业基本实现董事会建设应建尽建，95%集团公司、75%各级子公司实现外部董事占多数，全部建立经理层成员任期制和契约化管理制度。山西焦煤比照超额利润分享设计思路开展中长期激励，朔州市实现外部董事占多数。三是遗留问题基本收尾。国有企业办社会职能分离移交、厂办大集体改革、公司制改革和退休人员社会化管理基本完成，"僵尸企业"出清率96.5%，重点亏损子企业治理完成率超过82%。阳泉市结合智慧城市建设，强力推进"三供一业"维修改造。四是市县改革同步提速。与各市国资委建成6项应用系统，实现省市国资委网络通、数据通，全民所有制企业改制、"僵尸企业"处置全部完成，678户企业从一般竞争性领域稳妥有序退出。大同市高位推动758户企业公司制改革，忻州市多部门联动，打通公司制改革和"僵尸企业"处置工作的难点堵点，临汾市建立改革"资金池"，统筹解决退出企业职工安置和历史遗留问题。

(四) 机制创新激发活力，核心竞争力实现新提升

山西省国资国企系统坚持以体制机制创新激发企业创新活力，推动"卡脖子"关键核心技术攻关取得积极进展。一是加大创新协同。企校共建产业技术研究院7个。推动创新覆盖。建立18个省级重点实验室，实现省属企业重点实验室全覆盖。二是强化成果转化。开展校企精准对接，达成协议26项。潞安化工高温浆态床费托合成工艺、太重集团400千米/小时高铁轮轴、大地控股盐碱地改良修复技术等一批核心技术取得重大突破。华远陆港创新商业模式，建设"陆港通"、跨境电商产业园、农村物流公司等一批电商平台，华新燃气建立智能化燃气调控中心，太原锅炉集团打造太锅热电能源产业链数字化智能运营系统。三是强化人才队伍建设。制定省属企业2021年人才工作要点，举办领导能力和专业素养提升班3期，完善人才工作考核方案。华远陆港推进蓝点人才计划，交控集团实施企业人才定制培养，晋城兰花集团与高职院校签订合作协议，"订单式""点餐式"培养"准员工"。

(五) 企业运行平稳有序，防范风险取得新成效

山西省国资国企系统积极践行总体国家安全观，重点领域风险防控有力有效。一是系统应对各类风险。召开风险防控专题工作会，对企业安全生产、生态环保、防疫抗灾、信访维稳、欠薪欠保、法律风险、舆情风险等工作进行安排部署。二是推动安全生产。省属涉煤企业将安全管理层级全部控制在三级以内，煤炭百万吨死亡率0.0084，远低于同行业平均水平。三是落实信访维稳。清理省属企业欠薪欠保66.1亿元，重要节点实现省国资系统"零进京""零非访"。四是强化疫情防控。压实法人单位主体责任，加强重点区域、关键环节防控。航产集团制定国际分流航班保障方案，有效扎紧国际入境人员管控。五是做好能源保供。省属企业完成3100万吨煤炭保供任务，占山西省任务总量的72%，晋能控股全年兜底电量117亿千瓦·时。六是做好生态保护。强力督导焦煤集团斜沟煤矿环保问题整改，水控集团深化"五水综改"，积极探索黄河流域生态保护的有效途径。七是服务国计民生。围绕主责主业强化省属企业履行社会责任，作为地方国资代表，首次对外公布省属企业社会责任蓝皮书。18户省属企业招收高校应届毕业生4081人，11个市市属企业招收高校应届毕业生2052人。山西建投筑牢境外防疫防线，云时代开发疫情防控平台，保障稷山县大规模全员核酸检测。华舰体育上线"体育＋"课后服务平台，切实解决教育"双减"民生需求。

(六) 强化制度执行，国资监管大格局实现新加强

山西省国资监管的统一基础管理制度体系、信息化监管支撑体系基本建成，国资系统上下联系更加紧密，监管左右协同更加顺畅。一是经营性国有资产统一监管持续加强。完成658户省级事业单位所办企业脱钩改革，省级集中统一监管比率99.6%。市县集中统一监管比率97.9%，晋中市建立"一体两翼三平

台"国资监管与运行机制新框架,长治市2个县成立国资监管机构、2户投资运营公司。二是国资监管制度建设持续加强。出台省国资委权责清单(2021版),制定省属企业国资监管提示函、通报、责任约谈工作规则3项,出台监管制度4项,构建起业务监督、综合监督、责任追究"三位一体"国资监管机制。监管协同持续加强,对重要领域、重大事项、重点企业监管力度持续加大。山西建投、汾酒集团等8户省属企业制定问题线索核查操作规程等相关工作细则。大同市形成"1办法+1方案+8制度+1台账+1清单"的责任追究工作闭环。

二、山西省国有资产总量与结构分析

2021年,山西省纳入统计范围的国有企业(含国有控股参股,下同)7239户,比上年净增加436户。净增加的436户中,省属监管企业3754户,净增加75户,其中增加256户,增加的主要原因是新投资设立141户、上年应报未报45户和新划转42户企业;减少182户,减少的主要原因是撤销关闭59户和出售(拍卖)30户;省属非监管企业470户,净增加60户;地市国有企业3015户,净增加301户。

截至2021年底,山西省国有资产总量9386.45亿元,比上年净增加1238.16亿元。按隶属关系分,国有资产主要集中在省属监管企业,省属监管企业国有资产总量5381.17亿元,占比57.33%。按经营规模分,国有资产主要集中在大型企业,占比77.89%。

表1 2021年山西省国有企业指标

项目	金额(亿元)
资产总额	46634.52
所有者权益	13600.24
营业收入	16566.34
利润总额	735.17
净利润	352.89
归属于母公司所有者的净利润	76.97
应交税金总额	1650.73
实际上缴税金总额	1326.66

表2 2021年山西省国有企业户数情况

2020年户数(户)	2021年户数(户)	比上年增长(%)
6803	7239	6.41

表3 2021年山西省国有资产按地区分布情况

地区	国有资产(亿元)	占国有资产总量比重(%)
省级企业汇总	5497.44	58.57
省属监管企业	5381.17	57.33
省属非监管企业	116.28	1.24
地市汇总	3889.01	41.43
太原市	1486.39	15.84
大同市	233.74	2.49
阳泉市	78.59	0.84
长治市	265.75	2.83
晋城市	436.6	4.65
朔州市	182.72	1.95
晋中市	336.61	3.59
运城市	146.53	1.56
忻州市	250.13	2.66
临汾市	285.28	3.04
吕梁市	186.66	1.99
合计	9386.45	100.00

表4 2021年山西省国有资产按经营规模分布情况

经营规模	国有资产(亿元)	占国有资产总量比重(%)
大型企业	7311.39	77.89
中型企业	1004.39	10.70
小型及微型企业	1070.67	11.41
合计	9386.45	100.00

三、山西省国有资本保值增值综合分析评价

2021年,山西省国有企业保值增值率101.29%,比上年增加2.02个百分点。从分布结构来看,省属

监管企业实现100.51%的保值增值率,省属非监管企业实现106.72%的保值增值率;市级及以下企业保值增值率102.24%。

表5　2020年山西省国有企业地区国有资本保值增值情况

地　区	国有资本保值增值率(%)
省级企业汇总	100.64
省属监管企业	100.51
省级非监管企业	106.72
地市企业汇总	102.24
太原市	100.36
大同市	97.57
阳泉市	99.48
长治市	104.74
晋城市	110.32
朔州市	102.17
晋中市	99.79
运城市	96.94
忻州市	107.12
临汾市	105.78
吕梁市	101.11
合　计	101.29

四、山西省国资委监管企业改革发展情况

截至2021年底,18户省属企业资产总额3.59万亿元,比上年增长4.7%;资产负债率比上年下降0.7个百分点。全年实现利润总额512亿元;利税总额1832.3亿元,比上年增长63.3%;兑付债券2687亿元,无一例违约;完成转型项目投资1636.5亿元。重新核定省属企业主业,划清赛道,将企业现有产业板块中资产体量、营业收入规模、盈利能力占比较大产业,以及具备一定基础、具有战略价值和发展潜力产业作为主业;建立"六定"长效机制,省属企业在册职工减少11.6万人,提质增效根基更加坚实;坚决防范投资风险,对省属企业投资项目开展同步可研,终止、暂缓投资256.3亿元。

(一)高位赋能明显加速

自山西省第十二次党代会召开以来,以山西省国有企业深化改革提质增效推进会为标志,密集召开五次大会,研究部署国企改革工作。省领导分赴部分省属企业,围绕深化改革、提质增效、完善治理等开展调研;1个月走完18家省属企业,指导省属企业苦练内功、久久为功;一系列重要讲话、重要指示和关心指导,为山西省国资国企事业搭建起发展平台。

(二)布局优化明显加速

按照省委、省政府的顶层设计,省国资委会同省国资运营公司编制"十四五"省属企业总体规划纲要,做好专业化重组"后半篇文章",统筹考虑资产移交企业的资金需求和资产接收企业的还款压力,制定统贷统还债务平衡偿付方案,完成管理权移交,厘清资产负债边界,出具合并报表,协调金融机构提供并购贷款超500亿元,与少数股东深入谈判,取得实质性进展。晋能控股、国际能源、山西焦煤摘牌战略性新兴产业用电184亿千瓦·时,贡献山西省90%的供电量。

(三)创利增效明显加速

2021年,省属企业实现利润总额512亿元,创历史最好水平;其中,4家煤企贡献371亿元,汾酒集团和山西建投贡献99亿元。整体净资产收益率2.62%,实现历史新高;其中,汾酒集团、大地控股净资产收益率分别为32%、9.6%。整体经济增加值-142亿元,比上年增长113亿元,为历史最好表现;其中,汾酒集团、山西建投、大地控股、航产集团和云时代实现正值。在上缴国有资本经营收益9.7亿元的基础上,山西焦煤、汾酒集团、晋能控股、山西建投和太钢集团额外贡献60亿元。

(四)降本提质明显加速

截至2021年底,省属企业平均资产负债率73.35%,比上年减少0.74个百分点;其中,交控集团、山西建投分别减少1.88个、2.75个百分点。带息负债总额1.78万亿元,比上年压减167亿元,实现10年来首次下降;其中,4家煤企压减416亿元。全年研发投入151亿元,比上年增长44.9%;其中,山西建投、交控集团分别投入44亿元、17亿元。每百元收入

支付的成本费用 96.87 元，比上年下降 2.52 元；贸易收入 3805 亿元，比上年压降 563 亿元；"两金"占流动资产比重 25%，比上年减少 1.45 个百分点。

（五）机制改革明显加速

省属企业深化"六定"（定机构、定职数、定员额、定机制、定薪酬、定任期）改革，建立长效机制。集团总部机构从平均 25 个压缩到 13 个；内设机构从平均 113 个压缩到 26 个。总经理助理级管理人员职数从平均 12 个压缩到 6 个；中层管理人员职数从平均 61 个压缩到 28 个。员工编制从平均 645 个压缩到 192 个。通过省政府官网发布招聘公告 282 次，招聘 10117 人；招聘结果公示 327 次，录用 9879 人。在册职工 99.2 万人，比上年减少 11.6 万人。全员劳动生产率从人均 24.9 万元/（人·年）提升到 33.9 万元/（人·年）。人工成本利润率从 18.1% 提升到 38.6%。

（六）风险化解明显加速

省属企业持续加强债务管理、银行账户及资金管理，对资产负债率按照基准线、警戒线和重点监管线实施分类监管，清理休眠、闲置和僵尸账户。开展"金融机构进山西入煤企"调研座谈活动，密集走访 30 多家全国性金融机构总部，取得金融机构增量资金支持超过 2500 亿元。建立带息债务及资金情况日报制度、债券违约风险监测预警和偿付协同机制、折价债券回购长效机制，增信护盘，拆借资金，全年按期兑付到期债券 2671 亿元，未发生一笔违约。

（七）资本运作明显加速

省属企业梳理出具备证券化潜力资产约 3500 亿元，推动 42 家企业后备上市。成功控股 480 年国药品牌广誉远，持股浮盈最高 29.9 亿元，增值 3.4 倍。北方铜业借壳南风化工上市，置入资产最高上涨 3.2 倍，净升值 140.6 亿元。太原重工和国新能源非公开发行股份圆满完成。山西焦煤、交控集团等企业将 150 亿元资产注入上市公司。省属上市公司资产规模增加 561 亿元，总市值上涨 34%，远高于同期上证指数 4.8% 的涨幅，半数股价涨幅一度翻番。山西汾酒市值最高 4645 亿元。

（八）管理提升明显加速

省属企业严控资本性支出，流动性优先保障偿还债务、支付职工工资社保，开展同步可研，终止、暂缓投资 15 笔、256 亿元。改进经营业绩考核，行业对标指标占 1/3，质量效益指标接近 100%，首次引入经济增加值考核，试行去杠杆负向约束。出台省属企业外部董事履职管理、履职评价及责任追究、薪酬管理 3 个制度。加快建设国有资本数智化管理平台，资金监测系统、财务管理系统分别在 14 家、5 家企业上线运行。

五、山西省国资委监管企业并购重组与完善法人治理结构情况

（一）中国特色现代企业制度更加成熟，法人治理结构更趋完备

全面巩固党组织在公司治理中的法定地位，启动新一轮"党建入章"工作，修订《山西省国有企业党建工作要求写入公司章程参考文本》，印发《关于省管企业在完善公司治理中加强党的领导的意见》。全面制定和审批党委前置研究讨论重大经营管理事项清单，100% 的省属企业集团和重要子企业制定前置清单和审批制度，山西省国资委出台《省属企业党委前置研究讨论重大经营管理事项清单审批办法》，编制流程图，推动省属企业各级党组织全面完成对下级党组织前置清单的审批。全面加强董事会建设落实董事会职权，100% 的省属企业集团和 99.26% 的各级子企业实现董事会应建尽建，96.77% 的重要子企业落实董事会各项职权；印发省属企业外部董事管理系列制度文件，起草外部董事人才库建设方案和管理办法，89.47% 的省属企业集团和 74.71% 的各级子企业董事会实现外部董事占多数。

（二）国有经济布局结构持续优化，资源配置效能整体提升

强化战略引领，印发《山西"十四五"国资国企发展规划》，各省属企业编制"十四五"规划和中长期发展目标，全力推动高质量发展新格局构建。省属企业围绕做优做绿能源产业、做强做大特色优势产业、发展壮大战略性新兴产业、优化提升公共基础产业，打造"2+6+8+3"产业格局。强化新兴产业布局，制定《省属企业"六新"经济统计监测体系建设方案》，常态

化开展供需对接活动,围绕"六新"达成合同协议 45 份。强化主辅分离,重新核定省属企业主业目录,推动"主强辅优、分灶吃饭",巩固深化战略性专业化重组成果,做好专业化重组"后半篇文章"。强化创新覆盖,建成国家级各类创新平台 27 个、省级主要创新平台 169 个和先进产业技术研究院 24 个,建立省级重点实验室 18 个,实现省属企业全覆盖。历史遗留问题基本解决,国有企业职工家属区"三供一业"维修改造总体进度 94.52%,教育、医疗、消防、市政等办社会职能分离移交基本完成,国有企业退休人员社会化管理完成 99.12%,厂办大集体改革、"僵尸企业"处置加快扫尾。

(三)混合所有制改革稳步推进,国有资本功能有效放大

持续优化混合所有制股权结构。根据不同企业功能定位,分类确定国有资本控股下限,实现国有资本与社会资本的有效融合。持续扩大混合所有制改革成果。二级及以下子企业按照"三因三宜三不"原则,通过出资新设、增资扩股、股权转让和开展上市等方式引进非国有资本,积极开展混合所有制改革。截至 2021 年底,累计 20 家企业实现上市,包括 A 股 18 家、港股 2 家,涉及煤炭、电力、化工、天然气、制药等多个领域。省国资委监管的省属企业资本集中分布在能源、化工、交通基础设施等领域,燃气、陆港、装备制造、酿酒、水利、建筑工程、机场等领域存量较大。2017 年以来,省属企业大力发展非煤新兴产业,信创、文旅康养、生态环保、新材料、体育、现代农业等产业得到持续快速发展,新兴产业企业大幅增加,加快从"一煤独大"向"八柱擎天"转变。

(四)市场化经营机制更加健全,国企内生动力有效激发

积极开展"六定"改革,推动省属企业实现降本增效、减人增效、提质增效。积极落实任期制契约化管理,100%省属企业全部建立经理层成员任期制和契约化管理的制度,90.9%的各级子企业按制度规定签订有关合同和契约。积极推行市场化选人用人,截至 2021 年底,省属企业公开招聘人员 6801 人,占新进员工的 97%;累计开展管理人员竞争上岗 3521 人,末等调整或不胜任退出 591 人,进一步推动管理人员"能上能下"成为企业常态。积极实施市场化薪酬分配和中长期激励,截至 2021 年底,97.12%的省属企业及各级子企业实行全员绩效考核;累计实施上市公司股权激励 393 人次,科技型企业股权或分红激励 755 人次,员工持股激励 10348 人次,实现业绩考核与激励水平"双对标"、激励与约束相统一。

六、山西省国资委监管企业建立和完善经营业绩考核体系情况

山西省国资委与省委组织部联合印发党建工作责任制考核办法,建立党建考核与经营业绩考核"双挂钩"制度,促进党建与经营深度融合。会同省国有资本运营公司对监管企业全面落实以效益为中心的考核理念,将经营业绩考核指标分为"投入产出指标、提质增效指标、对标挖潜指标、限制约束指标"四类,将省属企业划分为"资本回报类、竞争提升类、战略保障类、发展培育类"四类,分类设置不同的指标比重,引入经济增加值考核,试行资产负债率负向约束,并对标国务院国资委要求,全面覆盖"两利四率"考核内容,推动省属企业高质量发展。

(一)强调投入产出,鲜明树立效益考核导向

18 户省属企业全部设置利润总额、净资产收益率、上交收益、经济增加值等 4 项指标,从总量、比率、增加值等多维度考核资本回报水平,山西焦煤等 8 个创效大户投入产出指标权重达到 60%以上。特别是最能反映投入产出水平的经济增加值 2021 年实现 100 亿元提升,并专项设置上交收益指标。

(二)强调对标挖潜,促进企业找准赶超目标

18 户省属企业从行业和企业两个层面进行对标,指标数量占 35%。一方面,对照国务院国资委 2021 年度《企业绩效评价标准值》,明确省属企业所在行业"两线"目标值;另一方面,引导省属企业从"理念""指标"两个维度与标杆企业进行对标、补齐短板。"两金"占比、技术投入比率等重点财务指标 2024 年要整体达到"生存线",目标值先进性大幅提高,打造山西本土的"湘钢"。

(三)强调提质增效,全面提升发展质量水平

18 户省属企业全部设置全员劳动生产率和数智

化指标,大部分设置证券化指标。全员劳动生产率方面,省属企业职工创效要超过 38 万元/(人·年),与央企差距持续缩小。数智化方面,山西焦煤、云时代整体覆盖率要超过 85%,其他企业覆盖率要超过 2/3。证券化方面,不搞"一锅烩",给每户企业"开小灶","一企一策"设置考核内容,力争实现 15 年来省属企业 IPO 上市"破零"。

(四)强调风险防控,牢牢守住资本安全底线

去杠杆方面,改变以往只考核资产负债率一个指标的做法,增设带息负债减少额指标,完不成最多可扣减总分的 20%。扭亏减亏方面,按照"减亏就是增盈"的思路,既考核亏损企业户数,又考核减亏额,鼓励企业真抓实干。投资管理方面,探索考核投资项目最低收益率指标,对标行业"发展线",对实际收益率低于目标值的企业进行负向扣分。

(五)强调创新驱动,促进企业提升核心竞争力

直接体现科技创新的指标赋分占总分数的 10%,间接体现的占 50%。设置研发投入增幅、技术投入比率两个专项考核指标,工业企业(12 户)研发投入增幅不低于 20%;将技术投入比率纳入对标挖潜指标中进行考核,开展行业对标。在利润总额、净资产收益率等投入产出指标考核中,将费用化的研发投入视同利润 100% 进行加回。配套出台《省属企业科技创新成果年度经营业绩考核奖励加分细则》,对获得国家科学技术进步奖等奖项的企业进行加分奖励,多获多加。

(六)出台两个清单,促进考核公开、公平、公正

出台"正向+负向"考核清单,省属企业在科技创新、改革转型、资本回报、能源保供等方面表现优异,可按照正向清单加分奖励。如果经营业绩受到新冠肺炎疫情等不可抗力影响,可按照负向清单对相应部分予以考虑。"通用指标"数量占 95% 以上,以"财务报表"为依据的指标占 80% 以上,可有效减少人为主观因素干扰,体系清晰,计算简单,企业可根据考核指标完成情况实现自主打分。

(七)强化结果运用,将奖罚分明落到实处

山西省国资委会同山西省国资运营公司第一时间向组织部门反馈经营业绩考核结果,作为企业班子综合评价、干部使用调整、个人评优评先的重要依据。

省属企业负责人绩效年薪与经营业绩考核结果挂钩后,要与企业经济效益二次挂钩,无重大客观原因发生经营性亏损的企业,负责人不得领取绩效年薪;未完成年度效益指标的企业,按比例扣减负责人绩效年薪,直到扣完为止;超额完成年度效益指标的企业,按比例奖励负责人绩效年薪,直到政策规定上限为止。公益类业务比重较大的企业,降低投入产出指标权重,同步拉低其负责人薪酬标准。

按时向有关单位反馈经营业绩考核结果,作为企业班子综合评价、干部使用调整、个人评优评先的重要依据。公益类业务比重较大的企业,降低投入产出指标权重,同步拉低其负责人薪酬标准。

七、山西省国资委监管企业负责人考核与选人用人机制改革情况

(一)负责人考核与选人用人情况

2020 年,按照山西省委安排部署,山西省国资委监管省属企业领导班子全部由山西省委组织部管理。

(二)人才队伍建设情况

加强统筹谋划,明确工作任务目标。一是健全人才工作机制。落实省委《关于深化人才发展体制机制改革的实施意见》,健全党管人才领导体制和工作机制,印发《关于调整中共山西省人民政府国有资产监督管理委员会委员会人才工作领导小组成员的通知》,根据省国资委人员变动情况和工作需要,及时调整委党委人才工作领导小组成员。探索建立院士后备人选等各类特殊人才专项服务机制、人才问题协调解决机制,拟定省属企业特殊人才专项服务机制和人才问题协调解决机制实施办法,全面提升人才公共服务能级,提升人才政策落实和人才服务效率及水平。二是科学谋划工作目标。进一步加强党对人才工作的领导,提高人才工作科学化水平,制定下发《中共山西省国资委委员会人才工作领导小组 2021 年工作要点》,从谋划、落实、创新、提升等四方面谋划全年重点工作。认真学习领会中央人才工作会议和省委人才工作会议精神,研究拟定贯彻落实举措,向各省属企业下发《关于学习宣传贯彻习近平总书记在中央人才工作会议上的重要讲话精神的通知》,督促企业做好

贯彻落实工作，切实把会议精神转化为做好人才工作的强大动力和实际成效。

立足主责主业，促进人才工作质量提升。一是强化优秀人才培育。由省委组织部牵头，省国资委组织举办省管企业领导人员专业化能力提升专题培训班，对省管企业31户200名领导人员进行专题培训，进一步提升省管企业领导干部治企兴企强企能力。与省人社厅联合举办省属企业数字化管理转型高级研修班，对省属企业77名中层以上干部进行培训，进一步推进省属企业管理数字化、网络化、智能化建设，实现企业数字化和智能化转型升级。与省委组织部联合组织省管企业中青年经营管理人员专业化能力提升培训班，来自18户省属企业的65名优秀年轻干部参加学习，进一步培养造就对党忠诚、勇于创新、治企有方、兴企有为、清正廉洁的国有企业中青年经营管理人员队伍。二是大力发现培养优秀人才。开展选派省属企业优秀年轻干部、女干部和党外干部到基层任职专项行动，18户省属企业推荐上报年轻干部59人、女干部23人、党外干部22人，积极为山西省选派工作选苗育苗，让更多优秀青年干部脱颖而出。推荐交控集团1人参与2021年度省筹资金资助回国留学人员科研项目申报；推荐全国新职业技术技能大赛参赛选手24人、全国智能制造应用技术技能大赛参赛选手4人，不断挖掘储备企业优秀人才。开展省委联系服务专家推荐工作，择优推选20人作为省委联系服务专家上报省委组织部；对"山西省优秀人才突出贡献奖"推荐人选资格进行重新审核，对太钢集团王一德政治、经济、品行等方面进行考察，进一步充实各类专家库，为省属企业转型发展蹚新路出雏形提供智力支持。三是做好人才引进工作。组织省属企业在2021年度定向选调生笔试期间同步开展人才宣传推介和招才引智活动，14户省属企业上报招聘岗位100余个，通过线上招聘新模式广招天下英才。积极推进新型智库"五库"建设，组织省属企业推荐上报咨询专家人选61人，聘请决策咨询顾问33人，进一步充实各类专家库，为省属企业转型发展蹚新路出雏形提供智力支持。积极建设省校合作大学生实习实训基地，18户省属企业接收实习实训大学生81人，组织省属企业参加"人到山西好风光"人才宣传周相关活动，15户省属企业提供引才岗位200多个，引育人才、延揽人才、重用人才的氛围更加浓厚。

抓牢基础工作，强化督促检查指导。一是夯实人才工作基础。组织开展2020年度公有经济企业经营管理人才、专业技术人才统计报表填报工作。截至2021年底，18户省属企业三支人才队伍总量36.38万人。其中，经营管理人才15.26万人、专业技术人才19.44万人，高技能人才11.14万人，高端专业技术人才中，有突出贡献的中青年专家4人，享受政府特殊津贴人员39人，百千万人才工程国家级人选2人，国家科技奖项负责人7人。省属企业人才队伍不断壮大，人员结构持续优化。二是强化人才考核抓手。贯彻落实《省属企业人才工作专项考核方案》，开展省属企业人才专项考核，结合省属企业人才工作自评情况、考核组评价情况以及日常表现情况，提出省属企业人才工作专项考核等次建议，并经省国资委党委会议研究，报经省委人才办同意后，确定2021年度各省属企业人才工作专项考核等次。其中晋能控股、潞安化工、华远陆港、交控集团、汾酒集团等5户省属企业在2021年度人才工作专项考核中被评定为优秀等次。三是加强督查调研指导。为深入学习贯彻习近平总书记在中央人才工作会议上的重要讲话精神，进一步掌握省属企业人才工作情况，推动中央关于新时代人才工作的各项决策部署落地生效，组织开展省属企业人才工作专项督查调研，召开省属企业人才工作座谈会，就省属企业人才工作亮点及问题建议进行交流座谈，督促企业贯彻落实好中央及省委省政府的各项人才政策，同时发现省属企业人才工作先进经验做法，不断营造识才、爱才、敬才、用才好环境。

八、山西省国资委监管企业党的建设和廉政建设情况

（一）深悟"两个确立"，切实增强国资国企政治定力

一是践行"两个维护"更加有力。全面建立"第一议题"制度，有效实现全系统自觉用习近平新时代中国特色社会主义思想武装头脑、指导实践、推动工作。制定健全中央和省委、省政府重大决策部署跟进督办

制度和"13710"平台督办制度,简历政治监督定期报告制度和工作任务台账。二是强化理论武装更加有效。组织解放思想大讨论牵引全年工作,汇编下发《习近平总书记关于国资国企改革重要论述摘编》。将党委中心组学习范围扩大至机关全体中层干部,集中学习35次。以习近平总书记"七一"重要讲话精神、党的十九届六中全会、山西省第十二次党代会为重点,组织专题宣讲67512场次、覆盖237万余人次,有力推动习近平新时代中国特色社会主义思想大学习大普及大落实。三是彰显政治忠诚更加有为。扎实开展党史学习教育,深入开展"我为群众办实事"实践活动,以清理欠薪欠保66.1亿元为重点,解决人民群众现实问题292个。一如既往在急难险重任务中展现国企担当、践行"两个维护"。开展贯彻落实全国国有企业党的建设工作会议精神"回头看",召开习近平总书记重要讲话发表五周年学习座谈会,进一步深刻领悟习近平总书记重要讲话的强大真理力量和实践伟力。召开庆祝中国共产党成立100周年大会,发出"国有企业是党一手缔造的,必须毫不动摇坚持和加强党的全面领导,永远跟党走"的最强音。召开省国资系统庆祝大会暨"两优一先"表彰大会,组织"颂歌献给党、奋进新征程"歌咏比赛,30余万人在线观看。

（二）践行组织路线,切实夯实国资国企政治根基

一是推动党的领导持续融入公司治理。启动新一轮"党建入章"工作,起草《关于省管企业在完善公司治理中加强党的领导的意见》,建立党委前置研究讨论重大经营管理事项清单审批制度,审批18户省属企业党委的前置清单,59户重点子企业全部完成党委前置清单审批。二是有力建强党的基层组织。大力开展党建工作项目化,实行1个党建工作项目落实1名包联领导、明确1名责任人、配套1笔项目经费、组建1支工作队伍、形成1套考核机制的"1+5"工作法,20个项目列入省国资委重点项目库,200个项目列入省属企业重点项目库;及时规范组织体系,调整、设立涉改9户企业党的组织,常态化整顿软弱涣散基层党组织。三是深化党建和业务融合。与省委组织部联合印发党建工作考核办法,制定2021年度省属企业党建工作责任制考核指标,实现党建工作考核结果与经营业绩考核"双挂钩"。四是加强对干部、人才队伍的领导。树立正确选人用人导向,制定省属企业2021年人才工作要点,以提升领导班子领导能力和专业素养为重点,举办能力素质提升班3期,完善人才工作考核方案,促进人才工作的科学化、规范化。

（三）践行全面从严治党,切实提高国资系统政治担当

一是全面压实主体责任。制定从严治党4个清单,细化全面从严治党主体责任任务安排。二是一体推进"三不"。制定加强党委对反腐败工作全过程领导常态化、制度化、长效化的实施方案,制定"三重一大"决策实施办法等一系列"不能腐"重要制度,深入开展党纪国法教育和依法治国依规治党教育,坚持不懈治"四风",持续为基层松绑减负（压减文件超过15%,缩减重大会议至7次）。三是全面开展"清廉国企"创建。深入贯彻落实山西省国有企业领导干部警示教育大会精神,深刻吸取太重集团系列腐败案件教训。省国资委班子成员分赴18户省属企业现场督导2020年度民主生活会和"清廉国企"专题民主生活会,制定清廉国企建设专项行动方案,查摆整改各类问题超过900个。建立廉洁风险排查机制,制定廉政风险防范清单,指导省属企业制定规范领导干部经营管理行为的"九个严禁"实施细则。有力推动全面从严治党向纵深发展。

（四）践行总体国家安全观,切实维护国资系统政治安全

一是党内监督的监管协同持续加强。与省纪委监委建立协同机制,制定《纪检监察监督与国有资产监督贯通协同工作办法》及工作细则,与省高院建立"六系统一平台"协调沟通机制,成立省属企业调解员队伍。与省国资运营公司建立五大工作机制,强化监管信息互联互通,提升工作合力。二是重要领域、重大事项、重点企业监管力度持续加强。开展财务会计信息虚假问题整治专项行动,对省国资运营公司开展综合监督检查,对省属企业开展内部审计质量、薪酬分配、产权管理等专项检查。重点企业、关键人员监督问责初见成效,办结清零问题线索165个,追责问责151人,直接挽回经济损失、化解风险10亿元,下达提示函12份,提示企业化解风险事项41.87亿元。三是维护意识形态安全持续加强。调整省国资委党委意识形态工作领导小组和研判小组,制定意识形态工作责任制实施细则,主要负责人重大新闻亲自把关,重大舆情亲自处置,重要精神亲自宣传贯彻,班子成员自觉担起"一岗双责",每季度开展省属企业意识形态领域、网络意识形态领域形势分析研判。四是维护化解风险安全持续加强。召开省属企业风险防控专题工作会,对企业防疫抗灾、安全生产、信访稳定等工作进行安排部署,重新制定"企业债务风险监测表"等3张报表,加强对省属企业和地市国有企业债务风险的动态监测;扎实做好安全生产工作,下发通知要求省属企业将安全管理层级全部控制在三级以内;扎实做好信访维稳工作,重要节点实现省国资系统"零进京""零非访"。

(撰稿人:温 杰)

内蒙古自治区

一、内蒙古自治区国有资产监督管理工作综述

2021年,内蒙古自治区国资国企系统深入贯彻党的十九大、十九届历次全会精神,按照自治区党委、政府和国务院国资委的部署安排,以实施国企改革三年行动为总抓手,突出抓好稳增长,强化企业科技创新,优化国有资本布局,健全国资监管体制,推动国资国企各项工作取得新成效。

(一)自治区国有经济指标创新高

2021年,自治区国资委监管企业实现利润总额68.8亿元,比上年增加55亿元;营业收入2643.4亿元,比上年增长34.9%;上缴税费109.4亿元,比上年增长19.6%。

(二)国企改革三年行动向纵深推进

自治区国资委推动召开自治区国企改革领导小组会议3次,制定三年行动重点任务分工方案、三年行动工作机制等一系列文件,召开月例会6次、举办培训班9期、编发简报56期,会同自治区党委督查室对区直企业和盟市开展实地督查。截至2021年底,80项改革任务完成69项,完成率86.3%,在国家评估中进入中上列。

(三)现代企业制度进一步健全

督促推动354户全民所有制企业完成改制任务。国资委监管企业集团层面和各级子企业全部完成"党建入章",董事会实现"应建尽建"。制定《在完善公司治理中加强党的领导的工作措施》《贯彻落实"三重一大"决策制度的实施意见》,厘清企业党委、董事会和经理层的权责边界。

(四)重组整合取得历史性突破

自治区国有企业完成77组244家集团层面的重组整合,完成蒙能集团和能建集团、环投集团和华润环保的重组,将蒙达宾馆、宾悦酒店、上海白云宾馆整合至新城宾馆。印发自治区"十四五"国有资本布局优化和结构调整规划。

(五)"两非""两资"处置成效显著

区属69户"僵尸企业"基本出清,独立核算企业亏损面比上年减少3.04个百分点,列入治理名单的32户重点亏损子企业完成治理任务29户,减亏1.9亿元。压减法人户数95户,节支超过3亿元。"三供一业"维修改造进度99%。

(六)市场化意识更强

推进"总部机关化"问题专项治理,企业总部部门机构压减幅度27.7%,员额减少23.1%。加快推行经理层成员任期制和契约化管理,各级子企业完成率92.3%。监管企业公开招聘人员比例超过97%。

(七)监管效能有效提升

建成自治区国资监管大数据平台。基本完成经营性国有资产集中统一监管,区本级已脱钩企业资产量占应脱钩企业的99.8%以上。平稳实现能建股份港股退市。自治区国有企业资产负债率降至59.7%,低于全国平均水平8.4个百分点。

(八)切实履行社会责任

自治区各级国有企业在助推脱贫攻坚、抗击新冠肺炎疫情和稳定就业等方面作出重要贡献,基本完成拖欠中小企业民营企业账款清欠工作。

(九)做好重大专项工作

阶段性完成承担的企业改制国资监管问题整治、追损挽损和以国有股权方式清收超配煤炭资源等任务,扎实开展粮食购销领域腐败问题专项整治。

(十)党的领导党的建设全面加强

扎实开展党史学习教育,举办学习贯彻习近平总书记"七一"重要讲话精神专题读书班和座谈会,确定11件办实事项目并兑现承诺。开展基层党组织政治功能和组织力提升年活动,对6户重要子企业开展提级巡察,扎实推进以案促改。全系统纪检监察机构受理信访举报1381件,处置问题线索1662件,立案356件,给予党纪政务处分655人,挽回经济损失2714万元。

二、内蒙古自治区国有资产总量与结构分析

表1　2021年内蒙古自治区国有企业指标

项目	金额(亿元)
资产总额	29148.50
所有者权益	11620.38
国有资产总量	10836.82
营业收入	3600.44
利润总额	61.52
净利润	20.92
归属于母公司所有者的净利润	-30.08
应交税金总额	187.61
实际上缴税金总额	164.95

表2　2021年内蒙古自治区国有企业户数情况

2020年户数(户)	2021年户数(户)	比上年增长(%)
2986	3238	8.44

表3　2021年内蒙古自治区国有资产按地区分布情况

地区	国有资产(亿元)	占国有资产总量比重(%)
区属企业	2576.16	23.77
盟市企业	8260.65	76.23
呼和浩特市	690.17	6.37
包头市	1139.50	10.52
乌海市	271.56	2.51
赤峰市	1549.62	14.30
通辽市	549.64	5.07
鄂尔多斯市	1579.96	14.58
呼伦贝尔市	974.30	8.99
巴彦淖尔市	416.62	3.84
乌兰察布市	430.30	3.97
锡林郭勒盟	244.53	2.26
兴安盟	165.72	1.53
阿拉善盟	248.73	2.30
合计	10836.82	100.00

表4　2021年内蒙古自治区国有资产按行业分布情况

行业	国有资产(亿元)	占国有资产总量比重(%)
农林牧渔业	201.44	1.86
工业	1524.97	14.07
建筑业	1500.58	13.58
交通运输业	496.07	4.58
仓储业	30.19	0.28
商贸业	130.68	1.21
房地产业	318.21	2.94
信息传输、软件和信息技术服务业	5.11	0.05
社会服务业	6170.84	56.94
教育文化广播业	252.89	2.33
科学研究和技术服务业	112.12	1.03

行　业	国有资产（亿元）	占国有资产总量比重(%)
金融业	60.27	0.56
其他	33.46	0.31
合　计	10836.82	100.00

表5　2021年内蒙古自治区国有资产经营规模分布情况

经营规模	国有资产（亿元）	占国有资产总量比重(%)
大型企业	5465.72	50.44
中型企业	1950.59	18.00
小型企业	2492.85	23.00
微型企业	927.66	8.56
合　计	10836.82	100.00

三、内蒙古自治区国有资本保值增值综合分析评价

表6　2021年内蒙古自治区国有企业地区和行业国有资本保值增值情况

地　区	国有资本保值增值率(%)	行　业	国有资本保值增值率(%)
呼和浩特市	99.06	农林牧渔业	101.66
包头市	99.72	工业	101.05
乌海市	101.09	建筑业	97.63
赤峰市	99.50	交通运输业	97.85
通辽市	100.73	仓储业	99.84
鄂尔多斯市	100.78	商贸业	110.03
呼伦贝尔市	100.34	房地产业	101.13
巴彦淖尔市	95.36	信息传输、软件和信息技术服务业	100.68
乌兰察布市	100.89	社会服务业	100.15
锡林郭勒盟	99.99	教育文化广播业	100.00
兴安盟	100.19	科学研究和技术服务业	101.37
阿拉善盟	98.73	金融业	100.68
		其他	99.65

四、内蒙古自治区国资委监管企业改革发展情况

（一）中国特色现代企业制度加快完善

召开推进会和改革月例会，351户全民所有制企业完成公司制改造，完成率99.2%。推动党的领导全面深入融入公司治理结构，规范董事会建设，研究制定董事会工作规则、董事会应建尽建配齐建强、落实董事会职权、加强董事及外部董事履职评价等文件，董事会建设走向规范有效。自治区国资委监管企业集团层面全部建立董事会，其中10户实现外部董事占多数，占比83.3%；各级子企业实现董事会"应建尽建"，外部董事占多数的超过95%。充分放活直接参与市场竞争的子企业，76户重要子企业全部实现依法落实董事会各项职权。深化对标一流企业管理提升行动，制发《对标行业一流企业管理提升行动37项重点任务》，监管企业对标提升的成效逐步显现。包钢集团全员劳动生产率比上年增加39.4个百分点，财务费用比上年下降8.3%；电力集团全员劳动生产率比上年增加35.2个百分点。

（二）市场化经营机制进一步健全完善

开展"总部机关化"专项治理，监管企业精简总部内设机构，调整"局长""处长"等具有行政色彩的称谓，企业总部部门机构压减幅度27.7%，员额减少23.1%。加快推进经理层成员任期制和契约化管理改革，制定实施意见及经理层成员岗位聘任协议、年度和任期经营业绩责任书等3个契约模版，4户一级企业集团层面签订有关合同或契约，各级子企业签订359户，1094人实现任期制和契约化，完成率分别为92.3%和

91.6%。全面推进用工市场化，2021年监管企业公开招聘员工占新进员工的比例超过97%，965名管理人员竞争上岗，167人被末等调整或不胜任退出。推动"混资本"向"改机制"转变，向社会发布推介29个混合所有制改革项目，成交13个，涉及金额1.1亿元。

（三）剥离办社会职能任务基本完成

将"三供一业"维修改造纳入党史学习教育"办实事"清单，向包钢、森工下发提示函，向自治区党委政府上报工作专报，2位自治区领导作出批示。3次到呼伦贝尔市、4次到包头市现场督办和协调推进森工和包钢、能建所属企业职工家属区"三供一业"维修改造工作，督促包钢支付全部维修改造费用18.3亿元，顺利完成包头市和呼伦贝尔市的维修改造主体工程，自治区"三供一业"维修改造进度99%。

五、内蒙古自治区国资委监管企业并购重组与完善法人治理结构情况

编制内蒙古自治区国有资本布局与战略性调整"十四五"规划，首次将区本级和盟市所属国有资本纳入整体规划。大力推进横向专业化整合、纵向战略性重组，自治区国有企业完成77组244家集团层面的重组整合，将蒙能集团和能建集团重组整合为内蒙古能源集团，完成环投集团与华润环保公司的战略性重组。以新城宾馆为主体，完成对蒙达宾馆、蒙悦酒店、上海白云宾馆等国有宾馆酒店类企业的整合。

六、内蒙古自治区国资委监管企业建立和完善经营业绩考核体系情况

（一）科学设定年度考核目标

围绕深化改革、高质量发展、科技创新等重要领域、关键环节，引导企业踏踏实实完成任务，实实在在取得突破；围绕提高企业经济效益，持续巩固盈利基础，在年度及任期考核指标中，有侧重地应用"两利四率"指标，提高质效考核比重；围绕党建高质量发展引领企业高质量发展，将党史学习、组织力提升年活动等纳入考核指标；围绕企业履行社会责任、考准考实，积极征求生态环境、应急管理等相关部门意见，提高考核专业性和否决指标的权威性，并依据目标对考核指标形成计分细则，明确计分刻度和标准，重点工作定性指标计分进一步量化。

（二）加强考核工作规范化建设

引入第三方评价。聘用中介机构对企业含重点工作任务指标在内的全部考核目标完成情况进行专项审计，并辅以对经审计的重点工作目标由责任处室确认，确保专项审计与日常监管相衔接，考核导向与考核验收相一致。强化与行业主管部门的联动。对于森工的森林火灾、森林抚育任务完成情况征求国家林业和草原局驻内蒙古自治区森林资源监督专员办事处意见，对于企业安全生产特别是事故发生情况征求自治区应急管理厅意见，对于企业生态环境指标情况征求自治区生态环境厅意见。严格兑现考核奖惩措施。参照国务院国资委对中央企业做法，落实《关于加快推进"科技兴蒙"行动支持科技创新若干政策措施》，将监管企业研发费用视同利润，较上年增量部分按照150%加回，对获得自治区科技进步一等奖的内蒙古电力公司和包钢集团给予奖励加分。按照自治区经济责任审计反馈意见，结合监管企业对自治区国资委年度决算审计指出问题整改情况，扣除问题突出企业相应分数。根据自治区生态环境厅意见，对生态环境建设存在问题的给予扣分惩戒。

（三）扎实推进年度考核工作

根据《自治区直属企业负责人经营业绩考核办法》（内国资考核字〔2015〕145号），对2020年度自治区国资委出资监管企业负责人经营业绩进行综合考核，评选并公开A级企业6户，分别为包头钢铁（集团）有限责任公司、内蒙古环保投资集团有限公司、内蒙古电力（集团）有限责任公司、内蒙古能源发电投资集团有限公司、内蒙古产权交易中心有限责任公司、内蒙古威信保安押运服务有限责任公司。

七、内蒙古自治区国资委监管企业负责人考核与选人用人机制改革情况

（一）完善考核与选人用人制度体系

会同自治区党委组织部制定《区直企业领导人员

综合考核办法》，制定《自治区国资委监管企业外部董事选聘管理办法》《监管企业普通员工招聘指导意见》，修订《区直企业董事会、董评价办法》，不断完善监管企业组织人事制度机制。

（二）加强监管企业领导班子和干部队伍建设

根据内蒙古民航机场集团工作需要，会同自治区党委组织部，推荐2名干部担任内蒙古民航机场集团领导班子副职。协调宁夏长城资产公司，做好基建投公司部分领导班子成员关系转接工作，并对原班子成员职务进行任免，4月6日重新宣布任职。面向区直企业和盟市国资监管机构，开展基建投公司董事长人选推荐选拔考察工作。面向社会各界，开展内蒙古国资运营公司、基建投公司、储备粮公司4名经理层管理人员公开选拔工作。配合自治区党委组织部并派员赴包钢集团、内蒙古电力公司开展干部考察工作，推荐内蒙古国资运营公司1名领导人员提任通辽市政府副职。

（三）强化监管企业领导人员教育管理

在做好自治区党委组织部、自治区党校等部门单位调训、培训工作基础上，举办自治区国资国企改革和党建融合发展培训班。根据国务院国资委安排，组织监管企业在线观看企业家高端对话网络活动，举办2期，约300人参加。配合自治区纪委监委专案组，做好基建投公司原董事长赵云涛案件查办有关工作。根据自治区党委组织部工作要求，对内蒙古国资运营公司1名副总经理进行诫勉谈话。

（四）扎实推进监管企业人才工作

参加自治区党委组织部人才工作领导小组会议，组织监管企业对历年"草原英才"项目信息补充完善，调度做好监管企业"草原英才"专家服务基层工作，开展2022年度"草原英才"个人和团队滚动支持项目评审工作。

八、内蒙古自治区国资委监管企业党的建设和廉政建设情况

（一）坚决扛起管党治党政治责任

印发全面从严治党主体责任清单，召开党委会23次专题研究党建工作，召开监管企业党的建设暨巡视整改工作推进会，到基层党建联系点、"以案促改"包联点、国企改革联系点调研指导工作。指导监管企业建立完善"第一议题"制度、跟进督办机制、党建责任制考核机制，推动企业各级党组织在对重大事项、重要问题和重点工作作决策时，对标对表、认真落实中央和自治区党委重大决策部署。印发巡听旁听年度工作计划，5个巡听旁听组对25户区直企业开展巡听旁听。

（二）全面加强国有企业党的领导

推进"党建入章"，以保证企业党组织法定地位为根本，推动企业将党的领导融入公司治理等4个方面要求写入公司章程，实现全面"党建入章"。完善制度体系，制定《关于在完善公司治理中加强党的领导的工作措施》《关于贯彻落实"三重一大"决策制度的实施意见》，明确企业党委决定的7个重大事项和前置研究讨论的8个重大经营管理事项及其程序要求和行权方式。厘清权责边界，聚焦企业党委、董事会和经理层在决策、监督、执行环节的不同行权方式和权责边界，厘清各自的职能作用，确保党委把方向、管大局、促落实的领导作用充分发挥。

（三）扎实开展党史学习教育

加强组织领导，召开动员部署会，成立领导小组，制定推进方案、任务清单，建立定期调度制度，开展两轮督导。丰富学习载体，举办基层党组织书记示范轮训班3期，举办自治区国资国企系统学习贯彻习近平总书记"七一"重要讲话精神专题读书班和专题座谈会，举行"永远跟党走"群众性文艺汇演。聚力办好实事，印发《"我为群众办实事"清单》，确定民生实事项目11件，并推动各监管企业公布办实事项目6536件、完成5052件，完成率77.3%。努力开创新局，坚持把"开新局"作为出发点和落脚点，监管企业经济运行各项指标均创历史同期最好水平。

（四）深入开展基层党组织政治功能和组织力提升年活动

聚焦推行使用国家统编教材、铸牢中华民族共同体意识教育、企业做强做优做大等方面的突出问题，

部署开展专项行动,强化5个方面18条措施,推动企业基层党组织政治功能和组织力得到有效提升。会同自治区党委组织部印发《深化"四强四优"创建 提升国有企业党建工作质量行动方案》,表彰50个"四强"党组织和50名"四优"共产党员。优化调整监管企业中党员人数超出或明显低于规定人数的"大支部"或"小党委",清理规范"空壳"党支部,消除党员空白班组125个。指导企业创品牌党建,乌海电业局输电管理处党支部被推选为"全国先进基层党组织"。各企业在新冠肺炎疫情防控中,保供电供水供暖,捐款1854余万元。

(五)大力推进党风廉政建设和反腐败斗争

强化巡察监督。组建3个巡察组对6户监管企业重要子企业开展提级巡察,发现问题67项129个,移交问题线索28条。强化"以案促改"。召开自治区国有企业"以案促改"工作会议,并及时将国企"十乱"整治纳入其中,实施全覆盖式督导,围绕改出"好班子、好格局、好机制、好态势",推动系统内召开3个专题会议(警示教育大会1713次、专题民主生活会547次、专题组织生活会3715次),开展4个专项治理,形成5个方面制度性成果。强化作风建设。认真落实中央八项规定精神,大力纠治"包装式"、"一刀切式"落实和"指尖上的形式主义"等形式主义官僚主义问题,坚持厉行勤俭节约,防止享乐主义、奢靡之风反弹回潮、隐形变异。强化监督执纪问责。国资国企系统纪检监察机构受理信访举报1381件,处置问题线索1662件,立案356件,给予党纪处分293人,政务处分362人,挽回经济损失2714.3万元。

(撰稿人:赵 发)

辽宁省

一、辽宁省国有资产监督管理工作综述

2021年,辽宁国资国企系统坚持以习近平新时代中国特色社会主义思想为指导,深入学习贯彻党的十九大和十九届历次全会精神,积极应对疫情持续、风险叠加等不利影响,扎实推进国企改革三年行动,国资国企改革发展取得明显成效。

(一)企业经济运行保持稳中有进

截至2021年底,辽宁省155户重点国有企业资产总额15933.3亿元,负债总额8521.1亿元,平均资产负债率53.5%;累计实现营业总收入比上年增长10.4%,利润总额比上年减亏19.6亿元,上缴税费比上年增长29.5%。其中,14户省属企业资产总额5686.2亿元,负债总额3022亿元,平均资产负债率53.1%;累计实现营业总收入比上年增长12.4%,利润总额比上年增加39.9亿元,上缴税费比上年增长58.7%。企业经营和生产效率进一步提升,省属企业营业收入利润率比上年增长2.9%,年化全员劳动生产率比上年增长29.7%。

(二)国有资本布局结构持续优化

鞍钢成功重组本钢,重组后粗钢产能6300万吨,实现辽宁省钢铁产业优化升级,市场化引入民营钢铁企业建龙集团参股5%实现混合所有制改革,以本溪钢铁为主体实施44亿元市场化债转股,本钢集团营业收入创近10年来最好水平。加速推进项目建设,省属企业完成投资项目114个,总投资125.21亿元,完成辽水集团的省重点输水二期工程、交投集团的沈康连接线通车试运营等重大项目建设。围绕做强做精主业,加快推进企业"瘦身健体",省市同步压减企业法人户数和管理层级,减少法人419户,其中,省属企业减少118户,基本实现三级管理。

(三)国企改革三年行动深入推进

截至2021年底,辽宁国资国企完成国企改革三年行动总体任务80%以上,其中董事会应建尽建、公司制改革等71项改革任务全面完成。一体推进沈阳区域性综改试验,将驻沈央企全部纳入沈阳区域综改试验范围。积极推进振兴东北央地百对企业协作行动,能源控股集团、凌钢集团等31户企业参与首批央地对接,23对央地企业签订合作协议,意向合作资金超过100亿元,其中,沈飞集团与沈阳航空产业集团

共建国家级航空产业示范区;鞍山市组建鞍山冶金产业链集团,深入对接钢铁产业链供应链价值链;中国化学工程集团与锦化机协商推进股权合作。稳妥推进混合所有制改革,完成项目36个,引入各类资本101.1亿元。

(四)创新发展转型升级加速推进

实施省属企业数字化转型行动计划(2021—2023年),推进交投集团沈康智慧高速和车路协同、能源控股集团数字工厂、辽控集团智慧社区数字化管控平台、辽粮集团智慧农业应用基地等数字化转型应用场景,大连重工·起重成功破解火箭发射脐带塔等国家"卡脖子"难题。辽宁成大新型肺炎疫苗产学研联盟、辽宁环保产业产学研联盟、辽宁尾矿库地质灾害防治及生态环境修复产学研联盟、辽宁固废资源综合利用产学研联盟、辽宁有机废弃资源化联盟等5个实质性产学研联盟获得新认定,辽宁省地方国有企业建立创新联合体、产业技术创新联盟、公共研发平台85个,创新创业平台47个,培育国家级高新技术企业34家。

二、辽宁省国有资产总量与结构分析

截至2021年底,辽宁省地方国有企业资产总额28328.4亿元;负债总额15315.7亿元;所有者权益13012.7亿元;平均资产负债率54.06%;累计实现营业收入2959.8亿元;累计实现利润总额－8.3亿元;应交税金总额180.4亿元,实际上缴税金总额164.2亿元。

表1 2021年辽宁省国有企业指标

项　目	金　额(亿元)
资产总额	28328.4
所有者权益	13012.7
国有资产总量	11103.7
营业收入	2959.8
利润总额	－8.3
净利润	－46.6

续表

项　目	金　额(亿元)
归属于母公司所有者的净利润	－53.4
应交税金总额	180.4
实际上缴税金总额	164.2

2021年,辽宁省纳入统计范围的各级地方国有企业5077户,比上年增加219户,增长4.51%。

表2 2021年辽宁省国有企业户数情况

2020年户数(户)	2021年户数(户)	比上年增长(%)
4858	5077	4.51

2021年,辽宁省国有资产总量11103.7亿元,其中,省属企业国有资产总量2220.0亿元;各市(含市、县区属企业)管理企业国有资产总量8883.6亿元。

表3 2021年辽宁省国有资产按地区分布情况

地　区	国有资产(亿元)	占国有资产总量比重(%)
省属企业	2220.0	19.99
地市企业	8883.6	80.01
沈阳市	1283.8	11.56
大连市	3360.7	30.27
鞍山市	526.6	4.74
抚顺市	347.0	3.13
本溪市	28.6	0.26
丹东市	28.5	0.26
锦州市	354.5	3.19
营口市	861.3	7.76
阜新市	24.1	0.22
辽阳市	85.0	0.77
铁岭市	227.0	2.04
朝阳市	67.3	0.61
盘锦市	1480.5	13.33
葫芦岛市	208.6	1.88
合　计	11103.7	100.00

从行业分布上看，辽宁省国有资产主要分布在社会服务业、建筑业、工业、房地产业、交通运输业5个行业当中，占辽宁省国有资产总量的91.91%。

表4 2021年辽宁省国有资产按行业分布情况

行 业	国有资产(亿元)	占国有资产总量比重(%)
农林牧渔业	182.0	1.64
工业	737.1	6.64
建筑业	811.5	7.31
交通运输业	679.0	6.12
仓储业	43.7	0.39
商贸业	38.2	0.34
房地产业	722.3	6.51
信息传输、软件和信息技术服务业	2.4	0.02
社会服务业	7255.3	65.34
教育文化广播业	83.1	0.75
科学研究和技术服务业	114.2	1.03
金融业	63.2	0.57
其他	371.7	3.35
合 计	11103.7	100.00

从经营规模上看，辽宁省国有资产主要集中在大型企业，占辽宁省国有资产总量的56.44%。

表5 2021年辽宁省国有资产按经营规模分布情况

经营规模	国有资产(亿元)	占国有资产总量比重(%)
大型企业	6266.5	56.44
中型企业	1677.8	15.11
小型企业	2172.3	19.56
微型企业	987.3	8.89
合 计	11103.7	100.00

三、辽宁省国有资本保值增值综合分析评价

2021年，辽宁省国有资产保值增值率100.01%，其中，省属企业保值增值率100.46%、各地市保值增值率99.82%。从行业看，农林牧渔业、工业、建筑业、社会服务业、教育文化广播业、科学研究和技术服务业、金融业7个行业实现国有资本保值增值。

表6 2021年辽宁省国有企业地区和行业国有资本保值增值情况

地 区	国有资本保值增值率(%)	行 业	国有资本保值增值率(%)
辽宁省汇总	100.01	农林牧渔业	100.35
省属企业	100.46	工业	100.59
各市企业合计	99.82	建筑业	102.15
沈阳市	98.26	交通运输业	96.65
大连市	99.80	仓储业	98.72
鞍山市	100.24	商贸业	96.69
抚顺市	100.22	房地产业	99.44
本溪市	92.86	信息传输、软件和信息技术服务业	96.67
丹东市	89.90	社会服务业	100.14
锦州市	96.85	教育文化广播业	100.69
营口市	102.29	科学研究和技术服务业	101.50
阜新市	100.34	金融业	100.63
辽阳市	99.62	其他	97.88
铁岭市	99.59		
朝阳市	114.05		
盘锦市	101.00		
葫芦岛市	96.53		

四、辽宁省国资委监管企业改革发展情况

辽宁省国资委及监管企业进一步增强不改革就没有出路的紧迫感，有力有效应对存量问题集中暴露的主要矛盾，一体推进改革发展稳定和党的建设，实现"十四五"良好开局。

(一)国资布局结构进一步优化

推动国有资本"三集中",能源控股集团、辽水集团等企业积极投入"气化辽宁""辽宁大水网"等工程建设。加速推进项目建设,辽宁省国资委监管企业完成投资项目114个、125.21亿元;辽宁省国资委出台省国资委监管企业投资项目负面清单,明确禁止类11项和特别监管类4项。进一步明确主业定位,辽宁省国资委监管企业主业由2019年的65项调至2021年的57项,辽宁省国资委监管企业管理层级基本压至三级以内。大力实施"瘦身健体","僵尸企业"处置任务全部完成,辽宁省国资委监管企业收回参股投资37.7亿元。

(二)国企改革三年行动超额完成预定目标

辽宁省国资委监管企业董事会应建尽建、公司制改革等71项改革任务全面完成,2021年末完成总体任务80%以上。一体推进沈阳区域性综改试验,扎实开展振兴东北央地百对企业协作行动,23对央地国企签订合作协议。规范公司治理,省国资委监管企业全部制定党委前置研讨重大经营管理事项清单,辽宁省国有企业100%实现董事会应建尽建,省国资委监管企业外部董事全部实现占多数,省国资委监管企业外部董事人才库扩容至158人。健全市场化经营机制,省国资委监管企业全部完成经理层任期制和契约化签约;省国资委监管企业新进员工总量比上年减少42%。动态优化并全面推介75个混合所有制改革项目,能源控股集团、环保集团等企业与中国航发等企业分别组建新公司。成大生物上市募资45亿元。

(三)加速集聚创新动能

持续推动科技创新,辽渔集团等企业纳入首批省级"科改示范行动"。加大数字化转型力度,省国资委实施省属企业数字化转型行动计划(2021—2023年);交投集团积极建造智慧高速、车路协同等数字化场景。

(四)加快补齐监管短板

辽宁省国资委针对监管、巡视、审计中发现的省国资委监管企业存在的34个问题,梳理投资管理、产权管理等9个方面29项监管短板,强力推进39项整改措施落实落地。加强合规管理,调整制定年度授权放权清单,与监管企业协力建立辽宁省国资国企在线监管系统。加强差异化考核,确定不同功能省属企业指标权重,确定"两利四率"核心指标,增加主业利润考核等指标。加强监督追责,建立出资人与纪检监察、巡视、审计、社会等监督协同机制;调查国企境外经营投资情况;依法追索原东北特钢11名负责人绩效年薪853万元。

五、辽宁省国资委监管企业并购重组与完善法人治理结构情况

(一)重组整合

按照辽宁省委"把鞍本重组办成经典案例,以实际成效回报党中央、国务院的关心支持"的要求,辽宁省完成16年想做而未做成的鞍钢本钢重组,钢铁产业布局得到优化,成效充分显现,本钢集团实际经营利润创历史最好水平。推动省属企业辽勤集团市场化整合辽旅集团,促进省属国有资产配置效率的进一步提升。依法推进华晨集团司法重整,推进宝马RI-MINI项目取得实质进展。稳妥推进华晨雷诺司法重整。聚焦企业主责主业,省属三级以下企业减少107户,占三级以下企业的41%。

(二)法人治理结构

2021年,辽宁省国资委深入实施国企改革三年行动,聚焦完善国有企业公司治理机制,提升运转质量效能,加快形成权责法定、权责透明、协调运转、有效制衡的公司治理机制,积极推动国有企业公司治理发生根本性变化。一是党的领导与公司治理深度融合。全面落实"两个一以贯之",国有企业党组织在公司治理结构中的法定地位得到明确和落实,党建工作进章程实现全覆盖,省属14户企业集团公司、67户重要子企业全部制定企业党委前置研究讨论重大经营管理事项清单,严格落实"三重一大"和"三议一报告一执行"机制,党组织与董事会之间的权责边界更加清晰、决策程序更加规范。二是董事会运作进一步规范。董事会应建尽建和落实董事会职权迈出实质步伐,董事会定战略、作决策、防风险的职责定位进一步清晰,

集体决策、个人负责的决策制度进一步巩固,董事会专门委员作用逐渐增强,外部董事发挥的作用逐步显现。2021年,出台《省属企业董事会评价办法》《省属企业规范董事会建设工作指引(试行)》,省属143户企业董事会应建尽建、130户外董应占多数的企业实现占多数、67户重要子企业落实董事会职权,外部董事人才库扩充至252人并动态调整。三是保障经理层依法行权履职。省属14户一级企业和57户子企业建立董事会向经理层授权制度,明确授权原则、管理机制、事项范围、权限条件等内容,支持经理层全力以赴"谋经营、抓落实、强管理"。积极推动省属企业各治理主体加强统筹沟通,完善会议机制,促进协调运转、有效制衡。

六、辽宁省国资委监管企业建立和完善经营业绩考核体系情况

2021年,辽宁省国资委深入学习习近平总书记关于国资国企改革发展重要论述,全面贯彻辽宁省委、省政府决策部署,推进国企改革三年行动,强化国资监管,扎实做好考核分配各项工作,并取得良好成效。

(一)构建更具科学性和引导性的考核体系

将国企改革三年行动和省委、省政府要求,系统修订《省属企业负责人经营业绩考核办法》。一是突出考核体系重塑。《考核办法》主体框架由"1+2+3"即1个主办法,年度和任期2个实施方案及3个实施细则构成。二是突出贯彻省委精神,研究具体考核举措。三是立足辽宁省实际,建立"一企一策"考核体系。四是强化正向激励,激发企业动力活力。增加奖励加分细则和内容。五是加强考核约束,提高国资监管效能,增设年度考核一票否决制等约束性条款。六是考核评级与党建考核评价、省委组织部综合考核结果有效衔接,融合多方评价准确反映企业实绩。

(二)分企施策核定2021年度经营业绩考核目标

2021年,随着疫情常态化影响,为保证年度考核目标的科学性和激励性,坚持实事求是地分企施策核定年度经营业绩考核目标。一是科学研判总体目标水平。结合辽宁省经济工作会议和《省政府工作报告》确定的经济增长目标和重点工作任务,合理测算总体目标增幅。二是优化考核指标体系。落实"两利四率"考核指标;"一企一策"确定债务风险防范考核指标;结合功能分类,确定差异性考核指标;对国企改革三年行动、数字化建设、三项制度改革等开展约束性考核。三是引导企业合理预计目标。对疫情影响较大企业,参考行业和周边地区同类企业对标数据,合理调整目标增长水平。四是落实省委"七个导向"要求,补充制定主业利润、科技创新、应收账款考核措施,完善年度考核机制。与2019年(疫情前)相比,2021年省属企业各项目标均有所增长或改善。

(三)严格考核2020年度经营业绩结果

一是细化考核工作要求,完善工作模板,组织企业做好考核基础工作。二是有序开展年度考核,依据经核准财务决算审计报告和经审查的统计数据,参考中介机构出具的考核分配专项稽核报告,对企业负责人考核目标的完成情况进行考核。三是严格执行"工作底稿""结果复核"等考核工作机制,确保考核标准严格统一,考核结果公平公正。四是合理确定考核结果和评级,严格兑现考核奖惩。依据考核结果测算兑现企业负责人绩效年薪,合理拉开企业负责人收入差距,实现业绩升、薪酬升;业绩降、薪酬降。

七、辽宁省国资委监管企业选人用人机制改革情况

辽宁省省属企业深入推进三项制度改革,市场化经营机制进一步健全,选人用人的市场化水平进一步提升。

(一)经理层成员任期制和契约化管理上新台阶

2021年6月,与省委组织部联合印发《关于在省属企业推行经理层成员任期制和契约化管理的指导意见》,要求省属企业及其所属各级企业全面推行经理层成员任期制和契约化管理。截至2021年底,475户各级省属企业、1405名经理层成员签订岗位聘任协议,签约户数和人数占比实现100%。

(二)市场化选聘经理层成员工作取得新突破

截至2021年底,9户省属企业通过市场化选聘14

名经理层成员。4户"双百企业""科改示范企业"市场化选聘经理层成员工作接近尾声。现职企业经理人员转身份和公开市场招聘两种渠道均得到检验,取得市场化选聘经理人员的宝贵经验。

(三)企业用工市场化水平得到新提升

根据企业规模和劳动生产率水平,科学合理控制企业用工总量,省属企业用工实现100%公开招聘,全年省属企业公开发布67期招聘公告,劳动合同签订率100%,2021年新进员工比上年减少1999人,降幅57%,企业规范化用工水平得到提升。

八、辽宁省国资委监管企业党的建设和廉政建设情况

(一)加强国有企业党的政治建设

把深入学习贯彻习近平总书记关于国有企业改革发展和党的建设的重要论述作为落实国企改革三年行动的首要任务。各省属企业采取专题讲座、在线学习等方式开展首要任务培训,全年培训1160场次。印发《关于省属企业各级党组织建立健全第一议题制度的通知》,督促省属企业第一时间跟进学习习近平总书记重要讲话和指示批示精神,对标对表,不折不扣贯彻落实党中央决策部署。各级党委理论学习中心组开展学习3373次,形成体会及调研文章5057篇。每季度下发"两学一做"学习教育安排,认真落实"三会一课"、组织生活会等组织制度,推动党的创新理论学懂弄通做实。深入开展理论宣讲,构建领导干部带头讲、理论骨干深入讲、普通职工自己讲的互动格局,累计宣讲3010场,宣讲党的十九届六中全会精神502场次。围绕"十四五"加强宣传,通过《人民日报》、《辽宁日报》、辽宁广播电视台、人民网、新华网等媒体报道48篇,省属企业刊发438篇。摄制播出"辽宁国企先锋"微视频32部。利用"两微一端"开展宣传鼓动,"辽宁国企"微信公众号全年发布信息267篇,成为"省市国资+央地国企"重要宣传平台。

(二)开展庆祝中国共产党成立100周年系列活动

深入学习贯彻习近平总书记"七一"重要讲话精神,组织省属企业各级中心组学习905次、党课3535场次、组织生活会3712次、各类宣讲3010场。7月1日,设1218个主分会场收看庆祝中国共产党成立100周年大会直播。各级党委均在网站、微信公众号开辟专栏传播党史知识。省国资委党委在全系统开展"对标国企先进、对话国企英雄"主题活动,组织279场次、6679人次参与。开展"我为群众办实事、争作贡献促振兴"实践活动,316个党支部与村、社区、两新组织结对共建,解决各类困难问题351个,完成实事项目6815个,建立为群众办实事长效机制663个。省(中)直企业各级党组织认真开展"党旗在基层一线高高飘扬""五个一百""党课开讲啦""学习身边榜样"等活动。完成全国、辽宁省"两优一先"、辽宁省抗疫先进集体和先进个人71个表彰对象推荐,组织召开省(中)直企业庆祝中国共产党成立100周年暨"两优一先"表彰大会,表彰省(中)直企业优秀共产党员102人、优秀党务工作者97人、先进基层党组织103个。为省(中)直企业942名老党员请领下发"光荣在党50年"纪念章。

(三)落实年度基层党建重点任务

一是在完善公司治理中加强党的领导。认真学习贯彻《关于中央企业在完善公司治理中加强党的领导的意见》及省委、省政府领导的批示要求,组织召开辽宁省国资国企学习培训电视电话会议。围绕在完善公司治理中加强党的领导等内容,对省属企业开展专题调研,找短板查差距。"一对一"向企业下发问题清单,督促企业建立台账,落实责任,推动"一企一策"整改落实。二是开展贯彻落实全国国有企业党的建设工作会议精神"回头看"。对标国务院国资委做法,在省属企业组织开展全国国有企业党的建设工作会议精神贯彻落实情况对标梳理和检查总结,组织召开座谈会。三是抓好党员教育培训。指导企业认真贯彻落实《2019—2023年全国党员教育培训工作规划》,定期调度企业培训开展情况。全年省属企业培训党员34300人次,培训发展党员对象1890人,发展党员5667人。四是开展党支部标准化规范化建设。督促省属企业认真召开2020年度专题组织生活会和民主评议党员,指导省属企业完成3710个党支部的评估定级,"较好"以上党支部占比96.3%。22个党支部

被省委组织部命名为"辽宁省党支部标准化规范化建设示范点"。转发省委组织部《关于推动辽宁省各领域党支部书记队伍整体优化提升重点任务清单》,以点带面推动党支部建设。五是发挥党费效用。省国资委党委分3次下拨400万元专项党费,用于省(中)直企业走访慰问和疫情防控;为省(中)直企业订购、下发36668册《党课开讲啦——省(中)直企业党课选编》《中国共产党组织建设100年》《党组织选举工作手册》《十九届六中全会精神学习辅导百问》等教材资料。六是抓好党代表选举推荐工作。按照中央和省委统一部署安排,组织所属党组织采取自下而上、上下结合、反复酝酿、逐级遴选的办法,按照推荐提名、组织考察、确定初步人选名单、确定代表候选人预备人选、会议选举的程序方式产生22名省国资委出席省第十三次党代表大会代表,并做好省第十三次党代会省(中)直企业代表团服务保障工作。

(四)推进党建与生产经营深度融合

一是压实党建工作责任。组织召开省(中)直企业年度党建工作会议和基层党建重点任务推进会议,印发党建工作要点和重点任务清单;省国资委党委与省属企业党委签订2021年度党建工作责任书;组织召开2021年度省属企业党委书记抓基层党建述职评议会议,5名企业党委书记现场述职,有为副省长逐个点评,并抓好述后问题整改和成果运用。二是抓好国企改革中党建工作。围绕国企改革三年行动和沈阳区域综改重点任务,定期采集数据和调度督导,开展混合所有制企业党建工作调研,同步做好党组织关系设置调整,同步选配好党组织负责人和党务工作人员,有效开展党的工作。在企业改革重整中加强思想政治工作和党员教育管理,确保党员职工群众在企业重组重整中思想不乱、队伍不散、工作不断。三是开展共产党员先锋工程建设。指导省属企业加强党建载体创新研究,累计设定先锋岗3656个,划定责任区3392个,组织志愿服务队(突击队)1409个,设立先锋工程项目1052个,建立党员创新工作室109个。

(五)加强党风廉政建设

组织开展系列案件警示教育活动,组织省国资委中层以上干部和省属企业主要领导干部旁听违纪违法案件庭审。组织召开省国资委机关和省属企业党风廉政建设和反腐败工作会议,督促省属企业各级党组织和党员签订党风廉政建设责任书。严格纠治"四风",落实中央八项规定精神,在元旦、春节、清明、五一、端午、中秋、国庆等节假日前及时转发有关文件、进行电话通知等,督促开展多种形式的节前廉政教育,并组织开展明察暗访,对发现的问题从严查处,对典型问题进行通报,形成有力震慑。深化标本兼治,一体推进"三不",严肃查处"管企吃企"、"靠企吃企"、设租寻租、关联交易、内外勾结侵吞国有资产等问题,持续推进国企反腐专项工作。处置问题线索1053件,立案372件;党纪处分218人,政务处分151人,组织处理364人。

(撰稿人:杨冰莹)

大连市

一、大连市国有资产监督管理工作综述

2021年,大连市国资委系统深入学习贯彻习近平新时代中国特色社会主义思想、党的十九大和十九届历次全会精神,以及习近平总书记在辽宁考察时和在深入推进东北振兴座谈会上的重要讲话精神,按照大连市委、市政府深化国资国企综合改革工作部署,统筹推进疫情防控和国资国企改革各项工作,凝聚改革合力,挂图作战、跑表计时,持续推进国企改革走深走实,实现三年改革任务70%的年度目标,取得一系列重要的阶段性成果。截至2021年底,市国资委出资企业资产总额3155.31亿元,比上年增长0.94%;负债总额1715.49亿元,比上年增长8.19%;累计实现营业收入447.39亿元,比上年增长6.01%;累计实现利润总额-24.58亿元,比上年减亏5.64亿元;上缴税金21.67亿元,比上年增长13.57%。

(一)国企改革三年行动全面落地实施

一是组织领导保障有力。召开市深化国资国企改革领导小组第一次会议,审议改革配套文件12个,

部署大连市国资国企改革工作。累计召开办公会议20余次,专题研究国企改革具体任务,明确改革思路和目标。各出资企业主要领导担任本单位改革领导小组组长,扎实推进改革任务落实。二是工作机制科学高效。改革领导小组办公室建立周例会、月度现场调度会、季度评议会工作机制,累计召开专题推进会7次。设立工作推进组4个、工作专班9个,扎实推进重点改革任务开展。建立监管企业改革重点量化指标填报工作体系,实时跟进,及时督办。三是改革责任全面压实。对三年行动方案进一步细化分解,明确职责、压实责任、倒排工期、挂图作战。加强对改革落实情况月度跟踪和定期督导,指导企业有序开展、按时完成。组织召开市国资委系统改革培训会议,营造良好氛围。截至2021年底,大连市三年行动90项具体改革任务综合完成率92.88%。

（二）国有资本布局结构进一步优化

一是国有资本布局更加清晰。围绕城市发展战略和产业发展方向,完成大连市国资国企改革"十四五"规划编制,制定《关于进一步推动市国资委监管企业结构调整与重组的实施意见》,推动市属国有资本向城市基础设施、公共服务、优势产业、战略性新兴产业集中。二是重大投资项目加快落地。地铁13号线一期竣工运营,大医三院项目竣工验收交付运营,中心医院停车场建设基本完成,地铁4号线一期、5号线、2号线二期北段全部开建,在建里程102.2千米,达到历史峰值。全年完成投资总额96亿元。

（三）中国特色现代企业制度进一步巩固深化

一是党的领导融入公司治理各环节全面落实。市属各级企业建立"第一议题"制度,把学习贯彻习近平总书记重要讲话和重要指示批示精神作为"第一议题";在全面完成市属各级企业"党建入章"的基础上,修订完善党组织前置研讨重大经营管理事项清单、"三重一大"决策事项清单。二是董事会建设逐步完善。企业集团及子企业董事会应建尽建率100%,集团全部建立董事会向经理层授权的管理制度;组建外部董事支撑服务工作机构,建立外部董事人才库,遴选兼职外部董事人才59人。三是国有企业领导人员管理机制更加完备。出台《关于完善大连市市属国有企业法人治理结构加强企业领导人员分类管理的暂行规定》,研究制定市属国有企业外部董事管理办法和外部董事评价、薪酬管理、选聘入库等5个配套政策文件。四是全民所有制企业公司制改革全面完成。88户全民所有制企业全部完成公司制改革。

（四）市场化经营机制进一步完善

一是经理层任期制和契约化管理持续加强。出台经理层任期制和契约化管理办法和工作方案,31户直接监管企业中有14户与经理层签订合同和契约,经理层成员（含职业经理人）实现任期制和契约化管理的人数占比49.53%,户数占比58.06%。248户子企业中223户与经理层签订合同和契约,经理层成员（含职业经理人）实现任期制和契约化管理的人数占比99.32%,户数占比95.14%。二是三项制度改革纵深推进。市属企业管理人员竞争上岗人数占比44.78%,末等调整和不胜任退出人数占比4.2%,新员工全部实行公开招聘;出台出资企业工资总额管理办法,企业全部实行差异化薪酬分配制度。三是混合所有制改革持续深化。出台市国有企业混合所有制改革的实施意见和配套文件,组织31户监管企业逐户开展混合所有制改革评估,对瓦轴集团混改工作进行深入研究。

（五）企业转型升级进一步加速

一是科技创新不断加强。全年科技研发投入强度4%,新认定高新技术企业5户,获得省部级奖励项目8个,引进高端科技人才94人,申请专利290件,其中发明专利139件。重工·起重集团牵头组建辽宁华锐重工智能成套装备产学研联盟,全球首批335吨智能绿色高效型鱼雷车顺利下线;瓦轴集团研制的4.X MW风机单列圆锥主轴轴承填补国内空白;大橡塑成功研制国内首台套650L密炼生产线;地铁5号线跨海大盾构荣获国际级技术奖项。二是"瘦身健体"提质增效显著改善。全面开展"压减层级、减少法人户数"工作,减少法人户数70户,安置员工131人。基本完成厂办大集体改革,209户"僵尸企业"按国家标准全部完成处置工作。清退"两非""两资"企业27户,推动技术、人才、资金等各类资源要素向企业核心业务集中。三是管理质量提升深入推进。瓦轴集团和重工·起重集团入选全国企业管理标杆创建行动"标杆企业"。召开对标世界/国内一流管理提升行动工作推进会，推广瓦轴集团和重工·起重集团对标管理模式试点工作成效，助力提升企业核心竞争力。四是对外交流合作积极开展。加强央地合作，开展"振兴东北央地百对企业协作行动"，热电集团与国网供电公司大连分公司、检验检测集团与中检集团辽宁分公司分别进行对接合作。加强与上海、广东、沈阳等地的合作，积极拓展企业业务，开展产学研合作。

（六）服务保障城市质量进一步提高

一是落实疫情防控坚决有力。严格落实疫情防控措施和要求，压实主体责任，强化层级管理，严抓疫情防控，全系统全年实现零感染。公交集团出动转运车辆5050余次，转运人员2.95万人次；机场集团妥善处置旅客涉阳事件47起57人次、货物涉阳事件14起，点对点转运人员4925人次；12家出资企业为业户减免租金1925.51万元。二是服务保障能力持续提升。地铁集团运营里程突破200千米，全年客运量1.56亿人次，42座地铁车站实现5G信号全覆盖；公交集团全年营运里程1.72亿千米，客运量4.5亿人次；棒棰岛宾馆集团圆满完成各级接待任务和重要会议363批次；热电集团高度重视冬供煤炭保障工作，多措并举确保冬季供暖稳定运行；水务集团年供水量4.31亿立方米，高标准承建南沟村给水工程，提前15天验收通水。三是绿色低碳发展见行见效。围绕节能减排、生态环保，大力推进技术改造和产品升级，冰山集团松下冷链获评国家级"绿色工厂"；重工·起重集团研发的捣固焦炉炉顶烟尘超低排放技术烟气收集率95％以上，远超行业标准；热电集团严格执行烟气超低排放稳定达标运行和环保特别排放限值达标运行；公交集团新能源和清洁能源车辆占比提升至79.45％。

（七）国资监管效能进一步提升

一是监管方式手段持续优化。以推动国资监管职能转变为重点，印发《市国资委关于以管资本为主加快国有资产监管职能转变的实施意见》，全面实行清单管理。准确把握依法履行出资人职责的定位，制定市国资委履职清单，规范履职内容和履职方式，明确监管职责边界和监管重点。出台市国资委授权放权清单（2021版），分类开展授放权。二是监督机制更加完善。强化企业投资项目事中、事后监管，出台《大连市国资委监管企业投资项目后评价工作指南》《大连市国资委监管企业年度投资计划调整工作指引》；推进违规经营投资责任追究体系建设，出台《关于进一步加强市国资委监管企业内部控制体系建设与监督工作的实施意见》；加强合规化管理，出台《大连市国资委监管企业合规管理指引（试行）》。三是系统性风险管控不断加强。加强经济运行动态监测分析，分类对月度主要经济指标不达标企业进行预测警示，对季度经济指标排名靠后的企业进行沟通或约谈。实施负债规模和资产负债率双重管控，将资产负债约束重点监管企业的资产负债率作为分类考核指标。加大企业疫情防控期间复工复产情况的考核激励，创新、改革、完善考核项目。积极推进星海湾集团债务化解工作。全系统未发生安全生产重大以上事故。四是经营性国有资产集中统一监管基本完成。完成大连市文化产业集团有限公司划归市国资委监管，地方经营性国有资产集中统一监管覆盖率99.98％。

二、大连市国有资产总量与结构分析

截至2021年底，大连市国有企业（不含金融企业）996户（含三级以下企业），其中一级企业159户（市属国企28户、区市县管理企业131户）。资产总额6682.76亿元，比上年减少0.62％；负债总额3138.74亿元，比上年增长1.42％；累计实现营业收入571.03亿元，比上年增长6.77％；累计实现利润总额－17.71亿元，比上年减亏15.64亿元；上缴税金29.48亿元，比上年增长25.07％。

截至2021年底，大连市国有资产总量3318.24亿元。从隶属关系分布看，市属企业1171.54亿元，占比35.31％；区市县企业2146.70亿元，占比64.69％。从行业分布看，投资与资产管理行业资产总量2701.67亿元，占比81.42％。从经营规模分布看，大型企业资本总量2126.01亿元，占比64.07％，中型、小型、微型企业分别占国有资本总量的7.21％、13.81％、14.91％。

表1　2021年大连市国有企业指标(不含金融)

项目	金额(亿元)
资产总额	6682.76
所有者权益	3544.01
营业收入	571.03
利润总额	-17.71
净利润	-23.04
归属于母公司所有者的净利润	-19.54
应交税金总额	30.55
实际上缴税金总额	29.48

表2　2021年大连市国有企业户数情况

2020年户数(户)	2021年户数(户)	比上年增长(%)
943	996	5.62

表3　2021年大连市国有资产按地区分布情况

地区	国有资产(亿元)	占国有资产总量比重(%)
市属企业汇总	1171.54	35.31
监管企业	1163.40	35.06
非监管企业	8.14	0.25
区市县企业汇总	2146.70	64.69
中山区	8.30	0.25
西岗区	12.92	0.39
沙河口区	-1.31	-0.04
甘井子区	37.08	1.12
旅顺口区	300.54	9.06
普兰店区	190.89	5.75
瓦房店市	78.33	2.36
庄河市	278.09	8.38
长海县	19.39	0.58
金普新区	634.88	19.13
高新区	68.80	2.07

续表

地区	国有资产(亿元)	占国有资产总量比重(%)
长兴岛经济技术开发区	518.79	15.63
合计	3318.24	100.00

表4　2021年大连市国有资产按行业分布情况

行业	国有资产(亿元)	占国有资产总量比重(%)
投资与资产管理	2701.67	81.42
交通	234.69	7.07
公用	141.41	4.26
房地产业	91.10	2.75
工业	62.60	1.89
其他服务业	51.32	1.55
文化	27.63	0.83
农业	7.82	0.24
合计	3318.24	100.00

表5　2021年大连市国有资产按经营规模分布情况

经营规模	国有资产(亿元)	占国有资产总量比重(%)
大型企业	2126.01	64.07
中型企业	239.25	7.21
小型企业	458.24	13.81
微型企业	494.74	14.91
合计	3318.24	100.00

三、大连市国有资本保值增值综合分析评价

截至2021年底,大连市国有企业国有资本保值增值率99.88%。按地区看,市属国有企业国有资本保值增值率98.45%,区市县企业国有资本保值增值率100.88%。按行业看,公用事业、服务业、工业的保值增值率排前三位,分别为102.18%、101.65%、99.45%,交通、房地产业保值增值率排后两位,分别为94.28%、93.66%。

表6　2021年大连市国有企业地区和行业国有资本保值增值情况

地　区	国有资本保值增值率(%)	行　业	国有资本保值增值率(%)
市属企业	98.45	公用事业	102.18
国资监管企业	98.16	服务业	101.65
非国资监管企业	99.96	工业	99.45
区市县企业	100.88	文化	99.34
中山区	166.44	投资资产管理	99.14
西岗区	121.26	农业	97.66
沙河口区	−1.00	交通	94.28
甘井子区	100.08	房地产	93.66
旅顺口区	100.05		
普兰店区	110.64		
瓦房店市	100.01		
庄河市	100.35		
长海县	100.37		
金普新区	100.51		
高新区	91.20		
长兴岛经济技术开发区	99.82		

四、大连市国资委监管企业并购重组与完善法人治理结构情况

(一)稳步实施企业战略性重组

整合城市基础设施、公共服务领域4户企业,组建大连市城市投资控股集团有限公司;整合3户企业,组建大连市国有资本管理运营有限公司;积极谋划组建农渔集团、文旅集团、英歌石科学城开发投资公司等市属国有企业,增强国有企业对大连市经济社会支撑能力。

(二)加快推进董事会建设

集团及子企业董事会应建尽建率100%。外部董事工作取得突破性进展,制定《大连市市属国有企业外部董事管理办法》,以及"外部董事2+2+1"文件(2个办法即《市属国有企业外部董事评价办法》《市属国有企业外部董事薪酬管理办法》;2个方案即《市属国有企业外部董事选聘及入库工作方案》《市属国有企业外部董事履职支撑服务工作方案》;1个指引即《市属国有企业外部董事履职指引》)。拓宽外部董事来源渠道,建立外部董事人才库,筛选和征集外部董事人才59人。

(三)全面依法落实董事会权利

制定《市属国有企业落实重要子企业董事会职权操作指引》。出台《大连市市属国有企业职业经理人选聘和管理暂行办法》,落实经理层选聘权;实行外部董事占多数,并担任薪酬考核委员会主任委员制度,落实董事会薪酬考核权;建立"三重一大"事项清单,保证董事会职权透明化、清单化。

(四)保障经理层依法行权履职

全面建立董事会向经理层授权的管理制度,依法明确董事会对经理层的授权原则、管理机制、事项范围、权限条件等主要内容,充分发挥经理层经营管理作用。制定《市属国有企业董事会授权管理指引》,明确授权原则、事项范围、权限条件、授权责任、授权程序等。指导企业全面建立董事会向经理层授权的管理制度,健全授权事前、事中、事后管理机制,充分发挥经理层经营管理作用。

五、大连市国资委监管企业建立和完善经营业绩考核体系情况

进一步完善考核指标体系。一是调整优化更具针对性的考核指标,在总结以前年度考核工作经验成效的基础上,认真查摆发展短板,对标对表高质量发展要求,提出考核指标的调整意见。二是积极确定更具挑战性的考核目标,坚持质量效益稳步提升,以更积极的年度和任期目标引领企业发展。三是深入推进更精准的分类考核,进一步明确不同功能定位、不同行业特点、不同发展阶段的企业差异化考核重点。

六、大连市国资委监管企业负责人考核情况

提高考核工作的导向性和有效性。根据市委、市

政府提出2021年重要工作任务和考核工作中发现的企业短板，制定更具针对性的年度考核方案，对债务风险防控不力的企业，增加债务风险考核指标。根据国务院国资委对"两利四率"提出的要求，在2020年企业负责人经营业绩考核中加入劳动生产率指标。对每户出资企业形成考核反馈意见，逐户对接。经营业绩考核结果严格与企业负责人薪酬挂钩，实行刚性兑付。

七、大连市国资委监管企业党的建设和廉政建设情况

（一）坚持不懈抓好理论武装

认真落实"第一议题"制度，把学习贯彻习近平总书记重要讲话和重要指示批示精神作为"第一议题"，纳入党委理论学习中心组学习内容，制定下发《市国资委党委"第一议题"制度的通知》，每季度至少组织一次专题研讨学习。将建立实施"第一议题"制度工作纳入国有企业党建工作责任制考核评价，作为企业党组织书记抓基层党建工作述职评议考核重要内容。

（二）党史学习教育走深走实

深入学习党的十九届五中、六中全会精神，举办2期培训班，累计培训党员干部4445人次；组织专题宣讲328场次，受众11107人次；开展"我为群众办实事、争做贡献促振兴"实践活动，列出办实事项目清单169项。成立7个督导组，对31户企业进行一线督导，促进党史教育取得实效。6户企业开展为群众办实事做法、7户企业党史学习教育做法被市党史学习教育办专刊转发。

（三）建党百年活动隆重举行

召开"光荣在党50年纪念章"颁发仪式，为全系统430名老党员颁发纪念章；举办全系统"颂歌献给党"歌咏大会和庆祝中国共产党成立100周年暨"两优一先"表彰大会，表彰先进基层党组织59个、优秀党员119人、优秀党务工作者49人。全体人员共同重温入党誓词，更加坚定理想信念、奋斗意志。

（四）党建与生产经营"融合式"发展持续深化

认真做好全国国有企业党的建设工作会议精神贯彻落实情况"回头看"，重点从7个方面检视，开展对标自查，推动落实。制定推进党建工作与生产经营深度融合的指导意见，31户监管企业全部制定党委前置研究讨论重大经营管理事项清单。在全系统968个基层党组织开展"三亮三比三评"党建项目建设和党建工作责任制考核，建立"可检查、可量化、可区分"3个方面28项具体内容的责任考评体系，把党组织活动融入企业经营业务、融入党员需求、融入职工期盼，增强党组织的凝聚力。

（五）党风廉政建设全面加强

严格落实从严治党要求，强化党委主体责任和班子成员"一岗双责"，召开党组织书记抓基层党建述职评议考核大会，对31户企业2020年度党建工作等次进行综合评定。组织召开党风廉政建设暨警示教育大会，观看警示片《群蠹》《危险关系》。把党风廉政建设渗入企业生产经营中心工作的管理薄弱环节和廉洁问题易发多发的重点领域、关键部位。深入分析全系统意识形态工作，将意识形态纳入党的纪律，尤其是党的政治纪律和政治规矩检查范围。

（撰稿人：简俊涛）

吉林省

一、吉林省国有资产监督管理工作综述

2021年，吉林省国资委和监管企业深入学习习近平总书记关于国企改革发展和党的建设重要论述，按照省委、省政府和国务院国资委决策部署，以国企改革三年行动为抓手，以"三个明显成效"为目标，以"五化"闭环工作法抓落实，推动"三个转变"，做到"五个从严"，国资国企各项工作取得明显成效。

2021年，吉林省国资委纳入统计范围的一级监管企业11户，其中全资企业10户、国有控股企业1户。截至2021年底，监管企业资产总额4813.3亿元，比上年增长3.1%；所有者权益总额1741.2亿元，比上年增长2.4%。全年实现营业收入总额587.2亿元，比上年增长9.2%；利润总额7.1亿元，比上年增长

195.2%，实现"十四五"良好开局。

（一）国有企业党的领导党的建设不断加强

一是政治建设更加强化。系统各级党组织全面落实"第一议题"制度，深入学习贯彻党的第十九届六中全会精神，坚决把"两个确立"真正转化为增强"四个意识"、坚定"四个自信"、做到"两个维护"的思想自觉、政治自觉和行动自觉。持续深化党史学习教育，围绕庆祝中国共产党成立100周年，举办"国企永远跟党走"大型文艺汇演，5万多名职工家属在线观看，国资系统的归属感和向心力明显增强。二是干部队伍进一步优化。出台企业领导人员管理办法，突出政治标准，强化重实干、重实绩、重担当的用人导向，选拔任用13名企业领导人员，选派15名优秀年轻干部到央企进行为期两年的挂职锻炼。实施"专业能力提升计划"，组织专题培训班5期，培训企业负责人530人次，省主要领导出席开班式并做专题辅导。三是组织建设更加有力。基层支部全部纳入新时代吉林党支部标准体系（BTX）管理。深化党建与业务融合，基层支部围绕企业生产经营活动立项攻坚，立项210个。积极开展"我为群众办实事"实践活动，1286个实事项目全部完成。四是作风建设更加坚实。按照省委"作风建设年"部署，集中开展作风建设专项整治活动，大力弘扬"严新细实"优良作风，企业作风更加扎实，中国吉林森林工业集团有限责任公司、吉林省农业投资集团有限公司做法入选全省优秀案例。持续推动机关干部作风转变，召开机关作风建设大会，提出"务实、高效、专业、尽责"的机关作风要求，完善激励约束措施，机关效能显著提高。五是廉政建设更加深入。先后召开系统党风廉政建设和反腐败工作会议，以案为鉴以案促改警示教育大会，强化工作部署，通报典型案例，教育党员干部筑牢拒腐防变思想防线。扎实推进中央、省委巡视反馈问题整改落实，认真开展涉粮购销领域专项整治。严格落实中央八项规定精神，持续整治"四风"。始终保持反腐高压态势，驻委纪检监察组和一级监管企业立案14件，处分30人。

（二）中国特色现代企业制度更加成熟定型

一是党的领导融入公司治理各环节，认真落实《关于中央企业在完善公司治理中加强党的领导的意见》，监管企业全部制定党委前置研究讨论重大经营管理事项清单。将党建工作考核占经营业绩权重由5%提升至20%，强化刚性考核刚性兑现，党的领导更加制度化、规范化、程序化。二是董事会建设取得明显成效。实现监管企业董事会应建尽建率100%，出台《吉林省国资委监管企业董事会工作指引》《吉林省国资委监管企业董事会和董事评价办法（试行）》等制度，规范董事会建设。全面加强外部董事队伍建设，出台《吉林省国资委监管企业兼职外部董事选聘管理暂行办法》，通过社会公开选拔方式建立外部董事人才库，纳入外部董事占多数名单的一级企业和各级子企业实现外部董事占多数分别为82%和99%，监事会建设从应建尽建到配齐建强不断深化，董事作用得到充分发挥。授权吉林省国有资本运营有限责任公司董事会决定企业发展战略和重大投资。运营公司控股2户上市公司，基金投资的百克生物项目在上交所科创板上市，国有资本运营功能得到充分发挥。实行董事会、董事年度工作报告与外部董事平时报告工作相结合的"双报告"制度，在企业改革发展、改制重整、确定经营业绩指标、经理层业绩考核等方面注重听取外部董事意见。三是经理层谋经营、抓落实、强管理的作用充分发挥。吉林省国资委从公司治理、制度建设、内控体系、管理团队和工作成效等方面综合评估，"一企一策"授权放权。围绕落实经理层职权，不断发挥经理层经营管理作用。

（三）市场化经营机制建设取得积极进展和显著成效

召开吉林省三项制度改革工作动员会，印发改革评价体系及实施方案，将三项制度改革纳入企业负责人业绩考核，权重由5%提至10%。一是全面推行经理层成员任期制和契约化管理。监管企业全级次签约率94%，由组织任命的一级企业经理层成员签约率100%。二是全面推行员工公开招聘、管理人员竞争上岗、末等调整和不胜任退出制度。监管企业员工市场化招聘率100%。吉林省高速公路集团有限公司三项制度改革经验被国务院国企改革领导小组办公室作为典型案例收录。三是完善市场化薪酬分配机制，监管企业全部建立工资总额预算管理制度，实行"效益增工资增，效益降工资降"，人工成本得到有效控制。四是灵活开展多种方式的中长期激励。富奥汽车零部件股份有限公司对企业高管及研发骨干97人实施股权激励。吉林森工霍尔茨门业（北京霍尔茨家居科技有限公司）、吉林森工集团泉阳泉饮品有限公司等企业实施超额利润分享，在考核为优的情况下，将超额利润的15%～20%作为团队特殊奖励，2021年霍尔茨门业成功入选北京冬奥村建设。

（四）国有经济布局优化和结构调整取得明显成效

一是突出战略引领。聚焦吉林省委、省政府制定的"一主六双"高质量发展战略，通过摸家底、找短板、定措施，立足全省"国资一盘棋"，编制吉林省国资系统国有资本布局优化与结构调整规划纲要和监管企业"十四五"发展总体规划，积极推动国有资本向吉林省委省政府提出的万亿产业、千亿产业和战略性新兴产业集中。二是突出项目建设。持续巩固国有资本在吉林省重大基础设施和民生保障领域的支撑作用，2021年吉林省高速公路集团有限公司、吉林省铁路建设投资有限公司、吉林省水务投资集团有限公司完成投资145亿元。350千米高速公路加快建设，敦白高铁建成通车，沈白高铁全线开工；中部引水一期工程全线正式运营，服务全省37%的工农业人口，向长春市生态补水70.3万立方米。三是突出产业带动。落实吉林省委、省政府举全省之力支持中国第一汽车集团有限公司发展的要求，长春一汽富维汽车零部件股份有限公司、富奥汽车零部件股份有限公司的富维智能工业园、富奥轻量化底盘项目、富赛汽车电子工业园等项目加快建设。吉林省农业投资集团有限公司"我在吉林有头牛"委托养殖交易撮合服务平台成功上线。吉林省旅游控股集团有限责任公司长白山和平旅游度假区项目加快推进。监管企业发起设立15支基金，基金总规模70.4亿元，主要投向实体经济和战略性新兴产业。四是借力央企加快发展。组织吉林省属企业积极参与央企助力吉林振兴发展座谈会。按照国务院国资委"央地百对协作行动"部署，遴选上报23户重点企业进行对接合作。

（五）以管资本为主的国资监管体制进一步健全完善

大力推进监管理念、监管重点、监管方式、监管导向等多方位转变。下发权责清单、授权清单及监管工作手册，实施清单管理；制定《吉林省国资委履行多元投资主体出资企业股东职责实施细则》；加强对下指导监督，凝聚吉林省国资监管工作合力；基本完成经营性国有资产集中统一监管，吉林省国资监管体制机制全面提升。从严监管投资，通过核定主业、严格制度、压实责任、查处违规，移交一批违规投资线索，遏制重大投资风险频发势头，企业投资管理整体向好。从严考核奖惩，结合企业实际，调整修订经营业绩考核办法，将考核结果与薪酬分配、职务调整相挂钩，形成与吉林省委组织部、纪检监察等部门的联动机制及时通报考核结果，强化考核成果运用。从严管控风险，推动企业完善内控制度体系，加强企业重大经营风险事件报告处置力度，按照吉林省委书记提出的"不刺破、不引爆"要求，及时协调相关金融机构和省属企业帮助重点企业化解到期债务65.88亿元。从严追责问责，制定违规经营投资责任追究办法，完善监管企业责任追究组织体系和运行机制，组织开展责任追究工作，企业违规经营投资行为得到有效遏制。构筑涵盖各治理主体的"大监督"工作体系加快形成。

二、吉林省国有资产总量与结构分析

表1　　2021年吉林省国有企业指标

项　目	金　额(亿元)
资产总额	24507.09
所有者权益	9704.69
国有资产总量	9033.49
营业收入	1682.77
利润总额	10.05
净利润	－10.77
归属于母公司所有者的净利润	－53.24
应交税费总额	83.64
实际上缴税金总额	78.85

表2　2021年吉林省国有企业户数情况

2020年户数(户)	2021年户数(户)	比上年增长(%)
3412	3604	5.63

表3　2021年吉林省国有资产按地区分布情况

地区	国有资本总量(亿元)	占国有资产总量比重(%)
省属企业汇总	1684.14	18.64
地市企业汇总	7349.35	81.36
长春地区	3182.50	35.23
吉林地区	1336.86	14.80
松原地区	1024.04	11.34
四平地区	241.91	2.68
辽源地区	404.17	4.47
通化地区	547.23	6.06
白城地区	158.93	1.76
白山地区	173.28	1.92
延边地区	256.96	2.84
长白山管委会	23.47	0.26
合计	9033.49	100.00

表4　2021年吉林省国有资产按行业分布情况

行业	国有资产(亿元)	占国有资产总量比重(%)
农林牧渔业	317.94	3.52
工业	329.78	3.65
建筑业	1154.52	12.78
交通运输业	1192.23	13.20
仓储业	60.90	0.67
商贸业	26.88	0.30
房地产业	436.42	4.83
信息传输、软件和信息技术服务业	55.13	0.61
社会服务业	4601.68	50.94
教育文化广播业	81.03	0.90
科学研究和技术服务业	115.12	1.27
金融业	665.45	7.37
其他	-3.59	-0.04
合计	9033.49	100.00

表5　2021年吉林省国有资产按经营规模分布情况

经营规模	国有资产(亿元)	占国有资产总量比重(%)
大型企业	-277.22	-3.07
中型企业	1674.19	18.53
小型企业	6679.03	73.94
微型企业	957.48	10.60
合计	9033.49	100.00

三、吉林省国有资本保值增值综合分析评价

表6　2021年吉林省国有企业地区和行业国有资本保值增值情况

地区	国有资本保值增值率(%)	行业	国有资本保值增值率(%)
国有企业汇总	99.46	国有企业汇总	99.46
省属企业	99.51	农林牧渔业	99.39
地市企业	99.46	工业	105.58
长春地区	100.80	建筑业	97.09
吉林地区	98.89	交通运输业	100.21
松原地区	99.26	仓储业	96.22
四平地区	98.85	商贸业	32.21
辽源地区	96.18	房地产业	97.60
通化地区	99.41	信息传输、软件和信息技术服务业	101.80
白城地区	98.98	社会服务业	100.44

续表

地区	国有资本保值增值率(%)	行业	国有资本保值增值率(%)
白山地区	94.91	教育文化广播业	109.35
延边地区	97.78	科学研究和技术服务业	100.61
长白山管委会	80.45	金融业	98.43
		其他	—

四、吉林省国资委监管企业改革发展情况

以国企改革三年行动为抓手，吉林省国资委将《吉林省国企改革三年行动实施方案（2020—2022年）》细化为46项工作内容、100项具体任务，并按照"五化"（清单化、图表化、手册化、模板化、机制化）闭环工作法逐项落实，监管企业改革发展工作有序推进。

（一）企业发展质量不断提升

通过不断深化改革，推进体制机制创新，开展扭亏增盈活动，提升企业管理能力，企业整体发展质量得到提升。截至2021年底，监管企业资产总额与2017年（剔除5户金融类企业后）相比增长42.44%，所有者权益总额增长24.73%，监管企业整体实现扭亏为盈。

（二）国企改革三年行动成效显著

中国特色现代企业制度和国资监管体制向更加成熟定型迈出实质性步伐。形成"1+18"中国特色现代企业制度体系，权责法定、权责透明、协调运转、有效制衡的公司治理机制基本建立。吉林省国有资本运营有限责任公司、富奥汽车零部件股份有限公司被国务院国资委列为国有企业公司治理示范企业。

（三）扭亏脱困、债务化解工作全面推进

深入实施"三年扭亏脱困"专项行动，专门召开会议部署推动。2021年，75户重点亏损子企业中53户完成年度确定的扭亏或减亏目标；全力化解债务风险，通过协调金融机构降低利率、展期、借款、续作等方式，及时化解到期债务65.88亿元，守住不发生系统性风险的底线。

（四）分离企业办社会职能工作全面完成

厂办大集体改革任务全面完成，涉及1914户企业、11.97万名职工，职工安置率100%。国企职工退休人员社会化管理工作全面完成，全省3455户国企63.52万名退休人员、8.85万名退休党员、66.34万册退休人员档案等全部完成移交。"三供一业"等其他企业办社会职能分离移交收尾工作全部完成。

五、吉林省国资委监管企业并购重组与完善法人治理结构情况

2021年，吉林省国资委致力于构建中国特色现代企业制度体系，推动监管企业坚决贯彻"两个一以贯之"精神，按照"权责法定、权责透明、协调运转、有效制衡"的指导原则，切实把监管企业改革重组中完善国有企业法人治理结构作为全面推进依法治企、推进国家治理体系和治理能力现代化的重要任务落实落地。

（一）持续推进重点企业深化改革

一是吉林省能源投资集团有限责任公司脱困取得重要进展。2021年"七一"前夕通过1.5亿元财政应急资金支持，解决涉及职工切身利益的退休和医保问题；通过协调以"退一补一"方式缴纳社保，缓解当期资金压力；通过获得65万千瓦新能源指标支持，采取与央企合作并预支未来利润的方式，一次性补充现金流12亿元，长期存在的拖欠"五险一金"和职工工资问题找到解决出路。二是中国吉林森林工业集团有限责任公司重整取得实质进展。围绕解决重整资金难题，吉林省吉盛资产管理有限责任公司与吉林九台农村商业银行股份有限公司达成28亿元融资协议。三是吉林粮食集团有限公司重整持续推进。吉粮集团公主岭金玉收储有限责任公司和吉林粮食集团进出口有限公司债权人会议顺利召开，并获得普通债权人组高票通过，推动法院对重整计划进行裁决。全力争取恢复吉林粮食集团进出口有限公司粮食出口配额工作取得进展，国家发展改革委原则同意保留以往年度6.5万吨的配额数量，待重整完成后即可使用。四是吉林省交通投资集团有限公司铁路资产划

转工作有序推进,在省财政4亿元贴息资金支持下,吉林省铁路建设投资有限公司承接铁路资产和125亿元债务。全力化解债务风险,吉林省吉盛资产管理有限责任公司、吉林省交通投资集团有限公司、吉林省能源投资集团有限责任公司通过展期、借款、续作等方式,及时化解到期债务65.88亿元,坚决守住不发生系统性风险的底线。五是长春大成实业集团有限公司重组初见成效,与中国民生投资股份有限公司签署重组框架协议。

(二)加快完善企业法人治理结构

进一步巩固强化中国特色现代企业制度,深刻理解实施国企改革三年行动的重要意义,坚定不移地把习近平总书记关于国企改革发展和党的建设重要论述贯穿于谋划国企改革发展具体实践,健全以公司章程为核心的企业制度体系,监管企业法人治理结构日趋完善。一是深入推进在完善公司治理中加强党的领导,监管企业全部完成"党建入章"工作,厘清各治理主体权责,强化制度执行。二是全面加强企业董事会建设,提升董事会行权能力,实行董事会年度报告和外部董事专项报告"双报告"制度,加强外部董事队伍建设。三是持续增强经理层经营活力,明确授权放权和行权履职机制,推行经理层成员任期制和契约化管理,推进市场化选人用人。四是强化监督体系建设,完善监管企业责任追究组织体系和协调运行机制,企业违规经营投资行为得到有效遏制。

六、吉林省国资委监管企业建立和完善经营业绩考核体系情况

为进一步强化精准考核、对标考核、差异化考核,对《吉林省国资委出资企业负责人经营业绩考核暂行办法》进行修订,在保持业绩考核连续性的基础上,更加突出考核原则和导向,更加重视发展质量效益,更加注重布局结构调整,更加着力提高企业活力效率。进一步优化指标体系,调整指标设定方式,将利润指标与吉林省经济增长速度、预计行业平均增长速度相衔接,将业绩考核目标与扭亏脱困目标相衔接,将重点工作任务与企业规划发展相衔接,结合企业实际分档设置考核目标;可按照业务板块资产或营业收入比重加权确定目标值,使指标设定更精细化;加强对标考核,在分类指标中增设一项行业对标指标,引导企业对标先进,缩小差距;增加"营业收入增长率"指标,引导企业注重市场开拓,提高销售和业务增量;将国企改革三年行动作为重点工作列入考核,督促企业完成改革任务。充分发挥董事会和专门委员会在考核目标值设定、经理层成员考核和薪酬管理方面的作用,使考核更加科学精准。将经营业绩考核与重点工作紧密衔接,服务改革发展工作大局,突出企业战略和规划方向在重点工作指标设定上的引领作用。使业绩考核与党建考核进一步融合,将原来党建考核得分按档折算经营业绩考核得分的方式,修改为按得分计算的方式,更加准确地体现企业党建工作成绩。

七、吉林省国资委监管企业负责人考核与选人用人机制改革情况

根据《党政领导干部考核工作条例》《省属国有企业领导班子和领导人员综合考核评价办法(试行)》等有关规定和要求,2021年,吉林省国资委党委对5户委管企业领导班子及26名企业领导人员进行2020年度考核。全年提拔任用4名企业领导人员。制定印发《吉林省国资委党委关于监管企业领导班子成员分工调整报备有关问题的通知》,规范清理委管企业领导人员兼职工作。

八、吉林省国资委监管企业党的建设和廉政建设情况

2021年,吉林省国资委党委坚持以习近平新时代中国特色社会主义思想为指导,认真贯彻全面从严治党方针,全面贯彻新时代党的建设总要求和党的组织路线,以实施国企改革三年行动为契机,深化落实《中国共产党国有企业基层组织工作条例(试行)》,突出"六个升级",持续推动党的领导与公司治理有机统一、党管干部党管人才与市场化选人用人有机统一、党组织设置与企业组织架构运行有机统一、思想政治工作和企业文化建设有机统一、党内监督与出资人监督和企业内部监督有机统一、党建责任与经营责任有

机统一,坚定不移推动全系统全面从严治党向纵深发展,为做强做优做大国有资本和国有企业、有效履行国资国企使命责任提供坚强政治和组织保证。扎实做好党风廉政建设和反腐败工作。深入贯彻落实十九届中央纪委六次全会和省纪委十一届七次全会精神,深刻吸取近年来省属企业腐败案件教训,持续深化不敢腐、不能腐、不想腐一体推进,坚持以案促改,强化警示教育,深入推进中央、省委巡视反馈问题整改落实,严格执行中央八项规定精神,持续整治"四风",始终保持反腐高压态势,努力营造风清气正干事创业的良好环境。

(撰稿人:徐晓春 王 喆)

黑龙江省

一、黑龙江省国有资产监督管理工作综述

2021年,黑龙江省国资国企坚持以习近平新时代中国特色社会主义思想为指导,坚决贯彻落实党中央国务院和省委省政府决策部署,克服重重困难,主动作为、创新实干,各项工作取得显著成效。

(一)经营业绩再创新高

2021年,黑龙江省地方国企累计实现营业收入1807.65亿元,比上年增长16.58%,两年平均增长16.23%,创历史新高;实现利润37.27亿元,比上年增长176.18%,两年平均增长16.97%;已交税费99.42亿元,比上年增长22.27%,两年平均增长6.12%。其中,黑龙江省国资委出资企业累计实现营业收入1167.78亿元,增长19.60%,两年平均增长20.87%,首次突破1000亿元;实现利润27.29亿元,增长88.41%,两年平均增长5.63%;已交税费67.16亿元,增长20.78%,两年平均增长10.83%。

(二)服务社会彰显担当

黑龙江省国资委及出资企业组织近3万名干部职工和医护人员参与全省疫情防控;招收招录大学生、退伍军人1400多人,吸纳农民工就业近25万人;帮扶的9个国贫县121个贫困村1.5万多户贫困户全部脱贫;扛起煤电保供责任,安全释放产能,加强应急储备,累计完成煤炭发运、采购、储备近2000万吨,增发保供电量近2亿千瓦·时,全力保障电网、热网设施正常运行,为确保省内经济平稳运行和社会稳定发挥重要作用。

(三)规划引领高质量发展

加大以商招商力度。深入推动央地合作,完成签约项目投资52.08亿元;开展"振兴东北央地百对企业协作行动",形成央地协作企业25对;组织部分省属和市属国企赴广东、深圳对接,达成27个合作意向,签约14个项目;向"金融助振兴"活动推荐签约项目37个,签约额度2096.84亿元;农投集团首创"云洽会",建立中俄企业对接平台。积极推动项目投资建设。截至2021年底,投资项目268个、完成投资332.42亿元,完成年度投资目标110.8%。加强科技创新工作。出资企业新增专利426件、高新技术成果73项。深化亏损企业治理工作。全省地方国企亏损面比上年减少4.93个百分点,比上年减亏6.30亿元。

(四)监管效能有效提升

研究制定专项监督、综合监督、协同监督办法。对出资企业集团全面实行委派总会计师制度,在47户子企业开展试点工作;加强企业重大事项审计监督,在4户出资企业开展总审计师试点;完成国资国企在线监管系统基础建设,逐步实现对重点业务、关键环节动态监管。全面实行清单管理,明确八类39项权责事项,并形成动态调整机制,规范行权履职。建立出资企业违规经营投资责任追究报告制度,开展综合监督检查和粮食领域腐败治理专项整治工作,建立健全出资企业内部监督体系,不断提高监督效能。黑龙江省国资委出资企业受理问题线索16件,追责问责处理108人。全面防范化解重大风险。修订投资监督管理办法和担保管理办法,规避投资担保风险;加强企业资产负债约束和债务风险监测,帮助企业清收政府欠款,保证资金链安全;指导帮助企业处置案件12件,避免和挽回经济损失1.6亿元。

二、黑龙江省国有资产总量与结构分析

表1　2021年黑龙江省国有企业指标

项　目	金　额(亿元)
资产总额	20747.78
所有者权益	9573.29
国有资产总量	9172.67
营业收入	1896.69
利润总额	25.72
净利润	3.63
归属于母公司所有者的净利润	−11.05
应交税金总额	114.86
实际上缴税金总额	108.02

表2　2021年黑龙江省国有企业户数情况

2020年户数(户)	2021年户数(户)	比上年增长(%)
3219	3381	5.03

表3　2021年黑龙江省国有资产按地区分布情况

地　区	国有资产(亿元)	占国有资产总量比重(%)
省属企业汇总	1742.11	18.99
地市企业汇总	7430.56	81.01
哈尔滨市	3971.14	43.29
齐齐哈尔市	391.38	4.27
牡丹江市	603.64	6.58
佳木斯市	543.39	5.92
大庆市	588.91	6.42
鸡西市	134.13	1.46
双鸭山市	386.21	4.21
伊春市	213.78	2.33
七台河市	118.19	1.29
鹤岗市	178.60	1.95

续表

地　区	国有资产(亿元)	占国有资产总量比重(%)
黑河市	113.87	1.24
绥化市	185.66	2.02
大兴安岭地区	1.65	0.02
合　计	9172.67	100.00

表4　2021年黑龙江省国有资产按行业分布情况

行　业	国有资产(亿元)	占国有资产总量比重(%)
农林牧渔业	299.52	2.09
工业	978.99	6.84
建筑业	2213.03	15.47
交通运输业	3170.09	22.16
仓储业	118.65	0.83
商贸业	51.95	0.36
房地产业	2030.10	14.19
信息传输、软件和信息技术服务业	32.23	0.23
社会服务业	5080.12	35.51
教育文化广播业	59.89	0.42
科学研究和技术服务业	86.50	0.60
金融业	175.30	1.23
其他	10.42	0.07
合　计	14306.79	100.00

注：表中数据为合计口径，非合并口径。

表5　2021年黑龙江省国有资产按经营规模分布情况

经营规模	国有资产(亿元)	占国有资产总量比重(%)
大型企业	577.65	6.30
中型企业	4462.57	48.65

续表

经营规模	国有资产（亿元）	占国有资产总量比重（%）
小型企业	1882.69	20.52
微型企业	2249.67	24.53
合　计	9172.67	100.00

三、黑龙江省国有资本保值增值综合分析评价

表6　2021年黑龙江省国有企业地区和行业国有资本保值增值情况

地　区	国有资本保值增值率（%）	行　业	国有资本保值增值率（%）
黑龙江省	99.79	农林牧渔业	99.48
哈尔滨市	99.94	工业	101.91
齐齐哈尔市	100.40	建筑业	100.08
牡丹江市	98.45	交通运输业	99.55
佳木斯市	100.13	仓储业	98.63
大庆市	100.21	商贸业	113.98
鸡西市	98.56	房地产业	98.85
双鸭山市	98.81	信息传输、软件和信息技术服务业	99.55
伊春市	99.14	社会服务业	100.01
七台河市	97.31	教育文化广播业	102.46
鹤岗市	98.43	科学研究和技术服务业	101.50
黑河市	99.18	金融业	101.57
绥化市	97.48	其他	96.90
大兴安岭地区	89.44		

四、黑龙江省国资委监管企业改革发展情况

（一）推进实施国企改革三年行动

制定黑龙江省国企改革三年行动实施方案、分工方案和重点任务台账，明确10个方面47类改革任务。完成10户出资企业改革三年行动实施方案的审核备案，明确741项台账任务。截至2021年底，黑龙江省级层面国企改革三年行动任务整体完成率88.9%，高出全国地方平均进度4个百分点，市（地）层面719项，完成608项，完成率84.56%，超年度计划目标14个百分点；黑龙江省国资委出资企业国企改革三年行动任务741项，完成633项，完成率85.43%，超年度计划目标15个百分点。

（二）深化重点企业改革

龙煤集团成立能源投资集团推进老井技术改造、新井开工建设等6个项目，全力服务龙江能源安全战略大局。森工集团生态建设取得新成效，28户企业公司制改革收尾工作和11户事业单位改革任务全面完成。建投集团不断完善公司治理机制，努力盘活资产，实施"走出去"战略，全力打造"千亿"建投。

（三）开展对标提升行动

集团层面对标工作清单任务完成86.09%，指导42户重要子企业制定工作方案和对标清单。经筛选推荐，国家确定龙建股份为管理标杆创建行动标杆企业。推进公司制改革收尾工作，符合条件的一级企业及各级子企业全面完成公司制改制，应改尽改比例100%，市（地）层面改制工作全面完成。哈尔滨、大庆、鸡西、牡丹江、鹤岗等市全面实行外部董事占多数和经理层成员任期制、契约化管理。

（四）推动供给侧结构性改革

及时将中央财政对中央下放企业"三供一业"分离移交补助清算资金30.58亿元拨付相关单位。列入名单的195户"僵尸企业"完成处置194户。利用国有资本经营预算资金完成37户"僵尸企业"人员安置工作，并选聘中介机构进行专项审计。会同省财政厅报请省政府同意，收回"僵尸企业"人员安置费用结余资金242.69万元专项用于龙睿公司"僵尸企业"破产相关费用。加大"瘦身健体"力度，压减105户，完成年度目标101%。处置186项"两资"资产，完成年度目标110%。

（五）持续深化三项制度改革

黑龙江省国资委出资企业符合条件的424户企

业全员绩效考核户数占比、建立市场化用工机制户数占比、新进员工公开招聘比率全部实现100%,管理人员竞争上岗比率86.88%,管理人员末等调整和不胜任退出比率3.81%;省国资委出资企业2户上市公司中长期激励实现破冰。各市(地)三项制度改革步伐不断加快。其中,大庆市管理人员竞争上岗率93.81%,新增用工市场化水平100%。

(六)着力推进健全监管体制

推进经营性国有资产集中统一监管。黑龙江省属经营性国有资产集中统一监管率98%以上,哈尔滨、齐齐哈尔和双鸭山市属经营性国有资产集中统一监管率分别为99.9%、99.6%和99.7%,七台河市、佳木斯市全面实现经营性国有资产集中统一监管,国有资产配置效率和运行效率得到进一步提升。黑龙江省直党政机关和事业单位所办企业脱钩收尾工作涉及450户,除工信厅1户企业因涉嫌违纪、产权不清而无法脱钩外,449户企业全部完成脱钩和集中统一监管工作任务。积极稳妥推进事业单位改革。完成省成套局撤销和人员安置;省人防设计院等7家经营类事业单位转企进行操作实施,其中2家完成转企。组织建投集团研究制定3家宾馆、2家设计院转企改制方案,泥河水库管理处等4家水库相关情况摸底基本完成,将启动转企方案编制。

(七)抓好国企改革专项工程

深化"双百行动"企业改革。督促2户"双百企业"落实综合改革方案、工作台账任务,截至2021年底,完成度超过90%。组织中盟龙新化工开展双百评估复核工作,通过国务院国企改革办评估。深化"科改示范行动"企业改革。指导2户"科改示范企业"落实三年改革台账任务。2户企业典型案例材料入选国家"科改示范行动"案例集,典型经验在全国推广。

(八)解决历史遗留问题

列入台账的6类36个问题,解决或基本解决24个,继续推进12个。做好国有企业退休人员社会化管理收官工作。与财政厅共同争取中央财政核定补助资金39335万元/年。妥善解决国有企业职教幼教退休教师待遇。组织各市(地)完成2021年待遇发放,1.58万名国有企业退休教师享受政策,发放生活补贴3.7亿元,人均获得1950元/月。

五、黑龙江省国资委监管企业并购重组与完善法人治理结构情况

(一)企业并购重组

龙睿公司托管外贸集团。组织龙睿公司按照"有进有退、有所为有所不为"的原则,持续推进外贸集团内部专业化重组。通过对业务、资产、人员进行再造,将45户企业剥离出外贸集团,同时置入有发展前景的企业3户,使外贸集团轻装上阵参与市场竞争、主责主业更加突出、资源配置更加优化、产业链更加畅通。全面完成公司制改革工作,优化公司治理结构,调整充实外贸集团领导班子,托管后组织选调2人、内部提拔1人进入领导班子。积极稳妥推进外贸集团"僵尸企业"处置工作,2021年完成6户"僵尸企业"处置。旅投集团与建投集团重组。利用建投集团战略平台对龙江旅游发展进行整体赋能考量,全面梳理旅投集团资源、资产、资质状况,形成整合思路。其中正明、雪阅等酒店、国天物业等公司,与建投集团国宾馆及会展板块、生态环保及美好生活服务板块业务具有高度契合性,通过资源整合、市场化经营、品牌和管理服务输出盘活酒店资产;旅投集团权属企业北鱼集团与建投集团所属水投集团水资源板块协同开发联动,大力推动渔业产业发展;构建集城市社区、文旅生活体验、养老托幼服务于一体的旅游消费综合体,并在探索构建康养医疗旅游项目等方面进一步开展专业化整合。

交易集团与招标公司重组。交易集团下设的黑龙江阳光采购服务平台与招标公司属于招标采购领域上下游企业,具有较强的业务关联性、协同性。通过重组实现资源信息共享,进一步提高国有资本配置和运行效率。指导交易集团和招标公司全面完成三项制度改革任务,经理层成员和内设机构负责人全部竞争上岗。督促交易集团结合重组后的实际情况,及时修改公司章程,在完善公司治理中加强党的领导;及时完成招标公司党组织隶属关系调整,统筹做好组织对接、制度对接、工作对接,推进"家企情怀"企业文化融合,实现企业重组后党建文化无缝对接。

(二)完善法人治理结构

一是加强出资企业董事会建设。截至2021年底,出资企业集团及各级子企业董事会应建尽建全面完成,99.5%的集团公司和子企业实现外部董事占多数,50户重点子企业依法落实董事会各项权利,10户企业集团全部建立董事会向经理层授权管理制度,制定授权放权清单。二是加强董事队伍建设。推进集团公司、重要子企业董事会及专门委员会应建尽建,选优配强董事会工作人员,强化董事会运行的支撑和保障。挖掘省内外高端人才资源,组建专业丰富、身份多元、结构优化的外部董事人才库。畅通现职企业领导人员、委机关干部与专职外部董事身份转换渠道,建立729人的外部董事队伍,分派充实到各级企业董事会中,其中集团公司引入外部董事35人、子企业选聘外部董事694人,具有党政机关、央企民企、科研院所、中介机构专业背景人员占24.6%,优化董事会专业结构,增强力量。三是推动董事会规范运作。制定出台董事会规范运作实施细则、外部董事履职指南、外部董事信息报告制度,董事会工作"1+N"制度体系基本形成,董事会建设进入制度化规范化轨道。组织召开首次出资企业董事会向省国资委报告工作会议,连续两年召开外部董事年度履职报告,优化对专职外部董事的管理监督、支撑服务工作机制,为外部董事履职创造良好工作环境。开展董事会会议记录和重大事项会议视频档案专项督查检查,加大对董事会规范运作政策指导力度,企业董事会规范化运作水平持续提升。四是分层分类推进落实董事会授权。在6户集团公司开展董事会职权试点,将6项职权授予企业董事会。印发《关于贯彻落实国务院国资委办公厅〈关于中央企业落实子企业董事会职权有关事项的通知〉的通知》,指导集团公司加大授放权力度,落实董事会职权企业范围从重点子企业向实现董事会规范运作子企业延伸,持续增强企业发展活力动力。五是推进经理层成员任期制和契约化管理。印发《黑龙江省国资委党委关于加大力度推进董事会建设、经理层成员任期制和契约化管理等工作的通知》,出台"一清单、两办法、三合同"制度框架范本,指导410户子企业董事会与经理层签订岗位协议和业绩合约,突出任期管理规范化、常态化,职责权限岗位化、差异化,绩效目标科学性、挑战性;明确契约管理刚性执行、业绩指标刚性考核、考核结果刚性应用,实现从"身份管理"向市场化的"岗位管理"转变。

六、黑龙江省国资委监管企业建立和完善经营业绩考核体系情况

一是将全员劳动生产率、净资产收益率纳入2021年考核指标体系,与利润总额、归母净利润、资产负债率、研发投入强度一同,初步搭建起"两利四率"考核指标体系。二是根据全国同行业企业相关指标平均水平,结合企业实际"一企一策"设置短板指标,引导企业补短板、强弱项,增强考核的精准度和有效性。三是将国企改革三年行动重点任务完成情况纳入考核,充分发挥考核"指挥棒"作用,引导企业全力推进改革,确保改革任务按期完成。四是探索对商业类企业中的公益类业务实行分类核算、分类考核,将农投集团政策性粮食储备业务进行剥离和分别考核,使经营业绩考核更加符合企业实际。五是鼓励企业积极开展科技创新活动,制定出资企业科技创新取得重大成果的奖励加分标准,对两户出资企业实施加分奖励。

七、黑龙江省国资委监管企业党的建设和廉政建设情况

(一)着力推动党建责任有效落实

印发省国资委党委2021年度党建工作要点、出资企业基层党建重点工作任务清单、问题清单和出资企业党委书记年度党建及党风廉政建设责任清单,全面压实基层党建责任。召开2020年度出资企业党委书记抓基层党建述职评议会议,开展出资企业党建工作责任制考核。部署开展贯彻落实全国国有企业党建工作会议精神情况"回头看",督促企业对标30项重点任务,进一步查短板、补弱项。组织召开习近平总书记全国国有企业党建工作会议重要讲话发表五周年学习座谈会、出资企业党建特色品牌创建经验交流会,总结党建工作经验,研究部署创新举措,推动出资企业党建工作全面进步、全面过硬。

(二)扎实推进宣传思想和文化建设

推动出资企业4271个党组织健全完善"第一议题"制度,及时跟进学习习近平总书记重要讲话重要指示批示精神,组织开展习近平总书记"七一"重要讲话和十九届六中全会精神宣传贯彻,推动10户出资企业集团党委建立跟进督办和重大决策贯彻落实机制,强化"两个维护"的政治自觉。召开党史学习教育动员部署大会,督促指导企业各级党组织集中学习研讨15380余次,领导干部讲专题党课7860余人次,国资国企列入办实事台账项目4467项全部提前完成,平均满意度99.96%。开展"我心向党"主题演讲、网络答题、观看红色影片等活动。部署推动"迎七一、庆百年"系列活动,组织开展"先优"表彰、党旗在基层一线高高飘扬、"习语诵读"展播、国企风采摄影展等12项庆祝活动,对系统企业321个"两优一先"对象进行命名表彰,组织完成472名老党员"光荣在党50年"纪念章发放。严格落实意识形态责任制,制定意识形态领域主要风险点防控管控方案,开展意识形态巡视整改和责任制情况专项督查。

(三)持续推进企业党建规范化标准化水平提升

对2281个企业标准化党支部进行达标验收并命名授牌,择优评选基层党建示范点18个,其中10个示范点被确定为全省国企党建示范点。深入推进"提质增效、党员先行"主题实践活动,指导出资企业广大党员立足岗位"学先进、亮身份、做表率",在战"疫"一线、抗击雨雪灾害、保煤供应等工作中充分发挥先锋模范作用。推动出资企业修订完善公司章程,督促10户出资企业集团公司及51户重要子企业制定完善党组织前置研究讨论重大事项清单,会同省委组织部制定印发《国有企业党委会会议议事规则(示范文本)》。组织开展"强堡垒、争先锋、促改革"专项行动,指导龙煤集团、建投集团开展党建责任制与生产经营责任制联动试点工作,组织黑龙江省国资国企负责人赴中国一重集团学习考察党建与企业中心工作深度融合的经验和做法,进一步推动以高质量党建引领高质量发展。

(四)不断推进企业人才队伍建设

建立机关干部和企业干部双向交流锻炼机制,完成首批出资企业干部在委机关交流锻炼。印发《"十四五"出资企业人才队伍建设的实施意见》,引领高质量发展。印发《"十四五"期间加强企业家队伍建设工作的意见》。择优征集遴选党建、财务、经营管理、资本运营、人力资源、法律等6类专家51人组建龙江国资专家库,同步新建69人的行业领军人才库。组建完成411人的省国资委职业经理人和党务领导人员储备库、企业家战略人才储备库,启动实施企业家雄鹰培养工程和雏鹰培育计划,建立"企业家导师制"培养机制,一大批优秀年轻经营管理人才纳入重点培养范围。建立领导班子成员联系服务专家制度,主动联系服务专家552次,征集专家建议235条。组织开展专业技术职称、全省煤炭工程专业职称、政工中级职称评审,推荐并获评省首席技师、"龙江大工匠"、"龙江技术能手"22人,有效做好出资企业人才服务工作。

(五)指导推进企业统战群团工作

会同省委统战部共同完成中央统战部、国务院国资委国有企业统战工作专题调研工作任务。向省委统战部补充推荐省级层面党外代表人士2人,推荐省"五一劳动奖状"单位1个、奖章3人。参加全国、省级厂务公开民主管理示范先进单位"回头看"检查工作,实地踏查黑河市、伊春市、绥化市级财贸系统工会单位27家,形成检查评估报告。

(六)深入推进党风廉政建设新发展

组织召开2021年度党建暨党风廉政建设工作会议,印发责任清单,明确24项重点任务。制定《省国资委党委关于加强对"一把手"和领导班子监督的实施方案》,建立与驻委纪检监察组定期会商机制,形成同向发力、协作互动的工作格局。研究制定出资企业监督检查暂行办法、"六位一体"监督协同机制实施意见等制度,有效推进风险防范。开展2020年度出资企业政治生态建设成效考核,对考核排名靠后的3户企业党委负责人进行集体提醒谈话,督促整改落实。严格落实监督管理和执纪问责,委主要领导与企业领导人员谈话15次,各级党组织受理举报线索1768件、2259人,立案897件,运用"四种形态"处理3102人次,其中第一种形态1774人次。组织委机关开展为期一年的整风肃纪专项整治活动,出台专项整治"十不准禁令""六个一律""四笔帐"等制度规定,组织签订《整风肃纪专项整治承诺书》,督促党员干部增强纪律规矩意识。

（七）推动纪检监督更严更实

黑龙江省国资委与驻委纪检组建立违规经营投资责任追究工作月报制度、司法败诉案件报备制度、"一项目三监督"机制，指导出资企业纪委和驻委纪检组建立案件督办制度、案件指导协审制度、上挂轮训制度。分别在3家委管一级企业和7家省管二级企业纪委设立监察联系站71个，监察联系员175人，基本实现监察监督全覆盖。

（撰稿人：李曼宁）

上海市

一、上海市国有资产监督管理工作综述

2021年，上海市国资国企以习近平新时代中国特色社会主义思想为根本遵循，全力推进改革发展和党的建设，全面完成上海市委、市政府明确的年度重点工作，为上海市经济社会发展作出积极贡献。

（一）国有经济布局结构调整优化

以服务服从融入国家战略、构筑新时代上海发展新优势为目标，整体谋划新一轮国有经济布局结构调整优化。一是强化顶层设计。出台《新时代推进上海市国有经济布局优化和结构调整的实施意见》，制定印发《上海市国资国企发展"十四五"规划》和相关专项规划。二是服务国家战略。联合江苏、浙江两省国资委，组建长三角一体化示范区新发展建设有限公司，创新无控股组建和治理结构模式。上海国资分团第四届进博会采购金额30.8亿美元，保持全市领先。三是落实重大任务。新增投资7000多亿元，加大对三大先导产业、五个新城、长三角等领域、区域布局。组建上海申电绿电科技发展有限公司，加强高效节能技术研发。

（二）数字化转型迈出坚实步伐

发挥国有企业创新主体作用，不断完善创新体系、激发创新活力、提升创新能力。一是加快推动创新发展。持续加大创新投入，2021年监管企业科技支出比上年增长29.5%。举办第二届创新发展大会，第二批17家企业签订创新使命责任书。二是稳步推进数字化转型。开展数字化转型专项行动，出台实施意见。联合上海市经济信息化委、上海市科委举办数字化转型创新大赛，面向全社会开放场景100多个，意向合作金额超过1亿元。启动上海国资国企数字化转型创新基地建设。三是持续深化品牌建设。发布《上海市国资委系统企业品牌建设白皮书》，实施上海国资品牌推广计划，探索组建专业品牌平台。

（三）国资监管体制机制加快完善

落实以管资本为主的职能转变要求，切实提高监管的系统性、针对性、有效性。一是完善监管大格局。健全上海国资监管"一盘棋"框架体系，新设受托监管，开创跨省域国资监管新模式。二是提升国资监管能级。修订投资监督管理办法，建立尽职调查机构团队与个人黑名单、评估复核机制。制定境外国有资产管理"1+4"制度。制定印发《上海市产权交易场所管理实施办法》。推动"鼓励国企调解"条款纳入上海市人大《上海市促进多元化解矛盾纠纷条例》。建立重大投资项目评估专家评审工作机制，上线运行价值评估指数系统，率先在联和投资公司开展创新领域估值试点。三是提升管理优化服务。开展企业管理层级压缩、管理提升质量强企专项行动。建立不动产工作平台和协调机制，推动企业完成100余幅土地补证工作。上海国资智库平台系统建成并正式运行，建设上海国资国企在线监管服务平台。完善上海市属国企投资基金信息系统，加强系统内私募股权投资基金管理。优化上海市国资系统企业服务大厅服务，按期办结率和窗口好评率均为100%。四是全力防控处置风险。开展房屋出租和转让、私募股权投资基金、控股不控权3个专项治理，进行应收类款项、融资性贸易、房地领域风险3个专项排查，实施财务会计信息质量整治等专项行动，完成防疫支持资金使用情况、存续企业管理等7个专项审计检查。成立上海市国资委稳增长促发展领导小组和防范化解重大风险工作协调小组，协调解决企业诉求200余项。提升风险监测穿透性，延伸到重点境外子企业。强化责任追究，压

实企业主体责任,有效控制电气通信等风险事件。

(四)人民城市建设骨干作用充分发挥

以强烈的使命担当、强大的奋进精神,共建人民城市。一是推动重大项目建设。会同上海市交通委,推动上汽集团、久事集团和申通地铁集团等牵头组建随申行公司。指导涉及旧改征收任务的16家监管企业全部完成93证签约。推动上海地产集团牵头成立800亿元规模的上海城市更新基金。二是积极履行社会责任。持续开展"百企帮百村"活动,6家企业集团与云南昭通、怒江州开展新的村企结对帮扶,全年消费帮扶金额超过2亿元。12家监管企业分别与9个涉农区政府开展产业合作项目38项,投入资金452亿元。上海市地方国企在国内招录应届高校毕业生1.99万人。三是营造良好舆论氛围。联合上海市政府新闻办召开上海推进实施国企改革三年行动新闻通气会,与主流媒体合作策划开展"上海国企直播间"主题宣传活动。在中央及上海市主流媒体刊登、发布新闻宣传报道3220余篇。"上海国资"微信企业号、"上海国资发布"官方微博发布推文5100余篇。上海市国资系统593家单位获评第二十届"上海市文明单位"。

二、上海市国有资产总量与结构分析

2021年,上海市地方国有企业实现营业收入39970.51亿元,比上年增长6.2%;利润总额3526.57亿元,比上年增长4.7%;资产总额262707.70亿元,比上年增长6.9%。

表1 2021年上海市国有企业指标

项 目	金 额(亿元)
资产总额	262707.70
所有者权益	57031.57
国有资产总量	34563.94
营业收入	39970.51
利润总额	3526.57
净利润	2773.29

续表

项 目	金 额(亿元)
归属于母公司所有者的净利润	2312.53
应交税金总额	2519.91
实际上缴税金总额	2362.47

2021年,上海市地方国有企业总数14749户,比上年增长2.7%。其中,市属国有企业10689户、区属国有企业4060户。

表2 2021年上海市国有企业户数情况

2020年户数(户)	2021年户数(户)	比上年增长(%)
14358	14749	2.7

从国有资产隶属关系分布来看,上海市地方国有资产总量34563.94亿元,其中市属国有资产26949.92亿元、区属国有资产7614.02亿元,分别占78.0%、22.0%。

表3 2021年上海市国有资产按隶属关系分布情况

隶属关系	国有资产(亿元)	占国有资产总量比重(%)
上海市地方国有企业	34563.94	100.0
市属企业	26949.92	78.0
区属企业	7614.02	22.0

从行业分布来看,上海市地方国资总量的92.2%集中在前20个行业,83.1%集中在商务服务业、房地产业、货币金融服务、道路运输业、资本市场服务、汽车制造业、保险业、批发业、公共设施管理业、水的生产和供应业等前十大行业。

表4 2021年上海市国有资产按行业分布情况(前10个)

行 业	国有资产(亿元)	占国有资产总量比重(%)
商务服务业	27667.61	32.4
房地产业	18333.60	21.5

续表

行　业	国有资产（亿元）	占国有资产总量比重(%)
货币金融服务	6559.17	7.7
道路运输业	6490.00	7.6
资本市场服务	3000.04	3.5
汽车制造业	2647.25	3.1
保险业	2281.94	2.7
批发业	1400.40	1.6
公共设施管理业	1387.49	1.6
水的生产和供应业	1221.59	1.4
前十大行业汇总	70989.09	83.1
合　计	85421.20	100.0

注：表中数据为合计数，非合并数。

从资产经营规模看，大型、中型、小型、微型企业国有资产经营规模分别为18400.86亿元、29362.78亿元、21788.95亿元、15868.61亿元，分别占国有资产总量的21.5％、34.4％、25.5％、18.6％。

表5　2021年上海市国有资产按经营规模分布情况

经营规模	国有资产（亿元）	占国有资产总量比重(%)
大型企业	18400.86	21.5
中型企业	29362.78	34.4
小型企业	21788.95	25.5
微型企业	15868.61	18.6
合　计	85421.20	100.0

注：表中数据为合计数，非合并数。

三、上海市国有资本保值增值综合分析评价

2021年，上海市市属及14个区国有资本全部实现保值增值。其中，市属国有资本保值增值率104.0％，国资分布前十大行业的保值增值率平均为104.2％。

表6　2021年上海市国有企业地区和行业国有资本保值增值情况

地　区	国有资本保值增值率(%)	行　业	国有资本保值增值率(%)
黄浦区	108.1	商务服务业	102.0
长宁区	105.7	房地产业	104.2
静安区	105.6	货币金融服务	109.2
普陀区	105.3	道路运输业	101.8
徐汇区	104.9	资本市场服务	109.0
虹口区	103.3	汽车制造业	108.2
金山区	102.9	保险业	114.6
浦东新	102.1	批发业	104.9
奉贤区	101.8	公共设施管理业	101.8
杨浦区	101.4	水的生产和供应业	100.8
嘉定区	101.4		
闵行区	100.6		
青浦区	100.3		
宝山区	100.1		
松江区	99.6		
崇明区	98.6		

四、上海市国资委监管企业改革发展情况

坚持攻坚破局开路，深入推进国企改革三年行动以及八大专项行动，将国企改革引向深入。一是深化落实改革方案。国企改革三年行动任务完成率84.6％。制定上海国资国企助力浦东新区引领区建设的若干政策措施。二是深化混合所有制改革。实现金融服务类企业上市全覆盖，推动一批国资控股企业实现科创板上市。上海市国有控股上市公司通过证券市场融资719.67亿元。三是健全激励约束分配机制。出台经理层成员任期制、契约化管理和"三能机制"改革指导意见及评价办法。完成7家企业集团职业经理人市场化选聘，在19家企业聘用职业经理人100人。对部分重点科技企业开展单独联动试点，对部分核心人才及其团队，实施工资据实列支。四是有序推进专项改革。制定印发《深化集体企业改革发

展的指导意见》，完成上海联社所属专业联社整合重组、上海交大所属企业股权划转。

五、上海市国资委监管企业并购重组与完善法人治理结构情况

（一）加快专业化重组整合

完成上海科创集团与浦东科创集团、衡山集团与东湖集团、上海股交中心与上海联交所等联合重组，推动久事集团和上青集团、强生出租和建工出租等专业化整合。研究组建上海市农业投资总公司等一批新的企业集团。改组成立上海国投公司，完成部分相关企业集团股权划转，授权相关资本管理事项。

（二）完善公司治理机制

落实国务院国资委关于加强中国特色现代企业制度建设的有关要求，紧密结合实际，以提升治理效能为目标，以完善公司治理为主线，以服务履职保障为基础，以深化监督检查为重点，实现股东会、董事会、监事会、经理层规范建设和高效运行。完善董事会和监事会建设指导意见，修订监事会主席和外派监事履职目录。进一步完善公司治理机制，建立健全中国特色现代国有企业制度，进一步加强风险防范，促进管理提升，进一步激发企业活力，推动高质量发展。

六、上海市国资委监管企业建立和完善经营业绩考核体系情况

完善视同于利润和单列政策。开展2021—2023年市管国有企业领导人员薪酬调整工作，研究制定薪酬水平调整方案，加大领导人员正向激励力度，与企业发展、内外部薪酬分配情况相适应。做好2020年度企业领导人员薪酬备案工作，对有关情况进行纠正处理，落实退出领导班子现职市管国有企业领导人员的薪酬管理。为贯彻落实国家和上海市能源保供、旧区改造相关部署，将能源保供工作要求纳入申能集团、上港集团法定代表人任期考核目标，对16家监管企业开展旧区改造征收等工作专项考核。

七、上海市国资委监管企业负责人考核与选人用人机制改革情况

（一）加强企业领导班子建设

会同上海市委组织部，对上汽集团、上海电气等16家企业集团开展2021年市管企业任期综合考核评价，并试点实施市管企业正职领导人员政治素质建设考察办法，形成正职领导人员政治素质建设报告。完成2020年度40家监管企业法定代表人任期（年度）业绩考核，实现法定代表人业绩考核与薪酬的兑现。上海国资系统9名企业家获评"2019—2020年度上海市优秀企业家"。

（二）完善干部管理制度建设

制定印发《上海市市管国有企业正职领导人员政治建设考察实施办法》，提高选人用人科学性。健全完善年轻领导人员选拔、培育、管理、使用等全链条机制，会同上海市委组织部开展专项调研，制定出台《关于进一步加强和改进市管国有企业优秀年轻领导人员发现培养选拔工作的指导意见》。

八、上海市国资委监管企业党的建设和廉政建设情况

（一）深入开展党史学习教育

组织学习习近平总书记"七一"重要讲话、党的十九届六中全会精神等活动8290余场次，开展理论宣讲7100余场次，覆盖31万余人次。组织"红色文化进国企"、"上海国企开放日"、"系列行走党课"、百位老同志口述历史等主题活动，举办"国资国企心向党，百年征程再出发"上海市国资委系统庆祝中国共产党成立100周年活动。开展"我为群众办实事"主题实践活动，推动解决1.55万个群众"急难愁盼"问题。

（二）加强党建和干部队伍建设

完善落实意识形态工作责任制清单并开展专项督查。以市委办公厅名义制定印发《上海市属国企在完善公司治理中加强党的领导的实施意见》，推动788家二级及以下企业党委全部制定前置研究事项清单。6家企业集团党委完成换届。完成第四轮"万名书记

进党校"89期7663人培训。开展"两优一先"评选表彰,系统1名党务工作者、1个基层党组织获得全国"两优一先"表彰。在沪外36个城市开展党建联建。

(三)落实全面从严治党主体责任

贯彻中央精神,健全述责述廉制度。配合市委巡视,61个问题整改57个,187条整改措施完成176条。中央巡视市委涉及的78个节点目标全部完成整改。组织对33家企业现场督导,对100余家二级及以下企业进行巡察。

(撰稿人:漆 琪)

江苏省

一、江苏省国有资产监督管理工作综述

2021年,江苏省国有企业实现营业收入19376.14亿元、利润总额1984.86亿元、净利润1534.96亿元、归属于母公司所有者的净利润1196.07亿元,分别比上年增长17.5%、23.7%、25.1%、26.7%。其中,国资监管企业实现营业收入16203.8亿元、利润总额1611.5亿元、净利润1252.0亿元、归属于母公司所有者的净利润930.6亿元,分别增长18.5%、16.1%、18.8%、18.2%。江苏省国资监管企业缴纳税费1074.8亿元,比上年增长21.5%。省属企业年末资产总额21397.8亿元、负债总额13815.8亿元、所有者权益7582亿元、归属于母公司的所有者权益5447.8亿元,分别比上年增长10.8%、11.8%、9.1%、10.6%。省属企业实现营业收入3967.9亿元、利润总额504.6亿元、净利润411.5亿元,分别比上年增长25.4%、14.6%、17.7%;应交税费242.9亿元,比上年增长8.8%。个别省属企业受疫情影响亏损,大部分省属企业利润保持10%以上增幅。

(一)国有资本布局结构加快调整优化

坚持调存量、优增量,加快推动布局优化和结构调整,在资产重组整合、服务保障民生、加强央地国企合作等领域取得积极成效。一是推进战略性重组整合调存量。淮安市属企业优化重组为5户集团,综合实力进一步增强。扬州围绕城市定位突出国企功能,将13户市属企业重组为10户,组建运河文化投资集团,为推进名城建设提供支撑。盐城扎实推进汽车类、文旅康养类资产专业化重组。二是聚焦产业项目抓增量。与中央企业、外省国企通力合作,引进产业类项目落地江苏。镇江成立央(国)企合作联盟,位于镇江的制造业中央企业34家,落户项目103个,总投资258亿元的华电综合能源示范项目顺利签约。南通不断扩大"国资朋友圈",打破信息壁垒、简化合作程序,与中央企业、省外国企合作项目61个,投资规模214.8亿元。三是聚焦民生领域优服务。国有企业积极履行社会责任,加大国有资本在民生保障领域投入。苏州组建康养集团,不断推动养老服务提质扩面,为江苏省养老服务事业高质量发展积极探索"苏州路径"。无锡整合市属国有农贸市场资产,推进市区农贸市场集中运营管理,学校食堂"无锡模式"受到国家有关部门肯定。

(二)国资监管能力水平明显提升

以管资本为主推进监管职能转变,完善制度体系,强化出资人监督,规范外部董事履职行为,防范化解企业债务风险。一是经营性国有资产集中统一监管取得积极进展。市、县层面经营性国有资产集中统一监管有力推进。徐州划转72家企业,按主业相近、产业相关、业务协同、优势互补原则分别注入国投等6家市属企业。二是加强重点领域风险防范。各地普遍实施投资负面清单管理、重大特别监管类投资项目"双重论证"。宿迁出台6项制度强化债务风险防控,存量融资成本下降15.89%,资产负债率压降至45.9%。泰州出台《市属企业全面预算管理工作指引》。常州出台《市属企业债券发行管理暂行办法》及《操作指引》,对债券发行实行穿透式管理,防范债券风险。三是强化监督体制机制建设。盐城推行所属企业财务部门负责人内设外派制度。南通建立外部董事、专职监事和审计专员"三支队伍"联合监督国企机制。连云港围绕国企内部决策不合规、程序不规范等共性问题,开展"制度执行大排查",推动监管制度刚性执行。四是有力推进监管信息化。国资国企在

线监管系统建设进度进一步加快,实现国家、省、市三级"网络通""数据通","三重一大"决策、财务、投资、产权管理等子系统上线试运行。南通利用信息化手段加强对出资企业的融资行为进行实时监管,提升监管效能。五是机构建设不断完善。常州市国资委实现独立设置、独立运行,为全面实现设区市国资委单独设立迈出重要一步。

二、江苏省国有资产总量与结构分析

2021年,江苏省纳入企业国有资产统计户数11055户,比上年净增加1018户,增长10.1%。国资监管企业8660户,占比78.3%。截至2021年底,江苏省国有企业资产总额244087.07亿元,较年初增长11.3%。

截至2021年底,江苏省级企业资产总额49910.6亿元,占江苏省国有企业资产总额的20.4%。南京市、苏州市资产总额超过3万亿元,分别为31839.1亿元、31183.7亿元,常州市、南通市、淮安市、盐城市、泰州市、徐州市、无锡市资产总额为1万亿～2万亿元,其他各市资产总额在1万亿元以下。

江苏省国有企业资产主要分布于社会服务业、金融业、房地产业、建筑业、交通运输业等5个行业,资产总额占江苏省国有企业资产比重分别为40.3%、14.7%、13.8%、12.8%、7.3%,合计占比88.9%。国资监管企业资产主要分布于社会服务业、房地产业、建筑业、交通运输业、金融业等5个行业,资产总额占比分别为42.7%、14.9%、13.0%、9.7%、7.6%,合计占比87.9%①。

截至2021年底,江苏省国有企业的大型、中型、小型、微型企业资产总额分别为44463.8亿元、88260.7亿元、110140.1亿元、55376.3亿元,大中型企业资产规模占比44.5%,小微企业资产规模占比55.5%②。

表1　2021年江苏省国有企业指标

项　目	金　额(亿元)
资产总额	244087.07
所有者权益	76879.39

续表

项　目	金　额(亿元)
国有资产总量	66425.29
营业收入	19376.14
利润总额	1984.86
净利润	1534.96
归属于母公司所有者的净利润	1196.07
应交税金总额	1284.72
实际上缴税金总额	1234.70

表2　2021年江苏省国有企业户数情况

2020年户数(户)	2021年户数(户)	比上年增长(%)
10037	11055	10.1

表3　2021年江苏省国有资产按地区分布情况

地　区	国有资产(亿元)	占国有资产总量比重(%)
省属企业汇总	6726.19	10.13
地市企业汇总	59699.10	89.87
南京市	8822.98	13.28
无锡市	3341.61	5.03
徐州市	3131.15	4.71
常州市	4960.08	7.47
苏州市	9074.07	13.66
南通市	5276.54	7.94
连云港市	2551.56	3.84
淮安市	4354.87	6.56
盐城市	5894.65	8.87
扬州市	2623.82	3.95
镇江市	3359.42	5.06
泰州市	4750.94	7.15

① 该部分数据为各法人企业按行业统计汇总口径,未作抵消合并处理。
② 该部分数据按法人企业统计,未作抵消合并处理。

续表

地 区	国有资产（亿元）	占国有资产总量比重（%）
宿迁市	1557.40	2.34
合 计	66425.29	100.00

表4　2021年江苏省国有资产按行业分布情况（按一级企业划分）

行 业	国有资产（亿元）	占国有资产总量比重（%）
社会服务业	36454.14	54.88
建筑业	7805.01	11.75
房地产业	7311.77	11.01
交通运输业	5388.05	8.11
金融业	3783.72	5.70
工业	1384.20	2.08
教育文化广播业	1005.23	1.51
农林牧渔业	883.06	1.33
其他	803.62	1.21
科学研究和技术服务业	681.34	1.03
仓储业	536.35	0.81
信息传输、软件和信息技术服务业	237.63	0.36
商贸业	151.17	0.23
合 计	66425.29	100.00

表5　2021年江苏省国有资产按经营规模分布情况（按一级企业划分）

经营规模	国有资产（亿元）	占国有资产总量比重（%）
大型企业	38683.65	58.24
中型企业	13309.96	20.04
小型企业	11075.04	16.67
微型企业	3356.64	5.05
合 计	66425.29	100.00

三、江苏省国有资本保值增值综合分析评价

2021年末，江苏省国有企业所有者权益76879.4亿元、归属于母公司所有者权益68454.0元、国有资本权益66425.3亿元，较年初分别增长10.8%、10.8%、10.8%。国资监管企业所有者权益61239.9亿元、归属于母公司的所有者权益53601.4亿元、国有资本权益52430.3亿元，较年初分别增长11.4%、11.5%、11.4%。

表6　2021年江苏省国有企业地区和行业国有资本保值增值情况（按一级企业划分）

地 区	国有资本保值增值率（%）	行 业	国有资本保值增值率（%）
省级企业	107.11	金融业	105.88
各地市企业	101.74	交通运输业	105.65
南京市	101.76	科学研究和技术服务业	104.17
无锡市	106.12	教育文化广播业	103.94
徐州市	101.43	农林牧渔业	103.94
常州市	103.74	工业	102.83
苏州市	100.98	社会服务业	101.98
南通市	102.02	房地产业	101.77
连云港市	100.27	仓储业	101.36
淮安市	99.12	信息传输、软件和信息技术服务业	101.26
盐城市	102.12	其他	100.23
扬州市	100.36	建筑业	99.97
镇江市	100.28	商贸业	98.74
泰州市	102.14		
宿迁市	103.06		

四、江苏省国资委监管企业改革发展情况

（一）全力推动国企改革三年行动

坚持每月三次调度，持续打造"一把手"抓改革工程，全力推动各设区市、各省属企业制定并落实国企

改革三年行动实施方案。截至2021年底,江苏省列入国企改革三年行动实施方案工作台账各项改革任务总体完成进度89%。在上半年地方国企改革三年行动重点改革任务评估中,江苏被国务院国有企业改革领导小组办公室评为A级,居15个A级地区第五位,受到通报表扬。在国务院国有企业改革领导小组办公室2021年组织召开的10次国企改革三年行动月例会上,省国资委3次作交流发言。

(二)完善中国特色现代企业制度

一是省属企业集团层面全部制定党委前置研究讨论重大事项规程(含清单),重要子企业全部制定党组织前置研究讨论重大经营管理事项清单。省属企业集团层面及重要子企业全部完成党建工作进章程。省属企业党委专职副书记全部进入董事会。二是省属企业全部建立董事会,外部董事占多数的比例超过80%;各级子企业董事会"应建尽建"比例99%,外部董事占多数比例85%。印发《省国资委关于省属企业落实子企业董事会职权有关事项的通知》,重要子企业全面落实董事会职权比例89%。三是省属企业全部制定对标世界一流管理提升行动实施方案和工作清单。江苏交控、徐矿集团、苏州轴承入选国务院国资委对标提升行动标杆企业,徐工有限"基于战略的'315'全面预算管理"入选标杆项目名单。四是江苏省866户全民所有制企业公司制改革完成828户,完成率95.6%。

(三)推进国有经济布局优化和结构调整

一是与上海市、浙江省共同发起成立长三角一体化示范区发展公司。二是编制印发《"十四五"江苏省国资系统国有资本布局优化和结构调整规划》,省属企业全部完成"十四五"发展战略规划编制工作。引导增量投资聚焦主业,2021年省属企业新增投资1141亿元,主要集中在基础设施、能源资源、现代服务业、战略性新兴产业等领域。三是印发《加快推进省属企业创新发展的实施意见》。将企业创新发展纳入2021年度省属企业高质量发展考核。在江苏省国有企业中选择8户科技型子企业全面参照"科改示范企业"做法实施综合改革。四是清理退出不具备优势的非主营业务和低效无效资产,省属企业列入清单的149户"僵尸企业"全部处置完毕,清理退出劣势企业和低效无效投资122户(项)。五是江苏省国有企业剥离办社会职能解决历史遗留问题全面完成。

(四)健全市场化经营机制方面

一是省属企业及各级子企业实行经理层成员任期制和契约化管理比例96%,6户"双百企业"和2户"科改示范企业"全面完成。二是省属企业新进员工公开招聘比例98.34%,中层管理人员竞争上岗比例25.3%,末等调整和不胜任退出比例1.92%,均高于全国地方平均水平。三是省属企业及各级子企业实现全员绩效考核户数比例93%。四是省属企业全部完成对所出资企业开展中长期激励梳理评估。华泰证券、江苏交控所属江苏租赁、省国信集团所属江苏舜天实施限制性股票股权激励计划,累计激励人数1033人。

(五)抓好国企改革专项工程

推动6户"双百企业"、2户"科改示范企业"、8户全面参照"双百企业"实施综合改革企业、8户全面参照"科改示范企业"实施综合改革企业以及5户国有资本投资、运营公司试点企业各项改革任务按时序进度稳步推进,取得阶段性成效。2户"科改示范企业"典型案例均入选国务院国资委《改革创新:"科改示范行动"案例集》。在2021年国务院国有企业改革领导小组开展的"科改示范企业"改革创新专项评估中,江苏通行宝智慧交通科技股份有限公司、南京工艺装备制造有限公司分别被评定为"优秀""良好"。

五、江苏省国资委监管企业并购重组情况

省属企业并购重组稳步开展,省国资委持续推动省环保集团股东履行出资业务。推动省班列公司整合,南京、徐州、苏州、连云港四市班列公司全面整合到位,"一个主体、四点开行"框架基本搭建完成。持续推动金陵饭店集团酒店资源整合和东部机场集团对收购的地级市机场一体化运营。省属企业中,国信集团实施资产重组,将大唐国信滨海海上风力发电有限公司40%转入控股上市公司江苏新能源开发股份有限公司。交通控股公司收购宁沪公司所持有的江

苏快鹿1800万股份，支持江苏快鹿改革转型。徐矿集团成功引进战略投资者，将所持有的徐矿能源公司14.79%股份转让给交银金融资产投资有限公司和省农垦集团等7户国有及国有控股企业。省农垦集团与国电投江苏公司合资成立和垦新能源公司并购滨海新能，参股投资响水陈家港风电项目。省沿海集团完成并购江苏苏美达光伏电力有限公司并更名为江苏沿海生态科技发展有限公司。

六、江苏省国资委监管企业建立和完善经营业绩考核体系情况

江苏省国资委研究制定《2021年度江苏省省属企业高质量发展考核实施方案》，以企业经营业绩为核心，统筹考虑企业年度工作重点，有针对性地设置考核指标，考核内容包括经营业绩、深化改革、服务大局、风险防控、创新能力、科学管理、员工福祉等方面。

（一）总体框架的统筹性

一是制度设计方面，突出省属企业特点。核心是要通过高质量考核提高国有资本效率、增强国有企业活力和竞争力，从而实现"比学赶超"、走在前列。确定考核体系总体框架时，始终坚持一条总的原则，即注意把握省属企业的经济属性，更加突出对企业经营质效的考核，此部分权重超过80%，避免对企业的考核出现"行政化""机关化"倾向。二是指标设置方面，定量指标与定性指标相结合，定量指标为主。省属企业考核指标中，除财务指标外，针对现代企业制度、企业改革、员工福祉等综合性事项，设置定性指标作为定量指标的补充，从而更加全面科学的衡量企业发展质量。定性指标采取格次赋分法，对省属企业的评价更为精准。三是主要指标选取方面，既考虑全面性，围绕深化改革、风险防控、创新能力、科学管理、服务大局、员工福祉等方面进一步选取具体指标，又考虑考核重点，对质量效益指标设置较高的权重，并结合省属企业的具体分类进行分别赋权。四是共性与个性结合方面，省属企业之间发展差异大，功能定位也不同，高质量发展的具体要求既有相同之处，也有不同之处，通过设置共性指标和个性化指标体现差异化要求。统筹考虑省属企业的差异，在主要指标利润总额考核实行分档计分，在个性化指标设置，突出主责主业，引导企业补短板强弱项。

（二）指标设置的精准性

一是质量效益方面，突出对效率效益的评价。设置利润总额、净资产收益率、劳动生产率指标，从注重规模向注重效率的方向转变，通过盈利能力、经营效率、管理能力等指标引导国有企业提高运营效率，避免仅仅注重规模扩大而忽视盈利能力以及经营管理效率的提升。二是国企使命方面，加强对省属企业落实宏观调控政策、履行功能职责、推进重大专项任务以及履行社会责任等方面的考核，设置落实国企改革三年行动实施方案、重大专项任务、员工福祉等指标。三是创新能力方面，体现技术创新以及机制创新能力建设，引领战略性新兴产业，设置创新发展指标，引导企业更多投向高新技术产业领域、科技研发环节、高素质人才队伍建设以及高效管理机制等方面。四是风险管控方面，注重对债务等风险防范，设置资产负债率指标，推进省属企业更加重视各类风险防范。五是科学管理方面，围绕提升省属企业公司治理水平，设置现代企业制度指标。推动省属企业进一步完善中国特色现代企业制度建设，加快形成权责法定、有效制衡的公司治理机制。

（三）考核作用的有效性

一是充分发挥业绩考核的导向作用，推动省属企业质量变革。省属企业经营业绩考核工作将围绕"质量第一、效益优先"的目标，从理念思路、指标设计、目标确定、考核机制等方面进一步完善制度体系，发挥好"指挥棒"作用，引导企业持续提高产品质量、资产质量、管理质量和收益质量。二是充分发挥考核指标的牵引作用，推动省属企业动力变革。进一步激发企业干事创业的积极性，为高质量发展提供持续不竭的内生动力。拓展考核内容，实现经营业绩、深化改革、风险防控、创新能力、科学管理、服务大局、员工福祉考核的一体；优化考核方式，实现分类考核和个性化考核相结合；完善考核指标体系，突出质量、效率、效益并重；创新考核目标确定方式，引导企业"自树目标、自我加压"。三是充分发挥考核结果运用的杠杆作用，推动省属企业效率变革。更加注重提高考核结

果运用的科学性、针对性,以效率提升为重点,充分发挥杠杆作用,撬动省属企业不断提升劳动要素的产出效率,不断激发劳动者的积极性、创造性,不断促进生产要素的合理流动与优化配置。

七、江苏省国资委监管企业负责人考核与选人用人机制改革情况

(一)完成企业领导班子及成员年度考核工作

江苏省国资委配合省委组织部做好省属企业年度领导班子和领导人员考核工作,通过个别谈话、查阅台账等方式进行现场考核,完成214名企业领导人员的综合评价报告。通过听取述职述廉、开展民主测评、进行个别谈话、汇总测评结果,分析领导班子运转情况和领导人员履职情况,有针对性地提出考核结果运用建议,分别形成综合报告报委领导审阅,并向企业主要负责人反馈考核结果。

(二)高标准组织实施企业综合考核工作

按照省委、省政府关于在省属企业探索试行高质量发展年度综合考核的部署要求,在省委考核办和省委组织部的统筹指导下,会同省财政厅、省委宣传部研究起草印发省属企业2021年度综合考核"1+5"文件。积极发挥牵头单位作用,会同考核责任单位高质量完成33家省属企业半年评估各项工作。开展省属企业考核指标体系科学性调研,形成调研报告,受到省委考核办的充分肯定。推动综合考核信息化建设和年终考核任务,全力配合做好省属企业综合考核信息系统上线工作。会同有关单位研究2021年度省属企业年终综合考核工作实施方案、编制工作手册、开展考核业务培训等工作,为年终考核任务顺利推进奠定坚实基础。

(三)抓好领导人员日常选配和管理工作

配合省委组织部做好企业领导人员选配工作,认真执行民主推荐、考察、讨论决定、任前公示、任职谈话等规范程序,把政治考察作为重中之重,严格开展任前政治体检。全年完成省属企业领导人员任免42人次,印发苏国资人、苏国资委人文件76份。出台《关于规范省属企业总经理助理级人员配备管理的若干意见》,完成总经理助理级人员任前备案4人次。指导督促企业推进干部人事档案专项审核全覆盖工作,配合省委组织部赴2户企业现场调研督导,完成对现职企业领导人员年度进档材料整理归档及信息化录入工作。规范干部兼职管理,完成兼职审批备案39人次。积极争取省委组织部支持,扎口开展省属企业年轻干部选配专项预审,办理完成33户次企业预审工作。

(四)完善省属企业法人治理结构

选优配强外部董事队伍。对照外部董事选聘办法,科学研判企业董事会建设需求,研究提出拟聘职数和条件,新聘(续聘)外部董事7人,现职领导人员转任专职外部董事1人,办理职工董事改选备案4人。围绕配齐建强集团董事会、推动董事会规范高效运作,印发《江苏省省属企业外部董事考核评价暂行办法》《关于加强省属企业外部董事履职保障工作的通知》《江苏省省属企业外部董事报告工作暂行办法》《关于加强省属企业外部董事履职支撑服务的工作方案》等4个制度文件,形成关于外部董事队伍建设的"1+N"制度体系,完善政策指导、工作联系、业务培训、咨询服务、基础保障5项工作机制。完成对任期届满外部董事任期考核评价、专职外部董事年度考核工作。召开外部董事年度工作座谈会暨培训会,省属企业董事长首次参加会议,邀请国务院国资委有关厅局领导、深圳证券交易所专家就外部董事规范履职进行授课。累计编制外部董事履职情况简报173期,将外部董事的意见建议和反映企业的重大风险隐患,交企业或职能处室分析研判、落实整改,有效弥补机构改革后监管手段的不足。

(五)抓实省属企业人才和教育培训工作

严格按照省委"五坚持五提升"人才工作体系要求,持续用力做好省属企业人才工作。高质量做好省属企业"十四五"人才发展规划编制工作,会同省人才办印发《江苏省"十四五"省属企业人才发展规划》。牵头举办省属企业中层管理人员学习贯彻十九届五中全会精神和习近平总书记视察江苏重要讲话指示精神网上培训班,首次采用线上方式举办大规模轮训,20户省属企业约2000名学员参加培训。根据省

人才办年度高层次人才专题培训总体部署,会同省委组织部在清华大学举办江苏国企高层次人才企业高质量发展专题培训班。组织省属企业参加2021"新引力"海外学子江苏就业见习活动,14户企业提供223个见习岗位。做好省属企业干部人才信息系统开发工作,建立横向到边、纵向到底的人才信息库。

八、江苏省国资委监管企业党的建设和廉政建设情况

根据省委授权,有26户省属企业党建工作由省国资委党委负责具体指导和日常管理。截至2021年底,26户企业有基层党组织5677个,党员78396人。其中,党组织关系隶属于省国资委党委的基层党组织2235个,党员26513人;属地管理的基层党组织3442个,党员51883人。2021年,省国资委党委坚持以习近平新时代中国特色社会主义思想为指导,认真贯彻落实新时代党的建设总要求和新时代党的组织路线,深入学习贯彻党的十九届六中全会、省第十四次党代会精神,全面加强省属企业党的领导、党的建设,有力推动全面从严治党"两个责任"落地落实,营造风清气正的政治生态和营商环境。

(一)坚持政治建设首位首抓,筑牢国有企业"根"和"魂"

全面建立落实"第一议题"制度,周密组织党的十九届六中全会和省第十四次党代会精神宣传贯彻工作,深刻领悟"两个确立"的决定性意义。全面加强党对国有企业领导,会同省委组织部制定印发在完善公司治理中加强党的领导的具体举措,有效增强企业党委把方向、管大局、促落实领导作用。着力壮大宣传思想阵地,首次印发落实《省属企业宣传思想工作要点》,举办全系统"学习贯彻新思想,庆祝建党100周年"网络知识竞赛,推动新思想第一时间进企业、进车间、进班组、进头脑。

(二)融合推进党史学习教育,汇聚改革发展强大智慧力量

认真落实"六专题一实践"要求,选派3个省属企业巡回指导组,累计编发工作交流简报96期,省委简报有36期刊发国资国企特色做法。开展"跟着习近平总书记在江苏的足迹学党史""节日里的党史学习教育"等活动,委企联动完成造福社会、造福职工群众的重点办实事项目348项。广泛开展"江苏国企·永远跟党走"主题宣传活动,召开省属企业"七一"表彰会议,首次评选表彰江苏省国资系统先进个人、先进集体,举办江苏省国资系统庆祝建党100周年文艺汇演,有关做法得到中央第五指导组充分肯定。

(三)深入开展五周年"回头看",推动基层党建工作提质增效

在习近平总书记出席全国国企党建工作会议并发表重要讲话五周年之际,开展全国江苏省国企党建工作会议精神贯彻落实情况"回头看","一企一单"推动问题整改落实。召开习近平总书记全国国企党建工作会重要讲话发表五周年学习座谈会,编印出版《培根铸魂——全省国资系统以高质量党建引领高质量发展100案例》,受到各界广泛关注好评。召开省国资委所属企业党代表会议,推动基层党建"五聚焦五落实"三年行动计划顺利收官,着力加强党支部"标准+示范"建设,基层党建基础得到全面夯实。

(四)深入实施重点领域治理,保持正风肃纪反腐高压态势

扎实开展境外腐败治理,部署落实"三查四清五加强"治理举措。扎实开展粮食购销领域腐败问题专项治理,配合省委巡视组对省农垦集团、苏粮集团开展专项巡视,完成"构建粮食购销领域常态化联合检查工作机制"研究课题,得到省纪委充分肯定。全面完成省委巡视省国资委党委反馈意见整改任务,组织对5户省属企业二级公司党组织开展专项巡察,各省属企业组织对108户所属企业党组织进行巡察,及时发现并解决存在的突出问题。驰而不息正风肃纪反腐,召开省属企业案件查办和责任追究工作推进会,坚决支持配合省纪委查办企业领导人员贪腐案件。2021年,省属企业查办违纪违法案件110起,给予党纪政务处分127人。

(五)压紧担实管党治党责任,营造抓党建促发展浓厚氛围

推动省属企业制定落实党委履行全面从严治党、

党委书记抓基层党建、党支部书记落实基层党建"三张清单",定期召开企业党委专职副书记工作交流会。首次实施省属企业党的建设考核,首次召开省属企业党委书记抓基层党建述职评议考核会议,派员参加省属企业抓基层党建述职评议会。以开展"两在两同"建新功行动为抓手,部署开展"党旗在一线高高飘扬、党徽在岗位熠熠生辉"主题实践活动,切实把党的政治优势转化成为企业创新优势、发展优势、竞争优势。

（撰稿人：乔晓欢）

浙江省

一、浙江省国有资产监督管理工作综述

2021年,浙江省各级国资监管机构和国有企业深入学习贯彻习近平总书记关于国有企业改革发展和党的建设重要论述,坚决贯彻落实中央和省委、省政府决策部署,紧扣"承担好责任、发挥好功能、发展好企业"要求,在落实重大任务和服务大局中勇挑重担,在深化改革和高质量发展中攻坚克难,国有经济运行稳中有进、快中提质,主要经济指标再创新高,实现"十四五"良好开局。

（一）坚决扛起使命,主要指标再创历史最好水平

2021年,面对世界变局和世纪疫情叠加冲击,面对建党百年和"十四五"开局新形势,浙江省国资国企坚决贯彻习近平总书记重要讲话精神,深入落实党中央和省委、省政府决策部署,踔厉奋发、笃行不息,国有经济主要指标再创历史最好水平。2021年,省市两级国资监管企业实现营业收入2.2万亿元、利润总额974亿元,分别比上年增长34.9%、25.2%;资产总额6.6万亿元、净资产2万亿元,分别比上年增长16.1%、12.1%。其中,省国资委监管省属企业实现营业收入1.59万亿元、利润总额524亿元,分别增长39.4%、17.4%;资产总额1.87万亿元、净资产6939亿元,分别增长17.1%、14.2%。

（二）强化统筹协调,提升国有资产监管效能

浙江省各级国资监管机构强化协同,统筹授权和监管、放活和管好,监管系统性、精准性、有效性不断提高。一是浙江省国资国企在线监管系统建成投运。以数字化改革赋能国资国企整体智治,构建国企大额资金监控预警等Ⅰ大应用场景,新建或提升"国资云"平台等13个项目全部建成投运,国资国企公权力智慧监督系统纳入浙江省数字化改革重大应用"一本账S0"。二是国资监管大格局加快构建。浙江省国资委出台构建浙江省国资监管大格局、构建浙江省企业国有资产基础管理制度体系等指导意见,加大地方国资工作指导力度,浙江省国资"大格局、一盘棋"工作支点和体系支撑更为有力。浙江各市把国资监管工作体系向县级延伸,推动市域一体、市县联动。三是集中统一监管基本完成。浙江省级部门212项经营性资产纳入分类处置,59项资产划转浙江省国资委监管,涉及净资产39.2亿元,浙大控股、浙江省自然资源集团纳入浙江省国资委监管体系。测绘、检测、农科、水利、环保等专业属性强的脱钩资产,划转浙江省财开公司接收。11个市本级经营性国有资产集中统一监管覆盖率98.7%。四是监管方式手段持续优化。建成浙江省国有资产交易数字化平台"浙交汇",实现浙江省市两级国有资产交易全面贯通和信息披露、交易规则等"六统一"。制定省属企业法治建设"十四五"专项规划,印发公司章程制定修改办事指南和公司章程模板,促进依法治企、依章办事。构建浙江省属企业新型考核分配体系,开展"一企一策"考核试点,规范职工福利费和年金管理。五是安全发展底线不断夯实。加强浙江省国企债务风险管控,开展浙江省属企业债务风险排查、金融投资管控检查、财会信息虚假问题整治,建立企业重大财务和金融风险季报制度。开展国有资产重大损失存量问题专项清理,推进平安国企创建和省属企业固本强基建设,推行安全生产"十个一"工作机制和安全风险隐患"两张清单",省属企业全年较大以上安全事故零发生。

（三）多措并举,推进解决历史遗留问题

全面完成浙江省国企47.8万名退休人员社会化管理移交。组织浙江省属企业开展历史遗留问题集中攻坚,完成重大涉诉案件处置78件;非主业和低效

无效资产处置287项,处置回收36.4亿元;收回应收款项33.9亿元;梳理归并需确权不动产204项。

二、浙江省国有资产总量与结构分析

2021年,浙江省(含宁波市,下同)上报国有企业15672户,比上年增长13.6%;年末资产总额241094.9亿元,比上年增长19.4%;净资产65877.0亿元,比上年增长19.4%,其中归属于母公司所有者权益59541.9亿元,比上年增长19.1%。全年实现营业收入30290.0亿元,比上年增长28.1%;实际上缴税金1056.7亿元,比上年增长42.3%。平均总资产报酬率1.4%,平均净资产收益率(含少数股东权益)2.3%。

表1　2021年浙江省国有企业指标

项目	金额(亿元)
资产总额	241094.9
所有者权益	65877.0
国有资产总量	57533.0
营业收入	30290.0
利润总额	1815.1
净利润	1424.4
归属于母公司所有者的净利润	1109.2
应交税金总额	1107.6
实际上缴税金总额	1056.7

表2　2021年浙江省国有企业户数情况

2020年户数(户)	2021年户数(户)	比上年增长(%)
13797	15672	13.6

截至2021年底,浙江省国有资产总量57533.0亿元,比上年增长19.3%。

从地区分布看,省级企业国有资产总量11388.3亿元,比上年增长14.3%,占比19.8%。其中,省国资委监管企业国有资产总量4031.8亿元,增长9.1%,占比7.0%;省级部门企业国有资产总量7356.5亿元,增长17.5%,占比12.8%。地市企业国有资产总量46144.7亿元,比上年增长20.6%,占比80.2%。

从各市情况看,杭州市以11807.2亿元位居第一,宁波市以7912.2亿元排在第二位,两市合计约占地市企业国有资产总量的42.7%。绍兴、嘉兴、温州、湖州、台州、金华、丽水、衢州和舟山九市企业国有资产总量均在1000亿元以上,分别为5033.8亿元、4698.5亿元、4166.8亿元、3957.2亿元、2399.2亿元、2372.1亿元、1338.7亿元、1312.1亿元和1146.7亿元,合计占浙江省企业国有资产总量的45.9%。从各市增长情况看,增加最多的是杭州市、宁波市,分别增加1743.5亿元、1618.3亿元,分别比上年增长17.3%、25.7%;其次是嘉兴市、台州市,增加额分别为1154.3亿元、681.0亿元,分别比上年增长32.6%、39.6%。

表3　2021年浙江省国有资产按地区分布情况

项目	国有资产(亿元)	占国有资产总量比重(%)
省级企业	11388.3	19.8
省级监管企业	4031.8	7.0
省级部门企业	7356.5	12.8
地市企业	46144.7	80.2
杭州市	11807.2	25.6
宁波市	7912.2	13.8
绍兴市	5033.8	8.7
嘉兴市	4698.5	8.2
温州市	4166.8	7.2
湖州市	3957.2	6.9
台州市	2399.2	4.2
金华市	2372.1	4.1
丽水市	1338.7	2.3
衢州市	1312.1	2.3
舟山市	1146.7	2.0
合计	57533.0	100.0

从行业分布看,社会服务业、房地产业、交通运输业、金融业和工业是浙江省国有资产总量的主体。社会服务业以占比54.4%居各行业之首;其次是房地产

业,占比11.5%;再次是交通运输业、金融业和工业分别占8.9%、7.5%和6.0%,5个行业合计占浙江省企业国有资产总量的88.3%。建筑业、商贸业和教育文化广播业分别占5.5%、2.2%和1.3%,其他行业(科学研究和技术服务业、信息传输软件和信息技术服务业、农林牧渔业、仓储业和其他等)合计占浙江省企业国有资产总量的2.7%。

表4 2021年浙江省国有资产按行业分布情况

行　业	国有资产（亿元）	占国有资产总量比重(%)
社会服务业	50989.5	54.4
房地产业	10822.7	11.5
交通运输业	8361.6	8.9
金融业	7044.2	7.5
工业	5613.3	6.0
建筑业	5187.7	5.5
商贸业	2034.6	2.2
教育文化广播业	1259.9	1.3
科学研究和技术服务业	650.7	0.7
信息传输、软件和信息技术服务业	637.5	0.7
农林牧渔业	626.1	0.7
仓储业	300.0	0.3
其他	256.4	0.3
合计	93784.2	100.0

注:行业结构分析为汇总数据,不考虑合并抵消因素。

从企业规模看,小微企业占70%以上。2021年浙江省国有企业中,小型企业国有资产总量44707.7亿元,占比47.7%;微型企业24202.7亿元,占比25.8%,两者合计占浙江省国有资产总量的73.5%。中型企业国有资产总量17536.0亿元,占比18.7%;大型企业国有资产总量7337.8亿元,占比7.8%。

表5 2021年浙江省国有资产按经营规模分布情况

经营规模	国有资产（亿元）	占国有资产总量比重(%)
大型企业	7337.8	7.8
中型企业	17536.0	18.7
小型企业	44707.7	47.7
微型企业	24202.7	25.8
合计	93784.2	100.0

注:企业经营规模分析为汇总数据,不考虑合并抵消因素。

三、浙江省国有资本保值增值综合分析评价

2021年,浙江省国有企业实现利润总额1815.1亿元,比上年增长18.2%;净利润1424.4亿元,比上年增长19.7%;归属于母公司所有者的净利润1109.2亿元,比上年增长15.6%。国有资本保值增值率102.36%。

2021年,省级企业实现利润总额1239.3亿元,比上年增长14.1%;地市企业实现利润575.8亿元,比上年增长27.9%。

从11个市利润排名情况看,湖州市和舟山市比上年上升2位,衢州市比上年上升1位,嘉兴市、丽水市和温州市比上年下降1位,台州市比上年下降2位,宁波市、金华市和绍兴市与上年相比保持不变,杭州市依旧保持第一位。

从各地相对获利能力看,杭州市最强,净资产收益率(含少数股东权益)2.93%;衢州市、舟山市也较强,净资产收益率(含少数股东权益)分别为1.51%、1.26%;其他各市资产净资产收益率都在1%以下,其中温州市和绍兴市净资产收益率小于0。

从各地区情况看,省本级企业国有资本保值增值率108.0%,其中,省国资委监管企业国有资本保值增值率106.6%、省级部门企业国有资本保值增值率108.7%。在11个地市中,杭州市以102.3%的国有资本保值增值率居各市首位,其次是宁波市和衢州市,分别为101.8%和101.7%;除温州、绍兴两市国有资本保值增值率低于100%以外,其他各市均实现保值增值。

从行业情况看,商贸业保值增值率最高,为

111.3%；其次是金融业，信息传输、软件和信息技术服务业，保值增值率分别为 110.59%、107.39%；再次是科学研究和技术服务业、工业、教育文化广播业，保值增值率分别为 106.22%、104.07%、102.13%。除农林牧渔业和其他行业以外，其他各行业均实现全行业保值增值。

从单户企业看，浙江省 15672 户国有及国有控股企业中，实现国有资本保值增值的 8167 户，占 52.1%，比上年减少 1.1 个百分点，其中实现国有资本增值的企业 7513 户，占 47.9%，实现国有资本保值的企业 654 户，占 4.2%。未能实现保值增值的企业 7505 户，占 47.9%。

表6 2021年浙江省国有企业地区和行业国有资本保值增值情况

地 区	国有资本保值增值率(%)	行 业	国有资本保值增值率(%)
省本级汇总	107.96	商贸业	111.29
省级监管企业	106.58	金融业	110.59
省级部门企业	108.74	信息传输、软件和信息技术服务业	107.39
地市企业	100.93	科学研究和技术服务业	106.22
杭州市	102.34	工业	104.07
宁波市	101.83	教育文化广播业	102.13
衢州市	101.71	交通运输业	101.98
舟山市	101.33	房地产业	101.21
湖州市	101.18	社会服务业	100.88
嘉兴市	100.68	建筑业	100.74
台州市	100.39	仓储业	100.41
丽水市	100.29	农林牧渔业	98.86
金华市	100.04	其他	97.95
温州市	99.80		
绍兴市	97.81		

四、浙江省国资委监管企业改革发展情况

（一）稳步推进国企改革

突出抓重点、强攻坚，通过重点领域和关键环节"一子落"，促进国企改革"全盘活"。一是国企改革三年行动加快推进。浙江省国资委切实履行浙江省深化国企改革工作领导小组办公室职责，强化跟踪督办，按季评估改革进展，全方位、定量化推动三年行动落地见效。各地各企业将三年行动作为"一把手"工程，形成上下贯通、一体推进的工作闭环。二是杭州区域综改试验扎实开展。出台浙江杭州区域性国资国企综合改革试验实施方案，细化制定任务清单95项，总体实施过半。完成首期规模50亿元的杭州综改试验基金签约，成为综改基金群首支落地基金，投资交割项目2个。设立1000亿元规模的杭州创新引领母基金，落地项目10个。支持中化蓝天等在杭中央企业适用区域综改政策。三是混合所有制改革积极稳妥深化。开展深化混合所有制改革专项行动，建立混合所有制改革后评价制度，谋划巨化、二轻等企业整体混合所有制改革方案，集中公开推介浙江省国企混合所有制改革项目48个。省属企业全年实施混合所有制改革项目116个，引入社会资本114亿元。四是中国特色现代企业制度不断完善。健全完善国企党组织前置研究程序和"三重一大"决策、董事会授权管理等制度，浙江省属三级以上企业全部制定党组织前置研究讨论重大事项清单。建立"外大于内"董事会运行机制，规范外部董事选聘管理，浙江省属企业本级形成46名专职、兼职外部董事队伍，各级企业"外大于内"董事会占比96.8%。五是市场化经营机制加快健全。以经理层成员任期制和契约化管理为抓手，深化三项制度改革，浙江省属各级子企业与经理层签约率98.3%，全员绩效考核覆盖率97.9%。探索中长期激励，在部分省属企业实施限制性股票激励计划、项目跟投和超额利润分享激励计划，探索优化员工持股政策等。

（二）积极优化布局结构

坚持有进有退，促进国有资本向重点领域和优势产业集中。一是强统筹，浙江省国资国企三级规划体

系构建完成。聚焦国资国企战略功能优化提升,制定浙江省国有经济布局优化和结构调整实施意见,出台省属企业战略规划管理办法,发布浙江省、省属国资国企发展"十四五"规划。各地各企业加强与浙江省规划对接,突出地方特色和企业功能定位,编制发布各自"十四五"规划,形成浙江省国资国企规划"一盘棋"。二是拓增量,重点投资项目加快落地。聚焦基础设施、产业转型、民生保障等领域,扩大有效投资,优化增量投向。浙江省属企业140个重点项目纳入省重大投资项目库,全年完成各类投资1797亿元,其中固定资产投资1045亿元、战略性新兴产业投资196亿元。浙江各市国企完成固定资产投资3565亿元,有力服务当地经济社会发展。三是优存量,战略性重组和专业化整合稳步实施。深化重点领域重组整合,浙江省级旅游、农业板块重组整合基本完成。浙江省交通集团将轨道交通板块7家企业整合为"两公司、一平台",助力打造"轨道上的浙江"。杭州推进杭汽轮内部资源整合,实施地铁运营、开发板块整合。台州完成市区水务一体化整合,加快燃气一体化建设。嘉兴整合文旅产业,组建文旅集团。四是促减量,历史遗留问题攻坚有力推进。开展浙江省国资国企低效无效资产处置、省属企业法律诉讼案件攻坚、应收账款催收等专项行动,出台解决浙江省属企业土地房产历史遗留问题工作方案,浙江省属企业完成低效无效资产处置287项。

(三)数字赋能高质量发展

以数字化改革为牵引,着力强创新、聚人才,促上市、优管理,增强企业高质量发展新动能。一是数字赋能高质量发展势头良好。省国资委出台国资国企数字化改革行动方案,梳理浙江省属企业产业数字化标杆、数字产业化培育、数字化管控提升三大工程重点项目108个。二是创新驱动高质量发展成效显现。筹建浙江国资国企创新联合会,开展浙江省属企业制造业高质量发展和科技创新行动、浙江省级"科改示范行动",选定浙江省市20家科技型国企、6个创新平台打造自主创新"尖兵"。浙江省属企业发挥创新主体作用,全年研发投入67亿元,比上年增长47.9%,重点制造类企业研发投入强度3.5%。三是人才支撑高质量发展措施得力。会同浙江省委人才办出台"浙江国企人才新政二十条",建立浙江省属企业高层次人才、紧缺人才两张目录清单,形成"1+2+N"人才政策体系。编制浙江省属企业人才发展"十四五"规划,开展"三个一批"青年人才能力提升行动。2021年,浙江省属企业新引育高层次、高技能人才1351人。四是上市引领高质量发展迈出新步。聚焦浙江省国有控股上市公司高质量发展"2256计划",完善制度体系和工作机制,深化与上海证券交易所、深圳证券交易所战略合作,举办首场浙江国有上市公司业绩说明会。2021年,浙江省国企新增7家上市公司。浙江省属企业全年向上市公司注资107亿元,上市公司融资122亿元。23家上市公司以占省属企业约50%的资产,贡献约70%的营业收入和利润。五是管理助推高质量发展扎实有力。围绕对标一流开展浙江省重点国企创建管理提升标杆活动,入选全国标杆企业4家、标杆项目2个。加强质量管理,促进质量强企。

(四)服务大局体现担当

浙江省各级国资国企勇担使命、勇扛责任,在服务浙江省大局、保障经济社会发展中主动作为。一是助力共同富裕积极有为。浙江省国资委积极助力高质量发展建设共同富裕示范区、省属企业助力山区26个县跨越式高质量发展,梳理省属企业支持26个县重点项目200余个,并选派36名企业干部到山区海岛县挂职。浙江各地各企业积极行动,浙江省交通集团、国资公司、财通证券、湖州市国资委等多个单位制定落实共同富裕方案举措,在创富帮富带富中带头示范。二是服务构建新发展格局扎实有效。浙江省属企业分团积极参加首届中国国际消费品博览会、第四届进博会等重大活动,其中第四届进博会成交额10.7亿美元,增长13%。三是落实疫情防控坚决有力。全力以赴筑牢疫情防控国企防线,为浙江省防疫大局和经济社会稳定运行提供有力保障。机场、海港等企业打造浙江省空港疫智控、海港疫情防控数字化平台,守好疫情防控海空门户。农发、盐业、英特等企业加强粮油盐等生活物资和医疗物资保供,助力各地应对散发疫情。建设、国贸等10家企业扎实做好境外159个项目、8000余人防疫工作,积极协调境外滞留人员回国。四是落实"双碳"工作见行见效。率先在地方国资国企层面谋划编制碳达峰实施方案,构建浙江省国企碳达峰碳中和"1+7+X"格局,制定浙江省属企业"双碳"工作4张清单。五是对口帮扶工作扎实开展。省属企业积极参与东西部协作,新结对四川50个村,落地帮扶资金1340万元。开展山区26个县结对帮扶,实施集体经济巩固提升"千企结千村"行动,落实省内外消费帮扶7939万元。

五、浙江省国资委监管企业并购重组与完善法人治理结构情况

(一)指导推进企业上市和并购重组

围绕"2256计划",开展浙江省国有控股上市公司高质量发展行动,建立规范国企并购上市公司、并购重组协调、专家智库服务等制度,与上海证券交易所、深圳证券交易所等深化战略合作,举办浙江国有上市公司首场业绩说明会。新增3家省属控股上市公司,实现A股全市场首单"主板拆主板"分拆上市,浙江省属控股上市公司直接融资122亿元、注入资产107亿元。深化重点领域整合,全面建成浙江省统一的国有资产交易数字化平台"浙交汇",基本完成浙江省级旅游板块、农业板块整合,加快浙江省级天然气管网重组整合。指导浙江省属企业推进内部重组,浙江省交通集团轨道交通板块整合为"两公司、一平台",浙江省旅投集团整合组建人才发展集团。

(二)开展董事会及董事评价

组织开展对16家省属企业2021年度董事会运行情况和董事履职情况评价工作,通过年度履职述职评议、民主测评和现场评价等方式,对各企业董事会运行情况及董事履职情况形成评价意见,并确定评价等级。对企业董事会运行存在的问题,以"一企一意见"方式予以书面反馈,精准指导企业规范完善董事会运行机制。

(三)加强董事会日常运行和外部董事履职管理

落实董事会会议召开情况备案制度,及时关注企业董事会日常运行情况。截至2021年底,对18家企业309次董事会召开情况备案,涉及议题1877项。按照《关于进一步规范和保障省属企业外部董事行权履职的通知》要求,指导企业做好外部董事参会表决和发表意见情况备案,规范和保障省属企业外部董事行权履职。

(四)推进董事会向经理层授权管理

以浙江省能源集团为试点企业开展董事会向经理层授权,指导其起草形成董事会向经理层授权的管理制度,明确授权原则、管理机制、事项范围、权限条件等。

(五)指导省属企业子企业规范董事会建设

加强子企业董事会建设相关政策研究,结合浙江省国有企业实际情况,统筹推进指导省属企业子企业"外大于内"董事会建设、重要子企业落实董事会职权等重点改革工作。截至2021年底,省属企业下属各级子企业董事会"外大于内"的完成比例为96.7%。

六、浙江省国资委监管企业建立和完善经营业绩考核体系情况

(一)构建新型考核分配体系

开展浙江省属企业"一企一策"考核、"一企一策"工资总额管理和董事会薪酬分配试点,规范企业职工福利费和年金管理。2020年,15家省属企业主要负责人平均年薪95.33万元(不含任期激励收入),为上年度省管企业职工平均工资的7.05倍。

(二)推进考核分配系统建设

围绕数字化转型发展战略,以绩效考核、等级考评、薪酬跟踪为主线,以提升考核工作的便捷性和考核结果的可视化为起点,以赋能、规范省属企业考核分配工作为目标,打造具有数字化优势的考核分配体系,助力构建新型考核分配体系改革工程。

(三)统筹开展2020年度考评等级工作

汇总分析2020年度省属企业考评等级指标得分情况,形成考评等级结果。2020年度考评等级A级企业3家,B级企业13家。

七、浙江省国资委监管企业负责人考核与选人用人机制改革情况

(一)持续加强监管企业负责人考核改革

做好省属企业选人用人高质量发展指标体系和省属企业领导人员立体画像系统建设,协助起草《关

于进一步加强新时代高素质专业化省属企业领导人员队伍建设的实施意见》,进一步推进落实企业领导人员管理系统性重塑。按照年度考核总体部署,协助做好省属企业领导班子政治建设和"六稳""六保"专项考核工作。开展省属企业领导人员日常调整配备,对浙江省国资公司等9家企业28名领导人员进行调整配备。

(二)着力推进选人用人机制改革

开展兼职审核,对5家企业15名领导人员兼职事项进行审核;对重要岗位职务实行备案审批,对13家省属企业38名组织部长、总助、董秘、财务部长等关键岗位人员任免进行审核备案,审批省属企业职工监事人选7人。强化选人用人重大事项管理,对3家企业集中大批次调整干部、1家企业提拔使用受处分干部等事项进行审核。派员参加提级巡察,重点做好选人用人检查指导。

八、浙江省国资委监管企业党的建设和廉政建设情况

(一)党史学习教育走深走实

浙江省国资国企围绕学党史、悟思想、办实事、开新局,守好"红色根脉"、挖掘红色资源,扎实开展党史学习教育,组织各种富有国资国企特色的主题活动,举办浙江省国资国企系统庆祝建党百年系列活动。广大党员干部受到一次全面深刻的政治教育、思想淬炼,政治意识、党性观念不断增强,历史自信、理想信念更加坚定,极大提振坚定跟党创业、为党奋斗的精气神。2021年,组织学习贯彻习近平新时代中国特色社会主义思想集中培训4036场;召开专题组织生活会6000余场,开展专题主题党日活动5940余场,学习教育实现全覆盖;企业各级党员领导干部讲授专题党课1.35万场次,6500余名基层党组织书记在所在党支部讲党课,覆盖党员8.9万人;"8090"新时代青年宣讲团成员4300余人,深入工厂车间、课堂讲课等基层一线开展特色宣讲9399场次;省属二级以上企业领导人员领衔破解群众、企业、基层难题4000余个。

(二)党的政治建设不断加强

实施"国企篇章"理论溯源工程,深挖并用好习近平同志在浙江工作期间52次调研浙江省省属企业的红色资源和精神富矿,形成20万字《强根铸魂引领发展》实践成果。开展浙江省省属企业党委理论学习中心组学习巡听旁听工作,加强企业政治宣传员队伍建设。各企业牢记"国之大者",严格落实"第一议题"、中心组学习巡听旁听等制度,深入学习贯彻党的十九届六中全会精神和习近平总书记重要指示批示精神,不断增强忠诚拥护"两个确立"、坚决做到"两个维护"的政治自觉。

(三)党建基层基础持续夯实

开展贯彻落实全国国企党建会精神情况"回头看",谋划实施"全企一体、双融共促"工程,推动国企党建整体建强。完善党建工作片会制度,24家省属企业、56家在浙中央企业和各市县国资监管机构划入4个片区。组织企业党建巡查监督员对72个基层单位开展党建随机巡查考核。加强宣传和意识形态工作,打造浙江在线国企频道、学习强国之江国企2个平台。

(四)清廉国企建设深入推进

开展浙江省清廉国企建设八大行动、国企领域突出问题八方面专项整治、国企领导人员廉洁从业行为规范治理,用好8个工作法全面加强警示教育,培育首批50个清廉国企标杆点。抓好中央和省委巡视、"七张问题清单"涉及国企问题整改,在6家浙江省属二级子企业开展提级、交叉巡察,持续净化企业政治生态。

(撰稿人:江 翀)

宁波市

一、宁波市国有资产监督管理工作综述

2021年,宁波市国资国企系统聚焦市委、市政府

总体工作部署,紧紧围绕建党百年、共同富裕、"六稳""六保"等重大工作任务,以国企改革三年行动为总抓手,聚力攻坚、深化改革,不断推动国资国企高质量发展,取得一系列新进展和新成效,实现"十四五"开门红。

(一)经济效益创历史新高

2021年,宁波市国有企业资产总额23282.26亿元、净资产8615.75亿元,分别比上年增长10.86%、9.73%;实现营业收入1868.08亿元、利润总额92.40亿元,分别比上年增长19.25%、38.43%。其中,市属企业资产总额5460.23亿元,增长13.19%;实现营业收入917.34亿元,增长11.73%;利润总额75.59亿元,增长54.68%,各项指标均创历史最高水平。

(二)有效投资持续放量提升

2021年,市属企业投资突破700亿元,其中参与市重大项目完成投资282亿元,完成全年目标的114%,助力宁波市高质量发展建设共同富裕先行市。在重大交通基础设施建设领域,轨道交通二期规划收官,三期规划启动;浙江省首条全自动运行线路5号线一期开通运营;石浦高速连接线、六横大桥、杭甬复线一期、象山湾疏港(昆亭至塘溪段)等高速公路项目完成投资86.73亿元;西洪大桥及接线工程高架主体结构全部贯通。在重点区块开发领域,鄞奉片区、姚江新区、湾头区块等完成投资57.9亿元;宁波国际会议中心项目主体工程基本建成。在公共服务供给领域,水利水务工程项目完成投资18.6亿元,北区污水处理厂三期工程具备通水条件;梅山国际冷链项目(一期)全面开工;宁波市疾控中心迁建工程顺利推进。

(三)降本增效成效更加明显

通商集团10亿元中期票据、开投集团15亿元并表ABN、城投公司第二期10亿元公司债、商贸集团4.5亿元公司债均创同期全省或同行业最低利率纪录。交投公司发行的47亿元公募公司债券,平均发行利率3.87%。支持通商集团为市属企业增信,其中商贸集团增信后债项评级由AA级提至AAA级,降低发行票面利率0.5个~0.8个百分点。

二、宁波市国有资产总量与结构分析

表1　2021年宁波市国有企业指标

项　目	数　量
资产总额(亿元)	23282.26
净资产(亿元)	8615.75
营业收入(亿元)	1868.08
利润总额(亿元)	92.40
实际上缴税金总额(亿元)	91.29
负债合计(亿元)	14666.51
净利润(亿元)	63.08
国有资产总量(亿元)	8616.60
平均职工人数(人)	106683
国有资本保值增值率(%)	102.07
总资产报酬率(%)	1.19
成本费用利润率(%)	5.91
主营业务收入增长率(%)	21.67
资产负债率(%)	64.65
流动比率	1.72

表2　2021年宁波市国有企业户数情况

2020年户数(户)	2021年户数(户)	比上年增长(%)
1220	1545	26.64

表3　2021年宁波市国有资产按地区分布情况

地　区	国有资产(亿元)	占国有资产总量比重(%)
市本级汇总	3430.74	39.81
监管企业	1762.38	20.45
非监管企业	963.98	11.19
部门出资企业	271.64	3.15
功能园区汇总	692.34	8.04
大榭开发区	82.73	0.96
保税区	51.87	0.60

续表

地 区	国有资产（亿元）	占国有资产总量比重(%)
东钱湖开发区	67.76	0.79
高新区	52.10	0.60
梅山保税区	22.09	0.26
杭州湾新区	415.79	4.83
省属企业汇总	704.38	8.17
县市区汇总	5185.86	60.19
镇海区	360.95	4.19
海曙区	536.78	6.23
奉化区	333.84	3.87
慈溪市	719.94	8.36
宁海县	544.19	6.32
鄞州区	377.78	4.38
北仑区	517.69	6.01
余姚市	819.95	9.52
象山县	625.45	7.26
江北区	349.29	4.05
合 计	8616.60	100

注：国有资产总量指国有企业净资产剔除民营股东权益后属于国有的净资产部分。

表4　2021年宁波市国有资产按经营规模分布情况

项 目	国有资产（亿元）	占国有资产总量比重(%)
大型企业	4342.22	50.39
中型企业	1102.21	12.79
小型企业	1600.69	18.58
微型企业	1571.48	18.24
合 计	8616.60	100.00

表5　2021年宁波市国有资产按行业分布情况

行 业	国有资产（亿元）	占国有资产总量比重(%)
农林牧渔业	143.82	1.67
矿采业	17.52	0.20
制造业	47.30	0.55
电力、热力、燃气及水的生产和供应业	389.61	4.52
建筑业	592.79	6.88
批发和零售业	271.51	3.15
交通运输、仓储和邮政业	1721.80	19.98
住宿和餐饮业	24.27	0.28
信息传输、软件和信息技术服务业	22.23	0.26
金融业	75.90	0.88
房地产业	2017.52	23.41
租赁和商务服务业	1752.15	20.34
科学研究和技术服务业	77.68	0.90
水利、环境和公共设施管理业	1335.76	15.50
居民服务、修理和其他服务业	0.60	0.01
教育	23.02	0.27
卫生和社会工作	5.27	0.06
文化、体育和娱乐业	97.85	1.14
合 计	8616.60	100

三、宁波市国有资本保值增值综合分析评价

2021年，宁波市各级国资监管机构加快向管资本为主转型，以数字化改革为牵引，进一步提升国资监管的信息化水平，监管的规范性、针对性、有效性、及时性大幅提高，确保国有资本保值增值。

表6 2021年宁波市国有企业地区和行业国有资本保值增值情况

地 区	国有资本保值增值率(%)	行 业	国有资本保值增值率(%)
市本级汇总	105.73	农林牧渔业	97.53
监管企业	108.36	矿采业	90.25
非监管企业	102.18	制造业	89.02
部门出资企业	100.06	电力、热力、燃气及水的生产和供应业	95.84
功能园区汇总	103.05	建筑业	97.68
大榭开发区	101.87	批发和零售业	92.54
保税区	101.23	交通运输、仓储和邮政业	89.93
东钱湖开发区	98.34	住宿和餐饮业	92.19
高新区	106.53	信息传输、软件和信息技术服务业	58.30
梅山保税区	100.13	金融业	93.40
杭州湾新区	104.07	房地产业	96.94
省属企业	104.61	租赁和商务服务业	97.50
县市区汇总	99.65	科学研究和技术服务业	80.89
镇海区	101.16	水利、环境和公共设施管理业	97.62
海曙区	100.86	居民服务、修理和其他服务业	5.25
奉化区	97.28	教育业	99.42
慈溪市	99.21	卫生和社会工作	96.43
宁海县	98.99	文化、体育和娱乐业	94.64
鄞州区	98.94		
北仑区	102.13		
余姚市	100.49		
象山县	96.55		
江北区	101.23		

四、宁波市国资委监管企业改革发展情况

(一)锚定现代企业制度建设目标,加速构建科学有效治理机制

推动党的领导融入公司治理,市属企业集团"党建入章"、党组织书记与董事长"一肩挑"均100%,全面制定党委会议事规则和前置研究讨论重大事项清单。加强规范董事会建设,市属企业及子企业董事会应建尽建基本完成,重要子企业全面落实董事会职权85.71%,92.31%的子企业实现外部董事占多数。开展对标一流管理提升行动,开投集团入选国务院国资委"标杆企业",宁波轨道交通信息安全顶层设计项目入选"标杆项目",工投集团入选省国资委"标杆企业"。

(二)锚定混合所有制改革目标,实现国有经济与民营经济深层次融合

分类分层、稳妥推进混合所有制改革工作,市属竞争类国有企业混合所有制改革比例提升至76.8%,并在省国资国企三年行动会议上作典型经验发言。深化"三江汇海"混合所有制改革计划,累计6家企业列入混合所有制改革重点支持名单。建立混合所有制改革项目信息发布平台,举办首次线上混合所有制改革项目推介会,全年引入非国有资本30.29亿元。积极参与"科改示范企业"专项评估,种业股份在全国195户"科改示范企业"中名列前茅,宁波市国资委因所属"科改示范企业"专项评估结果全部为"优秀"被予以表扬,是全国范围内符合要求的6个地方国资委之一。

(三)锚定资产证券化率目标,不断提升国有资产证券化水平

制定印发《推进市属企业上市和并购工作方案

(2021—2025年)》,确定首批8家上市培育企业。工投集团收购奇精机械29.99%股权,市属企业控股上市公司增至4家;文旅集团与创源股份达成收购协议,并表实控新三板创新层挂牌企业宁波公运;宁兴集团参投的均普智能通过IPO首发申请,亚虹医药登陆科创板。截至2021年底,市属国企资产证券化率突破30%,较年初增加2个百分点。

(四)锚定市场化经营机制目标,不断激发国有企业活力

制定印发《宁波市属国有企业推行经理层成员任期制和契约化管理实施细则》,10家市属企业集团按照制度规定与经理层签订有关合同或契约,88.7%的子企业按照制度规定与经理层签订有关合同或契约,36户子企业探索实行职业经理人制度。全面推行市场化用工,实行社会化招聘和契约化管理。完善市场化薪酬分配机制,96%的企业推行全员绩效考核。

(五)锚定"十四五"规划目标,加大国资监管力度

一是加强战略规划引领。联合市发展改革委出台市属国资国企"十四五"规划,指导市属企业和各区(县、市)编制国资国企中长期规划,强化对宁波市国资国企中长期发展目标方向的战略引领。印发《宁波市属国有企业碳达峰行动方案》,指导市属企业在碳达峰碳中和工作中走在前列。挂牌成立国企改革研究院,服务国资国企重点改革任务研究谋划。二是提升专业监管水平。基本完成市属经营性国有资产集中统一监管,统一监管比例99.63%,实现市属企业全面预算管理全覆盖。出台混合所有制改革后评价管理暂行办法,加强混合所有制改革工作全过程监督。推动12家监管企业"内设+外派"监事会正常运作,开展市属企业资金管理专项检查。开展市属企业突出问题专项治理工作,抓好国企改革重点任务专项审计整改,推进会计信息质量专项整治,巩固提升治理成效。出台违规经营投资责任追究实施办法,研究制定企业内部审计监督工作实施意见,有效防止国有资产流失。三是启动数字化监管转型。围绕《宁波市国资国企系统数字化改革工作实施方案》,推动构建"1+13+N"数改工作格局。宁波国资综合监管平台优化升级,基本实现"一键调取""一网统管""一体联动"。"国资大屏"和首批"一业一屏""一企一屏""一区一屏"可视化场景建设初见成效,阳光采购服务平台入选省纪委首批公权力大数据监督应用场景。市属企业28项应用场景和9项解决方案列入首批《国资系统数字化成果汇编》。国资国企一体化数智平台建设基本完成总体规划设计。

五、宁波市国资委监管企业负责人考核情况

修改完善市属企业负责人经营业绩考核办法,强化对标一流企业、向市场要效益要薪酬的考核理念,完善考核指标、考核目标、考核方式,进一步强化激励、构筑立体化考核机制。积极推进实施中长期激励制度,研究制定《宁波市属企业非上市公司中长期激励实施意见(试行)》;在浙江省内首次推行实施副职薪酬差异化,引起省内同行关注。制定印发《宁波市属国有企业推行经理层成员任期制和契约化管理实施细则》。工投、开投、交投、商贸、通商5家市属企业集团公司24名经理层成员全面试点推行,135家各级子企业、273名子企业经理层成员实现任期制和契约化管理,子企业完成率70.3%(不含广电、报业)。结合工资管理制度实施,推行"人人有任务、个个比绩效",建立完善全员绩效考核,完成率94.33%。

六、宁波市国资委监管企业党的建设和廉政建设情况

按照"两个一以贯之"的要求,坚持党对国资国企的全面领导,牢牢把握新时代党的建设总要求,以高质量党建引领高质量发展。

(一)党史学习教育成果丰硕

出台《党史学习教育评价指标体系》,党史学习教育纳入年度党建工作考核。全系统理论中心组开展专题学习134次、专题研讨191场,51支宣讲团开展专题宣讲353场,覆盖受众2万余人次。国资国企代表队在宁波市党史知识竞赛中分别获得第一名、第三名,代表宁波市参加全省竞赛;党史经验被市委简报录用21次,在72家市直单位中排第二名;党史测评综合得分111分,位列第二巡回指导组市直部门考核第

一名。报业、广电多渠道放大舆论阵地,加强党史学习教育宣传引导;演艺集团特殊文艺党课话剧《张人亚》分别在北京、上海、杭州等城市演出近50场,成为宁波党史学习教育响亮品牌和红色文化输出代表。

(二)基层党建基础巩固夯实

制定市属企业党建整体提升方案,围绕"国企政治力、基层党组织组织力、党员干部队伍担当力、干事创业凝聚力、党务队伍执行力"五大方面实施大提升行动,点对点清除国企党建薄弱项。"三星以下支部、空白班组、超大支部"等问题实现清零,国企党组织"应换未换""换届不及时"等问题得到及时解决。

(三)人才梯队建设更加科学

启动市属国有企业"管培生"成长计划,发现、培育和储备一批德才兼备、群众认可、有发展潜力的中层管理人员后备力量,通过3~5年努力储备150余人(年龄35岁左右)市属企业中层管理人员队伍后备力量和预备人选。

(四)党风廉政建设持续加强

着力抓好清廉国企建设"八大行动",完成88个重点项目排查,明确廉政风险点585个,制定606条防控措施,从源头上筑牢清廉国企防线。狠抓国企重点领域腐败问题专项治理,紧盯关键少数、关键环节,坚持严惩腐败与严密制度、严格要求、严肃教育紧密结合。持续开展正风肃纪专项检查,深化"四风"纠治作风建设,国资国企党风政风持续向好。

(撰稿人:沈妮妮)

安徽省

一、安徽省国有资产监督管理工作综述

2021年,安徽省国资委坚持以习近平新时代中国特色社会主义思想为指导,深入学习贯彻习近平总书记对安徽作出的系列重要讲话和指示批示精神,以及关于国有企业改革发展和党的建设重要论述,坚决贯彻落实党中央、国务院及省委、省政府决策部署,在国务院国资委的大力指导和关心支持下,奋力推动国资国企高质量发展,实现"十四五"良好开局。

(一)强化"一跨两冲"目标引领,省属企业主要经营指标创历史最好水平

紧扣"一跨两冲"(营业总收入跨越1万亿元、利润总额冲击1000亿元、资产总额冲击2万亿元)年度目标任务,深入开展包保督导,加强经营预算约束和监测调度,推动企业经济运行"稳中有进、进中提质"。28户省属企业全年实现营业总收入10067.5亿元、利润总额951.7亿元,分别比上年增长9.1%、10.3%,两年分别平均增长10.4%、11.3%;年末资产总额19700.9亿元,比上年增长11.6%。营业总收入首次超过1万亿元,跨上新台阶,利润总额、资产总额均超额完成年度增长8%以上的既定目标。全年完成投资1808亿元,比上年增长18.6%;上缴税费630亿元,比上年增长12.7%;年末平均资产负债率57%,持续保持在较低水平。

(二)深入实施国企改革三年行动,重点任务评估获评A级

清单式、项目化推进三年行动,2021年底安徽省国企改革三年行动任务完成率92.8%,在国务院国企改革领导小组办公室年中开展的地方国企改革三年行动重点任务评估中获评A级。启动实施新一轮战略性重组与专业化整合,推动军工集团与中国兵装战略重组,计划引入中国中铁、中交集团增资组建省生态环境集团,基本完成省通航公司组建,稳步推进新一轮安徽省港航资源整合。加快完善中国特色现代企业制度,制定《关于国有企业在完善公司治理中加强党的领导的意见》,省属企业子公司应建已建董事会比例99.7%。深化三项制度改革,90%的集团公司建立对子企业经理层成员任期制和契约化管理制度,各级子企业签约比例77.4%,较年初增加43.7个百分点。持续提升国资监管效能,出台《省国资委权力和责任清单(2021年版)》,形成以管资本为主的8类26项权责事项;印发《省属企业合规管理指引》,加强对企业12个重点领域、4个重点环节、4类重点人员

的合规管理;建成覆盖省市及重点县国资监管机构和监管企业的在线监管系统,实现网络通、数据通、业务通。

(三)聚焦关键核心技术攻关,项目研发和创新体系建设取得重要成果

大力开展关键核心技术攻关,省属企业"尖20"项目有19个研发出样品。扩容升级"尖30"项目清单,并进入省科技重大专项。打造新型创新联合体,支持省能源集团与合肥综合性国家科学中心共建能源研究院、海螺集团投资建设三碳(安徽)科技研究院、皖维集团与中科大先研院联合组建先进功能膜材料研究院公司。对24户省属企业的研发费用在考核经济增加值时视同利润加回,给予获得省级以上科技奖的18户企业考核加分。对承担关键核心技术攻关的研发团队实行工资单列,设立省属企业科技创新专项资金,明确40%可用于引进高层次人才、奖励研发团队和骨干。省属企业研发经费投入比上年增长31.5%,连续12个月保持30%以上增速,6项成果获得省科技进步一等奖。

(四)注重调研论证和顶层设计,率先在全国省级层面系统谋划推进国有资产资本化证券化

先后赴长三角、珠三角、川渝等地区调研学习,多次组织专家咨询论证,研究制定《关于推动省属企业国有资产资本化证券化的工作方案》,经省政府常务会议审议通过并报省委同意实施。力争用3年时间,通过加大混合所有制改革和合资合作力度,引进社会资本1000亿元以上;通过多层次资本市场直接融资1000亿元以上;通过设立基金吸引社会资本,形成1000亿元以上的基金集群,引导资本重点向安徽省十大新兴产业、传统产业转型升级和新型基础设施建设等领域集聚。开展安徽省国资系统千人资本市场知识培训,累计培训12期1100余人。推进省交控集团、省能源集团改组为国有资本投资公司改革试点。完善省属企业上市后备资源库和上市辅导机制,华塑股份、建研设计、铜冠铜箔首发上市,省属企业控股上市公司增至23户,居全国第五位。2021年,省属企业直接融资932.25亿元,创历史新高。

(五)积极服务安徽省经济社会发展大局,有力彰显国资国企责任担当

助力脱贫攻坚圆满收官,省交控集团和省国资委驻望江县高士镇黄河村扶贫工作队获评"全国脱贫攻坚先进集体",皖维集团驻金寨县白纸棚村第一书记夏云胖获评"全国脱贫攻坚先进个人"。编制实施《安徽省省属企业"十四五"发展规划》《安徽国资系统"十四五"国有资本布局优化和结构调整规划》,着力推动国有企业成为安徽省创新驱动发展的先行者、产业体系建设的引领者、改善民生和公共服务的保障者。召开省属企业支持皖北承接产业转移集聚区建设座谈会,与皖北各地签约重大项目58个、总投资1879亿元。成功举办安徽省与中央企业合作发展座谈会,安徽省与中央企业集中签约重大项目57个、投资规模1160亿元。扎实开展"双招双引",省国资系统招引项目102个,投资额912亿元。一批重大项目取得重要进展,省投资集团安九高铁开通运营;交控集团芜黄高速建成通车,实现"县县通高速";新桥机场改扩建工程开工建设;引江济淮主体工程超额完成年度投资任务。

(六)切实加强党的领导和党的建设,以高质量党建引领保障高质量发展

衷心拥护"两个确立"、忠诚践行"两个维护",坚持"第一议题"制度,深入学习贯彻习近平总书记重要讲话精神。开展党的十九届六中全会精神"大学习、大宣传、大贯彻",制定贯彻落实举措。深入贯彻省第十一次党代会精神,制定《重点任务分工方案》《贯彻〈省委关于加强新一届省委班子政治建设的决定〉的若干举措》。突出国资国企特色开展党史学习教育,组织学习省属企业创业史、改革史、发展史,摄制播出《江淮柱石——省属企业风华录》纪录片,从"为企业解难题、为职工办实事、为基层减负担"3个层面办实事10792件。统筹抓好中央巡视等反馈问题整改,扎实开展新一轮深化"三个以案"警示教育。开展全国国企党建会精神贯彻情况"回头看"和"找差距、抓落实、提质量"专项行动,省属企业党员"空白班组"清零销号,基层党组织标准化规范化建设达标率99.3%。深化党风廉政建设和反腐败工作,省国资委党委与驻委纪检监察组建立"面对面会商、重要情况通报、线索联合排查、人员处分沟通、联合监督执纪"5项协作机制,搭建"要事共商、信息共享、协同排查、协调处置、协作配合"5个平台,推动主体责任和监督责任协同发力。开展省属企业"违规决策、违规投资、违规担保、违规招投标"问题专项整治,摸底排查7.4万余人次、排查整改问题666个,新建完善制度2188项;在2020年信访举报大幅下降基础上,2021年驻委纪检监察组受理信访举报件比上年再降10.9%,其中非重复检举控告件比上年下降17.6%,省国资系统政治生态不断向上向好。

二、安徽省国有资产总量与结构分析

表1　　2021年安徽省国有企业指标

项　　目	金　额(亿元)
资产总量	75157.6
所有者权益	31782.6
国有资产总量	27229.4
营业收入	13261.9
利润总额	1360.5
净利润	1083.4
归属于母公司所有者的净利润	668.9
应交税金总额	809.6
实际上缴税金总额	730.4

表2　　2021年安徽省国有企业户数情况

2020年户数(户)	2021年户数(户)	比上年增长(%)
4199	5022	19.6

表3　　2021年安徽省国有资产按地区分布情况

地　区	国有资产(亿元)	占国有资产总量比重(%)
省属企业汇总	4416.5	16.22
省直企业汇总	189.4	0.70
地市企业汇总	22623.4	83.08

续表

地　区	国有资产(亿元)	占国有资产总量比重(%)
淮北市	783.0	2.88
黄山市	559.2	2.05
宣城市	323.1	1.19
池州市	674.1	2.48
芜湖市	1970.2	7.24
合肥市	4069.1	14.94
六安市	1974.3	7.25
亳州市	1034.5	3.80
蚌埠市	1245.9	4.58
淮南市	656.5	2.41
安庆市	2035.4	7.48
宿州市	1201.5	4.41
铜陵市	806.3	2.96
阜阳市	1372.1	5.04
滁州市	2446.6	8.99
马鞍山市	1471.8	5.41
合　计	27229.4	100.00

表4　　2021年安徽省国有资产按行业分布情况

行　业	国有资产(亿元)	占国有资产总量比重(%)
农林牧副渔	252.8	0.93
工业	1616.4	5.94
建筑业	1689.1	6.20
交通运输业	1257.3	4.62
仓储业	42.4	0.16
商贸业	182.5	0.67
房地产业	979.5	3.60
信息传输、软件和信息技术服务业	0.7	0.00
社会服务业	19874.1	72.99
教育文化广播业	108.4	0.40

续表

行业	国有资产（亿元）	占国有资产总量比重（%）
科学研究和技术服务业	13.6	0.05
金融业	951.5	3.49
其他	261.2	0.96
合 计	27229.4	100.00

表5 2021年安徽省国有资产按经营规模分布情况

经营规模	国有资产（亿元）	占国有资产总量比重（%）
大型企业	11477.6	42.15
中型企业	4005.4	14.71
小型企业	9759.3	35.84
微型企业	1987.1	7.30
合 计	27229.4	100.00

三、安徽省国有资本保值增值综合分析评价

表6 2020年安徽省国有企业地区和行业国有资本保值增值情况

地 区	国有资本保值增值率（%）	行 业	国有资本保值增值率（%）
淮北市	105.8	农林牧副渔	102.7
黄山市	101.9	工业	106.8
宣城市	101.2	建筑业	100.6
池州市	101.6	交通运输业	107.1
芜湖市	100.8	仓储业	100.7
合肥市	102.3	商贸业	102.7
六安市	103.2	房地产业	102.1
亳州市	105.6	信息传输、软件和信息技术服务业	81.5
蚌埠市	98.1	社会服务业	102.8

续表

地 区	国有资本保值增值率（%）	行 业	国有资本保值增值率（%）
淮南市	100.8	教育文化广播业	94.7
安庆市	100.2	科学研究和技术服务业	106.7
宿州市	100.2	金融业	101.9
铜陵市	100.7	其他	104.1
阜阳市	102.1		
滁州市	102.3		
马鞍山市	104.9		

四、安徽省国资委监管企业改革发展情况

以实施国企改革三年行动为主线，推动重点领域和关键环节改革取得积极进展，安徽省国企改革三年行动总体任务完成率92.8%，在全国国企改革三年行动重点改革任务评估中获评A级。

（一）混合所有制改革有力有效推进

大力推进具备条件的企业混合所有制改革，针对新设企业，在组建时就注重按照市场化原则，进行股权多元化设计。省属企业中实施混合所有制改革的企业1027户，占70.1%，居全国第五位、长三角地区第六位。华塑股份、建研设计、铜冠铜箔首发上市，省属企业控股上市公司增至23户，居全国第五位。推动国元农保等7户国有控股混合所有制企业开展骨干员工持股改革。

（二）三项制度改革不断走深走实

省属企业集团公司全部建立对子企业经理层成员任期制和契约化管理制度，各级子企业经理层签约比例95.1%。省属企业管理人员末等调整和不胜任退出310人，占3.2%；竞争上岗1926人，占20.1%。省属企业4户科技型子企业实施股权和分红激励。

（三）关键核心技术攻关成效显著

省属企业"尖20"关键核心技术和产品攻关清单

更新扩容为"尖30"清单,并上升为省科技重大专项计划。对承担关键核心技术攻关的研发团队实行工资单列,明确40%的科技创新专项资金可用于引进高层次人才、奖励研发团队及骨干。省属企业研发经费投入比上年增长31.5%,连续12个月保持30%以上增速。铜陵有色极低轮廓铜箔、叉车集团氢燃料叉车、海螺集团CO_2捕集及资源化综合利用、省能源集团煤电机组掺氨燃烧等技术攻关持续突破。海螺集团、省能源集团与中科大共建碳中和研究院。省能源集团与合肥综合性国家科学中心共建能源研究院。皖维集团与中科大先研院、中科大技术创新团队以市场化方式组建先进功能膜材料研究院公司。

(四)国有资产资本化证券化工作启动实施

率先开展国有资产资本化证券化顶层设计和系统推进,印发实施《省属企业国有资产资本化证券化工作方案》,力争用3年时间,通过加大混合所有制改革和合资合作力度引进资本1000亿元、利用资本市场直接融资1000亿元、带动社会资本设立规模1000亿元的基金群。发起设立新兴产业发展、产业转型升级、碳中和、工业互联网、新型基础设施建设、混合所有制改革6支母基金及1支服务安徽省重大战略的直投基金,重点投向安徽省十大新兴产业、传统产业转型升级和新型基础设施建设等领域。

(五)国资监管效能持续提升

印发《安徽省国资委权力和责任清单(2021年版)》,出台《安徽省省属企业合规管理指引》。制定《安徽省国资委履行多元投资主体公司股东职责暂行办法》,为长三角地区第二家出台此类办法的省份。推动省交控集团、省能源集团投资公司试点改革。建成覆盖省市及重点县国资监管机构和监管企业的在线监管系统。

(六)聚力关键核心技术攻关,重点研发项目和创新体系建设取得重要成果

比照中央企业研发投入强度目标,明确2021年省属企业研发投入强度不低于2.6%,其中工业企业不低于3%,并将研发投入强度作为业绩考核重要指标。一是扩容升级关键核心技术攻关清单。加快"尖20"关键核心技术和产品清单攻坚,17个项目研发出样品,其中具备产业化条件5个。将"尖20"更新扩容为"尖30",并上升为省科技重大专项,予以重点支持。二是打造科技创新联合体。推进与中科大先研院共建省属企业产业研究院和创新中心。支持能源集团与合肥综合性国家科学中心建立能源研究院、海螺集团投资建设三碳(安徽)科技研究院、皖维集团与中科大先研院联合组建新材料研究院公司。三是强化政策支持和资金保障。对攻关团队实行工资单列,设立省属企业科技创新专项资金,其中40%可用于引进高层次人才、奖励研发团队和骨干,这一政策在全国国资系统属于首创。对24户省属企业89亿元研发费用在考核中视同利润加回。给予获得省级以上科技奖的18户企业考核加分奖励。省属企业研发经费投入连续12个月保持30%以上增速,6项成果获得省科技进步一等奖。

(七)统筹推进传统产业转型升级和新兴产业发展壮大,国资布局和结构调整进一步优化

科学编制《安徽国资系统"十四五"国有资本布局优化和结构调整规划》《省属企业"十四五"发展规划》,推动省属企业发挥产业引领功能,推进国有资本布局优化和结构调整。一是积极布局发展安徽省十大新兴产业。研究制定推动省属企业布局发展新兴产业行动计划,引导省属企业持续加大在创新安徽建设和前瞻性战略性新兴产业领域布局。2021年省属企业先进制造业和新兴产业投资项目451个,完成投资额389亿元,比上年增长35.8%。二是实施数字化和工业互联网赋能行动。制定实施省属企业工业互联网创新发展行动计划和数字化转型专项行动计划,加快培育一批"工业互联网+先进制造业"标杆企业。江淮汽车入选国有企业数字化转型优秀案例,海螺集团、淮北矿业入选典型案例。三是加快绿色低碳转型发展。督促省煤炭企业认真做好采煤沉陷区综合治理工作。开展省属企业碳排放底数排查,指导企业主动应对"双控""双碳"新要求,为安徽省新兴产业发展腾出用能空间和环境容量。

(八)牢固树立"一盘棋"理念,长三角国资国企一体化发展加快推进

主动服务国家战略,推动省属企业积极参与长三

角国资国企一体化发展。一是对标沪苏浙学习提升。先后2次赴沪苏浙国资国企开展学习调研,制定《省国资委对标学习沪苏浙经济社会发展和科技创新政策举措清单》,细化分解任务、明确责任处室、序时调度推进,21项对标任务完成14项,持续推进7项。二是深化国资国企一体化合作机制。发出倡议建立一市三省国资委政策文件定期交换机制;与上海市国资委签署产权交易市场一体化合作备忘录,指导安徽国有产权交易中心联合上海产权交易所打造长三角国有产权一体化交易平台;推动安徽国有企业改革发展基金牵头组建长三角地区国企改革发展基金。省国资委《首倡长三角国资国企联席会议机制,强化国有经济战略支撑》案例入选安徽省扎实推进长三角一体化发展实践创新案例集。联合省发展改革委举办省际毗邻地区新型功能区、省际产业合作园区与长三角国资百企联盟对接会,开展宣传推介活动。三是加快合作事项落地落实。推动省投资集团牵头组织虹桥国际开放枢纽安徽基地建设工作,通过市场化方式参与建设运营。支持港航集团与中远海运集团、上港集团、浙江海港集团持续深化长三角港航一体化联动发展。指导安徽省产权交易中心加大与长三角流域交易机构项目推介合作力度,全年推介项目88宗,挂牌金额1.9亿元。加大省级投资平台与沪苏浙国企合作力度,共同设立4只基金,总规模94.03亿元,投资总额14.55亿元。四是支持推动皖北地区振兴发展积极作为。印发实施《推动省属企业支持皖北承接产业转移集聚区建设行动计划(2021—2023年)》,组织召开省属企业支持皖北承接产业转移集聚区建设座谈会,推动省属企业支持皖北签约项目58个、总投资1879亿元,完成投资项目10个、金额42.47亿元。

五、安徽省国资委监管企业并购重组与完善法人治理结构情况

(一)战略性重组进一步优化

以战略性重组和专业化整合为抓手,推进国有经济布局优化和结构调整,加快建设一流企业。一是持续深化马钢与宝武战略重组、江汽与大众战略合作。推动总投资480亿元的"建设大而强新马钢"系列项目落地实施,管理融合深度开展,多元股东职责有效发挥,马钢面貌焕然一新、活力不断释放,2021年实现钢材产量2045万吨、营业总收入2083亿元、利润总额132亿元,均创历史新高。进一步完善混合所有制改革后江汽集团的治理结构,省国资委与大众集团各持江汽集团50%股权,比照国有独资公司全面加强党的领导、党的建设,全方位导入大众的管理理念、技术工艺和品牌资源,2021年江汽集团汽车销量52.4万辆、比上年增长15.63%,其中纯电动乘用车销量13.41万辆、比上年增长169.12%,安徽大众首款新能源汽车计划于2022年9月下线。二是谋划开展新一轮战略性重组。推动安徽军工集团与中国兵装战略重组,计划将安徽军工51%股权无偿划转给兵器装备集团,力争用5年左右时间将安徽军工打造为军民融合发展的百亿级军工企业。积极引入中国中铁、中交集团增资入股省盐业集团,计划改组组建为省生态环境产业集团。开展安徽省新一轮港航资源整合,省港航集团营业收入、利润总额增幅分别为39.6%、36.4%,安徽省高等级航道里程居全国第五位、长三角第二位。谋划推进省属煤电资源整合,启动3户省属煤炭企业部分股权划入省能源集团。推进省交控集团、省能源集团国有资本投资公司试点改革。三是组建落地一批专业化公司。组建省通航集团,整合合肥及芜湖两地通航公司资源,统筹发展安徽省骨干通用机场建设、低空飞行服务和通航产业,并正式挂牌运营。数字安徽公司组建获省政府批复,由省属企业持股51%、科大讯飞持股49%,重点开展数字新基建项目建设、政府数据授权运营、数据交易流通、数字产业投资等业务。推进组建省粮食集团,作为省属一级企业,下设储备粮管理公司,实行政策性业务和经营性业务分开运行。推动省引江济淮集团转型发展,谋划组建省水务集团。

(二)进一步完善法人治理结构

一是坚持党的领导,加强党的建设。明确党组织在国有企业法人治理结构中的法定地位,将党建工作总体要求纳入公司章程,明确党组织在决策、执行、监督各环节的权责和工作方式,使党组织成为企业法人治理结构的有机组成部分。全年调整省属企业党委领导班子成员59人,指导安徽海螺集团有限责任公

司等10户企业按期完成党委换届工作,实现企业党委、纪委班子的正常更替和过渡,有效发挥企业党委"把方向、管大局、促落实"作用。二是健全规范董事会建设。初步组建一支由25名专职外部董事、14名兼职外部董事组成的省属企业外部董事队伍,基本实现省属企业集团层面外部董事占多数。印发《安徽省省属企业外部董事日常管理暂行规定》《安徽省省属企业外部董事履职记录制度(试行)》,成立专职外部董事党支部,规范外部董事履职行为。印发《安徽省省属企业董事会工作规则(试行)》,指导企业成立董事会专门委员会等,规范董事会科学运行,有效发挥董事会"定战略、做决策、防风险"作用。三是大力激发经理层活力动力。全年调整省属企业经理层成员32人,大力实施经理层成员任期制和契约化管理,指导企业建立规范的经理层授权管理制度。有序推进职业经理人制度建设,指导安徽江淮汽车集团控股有限公司在"科改示范企业"安徽星瑞齿轮传动有限公司全国公开招聘职业经理人身份的总经理,有效发挥经理层"谋经营、抓落实、强管理"作用。四是中国特色现代企业制度加快完善。制定《关于国有企业在完善公司治理中加强党的领导的意见》,省属企业集团党委及二级以下公司党委、190户设党委的市县属企业全面完成党委前置研究讨论事项清单制定或修订。省属企业集团层面实现外部董事占多数比例75%。省属企业各级子企业应建尽建董事会比例100%,其中实现外部董事占多数的占96.4%。重要子企业实现全面落实董事会职权的占91.5%。省属企业集团层面全部建立董事会向经理层授权的管理制度。

六、安徽省国资委监管企业建立和完善经营业绩考核体系情况

参照中央企业负责人考核办法,结合安徽省实际,2020年6月24日,印发《安徽省省属企业负责人经营业绩考核办法及配套实施方案》(皖国资考分〔2020〕65号)。在考核制度建设方面,形成"1+2+5"的制度体系。"1"指《安徽省省属企业负责人经营业绩考核办法》,"2"指年度和任期经营业绩考核2个实施方案,"5"指经济增加值考核、科技创新成果年度考核、安全生产、环境保护和任期通报表扬等5个实施细则。在考核指标设置方面,形成符合功能定位要求的分类考核指标体系。根据企业功能定位,综合考虑质量效益、服务国家和安徽省战略、创新驱动和供给侧结构性改革等因素,差异化确定年度和任期考核的指标和权重。在考核方法方面,形成目标考核与对标评价相结合的考核方法。对净利润、经济增加值等成果类指标实行目标管理;对成本费用利润率、净资产收益率等水平类指标实行行业对标考核;对企业个性化指标,采用目标管理与对标考核相结合的办法进行考核。

(一)坚持深化分类考核

根据省属企业功能定位和发展目标,对不同功能和类别的企业,统筹考虑企业承担的经济责任、政治责任和社会责任,突出不同考核重点,合理设置考核指标及权重,实施分类和差异化考核。对商业一类企业,重点考核企业经济效益、资本运营效率、资本回报水平、市场竞争能力和创新发展能力,引导企业提升价值创造力和可持续发展能力。对商业二类企业,加强对落实省委、省政府重大部署、发挥特定功能、执行专项任务,以及服务质量、成本控制、运营效率和保障能力的考核。对公益类企业,坚持经济效益和社会效益相结合,把社会效益放在首位,重点考核产品服务质量、成本控制、营运效率和保障能力。

(二)构建高质量发展考核指标体系

牢固树立新发展理念,以供给侧结构性改革为主线,进一步突出质量效益、创新驱动、服务国家和安徽省战略的考核导向,多角度构建年度与任期相结合的高质量发展考核指标体系。加强对资本回报、资本布局和效率指标的考核,突出净利润、经济增加值、国有资本保值增值率和全员劳动生产率等指标,引导企业加快转变发展方式,优化资源配置,不断提高经济效益、资本回报水平、劳动产出效率和价值创造能力。

(三)突出创新驱动

健全科技创新考核指标体系,对工业和科研等科技进步要求高的企业,原则上年度和任期均要设置科技创新类指标,将研发投入强度、关键核心技术攻关

研发等纳入考核指标体系。鼓励企业加大研发投入，将研发投入视同利润，在计算净利润、经济增加值指标时予以加回，引导企业建立研发投入稳定增长机制。加大科技创新考核奖励。对科技创新取得重大成果的企业，在年度考核中给予考核奖励加分，在任期考核中，对科技创新取得突出成绩的，予以通报表扬精神激励。

(四)健全对标考核机制

对标行业一流企业，聚焦企业发展短板，加强对净资产收益率、全员劳动生产率、成本费用率等指标的对标考核，强化行业对标在指标设置、目标分档、考核计分和考核评级的全过程应用，引导企业补齐短板和弱项，持续增强行业竞争力，提高资本配置效率，促进国有资本保值增值，推动国有资本和国有企业做强做优做大。

(五)进一步加大正向激励力度

强化"业绩升、薪酬升，业绩降、薪酬降"，完善考核奖励和任期精神激励等措施，对经营业绩优秀以及在科技创新、节能环保等方面取得突出成绩的企业，予以任期考核通报表扬。鼓励探索创新，激发和保护企业家精神，企业因实施重大科技创新、发展前瞻性战略性产业等，对经营业绩产生重大影响的，按照"三个区分开来"原则，在考核上不做负向评价。

七、安徽省国资委监管企业负责人考核与选人用人机制改革情况

(一)组织开展省属企业领导班子和领导人员综合考核

通过查阅材料，并结合工作台账、统计数据、平时了解掌握的情况以及巡视、人民来信反映问题查核情况等进行综合研判，对省属企业履行党建职责部分考核指标进行评分。牵头成立两个考核组，对煤炭工业合肥设计研究院有限责任公司等8户企业2020年度领导班子和领导人员履行发展和党建工作职责情况进行综合考核，与305人进行个别谈话，实地查看8个集团公司部门、8个子公司及基层车间。在纵横比较、分析研判的基础上，及时汇总第三方评价、民主测评、省直有关部门等评分结果，进行量化计分和综合分析，经履行相关程序后，研究确定领导班子和领导人员综合考核等次，并对综合考核评价为"优秀"等次的企业领导人员进行通报表扬。

(二)加强省属企业领导人员队伍建设

会同省委组织部印发《关于进一步加强省属企业领导班子建设的若干意见》，全年调整省属企业领导人员73人。加大领导人员退出现职力度，3名省属企业正职领导人员转任省属企业专职外部董事，6人因党委换届需要等退出现职；加大干部交流使用力度，交流使用干部32人，占全年调整干部的43.83%；加大党政机关事业单位与国有企业干部交流力度，从企业交流3人至党政机关事业单位工作，从党政机关交流9人到省属企业工作，不断优化领导人员结构，增强领导班子整体功能。

八、安徽省国资委监管企业党的建设和廉政建设情况

2021年，安徽省国资委党委坚持以习近平新时代中国特色社会主义思想为指导，全面贯彻党的十九大和十九届历次全会精神，坚决落实中央和省委决策部署，按照新时代党的建设总要求，全面加强省属企业党的领导，推动省属企业党的建设和廉政建设，保障国资国企高质量发展。

(一)衷心拥护"两个确立"、忠诚践行"两个维护"，坚决落实党中央及省委、省政府重大决策部署

一是坚定不移加强党的政治建设。严格落实"第一议题"制度，召开党委会议学习贯彻习近平总书记重要讲话指示批示精神39次73件。认真办理党内政治要件，建立健全台账管理、督导督办、定期复查、考核问责闭环机制，推动习近平总书记关于采煤沉陷区治理、境外疫情防控、能源保供等重要指示批示落实见效。扎实开展贯彻落实全国国企党建工作会议精神情况"回头看"，推动落实党建重点任务31项。制定《省国资委党委贯彻落实〈省委关于加强新一届省委班子政治建设的决定〉精神的若干举措》，细化6个方面、40条具体措施。制定落实重大事项请示报告清

单,督促省属企业严格落实请示报告制度。二是深入推进党的领导融入公司治理。省属企业集团党委全面完成党建要求进章程工作,二级及以下公司"党建进章"较年初增加84户,基本实现应进尽进。制定《关于国有企业在完善公司治理中加强党的领导的意见》。完善落实"双向进入、交叉任职"领导体制,省属企业全面推行党委书记和董事长"一肩挑"、党员总经理担任党委副书记并进入董事会、专职党委副书记进入董事会且不在经理层任职。印发《关于落实省属企业党委研究讨论"前置程序"要求的指导意见》,省属企业党委全面完成前置研究讨论事项清单的制定和修订工作,进一步厘清党委、董事会、经理层职责权限,党委对重大事项把关定向作用有效发挥。三是压紧压实管党治党政治责任。制定《省属企业2021年党的建设工作要点》,召开党建工作推进会,部署推进党建重点任务26项。召开省属企业全面从严治党形势分析会,研判全面从严治党形势,一体推进政治生活、政治文化、政治生态建设。扎实开展党内政治监督谈话,配合做好20户省委管理领导班子企业34名正职政治监督谈话,组织开展8户省国资委党委管理领导班子企业12名正职政治监督谈话,指出问题407个,完成整改377个,长期坚持30个。开展省属企业党委书记抓党建述职评议和党建考核,现场点评指出10户企业存在的30个突出问题。四是全力推动中央及省委巡视反馈意见改彻底改到位。省国资委主要负责人扛起第一责任人责任,先后7次主持召开党委会议暨巡视整改工作领导小组会议,研究部署巡视整改工作。截至2021年底,省国资委党委配合承担的12项整改任务,完成整改8项,序时推进4项,举一反三查找的13项整改任务全部完成整改。省属企业党委对照中央巡视反馈意见查摆问题829个,完成整改并销号783个,占查摆问题总数的94.5%。省委巡视省国资委党委反馈的26个问题,完成整改25个,长期坚持1个。

(二)强化创新理论武装,持续推动学习贯彻习近平新时代中国特色社会主义思想走深走实

一是学深悟透习近平新时代中国特色社会主义思想。省国资委党委理论学习中心组全年召开学习会议11次,围绕学习贯彻习近平新时代中国特色社会主义思想和习近平总书记对安徽作出的系列重要讲话、指示、批示等开展集中学习研讨。以全国国企党建工作会议召开5周年为契机,重温学习习近平总书记关于国有企业改革发展和党的建设重要论述。将习近平新时代中国特色社会主义思想作为省国资委党委党校培训教育的必修课,举办专题培训班5期,培训500余人次。省属企业党委理论学习中心组开展学习研讨1886次,较好地发挥示范带动作用。二是深入学习宣传贯彻党的十九届六中全会及省第十一次党代会精神。制定实施省国资委党委《贯彻落实〈中共安徽省委关于深入学习宣传贯彻党的十九届六中全会精神的决定〉的若干举措》《贯彻落实省第十一次党代会重点任务分工方案》。省国资委党委先后召开党委扩大会议2次、党委会议4次、党委理论学习中心组学习会议2次,深入学习贯彻党的十九届六中全会及省第十一次党代会精神。印发《关于组织开展党的十九届六中全会及省第十一次党代会精神宣讲活动的通知》,省国资委主要负责人先后赴池州市、部分省属企业和市国资委、对口帮扶村开展宣讲;省国资委领导班子成员深入企业基层及党支部联系点宣讲15次;省国资委党委成立由45人组成的"举旗帜·送理论"宣讲团,赴省属企业基层单位宣讲75场次,指导省属企业开展宣讲700余场次;组织省国资系统7000余名干部职工参加省委宣讲团宣讲报告会。持续加大宣传力度,安徽省"一报两台"报道省国资系统典型经验45篇,"双微"等新媒体平台刊载信息800余条,营造学习贯彻的浓厚氛围。

(三)高质量开展党史学习教育,为保障省属企业"十四五"开好局起好步提供有力支撑

一是在"学党史"中讲好国企故事。研究制定《省国资系统开展党史学习教育的安排意见》,督促指导省属企业把学习党史与学习新中国史、改革开放史、社会主义发展史贯通起来,深入挖掘自身历史文化和红色资源、文化遗产,突出抓好安徽革命史、国企发展史的学习宣传。与安徽广播电视总台联合摄制"江淮柱石"省属企业风华录微纪录片,与人民网(安徽)联合开展"国企风范、安徽脊梁"系列专题报道,举办省国资系统"永远跟党走"文艺汇演、"丹心献给党,翰墨颂百年"书画摄影作品展等群众性主题宣传教育活动。新华社、《安徽日报》、安徽电视台等主流媒体报道安徽省国资国企党史学习教育等各类新闻100余篇次,"学习强国"安徽平台刊发稿件50余篇。二是在"悟思想"中强化责任担当。编制印发《省属企业"十四五"发展规划》《安徽国资系统"十四五"国有资本布局优化和结构调整规划》,着力推动国有企业成为安徽省创新驱动发展的先行者、产业体系建设的引领者、改善民生和公共服务的保障者。召开省属企业支持皖北承接产业转移集聚区建设座谈会,与皖北各地签约重大项目58个,总投资1879亿元。成功举办安徽省与中央企业合作发展座谈会,安徽省与中央企业签约重大项目57个,投资规模1160亿元。扎实开展"双招双引",安徽省国资系统招引项目105个、投资额1253.98亿元。三是在"办实事"中践行初心使命。积极为企业解难题,省国资委领导班子成员带队深入企业开展5轮包保督导,征集意见建议,帮助解决改革发展重大问题82个。推动列入"我为群众办实事"省级重点民生事项落实。分两批梳理省国资委机关"为企业解难题""为职工办实事"项目清单45项,逐项落实兑现。省属企业制定群众急难愁盼问题清单12281件,解决10792件。四是在"开新局"中推动改革发展。安徽省国资系统各级党组织坚决扛起职责使命,广泛开展"学党史、促生产""学好百年党史、争当改革创新先锋"等活动,以拼搏进取、奋勇争先的状态开好局、起好步。截至2021年底,安徽省国企改革三年行动完成率92.8%,超额完成年度目标任务。聚焦关键核心技术攻关,项目研发和创新体系建设取得重要成果,新增3户企业通过上市审核,省属企业控股上市公司增至22户。

(四)建强抓实基层组织,着力锻造高素质专业化国企干部人才队伍

一是持续提升基层党建工作质量。印发《省属企业2021年党的建设工作要点》《省属企业2021年度基层党建工作"三个清单"》,将党的建设与企业生产经营和改革发展同谋划、同部署、同推进、同考核。深入开展党建工作"找差距、抓落实、提质量"专项行动,基本消除党员"空白班组",修订各类制度937项。对省属企业基层党组织标准化规范化建设进行评估,达标率99.3%。深入实施基层党建工作"领航计划",指导省属企业按照不同类型开展典型培育和选树工作,创建特色载体品牌640余个。省属企业成立党员突击队、攻关组2381个,划定党员责任区6020个,设立党员先锋(示范)岗13692个。二是抓好省属企业领导班子和外部董事队伍建设。坚持好干部标准,落细落实干部政治素质考察。制定《外部董事日常管理暂行规定》《外部董事履职记录制度(试行)》,建立专职外部董事召集人制度,成立专职外部董事党支部,切实加强对外部董事的管理工作。三是积极做好人才选育和引进工作。鼓励支持省属企业依托国家和省重点人才项目,积极参与"江淮英才计划",引进培养自主创新能力强、科技研发水平高的领军型、复合型人才。启动省属企业"海纳百川·企航未来"高端引才活动,各企业成立引才专班,围绕"卡脖子"技术攻关项目等做好海内外高端人才的引进工作。

(五)锲而不舍深化作风建设,大力营造省国资系统求真务实、正气充盈的政治生态

一是扎实开展新一轮深化"三个以案"警示教育。召开新一轮深化"三个以案"警示教育动员部署会,印发《省国资系统开展新一轮深化"三个以案"警示教育的实施方案》,督促省属企业结合党史学习教育、中央及省委巡视反馈问题整改,全面检视、靶向纠治、一体落实。警示教育期间,省国资系统编印警示教育读本73册,拍摄警示教育片98部,通报典型案例562个,查摆问题1936项,完成整改1524项,序时推进412项。二是坚决纠治违反中央八项规定精神问题。认真开展作风督查,严肃查处违反中央八项规定精神问题。开展节约型机关建设,把节约粮食、制止餐饮浪费行为作为重要任务,大力营造浪费可耻、节约光荣的良好氛围。认真落实"三公"经费使用规定,严格公务用车管理、办公用房管理,对公款吃喝、公车私用、违规公款消费等问题露头就打、反复敲打。查处省属企业违反中央八项规定精神问题29起,处理39人,给予党纪政务处分23人,通报典型案例5起。三是深入整治形式主义官僚主义。对照省委办公厅《关于进一步解决形式主义问题做好2021年为基层减负工作具体落实举措清单》,结合省国资系统实际细化落实40项任务。在省国资委机关和省属企业集团层面开展"为基层减负担"活动,大力精简文件,切实改进会风,省国资委机关普发性文件下降10.4%,会议减少27.3%。四是大力践行安徽国资机关精神。开展"践行安徽国资机关精神,深化模范机关创建"活动,把践行"忠诚担当、依法监管、守正创新、争当模范"的安徽国资机关精神作为贯穿机关建设的主线,组织开展"干部新状态"学习讨论,扎实推进"政治机关、执行机关、服务机关、模范机关"建设,全面提振机关干部职工干事创业精气神。安徽省国资委驻望江县黄河村扶贫工作队获评"全国脱贫攻坚先进集体",受到党中央、国务院表彰。

(六)持续开展专项整治,一体推进"三不"体制机制建设

一是扎实开展"四个专项"整治。在连续两年开展专项整治的基础上,2021年在省属企业集中开展"违规决策、违规投资、违规担保、违规招投标""四个专项"整治,督促企业摸底排查问题及隐患,制定整改措施。安徽省国资委党委组织对19户省属企业,开展综合监督检查和第三方评估,进一步查准查全查实问题并督促整改,着力提升专项整治效果。积极开展审计移送问题线索核查督办和追责处理,按照国有资本出资关系和干部管理权限,对负有违规责任的企业经营管理人员给予追责处理。二是积极推进国有企业境外腐败治理。会同省纪委监委有关部门组织召开安徽省国有企业境外腐败治理工作推进会,制定《省属企业境外腐败治理工作方案》,提出治理目标、任务分工和具体措施,并结合包保督导,持续跟进推动解决重点企业境外分支机构与总部之间信息不对称、不共享,境外机构实时监管难等问题,确保把境外腐败治理工作责任传导至"最后一公里"。按照"紧盯重点领域、紧盯重点环节、紧盯作案手段"要求,组织29户省属企业对自成立以来利用外资、对外合作、境外投资经营等有涉外因素的经营活动进行全面检视。组织开展专项调研,总结推广海螺集团在境外公司设置党建特派员、监察专员的做法,形成加强境外机构人员党建工作、廉洁监督的经验成果。三是全力推动粮食购销领域腐败问题专项整治。省国资委党委和2户省属企业党委成立由主要负责人担任组长的专项整治工作领导小组,制定工作方案,明确专项整治的任务书、时间表和路线图,具体推进整治工作各项任务落实。省国资委党委主要负责人深入粮食企业开展调研和现场督导。省粮食购销领域腐败问题专项整治工作电视电话会召开后,省国资委党委第一时间将会议精神传达到2户涉粮企业,并部署开展专项整治。会同驻委纪检监察组专门召开调度会,了解2户企业专项整治工作开展推进情况,听取配合省委专项巡视等工作情况介绍。与驻委纪检组及时交流情况、分析问题、研究对策,指导2户企业抓好专项整治。四是深入开展省属企业虚假贸易专项整治。在省属企业开展以融资性贸易和"空转""走单"为重点的虚假贸易专项整治工作,组织开展全面排查,督促省属企业针对排查发现的问题,及时制定整改方案。综合运用考核扣分降级、薪酬追回、组织处理、追究法律责任等措施,对企业虚假贸易问题进行追责问责,推动省属企业依法合规经营,有效防范经营风险,实现高质量发展。省国资委党委主要负责人和分管负责人分赴4户企业专题调研督导虚假贸易专项整治工作情况,并将省属企业虚假贸易专项整治纳入第5轮包保督导要点,督促抓好虚假贸易专项整治工作。五是严肃查处违纪违法问题。印发《省国资系统领导干部违规插手干预重大事项记录暂行办法》,省国资委党委与驻委纪检监察组建立面对面会商、重要情况通报、线索联合排查、人员处分沟通和联合监督执纪协调5项协作机制,推动形成工作合力。驻委纪检监察组全年处置问题线索230件,立案14件,给予党纪政务处分9人;指导省属企业纪委立案233件,给予党纪政务处分261人。

(撰稿人:束 斌)

福建省

一、福建省国有资产监督管理工作综述

2021年,福建省国资委深入学习贯彻习近平总书记"七一"重要讲话和来闽考察重要讲话精神,全面落实党中央、国务院决策部署和省委、省政府工作要求,

扎实推进国资国企改革发展和党的建设,推动福建省国企改革重组拉开序幕,企业生产运行稳中加固、稳中向好。截至2021年底,省国资委17家所出资企业资产总额突破2万亿元,达到21548亿元,比上年增长6.3%;所有者权益总额4639亿元,比上年增长7.7%;累计实现营业收入4814亿元,比上年增长28.4%;利润总额231亿元,比上年增长105.8%。

(一)改革重组实现突破

全面推进省属企业战略性重组和专业化整合,组建省大数据公司,整合组建省能源石化集团、省水投集团,重组省冶金控股与省船舶集团,组建省国有资本运营平台,推动形成具有福建特色的"一套国资监管体制、一个国有资本运营平台、若干个专业化经营集团公司"的省属企业"1+1+N"新发展格局。纵深推进国企改革三年行动,抓好82项重点改革任务落实,截至2021年底,17家所出资企业完成三年改革总任务量的88%,各地市完成81.41%,均提前超额完成中央要求的70%以上的既定目标。在国务院国企改革领导小组组织的考核评估中,福建省居全国第六位,获评A级;在国务院国资委组织的"科改示范行动"专项评估中,福建省居全国第二位。创新开展"八闽国企综合改革"专项行动,首批遴选32家试点企业,培育一批新的改革样板。加速推进企业资本证券化,支持企业加快改制上市,省属企业竞争性业务资本证券化率86.42%,比上年增加22.89个百分点。

(二)项目对接成效显著

央企对接实现新突破,成功举办福建省与中央企业项目对接活动,签约项目60个、总投资2862亿元。省地合作迈上新台阶,福建省国资委携手省属企业先后与福州、平潭、漳州、三明市人民政府举办4场对接签约活动,签约项目133项,总投资2556亿元。重大项目取得新进展,2021年省属企业累计完成投资1068亿元,比上年增长6%。湄洲湾港罗屿40万吨铁矿石码头项目建成投产,中沙古雷乙烯项目正式签约、古雷150万吨/年乙烯及下游深加工、碳五碳九分离及下游新材料、金龙新能源客车技术研发与产业化等一批重大项目开工建设。

(三)国资监管不断强化

福建省国资委持续深化"放管服"改革,科学界定内设机构权责边界,确定权责事项22项。加大授权放权力度,对国有资本投资、运营公司试点企业开展单独授权。组织开展规范性文件清理,形成各项规章制度100余件,国资监管制度体系进一步完善。加强投资规划引领,修订所出资企业投资监督管理办法,完善投资负面清单。健全债务风险防控动态预警和量化评估机制,分类管控企业负债规模。制定企业违规经营投资问题线索查处工作指引、工作规则,实行监管提示函和通报制度,进一步完善业务监督、综合监督、责任追究"三位一体"国有资产出资人监督机制。毫不松懈抓好常态化疫情防控各项工作,积极组织国资系统干部职工进行疫苗接种。层层压实安全生产工作责任,创新开展省属企业安全生产交叉检查,坚决防范重特大安全事故发生。

(四)党的建设持续加强

落实"第一议题"制度,深入开展全国国企党建会议精神贯彻落实情况"回头看",严格落实党委(党组)理论学习中心组学习巡听旁听制度,促进习近平总书记重要讲话和重要指示批示精神在国资系统落地生根。深入开展党史学习教育和"再学习、再调研、再落实"活动,精心打造6个课堂,用好用活国资系统红色资源,命名首批57个国有企业爱国主义教育基地,开展各类学习、研讨、培训等6782场次,参训14.5万人次。扎实开展"我为群众办实事""我为企业解难题"实践活动,省国资系统193项重点任务办结率、2441项办实事项目办结率、办实事的完成满意度均为100%,经验做法得到中央第六指导组充分肯定。举办"七个一"建党百年庆祝活动,组织评选表彰省国资系统"两优一先",为1011名老党员颁发"光荣在党50年"纪念勋章,开展"福建国企十三五巡礼""国资抗疫在行动""改革重组进行时"等49个主题系列宣传报道。深入拓展党的领导融入公司治理,推动企业集团层面全面完成将党建工作要求写入公司章程,实现"双向进入、交叉任职"领导体制和党委书记、董事长"一肩挑"全覆盖,制定国有企业党委前置研究讨论重大经营管理事项清单。

二、福建省国有资产总量与结构分析

截至2021年底,福建省纳入国有资产统计范围的国有及国有控股企业(含厦门市,以下简称国有企业)9395户,比上年增加1161户;资产总额70469.57亿元,比上年增长13.80%;所有者权益22284.11亿元,比上年增长11.44%;归属于母公司的所有者权益17110.28亿元,比上年增长7.70%;全年实现营业收入28953.23亿元,比上年增长42%;利润总额802.06亿元,比上年增长32.98%;净利润581.95亿元,比上年增长34.16%;归属于母公司所有者的净利润326.30亿元,比上年增长15.28%。

(一)企业户数有所增加

2021年,福建省纳入国有资产统计范围的国有及国有控股企业9395户(含厦门市),比上年增加1161户。其中,省级监管企业2020户,增加148户;省级非监管企业270户,减少9户;地市企业7105户,增加1022户。

(二)资产分布相对集中

从隶属关系看,福建省国有企业资产主要分布在省、市两级国资委监管企业,两级监管企业资产总额54561.15亿元,占比77.43%。其中,省级监管企业资产总额21445.87亿元,占比30.43%;地市监管企业资产总额33115.28亿元,占比46.99%。非监管企业资产总额15908.43亿元,占比22.57%。其中,省级非监管企业资产总额484.49亿元,占比0.69%;地市非监管企业资产总额15423.94亿元,占比21.89%。

从行业分布看,福建省国有企业资产总额行业分布排名前三位的是房地产业、社会服务业、金融业。其中,房地产业资产总额26439.66亿元,占比26.02%(未进行差额抵销,下同);社会服务业资产总额24534.56亿元,占比24.15%;金融业资产总额11605.57亿元,占比11.42%。3个行业资产总额合计62579.79亿元,占比61.59%。

(三)营业收入持续增长

2021年,福建省国有企业营业收入28953.23亿元,比上年增长42%。从隶属关系看,福建省国有企业营业收入主要分布在省、市两级国资委监管企业,两级监管企业营业收入27687.46亿元,占比95.63%。其中,省级监管企业营业收入4813.86亿元,占比16.63%;地市监管企业营业收入22873.60亿元,占比79%。非监管企业营业收入1265.77亿元,占比4.37%。其中,省级非监管企业营业收入116.35亿元,占比0.40%;地市非监管企业营业收入1149.42亿元,占比3.97%。

从行业分布看,福建省国有企业营业收入行业分布排名前三位的是商贸业、社会服务业、工业。其中,商贸业营业收入20530.28亿元,占比57.53%;社会服务业营业收入5798.91亿元,占比16.25%;工业4575.35亿元,占比12.82%。3个行业营业收入合计30904.54亿元,占比86.60%。

(四)利润总额平稳增长

2021年,福建省国有企业实现利润总额802.06亿元,增长32.98%。从隶属关系看,福建省国有企业利润总额主要分布在省、市两级国资委监管企业,两级监管企业实现利润总额790.26亿元,占比98.53%。其中,省级监管企业利润总额224.19亿元,占比27.95%;地市监管企业利润总额566.07亿元,占比70.58%。非监管企业利润总额11.79亿元,占比1.47%。其中,省级非监管企业利润总额8.73亿元,占比1.09%;地市非监管企业利润总额3.06亿元,占比0.38%。

从行业分布看,福建省国有企业利润总额行业分布排名前三位的是社会服务业、工业、房地产业。其中,社会服务业利润总额284.14亿元,占比22.94%;工业利润总额230.46亿元,占比18.61%;房地产业利润总额230.17亿元,占比18.59%。3个行业利润总额合计744.77亿元,占比60.14%。

(五)资产运营存在的主要问题

一是企业总体规模偏小,竞争能力不强。2021年,福建省国有企业资产总额及营业收入均有增长,但总体规模偏小,对企业扩大再生产和提升市场整体竞争力造成一定制约。2021年底,福建省国有企业户均总资产8.46亿元,户均净资产2.67亿元。其中,省级监管企业户均总资产10.62亿元,户均净资产2.29

亿元,较上年户均净资产增长4.57%;户均净资产增长幅度小。福建省国有企业户均营业收入1.34亿元,其中省级监管企业均营业收入2.38亿元。二是资产利用效率不高,资产周转速度偏低。福建省国有企业平均总资产周转率0.17次,平均流动资产周转率0.37次,均处于较低水平,主要是"两金"占用水平过高,影响企业资产的流动性和收益水平,加大企业短期偿债风险。截至2021年底,福建省国有企业应收账款及存货余额8343.10亿元,比上年增长13.77%。三是总体负债水平略有上升,少数企业财务风险较大。2021年底,福建省国有企业负债总额34407.67亿元,比上年增长8.76%;平均资产负债率68.37%,比上年增加0.37个百分点,部分企业债务负担沉重。受新冠肺炎疫情影响,市场需求萎缩,部分企业盈利能力受到较大冲击,整体效益下滑,进一步增大债务负担和风险。

表1 2021年福建省国有企业指标

项 目	金 额(亿元)
资产总额	70469.57
所有者权益	22284.11
国有资产总量	16687.37
营业收入	28953.23
利润总额	802.06
净利润	581.95
归属于母公司所有者的净利润	326.30
应交税金总额	1024.70
实际上缴税金总额	983.43

表2 2021年福建省国有企业户数情况

地 区	2020年户数(户)	2021年户数(户)	比上年增长(%)
省级企业汇总	2151	2290	6.46
省级监管企业	1872	2020	7.91
省级非监管企业	279	270	-3.23
地市企业汇总	6083	7105	16.80

续表

地 区	2020年户数(户)	2021年户数(户)	比上年增长(%)
福州市	534	625	17.04
厦门市	2821	3443	22.05
漳州市	507	531	4.73
泉州市	800	896	12.00
三明市	190	228	20.00
莆田市	206	233	13.11
南平市	280	309	10.36
龙岩市	320	365	14.06
宁德市	363	407	12.12
平潭综合实验区	62	68	9.68
合 计	8234	9395	14.10

表3 2021年福建省国有资产按地区分布情况

地 区	国有资产(亿元)	占国有资产总量比重(%)
省级监管企业	2324.15	13.93
省级非监管企业	210.15	1.26
地市企业汇总	14153.06	84.81
福州市	2650.18	15.88
厦门市	3688.15	22.10
漳州市	1034.41	6.20
泉州市	2790.99	16.73
三明市	797.85	4.78
莆田市	596.04	3.57
南平市	689.49	4.13
龙岩市	932.34	5.59
宁德市	530.62	3.18
平潭综合实验区	443.00	2.65
合 计	16687.37	100.00

表4　2021年福建省国有资产按行业分布情况

行　业	国有资产（亿元）	占国有资产总量比重（%）
农林牧渔业	151.34	0.43
工业	3527.50	10.00
建筑业	3952.74	11.20
交通运输业	4198.17	11.90
仓储业	301.92	0.86
商贸业	1713.00	4.86
房地产业	8585.11	24.33
信息传输、软件和信息技术服务业	107.02	0.30
社会服务业	10946.93	31.03
教育文化广播业	215.25	0.61
科学研究和技术服务业	298.06	0.84
金融业	1172.46	3.32
其他	110.92	0.31
合　计	35280.42	100.00

注：按照行业分类统计，差额表不参与汇总，无法按照会计报表编制进行合并抵消，各行业合计数大于福建省国有资产合计数。

表5　2021年福建省国有资产按经营规模分布情况

经营规模	国有资产（亿元）	占国有资产总量比重（%）
大型企业	3795.14	10.76
中型企业	10160.14	28.80
小型企业	13462.65	38.16
微型企业	7862.47	22.29
合　计	35280.42	100.00

注：按照行业分类统计，差额表不参与汇总，无法按照会计报表编制进行合并抵消，各行业合计数大于福建省国有资产合计数。

三、福建省国有资本保值增值综合分析评价

表6　2021年福建省国有企业地区和行业国有资本保值增值情况

地　区	国有资本保值增值率（%）	行　业	国有资本保值增值率（%）
福州市	102.35	农林牧渔业	100.30
厦门市	102.73	工业	103.62
漳州市	105.32	建筑业	103.37
泉州市	100.79	交通运输业	101.06
三明市	101.16	仓储业	103.16
莆田市	86.08	商贸业	107.25
南平市	99.99	房地产业	102.54
龙岩市	97.35	信息传输、软件和信息技术服务业	98.94
宁德市	101.47	社会服务业	102.53
平潭综合实验区	99.85	教育文化广播业	100.94
		科学研究和技术服务业	100.96
		金融业	106.80
		其他	99.34

四、福建省国资委监管企业改革发展情况

（一）全力推进国企改革三年行动

推动出台《福建省国企改革三年行动实施方案（2020—2022年）》，提出9个方面40条具体举措，细化82项重点改革任务。成立省国资委国企改革三年行动推进工作领导小组，坚持和巩固"周通报、月例会、季分析、半年自评估"制度，收集、提炼、总结改革典型经验并大力宣传推广，积极营造比学赶超的浓厚氛围，提前超额完成国务院国资委设定的年度70%以上的改革目标要求。

(二)深入开展"总部机关化"专项治理

制定印发《关于省属企业集团"总部机关化"问题专项治理工作的通知》,指导各企业集团总部科学设置机构、配置管理人员,精简审批事项、加大授权放权,优化工作流程、提高决策效率,改进文风会风、规范检查调研,转变思想观念、强化服务意识。切实解决集团总部错位越位、管得过多过细以及管理链条长、审批周期长、办事效率低的问题。截至2021年底,省属企业全部建立企业总部与基层企业人员的交流机制,将基层对总部的服务评价纳入年度考核,省属企业会议、发文、检查数量较2020年减少20%以上。

(三)大力推进国有企业公司制改革

印发《福建省国有企业改革领导小组关于加快推进全省全民所有制企业改革有关工作的通知》,指导各地市及相关省直部门进行全面梳理,613家全民所有制企业需要进行公司制改革。建立月报及督办制度,印发8份督办函督促有关单位加快改革速度,有效发挥工作督办、情况沟通、进度比照的作用。截至2021年底,基本完成福建省国有企业公司制改革工作。

(四)深化重点亏损子企业和"一非两资"专项治理

印发《关于推动所出资企业清理退出不具备优势的非主辅业务和低效无效资产专项工作的通知》,督促省属企业通过分类处置和专项治理,加快完成"瘦身健体",有效促进亏损子企业降本增效,加快实现减亏或扭亏为盈,促进国有资源向主业聚集。截至2021年底,处置治理完成率均达到70%以上。

(五)创新开展"八闽国企综合改革专项行动"

为充分激发基层企业首创精神,省国资委开展省级综合性改革试点工作,探索适用"双百行动""科改示范行动"有关政策,重点在落实董事会职权、职业经理人选聘、混合所有制改革企业差异化管控、员工持股、中长期激励约束、工资总额单列等重点改革领域取得新突破,打造一批自主创新能力强、产品质量优、行业地位高的龙头企业和国有控股上市公司。

(六)有效提升科技创新能力

2021年,省属企业研发投入81.72亿元,比上年增长38%;工业企业研发投入77.16亿元,研发强度4.53%。新增国家级高新技术企业20个,新获发明专利452件,参与制定国家标准25个。汽车集团研发推出全国首台核酸检测车、疫苗接种车,打造基于"5G+智慧医疗"的金龙移动医院,获得中国汽车工业技术进步奖;船舶集团承担"深海采矿船船型开发""深海采矿船关键设备安装和总装联调技术研究"两项国家级重大科研专项任务,成功填补我国深海采矿技术研究空白。截至2021年底,省属企业拥有省级以上高新技术企业154家(国家级118家),省级以上重点实验室13个(国家级2个),省级以上企业技术中心48个(国家级7个),工程研究中心38个(国家级5个),院士工作站10个,博士后工作站14个;单项冠军企业3家,单项冠军产品14个,"专精特新"企业12家(国家级2家),首台(套)产品12个;获得省级以上科学技术奖项146个。

(七)优化完善投资监管体系

坚持以管资本为主的国资监管体制,落实授权放权要求,修订印发《所出资企业投资监督管理办法》。在赋予企业更多投资决策自主权的同时,进一步强化企业年度投资计划审核备案,以负面清单形式对企业投资项目进行分类监管,构建更加扎实有效的投资事前管理程序,完善投资事中监管方式,有效促进投资事后管理效果应用,提升企业投资决策效率。

五、福建省国资委监管企业并购重组与完善法人治理结构情况

(一)扎实推进省属企业整合重组

顺利完成福建省港口企业专业化整合和一体化运营,推动福建省港口企业规模化、集约化、现代化发展。新组建省大数据公司,在数字经济抢抓机遇谋篇布局。重组组建省能化集团,能源化工板块一体化延伸发展。重组组建省水投集团,统筹福建省水利事业发展能力明显提升。重组整合省冶金控股与省船舶集团,推动省船舶集团加快脱困转型。加快推进区域合资铁路公司重组。

(二)加快完善法人治理结构

推动党的领导融入公司治理各环节制度化、规范化、程序化,指导督促17家所出资企业和46家重要子

企业结合实际制定党委（党组）前置研究讨论重大经营管理事项清单。规范董事会建设，出台《所出资企业外部董事选聘和管理办法》，710家企业建立董事会、占比98.89%，544家子企业实现董事会中外部董事占多数。建立完善董事会向经理层授权制度，出台《所出资企业任期制和契约化管理操作指引》，1210家企业推行任期制和契约化管理，签约2553人，82家各级子企业有职业经理人138人。

六、福建省国资委监管企业建立和完善业绩考核体系情况

（一）强化正向激励导向

按照《关于支持所出资企业做好应对疫情防控推动生产经营十二条措施的通知》精神，调整加减分事项的考核政策，对企业贯彻党中央、国务院决策部署和省委、省政府工作要求，在疫情防控、科技创新、人才培育、履行社会责任等方面工作在考核予以统筹支持。

（二）严格业绩考核审核

按照"口径统一，尺度适当"原则，对企业申报的年度考核报告及中介专项审计报告进行复核，重大事项坚持"集体研究、共同决定"，反复与企业沟通确认，有效增强考核工作的透明度。

（三）确定年度业绩考核结果

依据国务院国资委颁布的《企业绩效评价标准值2021》，完成考核得分测算等各项工作，将考核结果和重大经营事项等提交委党委会议研究，并将考核结果报送省薪改办。

（四）做好考核结果的信息公开

根据工作要求，做好业绩考核结果公开披露工作，及时公布2020年度经营业绩考核A级企业名单。

七、福建省国资委监管企业负责人考核与选人用人机制改革情况

（一）加强队伍建设

围绕国企改革发展和推进战略性重组需要，大力加强企业领导干部的选拔培养力度。配合省委组织部做好干部考察配备等工作，对15家企业50名省管企业领导干部进行调整，对9名纪检组（监察专员办）综合室、纪检监察室主任进行复核。

（二）创新引才方式

坚持以产引才，通过6·18海创会平台，发布高科技急需人才岗位信息80余个，大力引进电子信息、新能源、高端装备等产业龙头企业和科技"小巨人"领军企业急需人才。通过公开选聘、竞争上岗、猎头公司、技术入股、人才租赁等方式灵活引进高端紧缺人才。举办福建省高校毕业生国有企业招聘季直播带岗首场活动，发布387个岗位，超过6.6万人观看直播。

（三）完善激励机制

统筹运用股权激励、分红激励、骨干员工持股、超额利润分享、虚拟股权、项目跟投等激励方式，激发骨干人才干事创业积极性。探索推进职务、职级、职称"三轨并行"机制，改革人才主要依靠职务提升的单一晋升模式，拓宽发展通道。健全薪酬体系，对杰出人才、高层次人才实行"一人一策"，采用年薪工资、协议工资等分配办法，薪酬不设上限。

八、福建省国资委监管企业党的建设和廉政建设情况

（一）党的创新理论走深走实

全面落实"第一议题"制度，把学习贯彻习近平总书记重要讲话和重要指示批示精神作为省国资委党委和国企党委（党组）"第一议题"，梳理汇编《习近平总书记在闽期间国资国企改革发展实践摘编》。严格落实党委理论学习中心组巡听旁听、领导干部双重组织生活制度。深入开展党史学习教育，设立3个省国资系统党史学习教育巡回指导组，着力打造6个课堂，命名首批57个国有企业爱国主义教育基地，推动党的创新理论进企业、进车间、进班组、进工地、进项目，经验做法得到中央第六指导组充分肯定。组织企业围绕"提高党的建设质量，为全方位推进高质量发展超越提供坚强保证"主题广泛开展调研，获得省委

党建办2021年度党建课题调研一等奖1篇、三等奖2篇。

(二)基层党组织建设不断强化

制定《贯彻落实习近平总书记来闽考察重要讲话精神建强国有企业基层党组织战斗堡垒的实施方案》,细化具体举措6项。研究出台《加强和改进省属混合所有制企业党建工作意见(试行)》。实施党建品牌巩固提升行动,创建227个党建品牌。完善年度党建工作考评指标体系,将所出资企业负责人经营业绩中党建考核权重提升至15%,强化考核结果运用。组织开展党员教育培训中期评估,举办系列示范培训班,推动党员培训全覆盖。从生产经营一线、青年职工和高知识群体中新发展党员1082人,超额完成年度指导性计划。

(三)国资国企宣传氛围持续营造

在福建省国资系统精心举办一场群众性文艺汇演、一场先进事迹报告会、一次短视频大赛等"七个一"建党百年庆祝活动,在《福建日报》通过4个特刊版面刊载国资国企党建促企业高质量发展成就,与福建电视台共同举办先进典型事迹展播,集中展示国资国企形象。举办贯彻落实全国国有企业党建工作会议五周年巡礼、全国国有企业党的建设工作会议精神贯彻落实五周年学习座谈会,在《福建日报》、"新福建"等省内重要媒体分8期专题报道,以短视频形式在福建电视台分5篇专题同步播放。先后开展"福建国企十三五巡礼""国资抗疫在行动""改革重组进行时"等49个主题系列宣传,积极传递国资国企好声音,凝聚发展强大精神力量。

(四)管党治党政治责任层层压实

深化省国资委党委与驻委纪检监察组工作协调机制,制定年度主体责任清单,召开党风廉政建设半年形势分析会,持续开展企业落实主体责任情况检查,提出问题156个、问责建议4项。开展上级纪委同下级党委班子成员集体谈话、上一级纪委书记定期与下一级党委书记谈话,切实加强对"一把手"和领导班子监督。扎实推动企业内部巡察,7家省属企业成立巡察办。

(五)"三不"综合功效持续提升

开展"室组企""组企地"联合审查调查,驻委纪检监察组成建制参与省纪委监委专案,获得中央纪委国家监委和省纪委监委审查调查组高度评价。推动办案、整改、治理有机融合,开展"一案一整改",发出纪检监察建议12份,督促堵塞漏洞。常态化开展廉政宣传教育和警示教育,组织改进工作作风专项整治,建立健全机关效能建设长效机制。

(撰稿人:吴竞东)

厦门市

一、厦门市国有资产监督管理工作综述

2021年,厦门市国资国企系统坚持以习近平新时代中国特色社会主义思想为指导,深入学习贯彻习近平总书记在福建考察时的重要讲话精神和致厦门经济特区建设40周年贺信重要精神,认真贯彻落实厦门市委、市政府工作部署要求,全面推进国资国企发展改革监管各项工作取得较好成效。

(一)经济效益较快增长

一是规模效益再创历史新高。2021年,厦门市国有企业继续保持高速增长态势,资产、营业收入、利润等各项主要指标均创历史新高。9家市级企业和1家区级企业营业收入超过100亿元,其中建发集团和国贸控股集团营业收入突破6000亿元;6家市级企业和1家区级企业利润总额超过10亿元,其中建发集团利润总额突破180亿元、国贸控股集团和象屿集团利润总额突破70亿元。二是经济拉动作用继续凸显。2021年,厦门市国有企业积极发挥"稳定器""压舱石"作用,为厦门市经济发展作出积极贡献。全年承接重点建设项目238个,完成投资额736亿元,占厦门市重点项目完成投资额的32.22%;上缴本地税金139.18亿元,占厦门市一般公共预算收入的9.1%;实现批发零售销售额12775亿元,占厦门市批零销售总额的

45.2%；实现本地进出口额 3009 亿元，占厦门市进出口总额的 33.90%；实现劳动生产总值 1065.70 亿元，占厦门 GDP 总量的 15.15%。三是品牌价值持续提升。厦门国贸控股集团首度登上世界品牌实验室发布的 2021 年度"世界品牌 500 强"排行榜，是福建省唯一上榜企业。建发集团、国贸控股集团和象屿集团 3 家国企继续蝉联 2021 年《财富》"世界 500 强"，排名均跃居至前 200 位。建发集团、国贸控股、象屿集团和路桥物资 4 家国企入围 2021 年《财富》"中国 500 强"；建发集团、国贸控股、象屿集团、路桥物资、海投集团、翔业集团、夏商集团、特房集团和住宅集团 7 家国企入围 2021 年"中国服务业企业 500 强"；信息集团入围 2021 年"中国软件和信息技术服务竞争力百强企业"；轻工集团入围 2021 年"福建制造业企业 100 强"。

（二）服务大局彰显担当

一是加强城市运转保障。国有企业在完善城市功能、保障和改善民生等方面继续发挥主力军作用：全年累计实现肉禽蛋菜交易量 206 万吨，比上年增长 8.38%；供应管道天然气和液化石油气合计 35869 万立方米，比上年增长 19.84%；处理垃圾 256 万吨，比上年增长 33.49%；提供公交和地铁客运服务 79189 万人次，比上年增长 11.29%；完成厦门机场飞机起降 12.81 万架次，比上年下降 8.42%，旅客吞吐量 1495 万人次，比上年下降 10.52%，货邮吞吐量 29.78 万吨，比上年增长 7.01%。二是积极投身疫情防控。2021 年 9 月厦门发生疫情后，市国资国企系统累计投入抗疫总人数超过 7.7 万人，成立疫情防控临时党支部 25 个，高质量做好定点公寓、酒店等隔离场所改造和运营保障，处于民生保障、公共服务等行业的企业全力保障城市运转，统筹市场保供、公共交通、市政服务等工作。积极落实减租政策，全年减免租金 4.05 亿元，惠及承租户 1.6 万户。三是招商引资取得丰硕成果。国资国企招商引资三年千亿行动圆满收官，截至 2021 年底，厦门市国资国企招商引资入库项目 368 个，落地项目 264 个、在谈项目 71 个、意向项目 28 个，意向计划总投资 2596 亿元，参与保障天马微柔性 AMOLED、中航锂电、海辰新能源等 15 个高能级招商引资项目落地。2021 年 9 月 8—11 日第二十一届中国国际投资贸易洽谈会期间，国资国企系统成功签约项目 10 个，总投资 68.95 亿元。四是积极盘活国资国企存量资产。贯彻落实《厦门市扩大租赁住房供给促进市场平稳发展工作方案》，督促指导国有企业以"岛内及近岛区域交通便利房源"为主，充分挖掘岛内和岛外地铁及 BRT 沿线可用房源，梳理挖掘可投入租赁市场的可用房源上万套。

（三）监管效能持续提升

一是推进集中统一监管。厦门城市建设发展投资有限公司划归市国资委履行监管职责，市级经营性国有资产统一监管比例 96.64%，扣除金融、文化类国有企业后比例基本达到 100%。二是完善监管制度体系。市国资委出台《关于加强所出资企业负债风险防控的实施方案》，指导督促企业优化债务结构，切实降低资产负债率。修订《厦门市市属国有企业投资管理办法》《厦门市市属国有企业投资项目负面清单》，下发《关于市属国有企业加强参股管理有关事项的通知》，加强市属国有企业投资监管，规范投资行为。三是开展专项审计稽查。对 21 名市属国企副职领导人员开展经济责任审计，对 4 家企业资产出租情况和二轻集体企业联社进行专项审计，开展市属国企境外投资专项审计问题整改"回头看"。四是推进"智慧国资"建设。国资国企大数据监管平台完成"三重一大"、监督追责、大额资金等 7 个子系统（平台）建设，初步构建国资监管信息化管理框架。五是扎实做好产权管理。全年办理国有企业产权登记事项 1089 项，其中占有登记 569 项、变动登记 467 项、注销登记 53 项；办理资产评估备案及核准 84 项，账面净资产 244.07 亿元，评估值 315.8 亿元，增值 29.39%。六是加强资本收益管理。厦门市国有企业上缴国有资本收益 24.03 亿元，其中市级国有企业上缴 22.47 亿元、市国资委出资企业上缴 18.76 亿元。审核批复 10 家市属国有企业 781 亿元、3 亿美元发债申请。

二、厦门市国有资产总量与结构分析

截至 2021 年底，厦门市国有及国有控股企业资产总额 20144.58 亿元，比上年增长 20.75%；负债总额 13777.80 亿元，比上年增长 22.01%；所有者权益

6366.78亿元,比上年增长18.10%;归属于母公司所有者权益4136.76亿元,比上年增长5.78%;营业收入20951.75亿元,比上年增长39.21%;利润总额385.04亿元,比上年增长8.00%。

厦门市下设思明、湖里、海沧、集美、同安、翔安6个区。从国有资产地区分布情况看,厦门市市属企业国有资产总量3280.30亿元,占比88.94%,6个区所属国有企业国有资产总量407.86亿元,占比11.06%。

从行业分布看,厦门市企业国有资产分布的行业前五位是房地产业、社会服务业、商贸业、交通运输业和金融业,分别占单户国有资产合计数的41.93%、24.56%、10.03%、7.66%和4.89%,占全部国有资产总量的89.08%。

从企业经营规模看,厦门市国有资产主要集中在大中型企业,年末大中型企业718户,占比20.85%;大中型企业单户国有资产总量5193.70亿元,占比50.43%。小微型企业2725户,占比79.15%;小微型企业单户国有资产总量5105.71亿元,占比49.57%。

国有资产总量与结构分析表明,厦门国有资产数量继续保持增长的趋势,国有企业所有者权益稳步提高,总体上看,厦门市国有企业克服国内外复杂经济形势的不利影响,国有企业保持稳中有进、进中向好发展。

表1　2021年厦门市国有企业指标

项　　目	金　额(亿元)
资产总额	20144.58
所有者权益	6366.78
国有资产总量	3688.15
营业收入	20951.75
利润总额	385.04
净利润	258.35
归属母公司所有者的净利润	119.19
应交税金总额	685.97
实际上缴税金总额	665.10

表2　2021年厦门市国有企业户数情况

2020年户数(户)	2021年户数(户)	比上年增长(%)
2821	3443	22.05

注:表中户数为纳入国有资产统计报表范围的所有国有及国有控股企业。

表3　2021年厦门市国有资产按地区分布情况

地　区	国有资产(亿元)	占国有资产总量比重(%)
厦门市汇总	3688.15	100.00
市属企业	3280.30	88.94
区属企业	407.86	11.06
思明区	37.22	1.01
湖里区	109.56	2.97
海沧区	74.45	2.02
集美区	124.23	3.37
同安区	29.00	0.79
翔安区	33.40	0.91

表4　2021年厦门市国有资产按行业分布情况

行　业	国有资产(亿元)	占国有资产总量比重(%)
农林牧渔业	13.30	0.13
工业	466.52	4.53
建筑业	486.08	4.72
交通运输业	789.07	7.66
仓储业	18.99	0.18
商贸业	1033.32	10.03
房地产业	4318.59	41.93
信息传输、软件和信息技术服务业	46.52	0.45
社会服务业	2529.92	24.56
教育文化广播业	35.72	0.35
科学研究和技术服务业	49.44	0.48
金融业	504.12	4.89

行 业	国有资产（亿元）	占国有资产总量比重（%）
其他	7.81	0.08
合 计	10299.41	100.00

注：表中合计是单户国有资产的简单加总，不是报表合并的国有资产数。

表5　2021年厦门市国有资产按经营规模分布情况

经营规模	国有资产（亿元）	占国有资产总量比重（%）
大型企业	1233.97	11.98
中型企业	3959.72	38.45
小型企业	2373.09	23.04
微型企业	2732.63	26.53
合　计	10299.41	100.00

注：表中合计是单户国有资产的简单加总，不是报表合并的国有资产数。

三、厦门市国有资本保值增值综合分析评价

表6　2021年厦门市国有企业地区和行业国有资本保值增值情况

地 区	国有资本保值增值率（%）	行 业	国有资本保值增值率（%）
厦门市	102.73	农林牧渔业	94.28
市属企业	105.65	工业	111.52
区属企业	85.47	建筑业	108.53
思明区	98.19	交通运输业	101.87
湖里区	100.91	仓储业	106.41
海沧区	61.06	商贸业	111.18
集美区	101.26	房地产业	103.23
同安区	103.00	信息传输、软件和信息技术服务业	99.89
翔安区	101.80	社会服务业	105.06
		教育文化广播业	99.83
		科学研究和技术服务业	102.80
		金融业	107.31
		其他	95.59

四、厦门市国资委监管企业改革发展情况

（一）全力推进国企改革三年行动

中办、国办印发《国企改革三年行动方案（2020—2022年）》以来，厦门市委、市政府高度重视，主要领导亲自指导推动，分管领导直接督导落实，健全"市政府—国资委—国有企业"三级改革领导机构，统筹各职能部门合力推进改革，各项工作实现上下贯通、横向联动、纵向到底。厦门市国资委制定《厦门市国企改革三年行动实施方案（2020—2022年）》，按照"一个抓手、四个切口"要求，压实责任链，全面铺开、集中突破，以"钉钉子精神"全力打好国企改革攻坚战。截至2021年底，国资国企累计完成改革任务74项，完成率86.05%。

（二）积极稳妥深化混合所有制改革

分层分类深化混合所有制改革，对商业一类企业宜改则改，商业二类企业积极稳妥推进，具备条件的公益类企业规范有序推进投资主体多元化。截至2021年底，市属国企混合所有制企业1883户，占比70.71%；引入非国有资本259亿元，促进各种所有制资本取长补短、共同发展。推动重点企业引进战略投资者，按照"三因三宜三不"原则，及时调整公开引进战略投资者实施混改的重点企业名单，完成普杰公司和路桥信息引进战略投资者工作。

（三）加快国有企业上市步伐

建发集团旗下建发物业、国贸控股旗下中红医疗分别于香港联交所、深交所创业板上市，国贸控股成

功收购港股上市公司正通汽车,建发股份旗下厦门益悦正式收购A股上市公司合诚股份。截至2021年底,厦门市国有企业下属控股上市公司12家,其中A股8家、港股4家。12家国有上市公司总市值1152.12亿元,较年初增长43.76%,总体市盈率8.33倍,总体市净率0.82倍。建发股份、厦门象屿、厦门国贸、厦门信达、建发国际等5家国有控股上市公司根据产业发展规划和行业经营规律,陆续推出股权激励计划。加快推动国资系基金群建设,累计批复4支国企战略发展基金子基金,总规模128亿元。积极筹划设立以国有企业为主导的厦门影视文化子基金并申请中国文化产业投资母基金出资,助力厦门文化产业融合发展做大做强。

(四)提升国有企业自主创新能力

印发《关于推进厦门市国资国企创新发展的指导意见》,国有企业全年投入研发费用8.99亿元,比上年增长17.48%,获得各级科技进步成果奖16项,参与国家行业标准制定37项。路桥信息股份和科技产业化集团入选国务院国企改革办"科改示范企业"名单。加快国有企业数字化转型步伐,推动国贸股份与京东合作建设"国贸云链"、海翼集团机器人自动化生产线、公交集团"公交大脑""智慧驾培"数字化平台等项目建设。

五、厦门市国资委监管企业并购重组与完善法人治理结构情况

(一)推动战略性重组和专业化整合

厦门市属国有企业路桥集团、特房集团、市政集团、住宅集团共同出资设立园林花木集团,打造建设"高颜值生态花园之城"的国企平台。厦门国贸控股集团开展地产行业整合,成功完成上市公司地产业务剥离。顺利推进市属国有企业海翼集团并入国贸控股集团。

(二)持续完善法人治理结构

一是加强董事会建设落实董事会职权。全面落实董事会应建尽建、配齐建强,委派两批14名专、兼职外部董事到一级企业履职,一级及各级子企业董事会应建尽建比例99.81%,外部董事占大多数的企业比例98.55%。重要子企业层面有39户建立董事会,并全部制定落实董事会职权方案。出台《厦门市国资委所出资企业外部董事日常管理实施细则(试行)》《厦门市国资委所出资企业外部董事薪酬管理和考核评价试行办法》,进一步规范对外部董事的管理与监督。二是增强经理层经营活力。推动出资企业以章程为基础,建立董事会向经理层授权的管理制度,推动各级国有企业自主制定经理层任期制和契约化相关制度,签订业绩契约,鼓励企业经营管理者向经理层人员身份转换,2021年市场化选聘职业经理人1269人,占企业经营管理人员总数的54.07%,其中由市委组织部管理的一级企业职业经理人13人。三是推动试点企业监事会有效运作。在建发、国贸控股、象屿等企业按"一企一会"模式组建成立新一届监事会,加强对监事会的业务指导和日常管理协调。四是创建公司治理示范企业。国贸股份和路桥信息股份成功入围国务院国资委国有企业公司治理示范企业名单。

六、厦门市国资委监管企业建立和完善经营业绩考核体系情况

激励国有企业加大研发投入。在企业负责人经营业绩考核中,将企业研发投入视同利润,鼓励企业加大研发投入力度,并将重点企业科技投入指标纳入经营业绩考核和任期考核指标体系之中,对在科技创新方面取得重大成果的给予加分奖励。在企业工资总额管理中,对科技创新予以支持。企业实施重大科技创新项目,对效益或工资总额产生重大影响的,经认定后作为特殊事项管理并予以支持。

七、厦门市国资委监管企业负责人考核与选人用人机制改革情况

(一)完成企业负责人经营业绩考核和薪酬核定

在2020年度所出资企业负责人经营业绩考核中,对在疫情防控中因租金减免、物资捐赠、保供调运、物资储备等原因增加的成本费用,视同利润加回,

对在疫情防控过程中作出突出贡献的企业,给予额外加分。18家所出资企业中,15家考核等级为A级,3家考核等级为B级。

严格按照市委关于国有企业负责人薪酬制度改革相关规定,开展所出资企业负责人经营业绩考核,并核定薪酬。截至2021年底,厦门市国有企业负责人266人,平均薪酬89.89万元,比上年增长12.70%;市级国有企业负责人195人,平均薪酬102.71万元,比上年增长11.25%。高管薪酬变化趋势与国有企业效益指标变化趋势基本一致。

(二)加强国企人才选聘力度

一是线下组团引才,暖心送岗助力人才留厦。始终把社会责任扛在肩上,做稳就业、保就业的"稳定器"和"压舱石",开展线下招聘会近500场。发布管理与技术岗位1000余个,涉及行业包括软件开发、财务管理、产业投资、智库研究等40类。牵头组成国企引才团赴上海、西安、哈尔滨、郑州、南京等城市的10余所985、211高校开展专场招聘会,收到简历近1万份;走进厦门大学、集美大学等本土高校,达成就业意向近1000人,提供"扬帆计划"等各类实习岗位1000余个,将人才引进来、"留厦来"。主动担当,履行社会责任,提供退役军人安置岗位31个、随军家属安置岗位9个、援藏岗位4个,积极落实"留厦六条"。二是线上云端揽才,精准服务搭建双选平台。积极应对疫情防控新常态,开展国资国企网络招聘会205场,"直播带岗"12场,观看28.4万人次,线上揽才792人。全年招收各层次人才数量28864人,其中本科以上学历9606人;应届毕业生实际到岗2560人,其中本科以上学历1563人。建发集团、国贸控股集团获得全国人力资源管理杰出奖。

(三)规范国企干部监督管理

一是严格市场化招聘管理。印发《关于进一步规范市属国有企业人员招聘与管理的指导意见》,对禁止招聘、审慎招聘和任职回避三种类别进行划分,对人才招录实行全流程管理,防范用人风险。二是规范高级经营人才管理。下发《关于进一步规范市直管国有企业总监岗位管理的通知》,对国有企业高级管理人才的岗位设置、岗位职数、选拔任用提出具体要求,努力构建高素质经营队伍,选任总经理助理3人、总监5人、党办人资部负责人4人。三是健全国企监督人员队伍。联合下发《厦门市市直管国有企业纪检监察体制改革指导意见》,指导国企优化纪检监察机构,完善纪检监察专业队伍,任免纪检干部15人。调整优化11家国有企业监事会结构,按规定设立监事会办公室,任免监事17人。四是优化国企董事会队伍。出台《外部董事日常管理实施细则(试行)》《厦门市国资委所出资企业外部董事薪酬管理和考核评价试行办法》《厦门市国资委所出资企业外部董事履职工作指引(试行)》等系列制度,推动4名外部董事到位履职。五是规范配偶移居境外人员管理。出台《关于进一步加强配偶已移居国境外的国有企业工作人员任职岗位管理的暂行规定》,确保国企引才符合上级组织要求,对2名境外企业高管调整岗位。

八、厦门市国资委监管企业党的建设和廉政建设情况

(一)加强思想政治工作,夯实全面从严治党的思想根基

一是持续强化思想理论武装。发挥头雁作用,国资委党委全年开展中心组学习17次。出台中心组学习巡听旁听工作方案,强化国企党委中心组理论学习的规范性、实效性和计划性。组织国资国企深入开展党的十九届六中全会、习近平总书记"七一"重要讲话精神及来闽考察重要讲话精神的学习宣传贯彻,各级党组织开展专题宣讲400余场次、参与人数1.6万人次。二是扎实开展党史学习教育。召开系统学习动员大会,制定学习教育方案,举办国资系统党史学习教育专场报告会、市属国企党史学习专题培训班,推动国资国企党史学习教育活动走深走实。推荐主题红船"图强号"等3个场所入围市级第二批教育参观学习点,推荐5个场所入选全省首批国有企业爱国主义教育基地。举办国资系统党史学习教育"七个一"群众性主题宣传活动,红色观影会、读书会、音乐会等7场活动覆盖1680余名国企党员干部、团员青年。围绕增进民生福祉、服务企业发展,扎实推进国资国企"我为群众办实事"实践活动,完成项目373个。三是

打造国资党建献礼工程。组织召开国资系统庆祝建党100周年暨"两优一先"表彰大会,推荐表彰各级优秀共产党员89人、优秀党务工作者48人、先进基层党组织96个。开展"旗帜引领 奋楫争先"优秀党建品牌评选活动,评选出市属国企优秀党建品牌30个,进一步扩大市属国企党建品牌宣传示范效应。开展"国企党建故事征文"活动,评选优秀作品85篇、最佳组织奖3个,汇编出版《共同的名字》。大力开展国资国企党建工作专题宣传,拍摄制作国企党建宣传片《奋楫扬帆再起航》,以庆祝中国共产党成立100周年为主题,在《厦门日报》刊发20个整版国资国企特刊《耀世企航》。四是严格落实意识形态工作责任制。党委会议专题研究意识形态、网络意识形态工作4次,理论学习中心组专题学习意识形态工作5次,开展意识形态综合分析研判2次,形成定期部署、定期研判、定期总结的常态化机制。在2020年厦门市意识形态工作考核中,市国资委继续保持优秀等级。加强线上、线下宣传阵地建设管理,完善《意识形态工作阵地管理办法》,按照"谁主办谁负责""双审制"原则,进一步强化对各类论坛讲座、文化交流活动等阵地管理。制定《2021年度市直管国有企业意识形态工作责任制考核指标体系》,结合年度党建综合考核开展意识形态考评工作,推动国企党委落细落实意识形态工作责任。

(二)践行新时代党的组织路线,不断提升国企基层党建质量

一是将党的领导融入公司治理。推动市属国企集团及二、三级企业厘清党委决策经营管理事项清单,推进市属国企各级企业"党建入章"工作,明确党组织在法人治理结构中的法定地位。持续落实"双向进入、交叉任职"要求,调整12家国企董事会结构,增补2名总经理、6名党委副书记进入董事会,将10名经营班子成员及中层人员调整出董事会,确保党委把方向、管大局、保落实的领导作用充分发挥。二是夯实基层党建基础。落实党组织应建必建要求,2021年国资系统新设立党组织193个,换届412个,发展党员909人,新增专兼职党务干部236人。坚持把政治标准放在首位,逐级选举产生国资系统党代表160人、市党代表26人,酝酿省党代表推荐人选3人,高质量完成党代表选举工作任务。根据"一街道一国企"和"1+5+N"要求,推动国企做好精准"双报到",2021年市直管国有企业447个党组织、10766名党员完成报到,建立党员先锋岗位、责任区344个,党员志愿服务队伍395个。

(三)持之以恒正风肃纪,推动党风廉政建设向纵深发展

一是持续推进作风建设。驰而不息纠治"四风",学习贯彻市纪委中央八项规定精神"正负面清单",加大查处问责力度,国资系统全年查处违反中央八项规定精神问题13起,处理党员干部24人。完善挂钩服务企业制度,市国资委领导牵头各处室深入企业调研,主动服务、靠前服务,发现真情况、解决真问题。深入开展"再学习、再调研、再落实"活动,坚持目标导向、问题导向、结果导向,围绕国资布局、智慧国资、产权管理等课题开展调研,进一步明晰发展思路、补齐工作短板。二是加强重点领域廉政风险防控。加强市属国企工程招投标廉政风险防控,建立健全制度体系,推动出台《关于进一步加强厦门市市属国有企业工程招投标廉政风险防控的通知》《进一步加强厦门市国有企业工程招投标廉政风险防控的若干措施》。三是从严监督执纪问责。旗帜鲜明支持派驻纪检监察组履行监督职责,强化案件查处,2021年国资系统受理信访举报167件,办结139件,立案20件,党纪处分21人,诫勉20人次,批评教育8人次,谈话提醒24人次。通过正风肃纪,进一步在国资国企系统释放从严执纪的强烈信号。

(撰稿人:魏江南)

江西省

一、江西省国有资产监督管理工作综述

2021年,江西省国资国企坚持以习近平新时代中国特色社会主义思想为指导,坚决贯彻落实党中央、

国务院和省委、省政府决策部署,聚焦"作示范、勇争先",从恢宏党史中汲取智慧力量,以奔跑的姿态前行,用决战的状态实干,国资国企各项工作取得显著成效。

(一)经济效益创历史最好水平,企业稳中向好的发展态势更加巩固

一是经营业绩创历史新高。江西省国有企业资产总额突破6万亿元,3年连跨3个万亿元台阶;营业收入超过1.1万亿元,历史性突破1万亿元大关,实现利润513亿元。其中,省属企业资产总额1.7万亿元;营业收入8202亿元、利润总额近300亿元,分别比上年增长30%、47%;资产总额、营业收入、净利润分别居全国第17位、第9位、第11位。8个地市实现收入比上年增长,增收面超七成。江铜集团、新钢集团、建材集团分别实现利润80.3亿元、51.5亿元、28.7亿元,占省属企业利润50%以上。南昌市实现利润总额77.6亿元,占地市利润的35.6%。总体看,全省、省属、省国资委监管企业主要指标增长均创历史最好水平。二是提质增效成果显著。深入开展对标一流管理提升行动,市国资委监管企业年化净资产收益率7.6%,比上年增加2.4个百分点,百元营业收入支付的成本费用比上年下降0.5元,全年提质增效增利超过40亿元,成为驱动企业效益大幅提升的核心动能。其中,江铜集团、新钢集团提质增效超过10亿元,江钨控股集团、建材集团、江西水投分别增效5.7亿元、4.3亿元、2.5亿元。三是重大项目加快推进。17家省属企业年度完成投资904亿元,比上年增长10.5%。开展"省企入景""省企入饶"行动,签约合作项目42个,计划投资总额1439.4亿元。省投资集团信丰电厂、丰电三期项目压茬推进,高安八景风电等项目新增装机14.37万千瓦,储备装机242万千瓦。省港口集团全年建成项目7个、新开工项目6个,项目投资比上年增长50%。四是社会贡献稳步提升。省属企业职工人数18.3万人,比上年新吸纳就业0.05万人;实现税费239.8亿元,比上年增长36.5%;减免租金2.1亿元,惠及服务业小微企业、个体工商户3.5万户。鹰潭市工控公司应对疫情扶持铜产业若干措施获省政府及时奖励。省投资集团全力打好能源保供攻坚战,累计发电76亿千瓦·时、日均供气突破1100万立方米。大成国资集团获评"江西省脱贫攻坚贡献企业",大成仓消费扶贫案例入选2021年全国消费帮扶助力乡村振兴典型案例。长天集团"一老一小"做法得到央视等权威媒体点赞。省旅游集团首创并成功举办第四届"全民旅游消费节"。省出版集团、省文演集团、江西报业传媒集团、江西广电传媒集团围绕庆祝建党百年等重大主题,推出一系列精品力作,形成讴歌建党百年光辉历程的"大合唱"。省金控集团、江西银行、省融资担保集团积极践行责任担当,有力提升服务实体经济的能力水平。

(二)国企改革取得阶段性显著成效,企业发展活力动力更加激发

一是党的领导有机融入公司治理。江西省国资委监管企业集团和重要子企业100%制定党委前置研究事项清单,"两个一以贯之"要求全面落实。抚州市在江西省率先出台《市属国有企业在完善公司治理中加强党的领导的实施意见》。二是现代企业制度持续完善。监管企业集团和重要子企业100%实现董事会"应建尽建",列入清单的监管企业100%实现外部董事占多数;100%监管企业集团建立董事会向经理层授权的管理制度。三是市场化改革压茬推进。监管企业集团层面100%实施任期制和契约化管理,其中18%实行职业经理人制度。实现员工公开招聘、签订劳动合同、全员绩效考核"3个100%",35%的企业管理人员实行竞争上岗,5%的监管企业管理人员实行末等调整或不胜任退出。四是混合所有制改革蹄疾步稳。"百户国企混改攻坚行动"全面收官,引入非国有资本合计超过90亿元。推动混合所有制企业深度转换经营机制,混合所有制改革工作在全国国企改革月例会上作典型发言。省属440余家混合所有制企业全部建立董事会或设立执行董事,80%以上实现外部董事占多数。江盐集团正式向中国证监会提交IPO申报材料,景德镇市成功收购上市公司广东正业科技股份有限公司股权。五是国企改革专项工程进展顺利。7家"双百企业"综合改革完成阶段性目标,177项改革措施完成153项,完成率86%,江铜集团获全国A类评级。"双百行动""科改示范行动"等专项行动取得实效,3户企业被评为全国标杆。

(三)科技创新实现新突破,企业高质量发展动能更加强劲

通过考核引导、政策支持、资金扶持等措施,推动企业加快由要素驱动向创新驱动转变。一是科技创新机制不断健全。探索实施重大科研项目"揭榜挂帅"制度,公开发布第一期江西省国资系统"揭榜挂帅"10项重大技术需求榜单,5个项目成功揭榜并进入研发阶段,3个项目形成对接意向。二是科技研发投入持续增长。2021年安排2000万元国有资本经营预算专项资金支持重大科技项目。省出资监管企业全年研发投入128.55亿元,比上年增长47.59%,工业企业R&D投入强度3.22%,江西省国资委连续三次被评为"加大全社会研发投入攻坚行动优秀省直单位"。江西国控创新投入4.77亿元,比上年增长241%。军工集团R&D费用占比超过10%,连续多年位居省属企业前列。三是科研平台建设稳步推进。2021年,江西省国有企业拥有国家级创新平台12个、省级创新平台80个,高新技术企业95家,博士后科研工作站8家、院士工作站2个。江铜集团、江西建工、江咨集团等企业分别与院校、科研机构合作成立多个研究院。四是重点企业"创新倍增"全面完成。江铜集团"三年创新倍增"提前实现,全年营业收入、利润总额均创历史最好成绩,分别为2016年末的2倍、4倍,2021年"世界500强"排第225位,比上年前移118位。新钢集团"转型升级冲千亿"如期完成,营业收入、利润总额分别为2016年末的3倍、15倍,经济效益进入84家大中型钢铁企业前20位。五是取得一批科研成果。江铜集团石墨—铜(铝)复合材料取得重大突破,新钢集团高强度汽车用钢关键制造技术研究及产业化获得2020年度江西省科技进步二等奖。江西国控子企业生产的电容器成功应用于航空航天领域。

(四)国资监管体制加快完善,专业化体系化法治化监管优势更加彰显

持续落实强化出资监管企业监督监管工作12条措施,全面加强风险管理,整合各项监督力量作用,形成严监管、强监督的常态化机制。一是不断优化监管方式手段。整合财务、法务、审计、监事会等监督资源,与派驻纪检监察组共同建立情况通报、会商研判常态化工作机制,重大事项及时通报。探索实行总审计师制度,8名监事会主席兼任或协管审计工作。加快监管信息化步伐,每月通过江西省国资国企在线监管系统对企业"三重一大"制度落实情况进行督查。九江市监管平台入选江西省数字经济优秀案例100例。新余市推动产权管理信息化建设,不断规范企业国有资产交易。二是全面防范化解重大风险。健全完善全面风险管理制度,探索形成风险管理常态化监管、督导机制。2021年,江西省国资委监管企业排查出907项风险事项,形成处置清单,化解682项,化解率75.2%。省铁航集团全面强化风控措施,定期开展风险排查,风险管理取得明显成效。宜春市、萍乡市、赣江新区制定出台多项制度加强项目资金管理,开展投后跟踪评价。层层落实安全生产责任,落实信访责任制,安全维稳工作得到相关部门表扬。三是继续推进经营性国有资产集中统一监管。省直机关列入分类处置清单的267户企业处置完成216户,完成率81%。各地市继续加大集中统一监管力度,南昌市资产规模连跨2个千亿元台阶,达到8938亿元,赣州市和上饶市资产规模超过7000亿元,吉安市资产总额比上年增长43.3%。四是加大违规责任追究力度。规范出资企业责任追究工作机制,开展综合监督检查和粮食购销领域问题专项整治工作,建立健全企业内部监督体系,不断提高监督效能。2021年,江西省国资委及出资监管企业开展追责项目37个,追责342人次,挽回损失3814.19万元。

二、江西省国有资产总量与结构分析

表1　　2021年江西省国有企业指标

项　目	金　额(亿元)
资产总额	61677
所有者权益	24095
国有资产总量	21877
营业收入	11576
利润总额	513
净利润	407

续表

项 目	金 额(亿元)
归属于母公司所有者的净利润	278
应交税金总额	396
实际上缴税金总额	350

表2　2021年江西省国有企业户数情况

2020年户数(户)	2021年户数(户)	比上年增长(%)
3282	4184	27.5

表3　2021年江西省国有资产按地区分布情况

地　区	国有资产(亿元)	占国有资产总量比重(%)
省属企业	3380	15.4
地市企业	18498	84.6
南昌市	2706	12.4
赣州市	2871	13.1
九江市	1127	5.2
新余市	405	1.9
上饶市	3383	15.4
景德镇市	1121	5.1
宜春市	2641	12.1
抚州市	1501	6.9
吉安市	1519	6.9
萍乡市	467	2.1
鹰潭市	756	3.5
合　计	21878	100.0

注：表中合计数与国有资产总量数值有偏差是由于四舍五入所致。

表4　2021年江西省国有资产按行业分布情况

行　业	国有资产(亿元)	占国有资产总量比重(%)
农林牧渔业	800	3.7
工业	2154	9.8
建筑业	4218	19.3
交通运输业	2069	9.5
仓储业	33	0.2
商贸业	224	1.0
房地产业	3498	16.0
信息传输、软件和信息技术服务业	74	0.3
社会服务业	7041	32.2
教育文化广播业	216	1.0
科学研究和技术服务业	317	1.4
金融业	767	3.5
其他	466	2.1
合　计	21877	100.0

表5　2021年江西省国有资产按经营规模分布情况

经营规模	国有资产(亿元)	占国有资产总量比重(%)
大型企业	4118	19
中型企业	5842	27
小型企业	7742	35
微型企业	4175	19
合　计	21877	100

三、江西省国有资本保值增值综合分析评价

2021年，江西省国有资本保值增值率101.4%，省属企业国有资本保值增值率104.7%，设区市企业国有资本保值增值率100.9%，省属国有资本保值增值情况优于市属国有资本。

表6 2021年江西省国有企业地区和行业国有资本保值增值情况

地 区	国有资本保值增值率（%）	行 业	国有资产保值增值率（%）
南昌市	102	农林牧渔业	100
九江市	100	工业	108
景德镇市	101	建筑业	101
萍乡市	103	交通运输业	101
新余市	99	仓储业	99
鹰潭市	102	商贸业	106
赣州市	101	房地产业	101
宜春市	100	信息传输、软件和信息技术服务业	110
上饶市	100	社会服务业	101
吉安市	101	教育文化广播业	107
抚州市	101	科学研究和技术服务业	101
		金融业	104
		其他	103

四、江西省国资委监管企业改革发展情况

江西省国资国企坚决贯彻落实党中央、国务院和省委、省政府关于国企改革三年行动的决策部署，以"作示范、勇争先"的昂扬斗志，以创造"第一等改革业绩"的使命担当，全面发力、多点突破，蹄疾步稳推动各项改革任务落地见效，重点领域和关键环节改革成果丰硕。截至2021年底，江西省三年行动整体改革任务完成率93%。在2021年上半年、2021年度评估中连续两次获评全国A级，稳居全国"第一方阵"。

（一）积极稳妥推进混合所有制改革，有效放大国有资本功能

出台《江西省省属国有企业混合所有制改革操作指引》，推动101户"百户国企混改攻坚行动"企业通过出资新设、增资扩股、股权转让等方式引入社会资本90亿元，实现国有资本与社会资本的有效融合。指导完成江西省赣华安全科技有限公司、山东恒邦冶炼股份有限公司、江西铜锐信息技术有限公司、江铜耶兹铜箔有限公司、江西洪都数控机械股份有限公司、南昌对外工程有限责任公司等6户企业员工持股试点工作，打造员工与企业发展的命运共同体。大力提高国有资本证券化水平，2019—2021年新增国有控股上市公司10家，江西省国有控股上市公司累计33家。指导推动江西省盐业集团股份有限公司、江西钨业控股集团有限公司、江西国科军工集团股份有限公司、江西联晟电子股份有限公司及中国瑞林工程技术股份有限公司等企业IPO上市工作，加快推进江西润田实业股份有限公司、江铜耶兹铜箔有限公司、江西方兴科技有限公司分拆上市工作。着力提升上市公司质量和价值创造能力，支持上市公司江西国泰集团股份有限公司以非公开协议增资方式控股江西澳科新材料科技股份有限公司，进一步完善企业产业链；指导安源煤业集团股份有限公司等困难上市公司依法合规处置亏损资产，妥善解决经营困难。加大上市后备资源培育力度，8户监管企业申报入选2021—2022年度"映山红"企业名单。

（二）持续深化三项制度改革，加速形成灵活高效的市场化经营机制

全面推行经理层成员任期制和契约化管理，积极试点职业经理人制度，出资监管企业中2098名经理层成员（含201名职业经理人）签订"两书一协议"，突出经营业绩考核和刚性奖惩，经理层成员的积极性和内生动力得到有效激发。将新进员工公开招聘、全员签订劳动合同，实行管理人员竞争上岗、末等调整或不胜任退出纳入企业高质量发展考核体系，推动出资监管企业全面实行市场化用工，2021年，新进员工公开招聘率、劳动合同签订率均100%；35%的管理人员实现竞聘上岗，5%的管理人员实行末等调整或不胜任退出。756户出资监管企业实行全员绩效考核，推动薪酬分配向作出突出贡献的人才和一线苦脏险累人群倾斜。支持符合条件的出资监管企业探索建立短、中、长期相结合的多元化激励体系，76户企业实施中长期激励措施，覆盖2537名关键岗位核心人才，有效调动企业骨干员工的积极性、主动性。

(三)加快推动国有企业"瘦身健体",大力提高国有资本配置运行效率

强力推进低效无效资产清理处置,完成541户"僵尸企业"、15户重点亏损子企业和5户"两非""两资"企业完成清理处置工作,全力盘活土地、股权等资产,促进国有资本进一步向重要行业和关键领域流动,为国有经济高质量发展提供可靠保障。剥离国企办社会职能和解决历史遗留问题全面扫尾,100%的出资监管企业完成"三供一业"和市政社区分离移交、所办医疗教育机构深化改革、退休人员社会化管理和厂办大集体改革工作,推动企业轻装上阵、聚力发展。

(四)做深做精国企改革专项工程,以点带面推动改革持续深化

大力推动7户"双百企业"按照"五突破一加强"要求,扎实推动各项改革任务,截至2021年底,177项改革措施完成153项,完成率86%。指导江西华赣瑞林稀贵金属科技有限公司在完善公司治理、市场化选人用人、强化激励约束、提升自主创新能力等方面取得新突破,在国务院国企改革办"科改示范企业"专项评估中获评"良好"。组织做好"科改示范行动"充实扩围工作,江西新余国科科技股份有限公司、赣州金环磁选科技装备股份公司、江西新余国泰特种化工有限责任公司、江西景光电子有限公司等4户企业新纳入"科改示范企业"名单。指导推动江西省国有重点企业开展对标一流管理提升行动,截至2021年底,纳入对标提升行动的15家出资监管企业的507项重点提升任务完成450项,完成率88%。江西铜业集团有限公司、江铃汽车集团有限公司被确定为管理标杆企业,新余钢铁集团有限公司信息化智能化系统被确定为管理标杆项目。

五、江西省国资委监管企业并购重组与完善法人治理结构情况

(一)加快推动布局优化和结构调整,有效壮大国有企业实力

大力推进新余钢铁集团有限公司与中国宝武钢铁集团有限公司联合重组,加速新余钢铁集团有限公司转型升级,推动中国宝武钢铁集团有限公司"一基五元"产业在江西的发展布局。赣州稀土集团有限公司参与组建中国稀土集团有限公司,并以中国稀土集团有限公司总部落地赣州为契机,推动稀土矿山复产,吸引集聚产业链上下游投资,大力发展永磁电机、硬质合金刀钻具等领域应用。持续深化国有资本投资运营公司改革,将江西铜业集团有限公司、江西省水利投资集团有限公司、江西省交通投资集团有限责任公司、江西省铁路航空投资集团有限公司等4家省属国有企业股权划入江西省国有资本运营控股集团有限公司,打造万亿资产规模的省级引领性产业投资大平台;设立千亿级江西省现代产业引导基金,重点投向江西省14条重点产业链,发展壮大数字经济、智能制造、新能源、新材料、生物医药等战略性新兴产业。

(二)加快完善法人治理结构,有力提高国有企业运转效率

加强制度建设顶层设计,形成以《江西省关于省属国有企业在完善公司治理中加强党的领导的意见》为统领,以加强党的领导、规范董事会建设、完善公司治理、强化监督等4个领域为支撑的文件体系,为各治理主体规范运作提供制度依据和操作指引。指导推动15户出资监管企业集团及所属637户企业完成"党建入章"。完善"双向进入、交叉任职"领导体制,各出资监管企业集团100%实现党委书记、董事长"一肩挑"。15户出资监管企业集团及所属75户重点子企业制定党委前置研究事项清单,党组织与其他治理主体的权责边界更加清晰,决策程序更加规范。持续加强外部董事选聘和管理,100%的出资监管企业实现董事会"应建尽建"和外部董事占多数。75户重要子企业率先落实重点职权6项,更好发挥董事会定战略、作决策、防风险作用。100%的出资监管企业集团完善董事会向经理层授权的管理制度,合理确定授权事项范围,健全授权事前、事中、事后管理机制,有效提升企业的决策效率和自主经营能力。健全总经理对董事会负责、向董事会报告机制,有力促进和保障经理层依法行权履职。

六、江西省国资委监管企业建立和完善经营业绩考核体系情况

（一）全面推进经理层成员任期制和契约化管理，进一步优化完善经营业绩考核体系

江西省国资委聚焦推进经理层成员任期制和契约化管理的关键环节和重要内容，坚持业绩导向，坚持授权放活，在全面落实董事会对经理层的业绩考核权、薪酬管理权的基础上，通过具体指导企业起草制定考核和薪酬管理办法以及规范业绩责任书，明确岗位职责、明确任务指标、明确计分规则、明确退出红线、建立刚性退出机制，压实董事会契约管理责任，进一步建立完善既压力层层传导又充分激发微观主体活力的经营业绩考核体系。截至2021年底，所有出资监管企业均全层级完成经理层成员任期制和契约化管理，集团层面及各级子企业实现任期制和契约化管理的经理层成员总人数占比均为100%。

（二）深入推进职业经理人制度试点，分层分类积极稳妥推进市场化薪酬改革

总结梳理前期试点经验做法和存在问题，指导出资监管企业做好权属企业职业经理人经营业绩考核和薪酬管理相关工作，进一步深入推进职业经理人制度试点。科学统筹指导，区分企业功能定位，坚持共性与个性相统一，指导企业构建考核体系，设计薪酬模型、确定薪酬水平并畅通职业经理人退出通道。坚持市场导向，职业经理人需承担市场因素对业绩带来的影响，按照市场化原则，指导企业"严考核、强激励、硬约束"，业绩考核结果严格与薪酬分配、聘任期限等挂钩，严格身份转换，杜绝借改革之名变相增加高管收入的现象。两家试点企业职业经理人，在综合研判业绩贡献的基础上，2020年度薪酬较同层级人员高10%左右。

七、江西省国资委监管企业负责人考核与选人用人机制改革情况

（一）加强企业领导班子和领导人员的考核评价

一是认真开展省管企业领导班子和领导人员测评。对8户省管企业领导班子、51名企业领导人员、11名企业内设监事会主席开展2020年度考核评价，经报请省国资委党委会研究同意，2户省管企业领导班子评为"优秀"、6户领导班子评为"良好"；10名企业领导人员评为"优秀"，其余28名均为"称职"。二是同步开展企业董事会、董事年度考核工作。对15家企业董事会和56名董事进行考核测评，经报请省国资委党委会研究同意，4户企业董事会评为"好"，8户企业董事会评为"较好"，3户董事会评为"一般"；7名专职外部董事和10名兼职外部董事均评为"称职"。

（二）强化企业领导人员日常监督管理

一是全面开展政治谈话。制定印发《省国资委党委开展政治谈话加强对出资监管企业"一把手"和领导班子监督的工作方案》，完成对8户省管企业及中国瑞林18名正职、15户出资监管企业、中国瑞林75名副职的政治谈话工作。推动政治谈话向基层延伸，15户出资监管企业的集团领导与1231名下属单位党员干部进行政治谈话。二是规范个人有关事项填报。完成2021年省管企业领导人员集中填报个人有关事项工作，随机抽查8人，重点查核7名拟提拔人选，1人因漏报情节较重被给予诫勉并通报处理。三是规范兼职和因私出国（境）工作。开展省管企业领导人员及中层管理人员违规兼职专项整治工作，其中4名省管企业领导人员退出6项未履行报批、备案手续的违规兼职。从严控制企业领导人员兼职，审核批复企业领导人员兼职23人次。建立省管企业领导人员持有因私出国（境）证件情况台账，审批1名已退休企业领导人员因私出国（境）延期，接收7名新任省管企业领导人员因私出国（境）证件。

（三）加强企业人才队伍建设

一是健全完善人才工作制度体系。制定印发《关于加强省出资监管企业经营管理人才队伍建设的意见》，为加强各出资监管企业经营管理人才队伍建设提供规范指导。二是狠抓企业高层次人才队伍建设。持续实施"十百千"人才培养计划，调整下发《省出资监管企业"十百千"人才培养计划任务分解表》，进一步压实企业人才培养责任。做好各类重大人才工程申报推荐工作，推荐建工集团申报2021年度新设博

士后创新实践基地,推荐江铜集团、江钨集团、建材集团各1人为2021年"西部之光"访问学者。举办省出资监管企业优秀党员年轻干部暨青年马克思主义者培训班,46名企业优秀年轻干部参加培训;选派18名企业高层次人才分别参加江西省哲学社会科学教学科研骨干研修班、江西省高层次人才国情研修班、江西省县处级女性领导干部培训班、江西省第九期女性(科技)人才研修班的学习培训。三是多措并举组织企业招才引智。征集汇总出资监管企业2021年度人才引进计划,编制并发布企业2021年人才需求目录。积极组织企业参加2021年"才聚江西 智荟赣鄱"系列高层次人才引进线上和赴省外985高校现场招聘活动。

八、江西省国资委监管企业党的建设和廉政建设情况

(一)不断加强党的领导

推动省属企业及其所属171家子企业党委全面建立"第一议题"制度,汇编《习近平总书记关于国资国企改革发展党建工作重要论述摘编》(第二版)。高质量开展党史学习教育,示范推动各企业、职校党委层面开展党史专题学习277次,2220个基层党组织开展专题学习15096次,开展各级各类宣讲3360场次,覆盖121573人次,在省内外各主流媒体报道260余条篇党史学习教育经验和成效。围绕"为企业解难题、为民生添保障、为职工办实事、为地方发展助力"主题,在江西省国资国企系统开展"我为群众办实事"实践活动,其中,企业层面建立实事清单3801件、销号3728件。

(二)不断提升党建质量

专题召开习近平总书记全国国企党建会重要讲话发表五周年学习座谈会暨省属企业基层党建"三化"建设推进会,组织开展全国国企党建会精神贯彻落实情况"回头看"。15家监管企业及所属637家企业完成"党建入章",2027个党组织完成"三化"建设,完成率98.5%。把全面加强党的领导和党的建设写入江西省"十四五"国有经济发展规划,推动16家集团公司及重要子企业把党的建设要求写入企业"十四五"发展规划,党的领导地位在企业长远发展中更加明确。国有企业党的建设形成一批特色品牌。16家企业深入探索党建服务生产经营的着力点,总结提炼江铜集团大党建体系、新钢集团"三个三"党建体系、江西省建材集团党员揭榜挂帅"出题领题解题破题"等一批江西国有企业党建特色品牌。召开江西省国资委系统庆祝中国共产党成立100周年暨"七一"表彰大会,表彰省国资委系统"两优一先"对象298人,颁发"光荣在党50年"纪念章879枚,推进产生一批全国、江西省"两优一先"、脱贫攻坚、"新时代赣鄱先锋"先进个人和先进集体,形成"比学赶超"的浓厚氛围。

(三)不断深化全面从严治党

深刻汲取重大违规违纪案件教训,做好"后半篇文章"工作。召开江西省国资国企全面从严治党工作会暨钟晓云案警示教育大会,开展集中警示教育活动。全面压实企业党委主体责任,组织工作专班逐户对企业开展督导,对企业制定的839条措施进行综合检查。汇总日常检查发现的问题与驻委纪检监察组共同"综合会诊",梳理企业整改落实存在的5个方面155个问题,形成一企一"诊断书",正式印发给企业。严格执行公务回避排查制度,在3轮全覆盖式排查基础上,集中对16家集团公司进行抽查,将抽查排查结果形成"禁止交易企业名单"在企业动态公布。强化党委书记抓基层党建述职评议考核,重点关注企业领导人员重经营轻党建、履行"一岗双责"有差距等问题,做好企业领导人员政治谈话。盯紧重要节点和关键环节,持续开展作风整治,积极转作风、树新风。

(撰稿人:曾红梅)

山东省

一、山东省国有资产监督管理工作综述

2021年,山东省国资监管系统和国有企业坚持以

习近平新时代中国特色社会主义思想为指导,深入贯彻党的十九大和十九届历次全会精神,锚定"走在前、开新局",迎难而上、砥砺奋进,推动国资国企各项工作取得新突破,在 2021 年国务院国有企业改革领导小组办公室组织的两次国企改革三年行动评估中,山东省均列 A 级。

二、山东省国有资产总量与结构分析

截至 2021 年底,山东省国有企业资产总额 167359 亿元,比上年增长 21.84%;负债总额 114455 亿元,比上年增长 20.83%;所有者权益 52904 亿元,比上年增长 24.07%;国有资产总量 40653 亿元,比上年增长 25.72%。全年实现营业收入 34387 亿元,比上年增长 18.52%;利润总额 1841 亿元,比上年增长 29.68%;净利润 1345 亿元,其中归属于母公司所有者的净利润 534 亿元,增长 18.14%;实际上缴税金总额 1647 亿元,比上年增长 19.59%。全年平均职工人数 150.69 万人。

表 1　2021 年山东省国有企业指标

项　目	金　额(亿元)
资产总额	167359
所有者权益	52904
国有资产总量	40653
营业收入	34387
利润总额	1841
净利润	1345
归属于母公司所有者的净利润	534
实际上缴税金总额	1647

截至 2021 年底,山东省国有企业 15089 户,比上年增加 2490 户,增长 19.76%。

表 2　2021 年山东省国有企业户数情况

2020 年户数(户)	2021 年户数(户)	比上年增长(%)
12599	15089	19.76

从隶属关系分布看,青岛、潍坊、济南三市国有资产规模较大,分别为 8544 亿元、5835 亿元、3346 亿元,占全省国有资产总量的 21.02%、14.35%、8.23%。16 个市中,青岛市国有资产居 16 个市之首,国有资产最少的是枣庄市,为 569 亿元。

表 3　2021 年山东省国有资产按地区分布情况

地　区	国有资产(亿元)	占国有资产总量比重(%)
省级企业	5835	14.35
地市企业	34818	85.65
济南市	3346	8.23
青岛市	8544	21.02
淄博市	1716	4.22
枣庄市	569	1.40
东营市	665	1.64
烟台市	2174	5.35
潍坊市	5835	14.35
济宁市	1572	3.87
泰安市	1261	3.10
威海市	1941	4.77
日照市	940	2.31
临沂市	1746	4.30
德州市	1329	3.27
聊城市	759	1.87
滨州市	1230	3.03
菏泽市	1192	2.93
合　计	40653	100.00

从国有资产行业分布情况看,主要集中在租赁和商务服务业、房地产业、交通运输仓储和邮政业、建筑业、制造业。租赁和商务服务业国有资产总量 14076.68 亿元,占比 34.63%;房地产业国有资产总量 5334.75 亿元,占比 13.12%;交通运输、仓储和邮政业国有资产总量 4893.54 亿元,占比 12.04%;建筑业国有资产总量 3608.99 亿元,占比 8.88%;制造业国有资产总量 2773.51 亿元,占比 6.82%。

表4　2021年山东省国有资产按行业分布情况

行　业	国有资产（亿元）	占国有资产总量比重(%)
农林牧渔业	219.42	0.54
采矿业	2052.45	5.05
制造业	2773.51	6.82
电力、热力、燃气及水的生产和供应业	1105.03	2.72
建筑业	3608.99	8.88
批发和零售业	621.35	1.53
交通运输、仓储和邮政业	4893.54	12.04
住宿和餐饮业	52.77	0.13
信息传输、软件和信息技术服务业	256.05	0.63
金融业	2214.70	5.45
房地产业	5334.75	13.12
租赁和商务服务业	14076.68	34.63
科学研究和技术服务业	228.49	0.56
水利、环境和公共设施管理业	2221.84	5.47
居民服务、修理和其他服务业	517.91	1.27
教育	27.65	0.07
卫生和社会工作	31.11	0.08
文化、体育和娱乐业	350.61	0.86
公共管理、社会保障和社会组织	65.95	0.16
合　计	40653.00	100.00

从经营规模分布情况看，山东省国有企业中大型企业420户，国有资产总量9351亿元，占比23%；中型企业1847户，国有资产总量8319亿元，占比20.46%；小型企业4952户，国有资产总量13936亿元，占比34.28%；微型企业7870户，国有资产总量9046亿元，占比22.25%。

表5　2021年山东省国有资产按经营规模分布情况

经营规模	国有资产（亿元）	占国有资产总量比重(%)
大型企业	9351	23.00
中型企业	8319	20.46
小型企业	13936	34.28
微型企业	9046	22.25
合　计	40653	100.00

三、山东省国有资本保值增值综合分析评价

2021年，山东省企业国有资本保值增值率102.33%。从隶属关系看，省级企业国有资本保值增值率104.04%，市级及以下企业国有资本保值增值率102%。从行业分布看，除农林牧渔业、住宿和餐饮业、采矿业等少数行业未实现国有资本保值增值外，其他各行业均实现国有资本保值增值。

表6　2021年山东省国有企业地区和行业国有资本保值增值情况

地　区	国有资本保值增值率(%)	行　业	国有资本保值增值率(%)
省级企业	104.04	农林牧渔业	92.13
地市企业	102.00	采矿业	95.40
济南市	103.01	制造业	113.67
青岛市	105.71	电力、热力、燃气及水的生产和供应业	100.82
淄博市	101.55	建筑业	102.35
枣庄市	105.20	批发和零售业	110.94
东营市	102.15	交通运输、仓储和邮政业	101.42
烟台市	101.91	住宿和餐饮业	89.26
潍坊市	100.82	信息传输、软件和信息技术服务业	103.01
济宁市	101.46	金融业	105.24
泰安市	96.74	房地产业	102.19
威海市	98.64	租赁和商务服务业	101.35

续表

地　区	国有资本保值增值率(%)	行　业	国有资本保值增值率(%)
日照市	100.27	科学研究和技术服务业	103.48
临沂市	98.09	水利、环境和公共设施管理业	101.08
德州市	100.82	居民服务、修理和其他服务业	102.91
聊城市	107.56	教育	100.23
滨州市	99.31	卫生和社会工作	109.62
菏泽市	100.77	文化、体育和娱乐业	102.60
		公共管理、社会保障和社会组织	114.47

四、山东省国资委监管企业改革发展情况

（一）加快建设中国特色现代企业制度

深化党的领导融入公司治理，省属一级企业及重要子企业全部制定党组织前置研究讨论重大事项清单。制定《加强省属企业董事会建设的意见》《省属企业外部董事管理办法》等文件，省属各级企业董事会实现应建尽建，已建立董事会的企业按要求全部实现外部董事占多数。加强企业管理能力建设，选取25户企业开展对标世界一流企业管理提升行动，在国务院国资委"三个标杆"评选中，山东能源、华鲁恒升、青岛双星等3户企业入选标杆企业，中泰证券数字化转型与流程管理入选标杆项目，潍柴集团特色WOS管理模式入选标杆模式。

（二）健全完善市场化经营机制

持续深化三项制度改革，开展改革效能评估，省属企业管理人员末等调整或不胜任退出占比3.87%，比上年增长超3倍；新进员工公开招聘率100%，员工市场化退出率2.6%；全员绩效考核实现全覆盖，管理人员薪酬结构中绩效年薪占比超过60%；省属各级企业全面推行经理层成员任期制和契约化管理。在14家省属控股上市公司实施股权激励、318家非上市公司实施中长期激励试点，两项指标占比均居全国省级监管企业前列。在全国率先出台混合所有制改革后评价和差异化管控制度。近年来，省属企业通过实施混合所有制改革引入社会资本289亿元，泰山保险引入德国安顾集团，国家开发投资集团增资山东特检，山钢集团与中国宝武联合重组取得重大进展。山东国惠控股圣阳股份，新风光成为省内首家科创板企业，省属控股上市公司增至47家，资产证券化率超过60%。在全国率先出台《加强省属企业混合所有制改革全过程监督的实施意见》，建立混合所有制改革全过程监督机制。

（三）持续优化国有资本布局结构

发布《"十四五"省属国资国企改革发展规划》，出台《推动省属企业新旧动能转换"五年取得突破"的实施意见》，修订《省属企业战略规划管理暂行办法》，引领推动国有经济高质量发展。坚持心无旁骛攻主业，建立主业动态调整机制，省属企业年度投资主业占比99%，列入非主业资产清理整合计划的388户企业基本完成清理退出。山东健康与鲁华集团、山东能源与山东地勘完成联合重组。已重组整合企业内部协同效应加速显现，山东重工中重卡、发动机、变速箱产销量蝉联全球第一，山东能源跃居"世界500强"第70位，山东港口货物吞吐量跨越15亿吨、稳居世界第一。中欧班列（齐鲁号）全年开行1825列，比上年增长21.2%。成功举办第四届中国企业论坛，签约项目56个、合同金额1741亿元。

（四）着力增强企业科技创新能力

出台《进一步推动省属企业科技创新发展的若干意见》《大力支持省属企业加快科技创新的十条激励措施》，将研发投入强度、扩大首台（套）装备和首批次新材料应用等纳入企业负责人经营业绩考核，省属企业研发经费投入389.1亿元，比上年增长52.1%，研发投入强度1.95%。山东重工承建国家首个燃料电池技术创新中心，成功制造国内首辆自主知识产权智能雪蜡车，推出全球首款本体热效率51.09%柴油机；华鲁集团抗老年痴呆创新药物即将进入临床阶段，有望成为全球首个在此靶点突破的新药；全球首个顺岸开放式全自动化集装箱码头在山东港口日照港建成。

(五)全力服务重大基础设施建设

山东铁投投资建设的鲁南高铁曲阜至菏泽至庄寨段开通运营,山东省高铁运营里程稳居全国前三;山东机场规划建设的济南国际机场二期改扩建工程获国家批复立项,菏泽牡丹机场建成开航;山东高速实现年度"5条路通车、10条路开工",建成全国首个"改扩建+智慧高速"交通强国试点项目——京台高速泰安至枣庄段;山东发展装机容量400万千瓦"外电入鲁"新能源基地开工建设。

(六)持续提升国有资产监管效能

深化授权经营机制改革,对省属企业授权放权事项进行动态调整,推动省属一级企业制定对权属企业授权放权清单。优化省属企业负责人考核机制,一级指标压减41%,二级指标压减55%。加快建设实时在线监管系统,省属企业全面实现"三重一大"数据采集"直连抓取",16个市国资委全部与省级系统对接。完善国资监管大格局,开展县级国资国企改革发展示范点建设。开展财务会计信息虚假问题整治专项行动,推动差异化降杠杆,"一企一策"确定企业资产负债率监管线。出台《加强省属企业参股管理的指导意见》,开展对虚假投资、挂靠经营等不规范行为专项清理整顿行动。建立省属企业违规经营投资责任追究报告和重大决策终身责任追究制度。

(七)坚决防范化解重大风险

做好债务风险管控,制定《细化省属企业债务风险防控措施的实施方案》,建立到期债务按月滚动报送和偿付风险提前报告制度。完善常态化疫情防控机制,督促企业健全防控应急预案,落实落细重点场所管理和防控物资储备等措施。狠抓安全生产,开展5次省属企业安全督导检查,整改问题隐患1006个。

五、山东省国资委监管企业并购重组与完善法人治理结构情况

(一)并购重组情况

2021年,省国资委坚持政府引导、市场运作、分类推进的原则,大力推动省属企业重组整合,将资源向优势产业和主业企业集中,提升资源配置效率,促进国有经济布局优化调整。一是实施山东健康与鲁华集团联合重组。通过实施联合重组,有利于充分发挥山东健康在医养健康产业中的平台优势,提高国有资本配置效率。重组后,山东健康组建健康农业、健康服务、健康医疗、健康装备、健康置业、健康资本、健康物业、健康水业八大集团,对238家权属单位进行重构,被列入国家城企联动养老服务第一批企业目录。2021年,山东健康实现营业收入近300亿元,比上年增长37%;利润总额6.5亿元,比上年增长50%。二是实施山东能源与泰山地勘联合重组。通过实施联合重组,有利于充分发挥山东能源在新能源产业中的平台优势,做强做优做大山东能源新能源板块。重组完成后,山东能源加大对泰山地勘产业发展的支持力度,依托专业技术团队优势,延伸产业链条,强化业务协同,更好发挥在服务山东省矿产资源安全、生态文明建设和防灾救灾等方面的重要作用。

(二)完善法人治理结构情况

2021年,省国资委认真贯彻落实习近平总书记关于国有企业改革发展和党的建设的重要论述,推动省属企业加快建设中国特色现代企业制度,建立权责法定、权责透明、协调运转、有效制衡的公司治理机制,为做强做优做大国有资本和国有企业提供制度保证。一是落实"两个一以贯之",在完善公司治理中加强党的领导。聚焦建立中国特色现代企业制度,搭建在完善公司治理中加强党的领导"四梁八柱",着力构建权责法定、权责透明、协调运转、有效制衡的公司治理机制。推动省属企业全部制定党委研究决定事项、前置研究讨论事项和负面事项"三张清单",企业重大事项决策前由党组织前置研究讨论成为刚性约束。二是加强董事会建设,董事会运行进一步规范。健全完善董事会制度体系,出台《关于加强省属企业董事会建设的意见》《省属企业外部董事管理办法》《关于推动国有企业董事会配齐建强有关事项的通知》《省属企业董事会和董事评价办法》等4个制度办法,有效促进董事会建设的制度化、规范化、科学化。坚持按月调度,指导省属企业结合新规定新要求,及时做好各项制度"废改立",不断完善董事会及专门委员会议事规则、董事会授权管理办法、总经理向董事会报告工作制度等基本制度,有力保障董事会建设有方向、有

目标、有遵循。统筹考虑省属企业董事会的结构需求,向省国资委监管的省属一级企业委派42名外部董事。截至2021年底,省属各级企业全面实现董事会应建尽建,已建立董事会的企业按要求全部实现外部董事占多数,重要子企业全面落实董事会职权,山东省国有企业董事会建设取得实质性重大进展和明显成效。三是全面推行经理层成员任期制和契约化管理。召开省属企业推行经理层成员任期制和契约化管理工作推进会,印发《关于全面推行经理层成员任期制和契约化管理有关事项的通知》,完善制度框架,细化工作要求,对任期制和契约化管理实施范围、签约主体、契约内容、薪酬兑现、退出管理等关键环节作出规范。指导企业制定两年工作计划,按月倒排工期,明确完成时限。加强工作督促指导,建立旬调度、考核排名、督促提醒、定期约谈等工作机制。截至2021年底,推行经理层成员任期制和契约化管理的子企业户数占比、人数占比均为100%。

六、山东省国资委监管企业建立和完善经营业绩考核体系情况

(一)完善业绩考核机制

为进一步强化导向、精简项目,制定《关于完善省属企业负责人业绩考核机制的意见》,将原来的经营绩效考核、新旧动能考核、改革绩效考核评价、"双招双引"考核和党建工作责任制考核五项考核,整合为经营绩效考核、改革绩效考核"两大体系"。整合后,一级指标由39项减少到23项,压减41%,二级指标由80项减少到36项,压减55%。根据国企改革三年行动有关要求实施改革绩效考核,重点考核党建工作、混合所有制改革、三项制度改革等重要改革任务,根据企业承担改革任务的具体情况,"一企一策"确定考核内容和考核项目,考核结果按照30%的权重计入经营业绩考核结果,并作为企业负责人薪酬分配重要依据和职务任免的重要参考。

(二)优化"双招双引"考核

依据《关于对省属企业高质量双招双引考核的实施意见》(鲁国资考核〔2020〕1号)有关规定对省属企业进行"双招双引"考核,根据考核得分情况设置综合奖和专项奖,其中,综合奖2人,奖励考核得分前两位的省属企业;专项奖4人,主要奖励在招商引资中承担重大建设任务、实现首发上市,在招才引智中人才工作成绩突出的省属企业。

(三)实施即时考核

为提高对重大经营管理风险等约束性指标考核的时效性,督促引导省属企业及时化解生产经营风险,印发实施《关于对省属企业重大经营管理风险等情形进行即时考核的通知》,对省属企业发生重大财务、投资、经营及债务风险,重大国有资产损失,重大环境污染责任事故,安全生产责任事故及受到党纪政务处分等情形的进行即时考核,第一时间通知相关企业在年度经营业绩考核中扣减的分数或降级、"一票否决"处理意见,并告知扣发或追索扣回绩效年薪和任期激励收入标准。

七、山东省国资委监管企业负责人考核与选人用人机制改革情况

(一)加强考核管理,强化激励约束

一是核定2020年度考核结果。核定省属企业负责人2020年度经营业绩考核结果,为鼓励省属企业积极投身疫情防控,为落实国家和省政府出台的减免房租以及高速公路免收通行费等疫情防控政策,进而导致效益下降影响业绩考核的,根据中介机构出具的专项审计报告视同实现利润予以加回。根据经营业绩考核得分,7户企业处于A级,占总户数的37%。二是确认2021年度及2019—2021年任期考核目标。根据企业申报,结合审定的2021年度企业财务预算,确定省属企业负责人2021年度及2019—2021年任期经营业绩考核目标。23户考核企业2021年度净利润考核目标846亿元,归属于母公司所有者的净利润考核目标269亿元,净资产收益率考核目标4.02%,经济增加值考核目标184亿元。三是根据企业承担的改革任务,结合企业申报和相关处室意见,"一企一策"确认2021年度省属企业主要负责人和领导班子改革绩效考核评价项目。

（二）完善省属企业领导人员管理机制，建设高素质专业化企业领导人员队伍

一是完善健全制度体系。研究起草《省属企业领导人员管理规定》，经省委常委会审议通过，以省委办公厅、省政府办公厅名义印发，企业领导人员管理制度体系建设取得重大突破。二是优化干部队伍结构。突出年轻化导向，加强系统谋划和常态化配备，提出"80后"班子副职配备建议方案，全年新选拔"80后"优秀年轻干部2人。加强对委管班子企业年轻干部工作的指导，除改革改制企业外，70%委管班子企业40岁左右中层正职20%。三是突出专业化导向。制定《省属企业外部董事选聘管理实施方案》，积极拓宽外部董事来源渠道，统筹考虑企业董事会结构需求和人选情况，向省属企业委派外部董事42人。面向国有企业公开选聘5名财务总监，基本实现应配尽配。四是持续加强监督管理。研究制定《关于持股管理人员选拔任用有关问题的意见》，对不同类型持股人员选拔任用问题作出规范。出台《山东省省属企业外部董事、财务总监履职行为负面清单》，明确11类负面情形，进一步扎紧制度"笼子"，规范履职行为。强化党组织对选人用人工作的领导和把关作用，严格落实政治廉洁"双鉴定"、政治素质评价、"凡提四必"等制度，严格按程序选人用人。

（三）优化人才发展环境，打造省属企业人才工作品牌

一是强化教育实训工作。联合省委统战部、省工商联和省工信厅启动山东省第二批经营管理"雏鹰"人才挂职实训工作。推动支持山东人才集团与泰安市共建泰山高级经理研修院，聘请中国上市公司协会会长、中国企业改革与发展研究会会长宋志平担任名誉院长。二是加强人才队伍建设。结合省属企业实际，联合省委组织部出台《关于加强省属企业经营管理人才队伍建设的指导意见》，加快培养造就一支政治过硬、数量充足、素质优良、结构合理、富有活力的经营管理人才队伍。三是探索实施"揭榜挂帅"。推动山东高速、山科控股（现更名为山东科创）、浪潮集团等3户企业4个项目对外发布榜单，总研发预算投入2437万元，2户企业的项目成功"揭榜"。

八、山东省国资委监管企业党的建设和廉政建设情况

（一）着力加强政治建设，不断增强践行"两个维护"的自觉性

坚持把政治建设摆在首位，坚决拥护"两个确立"，深入践行"两个维护"。强化理论武装，开展党委会集中学习21次、党委理论中心组学习13次。推动省属一级企业全部建立贯彻落实党中央决策部署督办制度，2600余户各级企业建立实施"第一议题"制度。修订完善巡察工作办法，对6户企业开展政治巡察。大力实施"习近平新时代中国特色社会主义思想教育培训工程"，累计培训党员领导干部、党组织书记、党务工作者10727人次。抓实信访工作，提前完成上级交办任务。严格落实意识形态责任制，完善舆情研判机制，处置突发敏感舆情120余条，确保重要敏感时期平稳有序可控。

（二）健全责任链条，逐级压紧压实管党治党责任

落实全面从严治党主体责任，召开专题党委会听取党委成员履行全面从严治党责任情况，通报省国资国企纪检监察机构监督检查审查调查情况，做好政治生态分析和研判，党委会全年研究全面从严治党工作105项。积极配合省委涉粮问题专项巡视，督促鲁粮集团抓好问题整改。上年度述职评议省委反馈的11项问题全部整改到位。制定全面从严治党年度任务安排，细化为25项具体任务。抓好《中共中央关于加强对"一把手"和领导班子监督的意见》及省委若干措施的贯彻落实，以有效监督把"关键少数"管住用好。逐级开展省属企业党组织书记履行全面从严治党责任和抓基层党建工作述职评议，层层压实责任，抓好问题整改。安排副厅级以上干部带队，对企业党委落实主体责任情况开展督导检查。制定省国资委党委党务公开目录及相关文件，指导企业全面建立党务公开制度。

（三）夯实基层基础，提升基层组织建设水平

以党建强基、品牌、头雁、对标、激励"五大工程"为抓手，不断提高基层党建标准化规范化水平。认真开展全国国企党建会精神贯彻落实情况"回头看"，督

导省属企业查摆问题1197个,制定整改措施1855条。深化党的领导融入公司治理,推动企业全部制定"三张清单",确保企业重大事项党组织前置研究讨论成为刚性约束。扎实开展党建工作责任制考核,首次对31户省属企业实施考核,推动实现考核结果与领导班子综合评价、经营业绩考核相衔接,与企业党委领导人员任免、薪酬、奖惩相挂钩。省属企业及各级权属企业全部建立并实施党建工作责任制考核制度,有力推进党建责任制和生产经营责任制有效联动,形成各级党组织抓党建、强党建的思想自觉和行动自觉。大力开展过硬党支部建设,累计评定示范点280个,企业内部评定过硬党支部8083个,占比70%。深化党建品牌工程,3家企业挂牌"全国国有企业党建调研基地"。提高发展党员工作质量,组织新发展党员培训班12期。加强统战工作,主动听取党外人士意见,推动企业建立6个党外代表人士建言献策工作室。进一步提升机关党建工作水平,做好模范机关和支部标准化建设,抓好省直机关党建责任制专项督查反馈问题整改。

(四)深化学思践悟,推动党史学习教育走深走实

成立省国资委党委党史学习教育领导小组,先后召开5次领导小组会议。制定省属国资国企系统实施方案,印发《关于推动省属国资国企系统党史学习教育走深走实的通知》,明确职责任务,压实工作责任。抓住"关键少数",举办省属企业党史学习教育专题学习班、党的十九届六中全会精神培训班,培训省属企业中层以上干部4000余人。深入开展"永远跟党走"群众性主题宣传教育,开展宣讲活动2000多场,覆盖20万余人,推动党史学习教育向基层一线、向职工群众延伸。突出国资国企特色,印发习近平总书记关于国有企业改革发展和党的建设重要论述汇编,准确把握国企改革总体要求和正确方向。挖掘用好省属企业红色资源,将山东黄金玲珑金矿、山东能源淄矿博物馆等省属企业爱国教育基地和工业文化遗产纳入现场教育,授牌华鲁集团新华制药展览馆等5个山东省关心下一代教育基地,组建省属企业"红色基因宣讲团"和"工匠精神宣讲团",促进党史学习教育不断深化。高效推进办好为民实事,扎实开展联系企业和职工群众"大走访",深化国资国企改革发展难题"大排查",服务企业和职工群众"大提升"。

(五)持续正风肃纪,不断加强党风廉政建设

严格落实中央八项规定精神和省委实施办法,防止"四风"问题反弹回潮。研究制定《关于在省国资国企系统大力倡树"严、真、细、实、快"工作作风的意见》,深化国资国企作风建设。召开省国资国企党风廉政建设和反腐败工作会议,专题研究党风廉政建设工作。坚持一体推进"三不",制定重大决策终身责任追究办法等制度,开展粮食购销领域腐败整治、商务接待专项整治。加强廉政警示教育,在微信公众号开设"明镜"专栏,引导各级党组织和党员干部强化纪律意识。坚持抓早抓小,省国资国企纪检监察机构(不含宣传文化口企业)运用监督执纪"四种形态"处理1868人次,"四种形态"分别占65.36%、27.19%、4.83%、2.62%。

(撰稿人:张 超)

青岛市

一、青岛市国有资产监督管理工作综述

2021年,青岛市国资委坚持以习近平新时代中国特色社会主义思想为指导,在国务院国资委、山东省国资委的关心和支持下,全面贯彻市委、市政府的部署,深入落实国企改革三年行动各项任务,启动实施区域性国资国企综合改革试验,深化国资国企改革发展,在完善中国特色现代企业制度建设、形成以管资本为主的国资监管体制、推动国有经济布局优化和结构调整、提高市属企业活力和效率四个方面攻坚克难,改革创新,咬定目标,真抓实干,取得新成效,不断做强做优做大国有资本和国有企业,2021年青岛市国有企业资产总额、营业收入、利润总额分别比上年增长20.68%、45.47%、24.8%。

(一)区域性国资国企综合改革试验全面启动

国务院国有企业改革领导小组办公室在2020年

12月11日批准青岛市成为继上海、深圳、沈阳之后的第二批综合改革试验城市后,于2021年8月10日印发《关于青岛开展区域性国资国企综合改革试验实施方案的批复》,国务院国资委、省政府和市委、市政府于9月15日召开青岛区域性国资国企综合改革试验动员会,国务院国有企业改革领导小组办公室副主任、国务院国资委党委委员、副主任翁杰明,山东省委常委、青岛市委书记陆治原,山东省副省长凌文出席会议并分别作讲话,青岛市委副书记、市长赵豪志主持会议,综合改革试验全面启动,并实施"1154"工程深入推进,即突出国有企业家队伍建设1个特色主题,围绕在体制机制层面贯彻落实习近平总书记对国有企业领导人员提出的"二十字"要求为1条主线,深化坚持政治标准深化党建改革、依法规范治理深化企业改革、培育企业家精神深化创新改革、落实物质利益原则深化薪酬改革、完善体制机制保障深化制度改革等5项改革,实现打造市场化竞争主体、建设法治化现代企业制度、加强专业化人才队伍建设、构建规范化法人治理体系等"四化"目标。为抓好"1154"工程,推动综合改革试验各项任务落实落地,形成"三个清单"——配套制度建设清单、具体实施办法路径清单、具体工作事项任务清单,做到任务清单化、清单项目化,并进行政策解读和宣传,做到横向到边、纵向到底,让青岛市各级各类国有企业了解政策背景、把握政策要点、领会创新意图,以加快打造综合改革试验"青岛模式"。12月17日,市政府召开青岛区域性国资国企综合改革试验进展情况汇报会,听取青岛市有关部门工作进展情况,进一步统一思想,对集青岛市之力系统推动综合改革试验进行动员部署。

(二)"十四五"启动实施首个国资中长期战略规划

在"三位一体"推进国资国企改革重点任务的基础上,全面落实国务院国资委关于全国国资系统"三级规划体系"部署,完成首次编制青岛市"十四五"国资规划。9月5日,市政府印发《青岛市国有资本结构调整战略布局"十四五"(2021—2025年)发展规划》,将生产服务类、金融类、文化类市属企业和区(市)国企全部纳入"十四五"国资规划,统筹青岛市国资资源,围绕服务国家和城市战略优化布局和结构调整,到"十四五"末市域国企总资产、营业收入、利税总额预期分别比"十三五"末增长73%、61%、72%;市属企业3项经营指标将从"十三五"的百千万亿级跨上"十四五"的千万亿级,为服务城市发展和民生保障作出更大贡献。

(三)混合所有制改革积极稳妥推进,国资国企五大招商平台效能持续深化

集团层面,海信、双星集团层面混合所有制改革后,经过一年多的发展,企业现代企业制度体系建设和市场化经营机制进一步完善,达到企业混合所有制改革预期目标;海湾集团完成核心子公司海湾化学混合所有制改革股权交易。截至2021年底,市属企业各级子企业中混合所有制企业户数占比60%、资产总额占比72%、利润总额占比90%。"央企青岛行"再结硕果,6月10日成功举办"2021央企青岛行:上合央企国际客厅欢迎您"招商活动,现场签约央地合作项目16个,总投资额483.27亿元。在9月中国企业论坛签约项目6个,总投资额302.37亿元。11月18—19日举办2021中欧企业家峰会青岛论坛,举行"入世二十周年中国企业全球传播力20强"发布仪式,中欧产业创新合作基金人民币二期基金、外币基金,青岛市南欧陆风情老城区保护合作、海发半导体基金、生物医药产业股权投资基金等项目进行在线签约,总投资额93亿元。驻青国企党建研究会平台作用进一步发挥,成立三年多来,服务会员企业数由成立之初的94家发展到200多家,积极打造"融通党建"工作品牌,累计为70余家会员单位协调解决140余个困难和问题,赢得广大会员单位的充分肯定,以党建为纽带,更好地服务央地融合发展。"以商招商"加快推进,攻势指挥部指挥长赴深圳、广州参加市属企业重点合作项目招商活动,市国资委、市委台港澳办等部门组织市属企业赴上海、澳门等境内外地区开展对接活动。"以资引资"平台效应放大,市属企业参与各类基金累计98只,认缴1029.55亿元,带动基金总规模2419.48亿元,有效放大资金规模,更好地发挥国有资本的引导带动作用和资源配置功能。

(四)国资监管"一盘棋"大格局基本建立,大数据信息化监管格局初步形成

实施《关于进一步加强统一监管改革督导报告工

作的通知》，逐月调度统一监管改革工作进度并予以通报，经营性国有资产统一监管改革任务基本完成，青岛市89个市直部门所属427户企业、890亿元国有资产全部纳入统一监管范围，各区（市）层面将123户企业资产总额6673.72亿元全部纳入统一监管范围。实施进一步加强区（市）国有资产监管工作的系列措施，推动区（市）国企提高经营效益，不断巩固上一年度区（市）国企整体扭亏为盈成果。围绕"建好、接好、用好"大数据监管系统，顺利完成大数据监管系统一期建设任务，系统实现对上与国务院国资委、山东省国资委的系统互联互通，对内连接委内各处室、各监事工作队，对外连接各市属企业、各区（市）国资监管机构，初步形成上下联动、内外联通的信息化监管格局，覆盖全部监管企业、各区（市）的国资监管信息化格局基本形成。

（五）债务风险防范工作体系建立健全，市场化经营机制加快形成

贯彻落实国务院国资委《关于加强地方国有企业债务风险管控工作的指导意见》精神，建立部门联动工作机制，与人民银行青岛中心支行、市银保监局等部门联合印发《关于加强国资监管企业债券风险防控工作的实施意见》《青岛市国有企业债券风险监测预警工作机制》等，进一步发挥监管合力、加强信息共享，推进建立风险监测预警系统，利用信息化手段加强动态监测。督导落实国有企业债券风险防控主体责任，建立健全债券风险监测预警机制，加强资金管理，保障资金链安全，制定融资偿债计划，保证到期债券本息按时兑付，避免债券违约事件发生。落实青岛市市属企业领导班子管理监督工作会议精神，研究建立国资国企监管常态化、制度化"大监督"沟通协调机制，与市纪委监委、审计局会商建立加强国资监管的纪检监察、综合监督、审计监督协同机制。持续推动市属企业开展对标世界一流管理提升行动，组织市属重点国有企业总结提炼管理提升经验，申报国务院国资委"三个标杆"，其中双星集团入选"标杆企业"名单。印发《关于进一步推进市属企业跨境人民币工作健康发展的通知》，推动市属企业积极使用人民币进行跨境结算，规避汇率波动风险、节约财务费用、降低融资成本、提高资金使用效率，加快形成企业国际化发展新优势。印发《关于开展企业集团"总部机关化"整改专项行动的通知》，进一步整治市属企业集团存在的形式主义、官僚主义等"总部机关化"问题，推动建立市场化主体运作长效机制。

二、青岛市国有资产总量与结构分析

2021年，青岛市国有企业统计年报汇编各级次国有独资、国有控股企业3076户，资产总额36959.87万亿元，比上年增长20.68%；负债总额2.65亿元，平均资产负债率64.98%（不含金融类）。其中，市属企业资产总额21637.93亿元，增长15.71%，占比58.5%；区（市）国有企业资产总额15321.94亿元，增长66.42%，占比41.5%。青岛市国有企业资产构成中，非流动资产21338.36亿元，占资产总额的57.73%；流动资产15621.51亿元，占资产总额的42.27%，流动资产中，应收款项和存货"两金"所占比重33.4%，与上年同期基本持平，总体看，青岛市国有企业资金、成本的管控较稳定，资金的使用效率较好。

2021年，青岛市国有企业国有资产总量8593.47亿元，按隶属关系分，市属企业国有资产总量3864.76亿元，占比44.97%；区（市）国有资产总量4728.71亿元，占比55.03%。

截至2021年底，青岛市国有企业所有者权益总额10422.84亿元，比上年增长32.74%，其中归属于母公司的所有者权益8903.82亿元，增长33.34%。少数股东权益1519.02亿元，比上年增长29.28%，归属于母公司的所有者权益增速快于少数股东权益增速，国有权益在所有者权益中的占比呈上升趋势。

2021年，青岛市国有企业实现营业收入3713.92亿元，比上年增长45.47%。其中，市属企业实现营业收入2545.7亿元，增长46.82%，占比68.54%；区（市）国有企业营业收入1168.21亿元，增长42.64%，占比31.45%。市属企业中，制造类企业营业收入占63.32%，金融类企业营业收入占10.77%，投资类企业营业收入占19.03%，公益类企业营业收入占5.75%，文化类企业营业收入占1.12%，其他营业收入占0.02%。总体看，营业收入主要来自制造、金融、投资类企业，占营业收入的93.11%。

2021年，青岛市国有企业实现利润265.89亿元，比上年增长24.80%。其中,市属企业实现利润183.39亿元,增长10.7%,占比68.97%;区(市)国有企业实现利润82.5亿元,增长74.09%,占比31.03%。

表1　　2021年青岛市国有企业指标

项　目	金　额(亿元)
资产总额	36959.87
所有者权益	10422.84
国有资产总量	8593.47
营业收入	3713.92
利润总额	265.89
净利润	202.86
归属于母公司所有者的净利润	171.63
应交税金总额	242.41
实际上缴税金总额	221.97

表2　　2021年青岛市国有企业户数情况

2020年户数(户)	2021年户数(户)	比上年增长(%)
2001	3076	54

表3　　2021年青岛市国有资产按隶属关系分布情况

隶属关系	国有资产(亿元)	占国有资产总量比重(%)
市属国有企业	3864.76	44.97
区属国有企业	4728.71	55.03
合　计	8593.47	100.00

表4　　2021年青岛市国有资产按行业分布情况

行　业	国有资产(亿元)	占国有资产总量比重(%)
农林牧渔业	49.34	0.57
工业	547.50	6.37
建筑业	756.44	8.80
交通运输业	639.10	7.44
仓储业	7.45	0.09

续表

行　业	国有资产(亿元)	占国有资产总量比重(%)
商贸业	69.47	0.81
房地产业	1924.79	22.40
信息传输、软件和信息技术服务业	30.19	0.35
社会服务业	3558.98	41.41
教育文化广播业	53.13	0.62
科学研究和技术服务业	64.50	0.75
金融业	862.99	10.04
其他	29.58	0.34
合　计	8593.46	99.99

注:由于数据四舍五入,合计数不等于100%。

表5　2021年青岛市国有资本按经营规模分布情况

经营规模	国有资产(亿元)	占国有资产总量比重(%)
大型企业	314.01	3.65
中型企业	1762.36	20.51
小型企业	3982.88	46.35
微型企业	2534.23	29.49
合　计	8593.47	100.00

三、青岛市国有资本保值增值综合分析评价

2021年,青岛市国有企业国有资本保值增值率105.74%,市属国有企业保值增值率102.71%,区(市)国有企业保值增值率108.50%。从青岛市国有资产涉及的13个行业看,建筑业、金融业、仓储业、教育文化广播业、工业、社会服务业、商贸业、信息传输、软件和信息技术服务业8个行业实现保值增值,农林牧渔业、交通运输业、仓储业、科学研究和技术服务业5个行业未实现保值增值。

2021年,青岛市国有企业净资产收益率2.22%,比上年减少0.26个百分点;总资产报酬率1.62%,比上年增加0.14个百分点;营业收入利润率6.05%,比

上年减少 0.92 个百分点;成本费用利润率 6.77%,比上年减少 1.44 个百分点。

从资产负债率变化情况看,资产负债率 66.18%,比上年减少 0.31 个百分点;从经营收益支付债务利息的能力看,已获利息倍数 1.95 倍;从流动资产总体的变现能力看,速动比率 0.77,比上年减少 0.01。

从经营增长指标情况看,青岛市国有企业利润总额增长率 24.81%,比上年减少 47.96 个百分点;研发经费投入强度 0.96%,比上年增加 0.42 个百分点;全员劳动生产率 356873.58 元/(人·年),比上年下降 18029.02 元/(人·年)。

表6　2021年青岛市国有企业地区和行业国有资本保值增值情况

地 区	国有资本保值增值率(%)	行 业	国有资本保值增值率(%)
市属国有企业	102.71	农林牧渔业	90.79
区(市)国有企业	108.50	工业	113.44
青岛市国有企业	105.74	建筑业	110.63
		交通运输业	95.47
		仓储业	—1.00
		商贸业	114.76
		房地产业	114.90
		信息传输、软件和信息技术服务业	105.79
		社会服务业	101.30
		教育文化广播业	96.60
		科学研究和技术服务业	93.16
		金融业	103.74
		其他	113.03

四、青岛市国资委监管企业改革发展情况

(一)坚持党建统领,不断塑造中国特色现代企业制度优势取得新成效

加强国有企业党的领导和党的建设。组织对市属企业党委书记上年度履行全面从严治党责任和抓基层党建工作进行评议,对青岛市市属企业落实全国国有企业党的建设工作会议精神情况调研督导,不断夯实国有企业党的领导和党的建设基础。深入开展党史学习教育。组织国资系统深入学习习近平总书记"七一"重要讲话和最新重要讲话精神以及"四史"内容等;落实"我为群众办实事"要求,研究确定重点事项 25 件,切实将学习成效转化为国资国企改革发展成果。完善现代企业法人治理结构取得新进展。首次召开市属企业董事会年度工作报告专题审议会,依法规范履行出资人监管权;印发实施《青岛市市直企业外部董事管理暂行办法》等文件,启动面向社会招聘兼职外部董事工作;全面推动国有企业经理层成员任期制和契约化管理工作。

(二)坚持以管资本为主的方向,加快完善国资监管体制取得新成效

组织做好 2021 年度市属企业负责人经营业绩考核目标申报工作,市属企业结合功能定位、行业领域和发展阶段,差异化申报 2021 年度经营业绩指标,引导企业对标行业先进水平,提出更加积极进取的业绩目标,统筹考虑企业承担的经济、政治和社会责任,核定市属企业负责人经营业绩考核目标。组织开展分类核算、分类考核试点,对公益类业务明确业务目录、服务对象,按照不同业务分类核算相应收入和成本;对竞争类业务和公益类业务,要求企业分别申报业绩目标,实施分类考核。加强对《青岛市国资委监管企业合规管理指引(试行)》学习宣传,压实市属企业落实企业合规经营管理主体责任,将合规要求嵌入岗位职责和业务流程,加强对重点领域、重点环节、重点人员以及境外投资经营行为的合规管理,探索建立合规风险监测预警等合规管理机制。充分发挥市属企业专职监事作用,对企业合规经营情况进行检查并督促企业整改,将企业合规管理纳入省委第十巡视组反馈意见整改落实

工作方案,逐项落实各项工作措施并形成整改落实长效机制。印发《关于开展民企挂靠国资问题综合整治专项行动的通知》,开展民企挂靠国资问题综合整治专项行动,对股权代持、虚假合资、挂靠经营、假冒国企等四类挂靠问题进行全面排查,发现1例虚假合资类挂靠问题并完成清理整顿,督导各市属企业、各区(市)国资监管机构以专项行动为契机建立长效综合整治机制,相关情况形成专题报告并向国务院国资委汇报。

(三)坚持服务城市发展的战略匹配定位,持续优化国有资本战略布局和结构调整取得新成效

"十四五"启动实施首个国资中长期战略规划。将生产服务类、金融类、文化类市属企业和区(市)国企全部纳入"十四五"国资规划,统筹青岛市国资资源,围绕服务国家和城市战略优化布局和结构调整。在城投集团、华通集团、海发集团、国投公司等4家市属企业开展国有资本投资运营公司改革试点,资产总额、营业收入、利润总额分别比上年增长52%、177%、201%。2021年,通过在国有产权管理体制层面深化改革,创新建立国有企业股权市场化运作机制,实现国有产权的行政化管理向企业股权市场化运作转变,进一步提升市属企业匹配城市发展战略的能力和主动性。出台《国有股权划转企业深化改革协同发展实施意见》,加大授权力度,调动各方面的积极性,促进有关企业加强协同、规范运作、提高效益,加快构建匹配城市发展战略的国有资本发展新格局。聚焦主业市场化配置资源。积极布局青岛市重点产业,海发集团牵头筹资50亿元组建市级集成电路产业发展控股平台,促进项目建设取得重大突破;国信集团建设运营全球首创的智慧渔业养殖工船,项目列入国家发展改革委、农业部重大专项试点;华通集团围绕高端装备产业链,与华铁股份合作发起设立20亿元的轨道交通产业投资基金;国投公司通过反投机制,引入投资行业领军企业、中国潜在"独角兽"企业榜首长扬科技在青岛设立分公司。加大市属国企非主业清理力度,累计完成非主业资产清理整合174项。青食股份于10月21日在深圳证券交易所主板上市,青岛上市"军团"再添国企新军。市属企业重点项目加快建设。全年固定资产投资规模587亿元,增幅34%,超过青岛市平均水平。

五、青岛市国资委监管企业并购重组与完善法人治理结构情况

2021年7月,经市国资委党委2021年第25次会议研究,决定成立市国资委公司治理工作领导小组,下设公司治理工作领导小组办公室,全面落实国企改革三年行动,规范市属企业董事会建设,优化法人治理结构,加快构建以董事会为核心的中国特色现代国有企业制度。

(一)建章立制,构建"1+N"制度体系

着力加强规范董事会制度建设,围绕厘清各治理主体权责边界、规范董事会运行、落实董事会职权,以市国资委、市财政局、市文资办名义联合印发《市直企业董事会工作规则(试行)》;围绕加强外部董事队伍建设,以市国资委、市委组织部、市委宣传部、市财政局四部门名义联合印发《青岛市市直企业外部董事管理暂行办法》,配套出台《市直企业外部董事考核评价暂行办法》等制度。围绕规范外部董事依法行权履职,研究制定《市直企业外部董事履职行为规范》等,逐步构建起完备的"1+N"制度体系,从制度建设上为全面规范国有企业董事会建设奠定坚实的基础保障。

(二)规范设置,优化企业法人治理结构

着力推进市属企业董事会建设攻坚突破,组织开展了市属企业董事会建设调研,针对董事会建设中存在的人员不齐、内设机构不健全等问题,积极协调组织部门配齐配优人员、督促市属企业完善内设机构。组织开展经理层与董事会成员交叉任职情况调研摸底,对10家市属企业董事会提出规范调整建议。19家市属企业集团全部建立董事会、配齐董事会成员,设立董事会办公室和专门委员会,配备董事会秘书,形成较为完备的董事会工作机制。在所属子企业方面,指导市属企业规范健全完善董事会工作机制,463家应建立董事会的子企业中全部建立董事会,"应建尽建"完成率100%;150户重要子企业中149户建立专门委员会,完成率99.33%。

(三)攻坚克难,全面推行外部董事制度

9月3日,以市国企改革领导小组办公室的名义印发《市属企业选聘兼职外部董事实施方案》,按照

"先兼职后专职"的思路,启动外部董事选聘工作。9月6日,发布《公开选聘市属企业兼职外部董事人选的公告》,成立外部董事资格评审委员会,面向社会公开选聘兼职外部董事。报名431人,经过资格审查、资格评审、背景调查、社会公示,确定129名入库人选,建立市属企业兼职外部董事人才库。12月21日,第39次党委会选聘49名兼职外部董事;12月30日,印发任命文件,19家市属企业集团实现外部董事占多数。所属446户应实现外部董事占多数的子企业中441户实现外部董事占多数,完成率99%。该项工作被列入"2021年青岛市国资工作十大亮点"。

(四)稳妥推进,实施任期制和契约化管理

2021年6月4日,以市国企改革领导小组名义印发《全面推行国有企业经理层成员任期制和契约化管理实施方案》,在市属企业范围内开展经理层任期制和契约化管理。先以城投、华通、国投、海发4家国有资本投资运营公司作为试点,后根据要求在19家市属企业及所属各级子企业全面推行经理层成员任期制和契约化管理的制度。10月中旬,对市属企业集团层面经理层任期制和契约化管理进行全面督导,逐家企业调度查看经理层成员签署的"两书一协议",指导各市属企业修正完善。截至2021年底,19家市属企业集团层107名经理层全部签署"两书一协议",实现任期制和契约化管理;987户子企业经理层成员任期制和契约化管理完成率96%。

六、青岛市国资委监管企业建立和完善经营业绩考核体系情况

青岛市国资委监管的19户企业进一步完善内部经营业绩考核评价机制,基本构建起"横向到边、纵向到底、不留死角、无缝连接"的考核体系,人人身上有指标,个个肩上担责任,业绩考核导向显著增强,正向激励作用不断凸显,充分激发广大职工的动力活力,为实现高质量发展注入强大动力。

(一)坚持正确导向

积极对接出资人考核导向要求,切实履行国企"三大责任"。坚持党建统领,加强国有企业党的建设。突出效益优先,提升价值创造能力。对照青岛市经济社会发展目标,更好服务区域经济社会发展。推进国资国企改革发展中心任务,确保在重点领域取得突破。将安全生产、环境保护、守法合规经营等,作为工作底线和红线要求。

(二)压实目标责任

建立完善全员覆盖的绩效目标责任制,逐级分解到人,层层传递责任。深化差异化考核,从所属企业职能出发,分类明确任务要求,着力增强考核的精准度和匹配度。抓住"契约化管理"这一"牛鼻子",逐级建立业绩目标责任书制度,传递责任、传导压力,形成"一把手负总责,谁主管谁负责,一级抓一级,层层抓落实"的目标责任体系。

(三)规范决策程序

充分发挥企业党委在业绩考核中把方向、管大局、保落实作用,对考核原则、目标要求、薪酬分配原则和标准等进行前置研究讨论。注重发挥董事会作用,牢牢把握出资人导向,健全董事会考核机制,履行好董事会考核经营层的职责,指导监督经营层做好对各级企业和员工的考核工作。

七、青岛市国资委监管企业负责人考核与选人用人机制改革情况

青岛市国资委立足国资国企改革发展大局,坚持市场化、法治化方向,聚焦考核引导,强化责任传导,构建更加系统集成、精准有效的考核分配体系,在解决导向作用不明显、激励约束作用不突出等问题上率先破题。

(一)提高考核针对性,着力压实企业发展责任

从国有企业所肩负的重大历史使命出发,强化对经济、政治、社会三大责任的考核评价。一是强化经济责任,聚力实现国有经济质效双升。按照市场规则,构建管资本为主的指标体系,重点关注资本投向、资本回报和资本风险控制。分档设置企业经营业绩目标,将主业创造价值与考核计分、结果评级紧密结合,形成"赛跑"机制,以业绩论英雄,推动企业落实好国有资产保值增值责任。二是强化政治责任,全力匹配城市发展战略。制定出台《市属企业重大战略投资

项目考核管理实施意见》《关于完善分类考核机制支持市属企业更好匹配城市发展战略的实施意见》等，对多个重大战略投资项目实施清单管理，进行量化考核，引导企业提高政治站位，担当落实好市委、市政府重大决策部署。三是强化社会责任，助力服务城市民生保障。将市属企业特别是公益服务类企业履行社会责任情况作为董事会报告年度工作的重要内容，与经营业绩考核和市属企业领导班子考核挂钩，激发企业履行社会责任积极性。

（二）提高考核精准性，着力推动企业聚焦主责主业

根据国有资本的战略定位和发展目标，以及企业发展阶段、行业特点和经营短板等，实施差异化考核。一是分类设置指标。对商业一类企业，重点考核企业经济效益、资本回报水平和市场竞争能力。对商业二类企业，对保障城市经济运行，完成市委、市政府专项任务，发展前瞻性战略性产业和风险控制等情况实施量化考核。对公益类企业，重点考核产品服务质量、成本控制、营运效率和保障能力。二是重视补足短板。根据企业经营管理情况，选取短板指标纳入考核。注重提升企业自主创新能力，加强研发投入、科技成果产出和转化等指标的考核，对于重点工业企业，明确研发投入比率不得低于3%。三是全面对标先进。积极对标世界一流企业，针对企业管理弱项、技术短板和绩效差距，构建行业横向对标与历史业绩纵向对标相结合的多维评价体系。

（三）提高考核约束性，着力确保企业目标落实落地

全面梳理工作机制和流程，围绕完善决策程序、落实经营责任等关键环节进行规范和完善，提高考核刚性约束。一是实施契约化管理。市国资委与市属企业主要负责人签订经营业绩责任书，企业董事长与其他班子成员签订业绩责任书，明确目标任务和奖惩机制，确保责任层层传递。二是明确红线、底线、高压线。将企业基层党建工作纳入考核，对基层党建和全面从严治党成效突出的，考核时加分加薪。对生产经营中出现问题的，及时约谈提醒，跟踪整改落实。对发生安全责任事故、环境污染责任事故、重大舆情的，与业绩考核结果直接挂钩，给予扣分、降级或一票否决处理。三是加强监督检查公示公开。组织开展专项检查，对企业负责人薪酬管理市场化改革落实情况进行复核。督导全部监管企业在本企业网站对企业负责人薪酬信息进行公示，在市国资委网站上通过链接方式统一进行披露，接受社会监督。

八、青岛市国资委监管企业党的建设和廉政建设情况

（一）提高政治站位，全面坚持和加强党对国有企业的领导

青岛市国资委党委建立并坚持"第一议题"制度，以习近平新时代中国特色社会主义思想统领工作全局，2021年组织"第一议题"学习20余次，学习习近平总书记重要讲话50余篇。青岛市国资委党委召开专题学习班，深入学习贯彻党的十九届六中全会精神和《中共中央关于党的百年奋斗重大成就和历史经验的决议》，印发《关于在市属企业开展学习贯彻党的十九届六中全会精神宣讲工作的通知》，市国资委党委组成宣讲团，党委班子成员带头进行宣讲，实现对监管企业宣讲全覆盖，并督促企业党委层层抓好全会精神学习宣传贯彻工作。牵头组织开展全国国有企业党的建设工作会议精神贯彻落实情况"回头看"暨国企改革三年行动推进落实情况"调研督导周"活动，会同市委宣传部、市财政局党组，由党委班子成员带队，分别成立调研督导组，深入企业督导贯彻落实习近平总书记系列重要讲话和指示批示精神情况，对企业基层党建和生产经营情况进行现场调研。市属企业党委全面建立"第一议题"制度和国企"不忘初心、牢记使命"长效机制，集团层面全部制定党委前置研究讨论事项清单，严格落实意识形态工作主体责任，意识形态作为党委理论学习中心组学习重要内容纳入党建责任制考核。重点开展党员理想信念教育，不信教、不传教，切实维护国资系统意识形态领域安全稳定和统战工作向上向好态势。

（二）加强督导检查，压紧压实企业党委管党治党主体责任

印发实施《关于市直企业在完善公司治理中加强党的领导的意见》，党的领导融入公司治理各环节。

牵头召开2020年度市属企业党委书记履行全面从严治党责任和抓基层党建工作述职评议会议并进行现场测评,测评结果纳入企业经营业绩考核。市国资委党委会同宣传部、财政局党组,由主要负责人带队逐一向监管企业当面反馈测评结果和点评意见。按照市委组织部要求,成立专项督导组,对年度领导班子综合考核结果评定为"一般"等次的3户企业驻企开展整改落实督导工作,并在业绩考核中落实绩效薪酬减半发放。按照市委巡察办部署,市国资委党委班子成员带队赴澳柯玛等6户企业,对市委第十轮巡察发现有关问题整改情况进行督导,并根据巡察发现问题梳理出14个共性问题,面向全部市属企业组织开展未巡先改、自查自纠。启动市委第十一轮巡察企业发现有关问题整改督导工作,制定督导计划,明确责任分工。青岛市委、市政府召开青岛市市属企业领导班子管理监督工作会议后,立即督导企业深入贯彻落实会议精神,并对照会议点评问题及巡视巡察、审计、国资监管等方面发现问题进行深入整改,举一反三,确保整改实效,推动建立市直企业综合监督体系,提升监督治理效能。落实市委专项巡察涉粮问题反馈意见,印发《关于市委巡察组涉粮问题专项巡察反馈意见整改落实工作方案》,督导国信集团加大涉粮问题整改力度。

(三)坚持固本强基,着力夯实企业基层党建基础

突出国资国企特色,建立党史学习教育工作联络机制,开设"百年瞬间"线上党史学习专栏,督导企业扎实开展党史学习教育和"国企为民"办实事活动。组织召开基层党建重点任务推进会,印发实施《2021年市属企业和驻青国企基层党建工作重点任务》,明确年度重点任务目标。举办党史学习教育专题培训班,加大对企业党务工作者培训力度。指导企业常态化开展"三述",全部制定年度"三述"行动方案。在市属企业打造党代表工作室示范点。组织开展国资系统微党课大赛,评选优秀作品参加青岛市比赛取得优异成绩。

(四)牢记初心使命,扎实做好庆祝建党100周年系列活动

围绕庆祝建党100周年,组织市属企业党委举办习近平总书记"七一"重要讲话精神专题学习班,抓好学习贯彻落实,以实际行动引领国资国企广大党员干部践行初心使命。筹办"青岛市国资国企改革发展党建成就展"、青岛市国资系统"红色传承·百年伟业"合唱展演。制拍《红色传承 时代先锋》党史教育专题片,获得2021年度山东省优秀党员教育电视片奖。启动实施"三个一批"特色党建工程,即培树一批党建先锋、一批有影响力的党建品牌、一批特色党建阵地,其中青啤股份公司党委获评"全国先进基层党组织",海尔集团总裁周云杰获评"全国优秀共产党员",市属企业135名党员和34个基层党组织分别获得省市党委及市国资委党委表彰;推动28户市属企业打造特色党建品牌和特色党建阵地,形成"一企业一特色,一企业一品牌(阵地)"全覆盖工作格局。组织召开驻青国企党建研究会会员大会,引导185户党中央、山东省和外地国企会员单位积极服务城市发展大局。

(撰稿人:孟靖雯)

河南省

一、河南省国有资产监督管理工作综述

2021年,河南省国资国企系统坚持以习近平新时代中国特色社会主义思想为指导,深入贯彻习近平总书记视察河南重要讲话和重要指示精神,按照省委、省政府决策部署,以国企改革三年行动为总抓手,统筹推进国资国企改革和高质量发展,逆境奋起、逆势突破,在庆祝建党百年和"十四五"开局之年取得新进展新成效。

(一)经济运行稳中向好

紧抓市场机遇,强化监测分析,开展减亏控亏治理,大力实施降本增效,企业运行稳中有进、快中提质,实现"跑赢大盘、快于全国",主要经济指标迈入全国第一方阵。一是盈利水平大幅提升。河南省地方国有企业实现营业收入9483.5亿元,比上年增长

6.4%;实现利润 349.5 亿元,比上年增长 48.9%。其中,省管企业实现利润 263.4 亿元、净利润 183.2 亿元,均创历史新高。二是运行质量明显提高。省管企业净资产收益率比上年增加 2.3 个百分点;营业收入利润率 5.2%,比上年增加 3.2 个百分点;全员劳动生产率比上年增长 47%;百元营业收入成本比上年下降 2.5 元。三是社会贡献持续加大。省管企业实现增加值 1120.3 亿元,比上年增长 27.3%;上缴税金 321.6 亿元,比上年增长 31.6%。主动承担煤电保供责任,向省内长协电厂发运电煤 2303.8 万吨,让利 31.3 亿元。四是"项目为王"支撑有力。省管商业一类企业完成投资比上年增长 10.1%。平煤神马集团高效单晶硅电池片等 34 个项目竣工,洛单集团 8 英寸硅抛光片等 35 个项目开工,河南油气集团南阳天然气输气管道工程等 53 个项目稳步推进。郑州、开封、周口、济源等地市属企业成为地方重点项目建设的有力支撑。

(二)国企改革全面发力

持续发扬"拼搏、奉献、执着、创新、团结"的河南国企改革精神,组织实施百日攻坚,截至 2021 年底完成进度 96%,实现后发赶超。一是公司制和混合所有制改革走深走实。省管企业公司制和重要子公司股份制改革基本完成,子公司混合所有制改革比例 49.7%,混合所有制改革企业盈利明显高于省管企业平均水平。郑煤机集团完成"二次混改"引入新的战略投资者,洛单麦斯克公司、平煤神马硅烷科技公司上市进展顺利,安钢集团混合所有制改革有序推进。二是法人治理结构持续完善。省管企业党委全部制定重大事项决策权责清单,集团和重要子企业"党建入章"、党委前置研究讨论实现全覆盖。遴选专业外部董事 168 人,省管企业实现外部董事委派全覆盖,其中,商业一类企业实现外部董事占多数。集团董事会向经理层授权管理制度初步建立。三是市场化经营机制加快形成。省管企业全部建立经理层任期制契约化管理制度,全员绩效考核全面实行。中层管理人员"四制"改革有力推进。平煤神马集团积极探索超额利润分享、项目跟投等激励措施。河南资产管理公司市场化经验得到副总理刘鹤批示肯定并在全国推广。四是专项改革成效明显。7 户"双百企业"全部完成既定改革任务,郑煤机集团和中原环保公司被评为 A 级"双百企业"。洛轴集团被评为"科改示范行动"标杆企业。河南能源三门峡戴卡轮毂公司获评"全国公司治理示范企业"。"对标国际国内一流管理提升行动"全面推开。

(三)转型发展提档加速

主动服务河南省战略,制定实施"十四五"河南国资国企发展规划,推动国有资本向重要行业和关键领域集中。一是科技创新成果突出。省管企业研发经费投入比上年增长 66.4%,研发投入强度比上年增加 0.6 个百分点,其中工业企业研发投入强度 2.2%,比上年增加 1.1 个百分点。创新驱动在国有企业奏响最强音,河南能源集团加快"一院四中心"科技创新空间布局,深部煤矿冲击地压巷道支护技术获得国家科技进步奖二等奖;平煤神马集团区熔硅技术打破国外垄断,填补我国高端芯片基材生产技术空白。二是战略重组有序推进。河南国有经济加速形成新版图,重组组建河南铁建投集团,在交通、信息等领域重组组建 6 户省管企业;洛阳组建国晟集团、文旅集团,南阳成立铁路航空、文旅体育公司,三门峡组建水务投资、城建集团,驻马店、平顶山、漯河有序推进市属企业重组,商丘神火集团整合铝板块向新疆、云南布局。三是转型升级步伐加快。引进超聚变服务器重大项目,推动河南省数字经济弯道超车。平煤神马集团加快建设尼龙新材料、硅碳材料和精细化工产业园区。河南投资集团"黄河鲲鹏云生态体系建设项目"成为国有企业数字化转型典型案例。河南自然资源投资集团与国内外企业合作推进绿色产业发展。中原信托公司发挥自身优势,助力集成电路、生物医药和新能源等产业稳链固链。四是开放合作持续深化。郑欧班列全年开行 1546 班,综合指标居全国第一方阵。郑州机场年货邮吞吐量首次突破 70 万吨,入围"全球货运机场 40 强"。卢森堡货航郑州航线成为河南省国际航空货运主力军。省管企业在第四届进博会完成签约 143 亿元。濮阳在上海举办长三角地区经贸交流会。三门峡与 13 家中央企业签订合作协议 42 个,总投资 815 亿元。

(四)债务风险逐步稳控

紧盯重点企业打好防控债务风险主动仗,持续完善防控体系,守住不发生重大风险的底线。一是机制措施更加健全。制定企业出清债务风险专项方案,出台债务风险防控工作实施意见,完善资产负债约束"两条线、两名单"制度。落实"631"债券偿还机制,严格债券全生命周期管理。修订投资事项负面清单,严防投资风险。截至2021年底,省管企业资产负债率比上年减少1.6个百分点,实现近年来首次下降。二是防控合力有效形成。建立债券风险监测预警机制,实现国资、财政、地方金融监管、人民银行、证监等部门风险信息共享。启动总规模300亿元的省企信保基金组建工作,帮助企业化债纾困。三是"一企一策"精准拆弹。河南能源集团改革重生打出"1+5+N"组合拳,2021年扭亏增利70亿元,闯出一条依靠改革涅槃重生的新路,金融生态冲击逐步修复,社会各界信心得到恢复。河南国控集团实施资产重组和债务重组,加快资产盘活、债权清收。发挥地方优势,推动郑煤集团盘活资产资源。

(五)监管体制加快完善

坚持"改国企必先改国资",围绕以管资本为主持续健全国资监管体制,监管的系统性、精准性、有效性不断提升。一是监管方式加快转变。建设数智化国资监管平台,推进信息化与监管业务深度融合。基本实现省管工商类企业集中统一监管,为资产资源统筹运作提供体制保障。出台优化协同监管若干措施,构建与行业主管部门协作新格局。二是资本运作不断深化。中原豫资控股等加快向"轻资产"运营平台转型。河南铁建投集团设立300亿元的铁路产业基金,河南省农开公司等12家企业设立产业投资基金。新乡成立千亿级国有资本运营集团,信阳建立"1+3"国资运营架构,安阳、焦作、鹤壁等通过基金投资引导带动地方产业发展。三是基础管理更加规范。梳理国资监管规范性文件,2021年新出台文件13件、废止2件、修订2件。制定省管企业合规管理指引,加强法律、合规、风控协同运作。完成国有产权进场交易21.1亿元,增值率6.43%。"一企一策"明确省管企业考核指标,完成省管企业年度业绩考核和任期激励兑付。四是监督问责力度加大。发挥国资监督问责工作联席会议作用,处置省委巡视和省审计厅移交问题线索,向企业发提示函5份,通报典型案例5起,追责问责56人。落实"三个区分开来",出台省管企业经营投资尽职合规免责事项清单,为干事创业创造宽松环境。

(六)党的建设全面加强

坚持把抓党建、强党建作为重大政治责任,实施省管企业党的建设"根魂工程",领悟"两个确立"更加深刻,践行"两个维护"更加自觉。一是党史学习教育扎实开展。全系统开展专题宣讲1500余场,赴红色教育基地培训543次,开展"信物·探寻国企红色基因"系列报道,761个"我为群众办实事"项目完成率93%。全系统4个项目、3个团队、3名党员成为河南省"三个100"表彰对象,河南交投集团惠济收费站成为河南省示范点,国资系统党史学习教育得到中央指导组充分肯定,并在河南省总结大会上发言。二是理论武装持续深化。坚持用习近平新时代中国特色社会主义思想武装头脑、指导实践,严格贯彻党委"第一议题"和理论中心组学习制度,全系统"第一议题"学习634次,党委理论学习中心组集中研讨339次,对12家省管企业开展巡听旁听。三是基层基础更加稳固。累计建成标准化党支部6184个、基层党建活动阵地5861个。开展省管企业党委换届专项检查。河南投资集团党委被评为"全国先进基层党组织"。四是意识形态向上向好。严格落实意识形态工作责任制,深入开展庆祝建党百年系列宣传活动,推出"开启新征程、改革在行动""学百年党史·促国企改革"和"国企改革新答卷"等专题报道,引起广泛社会反响,得到国务院国资委充分肯定。"河南国资"居全国国资新媒体指数榜第六位。五是党风廉政建设深入推进。全面落实省委巡视整改要求,高质量完成整改任务。制定企业党委全面从严治党责任清单,落实落细主体责任。探索开展对盐业集团、粮投集团的巡察工作。深化以案促改,一体推进不敢腐、不能腐、不想腐,始终保持惩治腐败高压态势,驻委纪检监察组和省管商业一类企业查办案件118件。

二、河南省国有资产总量与结构分析

2021年,河南省地方国有企业(各级法人户数)7439户,其中,大型企业166户,占比2.2%;中型企业886户,占比11.9%;小型企业2479户,占比33.3%;微型企业

3908户,占比52.5%。实现营业收入9483.5亿元,比上年增长6.4%;利润总额349.5亿元,比上年增长48.9%;上缴税金总额483.9亿元,比上年增长80%。截至2021年底,资产总额70750.8亿元,比上年增长13.3%;所有者权益24902.4亿元,较年初增长18.2%。

按隶属关系分,国有资产主要集中在郑州、洛阳等工业大市,其中,郑州、洛阳两省辖市国有资产总量分别占市级国有资产总量的43.6%、11.3%,国有资产区域集中度在提高。

按行业分,河南省国民经济十三大类行业中,国有资产主要分布在社会服务业、建筑业和工业三大产业,三大产业国有及国有控股企业总户数3798户,占比51.1%,汇总口径国有资产总量26227.8亿元,占比71.3%。

表1　　2021年河南省国有企业指标

项　目	金　额(亿元)
资产总额	70750.8
所有者权益	24902.4
国有资产总量	23594.4
营业收入	9483.5
利润总额	349.5
净利润	236.7
归属于母公司所有者的净利润	101.5
应交税金总额	520.9
实际上缴税金总额	483.9

表2　　2021年河南省国有企业户数情况

2020年户数(户)	2021年户数(户)	比上年增长(%)
6358	7439	17

表3　　2021年河南省国有资产按地区分布情况

地　区	国有资产(亿元)	占国有资产总量比重(%)
省属企业	6739.9	28.6
地市企业	16854.5	71.4

续表

地　区	国有资产(亿元)	占国有资产总量比重(%)
郑州市	5000.3	21.2
洛阳市	1986.8	8.4
许昌市	1352.0	5.7
信阳市	1161.0	4.9
开封市	1050.9	4.5
周口市	856.1	3.6
南阳市	828.6	3.5
三门峡市	698.3	3.0
驻马店市	603.4	2.6
安阳市	591.8	2.5
平顶山市	579.3	2.5
新乡市	553.1	2.3
焦作市	524.1	2.2
鹤壁市	313.3	1.3
漯河市	291.9	1.2
济源产城融合示范区	264.1	1.1
濮阳市	199.4	0.8
合　计	23594.4	100

表4　　2021年河南省国有资产按行业分布情况

行　业	国有资产(亿元)	占国有资产总量比重(%)
农林牧渔业	419.7	1.1
工业	3903.4	10.6
建筑业	4839.4	13.2
交通运输业	3855.3	10.5
仓储业	42.9	0.1
商贸业	397.6	1.1
房地产业	3023.8	8.2
信息传输、软件和信息技术服务业	69.0	0.2
社会服务业	17485.0	47.5

行 业	国有资产(亿元)	占国有资产总量比重(%)
教育文化广播业	554.5	1.5
科学研究和技术服务业	244.0	0.7
金融业	1800.5	4.9
其他	143.9	0.4
合 计	36779.0	100.0

注：汇总口径未进行合并抵消，包含重复计算因素。

表5　2021年河南省国有企业按经营规模分布情况

经营规模	国有资产(亿元)	占国有资产总量比重(%)
大型企业	6547.5	17.8
中型企业	7810.4	21.2
小型企业	15067.0	41.0
微型企业	7354.1	20.0
合 计	36779.1	100.0

注：汇总口径未进行合并抵消，包含重复计算因素。

三、河南省国有资本保值增值综合分析评价

截至2021年底，河南省地方国有企业国有资本及权益23594.4亿元，较年初增长32.1%，扣除客观因素后国有资本保值增值率101.2%。增加的主要因素是国家追加投资（1817.6亿元）、无偿划入（1260.7亿元）、资产评估增值（743.3亿元）等，减少的主要因素是无偿划出（744亿元）、经营减值（355亿元）。

表6　2021年河南省国有企业地区和行业国有资本保值增值情况

地 区	国有资本保值增值率(%)	行 业	国有资本保值增值率(%)
郑州市	101.8	农林牧渔业	98.5
洛阳市	101.5	工业	103.6
许昌市	101.0	建筑业	101.6
信阳市	99.9	交通运输业	101.9
南阳市	99.4	仓储业	98.2
开封市	99.6	商贸业	104.2
周口市	107.1	房地产业	102.1
三门峡市	93.5	信息传输、软件和信息技术服务业	121.1
平顶山市	87.1	社会服务业	101.2
驻马店市	99.6	教育文化广播业	104.5
安阳市	100.1	科学研究和技术服务业	102.6
焦作市	100.4	金融业	106.6
漯河市	100.5	其他	74.1
新乡市	104.3		
鹤壁市	99.8		
济源产城融合示范区	105.1		
濮阳市	106.3		

四、河南省国资委监管企业改革发展情况

2021年，河南省高标准快节奏推动国企改革三年行动，从起步较晚、被动跟跑实现整体并跑，整体进度超过全国平均水平，国务院国资委给予充分肯定。国企改革三年行动扎实推进，建立定期督导调度机制，定期召开改革工作例会研究推动工作，协调解决疑难问题。制定落实国企改革三年行动重点任务工作台账，细化183项任务分工，实行挂图作战，动态调整工作举措。实施"冲A百日攻坚行动"，截至2021年底完成进度96%。公司制和混合所有制改革更加深化，开展混合所有制改革"回头看"工作，从制度建设、依法合规、投资管理、股权管理、党的建设等5个方面16项共性问题进行"回头看"，印发《省属企业公司制改制工作实施方案》，推动公司制改革扫尾。以竞聘制

为突破，以岗薪制为牵引，以任期制、淘汰制为保障，稳步实施中层管理人员"四制"改革。专项改革行动纵深推进，郑煤机集团、河南投资集团改革经验成为国务院国资委筛选的典型案例。省管企业"对标国际国内一流管理提升行动"全面展开。

五、河南省国资委监管企业并购重组与完善法人治理结构情况

（一）战略重组稳步推进

成立工作专班研究推进省管企业战略重组工作，制定《河南省省管企业战略重组工作方案》，稳妥推进企业战略性重组和专业化整合。一是按照河南省委、省政府要求，研究制定河南铁投集团重组方案，进一步推动河南省铁路事业高质量发展，加强铁路建设运营管理，做强做实铁路建设主体，河南省政府于10月23日进行批复，12月22日，新组建的河南铁建投集团正式揭牌成立。二是落实河南省对外开放大会对强化"四路协同"的工作部署，依托河南物资集团，选择省内符合条件的省辖市联合组建河南国际陆港集团，并形成组建方案审议稿。三是按照河南省委、省政府关于组建"河南大建工"的战略部署，坚持"重整、重组、做强"三步走战略，制定河南省建设集团重组实施方案，积极推进河南省建设集团重组工作。四是研究组建新河南水利投资集团，成立组建工作领导小组，对河南省水源、水权、水利、水工、水务"五水综改"范围内相关资产进行摸排，形成初步方案。五是研究重组成立河南农业投资集团，积极对接河南省粮食和物资储备局，拟依托河南省农开公司，整合资源，打造全国农业投资领域领军企业和一流国有资本投资运营平台。

（二）党的领导与公司治理有机融合

把加强党的领导和完善公司治理统一起来，与有关单位联合制定印发《省管企业在完善公司治理中加强党的领导的实施方案》，指导省管企业党委全部制定党委重大事项决策权责清单。出台《省管企业党委前置研究讨论重大经营管理事项的指导意见》和前置研究事项清单示范文本，推动实现党委"把方向、管大局、促落实"，董事会"定战略、作决策、防风险"和经理层"谋经营、抓落实、强管理"的职能有机衔接，进一步理顺优化企业治理体系。

（三）董事会建设持续加强

印发《省管企业董事会工作规则（试行）》，研究起草《省管企业董事会和董事评价办法》，指导企业建立董事会专门委员会，制定相关议事规则；组织开展董事会机构建设和人员配备情况检查，对未配备董事会秘书的3户企业下发《提示函》。深化外部董事制度建设，面向社会发布《关于推荐省管企业外部董事入库人选的通知》，遴选61名社会专业人才进入外部董事人才库。组织召开2020年度外部董事履职评价暨工作座谈会，听取16名外部董事履职报告并对其开展履职测评，针对外部董事反映的问题和提出的建议，建立工作台账，督促企业董事会落实整改。加强教育培训，组织外部董事赴郑煤机集团参观学习。

（四）经理层任期制和契约化管理成效显著

坚持把经理层成员任期制和契约化管理改革作为国企改革三年行动的"标志性改革动作"盯紧抓牢，建立分包联系、分类指导、分组推进、按周调度等机制，挂图作战、跑表计时，指导各企业全面规范实施经理层成员任期管理，科学合理确定契约目标，加快建立职业经理人制度，强化薪酬激励约束，严格退出管理。截至2021年底，监管一级企业经理层成员全部实现任期制和契约化管理。

六、河南省国资委监管企业建立和完善经营业绩考核体系情况

（一）制度机制更加健全

修订完善《省管企业负责人经营业绩考核办法》《省管企业工资总额管理办法》，并配套修订《省管企业工资总额管理办法实施细则》，对不同功能和类别企业实施分类考核和差异化管理，为做好商业二类和公益类企业考核分配工作，更好适应经营性国有资产集中统一监管做好准备。

(二)业绩考核更加科学

科学设置2021年度考核指标体系,严格落实考核规定,"一企一策"差异化考核,利润总额目标提升35.7亿元,指导试点企业做好市场化选聘高级经营管理者薪酬管理有关工作。规范企业负责人履职待遇业务支出管理,五项费用预算连续三年持续下降。

(三)企业中长期激励制度更加完善

引导企业不断健全劳动、知识、技术、管理和数据等生产要素由市场评价贡献、按贡献决定报酬的机制,建立符合企业特点的中长期激励体系。开展企业实施中长期激励情况调查,指导符合条件的企业积极有序推进激励工作。总结推广平煤神马集团所属上市公司平煤股份实施股权激励经验,鼓励符合条件的监管企业灵活开展多种形式的中长期激励。

七、河南省国资委监管企业负责人考核与选人用人机制改革情况

(一)统筹推进监管企业负责人考核

配合河南省委组织部对商业一类省管企业领导班子和领导人员开展2020年度综合考核工作,深入研判企业经营和班子情况,研究起草考核报告,并提出考核等次建议,安钢集团、平煤神马集团、洛单集团3户企业领导班子获评"优秀"。加强日常管理监督,认真开展"一报告两评议"、个人有关事项核查、档案专审、出国备案等工作。根据河南省委常委会关于省管企业干部管理体制调整的有关精神,认真做好档案移交等工作。

(二)大力推进选人用人机制改革

坚持选优配强,调整配备企业领导人员23人次,其中正职5人、副职18人。加大市场化选聘力度,指导河南省建设集团选聘总经理1人、副总经理3人,指导河南粮投集团选聘副总经理1人。组织对企业经营管理、专业技术、技能人才"三类人才"进行调研分析,借鉴上海、浙江、湖南、山东、山西等省(市)经验做法,研究起草《进一步加强省管企业人才队伍建设若干措施》。积极谋划人才平台建设,探索组建人才集团。推动海外高层次人才引进,成立工作专班,定期汇总人才需求,指导企业精准引进。加大推荐表彰力度,先后推荐3名省经济体制改革咨询专家候选对象、3名省政府专家咨询委员会专家委员,1名中原技能大师候选对象;指导企业研究落实7名河南省高层次人才B类对象、3名2020年河南省享受国务院特殊津贴人员等相关待遇,选送1名企业经营管理人才参训2021年高级专家进修班(春季班)。

八、河南省国资委监管企业党的建设和廉政建设情况

(一)持续强化理论武装

把学懂弄通做实习近平新时代中国特色社会主义思想作为首要政治任务,指导企业及时跟进学习贯彻习近平总书记系列重要讲话和重要指示批示精神。2021年,省管企业集团层面召开党委会811次,研究贯彻习近平总书记党史学习教育重要讲话、视察南阳重要指示、"七一"重要讲话以及关于国企改革发展党的建设等重要论述和重要指示批示的会议312次,研究贯彻落实的举措840条。

(二)扎实开展党史学习教育

抓好省管企业党史学习教育巡回指导工作,指导企业把学习贯彻习近平总书记重要讲话和党中央决策部署作为中心坐标,深学笃行、身体力行。省管企业党委层面组织专题培训134次,企业班子成员在一线讲授专题党课284场,1万多个基层党组织召开专题组织生活会。河南交投集团多类型高标准全覆盖的党支部建设成果和严细深实的党史学习教育成效受到中央党史学习教育第三巡回指导组高度肯定。

(三)系统谋划推进"根魂工程"

按照党中央、河南省委关于国企党建工作的新部署新要求,对省管企业党建工作进行系统谋划,2021年4月25日印发《省管企业党的建设"根魂工程"实施方案》,围绕实现"一个目标",完善"六大体系",重点实施8个方面35项任务,对未来三年省管企业党建工作进行全面统筹和系统安排,与国企改革三年行动方案配套实施。

(四)夯实省管企业党建基层基础

推动基层组织"强基固本",持续推进省管企业党支部标准化规范化建设,开展实地考核和复验抽查,建成标准化党支部6184个,基层党建活动阵地5861个,100个党支部标准化示范点通过验收。推动按期换届"引水活源",在省管企业启动党委换届工作专项检查,排查出4户逾期未换届企业党委,逐一下达换届工作督办通知,指导企业党委严格按照党章和党内有关选举工作条例要求,建立换届工作台账,规范推进换届。推动落实"双报到"制度,省管企业770个党组织到驻地街道办事处报到,5375名党员到生活所在地社区报到。召开河南省国资国企系统庆祝建党100周年暨创先争优表彰大会,对省管、委属和中央驻豫企业的118个先进基层党组织、260名优秀共产党员、121名优秀党务工作者予以表彰;指导各省管企业在建党百年之际评选表彰先进基层党组织967个、优秀共产党员3176名、优秀党务工作者881名,树立标杆楷模,推动见贤思齐。

(五)严肃制度强化约束

建立省国资委党委落实全面从严治党主体责任工作台账,指导企业制定党委全面从严治党责任清单。企业各级党组织主体责任、党组织书记第一责任和班子成员"一岗双责"落实落细,党建工作责任体系和党建工作目标管理体系初步形成。建立企业党组织书记年度述职评议考核制度,推动企业党建工作与生产经营中心工作深度融合。2021年2月3日,组织召开2020年度省管企业党建述职评议会议,10户企业党委书记现场述职,24户企业书面述职。持续完善"述评考用"相结合的工作机制,构建"压实责任—量化考核—反馈整改"的党建工作闭环。

(六)从严从实推进党风廉政建设

认真贯彻落实十九届中央纪委五次全会和十届省纪委六次全会精神,会同驻委纪检监察组组织召开省管企业2021年度全面从严治党暨纪检监察工作会议,印发《关于做好党风廉政建设重点工作的通知》,安排部署2021年度重点工作任务。组织召开省管企业境外反腐工作推进会,扎实做好境外腐败治理工作。对14家省管企业党委主体责任、党委书记第一责任人责任、领导班子"一岗双责"落实情况、贯彻执行中央八项规定精神和纠正"四风"情况、以案促改开展情况等党风廉政建设情况开展调研,督促发现问题整改。督促省管企业落实党风廉政建设主体责任,定期梳理分析省管企业贯彻中央八项规定精神,持之以恒纠正"四风"情况,先后向河南省委报送半年、年度贯彻执行中央八项规定精神情况。组织召开粮食购销领域腐败问题专项整治工作推进会,组织对粮投集团开展巡察,深入长垣、长葛、襄县等库点开展实地调研,督促业务处室和涉粮企业开展自查自纠工作。3次向河南省纪委沟通汇报河南省国资委专项整治工作进展,向河南省委巡视办提供2户涉粮企业日常监管中发现的问题线索。

(撰稿人:夏 雨)

湖北省

一、湖北省国有资产监督管理工作综述

2021年,湖北省政府国资委坚决贯彻党中央、国务院决策部署,落实省委、省政府工作要求,统筹推进疫情防控和国资国企工作,发展改革监管和党的建设各项工作取得积极成效。

(一)全面深化改革,国资国企体制机制加快重塑

省委、省政府把深化省属国资国企改革作为推动湖北疫后重振和高质量发展的关键之举,主要领导亲自负责、亲自谋划、亲自推动,以"1+N"政策体系和企业改革方案打造国企改革"湖北模式",推进省属国资国企实现整体性重构和革命性重塑。一是以聚焦主责主业推动国有经济功能战略性重组。按照"突出主业主责、注重国企功能、聚焦创新发展"的改革重组原则,大力推进省属企业战略性重组和专业化整合,将28户企业整合为10户,推动形成公路、铁路、港口、机场一体化运营的"四张网",补齐产业发展、金融投资、农业农垦、国际贸易"四个短板",巩固文化旅游、建筑

施工、产权交易、工程设计"四大行业",基本实现"一主业一主体"。湖北交投集团等7户全部完成资产移交以及权属变更,并大力推进业务整合、管理统合、文化融合,以改革增活力、破"瓶颈"、促发展的良好态势加快形成。二是勇破体制之冰,以管资本为主推动国资监管体制系统性重构。加强国资国企改革顶层设计,省委、省政府研究出台《关于深化省属国资国企改革的实施意见》,在企业功能分类、业务调整重组、优化市场化经营机制、完善国资监管体制等方面提出17项改革举措。按照政府统一授权、监管统一规则、经营统一评价、增量改革通盘考虑的原则,将省属金融、文化企业纳入集中统一监管。开展省直行政事业单位经营性国有资产调查摸底,对129家党政群机关所办的557户企业进行梳理汇总,按照分类处置、规范管理、优化配置的原则,将首批79户企业实施脱钩划转。不断健全完善国资监管制度,以"1+N"政策体系推进各项改革任务落实落地,研究起草《省属企业主业和投资管理办法》《省属企业董事会规范运作办法》《省属企业负责人经营业绩考核办法》等政策文件。三是以市场化取向推动国企经营机制根本性变革。推动企业功能分类,将省属企业分为市场竞争、金融服务、功能保障三大类。推动人员管理分类,市场竞争类、金融服务类企业积极推行经理层成员市场化选聘,除党委书记、董事长、党委副书记、纪委书记外,其他企业领导人员可由企业董事会选聘和管理。推动考核评价分类,对市场竞争类企业,重点考核经济效益、国有资本保值增值和市场竞争能力等;对金融服务类企业,重点考核盈利能力、服务实体经济和风险防控等;对功能保障类企业,重点考核产品服务质量、成本控制和保障能力等。推动薪酬待遇分类,建立健全与省属企业领导人员选任方式相匹配、与企业分类和功能性质相适应、与经营业绩相挂钩的差异化薪酬分配体系,坚持以业绩论英雄、凭贡献定薪酬,着力解决"干好干坏一个样"和管理行政化的问题。四是国企改革三年行动实现整体性推进。贯彻落实《湖北省国企改革三年行动实施方案(2020—2022年)》,紧紧围绕中国特色现代企业制度建设等8个方面51项改革任务,统筹谋划、分类实施,挂图作战、同步督查,把握节点、整体推进。截至2021年底,湖北省超额完成改革三年行动整体70%的既定目标任务。推动开展湖北武汉区域性国资国企综合改革试验工作,指导武汉市起草实施方案,获得国务院国企改革领导小组批复实施。

(二)抢抓机遇优布局,高质量发展基础更加坚实

一是全速推进重大项目建设。推动省属企业紧紧围绕"一主引领、两翼驱动、全域协同"区域发展布局和"51020"现代产业体系建设开展重大项目投资。湖北交投集团2021年在建、拟建高速公路项目24个1076千米。湖北国际物流核心枢纽项目累计完成投资160亿元,完成校飞。湖北铁路集团主导或参与建设的荆荆高铁、襄荆高铁、新港江北铁路等项目有序推进,累计完成铁路建设投资65.88亿元。湖北文旅集团投资的宜昌清江画廊倒影峡景区、恩施坪坝营景区土苗风情街等一批重大文旅项目建成开放。武汉天河机场航空物流服务中心、C4国际库正式投用,荆州机场建成通航。二是加快优化产业结构布局。联投集团以楚天云为依托,积极服务湖北省政务"一网通办"、民生"一码互联"、城市"一网统管"建设。湖北文旅集团文旅产业数字化转型和商旅融合,打造"一部手机游湖北"全域智慧文旅综合服务平台,建成湖北省首家、华中最大跨境购综合体,建成总面积7万平方米的中央大厨房。长江产业集团加大产业投资和基金运营,推动京东方、三安光电等一批"光芯屏端网"产业项目落地湖北,发起设立新旧功能转换ETF基金,助力湖北省产业转型升级发展。湖北交投集团建立湖北量子通信网络平台,发展量子应用产业集群。三是不断提高资产证券化水平。制定印发《关于推进提高国有控股上市公司质量有关工作的通知》,指导推动鄂旅股份、湖北银行加快实现IPO,推动4家省出资企业子企业进入湖北省上市后备"金种子"企业,筛选23家企业入选省出资企业上市后备企业库。四是央地融合发展成效显著。举办中央企业支持湖北高质量发展共同落实区域重大战略座谈会,推动中央企业在鄂投资布局一批新能源、生态环保、生物医药、高端装备等战略性新兴产业,2021年累计完成投资1416.4亿元。三峡集团总部顺利回迁武汉,中国电子云全球总部、中国电建装备集团等一批央企区域总部落户湖北。

(三)多措并举转职能,国资监管效能持续提升

一是"一企一策"完善企业考核体系。结合企业行业特点、发展阶段、主责主业等实际,为每户企业量身定制2021年度经营业绩考核指标及权重,将稳杠杆防风险、国企改革三年行动等重点专项工作纳入企业负责人业绩考核体系,引导企业补短板、强弱项、提效率、增效益。二是强化事中事后监管。推动构建覆盖省出资企业和湖北省各级国资委的追责制度体系和工作体系,完善重大问题线索移交核查机制。加强产权基础管理,开展产权登记核查,启动民企挂靠国资问题综合整治专项行动。推动湖北省国资国企在线监管系统建设,初步实现湖北省国资国企网络通、视频通、业务通和数据通。三是加强风险防范化解。出台省出资企业资产负债约束和债务风险管控指导意见,加强省出资企业负债规模和资产负债率双重管控,积极探索市场化债转股,推动带息负债进一步降低、平均资产负债率稳中有降。湖北铁投集团通过债务置换,与8家银行签订216.93亿元融资再安排银团贷款合同,节约利息费用12亿元。

(四)强根固魂抓党建,红色发展引擎加速释放

一是全面加强党的领导。落实"两个一以贯之"要求,将省属企业党建入章工作纳入党建工作考核重要内容,推动省属企业集团层面党建入章、制定党委前置讨论事项清单实现两个100%,指导企业修订完善党委议事规则等各项配套制度,将党的领导落实到公司治理各环节。二是深入开展党史学习教育。及时印发实施方案,召开动员大会,周密部署,定期督导,确保取得实效。举办"重温红色历史 传承革命精神——党史教育专题培训班",指导企业组建基层宣讲队伍144支,开展宣讲844场,推动省属企业3万多名党员干部学党史、悟思想、办实事、开新局。三是压紧压实党建工作责任。落实企业党委书记抓党建工作承诺制,制定《2021年党建工作承诺清单》,全面推进班子成员党支部联系点工作。深入推进"三基"建设,深化"四级同述同评同考"机制,召开党建工作述职评议会,开展党建工作考核,推动落实"两个1%"硬性要求。推动党建工作充分融入企业"价值链",督促企业兑现党建考核与薪酬、任用紧密挂钩。2名个人和1个组织获全国"两优一先"表彰,20名个人和15个组织获湖北省"两优一先"表彰,受表彰数量为近年最高。四是扎实推进全面从严治党。组织召开清廉国企建设推进会,制定印发《关于推进清廉企业建设的实施意见》,组织开展湖北省市州清廉国企建设评价述职,将清廉国企建设情况纳入对企业考核内容。制定《省属企业运用"第一种形态"落实主体责任的实施办法(试行)》,各企业党委全年运用"第一种形态"情形290次,有效加强对企业负责人日常监督。

二、湖北省国有资产总量与结构分析

截至2021年底,湖北省国有企业资产总额73192.81亿元,比上年增长14.08%,资产总额增加的主要原因是企业户数增加、上年应报未报、划转以及债务的同等增加。

表1 2021年湖北省国有企业指标

指 标	金额(亿元)
资产总额	73192.81
负债总额	49835.32
所有者权益总额	23357.50
国有资产总量	19923.91
营业收入	6877.93
利润总额	617.19
净利润	507.92
归属于母公司所有者的净利润	391.74
应交税金总额	437.06
实际上缴税金总额	408.77

截至2021年底,湖北省湖北省全级次汇编国有企业5151户,比上年增加483户。其中,省本级企业1637户、市(州)县(区)本级企业3514户。

表2 2021年湖北省国有企业户数情况

2020年户数(户)	2021年户数(户)	比上年增长(%)
4668	5151	10.35

截至 2021 年底,湖北省全级次汇编国有企业年初国有资本权益总额 17403.96 亿元,本年国有资本权益总额净增加 2519.95 亿元,确认年末国有资本及权益 19923.91 亿元。

表3　2021 年湖北省国有资产按地区分布情况

地　区	国有资产（亿元）	占国有资产总量比重（%）
省级企业汇总	2788.37	13.98
地市级企业汇总	17135.54	86.02
武汉市	6897.65	34.63
十堰市	748.88	3.76
宜昌市	1493.94	7.50
襄阳市	1679.73	8.43
荆门市	648.79	3.26
鄂州市	163.18	0.82
孝感市	432.22	2.17
黄冈市	1024.23	5.14
咸宁市	679.97	3.41
恩施州	378.39	1.90
随州市	486.07	2.44
天门市	127.34	0.64
仙桃市	125.40	0.63
潜江市	206.74	1.04
神农架林区	22.22	0.11
黄石市	1172.85	5.89
荆州市	847.96	4.26

从行业分布看,湖北省国有资产总量主要分布在社会服务业、建筑业、交通运输业、房地产业等行业。其中,社会服务业国有资产总量 11620.98 亿元,占比 58.33%;建筑业国有资产总量 3505.54 亿元,占比 17.59%;房地产业国有资产总量 1714.93 亿元,占比 8.61%;交通运输业国有资产总量 1605.58 亿元,占比 8.06%;金融业国有资产总量 550.62 亿元,占比 2.76%。上述 5 个行业国有资产总量合计占比 95.37%。

表4　2021 年湖北省国有资产按行业分布情况

行　业	国有资产（亿元）	占国有资产总量比重（%）
农林牧渔业	156.24	0.78
工业	218.28	1.10
建筑业	3505.54	17.59
交通运输业	1605.58	8.06
仓储业	18.13	0.09
商贸业	19.89	0.10
房地产业	1714.93	8.61
信息传输、软件和信息技术服务业	12.47	0.06
社会服务业	11620.98	58.33
教育文化广播业	138.92	0.70
科学研究和技术服务业	110.83	0.56
金融业	550.62	2.76
其他	251.50	1.26
合　计	19923.91	100.00

从经营规模分布看,大型企业国有资产总量 12922.09 亿元,占比 64.85%;中型企业国有资产总量 3027.51 亿元,占比 15.20%;小微型企业国有资产总量 3974.31 亿元,占比 19.95%。

表5　2021 年湖北省国有资产按经营规模分布情况

经营规模	国有资产（亿元）	占国有资产总量比重（%）
大型企业	12922.09	64.85
中型企业	3027.51	15.20
小微型企业	3974.31	19.95
合　计	19923.91	100.00

三、湖北省国有资本保值增值综合分析评价

截至 2021 年底,湖北省全级次汇编国有企业年初国有资本权益总额 17399.81 亿元,按照国有资本保值增值相关规定剔除客观增减因素后,确认年末国

有资本及权益17955.97亿元,平均国有资本保值增值率103.17%,比上年增加1.41个百分点。

表6　2021年湖北省国有企业地区国有资本保值增值情况

地　区	国有资本保值增值率(%)
湖北省国有企业汇总	103.17
省级国有企业	102.30
地市级国有企业	103.32
武汉市	103.73
荆门市	100.57
襄阳市	106.03
鄂州市	107.82
咸宁市	100.48
恩施州	100.75
天门市	102.00
仙桃市	106.75
潜江市	102.29
神农架林区	100.96
随州市	99.65
宜昌市	107.32
孝感市	101.29
黄冈市	102.08
十堰市	100.96
黄石市	101.97
荆州市	101.80

四、湖北省国资委监管企业改革发展情况

(一)不断完善中国特色现代企业制度

省属一级企业全部建立董事会,各级子企业董事会户数占应建尽建比例98.88%。通过规范章程修订、建立内部制度等方式全面落实董事会职权,一级企业建立董事会向经理层授权管理制度的企业户数比例70.59%。出台《湖北省全面完成国有企业公司制改革的实施方案》,截至2021年底,湖北省完成305户全民所有制企业公司制改革,完成率91.59%。

(二)积极推进省级经营性资产统一监管

组织对省级党政机关和事业单位经营性国有资产进行调查,印发《湖北省省级党政机关和事业单位国有资产管理改革总体方案》。将摸底出来的557户企业分批分类划转至省属企业或整合组建新企业,制定首批脱钩划转企业处置方案,努力盘活闲置资源并向优势企业集中。

(三)上市融资情况

截至2021年底,湖北省国有控股上市公司21户。2021年,武汉东湖高新集团股份有限公司公开发行可转换公司债券,募集资金15.5亿元,用于3个科技园区的投资建设以及偿还银行借款并补充流动资金。湖北楚天智能交通股份有限公司发行四期超短期融资券,募集资金11.20亿元,用于偿还有息负债、补充流动资金。武汉三镇实业控股股份有限公司发行超短期融资券,募集资金7亿元,用于偿还有息债务本息、补充流动资金。武商集团股份有限公司发行中期票据,募集资金5.6亿元,用于武汉梦时代广场项目建设。华工科技产业股份有限公司发行超短期融资券,募集资金2亿元,补充发行人集团本部和子公司营运资金。湖北三峡旅游集团股份有限公司非公开发行股份17034万股,募集资金8亿元,用于两坝一峡新型游轮旅游运力补充项目和长江三峡省际度假型游轮旅游项目。

五、湖北省国资委监管企业并购重组与完善法人治理结构情况

(一)强力推进省属国资国企改革

省委、省政府出台《关于深化省属国资国企改革的实施意见》,在企业功能分类、业务调整重组、优化市场化经营机制、完善国资监管体制等方面提出17项改革举措。为落实省委、省政府决策部署,按照"突出主业主责、注重国企功能、聚焦创新发展"的原则,研究制定省属国资国企改革重组总体方案及子方案,将包括金融、文化类的37户省属企业整合重组为15户,基本上实现"一主业一主体"。湖北交投集团、联

投集团、湖北铁路集团、湖北文旅集团、湖北农发集团5户企业改革实施方案以两办名义印发，长江产业集团、湖北宏泰集团改革方案经省委常委会审议通过。12月6日，省委、省政府召开省属国资国企改革推进会议，省委书记应勇为改革组建后的湖北交投集团、联投集团等5家企业成立揭牌。

（二）扎实推进湖北省国企改革三年行动

印发《湖北省国企改革三年行动实施方案》及重点任务分工方案，建立协调、督办、考核评价等工作机制。指导督促市州和省出资企业制定国企改革三年行动实施方案。每月收集相关数据，实时掌握三年行动各项指标的进展及完成情况。截至2021年底，纳入国务院国资委考核范围的16户省出资企业改革任务完成率90%，17个市州总体完成率70%，湖北省总体任务量完成72%，提前完成全年70%的目标。

（三）全面完成国有企业剥离办社会职能工作

湖北省国有企业职工家属区供水、供电、供气、物业完成分离移交；企业所办教育、医疗、消防、社区管理机构及市政设施全面移交；湖北省国有企业退休人员97万人移交属地政府管理，加快相关财政补助资金清算工作。在国务院召开的全国剥离国有企业办社会职能及解决历史遗留问题工作会议上，湖北省作为先进典型交流发言。

（四）省属企业党委人选配备相关工作情况

改革重组后，省委管理领导班子的企业13户（不含文化企业）、领导人员112人，参股企业3户、领导人员3人。配合省委组织部参与企业领导人员考察工作，认真落实防止干部"带病提拔"工作规定，坚持全程纪实、节点把关，坚持凡提必审、必核、必查、必听，做到干部选拔任用工作程序规范、资料完善、责任落实、监督到位。

（五）董事人选配备情况

根据国企改革三年行动方案和深化省属国资国企改革的要求，9户改革重组后的省属企业确定董事人选77人，其中，内部董事35人、外部董事42人（含专职外部董事9人），做到"应建尽建""配齐配强"和外部董事占多数。

六、湖北省国资委监管企业建立和完善经营业绩考核体系情况

（一）完成2021年度经营业绩考核目标值确定

深入省出资企业调研，全面了解企业功能定位、主责主业、经营情况等，制定落实"一收两利四率"总体要求，落实省委、省政府重大战略部署，落实国企改革三年行动目标任务，支持企业科技创新转型升级的总体原则。在原"一类一策"考核体系的基础上，结合企业行业特点、发展阶段、主责主业等实际，"一企一策"量身定制2021年度经营业绩考核指标及权重，引导企业围绕高质量发展目标，补短板、强弱项，提效率、增效益。2021年5月，与18户企业签订《省出资企业2021年度经营业绩责任书》。

（二）落实应对新冠肺炎疫情专项支持措施

2020年2月，省国资委出台《关于支持省出资企业积极投入新冠肺炎疫情防控工作相关措施的通知》，从经营业绩考核、工资总额、捐赠支出、研发支出、费用减免等方面明确7条措施。在对2020年度企业负责人经营业绩考核时，严格落实出台的支持政策措施，统筹考虑疫情影响，经营业绩考核更加科学合理。

（三）完成2020年度经营业绩考核结果核定工作

纳入2020年度经营业绩考核的18家省出资企业，考核结果A级9家，B级6家，C级3家。

七、湖北省国资委监管企业负责人考核与选人用人机制改革情况

（一）加大市场化选聘力度

2021年，在企业集团公司市场化选聘经理层成员11人，其中，总经理1人、副总经理10人。

（二）推行经理层成员任期制和契约化管理

改革重组后的省属企业集团公司经理层成员71人、各级子公司经理层成员2095人全部实行任期制和契约化管理，签订岗位聘任协议和经营业绩责任书（年度和任期），强化考核的刚性兑现和刚性退出，实

现收入"能增能减"和职务(岗位)"能上能下",充分调动经理层成员的积极性和主动性。

八、湖北省国资委监管企业党的建设和廉政建设情况

(一)党的建设

截至2021年底,党的日常工作由湖北省政府国资委党委管理的企业92户。其中中央在鄂企业73户、省属企业19户。归口管理企业党员211887人,建立各级基层党组织14931个,其中党委962个、党总支928个、党支部13041个。

2021年,湖北省政府国资委党委及归口管理企业党委以习近平新时代中国特色社会主义思想为指导,全面贯彻党的十九大和十九届历次全会精神,认真落实习近平总书记"七一"重要讲话和考察湖北、参加湖北代表团审议时的重要讲话精神,始终把习近平总书记在全国国企党建会重要讲话精神作为工作遵循和行动指南,坚持党的领导、加强党的建设,树立大抓党建大抓基层鲜明导向,为湖北国资国企改革发展提供坚强保证。

以政治建设为统领,牢牢把握国企党建工作正确方向。一是注重强化思想引领。认真学习贯彻党的十九大和十九届历次全会精神,深入贯彻落实习近平总书记"七一"重要讲话和考察湖北、参加湖北代表团审议时的重要讲话精神,推动习近平新时代中国特色社会主义思想进企业、进项目、进班组,不断提高政治判断力、政治领悟力、政治执行力。二是建立完善"第一议题"制度。深化"思想引领、学习在先"机制,严格落实"第一议题"制度,把学习贯彻习近平总书记重要讲话和重要指示批示精神作为企业党委会议"第一议题"。明确党委会议在研究决策重大事项问题时,要与习近平总书记重要讲话、重要指示批示精神对标对表。100%的省属企业集团及重要子企业建立"第一议题"制度。三是落实意识形态工作责任制。印发《湖北省政府国资委党委关于落实归口管理企业党委(党组)意识形态工作责任制的通知》,4次专题研究国资国企系统意识形态工作,每月分析研判意识形态工作,牢牢掌握意识形态工作主动权。四是坚决做到"两个维护"。聚焦贯彻落实湖北省委、省政府决策部署,围绕高质量发展和疫后重振、国企改革三年行动、深化省属国资国企改革、企业改革发展创新等工作成势见效抓党建,推动企业自觉履行经济责任、政治责任和社会责任,努力做到"党有号令企业有行动,党有部署企业有作为"。

坚持高标准、高质量,推动党史学习教育走深走实。落实学党史、悟思想、办实事、开新局总要求,确保学习教育各项任务完成。一是严要求组织部署。印发省属企业《实施方案》,成立领导小组及工作专班。建立信息周报制度,配备专人专班,组织省属企业党委班子成员参加湖北省动员大会。指导企业第一时间实现启动部署、机构建立、方案制定三个"全覆盖"。二是多举措深入推进。举办"重温红色历史 传承革命精神——湖北省政府国资委党史教育专题培训班",重走红色故地、感悟初心使命。开展"党旗在国企一线高高飘扬——百名支部书记讲党课""守望党旗 国企先锋——我身边的优秀共产党员"微视频征集活动。深化"我为群众办实事"活动,20家省属企业领导班子成员领办实事项目268项,基本完成。三是全方位宣传引导。组建基层宣讲队伍144支,参加宣讲人员358人。深入开展专题宣讲活动,20家省属企业学习教育宣讲844场,听众29660余人次。中央党史学习教育工作简报第120期报道湖北省国有企业情况,湖北简报第21期、第43期专题专版报道省属企业主要做法。四是统筹做好100周年庆祝活动。认真做好中央、湖北省"两优一先"表彰人选考察推荐和"光荣在党50年"纪念章发放等工作,开展国有企业"两优一先"评选表彰活动。

完善领导体制机制,全面加强党对国有企业的领导。聚焦国企改革三年行动,落实"两个一以贯之"要求,确保企业党委充分发挥"把方向、管大局、促落实"领导作用。一是推动党建工作要求写入公司章程。将省属企业党建入章工作纳入党建工作考核重要内容,指导省属企业落实党建入章制定、完善、落实,确保符合条件的企业党组织全部完成党建入章。集团完成率100%、二级及以下子公司"应入尽入"完成率99.5%。二是制定前置研究讨论事项清单。紧跟国企改革三年行动任务要求,指导集团公司和重要子企

业党委制定前置研究讨论重大经营管理事项清单，推动党的领导落实到公司治理各环节。省属企业集团及其重要子企业完成率100%。三是健全重大问题决策机制。配合湖北省委组织部研究制定《省属企业在完善公司治理中加强党的领导工作规程》。严格落实前置研究程序，指导企业修订完善党委议事规则、"三重一大"议事清单等各项配套制度。

聚焦人才强企目标，培育高素质专业化干部人才队伍。落实"二十字"标准要求，为省属企业改革发展和转型升级提供人才支撑。一是积极推进市场化选聘。指导长江财险公开招聘总经理1人、副总经理2人，中南建筑设计院内部转聘3人、竞聘副总经理2人，长江产业基金市场化选聘副总经理1人。审核批复5家企业市场化选聘中层管理人员方案，市场化选聘中层管理人员20人。二是加强企业领导人员管理监督。开展委管企业领导人员个人事项查核统计和全面检视"回头看"，配合建立委管企业领导干部廉政档案。清理省出资企业领导人员配偶已移居国（境）外的工作。加强出国（境）护照管理和出国（境）备案审查工作，注销5人普通公务护照和APEC卡。三是加强企业外部董事队伍建设。充实外部董事人才库，认真做好企业董事会换届董事人选推荐和外部董事聘任工作，为省宏泰集团选聘外部董事4人，为湖北盐业、兴楚国资公司第一届董事会分别选聘4人、外部董事3人。

坚持抓基层打基础，树立大抓党建、大抓基层鲜明导向。聚焦中央和省委巡视反馈问题抓好整改，不断提升基层党组织组织力和政治功能。一是强化责任压力传导。落实党委书记抓党建工作承诺制，制定《2021年党建工作承诺清单》，深入推进班子成员党支部联系点工作。深化"四级同述同评同考"机制，召开省属企业党委书记抓基层党建工作述职评议会，实地考核17家省属企业党建工作。湖北省政府国资委党委书记对党建考核排名靠后的企业党委书记提醒谈话。二是开展国企党建工作会贯彻落实情况"回头看"。印发《湖北省政府国资委党委关于印发〈全国湖北省国有企业党的建设工作会议精神贯彻落实情况"回头看"方案〉的通知》，8月中下旬，湖北省政府国资委领导带领4个督导组对企业进行现场督导。10月29日，地方国资委党建工作研讨会在北京召开，湖北作为4家地方国资委发言代表之一，进行大会交流发言。三是抓实党员教育管理工作。开展归口管理企业信教党员全面排查，开展"党员不得信仰宗教"专题教育。做好2021年发展党员工作，下半年每月调度1次党员发展情况，组织规模较小企业举办党员发展对象培训班两期4批。2021年8月，湖北省陆续出现外地输入性新冠肺炎关联病例，企业1060个基层党组织，组建应急突击队330余支，1.8万余名党员干部下沉社区，全力支援疫情防控。四是努力打造党建工作品牌。省属企业结合自身特点，开展党建品牌创建。省交投集团在省委基层党建工作专题调研座谈会、对拟提交省委全会审议的决定的征求意见座谈会汇报国企党建工作经验。中南设计集团在2021年度湖北省组织部长会议上交流国企党建工作经验。省长投集团农业机械总公司《构建"138"党建体系 推动党建与企业发展深度融合》被评为2019—2020年度"湖北十大党建案例"。

（二）廉政建设

2021年，湖北省国资委党委高度重视清廉国企建设工作，将其作为强化政治担当、落实全面从严治党主体责任的重要载体和重要抓手。制定印发《关于推进清廉企业建设的实施意见》，通过召开企业座谈会、建立"四责协同"机制、指导协调推进、加强宣传引导、学习交流、视频述职评议等方式，推动清廉国企建设走深走实。出台《省政府国资委党委关于对省属企业运用"第一种形态"落实主体责任的实施办法（试行）》，指导督促省属企业党委全年运用"第一种形态"情形290次，对苗头性、倾向性问题及时提醒，取得"红脸出汗"的效果，有效加强对"一把手"的日常监督。做好中央巡视、省委巡视整改以及省纪委党风廉政反馈问题整改工作，召开专题会议研究部署整改工作，认真制定整改工作方案、建立"一对一"整改清单，进行整改常态督办，以"钉钉子"精神做好问题整改销号。安排部署国有企业党风廉政宣传教育活动，印发《2021年国有企业党风廉政建设宣传教育月活动方案》，组织省属企业及机关干部参观廉政书画展，观看警示教育片，各级党组织书记讲廉政党课1318次，制作警示教育片、廉洁视频339部，面向中央在鄂企业和省属企业开展"倡清廉　促发展"书画作品和廉洁小故事征集活动,以有效活动载体吸引广大职工群众积极参与,切实增强国资国企各级党组织和党员干部遵规守纪意识。

九、湖北省国资委深化央地合作情况

(一)三峡集团总部搬迁湖北武汉

湖北省委、省政府认真贯彻落实党中央、国务院决策部署,把三峡集团的搬迁作为讲政治的大事、抢机遇的喜事、抢时间的急事、利长远的要事来抓,尽湖北所能、倾湖北所有,"该支持的全支持,能保障的全保障,应服务的全服务",确保三峡集团"迁得顺、接得稳、发展好"。2021年5月,成立湖北省支持三峡集团回迁工作领导小组,省长担任组长,办公室设在湖北省国资委。湖北省国资委积极履行办公室职能,细化三峡集团需求清单,统筹省市专班,加强沟通协调,高标准落实三峡集团各项需求。2021年9月26日,三峡集团总部在武汉揭牌,并与湖北省、武汉市、宜昌市签署战略合作协议,国务委员王勇,国务院国资委党委书记、主任郝鹏出席活动。

(二)成功举办重大央地对接活动

2021年3月26日,国务院国资委与湖北省委、省政府共同举办中央企业支持湖北高质量发展　共同落实区域重大战略座谈会,国务院国资委和湖北省委省政府主要领导,中国航天科工集团、国药集团等34家中央企业主要负责人出席活动,共同推动实施长江经济带发展、中部地区加快崛起、长江中游城市群协同发展等重大国家战略,全力支持湖北疫后重振和高质量发展。3月25日,湖北省政府与中央企业举行战略合作协议集中签约仪式。

(三)持续深化央地战略合作

2021年,湖北省政府与航空工业、中国海油、三峡集团、中国中化、中国节能、中国化学、中国中铁、中国铁建、中国交建、中国能建10家中央企业签署战略合作协议,支持中央企业"十四五"期间加大在鄂投资布局。2020—2021年,24家中央企业与湖北省政府签署战略合作协议,转化为具体合作项目(含自投自建项目)500余个,投资总额约1万亿元,累计完成投资额约1800亿元。24家央企在鄂新设区域总部、功能性总部、研发中心及重要子企业50余家。三峡集团成立武汉三峡科创基金,中国电建成立华中区域总部(华中投资公司)、中国电建装备集团,中国能建成立华中区域总部(华中投资公司)、中能建绿色建材有限公司等。

(四)中央企业与湖北省高频互动

2021年,中国航天科工、国家电网、三峡集团、中国建筑、国药集团等18家央企主要负责人24次到鄂会见湖北省委、省政府主要领导,商洽重大合作事项,推动项目落实落地。湖北省委、省政府主要领导主动会见国务院国资委及三峡集团、东风公司等中央企业,推动央地合作。湖北省国资委与中建三局、中铁科工等在鄂央企会见洽谈20多批次。

(五)推进央地合作项目落实落地

截至2021年底,2020年6月中央企业助力湖北疫后重振发展视频会议72个签约项目开工42个(含已完工3个),开工率58.3%,累计完成投资金额285亿元。2021年,湖北省国资委积极帮助协调中粮集团、华润集团、中国节能、航天三江集团、武钢集团等中央企业困难问题,当好"店小二"。

(撰稿人:曹　宇　曾　俊　李　曼　余利平
邱文凯　张　涛　邓　巧　张　润　李小龙)

湖南省

一、湖南省国有资产监督管理工作综述

(一)国有经济多项指标再创新高

坚持稳中求进工作总基调,坚决贯彻新发展理念,监管企业发展质效不断提升。截至2021年底,湖南省国资系统监管企业资产总额4.39万亿元,净资产1.79万亿元;实现营业收入7473.2亿元,利润

397.8亿元。其中,省属监管企业资产总额1.55万亿元,实现营业收入5802亿元,增长26.3%;利润292.05亿元,增长19.5%;上缴税费224亿元,增长19%,主要经济指标均创历史最高水平。

(二)国有资产监管体制持续优化

始终以管资本为主加快自我革命,按照专业化、体系化、法治化监管的要求,持续优化国资监管体制机制。一是优化调整内设机构和人员配备。适应新形势新要求,主动推行省国资委机关内部改革,将17个内设机构撤并4个,新设科技创新、对外合作、董事会工作及企业队伍建设等4个处室,并优化调整部分处室职能。大力培养选拔优秀年轻干部,加大内部轮岗力度,机关干部中40岁以下正处长占比近20%,"80后"副处长占比超过50%,处长轮岗率超过80%,机关干部总体轮岗率40%以上。二是加强分类监管。完成省属监管企业功能界定与分类调整,修订省属监管企业主业,明确重要子企业名单。加大授权放权力度,制定省国资委分类授权放权清单,授权放权事项39项。三是强化出资人监督体系建设。出台省属监管企业"十严禁"规定,在投资、担保、拆借资金等方面作出严格规定,为企业经营行为划出红线。修订完善省属国有企业违规经营投资损失责任追究办法,出台省属监管企业经营投资尽职合规免责事项清单,在国资系统树立失职追责、尽职免责的鲜明导向。推进国资监管大数据系统建设,湖南省国资国企在线监管系统、"三重一大"事项决策及大额资金动态监测系统建成运行。四是有序构建国资监管大格局。持续推进经营性国有资产集中统一监管,14户企业移交省国资委管理,湖南省经营性国有资产集中统一监管比例98.5%以上。加大对市州国资监管工作的联系指导力度,出台《湖南省市州国资监管工作评估评价暂行办法》,从6个维度开展精准评估评价,形成国资监管"一盘棋"。

(三)防化重大风险能力稳步提升

进一步强化风险意识,多措并举,主动发力,风险防控成效显著。一是体制机制不断完善。制定出台内审内控有关政策文件,进一步完善投资、财务、法律等风险管控制度体系,将风险管控纳入监管企业负责人绩效考核范畴,在安全环保等方面实行"一票否决"。娄底市建立"631"到期债务情况调度机制,有效防范平台公司债务风险。二是财务风险有效控制。重点推进5户企业减亏止损,比上年扭亏增利78.5亿元。分户制定省属监管企业资产负债率三年控制目标,重点加强分类管控。建立债券风险联动机制,严控发债规模,债券风险管控全面加强。开展监管企业有分歧账款复核工作,清偿拖欠民企账款2788万元。高速集团完成存量债务"高改低、短改长"2500亿元。发展集团推进湘潭九华示范区BT项目债权处置,为湘潭市化解债务2.3亿元。衡阳市全年累计化解政府隐性债务45.5亿元。三是安全环保形势稳步向好。开展安全生产专项整治三年行动等活动,进行安全风险点、危险源大排查大整治,全年未发生重特大安全生产事故、群体性和大规模上访事件。重点抓好常态化疫情防控工作,严格落实"四早"要求,压实"四方"责任,三湘集团完成国家级医疗应急物资储备库建设,高速集团、机场集团、现代农业集团、粮食集团等企业全力做好供应保障工作,全年没有发生重大聚集性疫情,省属监管企业基本实现疫苗接种全覆盖。交水建集团等8户企业被评为"湖南省安全生产和消防工作优秀单位",发展集团、湘科集团等9户企业被评为"湖南省平安建设先进单位"。

二、湖南省国有资产总量与结构分析

截至2021年底,湖南湖南省国有企业资产总额71994.84亿元,比上年增长11.48%;所有者权益30034.52亿元,比上年增长11.56%;国有资产总量27925.14亿元,比上年增长11.17%。

表1　2021年湖南省国有企业指标

项　目	金　额(亿元)
资产总额	71994.84
所有者权益	30034.52
国有资产总量	27925.14
营业收入	8720.58
利润总额	535.03

续表

项　目	金　额（亿元）
净利润	462.41
归属于母公司所有者的净利润	381.41
实际上缴税金总额	433.25

表2　2021年湖南省国有企业户数情况

2020年户数（户）	2021年户数（户）	比上年增长（%）
3321	3937	18.55

表3　2021年湖南省国有资产按地区分布情况

地　区	国有资产（亿元）	占国有资产总量比重（%）
省属国有企业	4831.86	17.30
省级监管企业	4796.90	17.18
省级非监管企业	34.96	0.13
市州（区、县）企业	23093.37	82.70
长沙市	5526.73	19.79
常德市	3396.79	12.16
株洲市	1997.31	7.15
岳阳市	2320.25	8.31
衡阳市	1357.24	4.86
湘潭市	1777.31	6.36
邵阳市	1364.17	4.89
怀化市	700.06	2.51
郴州市	1990.22	7.13
益阳市	527.73	1.89
永州市	999.10	3.58
张家界市	367.33	1.32
湘西州	305.44	1.09
娄底市	463.70	1.66
合　计	27925.23	100.00

注：由于四舍五入，表中合计数与国有资产总量数据有出入。

表4　2021年湖南省国有资产按行业分布情况

行　业	国有资产（亿元）	占国有资产总量比重（%）
农林牧渔业	405.60	1.45
工业	1019.80	3.65
建筑业	8187.73	29.32
交通运输业	531.25	1.90
仓储业	34.26	0.12
商贸业	169.15	0.61
房地产业	5378.13	19.26
信息传输、软件和信息技术服务业	111.33	0.40
社会服务业	11467.08	41.06
教育文化广播业	110.20	0.39
科学研究和技术服务业	178.58	0.64
金融业	236.32	0.85
其他	95.79	0.34
合　计	27925.23	100.00

注：由于四舍五入，表中合计数与国有资产总量数据有出入。

表5　2021年湖南省国有资产按经营规模分布情况

经营规模	国有资产（亿元）	占国有资产总量比重（%）
大型企业	2531.81	9.07
中型企业	7746.36	27.74
小型企业	14686.90	52.59
微型企业	2960.16	10.60
合　计	27925.23	100.00

注：由于四舍五入，表中合计数与国有资产总量数据有出入。

三、湖南省国有资本保值增值综合分析评价

2021年，湖南省国有企业国有资本及权益总额27925.14亿元，净增加2804.72亿元，增长11.17%。其中，客观因素增加2851.60亿元，经营积累527.11亿元；客观因素减少397.34亿元，经营减值176.65亿元。主要变动因素：一是政府投入、资产评估及经营

积累等因素导致增加权益3378.71亿元。其中,客观因素增加2851.60亿元,占本年增加权益的84.40%,主要是国家、国有单位直接或间接追加投资969.19亿元,无偿划入928.57亿元,资产评估增加455.88亿元,清产核资增加0.69亿元,产权界定增加21.77亿元,资本(股本)溢价202.13亿元、接受捐赠28.09亿元,债权转股权16.62亿元,税收返还16.04亿元,减值准备转回0.42亿元,会计调整56.87亿元,中央和地方政府确定的其他因素增加155.32亿元;主观因素增加即经营积累增加527.11亿元,占本年国有资本及权益增加的15.60%。二是消化潜亏挂账、资本(股票)折价及经营亏损等因素导致减少权益573.99亿元。其中,客观因素减少397.34亿元,占本年减少权益的69.22%,主要是经国家专项批准核销6.47亿元,无偿划出136.51亿元,资产评估减少10.72亿元,清产核资减少5.78亿元,产权界定减少9.71亿元,消化以前年度潜亏和挂账而减少13.78亿元,因自然灾害等不可抗拒因素减少5.19亿元,因主辅分离减少5.76亿元,企业按规定上缴利润45.22亿元,资本(股本)折价33.15亿元,中央和地方政府确定的其他因素减少125.02亿元;主观因素减少即经营减值176.65亿元,占本年国有资本及权益减少的30.78%。

表6　2021年湖南省国有企业地区和行业国有资本保值增值情况

地　区	国有资本保值增值率(%)	行　业	国有资本保值增值率(%)
湖南省国有企业	101.40	农林牧渔业	95.59
省属企业	102.74	工业	110.63
省级监管企业	102.77	建筑业	102.43
省级非监管企业	99.48	交通运输业	98.12
市州(区、县)企业	101.11	仓储业	91.42
长沙市	101.20	商贸业	110.16
常德市	102.65	房地产业	99.50

续表

地　区	国有资本保值增值率(%)	行　业	国有资本保值增值率(%)
株洲市	101.02	社会服务业	100.89
岳阳市	101.46	科学研究和技术服务业	106.26
衡阳市	100.89	金融业	143.62
湘潭市	102.06	其他	98.68
邵阳市	99.94		
怀化市	100.83		
郴州市	99.98		
益阳市	101.24		
永州市	98.86		
张家界市	99.43		
湘西州	100.06		
娄底市	101.28		

四、湖南省国资委监管企业改革发展情况

(一)激发创新发展活力

2021年,省属监管企业研发经费投入186.3亿元,投入强度2.7%。新建国家级、省级创新平台9个,获批高新技术企业47家、有效发明专利234件,获得国家级、省级科技创新奖励33项,打造创新联合体和创新联盟25家。与华为公司共建工业智能体创新研究院,打造"2+4+N"个智慧场景。与中南大学、海军工程大学等一批高校深度合作,引进9个院士团队或优秀科技人才团队,通达电磁能、中创空天、博云新材等一批重大科研成果加快落地。

(二)科技攻关不断突破

省属监管企业承担国家科技重大专项64项,省级科技重大专项67项。湘投金天科技集团在钛材料精深加工领域解决多项关键技术难题,使我国在海水淡化、核电领域应用的高端钛产品实现进口替代;黄金集团冷水江锑都环保砷碱渣无害化处理技术破解历史难题,达到国际领先水平。技改升级加速推进,实施技改项目85个,完成投资48.9亿元。湘钢5米

宽厚板厂回火炉、涟钢高强钢二期项目热处理线、湘渝盐化12万吨小袋食盐包装生产线技术改造等技改项目投产达效。

(三) 深化混合所有制改革

完成湖南兵器、新天地保安等18户企业混合所有制改革，引入国家军民融合基金、中国兵装、中国兵器、国铁集团等"三高"战投。申报上市后备资源库企业29户，完成华菱线缆中小板上市，有序推进海利集团主业资产整体上市。

(四) 加快两类平台公司试点

优化两类平台试点企业资源配置，明确功能定位，平台功能作用进一步发挥。兴湘集团为国企改革脱困、转型发展、结构调整和地方政府化债提供服务支持资金63.38亿元。国资集团盘活处置存量资产、不良资产，全年累计注销空壳企业119户，先后完成26户"僵尸企业"处置出清和98户非公司制企业改革出清。高新创投布局战略性新兴产业和军民融合产业，"两超一园"项目加速推进，超精密加工项目成功落地。

(五) 加大遗留问题处理力度

基本实现退休人员社会化管理、厂办大集体改革、"三供一业"分离移交扫尾"三个清零"。全面完成公司制改革工作。推动出台省属国有企业划拨土地作价出资(入股)管理办法，批复国资集团、黄金集团、兴湘集团等作为第一批企业实施划拨土地作价出资(入股)，困扰改革多年的老大难问题得以"破冰"。

(六) 统筹推进市州国企改革

湖南省14个市(州)国企改革三年行动如期完成年度既定目标。衡阳组建工作专班，集中办公、挂图作战、对账销号，国企改革三年行动任务完成率92.95%；常德实施"双倍增"行动，推动企业做强做优做大；郴州全面完成235户全民所有制企业公司制改革工作；益阳将市直部门经营性国有资产调整配置到市属企业，充实注册资本；邵阳所属企业均建立市场化招聘制度，全面推行用工市场化。

五、湖南省国资委监管企业并购重组与完善法人治理结构情况

(一) 国有资本布局结构持续优化

一是规划编制制定顺利完成。出台《湖南省国资国企"十四五"发展规划》《省属国有资本布局优化和结构调整实施方案》，为湖南省国有资本布局结构优化提供支撑。省属监管企业及市(州)国资委"十四五"规划编制工作基本完成。二是产业转型升级步伐加快。围绕"3+3+2"产业集群建设，推动增量资本和存量资源向优势产业集中。大力实施监管企业战略性新兴产业培育"八个专项工程"，38个项目纳入省重点建设项目，17个项目入选"5个100"工程，8个项目入选四个"十大项目"，兴湘集团与中国商飞合作大飞机地面动力学实验平台、华菱湘钢5G智慧工厂等一批重大项目加快实施。三是战略性重组专业化整合全面推进。按照"3+3+2"重组整合工作思路，重点理顺高速集团和现代投资、粮食集团、湘电动力的管理体制，新组建成立酒店旅游集团、湘江研究院、有色环保研究院，完成"三院""两所"的整合。南岭民爆引入易普力、湘渝盐化注入雪天盐业、湘电风能引进哈电集团，推动完成重大资产重组。四是重点企业脱困解困加速推进。全力推进监管企业纾困减负，对湘电长泵、粮食集团、酒店旅游集团开展专项审计，全面摸清企业家底。建立府院联动机制，依法推进长丰集团及其所属子公司与猎豹股份合并司法重整。指导粮食集团制定三年改革脱困方案，推动企业加快"减负瘦身"和市场化经营机制改革。将湘电长泵全面移交湘钢集团接管。组建酒店旅游集团，进一步剥离非主业资产，确保轻装上阵。五是开放合作不断深化。深化与中央企业对接合作，提请省政府分别与国家管网集团、中国船舶集团签署战略合作协议，与国新集团、华润集团、中金公司加强项目合作。积极参与中国(湖南)自由贸易试验区建设，计划投资项目29个，涉及投资总额920亿元。参与"一带一路"建设，18户监管企业境外项目127个，涉及资金332亿元。兴湘集团推动哈电集团风电产业总部落户湖南。高创新能源引入三峡集团发展新

能源产业。黄金集团、湘煤集团、湘水集团积极参与地方矿产、煤炭、水运资源整合。长沙举办项目合作推介会,签约项目27个,总投资926亿元。郴州将2021年确定为央企省企对接合作突破年,签约项目21个,总投资242亿元。

(二)法人治理结构进一步完善

纳入改革范畴的20户省属监管企业集团全部制定党委前置研究讨论重大经营管理事项清单。企业集团层面实现董事会应建尽建,符合条件的268户子企业均建立董事会;70%以上的一级企业集团完成外部董事占多数的规范董事会建设;212户子企业实现外部董事占多数,占应实现企业户数的88%。

六、湖南省国资委监管企业建立和完善经营业绩考核体系情况

全面推进三项制度改革,全员绩效考核覆盖率100%,管理人员竞争上岗率74%,员工优化调整比率13%,管理人员退出率11%,末等调整和不胜任退出率3.6%,高于全国地方平均水平。加快实施经理层任期制和契约化管理,20户企业集团全部建立经理层成员任期制和契约化管理工作制度,657户各级子企业按规定与经理层全部签订有关合同或契约。市场化选聘6名专职外部董事,64户子企业开展职业经理人选聘工作。

七、湖南省国资委监管企业负责人考核与选人用人机制改革情况

进一步完善省属监管企业负责人绩效考核办法,把"十四五"规划指标分解到每个年度、落实到每户企业,构建以党建工作、核心经济指标、重点工作、"一票否决"事项为主的"3520"考核指标体系。选优配强企业领导班子,打造政治强、专业精、作风优的干部人才队伍。大力弘扬企业家精神,涌现出全国"七一勋章"获得者、全国劳动模范、全国优秀党务工作者等一批优秀企业家和技术骨干。组织实施"英培计划"人才选拔工作,选拔39人。湘潭建立市属企业后备人才数据库,强化干部梯队培养。

八、湖南省国资委监管企业党的建设和廉政建设情况

(一)筑牢"主阵地"

落实"第一议题"制度,出台《关于省属企业在完善公司治理中加强党的领导的若干措施》,重点抓好全国国企党建工作会议精神贯彻落实情况"回头看"。推动强基提能专项行动常态长效,各企业新规范党组织设置354个,换届137个,配齐党组织班子368个;二级及以下独立法人企业新增落实"一肩挑"35户,党员总经理新任副书记25户。

(二)唱响"主旋律"

深入开展党史学习教育,精心组织监管企业"传承红色基因 激发奋进力量"红色故事巡回宣讲活动,组织"矮寨不矮 时代标高"、"脱贫攻坚 国企力量"、国企"100个红色故事"等专题报道,有力壮大国企主流声音。开展"千名书记讲潇湘红色故事"活动,4559名基层党组织书记用心用情"讲",103563名党员群众聚精会神"听"。编发《党史知识1200题》,50多万人次参与国企党员干部党史学习答题登高活动。累计为群众办实事5829件,投入资金26亿元。怀化开通红色班车流动课堂,湘西开展"星火"宣讲、"共建共联",打造国企党建特色品牌。

(三)彰显"主担当"

省国资系统选拔56名工作队员组成18支省派驻村工作队分赴17个县开展驻村帮扶。对口帮扶绥宁县项目24个,投入资金2200万元,完成消费帮扶700多万元。12户省属监管企业参与汨罗市文化旅游、基础设施建设等项目,助力乡村振兴。

(四)把牢"主基调"

持之以恒正风肃纪,强化对"一把手"的监督,深入开展企业境外腐败专项治理、工程招投标、公职人员涉矿涉砂等违规经营整治。配合对4户企业开展常规巡视、对2户企业开展涉粮问题专项巡视,统筹督促做好巡视整改"后半篇文章"。完成第四轮3户委管企业巡察工作,实现委管企事业单位巡察全覆

盖,坚定不移把"严"的主基调贯穿企业管党治党全过程。

(撰稿人:王 飞)

广东省

一、广东省国有资产监督管理工作综述

2021年,广东省国资委坚持以习近平新时代中国特色社会主义思想为指导,深入贯彻党的十九大和十九届历次全会以及中央经济工作会议精神,落实"1+1+9"工作部署,抓住"双区"和两个合作区建设重要机遇,主动服务广东省打造新发展格局战略支点,凝心聚力抓改革、多措并举促发展,扎实推进国资国企改革发展和党的建设各项工作取得新成效,在"十四五"开局之年展现国资国企新担当新作为。

截至2021年底,广东省地方国资监管企业(不含中央企业、其他省份驻粤企业,下同)资产总额145760.53亿元,负债总额91584.32亿元,所有者权益54176.21亿元,资产负债率62.83%。其中,省国资委监管企业(以下简称省属企业)资产总额22746.21亿元,负债总额13678.82亿元,所有者权益9067.39亿元,资产负债率60.14%。地市国资监管企业资产总额123014.32亿元,负债总额77905.50亿元,所有者权益45108.82亿元,归属于母公司所有者的所有者权益33706.25亿元,资产负债率63.33%。

2021年,广东省地方国资监管企业实现营业收入30718.22亿元,利润总额2637.67亿元,净利润1980.10亿元,已交税费2306.87亿元。其中,省属企业实现营业收入5659.97亿元,利润总额278.32亿元,净利润184.35亿元,已交税费249.97亿元。地市国资监管企业实现营业收入25058.25亿元,利润总额2359.35亿元,净利润1795.75亿元,已交税费2056.9亿元。

2021年末,广东省地方国资监管企业归属于母公司的所有者权益39691.33亿元,主要分布在社会服务、交通运输、房地产、工业等四大行业(行业数据由单户表相加得出,不考虑差额表影响,下同),合计占比84.16%。其中,省属企业归属于母公司的所有者权益5985.08亿元,主要分布在交通运输、社会服务业、工业、建筑业等四大行业,合计占比92.63%。

(一)国有经济战略支撑能力不断提升

牢牢把握新时代新阶段国资国企高质量发展要求,筹备召开广东省国资国企高质量发展会议,省委书记李希出席会议并作重要讲话,对新发展阶段广东省国资国企高质量发展进行全面深入部署。制定《关于广东省国有企业高质量发展的意见》《关于新时代推进国有经济布局优化和结构调整的实施方案》,编制《"十四五"省属国有资本布局优化与结构调整规划》,推动国有企业主动服务国家和省重大发展战略,切实发挥国资国企功能作用。强化国资国企功能定位,推动省属企业强主业、促转型,完成123户二、三级企业整合,推动142户小规模企业实现"升规",清退处置358户不具竞争优势、缺乏发展潜力的非主营业务(企业)和低效无效资产,完成重点亏损子企业专项治理,促进国有经济提质增效,主责主业更加聚焦。

(二)服务广东省经济社会发展大局作用充分发挥

省属企业参与承担的总投资8766亿元的年度98个省重点项目顺利推进。在基础设施建设中发挥"主力军"作用,白云机场三期扩建工程、韶关机场军民合用工程、湛江机场迁建工程、揭阳潮汕机场航站区扩建工程、深圳至中山跨江通道、狮子洋通道项目、广湛铁路项目等重大基础设施建设顺利推进。在引领重大产业中发挥生力军作用,巨正源120万吨/年丙烷脱氢制高性能聚丙烯项目二期工程、风华高科祥和工业园高端电容基地项目进展顺利,TCL华星光电T9、宝武集团中南钢铁组建、揭阳大南海石化园区等项目落地。在服务保障民生中发挥主心骨作用,加快建设珠三角水资源配置工程、韩江高陂水利枢纽工程、引韩济饶供水工程等民生工程。特别是在电力供应缺口较大的关键时期,广东省能源企业不计代价、全力以赴保障电力供应,其中省能源集团确保2500万千瓦可控发电装机容量。

(三)圆满完成巩固拓展脱贫攻坚成果同乡村振兴有效衔接

一是国资国企脱贫攻坚任务圆满收官。省属企业和驻粤中央企业对口帮扶72个省定贫困村,派驻扶贫干部582人,投入扶贫资金6.5亿元,帮助1.85万名贫困人口脱贫。动员支持省(市、县)国有企业帮扶1208个村,累计投入帮扶资金107.8亿元。2021年,国资国企10家单位和12名个人受到国家和省级表彰。省国资委办公室和对口帮扶大岭村获评省级先进单位。二是落实国资系统"回头看"防返贫监测机制。国资国企带头率先对原定点帮扶的72个脱贫村开展"回头看"工作。下发《关于国资国企参与乡村振兴有关工作的通知》,明确"回头看"具体工作要求,并纳入乡村振兴工作年度考核内容。三是推动驻镇帮镇扶村工作。与中国银行广东分行结对开展罗平镇驻镇帮扶工作,选派干部建立工作队,制定帮镇扶村五年规划和年度帮扶计划,细化帮扶措施,实施"一村一策",打造"一村一品"。省国资委主要领导组织省属企业现场实地调研,推进良田水利改造工程、辣椒产业基地等特色项目,打造长岗坡红色旅游品牌。推动75家省属企业、驻粤中央企业选派工作队完成进驻,派出第一书记75人,工作队员170人。四是推进领导干部定点联系涉农县工作。开展开平市"国资国企全力推动践行'两山'理论,走产业绿色发展之路"专题调研,结合开平市地方建设特色,深入探索如何践行"两山"理念,推动开平走产业绿色发展之路。五是深入实施"千企帮千镇 万企兴万村"行动。与省乡村振兴局联合印发《广东省属企业、驻粤央企"千企帮千镇万企兴万村"行动实施方案》,抓好分类指导,发挥国资国企特点助力乡村振兴。六是推进消费帮扶提档升级。发挥"东悦游""南粤分享汇"等电商平台优势,帮销帮扶地区农产品,销售金额2.2亿元。省属企业、驻粤中央企业全年帮销和消费帮扶金额4.1亿元。

二、广东省国有资产总量与结构分析

2021年末,广东省地方国资监管企业资产总额145760.53亿元,比上年①增长13.29%;全年实现营业收入30718.22亿元,比上年增长17.98%;利润总额2637.67亿元,比上年增长2.13%;归属于母公司所有者的净利润1012.40亿元,比上年增长10.96%。

表1　2021年广东省国有企业指标

项　目	金　额(亿元)
资产总额	145760.53
所有者权益	54176.21
国有资产总量	38122.52
营业收入	30718.22
利润总额	2637.67
净利润	1980.10
归属于母公司所有者的净利润	1012.40
应交税金总额	2446.13
实际上缴税金总额	2306.87

2021年,广东省地方国资监管企业15246户,其中广东省国资委监管企业2625户(其中一级企业集团17户)、地市国资监管企业12621户。

表2　2021年广东省国有企业户数情况

2020年户数(户)	2021年户数(户)	比上年增长(%)
12046	15246	26.56

2021年末,广东省地方国资监管企业资产主要集中在珠江三角洲地区,珠江三角洲地区9个地市资产总额117655.08亿元,占比95.64%。省属企业、广州和深圳合计资产总额108314.01亿元,占比74.31%,比上年增加0.16个百分点。特别是广州和深圳的国资监管企业,两个中心城市作为广东省区域经济发展的龙头,呈不断加快发展的态势。2021年末,广东省地方国资监管企业国有资产总量总额维持高速增长的态势。广东省地方国资监管企业国有资产总量38122.52亿元,比上年增长16.16%。其中省属企业5902.11亿元,增长10.1%;地市国资监管企业32220.41亿元,增长17.3%。

---

① 比上年增长是以2021年数据对比同一报表的上年同期数,而非上年度统计数据,下同。

表3 2021年广东省国有资产按地区分布情况

地 区	国有资产（亿元）	占国有资产总量比重(%)
省国资委监管企业	5902.11	15.48
地市国资监管企业	32220.41	84.52
广州市	9248.86	24.26
深圳市	12034.64	31.57
珠海市	2416.31	6.34
汕头市	281.57	0.74
佛山市	2342.83	6.15
韶关市	114.72	0.30
河源市	203.97	0.54
梅州市	225.76	0.59
惠州市	394.37	1.03
汕尾市	94.92	0.25
东莞市	1179.57	3.09
中山市	537.07	1.41
江门市	1003.19	2.63
阳江市	67.8	0.18
湛江市	462.36	1.21
茂名市	415.76	1.09
肇庆市	619.95	1.63
清远市	248.53	0.65
潮州市	88.08	0.23
揭阳市	69.97	0.18
云浮市	170.2	0.45
合　计	38122.52	100.00

2021年末，在国民经济13个行业分类中，广东省地方国资监管企业的国有资产主要分布在社会服务业、交通运输业、房地产业、工业和金融业5个行业。这5个行业的国有资产总量72006.79亿元，占广东省地方国资监管企业的90.86%。

表4 2021年广东省国有资产按行业分布情况

行　业	国有资本（亿元）	占国有资产总量比重(%)
农林牧渔业	233.87	0.30
工业	7763.22	9.80
建筑业	3916.62	4.94
交通运输业	16747.76	21.13
仓储业	465.63	0.59
商贸业	1212.90	1.53
房地产业	11691.71	14.75
信息传输、软件和信息技术服务业	470.88	0.59
社会服务业	30453.84	38.43
教育文化广播业	176.05	0.22
科学研究和技术服务业	714.83	0.90
金融业	5350.26	6.75
其他	56.79	0.07
合　计	79254.36	100.00

注：表中数据由单户表相加得出，不考虑差额表影响。

表5 2021年广东省国有资产按经营规模分布情况

经营规模	国有资产（亿元）	占国有资产总量比重(%)
大型企业	16243.08	20.49
中型企业	19927.41	25.14
小型企业	25393.75	32.04
微型企业	17690.11	22.32
合　计	79254.36	100.00

注：表中数据由单户表相加得出，不考虑差额表影响。

三、广东省国有资本保值增值综合分析评价

2021年，广东省地方国资监管企业国有资本保值增值率102.74%，其中省属企业国有资本保值增值率101.94%、地市国资监管企业国有资本保值增值率102.89%。从行业情况看，13个国民经济行业中，12个行业实现国有资本保值增值。从地市情况看，21个地市中，有14个地市实现国有资本保值增值。

表6　2021年广东省国有企业地区和行业国有资本保值增值情况

地　区	国有资本保值增值率(%)	行　业	国有资本保值增值率(%)
广东省合计	102.74	广东省合计(不考虑差额)	103.86
省国资委监管企业	101.94	农林牧渔业	105.88
地市国资监管企业	102.89	工业	107.13
广州市	103.79	建筑业	102.12
深圳市	103.68	交通运输业	101.36
珠海市	99.46	仓储业	102.50
汕头市	98.36	商贸业	110.20
佛山市	100.77	房地产业	105.64
韶关市	102.05	信息传输、软件和信息技术服务业	103.18
河源市	100.18	社会服务业	103.2
梅州市	99.61	教育文化广播业	102.04
惠州市	103.83	科学研究和技术服务业	110.06
汕尾市	101.58	金融业	106.57
东莞市	104.82	其他	99.73
中山市	102.34		
江门市	100.63		
阳江市	98.54		
湛江市	99.97		
茂名市	100.99		
肇庆市	104.21		
清远市	100.85		
潮州市	99.32		
揭阳市	100.64		
云浮市	98.78		

注：行业数据由单户表相加得出，不考虑差额表影响。

四、广东省国资委监管企业改革发展情况

（一）国企改革重点领域和关键环节改革取得突破性进展，企业发展动力活力不断激发

深入实施国企改革三年行动，坚持精准改革与系统推进相结合，以实施"实现研发机构全覆盖""对标世界一流管理提升""省属二级企业混改""资本运营""经理层任期制和契约化管理""专业化整合""小升规""织密建强基层组织体系和巡察整改"等9个专项行动为抓手，全力推动国企改革重点领域和关键环节取得实质性突破，国企改革三年行动在国家2021年中、年底评估中均获评A等级。一是中国特色现代企业制度更加成熟定型。推动各省属企业集团公司和重要子企业100%制定党委前置研究清单、具有人财物重大事项决策权的独立法人企业党支部落实集体研究把关要求，把党的领导融入公司治理各环节，实现制度化、规范化、程序化。省属各层级企业100%实现董事会应建尽建，拓宽外部董事来源，已建董事会的企业中100%实现外部董事占多数，加强外部董事队伍建设，优化董事会结构，99.3%的省属重要子企业全面落实董事会职权。抓实对标世界一流管理提升工作，示范推动国有企业争创一流，白云机场、兴发铝业、广汽集团、深圳投控、深创投等企业被国务院国资委评为管理标杆企业。广东省国有企业公司制改革全面完成。二是股权多元化和混合所有制改革不断深化。圆满理顺南方电网股权关系。盐业集团引入战略投资者实施混合所有制改革取得较好成效，完成28户省属二级企业混合所有制改革。广新控股集团所属国义招标和环保集团所属广咨国际实现北京证券交易所上市。三是市场化经营机制不断健全。省属各层级企业100%实现经理层任期制和契约化管理，全面建立公开招聘、管理人员竞争上岗、末等调整和不胜任退出等机制，并实现全员绩效考核。制定市场化薪酬分配工作指引，推动企业完善市场化薪酬机制，组织省属企业完成中长期激励梳理评估，探索创新中长期激励机制，激发员工积极性主动性和创造性。四是改革专项工程有序推进。深化国企改革"双百行动"和"激励、约束、容错"综合改革试点，有序推进"科改示范行动"，进一步激发企业内生动力。支持深

圳开展深化区域性国资国企综合改革试验。粤港澳大湾区区域性国资国企综合改革列入新发展阶段省委16项创造型引领型任务，综合改革实施方案上报国务院国有企业改革领导小组办公室。

(二)推进管资本职能转变全面到位，为广东省国有资本保值增值提供监管保障

落实以管资本为主加强国有资产监管要求，深化监管体制改革，不断提升监管效能。一是监管制度不断健全。2021年深化拓展省属企业党委规范性文件备案试点工作得到省委主要领导的充分肯定。出台省国资委权责清单，完成出台规章规范性文件的立改废释，编印近年来省国资委制度性文件汇编。出台加强省属企业全面风险管理与内部控制、内部审计等实施意见，推动健全综合监督制度体系。完善违规经营投资责任追究工作制度，建立覆盖各级国资监管机构及国有企业的责任追究机制。二是监管方式持续完善。分类开展授权放权，持续深化国有资本投资、运营公司试点。加快推进"数字国资""数字国企"建设，建成"粤资汇""粤易租""粤采易""粤企汇"等平台并投入运用，数字化监管水平有效提升。指导举办首届国企社会价值论坛，推动国有企业更好地履行社会责任。三是风险防范有力强化。加快风险管理体系建设，加强省属企业投资项目及投资预算监管，健全资产负债动态监控机制和监测预警机制，省属企业资产负债率比全国国资系统监管企业低约7个百分点。开展融资性贸易风险排查和民企挂靠国资问题综合整治，有效防范风险。统筹抓好企业安全生产、环保和疫情防控工作，省属企业未发生较大以上安全事故和环保事件，疫情形势平稳可控。四是考核体系不断改进。按照企业功能定位分类设置考核指标，完善省属企业负责人高质量发展经营业绩差异化考核指标体系，实施差异化分类考核。

五、广东省国资委监管企业并购重组与完善法人治理结构情况

(一)并购重组

以实施"对标世界一流管理提升"等9个专项行动为抓手，全力推动国企改革三年行动任务完成率超90％，在国家评估中获评A级。中国特色现代企业制度更加成熟定型。白云机场、兴发铝业、广汽集团、深圳投控、深创投等企业被国务院国资委评为管理标杆企业。广东省国有企业公司制改革全面完成。股权多元化和混合所有制改革不断深化。圆满理顺南方电网股权关系。盐业集团混合所有制改革取得较好成效，完成28户省属二级企业混合所有制改革。广新控股集团所属国义招标和环保集团所属广咨国际实现北京证券交易所上市。2021年5月19日，广东省国资委作为全国唯一一家国资委单位在深圳证券交易所组织召开广东省属国有上市公司集体业绩说明会，纳入粤财资〔2019〕21号文范围内的112户试点企业全面完成改革工作。全面完成广东省1631户国有企业公司制改革。

(二)完善法人治理结构

市场化经营机制不断健全，出台关于《提高省属控股上市公司质量的意见》(粤国资资本〔2021〕4号)，在优化布局、完善治理、强化履责等方面取得扎扎实实的成效，不断提升省属控股上市公司整体质量，为促进广东经济高质量发展提供有力的支撑。推动省属企业集团公司和重要子企业100％制定前置研究清单，省属企业实现董事会应建尽建和外部董事占多数，99.3％的重要子企业全面落实董事会职权。省属各层级企业100％实现经理层任期制和契约化管理，全面建立公开招聘、管理人员竞争上岗、末等调整和不胜任退出等机制，并实现全员绩效考核，制定市场化薪酬分配工作指引。改革专项工程有序推进。深化国企改革"双百行动"和"激励、约束、容错"综合改革试点，有序推进"科改示范行动"。粤港澳大湾区区域性国资国企综合改革实施方案经国务院国有企业改革领导小组办公室初步认可，按程序报批中。

六、广东省国资委监管企业建立和完善经营业绩考核体系情况

(一)试行省属企业综合考核，突出经营成果考核调整高质量发展经营业绩考核指标体系

为更全面、立体地反映企业情况，实现省国资委

各项考核工作同步、同向,广东省国资委拟试行省属企业综合考核,将党建考核结果与高质量发展经营业绩考核结果汇总形成综合考核结果,整体反映企业情况。落实省属企业薪酬审核委员会关于进一步完善高质量发展经营业绩考核办法,及每年6月完成经营业绩考核结果及薪酬审定工作的要求,助推省属企业高质量发展,广东省国资委经充分沟通研究,并参考国务院国资委做法,听取省属企业意见,形成更聚焦经营成果的高质量发展经营业绩考核指标体系。

(二)强化市场化对标,审定2020年度经营业绩考核省属企业主业对标行业

按照高质量发展要求,强化对标考核,让市场检验企业经营能力水平。按照重新核定的13户省属企业21个主业,参照证监会及国内各大券商定期推出上市公司行业分类结果,重新梳理,经多轮研究测算,审定各省属企业主业对标行业。5月,印发省属企业《关于印发2020年度省属企业负责人高质量发展经营业绩考核主业对标行业的通知》。

(三)开展2020年省属企业绩效评价工作

根据《中央企业综合绩效评价管理办法》和《中央企业综合绩效评价实施细则》,规范企业综合绩效评价工作;依据省属企业年度企业财务决算报表及有关资料,开展2020年度省属企业综合绩效评价工作,综合反映企业资产运营质量;根据绩效评价结果分析存在的问题、提出相关建议,促进企业提高资本回报水平,正确引导企业经营行为。

七、广东省国资委监管企业负责人考核与选人用人机制改革情况

落实国企改革三年行动方案要求,着力推动省属企业建立健全市场化经营机制。一是牢牢把握习近平总书记"按市场规律对经理层进行管理,立下'军令状',明确责任制,干得好就激励,干不好就调整"重要讲话精神,部署实施经理层任期制和契约化管理专项行动,开展专项行动检查评估,推动省属企业全面推行经理层任期制和契约化管理,破除看身份、看级别的传统观念,支持符合条件企业实施职业经理人制度。鼓励大力推行"摘标制",加大优秀经营管理人才选拔使用力度。二是指导省属企业普遍建立健全考核评价与激励约束挂钩的制度规定,全面推行人员公开招聘,管理人员竞争上岗、末等调整和不胜任退出,全员绩效考核等市场化用工机制,企业三项制度改革逐步走深走实,"业绩决定用人、效率决定用工、效益决定薪酬"成为常态。

八、广东省国资委监管企业党的建设和党风廉政建设情况

(一)党的建设

旗帜鲜明讲政治抓政治,坚决做到"两个维护",更加强化党对国有企业的全面领导。一是学思践悟习近平总书记各项重要思想入脑入心。省国资委党委带头开展"第一议题"学习71次、党委中心组集中学习研讨7次,开展学习贯彻全国国企党建工作会议精神"回头看"工作,示范带动广大党员干部不断增强"四个意识"、坚定"四个自信"、做到"两个维护"。二是党委领导作用发挥持续加强。坚持在完善公司治理中加强党的领导,推动省属企业集团党委和重要子企业党委100%制定党委前置研究讨论事项清单,各级党委着力谋全局、议大事、抓重点,把好企业改革发展政治方向。三是贯彻执行高效有力。立项督办落实习近平总书记重要讲话和重要指示批示71项,在服务服从国家战略、广东省大局中坚决做到"两个维护"。各级党组织和广大党员在疫情防控、乡村振兴、电力保供等各项工作中勇挑重担、冲锋在前。

扎实开展党史学习教育,深刻感悟思想伟力,更加笃定国资国企高质量发展奋斗方向。突出国资特色扎实开展党史学习教育,省国资系统党史学习教育大数据信息排名广东省第一,省委党史学习教育领导小组刊发13期简报深度宣传省国资系统经验做法。一是理论学习浓厚热烈。全系统分层分级举办专题培训班2940场次,举办专题宣讲会、广泛开展"送党课进工地"等活动,全系统开展集中宣讲3894场次,覆盖党员职工20万人次。二是红色教育落实落细。精心打造3条国企红色教育精品路线,组织召开"时代楷模"东深供水工程建设者群体先进事迹报告会,

树立广东省优秀共产党员农垦集团甘学德等先进典型,部署开展"传承红色基因 勇担国企使命"主题宣传报道活动,营造浓厚党史学习教育氛围。三是"我为群众办实事"成效明显。确定11个重点民生项目,推动全系统集中梳理10468项办实事项目,上下联动、一体推进,推动17家监管企业100%实现研发机构全覆盖,21家省属企业全覆盖建立困难职工专项帮扶基金总额1.3亿元。四是组织领导坚强有力。及时成立领导小组和工作机构,组建4个巡回指导组,制定印发系列工作方案,做到组织到位、人员到位、工作到位、责任到位。

树立大抓基层鲜明导向,持续推动党建与生产深度融合,更加夯实党建引领企业改革发展基层基础。一是"织密建强基层组织体系"专项行动扎实推进。部署开展"织密建强基层组织体系"专项行动,摸排出246个空白班组全面清零,268个设置不规范党组织全面规范,推动省属企业基层党组织与企业运行架构有机统一。二是"五强五化"示范党组织创建活动成效彰显。"五强五化"示范党组织创建活动被省委组织部评为广东省基层党建十大创新品牌,省国资系统1人获得全国"两优一先"表彰,8个党组织、8名个人获得广东省"两优一先"表彰。三是"五聚焦五提升"学做结合模范机关创建活动有力有效。扎实开展"一支部一堡垒""我的岗位我负责"活动,办公室党支部被省直机关工委评为"模范机关创建先进单位",规划发展处党支部被评为"广东省直机关先进基层党组织"。

牢牢抓住责任制,进一步强化主业意识,更加强化齐抓共管、合力攻坚大党建工作格局。坚持将党建工作与国企改革三年行动、"十四五"规划等重大改革任务一体化部署推进考核。一是党建责任制有效落实。全面落实下级党组织向上级党组织报告党建工作制度,落实班子成员挂点联系基层党组织制度,全覆盖开展党组织书记述职评议考核工作,推动全面从严治党落实落地。二是中央驻穗企业党建工作全面强化。定期组织中央驻穗企业、省属企业工作交流,建立向国务院国资委定期汇报制度,完成党员发展工作1872人,下拨党费290万元,表彰先进个人114人、先进集体53个。三是统战宣传群团工作全面推进。制定实施贯彻落实统战条例若干举措,举办专题培训班持续提升党外知识分子和统战干部队伍能力。扎实做好庆祝中国共产党成立100周年工作,为2749名党员颁发"光荣在党50年"纪念章。积极开展"展翅计划"港澳台大学生实习专项行动暑期实习活动,提供178个优质实习岗位。

(二)党风廉政建设

压实"两个责任",持之以恒正风肃纪反腐。一是压实管党治党责任。对年度党风廉政建设和反腐败工作进行部署,明确年度工作重点。组织开展省属企业落实党风廉政建设责任制的考核,以刚性考核倒逼责任落实。紧盯"关键少数",加强一把手监督,协助配合省党廉办做好省属企业党委主要负责人向省委书面述责述廉工作。二是深化作风建设。紧盯关键岗位、重要节点,持续整治违反中央八项规定精神问题和不正之风,每逢节假日等重要节点,及时传达上级关于落实中央八项规定精神通知要求,点名道姓通报违反中央八项规定精神案件5批11起,通报违规经商办企业问题1批3起。建立健全长效机制,指导督促省属企业修订完善相关制度75项。三是保持反腐高压态势。支持配合省纪委监委驻省国资委纪检监察组,严肃查处设租寻租、利益输送、"靠企吃企"、关联交易、内外勾结侵吞国有资产等腐败问题。2021年省属国资国企纪检监察系统立案审查调查132宗,采取"室组地"联合办案模式调查职务犯罪案7宗,移送检察机关审查起诉7人。四是筑牢廉洁思想防线。认真组织开展纪律教育学习月活动,举办党章党规党纪教育培训班,会同驻委纪检监察组拍摄警示教育片2部、编印剖析材料1份,汇编《省属企业应知应会党规党纪及相关法律法规汇编手册》《党的十九大以来省属国资国企严重违纪违法人员忏悔录》。

强化政治巡察,做深做实政治监督。一是坚持问题导向,"常专结合"开展巡察监督,2021年上半年派出5个巡察组对6家省属二级企业党委进行常规巡察,发现主要问题185项,向纪检监察机构移交信访件55件、问题线索22条,纪检监察机构根据巡察移交问题线索立案24宗,有效彰显巡察"利剑"作用。下半年派出7个巡察组对17家省属重点子企业开展落实国企改革三年行动专项巡察,发现问题502项,充分发挥监督保障执行、促进完善发展作用。二是制定出台《省国资委党委关于巡察整改"1+5+N"工作机制的意见》,强化整改落实和成果运用,派出专项检查组对整改落实情况进行督查,推动问题整改"清仓见底",2020年巡察的12家企业完成整改措施1263项,健全完善规章制度539项,其中9家企业经营利润大幅度增长。坚持以点带面、扩大巡察成果,在省属国资国企系统部署开展"巡察整改专项行动",对照查摆问题2051个,阶段性完成整改问题1706个,新建、修订完善制度3392项,收回款项、挽回经济损失合计6.5亿元。三是研究制定省国资委党委贯彻落实"上下联动"的任务分工方案,完善省国资委党委巡察与驻委纪检监察组、省属企业纪检监察机构的协同监督机制,强化整改日常监督,加强与其他监督贯通融合。

建立健全工作机制,强化违规经营投资责任追究。一是加强制度建设,指导督促省属18家企业和21个地级市国资监管系统建立健全违规经营投资责任追究组织体系。制定出台《监管约谈工作规则》《关于建立省属企业经营投资尽职合规免责事项清单机制的工作方案(试行)》等一系列配套工作制度。二是健全工作机制,结合"数字国资""数字国企"建设,开发违规经营投资责任追究信息化平台,完成禁入限制人员信息管理系统的开发并投入试运行。建立违规经营投资责任追究工作报告机制和线索管理跟踪督办机制,规范省属企业做好实时和定期报告工作。三是落实责任追究,全面梳理排查债务金融风险、企业财务会计信息等专项任务和审计移送涉及的违规问题,指导督促各地市国资委和省属企业开展责任追究工作。近年来,各地市国资委开展责任追究40余宗,涉及金额9亿元,追责161人次;省属企业开展责任追究42宗,追责148人次。

(撰稿人:梁国平)

深圳市

一、深圳市国有资产监督管理工作综述

2021年,深圳市属国资委系统在市委、市政府的领导支持下,团结带领全市国资国企抢抓"双区"驱动、"双区"叠加、"双改"示范和建设中国特色社会主义法治先行示范城市、粤港澳大湾区高水平人才高地等重大战略机遇,实现国有经济运行稳中有进,国企改革三年行动、综改试验走在全国前列,服务城市建设运营、支持民营经济发展、保障和改善民生、防范化解重大风险等各项工作取得显著成效。

(一)全面加强党的建设,坚决筑牢理想信念根基

坚持把党的政治建设摆在首位,全面贯彻党的十九大、十九届历次全会和中央经济工作会议精神,深入学习贯彻习近平总书记对广东、深圳系列重要讲话和重要指示批示精神,深刻把握"两个确立"的决定性意义。印发市国资委党委建立健全坚决落实"两个维护"10项制度机制实施方案,推动直管企业全面建立"第一议题"和跟进督办制度,不断增强"四个意识"、坚定"四个自信"、做到"两个维护"。深入开展党史学习教育,扎实做好全国国企党建会五周年"回头看",全系统开展革命传统教育1.7万次、党员干部讲党课2018次。圆满完成市第七次党代会会务保障。推动机关党建与业务深度融合,着力打造"七个一"党建品牌,创新探索"1+1+13"党建阵地共建模式,市国资委党委合唱团获得全市庆祝建党百年歌会桂冠。

(二)发展壮大国有经济,推动国企质量效益双提升

全力以赴稳增长、抓经营、防风险,多措并举提质增效。截至2021年底,市属企业总资产4.6万亿元、比年初增长11.7%,提前一年实现综改试验确定的"到2022年底总资产达4.5万亿元"的目标;净资产1.53万亿元,比上年增长5.7%。全年实现营业收入9032亿元,比上年增长13.2%;利润总额1156亿元、净利润869亿元;上缴税金997亿元,比上年增长9.8%。对全市经济贡献稳步提升,在深纳税507亿元,比上年增长23.3%。资产规模、营业收入、在深纳税、劳动生产总值等均创历史新高,部分指标继续排名全国前列。

(三)积极践行初心使命,有力彰显国资担当

全力做好民企纾困,高效落实支持民营经济发展

"四个千亿"计划,平稳基金累计支持376家民营企业547亿元,银行贷款风险补偿资金池撬动信贷900亿元,保就业超过56万人次,稳定税收约210亿元。推动国资国企帮扶云平台上线运行,实现消费帮扶采购1.4亿元,脱贫攻坚多项成果实现国家、省、市各级奖项"大满贯"。扎实推动战略应急物资保障任务,推进健全储备粮运行机制。联合龙华、大鹏等举办国有企业与集体企业合作发展推介会,达成多领域战略合作100余项。稳妥有序开展集体企业历史遗留问题处理工作。推进口岸中心员工分流安置取得重大进展,"中农信"等一批信访积案成功化解,"国满件"满意率居全市前列,守住重要节点不发生群体性事件底线。全力推进绿色低碳发展,市国资委再次获评市直部门生态文明考核"优秀单位"。

(四)突出先行示范,推动综改试验取得阶段性成效

编制出台深圳市国企改革三年行动实施方案,细化形成118项具体任务,提前半年基本完成国家规定的三年行动任务,在2021年两次改革评估中获评A级,得到国务院国资委党委书记、主任郝鹏和国家督查组肯定。综改试验、"双百行动"、"科改示范行动"、"对标一流管理提升行动"等专项工程成效显著,综改试验成果被国务院国企改革领导小组向全国推广。高质高效完成"处亏减亏"治理和"两非两资"处置阶段性任务。按照"一企一策"审慎推进企业混合所有制改革,顺利完成深规院混合所有制改革,特发服务混合所有制改革经验在全国推广。

(五)推进国资监管转变,提升国有资本配置效率

全国首创"谁使用、谁备案、谁负责"产权评估管理新模式,出台公平竞争审查操作规程,健全监管制度"合法性+公平性"双审查机制。加大国有"僵尸企业"滚动排查力度,完成全部22户全民所有制企业改制任务。推动监管业务与数字化深度融合,推进协同办公、产权管理、投资管理、财务监管、国企改革等业务线上试运行、融合运用。积极探索"国资大屏""集资大屏""一企一屏"等智慧监管平台应用,努力实现监管"全局感知、精准监控、全景可视、智慧分析"。健全集体企业要素交易"1+N"监管制度体系,印发深圳市首个股份合作公司章程范本,出台发挥国企引领带动作用促进集体经济高质量发展工作方案,持续打造全市首个集体资产监管和集体经济发展服务平台。持续巩固"六位一体"监督体系,出台内控体系建设与监督工作等系列制度,编制《违规经营投资责任追究工作规程》,筑牢国有资产安全防线。健全经责审计制度体系,组织实施境外投资和混合所有制改革专项审计。督导企业开展重大风险评估,制定风险应对措施,设置风险量化监测指标,着力防范化解企业重大风险。大力开展稽查追责,挽回政府租金补贴212万元。

(六)聚焦产业链供应链,持续优化布局结构

全面实施重组整合"1+N"方案,推动80.7%的净资产集中到以基础设施公用事业为主体、金融和战略性新兴产业为两翼的"一体两翼"领域,累计完成1047万平方米国有土地和房产确权工作。深圳联交所获批开展中央企业权益类业务交易、中央管理金融企业产权交易,助力深圳成为取得央企资产交易"全牌照"的副省级城市。指导资本集团并购雅昌文化,助推城市文化产业高质量发展,打造资本运营公司标杆。深水规院、深城交成功登陆创业板,全系统上市公司增至35家,资产证券化率59.4%。鲲鹏资本与中国国新联合发起设立规模50亿元综改试验深圳子基金。深圳天使母基金培育54个估值超过1亿美元"潜在独角兽企业"。人才创新创业基金投资人才项目超过160个,金额超过25亿元。盐田港集团REITs项目成为全国首批获准发行的9家基础设施公募REITs之一,为全国重资产国企盘活存量资产、优化盈利模式提供示范样本。

(七)持续提升监督效能,不断强化监督执纪合力

推动"两个责任"贯通协同,抓好65项管党治党重点任务。出台加强内控体系建设与监督工作的指导意见、责任追究工作规程等文件,建立健全国企境外投资廉洁风险防控新机制,开展粮食专项问题整治。修订完善经济责任审计办法,实施境外投资和混合所有制改革专项审计,审计专业性、权威性全面提升。健全上下联动巡察工作机制,高效完成市国资委党委第四轮巡察。创新廉洁宣教方式,组织开展委机

关警示教育活动,"百年百廉·书记读"线上阅读量超过57万次,"廉洁圳能量"国资国企视频展播访问量256万次,23部作品被选送参加中纪委、省纪委廉洁宣教活动。

二、深圳市国有资产总量与结构分析

截至2021年底,深圳市国有企业资产总额50295.3亿元,所有者权益18618.1亿元,营业收入9418.6亿元,利润总额1214.8亿元,净利润917.7亿元,其中归属于母公司所有者的净利420.6亿元。按行业分,深圳市国有资本主要集中于基础设施及公用事业,分布在社会服务业、园区和地产业、交通运输业、工业和金融业五大行业,社会服务业主要是人才保障房、投资与资产管理等企业;交通运输业主要是地铁、机场、港口和高速公路等企业;园区和地产业主要是产业园区和房地产开发企业;工业主要是电力、供水、燃气等公用事业企业;金融业主要是证券、担保、小额贷等企业;五大行业国有资本总量占比92.6%。

表1　2021年深圳市国有企业指标

项目	金额(亿元)
资产总额	50295.3
所有者权益	18618.1
国有资产总量	12100.0
营业收入	9418.6
利润总额	1214.8
净利润	917.7
归属于母公司所有者的净利润	420.6
应交税金总额	1039.1
实际上缴税金总额	1020.5

表2　2021年深圳市国有企业户数情况

2020年户数(户)	2021年户数(户)	比上年增长(%)
2107	2368	12.38

注:表中国有企业户数为剔除合伙企业后数据。

表3　2021年深圳市国有资产按地区分布情况

地区	国有资产(亿元)	占国有资产总量比重(%)
市属企业	8875.9	73.4
区属企业	3158.7	26.1
前海管理局	1114.8	9.2
龙岗区	504.7	4.2
南山区	389.8	3.2
宝安区	305.7	2.5
福田区	266.7	2.2
光明区	144.6	1.2
坪山区	116.2	1.0
龙华区	106.1	0.9
罗湖区	71.0	0.6
盐田区	54.3	0.4
大鹏新区	49.5	0.4
各区合计	35.3	0.3
三大文化集团	65.4	0.5
全市合计	12100.0	100.0

表4　2021年深圳市国有资产按行业分布情况

行业	国有资产(亿元)	占国有资产总量比重(%)
社会服务业	4219.5	34.9
园区和地产业	3526.6	29.1
交通运输业	2621.4	21.7
金融业	389.2	3.2
工业	446.4	3.7
其他	896.9	7.4
合计	12100.0	100.0

表5　2021年深圳市国有资产按经营规模分布情况

经营规模	国有资产(亿元)	占国有资产总量比重(%)
大型企业	8915.4	73.7

续表

经营规模	国有资产（亿元）	占国有资产总量比重(%)
中型企业	2145.4	17.7
小型企业	1030.1	8.5
微型企业	9.1	0.1
合　计	12100.0	100.0

三、深圳市国有资本保值增值综合分析评价

2021年，深圳市国有企业经营效益保持平稳，受新冠肺炎疫情影响，交通运输业、社会服务业、教育文化广播业出现小幅亏损，其他行业全部完成国有资本保值增值任务，整体国有资本保值增值率103.6%，比上年减少0.2个百分点。其中，建筑业保值增值率122.0%，保值增值水平最高；金融业、工业、农业、商贸业等8个行业的保值增值率超过平均值。

表6　2021年深圳市国有企业行业国有资本保值增值情况

行　业	国有资本保值增值率(%)
建筑业	122.0
金融业	115.5
农业	109.2
工业	109.0
商贸业	106.3
社会服务业	105.8
仓储业	105.2
科学研究与技术服务业	104.0
园区和地产业	102.8
信息技术服务业	102.2
交通运输业	99.5
教育文化广播业	86.6

四、深圳市国资委监管企业改革发展情况

（一）以优服务为目标，持续优化国有经济布局结构

紧扣市委、市政府赋予深圳国资"服务大局、服务城市、服务产业、服务民生"的功能定位，推动80.7%的国有资本集聚到以基础设施公用事业为主体、金融和战略性新兴产业为两翼的"一体两翼"领域。一是强化资源整合资本运作。立足全市国资"一盘棋""一张图"，编制实施资源配置"战略地图"、重组整合"1+N"方案，完成智慧城市、重大产投、深港科创、数据交易、征信服务、幸福健康等企业集团组建。编制《深圳市公共资源交易改革工作方案》，整合深圳市区两级14个交易平台，成立深圳交易集团，助力深圳要素市场化配置改革。落实"上市公司+""+上市公司""基金群"战略，大力推进资源资产化、资产资本化、资本证券化。推动深城交、深水规院等企业在创业板上市，全系统上市公司增至35家，资产证券化率59.4%。二是积极推动科技自立自强。出台深圳国资国企数字化转型实施方案，启用深圳国资国企产业创新中心，高标准打造国家城市安全发展科技研究院等创新联合体、产业技术创新联盟、公共研发平台、"双创"平台164个。积极构建"科技园区+科技金融+人才服务+场景应用+平台支撑"全要素创新综合生态服务体系，建设运营70个科技园区、建筑面积2355万平方米，累计为7.7万多家次中小微企业提供融资支持超过1.2万亿元。高效运营深圳天使母基金，累计投资初创项目504个，培育"潜在独角兽企业"56个，推动深圳高新技术产业发展成为全国的一面旗帜。三是全面发挥国有经济战略支撑作用。市属企业承担全市1/3重大项目建设任务，高标准推动河套深港科技创新合作区、深圳湾超级总部基地等项目规划建设。有力支持民营经济平稳发展，平稳基金累计支持376家民营企业547亿元，银行贷款风险补偿资金池撬动信贷900亿元。推进脱贫攻坚与实施乡村振兴战略有机衔接，对口帮扶的27个贫困村4559人全部脱贫，深农集团被党中央、国务院评为"全国脱贫攻坚先进集体"，海吉星消费扶贫中心获评"全国消费扶贫示范单位"，深哈产业园带土移植打造"深

圳经验"。在疫情防控关键时期,深圳市属企业以"大企撑大城",为全市果蔬粮油稳价保供、水电气稳定供应、交通运输保障、重点人群转运、防疫酒店运营等提供强力支撑。

(二)以管资本为牵引,构建专业化、体系化、法治化国资监管体制

聚焦管资本为主要求,坚持以市场化方式行权履职,做到放活与管好相结合。一是推动国资监管机构职能转变。紧扣"国企出资人、国资监管人、党建负责人"职责定位,修订国资监管权责清单,强化党建和监督职责,形成8类24项事权,进一步强化企业市场主体地位。出台授权放权清单,按照产业集团、国有资本投资公司、国有资本运营公司、上市公司等四类,授权放权37项,赋予企业更大经营自主权。设立深圳国资国企改革创新研究院,打造具有深圳特色的高端智库。二是持续完善"两类公司"功能。编制深圳市投资控股公司对标淡马锡打造国际一流国有资本投资公司"1+7"方案,2021年投控公司在"世界500强"企业中排名第396位,较2020年上升46位。指导资本集团构建"战略研究+协同布局+操作执行"全链条国资支撑体系和"集团本部+产业基金+专业平台"协同推进投资体系,积极探索国有参股股权高效流转机制。三是创新构建智慧国资监管体系。编制智慧国资国企信息化三年规划,打造阳光采购、阳光租赁、资金融通、重大资源开发等"六平台一中心"智慧国资监管体系,实现国资阳光运行、要素全部覆盖、过程留痕可询、动态监测预警。四是建立健全依法决策机制。强化对制度出台、合同签订、信息公开、章程制定和修订等重要事项的法律审核,做到应审必审、应审尽审。制定《公平竞争审查操作规程》,对拟出台的政策措施实行"合法性+公平性"双审查,推动国有企业公平参与市场竞争。坚持"改革推进一步、法治跟进一步",制定或修订产权变动、资产评估、投资管理、参股管理等监管制度。

(三)以市场化为导向,打造机制完备、活力充盈的现代国企

全力克服机制性梗阻,探索具有深圳特色的国企治理模式。一是稳慎开展混合所有制改革。坚持"三因三宜三不""成熟一家推动一家",通过基金、首发上市、整体上市、并购重组、员工持股等多种路径分类推进混合所有制改革,着力解决企业发展问题,确保混合所有制改革取得实效。二是持续完善公司治理。按照应建尽建、配齐建强要求,组建外部董事占多数,内部董事、专职外部董事和兼职外部董事合理搭配、规模适中、专业互补的董事会。出台专职外部董事履职工作指引、考核评价办法、工作报告制度、履职记录制度等文件,提升履职效能。三是大力推进市场化选人用人。各级企业经理层成员任期制和契约化管理实现100%覆盖,全面推行管理人员竞争上岗、末等调整和不胜任退出。研究修订企业负责人经营业绩考核办法和高管人员经营业绩考核指导意见,全面推行经理层成员任期制、契约化管理,有效破解"能上不能下""能进不能出"难题。

五、深圳市国资委监管企业并购重组与完善法人治理结构情况

(一)主动谋划,大力推动企业开展市场化并购

督促企业围绕国家、城市产业战略发展方向以及国资战略布局,沿着"产业链、价值链、创新链"实施"上市公司+"战略,主动谋划制定资本运作总体方案。一是与其他政府部门、交易所及证券公司等知名机构主动对接,构建市场化、国际化项目拓展体系,从全球资源配置角度搜寻储备项目,并积极向市属国企推荐,变被动接收审批企业项目为深入市场主动推动企业开展并购,推动深高速非公开协议收购湾区发展控股权,有效完善国资产业布局。二是推动资本集团携手南山汇通融信战略入股雅昌文化集团,助推城市文化产业高质量发展,助力深圳加快建设成为区域文化中心城市和彰显国家文化软实力的现代文明之城。

(二)抢抓注册制改革机遇,大力推进企业上市

抢抓创业板注册制政策红利和资本市场机遇,积极与证监局、交易所全面对接沟通,为市属国企资本运作营造良好外部环境。一是大力推进企业IPO上市,深水规院、深城交相继登陆创业板。二是持续加强上市后备库建设,大力培育企业IPO上市。积极支持推

动晶华显示、深圳环保、能源环保进行股份制改造。

（三）深入实施基金群战略，助推国资国企高质量发展

一是积极参与国家综改基金设立。与中国国新签署战略合作协议，积极推动鲲鹏资本与中国国新联合发起设立规模50亿元（预计）的综改试验（深圳）基金，吸引多种资本和要素向深圳集聚，助力深圳国资国企综合改革向纵深推进。二是释放鲲鹏基金融资功能取得重大突破。市引导基金所持鲲鹏基金股权无偿划转至市国资委，对减轻财政一般公共预算负担，提升鲲鹏资本所管理资金的使用效率，释放鲲鹏资本成立时赋予的服务全市产业转型升级和国资战略发展的功能定位，充分发挥国资、财政"一盘棋"功能，更好地支持深圳市经济社会建设发展具有重要意义。三是天使母基金加快投资运作。助力种子期、初创期企业发展，相关经验做法被国家发展改革委作为特区创新经验推广至全国。天使母基金及管理公司获得国家发展改革委、中国风险投资研究院等颁发的19项荣誉。四是人才基金发挥"点火器""助推器""加速器"作用。截至2021年底，人才基金累计投资人才项目超过160个，金额超过25亿元，已投项目中13家企业实现上市或过会待发。

（四）不断完善国企法人治理结构

一是完善公司治理制度体系。启动国企改革三年行动重点要求纳入公司章程等制度体系相关工作，充分发挥公司章程在公司治理中的基础作用。研究制定董事会工作规则，进一步规范董事会运作，切实提升决策效能。严格选派和管理董事队伍，落实专职外部董事履职工作指引，督促履职尽责，更好贯彻出资人意志。二是纵深推进"六位一体"大监督体系。整合监督资源，建立健全企业党委领导、纪委统筹、纪检监察、监事会、财务总监、内审、内控、风控协同联动的"六位一体"大监督体系，形成"职责统一行使、资源集中调度、内容全面覆盖、成果开放共享"的监督闭环，实现出资人监督与党内监督、监察监督有机融合。建立健全违规经营投资责任追究工作体系，构建党委决策、监督稽查部门和企业纪检监察部门组织实施的责任追究工作机制。三是进一步强化合规建设。与市司法局签署战略合作协议，明确建立深圳国有企业合规建设合作机制。适应合规管理新形势、新要求，会同市监委、市司法局在投控公司、地铁集团、深业集团、国信证券等4家企业开展合规管理体系建设试点、防范廉洁风险工作，以点带面为全系统合规建设提供示范经验。配合市检察院建立健全企业合规第三方监督评估机制，协力打造刑事合规"深圳模式"。

六、深圳市国资委监管企业建立和完善经营业绩考核体系情况

（一）完善经营业绩考核体系，切实发挥"指挥棒"作用

不断完善市属企业经营业绩考核体系，引导企业提升核心竞争力和可持续发展能力，持续做强做优做大。一是研究修订市属企业负责人经营业绩考核办法和高管人员经营业绩考核指导意见等考核分配制度，探索实践与企业市场地位和业绩贡献相匹配、与考核结果紧密挂钩、增量业绩决定增量激励的薪酬分配机制，突出价值创造导向。二是顺利完成直管企业负责人2020年度经营业绩考核工作，要求企业在重点工作、服务保障、创新转型、风险控制4个目标维度精准发力、落地见效，引导企业聚焦国有资产保值增值、做强做优做大。三是指导督促企业董事会对经理层成员全面开展"任期制、契约化"管理。督促直管企业董事会落实对高管人员业绩考核与薪酬分配权利，指导直管企业董事会完成经理层成员任期制与契约化管理，严格按照岗位聘任协议、经营业绩责任书约定目标进行考核兑现。

（二）坚持薪效联动，规范薪酬总额管理

贯彻"效益决定分配、效率决定收入、效能对标市场"要求，一是"开正门"。树立"要薪酬等于要业绩"导向，研究完善薪酬总额决定机制办法，分类实行灵活高效的薪酬总额管理，实现薪酬与业绩同向发展；编制直管企业薪酬预算策略，穿透二级企业实事求是分类编制，加大效率效能调节力度，严控薪酬过高过快增长，构建"前端适度放开、过程动态监测、后端清算评价、压实企业责任"的薪酬管理闭环。二是"堵偏

门"。落实2019年薪酬清算整改要求,明确薪酬项目范围及核算要求,梳理直管企业薪酬考核制度框架,指引企业建立健全相关制度体系;组织开展2020年薪酬清算评价工作,加强薪酬分配专项监督,全面管控人工成本,夯实企业薪酬管理基础。三是"强引导"。研究审核安居集团、智城集团等企业薪酬制度的优化修订,推动企业建立市场化的薪酬激励体系,指导创新投、免税集团等企业结合业务发展优化组织架构。

(三)积极稳妥探索激励约束机制改革

着力构建系统完备、科学规范、运行有效的激励约束制度体系,积极稳妥探索推进激励约束机制建设。一是探索构建激励机制顶层设计。全面总结深圳国资国企激励约束机制改革多年探索实践和外部标杆先进经验,健全激励约束机制改革制度体系顶层文件,研究相关配套制度。二是建立健全"增量业绩决定增量激励"的激励约束机制。坚持"业绩与薪酬双对标"原则,立足企业发展阶段和功能定位,分类有序构建激励模型。三是积极稳妥指导推进企业激励约束机制建设。全面督导完成一级企业对所出资企业开展中长期激励梳理评估,稳妥推动相关企业探索研究激励约束机制。着力构建系统完备、科学规范、运行有效的激励约束制度体系,积极稳妥探索推进激励约束机制建设。

七、深圳市国资委监管企业负责人考核与选人用人机制改革情况

(一)健全完善企业领导人员管理制度体系

贯彻落实《深圳市市管企业领导人员管理规定》,研究起草《关于贯彻落实〈深圳市市管企业领导人员管理规定〉有关问题的问答》,对委管企业领导人员范围、任职条件以及免职(退休)的执行把握等内容进行明确。积极探索建立职业经理人制度,研究起草《深圳市属国有企业职业经理人管理办法(试行)》,对职业经理人的概念、范围、选聘流程、配套管理等进行规定和明确。市属国企领导人员管理制度体系进一步完善。

(二)全覆盖推进经理层成员任期制和契约化管理

印发《深圳市国资委关于全面推行经理层成员任期制和契约化管理有关事项的通知》,指导推动市属国企全面落实经理层成员任期制和契约化管理。截至2021年底,29家一级企业、1285家二级及以下子企业100%全面完成任期制和契约化管理工作,提前7个月完成国务院国资委下发的改革任务。

(三)有序开展企业领导人员队伍建设

夯实企业领导班子建设,2021年调整配备企业领导人员75人次,其中新提任和进一步使用21人、免职7人、企业之间交流9人、党政机关交流到企业4人、转任专职外部董事2人,开展试用期考核23人。面向国资国企系统公开选聘财务总监7人,有力补充外派财务总监队伍力量。

(四)全方位加强市属企业人才队伍建设

指导市属企业扎实做好高层次人才引进、推荐、认定工作,2021年市属国企新增各类高层次人才42人。印发《关于加强市属国有企业优秀年轻领导人员队伍建设的指导意见》,指导企业加强年轻人才队伍建设,掌握一批综合素质高、业务能力强、作风表现好的优秀年轻领导人员。组织100余家市属国企开展2022"菁英聚鹏城"校园招聘活动,面向全球高校提供5000多个优质岗位,首次实现"线上+线下"的深度融合,招聘企业数、提供岗位数、接收简历数比往年大幅增长,充分彰显国企就业引领担当,进一步增强国企新生力量。

八、深圳市国资委监管企业党的建设和廉政建设情况

(一)党的建设

一是"两个维护"有机制。印发市国资委党委关于进一步建立健全坚决落实"两个维护"10项机制的实施方案,指导直管企业全面制定相关方案,在直管企业层面实现"四个100%",即100%建立"第一议题"制度,100%建立贯彻落实党中央重大决策部署跟进督办机制,100%建立践行不忘初心、牢记使命长效机制,100%开展党建工作责任制考核。不断加大国企领导干部政治建设力度。二是深学践悟有成效。深入开展党史学习教育和建党百年庆祝活动,系统各级

党组织先后举办培训班187场次,录制52门精品党课,在公众号开设专栏连续展播,点击学习人数近2万人次;打造音频教育"百年百廉·书记读——中国共产党监督执纪工作史话100篇",百名纪检书记云上授党课等特色活动,国资国企开展学习教育情况获《南方日报》《特区报》《深圳晚报》等多个主流媒体报道,并在人民网全国党史学习教育官方网站、人民日报客户端广东频道刊发。三是把关定向有章法。充分发挥市属国企党委把方向、管大局、促落实的领导作用,全面落实"党建入章""双向进入、交叉任职"等要求,重要子企业全面建立党委决定事项清单和前置研究讨论重大经营管理事项清单,进一步厘清党委和董事会、监事会、经理层等其他治理主体的权责。创新提出建立完善以国企党组织全面领导为核心的"党建＋"模式,被国务院国资委党委列入《关于支持深圳建设中国特色社会主义先行示范区深化国资国企综合改革的若干政策举措》清单。四是组织建设有举措。深入推进基层党组织"标准＋质量＋示范"建设,编制党组织换届等工作指引。稳步推进企业党组织设立、变更、换届,指导直管企业重投集团升格党委、鲲鹏资本升格党总支,协助市纪委和市委组织部推进深农集团等市管企业两委换届。组织开展维护政治安全和社会稳定工作落实情况自查、"光荣在党50年"纪念章申报、系统离休干部生活待遇落实情况检查、党员退党除名情况调研等专项工作。规范党员、党费管理工作。2021年度国资国企发展党员4612人,上缴市委组织部党费2800.9万元。五是强化落实有阵地。深入开展国资国企"1＋4＋N"党群服务中心体系建设,指导市属国企强化自身资源利用,打造贴近群众、深入人心的党员学习教育阵地,累计建成国企党群服务中心86个。其中巴士集团创新打造"改革开放号""东江纵队号"公交式移动党群服务中心,获得市主要领导肯定。认真抓好深圳改革开放干部学院项目建设二期工程,全面进入试运转。

(二)廉政建设

一是着力加强"一把手"和领导班子监督。加强与市国资委党委的会商沟通,推动制定印发《深圳市属国资国企党风廉政建设和反腐败工作2021年度重点任务清单》《监督稽查工作要点》,组织市国资委6名领导班子成员和31家直管国企党组织党员领导干部述责述廉,抓好测评结果运用,对排名靠后的班子成员开展监督提醒。认真落实"一把手"谈话提醒、任前廉政谈话等制度,组织国资系统全年开展提醒谈话1993次、警诫谈话54次。二是持续推动国企纪检监察工作有效开展。全年接收信访举报175件、线索38件,处置问题线索191件,初步核实180件,谈话函询6件,立案115件,结案87件,处分70人。审理自办案件16件,审核指导直管企业纪委案件71件。入选2020年度市属国企纪检监察十佳"优秀案例"。三是确保日常监督工作落实落细。高效完成市国资委党委第四轮巡察,发现问题63项,问题线索13条。积极督促抓好市委巡察督查组反馈的9家市管企业存在的49项具体问题的整改落实。深化巡察上下联动,累计选派46名市属国资国企系统骨干人员参加各级巡察工作。四是创新监督方式方法。创新"制度＋科技"的国资国企阳光采购交易监督平台,30家直管企业及其下属企业2万元以上项目采购信息均在平台公示。2021年,市属企业通过平台发布采购项目75179宗,成交项目59334宗,成交金额1470.93亿元,节资额187.03亿元,节资率14.73%,智能监管成效初步显现。五是打造新颖多样的宣教活动。组织开展市国资委机关警示教育活动,"百年百廉·书记读"线上阅读量超过57万次,"廉洁圳能量"国资国企视频展播访问量256万次,23部作品被选送参加中纪委、省纪委廉洁宣教活动。强化监督执纪,全面覆盖、常态长效的监督合力不断加强。

(撰稿人:杨　冰)

广西壮族自治区

一、广西壮族自治区国有资产监督管理工作综述

2021年,广西壮族自治区14个市均设有国有资产监督管理委员会、钦州中马产业全区设国资办。截

至2021年底,自治区国资委对16户国有企业履行出资人职责,按照自治区人民政府授权对广西农村信用社联合社进行监督管理。

截至2021年底,自治区国资委系统148户国有企业资产总额45886.61亿元,比上年增长12.42%;所有者权益总额13932.76亿元,比上年增长8.71%;累计实现营业收入8968.89亿元,比上年增长15.43%;利润总额285.64亿元,比上年增长38.29%;完成固定资产投资2889.68亿元,比上年增长17.48%;已缴税费总额307.66亿元,比上年增长23.02%。其中,自治区国资委监管的16户国有企业资产总额21277.88亿元,增长14.52%;所有者权益总额6308.08亿元,增长14.05%;累计实现营业收入7229.28亿元,增长12.50%;利润总额230.13亿元,增长37.22%;完成固定资产投资1635.69亿元,增长39.43%;已缴税费总额228.38亿元,增长29.66%。非国有企业广西农信社资产总额10941.34亿元,比上年增长7.53%;所有者权益总额828.78亿元,比上年增长5.52%;累计实现营业收入477.21亿元,比上年增长13.61%;利润总额68.98亿元,比上年增长14.79%;已缴税费总额39.89亿元,比上年增长14.48%。

(一)狠抓稳增长

实行企业经济运行统计旬报、月报制度,及时分析掌握企业经营情况,加强企业稳增长调度。制定自治区国资委监管企业主业管理办法,引导企业加大主业投资,全年监管企业实际完成投资总额2448.83亿元,其中主业投资占比98%。指导支持监管企业向国家发展改革委、证监会、中国银行间交易商协会等申请发行各类债券总额910亿元,实际发行1080亿元,较好地解决企业发展资金短缺的问题,其中广西投资集团能源集团成功发行全国首单非储架核电用途5亿元绿色公司债券,成为深交所首批也是广西地区首单"碳中和绿色公司债券";广西北部湾投资集团成功发行2021年第二期优质企业债券,票面利率3.80%,创广西地区2021年以来企业债券最低利率。印发《自治区国资委监管企业国有资产盘活利用行动方案(2021—2022年)》,统筹推进各类国有资产盘活利用,2021年累计完成资产确权登记962宗,其中涉及房产面积约16.32万平方米,完成率85.78%;涉及土地面积约26.21万平方米,完成率56.98%。督促企业加大不良资产处置力度,加快处置剥离"两资""两非",鼓励企业加快消化历史欠账,2021年消化历史欠账64.74亿元。抓好"央企入桂"签约项目落地见效,截至2021年底,央企入桂项目协议履约率比上年增长12.86%、资金到位率增长12.87%、项目开工率增长20.47%、竣工投产率增长10.5%,分别完成年度目标任务的128.6%、128.7%、204.7%、105%。

(二)加强创新驱动

印发自治区国资委监管企业加强科技创新的实施意见,将企业科技研发费用全额视同业绩利润,关键核心技术攻关研发投入加倍视同业绩利润,对创新驱动发展成绩突出的企业给予考核奖励加分。印发自治区国资委监管企业加快战略性新兴产业发展的意见,支持一批企业转型发展战略性新兴产业。2021年,自治区国资委系统国有企业研发投入94.77亿元,比上年增长51.57%,其中自治区国资委监管企业研发投入92.92亿元,增长50.94%;累计实现新产品产值274.60亿元,比上年增长16.48%,其中自治区国资委监管企业累计实现新产品产值267.68亿元,增长18.27%。广西柳钢集团承担的"广域协同的高端大规模可编程自动化系统及应用"项目获得2020年度国家科学技术进步二等奖;广西玉柴集团发布国内最大马力农机动力、中国首款国产新能源CVT拖拉机动力总成,标志着国产农业机械动力走向大型高端智能化;广西投资集团南南铝加工首次生产世界最大直径圆锭、最大宽度扁锭,打破我国航空航天高端铝合金长期依赖进口的局面;广西汽车集团"区块链汽车数据服务与应用创新研究"项目入选全国十大工业应用领域区块链优秀应用案例,并成立区块链公司,持续推动区块链与汽车行业的深度融合;北投路桥集团大跨径拱桥设计与施工技术领先全世界,被誉为世界"钢管拱技术王国";柳工集团欧维姆公司凭借参建国家"天眼"工程建设项目获得中国土木工程詹天佑奖;广西交投科技公司通过创新推广应用新材料新技术,每年节约建设及公路养护成本约5亿元。

(三)强化国资监管

全面完成16户出资企业的"一企一策"分类授

权,将授权事项全面写入公司章程,其中国有投资、运营试点企业平均新增授权14项,其他企业平均新增授权8项。以自治区党委办公厅、自治区人民政府办公厅名义印发《关于加强和改进企业国有资产监督管理的若干意见》,加强对企业重点环节、重点领域监督。开展"监管制度落实年"活动,指导企业对国资监管各项制度落实进行自查自纠。强化企业内部审计监督,对17户监管企业内部审计开展评价,督促企业抓好问题整改,改进提升内部审计工作。17户监管企业全部设立审计委员会,建成党委、董事会领导下的内部审计工作机制;10户监管企业的重要子企业全部设立独立的内部审计机构。调整企业经营业绩考核办法,重点考核"两利四率",引导企业更加注重"有质量的增长"。将深化改革加强管理、企业开展科级研发、不良资产清收处置等19项重点专项工作纳入企业负责人经营业绩考核,助推重点工作落实。对广西农信社进行单列考核,引导其坚守服务"三农"和小微企业定位,服务地方经济发展。制定加强外部董事管理、进一步发挥外部董事作用的文件,强化外部董事报告制度,由外部董事担任企业董事会薪酬与考核委员会、审计与风险委员会主任;加大总会计师委派力度,开展任前集体谈话,发挥总会计师对企业财务管理和资金管控的关键作用;印发进一步深化监管企业总法律顾问制度建设实施意见,加快推进总法律顾问实现专职化、专业化。加快推进国资国企在线监管系统建设,完成"三重一大"决策与运行管理、大额资金监管、改革管理等系统的开发并在7户监管企业上线试运行。

(四)防控企业风险

指导企业健全内部管理体系,开展企业内控体系建设情况评价,根据评价结果修订完善内控体系建设标准。印发全面推进自治区国资委监管企业合规管理体系建设实施方案,明确合规管理建设任务,促进合规管理与经营管理深度融合。完善企业"三重一大"决策制度、违规经营投资责任追究制度,运用提示、约谈等手段督促企业整改存在问题、规范经营管理。指导企业全面开展包括投资风险、金融风险、贸易风险、法律风险在内的各类风险排查,逐户建立风险问题清单和整改任务清单。持续推进企业内部审计,推动企业全面建立审计委员会。加强贸易风险防控,坚决制止融资性贸易,约谈广西现代物流集团、广西宏桂集团、广西林业集团等4户贸易业务占营业收入超过80%的企业,督促广西宏桂集团化解汽车贸易风险。防范化解债务风险,指导推动广西投资集团、广西北投集团、广西农垦集团等企业化解重大风险案件标的129亿元。积极指导做好海南航空破产重整涉及的北部湾航空股权重组风险处置,有效维护广西国有股东合法权益。开展违规经营投资责任追究工作体系建设"回头看",督促企业改进责任追究工作。完善沟通联络机制,与纪检监察机构、审计部门建立监督协同工作机制,提升监督合力。

(五)助力乡村振兴

加大消费帮扶力度,将"开展贫困地区农产品定向直供直销本企业食堂活动"列入监管企业2021年度经营业绩考核指标,推动建立企业和贫困地区长期稳定的农产品供销关系。2021年,自治区国资委及25家国有企业(包含17家自治区直属企业、7家驻桂央企、广西建工集团)直接采购帮扶农产品13933.7万元,其中食堂采购2418.29万元,工会采购11515.44万元。举行自治区国资国企乡村振兴帮扶产品展销中心揭牌暨以"凝聚国资国企力量 巩固脱贫攻坚成果"为主题的消费帮扶迎新春选购会启动仪式,同时开展"共克时艰,温暖同行"认购爱心水果行动。联合自治区两新组织党工委在广西扶贫产品展销中心举办广西国企民企党建共建交流暨助力农产品销售及消费帮扶活动,积极推进国企消费帮扶农产品专区(柜)增加至227个,自治区国资委及25家国有企业累计线上线下销售帮扶农产品金额19744.77万元。大力推动建立粤桂协作长效机制,在广州市召开粤桂两省(区)国资国企乡村振兴座谈会,邀请广东省乡村振兴局消费帮扶专班及广东农垦东方剑麻集团、南粤集团南粤分享汇、深圳驻家鲜农产品公司等企业人员到南宁参加广西国企民企党建共建交流暨助力农产品销售及消费帮扶活动,并召开粤桂国资国企乡村振兴工作座谈会,粤桂双方国资国企共商推进两省(区)国企民企项目合作助力乡村振兴工作。积极推动消费帮扶专馆建设,2021年5月建成广西消费帮扶产品东莞市松山湖华为体验店;9月自治区国资委党委委员、副主任、机关党委书记王海燕带领自治区国资委乡村振兴办、广西农投集团人员赴广东省国资委交流,推动粤桂国资国企乡村振兴消费帮扶展销馆挂牌开馆。

二、广西壮族自治区国有资产总量与结构分析

表1　2021年广西壮族自治区国有企业指标

项　目	金　额(亿元)
资产总额	57414.04
所有者权益	18648.66
国有资产总量	16384.36
营业收入	9944.41
利润总额	263.58
净利润	178.76
归属于母公司所有者的净利润	108.37
应交税金总额	355.08
实际上缴税金总额	343.21

表2　2021年广西壮族自治区国有企业户数情况

2020年户数(户)	2021年户数(户)	比上年增长(%)
5688	6324	11.18

表3　2021年广西壮族自治区国有资产按地区分布情况

地　区	国有资产(亿元)	占国有资产总量比重(%)
省属企业汇总	4845.78	29.58
地市企业汇总	11538.58	70.42
南宁市	2117.60	18.35
柳州市	2216.02	19.21
桂林市	955.70	8.28
梧州市	643.36	5.58
北海市	368.78	3.20

续表

地　区	国有资产(亿元)	占国有资产总量比重(%)
防城港市	291.78	2.53
钦州市	454.81	3.94
贵港市	332.88	2.88
玉林市	1155.47	10.01
百色市	719.13	6.23
贺州市	368.37	3.19
河池市	446.75	3.87
来宾市	560.55	4.86
崇左市	736.37	6.38
中马钦州产业园	171.05	1.48
合　计	16384.36	100.00

表4　2021年广西壮族自治区国有资产按行业分布情况

行　业	国有资产(亿元)	占国有资产总量比重(%)
农林牧渔业	793.22	2.71
工业	2086.56	7.14
建筑业	5107.34	17.48
交通运输业	2005.92	6.86
仓储业	555.60	1.90
商贸业	673.52	2.31
房地产业	3347.11	11.45
信息传输、软件和信息技术服务业	58.84	0.20
社会服务业	11501.17	39.36
教育文化广播业	177.06	0.61
科学研究和技术服务业	88.01	0.30
金融业	2774.21	9.49
其他	51.34	0.18
行业分类合计	29219.90	100.00
按会计准则合并	16384.36	100.00

注:行业分类合计数为全级次提取无抵销数,按会计准则合并数为已抵销数。两者出现差异的原因在于是否进行抵销。

表5　2021年广西壮族自治区国有资产按经营规模分布情况

经营规模	国有资产（亿元）	占国有资产总量比重（％）
大型企业	－2633.59	－16.07
中型企业	5901.47	36.02
小型企业	9839.41	60.05
微型企业	3277.07	20.00
合　计	16384.36	100.00

三、广西壮族自治区国有资本保值增值综合分析评价

表6　2021年广西壮族自治区国有企业地区和行业国有资本保值增值情况

地　区	国有资本保值增值率（％）	行　业	国有资本保值增值率（％）
自治区国有企业	100.89	农林牧渔业	103.76
省属企业	102.33	工业	107.75
地市企业	100.27	建筑业	101.64
南宁市	100.39	交通运输业	98.72
柳州市	100.08	仓储业	108.94
桂林市	100.53	商贸业	106.90
梧州市	101.11	房地产业	102.26
北海市	98.88	信息传输、软件和信息技术服务业	98.82
防城港市	99.90	社会服务业	100.66
钦州市	100.96	教育文化广播业	103.23
贵港市	99.60	科学研究和技术服务业	112.44
玉林市	102.81	金融业	102.29
百色市	97.20	其他	97.05
贺州市	99.91		
河池市	99.73		
来宾市	101.19		
崇左市	99.37		
中马钦州产业园	101.45		

四、广西壮族自治区国资委监管企业改革发展情况

扎实推进国企改革三年行动，组织召开自治区国企改革推进大会、自治区国有企业改革领导小组会议，实行旬调度、月调度机制；针对改革任务推进慢的区直企业和市，"一对一"发送提醒督办函，压紧压实改革责任。2021年广西国企改革三年行动191项改革任务完成146项，完成率76.4％，超额完成国家要求的70％任务。

（一）完善中国特色现代企业制度

推动区直企业集团层面董事会实现应建尽建，外部董事委派实现全覆盖；强化总会计师委派管理，同时任命其兼任外部董事；区直企业全部建立董事会向经理层授权管理制度，子企业应建尽建董事会占比99.5％，落实董事会职权区直重要子企业占比95.2％。

（二）优化国有资本布局结构

引导企业聚焦主责主业，清理退出185户不具备优势的非主营业务和低效无效资产；推动房地产非主业企业退出房地产业务，区直企业房地产子企业压缩整合至33户；制定出台《监管企业布局和结构调整实施方案》，引导企业聚焦主责主业，严控非主业投资；完成广西现代物流集团组建，推进广西旅发集团整合文旅康养资源，推动广西柳钢集团重组广西铁合金公司，使其摆脱连续13年亏损困局。坚持"三因三宜三不"原则，分类推进混合所有制改革，2021年前三季度区直企业新增84户混合所有制改革企业。批复广西宏桂集团发起设立广西混改基金。制定混合所有制

改革全过程监督文件,强化混合所有制改革监督。大力推动企业上市,建立21户后备上市企业名单,广投集团莱美药业非公开发行股票获得批准,广西柳工集团主业资产整体上市获证监会并购重组委无条件通过。

(三)深化三项制度改革

大力推进经理层成员任期制和契约化管理,广西国宏集团完成集团层面经理层成员任期制和契约化管理,区直各级子企业实现经理层成员任期制和契约化管理户数占比84.4%。全面推行用工市场化,区直企业中建立公开招聘、管理人员竞争上岗、末等调整和不胜任退出等市场化用工机制的企业户数占比92.3%;区直企业通过公开招聘方式新进人数占全部新进员工人数的95.9%,管理人员末等调整或不胜任退出298人。中长期激励加速扩围扩面,4户企业实施上市公司股权激励,3户企业实施国有科技型企业股权和分红激励,5户企业实施国有控股混合所有制企业员工持股,广西柳工农业机械公司等开展科技型企业股权激励,超额利润分享、虚拟股权改革等也在有序推进。

(四)实施国企改革专项工程

扎实做好国家层面4户"双百行动"企业和2户"科改示范行动"企业改革。指导50户商业一类二级企业、18户科技型子企业分别实施广西版的"双百行动""科改示范行动"改革。柳工股份、玉柴股份入选国有重点企业管理标杆创建行动标杆企业,广西柳钢集团一体化ERP系统入选标杆项目。广西柳工集团获评"双百企业"三项制度改革专项评估A级企业,广西路桥集团被评为全国标杆"科改示范企业",柳工集团欧维姆公司被评为全国优秀"科改示范企业"。自治区国资委被评为所属"科改示范企业"专项评估结果全部为标杆或优秀的地方国资委,全国仅6个省份入选。

五、广西壮族自治区国资委监管企业并购重组与完善法人治理结构情况

(一)推动企业并购重组

实施钢铁冶金类企业重组,广西柳钢集团重组广西铁合金有限责任公司,处理历史遗留债务7.5亿元,全年实现利润总额7000万元,扭转广西铁合金有限责任公司连续13年亏损的困局。推动广西汽车集团下属新能源型业务板块资产重组,将广西汽车集团及下属五菱工业公司新能源整车相关资产、债权、债务、业务及人员整合至新能源公司。推动广西柳工集团业务体量98%的主业装入广西柳工集团机械有限公司(以下简称柳工有限),以柳工有限为混合所有制改革主体引入7家高质量战略投资者,2021年12月上市公司柳工股份吸收合并柳工有限(即柳工股份资产重组)获证监会批复。实施上市公司并购重组,广西投资集团成功并购重庆首家A股创业板上市公司莱美药业。

(二)进一步完善法人治理结构

落实总法律顾问列席党委会、董事会参与研究讨论或审议涉及法律合规相关议题,与总经理联审联签等制度。探索差异化治理模式,印发《自治区国资委关于进一步加强混合所有制改革全过程监管的意见》,对不同国有资本股权比例的混合所有制企业实施以股权关系为基础、以派出股权董事为依托的治理型管控。把党的领导融入公司治理各环节,制定印发《关于自治区直属企业在完善公司治理中加强党的领导的实施意见》,从发挥党委领导作用、明晰党委讨论和决定重大事项的职责范围、规范党委前置研究讨论重大经营管理事项的要求和程序、强化党委在执行、监督环节的责任担当、加强党委自身建设等5个方面理顺党的领导和公司治理的关系,区直各级企业(除境外企业)全部完成党建工作要求进章程,区直企业所属80户重要子企业全部完成党组织前置研讨重大经营管理事项清单制定。加强董事会建设落实董事会职权,区直企业各级子企业建立董事会企业户数占应建企业户数的99.84%;向16户区直企业集团层面新委派5名专职外部董事、5名兼职外部董事,区直企业中13户实现外部董事多于内部董事,占比81.25%;应纳入外部董事占多数要求的各级子企业中,实现外部董事占多数的企业户数占比95.62%。全面规范董事会机构设置,16户区直企业集团董事会全部按要求设立战略投资、提名、薪酬与考核、审计与风险等4个专门委员会并建立完善专门委员会议事

规则;16户区直企业集团全部建立董事会向经理层授权管理制度,落实董事会职权的重要子企业78家,占比98.73%。

六、广西壮族自治区国资委监管企业建立和完善经营业绩考核体系情况

全面落实《自治区国资委履行出资人职责企业年度目标责任综合考核实施办法(试行)》《自治区国资委履行出资人职责企业负责人经营业绩考核办法》的要求,以归属于母公司所有者的净利润、净利润、经济增加值、营业收入利润率、全员劳动生产率、资产负债率、技术投入比率等指标为基础,不断完善企业内部考核制度,采用业绩考核与党建工作考核双百分相乘的考核模式,根据考核结果核定企业负责人绩效年薪,促进企业党建工作与经营发展深度融合。结合不同功能类别子企业制定不同的考核方案,"一企一策"设置考核指标和权重。指导推动17户监管企业全面落实自治区国资委关于鼓励企业科技创新的相关政策,将研发费用全额视同业绩利润予以加回,对核心技术攻关项目的研发费用加倍加回。设立特殊事项清单,对子企业因提供公共服务、发展重要前瞻性战略性产业、创新驱动发展等对当期经营业绩产生影响的,在考核时予以实事求是考虑。考核结果作为任免子企业负责人的参考、核定薪酬的依据。以广西国宏经济发展集团作为试点对象,首次在集团层面试行经理层成员任期制和契约化管理,由自治区国资委授权集团董事会与经理层成员签订聘任协议和业绩合同,按照约定严格考核、实施聘任或解聘、兑现薪酬,体现不同岗位特性、责任、风险等差异,全面激发经理层活力。

七、广西壮族自治区国资委监管企业负责人考核与选人用人机制改革情况

配合自治区党委组织部开展区直企业2020年度考核,制定自治区国资委对企业董事会及董事年度考核方案,一并完成区直企业董事会及董事2020年年度考核。配合自治区党委组织部做好企业领导人员考察,2021年配合完成3名企业正职、5名企业副职、3名企业总会计师考察。研究提出广西玉柴集团领导人员安排和董事会人事问题,实现广西玉柴集团主要领导人员退休平稳过渡,指导广西玉柴集团完成玉柴股份董事会换届。指导国宏集团做好两委换届,完成换届考察工作。完成自治区党委管理班子企业广西北部湾银行职业经理人届满考核及重新选聘工作,指导北部湾银行通过内部竞聘和外部选聘的方式,新选聘3名职业经理人副行长,续聘2名职业经理人(1名行长、1名副行长)。

八、广西壮族自治区国资委监管企业党的建设和廉政建设情况

截至2021年底,自治区国资委党委系统(党组织关系直接管理和属地管理均合并统计)各级党组织总计5045个,其中基层党委525个、党总支160个、党支部4260个,党员72907人。其中,党组织关系直接隶属自治区国资委党委管理的各级党组织4015个,其中基层党委427个、党总支99个、党支部3489个,党员54548人。

(一)深入开展党史学习教育

举办各类读书班,广泛开展组织开展党史学习教育"打卡"全州县红军长征湘江战役纪念园红色教育基地主题活动,开展"红色经典美术作品里的党史故事"主题宣讲报告会、自治区国资国企庆祝中国共产党成立100周年"感党恩 跟党走"主题宣讲报告会,举办国资国企红色歌曲微视频大赛。积极开展"我为群众办实事"实践活动,促进党史学习教育走深走实。

(二)加强国有企业基层党建

探索实施党建与经营业绩按双百分乘法效应规则考核机制,科学设置指标,优化考核细则,充分发挥考核"指挥棒"作用,强化党建工作责任,区直企业集团层面开展党建工作责任制考核的占100%。落实党委班子成员联系基层党支部制度,指导基层党组织融入生产经营发挥战斗堡垒作用,促进企业党建工作与生产经营深度融合。打造企业党建品牌,激励企业基层党组织、党员在生产经营管理中创先争优、争创佳绩,自治区国资国企系统2个集体和3名个人分别获

评全国先进基层党组织、全国优秀共产党员和全国优秀党务工作者,占自治区获表彰总数(32个)超过16%。

(三)落实全面从严治党主体责任

开展企业党委书记培训,压紧压实主体责任。按照全面从严治党责任清单,扎实开展企业党委书记落实全面从严治党主体责任述职评议,督促整改存在的问题。督促企业落实发现问题整改,认真开展规范经营投资、"三重一大"决策制度专项巡察,将全面从严治党责任落到实处。扎实做好境外腐败专项治理。大力支持配合驻委纪检监察组查处违纪违法问题,2021年立案查处违纪违法问题252件,给予党纪处分138人、政务处分154人。

(撰稿人:邓明甫)

海南省

一、海南省国有资产监督管理工作综述

2021年,海南省国资委坚持以习近平新时代中国特色社会主义思想为指导,认真贯彻落实习近平总书记关于海南工作重要指示批示精神,落实海南省委、省政府和国务院国资委各项决策部署,以超常规的认识、举措、行动和实效,推动国资国企改革发展及监管党建各项工作取得新的进展,为自贸港建设作出积极贡献。

(一)推进国资国企实现跨越式发展迈出重要步伐

截至2021年底,海南省地方国有企业资产总额8835.0亿元,比上年增长19.8%;省国资委重点监管企业资产总额3125.8亿元,比上年增长47.6%。大企业培育成效初显,海南控股资产规模1680.2亿元,海口市城市建设投资有限公司资产规模954.8亿元,海垦集团资产规模861.1亿元。

(二)企业主要效益指标创新高

2021年,海南省地方国有企业实现营业收入829.4亿元、利润总额62.4亿元,分别比上年增长34.8%、96.8%。省国资委重点监管企业实现营业收入601.4亿元、利润总额32.2亿元,分别比上年增长35.5%、38.8%。其中,在营业收入方面,海南控股95.1亿元、增长104.1%,海南旅投35.6亿元、增长300%;在利润总额方面,海钢集团、海南路桥、海南渔业、海南水院、海南产交所等7家企业增幅超过100%。

(三)对海南省大局贡献明显提升

2021年,海南省地方国企实现劳动生产总值222.2亿元,比上年增长2.1%;省国资委重点监管企业实现劳动生产总值107.7亿元,比上年增长37.7%。海南省地方国企累计上缴税费58.1亿元,比上年增长26%;省国资委重点监管企业累计上缴税费33.8亿元,比上年增长25.2%。省属企业实际完成投资430.3亿元,完成率208%;海南发控、海旅投资实现免税销售额42亿元。海南省地方国企年末在岗职工109347人,比上年增长7.3%;省属重点监管企业年末职工74145人,比上年增长8.4%;职工工资总额41.1亿元,比上年增长16.8%;海胶集团胶工收入比上年增长16.16%,加工厂基层职工收入比上年增长34.45%。

(四)驻琼央企多项指标增速位居全国前列

2021年,新增10家中央企业与省政府签署战略合作协议,"4·13"以来,累计有50家中央企业与海南省建立战略合作关系,超额完成"百家央企进海南"目标任务。截至2021年底,驻琼中央企业户数596家,比上年增长22.6%;资产总额6540亿元,比上年增长17.4%,增速居全国第二;营业收入4113亿元,比上年增长60%,增速居全国第一;利润总额303亿元,比上年增长82%,增速居全国第六;固定资产投资311亿元,比上年增长73.7%;缴纳税收227.6亿元,比上年增长24.3%;年化全员劳动生产率居全国第一。

(五)省属国资国企加快融入市(县)发展

省国资委与三亚市合作推进海底数据中心项目,与定安县委、县政府共同召开签订战略合作协议一周年座谈会暨项目签约仪式,与三沙市、琼中县、屯昌县、昌江县进行工作座谈。海垦控股与所有市(县)建立垦地融合发展机制。水务集团中标接管三沙、白沙等市(县)项目。路桥集团与万宁、琼中等市(县)深化合作,全年新签代建合同金额35亿元。海渔公司与三沙、临高等市(县)积极对接谈成一批项目。交通控股在海南省各市(县)投资建设新能源充电站。海建集团在澄迈、万宁等市(县)布局建设6个装配式建筑产业基地。金林集团在定安、琼中、临高、三亚、万宁等市(县)布局的通航项目取得阶段性成果。

(六)积极履行政治与社会责任

各有关企业全力以赴服务保障博鳌亚洲论坛年会、国家领导人冬休。省国资系统58家单位参与乡村振兴工作,选派乡村振兴队员139人,其中驻村第一书记62人;累计投入帮扶资金1.14亿元,实施乡村振兴项目163个,成立特色产业合作社126个。在海南省乡村振兴工作考评中,省国资委连续五年被评为"好"。各企业积极主动落实主体责任,狠抓安全生产、信访维稳、应急处置、抗台抢险等工作,扎实做好宣传、工会、工青妇、老干部等工作,凝聚职工群众力量,服务企业改革发展。

二、海南省国有资产总量与结构分析

表1　2021年海南省国有企业指标

项　目	金　额(亿元)
资产总额	8835.0
所有者权益	3347.1
国有资产总量	2975.6
营业收入	829.4
利润总额	62.4
净利润	43.1
归属于母公司所有者的净利润	41.0

续表

项　目	金　额(亿元)
应交税金总额	68.7
实际上缴税金总额	58.1

表2　2021年海南省国有企业户数情况

2020年户数(户)	2021年户数(户)	比上年增长(%)
1417	1512	6.7

表3　2021年海南省国有资产按行业分布情况

行　业	资产总额(亿元)	占国有资产总量比重(%)
第一产业	1104	12.5
第二产业	1164	13.2
第三产业	6567	74.3
合　计	8835	100.0

三、海南省国有资本保值增值综合分析评价

2021年,扣除客观因素影响后,海南省国有资本保值增值率102.1%,比上年增加1.2个百分点。

表4　2021年海南省国有企业地区国有资本保值增值情况

地　区	国有资本保值增值率(%)
海南省国有企业	102.1
省国资委省属企业汇总	102.4
省直部门监管企业	104.4
省国资委其他监管企业	88.9
省国资委重点监管企业	102.1
市县级国资监管企业汇总	101.8
地市级监管企业汇总	101.7
儋州市	99.2
三亚市	100.2

续表

地 区	国有资本保值增值率(%)
海口市	102.9
洋浦经济开发区	99.6
县级监管企业汇总	102.1
保亭县	99.3
定安县	101.4
东方市	资不抵债
乐东县	101.3
屯昌县	资不抵债
文昌市	128.1
白沙县	113.0
昌江县	101.2
临高县	99.8
陵水县	100.4
琼海市	99.6
琼中县	128.3
万宁市	99.5
五指山市	105.6
澄迈县	101.6

注：东方市、屯昌县资不抵债。

四、海南省国资委监管企业改革发展情况

(一)推动相关改革发展文件相继出台

省委、省政府相继印发海南省属国资国企"十四五"发展规划、国企改革三年行动方案、自贸港国有资本布局优化和结构调整意见等重要文件，为新时期海南国资国企改革发展提供重要指引。审议并核准各省属企业"十四五"发展规划，建立规划落实督办机制。2021年国企改革三年行动改革任务完成32项，完成率75%，总体推进情况达到时序要求。

(二)投融资体制改革取得重要进展

落实省委、省政府工作部署，以市场化为导向，研究拟定海南省交通投融资体制改革方案、水务投融资体制改革方案并多次报请省政府研究。与省发展改革委共同研究制定《海南省产业园区开发建设投融资方案》，待省政府常务会议审议。

(三)制度创新取得积极成效

海南控股聘请外籍人士担任免税品集团公司法定代表人，实现外籍人士担任海南自贸港国企法定代表人政策突破。金林集团"空地组网"推动低空空域管理改革案例获得第二届"海南省改革和制度创新奖"三等奖。制定海南省政府投资社会领域基本建设项目实行代管制暂行办法，海汽集团创新形成城乡公交、长途客运、交邮结合一体化新模式积极申报创新案例。

(四)混合所有制和股权多元化改革积极稳妥推进

金城公司、海渔公司完成股权多元化改革。省国资委重点监管企业中，股权多元化企业5户，混合所有制企业3户。按"穿透式"口径，各级子企业中混合所有制企业占比51.3%。

(五)资产证券化水平不断提升

海南控股完成海航基础、美兰空港两家上市公司并购。海钢集团增资控股新三板挂牌公司荣程新材，收购上市公司海兰信5.06%股权、成为第二大股东。海垦控股成功发行全国首单8亿元乡村振兴债、5亿元可交换债，实现省属企业发行可交换公司债券"零的突破"；在境外资本市场成功发行3亿美元高级债，实现省属企业发行境外债券"零的突破"。

(五)国企改革专项行动走深走实

国企改革"双百行动"完成总任务的75%，海汽集团被国务院国资委评为标杆企业；"科改示范行动"完成总任务的71%，金垦赛博改革经验被国务院国资委列入改革创新案例集；开展"对标世界一流"行动，企业管理能力和水平得到提升，管理基础不断夯实。

五、海南省国资委监管企业并购重组与完善法人治理结构情况

(一)企业重组整合取得阶段性成效

组建省工程咨询设计集团、省人才集团，海洋公

司实现对智慧环境控股并表,海南高速成为联合资产最大股东。省交通集团、省水投集团、海南国资研究院组建方案多次报请省政府研究。

(二)法人治理结构得到全面完善

以推动规范董事会建设为抓手,全面完善法人治理结构。省国资委重点监管企业中,16家企业建立规范董事会、制定董事会向经理层授权管理制度,15家企业实现外部董事占多数。建立完善国资委与专职国资董事的沟通联动机制,以及有利于专职国资董事履职尽责的制度体系和工作机制,推动企业依法、规范、科学决策,促进企业可持续健康发展。各级子企业应建立董事会户数302户,297户建立董事会;应纳入外部董事占多数要求的户数217户,203户实现外部董事占多数;32户重要子企业中,31户全面落实董事会职权。

六、海南省国资委监管企业建立和完善经营业绩考核体系情况

省国资委严格按照《海南省省属国有企业负责人经营业绩考核评价实施细则(试行)》(琼国资财〔2020〕240号)相关要求,向22家省属一级企业下达2021年度经营业绩考核责任书或考核目标值通知,对20家直接监管企业和4家受托考核企业进行2020年度经营业绩考核并组织兑现企业负责人薪酬。在省国资委监管一级企业及各级子企业中,积极推行实行全员绩效考核。580户企业推行全员绩效考核,完成率100%。

七、海南省国资委监管企业负责人考核与选人用人机制改革情况

在推行职业经理人制度的基础上,更大范围推行经理层成员任期制和契约化管理。省属重点监管企业各级子企业中经理层成员实现任期制和契约化管理979人,占比84.76%。在职职业经理人63人,占比5.45%。完善市场化薪酬分配机制,省属重点监管企业及各级子企业中,实行全员绩效考核的企业580户,完成率100%。有关企业积极探索建立中长期激励机制、高管年薪制、超额利润分享机制。

八、海南省国资委监管企业党的建设和廉政建设情况

(一)思想引领更加有力

把党史学习教育作为贯穿全年的重大政治任务,落实"第一议题"制度,深入学习领会习近平总书记系列重要讲话和党的十九届六中全会精神,学党史、悟思想,在学史中明理增信崇德力行。举办庆祝中国共产党成立100周年歌咏暨表彰大会、"千名新党员入党宣誓"等系列活动,充分调动广大党员干部率先垂范的积极性,引导广大党员干部坚定不移听党话、感党恩、跟党走,国资系统广大党员干部拥护"两个确立"、做到"两个维护"的思想更加自觉、行动更加主动。

(二)工作作风更加扎实

深入开展作风整顿建设活动,省国资委机关各类会议发文数量大幅压减,实行限时办结制度、加强督办督查、缩短办文流程,服务质效明显提升。扎扎实实开展"我为群众办实事"、"查堵点、破难题、促发展"实践活动,省国资委领导分别带队累计61个批次261人次深入工地、厂房、矿区、社区、乡村等基层一线调研走访,形成问题台账43个,解决问题39个,办结率91%,特别是推动解决长昌煤矿"矿带村"移交、路桥公司东方填海项目等一批长期困扰企业发展的历史遗留问题。

(三)基层党组织建设更加夯实

继续实施党建工作10件实事,省属企业及重要子企业100%制定"党委前置研究讨论重大经营管理事项清单"。与省委组织部联合印发《海南省协助做好中央驻琼企业党建工作实施办法》,建立驻琼央企党建联席会议制度,新接收9家央企党组织关系,管理的驻琼央企55家、党员15170人。创建党建示范点46个,整治软弱涣散基层党组织119个,举办6期新任党支部书记培训班、培训新任党支部书记371人。海垦控股符小琴被授予全国优秀共产党员荣誉称号,42名个人(集体)受到海南省建党100周年表彰、被授予海南省"两优一先"荣誉称号,海南省国资系统表彰"两优一先"个人(集体)864人。

(四)国企党建特色更加彰显

广泛开展争创党员示范岗、争创党员责任区、争当党员突击队、争当党员服务队"四争"活动,形成支部领导有力、党员模范带队、员工比学赶超的良好局面。各企业结合实际积极创建一批党建特色品牌,省农信社确立"1234"党建工作思路,海南发控开设"身边课堂、指尖课堂、联建课堂、竞赛课堂"等五大课堂,交通控股推行"党员路长制"、"党员责任区",金林集团开展"一堡垒一旗帜"红色先锋行动,形成具有国企特色的支部工作法。

(五)党风廉政建设向纵深推进

省国资委党委定期与省纪委监委派驻组专题会商,共同分析研判省国资系统党风建设与反腐败斗争形势。对省属企业"一把手"、机关处室负责人、专职外部董事开展集体廉政谈话,组织参观省廉政教育警示基地、观看警示教育片,用身边事教育身边人。全年省国资系统开展集体廉政谈话324场次、任前廉政谈话1318次,问责36个单位123人,给予党政纪处分64人,组织处理75人。

(撰稿人:孔 爱)

重庆市

一、重庆市国有资产监督管理工作综述

2021年,重庆市国资系统坚决贯彻党中央重大决策部署和市委、市政府工作安排,全面推进国企改革三年行动、强化创新驱动发展能力、主动服务重庆市发展大局,加强专业化体系化法治化监管,推动企业高质量发展。2021年,重庆市国有企业实现营业收入6807.7亿元,比上年增长12.3%。市国资委监管企业实现"两增一控三提高"。一是"两利"增。实现利润总额362.5亿元,比上年增长12.6%,比2019年增长11.1%,两年平均增速5.4%,完成全年预算的124.7%;实现净利润299亿元,比上年增长15.8%。二是"一率"控。非金融企业平均资产负债率57.6%,比上年减少0.5个百分点。三是"三率"提高。营业收入利润率8.7%,处于历史最好水平;全员劳动生产率38.6万元/(人·年),比上年提高10.6%;工业企业研发经费投入强度3.2%,比上年增加0.5个百分点。市级部门监管企业利润总额96.8亿元,比上年增长2.3%;区县属企业利润总额186.9亿元,比上年增长2%。中央在渝企业实现利润总额304.8亿元,比上年增长24.8%。

二、重庆市国有资产总量与结构分析

截至2021年底,重庆市国有企业资产总额84379.1亿元,比上年增长8.9%;负债总额55550.5亿元,比上年增长8.9%;所有者权益28828.6亿元,比上年增长9%。从资产负债总量分布看,市、区(县)两级国有企业年末资产总额占比55%、45%,分别比上年增长6.7%、11.8%;年末负债总额占比60.6%、39.4%,分别比上年增长7%、12%。从所有者权益分布看,市、区(县)两级国有企业所有者权益分别占比44.2%、55.8%,分别比上年增长5.9%、11.7%。从国民经济行业分类看,所有者权益主要集中在租赁和商务服务业,建筑业,房地产业,交通运输、仓储和邮政业,金融业,水利、环境和公共设施管理业等6个行业,年末所有者权益合计26026.2亿元,占比90.3%。

表1　2021年重庆市国有企业指标

项　目	金　额(亿元)
资产总额	84379.1
所有者权益	28828.6
国有资产总量	26005.3
营业收入	6807.7
利润总额	319.4
净利润	215.0
归属于母公司所有者的净利润	200.0
应交税金总额	424.4
实际上缴税金总额	402.8

2021年，纳入国有资产统计范围的重庆市全级次国有企业4174户，比上年增加218户。从隶属关系看，市、区（县）两级国企户数分别占比55.1%、44.9%，其中市国资委监管企业户数1688户，占比40.4%；从经营规模看，大型、中型、小微型企业分别占比3%、17%、80%。从经济类型看，国有及国有控股企业（含国有实际控制企业）占比99.7%，企业化管理事业单位占比0.3%。从产业类型看，第一产业、第二产业、第三产业分别为157户、1157户、2860户，分别占比3.8%、27.7%、68.5%。

表2　2021年重庆市国有企业户数情况

2020年户数（户）	2021年户数（户）	比上年增长（%）
3956	4174	5.51

2021年，重庆市国有企业国有资产总量26005.3亿元，较年初增长9%。从隶属关系看，市、区（县）两级国有企业国有资产总量占比39.1%、60.9%，分别为10158.0亿元、15847.3亿元。从国民经济行业分布看，国有资产总量主要集中于租赁和商务服务业，建筑业，房地产业，交通运输、仓储和邮政业，金融业，水利、环境和公共设施管理业等6个行业，国有资产总量均在1000亿元以上，合计23716亿元，占91.2%。

表3　2021年重庆市国有资产按地区分布情况

地　区	国有资产（亿元）	占国有资产总量比重（%）
市级企业	10158.0	39.1
市国资委监管企业	6153.7	23.7
市级部门监管企业	4004.3	15.4
区县监管企业	15847.3	60.9
万州区	445.7	1.7
涪陵区	1041.9	4.0
渝中区	170.8	0.7
大渡口区	267.3	1.0
江北区	278.8	1.1
沙坪坝区	548.0	2.1
九龙坡区	404.1	1.6
南岸区	704.0	2.7
北碚区	332.3	1.3
綦江区	722.3	2.8
万盛经开区	328.3	1.3
大足区	1039.7	4.0
渝北区	358.6	1.4
巴南区	470.0	1.8
黔江区	322.0	1.2
长寿区	645.6	2.5
江津区	774.0	3.0
合川区	519.7	2.0
永川区	508.2	2.0
南川区	470.7	1.8
璧山区	490.4	1.9
铜梁区	411.3	1.6
潼南区	390.1	1.5
荣昌区	322.4	1.2
开州区	543.4	2.1
武隆区	174.9	0.7
梁平区	374.7	1.4
城口县	105.3	0.4
丰都县	302.7	1.2
垫江县	283.8	1.1
忠县	280.9	1.1
云阳县	182.8	0.7
奉节县	295.4	1.1
巫山县	230.4	0.9
巫溪县	91.6	0.4
石柱土家族自治县	230.7	0.9
秀山土家族苗族自治县	301.7	1.2

续表

地 区	国有资产(亿元)	占国有资产总量比重(%)
酉阳土家族苗族自治县	221.5	0.9
彭水苗族土家族自治县	261.2	1.0
合 计	26005.3	100.0

表4　2021年重庆市国有资产按行业分布情况

行 业	国有资产(亿元)	占国有资产总量比重(%)
农林牧渔业	609.0	2.3
采矿业	−173.3	−0.7
制造业	336.2	1.3
电力、热力、燃气及水生产及供应业	509.3	2.0
建筑业	6599.9	25.4
批发和零售业	−55.9	−0.2
交通运输、仓储和邮政业	2608.4	10.0
住宿和餐饮业	52.8	0.2
信息传输、软件和信息技术服务业	69.2	0.3
金融业	1151.7	4.4
房地产业	4487.6	17.3
租赁和商务服务业	7088.3	27.3
科学研究和技术服务业	125.3	0.5
水利、环境和公共设施管理业	1780.1	6.8
居民服务、修理和其他服务业	311.9	1.2
教育	64.7	0.2
卫生和社会工作	72.2	0.3
文化、体育和娱乐业	368.0	1.4
合 计	26005.3	100.0

注：1. 采矿业为负数，主要是因为重庆能源集团淘汰落后产能计提大额减值损失。

2. 批发和零售业为负主要为能投进出口公司计提大额减值。

三、重庆市国有资本保值增值综合分析评价

2021年末，扣除客观增减因素之后的国有资本权益总额24062.3亿元，平均国有资本保值增值率100.9%，比上年增加0.1个百分点，实现国有资本保值增值。市国资委监管企业国有资本保值增值97.7%，比上年减少3.4个百分点；区县政府监管企业国有资本保值增值率101.9%，比上年增加1.6个百分点；市国资委监管企业保值增值率下降主要原因为重庆能源集团淘汰落后产能计提大额减值损失，剔除该因素后市国资委监管企业保值增值率102.2%。其他市级部门监管企业国有资本保值增值率101.8%，比上年减少0.4个百分点。

从行业分布看，采矿业，批发和零售业，交通运输、仓储和邮政业，住宿和餐饮业等4个行业未实现保值增值。重庆能源集团淘汰落后产能计提大额减值损失对采矿业、批发和零售业影响较大，直接导致所在行业未实现保值增值；新冠肺炎疫情对交通运输、住宿和餐饮业影响较大，未实现保值增值。

表5　2021年重庆市国有企业地区国有资本保值增值情况

地 区	国有资本保值增值率(%)
重庆市	100.9
市级企业	99.3
市国资委监管企业	97.7
市级部门监管企业	101.8
区县监管企业	101.9
万州区	101.5
涪陵区	101.4
渝中区	100.5
大渡口区	101.6
江北区	100.5
沙坪坝区	102.7
九龙坡区	101.4
南岸区	98.2
北碚区	101.8

续表

地 区	国有资本保值增值率(%)
綦江区	101.4
万盛经开区	99.6
大足区	112.1
渝北区	100.6
巴南区	102.1
黔江区	101.0
长寿区	105.4
江津区	101.6
合川区	101.1
永川区	102.3
南川区	101.2
璧山区	100.5
铜梁区	101.4
潼南区	101.0
荣昌区	100.6
开州区	101.7
武隆区	100.7
梁平区	100.1
城口县	97.5
丰都县	103.5
垫江县	102.1
忠县	100.3
云阳县	98.1
奉节县	103.5
巫山县	104.8
巫溪县	99.5
石柱土家族自治县	99.7
秀山土家族苗族自治县	100.7
酉阳土家族苗族自治县	99.6
彭水苗族土家族自治县	101.1

表6　2021年重庆市国有企业行业国有资本保值增值情况

行　业	国有资本保值增值率(%)
平均值	100.9
农林牧渔业	101.1
采矿业	−557.8
制造业	108.2
电力、热力、燃气及水生产及供应业	102.5
建筑业	102.9
交通运输、仓储和邮政业	99.3
住宿和餐饮业	87.0
信息传输、软件和信息技术服务业	105.1
金融业	106.0
房地产业	101.1
租赁和商务服务业	101.7
科学研究和技术服务业	104.7
水利、环境和公共设施管理业	101.7
居民服务、修理和其他服务业	101.6
教育	101.6
卫生和社会工作	101.6
文化、体育和娱乐业	100.4

注：1. 采矿业为负数，主要是因为重庆能源集团淘汰落后产能计提大额减值损失。

2. 批发和零售业因年初国有资本总量为负数，不计算保值增值率。

四、重庆市国资委监管企业改革发展情况

(一)国企改革三年行动进入全面推进、纵深突破的新阶段

强化统筹、健全机制，突出重点、聚力攻坚，国企改革三年行动总体任务完成率81%，重庆市在2021年9月开展的全国地方国企改革半年评估中被评为A级并获通报表扬。一是中国特色现代企业制度建设取得新进展。出台公司治理中加强党的领导举措"18条"，党组织在公司治理的法定地位、法定程序得

到有效落实,党委会把方向、管大局、促落实作用得到有效发挥。704户应建立董事会的企业实现"尽建",94.2%符合条件的各级企业实现外部董事占多数;上报国务院国资委的106户公司制改革任务全面完成,通过借助大数据、信息化等手段筛查后,将改革范围从106户扩大到约1.8万户,其中,存续全民所有制企业654户,分支机构396户,吊销未注销全民所有制企业1.6万余户;1011户存续全民所有制企业及分支机构完成公司制改革,4740户吊销未注销全民所有制企业完成注销工作。二是市场化经营机制实现新突破。深入推进管理人员能上能下、员工能进能出、收入能增能减。91%各级企业推行经理层成员任期制和契约化管理,一人一岗签订差异化的岗位聘任协议和经营业绩责任书。积极探索"市场说了算"国企职业经理人制度,重庆水务环境集团、重庆渝富控股集团、重庆交运集团等17户企业累计选聘所属企业职业经理人77人。重庆登康公司、重庆燃气集团等22户子企业开展中长期激励试点,累计激励1946人次。三是国有资本布局结构调整迈出新步伐。印发《重庆市国有资本布局优化和结构调整"十四五"规划》,推动国企新增投资90%以上投向公共服务、重大基础设施、前瞻性战略性新兴产业领域。挂牌成立重庆设计集团,改制设立重庆土交所公司。退出非主业、非优势国有资本,累计清理处置"僵尸企业"363户,压缩企业管理层级315户。完成混合所有制改革项目15宗,引资61.3亿元。四是改革经验总结复制推广取得新成效。重庆钢铁司法重整入选全国开展"学先进、抓落实、促改革"首批推广典型案例。重庆机电集团深化国有资本投资公司改革、重庆渝富控股集团组建国资基金助力战新产业发展、重庆农商行数字化转型、庆铃集团创建管理提升标杆企业、重庆联交所集团推进产权与公共资源交易平台整合等15项重大改革创新举措获国务院国资委等部委肯定推广。探索"职业经理人制度"获评2021年重庆市民"我最喜欢的10项改革"。五是区县属国有企业改革开创新局面。推进资源优化配置,两江新区、黔江区、长寿区、合川区、綦江区、梁平区、忠县、云阳县、奉节县、巫山县、秀山县、酉阳县加大企业重组力度,万州区开展国有资本投资运营公司试点,江北区全面完成"僵尸企业"处置。完善企业法人治理结构,垫江县、巫溪县、石柱县加强董事会的制度建设、董事选派管理。健全市场化经营机制,渝中区、潼南区、荣昌区积极探索职业经理人制度,璧山区开展员工持股试点,南岸区引入"赛马"机制,大渡口区探索建立按绩定薪制度,高新区全面实现"一企一策"分类考核。稳妥推进混合所有制改革,涪陵区完成涪陵能源股权多元化、太极集团央地国企合作,九龙坡区、江津区、铜梁区国企牵头组建基金,南川区、武隆区加快推进企业上市。开州区、城口县推进行政事业单位经营性建筑房产集中运营或产权划转,38个区县(自治县)、万盛经开区经营性国有资产集中统一监管基本完成。

(二)国资国企大力强化创新驱动发展的能力

制定《深入推动市属国有企业科技创新的实施意见》,推出20条政策支持措施,选择庆铃集团、重庆机电集团、重庆建工集团、重庆投资咨询集团、市农投集团等企业所属25户科技型企业开展"科改专项行动",激励和引导企业把产业领域作为科技创新重中之重,在重庆市科技创新的赛道上跑在前列、作出贡献。一是创新机制不断健全。推行创新"四纳入"考核机制(将有没有研发机构、研发投入强度、科技研发人才数量占比、科技研发人才工资总额占比纳入企业考核评价),实行工资总额"三单列"管理(科技型企业工资总额、高层次人才及技术攻关项目团队工资总额、成建制批量招聘的科技人员首年度工资总额可以单列管理);鼓励企业内部工资总额分配向科技人员倾斜。二是创新投入力度加大。市属国有企业研发费用投入34.2亿元,比上年增长28.3%;庆铃集团、中国四联集团、重庆机电集团、重庆轻纺集团研发投入强度超过平均水平。编制《"十四五"市属国有企业重大创新项目库》,启动创新项目302个,完成投资155亿元。设立规模50亿元的渝深科创基金、30亿元的国企结构调整基金,优先投向科创项目。三是创新成效初步显现。累计建成国家级企业技术中心26个,全年新增授权专利1319件,其中发明专利145件,分别比上年增长82.7%、70.6%;工业企业新产品产值187亿元,比上年增长22.5%。在重庆市科学技术奖励大会上,市城投集团"滑坡智能综合管控关键技术及应用"获得技术发明一等奖,重庆机电集团所属机床集团"高精度涡轮加工关键技术及其专用装备"

等6项成果获得科技进步一等奖。庆铃集团氢燃料电池商用车下线并交付使用,率先完成国内氢动力商用车首次干线示范运行。

(三)国有企业服务重庆市发展大局彰显大担当

重庆市国有企业强化投资拉动,保障基础供应,加强协作配合,主动服务国家战略和重庆市发展。一是重大建设发力。重庆交通开投集团、重庆高速集团、重庆机场集团、市城投集团、市地产集团、广阳岛绿色发展公司、市水投集团等企业承担的116个市级重大项目完成投资771.4亿元,占全年计划的111.8%。轨道交通第四期集中开工、首条城轨快线璧铜线落地开建,江北机场T3B航站楼及第四跑道进入主体施工,水土嘉陵江大桥等"三桥一隧"建成通车。二是重点保障有力。在要素供应方面,重庆能源集团完成燃气供应量36.6亿立方米,比上年增长9.4%;重庆水务环境集团、重庆能源集团等企业发电199亿千瓦·时,比上年增长5.9%,其中垃圾焚烧发电增长35%。重庆水务环境集团、市水投集团等企业供水13.9亿立方米,比上年增长13.5%;污水处理14.8亿立方米,比上年增长8.2%。在交通运力方面,重庆机场集团、重庆交通开投集团、重庆交运集团等企业全年旅客(乘客)吞吐量33.9亿人次,比上年增长24.3%。重庆交运集团、重庆国际物流集团、民生集团运营的中欧班列(成渝)开行量和货值量均居全国首位,陆海新通道铁海联运班列比上年增长67.1%,跨境公路班车比上年增长17%。西南证券公司、重庆股份转让中心公司积极服务重庆市实体经济用好多层次资本市场。数字重庆公司持续优化"渝快+"系列应用服务智慧城市建设。三是重要协同给力。重庆市国资国企讲政治、顾大局、敢担当,重庆高速集团、重庆渝富控股集团、重庆交通开投集团、重庆水务环境集团、市城投集团、市地产集团、3户地方国有银行及3户担保公司大力支持困难企业改革脱困,大足区、渝北区、丰都县、北碚区、南川区、江津区、巴南区、荣昌区、合川区、永川区、彭水县等积极推进重庆能源集团涉煤历史遗留问题移交,九龙坡区、高新区积极收储土地并调规赋能,作出突出贡献。联合四川省国资委举办"2021川渝国企内江—荣昌行"活动,签约项目63个、投资总额864亿元。市国资委安排3亿元国有资本经营预算、市属国有企业累计捐赠4133万元支持乡村振兴,开展消费和销售帮扶6200余万元,布局产业项目173个、完成投资35.2亿元。国企安全、环保、稳定、疫情防控等各项工作平稳可控。

(四)国资监管的能力和体系现代化建设有力推进

落实治理体系和治理能力现代化建设要求,对照国务院国资委,市国资委完成内设机构调整,进一步突出"管资本、促创新、履责任"监管导向,加强专业化体系化法治化监管,健全发现问题、纠正偏差、精准问责工作机制,不断提高监管的科学性、针对性和有效性。一是监管制度更加完善。印发《市国资委规范性文件库建设方案》《重庆市国资委党委规范性文件管理办法》,启动规范性文件库建设。结合中央巡视、市委巡视、审计以及日常监督发现的问题,针对性地完善国资监管制度21个。强化制度刚性执行,对企业执行国资监管重要制度、落实内控体系评价等开展监督检查,并同步延伸检查二、三级企业制度执行落实情况,督促企业整改问题517项。坚持重大决策事前进行合法合规性审查,11户市属国有重点企业集团及1户子企业公开招聘专职总法律顾问。二是监管方式更加高效。推进大数据智能化与国资监管工作有机融合,建成国资监管大数据平台一期,实现企业财务、投资、产权、"三重一大"决策制度运行情况在线动态监管。三是追责问责更加有力。出台《国资监管责任约谈工作规则》等制度,推动市属国有企业、区县国资监管机构建立健全责任追究工作机制。开展违规经营投资责任追究事项核实核查274项,处理责任人409人次。四是国资监管大格局加快构建。通过市区县联动推进国企改革三年行动、应用推广国资监管大数据平台、促进市属国有企业和区县国企合资合作,重庆市国资系统联系更加紧密、协同更加顺畅。

五、重庆市国资委监管企业并购重组与完善法人治理结构情况

(一)并购重组情况

2021年,重庆市国资委围绕防范化解重大风险和

深化供给侧结构性改革,有效推进企业战略性重组和专业化整合,进一步优化国有经济布局,促进企业高质量发展。一是重组成立重庆设计集团。整合市住房城乡建委旗下的市设计院、市建科院、市市政院成立重庆设计集团有限公司,集中优势资源,致力于工程建设领域全产业链发展,为城市发展提供技术支撑,竭力打造全国一流、西部领先的综合性工程设计咨询集团。二是整合融资担保机构。2021年兴农融资担保集团通过非公开协议转让退出所持区县兴农担保公司股权5宗,涉及金额3655万元;进一步优化国有金融资源配置效率,提高市属国有担保公司整体抗风险能力。三是实施市农投集团股权多元化改革。将市国资委所持市农投集团40%股权无偿划转重庆渝富控股集团,进一步增强渝富控股集团资本运营实力,发挥国有资本运营公司功能作用,促进市农投集团提升市场竞争力。四是开展酒店专业化重组。截至2021年底通过关闭退出、平台整合、对外出租等方式完成19户市级国有酒店重组,进一步优化市级国有酒店资产布局,做强做优做大重庆市酒店产业。

(二)完善法人治理结构情况

2021年,市国资委围绕建立中国特色现代企业制度,贯彻国企改革三年行动各项任务,深入推动各项工作,国有企业公司治理进一步完善。一是制定印发《重庆市属国有重点企业董事会工作规则(试行)》《重庆市市属国有全资、国有控股公司章程模板》《关于市属国有重点企业加强子企业董事会建设有关事项的通知》《关于市属国有重点企业落实子企业董事会职权有关事项的通知》《市属国企董事会和董事评价办法》等规范性文件,制度体系日臻完善。二是37户市属国有重点企业全部完成党建入章程工作,全面实现党委书记、董事长"一肩挑",副书记应配尽配并进入董事会,实现董事会应建尽建。子企业符合建立董事会条件的企业669户全部完成,实现应建尽建。三是在符合条件的27户市属国有重点企业开展落实子企业董事会职权试点工作,确定32户具备条件的二级子企业开展试点工作。950户符合建立"三重一大"制度子企业全部完成"三重一大"制度制定和修订。

六、重庆市国资委监管企业建立和完善经营业绩考核体系情况

2021年,重庆市国资委以《市属国有重点企业主要负责人经营业绩考核暂行办法》(渝国资发〔2018〕3号)为依据,按照高质量发展目标要求,实施市属国有重点企业负责人经营业绩考核。

(一)突出"三大变革"

贯彻落实党的十九大关于实现经济发展"质量变革、效率变革、动力变革"总要求,建立"三大变革"指标体系。质量变革指标占60%,效率变革、动力变革指标合计占40%。质量变革指标主要考核企业的发展质量、资本回报、财务绩效评价等,以提升企业核心价值为原则确定。效率变革指标和动力变革指标主要考核企业营运质量、营运效率、风险控制、科技创新、改革发展和社会评价等,以提升企业持续发展能力、创新能力、综合管理能力为原则确定。

(二)实行分类考核和差异化考核

商业一类企业主要考核经济效益、国有资本保值增值、市场竞争能力和防风险能力。商业二类企业在考核经济效益、国有资本保值增值能力的同时,增加对保障地方经济运行、发展前瞻性战略性产业等功能性业务和专项任务完成情况的考核。公益类企业视建设和运营阶段情况考核投资目标或运营目标,兼顾考核经济效益、国有资本保值增值能力,适时引入社会评价。对科技进步要求高的企业,重点关注自主创新能力的提升,加强研发投入、科技成果产出和转化等指标的考核。对供给侧结构性改革任务重的企业,加强重点专项工作和重大改革任务阶段性成果的考核。对于特殊发展阶段和重大结构调整期的企业,根据企业功能定位、改革目标和发展战略,"一企一策"确定考核指标和考核方式。

(三)完善业绩考核体系

一是出台《关于深入推动市属国有企业科技创新的实施意见》《支持市属国有企业科技创新二十条措施》,将研发机构、科技人才数量占比、科技人才工资总额占比纳入企业考核评价,考核时将研发费用视同利润加回的比例提高至75%~100%,加大对科技

创新的政策支持和考核力度，促进企业科技自立自强。二是全面实施对标考核，在财务绩效评价全面纳入业绩考核指标体系基础上，制定年度和任期经营业绩考核指标时，对营业利润率、应收账款周转率等财务指标实行对标考核，不再下达具体目标值，而是对照绩效评价标准值制定计分细则，考核得分由企业完成值所处对标行业的档位决定，推动企业对标行业先进，加快建设一流企业。三是将国企改革三年行动方案任务纳入业绩考核。按照"一企一策"原则，将"僵尸企业"处置、重点亏损子企业专项治理、小贷公司重组、酒店宾馆重组、清理退出低效无效参股股权、公司制改革、研发费用占营收比重等指标纳入考核，把重点任务转化为企业的"硬杠杠"。

（四）优化财务绩效评价细则

一是鼓励企业担当作为。对参与市国资委安排的公益性捐赠、积极承担政府指令性任务、推进供给侧结构性改革、化解市属国企重大风险作出重大贡献的企业，在绩效评价中加大加分力度，鼓励企业积极履行社会责任，发挥国企担当。二是完善扣分机制。对安全、环保、稳定、质量、经营、投资、金融、债务等领域存在重大风险，以及对重大风险应对处置不力，由市委、市政府、市国资委或其他有关市级部门协调资金的，以及在内部控制、经营管控中存在突出问题的企业，在绩效评价中加大扣分力度，下调业绩考核等级，督促企业严格风险防控，及时化解重大风险。

七、重庆市国资委监管企业负责人考核与选人用人机制改革情况

2021年是建党百年，是"十四五"开局之年，市国资委坚持以习近平新时代中国特色社会主义思想为指导，全面贯彻新时期党的建设总要求和组织路线，坚持"实"字为先，扎实做好干部人事人才等工作，为国资国企高质量发展提供坚强组织保障和人才支撑。

（一）夯实国企班子建设基础

一是全覆盖开展班子综合分析研判。对企业班子进行回访调研，结合国资日常监管了解掌握情况，系统研究分析形成市属国企班子综合分析研判总报告及34户企业子报告，提出加强改进建议意见，汇编成册供市领导决策参考。二是有序优化调整班子。根据班子综合分析研判情况，对委托管理企业班子进行优化调整，注重选配具有专业能力、专业精神的优秀年轻专业干部。委托管理企业班子调整15户次25人次，提拔重用50岁左右正职领导9人、45岁左右副职领导6人，首次有"80后"干部进入领导班子。配合市委组织部提拔重用26名市管企业领导人员。三是加强选人用人监督。制定实施《中央巡视选人用人工作专项检查反馈意见市国资委党委专项整改落实方案》，督促企业对标对表整改落实。开展企业班子2020年度综合考核，评定班子优秀9户、一般2户，领导人员优秀59人、不称职2人。指导委托管理企业修订完善中层干部选拔任用、员工招录等选人用人制度，落实《企业选人用人工作监督检查办法》，对市属国企选人用人工作进行检查。

（二）落实国企改革重点任务

一是全面推行经理层任期制和契约化管理。制定印发《关于加大力度推行经理层成员任期制和契约化管理有关事项的通知》，在市属国企全级次推行，各级子企业中推行1186户、占比88.7％。二是积极探索职业经理人制度改革，研究起草关于市属国企试点推行职业经理人制度的指导意见，以及西南证券公司等集团市场化选聘职业经理人试点工作方案，指导渝富控股集团所属四联集团、渝富基金公司等子企业开展职业经理人选聘。三是加快董事会"外大于内"建设。选配一批市属国企领导人员任专兼职外部董事，指导各级子企业推进外部董事原则上占多数，各级子企业中外部董事占多数的有608户，占已建董事会企业的91.6％。

（三）抓实国企人才队伍建设

一是组织优秀人才评审。开展年度重庆英才创新创业领军人才评审，市属国企入选重庆英才计划20人、团队4个，其中机电集团智能制造公司李先广入选重庆英才优秀科学家。获评"全国技术能手"1人，入选中组部"西部之光"访问学者计划1人，重庆技能大师5人、重庆市技术能手10人、巴渝技能之星15人。二是加快人才平台提档升级。市属国企新建博

士后科研工作站、专家工作室、技能大师工作室等国家级平台1个，市级平台6个，获批世界技能大赛国家级选拔集训基地2个。三是大力引进高层次人才。市属国企累计招录1万余人，引进"急需紧缺"人才近1000人，其中"双一流"高校硕博士230余人。市国资委全年累计投入近1300万元用于支持企业高层次人才培养引进等工作。

（四）做实机关职能调整及干部配备

一是完成内设机构优化调整。撤销前台处室3个，拆分处室2个，新设处室1个，更名处室1个，以管资本为主的国资监管职能更加凸显。二是开展机关干部选拔交流。结合机关内设机构优化调整，分批开展机关干部选拔交流，提拔处长、副处长17人，晋升二级巡视员3人，交流调整干部70余人，1名干部交流区县任职，整个工作平稳有序。三是补充工作力量。接收知名高校选调生6人，接收军转干部2人，遴选公务员12人，既充实工作力量，又改善队伍结构。

八、重庆市国资委监管企业党的建设和廉政建设情况

2021年，重庆市国资委坚持以习近平新时代中国特色社会主义思想为指导，全面贯彻党的十九大和十九届五中、六中全会精神，扎实开展党史学习教育，持续深化落实全国国企党建会精神，党对国企的全面领导得到新加强，高质量党建引领保障国企高质量发展取得新成效。截至2021年底，市属国有企业有基层党组织4992个，其中党委398个、党总支249个、党支部4345个，党员70176人。

（一）切实加强政治建设

坚持以政治建设为统领，坚定不移推动市属国企深学笃用习近平新时代中国特色社会主义思想，督促落实重庆市国资委党委《关于建立完善"第一议题"制度的通知》，将习近平总书记最新重要讲话、重要指示批示精神作为党委会议"第一议题"，第一时间跟进学习1200余篇次，用以武装头脑、指导实践、推动工作。认真落实2021年度贯彻落实习近平总书记重要讲话精神和党中央重大决策部署工作台账，按季督办落实6个方面100项任务。持续开展肃清孙政才恶劣影响和薄熙来、王立军流毒情况"回头看"，坚决肃清邓恢林流毒影响，坚决纠治讲大话、做假账、不担当、乱作为等问题，推动市国资系统政治生态持续向上向好。

（二）深入开展党史学习教育

紧扣"学、讲、看、做"关键环节，推动市国资系统党史学习教育走深走实。组织召开党委中心组党史专题学习546次，开展专题学习百年党史190场次，专题学习习近平总书记"七一"重要讲话精神、党的十九届六中全会精神235次，讲党课3864场次，参观红色基地3841场次。围绕贯彻新发展理念、助力巩固脱贫攻坚成果和乡村振兴等方面，确定办实事清单626项，全部取得实效，公交轨道一体化换乘、爱心送考车等一批实事获市民点赞。市国资系统党史学习教育工作得到中央第八巡回指导组肯定。

（三）加强基层党组织建设

持续落实国企基层组织工作条例，印发《市属国有企业"四强四好"党支部建设实施办法（试行）》，以"四强四好"支部建设为抓手，提升市属国企基层党组织建设质量。认真落实"四同步""四对接"要求，在改革发展中同步新建、撤并、划转党组织496个，督促2059个党组织按期换届，新发展党员5964人。持续推动系统党组织书记和班子成员到党支部工作联系点开展活动310场次。企业在生产经营一线设立"党员示范岗""党员责任区"17455个，推进党支部与生产经营融合联动。

（四）持续深化巡视反馈意见整改

坚持把巡视整改作为推进全面从严治党的有力抓手，精心开展中央巡视整改、市委巡视市国资委党委整改、涉粮问题专项巡视整改和市委巡视国企整改督导工作。扎实开展深化监督执纪专项行动，组织开展失职渎职导致重大损失等专项整治，及时发现并整改一批国企经营管理和党的建设中的突出问题。启动重庆市国资委党委首轮巡察。建立重庆市国资委党委巡察工作"1+6"制度体系，对3户市属重点国企所属子企业开展提级巡察，指导23户市属国有重点企业党委启动巡察工作。

(五)落实管党治党责任更加有力

认真贯彻全面从严治党主体责任规定，严格落实主体责任清单要求，照单履责、按单督责、以单考责，督促各级党组织和党员领导干部履职尽责。综合运用党组织书记抓基层党建述职评议、"穿透式"党建工作督查等方式，推动管党治党责任压力传导落实。对标对表推动开展市国资系统首轮巡察，深入发现企业管党治党责任落实存在的问题并督促整治。建立市国资委党委与驻委纪检监察组定期会商、重要情况通报等协同机制，同向发力压实"两个责任"，推动形成管党治党整体合力。

(六)一体推进"三不"机制更加巩固

立足实现"不敢腐"，加大对企业违规经营投资责任追究力度，严肃查处违规决策、违规投资、违规招投标、违规转借贷、"围啃"国企、违规采购、违规开展融资性贸易等经营乱象背后的违纪违法问题。立足实现"不能腐"，深化拓展"以案四改"，持续完善国资监管制度和企业内控机制。立足实现"不想腐"，组织全系统围绕邓恢林案、肖猛案、国企典型案、身边案开展"以案四说"警示教育，引导国企党员干部自觉抵制腐败。

(撰稿人：向心怡)

四川省

一、四川省国有资产监督管理工作综述

2021年，四川省国资国企系统坚持以习近平新时代中国特色社会主义思想为指导，聚焦新时代高质量发展主题，以国企改革三年行动、国有资本布局优化结构调整行动、效益提升专项行动、监管效能提升行动和党建引领行动为牵引，着力增强改革发展系统性整体性协同性，加快体制机制创新，不断激发企业活力动力，国有经济保持持续快速发展良好势头，实现"十四五"良好开局。截至2021年底，四川省地方国有企业资产总额13.2万亿元、实现营业收入1.6万亿元、利润总额1252亿元、上缴税费1052亿元，分别比上年增长19.7%、31.3%、22.5%、26.5%；省属监管企业资产总额2.1万亿元、实现营业总收入5309亿元、利润总额214亿元、上缴税金186亿元，分别比上年增长11.8%、26.5%、260.0%、29.9%。一是强化改革攻坚。以实施国企改革三年行动为牵引，推动中国特色现代企业制度建设、市场化经营机制、混合所有制改革等重点领域改革取得新突破；扎实推进"1+6"改革，取得重要阶段性进展。截至2021年底，国企改革三年行动总体任务完成率89%，在国务院国有企业改革领导小组办公室对地方改革评估(2021年度)中获评A级。二是强化规划引领。建立四川省国资国企三级规划体系，聚焦中央和四川省重大战略，推动国有资本有序进退、优化布局、合理配置。三是强化提质增效。制定省属监管企业效益提升专项行动方案，以"两降两控两提"(降成本、降两金，控亏损、控风险，提质量、提能力)为核心，夯实国企高质量发展根基。四是强化有效监管。制定《关于强化有效监管提升精准服务的实施办法》及两个责任清单，进一步优化监管服务流程，加快推进国资监管职能转变，有效提升国资监管效能。五是强化党建引领。深入学习习近平总书记来川视察重要指示和习近平关于国企党建改革发展和工作重要论述，不断增强"四个意识"、坚定"四个自信"，自觉做到"两个维护"。加强基层党组织、企业领导班子和人才队伍建设，推动党建与生产经营深度融合，以高质量党建引领企业高质量发展。六是强化社会责任担当，举办首届四川国有企业社会责任高峰论坛，发布《四川国有企业社会责任报告(2020)》和国有企业履行社会责任联合倡议；抓好巩固拓展脱贫攻坚成果同乡村振兴有效衔接工作，全面完成能源保供任务。

二、四川省国有资产总量与结构分析

截至2021年底，四川省地方企业国有资产统计报表汇编企业9625户，比上年增长9.91%；资产总额131840.93亿元，比上年增长19.73%；负债总额89643.55亿元；所有者权益42197.38亿元，其中归属于母公司的所有者权益36441.52亿元，增长20.51%；

年末国有资产总量36066.45亿元,国有资本保值增值率102.27%;实现营业收入16419.37亿元,比上年增长31.30%;利润总额1252.29亿元,比上年增长22.53%;净利润953.71亿元,其中归属于母公司所有者的净利润466.80亿元,下降2.98%;应缴税金总额1123.13亿元,实际上缴税金总额1052.22亿元。

表1　2021年四川省国有企业指标

项　目	金　额(亿元)
资产总额	131840.93
所有者权益	42197.38
国有资产总量	36066.45
营业收入	16419.37
利润总额	1252.29
净利润	953.71
归属于母公司所有者的净利润	466.80
应缴税金总额	1123.13
实际上缴税金总额	1052.22

表2　2021年四川省国有企业户数情况

2020年户数(户)	2021年户数(户)	比上年增长(%)
8757	9625	9.91

从隶属关系看,省本级国有资产总量5505.99亿元,占比15.27%;成都市国有资产总量12891.58亿元,占比35.74%;省本级与成都市合计占四川省的51.01%。其他20个市(州)国有资产总量合计占四川省的48.99%,宜宾市、绵阳市、泸州市、眉山市、遂宁市、乐山市、德阳市超过1000亿元,国有资产总量的地区分布状况与各地区经济发展水平基本一致。

表3　2021年四川省国有资产按地区分布情况

地　区	国有资产(亿元)	占国有资产总量比重(%)
省属企业汇总	5505.99	15.27
市(州)企业汇总	30560.46	84.73

续表

地　区	国有资产(亿元)	占国有资产总量比重(%)
成都市	12891.58	35.74
宜宾市	2256.42	6.26
绵阳市	1602.52	4.44
泸州市	1600.78	4.44
眉山市	1588.01	4.40
遂宁市	1261.89	3.50
乐山市	1133.83	3.14
德阳市	1014.49	2.81
南充市	953.88	2.64
凉山州	815.24	2.26
达州市	803.13	2.23
雅安市	736.21	2.04
内江市	640.21	1.78
巴中市	601.51	1.67
资阳市	574.34	1.59
广安市	511.11	1.42
广元市	495.37	1.37
自贡市	480.78	1.33
攀枝花市	425.58	1.18
阿坝州	102.14	0.28
甘孜州	71.42	0.20
合　计	36066.45	100.00

从行业分布看,社会服务业的国有资产总量21380.82亿元、占比59.28%,为行业总量中最高;4个行业国有资产总量超过1000亿元,分别是交通运输业4949.61亿元、建筑业2922.48亿元、房地产业2791.11亿元、工业2218.47亿元;以上5个行业的国有资产总量合计占比94.99%。其他行业中,仓储业、农业牧渔业、商贸业、金融业、教育文化广播业的国有资产总量超过100亿元,分别占四川省的1.32%、1.25%、0.99%、0.77%、0.51%,剩余行业所占比重不足1%。

表4　2021年四川省国有资产按行业分布情况

行　业	国有资产（亿元）	占国有资产总量比重(%)
社会服务业	21380.82	59.28
交通运输业	4949.61	13.72
建筑业	2922.48	8.10
房地产业	2791.11	7.74
工业	2218.47	6.15
仓储业	474.68	1.32
农林牧渔业	449.55	1.25
商贸业	357.84	0.99
金融业	278.89	0.77
教育文化广播业	185.14	0.51
科学研究和技术服务业	47.20	0.13
信息传输、软件和信息技术服务业	10.34	0.03
卫生、体育和娱乐等其他行业	0.31	0
合　计	36066.45	100.00

从经营规模看，大型企业国有资产总量22311.21亿元，占比61.86%，中型企业国有资产总量5143.12亿元、小型企业国有资产总量6700.52亿元、微型企业国有资产总量1911.61亿元，分别占四川省国有资产总量的14.26%、18.58%、5.30%。

表5　2021年四川省国有资产按经营规模分布情况

经营规模	国有资产（亿元）	占国有资产总量比重(%)
大型企业	22311.21	61.86
中型企业	5143.12	14.26
小型企业	6700.52	18.58
微型企业	1911.61	5.30
合　计	36066.45	100.00

三、四川省国有资本保值增值综合分析评价

截至2021年底，四川省国有资产总量36066.45亿元，比上年增长21.75%，由生产经营产生的经营净积累692.35亿元，国有资本保值增值率102.27%，比上年增加0.16百分点。四川省国家及国有单位直接资金投入2317.46亿元，资产净划入1553.04亿元。省属企业国有资本保值增值率102.45%。市（州）企业国有资本保值增值率102.24%，18个市（州）企业实现国有资本保值增值，最高为攀枝花市106.81%，其次为宜宾市106.26%、泸州市105.85%。3个市（州）企业未实现保值增值，分别是巴中市99.69%、眉山市99.56%、乐山市99.54%。13个行业中实现保值增值11个，最高为商贸业111.36%，其次为工业109.53%，科学研究和技术服务业107.70%，卫生、体育和娱乐等其他行业107.61%，金融业105.85%；未实现保值增值的行业2个，分别是农业牧渔业99.99%，信息传输、软件和信息技术服务业98.91%。

表6　2021年四川省国有企业地区和行业国有资本保值增值情况

地　区	国有资本保值增值率(%)	行　业	国有资本保值增值率(%)
省属企业	102.45	商贸业	111.36
市（州）企业	102.24	工业	109.53
攀枝花市	106.81	科学研究和技术服务业	107.70
宜宾市	106.26	卫生、体育和娱乐等其他行业	107.61
泸州市	105.85	金融业	105.85
内江市	104.75	社会服务业	102.28
成都市	102.75	房地产业	101.60
阿坝州	102.15	仓储业	100.81
自贡市	101.85	建筑业	100.63
资阳市	100.99	教育文化广播业	100.36
绵阳市	100.92	交通运输业	100.32
遂宁市	100.63	农林牧渔业	99.99
雅安市	100.62	信息传输、软件和信息技术服务业	98.91

续表

地 区	国有资本保值增值率(%)	行 业	国有资本保值增值率(%)
广安市	100.58		
德阳市	100.46		
凉山州	100.35		
甘孜州	100.22		
达州市	100.13		
广元市	100.01		
南充市	100.00		
巴中市	99.69		
眉山市	99.56		
乐山市	99.54		

四、四川省国资委监管企业改革发展情况

(一)持续推进重点领域改革

贯彻落实《四川省国企改革三年行动实施方案(2020—2022年)》,建立省级部门、市(州)、企业三本台账,层层压实责任,聚焦重点领域关键环节抓改革突破。截至2021年底,国企改革三年行动总体任务完成率89%,在国务院国有企业改革领导小组办公室对地方改革评估(2021年度)中获评A级;"坚持改革攻坚突破推动四川国资国企高质量发展"入选2021年四川全面深化改革十件大事。深入开展三项制度改革专项行动,出台经理层任期制和市场化选聘、契约化管理、中长期激励等文件,省属企业集团与子公司经理层成员签约率100%,新进员工公开招聘率、全员绩效考核率均100%,管理人员竞争上岗率、末等调整和不胜任退出占比均高于全国地方国有企业平均水平。深化混合所有制改革,充分发挥"国企混改项目信息发布平台"作用,发布混合所有制改革项目71宗,涉及金额30.58亿元。省属企业混合所有制改革比例60.4%,四川省地方国有企业上市公司42家。抓好7户"双百企业"、2户"科改示范企业"改革,川商投集团创新投资分类管理、成都产投深化授权经营改革做法入选全国国企改革"双百行动"改革样本,爱联科技改革案例入选国务院国资委"科改示范行动"案例集,宏明电子获评全国8家"科改示范行动"标杆企业之一。遴选70户企业实施"大府国企综改行动",打造四川改革样板和"尖兵"。

(二)全力推动国资国企转型发展

强化规划引领,出台《关于新时代推进国有经济布局优化和结构调整的实施意见》《四川省"十四五"国有资本布局优化和结构调整规划》《四川省"十四五"省属国有资本和国有企业发展规划》,着力调整存量结构、优化增量投向,加快形成布局结构优、资源配置效率高的国有经济发展新格局。修订完善省属监管企业主营业务管理办法,集中开展省属企业主营业务优化调整,强化国有资本在特色优势产业和战略性新兴产业投资布局,加快清理退出不具备优势的非主营业务和低效无效资产,清退处置企业123户,省属监管企业主营业务更加契合省委、省政府重大战略和四川省现代产业体系,业务板块更加聚焦。2021年,四川省地方国有企业"5+1"现代产业资产突破8400亿元,比上年增长20.24%;收入、利润分别比上年增长8.98%、85.09%,发展质量进一步提高。加快推进重大产业布局和重大项目投资建设,乌东德、白鹤滩、天府国际机场等一批重大项目建成投运,成自宜、成达万高铁、都四山地轨道等重大项目加快建设。聚焦成渝地区双城经济圈建设,推动成渝地区双城经济圈成份指数成功发布,涵盖川渝两地100家上市公司。聚焦绿色低碳发展优化布局结构,在全国地方国资系统率先出台《关于省属企业碳达峰碳中和的指导意见》,举办以"双城双碳双循环"为主题的中国首席经济学家高峰论坛,着力推动国资国企重点领域低碳转型发展、强化创新支撑,加速能源、产业结构优化调整,加快发展动能转换。推进创新驱动发展,召开四川省国有企业科技创新工作推进会,对标一流企业实施科技创新能力提升工程,省属企业集团层面建立科技创新管理机构实现全覆盖,省属企业研发经费投入56.7亿元,比上年增长70.3%。四川玻纤"万吨级连续玄武岩纤维池窑生产线"、新一代"人造太阳"(中国环流器二号M装置)、F级50兆瓦重型燃气轮机等一大批重大科技创新项目取得突破。发布四川国资云,

推动四川省国资国企"上云用数赋智",培育数字经济新业态,川能智网公司"智网在线——工业互联网能源大数据平台""四川华西集团数字建筑供应链平台"入选全国国有企业数字化转型典型案例。提升企业发展效益,牢牢把握"三新一高"要求,出台《省属监管企业效益提升专项行动方案》,以"两降两控两提"为核心,夯实国企高质量发展根基。推进提质增效,强化管理提升,严控成本费用占比、"两金"占比,加强低效无效资产清理、重点亏损子企业专项治理,省属企业每百元收入成本费用99.3元,比上年减少2.1元,成本费用压降成效明显。扎实开展对标世界一流管理提升行动,四川发展(控股)以制度体系为基础的集团管理项目、长虹电子以财务云为支撑的业务管理项目和四川发展环境投资集团(省生态环保集团)分别入选国务院国资委管理标杆创建行动"标杆项目""标杆企业"。强化风险管控。推动省属企业优化债务结构,发行公司信用类债券融资678亿元,其中543.4亿元用于债务置换,每年节约融资成本近5亿元。加强省属企业债务风险管控,强化债务风险动态监测,确保债务风险可控。

五、四川省国资委监管企业并购重组与完善法人治理情况

(一)实施重组整合优化资源配置

围绕主责主业,重组整合步伐进一步加快。高位推进"1+6"重大专项改革①。成功实施省交投集团和省铁投集团战略重组、设立蜀道集团,资产总额突破1万亿元、营业收入2229亿元、利润总额75.3亿元,成为四川省万亿级领航企业;推进民用运输机场整合,加快构建与成都双流机场、天府国际机场协同发展格局;川煤集团通过司法重整和深化改革,每年利息从12亿元降至2.5亿元,全年实现利润9.1亿元,比上年增盈19.5亿元,司法重整入选四川省法院十大典型案例;推动环保领域资产资源整合,组建省级生态环保集团,着力打造绿色低碳发展龙头企业,公司入选国务院国资委"国有重点企业管理标杆企业";川航集团改革有序推进,引入五粮液集团作为川航集团战略股东,首期出资6亿元到位;推动四川发展(控股)

深化改革创新发展,突出做优平台功能、做强实体产业、做好资本运作,完成生态环保、先进材料、生物医药、航空航天实体企业组建或改组;省属企业旅游资产整合发展加快推进,安逸酒店集团正式揭牌运营。

(二)健全完善公司法人治理结构

推动中国特色现代国有企业制度建设,把党的领导融入公司治理,省属企业集团"党建入章",党建工作纳入企业年度经营业绩与负责人薪酬考核;地方国企一级企业"党建入章"、党组织书记与董事长"一肩挑"均100%。规范董事会建设,出台《关于全面推进省属企业规范董事会建设的实施意见》,制定完善省国资委派员列席董事会、在加强国资监管中更好发挥外部董事作用的措施等制度,董事会"1+N"制度体系更加完备。截至2021年底,外部董事规模60余人,省属企业集团实现外部董事全覆盖。

六、四川省国资委监管企业建立和完善经营业绩考核体系情况

(一)精准实施分类考核

按照"提效益、控成本、防风险、促创新"的考核导向,聚焦经济效益、投资回报和资本运营效率,分类下达省属企业经营业绩考核指标。对成本费用、负债率高的企业,专项考核资产负债率、成本费用占营业收入的比重、成本费用利润率、应收账款周转率等指标;对科技型企业,专项考核研发费用增长率;对重组整合的蜀道集团、机场集团等企业,专项考核专业化整合进度等指标。

(二)完善配套激励措施

对照三年行动方案关于效益倍增要求,根据省属企业奋斗目标分解情况,适时调整2021年度利润总额目标值和基准值的确定政策,提高考核要求。对效益倍增计划中作出突出贡献的企业,在年度和任期经

---

① "1"指实施原省交投集团、省铁投集团战略性重组,组建蜀道集团;"6"指省属企业旅游资产整合、省内民用运输机场整合、省属生态环保资源整合、川煤集团改革、川航集团改革、四川发展(控股)改革六大重点领域专项改革。

营业绩考核中予以特别加分鼓励,允许当年实发工资总额小于按功效联动机制计提的可发放数部分,在3年内统筹使用。未完成奋斗目标的企业,年度和任期经营业绩考核原则上不得进入A级;将国企改革三年行动目标任务完成情况纳入企业负责人经营业绩考核,对2021年未完成国企改革三年行动计划70%目标任务的企业,年度经营业绩考核等级予以降等,切实发挥好业绩考核的引领带动作用和薪酬分配的正向激励作用。

研究起草《关于四川省省属国有企业实施中长期激励的指导意见》(征求意见稿),对中长期激励的原则、各种激励工具的适用范围和实施条件、激励方案制定、审批程序等作出原则性规定;开展企业中长期激励试点,截至2021年底,38家企业展开激励试点。

(三)加强工资总额管理

出台《四川省省属监管企业工资总额周期管理实施细则》,对"科改示范企业"和纳入天府综改行动的科技型企业实行工资总额单列管理,对"双百企业"实施工资总额周期制管理。按照财务预算、经营业绩考核、工资总额预算"三位一体"目标管理要求,进一步强化工资总额预算管理的刚性。综合考虑2020年疫情影响,合理确定工资总额,对受疫情影响严重的企业,利润总额完成奋斗目标且综合考虑疫情影响因素后仍同比增长的企业,职工工资水平同比不下降,效益性工资总额按不超过5%安排增长。据清算,监管企业职工人数17.34万人,实提实发工资总额197.44亿元,职工平均工资比上年增长11.59%。

七、四川省国资委监管企业国资监管情况

坚持授权与监管相结合、放活与管好相统一,推动监管理念、监管方式、监管重点转变。深化"放管服"改革。制定《关于强化有效监管提升精准服务的实施办法》及两个责任清单,进一步优化监管服务流程,加快推进国资监管职能转变。出台《省属企业违规经营投资问题和线索委内移送办理工作规则》等制度规则,推动国资监管制度"立改废",对省国资委成立以来的350余个规范性文件进行系统清理,形成失效一批、废止一批、汇编一批、修订一批4张清单。加强重点领域监管,强化投资监管,修订省属国有企业投资监督管理试行办法、投资项目负面清单。加强财务监管。建立财务总监报告制度,开展整治省属监管企业财务会计信息虚假问题专项行动、大宗商品贸易专项督查,督促整改问题100多个,涉及金额300多亿元;推动省属企业开展资金集中管理,省属企业归集资金510亿元,占应归集资金的86%。强化产权监管。规范国有资产转让,四川省企业国有资产交易项目成交2795宗,成交金额403.68亿元,增值金额22.31亿元,增值率5.86%。全面推进合规管理,指导企业建立健全合规管理组织、运行、保障体系,着力防范投资并购、海外经营等领域合规风险,指导蜀道集团等企业妥善处置重大涉法涉诉涉裁案件,避免和挽回经济损失20多亿元。完善监督体系,建立综合监督、业务监督、责任追究"三位一体"的监督工作体系,针对虚假贸易、违规借款等行为开展追责问责。坚持追责免责相结合,制定《四川省属国有企业违规经营投资容错免责试行办法》。健全内部审计机制,成立审计委员会,出台进一步加强省属监管企业内部审计工作指导意见,督促企业建立完善内部审计体制机制,扎实审计问题整改。推动阳光采购,创新搭建"天府阳光采购服务平台",进一步规范采购行为,提高采购质效,防范廉政风险。

八、四川省国资委监管企业党的建设和廉政建设情况

(一)坚持以党的政治建设为统领

严格落实"第一议题"制度,深入学习习近平总书记"七一"重要讲话和习近平关于发展国有经济重要论述摘编,开展全国国企党建工作会贯彻落实情况"回头看",召开四川省国资系统国有企业党建工作座谈推进会,及时研究部署新时代四川省国资国企系统进一步加强党建工作。扎实开展党史学习教育和庆祝建党百年系列活动。研究制定"1+7+3"工作方案,充分运用国资国企红色资源深入开展党史学习教育,举办"与党同心、与企同行"文艺汇演,落实"我为群众办实事"项目5000余项,创办"四川国企党校",挂牌打造四川国企教育培训平台,传承国企红色基

因,凝聚改革奋进力量。加强国企基层党建,制定省属企业在完善公司治理中加强党的领导的工作措施,层层压紧压实基层党建责任,涌现出川投"五彩党建"、华西"项目党建"、川航"红色先锋"等一批先进典型。开展"两优一先"表彰大会表彰优秀党员和党务工作者238人,川航"英雄机长"刘传健和四川电力"连心桥共产党员服务队"获党中央表彰。

(二)加强党的基层组织建设

省属企业集团层面"党建入章"实现100%,督促企业制定党委前置研究讨论重大事项清单,省属企业集团层面实现100%。抓好上年度省属国有企业党委党委书记抓党建述职评议会,20户企业集团和12户二级企业党委书记述职并接受现场点评、民主测评。牵头完成20户省属企业2020年度党建考核,8户企业评为"好"、12户企业评为"较好",推动考核结果与领导班子和成员综合考评,以及经营业绩考核"双挂钩"。增强国有企业基层党组织生机活力,指导15户企业顺利完成"两委"换届选举,新接收3户中央在川企业党组织关系,办理99个基层党组织关系整体转接,批准成立蜀道投资集团有限责任公司党委。全年在生产一线和优秀青年中新发展党员6600人,截至2021年底,省国资委党委下辖党组织2.1万个、党员27万人。关心关爱国有企业困难党员、老干部、老党员,组织企业为符合条件的老党员颁发"光荣在党50年"纪念章,全系统颁发4512人,开展元旦和"七一"走访慰问活动,下拨388万元党费给企业用于走访慰问。抓党务培训提质增效,培训国有企业党委书记、组织部长、党务与经营管理"双向人才"等近300人。

(三)全面推进从严治党

全面推进省属监管企业合规管理,开展整治省属监管企业财务会计信息虚假问题专项行动,督促整改问题101个;开展省属监管企业大宗商品贸易专项督查,严肃查处"空转""走单"等虚假贸易业务问题;创新搭建"天府阳光采购服务平台",进一步规范采购行为,提高采购质效,防范廉政风险。坚持市场化、制度化导向。推动企业落实党风廉政建设责任制年度考核结果与经营业绩、奖励惩处、选拔评优"三挂钩"。制定加强对"一把手"和领导班子监督的实施办法、加强省属国有企业境外腐败治理工作实施意见,持续深化政治巡察,抓好巡视巡察反馈问题整改,开展党建工作、违规投资追责、招投标问题等7个专项整治;始终保持惩治腐败高压态势,积极支持派驻纪检监察组履行职责,全年处置问题线索18件,立案查处15件,处分14人,诫勉4人,发出纪检监察建议书2份。

九、四川省国资委国资国企干部队伍建设情况

(一)加强委机关干部队伍建设

引进吸收优秀年轻干部4人,组织公开遴选5名干部顶岗试用,干部轮岗交流5人。组织7名厅级领导干部参加贯彻党的十九届五中全会精神专题培训班,38名县处级领导干部参加党的十九届五中全会精神专题网络培训班,3名厅级领导干部分别参加中央党校、浦东干部学院、中国知识产权培训中心学习,2名干部参加2021年递进培养计划年轻干部铸魂工程"中青班"培训,选送13名干部参加院校调训。选派2名优秀年轻干部到地方挂任县级班子副职,2名干部到基层村镇锻炼,接收2名地方干部到机关顶岗锻炼,推荐和接收川渝互派挂职干部各1人。

(二)加强企业人才队伍建设

加强外部董事队伍建设,2021年开展3批次外部董事配备,在实现配备"全覆盖"的基础上,15户企业实现"外大于内",外部董事规模60余人。印发职业经理人选任、市场化选聘操作规范,指导环保集团完成经理层整体市场化选聘,推动富润公司、国资管理等经理层补充配备。截至2021年底,7户省属企业集团层面选聘职业经理人24人,其中5户企业实现整体选聘;近100户子公司选聘300余名职业经理人。出台《加强和改进人才工作支撑高质量发展的指导意见》《国有企业经营管理人才分类评价实施细则》《省属企业管理、技术、技能多序列人才通道建设实施意见》等制度,不断健全完善人才工作政策体系。开展知名高校研究生国企实践活动,持续开展知名高校研究生国企实践活动,与浙江大学等7所高校签订共建协议,吸引省内外10余所高校的200余名硕博士研究

生到企业实习实践。实施国企校园招聘周活动,先后组织50余户企业赴清华、北大等知名高校开展招聘活动,引进500余名高校优秀学子入职四川国企。举办党务人才与经营管理人才"双向培养"示范培训班,全年培训学员200余人次。

(撰稿人:张永海 李 威)

贵州省

一、贵州省国有资产监督管理工作综述

2021年,面对复杂严峻的国内外经济形势和艰巨繁重的改革发展稳定任务,贵州省国资委坚持以习近平新时代中国特色社会主义思想为指导,全面贯彻省委、省政府决策部署,切实增强"四个意识"、坚定"四个自信"、做到"两个维护",深刻认识"两个确立"的重大意义,自觉在思想上、政治上、行动上同以习近平同志为核心的党中央保持高度一致。按照"一二三四"总体思路,围绕"四新"主攻"四化",努力克服经济下行压力加大的不利形势,逆势而上,锐意进取、攻坚克难,奋力推动国资国企高质量发展,各项工作取得新的进展。

截至2021年底,贵州省国资监管系统企业实现营业收入6525.8亿元,比上年增长12.63%;经济增加值2340.8亿元,比上年增长13.5%;利润总额920.5亿元,比上年增长10.7%;税费总额799.7亿元,比上年增长23.8%。其中,贵州省国资委33户监管企业实现营业收入5687.4亿元,比上年增长10.2%;经济增加值2232.1亿元,比上年增长13.5%;利润总额946.8亿元,比上年增长12.5%;税费总额766.7亿元,比上年增长24.4%。

二、贵州省国有资产总量与结构分析

截至2021年底,贵州省国有企业(一级)2738户,国有资本主要布局在社会服务业、建筑业、工业、房地产业、交通运输业、地质勘查及水利业等13个行业,资产总额96657.4亿元。其中,省属国有企业247户,资产总额24716.2亿元,占比25.6%;市州及以下所属国有企业2491户,资产总额71941.2亿元,占比74.4%。

表1 2021年贵州省国有企业指标

项 目	金 额(亿元)
资产总额	96657.4
所有者权益	37994.8
国有资产总量	36034.2
营业收入	8012.3
利润总额	831.0
净利润	534.7
归属于母公司所有者的净利润	274.6
应交税金总额	870.3
实际上缴税金总额	877.1

表2 2021年贵州省国有企业户数情况

2020年户数(户)	2021年户数(户)	比上年增长(%)
2820	2738	-2.9

表3 2021年贵州省国有资产按地区分布情况

地区	国有资产(亿元)	占国有资产总量比重(%)
省属企业汇总	8181.3	22.7
省国资委监管企业汇总	5563.0	15.4
市州企业汇总	27852.9	77.3
贵阳市	6634.4	18.4
六盘水市	2209.9	6.1
黔东南州	1645.6	4.6
安顺市	1921.9	5.3
铜仁市	2255.1	6.3
毕节市	3224.5	8.9
黔西南州	2122.1	5.9
遵义市	3638.1	10.1

续表

地区	国有资产（亿元）	占国有资产总量比重(%)
黔南州	2733.8	7.6
贵安新区	1468.1	4.1
合　计	36034.2	100.0

表4　2021年贵州省国有资产按行业分布情况

行　业	国有资产（亿元）	占国有资产总量比重(%)
农林牧渔业	1080.4	3.0
工业	2542.3	7.1
建筑业	5930.3	16.5
交通运输业	2629.9	7.3
仓储业	51.0	0.1
商贸业	286.8	0.8
房地产业	2824.7	7.8
软件和信息技术服务业	27.7	0.1
社会服务业	16908.5	46.9
教育文化广播业	322.2	0.9
科学研究和技术服务业	79.0	0.2
金融业	3223.8	8.9
其他	127.6	0.4
合　计	36034.2	100.0

表5　2021年贵州省国有资产按经营规模分布情况

经营规模	国有资产（亿元）	占国有资产总量比重(%)
大型企业	15278.6	42.4
中型企业	7512.1	20.8
小型企业	8437.3	23.4
微型企业	4806.2	13.4
合　计	36034.2	100.0

三、贵州省国有资本保值增值综合分析评价

2021年，贵州省国有资本运行稳中有进。从企业分类看，省属企业国有资本保值增值率106.1%，比市（州）所属企业高出5.5个百分点；省国资委监管企业国有资本保值增值率108.3%，高出省属国有企业平均值2.2个百分点。从行业分类看，13个行业中，7个行业实现保值增值，6个行业未实现保值增值，保值增值率最高的是工业，为115.9%，最低的是科学研究和技术服务业，为93.3%。

表6　2021年贵州省国有企业地区和行业国有资本保值增值情况

地　区	国有资本保值增值率(%)	行　业	国有资本保值增值率(%)
省属企业	106.1	农林牧渔业	98.5
省国资委监管企业	108.3	工业	115.9
市州企业合计	100.6	建筑业	98.3
贵阳市	106.0	交通运输业	100.2
六盘水市	97.8	仓储业	99.7
黔东南州	100.8	商贸业	98.6
安顺市	98.1	房地产业	100.2
铜仁市	98.1	软件和信息技术服务业	111.3
毕节市	99.2	社会服务业	102.2
黔西南州	99.3	教育文化广播业	101.3
遵义市	98.7	科学研究和技术服务业	93.3
黔南州	100.6	金融业	100.3
贵安新区	99.2	其他	98.9

四、贵州省国资委监管企业改革发展情况

2021年，贵州省国资委继续将国企改革三年行动作为一项重大政治任务精心谋划，周密部署、统筹推进，改革综合效能不断提升，国企改革三年行动取得一系列重要阶段性成果。

(一)超额完成年初既定目标

从贵州省国资委独资或控股的18户监管企业来看,根据国务院国资委国企改革三年行动有关标准,结合数据统计分析,自评任务完成率90%以上,超过"2021年底前完成三年改革任务70%以上"的目标要求。

(二)国有资本布局不断优化

以制定和实施"十四五"规划为契机,加强贵州省国资系统规划体系统筹衔接,指导各监管企业、各市州国资监管机构完成"十四五"发展规划编制;按照"突出1个主业,总量不超过3个"的指示要求,再次开展省属国有企业主业核定,印发《贵州省属国有企业主业目录(2021年版)》;修订完善《贵州省国资委监管企业投资管理办法》,首次推动企业测算制定投资项目基准收益率;首次印发实施《贵州省国资委监管企业投资项目监管清单(2021年版)》。立足贵州国资国企推动区域建设发展的主力军、建设现代产业体系的引领者、围绕"四新"主攻"四化"的"排头兵",贵州省国资委编制出台《贵州省国有资本布局优化与战略性结构调整"十四五"规划》,首次在贵州省层面构建自上而下的规划体系,围绕"四新""四化"对贵州省重点引导支持的特定功能领域和重要行业的布局投入不断加大。

(三)重点领域改革有效推进

贵州省国资委扎实推进重点领域和关键环节改革走深走实,监管企业中国特色现代企业制度得以健全完善,集团层面全部建立董事会向经理层授权管理制度,集团公司董事会全部实现"外大于内",二级及以下子企业"外大于内"比例94.57%,集团公司及各级子企业中,公司制企业户数占比99.9%。三项制度改革成效显著,各级子企业实现经理层任期制和契约化管理的户数和人数占比分别为98.99%和98.81%,得到国务院国资委充分肯定。混合所有制改革积极稳妥推进,顺利完成贵州省建筑设计研究院有限责任公司混合所有制改革工作。贵州省国资委申报的"创新外部董事监事制度、全力推动国企高质量发展"获得贵州省服务高质量发展改革创新项目一等奖。振华新材料在科创板成功上市。中国贵州茅台酒厂(集团)有限责任公司在全国国有重点企业管理标杆创建行动中入选标杆企业名单。

(四)集中统一监管取得重大进展

截至2021年底,完成贵州铁路投资集团有限责任公司等6户企业股权划转、工商变更登记工作,与贵州省发展改革委、贵州省交通运输厅、贵州省水利厅等部门签订6户企业的委托监管协议。实现集中统一监管的省级经营性国有资产总额18350.1亿元,比例上升至98.6%,得到国务院国资委的充分肯定。成立省级经营性国有资产集中统一监管联合工作组,推动第二批经营性国有资产集中统一监管工作。

(五)科技创新成果竞相涌现

与贵州省科技厅联合印发《关于加快推进省国资委监管企业科技创新发展的意见》,建立省属国有企业科技创新协调联络工作机制。加大科技攻关和成果转化,云上贵州大数据(集团)有限公司鲲鹏信创云平台,获得中央办公厅信创工作专题调研组高度评价;贵州磷化(集团)有限责任公司自主研发湿法磷酸连续法制磷酸脲技术填补国内以湿法磷酸为原料采取连续结晶法生产磷酸脲的空白,无水氟化氢入选国家"2021第六批制造业单项冠军企业和单项冠军产品"名单;贵州盘江煤电集团有限责任公司推进机械化与智能化融合,实现"机械化减人,自动化换人";贵州高速公路集团有限公司成为贵州省5G智能交通与北斗卫星技术应用建设主体等。

五、贵州省国资委监管企业并购重组与完善法人治理结构情况

2021年,贵州省国资委适应新时代中国特色现代企业制度建设和企业改革发展需要,健全完善董事会、监事会工作制度机制,配强外部董事、监事队伍,强化董事会、监事会作用发挥,形成各司其职、各负其责、协调运转、有效制衡的公司治理机制,进一步完善企业法人治理结构。

(一)抓制度机制建设

制定印发《省国资委监管企业董事会和董事评价办法》《关于外部董事、监事会主席薪酬待遇发放工资

暂行规定》等制度文件，进一步完善董事会、监事会及相关干部管理工作制度机制。

（二）抓公司章程修改

督促指导18户独资、控股及实际控制企业对公司章程涉及董事会、监事会内容进行修改，为加强董事会、监事会建设奠定法理基础。

（三）抓董事存量"盘点"

对企业董事会配备情况进行全面梳理，免去8户企业15名经理层副职担任的董事职务，为董事会"外大于内"腾出配备空间。

（四）抓外部董事、监事配备

综合考虑战略管理工作经验、领导能力、专业素养等各方面资格条件，从企业省管领导干部、有关省直单位和监管企业正处级干部、高等院校、行业协会推荐人员等物色人选，转任、选任或聘任一批优秀人才到企业任外部董事、监事会主席和监事，加快建设一支数量充足、专业水平高、结构合理的外部董事、监事队伍。2021年，累计为监管企业选拔任用外部董事29人、监事39人，其中专职外董20人、兼职外董9人、监事会主席6人、一般监事33人。

（五）抓履职能力提升

将管理制度及企业改革发展有关文件汇编印发给每名外部董事和监事，帮助熟悉政策尽快进入角色。2021年9月中旬，对外部董事、监事会主席、其他监事及企业相关工作人员进行系统培训，强调工作纪律、工作要求，组织学习履职实务、政策解读和现代企业制度相关知识，扣好履职的"第一颗扣子"。

六、贵州省国资委监管企业建立和完善经营业绩考核体系情况

（一）建立省管国有企业促进高质量发展绩效考核体系

为推动省管国有企业的质量变革、效率变革和动力变革，在贵州省考核委的工作部署下，贵州省国资委作为省管国有企业促进高质量发展绩效考核牵头单位，设立国企考核办，统筹整合贵州省委宣传部、贵州省财政厅和贵州省国资委现有的考核体系，起草完成《2021年度贵州省省管国有企业促进高质量发展绩效考核实施方案》等文件，由贵州省考核委正式印发。系列文件的出台，标志着省管国有企业促进高质量发展绩效考核体系的正式建立。

省管国有企业促进高质量发展绩效考核体系，以高质量发展统揽全局，为激励企业高质量发展，做出各种革新。一是整合商业类、公益类、金融类、文化类四类省管国有企业、13类考核指标，对多种指标进行量化与非量化的设置，为差异性考核方式统一标尺，能更合理地兼顾不同类别企业的个性化和差异化需求，平衡不同企业个体的实际状况。二是明确阶段性跟踪评测的要求，通过季度监测、半年评估方式，反馈或预警企业，并就发现问题与薄弱环节督促企业及时整改，立行立改。三是开展高质量发展绩效考核专项调研督导，在实地交流中进一步加强信息沟通、发现问题、以调代训、做好服务。

（二）优化经营业绩考核流程，强化"指挥棒"作用

2021年，贵州省国资委在坚持质量第一、效益优先的基础上，全面完成从"关注规模速度"向"注重提升质量效益"的转变，多角度构建年度与任期相结合的高质量发展考核指标体系，着重对利润总额、经济增加值、保值增值及投资回报指标的考核，切实发挥考核"指挥棒"作用。不断完善与企业功能定位相适应、与经营业绩相挂钩的差异化激励约束机制，鼓励企业坚持自主创新，加大研发投入，将研发投入加回当期利润，加强关键核心技术攻关和技术改造升级，不断提升企业核心竞争力。引导企业服务贵州省重大战略，保障贵州省经济社会稳定，在实现省委、省政府战略目标、发展前瞻性产业上有效履行经济责任、政治责任和社会责任。2021年是第六任期的考核之年，是"十三五"规划的收官之年，又是第七任期的目标设定，"十四五"规划的开官之年，贵州省国资委严格按照考核办法规范进行企业任期考核，利用长期目标的激励反馈，刺激企业负责人的干事创业激情。紧紧围绕省委、省政府的战略部署、各监管企业的"十四五"规划方向，科学谋划第七任期的质量效益及分类指标设定和权重配比，以充分发挥任期考核对于企业"十四五"规划的"指挥棒"作用。

七、贵州省国资委监管企业负责人考核与选人用人机制改革情况

2021年,贵州省国资委坚持党管干部原则,综合考虑监管企业工作需要以及班子建设实际,加强领导干部的选拔任用和管理培养,加快建设一支对党忠诚、勇于创新、治企有方、兴企有为、清正廉洁的干部队伍。

(一)健全监管企业负责人考核体系

为加强对监管企业负责人的监督管理,制定印发《监管企业负责人经营业绩考核计分细则》,对年度考核指标、考核指标计算方式、任期经营业绩考核指标设置进行细化,充分发挥业绩考核在落实国有资本保值增值责任、做强做优做大国有企业中的引领作用和激励约束作用。

(二)加强研判动态掌握班子运行情况

制定印发《贵州省国资委监管企业运行状况及领导班子履职情况综合调研分析研判制度》,配合对17户大一型企业、负责对省国资委监管的6户大二型企业班子和领导人员履职情况逐人开展综合分析研判,提出加强班子建设的意见建议;对16名省管企业领导人员履职情况进行分析评估,向贵州省委组织部提出该16人的进退留转建议。

(三)配备备案职务人员充实经理层力量

适应高质量发展要求,根据企业经营管理工作需要,按照成熟一家配备一家原则,严格按照选拔任用程序,为监管企业经理层配备总法律顾问、总工程师、总经济师、总经理助理等备案职务人员13人,进一步充实经理层成员力量。

(四)积极配合选好配强企业领导班子

配合贵州省委组织部开展29名省管干部考察任用或职务调整工作,包括12户省管大一型企业正职4人、副职17人,4户大二型企业正职4人,以及4户参股企业贵州方权益代表4人。

(五)互派挂职加强干部培养

配合贵州省委组织部开展央企、省企互派干部挂职工作,央企、省企各选派8名干部到对方挂职,进一步拓宽干部培养渠道。

(六)开展年度考核评价绩效

配合贵州省委组织部开展企业2020年度考核工作,按照分工对94名大一型企业副职和12名大二型企业正职提出考核等次建议,完成21名省管企业保留待遇人员和30名省管大二型企业副职领导干部年度考核等次评定工作。

八、贵州省国资委监管企业党的建设和廉政建设情况

2021年,贵州省国有企业以党的政治建设为统领,以党史学习教育为主线,全面推进党的建设各项工作,衷心拥护"两个确立"、忠诚践行"两个维护"更加自觉坚定,管党治党责任持续压实,党的建设规范化、科学化水平显著提高,抓党建促国有企业高质量发展取得积极进展。

(一)党的政治建设明显加强

始终把做到"两个维护"作为最高政治原则和最根本的政治纪律。坚持用习近平新时代中国特色社会主义思想武装头脑、指导实践、推动工作,引导国资国企广大党员、干部、职工持续跟进学习贯彻习近平总书记有关重要讲话、重要论述、重要指示批示精神,深入学习贯彻党的十九届五中、六中全会和省委十二届九次、十次全会精神,不断增强"四个意识"、坚定"四个自信"、做到"两个维护",让忠诚核心成为最鲜明的政治品格,成为机关政治生态最鲜明的政治底色。始终把党史学习教育作为强根铸魂的主线。结合开展"牢记殷切嘱托、忠诚干净担当、喜迎建党百年"专题教育,压茬推进专题学习、专题研究、专题宣讲等各项工作,贵州省管企业开展专题宣讲13279场次,受众累计39.3万人次,开展"我为群众办实事"调研4937人次,收集意见建议3584条,梳理办实事1085项、办结率100%。

(二)基层基础不断夯实

持续优化基层组织体系。坚持应建尽建,指导贵州省管企业新成立党委10个、党总支29个、党支部213个。指导10户系统企业党委按期换届,动态消除

党员"空白班组"350个、"大支部"32个,督促解决基层党组织软弱涣散问题,切实推动基层党建从组织覆盖向质量提升转变。加快推进党支部标准化规范化建设。深入实施提升基层党建质量三年行动计划巩固年行动,扎实做好党支部标准化规范化建设的督促检查、达标验收和示范推荐工作。省管企业党支部达标率99.49%,市(州)和县(市、区)两级所属企业党支部达标率97.7%。深入推进基层党建工作创新。大力实施"8+N"类120个示范点建设,深化党建品牌创建工作,着力提炼品牌内涵、构建品牌体系、实施品牌工程、拓展品牌效应,"高速先锋"、"空港先锋"、茅台"五心"、"贵银之星"、"农信黔行"、"云上领航"、"盘江红"、"磷化之魂"等党建品牌不断深入人心。广泛凝聚发展力量,扎实做好统一战线和党建带工建、妇建、团建各项工作。

(三)全面从严治党纵深推进

各国有企业切实落实全面从严治党、意识形态等工作责任,持续加强党风廉政建设和反腐败工作,大力整治"四风"特别是形式主义、官僚主义。扎实开展警示教育,利用茅台廉政教育馆等警示教育基地,运用严重违纪违法案件,教育广大干部职工知敬畏、存戒惧、守底线。全年33户省管企业10203人分批分期参加警示教育,贵州省国资委18户独资及控股监管企业查办立案125件、处分134人。组织开展贵州省委巡视反馈问题整改工作"回头看",十二届省委第七轮巡视反馈的724个具体问题完成整改719个,完成率99.31%,整改中新出台制度661个,修订完善制度326个,国有企业风清气正的政治生态持续巩固。

(四)党建引领发展成效明显

注重在完善公司治理中加强党的领导。研究制定《关于省管企业在完善公司治理中加强党的领导的实施意见》,33户省管企业及其1227户有实质性生产经营的独立法人子企业全部落实"党建入章"并制定"一清单三规则",市县两级所属企业"党建入章"和"一清单三规则"制定完成95%以上。

(五)监管企业安全稳定态势有效形成

贵州省国资委认真贯彻习近平法治思想和习近平总书记关于平安建设的重要论述,将坚持和发展新时代"枫桥经验"与维护监管企业平安稳定工作紧密结合起来,聚焦解决国资领域突出矛盾和信访问题,着力疏导群众情绪心结、源头防范矛盾风险、解决群众合理诉求,积极构建"企业的人、企业的事、不出企业的门"平安稳定新格局。2021年,接访群众588批次672人次,信访信息系统办理信访事项110件,办结110件,线下转送办理456件,办结456件,办结率均100%;贵州省国资委厅级领导按计划到贵州省信访局公开接访12次,及时与贵州省信访联席办领导互通情况、对接工作,有效促进重大、突出信访问题的化解;在"治理重复信访、化解信访积案"专项工作中,治理化解国家级重复访事项52件、省级重复访事项13件,成功疏导100余名群众放弃不合理不合法诉求,为维护贵州社会大局稳定作出积极贡献。

(撰稿人:闫　莲)

云南省

一、云南省国有资产监督管理工作综述

2021年,云南省国资委坚持以习近平新时代中国特色社会主义思想为指导,深入学习贯彻党的十九大和十九届历次全会精神、习近平总书记考察云南重要讲话精神,全面贯彻落实省委、省政府决策部署,坚持以党史学习教育为牵引,以加强组织体系建设为重心,以高质量党建引领企业高质量发展为目标,制定工作清单、压实层级责任,着力推动全面从严治党向纵深发展,为省属企业"十四五"开好局提供坚强的思想、组织和纪律保证,推动发展改革监管党建各项工作取得新的重要进展和成效。截至2021年底,云南省国有企业资产总额63976.99亿元,比上年增长10.79%;净资产22250.26亿元,比上年增长8.01%;营业收入10010.03亿元,比上年增长5.29%;利润总额106.58亿元,比上年下降44.15%;利税总额423.36亿元,比上年上升2.07%;实际上缴税金总额

373.39亿元,比上年增长21.94%;固定资产投资额2627.99亿元,比上年增长22.18%。

二、云南省国有资产总量与结构分析

表1　2021年云南省国有企业指标

项　目	金　额(亿元)
资产总额	63976.99
所有者权益	22250.26
国有资产总量	17848.62
营业收入	10010.03
利润总额	106.58
净利润	32.63
归属于母公司所有者的净利润	16.17
应交税金总额	390.73
实际上缴税金总额	373.39
国有资本保值增值率(%)	101.59

表2　2021年云南省国有企业户数情况

项　目	2020年	2021年	比上年增长(%)
户数(户)	5979	6668	11.52

表3　2021年云南省国有资产按地区分布情况

地　区	国有资产(亿元)	占国有资产总量比重(%)
省级企业汇总	6541.10	36.65
监管企业	5331.82	29.87
非监管企业	1209.28	6.78
州(市)国有企业汇总	11307.52	63.35
昆明市	4416.53	24.74
保山市	846.29	4.74
红河哈尼族彝族自治州	807.34	4.52
大理白族自治州	729.06	4.08
曲靖市	586.85	3.29
昭通市	565.57	3.17

续表

地　区	国有资产(亿元)	占国有资产总量比重(%)
玉溪市	517.51	2.90
普洱市	497.08	2.78
临沧市	391.79	2.20
楚雄彝族自治州	389.99	2.18
文山壮族苗族自治州	385.37	2.16
滇中新区	375.57	2.10
德宏傣族景颇族自治州	282.89	1.58
西双版纳傣族自治州	219.21	1.23
丽江市	167.34	0.94
怒江傈僳族自治州	69.31	0.39
迪庆藏族自治州	59.84	0.34

表4　2021年云南省国有资产按行业分布情况

行　业	国有资产(亿元)	占国有资产总量比重(%)
农林牧渔业	312.51	1.75
工业	561.03	3.14
建筑业	2383.43	13.35
交通运输业	1311.29	7.35
仓储业	35.64	0.20
商贸业	−30.68	−0.17
房地产业	549.92	3.08
信息传输、软件和信息技术服务业	11.30	0.06
社会服务业	12253.66	68.65
教育文化广播业	116.08	0.65
科学研究和技术服务业	101.25	0.57
金融业	237.91	1.33
其他	5.29	0.03
合　计	17848.62	100

表5　2021年云南省国有资产按经营规模分布情况

经营规模	国有资产（亿元）	占国有资产总量比重(%)
大型企业	12359.64	69.25
中型企业	2456.46	13.76
小型企业	2126.73	11.92
微型企业	905.79	5.07
合　计	17848.62	100.00

三、云南省国有资本保值增值综合分析评价

2021年末，云南省企业国有资产总量17848.62亿元，较年初增加1159.92亿元，增长6.95%。其中，国家、国有单位直接或追加投资增加644.04亿元，无偿划入增加国有资本647.40亿元，资产评估增加58.66亿元，产权界定增加60.77亿元，资本（股本）溢价21.64亿元，债权转股权23.87亿元，中央和地方政府确定的其他因素增加国有资本76.03亿元，会计调整66.50亿元，经营积累532.25亿元；无偿划出、资产评估减少、清产核资减少、消化以前年度潜亏和挂账减少、经营减值等原因减少国有资本及权益976.21亿元。考虑客观因素增减变动，云南省国有资本保值增值率101.59%，实现保值增值。

2021年末，云南省级国有企业国有资产总量6541.10亿元，较年初增加676.61亿元，增长11.54%，国有资本保值增值率104.85%，高出云南省平均水平3.26个百分点，其中，省国资委监管企业国有资产总量5331.82亿元，较年初增加442.9亿元，增长9.06%，国有资本保值增值率105.80%。州市国有企业国有资产总量11307.52亿元，较年初增加483.31亿元，增长4.47%，国有资本保值增值率99.82%。

从云南省国有资产的分布情况看，省级企业国有资产总量占云南省的36.65%，其中，省国资委监管企业国有资产总量占省级企业的81.51%。州（市）企业国有资产总量占云南省63.35%，其中昆明市企业国有资产总量占州（市）企业的24.74%。

表6　2021年云南省国有企业地区和行业国有资本保值增值情况

地　区	国有资本保值增值率(%)	行　业	国有资本保值增值率(%)
省级国有企业	104.85	农林牧渔业	97.97
迪庆藏族自治州	105.21	工业	99.24
曲靖市	101.24	建筑业	101.31
昆明市	100.46	交通运输业	97.84
昭通市	100.43	仓储业	93.56
临沧市	100.30	商贸业	-1.00
怒江傈僳族自治州	100.25	房地产业	100.01
楚雄彝族自治州	100.13	信息传输、软件和信息技术服务业	97.52
文山壮族苗族自治州	100.05	社会服务业	102.48
玉溪市	99.99	教育文化广播业	106.39
德宏傣族景颇族自治州	99.64	科学研究和技术服务业	104.69
西双版纳傣族自治州	99.60	金融业	96.39
普洱市	99.52	其他	100.02
大理白族自治州	99.16		
保山市	98.32		
红河哈尼族彝族自治州	98.22		
丽江市	96.67		
滇中新区	96.11		

四、云南省国资委监管企业改革发展情况

（一）全力推动各项改革工作

一是贯彻落实国企改革三年行动。根据中央三年行动实施方案明确的46条改革举措80项具体任

务,及时起草印发《国企改革三年行动重点任务分工方案》《云南省国资委国企改革三年行动2021年工作台账》,细化具体任务和完成时限,层层分解压实责任。截至2021年底,省国资委直接监管的16户省属企业重点改革任务完成率92%,16个州(市)重点改革任务完成率71%,非省国资委监管的省属企业重点改革任务完成率86%,云南省综合任务完成率79%。

二是"瘦身健体"成效明显。深化供给侧结构性改革,推动国有企业优化存量、引导增量、主动减量,实现健康可持续发展。2021年,完成云天化集团化建公司、煤产投集团一平浪煤矿、建投集团隆龙公司等25户"僵尸企业"处置工作,省属企业累计处置"僵尸企业"219户;云锡控股、煤产投集团3级以上企业占比超过97%。大理州将20户企业整合为6户,楚雄州属企业由17户整合减少到5户。

三是剥离企业办社会职能总体完成。截至2021年底,云南省国有企业"三供一业"分离移交完成总体进度99%;退休人员49.68万人(党员8.77万人)全部实行社会化管理,总体进度100%;教育医疗机构深化改革、市政社区分离移交全面收官。

四是开展对标国际国内一流提升行动。重点围绕解决企业经营发展中竞争力"不强"、发展"不优"、机制"不活"、管控"不力"、党建引领质量"不高"等五个方面的突出问题,印发《云南省国有企业对标国际国内一流提升行动实施方案》《省属企业开展"对标找差距推动高质量发展"专项行动实施方案》,在云天化集团组织27户省属国有企业分管负责人召开对标找差距、推动高质量发展专项行动推进会议,现场观摩云南磷化晋宁选矿分公司和云天化集团开展对标管理提升、推动企业转型发展的情况。组织5户省属对标提升行动示范企业和两户全国标杆企业介绍创建标杆企业的经验做法。四川、浙江、河北等省份来电来函学习借鉴,云南做法被央地多家媒体和国务院国资委网站报道。

(二)认真做好"十四五"规划各项工作

一是高质量完成"两个规划"的编制发布。按照进一步加强国有资产监督管理和构建国有企业战略规划管理体系、实现国资国企高质量发展、国务院国资委关于建立三级国资规划体系的统一部署要求,在多次组织省属企业、咨询机构研究讨论,充分听取征求并吸纳省级部门、州(市)国资委、省属企业意见建议,邀请国务院国资委、央企投资协会等单位派出专家评审的基础上,组织专班起草《云南省省属企业"十四五"发展规划纲要》《云南省"十四五"国有资本布局与结构战略性调整规划》,并报省政府分管领导审定后印发。

二是全面统筹省属企业"十四五"规划编制工作。组织云南省国资国企"十四五"战略规划专题培训会,将规划编制工作列为省属企业"一把手"工程,指导各省属企业围绕《云南省"十四五"国有资本布局与结构战略性调整规划》《云南省省属企业"十四五"发展规划纲要》,高质量开展中长期战略规划编制;根据各企业实际情况和行业特点,组织15名由省级厅局领导、大学教授、外部董事、企业领导组成的专家组,围绕发展环境分析、目标定位、核心能力打造、投资方向、定性和定量指标、技术创新和研发投入、人才队伍建设、风险控制、篇章体例、文字规范等方面,对省属企业规划草案开展评审,严格把好企业战略规划编制质量关。截至2021年底,富滇银行因按照银行业3年期滚动规划编制要求,编制《富滇银行2020—2022战略发展规划》,云投集团等省属企业战略规划经省国资委党委研究通过,按程序发布实施。

三是加强"两个规划"的落地见效。研究起草《"十四五"云南省国有资本布局与结构战略性调整规划》解读,印发《云南省国有企业战略规划管理办法》,明确要求各省属企业制定年度计划,加强战略规划年度执行情况动态监测分析、评估和监督管理,开展战略规划中期评估工作,根据企业外部环境和内部环境,按程序开展滚动调整。建立省属企业规划执行跟踪、督查督办机制,定期组织开展对企业战略规划执行情况的督查督办,并将企业战略规划的管理和执行情况,纳入省国资委对企业负责人的经营业绩考核范围。

(三)进一步加强各项监管

一是进一步健全制度建设。充分学习借鉴国务院国资委和其他地区经验做法,先后组织研究制定《云南省省属企业投资监督管理办法实施细则》《省国资委履行出资人职责企业混合所有制改革操作指引》《云南省国有企业战略规划管理办法》《关于提升省属企业自主创新能力的指导意见》等一系列规范性、指导性文件，进一步完善制度体系建设，扎牢制度的笼子，为省属企业改革发展各项工作提供依据和指引。进一步压实省属企业3个主体责任，进一步构建起以"管资本"为主的监督管理体系，聚焦全过程监管，满足新形势新阶段新格局下的国企发展需求。

二是进一步加强投资监管。为防止盲目决策投资、非主业投资、债务风险过大，确保省属企业投资效益，云南省国资委围绕"一企一策"的产业发展布局，依据《云南省省属企业投资监督管理办法》《云南省省属企业投资项目负面清单》《云南省省属企业投资项目评审专家管理办法》等有关文件规定，对省属企业2021年度投资计划依法依规组织专家现场评审会进行评估和审核。在省属企业2021年投资项目评审中，因项目实施依据不充分、实际情况发生重大变化、项目立项程序执行不清晰等原因，建议不实施的项目10个；因投资条件不成熟、研究论证不充分、投资收益率明显低于行业社会平均回报率等原因，未通过评审的项目663个，涉及投资金额652亿元，占2021年投资计划总金额的26%，确保评审的质量效益，有效提升省属企业投资质量和效益。

五、云南省国资委监管企业并购重组与完善法人治理结构情况

（一）并购重组情况

一是进一步调整优化国有资本布局结构。按照省委、省政府决策部署和围绕打造"三张牌"、重塑支柱产业新优势、培育重大新兴产业的要求，结合省属企业发展实际，组建成立省绿色城市更新集团、省健康产业发展集团、省绿色环保产业集团、省绿色能源产业集团和省绿色食品投资集团，以绿色为底色的新兴产业体系和优势产业集群进一步形成，助推云南加快现代化步伐，实现高质量跨越式发展；深入推进企业整合重组，云投集团整合戎合控股股权，建投集团在整合重组水投公司基础上完成内部房地产公司"三合一"整合，煤炭产业集团整合相关煤炭资源，国有资本进一步向重要行业和主业企业集中。由云投集团牵头与昆明铁路局集团投资开发有限公司、云南省铁路投资有限公司、中铁国际多式联运有限公司合资组建云南省国际班列服务贸易有限公司，助力云南省辐射中心建设。

二是全力推进省属企业整体上市。按照整体上市工作有关要求，研究明确"分层分类、一企一策、分步分阶段"统筹推进国有企业整体上市的工作思路，并下发《省属企业整体上市工作方案》，建立整体上市工作台账。结合各省属企业目前资产证券化水平和发展战略，提出力争经过3~5年的努力，省属企业资产证券化水平基本达到80%，上市公司达到20户的目标。省属企业第一阶段整体上市工作全面启动，符合整体上市要求的11户省属企业研究形成有目标、有步骤、有措施、可操作的工作方案，并按照上市途径、标准、条件推进落实基础要素的规范工作。

三是稳妥有序推进央地合作。围绕推动中国宝武集团与昆钢控股的央地合作工作，省政府与中国宝武集团签署《合作协议》、省国资委与中国宝武集团签署《委托管理协议》，依法依规推进昆钢控股整体纳入中国宝武集团管理。

（二）完善法人治理情况

加快完善现代企业制度，落实董事会职权。一是加强董事会规范化建设。切实抓好《省属企业董事会规范化建设工作指南（试行）》落实，组织云南省国资委监管的省属企业完成党委会、董事会、总经理办公会权责清单和议事规则的健全完善等工作，建立健全董事会专门委员会，进一步推进各企业厘清各治理主体的权责边界，规范董事会运作，构建有效制衡的法人治理结构。督促指导各省属企业开展董事会换届工作，截至2021年底，届期已满的9户企业完成董事会换届工作。省属企业子企业中985户建立董事会，占应建尽建的100%。二是加强外部董事队伍建设。完成公开遴选省属企业兼职外部董事工作，调整充实兼职外部董事专家库，加大外部董事的选派力度，对省属企业董事会组成人员结构进行调整优化。9户企业实现外部董事占多数，康旅集团外部董事占半数；省属企业子企业中外部董事占多数，占比90.5%。三是夯实制度建设。研究出台《省属企业董事会和董事评价办法（试行）》《省属企业外部董事履职工作指南（试行）》等制度，并对"三重一大"决策制度进行修订完善，为健全完善现代企业制度夯实基础。

完善市场化经营机制,有效激活经理层活力。认真贯彻落实省委、省政府关于省属企业经理层成员全面推行市场化选聘的决策部署,拟定《省属企业开展市场化选聘经理层成员试点工作方案》,配合省委组织部开展2户省属企业试点工作。制定下发《关于省属企业各级子企业全面推行经理层成员任期制和契约化管理的通知》,加快推行经理层成员任期制和契约化管理,加大指导监督工作力度,截至2021年底,省属企业各级子企业经理层成员实现任期制、契约化管理和市场化选聘占比81.82%,全面完成国务院国资委下达的目标任务。各省属企业以企业章程为基础,进一步明确、细化董事会与经理层的职责分工。建立和完善在董事会决策下总经理负责组织实施的工作机制,经理层执行董事会决议,对董事会负责,积极探索董事会向经理层授权制度。除云南资本由于推进改革重组外,云南省国资委监管的省属企业集团公司层面建立董事会授权管理制度。

六、云南省国资委监管企业建立和完善经营业绩考核情况

2021年,云南省国资委坚持贯彻新发展理念,进一步优化省属企业考核分配制度机制,积极推进企业内部收入分配制度改革,强化业绩导向,正向激励与反向约束相结合,引导企业深化改革攻坚,强化风险防控,促进企业高质量可持续发展。

(一)完善考核分配制度建设

一是根据国务院国资委相关文件,制定下发《关于进一步规范省属企业考核分配管理有关事项的通知》,明确业绩考核、薪酬管理、履职待遇业务支出、工资总额、福利待遇、中长期激励及三项制度改革等7个方面内容,重点对超发工资总额后相应扣减负责人绩效年薪标准、特殊清单管理内容和实施程序、企业年金终止情况及补缴条件等事项进行强调,增加取消工资总额备制资格、周期预算资格等处理措施。二是研究并向省委组织部报送《关于省属企业负责人"不定等次"及"保留待遇"人员薪酬管理有关事项的请示》,进一步完善对"不定等次"和"保留待遇"人员的薪酬管理工作。三是按照省领导在国资国企调研座谈会上的讲话精神和省委第十四轮巡视"回头看"的整改要求,及时查找省属企业负责人薪酬管理办法中存在的问题,围绕突出质量效益,实现"一企一策",融入党建工作等元素,启动薪酬管理办法修订工作。

(二)规范省属企业负责人经营业绩考核工作

一是不断强化正向激励。2021年,省属企业中长期激励工作取得新进展,完成贵研铂业、南天信息股权激励方案批复工作,企业内生动力进一步激活;鼓励云天化股份对初创及创新业务实行跟投;鼓励煤产投对曲靖煤焦化实行超额利润分享;支持云锡控股对朱北平团队实行精准激励,培养工匠精神。二是严格省属企业经营业绩考核工作。聚焦省国资委年度重点工作,在2020年经营业绩考核结果中加入防风化债、拖欠中小民营企业账款等专项内容;完成省属企业负责人2021年度经营业绩目标责任书的签订工作和省属企业负责人及专职外部董事2020年度经营业绩考核工作。三是做好省属企业负责人薪酬及履职管理工作。在薪酬兑现工作中,省属企业除董事长、党委书记、总经理或总裁外,其他董事会成员(不含外部董事和职工董事)的基本年薪和绩效年薪分配系数由省国资委党委会研究确定;完成省属企业负责人和专职外部董事薪酬测算,并组织兑现;自2021年开始,对于省属企业履职待遇、业务支出预算执行中无特殊情况,且执行率低于80%的,将不予备案,并追究有关企业责任。四是统筹省属企业工资总额管理。对年度工资总额出现超发的,相应核减企业下一年度工资总额基数,并分别扣减企业主要负责人及相关负责人的当年绩效年薪;鼓励企业将工资总额向质量效益好的子企业、高层次科技创新人才和"苦脏累险"的生产一线倾斜;完成2020年度工资总额清算和2021年度工资总额预算备案工作。

七、云南省国资委监管企业负责人考核与选人用人机制改革情况

(一)企业负责人考核情况

按云南省委统一安排部署,由云南省国资委领导、专职外部董事和省委组织部调研组,以及抽调委

机关部分处室、省属企业94人组成9个调研考核组,对省属企业开展领导班子和领导人员年度综合考核评价、党风廉政建设责任制检查考核、选人用人工作"一报告两评议"、党委书记述职实地考核、专职外部董事履职评价等5个方面内容的检查考核。

(二)选人用人机制改革情况

为进一步激发活力、提高效率,坚持深化劳动、人事、分配三项制度改革,不断增强省属企业内生活力、发展动力和市场竞争力,一是完善市场化选人用人机制。认真贯彻落实省委、省政府关于省属企业经理层成员全面推行市场化选聘的决策部署,研究制定《省属企业开展市场化选聘经理层成员试点工作方案》,制定下发《关于省属企业各级子企业全面推行经理层成员任期制和契约化管理的通知》,加快推行经理层成员任期制和契约化管理,截至2021年底,省属企业各级子企业经理层成员实现任期制和契约化管理的占81.82%。二是完善激励机制。统筹用好上市公司股权激励、科技型企业股权和分红激励、员工持股等激励措施,充分调动企业干部职工积极性,促进企业转换经营机制。重点推进云天化股份有限公司实施限制性股权激励计划,向930人授予限制性股权10629.58万股27849.5万元。截至2021年底,推进重庆国际复合材料公司、云南能投、南天信息、北斗高分等4户企业员工持股试点,821人出资2.8亿元,转换经营机制,激发内在活力。三是抓好干部教育培训和人才工作。优化培训工作统筹,制定《2021年省属企业重点培训班次计划》,组织开展两期领导人员出省培训班和一期中层干部省内培训班。围绕建立现代企业制度,实施企业经营管理人才能力素质提升工程,提升高层次人才质量和数量,组织完成2020年度省属企业人才资源统计上报工作,组织企业各类人才积极参与符合条件的人才专项评审工作。

八、云南省国资委监管企业党的建设和廉政建设情况

(一)始终坚持把党的政治建设摆在首位,践行"两个维护"坚决有力

一是严格落实"第一议题"制度。坚持突出习近平新时代中国特色社会主义思想和习近平总书记考察云南重要讲话精神这个重点,第一时间认真学习习近平总书记最新重要讲话、重要指示批示精神,坚决按照党中央决策部署和省委工作要求抓好贯彻落实。2021年,云南省国资委党委和省属企业党委分别落实"第一议题"制度26次、698次。二是严密组织党史学习教育。成立工作专班,统筹推进省国资委机关和省属企业党史学习教育工作。组建宣讲团,深入省属企业宣讲7712场次;派出巡回指导组6个,对省属企业完成3轮全覆盖指导。购买"四本书"35.3万本,在职党员实现人手一套。开列为民办实事清单89286件,办结88898件,办结率99.57%。党史学习教育做法被省委党史学习教育领导小组10次专刊转发。三是隆重庆祝建党100周年。精心组织"党旗在国企高高飘扬"开放日、颁发"光荣在党50年"纪念章、"最美云岭国企人"评选和"学习强国学习达人"知识竞赛等10项活动。四是牢牢掌握意识形态工作领导权。印发年度宣传思想工作任务清单,强化工作规范落地。制定党委中心组理论学习巡视旁听工作实施方案,开展党委中心组理论学习全覆盖巡视旁听。成立宣讲团,组织党的十九届六中全会集中宣讲。开展意识形态工作全覆盖调研检查,督导意识形态工作责任制落地落实,有效防范化解风险隐患。

(二)始终坚持深入推进组织体系建设,基层党建基础持续夯实

一是组织落实全国国企党建工作会议精神"回头看",督导省属企业整改问题81个。二是深入推动党的领导融入公司治理,省属企业1373个公司完成"党建入章",完成率99.6%;607个公司落实党委前置研究讨论重大经营管理事项清单,完成率100%。三是认真落实"双向进入、交叉任职"要求,省属企业集团层面全部实现党委书记、董事长"一肩挑"。四是抓好"五个基本"建设,立行立改云南省委2020年度党委书记述职评议和第十四轮巡视"回头看"反馈问题;4742个支部完成达标创建,629个党组织按期换届;发展党员5550人;组织入党积极分子培训169期,培训3761人;组织党员发展对象培训155期,培训3001人;组织"万名党员进党校"培训707期,培训51908人;组织基层党组织书记和党务骨干培训419期,培

训12142人；819个党组织制定"双培养"制度。五是抓实"智慧党建"，可视化调度指挥中心建设投入使用，"六进"工作持续深入，绑定usb-key 619个，接入党员教育终端2389个，支部激活3785个，党员实名登录66588人。发展党员信息管理、党组织换届、支部规范化信息采集等功能模块在国资国企系统日常党建工作中全面运用和发挥作用。

（三）始终坚持一体推进"三不"，党风廉政建设不断加强

一是全面加强"清廉国企"建设。印发"清廉国企"建设方案，组织完善企业法人治理结构、审计监督、经营投资损失调查处理和粮食购销领域腐败问题整治，开展"阳光工程"建设，建立黑名单制度。制定云南省国资委党委主动接受驻委纪检监察组监督的意见和党委会议专题研究全面从严治党工作实施细则。二是始终保持反腐倡廉高压态势。坚决支持云南省纪委监委驻云南省国资委纪检监察组开展工作。2021年，国资国企纪检监察机构立案333件，处分325人，采取留置措施22人。持续推进"四风"问题整治，查处违反中央八项规定精神问题65起，处理93人。三是注重发挥巡察作用。指导省属企业集团党委巡察下属企业108户，整改问题718个。四是坚持党委书记廉政谈话机制。云南省国资委党委书记带头与省属企业党委书记开展廉政谈话，省属企业党委书记与下一级党组织书记等廉政谈话395次。五是推动警示教育常态长效。下发《国企硕鼠众生相》警示片和《省属国有企业违纪违法典型案例选编》。2021年，省属企业开展警示教育10329场次。

（四）始终坚持明责追责，管党治党层级责任全面压实

一是注重工作责任清单化。印发党的建设工作领导小组、全面从严治党和省属企业党委书记落实全面从严治党第一责任人责任等工作清单，制定实行《关于破解省属企业党建工作责任层层递减问题的实施办法（试行）》，高标准高质量推动省委党的建设工作领导小组明确的两项重点任务落地落实。二是注重工作督导全覆盖。由省国资委领导带队，扎实开展"一企一策工程"建设和"一企一品牌"创建全覆盖调研，点对点下发工作提示函18份，发现和督导整改问题114个，创建以云南省国资委党委层面"云岭国企党旗红"为主题的党建品牌18个。三是注重考责追责零容忍。约谈2020年党风廉政建设责任制考核被评为"基本合格"和被评为"不合格"的2户企业党委书记、纪委书记，并指导2户企业召开专题民主生活会，复查验收整改情况。按照省委安排，组织2021年度省属企业党委落实党风廉政建设责任制和党委书记抓基层党建述职评议考核，强化结果运用。

（撰稿人：任　哲）

西藏自治区

一、西藏自治区国有资产监督管理工作综述

2021年，在西藏自治区党委、政府的坚强领导和国务院国资委的大力支持下，自治区政府国资委系统坚持以习近平新时代中国特色社会主义思想为指导，深入贯彻落实党的十九大、十九届历次全会精神和中央第七次西藏工作座谈会精神，贯彻落实自治区第十次党代会精神，紧紧围绕"稳定、发展、生态、强边"四件大事，以落实国企改革三年行动方案为抓手，夯实高质量发展基础，各项工作稳步推进。

（一）注重以管资本为主推进国资监管

出台《西藏自治区政府国资委授权放权清单（试行）》，明确下放事项20项，授权事项4项，特定企业授权6项，分别针对监管企业给予不同范围、不同程度的授权放权。出台规范性文件13件。印发《自治区政府国资委2021年度指导监督市地国资工作计划》，努力构建国资监管工作大格局。

（二）科技创新发展取得成效

加快推动创新发展，加大研发投入，积极发展信息技术、节能环保等新兴产业，推动产品更新换代和

产业转型升级。2021年,监管企业研发投入1.997亿元。高争民爆联合南京理工大学就高原条件下的民爆产品工艺技术及爆破等技术开展研究。高驰科技重点推进"互联网+政务服务"、统一基础云平台、"智慧医疗"项目建设,研发并投入使用高驰智能执法系统、易连视讯系统和"藏译通"App,取得较好的市场效应和社会效应。

(三)产权管理进一步加强

出台《区政府国资委监管企业国有资产交易监督管理办法(试行)》,开展监管企业产权管理专项检查。财务监管进一步完善,持续两轮推进财务专项检查和企业党建大检查并督促整改,指导2家监管企业开展违规经营投资责任追究工作,监督追责力度不断加大。

二、西藏自治区国有资产总量与结构分析

表1　2021年西藏自治区国有企业指标

项　目	金　额(亿元)
资产总额	4524.9
所有者权益	1513.0
国有资产总量	1705.8
营业收入	464.1
利润总额	39.1
净利润	34.4
归属于母公司所有者的净利润	34.4
应交税金总额	24.8
实际上缴税金总额	25.9

表2　2021年西藏自治区国有企业户数情况

2020年户数(户)	2021年户数(户)	比上年增长(%)
975	1050	7.7

表3　2021年西藏自治区国有资产按地区分布情况

地　区	国有资产(亿元)	占国有资产总量比重(%)
区直国有企业汇总	847.8	49.7
拉萨市	519.5	30.4
山南市	32.5	1.9
日喀则市	203.7	11.9
林芝市	44.1	2.6
昌都市	44.6	2.6
那曲地	7.6	0.5
阿里地区	6.0	0.4
合　计	1705.8	100.0

表4　2021年西藏自治区国有资产按行业分布情况

行　业	国有资产(亿元)	占国有资产总量比重(%)
农林牧渔业	181.3	10.6
工业	140.1	8.2
建筑业	85.5	5.0
房地产业	395.4	23.2
金融业	427.0	25.0
交通运输业	18.9	1.1
社会服务业	398.2	23.3
其他行业	59.4	3.6
合　计	1705.8	100.0

表5　2021年西藏自治区国有资产按经营规模分布情况

经济规模	国有资产(亿元)	占国有资产总量比重(%)
大型企业	940.2	55.1
中型企业	173.5	10.2
小型企业	508.6	29.8
微型企业	83.6	4.9
合　计	1705.8	100.0

三、西藏自治区国有资本保值增值综合分析评价

表6 2021年西藏自治区国有企业地区和行业国有资本保值增值情况

地 区	国有资本保值增值率(%)	行 业	国有资本保值增值率(%)
区直国有企业	105.6	农林牧渔业	137.2
拉萨市	92.1	工业	101.5
山南市	104.1	建筑业	103.4
日喀则市	131.6	房地产业	91
林芝市	99.5	金融业	112.4
昌都市	105.1	交通运输业	95.9
那曲地区	99.9	社会服务业	101.9
阿里地区	94.1	其他行业	98.2

四、西藏自治区国资委监管企业改革发展情况

(一)国企改革三年行动深入推进

贯彻《区属国有企业改革三年行动实施方案(2020—2022年)》,加强组织领导,成立工作专班,明确工作责任,实行月例会调度制度,扎实有效推进国企改革三年行动。截至2021年底,国企改革三年行动77项改革任务,完成50项,改革任务总工作量完成88.49%。

(二)中国特色现代国有企业制度不断完善

党的建设全面融入公司治理,企业党建工作总体要求、党组织及党组织书记行权履职、前置研究讨论事项清单全部写入公司章程,完成集团及重要子企业党委前置研究讨论事项清单制定。出台《西藏自治区政府国资委监管企业外部董事管理办法(试行)》《关于切实加强董事会建设工作的通知》等5项文件,10户监管企业和56户下属子企业实现董事会应建尽建,25户建立董事会的各级子公司实现外部董事占多数,9户监管企业建立董事会向经理层授权管理制度。中兴商贸、国际旅游、高驰信息3家试点企业落实董事会职权工作有序推进。公司治理和管理效能进一步提升,建工建材集团、高争民爆分别被国务院国资委评为"三个标杆""公司治理示范企业"。

(三)经营性国有资产集中统一监管取得重大进展

交发集团、政府接待车队、西藏赛亚经贸公司、西藏体育旅游公司等企业先后纳入国资监管范围。自治区本级集中统一监管率从年初的56%提升到93%,七市(地)集中统一监管率98.32%。

(四)历史遗留问题得到妥善解决

区属国有企业职工家属区"三供一业"职能分离移交基本完成;全区退休人员社会化管理移交28503人,完成97.87%。

五、西藏自治区国资委监管企业并购重组与完善法人治理结构情况

(一)深入推进重组整合

自治区政府国资委监管企业户数从最多时的24户整合成13户,国有经济重点布局七大产业,规模优势和协同效应逐渐显现。完善《西藏自治区"十四五"时期国资国企改革发展规划》,提出"十四五"时期国资国企改革发展规划思路;研究制定《西藏国资国企提质增效 推动高原经济高质量发展专项行动方案(2022—2024年)》,"一企一策"指导监管企业制定完善发展规划和行动方案。出台《区属国有企业处置低效无效资产实施方案》,加大"两资""两非"清退力度,全面完成已列入名单"僵尸企业"处置,推动国有资本从不具备竞争优势领域退出。

(二)混合所有制经济积极稳妥推进

印发《关于做好委监管企业开展混合所有制评估工作的通知》《西藏自治区国有企业发展混合所有制经济的实施意见》《区政府国资委监管企业混合所有制改革试点工作方案》,为做好混合所有制改革工作提供政策支撑。

(三)完善国有企业法人治理结构

加大对产业集团公司章程制定、修订的指导力度,结合企业发展实际,持续推动调整、充实、优化企业董事会组成人数和人员结构,进一步健全董事会组织架构。

六、西藏自治区国资委监管企业负责人考核与选人用人机制改革情况

一是出台《关于加快推进监管企业劳动用工与收入分配制度改革的指导意见》,推动监管企业进一步深化三项制度改革。二是分类考核进一步强化,根据企业类别调整完善相关考核指标,出台《关于加强国资委系统重点工作的考核问责的通知》《区政府国资委监管企业商务招待管理办法》,规范企业商务招待标准。三是市场化选人用人力度不断加大,监管企业及各级子企业实现任期制和契约化管理的经理层成员总数221人,其中,在职职业经理人总数15人。全面推行工资总额预算管理,完善决定机制,赋予企业更大自主权。指导企业开展上市公司股权和分红激励试点工作。

七、西藏自治区国资委监管企业党的建设和廉政建设情况

(一)党的建设

一是高标准开展学习教育。深入开展党史学习教育和"三更"专题教育,2021年,自治区政府国资委系统各级党组织集中学习874次,邀请专家辅导51次,领导干部讲党课397次,开展交流研讨和知识答题208次,开展红色教育121次,集中观看影视作品174场次。开展下基层考察调研活动,围绕助力乡村振兴、推进国企改革发展等工作,梳理主要问题,提出工作建议。印发《区政府国资委党委为群众办实事工作制度》,召开"我为群众办实事"实践活动现场推进会,系统列出办实事事项285项,投入1.2亿元,为职工群众办实事278件,解决一大批职工群众急难愁盼问题。二是巩固深化巡视整改成果。制定《中共西藏自治区人民政府国有资产监督管理委员会委员会关于中央第十巡视组反馈意见整改落实方案》,列出整改任务25项,制定整改措施64条,完成整改并长期坚持的35条,取得阶段性成效并长期坚持的17条,修订和新制定国资监管有关规章制度12项。三是不断夯实基层基础。围绕"八个一批",深入开展党建巩固提升年活动。天路股份公司党委被评为"全国先进基层党组织",3个企业基层党支部被评为全区基层党建示范点。实施党建工作责任制考评,将考评结果与企业负责人薪酬待遇直接挂钩,对排名末位的企业党委书记进行约谈,限期整改。

(二)深化党风廉政建设和反腐败工作

聚焦国资国企改革发展实际,组织召开党风廉政建设工作会议,全面担当从严治党责任、党风廉政建设责任、党管意识形态责任。制定《区政府国资委党委关于委系统反腐工作机制建设的实施意见》《区政府国资委党委关于主动接受驻委纪检监察组监督的实施意见》等制度,对标对表"六个表率"和"四查四问",持续改作风抓落实。利用典型案例开展警示教育,受教育9200余人次。

八、西藏自治区国资委监管企业改革发展具有地方特色情况

(一)央地合作不断深化

2021年9月16—17日,国务院国资委和西藏自治区党委、政府在拉萨成功举办国资央企助力西藏高质量发展专题活动,召开中央企业援藏工作会议暨国资央企助力西藏高质量发展会议和中央企业援藏干部座谈会。其间,签署各类协议24份,涉及建设项目161项,"十四五"计划投资2152.18亿元;8家中央企业与自治区8家国有企业签署合资合作协议,重点从成立合资公司、项目开发、人才交流等方面开展合作。

(二)服务民生见实见效

统筹监管企业扶贫资金,在自治区国资委系统37个驻村点开展人居环境整治、特色产业发展、农牧民转移就业等乡村振兴项目。2021年,累计投入驻村扶贫资金2400万元,在昌都市八宿县吉达乡、同卡镇5个驻村点开展路面硬化、农田水利设施建设等乡村振

兴项目。2021年,自治区政府国资委被自治区党委、政府评为"全区脱贫攻坚先进集体"。大力开展"短、平、快"项目建设。自治区国资委机关在同空村建设绿色榨油厂,创收58万元;中兴商贸出资360余万元,在同卡镇帕西村和波查村建设移动冷链库。持续深入推进消费扶贫产品"进企业"工作,2021年,中央企业和监管企业购买扶贫产品5067.92万元。加大高校毕业生就业力度,2021年中央企业和监管企业提供就业岗位3740个,吸纳西藏籍高校毕业生2020人,其中区外就业267人,吸纳就业总数和区外就业人数双创新高,自治区国资委就业办进入西藏就业创业先进集体公示名单,就业工作得到自治区领导重要批示和鞭策鼓励。建立完善人才管理服务机制,在北京、上海、四川设立"西藏籍大学生就业服务站"。加强就业扶贫力度,监管企业全年吸纳农牧民就业5.2万人次,带动增收近4亿元。正确处理好企业增产提效和改善职工福利待遇、促进农牧民群众增收的关系,稳步提升职工收入。2021年,监管企业职工年均收入15.22万元,保持地方国企领先水平。自治区政府国资委系统各级领导干部积极开展走访慰问,总计慰问546人次。

（撰稿人：刘梦钰娇）

陕西省

一、陕西省国有资产监督管理工作综述

2021年,面对艰巨繁重的改革发展任务和新冠肺炎疫情的冲击,陕西省国资系统认真学习贯彻习近平总书记三次来陕西考察重要讲话和关于国资国企改革发展的重要论述精神,坚决贯彻落实陕西省委、省政府决策部署,全力以赴稳增长、促改革、抓创新、调结构、优监管、防风险、强党建,省属国有经济高质量发展取得新进展,实现"十四五"良好开局。

（一）主要经营指标再创历史新高

2021年,陕西省国资委监管企业实现营业收入1.37万亿元,比上年增长12.26%。利润总额647.13亿元,比上年增长122.05%。完成固定资产投资1277.15亿元,咸阳机场三期扩建、西安外环高速公路、东庄水利枢纽工程等重点项目稳步推进。流动资产周转率1.5次。实现全员劳动生产率55.6万元/(人·年)。市级监管企业累计实现营业收入3609.4亿元,比上年增长27.5%;利润总额217.6亿元,比上年增长22.5%。

（二）国资国企改革蹄疾步稳

纵深推进国企改革三年行动方案,总体进度79.37%,超额完成70%目标任务。合并新设陕西交通控股集团有限公司,组建国网陕西省电力有限公司。开展国有控股上市公司发展质量提升专项行动,上市公司资本运作步伐明显加快,省属4户上市公司通过资本市场直接融资124亿元,融资户数和金额创历史最高。陕西西安区域性综改试验全面启动,首批11个合作项目成功签约。陕西省省级党政机关57个厅局所属284户企业确定分类改革方案,其中85户脱钩划转和部分保留企业正式纳入省国资委系统规范管理,集中统一监管工作基本完成。

（三）创新合作高效推动

认真落实省委、省政府关于秦创原建设的重大决策部署,组织16户企业集中进驻组建秦创原国企创新中心,出台12条支持政策,发布"揭榜挂帅"攻关项目44个。2021年,省属工业类企业研发强度2.35%,比上年增长13.5%;新产品销售收入996.75亿元,比上年增长13%。陕西煤业化工集团有限责任公司、陕西法士特汽车传动集团有限责任公司、陕西交通控股集团有限公司获得国家科技进步奖二等奖3个。陕西建工控股集团有限公司、陕西汽车控股集团有限公司首次获得国家质量奖提名奖2个。陕西煤业化工集团有限责任公司、陕西电子信息集团有限公司2户获国家级科技企业孵化器认证。烽火电子在国务院国企改革领导小组科改示范专项考核中获评"标杆"级。全面构建央地合作长效机制,协调各地市、各厅局解决央企反馈问题110项。截至2021年底,签约388个项目9198.39亿元,完成97个项目2109.07亿元。会同延安、商洛、宝鸡、汉中举办同央企的合作活

动,签约项目58个总投资1135亿元,有力支持陕西省区域的协调发展。

(四)国资监管效能不断提升

通过中期监督检查以及实施重大投资项目进度提示、约谈和通报制度,严控非主业投资和"两高"项目盲目发展。加快推进国资监管职能转变,出台《陕西省国资委权力和责任清单(2021年版)》,明确监管权责,科学划定边界,赋予企业更多经营自主权。以章程管理和董事会建设为抓手,进一步规范企业法人治理,对陕西交通控股集团有限公司等22户监管企业公司章程进行修改或制定,二、三级企业章程修改工作全面铺开,对28户企业177项董事会议案提出意见建议。围绕强化防范化解债务风险,进一步健全完善授放权动态调整机制,将2户企业列入重点关注和监管名单实施特别监管,对其授放权清单涉及5项授权放权事项进行动态调整。扎实开展整治国有企业财务会计信息虚假问题专项行动,通报典型案例7起,追责问责33人(次),修订完善制度137个。国资在线监管系统上线运行,从15个维度形成日常监管、智能报告、业务应用和数据管理4类56项通用功能和117项专业功能,实现数据常态化采集,数据完整性、及时性、可信性和有效性明显提升。组织8户企业党委进行常规巡察,督促指导监管企业查处违规经营投资问题27起,追责问责32人。突出对省属企业利润总额、净资产收益率、全员劳动生产率、国有资本保值增值率、资产负债率等指标的考核,强化结果运用和正向激励,引导企业加快推进高质量发展。

(五)社会责任积极履行

2021年,陕西省国资系统闻令而动、全力以赴助力西安打赢疫情防控阻击战,省属企业累计捐款捐物1.18亿元,驻陕央企累计捐款捐物2700余万元,全系统3万余名党员干部下沉参与抗疫。36户中省企业对口帮扶30所高校、17个城中村,捐款捐物3952万元。落实乡村振兴战略,全力做好产业帮扶、消费帮扶、"驻村联户"帮扶,联合省总工会建成陕西乡村振兴消费帮扶电商平台,开展线上线下展销活动,鼓励企业把内部需求纳入消费帮扶范围,累计消费扶贫产品5.32亿元。投资50万元为榆林市清涧县康家圪塔村修建便民桥、开展河道清淤,落实"驻村联户"帮扶工作。组织13户省属企业、10户驻陕央企通过赞助、品牌合作等市场化方式踊跃参与十四运会市场开发工作,23户企业累计赞助9.77亿元。

(六)党的建设持续加强

按照党委领导、书记挂帅,部门协同、专班负责,抓实抓细庆祝建党百年系列活动,扎实有序推进党史学习教育,相关做法得到省政府主要领导批示肯定。"党委书记讲百年党史"系列党课形成品牌,"我为群众办实事"实践活动有力有效,省国资委党委办结5个方面26项办实事项目,系统各级累计解决企业发展难题、职工关注问题14150个。扎实开展全国国企党建工作会议精神贯彻落实情况"回头看",理顺15户企业党组织关系,清理规范113个超大型党支部,加速推进19户企业换届选举工作,实现"第一议题"制度全覆盖。刚性落实党建与经营业绩"双百分再相乘"考评制度,逐级开展基层党组织书记抓党建述职考评考核,推动党建工作与生产经营工作深度融合。从严从实抓好中央和省委巡视反馈问题整改,突出抓好粮食购销领域、企业境外腐败问题"两个专项治理",坚持边查边改边治,持续深化决策、内控和责任追究体系建设,驰而不息纠正"四风",严肃查处违反中央八项规定精神问题,风清气正的良好生态持续巩固。

二、陕西省国有资本总量与结构分析

2021年,在持续巩固疫情防控和宏观经济持续复苏的背景下,陕西省国有企业发展稳中提质,质量效益双提升,实现国有资本的保值增值,国有经济的竞争力、创新力、控制力、影响力和抗风险能力进一步增强。截至2021年底,陕西省国有企业资产总额71769.19亿元,比上年增长11.41%。全年实现营业收入17614.17亿元,比上年增长12.64%;利润总额1004.15亿元,比上年增长77%;上缴税费1200.69亿元,比上年增长23.47%;固定资产投资额2464.94亿元,比上年减少15.82%。

表1　2021年陕西省国有企业指标

项　　目	金　　额（亿元）
资产总额	71769.19
所有者权益	20235.14
营业收入	17614.17
利润总额	1004.15
净利润	730.59
归属于母公司所有者的净利润	362.24
应交税费总额	1383.36
实际上缴税费总额	1200.69
固定资产投资额	2464.94

截至2021年底,陕西省国有企业6952户,比上年增长7.62%。从隶属关系看,省级企业3410户,比上年增长7.23%,其中,省国资委监管企业3007户、增长9.82%,省级非监管企业403户、减少8.82%;市级以下3542户,比上年增长8.02%。从盈亏状况来看,盈利企业3908户,比上年增长5.17%;亏损企业3044户,比上年增加300户,占比43.79%。

表2　2021年陕西省国有企业户数情况

2020年户数（户）	2021年户数（户）	比上年增长（%）
6460	6952	7.62

截至2021年底,陕西省企业国有资产总量15122.93亿元,比上年增长4.31%。省属企业国有资产总量6569.59亿元,比上年减少7.73%,占比43.44%。其中,省国资委监管企业国有资产总量5959.48亿元,减少9.49%,占比39.41%;省属非监管企业国有资产总量610.11亿元,增长13.83%,占比4.03%。市属企业8553.49亿元,比上年增长15.93%,占比56.56%。在市属企业中,西安市企业国有资产总量占比最大,为陕西省的40.01%。

表3　2021年陕西省国有资产按地区分布情况

地　区	国有资产（亿元）	占国有资产总量比重（%）
省属企业汇总	6569.59	43.44
省国资委监管企业	5959.48	39.41
省属非监管企业	610.11	4.03
市属企业汇总	8553.49	56.56
西安市	6050.26	40.01
宝鸡市	73.52	0.49
咸阳市	258.29	1.71
铜川市	71.78	0.47
渭南市	215.61	1.43
延安市	453.10	3.00
榆林市	739.89	4.89
汉中市	212.13	1.40
安康市	196.64	1.30
商洛市	106.85	0.71
韩城市	133.14	0.88
杨凌示范区	42.13	0.28
合　计	15122.93	100.00

从行业分布来看,工业占用国有资产总量最大,为4328.55亿元,占比28.62%,其中,煤炭工业、石油和石化以及化学工业占比较大,国有资产总量分别为1351.43亿元、618.30亿元及849.53亿元;其次是房地产业,国有资产总量2512.88亿元,占比16.62%。

表4　2021年陕西省国有资产按行业分布情况

行　业	国有资产（亿元）	占国有资产总量比重（%）
工业	4328.55	28.62
煤炭工业	1351.43	8.94
石油和石化工业	618.30	4.09
冶金工业	296.91	1.96
化学工业	849.53	5.62
机械工业	264.18	1.75

续表

行 业	国有资产（亿元）	占国有资产总量比重(%)
电力工业	243.74	1.61
建筑业	2043.09	13.51
交通运输业	2422.06	16.02
物流业	59.66	0.39
金融业	2014.93	13.32
房地产业	2512.88	16.62
社会服务业	1497.43	9.90
其他	244.33	1.62
合 计	15122.93	100.00

从经营规模来看，2021年末，大型企业国有资产总量6082.32亿元，占比40.22%；中型企业国有资产总量1543.07亿元，占比10.20%；小型企业国有资产总量5752.62亿元，占比38.04%；微型企业国有资产总量2465.26亿元，占比16.30%。

表5　2021年陕西省国有资产按经营规模分布情况

经营规模	国有资产（亿元）	占国有资产总量比重(%)
大型企业	6082.32	40.22
中型企业	1543.07	10.20
小型企业	5752.62	38.04
微型企业	2465.26	16.30
合 计	15122.93	100.00

三、陕西省国有资本保值增值综合分析评价

2021年，陕西省企业国有资本保值增值率102.8%，实现国有资本保值增值。

从隶属关系来看，省级企业保值增值率105.00%。市属企业保值增值率101.00%，其中渭南、榆林、杨凌、安康、汉中、延安、宝鸡等7市（区）实现国有资本增值，保值增值率分别为111.09%、109.55%、103.16%、102.11%、102.03%、101.94%、101.59%；西安、商洛、韩城、咸阳、铜川等5个市出现国有资本减值。

分行业看，国有资产总量在2000亿元以上且实现国有资本增值的主要有：工业4328.55亿元，保值增值率106.08%；建筑业2043.09亿元，保值增值率103.54%；房地产业2512.88亿元，保值增值率102.47%；金融业2014.93亿元，保值增值率106.23%。

工业行业中，国有资本占用量较大行业情况分别是：煤炭工业1351.43亿元，保值增值率123.24%；化学工业849.53亿元，保值增值率104.35%；石油和石化工业618.30亿元，保值增值率96.76%；电力工业243.74亿元，保值增值率101.32%；冶金工业296.91亿元，保值增值率94.46%；机械工业264.18亿元，保值增值率98.73%。

表6　2021年陕西省国有企业地区和行业国有资本保值增值情况

地 区	国有资本保值增值率(%)	行 业	国有资本保值增值率(%)
省属企业	105.00	工业	106.08
监管企业	103.86	煤炭工业	123.24
非监管企业	117.44	石油和石化工业	96.76
市属企业	101.00	冶金工业	94.46
西安市	99.70	化学工业	104.35
宝鸡市	101.59	机械工业	98.73
咸阳市	97.59	电力工业	101.32
铜川市	96.88	建筑业	103.54
渭南市	111.09	交通运输业	98.56
延安市	101.94	物流业	99.24
榆林市	109.55	金融业	106.23
汉中市	102.03	房地产业	102.47
安康市	102.11	社会服务业	96.55
商洛市	99.10	其他	90.60
韩城市	98.98		
杨凌示范区	103.16		

四、陕西省国资委监管企业改革发展情况

(一)国企改革三年行动年度目标任务超额完成

省委办公厅、省政府办公厅印发《陕西省深化国资国企改革三年行动实施方案(2020—2022年)》,指导各市(区)、省属企业完成二年行动方案制定工作。省国资委制定《省国资委深化国资国企改革三年行动方案工作台账》,压实工作责任。印发《陕西省深化国资国企改革三年行动实施方案有关问题解读》和9期《陕西国企改革简报》,解读政策要求、交流工作经验。国企改革三年行动目标70%的预定任务超额完成,截至2021年底,国家考核的44项重点任务中,完成36项,6项完成率超过90%,2项完成率超过80%。

(二)混改上市持续发力

一是混合所有制改革方面,严格按照国企改革三年行动要求,省属企业完成60个混合所有制改革项目,引入非公资本152.75亿元。二是上市工作方面,实施上市公司发展质量提升专项行动,13户上市公司全部实现盈利,总市值3062.25亿元,比上年增长30.13%。西部证券等4户企业完成再融资约124亿元,创历史最高。

(三)专项改革不断深化

一是陕西西安区域性综改试验。成立综改试验专项工作组,起草综改试验工作台账,明确任务分工。组织召开国资国企综改试验项目签约暨综改试验基金成立签约大会,签约11个项目。二是"双百行动"。召开"双百行动"工作推进会,"双百行动"专项改革任务完成98%以上。三是对标世界一流管理提升行动。陕西煤业股份有限公司、西部机场集团有限公司被国务院国资委评选为国有重点企业管理标杆创建行动标杆企业。

五、陕西省国资委监管企业并购重组与完善法人治理结构情况

(一)重组整合情况

一是组建陕西交通控股集团有限公司。以省国资委监管高速集团、交建集团、交投集团3户企业为基础,新设合并组建陕西交通控股集团有限公司。将省交通厅持有的14户企业股权无偿划转交通控股集团。重组整合后,实行"集团总部—二级板块公司—专业公司"三级架构和扁平化管理,整合布局四大支柱产业,并启动科技板块上市工作。截至2021年底,交控集团累计实现营业收入421.8亿元、利润总额8亿元,分别比上年增长23.2%、124.6%,改革成效显著。二是组建国网陕西省电力公司。陕西地电集团以2020年底审计净资产,剥离其持有的其他省市国有企业股权及其他资产,剩余净资产(约100亿元),国家电网公司以国家电网陕西电力2020年底审计净资产,出资新设公司。2021年8月6日,国网陕西省电力公司正式揭牌成立。国网陕西省电力公司的成立运营,打破陕西省范围部分国有资本管理层级,实现"一盘棋"布局发展,有力推动陕西省能源结构优化调整,2021年,陕电外送比上年增长13%,接入新能源发电量311.2亿千瓦·时,比上年增长50%。三是研究省、市轨道交通企业重组整合事宜,研究上报组建陕西轨道交通集团有限公司的方案。

(二)法人治理情况

一是强化党的领导。坚持党的领导与完善公司治理有机统一,正确定位党组织在法人治理结构中的法定地位和作用。省属企业集团层面"党建入章"全面完成,2367户二级及以下法人企业完成率近90%。指导省属企业全面制定党委会议事规则和清单,严格落实党委研究讨论重大经营管理事项前置程序,制度化、规范化、程序化地推进党的领导融入公司治理各环节。二是强化章程约束。以章程管理为抓手,进一步规范企业法人治理,对陕西交通控股集团有限公司、陕西旅游集团有限公司等22户监管企业公司章程进行修改或制定,二、三级企业章程修改工作全面铺开。三是加强董事会建设。加强对董事会的年度评价和董事履职评价工作,推进董事长代表董事会向出资人报告工作,提高董事会建设的针对性和有效性。建立外部董事季度例会制度,搭建信息交流平台,切实提高外部董事履职能力和决策水平。2021年,列席监管企业董事会会议10次,对28户企业177项董事会议案提出意见建议。四是推进子企业董事会建设。全面推进董事会建设向二、三级企业延伸,

实现上下联动、重点突破、层层落实。2021年,全面落实董事会职权的重要子企业占77.78%,超过58%的子企业制定董事会决议跟踪落实及后评估制度,各级子企业基本建立经理层向董事会报告工作机制。

六、陕西省国资委监管企业建立和完善经营业绩考核体系情况

陕西省国资委坚持质量和效益原则,持续引导企业高质量发展。一是坚持"目标不变、任务不减、标准不降"实施经营业绩考核,实行经济效益指标目标分档,按照经营业绩和党建工作双百分相乘综合计算考核得分,完成省属企业2020年目标责任综合考核。二是充分考虑疫情防控贡献,扭转疫情冲击困局以及行业领先性,结合考核得分确定考核等次,通报考核结果,表彰2020年度经营业绩优秀企业。三是突出目标及问题导向,对企业深度研判、精准画像,分析问题、反馈意见,形成考核闭环。四是依据考核结果核定企业负责人薪酬,印发省属企业2020年度目标责任综合考核结果及薪酬和2021年度基本年薪的通知,督导企业有序做好负责人薪酬管理、备案等工作。五是常态化开展企业2021年度经营业绩考核指标动态评估工作,按月对完成情况进行监控分析。对存在问题的企业及时预警和督导。六是高质量开展省属企业负责人2022年度经营业绩考核指标预报工作,把握中央经济工作会议新部署新要求,紧盯陕西省新时代追赶超越目标任务,初步确定省属企业2022年经营业绩考核指标。

七、陕西省国资委监管企业负责人考核与选人用人机制改革情况

(一)加强企业领导班子建设

严格对照国有企业领导人员"二十字"标准,坚持正确选人用人导向,严格标准、健全制度、规范程序,切实加强企业领导班子和干部队伍建设,2021年调整干部50人,其中到龄退休5人,总会计师2人,其他情况43人。完成省管企业领导班子和领导人员综合研判,对研判认定为表现不佳的22人进行约谈提醒。

开展省属企业领导人员转任咨询员工作,梳理符合转任条件人员名单,与拟转任干部进行谈心谈话,优化梯队建设、人员结构。

(二)推行省属企业子企业经理层成员任期制和契约化管理及外部董事占多数改革

印发《省属企业推行经理层成员任期制和契约化管理工作指引》《关于全面推进省国有企业及各级子企业外部董事占多数的通知》《推行经理层任期制和契约化管理案例汇编》,指导省属企业加快推进改革任务,实行工作月报制,逐户审核各企业支撑性材料,对不符合项进行反馈整改,对个别进展缓慢的企业进行约谈。截至2021年底,1598户子企业实现经理层成员任期制和契约化管理,占87.4%,701户子企业实现外部董事占多数,占83.2%。

(三)企业人才发展机制改革

建立省属企业人才情况线上月报和人才项目线上申报机制。向省科技厅划拨2500万元专项资金,支持秦创原引进高层次人才创新创业项目。开展"高层次人才发展资金"资助工作,对省属企业109名个人和22个项目予以支持。推荐多名个人和集体参加中、省人才计划评选,陕西有色宝钛新材料获评"全国专业技术人才先进集体"。开展国有企业职工职业技能提升月培训工作,为21户企业申请预补贴18118.19万元。

八、陕西省国资委监管企业党的建设和廉政建设情况

(一)党的建设

2021年,陕西省国资委系统各级党组织把加强党的领导和党的建设主责主业牢牢扛在肩上,以庆祝中国共产党成立100周年为主线,以开展贯彻落实全国国企党建工作会议精神"回头看"为契机,扎实抓好国企党建各项工作,以坚强有力的国企党建引领企业高质量发展。一是坚定不移加强党的政治建设。始终把党的政治建设摆在首位,引导各级党组织和党员干部进一步增强"四个意识"、坚定"四个自信"、做到"两个维护"。系统企业全覆盖建立"第一议题"制度,第

一时间学习贯彻落实习近平总书记重要讲话、重要指示批示精神。严明政治纪律和政治规矩,严格落实全面从严治党主体责任,严格执行民主集中制,重大事项事前审核、集体决策,不断提高政治判断力、政治领悟力、政治执行力。二是持之以恒加强党的创新理论武装。紧跟党的理论创新步伐,组织党的创新理论、习近平总书记重要讲话、党的十九届六中全会精神等理论宣讲11050余次,举办习近平新时代中国特色社会主义思想等专题培训19期1481人次。三是扎实开展党史学习教育。扎实开展"党委书记讲百年党史"系列党课宣讲、"永远跟党走"合唱比赛、"我为群众办实事"等活动,增强基层党组织战斗堡垒作用和党员先锋模范作用的发挥。省国资委党委梳理"我为群众办实事"5个方面26项具体事项,累计解决企业发展难题、职工群众关心关注的问题12140个。四是全面夯实基层组织基础。及时理顺15户企业党组织关系,批复19户企业换届选举工作,清理规范113个超大型党支部,加速推进19户企业换届选举工作。系统获评"全国先进基层党组织"2个、全国"优秀党务工作者"1人,获评陕西省优秀共产党员13人、优秀党务工作者4人、先进基层党组织13个。表彰陕西省国资系统优秀共产党员150人、优秀党务工作者99人、先进基层党组织100个。五是推动党的领导融入公司治理。持续完善党建与经营业绩"双百分再相乘"的考评体系。制定省属企业以高质量党建引领保障高质量发展若干措施、完善"三重一大"决策制度实施意见,强化党委对"三重一大"事项的决策审核,从"融入"和"内嵌"入手,区分"定"和"议"边界,指导企业制定党委议事规则和决策清单,全面落实党委研究讨论重大经营管理事项前置程序,持续用力推动党的领导深度有机融入公司治理。六是认真做好党的群团工作。开展"两红两优"和青年岗位能手评选表彰,持续开展省级青年文明号、青年安全生产示范岗创建。在无党派人士和党外知识分子中开展学党史、跟党走主题教育,开展"爱企业、献良策、做贡献"活动。为414名军转干部申报生活困难补助,为998名困难抗美援朝老战士申报救济金149万余元。

(二)廉政建设

2021年,省国资委系统各级党组织认真贯彻落实中省纪委全会精神,聚焦重大部署、重点领域、重要环节、重点活动,坚持"三不"一体推进,推动国资国企全面从严治党向纵深发展。一是聚焦重大部署,做好政治监督。疫情期间,各级纪检监察机构靠前监督,确保稳产保供给力、疫情防控严密。陕西延长石油(集团)有限责任公司实行党委、纪委书记履职"双报告""双评议""双考核";陕西省东庄水利枢纽工程建设有限责任公司、陕西渭河生态集团有限公司健全反腐败领导体制和协调机制。二是聚焦重点领域,做实执纪执法监督。扎实开展粮食购销领域、企业境外腐败问题"两个专项治理",督促指导陕西粮农集团有限责任公司党委、纪委严肃查办重点问题线索。全系统发出纪检监察建议454份,查处违反中央八项规定精神问题35起,处理46人。各级企业纪委函询382件,初核930件,立案207件,党纪政务处分312人,移交检察机关8人。三是聚焦重要环节,做细日常监督。扎实开展党风廉政建设重点工作"回头看",提醒约谈相关负责人1621人,问责处理11人,纪律约束刚性进一步增强。紧盯隐形变异,严防滋生蔓延,驰而不息纠正"四风",严肃查处违反中央八项规定精神问题35件,处理46人。全系统受理信访举报1607件,办结1296件。发布节前廉洁提示40多万条;开展反腐倡廉警示教育5549场;组织领导干部任前廉政谈话4012人次,出具廉政意见回复4451人次;主动约谈干部4213人次;新建领导干部廉政档案4146份,动态更新1.3万份,系统上下党风政风明显好转。四是聚焦重点活动,做强自身建设。组织开展纪律教育专题党课3676次,组织8.41万人参加"明党规"党史党规党纪学习测试,开展主题党日活动2106次。统筹"德润三秦"家风建设和廉政文化建设,各企业深入发掘,一批示范单位和大量家风经典诵读、优秀书画、家风主题微视频在系统内外反响良好。陕西旅游集团有限公司建成延安红色家风馆,陕西煤业化工集团有限责任公司黄陵二号矿纪委的《最好的礼物》、陕西建工控股集团有限公司纪委的《担当》在全国获奖。陕西延长石油(集团)有限责任公司反腐倡廉教育基地被省纪委监委命名为"陕西省廉政教育基地"。

(撰稿人:郭航空)

甘肃省

一、甘肃省国有资产监督管理工作综述

2021年,面对疫情考验和经济环境的诸多不确定性因素,甘肃省国资委和省属企业坚持以习近平新时代中国特色社会主义思想为指导,深入贯彻习近平总书记关于国有企业改革发展和党的建设重要论述以及对甘肃重要讲话和指示精神,全面落实党中央、国务院决策部署和甘肃省委、省政府工作要求,扎实推进国资国企改革发展和党的建设各项工作,取得积极成效,实现"十四五"良好开局。

(一)多措并举提质增效稳增长,为甘肃省经济增长作出积极贡献

一是着力强化经济运行调度。推动省属企业细分制定年度增长目标,加强经济形势分析研判,抢抓市场机遇,抓工业稳增长、抓效益增利润、抓保供促稳定。2021年,省属企业实现工业总产值3170.77亿元、营业收入7840.27亿元、利润总额195.46亿元、净利润141.90亿元,分别比上年增长31.04%、10.34%、191.21%、243.25%;上缴税费219.95亿元,比上年增长33.38%,各项经济指标实现历史最好水平。二是着力强化全面对标管理。持续落实三年对标行动,指导省属企业开展全流程、全业务、全要素对标管理,有针对性地补短板、强弱项。发挥考核"指挥棒"作用,构建"两利四率"考核指标体系,指导省属企业加强成本管控,提升发展质量。2021年,省属企业成本费用利润率比上年增加1.39个百分点,成本费用增幅低于营业总收入增幅1.59个百分点,百元主营业务收入成本比上年降低1.72元,毛利率比上年增加1.48个百分点。三是着力强化项目支撑带动。建立省属企业"十四五"项目库,入库项目589个,计划投资7921.08亿元。加强项目动态监测和分类调度,落实月调度、季分析、年考核工作机制,推动省属企业细化推进措施,压茬推进项目落地。2021年,省属企业全年完成固定资产投资1097.32亿元、比上年增长1.55%,其中,完成基础设施类投资777.02亿元,与上年持平;完成产业类投资320.3亿元,增长20.87%。

(二)抓紧抓实国企改革三年行动,重点领域关键环节实现新突破

一是不断完善中国特色现代企业制度。制定《关于省属企业在完善公司治理中加强党的领导的若干措施》《省属国有企业重大决策事项清单指引(试行)》,推动省属企业集团及重要子公司实现党委会决策事项清单、前置研究讨论事项清单全覆盖。深入推进外部董事占多数的规范董事会建设,修订规范董事会建设"1+19"制度体系,推动省属企业集团及所属子企业实现董事会应建尽建。深化5户企业落实董事会职权改革试点,201户省属企业重要子企业在规范运行基础上落实董事会职权。二是加快推进市场化经营机制转换。大力推行经理层成员任期制和契约化管理,99.1%的省属企业实行经理层任期制契约化管理,在商业类子企业市场化选聘职业经理人115人。持续深化企业三项制度改革,省属企业39.1%的管理人员实行竞争上岗,2.9%的管理人员进行末等调整。修订省属企业负责人薪酬管理办法和经营业绩考核办法、省属国有企业负责人薪酬管理办法,灵活开展中长期激励机制,完成4户混合所有制改革企业员工持股试点和2户科技型企业股权激励,在酒钢祁牧乳业探索实施超额利润分享机制,构建风险共担、利益共享的共同利益体。三是积极稳妥推进混合所有制改革。制定《省属企业混合所有制改革操作指引细则》,建立混合所有制改革项目领导包抓、集中推介等机制,推动省属企业以园引资、以链招商,吸引非公资本参与混合所有制改革,2021年实施混合所有制改革项目77个,累计引入各类投资者642家、引进社会资本414.49亿元,混合所有制改革户数占比53.18%,较2021年初增加6.89个百分点,2021年混合所有制改革企业营业收入、利润总额分别占省属企业的64%、80%。积极推进混合所有制改革企业转换机制,305户混合所有制改革企业建立规范董事会,非公股东委派董事420人、监事210人,对536名经理层

成员实行任期制契约化管理,其中53户混合所有制改革企业市场化选聘职业经理人82人。

(三)大力推进布局结构优化调整,企业发展动能不断增强

一是注重抓好统筹谋划。突出规划引领,编制发布《"十四五"甘肃省国资系统国有资本布局优化和结构调整规划》《甘肃省属企业"十四五"发展规划纲要》,制定《省属企业推进国有经济布局优化和结构调整实施方案》。强化主业管理,制定《甘肃省省属企业主业管理办法》,按照每户企业主业不超过3个,培育业务不超过2个的原则重新核定省属企业主业,严控非主业投资。二是加快推进"三化"改造。抢抓有色、煤炭等大宗商品价格上涨有利时机,加大传统产业"三化"改造投入,2021年,省属企业实施"三化"改造项目278个,完成投资51.28亿元,建成国家级绿色工厂(矿山)6个、省级以上数字化车间30个,重点企业生产设备联网率在40%以上、"上云用数赋智"率70%。酒钢集团宏兴公司、兰石集团、甘肃电气集团天传所、金川电线电缆公司、甘肃国投集团三毛实业5户企业被工业和信息化部列为国家级绿色工厂,窑煤集团所属4个生产矿全部被认定为国家级绿色矿山,长城建设集团积极探索传统建筑施工企业向城市综合运营商转型路子。三是加快发展新兴产业。甘肃电投集团积极参与瓜州、金昌源网荷储综合碳中和示范基地项目建设,启动550兆瓦光伏发电和200兆瓦风电项目建设;酒钢集团积极参与河西走廊多能互补新能源消纳示范区建设,首批100兆瓦风电机组并网发电;甘肃电气集团着力打造新能源电气系统集成服务商,全年新能源项目订单占订单总量的13.9%;甘肃文旅集团大力推进资源整合和市场开拓,取得省内5个4A级景区运营权;丝绸之路信息港公司积极参与"数字甘肃"建设,布局发展工业互联网、数字社会、网络安全、数据信息等产业。四是不断增强链主企业引领作用。坚持强龙头、补链条、聚集群,12户省属企业勇当"链主",全年实施产业链项目70个,完成投资70.71亿元。金川集团大力发展高纯金属、高温合金、高端粉体等新材料,高纯镍、钴、铜占全球半导体溅射靶材领域20%的市场份额,汽车尾气催化剂用贵金属产品占国内高端应用领域60%的市场份额。靖煤集团向煤制烯烃、煤制化肥和煤秆馏等煤化工产业链延伸,由煤炭采掘向精深加工高效利用转型。五是持续强化科技创新赋能发展。建立研发投入刚性考核、视同利润加回等机制,支持企业加大创新投入,2021年,省属工业企业研发投入91.36亿元,比上年增长25.98%,在大宗原材料价格上涨的外部环境下,保持研发投入强度2.38%。积极推进创新平台建设,截至2021年底,省属企业拥有各类产学研平台238个,其中国家级研发平台23个,金川集团、酒钢集团、兰石集团、甘肃公交建集团牵头组建甘肃省首批4个创新联合体。深入推进开放融通创新,建立省属企业与中科院兰州"一院三所"等科研院所协同创新机制,实施科研合作项目445个,对99项关键核心技术、35项"卡脖子"技术联合攻关。六是积极推进省属企业开放合作。甘肃省政府与国务院国资委共同举办中央企业助力甘肃乡村振兴和高质量发展座谈会,与46户中央企业签订116个合作项目,总投资4500多亿元,截至2021年底,116个央地合作项目开工80个,开工率68.97%,累计完成投资577.02亿元。积极开展国际化经营,全年省属境外企业实现营业收入495.69亿元、利润总额22.76亿元,创历史最好水平。

(四)以管资本为主加快转变职能,国资监管效能实现新提升

一是加快推进职能转变。深入开展"国资国企制度建设年"活动,对近年出台的规范性文件进行全面清理,废止27件、制(修)订16件。突出清单式管理,对国资监管权责清单、审批事项清单运行情况进行评估和修订完善。突出管规划管投向,逐户审核省属企业"十四五"规划,建立投资负面清单,制定投资项目后评价管理办法,对4个项目进行后评价,2021年省属企业非主业投资总体占比低于4%。二是大力推进放权搞活。坚持放权搞活与管好相统一,分类开展授权放权,在5户省属企业开展落实董事会职权试点,推动省属企业落实子企业董事会职权,不断激发企业内生动力。注重加强跟踪督导、定期评估授权放权的执行情况和实施效果,并建立动态调整机制,2021年调整5项授权放权事项内容和范围。三是着力提升监管效能。突出产权、财务、改革改制等重点环节监管,加强国有资产评估、交易、划转及国有股权担保、质押等重点环节监管。制定《省属企业境外国有产权管理办法》,加强境外资产监管,确保国有资本保值增值。完成"三重一大"决策和运行监管系统、大额资金动态监测应用系统试点,搭建联通33户省属企业与国务院国资委在线监管系统。

(五)持续加强党的领导、党的建设,高质量发展引领作用显著增强

一是着力推进党建与生产经营深度融合。落实管资本管党建责任,对省属企业2020年度党建责任制落实情况进行考核评价,召开省属企业党组织书记抓基层党建述职考核评议会,开展国企党建30项重点任务和党建质量提升三年行动"回头看"及党建融入生产经营典型创建活动,持续推进党支部建设标准化和"四抓两整治",每月对基层党支部党内生活开展情况进行线上督查。二是深入推进人才队伍建设。落实甘肃省委人才工作领导小组会议精神,召开2021年度省属企业人才工作座谈会,深入实施省属企业人才队伍建设三年规划。制定《省属企业人才培育工程实施方案》,着眼未来5~10年省属企业人才队伍建设目标,分层分类推进经营管理人才、党务工作人才、专业技术人才和高技能人才"四支队伍"培育。完善省属企业人才引进、分类评价和激励保障等机制,大力推行经理层市场化管理、高层次人才协议工资、科技成果转化收益提成、股权和分红激励等措施,营造人才成长良好环境。三是纵深推进全面从严治党。制定《省属国有企业贯彻落实中央八项规定精神实施办法》《省属企业"六要六禁六不"规定》,召开省属企业党风廉政建设和反腐败工作会议、省属企业负责人警示教育大会,督促省属企业建立全面从严治党责任清单,进一步压实全面从严治党责任。强化监督执纪问责,会同驻委纪检监察组加大重大项目、并购重组、境外投资、国企混合所有制改革等关键环节和重要领域监督的力度,严肃查处"靠企吃企"、关联交易、设租寻租、利益输送等问题。

(六)积极主动履行社会责任,充分展现国资国企担当作为

一是汇聚国资国企力量助力乡村振兴。制定《省政府国资委党委归口管理企业巩固拓展脱贫攻坚成果同乡村振兴有效衔接帮扶工作实施方案》,协调相关市州与18户央企对接形成乡村振兴项目25个(包括具体项目83个),计划投资82.93亿元,截至2021年底,开工21个,完成投资9.19亿元。协调11户中央定点帮扶企业、79户归口管理企业2021年投入帮扶资金4.87亿元,实施帮扶项目1130个,帮助解决就业及劳务输出29131人,采购消费"甘味"农产品4.84亿元。二是推动安全稳定和生态环保工作。持续推进安全生产三年整治行动,开展2次督导检查,2021年省属企业未发生较大以上生产安全事故。指导省属企业严格落实能耗"双控"制度,加快绿色转型,5户省属企业完成中央第二轮环保督察、省生态环境问题警示片拍摄发现问题整改。深入做好平安建设工作,督促省属企业排查化解各类信访矛盾问题1126件,甘肃省政府国资委连续三年被甘肃省委、省政府评为"平安甘肃建设优秀单位"、被甘肃省信访工作联席会议评为"甘肃省信访工作全面达标且工作成绩突出单位"。三是坚决守住不发生重大风险的底线。建立健全《省属企业资产负债约束实施意见》等7个风险约束制度和大宗商品贸易业务等9个重大风险点约束管控办法,实施负债总规模与资产负债率双重管控,分类进行差异化管控,省属企业"两金"占本年度流动资产的比重下降0.02%,资产负债率64.03%,处于全国国有企业良好值与平均值之间。落实甘肃省委、省政府要求,协调省属企业设立首期规模50亿元的甘肃省国企信用基金,投放27.04亿元。

二、甘肃省国有资产总量与结构分析

截至2021年底,甘肃省国有企业资产总额28935.34亿元,比上年增长8.97%;完成营业收入9943.24亿元,比上年增长14.35%;实际上缴税费总额263.28亿元,比上年增长31.30%;利润总额198.67亿元,比上年增长162.72%;净利润139.74亿元,比上年增长202.14%。

表1　　2021年甘肃省国有企业指标

项　目	金　额(亿元)
资产总额	28935.34
所有者权益	9780.40

续表

项　目	金　额(亿元)
国有资产总量	8934.43
营业收入	9943.24
利润总额	198.67
净利润	139.74
归属于母公司所有者的净利润	114.01
应交税金总额	278.40
实际上缴税金总额	263.28

2021年,甘肃省国有企业3285户,比上年增加288户,增长9.61%。

表2　2021年甘肃省国有企业户数情况

2020年户数(户)	2021年户数(户)	比上年增长(%)
2997	3285	9.61

截至2021年底,甘肃省国有企业国有资产总量8934.43亿元,其中省属监管企业资产总量4655.73亿元,占比52.11%;省属非监管企业资产总量267.10亿元,占比2.99%;市(州)、兰州新区属及以下国有企业资产总量4011.60亿元,占比44.90%。在市(州)、兰州新区属国有企业中,兰州市国有企业资产总量1364.51亿元,占比15.27%。

表3　2021年甘肃省国有资产按地区分布情况

地　区	国有资产(亿元)	占国有资产总量比重(%)
省属企业	4922.83	55.10
省属监管企业	4655.73	52.11
省属非监管企业	267.10	2.99
市(州)、兰州新区属及以下国有企业	4011.60	44.90
兰州市	1364.51	15.27
兰州新区	857.89	9.60
天水市	309.05	3.46
酒泉市	207.10	2.32

续表

地　区	国有资产(亿元)	占国有资产总量比重(%)
张掖市	255.24	2.86
平凉市	170.94	1.91
定西市	138.35	1.55
嘉峪关市	79.56	0.89
白银市	127.57	1.43
金昌市	54.99	0.62
陇南市	91.28	1.02
庆阳市	52.27	0.59
甘南州	57.39	0.64
临夏州	154.03	1.72
武威市	91.43	1.02
合　计	8934.43	100.00

从行业分布情况来看,社会服务业国有资产总量最大,为2837.96亿元,占比31.76%。其次是交通运输业、工业、金融业、房地产业和建筑业,分别占比28.29%、13.49%、6.57%、7.32%和7.23%。

表4　2021年甘肃省国有资产按行业分布情况

行　业	国有资产(亿元)	占国有资产总量比重(%)
农林牧渔业	239.30	2.68
工业	1205.67	13.49
建筑业	645.52	7.23
交通运输业	2528.13	28.29
仓储业	103.75	1.16
商贸业	33.65	0.38
房地产业	653.98	7.32
信息传输、软件和信息技术服务业	5.29	0.06

续表

行业	国有资产（亿元）	占国有资产总量比重(%)
社会服务业	2837.96	31.76
教育文化广播业	53.34	0.60
科学研究和技术服务业	34.64	0.39
金融业	586.85	6.57
其他	6.35	0.07
合计	8934.43	100.00

从经营规模分布情况来看，大型企业国有资产总量6288.29亿元，占比70.38%；中型企业国有资产总量1470.52亿元，占比16.46%；小型企业国有资产总量909.77亿元，占比10.18%；微型企业国有资产总量265.85亿元，占比2.98%。

表5　2021年甘肃省国有资产按经营规模分布情况

经营规模	国有资产（亿元）	占国有资产总量比重(%)
大型企业	6288.29	70.38
中型企业	1470.52	16.46
小型企业	909.77	10.18
微型企业	265.85	2.98
合计	8934.43	100.00

三、甘肃省国有资本保值增值综合分析评价

从地区来看，甘肃省国有资本保值增值率101.70%，实现国有资本的保值增值。兰州新区、天水市、张掖市、定西市、嘉峪关市、金昌市、庆阳市、临夏州实现国有资本保值增值，平凉市国有资本减值最大。

从行业来看，农林牧渔业、工业、建筑业、仓储业、房地产业、社会服务业、科学研究和技术服务业、金融业实现国有资本保值增值，仓储业国有资本保值增值率最高，商贸业国有资本减值最大。

表6　2021年甘肃省国有企业地区和行业国有资本保值增值情况

地区	国有资本保值增值率(%)	行业	国有资本保值增值率(%)
甘肃省国有企业	101.70	农林牧渔业	101.57
省属企业	102.87	工业	104.96
省属监管企业	102.93	建筑业	101.74
省属非监管企业	101.83	交通运输业	98.76
市(州)、兰州新区及以下国有企业	100.19	仓储业	121.63
兰州市	99.67	商贸业	90.62
兰州新区	100.87	房地产业	100.56
天水市	103.87	信息传输、软件和信息技术服务业	98.28
酒泉市	99.77	社会服务业	100.50
张掖市	100.46	教育文化广播业	99.52
平凉市	96.42	科学研究和技术服务业	105.13
定西市	107.28	金融业	101.44
嘉峪关市	100.55	其他	91.30
白银市	98.60		
金昌市	100.44		
陇南市	98.07		
庆阳市	100.13		
甘南州	97.16		
临夏州	100.94		
武威市	98.46		

四、甘肃省国资委监管企业改革发展情况

（一）加速推进国企改革三年行动

建立《2021年国资国企改革重点工作任务台账》，"一企一策"确定年度任务，与省属企业主要负责人立下"军令状"（签订任务数量1161条）。强化落实"月

调度、季通报、半年评估、年度考核"工作机制,定期召开甘肃省国企改革三年行动推进会,推动省属企业、市州国资监管机构,加快补短板、强弱项,一体推动甘肃省国企改革三年行动任务落实落地。建立实时在线的国企改革三年行动督办系统,33户省属企业完成系统对接,组织专班对省属企业和8个市(州)国资监管机构重点任务完成情况进行专项检查、专项调研、专项督查,有力促进重点任务的落实落地。截至2021年底,完成三年行动任务的80%,超过要求进度。

(二)持续放大改革专项工程示范效应

在"双百行动"方面,6户"双百企业"258项改革任务完成87.6%,金川集团、甘肃国投集团、西北永新改革经验入选国务院国资委国企改革"双百行动"案例集。在"科改示范行动"方面,2户"科改示范企业"67项改革任务完成85.1%,研发投入强度12.3%、专利授权比上年增长266.7%、利润总额比上年增长120%,甘肃化工研究院公司获评"全国'科改示范'优秀企业",科技集团兰州助剂厂入选国家专精特新"小巨人"企业,酒钢集团祁牧乳业探索超额利润分享等激励机制,全员劳动生产率提高27.7万元/(人·年)。在"综改示范工程"方面,54户"综改企业"1132项改革任务完成98%,白银集团长通电缆公司、公航旅金融资本公司、嘉峪关文旅集团等10户企业经验做法在甘肃省推广。

(三)全力推进甘肃省国有企业公司制改革

制定甘肃省推进公司制改革工作方案,分类确定公司制改革时间表、路线图,召开甘肃省国有企业公司制改革推进会,定期开展通报。截至2021年底,甘肃省218户全民所有制企业全部完成公司制改革,其中市(州、区)完成77户、省直部门完成123户、甘肃省政府国资委监管18户企业全部完成。

(四)加快推进省级经营性国有资产集中统一监管

制定《省级党政机关和事业单位集中统一监管工作指引》,建立协调联动机制和月通报制度,与40个省直部门对接,摸排确定274户企业和8个经营性事业单位,涉及资产69.56亿元、职工9658人,采取维持现行管理体制、市场化出清、部分保留、脱钩划转等方式进行分类处置。截至2021年底,完成8个经营性事业单位、152户企业分类处置,占55.47%。2021年底,甘肃省经营性国有资产集中统一监管率99.4%。

五、甘肃省国资委监管企业并购重组与完善法人治理结构情况

(一)加快推动企业资产证券化

华龙证券首发上市取得证监会机构部监管意见书;金川集团积极解决影响上市相关问题,完成亏损弥补。印发《省属企业并购上市公司管控工作指引(试行)》,规范省属企业并购上市公司行为,农垦集团成功并购民营上市公司庄园牧场,打造"种—养—加—销"全产业链企业;兰石重装现金并购中核嘉华,非公开发行股票募资13.3亿元;电投集团在甘肃省首家发行6亿元可交换债券。

(二)积极推进国有经济布局优化和结构调整

加快发展新兴产业,2021年省属企业完成特色产业和新兴产业项目投资131.63亿元。全力推进"两非""两资"清理和"处僵治困"工作,省属企业清理退出非主营业务46项,处置资产8.4亿元,完成处置"僵尸企业"任务的99.4%,亏损子企业专项治理任务的95%。持续强化经营性国有资产集中统一监管,兰州饭店转企改制后划转文旅集团,引洮一期工程资产划转水投公司,省属高校所属企业资产部分划转国投集团。推动甘肃建投集团等4户省属企业与国家管网集团合作组建甘肃省管网公司。

(三)持续完善公司法人治理结构

坚持完善和落实"双向进入、交叉任职"领导体制,32户省属企业集团实现党委书记、董事长"一肩挑",30户企业配备专职党委副书记,200余名党委委员分别进入董事会、经理层。以外部董事占多数为重点持续推进规范董事会建设,建立246人的外部董事人才库,截至2021年底,先后向省属企业外派董事183人次,任职的外部董事71人,33户省属企业集团董事会全部实现外部董事占多数,554户应建立董事会的子企业全部建立董事会,其中494户应纳入外部董事占多数要求的子企业全部实现外部董事占多数。深入推进全面落实董事会职权,选择5户省属企业集

团公司开展落实董事会职权试点,有效落实子企业董事会职权,截至2021年底,201户重要子企业全部落实董事会职权。

六、甘肃省国资委监管企业建立和完善经营业绩考核体系情况

(一)坚持客观公正,分类确定考核指标

修订印发《省属企业负责人经营业绩考核办法》,差别化设置考核指标和权重,提高商业一类企业、二类企业经济效益指标权重和公益类企业净利润指标权重。注重激发调动企业发展积极性主动性,将企业报送的考核目标建议值由2个档位修订为3个档位;改进计分规则,在利润考核中不设固定的保底分值;引入考核容错机制,按照"三个区分开来"原则,对企业实施重大科技创新等对经营业绩产生重大影响的事项,考核上不做负向评价。更加维护经营业绩考核客观公正,将考核结果等级层次增加一级,即考核结果等级为A、B、C、D、E五级,并衔接《薪酬管理办法》,促使薪酬分配更加客观公正。

(二)坚持问题导向,精细实施考核分配

建立对标指标测算数据库,逐户研究确定省属企业负责人2021年度及2019—2021年任期经营业绩考核指标,组织省属企业负责人签订年度及任期经营业绩责任书,并对2020年度及2016—2018年任期经营业绩进行考核。按照新修订的《省属企业领导班子考核经济运行质量效益提升评价打分细则》,完成省属企业领导班子季度考核评价工作。加快兑现节奏,逐户审核兑现省属企业2018年度、2019年度薪酬及2016—2018年任期激励收入,对2020年度省属企业负责人绩效年薪进行预发,兑现2020年绩效薪酬。

七、甘肃省国资委监管企业负责人考核与选人用人机制改革情况

(一)优化企业负责人考核方式

按照甘肃省委组织部关于改进推动高质量发展政绩考核工作的相关要求,调整优化省属工商类企业年度考核指标体系。严格规范考核评价程序,实行分类考核,运用测评、定量考核、定性评价和分析研判等方法,将省属国有企业领导班子和领导人员政治素质、履职能力、工作实绩、作风建设和廉洁自律等情况,与企业绩效和日常考核等方面结合起来进行综合考核评价。认真做好干部考核评价工作,组成3个考核组赴10户委管企业,对72名领导人员开展2020年度考核,完成23户省管班子企业和10户委管班子企业季度考核部门评价任务和年度平时考核部门评价任务。

(二)不断创新完善选人用人体制机制

着力完善省属企业人才工作体制机制,制定省属企业人才工作要点和重点任务台账,按15%的权重将人才工作计入党建考核并与省属企业负责人经营业绩考核挂钩。统筹加强急需紧缺人才培养,制定《省属企业人才培育工程实施方案》,通过与央企和高校联合培训、产学研创新平台协同培训、专业培训、岗位实训等,全年培训经营管理人才和业务骨干7083人次、技能人才7.3万人次、专业技术人才1.68万人次。持续加大人才引进力度,通过校园招聘、社会招聘等形式,全年招聘录用高校毕业生9095人,引进本科以上人才6365人,完成年度计划任务的124%,引进高层次和急需紧缺人才1211人。持续加大经理层成员任期制契约化和市场化选聘职业经理人推进力度,截至2021年底,实行经理层成员任期制和契约化管理的各层级省属企业1121户,完成率99.12%;省属企业子企业累计选聘职业经理人115人,实行管理人员竞争上岗2686人。

八、甘肃省国资委监管企业党的建设和廉政建设情况

(一)扎实开展党史学习教育凝聚强大正能量

制定《省政府国资委暨省属企业党史学习教育实施方案》,建立督导推进工作机制,对省属企业开展情况进行4轮巡回指导和检查验收。突出国资国企特色,把学党史与重温企业创业史、发展史结合起来,把弘扬伟大建党精神与传承国企先进精神结合

起来,采取党委会专题学习、集中研讨、领读串讲、专家学者辅导、知识竞赛、文艺汇演等多种方式,教育引导党员干部学党史、悟思想,组织开展"学党史感党恩跟党走"党史知识竞赛活动,全系统7.4万名党员参与线上答题活动,举办"百年华诞、颂歌献党"省属企业庆祝建党100周年文艺汇演,30户企业、1000余名职工参加演出,激发立足岗位建功立业的积极性和主动性。

(二)持续推进党建工作与生产经营深度融合

将党建工作以20%的权重纳入企业负责人经营业绩考核评价,并与企业领导班子综合考评、经营业绩考核等相衔接,结果同企业领导人员任免、薪酬、奖惩相挂钩,推动党建责任制和生产经营责任制有效联动。建立健全"围绕中心抓党建、抓好党建促业务"的考评体系,确保各项举措在部署上相互配合、在实施中相互促进。扎实开展国企党建30项重点任务和党建质量提升三年行动回头看,党建融入生产经营典型创建活动,省属企业党的领导党的建设得到全面加强。截至2021年底,18户省属企业的典型经验在"学习强国""甘肃党建"平台推广。深入开展"党旗在一线高高飘扬"等活动,引领示范各级党组织和党员干部在企业改革发展和防疫战疫中当先锋作表率,各省属企业创建党员责任区6930个、示范岗5450个。

(三)持续做好抓基层打基础工作

开展省属企业党组织书记抓基层党建述职评议,通过"述"和"评"的方式,督促企业"四级责任"有效落实。以开展党支部建设标准化和"四抓两整治"为抓手,推动省属企业基层党组织全面进步、全面过硬,2021年底,省属企业党支部建设标准化达标率98%以上,运用"甘肃党建"信息化平台组织生活平均开展率100%,70个党支部被命名为"甘肃省标准化先进党支部",11个软弱涣散基层党组织完成整顿提升,建成1590个党员活动室、1131个党建文化角等实体阵地,基层党组织实现"应建尽建""应换尽换"。严格按照计划做好发展党员和党员教育管理工作,坚持从企业高管、生产一线、技术骨干和疫情防控一线中发展党员,2021年,33户省属企业新发展党员2777人,培训入党积极分子10054人次。

(四)推动全面从严治党向纵深发展

靠实从严治党责任,33户省属企业全部制定全面从严治党责任清单,完善廉洁风险防范制度1016项,签订责任书3434份、廉洁承诺书16900多份,开展约谈459人次。强化警示教育,分层分类常态化开展警示教育,全年省属企业各级党组织开展党风廉政教育760余次,参加3.25万人次。持续改进作风,扎实组织开展"作风建设提升年"专项活动,深入开展廉洁风险排查,省属企业排查梳理廉洁风险点2127个,逐项制定防控措施。强化监督执纪问责,全年省属企业处理信访举报和问题线索472件,立案87件,运用监督执纪"四种形态"处置559人次。

(撰稿人:魏代虎)

青海省

一、青海省国有资产监督管理工作综述

2021年,青海省国资委坚持以习近平新时代中国特色社会主义思想为指导,深入学习贯彻习近平总书记考察青海重要讲话精神,全面履行出资人、国资监管、国企党建三项职责,扎实推进国有资本监管、国有企业改革、防范化解风险、加强国企党建四项任务,国资国企改革发展呈现全面推进、重点突破、成效明显的良好态势,为构建国资监管大格局,助力全省经济社会高质量发展作出积极贡献。

(一)加强专业化体系化法治化监管,着力提升国资监管效能

坚持中国特色国有资产监管体制,加强专业化体系化法治化监管,着力推进国资国企治理体系和治理能力现代化。一是加快职能转变。理清权责边界,完善授权放权清单管理,推动国有资本投资、运营公司改革,管资本为主的国资监管体制加快形成。二是完善监管机制。印发《省属国有企业"三重一大"事项决策指引》等政策措施,建立健全违规经营投资责

任追究等长效机制,不断提高经营投资责任管理的规范化、科学化水平。三是强化考核导向。完善企业负责人经营业绩考核制度体系,探索推进中长期激励和分类考核,企业"三能"机制普遍落实。四是完善协同监管。扎实推进巡视、审计发现问题等整改,形成联合实施、协同联动、规范有序的监管体系。加快建设国资国企在线监管系统,推动各级企业实现信息公开。

(二)实施三年行动,国企改革见到实效

把国企改革三年行动作为推进国资国企治理体系和治理能力现代化,做强做优做大国有资本和国有企业的主要任务,加强组织领导、制定实施方案,明确责任主体、健全工作机制,强化推进措施、狠抓任务落实,多措并举推进各项改革落地实施。一是加快构建中国特色现代企业制度。着力规范董事会建设运行,实现各级企业董事会应建尽建,重要子企业董事会职权落实,外部董事占多数。建立董事会向经理层授权管理制度,保障经理层依法行权履职。全省国有企业全面完成公司制改革。二是优化调整国有资本布局结构。完成《青海省国有资本布局及结构调整规划》及15户省属出资企业"十四五"发展规划编制,围绕融入国家战略,实现"一优两高"发展,从区域、产业两个层面,明确优化调整国有资本布局结构目标任务。大力推进"两非两资"存量清退处置,"僵尸企业"处置和重点亏损子企业专项治理,企业"三供一业"、办教育医疗机构、办市政社区移交及厂办大集体人员安置、退休人员社会化管理全面完成,集团"总部机关化"专项治理初见成效。三是健全完善市场化经营机制。巩固深化工资决定机制改革成果,全面推行全员绩效考核和工资总额备案核准制,健全完善与企业经济效益、业务贡献紧密挂钩的工资薪酬分配制度。完成省属出资企业经理层任期制和契约化管理70%目标任务,激发企业内生动力。支持符合条件的企业探索建立中长期激励机制。四是着力提升企业创新发展能力。印发《关于促进省属国有企业创新发展的实施意见》,健全科技创新考核指标体系,进一步明晰企业科技创新发展路径。盐湖股份深入贯彻习近平总书记加快建设世界级盐湖产业基地重大要求,攻克"盐湖原卤高效提锂"等多项制约盐湖产业发展的"卡脖子"关键技术。西矿集团贯彻新发展理念积极培育新兴产业,实现从单一矿产资源开发向矿山、盐湖、生态三大资源综合开发转变。五是深入推进国企改革专项工程。深入推进对标一流管理提升行动,西矿股份和锡铁山分公司"绿色矿山"项目分别入选国务院国资委国有重点企业管理标杆创建行动"标杆企业""标杆项目"。扎实推动西矿集团科技公司、西部镁业深化"科改示范行动",专项评估为"优秀"。

(三)加强党的领导,国企党建巩固提升

督导省属出资企业党委制定落实"一则两单",严格执行"第一议题"等制度办法,高标准推进企业党委和基层党组织全面落实从严治党主体责任、监督责任,坚持党的领导融入公司治理各环节。建立主题教育长效机制,深入开展党史学习教育,系统推进五大建设,以高质量党建带动企业高质量发展。

二、青海省国有资产总量与结构分析

截至2021年底,青海省地方国有企业资产总额10527.63亿元,比上年增长6.63%;所有者权益总额(净资产)3458.22亿元,比上年增长13.55%;营业收入1642.27亿元,比上年增长22.36%;利润总额73.79亿元,比上年增长265.48%;负债总额7069.41亿元,比上年增长3.54%;平均资产负债率67.15%,比上年减少2个百分点。

表1　　　　2021年青海省国有企业指标

项 目	金 额(亿元)
资产总额	10527.63
所有者权益	3458.22
国有资产总量	3152.11
营业收入	1642.27
利润总额	73.79
净利润	55.08
归属于母公司的所有者权益	3245.02
实际上缴税金总额	93.81

表2　2021年青海省国有企业户数情况

2020年户数(户)	2021年户数(户)	比上年增长(%)
924	940	1.73

表3　2021年青海省国有资产按地区分布情况

地区	国有资产(亿元)	占国有资产总量比重(%)
省国资委监管企业汇总	1482.26	47.02
省级非监管企业汇总	754.74	23.94
市(州、县)国有企业汇总	915.11	29.03
西宁市	488.91	15.51
海东市	214.71	6.81
海西州	162.01	5.14
格尔木	58.73	1.86
海南州	23.36	0.74
海北州	18.56	0.59
黄南州	2.38	0.08
果洛州	3.01	0.10
玉树州	2.17	0.07
合　计	3152.11	100.00

表4　2021年青海省国有资产按行业分布情况

行　业	国有资产(亿元)	占国有资产总量比重(%)
农林牧渔业	86.43	2.74
工业	747.33	23.71
建筑业	173.15	5.49
交通运输业	980.08	31.09
仓储业	5.40	0.17
商贸业	16.76	0.53
房地产业	93.37	2.96
信息传输、软件和信息技术服务业	0.03	0.00
社会服务业	932.16	29.57
教育文化广播业	6.22	0.20
科学研究和技术服务业	7.26	0.23
金融业	98.03	3.11
其他	5.89	0.19
合　计	3152.11	100.00

表5　2021年青海省国有资产按经营规模分布情况

经营规模	国有资产(亿元)	占国有资产总量比重(%)
大型企业	1867.21	59.24
中型企业	65.40	2.07
小型企业	997.27	31.64
微型企业	222.22	7.05
合　计	3152.11	100.00

三、青海省国有资本保值增值综合分析评价

2021年末,青海省地方国有企业所有者权益总额(净资产)3458.22亿元,比上年增长13.55%。其中归属于母公司的所有者权益3245.02亿元,增长14.89%。年末国有资本及权益(国有资产总量)3152.11亿元,剔除政府追加、核减投资及无偿划入、划出等客观增减因素后,国有资本保值增值率101.00%。其中,省国资委监管企业净资产总额1707.98亿元,占全省国有企业净资产总额的49.39%,年末国有资本及权益1482.26亿元,占全省国有企业国有资本及权益的47.02%,剔除客观因素后,国有资本保值增值率103.41%;省级非监管企业净资产总额797.27亿元,占全省的23.05%,国有资本及权益754.74亿元,占全省的23.94%,剔除客观因素后,国有资本保值增值率97.14%;市(州、县)属企业净资产总额952.97亿元,占全省的27.56%,国有资本及权益915.11亿元,占全省的29.03%,剔除客观因素后,国有资本保值增值率100.46%。

表6　2021年青海省国有企业地区和行业国有资本保值增值情况

地　区	国有资本保值增值率(%)	行　业	国有资本保值增值率(%)
全省国有企业	101.00	农林牧渔业	101.60
省国资委监管	103.41	工业	104.23
省级非监管	97.14	建筑业	104.25
市(州、县)属国有企业	100.46	交通运输业	100.19
西宁市	99.79	仓储业	102.34
海东市	102.76	商贸业	106.41
海西州	99.65	房地产业	100.26
格尔木	94.28	信息传输、软件和信息技术服务业	134.77
海南州	100.07	社会服务业	98.90
海北州	99.85	教育文化广播业	100.48
黄南州	99.71	科学研究和技术服务业	101.24
果洛州	97.43	金融业	102.82
玉树州	100.06	其他	101.46

四、青海省国资委监管企业改革发展情况

(一)扎实落实总体要求和首要任务

坚持把贯彻习近平总书记关于国企改革发展和党的建设重要论述作为落实三年行动的首要任务,省国资委党委以身作则,督促各省属监管企业制定年度学习计划,结合党史学习教育,带领广大党员干部深刻学习领会习近平总书记重要论述的丰富内涵和核心要义,以习近平新时代中国特色社会主义思想为指引,武装头脑、指导实践、推动改革。

(二)完善中国特色现代企业制度

制定印发《关于监管企业在完善公司治理中加强党的领导的细化措施》和"一则两单"(党委会议事规则、前置研究讨论重大事项清单和研究决定重大事项清单)示范文本,省属监管企业全部实现党的领导和建设规定纳入公司章程。加强企业董事会建设,按照应建尽建标准推动一级监管企业及各级子企业董事会建设工作。推动董事会实现外部董事占多数,进一步扩充外部董事人才库,督导企业落实重要子企业董事会职权,并积极推动建立授权评估机制。保障经理层依法行权履职,督促省属监管企业加快探索建立董事会向经理层授权管理制度,要求企业按照"一则两单""三重一大"决策事项指引及经理层授权清单,细化党委会、董事会、监事会和经理层权责清单,有效理清权责边界,明确经理层职责定位。全省国有企业公司制改革任务全面完成。

(三)推进国有经济布局优化和结构调整

提升国有企业自主创新能力,制定印发《关于促进省属国有企业创新发展的实施意见》,修订完善经营业绩考核办法,健全科技创新考核指标体系。清理退出不具备优势的非主营业务和低效无效资产。深入推进"僵尸企业"处置,提高资源配置效率,推动企业经济转型升级。完成剥离国有企业办社会职能,解决历史遗留问题。各企业剥离国有企业办社会职能工作全面完成,后续巩固工作持续推进。企业职工家属区"三供一业"分离移交工作全面完成。完成退休人员社会化管理工作,存量退休人员和党员移交街道(乡镇)、社区进行管理,新增退休人员社会化管理工作建立常态化移交接收机制。

(四)健全市场化经营机制

推行经理层成员任期制和契约化管理,制定印发《省属出资企业推行经理层成员任期制和契约化管理的指导意见》。全面推进用工市场化,推进企业建立和实施以劳动合同管理为关键、以岗位管理为基础的市场化用工制度,大力推行员工招聘、管理人员竞争上岗、末等调整和不胜任退出等制度。完善市场化薪酬分配机制,从工资总额决定机制、工资总额预算管理、企业内部分配管理、清算评价与监督等方面,完善企业分配机制,推动企业按照"工资增长与企业经济效益同向联动、能增能减"的原则,建立健全按业绩贡献决定薪酬的分配机制。灵活开展多种方式的中长期激励,指导各企业集团及子企业全面开展国有控股上市公司股权激励、国有科技型企业股权和分红激励、国有控股混合所有制企业骨干职工持股等中长期激励情况评估。

(五)形成以管资本为主的国资监管体制

优化管资本方式,制定印发《青海省国资委授权放权清单(2021年版)》,授权放权29项,同步修订省国资委监管权责清单和相关规范性文件。有效发挥两类公司功能作用。国有资本投资公司试点企业三江集团建立"6M"管控架构,国有资本运营公司试点企业省国有资产投资管理公司不断拓展投资领域、优化资产结构,推动国有资本向优势产业和战略性新兴产业集中,逐步形成金融服务、战略投资、实体运营三大业务板块。全力推进企业信息公开,推动《关于推进省属出资企业信息公开的指导意见》的实施,进一步完善信息公开机制。推进经营性资产集中统一监管,组织开展全省经营性国有资产摸底调查,全面梳理省直部门拟进行产权划转和市场化处置的监管企业户数及资产总额,省级经营性国有资产集中统一监管率由改革前的52.69%上升至94.7%。

(六)推动国有企业公平参与市场竞争

探索推进国有企业分类核算、分类考核。对商业竞争类和商业功能类企业中的公益性业务进行摸底,将符合条件的盐湖股份、青运集团、水电集团和能源集团4户企业所属的公益性业务纳入考核,分类考核占比100%。推动各企业对纳入考核的公益性业务进一步做好分类核算、差异化考核,进一步增强考核工作的精准性、公平性、有效性。

(七)抓好国企改革专项工程

深入推进对标一流管理提升行动,西矿股份和锡铁山分公司"绿色矿山"项目分别入选国务院国资委国有重点企业管理标杆创建行动"标杆企业""标杆项目"。扎实推动西矿集团科技公司、西部镁业深化"科改示范"行动,专项评估为优秀等次。扎实推进"双百企业"改革,压实西宁低碳基金"双百企业"改革主体责任,定期督导任务落实。

五、青海省国资委监管企业并购重组与完善法人治理结构情况

(一)并购重组情况

一是组织编制并印发《省国资监管国有资本优化布局与结构调整"十四五"规划(2021—2025)》,系统总结"十三五"期间监管企业改革发展阶段成效,梳理存在的困难问题和面临的机遇挑战,坚持目标问题导向相结合,明确提出党的建设、质量效益、结构调整、国企改革和国资监管重点目标,对标新发展格局和理念,探索"十四五"期间国有资本"7+3+3"发展格局,谋划国资优化布局、国企改革发展和产业结构调整的路径方法。二是重组盐湖股份债务,企业成功恢复上市,市值及利润实现大幅提升。剥离资产改革自救、技术攻关和引战等工作持续推进,梳理完善引战方案、拓展引战方式和渠道,重点与产业关联度较高的14户央企、兄弟省市相关省属国企及基金公司等多次沟通衔接,并督促企业强化管理、优化工艺、完善改革自救措施。三是依托"两非两资"企业清理工作,加大低效无效和长期亏损企业处置力度,采取注销、重组整合及吸收合并等方式,推进两类企业清理工作,整体促进监管企业"瘦身健体"。

(二)完善法人治理结构情况

一是持续加强董事队伍建设。按照内外部董事"3+4""4+5"结构提出10户独资企业外部董事配备建议人选方案。在建成125人规模外部董事人才库的基础上,面向中央驻青单位、会计师事务所等遴选32人进入外部董事人才库,向10户全资子公司委派兼职外部董事32人。指导监管企业向子企业委派外部董事,落实外部董事在各级企业占多数的要求。修订《省属出资企业专职外部董事考核评价办法》,跟踪落实新配备独资企业外部董事到位和履职情况,通过入企查阅资料、测评打分、个别谈话等形式对2名专职外部董事履职情况进行考核评价。二是召开全省国有企业经理层成员任期制和契约化管理工作部署会议,印发《省属出资企业推行经理层成员任期制和契约化管理的指导意见》,在格尔木、西宁地区8户企业召开专题会议,现场督导推进。三是会同省委组织部召开市场化选聘工作推进会和新闻发布会,联合印发《关于推荐青海省省属企业市场化选聘职业经理人人选的通知》,在智联招聘、国务院国资委、省国资委等网站发布选聘公告和职位说明书,市场化选聘11户企业18个高层次人才和1个团队,进一步拓宽青海省省属企业经营管理人员来

源渠道，优化队伍结构，有利于持续增强企业经营活力和创新发展能力。

六、青海省国资委监管企业建立和完善经营业绩考核体系情况

（一）考核分配制度更加完善

一是第四次修订《青海省国资委监管企业负责人经营业绩考核办法》及配套方案，构建质量效益指标、差异化个性指标、重点工作指标和约束性指标体系，引入"两利四率"，指标涵盖质量效益、防范风险、创新驱动、供给侧结构性改革等多个维度，差异化考核进一步深化，导向清晰、远近结合的经营业绩考核体系进一步完善。二是印发《关于进一步规范监管企业考核分配管理有关事项的通知》，从严肃考核纪律，规范实施经营业绩考核等九方面进一步严肃考核分配、履职待遇业务支出纪律。

（二）考核导向作用更加突出

一是突出深化改革，引导企业推进三年行动。将国企改革三年行动工作任务纳入企业负责人经营业绩考核，加大考核权重，以考核压实责任，确保改革任务年内整体完成进度不低于70%。二是突出创新驱动，引导企业转换发展动能。对工业和科研等科技进步要求高的企业，设置技术投入比等科技创新类指标，将研发投入在年度考核计算利润总额指标时予以加回，对科技创新取得重大成果的企业，在年度考核中给予考核奖励加分，全方位支持企业创新发展。三是突出风险防控，引导企业可持续发展。对财务杠杆偏高、风险防控任务重的企业重点考核资产负债率等指标；对成本费用上升过快的企业，加大成本费用相关指标的考核；改革脱困特殊阶段的企业重点考核"瘦身健体"、减亏增效、防范化解重大债务违约风险等方面。四是突出转型升级，引导企业调整产业结构。对贸易收入占比较高的企业，考核主营业务收入占比，引导企业聚焦主业做强实业。考核"僵尸企业"处置、重点亏损子企业治理等工作，加快企业低效无效资产处置。五是突出社会贡献，引导企业体现国企担当。引导企业坚守责任和使命，对在疫情中捐款捐物、提供物资保障、减免房租的监管企业，在2020年考核中予以充分考虑，并给予加分奖励。

（三）考核评价机制更加科学

一是细化目标分档管理。在质量效益指标的目标设定和加分上，完善目标分档，构建"赛跑机制"，引导企业自我加压。2021年监管企业利润目标较上年完成数增长82%。二是全面推进对标考核。深入推进企业对标世界一流管理提升行动，按照国务院国资委发布的企业绩效评价标准值，结合企业实际，实施对标考核。三是坚持目标动态监管。坚持月统计、季调度、年考核的动态监测预警工作制度，切实加强经济形势分析研判，细化分解业绩考核目标，及时掌握关键指标的序时进度，及早发现问题，督促企业采取措施，确保全面完成目标任务。四是加强部门协同。加强与省国资委内部战略规划、财务预决算等工作的衔接，加强与省国资委外部安全、节能、环保等职能部门的联系，将党建、党风廉政建设考核、领导班子综合考核与经营业绩考核相结合，将考核结果同企业领导人员任免、薪酬、奖惩紧密挂钩。五是建立弹性机制。对主营业务产品经济效益受大宗商品价格波动影响较大的企业，探索与价格挂钩的弹性考核机制。

七、青海省国资委监管企业负责人考核与选人用人机制改革情况

（一）企业负责人考核分配工作开展情况

根据《2020年度青海省省属国有企业领导班子和领导人员目标责任（绩效）考核实施方案》（青考核字〔2021〕7号）要求，省委组织部会同省国资委对10户省委管理的国有企业、8户省国资委管理的国有企业领导班子和领导人员进行年度目标责任（绩效）考核。

（二）选人用人机制改革情况

一是精准科学培养选拔省属出资企业领导人员，企业领导班子建设稳步推进，成功立项实施"昆仑英才·企业经营管理骨干人才计划"并争取专项经费，入选优秀企业家人选21人、领军后备人才81人，着力为监管企业培养优秀企业家和领军后备人才。组织

举办一期40人规模的国有企业治理制度创新和治理能力建设专题研讨培训班。企业人才队伍建设加力推进,召开监管企业党委书记抓人才工作述职评议会议,印发《监管企业2021年度人才工作暨领导班子建设要点》,压紧压实党管人才工作责任。组织专场引才活动,引进应届毕业生200余人,为企业长远发展储备人才。组织企业参加"智汇三江源·助力新青海"人才项目洽谈会,签约"人才+项目"39项,帮助解决企业重要产业和重大项目技术攻关难题。积极组织争取技能人才培训5000个名额,加大岗位技能培训鉴定工作力度。二是坚持正确选人用人导向,把"对党忠诚、敢于创新、治企有方、兴企有为、清正廉洁"的"二十字"标准和重干重实绩作为用人导向,突出考察政治表现,制定印发《关于进一步规范和加强选人用人工作的通知》,建立忠诚干净担当的省属国有企业干部队伍。严格落实"凡提四必"要求,干部档案必审、个人有关事项报告必核、纪检监察机关意见必听、线索具体的信访举报必查,坚决防止"带病提拔"。坚持从企业发展和岗位需要出发选人用人,真正把那些政治上清醒坚定、思想理论修养好、组织领导能力强的优秀人才及时发现出来、合理使用起来,全年提拔任用9名委管企业领导人员。三是从严从实加强企业领导人员监督管理,扎实推进全面从严治党,认真执行干部监督管理制度,加强对企业"一把手"的监督管理,印发《关于加强对监管企业"一把手"和领导班子监督管理的通知》,督导委管企业完成巡视反馈选用人问题整改和干部人事档案专项审核,举办委管企业干部人事档案工作培训班。切实抓好"一报告两评议",对委管企业选人用人工作进行"全面体检",完成8户委管企业2020年度干部选拔任用工作"一报告两评议"梳理分析评议结果,查找薄弱环节,反馈存在问题,提出整改要求,持续营造风清气正的选人用人环境。

八、青海省国资委监管企业党的建设和廉政建设情况

(一)加强党的领导,强化责任落实

制定印发《2021年度监管企业党委落实全面从严治党主体责任任务安排》的通知,全面推动从严治党向纵深发展,切实为监管企业实现高质量发展提供坚强政治和组织保证。会同省委组织部制定印发《关于国有企业在完善公司治理中加强党的领导的若干措施》,后期补充印发《关于监管企业在完善公司治理中加强党的领导的细化措施》,推动企业各级党组织更好发挥把方向、管大局、促落实领导作用,构建各治理主体各尽其责、共同发力的生动局面。

(二)坚持党建引领,推动改革发展

第一时间配套印发《国企改革三年行动党建先行方案》,细化提出2021年完成70%党建改革任务、2022年底全部完成国企改革党建任务的目标。结合改革工作进程,一对一督导企业党委全部靠前完成6项年度党建改革重点任务,形成党建领跑企业改革发展的良好态势。指导18户监管企业党委和36户重点子企业党组织全部完成党委前置研究讨论及决定"一则两单"制定工作,进一步明晰企业党委"定"和"议"的职责范围,有效提升企业党组织决策议事质量效率。

(三)扛起重大责任,展现硬核担当

深入动员监管企业各级党组织全面投入"5·22"玛多抗震救灾工作,累计筹集救灾捐款86万元,捐赠青稞20吨、抢运块煤2300吨、各类救灾物资100余吨,组织党员突击队积极参与现场救灾、电力保障及道路抢修工作;指导各监管企业党委初步谋划乡村振兴重点项目52个,拟计划投入资金7000余万元;深入贯彻落实省委、省政府关于推进民族团结进步、加强统一战线、落实国家总体安全观等一系列部署安排,督导监管企业党委切实履行主体责任,扎实推动相关任务落实落地。

(四)强化组织建设,夯实企业基层党建基础

会同省委组织部、省委宣传部印发《省属企业党委委员职责分工指导意见表》,分别对职数为5人、7人和9人的企业党委委员党建工作职责进行精准划分,督导具备条件的企业党委全部调整设立党委办公室、组织部和宣传部。全面落实省委组织部"促百分百达标、迎党百年华诞"以评促建考评工作要求,牵头

组织15户中央驻青企业和监管企业的2504个党支部认真开展自查自评和全面考评工作,有力推动基层组织建设质量水平得到显著提升。印发《关于开展评价监管企业国企先锋和软弱涣散党支部的通知》,计划按三年期限推动开展基层党支部两级分级评、分级绩效评、综合提质评活动,抓两头、带中间,整体提升"两个全面覆盖"质量水平。

(五)压紧压实责任,从严管党治党

组织召开监管企业党风廉政建设工作会议,现场点评监管企业党委书记履职情况,与各监管企业分别签订《党风廉政建设目标责任书》,并对全年工作进行细化安排部署。制定下发《监管企业2021年党建工作要点》《全面从严治党主体责任任务清单》,以开清单形式进一步细化明确党委主体责任、纪委监督责任、党委书记第一责任和班子成员"一岗双责"责任。配合驻厅纪检组起草完成《坚持"三不"一体推进、提升综合治理效能,为国企改革发展营造风清气正的政治生态》专项调研报告,提出深入推进企业"三不"体制机制的对策措施。

(六)把牢发展方向,从严推动落实

制定印发《关于加强对省属企业"一把手"和领导班子监督管理的通知》,聚焦权力集中、资金密集、资源富集、资产聚集的重点部门和岗位,进一步强化对"关键少数"的监督。连续两年组织召开监管企业党的作风纪律建设现场观摩会,持续推动全面从严治党向基层延伸,强化监督推动问题整改的规范流程和具体路径,切实为企业持续健康稳定改革发展提供可靠保证。

(七)突出廉洁建设,从严强化监督

配合驻厅纪检组紧盯重要时间节点和关键领域,制定印发《省委第九轮巡视反馈问题整改工作督导方案》,成立7个专项督导组,分3个阶段全方位对相关企业落实巡视问题整改工作进行督导,全力以赴确保巡视反馈问题整改到位、见底清零。积极配合中央审计组各项工作,针对反馈问题第一时间制定整改落实方案、第一时间推动整改落实。

(撰稿人:康 蓉)

宁夏回族自治区

一、宁夏回族自治区国有资产监督管理工作综述

2021年,宁夏回族自治区国资国企系统深入学习贯彻习近平新时代中国特色社会主义思想和习近平总书记视察宁夏重要讲话精神,认真学习贯彻党的十九届六中全会和自治区党委十二届十二次、十三次、十四次全会精神,坚决落实国务院国资委和自治区党委、政府决策部署,坚持先行区建设为牵引,以国企改革三年行动为抓手,以提质增效稳增长为重点,以高质量发展为目标,持续深化国企改革,不断完善监管体制,全面加强党的领导党的建设,各项工作取得新成效。2021年,监管和统计资产22户企业实现营业收入1401.92亿元、利润95.66亿元、上缴税费130.29亿元,分别比上年增长40%、1.9倍、41.6%,主要经济指标创2016年以来最好水平;区属国企改革三年行动任务完成率87.4%,五市总体完成率81.3%,超额完成年度改革目标任务。

(一)坚持高质量导向抓发展,国资布局结构进一步优化

强化顶层体系设计,研究起草区属企业新一轮重组改革方案,高质量高起点编制国资国企改革发展"十四五"规划,出台自治区国有企业高质量发展实施意见,国资监管政策体系日臻完善。优化国资布局调整,围绕先行区建设发行20亿元债券,聚焦自治区9个重点产业、十大工程项目、四大提升行动、"四权"改革,积极推进国有企业战略性重组和专业化整合,推动国有资本向重点行业和关键领域集中,完成固定资产投资217.7亿元,建设一批事关民生的重点项目,国有资本配置效能不断提升。围绕提高运营质量效能,制定印发《关于开展区属国有企业亏损子企业专项治理的通知》等,完成24户"僵尸企业"出清、17户

重点亏损企业治理和28户"两非""两资"企业清理，处置4.1亿元低效无效资产，清理8.17亿元债务，国有资本运营质量和效益不断提高。加快遗留问题解决，全面完成36户中央在宁企业、区属企业、政策性破产企业的215个家属区、1200万平方米"三供一业"分离移交维修改造及11万名国企退休人员社会化管理等工作，为企业轻装上阵、公平参与市场竞争创造有利条件。

(二)聚焦关键环节抓改革，国有企业活力进一步显现

提请自治区党委出台全区国有企业在完善公司治理中加强党的领导实施意见，全面落实党的领导融入公司治理，区属企业及重要子企业制定党委前置研究讨论重大经营管理事项清单和章程修订实现全覆盖，党组织把方向、管大局、促落实作用得到有效发挥。扎实推进董事会规范建设，制定外部董事履职指南，严格董事会"应建"标准，7户集团及64户各级子企业实现董事会应建尽建，建立董事会的各级子企业全部实现外部董事占多数、94.3%落实董事会职权，规范高效的企业治理运行机制进一步形成。动真碰硬深化三项制度改革，174户各级子企业与经理层签订任期制和契约化管理合同或契约、占比92.6%，496名经理层成员实现任期制和契约化管理、占比97.4%，1425名管理人员通过竞争上岗、占比71%，管理人员末等调整或不胜任退出比例9.1%，公开招聘占新进员工比例95%，195户企业实现全员绩效考核、占比98%，管理人员能上能下机制逐渐形成，员工能进能出渠道逐步畅通，收入能增能减制度基本建立。积极落实创新激励政策，区属企业科技研发投入10016万元，比上年增长2.9倍，培育国家级高新技术企业、科技型中小企业3家，实施重点科技项目6项，培育自治区级科技创新团队1个、创新平台5家，国有企业自主创新意识和能力明显提升。坚持"三因三宜三不"原则，积极稳妥深化混合所有制改革，混合所有制企业121户，混改面42.3%。

(三)持续优化方式抓监管，监管效能效率进一步提升

常态化推进"废改立"工作，加大放权授权力度，实施清单监管，国企改革三年行动制定的50个文件出台39件，五大类20项监管事项有效落实，国资监管权责边界更加清晰。持续健全完善业务监督、综合监督、责任追究"三位一体"监督机制，推动责任体系"全覆盖"、责任落实"全过程"、责任追究"全方位"，开展"虚假投资、挂靠经营"、政府采购领域、粮食领域等专项整治，下发整改通知、核查通报、提示函、督办函34份，50余名责任人受到党纪政务处分或组织处理，挽回经济损失3000余万元，有力维护国有资本安全。探索运用"大数据+监管"模式提高国资监管信息化水平，加快推进国资国企在线监管系统平台建设，国资监管体制持续完善，国资监管"一盘棋"格局逐步形成。积极推动28个区直党政机关和事业单位所办140户企业经营性国有资产集中统一监管，脱钩后由国资委监管企业接收管理的40户基本完成划转39户，由所办单位市场化方式处置的77户完成53户，金融、文化、监狱等22户维持原有管理体制，自治区工商类国有资产集中统一监管率98.8%，基本实现集中统一监管。

二、宁夏回族自治区国有资本总量与结构分析

2021年，纳入国有资产统计范围的全区三级以上国有独资、国有控股和参股企业(以下简称宁夏国有企业)792户，属于地方政府履行出资人职责的国有资产总量2175.24亿元，比上年增长1.6%；户均占有国有资产2.75亿元，比上年减少0.23亿元。

表1　2021年宁夏回族自治区国有企业指标

项　目	金　额(亿元)
资产总额	8130.78
所有者权益	2612.43
营业收入	526.52
利润总额	34.28
净利润	27.82

项 目	金　额(亿元)
归属于母公司所有者的净利润	17.85
应交税费总额	32.85
实际上缴税费总额	27.65

表2　2021年宁夏回族自治区国有企业户数情况

2020年户数(户)	2021年户数(户)	比上年增长(%)
718	792	10.3

表3　2021年宁夏回族自治区国有资产按地区分布情况

地　区	国有资产(亿元)	占国有资产总量比重(%)
区属国有企业汇总	1012.73	46.6
地市企业汇总	1162.51	53.4
银川市	724.50	33.3
石嘴山市	48.47	2.2
吴忠市	90.99	4.2
中卫市	73.64	3.4
固原市	102.67	4.7
宁东管委会	122.25	5.6
合　计	2175.24	100.0

表4　2021年宁夏回族自治区国有资产按行业分布情况

行　业	国有资产(亿元)	占国有资产总量比重(%)
农林牧渔业	117.04	5.4
工业	94.48	4.3
建筑业	43.46	2.0
交通运输业	573.96	26.4
仓储业	5.47	0.3
商贸业	3.40	0.2
房地产业	128.61	5.9
信息技术服务业	1.95	0.1
社会服务业	939.02	43.2
教育文化广播业	2.39	0.1
科学研究和技术服务业	9.72	0.4
金融业	248.73	11.4
其他	7.02	0.3
合　计	2175.24	100.0

表5　2021年宁夏回族自治区国有资产按经营规模分布情况

经营规模	国有资产(亿元)	占国有资产总量比重(%)
大型企业	766.07	35.2
中型企业	281.00	12.9
小型企业	500.49	23.0
微型企业	627.68	28.9
合　计	2175.24	100.0

三、宁夏回族自治区国有资本保值增值综合分析评价

2021年,宁夏回族自治区国有企业国有资本保值增值率100.9%,比上年增长1.2个百分点。其中,区属国有企业国有资本保值增值率104.2%,增加3.9个百分点;市县属企业国有资本保值增值率98.2%,增加0.5个百分点。

表6 2021年宁夏回族自治区国有企业地区和行业国有资本保值增值情况

地区	国有资本保值增值率(%)	行业	国有资本保值增值率(%)
国有企业	100.9	农林牧渔业	97.8
区属国有企业	104.2	工业	99.3
市县属企业	98.2	建筑业	110.7
宁东管委会	101.4	交通运输业	100.2
银川市	97.6	仓储业	95.3
中卫市	97.1	商贸业	106.2
吴忠市	99.4	房地产业	100.8
固原市	97.9	信息技术服务业	103.2
石嘴山市	99.6	社会服务业	93.9
		教育文化广播业	100.1
		科学研究和技术服务业	94.7
		金融业	100.1
		其他	79.0

四、宁夏回族自治区国资委监管企业党的建设情况

2021年，宁夏回族自治区国资委党委坚持以习近平新时代中国特色社会主义思想为指导，全面贯彻党的十九大和十九届五中、六中全会，中央纪委十九届五次全会和自治区党委十二届十三次、十四次全会以及自治区纪委十二届五次全会精神，以庆祝建党100周年为主线，以党史学习教育为契机，以"基层党建全面提升年"活动为抓手，压紧压实管党治党政治责任，持之以恒正风肃纪，推进党风廉政建设和反腐败工作向纵深发展，大力营造风清气正的政治生态，为推进国资国企改革发展稳定提供坚强的纪律保证。

（一）加强组织领导，健全完善责任体系

坚持党要管党、全面从严治党，健全廉政风险防控体系，压紧压实管党治党主体责任和党员领导干部"一岗双责"。一是精心部署任务。及时传达学习中央纪委、国务院廉政会议，自治区纪委、自治区政府廉政会议精神，深刻领会把握，研究贯彻意见，切实把思想和行动统一到党中央决策部署和自治区党委工作要求上来。年初制定自治区国资委机关和区属企业2021年党的建设工作要点、机关纪委工作要点，召开国资国企系统党风廉政建设和反腐败工作会议，总结工作，部署任务。半年召开党委会议专题研究全面从严治党工作，分析研判形势，研究解决"瓶颈"和短板问题，提出加强和改进工作的措施。二是压实主体责任。严格执行《党委（党组）落实全面从严治党主体责任规定》，扎实开展企业党委书记、机关党支部书记抓基层党建述职评议考核工作，制定全面从严治党"三个清单"，印发《2021年党风廉政建设和反腐败工作任务分工》，细化量化重点工作任务，及时调整党员领导干部党建工作联系点，逐级签订目标管理责任书，层层传导压力，强化责任意识，党委书记"第一责任人"职责、班子成员"一岗双责"和基层党组织主体责任得到有效落实。结合区属企业"两委"换届和人员变动情况，配齐配强企业纪委班子组成人员，及时调整充实基层党组织纪检委员和纪检干部，为推进全面从严治党提供有力的组织保证。三是严格监督检查。坚持"一把手"带头做起、严起，严格落实《加强对"一把手"和领导班子监督实施办法》等，定期与班子成员和下级"一把手"谈心谈话、提醒警示，带动班子成员和"关键少数"以身作则、严格自律，在学习贯彻习近平新时代中国特色社会主义思想和习近平总书记视察宁夏重要讲话精神、落实党中央和自治区党委政府重大决策部署、推进国企改革三年行动等方面自觉接受纪检监察部门监督，把党内监督做深做实做细，把"一把手"抓"一把手"责任链条逐级延伸、层层压实，让监督发力生威，真正让监督"没有禁区、没有例外"成为常态。结合年度工作考核，采取明察暗访、随机抽查、座谈访问等方式，深入12户区属企业46个基层党组织，对党风廉政建设工作进行考核，推动考核评价结果与领导班子综合考评、经营业绩考核相衔接，评先选优看党建、绩效兑现看党建、干部选用看党建的导向更加鲜明。

(二)强化理论武装,严守政治纪律政治规矩

始终坚持以政治建设为统领,不断强化思想理论武装,持续掀起学习贯彻习近平新时代中国特色社会主义思想热潮,着力在学懂弄通做实上下功夫,使广大党员干部真正内化于心、外化于行,见诸行动、取得实效。一是建立健全"第一议题"制度。制定印发《关于建立健全"第一议题"制度的通知》,督促指导12户区属企业落实"第一议题"制度,完善"思政大课堂"进企业制度,严格落实党委理论学习中心组巡听旁听制度,扎实开展领学评学督学活动,持续推动习近平新时代中国特色社会主义思想、习近平总书记"七一"重要讲话精神和视察宁夏重要讲话精神进机关、进企业、进车间、进班组。二是充分发挥"头雁"引领作用。以党委理论学习中心组学习为引领,严格落实"三会一课"制度,通过支部组织集体学、党员个人自觉学、专题辅导培训学等形式,把党性教育、红色教育、警示教育和党员承诺贯穿始终,持续深入开展思想政治教育,锤炼思想定力、战略定力、道德定力,推动国资国企各级党组织和广大党员干部职工始终在政治上思想上行动上同以习近平同志为核心的党中央保持高度一致,以实际行动践行"两个维护"。全年自治区国资委党委召开中心组学习会15次,专题研讨会8次。三是扎实开展党史学习教育。制定实施方案,召开动员会和座谈会,采取"五学联动"方式,推动党史学习走深走实。结合庆祝建党100周年,组织开展"学习强国"学史达人挑战赛、"启航新征程、奋进新时代"理论征文、"学党史、感党恩、跟党走"演讲比赛、"学党史、强业务、提能力"知识竞赛等活动,组队代表宁夏参加全国党史知识竞赛并获得优秀奖和优秀组织奖,举办宣讲报告会127场,参加人员2.1万余人次。组织开展"社会主义是干出来的"主题活动,深入开展3个专项行动,召开"我为群众办实事"实践活动推进会,国资国企系统300个办实事项目完成264个。

(三)加强廉政教育,筑牢拒腐防变思想道德防线

坚持把源头预防腐败作为治本之策,深化以案促改、以案为鉴,不断推进党性锤炼和廉洁教育走向深入。一是筑牢思想防线。认真学习贯彻习近平总书记关于党风廉政建设和反腐败斗争重要论述,学习中央纪委国家监委、自治区纪委监委关于党风廉政建设和反腐败工作最新要求,深入学习《条例》《准则》和党纪政纪规定,教育引导广大党员干部职工增强拒腐防变意识,筑牢思想道德防线。二是严格日常管理。加强党员干部监督管理,机关纪委进一步完善党员干部廉政档案,如实报告个人重大事项。坚持"四必谈",对新任职干部进行任前廉政谈话,在重大节庆时点编发廉政短信,提醒各级党员干部职工廉洁过节,营造崇廉尚廉浓厚氛围。三是强化警示教育。通过组织观看《正风肃纪就在身边》《为了庄严的承诺》《国企"蛀虫"沉浮录》等警示教育片,教育引导国资国企系统党员干部职工始终做到警钟长鸣、引以为戒。指导区属企业开展党规党纪教育、警示教育、廉政知识测试等宣传教育活动36场次,促使党员干部职工受警醒、明底线、知敬畏、守规矩,做到忠诚干净担当有为,切实筑牢拒腐防变和抵御风险的思想道德防线。

(四)深化作风建设,持之以恒正风肃纪

坚持作风建设永远在路上,持续推动中央八项规定精神落实,驰而不息纠治"四风"。一是落实规定减负赋能。从严落实中央八项规定及实施细则精神,严格执行自治区"八条禁令"和区直机关工委加强和改进机关作风建设"十项严禁"精神,巩固拓展"四风"整治成果,持续整治形式主义、官僚主义,督促指导企业制发《关于进一步解决形式主义问题做好2021年为基层减负工作的方案》《关于开展群众身边腐败和不正之风专项整治实施方案》等,坚决整治职工群众身边腐败和不正之风,不断增强基层减负获得感。二是精准服务提高效能。为推动党史学习教育走深走实,深化作风转变,切实为企业办实事、减负担、解难题,向企业印发8个方面调查问卷,征求到对国资监管工作意见建议39条,召开党委会议专题研究改进措施,制定印发《关于改进和加强文件会议检查考核管理为基层减负的通知》,对发文、会议、调研、检查、考核等方面作出明确规定,切实提高监管效能。三是整治作风提升能力。组织开展以治庸提能、治懒正气、治散聚力、治浮定神、治拖增效为目标的"庸懒散浮拖"问题专项整治工作,督促党员干部牢记初心使命、树牢政治意识、强化责任担当、全面改进作风,推进办事提速、服务提质、工作提效、能力提升,打造信念坚定、为

民服务、勤政务实、敢于担当的党员干部队伍。四是查办案件严明纪律。坚持深化运用监督执纪"四种形态",将其贯穿于监督检查、审查调查和案件审理工作全过程,取得良好的政治效果、纪法效果和社会效果。国资国企系统全年受理信访举报479件,给予组织处理301人,党纪政务处分16人,有效维护党纪政纪的严肃性。

(撰稿人:李 巍)

新疆维吾尔自治区

一、新疆维吾尔自治区国有资产监督管理工作综述

2021年,新疆维吾尔自治区国资委深入学习贯彻党的十九大和十九届历次全会精神,学习贯彻习近平总书记关于国资国企改革发展和党的建设重要论述,贯彻落实第三次中央新疆工作座谈会精神,贯彻落实自治区第十次党代会精神,着力抓改革、促发展、严监管、强党建,国企改革实现新突破,国有经济高质量发展迈出新步伐,国资监管水平迈上新台阶,国有企业党的建设得到新加强,实现"十四五"良好开局。

(一)突出提质增效,国有经济发展成绩创历史最佳

一是坚持在大局下谋划工作。国务院国资委和自治区党委、政府高度重视和支持国资国企事业发展。国务院国资委党委书记、主任郝鹏赴自治区国资委机关调研,对新疆国资国企工作给予高度评价。自治区党委、政府主要领导多次深入国有企业考察调研,多次召开会议专题研究国资国企工作,就国资国企工作作出批示近100次,为自治区国资委做好工作指明方向。自治区国资委坚定坚决把自治区党委、政府主要领导的指示要求作为国资国企工作的行动指南和目标方向,进一步增强万众一心加油干、争先进位走前列的信心和决心,始终做到在大局中有定位、在大事上有作为。二是抓机遇优服务固发展基础。引导企业用好当前稳增长压力较小的窗口期,充分利用各种红利,全力开拓市场、掌控优势资源、做强做实主业,落地一批重点项目,实施一批重大改革,推出一批创新举措,建成一批产业平台,办成一批大事要事,全区国有经济保持"稳中加固、快中提质、量质并进"的良好态势,高质量发展的基础不断巩固,势头不断向好,影响力和带动力不断增强。深入开展领导下基层、企业下地州、机关下企业"三下活动",自治区国资委党委领导班子带头深入基层,主动靠前指导服务,协调对接项目,解决困难问题,帮助增收增效,累计300余项。带动国资国企各级党员干部累计下基层近4000人次,协调解决问题难题近1000个,到地州市对接项目近1000个、金额近600亿元,为国有经济健康运行奠定坚实基础。三是主动加压促量质并进。创新"考核目标值"和"奋斗目标值"双目标考核激励机制,在年初提出全区国企营业收入3800亿元、纳税145亿元、利润95亿元,分别比上年增长约8%、8%、15%的"考核目标值"的基础上,自加压力、抬高标杆,进一步提出力争实现全区国企营业收入4000亿元、纳税160亿元、利润120亿元,分别比上年增长约15%、20%、20%的"奋斗目标值",激励全区国资国企敢于担当、奋力争先。截至2021年底,全区国有企业(不含金融企业)资产总额23884.5亿元,比上年增长8.78%;净资产9247.2亿元,比上年增长10.64%。实现营业收入5205.8亿元,比上年增长51.86%;利润总额179.7亿元,比上年增长254.44%;上缴税费149.8亿元,比上年增长46.57%。营业收入、利润总额和上缴税费3项指标均全面完成年度奋斗目标值,创历史最好水平。根据国务院国资委发布的全国国资系统经济运行动态,在全国32个省(自治区、直辖市)和新疆生产建设兵团中,自治区国资委监管企业资产总额、净资产、收入、利润总额、净利润均居第22位,其中资产总额比上年提升1位,净资产与收入均比上年提升2位,利润总额和净利润均比上年提升8位。

(二)突出改革攻坚,国企改革三年行动走在全国前列

坚持质效并重、全面发力,击鼓催征全区国资国

企深入实施国企改革三年行动。一是压实责任,形成合力。研究印发《自治区国企改革三年行动重点工作任务分工方案》,与监管企业和 14 个地(州、市)签订改革责任书,明确任务目标和完成时限,细化职责分工、层层压实责任。坚持专班推进,建立专题培训会强指导、月度通报会促推进、协调调度会抓落实的工作体系,形成上下贯通、纵深推进的改革新局面。二是严督实导,力求实效。建设运行在线督促督办系统,建立实地督导、跟踪问效、约谈函询等工作机制,成立督导调研组,对一级企业、地(州、市)进行"地毯式"实地督查评估,下发督办函,有力推动改革任务的落实。全区国企改革三年行动整体完成率 95%,实现后发赶超,被国务院国企改革领导小组评为 A 级,在全国范围通报表扬。三是系统推进,亮点纷呈。全面落实"两个一以贯之",厘清党委、董事会、经理层等治理主体的权责边界。指导全区监管一级企业完成党委前置研究讨论重大经营管理事项清单制定、董事会建设及职权落实工作,子企业全部建立董事会。进一步提升外部董事履职水平,并建立与之相适应的薪酬体系。在西部黄金、新鑫矿业实施股权激励计划,首开自治区国企先河。稳妥推进混合所有制改革,监管企业及各级子企业混改率 45%。积极引入非国有资本,持股比例超过 1/3 的企业占 66%。推动立新能源、宝地矿业完成上市辅导,指导金投公司下属凯迪投资以股权受让方式取得 1 家上市公司的实际控制权。推动国有农垦土地资源资本化,支持中泰集团及新粮集团与驻疆央企、地州国企通过国有农垦土地作价出资开展股权合作,增加企业净资产(资本金)17 亿余元。会同财政厅制定《推进自治区级党政机关及事业单位经营性国有资产集中统一监管改革工作方案》,积极配合做好首批 24 户事业单位转企改制工作。妥善解决企业历史遗留问题,全区国有企业"三供一业"分离移交全部完成,43 户"僵尸企业"全部出清。四是善于借鉴,勇于创新。研究制定《关于进一步深化自治区国有企业改革的若干意见》,在国企动态定级调整、畅通国企产业链条、国企"阳光采购平台"等 12 个方面进行创新探索,政银企合作平台建设、国企改革问询机制等 9 项工作率先"破题"。

(三)突出优化布局,国有经济引领带动作用显著增强

围绕自治区"十四五"规划,聚焦主责主业,有进有退、有所为有所不为,加快构建功能明确、主业突出、分布合理、运转高效的国有资本新布局。一是以"大重组"搭建大平台。围绕培育千亿元级龙头骨干产业集团、发挥产业平台引领功能,推动国投公司与交建集团、交建投公司重组为国投集团,致力于全区新型城镇化、基础设施、互联互通等建设。推动雪峰控股、畜牧集团、外贸财务公司整合重组为农牧投集团,打造农牧业资本投资运营平台,推进一、二、三产业融合发展。推动新矿投资集团挂牌运营,打造矿业勘察开发投资服务一体化平台。研究推动水发集团组建,着力构建现代水利支撑体系。推动文旅投集团整合 7 家涉旅资产,发起设立新疆文旅产业基金,并与中国旅游集团、携程集团等疆内外企业开展合作,积极助力"文化润疆"工程和"旅游兴疆"战略的深入实施。二是以"大项目"服务大战略。引导企业聚焦战略大局开展投资,积极主动承接丝绸之路经济带、"疆电外送""疆煤外运"等国家重要项目,推动有色集团、机场集团、中泰集团、新投集团、交投公司等企业在稀有金属勘探开发、煤化工、新材料以及基础设施建设领域开工建设一批重点项目,完成固定资产投资 607.28 亿元,比上年增长 27.2%,与浙江、山东跻身全国国资系统固定资产投资增速前三甲。三是以"大协同"促进大发展。坚持"大国资""一盘棋",在自治区党委、政府的指导推动下,积极承办中央企业援疆工作会议暨国资央企助力新疆高质量发展会议,签署合作备忘录、战略框架协议和项目合作协议,"十四五"期间央企在疆总投资将超过 1 万亿元。大力推动区地企业合作,召开监管企业助力阿勒泰高质量发展会、与乌鲁木齐项目对接会,与 14 个地(州、市)及所属国企签署一揽子战略框架协议、签约额超过 800 亿元,覆盖范围全、签约项目广、投资体量大,有力促进区地上下联动、共同发展。积极推进兵地合作,召开兵地国资融合发展座谈会,签订战略框架协议和项目合作协议,机场集团、新能源集团等企业与兵团的 10 个合作项目积极推进。四是以"大担当"履行大责任。聚焦乡村振兴战略,制定《关于自治区国资委巩固拓展脱贫攻坚成果全面推进乡村振兴的实施方案》和相应考核激励办法,召开国资国企助力于田县乡村振兴推进会,组织企业前往乌什、沙湾、玛纳斯实地调研座谈,签署产业发展战略框架协议。推动莎车县纺织服装产业园项目首期2.7亿元资本金落地并实现正式投产。协调推进"工装援疆",签订工装合同订单87万件、总金额1.39亿元,夯实南疆乡村振兴的产业基础。坚持把解决就业作为最大的民生,组织协调34家监管企业、54家驻疆中央企业、14个地(州)国资委吸纳22828名高校毕业生,完成自治区下达目标任务的近3倍。

(四)突出效能提升,国资监管水平再上新台阶

坚持以管资本为主加强国资监管,进一步提高国资监管的系统性、针对性、有效性。一是监管职能进一步转变。高度重视国资监管职能优化,成立国资委巡察办公室并作为常设机构,与业务监督、综合监督、纪检监督和巡视监督等形成监督力量协同。按照权责法定原则,动态调整监管权责清单和事中事后监管清单,优化审批流程,出台规范性文件19个,废止13个与"以管资本为主"不一致的制度,进一步巩固企业市场主体地位。二是监管效能进一步提升。全面加强制度化监管,制定加强监管提高监管效能的意见、指导监督实施办法等制度,强化监管的针对性和有效性。发挥考核"指挥棒"作用,将国企改革三年行动、"十四五"规划编制、自治区重点项目建设、研发投入强度等纳入考核体系,引导企业担当作为、创新创造。大力推进法治化监管,制定《全面推进监管企业法治建设的指导意见》《推进总法律顾问制度加强企业法务机构建设的意见》等文件,持续完善法治监管体系。全力防范化解债务、金融等重大风险,"一企一策"制定重点监管企业防风险责任清单,定期召开风险研判会,开展高风险业务监督检查29次,牢牢守住不发生系统性风险的底线。积极推进国资国企在线监管平台建设,开发"三重一大"制度落实、国企改革在线督办、党建工作等7个核心业务系统,完成32户监管企业集团系统应用部署,有力提升信息化监管水平。三是监督机制进一步完善。制定国资监管责任约谈工作规则等7个办法和工作流程,建立管理提升建议书机制,规范责任追究工作机制,丰富监督约束手段,累计向监管企业发出警示函9份,责任约谈1次,移送违规问题线索1个,基本实现责任追究工作分层分级、有效衔接、上下贯通的责任追究工作机制和监督体系。

二、新疆维吾尔自治区国有资产总量与结构分析

截至2021年底,自治区国有企业资产总额(不含区属金融企业)23884.5亿元,比上年增长8.78%;净资产9247.2亿元,比上年增长10.64%;平均资产负债率61.28%,比上年下降1.33个百分点;实现营业收入5205.8亿元,比上年增长51.86%;利润总额179.7亿元,比上年增长254.44%;上缴税费149.8亿元,比上年增长46.57%。其中,区本级监管企业资产总额7259.4亿元,增长8.27%;净资产2899.4亿元,增长16%;平均资产负债率60.06%,下降4.24个百分点;营业收入3979.5亿元,增长57.81%;利润总额132.3亿元,增长782%;上缴税费85.7亿元,增长79.29%。

表1 2021年新疆维吾尔自治区国有企业指标

项 目	金 额(亿元)
资产总额	23884.5
所有者权益	9247.2
国有资产总量	8669.2
营业收入	5205.8
利润总额	179.7
净利润	133.3
归属于母公司所有者的净利润	53.3
应交税金总额	165.1
实际上缴税金总额	149.8

注:表中资产总额数据不含区属金融企业。

表2 2021年新疆维吾尔自治区国有企业户数情况

2020年户数(户)	2021年户数(户)	比上年增长(%)
1015	938	−7.58

表3　2021年新疆维吾尔自治区国有资产按地区分布情况

地　区	国有资产（亿元）	占国有资产总量比重(%)
区属企业汇总	2422.4	27.94
地(州、市)企业汇总	6246.8	72.06
乌鲁木齐市	2080.1	23.99
昌吉回族自治州	560.4	6.46
巴音郭楞蒙古自治州	761.3	8.78
伊犁哈萨克自治州	601.2	6.93
阿克苏地区	506.7	5.84
博尔塔拉蒙古自治州	254.2	2.93
克拉玛依市	274.6	3.17
喀什地区	291.5	3.36
哈密市	235.3	2.71
阿勒泰地区	224.1	2.59
塔城地区	214.6	2.48
和田地区	165.5	1.91
吐鲁番市	23.3	0.27
克孜勒苏柯尔克孜自治州	54.0	0.62
合　计	8669.2	100.00

表4　2021年新疆维吾尔自治区国有资产按行业分布情况

行　业	国有资产（亿元）	占国有资产总量比重(%)
农林牧渔业	570.8	6.58
工业	1006.9	11.61
建筑业	440.1	5.08
交通运输业	1144.2	13.20
仓储业	24.9	0.29
商贸业	108.7	1.25
房地产业	734.6	8.47
信息传输、软件和信息技术协商服务业	13.8	0.16
社会服务业	4183.2	48.25
教育文化传播业	45.5	0.52
科学研究和技术服务业	77.6	0.90
金融业	297.9	3.44
其他	21.0	0.24
合计	8669.2	100.00

表5　2021年新疆维吾尔自治区国有资产按经营规模分布情况

经营规模	国有资产（亿元）	占国有资产总量比重(%)
大型企业	5747.9	66.30
中型企业	1055.1	12.18
小型企业	1152.4	13.29
微型企业	713.8	8.23
合　计	8669.2	100.00

三、新疆维吾尔自治区国有资本保值增值综合分析评价

2021年，自治区国有企业国有资本保值增值率100.53%。

按产业结构分，第一产业企业98户，国有资本保值增值率100.7%；第二产业企业195户，国有资本保值增值率102.08%；第三产业企业645户，国有资本保值增值率100.33%。

按企业规模分，大型企业77户，国有资本保值增值率101.43%；中型企业155户，国有资本保值增值率97.10%；小型企业387户，国有资本保值增值率99.89%；微型企业319户，国有资本保值增值率99.28%。

按地区分，自治区本级企业31家，国有资本保值

增值率101.90%；乌鲁木齐市企业34家,国有资本保值增值率99.50%；克拉玛依市企业29家,国有资本保值增值率101.73%；吐鲁番市企业40家,国有资本保值增值率98.05%；哈密市企业36家,国有资本保值增值率100.71%；伊犁哈萨克自治州企业112家,国有资本保值增值率100.11%；昌吉回族自治州企业54家,国有资本保值增值率99.21%；博尔塔拉蒙古自治州企业84家,国有资本保值增值率99.11%；巴音郭楞蒙古自治州企业103家,国有资本保值增值率100.00%；阿克苏地区企业69家,国有资本保值增值率101.43%；克孜勒苏柯尔克孜自治州企业24家,国有资本保值增值率99.89%；喀什地区企业85家,国有资本保值增值率100.98%；和田地区企业37家,国有资本保值增值率101.39%；阿勒泰地区企业55家,国有资本保值增值率99.55%；塔城地区企业46家,国有资本保值增值率100.41%。

按行业分,农林牧渔业98家,国有资本保值增值率100.69%；工业142家,国有资本保值增值率102.36%；建筑业53家,国有资本保值增值率101.73%；交通运输业44家,国有资本保值增值率99.31%；仓储业67家,国有资本保值增值率102.04%；商贸业68家,国有资本保值增值率101.13%；房地产业51家,国有资本保值增值率99.82%；信息传输、软件和信息技术服务业15家,国有资本保值增值率102.29%；社会服务业314家,国有资本保值增值率100.50%；教育文化传播业25家,国有资本保值增值率105.87%；科学研究和技术服务业38家,国有资本保值增值率104.44%；金融业12家,国有资本保值增值率102.20%；其他未列明行业11家,国有资本保值增值率89.50%。

表6　2021年新疆维吾尔自治区国有企业地区和行业国有资本保值增值情况

地区	国有资本保值增值率(%)	行业	国有资本保值增值率(%)
自治区本级	101.90	农林牧渔业	100.69
昌吉回族自治州	99.21	工业	102.36

续表

地区	国有资本保值增值率(%)	行业	国有资本保值增值率(%)
吐鲁番市	98.05	建筑业	101.73
和田地区	101.39	交通运输业	99.31
乌鲁木齐市	99.50	仓储业	102.04
克孜勒苏柯尔克孜自治州	99.89	商贸业	101.13
喀什地区	100.98	房地产业	99.82
阿克苏地区	101.43	信息传输、软件和信息技术服务业	102.29
巴音郭楞蒙古自治州	100.00	社会服务业	100.50
伊犁哈萨克自治州	100.11	教育文化传播业	105.87
塔城地区	100.41	科学研究和技术服务业	104.44
博尔塔拉蒙古自治州	99.11	金融业	102.20
阿勒泰地区	99.55	其他	89.50
克拉玛依市	101.73		
哈密市	100.71		

四、新疆维吾尔自治区国资委监管企业改革发展情况

2021年,自治区国企改革三年行动整体完成率95%以上,被国务院国企改革领导小组评为A级,在全国范围通报表扬。

(一)国企改革三年行动全面推进

印发《自治区国企改革三年行动重点工作任务分工方案》,签订国企改革责任书,强化考核问效力度。累计组织专题视频培训会8场、观摩交流会5次,召开全区调度会6次、月例会10次。建立实地督导、跟踪问效、约谈函询等工作机制,成立12个督导调研组,对27家一级企业、14个地(州、市)进行"地毯式"实地督查评估,下发督办函15批次,有力推动改革任务的落实。

(二)中国特色现代企业制度不断健全

印发《关于自治区国有企业在完善公司治理中加强党的领导的实施意见》。国有企业党组织在公司治理结构中的法定地位得到明确和落实,党委"把方向、管大局、促落实"的领导作用有效发挥。"前置清单"全面制定并落地见效。印发《关于进一步完善国有企业法人治理结构的实施意见》《自治区国资委监管企业落实子企业董事会职权的操作指引》等,自治区本级及各级子企业全部实现董事会应建尽建,建立董事会向经理层授权管理制度占比93%,全面落实董事会职权的重要子企业占比100%。出台《自治区国有企业外部董事选聘管理办法》,一级企业及各级子企业实现外部董事占多数的企业户数占比97%。指导企业落实《自治区本级国有独资公司、国有全资、国有控股企业公司章程指引(试行)》,推动将三年行动重点要求纳入公司章程,企业内部制度体系日趋完善。

(三)市场化经营机制进一步完善

印发《关于推行经理层成员任期制和契约化管理的指导意见》,全面推进企业市场化选聘高级管理人员和职业经理人。一级企业中,实施经理层(含职业经理人)成员任期制和契约化管理的户数占比100%。实现任期制和契约化管理的经理层总人数占比100%。累计460户各级子企业与经理层签订有关合同或契约,占比68%。实现任期制和契约化管理的经理层人数占比83%。146户子企业开展职业经理人选聘工作,在职经理人255人。印发《自治区国资委监管企业深化劳动、人事、分配三项制度改革评估办法(试行)》,以制度引领加大改革推力。截至2021年底,通过竞争上岗的管理人员3450人,占管理人员总人数的90%。末等调整或不胜任退出占比7%。通过公开招聘新进员工人数占新进员工总人数的99%。实行全员绩效考核100%。印发《自治区国资委监管企业控股上市公司实施股权激励工作指引》,在西部黄金、新鑫矿业实施股权激励计划。惠及经营管理人员和核心骨干员工1248人,实施员工持股企业14户,累计激励人数1382人,有效调动员工的积极性、主动性和创造性。

(四)积极稳妥推进混合所有制改革

一级及各级子企业中混合所有制企业305户,其中一级企业混合所有制改革1户(交建集团),各级子企业混合所有制改革户数304户,混改率45%,通过混合所有制改革引入非国有资本总量106.24亿元。确立新疆产权交易所为全区国企混合所有制改革信息发布平台,为监管企业面向区内外引进高匹配度、高认同感、高协同性的战略投资者提供支持。制定《新疆维吾尔自治区关于进一步提高上市公司质量的实施意见》,推动立新能源、宝地矿业、天利石化完成上市辅导,指导金投公司下属凯迪投资以股权受让方式取得德展健康的实际控制权,实现"十四五"时期新增第一家国有控股上市公司的目标。

(五)着力实施创新驱动战略

在监管企业2021年经营业绩考核目标值设定中,对中泰集团等6户工业企业采用行业对标方式设置研发投入比率指标,引导企业增强研发投入。截至2021年底,自治区本级监管工业企业研发经费投入12.94亿元,比上年增加7.94亿元,增长158.8%。研发投入强度1.27%,比上年增加0.42个百分点。

(六)国企改革专项工程出新出彩

"双百行动""科改示范行动"扎实推进。交建集团、蓝山屯河、西部黄金、美克化工等4家"双百企业"在重点领域和关键环节率先取得突破,"科改示范企业"雪峰科技通过落实董事会职权、外部董事占多数、实行任期制和契约化管理、员工市场化退出、公开招聘、全员劳动生产率、人工成本利润率等17项指标大幅提升,科技型企业市场化改革与自主创新能力有机融合。

五、新疆维吾尔自治区国资委监管企业并购重组与完善法人治理结构情况

(一)并购重组情况

围绕培育千亿元级龙头骨干产业集团、发挥产业平台引领功能,推动国投公司与交建集团、交建投公司重组为新疆国有资本投资(集团)有限公司,资产规模将超过1000亿元,主体信用评级达到AAA标准,能够更好承接国家和自治区重大基础设施领域的项

目建设,对铁路、机场、"煤改电"、供水、旅游等项目建设及资金使用以市场化的形式进行经营管理。推动雪峰控股、畜牧集团、外贸财务公司整合重组为新疆农牧业投资(集团)有限公司,形成以股权投资、资产管理、资源整合为主的农牧业资本投资运营平台,推进一、二、三产业融合发展。推动新疆地矿投资(集团)有限公司挂牌运营,打造矿业勘察开发投资服务一体化平台。加快新疆水利发展投资(集团)有限公司组建,着力构建现代水利支撑体系。支持新疆文化旅游投资(集团)有限公司做大做强,助力"旅游兴疆"战略的深入实施。

(二)完善法人治理结构情况

自治区国资委健全现代企业法人治理结构,大力推进规范董事会建设,提高科学决策能力。加强外部董事队伍建设。印发《自治区国资委监管企业外部董事选聘和管理办法》。指导企业规范董事会工作运行。印发《关于印发〈中央企业董事会工作规则(试行)〉的通知》,提高企业董事会建设规范化、科学化水平。加快落实外部董事配备。按照外部董事占多数改革要求,实现23户企业外部董事占多数。

六、新疆维吾尔自治区国资委监管企业建立和完善经营业绩考核体系情况

(一)修订完善收入分配制度体系

自治区国资委相继修订完善《监管企业负责人经营业绩考核办法》《监管企业负责人薪酬管理办法》《监管企业工资总额管理办法》。确立奋斗目标考核机制,建立经营业绩考核特殊事项清单管理制度,明确考核结果定等原则,以考核分数先进程度定等,突出党的领导,强化党建考核结果运用,赋予分值权重,促进融合发展。建立与奋斗目标相挂钩的薪酬激励机制。明确新设企业负责人薪酬水平核定原则。细化离任企业负责人薪酬兑现条件等。调整工资总额特殊管理清单项目,完善备案制管理相关要求,压实监管企业对所出资企业工资总额预算管理责任。

(二)建立健全外部董事薪酬管理制度

制定印发《自治区国资委监管企业外部董事薪酬管理办法》,从专职外部董事薪酬结构、支付管理、福利待遇、履职待遇业务支出、兼职外部董事补贴等方面进行明确和规范,建立健全与外部董事管理相匹配的薪酬管理体系。

(三)规范中长期激励操作规则

制定印发《自治区国资委监管企业控股上市公司实施股权激励工作指引》,从国有控股上市公司股权激励计划制定、实施程序、计划管理等方面进行明确和规范,为监管企业规范实施国有上市公司股权激励提供制度遵循。

(四)改进基薪基数确定机制

2021年,自治区国资委积极协调自治区薪改领导小组成员单位,改进区属国有企业负责人基薪基数确定和公布机制,改"当年用当年公布"为"当年公布次年用",扭转薪酬核定时间偏晚"堵点",推动薪酬核定工作周期大幅缩短,有效发挥激励作用。

七、新疆维吾尔自治区国资委监管企业负责人考核与选人用人机制改革情况

(一)严抓考核工作

配合自治区党委组织部,完成自治区管理一、二类企业2021年度(绩效)考核工作,组织实施自治区管理三类企业领导班子和领导人员2021年度(绩效)考核工作,考核企业领导人员47人,其中正职17人、副职30人。

(二)严格干部管理

根据《自治区国有企业领导人员管理规定》,提拔任命新疆新业国有资产经营(集团)有限责任公司2人、新疆交通建设集团股份有限公司1人、新疆产权交易所有限责任公司1人、新疆边疆宾馆有限责任公司1人。组织自治区管理三类企业领导人员44人集中填报"领导干部个人有关事项报告表",随机抽查核实5人。完成纳入审核范围的1905名干部档案专项审核任务,为干部人才日常管理服务提供基础保障。

(三)强化政治标准

选优配强三类企业领导班子,配合党委组织部选好配好一、二类企业领导班子。把好政治关、能力关、廉洁关,选优配强企业外部董事。抓好人才队伍建设工作,突出德才兼备选人用人机制,区属企业通过竞争上岗的管理人员占比86%。

(四)强化人才队伍建设

积极推进监管企业人才队伍建设,发挥各类人才对企业发展的支撑作用。制定印发《关于进一步加强自治区监管企业人才队伍建设的意见》《关于推行经理层成员任期制和契约化管理的指导意见》。举办北京大学国有企业管理创新与领导力提升培训班、浙江大学新疆国有企业经营管理人才培训班,累计培训企业管理人员144人次。组织国资国企赴内地高校秋季招聘活动,完成23家企业810个招聘录用工作。完成中央企业援疆干部座谈会组织筹备工作。

八、新疆维吾尔自治区国资委监管企业党的建设和廉政建设情况

(一)强化政治建设

紧紧围绕习近平总书记关于"国企姓党"的重要论述,全面建立国有企业学习贯彻习近平总书记重要指示批示"首要责任""第一议题"制度,推动习近平新时代中国特色社会主义思想进企业、进车间、进班组、进头脑。建立健全贯彻落实党中央重大决策部署和自治区党委、政府工作要求跟进督办制度,完善党委议事制度等,形成国资国企践行"两个维护"的制度体系。深入开展党史学习教育,切实把党史学习教育成效转化为为群众办实事、推动国资国企高质量发展的强大动力。

(二)强化政治功能

研究制定《自治区国有企业在完善公司治理中加强党的领导的实施意见》,自治区国有全资、独资、绝对控股企业100%完成党建工作进章程,实现"双向进入、交叉任职"和党委书记、董事长"一肩挑"全覆盖。不断夯实基层基础,严格落实"两个全覆盖",打造"红心照国企,党旗映天山"党建品牌,创建标准化规范化党支部914个,全年新发展党员3098人,推动各级党组织开展党员责任区、先锋岗、攻关项目等5380个,选树宣传各类各级典型1167个。

(三)强化政治监督

常态化分析研判国资国企政治生态,加强对企业领导班子特别是"一把手"的监督,对监管企业14名党委书记进行政治监督谈话,对4名企业主要领导进行约谈。

(四)强化党风廉政建设

加强重点领域监督,开展优化营商环境、落实中央八项规定、粮食购销领域腐败和境外国有企业腐败等问题专项治理工作。常态化开展党性党风党纪教育,设立自治区国资委党委巡察办,完成对4家企业党委的常规巡察。2021年围绕疫情防控、餐饮浪费、脱贫攻坚、"吃公函"和损害群众利益、国企改革、主体责任落实、一把手监督、惠民惠农财政补贴资金"一卡通"发放管理、欠薪欠资等16项任务清单开展各类监督检查200余次。全年立案审查71件,结案66件,国资国企运用监督执纪"四种形态"处理371人次。

(撰稿人:高文福)

新疆生产建设兵团

一、新疆生产建设兵团国有资产监督管理工作综述

2021年,新疆生产建设兵团国资党委以习近平新时代中国特色社会主义思想为指导,全面贯彻党的十九大和十九届五中、六中全会,第三次中央新疆工作座谈会精神,认真学习贯彻汪洋主席调研新疆、兵团时讲话精神,深入落实兵团党委国资国企改革现场推进会和兵团企业高质量发展座谈会精神,聚焦新疆工作总目标和兵团职责使命,统筹疫情防控和经济社

会发展,扎实推进兵团国资国企改革发展,各项工作取得较好成绩。

(一)强化思想武装,提高政治站位

一是持续加强理论武装。坚持把学习贯彻习近平新时代中国特色社会主义思想作为国资国企改革发展的根本遵循和党委会"第一议题",作为党委理论学习中心组、"三会一课"及教育培训的中心内容,全年组织党委会35次、中心组学习13次,持之以恒抓好习近平总书记关于兵团的重要批示指示精神、关于国资国企改革和党的建设重要论述的学习贯彻,不断强化思想武装,筑牢理论根基。二是深入学习贯彻党的十九届五中、六中全会和第三次中央新疆工作座谈会精神。组织委机关和监管企业194人开展学习贯彻党的十九届五中全会和第三次中央新疆工作座谈会精神轮训。兵团国资委主要负责人以及班子成员带队下企业基层作六中全会精神宣讲。持续抓好第三次中央新疆工作座谈会精神的贯彻落实,开展"确立企业市场主体地位"和"国有经济产业布局"2个课题研究,抓好会议精神任务分工方案的落实落地。三是开展好党史学习教育。严实标准开展党史学习教育,坚持每周党史学习,编撰《赓续红色血脉传承兵团精神学习资料选编》等学习材料,先后开展学习习近平总书记"七一"重要讲话精神研讨会、专题读书班、组织生活会等活动,兵团国资委领导带头讲党课,与机关部门、监管企业共同开展组织生活,并选派国资系统53名优秀党务工作者赴大别山干部学院专题学习,持续深化效果。

(二)认真履职尽责,国资国企改革发展不断深化

一是经济运行稳中向好。紧盯年初目标任务,坚持月例会和季度经济运行分析,强化经济运行动态监测和过程管理,不断提升国有企业运行质量。兵团国有企业经济呈稳中向好态势,特别是前三季度成为全国32个地区中地方监管企业营业收入增速超过40%的5个地区之一,受到国务院国资委通报表扬。二是国有资本布局持续优化。强化顶层设计。兵团党委印发《兵团关于新时代推进国有经济布局优化和结构调整实施方案》,科学编制兵团国有经济"十四五"规划。积极推动兵团优势产业集团培育组建。先后组建兵团电力、胡杨基金、兵团能源、兵团文旅等优势产业集团并加快投入运营步伐。大力推进向南发展。兵团办公厅印发《关于鼓励支持引导兵团北疆国有控股上市公司向南布局的指导意见》,引导国有企业积极向南,投资公司、天康生物、天润乳业、北新路桥等企业在南疆师市续建、新建投资项目20余个、金额17亿元。积极开展混合所有制改革。坚持"三因、三宜、三不"原则,兵团本级企业中混合所有制企业37户,占比26.83%,师市混合所有制企业215户,占比19.78%,兵师两级引入非国有资本21.63亿元,"国有企业实力+民营企业活力"激发出混合所有制改革企业的竞争力。不断拓宽合资合作渠道。筹备组织9月9—10日在乌鲁木齐召开的中央企业援疆工作会议暨国资央企助力新疆高质量发展会议,兵团与国务院国资委签署《"十四五"时期合作备忘录》,促成兵团国企与央企签署合作协议11个,签约金额1178亿元。积极配合国务院国资委,承接央企"工装援疆"行动订单255万余套。与自治区国资委签署合作协议,推进合资合作,开创互融互通、协调发展新局面。三是国资国企改革进一步深化。对标《国企改革三年行动方案》要求,认真落实兵团党委22号文,抓好重点领域和关键环节的改革突破工作。持续加强督导调研。坚持问题导向,紧盯巡视审计反馈和改革重点任务落实中存在的短板弱项,先后赴各师(市)各单位调研31次,编印简报57期,发放提示函、问题反馈清单35份,持续压实改革责任,务求改革实际成效。中国特色现代企业制度持续完善。"两个一以贯之"、党委前置研究讨论重大经营管理事项清单、贯彻落实党中央重大决策部署跟进督办制度等全面落实。董事会建设进一步规范,97.57%的师(市)监管企业、100%的兵团本级企业实现董事会应建尽建。兵师两级外部董事人才入库近200人,超过70%的兵团本级监管企业实现外部董事占多数。基本完成公司制改革,兵团本级132户国有企业全部完成公司制改革,14个师(市)国有企业公司制改革完成率99.90%。三项制度改革持续推进。印发《兵团国资委监管企业综合绩效评价管理暂行办法》《兵团国资

委监管企业工资总额管理办法实施细则》等文件,全面完成企业"六定"和"去机关化"工作,加速推进经理层成员任期制和契约化管理,对处于充分竞争领域企业将同地区同行业企业平均利润率作为关键考核指标,层层签订企业经营目标责任书,建立经营目标未完成经理层退出机制,落实兵团本级监管企业新进员工实现100%市场化招聘,有效激发企业内生活力动力。严控企业金融投资债务等风险。修订完善《兵团国资委监管企业投资项目负面清单》,严格执行监管企业投资项目备案、提供贷款担保审核制度,组织开展兵团国有企业金融债务摸底调查,汇总分析国有企业金融债务情况,印发月度兵团国有企业金融债务情况简报,支持企业依规开展债券融资,督导指导企业优化债务结构,积极降低资产负债率。防范安全生产风险。认真落实安全生产要求,逐级签订2021年安全生产目标管理责任书,认真做好"两会"等重要时间节点安全生产工作。有序推进历史遗留问题解决。全面完成"三供一业"分离移交收尾工作,积极推动国有企业退休人员社会化管理。有效推进遗留十多年的徕远双子楼、东风路集资房、小贷公司历史欠款清收、五星大厦、粮油储备站等"老大难"问题化解。四是切实提升国资监管效能。持续优化国资监管方式。制定《兵团国资委监管提示函工作规则》《兵团国资委监管通报工作规则》,积极推进国有资本投资、运营公司改革试点工作,进一步推动国有资本授权经营体制改革。强化权力和责任清单管理并建立动态调整机制,推动国资监管各项要求落实落细。加强国有产权管理。制定印发《兵团国资委监管企业参股国有股权管理规定》,对兵团国资委监管企业参股情况进行摸底分析,形成《监管企业参股有关情况的报告》《关于兵团国资委监管企业参股国有股权管理情况的中期报告》。加强法治建设。印发第八个普法五年规划,认真开展法治宣传教育,全年组织党员干部和企业160余人参加4期国务院国资委法治大讲堂,组织民法典、企业合规管理、合同风险分析等法律专题培训。五是认真落实兵团企业高质量发展座谈会精神。组织召开兵团企业高质量发展座谈会,认真贯彻落实会议精神。起草《兵团行业部门服务企业高质量工作方案》,成立领导小组、制定工作方案、明确责任分工,确保工作有效落实。

(三)加强党建工作,用高质量党建引领各项工作高质量

一是压实党建责任。认真贯彻《党委(党组)落实全面从严治党主体责任规定》,督促各级党组织切实肩负起主体责任、党组织书记第一责任人责任、领导班子成员和各级领导干部"一岗双责"。强化党建工作责任制落实考核,高质量抓好党组织书记抓基层党建述职评议,加强日常监督检查,实现党建工作考核结果与干部选拔任用、领导人员薪酬、评先评优等挂钩,层层压紧党建工作责任制。二是狠抓作风建设。按照兵团党委作风建设"能力提升年"部署要求,印发《兵团国资委党委关于深入开展"抓作风 强能力 敢担当 快落实"行动实施方案》,着力打造"三强三能"(政治意识强、纪律意识强、一流意识强,坐下来能写、站起来能说、遇到事能干)国资监管队伍和"一流意识强"(一流的创新能力、一流的经营效益、一流的产品服务、一流的资源配置能力、一流的人才队伍和一流的公司治理)企业。三是加强基层组织建设。印发《兵团国资委监管企业在公司治理中加强党的领导的实施意见》《兵团国资委监管企业认真开展全国国有企业党的建设工作会议精神贯彻落实情况"回头看"工作的实施方案》。四是加强人才队伍建设。设立兵团国资国企改革发展研究中心,与编办共同推动各师加强国资监管力量。落实《兵团党委办公厅关于调整兵团一类企业领导人员管理体制有关问题的通知》,持续畅通企业领导人与党政机关交流任职通道,全年交流任职4人,为监管企业配备领导人9人。五是持之以恒正风肃纪。认真配合兵团党委第二巡视组做好巡视"回头看"工作,狠抓巡视问题整改和审计整改,通过组织参观兵团党风廉政教育中心、动态跟进巡视整改、落实审计整改工作进展情况月报告制度等有效措施,持续推进从严治党向纵深推进。

二、新疆生产建设兵团国有资产总量与结构分析

截至2021年底,纳入统计范围的兵团各级次国

有及国有控股企业（以下简称兵团企业）1488户，资产总额6032.80亿元，比上年增长7.93%；负债总额4192.45亿元，比上年增长4.23%；所有者权益1840.35亿元，比上年增长17.43%。资产负债率69.49%，比上年减少2.76个百分点。全年实现营业收入2516.95亿元，比上年增长19.88%；实现利润总额52.75亿元，比上年增长17.5%。年末国有资产总量1423.01亿元，较年初增长15.59%。其中，兵团国资委监管企业资产总额603.5亿元，下降7.31%；所有者权益259.16亿元，增长17.3%；负债总额344.34亿元，增长0.85%；平均资产负债率57.06%，减少3.65个百分点；实现营业收入288.66亿元，增长17.8%；亏损0.96亿元。

表1　2021年新疆生产建设兵团国有企业指标

项　目	金　额（亿元）
资产总额	6032.80
所有者权益	1840.35
国有资产总量	1423.01
营业收入	2516.95
利润总额	52.75
净利润	35.16
归属于母公司所有者的净利润	15.74
应交税费总额	90.51
实际上缴税费总额	86.36

表2　2021年新疆生产建设兵团国有企业户数情况

2020年户数（户）	2021年户数（户）	比上年增长（%）
1338	1488	11.21

从地区分布来看，兵团国资委监管企业、第八师、第十一师、第三师和第四师国有企业国有资产总量合计占比61.63%，其中，兵团国资委监管企业国有资产总量183.75亿元，占比12.91%；第八师国有资产总量235.43亿元，占比16.54%；第十一师国有资产总量185.56亿元，占比13.04%；第三师国有资产总量141.95亿元，占比9.97%；第四师国有资产总量130.48亿元，占比9.17%。

表3　2021年新疆生产建设兵团国有资产按地区分布情况

地　区	国有资产（亿元）	占国有资产总量比重（%）
第一师	82.33	5.79
第二师	75.26	5.29
第三师	141.95	9.97
第四师	130.48	9.17
第五师	57.13	4.01
第六师	68.15	4.79
第七师	83.13	5.84
第八师	235.43	16.54
第九师	30.86	2.17
第十师	26.64	1.87
第十一师	185.56	13.04
第十二师	81.75	5.75
第十三师	26.70	1.88
第十四师	6.24	0.44
兵团国资委监管企业	183.75	12.91
兵团直属企业	7.65	0.54
合　计	1423.01	100.00

从行业分布情况看，兵团企业国有资产主要集中在租赁和商务服务业、制造业和农林牧渔业，合计占国有资产总量的56.81%。其中，租赁和商务服务业国有资产总量436.48亿元，占比30.63%；制造业国有资产总量208.18亿元，占比14.61%；农林牧渔业国有资产总量164.97亿元，占比11.57%。其他14个行业占国有资产总量的43.19%。

表 4　2021 年新疆生产建设兵团国有资产按行业分布情况

行　业	国有资产（亿元）	占国有资产总量比重(%)
农林牧渔业	164.97	11.57
采矿业	17.89	1.26
制造业	208.18	14.61
电力、热力、燃气及水生产和供应业	61.65	4.33
建筑业	67.38	4.73
批发和零售业	100.96	7.08
交通运输、仓储和邮政业	114.71	8.05
住宿和餐饮业	8.71	0.61
信息传输、软件和信息技术服务业	2.47	0.17
金融业	54.36	3.81
房地产业	85.82	6.02
租赁和商务服务业	436.48	30.63
科学研究和技术服务	13.4	0.94
水利、环境和公共设施管理业	56.61	3.97
居民服务、修理和其他服务业	30.11	2.11
教育	−2.31	—
文化、体育和娱乐业	1.62	0.11
合　计	1423.01	100.00

表 5　2021 年新疆生产建设兵团国有资产按经营规模分布情况

经营规模	企业户数（户）	国有资产（亿元）	占国有资产总量比重(%)
大型企业	86	−305.70	−21.48
中型企业	323	469.39	32.99
小型企业	500	931.07	65.43
微型企业	579	328.25	23.06
合　计	1488	1423.01	100.00

三、新疆生产建设兵团国有资本保值增值综合分析评价

2021 年，兵团企业国有资本保值增值率 98.66%。7 个师国有企业和兵团直属企业实现国有资本保值增值。其中，第七师保值增值率 104.48%，第十一师保值增值率 102.09%，第一师保值增值率 100.95%，第三师保值增值率 100.95%，第四师保值增值率 100.57%，第二师保值增值率 103.43%，第八师保值增值率 100.09%，兵团直属企业保值增值率 100.33%。

2021 年，兵团企业大部分行业实现国有资本保值增值，其中，科学研究和技术服务保值增值率 123.31%，信息传输、软件和信息技术服务业保值增值率 117.11%，制造业保值增值率 113.00%，批发和零售业保值增值率 109.02%，建筑业保值增值率 107.95%，房地产业保值增值率 102.31%，水利、环境和公共设施管理业保值增值率 101.22%。

表 6　2021 年新疆生产建设兵团国有企业地区和行业国有资本保值增值情况

地　区	国有资本保值增值率(%)	行　业	国有资本保值增值率(%)
第一师	100.95	农、林、牧、渔业	88.31
第二师	103.43	采矿业	112.19
第三师	100.95	制造业	113.00
第四师	100.57	电力、热力、燃气及水生产和供应业	91.68
第五师	98.71	建筑业	107.95
第六师	95.76	批发和零售业	109.02
第七师	104.48	交通运输、仓储和邮政业	99.61
第八师	100.09	住宿和餐饮业	96.31
第九师	96.07	信息传输、软件和信息技术服务业	117.11

续表

地 区	国有资本保值增值率(%)	行 业	国有资本保值增值率(%)
第十师	97.02	金融业	99.90
第十一师	102.09	房地产业	102.31
第十二师	90.31	租赁和商务服务业	91.74
第十三师	98.28	科学研究和技术服务业	123.31
第十四师	97.43	水利、环境和公共设施管理业	101.22
兵团国资委监管企业	89.15	居民服务、修理和其他服务业	90.81
兵团直属企业	100.33	教育业	160.43
兵团国有企业整体	98.66	文化、体育和娱乐业	59.49

四、新疆生产建设兵团国资委监管企业改革发展情况

(一)做强做优做大优势产业集团

一是在组建优势产业集团上下功夫。相继完成组建兵团电力集团、中新建胡杨基金、兵团文旅集团、兵团能源集团、兵团再担保公司等优势产业集团。其中,2月26日,兵团电力集团投入运营,累计征收自备电厂农网还贷资金3.36亿元,推动同区域同电价落实到位,为各师(市)集中采购电力物资成本节省率13%以上。7月26日,中新建胡杨基金正式挂牌,填补兵团国有企业在私募投资管理领域的空白。12月1日,胡杨基金母基金注册成立,并通过中国证券投资基金协会备案。12月30日,兵团能源集团正式挂牌,完成18个矿产资源评估及10个资源项目储备,并与延长石油等14家单位确定合作关系。二是在培育产业集团上下功夫。天康生物打造生物制药、养殖、饲料加工产业集团,甘肃天康农牧科技有限公司仔猪繁育及生猪育肥建设项目相继投产,取得全国兽用生物制品排名第三,饲料销售、生猪销售位列新疆第一的好成绩。

(二)分类分层推进混合所有制改革

兵团国资委按照完善治理、强化激励、突出主业、提高效率的要求,落实"三因三宜三不"原则,积极探索推进混合所有制改革,加强对混合所有制改革过程的监督,严防国有资产流失。鼓励兵师所属二级及以下企业,以股权投资、资产收购、债务重组、项目合作等方式,以知识产权、专利技术、知名品牌等优势资源引入非国有资本。新疆通航公司完成事企分立的基础上,在二级子企业设立3个子公司引进战略投资者。圆满完成兵团设计院混合所有制改革,在保持兵团国资委控股的同时,兵团设计院以增资扩股方式引入5家优质战略投资者,同步吸收核心骨干员工持股,募集资金5.16亿元。此次混合所有制改革深度切合"高匹配度、高认同感、高协同性"原则,为兵团设计院进一步完善法人治理结构、转换经营机制、加速企业上市步伐夯实基础。兵团国资公司所属徕远物业公司与民营企业绿城物业公司开展合作。

(三)推动三项制度改革走深走实

一是经理层任期制和契约化管理工作扎实推进。兵师两级建立经理层成员任期制和契约化管理制度企业占比98.35%,经理层成员人数占比94.35%;推行全员绩效考核的企业占比99.55%;提高市场化选聘比例,兵团本级企业经理层成员市场化选聘比例75.78%。二是积极探索开展中长期激励机制。制定《关于推进兵团国资委监管企业控股非上市公司实施股权激励的意见》《关于兵团国资委监管企业拟上市公司实施中长期激励的试点意见》,逐步建立健全激励与约束相结合的薪酬体系,充分发挥市场机制作用与劳动力市场的定价功能,对标同地区同行业企业水平,明确将人均利润率作为充分竞争类企业重要考核指标,有效发挥业绩考核和薪酬分配"指挥棒"作用。三是全面推进用工市场化,推行管理人员末等调整不胜任退出机制。建立以劳动合同管理为基础,以岗位管理为主的市场用工制度,通过员工与企业签订劳动

合同协议书和岗位聘用协议书，强化全员绩效考核，促进员工优胜劣汰。2021年底，兵团企业中层管理人员4107人，开展竞争上岗3508人，占比85.42%，兵团本级企业新进员工实现100%市场化招聘，末等调整不胜任退出34人，占比6.45%。兵团设计院、兵团石油公司通过薪酬制度改革，实现经济效益大幅提高。2021年底，兵团设计院、兵团石油公司分别实现利润总额1.13亿元、2.3亿元，尤其兵团设计院同一层级收入薪酬差距最高为5倍。四是抓好国企改革专项工程。组织"双百企业"和"科改示范企业"举办改革经验交流会，宣传贯彻改革政策，交流改革经验。天康生物科技改革案例入选国务院国资委《改革创新："科改示范行动"案例集》，并在国务院国资委"科改示范企业"专项评估中获评"优秀"。兵团天然气公司被国务院列为国有重点企业管理标杆创建行动标杆企业。五是推进企业集团"去机关化"改革。兵团国资委监管企业集团按照市场化方向、分类施策、综合治理、标本兼治等原则，围绕明晰职能定位、优化组织体系，精简审批事项、强化服务等建立更加科学高效的工作机制，集团部门数量及管理人员压缩率超过20%。

五、新疆生产建设兵团国资委监管企业并购重组与完善法人治理结构情况

（一）积极推进企业并购重组情况

2021年，兵团国资委坚持按照"盘活存量、做大增量，做强北疆、向南布局"的要求，以现有优势资源和存量企业为依托，坚持市场化、产业化、专业化方向，充分发挥国有企业在优化结构、畅通循环、稳定增长中的引领带动作用，着力打造一批特色产业集团。2021年5月21日，在南疆一师阿拉尔市注册成立中新建胡私募股权基金管理公司，协同兵团产业发展基金，支持推进兵师产业发展和产业整合；2021年6月4日，在南疆三师图木舒克市注册成立兵团能源集团有限责任公司，推动兵团区域内煤炭、石油、天然气等能源资源要素专业化整合，积极打造兵团能源投资龙头企业。

（二）法人治理结构进一步完善

兵团国资委监管企业始终坚持"两个一以贯之"，不断完善中国特色现代企业制度。截至2021年底，各监管企业100%落实董事应建尽建，96.39%的企业落实董事会职权。兵师两级监管企业外部董事人才库入库200多人，75%的兵团国资委监管一级企业实现外部董事占多数。兵团各师（市）外部董事人才库入库414人，各师（市）一级企业基本实现外部董事占多数。全面建立董事会向经理层授权的管理制度，各级监管企业董事会对授权采取"方案＋制度＋清单"的模式，规范授权提高决策效率，做到企业全覆盖。全面完成公司制改革，截至2021年底，兵团43户全民所有制企业全面完成公司制改革或予以关闭注销，涉及资产35.22亿元，职工1654人。

六、新疆生产建设兵团国资委监管企业负责人考核与选人用人机制改革情况

（一）明确监管企业管理权限，实施分类管理

兵团党委办公厅印发《兵团党委办公厅关于调整兵团管理一类企业领导人员管理体制有关问题的通知》《兵团国有企业分类管理实施方案》，明确兵团国资委监管企业领导人员管理的基本原则、考察任用等程序。兵团国资委现有监管企业9户，其中一类企业8户、其他企业1户。8户一类企业领导班子正职列入兵团党委管理，考察一类企业正职领导人员拟任人选，由兵团党委组织部负责组织实施，兵团国资委党委派人参加。一类企业副职领导人员由兵团国资委党委管理，副职领导人员实行任前备案管理，任免前听取兵团党委组织部意见后，报兵团党委主要领导和分管领导审核，并由兵团国资委批复企业。1户其他企业领导班子由兵团国资委党委管理。

（二）坚持党的领导，完善公司治理体系

兵团国资委党委积极适应监管企业改革发展新形势新任务新要求，按照全国国有企业党的建设工作会议提出的30项重点任务，认真落实将党建工作纳入企业章程、党委书记"一肩挑"、企业领导人员"双向进入、交叉任职"、党建工作"四同步、四

对接"、研究制定党委前置研究讨论事项清单等重点工作、制定《兵团国资委监管企业在公司治理中坚持党的领导加强党的建设的实施意见》,党的领导融入公司治理各环节,企业党组织内嵌到公司治理结构之中。

(三)坚持党管干部原则与市场化选聘相结合,不断适应企业发展需求

兵团国资委监管企业领导人员任用一般由兵团党委组织部和兵团国资委党委按照干部管理权限,根据工作需要,提出调整配备动议,并就调整配备意向征求兵团党委主要领导和分管领导意见。积极探索党管干部原则与市场化选聘企业经营管理者相结合的有效途径,引入市场机制,公开面向社会聘任企业领导人员。2021年面向社会招聘监管企业领导人员3人。

(四)坚持年度班子考核与绩效考核同步,对企业领导班子进行综合评价

监督年度班子考核与绩效考核同步安排,一并进行,结果共享。考核采取召开大会、测评评议、后备干部推荐、个别谈话、查阅资料等方式,对企业领导班子和班子成员进行全面考核。考核结束后,根据考核结果,逐一排查企业班子建设和生产经营中存在问题,有针对性地提出意见建议,并形成综合考核报告,为选准用好企业领导人员提供第一手翔实的资料和参考依据。

七、新疆生产建设兵团国资委监管企业党建和廉政建设工作情况

(一)强化思想武装

以学通弄懂做实习近平新时代中国特色社会主义思想为主线,坚持党委理论学习中心组和"三会一课"制度,持之以恒抓好习近平总书记关于国资国企改革和党的建设重要论述学习。先后开展学习党的十九届五中、六中全会和第三次中央新疆工作座谈会精神集中轮训,大别山党史学习教育培训。认真开展全国国有企业党的建设会议精神贯彻落实"回头看"工作。

(二)推动深度融合

坚持党的领导与完善公司治理相统一,坚持将党建工作要求写入公司章程,推动监管企业全层级建立健全党委研究讨论重大事项清单,印发《兵团国资委监管企业在公司治理中加强党的领导的实施意见》,厘清党组织和其他公司治理主体权责边界。建立"第一议题"制度及贯彻落实党中央重大决策部署跟进督办制度,把提高企业经营效益,推动改革发展作为党建工作的出发点和落脚点,积极引导党员创先争优、攻坚克难,发挥先锋模范作用。

(三)夯实党建基层基础

围绕贯彻落实《中国共产党国有企业基层组织工作条例(试行)》,按照"四同步""四对接"要求,推动新设立的产业集团及时设立党的组织、建立党建工作制度、配备党务工作人员。持续加大党建阵地建设,兵团设计院建成"两馆一家"(党建展馆、院史展馆和职工之家),凝练具有特色性、先进性的党建工作品牌。

(四)扎实开展党史学习教育

学好规定读本,开展"四史"学习,通过举办读书班等活动集中学习,坚持读原著、学原文、悟原理。深入各监管企业、各师(市)企业开展领导干部讲党课活动,在调研中对党史学习教育工作进行检查指导。确定为群众办实事清单120项,深入现场为企业解决实际困难,以行动落实"我为群众办实事"。兵团国资委、兵团办公厅、兵团设计院集团联合举行"我是兵团一个兵"党史学习教育联学联建主题党日活动,有力推动机关党支部与基层企业党支部的联系。

(五)压实党风廉政建设责任

召开2021年兵团国资系统党建工作会议暨党风廉政和反腐败工作会议,层层组织签订责任书。强化不敢腐的震慑,持续保持反腐高压态势,严肃执纪问责,督促企业挽损止损。兵团国资公司纪委查办案件19件,积极督促企业挽损止损4740万元。扎牢不能腐的笼子,不断完善预防腐败体系制度机制建设。制定出台兵团国资委监管企业《外部董事管理办法》《综合绩效评价管理暂行办法》《投资项目负面清单》《兵

团国有企业党委前置讨论事项清单文本》等。国资公司进一步落实重点岗位廉洁风险防控制度,全面建立党员领导干部廉政档案。投资公司对公务接待"吃公函"问题进行核查,完善《商务接待管理办法》。设计院健全执纪审查安全制度、建立违规经营投资责任追究制度。通用航空公司纪委建立工作提醒制度。增强不想腐的自觉,持续强化同级同类警示教育,以案促改、以案促治。

（撰稿人：陆文星）

2022

CHINA'S STATE-OWNED
ASSETS SUPERVISION AND
ADMINISTRATION YEARBOOK

中国国有资产监督管理年鉴

中央企业改革与发展

第四篇

中国核工业集团有限公司

【基本概况】 2021年,中国核工业集团有限公司(以下简称中核集团)深入贯彻落实习近平总书记重要指示批示精神和党中央决策部署,把握新发展阶段,完整、准确、全面贯彻新发展理念,加快构建新发展格局,制定实施"十四五"规划,深入推进"抓落实年",推动核工业高质量发展,各项工作取得可喜的成绩,实现"十四五"良好开局,连续16年在国务院国资委中央企业经营业绩考核中获评A级,"世界500强"排名大幅跃升至第371位。

【主要指标】 2021年,中核集团克服疫情等不利因素影响,落实"六稳""六保"举措,积极推进提质增效,各单位主动担当作为,充分挖掘潜力,实现稳增长目标。全年实现营业收入2472.25亿元,比上年增长9.70%,加大跨周期调节力度,剔除2020年稳增长额外贡献的10亿元净利润,全年实现利润总额216.95亿元,比上年增长5.72%;净利润170.72亿元,比上年增长3.91%,消化历史遗留问题56亿元。

表1 2021年中国核工业集团有限公司主要经济指标

项 目	2020年	2021年	比上年增长(%)
资产总额(亿元)	9122.60	10250.80	12.37
所有者权益(亿元)	2960.50	3235.53	9.30
营业收入(亿元)	2253.70	2472.25	9.70
利润总额(亿元)	205.2	216.95	5.72
净利润(亿元)	164.3	170.72	3.91
归属于母公司所有者的净利润(亿元)	82	76.51	-6.70
技术开发投入(亿元)	316.6	351.35	11.00
利税总额(亿元)	393.9	437.18	11.00

续表

项 目	2020年	2021年	比上年增长(%)
应交税金总额(亿元)	55.2	63.78	15.54
全员劳动生产率[万元/(人·年)]	51.09	56.04	9.69
净资产收益率(%)	6.2	5.51	减少0.69个百分点
总资产报酬率(%)	3.8	3.5	减少0.3个百分点
国有资本保值增值率(%)	107.4	123.3	增加15.9个百分点

【改革发展】 全力推进国企改革三年行动。80项改革重点任务、434项改革主要举措完成率超过90%,超额完成国务院国资委目标要求。中国特色现代企业制度更加完善。党的领导全面融入公司治理,中核集团董事会切实发挥"定战略、作决策、防风险"作用,公司治理效能稳步提升,子企业董事会建设走深走实,应建尽建、外部董事占多数和权责清单制定任务全面完成,中核集团董事会建设被国务院国资委评为"优秀"。

科研院所改革扎实推进。"一院两制"市场化运作机制不断健全,核动力院、战略规划总院等院所改革不断深入,中核矿业科技以改革激发活力动力、利润总额突破1亿元。

布局优化和结构调整持续推进。四〇四调整为中核集团直属单位,中核能源调整至中国核电管理,中国铀业整合资源组建新疆矿业集团和天然铀海外事业部,中国中原推进中原运维实体化运作。中核集团全年压减企业55户,管理层级压缩至五级,完成23户"两非"企业清理退出,国务院国资委挂牌督办的9户亏损企业全面完成治亏目标,完成"三供一业"资金清算,"三供一业"移交工作圆满收官。

市场化经营机制加快建立。431家子企业全面实行任期制契约化管理,试点推进成员单位领导班子市场化选聘。深化不胜任退出和末等调整机制。核燃料企业全面启动定岗定编标准化工作。分配激励机制不断完善,中国核建试点推行模拟股份制,激励骨干科研人员拿高工资,原子能院百万年薪科学家突破14人。

【重大项目】 核电积极安全有序发展。"华龙一号"实现批量化建设,福清5号、田湾6号机组投入商运,高温气冷堆示范工程、福清6号机组实现并网,中俄核能合作项目和小堆项目5台机组核准开工,秦山核电南方首个核能供暖项目投运。秦山核电1号机组运行许可证获批延续20年。全年核电发电量1731亿千瓦·时,比上年增长17%,19台机组WANO指数满分,核电运行业绩全球领先。新疆阿尔塔什水利枢纽工程全部投入运行,新能源装机规模1611万千瓦,新能源发电235亿千瓦·时,比上年增长38%。

天然铀产业一体化运营稳定有序发展。国内找矿和生产稳定有序,罗辛矿铀产量创十年新高,天然铀销量跻身全球第二。核燃料产业圆满完成全年生产交付任务,与国内核电企业签订新一轮中长期核燃料供应合同,分离功、铀浓缩、压水堆组件等降成本取得成效。核环保产业加快发展,核电乏燃料集中处置场完成一期一阶段处置单元施工。北山高放废物深地质处置地下实验室工程开工建设。浙江桐庐神仙洞放射性废渣治理项目提前37天通过竣工验收。

核技术应用产业发展提速。同位素原料多点布局,同位素制品药品研制取得新突破,一批核特色医疗项目落地。装备制造业的产品研发、质量管控能力得到提升。同方股份聚焦核心产业发展,主动消化一部分历史遗留问题,产业协同、治理管控得到加强,大力推动科创产业和智慧能源产业发展,安检产业和知识管理服务保持世界领先。

【走向海外】 2021年,中核集团克服疫情影响推进国际合作,服务共建"一带一路"。中俄核能合作迈上更高水平,国家主席习近平、俄罗斯总统普京共同见证中俄核能合作项目开工,树立全球核能合作典范。中巴核能合作迎来30周年,K2机组实现商运,K3机组完成装料,C4机组首次获得WANO指数满分,CF3燃料组件首次成功出口巴基斯坦。阿尔及利亚B1/B2项目完成最终验收。分离功出口韩国成功中标,海绵锆连续两年出口俄罗斯,锆-4管坯首次出口加拿大,核燃料产品融入国际产业链分工步伐加快。哈萨克斯坦铀资源合作洽谈取得积极进展。国际组织和大科学工程合作取得新进展,ITER项目安装工程完成第一阶段工作,IAEA高放废物地质处置协作中心挂牌。

【重大创新】 持续加大科研投入,重大科研攻关扎实推进。"创新2030"工程深入实施。锦屏深地核天体物理实验首批成果发布,铅铋核电源1:1非核综合演示验证取得成功,与堆型匹配发展的CF4、环形、ATF等燃料进入先导组件研制阶段,气冷微堆总体技术方案固化,成功研制首批TRISO弥散燃料,智能伽马刀完成主体集成调试。面向国民经济主战场,110项科技成果完成转化,成果获得国家科技进步奖二等奖,"华龙一号"成果获得中国专利金奖,4项国际标准正式发布。

核科技创新体系不断完善。国防科技工业高放废物地质处置创新中心、同位素及药物国家工程研究中心等创新平台获批,围绕重点战略方向新设21个国家级研究平台。中核集团与清华大学等高校、科研机构合作共建不断走深走实,组建高温气冷堆碳中和制氢产业技术联盟、海水提铀技术创新联盟。

【党建工作】 中核集团组织开展"四个一系列"主题活动,庆祝建党百年,深入开展党史学习教育,扎实推进"我为群众办实事"主题活动,广泛宣讲新时代核工业精神,宣传"时代楷模"彭士禄先进事迹,广大党员干部职工认真学党史、悟思想、办实事、开新局。深入开展贯彻落实全国国企党建会精神"回头看",党的领导作用在完善公司治理和推动重大工程建设中得到充分彰显。

"抓落实年"专项工作扎实推进,树立起狠抓执行落实的工作导向和文化氛围。党组集中时间集体调研重点单位,推动解决发展中的疑难问题。加强"三基"建设,大力推进基层党支部评星定级,党建联建实现重大工程全覆盖,党的建设与生产经营深度融合。宣传思想、文化品牌工作守正创新,"华龙一号""人造太阳"等品牌影响力显著提升。高质量、高效率组织开展多场高规格重大活动,充分展现中核集团的协同文化、执行能力和品牌形象。覆盖全国22个省、4个县、70多个村的所有对口帮扶地区全部实现脱贫"摘帽",全力支持对接乡村振兴,定点扶贫考核连续三年为"好"。创新开展统战群团工作,强化党建带团建,践行奋斗幸福观,建设幸福中核。中核集团党建考核连续两年获评A级。

推动全面从严治党向纵深发展,一体推进不敢腐、不能腐、不想腐体制机制建设。完善"大监督"体系,完成对3家单位和12个总部部门常规巡视、97家单位巡视"回头看",党组内部巡视两个"全覆盖"目标全面完成。强化巡视整改和成果应用,压实各部门、各单位主体责任,深化改革、加快发展。加强警示教育,正确运用监督执纪"四种形态",强化对"一把手"和"关键少数"的监督,注重抓早抓小、防微杜渐,营造风清气正的政治形态。

【信息化与数字化建设】 系统谋划数字化转型,在央企范围内率先搭建实时在线的国资监管平台,实现数据统一汇聚与管理。发布集团数字化转型工作方案(1.0版),遴选数字化转型试点示范项目,多个项目获批成为国家级试点示范项目和优秀案例。中核集团董事长余剑锋署名文章《中核集团:加快数字化转型推动核工业高质量发展》获得国务院国资委刊发,成为中央企业典型案例。

【履行社会责任】 积极履行核科普社会责任。持续推进设立"中国核科学日",开展"核你在一起"公众科普开放周、高校学生"核+X"创意大赛、"魅力之光杯"核电科普知识竞赛等三大科普活动品牌,积极参加中国科协"全国科普日"活动。加强科普宣讲队伍建设,参加首届国防工业科普讲解大赛,获得优秀组织奖及多个单项奖,中核集团两名选手经国防科工局推荐参加全国科普讲解大赛。在《人民日报》先后发表"华龙一号""人造太阳"等系列科普文章,指导出版《人造太阳》《中国核电》等系列图书及画册。

(撰稿人:杨涵雪)

中国航天科技集团有限公司

【基本概况】 2021年,中国航天科技集团有限公司(以下简称集团公司)坚持以习近平新时代中国特色社会主义思想为指导,深入贯彻习近平总书记重要讲话和重要指示批示精神,坚决落实中央重大决策部署,锚定发展目标、狠抓工作落实,圆满完成全年各项改革发展建设任务,实现"十四五"发展的"开门红",向党和国家交出一份亮丽答卷。

2021年,集团公司实施48次宇航发射任务并圆满完成,年发射次数首次突破40次,我国航天发射次数再次位列世界第一。长征系列运载火箭实现400次发射新跨越,可靠性、成功率迈入世界前列。重大工程顺利实施,空间站建造五战五捷,首次火星探测任务圆满完成,"羲和号"探测器成功发射。习近平总书记先后对"嫦娥五号"任务、天和核心舱发射任务、"天问一号"任务发表重要讲话或发来贺电,充分肯定航天强国建设中取得的阶段性胜利,并提出殷切期望和明确要求。集团公司始终牢记强军首责,圆满完成全年战略战术武器试验任务,为维护国家主权、安全和发展利益,提供强大支撑。全年获得"全国先进基层党组织""全国三八红旗手标兵""中国青年五四奖章"等全国级荣誉58项、中央企业优秀共产党员等省部级荣誉140余项。杨孟飞院士被评为"全国道德模范",8人获得全国五一劳动奖章,4个集体获评"全国工人先锋号"。"长征五号"运载火箭研制团队当选"央企楷模",五院总体部获得第四届中国质量奖。

【主要指标】 2021年,集团公司保持经济运行平稳有序,在积极落实中央跨周期调节要求基础上,实现利润总额256.6亿元,比上年增长7.32%;净利润232.5亿元,比上年增长5.49%;营业收入2800.7亿元,比上年增长4.82%;营业收入利润率9.2%,比上年增加0.2个百分点;全员劳动生产率比上年增长8.57%。全面完成国务院国资委"两利四率"指标要求,集团公司连续17年在国务院国资委中央企业年度考核中保持A级,连续8年保持前十名,圆满实现国有资本的保值增值。

表1 2021年中国航天科技集团有限公司主要经济指标

项　目	2020年	2021年	比上年增长(%)
资产总额(亿元)	5260.9	6086.9	15.70
所有者权益(亿元)	2745.0	2977.2	8.46
营业收入(亿元)	2671.9	2800.7	4.82

续表

项 目	2020年	2021年	比上年增长（%）
利润总额（亿元）	239.1	256.6	7.32
净利润（亿元）	220.4	232.5	5.49
归属于母公司所有者的净利润（亿元）	188.6	199.9	5.99
技术开发投入（亿元）	388.9	426.3	9.62
利税总额（亿元）	296.4	318.4	7.42
应交税金总额（亿元）	57.3	61.8	7.85
全员劳动生产率[万元/（人·年）]	46.7	50.7	8.57
净资产收益率（%）	8.38	8.13	减少0.25个百分点
总资产报酬率（%）	5.00	4.63	减少0.37个百分点
国有资本保值增值率（%）	108.79	108.30	减少0.49个百分点

【改革发展】 立足新发展阶段,贯彻新发展理念,融入新发展格局,锚定高质量发展目标,全力推动各领域改革工作,集团公司改革三年行动计划总体进度80%,超额完成国务院国资委70%的工作要求,"3+1"改革基本完成。一是战略引领作用更加突出。2021年,集团公司召开第八次工作会,确立未来三年实现"高质量保证成功、高效益完成任务、高效率推动航天强国和国防建设"的阶段性目标,明确4个领域14个方面重点任务和8个方面43项重点举措,全面开启航天强国建设新征程。二是主动对标世界一流。创建世界一流示范企业有序推进,对标提升工作超额完成任务目标;航天产品精益运营管理获评国务院国资委"标杆项目",一院、五院、中国四维获评国务院国资委"标杆企业",获评的标杆数量名列中央企业前茅。三是法人治理结构逐步健全完善。落实"两个一以贯之",修订完善顶层决策制度17项,进一步规范集团公司董事会建设,明确党组重大决策及前置研究讨论清单。应建范围内子企业全部实现董事会应建尽建,董事会职权得到有效发挥。四是航天科研生产管理模式实现优化升级。形成覆盖科研生产全领域全级次三级制度体系,深化质量确认制、总装和发射场流程优化、专业测发模式调整等工作,"一全、两改变、两强化"要求得到落实。五是规章制度体系建设取得阶段性成果。集团公司制度框架实现上下贯通、规范成效显著,三年建设计划任务累计完成近80%。六是三项制度改革不断深化。应建范围内437家单位经营层成员全部完成年度和任期经营业绩责任书签订。员工合同签订率和新进员工公开招聘比例均实现100%。中长期激励计划稳步实施。

【重大项目】 圆满完成宇航发射任务48次,航天器顺利入轨103颗。年发射次数首次突破40次,我国航天发射次数再次位列世界第一。长征系列运载火箭实现发射新跨越400次,百次发射周期缩短至33个月,且实现连续75次成功发射,可靠性、成功率迈入世界前列。空间站建造五战五捷,关键技术得到验证,为我国空间站全面建成奠定重要基础;首次火星探测任务圆满完成,"天问一号"拓展我国星际探索新边疆。"羲和号"探测器成功发射,我国正式进入"探日时代"。冬奥开闭幕式舞台系统及配套系统的设计与实施等10个项目按时保质保量交付,有力保障北京2022年冬奥会冬残奥会筹备工作。圆满完成第十三届珠海航展布展和重大项目签约,签约金额近500亿元。

加快推动重大投融资项目实施。航天彩虹完成非公开发行、融资9.1亿元,瑞华泰公司实现科创板上市、融资2.2亿元,中国卫通非公开发行方案获得国务院国资委批复、证监会受理,航天电子、中天火箭启动再融资工作。中国四维纳入"双百行动",神软公司完成股份制改制、启动上市程序,市场配置资源能力得到增强。

航天技术应用产业项目实现新突破。集团公司发挥氢能领域核心技术优势,组织召开氢能联盟第一届理事会,逐步打造氢能关键技术研发及成果转化、应用和推广的市场化平台。浙江丽水两山"天眼守望"项目应用卫星遥感技术构建生态产品总值（GEP）核算评估体系,与地方政府一起探索"护绿出新,点绿成金"的航天样板。北斗导航应用在民用航空领域全面落地,民用航空器北斗追踪定位设备完成在国内首批10架飞机的加改装工作,将实现对国外同类导航产品的全面替换,为实现民航领域导航自主可控作出积极贡献。

【走向海外】 2021年,集团公司克服海外疫情影响,积极推进航天高技术"走出去",在促进国内大循环、推动畅通国内国际双循环上发挥航天技术优势。完成委内瑞拉2号通信卫星、中国香港航科微小卫星总装测试设备等项目签约。巴基斯坦多功能通信卫星项目加紧推进项目入库国合署进程。印度尼西亚LAPAN探空火箭项目生效,标志着探空火箭作为宇航产品出口新门类逐渐打开国际市场。

航天技术应用产业出口产品进一步聚焦。太阳能组件、汽车空调系统、印刷影像材料出口额超过10亿元,高性能膜材料、辅酶Q10等10余类产品和服务出口额超过1亿元。卫星通信、遥感、导航国际应用不断扩展,实现首条外籍船舶接入"海星通"卫星通信平台,协调空间与重大灾害国际宪章机制多国卫星资源服务地震救援。

对外承包工程稳步推进。塞内加尔方久尼桥梁建设项目按序时进度推进。阿星土建工程主、备站工程量完成超过90%。商务部援埃及卫星总装集成测试中心项目按计划推进。外交部援外项目澜沧江湄公河空间信息合作交流中心项目进入验收阶段。东盟海事中心项目获科工局起运前验收批复。印度尼西亚遥感地面应用系统签署项目完成交付。

积极参与航天领域国际标准制定。2021年,主导制定的ISO 20893《航天系统——运载火箭轨道级空间碎片减缓详细要求》、ISO 22639《航天系统——GEO多星共位设计指南》、ISO 23670《航天系统——振动试验》等3项国际标准获批发布。截至2021年底,集团公司主导制定的国际标准累计33项,其中22项正式发布。

【重大创新】 始终以支撑打造世界科技创新中心,主动布局谋划创新链,进一步完善技术创新与成果转化应用体系,加大重大专项攻关力度,牢牢把握核心关键技术,推动航天科技迈向更高水平自立自强。一是航天科技创新体系建设取得新进展,建成15个国家级重点实验室、23个国家级创新中心、8个国家级国际科技合作基地为核心的新时代技术创新体系,与30余所高校联合建立76个产学研合作平台,抢占世界航天科技和创新发展的制高点。二是一批航天核心重要关键技术取得突破,亚轨道重复使用运载器飞行试验任务取得圆满成功,实现世界首飞,达到国际领先水平。世界上推力最大的直径3.5米/500吨推力先进固体发动机试车圆满成功,标志着我国固体运载能力实现大幅度提升。500吨级液氧煤油火箭发动机全工况半系统试车等取得圆满成功,为后续重型运载火箭工程研制打下坚实基础。三是知识产权与科技成果管理成绩显著。获得2020年度国家科学技术奖11项、国防科学技术奖64项,获得第22届中国专利奖金奖1项、银奖3项,均列军工集团首位。

【党建工作】 深化落实全国国有企业党的建设工作会议精神。一是始终把政治建设摆在首位。落实"第一议题"制度,认真学习贯彻习近平总书记重要指示批示和重要讲话精神。高质量开展党史学习教育,做到学史明理、学史增信、学史崇德、学史力行;"我为群众办实事"重点项目落实见效,庆百年、学党史凝聚强大正能量。二是全面提升党建工作质量。贯彻落实"两个一以贯之",在完善公司治理中加强党的领导,全面压实党建工作责任制,强基固本,不断提升基层党组织战斗堡垒作用和广大党员先锋模范作用。大力弘扬航天精神,赴香港特别行政区开展航天科学家团队进校园活动,在香港特别行政区掀起"航天热""爱国潮"。三是深化党风廉政建设和反腐败工作。深入整治境外腐败、利益输送、设租寻租、化公为私等"靠企吃企"问题,纠治"影子公司""影子股东"等隐性腐败问题。认真接受中央纪委中央军委纪委联合监督检查。强化"一把手"监督,严格执行中央八项规定及其实施细则精神,持续整治"四风"问题。实现二级单位巡视全覆盖,大力推动纪检监察体制改革,保持惩治腐败高压态势。

【信息化与数字化建设】 积极推进数字化转型和信息化建设,加快实施管理信息化提升工程三年行动计划,不断提升企业管理效率和效能。一是统筹管理能力持续强化。组建成立集团公司信息中心,进一步加强信息化总体设计力量;研究制定集团公司信息化能力与水平评价指标体系,以评促建推动集团公司信息化能力与水平整体提升。二是管理信息化提升工程三年行动计划取得突破性进展。商密网数据中心初步建成并投入使用;企业移动应用平台"翎信"初步建成并上线试运行,财金系统、固定资产管理系统上线运行,信息化管理效率和质量进一步提升;主数据管理系统正式上线,为各业务系统提供统一组织机构、人员数据服务。三是科研生产数字化不断深入。面向载人航天后续、新型液体火箭发动机等试点型号,推动MBSE模型体系建设和应用,不断完善MBSE建模规范,打造模型驱动的航天器研制新模式;组织科研生产数字化能力提升专项工程论证,提出云网端基础环境、基于模型的协同研制体系等论证方向,以试点型号应用带动面向领域的科研生产数字化能力提升。四是基础保障措施不断优化。完成商密网数据中心建设,制定《集团公司商密局域网建设及接入指导意见》;加强网络安全防护,针对关键基础信息设施和重要信息系统开展网络安全风险排查工作,进一步提升网络安全防护能力。

【履行社会责任】 2021年是巩固拓展脱贫攻坚成果、实现同乡村振兴有效衔接的起步之年,集团公司深入贯彻落实习近平总书记讲话精神以及党中央国务院总体部署,严格落实"四个不摘",在5年过渡期内保持主要帮扶政策总体稳定。全年完成帮扶资金投入1900万元,完成引进帮扶资金48万元,培训基层干部和技术人员1051人,完成消费帮扶2865万元,完成3名副县长到期改派和3名驻村第一书记接替。全年党组领导3次到帮扶县检查指导,督促帮扶项目实施,推动帮扶举措落地,切实履行各项帮扶职责。

确保广播电视任务的日常安全播出,特别保障在全国两会、"七一"、国庆等重要时段安全无误。集团公司领导先后率队,组织安播领导小组对安播工作保障方案的制定情况、安播人员的组织安排、人员值班计划、安播相关卫星及地面系统等设备设施的状态情况、工作区安全保卫消防情况、应急预案的制定演练情况等进行专项检查,确保安播各项工作按计划完成。

(撰稿人:张海磊)

中国航天科工集团有限公司

【基本概况】 中国航天科工集团有限公司(以下简称航天科工)是发展航天事业的中坚力量,是航天强国建设和国防武器装备建设的主力军,是中国工业信息化发展的领军企业。2021年,航天科工以习近平新时代中国特色社会主义思想为指导,深入学习贯彻党的十九大和十九届历次全会精神,坚决落实习近平总书记重要指示批示精神和党中央、国务院、中央军委决策部署,聚焦主责主业,埋头苦干实干,实现"十四五"良好开局。

【主要指标】 截至2021年底,航天科工实现净利润166.09亿元,比上年增长2.48%;利润总额185.41亿元,比上年增长2.50%;营业收入利润率6.96%。在2020年度中央企业负责人经营业绩考核、党建工作责任制考核中均获评A级,居"世界500强"第320位、"世界军工百强"第11位。

表1 2021年中国航天科工集团有限公司主要经济指标

项 目	2020年	2021年	比上年增长(%)
资产总额(亿元)	3840.10	5071.85	32.08
所有者权益(亿元)	1871.80	2149.99	14.86
营业收入(亿元)	2601.10	2635.35	1.32
利润总额(亿元)	180.90	185.41	2.50
净利润(亿元)	162.10	166.09	2.48
全员劳动生产率[万元/(人·年)]	38.76	43.03	11.02
净资产收益率(%)	8.87	8.27	减少0.60个百分点
总资产报酬率(%)	5.23	4.36	减少0.87个百分点
国有资本保值增值率(%)	108.78	108.86	增加0.08个百分点

【改革发展】 全面贯彻落实党中央、国务院以及国务院国资委等上级机关关于国企改革三年行动的决策部署,经国务院国资委备案同意后印发《中国航天科工集团有限公司改革三年行动实施方案(2020—2022年)》。常态化召开改革领导小组或专

题会议,召开改革三年行动推进会,以改革"四个机制"(工作机制、责任机制、推进机制、考评机制)为抓手,推动年度改革任务全部完成。截至 2021 年底,改革三年行动 53 项方案任务和 73 项工作台账的完成率分别为 81% 和 85%,超额完成国务院国资委 70% 进度要求。按照国家统一部署,稳妥推动军工科研院所转制、培训疗养机构改革。国企改革"双百行动"5 家企业治理机制、用人机制、激励机制实现新突破,"科改示范行动"2 家企业在国务院国资委专项评估中分别获评"标杆"和"优秀"。对标提升行动获评 1 个标杆项目和 3 个标杆企业。1 家企业成功入围国务院国资委公司治理示范企业名单。所属 3 家单位的改革创新工作及取得成效分别在 3 期国务院国资委《国企改革三年行动简报》中刊发。航天科工申报的"航天科工统筹策划、系统推进国企改革的探索与实践"等 2 项成果获得 2021 中国企业改革发展优秀成果一等奖。

全级次纳入董事会应建范围的子企业,100% 实现董事会应建尽建。制定实施子企业落实董事会职权工作方案,二级子企业全部完成落实董事会职权实施方案制定并落实 6 项职权。全年新增 15 家单位实施中长期股权激励。完成房地产业、纺织业等非主业退出,推动集团公司产业结构优化调整。全年通过产权转让及资产处置回笼资金 4.97 亿元,实现利润 2.45 亿元。开展内部资源优化配置,组织推进航天信息、航天通信、航天电器资源整合,优化资产公司股权结构。全年组织完成集团公司内部产权、资产流转 9 项,涉及资产规模 7.31 亿元。

【重大项目】 以高质量发展为主题,聚焦主责主业,突出强军首责,加快推进"十四五"规划落地,通过精准投资、有效投资持续增强核心竞争力,完成股权投资 66.01 亿元,其中,自有资金投资 36.74 亿元,其他资金投资(主要为国有资本经营预算资金与股权出资)28.13 亿元;主业投资 65.99 亿元,非主业投资 150 万元,继续保持较高的主业投资集中度;完成境内投资 65.78 亿元,境外投资 0.22 亿元,投资区域以境内为主。

【走向海外】 主动出击,积极向商务部等上级部委汇报沟通申报,拓展出口新渠道取得重要突破。成功获得国别政策进口专项任务资质并顺利完成任务,获得国家政策资金支持,开辟高质量国际化经营业务新领域。移动医院中标吉尔吉斯斯坦援外项目,金额 5000 万元,成功进入对外援助主渠道。激光装备产品出口收入 1.6 亿元,比上年翻番,成功实现比利时、意大利等欧洲高端大客户新突破。电连接器等工业基础件产品新签出口合同比上年增长 20%。狠抓技术转让与产能输出,新签德国安弗施公司配套智能组装产线、乌干达国家税控与电子发票管理系统等项目,形成国际化经营新增量。

强化产品质量管控,全力确保在手项目顺利履约,积极推进"粤港澳"大湾区融通建设与"一带一路"走深走实。积极采取措施,主动克服境外新冠肺炎疫情与项目所在国局势不稳等影响,顺利推进缅甸饲料机械生产线、缅甸大功率液力变速器生产线和坦桑尼亚电表产线出口项目履约。按计划推进肯尼亚电力传输项目履约,顺利回款 2.2 亿元。中国澳门青茂口岸自助通关查验系统正式投入使用,中国香港便捷化服务信息系统项目高质量履约,获得业主高度评价。

【重大创新】 进一步完善科技创新体系。《科技自立自强行动方案》38 个行动专栏 100 条行动举措全面实施。完善自主创新工作管理办法,设立科学技术奖、科技创新专项奖,首次发布 70 余项重点项目指南。首次举办战略科技创新前沿论坛,加速打造战略科技力量。国家政法智能化技术创新中心、复杂系统仿真应用国家工程研究中心,5 个国防科技工业创新中心和 36 个集团公司级创新平台获批设立。首届特种化学电源高峰论坛成功举办。与浙江大学等高校前沿技术合作全面推进。13 项基础研究需求纳入第二批"叶企孙"科学基金指南。知识产权战略和促进科技成果转化方案全面实施。获得国家科技奖 6 项;省部级奖 61 项,其中特等奖 1 项、一等奖 10 项。累计有效专利 3.4 万件,其中发明专利超过 2.2 万件。积极组织开展国有重点企业创建管理提升标杆申报,"科技型企业内部创业与量化激励机制"获评国务院国资委"标杆项目";3 家单位获评"标杆企业"。

【党建工作】 以习近平新时代中国特色社会主义思想为指导,深入贯彻落实党的十九大和十九届历次全会精神,全体干部职工坚决捍卫"两个确立",增强"四个意识"、坚定"四个自信"、做到"两个维护"的思想自觉、政治自觉和行动自觉明显提高。一是党建质量不断提升。始终把学习贯彻习近平总书记重要讲话和指示批示精神作为"第一议题",举办庆祝建党100周年系列重大标志性活动,高标准高效率高品质开展党史学习教育、"我为群众办实事"实践活动和"党旗在航天一线高高飘扬"活动。集团公司全国国企党建会五周年座谈会、京区部分单位党委书记座谈会、混合所有制企业党建工作座谈会成功召开。坚持和加强党的全面领导,确定2021年为"党建创新拓展年",着力实施强根、铸魂、深融、育才、固本、正气"六大工程",深化落实党建工作体系,扎实推动各项工作"上台阶、有标志、显实效",始终以高质量党建引领高质量发展。二是干部人才队伍建设显著加强。紧密围绕各单位主责主业,聚焦优化年龄结构、改善专业结构、完善来源经历结构,深入开展领导班子结构分析29次。党组管理的干部中45岁左右人员占比25.1%;全级次企业董事会100%实现外部董事占多数,二级单位外部董事100%实现专职化。统筹策划优秀年轻干部到"急难险重新"岗位上培养锻炼,二级单位班子中交流任职占比66%,其中45岁左右年轻干部占比30%。对32个型号120人次"两总"人员进行调整。三是党风廉政建设和反腐败工作卓有成效。坚持"严"的主基调,持之以恒正风肃纪反腐。政治监督常态化机制持续健全,建立涵盖56项内容的监督工作台账,实施监督事项报告等7项工作机制。持续提高一体推进"三不腐"能力和水平,始终保持反腐败高压态势,全面加强执纪执法力度,受贿行贿一起查深入推进,"靠企吃企"问题得到持续深入整治。坚持系统施治、标本兼治,探索构建"查析并举、查改并行、查治并重"的"查析改治"四位一体工作机制。通报全系统违规违纪违法典型案件查处情况,深入开展纪律教育、警示教育。深化整治形式主义、官僚主义,从严精准查处"四风"问题。巩固深化中央巡视整改成果,高质量完成9家单位常规巡视。全面完成纪检监察体制改革任务,有效运行保障监督体系和反腐败协调机制,构建形成系统集成、协同高效的"大监督"格局。

【信息化与数字化建设】 持续推进数字化转型工作。2021年是航天科工实施数字航天战略的首个完整年份,全面实现"企业大脑二级单位全覆盖,总体部能力提升并与总装、关键分系统打通,智能制造能力提升,商密网与互联网两网数据链路安全打通、数据共享平台二级单位全上线"的年度景象目标。2021年5月26日,首次召开数字航天工作会。坚持全集团"上下一盘棋",制定印发《数字航天战略"十四五"实施总体方案》《数字航天战略实施总体架构》等2个顶层文件,细化分解制定《智慧企业建设"十四五"实施总体方案》《数字化系统工程体系建设"十四五"实施工作方案》《"航天云"工程建设"十四五"实施方案》等3个实施方案,制定《数字航天标准体系》《网络安全三年行动计划》等2个支撑文件;数字航天各项任务纳入"十四五"规划体系,制定信息化建设规划和网络信息及电子信息装备、软件、网信安全等4个领域"十四五"规划,全面指导各单位数字航天建设;完成全部二级单位数字航天"十四五"实施方案的审查及批复,指导各单位分解落实战略任务,全面推动数字航天战略实施。统筹推动数字航天战略协同落实,加强组织建设,组建信息中心和7个专业技术分中心;数字化转型关键指标持续提升,数字模型贯通率等4项世界一流企业对标关键指标提升10%以上。全集团数字化转型总投入超过40亿元,完成数字航天责任书2200余项数字航天建设任务。举办2021年度(第三届)优秀数字化转型成果评选,5个成果入选国务院国资委中央企业网信优秀案例。

【履行社会责任】 不断巩固拓展脱贫攻坚成果,积极做好巩固拓展脱贫攻坚成果同乡村振兴有效衔接。组织召开2021年扶贫领导小组(扩大)会、抓党建促乡村振兴工作推进会,明确助力乡村振兴"六个专项行动",并在定点帮扶地区深入实施。党组主要领导带队赴定点帮扶地区开展调研指导,慰问挂职干部,推动帮扶项目优化升级。航天科工1人获得党中央、国务院表彰,5个集体和15名个人获得省级表彰。获得国家乡村振兴局主要领导高度评价:"航天科工乡村振兴工作符合中央要求,应在全国推广。"2020年收官之年获评为"好",2021年助力乡村振兴项目完成率100%。《国资工作交流》《乡村振兴简报》《国务院国资委党史学习教育领导小组简报》等多次刊发航天科工定点帮扶工作、援疆援藏工作的经验和做法。

(撰稿人:袁晓健)

中国航空工业集团有限公司

【基本概况】 2021年,中国航空工业集团有限公司(以下简称航空工业集团)喜迎新中国航空事业创建70周年,坚决贯彻落实习近平总书记的重要指示批示精神和党中央、国务院决策部署,坚持走高质量发展之路,航空装备实现突破、创新能力明显提升、改革攻坚创新创效、新兴产业发展提速、基础管理持续夯实,圆满完成各项经营工作,实现"十四五"良好开局。

【主要指标】 2021年,航空工业集团实现净利润169亿元,比上年增长8.6%;利润总额216亿元,比上年增长4.3%。营业收入5190亿元,比上年增长10.7%。全员劳动生产率35万元/(人·年),比上年增长15.4%。

表1 2021年中国航空工业集团有限公司主要经济指标

项 目	2020年	2021年	比上年增长(%)
资产总额(亿元)	10765	12383	15.0
所有者权益(亿元)	3793	3974	4.8
营业收入(亿元)	4688	5190	10.7
利润总额(亿元)	207	216	4.3
净利润(亿元)	156	169	8.6
归属于母公司所有者权益的净利润(亿元)	63	55	−12.7
技术开发投入(亿元)	377	437	15.9
利税总额(亿元)	299	317	6.2
应交税金总额(亿元)	160	179	12.1
全员劳动生产率[万元/(人·年)]	30	35	15.4

续表

项 目	2020年	2021年	比上年增长(%)
净资产收益率(%)	4.35	4.36	增加0.01个百分点
总资产报酬率(%)	2.8	2.4	减少0.4个百分点
国有资本保值增值率(%)	106.5	104.5	减少2.0个百分点

【改革发展】 2021年是国企改革三年行动的攻坚年、关键年,也是航空工业集团"深化改革年",各项改革工作全面铺开,各项改革要求落实到位。截至2021年底,航空工业集团改革三年行动任务项目完成率90.99%,综合完成率97.44%,直属(直管)单位平均完成率94.79%,超额完成航空工业集团确定的80%年度目标和国务院国资委要求的70%考核目标。

混合所有制改革扎实推进。一是制度规范先行。修订《开展和深化混合所有制改革工作指导意见》等系列制度,形成混合所有制改革思路和工作体系;从差异化考核入手,指导推动开展混合所有制改革企业差异化管控。二是稳妥有序推进。截至2021年底,分层分类推动近30家企业实施混合所有制改革,累计融资72亿元;在"混资本"的基础上,着力完善公司治理、转换经营机制、提高效率效益。三是经验成效初显。首批混合所有制改革试点江航装备在科创板成功IPO上市,安吉精铸等一批"三线"军工企业和困难企业通过混合所有制改革实现历史性扭亏。

"双百行动"和"科改示范行动"专项改革初见成效。一是"双百企业"加速转型升级。航空工业机载实现由零部件供应商向系统集成供应商的转变;航空工业通飞着力产业结构调整,统筹资源配置,加快AG600等重大装备研制;中航国际抓住深圳"双区"建设机遇,探索优化董事会配置,积极布局推进"二次腾飞"。二是"科改示范企业"加速奔跑。航空工业洪都大力推进一批科技创新平台建设,组建工作室14个。航空工业凯天积极探索融通创新机制,加快科研成果转化;航空工业成飞、中航光电新纳入"科改示范企业"扩围名单,加快制定改革方案。

深化劳动、人事和分配三项制度改革。着眼效能提升,出台指导意见,强化制度刚性约束。突出用工机制市场化和薪酬分配差异化,提高用工效率,增强激励成效。基于航空工业特点的薪酬管理体系列入国有重点企业管理标杆项目。

【重大项目】 航空装备科研生产进展顺利。大型灭火/水上救援水陆两栖飞机AG600圆满完成全状态新构型灭火机、静力试验机总装,灭火任务系统验证试飞,铁鸟试验台开试三大年度攻坚任务目标,研制工作取得重大进展。AC352直升机完成高寒、次高原试飞。AC313A直升机完成首飞机总装。AS700载人飞艇完成首飞。AG60获得型号合格证(TC)和生产许可证(PC)。AG100、AG50分别完成适航取证机首飞。

【走向海外】 2021年,航空工业集团稳妥应对各类风险挑战,境外完成投资总额5.24亿元,其中固定资产投资项目7项,完成投资3.30亿元;股权投资项目5项,完成投资1.94亿元。国际业务开拓奋进成效显著,全年国际化收入1183亿元,比上年增长超过10%。成功举办第二届"空中丝路"国际航空合作峰会,"空中丝路"计划影响力上升至国家层面。航空军贸市场开拓再创新高,全年成交超过35亿美元。国产民机完成马拉维2架新舟600、吉布提1架新舟60交付。安哥拉罗安达新机场、埃航新机库等一批航空基础设施项目有序推进,莫桑比克赛赛机场项目正式交付业主,埃及斋十日城铁路项目取得重大里程碑进展。非洲职教项目、援建布基纳法索博博—迪乌拉索医院成为增进与沿线国家"民心相通"典范工程。

【重大创新】 坚决贯彻落实国家创新驱动发展战略,把"领先创新力"作为航空工业集团发展的战略支撑。研究制定《关于践行集团战略加快构建新时代航空强国"领先创新力"的决定》,为航空工业集团在"十四五"及2035年前系统推进科技创新工作提供整体纲领和行动指南。重大基础技术持续夯实,跨代装备核心技术取得成效。强化航空科技国家战略力量,智航院投入运行,鲲鹏软件创新中心获批运行。召开航空工业"科技+金融"推进大会,多种形式推进科技成果落地转化,截至2021年底,实施转化项目244个。重大科技成果不断涌现,获得国家最高科学技术奖、国家科技进步奖特等奖等国家科技奖励15项,获奖数量居中央企业前列,2项成果入选年度国防科技十大进展,毫米波宽带通信系列产品亮相国家"十三五"科技创新成就展。

【党建工作】 坚持宣传思想工作"两个巩固"的根本任务。围绕建党100周年开展系列活动;强化理论武装,把学习习近平新时代中国特色社会主义思想作为首要政治任务,抓住"关键少数",严格落实"第一议题"制度和党组理论学习中心组学习制度,以党的创新理论武装头脑、指导实践。扎实做好党史学习教育,大力开展"我为群众办实事"活动,将学习成果转化为推动航空工业集团高质量发展的切实举措。持续加强意识形态工作责任制落实和意识形态考核督导;加强意识形态阵地管理,强化新闻舆论引导和舆情管控,为航空强国建设提供坚强思想保证和强大精神力量。全面强化党建作用发挥。持续完善"1122"党建工作体系,优化开展二级单位党建工作考核和党组织书记抓基层党建述职评议考核。深入推进党建与业务"双融双促"。全面加强混合所有制企业党的建设。加强党员教育管理,充分发挥基层党支部示范引领作用。进一步做好统战、群团工作。全面推进先进文化力建设落实落地。持续推进媒体深度融合改革,讲好航空装备跨越发展、军工央企高质量发展的生动故事。推进实施航空工业集团"十四五"品牌规划。

狠抓党风廉政建设和反腐败工作。深化构建廉政教育和廉洁文化建设协调机制。持之以恒抓作风建设。加强落实中央八项规定精神和履职待遇、业务支出管理的检查。用好"四种形态",强化对权力运行的制约和监督。

持之以恒推进中央巡视整改,全部209项整改措施按节点落实207项,落实率99%。持续实施"整改+",全年新增整改措施35项,同步推进落实。及时部署中央巡视整改阶段性整改任务,选取12项制度对执行效果进行评审,倒查整改成效。部署实施中央巡视整改"延伸整改、巩固提升"专项行动。加强内部巡视巡察,在实现直属单位巡视全覆盖基础上,首次对总部14个部门开展巡视。加强对巡察工作的督导,所属单位开展对580个党组织的巡察,巡察覆盖率91.5%。

【信息化与数字化建设】 发布《航空工业集团"十四五"数字航空规划》，明确"十四五"数字化转型的发展目标、发展思路、建设领域和重点任务。以航空工业集团"1+6+N"的数字航空架构为核心，自主投入经费开展"数字航空"领先实施项目建设，涵盖基础设施、数字孪生、敏捷管理、智能制造、柔性保障等领域，深入推进数字技术在航空重点产品研制中的应用。完善涉密网安全体系建设，落实网络安全工作责任制。推进航空工业集团运营监管大数据平台建设，初步搭建平台核心功能，支撑国资委国资监管信息收集和报送。

【履行社会责任】 2021年，航空工业集团深入践行"以心为翼、载梦飞翔"的社会责任理念，发布公益品牌"爱心·航空"，积极承担央企社会责任。坚持扶贫帮扶政策不变、资金不减、力度不降，并持续增加帮扶干部选派人数，全面超额完成年度帮扶计划指标。在2021年中央单位定点帮扶工作成效考核评价中位列第一等次。充分发挥优势助力应急救援。河南暴雨疫情发生后，立即启用翼龙－2H应急救援型无人机应急响应机制为灾区人民保障通信，3架直20投入河南新乡救灾行动。4架AR500B无人直升机交付应急管理部，正式列入国家应急救援装备体系。面对仍然持续的疫情，坚持"内防输入、外放反弹"的总体要求，落实落细各项疫情防控责任，全面保障员工身体健康，维护生产经营秩序；设置远程医疗平台，为海外员工提供安全与健康保障，助力海外工作顺利开展；发挥技术优势，航空工业规划总院先后完成20余个急、难、险、重的新冠疫苗项目生产设计任务，充分展示中央企业担当和中国速度。

（撰稿人：王　恒）

中国船舶集团有限公司

【基本概况】 中国船舶集团有限公司（以下简称中国船舶集团）是按照党中央、国务院决策，由原中国船舶工业集团有限公司和原中国船舶重工集团有限公司于2019年11月联合重组成立的特大型国有企业，注册资本1100亿元，主要从事海洋防务装备产业、船舶海工装备产业、科技应用产业和船海服务业。中国船舶集团作为新中国船舶事业的奠基者和引领者，在党的坚强领导下，伴随中国特色社会主义的蓬勃发展以及国家经济管理体制改革和对外开放的不断深化，先后经历重工业部船舶工业局、一机部船舶工业管理局、一机部第九工业管理局、三机部第九工业管理总局、第六机械工业部、中国船舶工业总公司、中国船舶工业集团和中国船舶重工集团等发展阶段；2021年12月，贯彻落实党中央、国务院决策部署，中国船舶集团总部从北京迁驻上海，迎来发展历史的新阶段。截至2021年底，中国船舶集团拥有科研院所36家、上市公司10家、党组管理成员单位103家以及驻外机构53家，平均从业人员21.74万人。

【主要指标】 2021年，中国船舶集团实现营业收入比上年增长7.8%，净利润比上年增长27.7%，经济效益创历史最好水平。中国船舶集团抢抓全球船海市场持续向好有利契机，完工交船1708.1万载重吨、新接船舶订单2598.4万载重吨，年末手持订单4195.3万载重吨，全球市场份额分别为20.2%、21.5%和20.5%，稳居世界第一，新接订单中中高端船型占比75.2%；持续推进应用产业和船海服务业平稳发展，应用产业实现营业收入首次突破1000亿元，船海服务业保服务、保供应、降成本、防风险能力进一步增强。

【改革发展】 把全面深化改革作为激发高质量发展活力和动力的重要手段，持续抓深抓实。2021年，大力实施改革三年行动，98项改革任务完成70%，204项具体改革举措完成80%。开展5户"双百企业"和2户"科改示范企业"深化改革试点示范，在4家单位试点推行职业经理人制度。不断深化重组整合和资产结构调整，完成地区公司区域化整合实体化改革，减少二级单位22户。加快推进昆船智能、派瑞特气、双瑞特装等IPO项目，通过引进战投、市场化债转股、发行可交债等方式，落实资本市场融资82.32亿元。开展低效无效股权和实物资产处置，盘活回收资金69.78亿元。新增16家单位实施中长期激励，涉及8种激励方式，覆盖骨干人才1100余人，激励手段、激励规模、激励层级均有明显提升。中国船舶租赁完成股票期权授予，形成骨干员工与公司利益共享、风险共担机制,在上市公司中形成带动效应。

【重大项目】 强化"军品第一"、坚持"质量至上",一批高新技术武器装备任务落实和研制取得新突破。4月23日,习近平总书记出席长征18号艇、大连舰、海南舰三型主战舰艇交接入列并登上舰艇视察,给予极大的关怀和鼓舞。极地重大技术装备、船用发动机、海上LNG装备产业链、船舶总装建造数字化等高技术船舶科研计划及"十四五"期间6个重大专项全部由集团公司牵头论证实施。大型LNG船能力提升工程实现首单突破,江南造船8万立方米MarkⅢ型LNG船开工建造,江南造船、大船集团分别签署大型LNG船项目建造意向书。大型邮轮首制船实现坞内整船起浮,二号船建造合同正式生效。天然气水合物钻采船开工建造。全球最大双燃料集装箱船、大型LNG船、全球首制9.9万立方米B型舱VLEC、全球最大最先进的民用医院船、全球最大的火车运输船、系列豪华客滚船、17.4万立方米LNG-FSRU等一批高端船型实现交付。清洁能源装备、电子信息与智能装备、环保装备、应急装备、新材料等领域一批重点项目加快发展壮大,应用产业营业收入首次突破1000亿元;船海服务业收入结构、盈利能力、资产质量持续改善,保服务、保供应、降成本、防风险能力进一步增强。

【走向海外】 积极开拓国际军贸市场,自主研制的高端海洋防务装备远销亚洲、非洲、拉丁美洲等国家;践行"一带一路"倡议,多个项目在"一带一路"沿线国家落地生效,各类产品出口到五大洲150多个国家和地区,互惠互利、共谋发展。2021年,中国船舶集团建造出口的海事巡逻舰、新型护卫舰等交舰入役,扩大我国舰船产品的影响力;不断加大开放力度,利用参加国际展会、产品推介等方式,积极开展全方位的国际交流与合作,不断加强与三井、嘉年华、芬坎蒂尼、马士基、西门子、曼恩、瓦锡兰、麦基嘉等国外专业公司合资合作。

【重大创新】 不断提高科技供给质量、提升技术竞争力,加快建设世界一流船舶集团,积极担当船舶工业国家战略科技力量。船海产品升级行动计划(2021—2023年)接续开展船海产品升级任务,主流船型绿色化指标普遍升级至EEDI第三阶段,空船重量平均减少1%~2%,油耗平均降低2%~4%,结构部件数平均减少3%~4%。多型产品综合技术经济性达到世界先进水平,市场竞争力明显提升,累计获得生效订单80艘/座,金额347.9亿元。新增10余项船用发动机产品优化升级,推动排放水平全面满足国际海事规则规范要求,成本平均下降15%。全球首艘搭载B型舱的9.9万立方米超大型全冷式乙烷乙烯运输船完成自主研制。大船集团承接2艘7500立方米全球首制液化CO_2运输船,全球最大的9.3万立方米超大型绿氨运输船、"零碳型"氨燃料CO_2运输船完成方案设计,获得船级社认可。全球首台安装SCR的船用低速机CX52正式发布,船用锂电池动力系统、船用LNG供气系统实现实船应用,70千瓦标准船用氢燃料电池模块、船用氨燃料供气系统获得船级社认证。深海爬游混合型无人潜水器"麒麟"号完成南海试验验证,国内首个深远海工况的6兆瓦海上浮式风电机组完成研制。制定集团公司标准406项,推动管材等产品种类平均减少15%。专利申请13427件,比上年增长10.4%;发明专利申请9675件,比上年增长10.3%。

【党建工作】 坚定"不忘初心听党话、牢记使命跟党走"的信念,坚持把党的建设作为根本性建设,深入学思践悟习近平新时代中国特色社会主义思想,以"钉钉子精神"持续深化全国国企党建会重点任务和重点工作,高标准开展党史学习教育,弘扬伟大建党精神,牢记"央企姓党"、传承"红色基因",全集团6.8万名党员和广大干部职工受到全面深刻的政治教育、思想淬炼、精神洗礼,党的领导、党的建设明显增强,为建设世界一流船舶集团提供坚强政治保证。

【信息化建设】 以新一代信息技术新成果的广泛应用为目标,以数字化车间为试点,不断加快数字化转型。2021年,大连船舶重工对管加工流水线进行数字化升级,通过设计数据共享,使数据直接驱动生产线设备进行管子自动生产加工;推广应用舾装件参数化建模,开展AM软件平台进行二次开发,对直梯、锌块、斜体、栏杆等进行参数化建模,能够自动生成制作图表、自动输出材料单、自动输出托盘表,提高设计效率,规范标准选用的统一性;对先行小组立机器人焊接工作站和智能铣边机器人工作站进行升级改造,提高焊接生产效率约80%,同时降低消耗。广船国际有限公司,建成"四线一系统"(智能切割生产线、片体智能焊接生产线、块体智能焊接生产线、智能涂装生产线、车间管控系统)的智能制造生产线,极大提升公司的智能制造能力。

【履行社会责任】 认真履行央企社会责任,承担历史使命,助力乡村振兴,参与抢险救灾,热心公益慈善,共建温暖和谐的社区。不断创新模式。中国船舶集团始终秉持"上下同心、尽锐出战、精准务实、开拓创新、攻坚克难、不负人民"的脱贫攻坚精神,持续扎实开展对云南省鹤庆县、勐腊县、丘北县的定点帮扶工作。2021年,在三县累计投入各类帮扶资金1.52亿元,其中,无偿帮扶资金5697.68万元、通过产业扶贫基金投入2723.7万元、引进无偿帮扶资金102万元、引进有偿帮扶资金776.3万元、购买农产品6780万元;实施项目超过50个。

(撰稿人:郑礼建)

中国兵器工业集团有限公司

【基本概况】 中国兵器工业集团有限公司(以下简称兵器工业集团)是我军机械化、信息化、智能化装备发展的骨干,全军毁伤打击的核心支撑,现代化新型陆军体系作战能力科研制造的主体,军民融合发展和"一带一路"倡议的主力,是面向陆军、海军、空军、火箭军、战略支援部队以及武警公安提供武器装备和技术保障服务的企业集团,肩负服务国家战略、服务国防和军队现代化建设、服务经济主战场的重大政治责任和光荣使命。2021年,兵器工业集团经济运行效益持续提升,实现净利润178.22亿元,比上年增长17.24%;营业收入5275.42亿元,比上年增长7.66%。拥有子集团和直管单位62家,资产总额4861.74亿元,在全球70余个国家和地区设立100多家境外分公司和代表处,连续18年在国务院国资委中央企业经营业绩考核中获评A级,位列"世界500强"第136名。

【主要指标】 2021年,兵器工业集团整体规模、效益稳中有进,持续向好,盈利基础更为扎实,利润结构更趋合理,净资产收益率等主要经济指标比上年持续改善,实现"十四五"发展良好开局。

表1 2021年中国兵器工业集团有限公司主要经济指标

项　目	2020年	2021年	比上年增长(%)
资产总额(亿元)	4399.14	4861.74	10.52
所有者权益(亿元)	1785.39	1989.02	11.41
营业收入(亿元)	4900.22	5275.42	7.66
利润总额(亿元)	196.06	226.15	15.35
净利润(亿元)	152.01	178.22	17.24
归属于母公司所有者的净利润(亿元)	104.25	112.34	7.76
技术开发投入(亿元)	143.19	200.87	40.28
利税总额(亿元)	245.78	322.18	31.08
应交税金总额(亿元)	85.71	121.50	41.76
全员劳动生产率[万元/(人·年)]	29.40	31.60	7.68
净资产收益率(%)	8.79	9.48	增加0.69个百分点
总资产报酬率(%)	5.46	5.26	减少0.20个百分点
国有资本保值增值率(%)	104.30	108.01	增加3.71个百分点

【改革发展】 2021年,兵器工业集团坚持以习近平新时代中国特色社会主义思想为指导,全面贯彻落实党中央、国务院关于国企改革三年行动的重大决策部署,构建上下贯通、横向协同的双周动态评估、月度例会问效、专题会议推进、信息汇总督办、内外宣传引导的改革推进机制,纵深推进改革三年行动各项重点改革任务取得积极进展和成效。截至2021年底,82项任务和156项举措完成进度分别为95.12%和97.4%,子集团台账举措完成进度82.8%。

一是中国特色现代企业制度建设取得决定性进展。贯彻"两个一以贯之",全面落实在完善公司治理中加强党的领导各项要求,印发党组讨论决定和前置研究"双清单",构建"1+2+11"董事会建设和运行制度体系,完善外部董事"三汇报两调研一报告"机制,按"两线三域"界定12类133个决策事项;系统规范子企业董事会建设,全面完成应建尽建,实现外部董事占多数,建立"1+3+3"制度体系,推动重要子企业落实董事会职权;对标一流管理提升有序推进,综合形象进度完成95.68%。二是经济布局优化结构调整进展显著。推动"十四五"规划实施,形成"1+15+5+N"规划体系;构建九大类81项集团公司高质量发展指标体系,强化考核促动高质量发展能力全面提升;突出重大工程、重点专项引领作用,承担国家重大工程实现历史性突破;突出支柱民品新兴产业发展,民爆、电子电路、重型机床、人造金刚石等居行业先进水平,光电信息、高端装备制造、新材料等战略新兴领域经营规模稳定快速增长;积极推进困难企业脱困攻坚和驻东北企业振兴两项专项行动,企业运行质量明显改善,员工收入同步增长。三是科技自主创新取得新成效。努力打造原创技术"策源地"、现代产业链"链长",大力推动核心器件、高端装备、特种材料等民品领域的国产化研制攻关,一批"卡脖子"关键技术获得突破;围绕工艺综合管理、工艺流程管控、工艺技术创新、工艺保障条件等4个维度,构建闭环管理模式,提升先进制造支撑保障能力;全面推进"数字兵器"建设,完善兵器工业互联网平台"云、网、边、端"体系架构。四是市场化改革有效激发动力活力。全面推行经理层成员任期制和契约化管理,制定印发工作方案和操作指引,举办子集团和直管单位任期考核责任书签约仪式,471户子企业经理层成员100%签约;强化干部能上能下,管理人员竞争上岗人数占比47.3%,末等调整和不胜任退出占比4.90%;构建"3+N"中长期激励模式,组织10户企业开展科技型企业分红激励;探索完善3个差异化工资总额管控模式。五是突出抓好国企改革专项工程。印发混合所有制差异化管控指导意见,稳妥推进完成一机集团万佳信息等6户企业混合所有制改革,特能集团瑟福电池等7个项目成功引入战投;深化"双百行动"综合改革,推动武重集团开展内部合同市场化结算和11项科研项目"揭榜挂帅",北重集团深化三项制度改革探索项目分红和竞标风险抵押;推动"科改示范"机制创新,夜视股份实施岗位分红,奥雷德公司入选2021年第五批国家级制造业单项冠军示范企业。六是资本运营服务集团主责主业功能有效发挥。完成第一批兵器民爆资产注入、新增股份发行上市,业务融合与产业协同成效显著,江南化工运行情况持续向好;统筹开展ETF换购、可交债,盘活存量、推进增量,2021年盘活存量股份17.06亿元,实现收益4.99亿元;成功举办"走进兵器工业"2021投资者集中交流活动,展示上市公司高质量发展态势,传递上市公司价值。七是持续加强国有权益与资产管理防范化解风险。完善国有资产监督管理制度体系,优化资产评估备案管理流程,规范国有产权登记、评估、转让等管理要点和程序;坚持以"核心配套、有效益、有回报、能管控"为标准,全面开展参股经营投资问题清理,收回资金6958万元、减少应收账款2503万元;全面排查挂靠问题,"一企一策"完成清理整顿、排除挂靠风险。

【重大项目】 加快推进重点工程基础产品研制和应用验证,确保全部项目取得根本性成效。顺利完成"十三五"承担的有关专项课题及项目研制。组建联合攻关团队,开展基础研究推进关键技术攻关。2021年度研发经费投入比上年增长40.28%,设立专项资金有效支撑装备研发、技术研究、民品等领域重大科研项目开发。围绕"打造若干具有国际竞争力的支柱产业、加快培育发展战略性新兴产业、持续深耕专精特新优势产业、推进现代服务业高质量发展"四大主攻方向,推动民品产业结构调整取得成效,全力推进精细化工及原料工程项目等重大项目建设取得阶段性进展。

【走向海外】 积极实施"走出去"战略。重点军贸市场开拓取得重大突破,行业领先地位持续巩固。海外油田增储稳产,海外矿山达产稳产,持续增强战略资源供给保障能力。着力推动"一带一路"重大项目建设,国际工程居全球国际工程承包商百强第81位。习近平总书记见证签约的巴基斯坦拉合尔轨道交通橙线项目实现安全运行一周年。克罗地亚塞尼风电项目成功实现并网发电,李克强总理来信致贺。加快推进海外油田增储稳产和刚果(金)铜钴矿达产稳产,苏丹黄金完成股权交割、获取100万盎司权益储量,全年生产油气当量924万吨、阴极铜9.8万吨、钴金属8100吨,圆满完成国家战略储备任务。蒙古矿山一体化服务项目签订3年总金额7.8亿美元的采矿工程服务合同,有力提升我国焦煤资源保障能力。

【重大创新】 集中优势资源打造技术创新高地。新增军事智能创新研究院和北斗应用研究院2家国家级创新机构。新增国家级创新平台6家,着力打造3类10个领域33个原创技术策源地。优化完善"科技创新30条"措施,形成"2+3"创新体系。积极开展军品科技创新,联合系统内外优势单位共同策划论证一批重大专项、重点工程任务,构建装备体系"四梁八柱"。实施民品科技创新发展专项行动,论证民品产业技术体系顶层架构,细化分解攻关计划。2021年获得国家科学技术奖6项,国防科学技术奖56项;参与完成的项目获得国防科学技术奖科技进步奖9项,技术发明奖3项。全年申请专利6246件,发明专利占70%以上,授权专利3149件,累计有效专利17950件。

坚持科技创新、管理创新"双轮驱动",获得国家级成果数量及一等奖获奖数量均创历史最好水平,军工行业级成果数位居各军工集团前列。获得第二十八届全国企业管理现代化创新成果奖8项,获得2021年度国防科技工业企业管理创新成果奖42项,2021年评选出集团公司获奖成果126项。

【党建工作】 兵器工业集团党组带领全系统将党史学习教育和"中央企业党建创新拓展年"一体推进,学党史铸信仰、强信念、增信心,悟思想找立场、找方向、找方法,办实事强宗旨、转作风、暖人心,开新局强担当、重实干、创一流,深刻领会"两个确立"的决定性意义,增强"四个意识"、坚定"四个自信"、做到"两个维护",以高质量党建引领保障高质量发展,为实现"十四五"良好开局提供坚强有力的政治保证。全年25项"第一议题"及时跟进学习贯彻习近平总书记最新重要指示批示精神,逐项制定落实措施。再学习再领会再落实全国国企党建会精神,推动全集团上下在认识上再深化、在举措上再对标、在行动上再出发、在落实上再发力。扎实推进"我为群众办实事"实践活动,细化重点任务,制定项目清单,多措并举推进落实,切实解决一大批职工群众"急难愁盼"问题。推进"党旗在基层一线高高飘扬"活动,有力有效发挥战斗堡垒作用和先锋模范作用。深入开展"永远跟党走"主题宣传教育,营造共庆建党百年华诞、听党话跟党走的浓厚氛围。开展纪念人民兵工创建90周年系列活动,大力弘扬人民兵工精神。

坚守政治巡视定位,扎实推进巡视巡察全覆盖。细化完善年度计划统筹、部门日常会商协调、联合监督检查、监督检查人员统筹使用、突出问题共商、重要事项联动处置等6项工作机制,形成系统集成、协同高效的大监督格局。细化分解党风廉政建设责任,层层压实管党治党政治责任,定期自查确保各项任务按进度落实。组织开展2020年度党风廉政建设责任制落实情况考核,对7名党组管理领导人员实施责任追究,落实管党治党政治责任。

【信息化与数字化建设】 扎实推进数字化研制及智能制造工作。持续推进重点装备数字化研制工作,围绕跨厂所数字化协同研制需求,组织研制单位开展网络互联和数字化协同研制平台建设,初步实现产品研制的数据协同和流程协同。持续推动智能制造建设水平提升,围绕柔性制造、精密加工、自动化和网络化制造深入推进智能制造建设。5家单位优秀场景成功入选工业和信息化部2021年度智能制造试点示范名单。

有效推进集团业务管控与信息化有机融合。完善总部业务管理系统建设,开展总部督办、诉讼案件管理、军品生产管理、外事管理等系统建设或优化升级,推动由"结果"管理向"过程"管理转变。统筹做好"国资监管信息化"建设,完成国资监管系统联通对接。常态化做好改革事项督办、境外资产、招标采购等业务信息流及基础数据管理。

【履行社会责任】 统筹推进全系统帮扶对接工作,全年对云南省红河哈尼族彝族自治州、甘肃省甘南藏族自治州两个定点帮扶县投入定点帮扶资金2000万元,搭建"1+5"消费帮扶平台,帮助带动销售特色农产品2000余万元;接续助力革命老区乡村振兴,帮扶江西省兴国县官田兵工特色小镇(中国官田兵器博物馆)建设,在江西省吉水县开展科技帮扶,助力农民增产增收;积极承担地方帮扶任务,选派帮扶干部66人,开展帮扶项目52个,打造乡村振兴示范乡村7个;组织有关单位积极参与就业援疆、工装援疆。在中央单位定点帮扶成效考核中连续三年获得最高等次评价"好",《社会责任报告》连续10年获得中国社科院最高评级。

深入实施环境保护综合提升行动,扎实做好碳达峰摸底调研,不断提升能源资源利用效率,系统开展隐患问题排查整治和管理提升,坚决守牢生态环境底线,4项节能减排指标显著改善,较好地完成国务院国资委节能减排目标,绿色低碳示范企业不断涌现,为建设世界一流企业和先进兵器工业体系擦亮绿色高质量发展的鲜明"底色"。

(撰稿人:周驰凯)

中国兵器装备集团有限公司

【基本概况】 中国兵器装备集团有限公司(以下简称兵器装备集团)成立于1999年7月,由原兵器工业总公司改组而成,前身为第五机械部、兵器工业部、国家机械工业委员会,是中央直接管理的国有重要骨干企业、国防科技工业的核心力量、国防建设和国民经济建设的战略企业,肩负"强军报国、强企富民"神圣使命,连续13年跻身"世界500强",最高排名第101位。

经过20余年发展,兵器装备集团形成以军品为核心、汽车产业为支柱、战略性新兴产业为支撑的"两圈一新"产业群。军品主要包括末端防御、单兵班组、先进弹药、机动压制、反恐处突等5个领域,产品装备我国陆、海、空、火箭军及公安、武警等国家所有武装力量,发挥重要的基础性和战略性作用。汽车形成整车、零部件、营销服务、汽车金融等全产业链布局,全球拥有生产基地16个、整车及发动机工厂35个,年产销最高300万辆,自主品牌国内领先,建立"六国九地"研发布局,研发实力连续10年保持行业第一。在光电信息、医药健康、机械装备、金融服务等领域拥有多个"专精特新"冠军企业。

【主要指标】 截至2021年底,兵器装备集团资产总额3923.15亿元;全年实现营业收入2862.30亿元,比上年增长20.40%;利润总额110.94亿元,比上年增长14.70%;净利润95.65亿元,比上年增长10.55%,主要经营指标均超额完成国务院国资委年度目标。

表1 2021年中国兵器装备集团有限公司主要经济指标

项 目	2020年	2021年	比上年增长(%)
资产总额(亿元)	3583.94	3923.15	9.46
所有者权益(亿元)	1293.81	1400.17	8.22
营业收入(亿元)	2377.37	2862.30	20.40
利润总额(亿元)	96.72	110.94	14.70
净利润(亿元)	86.52	95.65	10.55
归属于母公司所有者的净利润(亿元)	58.83	47.51	−19.24
技术开发投入(亿元)	138.37	153.48	10.92
利税总额(亿元)	227.83	302.75	32.88
应交税金总额(亿元)	159.26	202.67	27.26
全员劳动生产率[万元/(人·年)]	30.60	43.20	41.18
净资产收益率(%)	6.99	7.10	增加0.11个百分点
总资产报酬率(%)	3.38	3.42	增加0.04个百分点
国有资本保值增值率(%)	107.30	106.96	减少0.34个百分点

【改革发展】 截至2021年底,国企改革三年行动29项改革任务完成24项,完成率82.76%;115项改革措施完成105项,完成率91.3%,优于中央企业平均水平。扎实推动"两个一以贯之"落实落地。"党建进章程"、"双向进入、交叉任职"、"三重一大"决策办法及党委前置研究清单均实现全覆盖。统筹制定各级子企业董事会规模结构优化方案,全级次子企业均实现董事会应建尽建、外部董事占多数、建立董事会向经理层授权管理制度,率先在32家重要子企业落实董事会职权,董事会决策能力明显提升,整体功能进一步强化。以"专业化整合、深度融合"为原则,通过"五统一、一加强"方式推动内部3组6家企业重组整合。加快建设世界一流科技企业集团。制定加快建设科技企业集团的实施意见,全面推行"五加两减"的创新激励保障机制。持续推进"瘦身健体"。完

成17项"两非"剥离和39户压减任务;圆满完成9户重点亏损子企业治理任务,9户重点亏损子企业整体盈利2.58亿元,较2018年累计减亏116%;基本完成剥离企业办社会职能和解决历史遗留问题改革任务。混合所有制改革和综合改革深入推进。推动5户国家混合所有制改革试点、2户"科改示范企业"、3户"双百企业"实施市场化、差异化改革,华强科技实现科创板首发上市,自动化所混合所有制改革及员工持股实施在即,成为唯一一家完成事业单位转制、实现混合所有制改革的军工院所。开展总部职责机构改革调整,总部部门减少18%、处室减少20%、人员编制减少7%。健全市场化经营机制,全级次257户子企业推行经理层成员任期制和契约化管理。修订企事业单位绩效考核办法,分类实施精准有效差异化考核。修订企事业单位领导班子成员薪酬管理办法,实现领导班子成员超额利润分享全覆盖。

【重大项目】 启动西仪股份与建设工业重大资产重组,军品资产证券化迈出重要一步,国有权益大幅增长。承担的海上大兆瓦风电齿轮箱、混合动力变速器,高质量超额完成任务目标,打破海上大兆瓦风电齿轮箱国外技术垄断,主要性能指标国际先进,8MW齿轮箱签订95台采购订单,产业化取得实质性进展。

汽车领域攻克纯电动轿车轻量化、纯电动SUV高性能、燃料电池SUV集成开发等关键核心技术,推动品牌向上与向"新四化"转型,有力支撑国家新能源战略需求。光学材料领域突破硫系红外玻璃产业化关键制备技术,有效解决大口径硫系红外玻璃制备关键技术受制于人的问题。基础软件领域突破大型电力装备物理场关键技术,积极推动工业软件国产化,打破国外技术垄断。医疗防护领域突破无铅射线防护复合材料和高等级生物安全实验室正压防护服制备技术,实现国产化替代。

【走向海外】 紧紧围绕国家"走出去"战略和"一带一路"倡议,瞄准国际市场,因国施策、因业施策,有序推进,15家正常经营的境外企业(机构),分布于全球11个国家及地区。2021年,国际业务收入190亿元,比上年增长28%。

长安巴基斯坦合资工厂,2021年全散件发运1.8万套,工厂生产1.5万辆,零售1.5万辆,销售额近8亿元,比上年增长293%,排名当地中国品牌第一位,全行业第四位。保变印度公司是兵器装备集团"一带一路"建设重点项目,业务范围辐射南亚、中东、非洲和美洲,有力推进保变电气产品本地化设计能力提升,提高输变电产业国际化水平。截至2021年底,完成9台变压器、14台765千伏电抗器的生产。

【重大创新】 召开科技大会,发布《关于加快建设科技企业集团的实施意见》,修订发布《科技创新成果激励办法》,制定《科技型企业分红激励操作指引》《超额利润分享操作指引》《关键核心技术研究资金支持办法》,为推动"两圈一新"产业发展关键重点项目提供资金保障,加大关键核心技术研究投入和创新奖励,引导企业优化研发投入方向,加强基础研究和战略性前沿技术布局,培育原始创新能力。

2021年,兵器装备集团研发投入153.48亿元,占营业收入5.36%,新产品贡献率保持在50%以上,信息化投入10亿元。全年专利申请4555件,其中发明专利申请2906件,PCT专利申请39件;专利授权2928件,其中发明专利授权704件。实现专利拥有量18702件,其中发明专利拥有量5128件。

【党建工作】 坚持"第一议题"制度,全年党组传达学习47次,党组理论学习中心组学习14次,其中集体研讨7次。邀请中央宣讲团成员曲青山作六中全会宣讲报告,党组成员带头赴基层宣讲63场。开展党史学习教育,创新建立"1+4"学习研讨机制,累计开展中心组学习1090次、专题党课2744场、红色教育1206次,参与党员14万余人次。创新建立"241"办实事机制,党组会每月研究推进落实,每季度开展满意度测评。集团和企业办实事清单1317个项目、1936条措施,按预定目标100%完成。全面开展国企党建会贯彻落实情况"回头看",提出改进措施18项。持续推动党建工作与生产经营深度融合,制定《党建引领赋能措施80项参考清单》,实现党委、党支部和党员三级措施互通。创新开展党内"揭榜挂帅"攻坚,科研项目竞标成功125项。创建"两强三无三高"五星级党支部品牌,命名首批100个集团公司级五星党支部。党组会研究意识形态工作3次,开展工作情况通报1次。成立融媒体中心2家,开通短视频平台3个,新媒体指数在"中国企业500强"由第77位升至第33

位。完善舆情管理机制，全年无重大负面舆情。

健全监督体系，加强对"一把手"和领导班子的监督。制定《加强"一把手"和领导班子监督的工作措施》，细化25条举措，并严格落实。党组书记、纪检监察组组长对在政治生态、日常监督、信访举报等方面存在突出问题的8家单位"一把手"进行监督谈话，对各单位"一把手"和74名新任领导人员进行集体廉政谈话，对16家被巡视单位"一把手"进行画像评价。深入整治靠企吃企顽症，深化"三不"一体推进。积极配合中央纪委国家监委查处尹家绪案件，深刻认识尹家绪靠企吃企的政治本质和政治危害。认真落实《关于深刻吸取尹家绪案教训 深入整治靠企吃企的纪检监察建议》要求，坚持以"三不"一体推进理念深入整治靠企吃企。2次召开全系统警示教育大会，通报尹家绪案件和近年查处的典型案件。深入开展靠企吃企6个专项整治，制定《集团公司靠企吃企问题负面清单》，组织各级领导人员自查自纠。开展健全内控机制专项行动，强化重点领域廉洁风险防控，推动长安汽车坚决开展采购"去中间商"369家，全系统新增修订制度842项。保持"惩"的有力威慑，2021年，全系统处置问题线索253件，立案61件，比上年增长24.5%，党纪政务处分106人，比上年增长55.9%。锲而不舍纠"四风"树新风。开展第四轮作风建设专项检查，对发现的275个问题督促纠治。制定《进一步解决形式主义问题为基层减负的工作方案》，推动总部会议总量比上年下降12%，发文数量比上年减少8%。2021年，全系统查处违反中央八项规定精神9起，处理处分23人次。

【信息化与数字化建设】 强化顶层设计，发布"十四五"信息化规划，落实国务院国资委国资监管数字化智能化提升专项行动要求，组织召开总部管理数字化建设专题研讨会，明确总部管理数字化目标和重点方向。重点风险监管业务实现信息化覆盖，特品运输安全保卫监管平台实现24家单位在途监管，安全环保系统实现5家单位在线监控、22家重点排放单位环保数据实时监测。稳步打造"5+5"（5个实体共享+5个系统共享）财务共享模式，集中核算、核算共享、标准共享系统向全级次穿透。实现与国务院国资委国资监管系统的数据交互和在线监管。

【履行社会责任】 贯彻落实习近平总书记重要指示批示精神和中央有关政策文件，切实履行社会责任，编制《中国兵器装备集团定点帮扶"十四五"规划》，全面、系统开展帮扶工作，推动巩固拓展脱贫攻坚成果同乡村振兴有效衔接，充分践行军工央企社会责任。向云南定点两县、江西吉水县、西藏地区教育和民生等领域按计划投入帮扶项目资金，持续巩固拓展脱贫成果，助力乡村振兴。2021年，发布的社会责任报告得到最高等级"五星佳"级评价。做好定点帮扶工作成效总结，经国家考核审定，连续四年定点帮扶工作考核结果为"好"。针对突发自然灾害快速响应，7月22日河南暴雨灾情期间，兵器装备集团向河南省慈善总会捐赠2000万元，用于受灾地区应急救援及灾后恢复工作，与灾区人民一起共渡难关。

（撰稿人：殷丽丹）

中国电子科技集团有限公司

【基本概况】 中国电子科技集团有限公司（以下简称中国电科）是在原信息产业部直属46家科研院所及26户企业基础上组建的军工央企，是国内唯一能够覆盖电子信息全领域业务，唯一能够为各军兵种提供信息化装备的军工集团。2021年6月，经国务院批准，中国普天信息产业集团有限公司整体并入中国电科，为加速电子信息技术创新体系与通信工业制造体系有机融合，推动企业在更高层次、更高水平实现资源优化配置，实现我国电子、信息、通信等领域体系化能力贯通奠定坚实基础。中国电科拥有47家国家级研究院所，15家上市公司，36个国家级重点实验室、研究中心和创新中心。员工总数22.1万人，其中科研人员12.4万人、院士13人。2021年，中国电科坚持以习近平新时代中国特色社会主义思想为指导，全面贯彻落实党的十九大和十九届历次全会精神，深刻认识"两个确立"的决定性意义，增强"四个意识"、坚定"四个自信"、做到"两个维护"，深入贯彻习近平总书记重要指示批示精神，认真落实党中央、国务院、中央军委重大决策部署，在国务院国资委的统一领导下，突出"军工电子主力军、网信事业国家队、国家战略科技力量"使命定位,聚焦"电子装备、网信体系、产业基础、网络安全"四大主业,奋力推进强军兴军、科技创新、改革发展和党的建设各项工作,军工电子主导地位大幅提升,关键核心技术攻坚取得系列突破,经营绩效创历史新高,行业影响力、带动力、辐射力全面增强。

【主要指标】

表1 2021年中国电子科技集团有限公司主要经济指标

项 目	2020年	2021年	比上年增长(%)
资产总额(亿元)	4516.10	5450.51	20.69
所有者权益(亿元)	2326.31	2655.98	14.17
营业收入(亿元)	2367.49	3577.17	51.10
利润总额(亿元)	251.64	285.07	13.28
净利润(亿元)	223.24	262.87	17.75
归属于母公司所有者的净利润(亿元)	129.69	138.81	7.03
科技支出(亿元)	456.50	539.57	18.20
应交税金总额(亿元)	105.51	119.83	13.57
全员劳动生产率[万元/(人·年)]	42.77	45.66	6.76
国有资本保值增值率(%)	109.30	107.80	减少1.50个百分点

注:表中2020年数据不含中国普天,2021年数据含中国普天。

【改革发展】 坚持"两个一以贯之",推动中国特色现代企业制度更加成熟定型,深化科研院所改革,加快主业布局优化和结构调整。一是高质量完成战略性重组普天任务。坚决贯彻国有经济布局优化和结构调整决策部署,果断打破原有产权关系,采用一步到位的整合模式,高标准推进中国电科与中国普天成员单位间业务、机构、资产、人员的融合,强化内部管控、规避各类风险、培植盈利能力,短时间内实现普天扭亏,1.8万名职工得到妥善安置,债务风险有效化解,为在更高层次、更高水平上实现资源优化配置、做强做优做大国有企业作出积极探索。二是扎实推进国企改革三年行动。高质量完成年度改革任务,企业治理结构不断优化,三项制度改革纵深推进。深入推进董事会建设,子企业全部实现董事会应建尽建和外部董事占多数。稳妥推进电科能源、圣达公司、烁科精微等企业混合所有制改革,扎实推进"双百行动""科改示范行动",全面开展对标世界一流管理提升行动,电科海康被国务院国资委评为"'科改示范'标杆企业",电科太极等入选"对标世界一流管理提升标杆企业"名单。三是持续深化科研院所改革。理顺子集团与研究院所管理体制,"一企一策"推进布局优化和结构调整。网络通信研究院高效运转,"院管所"协同创新模式成效凸显;组建军事智能研究院,与创新院一体化运行;统筹推进电科航电通航业务资源整合;海南社管平台业务、智慧院股权并入电科太极,电科院智能所整体划转中国电科智能科技研究院,业务资源配置结构不断优化;加快产业基础、电子对抗等领域研究所专业化整合,4家研究所实现独立运行;坚决落实中央决策部署要求,顺利推进天地信息公司划转中国星网。四是全面加强集团统筹机制。坚持"集中力量办大事",统筹成员单位特色优势,以重大任务为牵引,建立集团统筹、总师策划、总部推进、优势单位牵头、相关单位参与,行政线、技术线协同的重大项目管理机制。坚持放活与管好相结合,对12家成员单位开展分类授权,行权事项涉及金额超过100亿元,有效激发经营主体活力。五是不断完善规章制度体系。构建上位、中位、下位三层17类规章制度体系,在治理体系、运行机制、管理规章等3个方面8个领域推进制度建设,集团总部全年新发布制度71项,汇编现行有效制度303项,各级成员单位制(修)订制度1554项,建立从集团总部到成员单位分层分级、承接有序、较为健全的规章制度体系。

【重大项目】 充分发挥重大任务引领作用,加速构建"四大板块"协同并进的发展格局,统筹推进实施4个方面重大任务和117项重点工程。突出强军首责,全面完成重点军工任务,全力支撑重大演习演练、重大军事活动保障任务,推动装备体系建设实现新跨越。圆满完成航天发射保障任务52次,深空测控、高宽带通信、激光雷达等关键核心技术为空间站建设、北斗运行、天问探火等提供关键支撑。第三代半导体完成从材料、装备、工艺到器件、模块、应用的体系化布局,实现全产业链自主替代。信创产业形成"从芯到云"的自主可控生态,应用领域不断拓展。在碳化硅衬底、氮化镓器件、芯片原子钟、声表滤波器等领域打造一批单项冠军。碳化硅汽车电子器件、宇航级多光谱 CCD 图像传感器、5G 测试仪器等自主产品率先实现国产替代并批量应用。北京健康宝大数据支撑平台提供服务破 100 亿次,有力服务经济社会发展。视频安防行业保持龙头地位,海康威视 10 年蝉联全球视频监控市场占有率第一位,全球市场份额 24%。

【走向海外】 克服疫情影响,积极推进"一带一路"业务,加快融入国内国际双循环。推动国家信息化"走出去"。实现"一带一路"沿线埃塞俄比亚数据中心、赞比亚呼叫中心、赞比亚综合管理信息系统、尼泊尔云平台项目落地。探索援外项目模式,全力保障电科太极信息化系统援外项目推进实施。推进老挝新国家区管等项目谈判签约。大力谋划元器件业务发展,开拓俄罗斯和周边国家电子产业市场。发展国际安防产业。支持海康威视深入大力拓展全球发展中国家新兴市场,持续保持全球安防监控第一品牌地位。保障重大项目实施。积极推进海外"双碳"布局,完成电科装备土耳其 Kalyon 一期 500 兆瓦光伏产业园项目建设并整体移交,二期项目全部设备发运现场。

【重大创新】 坚持把科技创新摆在发展的核心位置,一是聚力攻克一批"卡脖子"关键核心技术,8~12 英寸离子注入机实现全谱系自主可控,打破国外技术封锁。掌握亿门级 FPGA 芯片的硬件设计、测试、封装、可靠性等关键技术;形成全自主架构 DSP 技术体系;形成包括 $0.5\mu m$、$0.25\mu m$、$0.25\mu m$、$0.15\mu m$、$0.1\mu m$ 等成套标准三代半导体 GaN 工艺技术体系,器件部分性能指标实现"领跑"。万瓦级高能激光光纤首次实现单纤 20 千瓦激光输出,是当前国际上可见公开报道的激光光纤单纤输出功率的最高水平。二是加快建设一批高水平创新平台和产业基地,携手北京市共建智能科技园,集聚 18 家成员单位优势资源,围绕人工智能基础研究、共性平台、关键技术、重点产业谋篇布局,加速建设人工智能科技、产业和人才高地。4 个领域成功入选国务院国资委首批原创技术策源地。联合兄弟央企开展核心电子元器件协同创新,面向航天、能源等领域应用的 30 多项联合攻关任务取得重大突破。牵头组建国家第三代半导体技术创新中心,携手五省六市协同攻关,集聚全国 50 多家产学研用优势单位,推动第三代半导体产业创新能力整体跃升。深度融入全球创新网络,获批成立中国—白俄罗斯国际合作实验室,牵头承建 SKA 国际大科学工程天线伺服控制系统等多个关键项目。三是不断完善有利于创新创造的体制机制,建立保障高水平科技自立自强的制度体系,实施基础研究所稳定支持政策,推动荣誉表彰、薪酬分配向一线倾斜,关键核心技术人才工资总额全额单列,岗位分红、项目分红等中长期激励累计覆盖 2.5 万多人,金额超过 16 亿元。2021 年,承办第三届中央企业熠星创新创意大赛,设置新一代信息技术、先进制造技术、北斗时空智能技术、新材料与新能源技术、医疗器械与设备等赛道 5 条,报名参赛 2.3 万余人,征集项目 3340 个,激发科研人员创新热情,促进大批创新创意项目落地转化。

【党建工作】 落实"党建创新拓展年"要求,坚定不移推进全面从严治党,以高质量党建引领保障高质量发展。一是加强党的政治建设。深刻认识"两个确立"的决定性意义,把做到"两个维护"作为最高政治原则和根本政治规矩,坚定政治信仰、提高政治站位、增强政治定力、强化政治监督。二是强化党的全面领导。深入学习贯彻《关于中央企业在完善公司治理中加强党的领导的意见》,开展国企党建会精神贯彻落实情况"回头看"。三是推进反腐败斗争。持续深化中央巡视整改和中央企业"四个专项"整治,开展民企挂靠国资、"影子股东"问题专项治理行动,建立任务清单和定期督办机制,坚决把整治工作向纵深推进。四是纠治"四风"。把贯彻落实中央八项规定精神、纠治"四风"作为重大政治责任,把作风建设融入日常工作,以"钉钉子精神"抓常抓长、久久为功。五是推进政治巡视。全面贯彻中央巡视工作方针,坚守政治巡视定位,做到以巡促改、以巡促建、以巡促治。全年对 20 家成员单位和 6 个总部部门党组织开展常规巡视,完成规划内成员单位巡视全覆盖。六是压实管党治党责任。始终坚持"责"字当头、"实"字落地、"严"字固本，持之以恒履行好"两个责任"。

【信息化与数字化建设】 加强信息化顶层设计，制定和发布"数智电科"专项规划及相关标准规范；完善国资监管信息体系建设，推进国产化替代任务；深化管理信息化建设，完成新一代公文系统、合同管理系统、科技创新管理平台、经营大数据平台、一体化内控风控监督系统等建设任务；推进工程信息化能力提升，结合军工电子行业特点扶持SMT协同制造平台深化应用、基于数字孪生总装车间、表面处理数字化车间等示范试点工程；开展信息化基础建设，以智能科技园和科技创新园建设为契机，推进智慧园区论证和建设；强化网络安全防护体系，落实网络安全工程常态化管理，参加"护网2021"网络安全攻防实战演习，取得"军工第一、央企第三"的成绩，开展网络安全在线监管平台等项目建设。

【履行社会责任】 扎实做好巩固拓展脱贫攻坚成果同乡村振兴有效衔接工作。围绕数字乡村信息基础设施、乡村治理、产业发展、惠农服务四大领域，大力实施以数字应用新平台工程、数字治理新驱动工程、数字服务新模式工程和数字赋能新生态工程为重点的"四新工程"。加大帮扶资金投入，创新帮扶模式，进一步加大"科技小屋"建设投入力度，邀请首席科学家、专家现场授课，激发学生学习热情；开创"智志双扶"新模式，与复旦大学等高校开展校企联合、定点支教等工作，联合建立"校企联合帮扶支教点"，不断提升农村教育质量。连续三年获得中央农村工作领导小组定点帮扶考核最高等次评价"好"；《决胜脱贫攻坚 贡献电科力量》《信息化抗击疫情 为党分忧 为民解难》两个案例分别入选《中央企业社会责任蓝皮书》《中央企业海外社会责任蓝皮书》。社会责任报告连续11年获评国务院国资委、社科院五星卓越级社会责任报告。

（撰稿人：蒋晓琳）

中国航空发动机集团有限公司

【基本概况】 中国航空发动机集团有限公司（以下简称中国航发）是中央直接管理的军工企业，由国务院国资委、北京国有资本经营管理中心、中国航空工业集团有限公司、中国商用飞机有限责任公司共同出资组建，2016年8月28日正式成立。中国航发下辖直属企事业单位27家，在职职工7.3万人，拥有包括7名院士、200余名国家级专家学者在内的一大批高素质、创新型科技人才，具有较强的科研生产能力及较为完整的军民用航空发动机、燃气轮机研发制造体系与试验检测能力。2021年，中国航发深入学习贯彻习近平总书记对航空发动机事业的重要指示批示精神，全面贯彻落实党中央、国务院、中央军委决策部署，从百年党史中汲取智慧和力量，奋力拼搏、攻坚克难，全面完成科研生产、改革发展、党的建设各项任务，实现"十四五"良好开局，跑出航空发动机自主研发加速度。

【主要指标】 2021年，中国航发实现营业收入620.9亿元，主业收入占比93.2%；利润总额35.2亿元；净利润28.3亿元；考核口径经济增加值11.6亿元；成本费用总额占营业收入的95.08%。

表1 2021年中国航空发动机集团有限公司主要经济指标

项　目	2020年	2021年	比上年增长（%）
资产总额（亿元）	1605.8	2024.2	26.06
所有者权益（亿元）	997.3	1114.3	11.73
营业收入（亿元）	546.7	620.9	13.57
利润总额（亿元）	31.7	35.2	11.04
净利润（亿元）	26.3	28.3	7.60
归属于母公司所有者的净利润（亿元）	16.1	16.8	4.35
技术开发投入（亿元）	168.6	178.5	5.87
利税总额（亿元）	43.0	49.7	15.58
应交税金总额（亿元）	11.3	14.5	28.32
全员劳动生产率[万元/(人·年)]	27.6	31.6	14.49

续表

项　　目	2020年	2021年	比上年增长(%)
净资产收益率(%)	2.7	2.7	与上年持平
总资产报酬率(%)	2.3	2.1	减少0.2个百分点
国有资本保值增值率(%)	102.7	102.2	减少0.5个百分点

【改革发展】 以聚焦主责主业为目标,以服务科研生产为主线,以实施改革三年行动为重点,全面深化改革。加强"一张表"管理,改革三年行动台账任务完成率86%,子企业董事会应建尽建、外部董事占多数、经理层成员任期制契约化管理等一批重难点任务取得突破。推动国资布局结构向主业聚焦,实施非核心业务对外转移三年行动计划,培育良好产业生态,着力建强航空发动机产业链,主业收入占比连续三年超过90%。着力提升自主创新能力,聚焦原始创新和自主创新,不断加大研发投入强度。打造改革"尖兵",中国航发商发"双百改革"深入推进,市场化运营机制不断健全,14项年度改革台账任务全面完成,改革案例获得2021年中国企业改革发展优秀成果奖;云路股份实现科创板首发上市,募集资金14亿元,成为首家登陆科创板的"科改示范行动"企业;新材料产业平台建设加速推进,实现募资10.34亿元,为首发上市奠定坚实基础。

稳妥推进资本运营项目,完成航发控制资产重组及非公开发行股票,实现国有资本保值增值;制定中国航发商发增资、引战、上市"三步走"方案,确定原股东增资45亿元。持续优化资本布局,完成对中国航发中传、贵阳精铸增资等11项股权投资项目,实现投资36.09亿元;完成航空工业所持部分股票划转注入。大力优化股权结构,完成航发动力、航发控制股权划转,产权层级由五级减至四级。积极推进股权融资,全年实现融资69亿元,其中集团外融资56亿元;推动航发基金合伙人实缴到位8亿元,实现航发基金一期全部实缴到位。常态化开展"压减"工作,全年压减法人企业6户,较集团成立之初压减64%。大力推进"两非"剥离,10户企业完成8户。亏损企业专项治理中,8家存续企业整治全部完成,基本消除经营性亏损。

坚持统筹谋划、一体推进,深化三项制度改革。一是持续推进管理人员能上能下。大力推进公开招聘、竞争上岗等选人用人机制改革,全面推行任期制和契约化管理,突出差异化指标设计与考核应用,打破身份"铁饭碗"。持续深化型号总师专职化改革,免除型号总师行政职务,让科技领军人才心无旁骛干型号、抓科研。二是扎实推进员工能进能出。优化人员结构,严控劳动用工总量,不断提高劳动用工效率,2021年在岗职工总量降至7.3万人,科技人员占比提高至38.2%。加快推进劳动合同、岗位合同"双合同"管理,严格执行契约化退出。三是深化收入能增能减。强化人工成本、工资总额"双管控",建立与效率和效益相适应的工资决定机制,健全重大项目攻关、AEOS建设、高层次人才引进等项目工资"直达"机制。强化薪酬改革、福利保障"双驱动",完善总额管理精准化、内部分配差异化、特殊事项个性化的薪酬分配"三化"机制,全面推行岗位绩效工资制改革。推动短期激励、中长期激励"双结合",超前实施"揭榜挂帅",开展项目预期成果奖励;构建骨干人才中长期激励机制,在云路股份、石墨烯公司、新材料平台等开展股权激励,实行型号专职总师年薪制,有力保障型号任务完成。

【重大项目】 深入推进型号攻坚,型号研制工作取得重要进展。军用航空发动机方面,重点型号研制加速推进,多型发动机实现鉴定、首飞。民用航空发动机方面,大型客机发动机长江－1000A、宽体客机发动机长江－2000项目稳步推进;中法联合研制的涡轴－16发动机取得中国民航东北地区管理局颁发的生产许可证;AES100民用涡轴发动机成功实现首飞;AEP500民用涡桨发动机工程验证机、AEP100中小功率涡桨发动机、AES20小功率涡轴发动机等项目研制取得积极进展。燃气轮机方面,"三轻一重"项目AGT－7B燃机累计运行5700小时,通过国家能源局阶段验收;AGT－15燃机累计运行4000小时;AGT－25燃机累计试验运行突破5500小时;AGT－110重型燃机交付深圳电厂,启动示范项目施工。

【走向海外】 坚持底线思维、发扬斗争精神,以

"布好局、开好头,保重点、控风险,强本领、促提升"为重点,积极维护、拓展国际合作渠道,多措并举提升管理水平。坚持线上、线下交流相结合,组织参加中俄、中英等政府间合作机制会议,充分利用政府间合作影响力,积极争取科技领域合作机会;与法国赛峰、美国霍尼韦尔等企业保持高层对话交流,进一步稳固战略合作关系;与英国Expleo公司"云"签署战略合作协议,双方合作关系进一步升级。坚持"非必要不派出、非必要不邀请"原则,统筹做好疫情防控和必要国际交流,邀请外国专家到国内参与涡轴-16等重点型号研制工作。

【重大创新】 加强战略引领,发布集团科技创新"十四五"专项规划,搭建2035年前基础预研技术发展体系,形成中长期技术发展蓝图。基础预研扎实开展,重大专项基础研究第一批牵头项目完成里程碑节点任务,第二批牵头项目获批立项。持续加大自主研发投入,聚焦科研生产任务急需和未来航空动力技术发展开展创新项目研究。加强前沿科技布局,瞄准未来航空发动机智能化、数字化发展趋势,在智能发动机、航空发动机数字化工程等重点方向开展项目策划论证,着力推动项目立项。深化航空动力国家实验室方案论证,强化航空动力国家战略科技力量。进一步推进产学研合作,搭建科技创新协同平台,扩展战略合作版图。深化推进中国航发运营管理体系(AEOS)建设,按照"解难题、接地气、聚人气"的总体思路,遵循"好字当头、快字为先,建用结合、着力于用"原则,加快推动AEOS向建用结合拓展。全年获得国防科技奖20项;申报发明专利2988件,比上年增长29%。

【党建工作】 坚定不移加强政治建设,巩固贯彻落实习近平总书记重要指示批示精神"70+N"长效机制,以实际行动捍卫"两个确立"、践行"两个维护"。强化理论武装,聚焦习近平总书记"七一"重要讲话等开展专题学习研讨,实施"学创新理论、解发展难题"行动、青年学用马克思主义理论"领航"工程。弘扬伟大建党精神,扎实开展党史学习教育,深入推进"我为群众办实事"实践活动,为群众办实事、解难事6598项。全面开展全国国有企业党的建设工作会议精神贯彻落实情况"回头看",在中组部、国务院国资委等上级机关组织的重要会议上交流党建工作经验4次,《人民日报》等中央媒体报道集团特色做法。健全党建"铸心"工作体系,完善政治引导、重点指导、业务辅导、调研督导工作机制,实现党建工作全过程闭环管理。深化实施党建"铸心"工程,突出"铸心"攻坚,组建531支"铸心"突击队,开展"党建+质量"专项提升行动,有力支撑型号攻关和质量提升;突出"铸心"共建,各级党组织与军方用户、产业链上下游企业开展广泛交流,助推打造现代产业链"链长"。集团2个基层党组织和2名先进个人获得全国"两优一先"表彰,全年获得省级以上荣誉234项。

一以贯之深化全面从严治党,打造风气清正的政治生态。一是持续加强监督检查。突出政治监督,围绕贯彻落实习近平总书记指示批示精神、重大专项实施及重点型号研制开展"嵌入式"监督,促进型号科研廉洁合规。强化专项监督,围绕物资采购等重点领域开展专项监督检查62项。加强对"一把手"和领导班子监督,常态化开展廉政约谈,紧盯重要节点强化廉洁教育提醒,及时通报党风政风典型案例。加快推进监督体系落实,推动各类监督贯通融合,形成监督合力。二是持续发力正风肃纪反腐。持之以恒纠"四风"树新风,严肃查处违反中央八项规定精神问题。彻查非法交易航材问题,严肃处理相关人员,极大消除廉洁隐患。各级纪检监察机构立案68件,给予党纪政纪处分120人。三是持续深化以案示警、以案促改。召开专题警示教育大会,深入开展"送警示教育到基层",深化物资采购等重点领域廉洁风险防控,开展采购领域专项治理及管理提升等工作,加强对供应商的廉洁教育和日常监管。四是深入推进巡视巡察。全面完成中央巡视反馈问题整改,对7家直属单位开展巡视"回头看"。

【信息化与数字化建设】 大力推进数字化、信息化建设,发布《数智航发2035规划》《信息化"十四五"规划》,明确数字化建设总体目标、工作思路和整体架构,启动"数智航发"一期项目论证。聚焦AEOS建设落地应用,积极构建IT支撑平台,部署应用AEOS建设运行全景平台。多厂所协同研制平台完成多个项目应用验证,协同设计管理平台完成统一开发和功能验证,实现多单位异地协同研发。深化实施生产现场数字化转型三年行动计划,10条数字化生产线完成验收并投入使用。集团2个项目入选国有企业数字化转型典型案例，2个项目入选中央企业"十三五"网络安全和信息化优秀案例。

【履行社会责任】 深入贯彻落实习近平总书记关于全面推进乡村振兴的重要指示批示精神，积极履行央业社会责任，推动脱贫攻坚成果同乡村振兴工作有效衔接，通过发展帮扶村当地特色产业、引进和培育优秀人才、打造乡村特色文化产业、推进人居环境整治、健全乡村治理体系等措施，全面提升乡村振兴工作质量，帮助多个帮扶村发展集体经济，投入工作资金约524万元，累计派出驻村干部45人次。切实履行环保责任，2021年节能环保总投入1.61亿元，危险废物处置率提高29.9%。发布年度社会责任报告，经中国企业社会责任报告评级专家委员会评定为五星级，企业社会责任发展指数位居军工行业前列。

（撰稿人：蒋郝辉）

中国融通资产管理集团有限公司

【基本概况】 中国融通资产管理集团有限公司（以下简称中国融通集团）是中央管理的商业类国有独资公司，由国务院国资委履行出资人职责。中国融通集团建立健全有效制衡的法人治理结构和灵活高效的市场化经营机制，经营范围主要包括房地产、农业、酒店及旅游业、装备保障、商业服务、资源回收利用、科技服务、医疗健康、安保服务、文化、人才服务、金融及保险服务等领域。

2021年，中国融通集团紧紧围绕庆祝建党百年，深入学习贯彻习近平总书记重要讲话和对公司一系列重要指示批示精神，以2021年度工作会议各项重点工作任务为牵引，坚持稳中求进工作总基调，全面贯彻新发展理念，积极融入新发展格局，着力推动高质量发展，坚持以提质增效专项行动等为抓手，统筹推进为军惠军、市场开拓、新业态培育、资产划入接收等各项工作，全力盘活存量、引入增量、提高质量、增强能量、做大总量，促进经济稳中向好、稳步提质，收入利润等预算目标全面完成，经济发展势头持续向好，高质量发展迈出坚实步伐，实现"十四五"良好开局。2021年出色完成业绩考核各项目标任务，2019—2021年任期内评选为"业债优秀企业"。

【改革发展】 2021年，中国融通集团严格按照国企改革三年行动实施方案，抓好各项改革举措落实落地。一是初步建成中国特色现代国有企业。基本完成公司组建任务，确定"总部（区域公司）—子公司—法人实体"三级组织架构，陆续完成各业务板块法人实体运营。推动党的领导和公司治理相统一，形成党组会、党组前置研究、董事长办公会、总经理办公会等"4+1"决策清单体系。实现董事会应建尽建，进一步规范子公司法人治理、董事会运行，推动向经理层授权制度的制定印发。二是完善市场化经营机制成效初现。深入实施经理层任期制和契约化管理，截至2021年底，在31户法人单位实施。稳妥有序推动混合所有制改革，在生猪养殖、冷链运输等领域与行业头部企业开展合资合作。印发集团公司中长期激励指导意见，强化市场导向工资总额决定机制，指导子公司建立差异化薪酬分配机制。印发《经营投资尽职合规免责清单实施意见》，完善容错纠错机制，鼓励干部员工担当作为。三是产业布局和资产结构持续深入优化。围绕构建新发展格局，高起点编制首个五年规划，明确"十四五"期间布局发展方向和重大任务。同步开展"三供一业"、退休人员社会化管理和公司制改制等改革"补课"，积极纳入国务院国资委"压减"工作体系。科学制定对标世界一流管理提升行动工作清单，农发公司入选"标杆企业"。

【为军服务】 2021年，中国融通集团深入开展为军惠军服务，持续巩固深化、稳步提升业务量，打造为军服务生态。发布实施酒店行业为军惠军"一揽子"优惠措施，组织开展"陪官兵留队过春节"、"八一"房餐特惠等活动，为军人军属提供优惠待遇；推进军队安置房、士官公租房代建代管试点；深入做好拥军优抚工作和副食品惠军服务保障，为部队送去自主生产的特色农副业产品；聚焦物业、商超、餐饮等领域承接部队非战斗职能，梯次铺开军队营区生活服务保障；编写军队院校招生文化科目复习教材、承接军队聘用人员派遣任务，有效履行为军首责的职能使命，为军保军惠军经验做法被国务院国资委列入百项特色办实事项目。

【党建工作】 2021年，中国融通集团始终把抓党建、强党建摆在突出位置，推进实施"五大工程"，党的建设各项工作有声有色、成效显著。一是实施铸魂工程。认真落实"第一议题"制度，深入学习领悟习近平总书记"七一"重要讲话和党的十九届六中全会精神，组织25次专题学习和集中研讨，常态化开展贯彻落实习近平总书记重要指示批示情况监督检查，把捍卫"两个确立"、做到"两个维护"体现在破解公司组建发展难题的生动实践中。二是实施强基工程。深入开展全国国企党建会精神贯彻落实"回头看"，全面推进标准化、规范化党支部建设，抓实党员教育管理，不断夯实基层基础。落实"四同步、四对接"，完成直属党委、纪委选举，动态完善基层党组织设置，确保公司组建到哪里，党组织作用就发挥到哪里。开展总部和子公司党建考核、党组织书记抓党建述职评议，实现党建考核与经营业绩考核、领导人员综合评价有机衔接。三是实施人才工程。坚持把政治标准作为第一标准，围绕新板块组建选优配强领导班子，全年调整补充领导人员126人次。加强干部人才队伍培养锻炼，加大交流挂职任职力度，完成6家子公司中干岗位社会化招聘，推动干部队伍年龄结构、专业结构不断优化。打造"融通大讲堂"品牌，以"线上＋线下"方式举办培训班36期，培训7500余人次。四是实施凝心工程。扎实开展党史学习教育，"学党史、迎百年""大国顶梁柱、永远跟党走"等系列活动亮点纷呈，"我为群众办实事"取得实效，广大党员干部受到全面深刻的政治教育、思想淬炼、精神洗礼。深入开展"挖红色源头、寻红色根脉"行动，编撰《红色之路》《擎旗出征》书稿。统战工作和群团工作一体推进，有效履行社会责任，落实意识形态责任制，印发《舆情标准化指引》，组织开展模拟演练，确保意识形态领域安全。五是实施清风工程。坚持全面从严治党战略方针，认真落实中央关于加强"一把手"和领导班子监督的意见，强化对权力运行的制约监督。把握政治巡视定位和内涵要求，开展内部巡视巡察工作。持续深化不敢腐、不能腐、不想腐一体推进，深入整治利益输送、设租寻租等"靠企吃企"问题，部署开展规范领导干部配偶、子女经商办企业行为和"影子公司""影子股东"专项整治，加强重点领域廉洁风险防控。深化廉洁文化建设，持续开展警示教育，建设"清风融通"。

【信息化与数字化建设】 2021年，中国融通集团加强信息化与业务工作深度融合，加快集团层面协同运营平台和各领域关键业务应用系统建设，以信息化、数字化赋能管理提升。一是强化组织管理。集团公司先后召开网络安全和信息化领导小组会8次，指导信息化建设推进。上线信息化管理系统，建立项目库、制度库、标准库、专家库、供应商库，实施信息化建设集中采购。深化综合门户集成应用，组织建设经营管理数字化平台，推动一体化移动办公系统建设。二是完善基础设施。打通集团公司总部与子公司涉密网、商密网链路，接入单位31家。完成集团公司总部节点机房扩容升级，完成应用系统集中部署44个，实现业务数据集中存储。加快一体化数据平台建设，上线运行协同办公、视频会议等系统。组织开展投资管理、经济风险管控等系统建设，推进财务共享、电子商务、资产管理等升级推广。实施网络安全7×24小时不间断监测和应急处置，实现网络安全事件零发生。三是推动生产数字化改造。融通地产301医院物业管护项目实现医院物业系统化、数字化、智能化管控。融通农发政策粮信息系统实现全部车载及厂区监控覆盖。融通旅发推广应用酒店管理系统，新增上线管控酒店33家，视频会议系统实现88家系统内单位互联互通，智能酒店项目获批中国质量协会三等奖。融通文教建成"融通i学堂"，支撑直播、培训班等在线学习。融通财险公司上线再保、非车承保、财税发票等多组应用。融通财务公司开展财务核心业务系统和集团公司资金管控系统建设，完成功能优化9115项。

【履行社会责任】 2021年，中国融通集团努力推进疫情防控和生产经营两手抓、主动服务经济社会发展、坚决守牢安全环保底线，以实际行动彰显大国央企的责任担当。一是积极参与疫情防控和防汛救灾。抓细抓实常态化疫情防控，全集团干部员工保持"零疫情、零感染"；始终保持"零感染"防控目标，组织38家酒店提供6300多间客房，为中央企业境外滞留人员入境后隔离提供保障，融通旅发全年33家被征用酒店累计保障疫情防控各类人员4.26万人次；认真落实国家相关扶持政策,全年累计为1007户中小微企业减免租金6.9亿元。参加郑州"7·20"特大暴雨抗洪抢险,第一时间捐款1000万元,相关单位在做好自身防汛抗洪的同时,积极参与军地防汛救灾服务保障,协助转移安置群众、服务保障军地救援人员1.2万人,为受洪灾商户减免租金2000万元。二是全力守好安全环保底线。抓好安全生产专项整治三年行动全面收官。持续完善风险分级管控与隐患排查治理双重预防体系,全力推动隐患问题整治销号;聚焦典型项目,持续抓好工业园区、仓储物流等传统领域安全硬件水平提升。抓好新业态安全环保体系建设。加强军工、加油站、医院、建筑施工、特种物流5个新领域安全环保体系建设,确保起步即合法合规经营。开展安全生产标准化建设。督导各单位健全完善安全环保制度并组织达标评агр;常态化开展安全环保飞行检查,持续做好安全管理队伍取证建设。扎实培训新修订的《中华人民共和国安全生产法》。全年培训415人,各企业主要负责人和安全生产管理人员教育培训282人,指导各子公司安全培训662场、21335人次,开展应急援救演练705场、16064人次。抓好环保节能工作。开展自营业态环保合法合规性评价,推广节能改造试点做法,制定"双碳"行动方案,开展新业态渔光互补、屋顶光伏、资源循环利用等"双碳"示范试点。

(撰稿人:吉 军)

中国石油天然气集团有限公司

【基本概况】 中国石油天然气集团有限公司(以下简称中国石油)是国有重要骨干企业和我国主要的油气生产商和供应商之一,是集油气和新能源、炼化销售和新材料、支持和服务、资本和金融等业务于一体的综合性国际能源公司。2021年,在"世界500强"中排名第四位,在全球油气行业排名第一位。

2021年,面对世纪疫情和百年变局,中国石油坚持以习近平新时代中国特色社会主义思想为指导,全面贯彻党的十九大、十九届历次全会和中央经济工作会议精神,认真落实党中央、国务院决策部署,抓住国际油价回升、我国经济持续稳定恢复等有利时机,着力稳增长、调结构、提质量、增效益、防风险,实施一系列开创性举措,取得一批历史性突破、标志性成果,经营业绩创造新的里程碑,在建党百年大庆之年、"十四五"开局之年交出一份亮丽的成绩单。

【主要指标】

表1 2021年中国石油天然气集团有限公司主要经济指标

项 目	金 额(亿元)	比上年增长(%)
资产总额	41924	2.5
归属于母公司所有者权益	19902	0.6
营业收入	28073	34.5
利润总额	1665	90.3
净利润	1003	99.4
归属于母公司所有者的净利润	622	96.8
实现税费(含境外)	3980	26.0

【改革发展】 国企改革三年行动目标任务超额完成。制定实施关于推进公司治理体系和治理能力现代化的指导意见和关于深化体制机制改革的意见,完成集团总部组织体系优化调整,四大业务板块(子集团)成功组建、有效运行。市场化改革和经营机制转换取得新进展,差异化分类考核、关联业务联动考核评价、天然气价格机制等交易规则出台实施。领导人员任期制和契约化管理全面推行。"三供一业"分离移交、剥离企业办社会职能收尾和退休人员社会化管理工作年度任务全面完成。

【重大项目】

1. 油气和新能源。

国内油气业务方面。深入贯彻习近平总书记关于大力提升勘探开发力度等重要指示批示精神,全力推进油气增储上产,发现落实11个亿吨级、12个千亿立方米规模储量区,全年新增探明石油地质储量

104527万吨、天然气地质储量10951亿立方米；生产原油10310.6万吨、天然气1378亿立方米，分别占国内油气总产量的51.8%、66.4%，产量当量再创历史新高。

天然气销售方面。大力开拓批零市场和直供直销客户，全年国内销量首次突破2000亿立方米，达到2055.5亿立方米，比上年增长11.3%，占国内市场份额的56.2%。唐山LNG应急调峰保障工程、江苏LNG接收站三期和6条支线管道建成投产。截至2021年底，公司供气范围覆盖全国31个省（自治区、直辖市），有力保障天然气安全平稳供应。

新能源方面。推进实施"六大基地"和"五大工程"建设，建成投产玉门20万千瓦光伏发电项目等新能源新产业项目39个，新增新能源开发利用能力350万吨标准煤。获取风光发电指标120万千瓦，风光发电装机规模增加24万千瓦；新增地热供暖面积960万平方米；投用高纯氢供应能力1500吨/年，建成加氢站（综合能源服务站）8座，其中崇礼太子城等4座加氢站为北京冬奥会近1000辆氢燃料电池车提供保障。

2. 炼化销售和新材料。

炼油与化工方面。持续推进减油增化，炼油化工结构调整和转型升级效果明显。全年国内加工原油16674万吨，生产成品油10892万吨、乙烯671.3万吨。长庆、塔里木两个乙烷制乙烯国家示范工程建成投产，广东石化等重点项目建设加快推进。截至2021年底，公司国内拥有大型炼化一体化企业8家，千万吨规模炼厂13个。

新材料方面。实施新材料提速工程，聚焦7个主要方向26种新材料，打造优势产品。全年生产新材料54.7万吨，官能化溶聚丁苯橡胶完成工业试验，在国内高性能橡胶材料领域实现新突破。

成品油销售方面。加大市场开发力度，优化营销网络布局。全年实现国内销售成品油11126万吨，占国内市场份额的32.6%，比上年增加0.5个百分点，为近10年来首次止跌回稳。新开发加油站250座，投运300座。实现非油收入273亿元。截至2021年底，公司国内运营加油站总数22684座。

3. 支持和服务。

充分发挥专业化优势，强化精益管理，工程建设、装备制造、研究咨询等业务服务质量持续提升。全年承担国内外油气田地面等重点工程项目75项，中油工程在十大国际油气工程公司中排名第四位；生产制造的石油装备产品出口至全球80多个国家和地区；研究咨询机构开展高质量研究咨询和技术经济论证，全面完成承担的国家高端智库建设年度任务。

4. 资本和金融。

充分发挥平台优势，坚持产业金融发展方向，积极发展绿色金融、新能源等业务，全力提升市场竞争力和品牌影响力。2021年6月28日，中国石油设立的产业资本投资公司昆仑资本有限公司在北京揭牌，募集首只绿色低碳创新基金。

【走向海外】 国际油气业务方面。在全球32个国家管理运作90个油气合作项目，全年海外油气勘探获两个10亿吨级重大发现、3个亿吨级发现，新增探明油气可采储量超过1亿吨，实现油气权益产量当量10139万吨，其中原油7633万吨、天然气315亿立方米，连续第三年稳产在1亿吨以上。西北、东北、西南和东部海上四大油气战略管道全年进口原油7300万吨、天然气540亿立方米，成为"一带一路"基础设施互联互通建设的旗舰工程。

国际贸易方面。亚洲、欧洲和美洲三大国际运营中心运营管理水平持续完善，跨区、跨市、跨产品运作能力不断增强。全年完成贸易量4.9亿吨，实现贸易额2304亿美元。

【重大创新】 推进国家战略科技力量和能源与化工创新高地建设，获国务院国资委首批打造"陆上油气资源勘探开发""化工新材料（合成树脂、合成橡胶）"两个原创技术策源地，迪拜、深圳、上海3家新设立的研究院正式挂牌。聚焦高水平科技自立自强，关键核心技术攻关取得新突破。牵头和参与完成的成果获得国家科技进步奖4项，制定发布国际标准2项，获得中国专利奖银奖1项。

【信息化与数字化建设】 启动实施首批14家企业数字化转型、智能化发展试点，智能运营中心在集团总部建成投用，研发具有自主知识产权的昆仑ERP系统填补国内空白，国内首批服务冬奥新标准加油机器人上线。基础设施和网络安全保障能力持续提升。

956100客服热线正式运行。

【党建工作】 截至2021年底,公司基层党组织32571个,党员500802人,2021年发展党员20196人。把政治建设放在首位,坚持"第一议题"制度,深入学习贯彻习近平总书记重要讲话精神和对中国石油的重要指示批示精神,组织开展贯彻落实情况"回头看","两个维护"更加坚定自觉。扎实开展党史学习教育,公司党组开展专题学习28次,各级党委理论学习中心组开展专题研讨2.79万次,各级党组织专题学习16.6万次。全系统推进落实重点民生项目2500多项,解决员工群众"急难愁盼"实事11.4万件。公司党史学习教育受到中央企业第二指导组充分肯定。组织召开习近平总书记关于大力弘扬石油精神重要批示五周年学习座谈会暨第四届石油精神论坛,确定中国石油纪念日。4名个人、1个集体获得全国"两优一先"表彰,17名个人、13个集体获中央企业"两优一先"表彰。

【履行社会责任】 中国石油始终坚持将企业发展与业务所在地可持续发展结合起来,关注民生和社会进步,促进经济和社会和谐发展。2021年,全球主要社会公益总投入8.08亿元,获得民政部颁发的中华慈善奖。

表2 2021年中国石油天然气集团有限公司全球社会公益投入情况

类 别	金 额(万元)
扶贫帮困	40291
赈灾捐赠	4784
支持教育	7396
公益捐赠	24189
环保公益	4119

推进巩固脱贫攻坚成果与乡村振兴有效衔接,全年国内乡村振兴和对口支援投入近3亿元,实施帮扶项目近600个。多措并举服务保障北京2022年冬奥会、冬残奥会,全力做好清洁能源供应、冬奥村筹备运行等工作。推动构建国际能源合作利益共同体,全年公司境外累计实现税费614.7亿元,平均本土化率86%,助力业务所在国经济发展和民生改善。严格遵守业务所在国环境保护法律法规和相关国际准则,最大限度地减少生产活动对当地自然生态的影响。加强社区沟通,参与社区公益,同各业务所在国一道抗击新冠肺炎疫情。

(撰稿人:任洁江)

中国石油化工集团有限公司

【基本概况】 中国石油化工集团有限公司(以下简称中国石化)前身是成立于1983年7月的中国石油化工总公司。1998年7月,按照党中央关于实施石油石化行业战略性重组的部署,在原中国石油化工总公司基础上重组成立中国石油化工集团公司,2018年8月,经公司制改制为中国石油化工集团有限公司。中国石化是特大型石油石化企业集团,注册资本金3265亿元,董事长为法定代表人,总部设在北京。中国石化对其全资企业、控股企业、参股企业的有关国有资产行使资产收益、重大决策和选择管理者等出资人的权力,对国有资产依法进行经营、管理和监督,并相应承担保值增值责任。

中国石化主营业务范围包括:实业投资及投资管理;石油、天然气的勘探、开采、储运(含管道运输)、销售和综合利用;煤炭生产、销售、储存、运输;石油炼制;成品油储存、运输、批发和零售;石油化工、天然气化工、煤化工及其他化工产品的生产、销售、储存、运输;新能源汽车充换电业务及相关服务;石油石化工程的勘探、设计、咨询、施工、安装;石油石化设备检修、维修;机电设备研发、制造与销售;电力、蒸汽、水务和工业气体的生产销售;技术、电子商务及信息、替代能源产品的研究、开发、应用、咨询服务;自营和代理有关商品和技术的进出口;对外工程承包、招标采购、劳务输出;国际化仓储与物流业务等。

截至2021年底,中国石化是中国最大的成品油和石化产品供应商、第二大油气生产商,是世界第一大炼油公司、第二大化工公司,加油站总数居世界第二位,在2021年《财富》"世界500强"企业中排名第五位。

【主要指标】 2021年是党和国家历史上具有里程碑意义的一年。在以习近平同志为核心的党中央坚强领导下,中国石化各级领导班子和广大干部员工全面落实习近平总书记视察胜利油田重要指示精神,大力实施世界领先发展方略,凝心聚力推动高质量发展,坚定不移深化全面从严治党,经营业绩创历史最好水平,各方面工作取得新成效,在大庆之年、开局之年交出一份亮丽的成绩单。全年实现营业收入2.79万亿元,比上年增长30.37%;利润总额1165.85亿元,比上年增长60.54%;净利润880.27亿元,比上年增长41.86%,各业务板块实现全面盈利,经营业绩创历史最好水平。

2021年,中国石化常态化推进攻坚创效,生产经营质量效率明显提高。国内上游大力实施七年行动计划,油气勘探取得重大突破,效益建产规模持续扩大,原油产量稳中有升,天然气产销大幅增长。全年生产原油3515.4万吨,上产1万吨;生产天然气338.8亿立方米,上产36亿立方米。境外上游优化投资安排,加大增产创效力度,经营业绩创近年来最好水平,实现权益原油2829万吨、权益天然气99.55亿立方米。炼油着力扩总量、调结构,产业链协同创效显著增强,油气采购降本成效明显,全年加工原油2.55亿吨,比上年增长7%。化工着力保障创效装置高负荷运行,乙烯、PX产量大幅增长,三大合成材料及精细化工高附加值产品比例持续提高,煤化工业务首次实现整体盈利。油品销售坚持量价兼顾、量效双收,成品油经营量稳步提升,全年实现境内成品油经营量1.71亿吨,比上年增长2%;低硫船燃市场占有率稳居国内第一,炼油销售、化工销售、润滑油、催化剂等业务均取得较好经营业绩。

【改革发展】 2021年,中国石化深层次激发活力动力,改革管理协同效应持续彰显。聚焦重点难点抓改革攻坚,"双百行动"等示范带动作用不断增强,三项制度改革持续深化,经理层成员任期制和契约化管理全面实施,剥离企业办社会职能和解决历史遗留问题基本收尾,国企改革三年行动任务整体完成率90%。深入实施对标世界一流管理提升行动,3家企业和2个项目入选国务院国资委标杆。全力推进"两资"处置、"两非"剥离,全级次亏损面降至5.5%、创历史最好水平。狠抓风控内控、合规管理体系建设,扎实推进衍生品、参股股权、信用风险防控,守住不发生系统性风险的底线。建好用好HSE管理体系,深入推进安全生产专项整治三年行动,持续打好污染防治攻坚战,总体保持安全清洁生产。扎实做好常态化疫情防控,"外防输入、内防反弹"扎实有效,境外公共安全保持稳定。

【转型发展】 2021年,中国石化全方位育先机开新局,产业转型升级取得重大突破。重点油气产能建设项目加快推进,7个原油商储库和7个地下储气库建成投用,油气保供政治责任进一步扛稳扛实。加快打造世界级炼化基地,镇海一期、古雷一期等如期建成,乙烯权益产能升至全球第三位;大力实施"油转化""油转特",一批炼油结构调整项目、大乙烯项目加快推进。境外上游新项目开发、LNG中长约签署取得突破,中沙聚碳酸酯项目建成投产。加快向"油气氢电服"综合能源服务商转型,高质量建成一批炼化供氢中心、加氢站、充换电站、光伏电站,风电、地热等业务稳步发展。资本孵化撬动作用有效发挥,可降解材料、人工智能等领域加快布局,"易派客""易捷""石化e贸"竞相发展。有序开展碳达峰碳中和行动,强化碳资产管理,绿色发展水平进一步提升。

【重大创新】 2021年,中国石化集众智推进科技攻关,重大科技创新成果不断涌现。纵深推进"科改示范行动",探索实施"揭榜挂帅""大兵团"作战等攻关机制,完成8家直属研究院"分转子"工作,加快建设新型研发机构、科技孵化器,成为国务院国资委首批原创技术策源地。特深层油气勘探开发、原油裂解制乙烯等一批关键核心技术攻关取得重要进展,PVA高端光学膜装置打通全流程,LAO/PAO、特种导热油填补国内空白,碳纤维复合材料火炬成功点亮北京冬奥会。智能运营中心建成投用,智能化"田厂站院""石化智云"建设取得新进展,"工业互联网+安全生产"等试点有力推进,数字化发展水平不断提升。全年申请专利9338件,其中发明专利申请7533件;获授权5844件,其中发明专利授权4085件,专利质量居中央企业首位。获得国家科学技术奖7项,牵头获得国家科技进步一等奖1项、二等奖3项。获得中国专利奖金奖1项、银奖4项、优秀奖11项。

【党建工作】 2021年，中国石化紧紧抓住庆百年、学党史这条主线，汇聚起捍卫"两个确立"、投身复兴伟业的磅礴力量。隆重庆祝党的百年华诞，召开庆祝建党100周年暨高质量党建推进会，精心组织主题展览系列活动，打造"十大红色教育基地"，唱响红色主旋律，激发奋进正能量。坚持把党史学习教育贯穿全年，聚焦学党史、悟思想、办实事、开新局，统筹推进学习研讨、培训宣讲、专题调研、"我为群众办实事"实践活动，公司上下受到一次全面深刻的政治教育、思想淬炼和精神洗礼，更加深刻理解"两个确立"的决定性意义，进一步增强践行"两个维护"的自觉性和坚定性。坚持务实创新融合抓党建，基层组织体系不断夯实，政治监督逐步走深走实，抓班子带队伍取得明显成效，党的建设质量实现全面提升。

紧紧抓住全面落实习近平总书记视察胜利油田重要指示精神这一重大政治任务，"再立新功、再创佳绩"成为奋进新征程的不懈追求。习近平总书记亲临胜利油田视察并作出重要指示后，党组第一时间传达学习、召开大会安排部署、结合实际研讨交流，以强烈的政治责任感和历史使命感，将习近平总书记重要指示细化为8个方面25项任务，全面启动、加速推进东营原油库迁建工程，召开全系统贯彻落实大会，迅速掀起学重要指示、开发展新局的热潮，"再立新功、再创佳绩"成为新时代广大干部员工共同的目标追求和奋进动力。通过持续不断地学思践悟，公司上下对大局大势、前进方向的认识更加深刻，传承红色基因、勇担职责使命的进取之志更加强烈。

【履行社会责任】 2021年，中国石化在中央企业率先发布助力乡村振兴"十四五"计划，高水平推进乡村建设项目，发布"中国石化在当地"系列社会责任报告，全力做好定点扶贫和援藏援疆援青等各方面工作。优化资源配置，加强精准调运，千方百计保障天然气供应，多措并举缓解阶段性柴油紧缺，坚决保证油气市场不断供不脱销。积极服务北京冬奥会、冬残奥会筹办，全方位保障氢能源供应，立体化打造冬奥形象站，多层次开展冬奥主题活动，碳纤维火炬成功点亮冬奥会夜空。全力做好抢险救援、防汛救灾等工作，积极推进"爱心驿站""司机之家"建设，进一步树立"党和人民好企业"形象。

（撰稿人：单新东）

中国海洋石油集团有限公司

【基本概况】 2021年，中国海洋石油集团有限公司（以下简称中国海油）全体干部员工深入学习贯彻习近平新时代中国特色社会主义思想和党的十九大、十九届历次全会及中央经济工作会议精神，认真贯彻落实习近平总书记重要指示批示精神和党中央、国务院重大决策部署，紧紧抓住国际油价处于相对高位、国内市场需求旺盛的有利时机，积极应对世界百年未有之大变局和新冠肺炎疫情大流行等多重不确定因素挑战，开拓进取，砥砺前行，积极履行中央企业肩负的历史使命和重大责任，启动实施"三大工程""一个行动"，统筹推进生产经营、改革创新和党的建设各项工作，取得好于预期的生产经营业绩，实现"十四五"良好开局。一是油气勘探开发取得重大成果。2021年，在国内近海获得27个商业及潜在商业发现，成功评价30个油气田，成功探获"垦利10－2"等4个大中型油气田。国内新增石油探明地质储量超过3亿吨，新增天然气探明地质储量超过1300亿立方米。国内原油增产量再创新高，连续两年占全国总增量的80%左右，油气供应规模连续四年稳定亿吨级水平。二是专业技术服务能力得到显著提升。2021年，中海油服稳定的油田服务经营表现和良好的发展成果获得资本市场高度认可，其创新固井技术及工艺解决中东某油田盐膏层固井技术难题，成功破解世界级难题；完成8种超高温高压封隔器和井下安全阀的结构设计及制造，初步实现高端完井工具的国产化替代。海油工程助力公司油气增储上产，"17＋1"产能建设项目实现提前机械完工641天；参与建造的"深海一号"能源站工程规模居世界第四位，是我国油气开发史上第一个完整的巨型深水项目。海油发展能源技术服务保障能力持续提高，增产技术服务市场占有率50%。三是炼化业务转型升级提速。建立与上游资源量相匹配、下游市场需求相吻合的炼化体系，推动产品结构调整和下游产业升级，立足开展"油转化、油转特、油产化",持续推进惠州三期乙烯项目、大榭石化四期、大榭石化聚丙烯等重点项目建设,为油气资源全产全销提供支撑保障。四是天然气及发电业务持续助力"美丽中国"建设。中国海油积极推进天然气产供储销体系建设,统筹推进天然气基础设施建设和布局优化,充分发挥公司天然气产业链一体化优势,全力保障天然气和电力安全稳定供应。五是海上风电等新能源业务取得积极进展。聚焦推进绿色发展跨越工程这一主线,突出海洋优势,加强新能源与油气产业有机结合,打造建设渤海海域"秦皇岛曹妃甸"油田群岸电应用示范项目;中国海油首个海上风电项目——江苏风电项目实现全容量并网;在"恩平15-1"油田群正式启动中国首个海上二氧化碳封存示范工程,填补中国海上二氧化碳封存技术的空白。六是金融服务板块支撑集团公司稳健发展。海油财务服务"增储上产攻坚工程",全年开立保函64.5亿元,精准服务上游20余个油田;服务"科技创新强基工程",助力关键核心技术攻关;服务"绿色发展跨越工程",全年投放绿色贷款金额149.25亿元。中海信托积极探索产融结合路径,落地全国首单CCER碳中和服务信托,新成立34期供应链金融项目,规模创历史新高。中国海油在2021年《财富》杂志"世界500强"企业排名第92位。主要经营业绩指标位居中央企业前列,连续17年在国务院国资委中央企业负责人经营业绩考核中获评A级。公司穆迪评级为A1,标普评级为A+,展望均为稳定。

【主要指标】 2021年,中国海油生产原油8186万吨、天然气338亿立方米;加工原油3722万吨,生产成品油1120万吨,乙烯210万吨,化肥产量378万吨;进口LNG 3408万吨,天然气发电量221亿千瓦·时。全年实现营业收入8186.76亿元,利润总额1201.14亿元,净利润875.56亿元;利税总额1006.40亿元。截至2021年底,公司资产总额13299.68亿元,净资产8544.58亿元,资产负债率35.75%,较上年末减少1.92个百分点;全员劳动生产率354.74万元/(人·年),总资产报酬率9.63%,国有资本保值增值率109.48%。

表1 2021年中国海洋石油集团有限公司主要经济指标

项 目	2020年	2021年	比上年增长(%)
资产总额(亿元)	12617.15	13299.68	5.41
所有者权益(亿元)	7863.98	8544.58	8.65
营业收入(亿元)	5747.46	8186.76	42.44
利润总额(亿元)	646.41	1201.14	85.82
净利润(亿元)	475.28	875.56	84.22
归属于母公司所有者的净利润(亿元)	331.37	592.36	78.76
利税总额(亿元)	915.00	1006.40	9.99
应交税金总额(亿元)	609.31	974.69	59.97
全员劳动生产率[万元/(人·年)]	237.90	354.74	49.11
净资产收益率(%)	6.06	10.65	增加4.59个百分点
总资产报酬率(%)	5.60	9.63	增加4.03个百分点
国有资本保值增值率(%)	104.48	109.48	增加5.00个百分点

【改革发展】 2021年,中国海油全面贯彻落实党中央、国务院关于国企改革三年行动的重大决策部署,深入实施改革三年行动,积极探索创新并在相关领域取得实效,国务院国资委改革考核12项重点任务定量指标全面完成。持续完善中国特色现代企业制度建设,加快建立权责法定、权责透明、协调运转、有效制衡的公司治理机制,修订完善"一章、两制、八规则、四清单",进一步厘清各治理主体权责边界、决策程序和运行规则。基本实现子企业董事会应建尽建,全部实现外部董事占多数。全面铺开三项制度改革,制定出台深化三项制度改革实施方案,并配套下发28个制度文件及实施细则,构建"1+4+N"改革新模式,形成"考核层层落实、责任层层传递、激励层层衔接"的科学管理体系。不断优化科技体制机制,完成公司"十四五"科技创新与发展规划

编制，发布《中国海油科技创新强基工程（2021—2030年）行动方案》，分级分类试行"揭榜挂帅"新机制，探索实施以"项目长负责制"为核心的科研管理新模式，对关键核心技术攻关项目和重大科技专项实施精准激励。深入推进供给侧结构性改革，大力实施产业战略性重组，退出盐化工、煤化工等非主业非优势业务，累计压减存量企业208户；全力推进退休人员社会化管理工作，实现剥离国有企业办社会职能解决历史遗留问题全面收官；亏损企业户数及金额大幅降低，重点亏损企业治理任务全面完成。稳妥推进混合所有制改革，乌石、垦利两个混合所有制改革项目试点树立"中中合作"新典范。围绕"提质增效升级行动"实施，一体推进对标世界一流管理提升行动，在国务院国资委国有重点企业管理标杆创建活动中获评4个"管理标杆"，选树集团对标管理提升3家示范企业、15个示范项目。扎实推进"科改示范行动"和"双百行动"等国企改革专项行动，海油发展天津院、常州院获得国务院国资委"双A"评价，其中常州院入选国务院国资委《科改示范行动案例集》；中海油服、海油发展安技服入选国务院国资委《改革样本：国企改革"双百行动"案例集》，中海油服、气电集团入选国务院国资委"国有重点企业管理标杆创建行动"标杆企业。

【重大项目】 2021年，中国海油国内上游在建项目42个，建成投产项目18个，新增国内上游高峰产能1000万吨，提前投产累计328天，额外贡献产量35万吨油当量，全年累计贡献产量385万吨油当量。全年累计完成钢材加工量33.8万吨，比上年增长30%，投入船舶1.7万船天。其中，中国首个自营1500米超深水大气田陵水17-2项目于2021年6月25日建成投产，标志着中国海油实现从300米向1500米超深水挺进的历史性跨越，我国在海洋油气领域迈入世界先进行列；秦皇岛岸电示范项目顺利投产，标志着我国海洋石油工业向绿色、高效、智能开发迈出历史性一步。国内中下游全年在建项目15个，考核里程碑81个，项目推进总体平稳，基本实现全年工程建设任务。其中，独立自主设计施工全球首批最大27万立方米LNG全容储罐，标志着LNG接收站设计施工能力打破国际垄断；国家原油储备重点工程项目建设快速推进，实现国内最大规模原油储罐当年开工、当年主体完工。

【走向海外】 2021年，中国海油持续深化对外合作，优化全球业务布局，按照"一国一策"原则建立疫情防控工作机制，稳妥有序推进公司生产经营，推动海外业务可持续发展。公司全年海外原油产量3322万吨，天然气产量112亿立方米。中海油服全力推进海外产值贡献区建设，在欧洲、墨西哥、远东等地区签署多份海外合同；在巴西优质高效地完成海油国际三维地震采集项目；深耕非洲乌干达市场，锁定未来5年工作量；强化印度尼西亚岸基支持保障，高效推进"深蓝探索"印度尼西亚MEDCO项目。海油工程深入推动亚太、中东非洲、北美欧洲三大区域中心实体化、属地化运营，成功承揽乌干达中海油Kingfisher EPC3总包项目、加拿大K1A管线项目和巴西FPSO（P79）上部模块建造等国际项目。海油发展围绕"一带一路"核心区域，高质量开展对外合作，公司中东水厂4期、加拿大Upgrader项目先后落地，中东公司持续拓展电潜泵、化学药剂业务，印度尼西亚公司在油田作业总包项目上积极作为。气电集团发挥自身LNG技术优势，积极拓展天然气板块海外业务空间，择机采购优质长期资源，完成北极2项目、马石油项目、卡塔尔项目、维吉项目长期LNG资源购销协议签署，为保障国内用气奠定坚实基础；招标建造12艘LNG运输船，增强国际贸易灵活度。中海油国贸通过设立原油、成品油、天然气3个总部业务中心，发展亚太、欧洲、美洲三大区域运营中心，建设全球贸易运营、风控和信息化、国际化人才培养三大平台，初步形成中国海油覆盖全球、24小时不间断的营销网络，努力开创销售贸易业务新发展格局。

【重大创新】 2021年，中国海油坚持以高水平科技自立自强引领公司高质量发展，坚持围绕产业链布局创新链，实施创新驱动战略，发布科技创新强基工程行动方案，实施"揭榜挂帅"等科研管理新机制，强化关键核心技术攻关，科技创新对油气产业的支撑作用明显增强。全年科研投入83.7亿元。按照"水面、水中、水下、井下"全面布局，深入推进两批关键核心技术攻关项目实施。自主研发与建造的全球首座10万吨级深水半潜式生产储油平台"深海一号"投入生产运行，实现世界级创新3项，研制并应用国产化设备12项,获评"全国十大科技新闻""中央企业十大国之重器",入选"十三五"国家科技创新成就展和国务院国资委央企科技创新典型案例;旋转导向与随钻测井等3个项目入选国家能源领域首台(套)重大技术装备示范应用;自主研制海洋地震拖缆采集系列装备产品装配六缆物探船,技术指标及作业时效达到国际先进水平。中国海油依托科技力量支持增储上产,2021年"七年行动计划"重大科技专项在油气田勘探开发领域多项技术攻关和成果转化取得阶段性成果。各专项全年支撑新增探明储量原油2.7亿吨和天然气958.9亿立方米,实现产量3898.5万吨油当量,全面超额完成年度储量、产量考核指标。全年获得国家技术发明二等奖3项、国家科技进步奖二等奖1项,发布国际标准1项、国家标准13项、行业标准6项、企业标准97项,申请专利820件、授权专利1263件。融入国家战略科技力量建设,中国海油原创技术CYD和现代产业链链长专项工作取得重要进展,完成上游4个国家级科研机构考评方案制定,国家能源深水油气工程技术研发中心通过国家能源局评估,海洋油气勘探国家工程研究中心成功纳入国家发展改革委新序列管理。

【党建工作】 中国海油各级党组织始终将党的政治建设摆在首位,坚定不移加强党的建设,全面从严治党向纵深推进,为公司高质量发展提供引领保障。认真贯彻落实中央企业党建创新拓展年工作部署,持续推动党建工作优化升级。扎实推进党史学习教育,深入学习贯彻党的十九届六中全会精神,认真学习宣传贯彻习近平总书记"七一"重要讲话精神,举办党史知识竞赛、建党百年主题党日系列活动,从党的百年奋斗历程中汲取奋进力量,把学习成果转化为奋进新征程、建功新时代的实际行动,努力在油气增储上产、技术攻关、绿色能源转型上取得新进展。扎实开展"我为群众办实事"实践活动,集团层面民生工程3项、民生实事10件,所属单位层面实事204项全部完成,得到职工群众的普遍好评。"我为群众办实事"工作开展情况被中央党史学习教育工作简报采用,并被国务院国资委官方网站刊发。宣传和群团工作打开新局面,积极开展各类劳动技能竞赛、主题团日和典型选树等工作,"深海一号"等各类报道多次登上中央电视台《新闻联播》,公司多名党员、多个基层组织获评"全国优秀共产党员"、全国五一劳动奖章、"央企楷模"、"全国文明单位"等。坚持党管干部、党管人才原则,坚决贯彻国有企业领导人员"二十字"标准,完善选拔任用机制,大力实施干部人才队伍"3+1"工程,为公司提质增效、高质量发展提供坚实组织保障。坚定不移推进全面从严治党,不断压实管党治党主体责任,持续深化正风肃纪,团结带领全体海油人担当作为、勇毅前行,党风廉政建设和反腐败工作取得新成效。

【信息化与数字化建设】 2021年,中国海油深入贯彻习近平总书记关于网络强国的重要思想,围绕公司发展战略,大力推进数字技术与业务深度融合,助力降本增效和高质量发展。加强新型基础设施建设,公司网络IPv6改造成果入选中央网信办和工业和信息化部IPv6规模部署和应用优秀案例;海上平台实现员工上网全覆盖,新一代融合通信建设使渤海油田海陆通信实现微波全覆盖并进入光纤时代;在海南、天津、惠州等地实施5G专网建设,公司5G应用方案获得工业和信息化部第四届"绽放杯"智慧能源专题赛一等奖。持续推进"智能油田""智能工程""智能工厂"示范建设,其中,秦皇岛32-6智能油田(一期)项目建成投用,形成八大核心技术,获得知识产权29项,入选国务院国资委中央企业数字化转型十大成果;海上油气田协同研究及智能化平台等4个项目获选国务院国资委和北京市数字化转型创新应用场景。持续开展数据治理,获得国际数据管理协会中国分会颁发的数据治理专家奖和数据治理最佳实践奖。持续发力财务、党建、人力资源等管理信息化应用,开展移动应用、智能文传、协同办公等系统实施推广,提升集团管控运营能力。电商平台销售业务在气电集团、中海炼化、中海化学全面上线,促进销售模式创新和管理变革,入选国务院国资委国有重点企业管理标杆项目。国资在线监管系统正式上线运行,进一步推动国资监管数据质量提升,实现数据安全有序共享。全力提升集团整体安全防护能力,持续健全完善网络安全管理体系,构建风险实时监测、预警和快速处置的网络安全主动防御体系,圆满完成多项网络安全保障任务并取得佳绩。加快推进信息化安全可控建设,显著提高公司网络安全保障能力。开展网信体制机制改革，充分整合优化集团科技和网信管理体系，实现科信管理效能提升。

【履行社会责任】 积极履行社会责任，以中国海油公益基金会为平台，在精准扶贫、海洋保护、公益合作等项目上倾情投入，让人民群众更多地分享公司改革发展成果。公司实施海洋保护、对口帮扶及专项公益项目37个，投入公益慈善资金1.6亿元。持续巩固拓展脱贫攻坚成果，积极实施乡村振兴战略，有序推进产业、教育、就业、消费等重点帮扶工作，形成"1＋7"帮扶模式，走出一条具有海油特色的乡村振兴帮扶之路。中国海油连续四年获中央单位定点帮扶工作考核最高等级"好"，5次获得中华慈善奖，充分彰显能源央企的大爱与担当。秉承"开放、合作、双赢"理念，深化拓展与"一带一路"沿线国家在产业链各领域的务实合作，与合作国共创机遇、共享成果，在改善当地民生、带动当地就业、投身公益事业、促进人文交流等方面发挥积极作用。以构建和谐矿区、和谐企业、和谐社会为目标，全面推动中国海油青年志愿者工作向规范化、社会化、品牌化方向发展，打造并维护"蔚蓝力量"志愿服务品牌。广大"蔚蓝力量"志愿者积极践行蔚蓝承诺，围绕海洋保护宣传教育、关爱特殊群体、服务街道社区、疫情防控等方面开展志愿服务，为企业赢得广泛赞誉。

（撰稿人：万友元）

国家石油天然气管网集团有限公司

【基本概况】 国家石油天然气管网集团有限公司（以下简称国家管网集团）是国务院国资委监管的国有重要骨干企业，是国有资本控股、投资主体多元化的有限责任公司，是国家授权投资机构，总部设在北京。主要从事油气干线管网及储气调峰等基础设施的投资建设和运营，负责干线管网互联互通及与社会管道联通，以及全国油气管网的运行调度，实现基础设施向用户公平开放。

2021年3月31日，国家管网集团正式接管运营北京管道公司和大连LNG公司，标志着我国主干油气管网资产整合全面完成并实现并网运行，油气体制和管网运营机制改革取得具有里程碑意义的重大成果。

2021年8月25日，国家管网集团以坚持党的领导、组织匹配流程、高内聚低耦合、坚持平稳有序改革步调为基本原则，对总部组织结构进行优化调整。截至2021年12月31日，国家管网集团总部有市场部、生产部、工程部（工程质量监督总站）、数字化部、科技部、安全环保部（安全环保监督中心）、集团办公室（党组办公室、董事会办公室）、组织与党群部（党组组织部、党组宣传部）、战略与执行部、财务部、综合监督部（党组巡视办公室）11个职能部门，以及纪检监察组。国家管网集团以公司治理体系和治理能力现代化为导向，重点突出管网特色企业核心价值理念，遵循"三个一"管控要求，一体推进"四大体系"构建，打造高效组织体系初见实效。

国家管网集团拥有种类齐全的油气基础设施。截至2021年底，国家管网集团拥有油气管道总里程9.65万千米，投运并运行的LNG接收站7座，独立经营地下储气库3座，省级管网公司股权13家，员工30000余人，直属企业18家，资产总额8545亿元，管网已覆盖全国30个省（自治区、直辖市）和香港特别行政区。

2021年是中国共产党成立100周年，也是国家管网集团完整运营的开篇之年。国家管网集团坚持以习近平新时代中国特色社会主义思想为指导，深入贯彻落实党的十九大及十九届历次全会精神，以践行"四个革命、一个合作"能源安全新战略为指引，以推动高质量发展为主题，以开展党史学习教育为重要契机，聚焦学史明理、学史增信、学史崇德、学史力行，把爱党之情、爱国之情、爱管网之情转化为干事创业的强大内生动力，扎实立足新发展阶段，深入贯彻新发展理念、充分融入新发展格局，坚持稳中求进工作总基调，将问题导向和目标导向相统一，不断强化机遇意识和风险意识，聚焦主责主业，因势而谋、应势而动、顺势而为，准确识变、科学应变、主动求变，大力推动"并国网、建新网、融省网"齐步走,扎实推进"五大攻坚战"取得新成效,实现"十四五"良好开局。

【主要指标】 国家管网集团坚决深入贯彻落实党中央、国务院"六稳""六保"工作部署,聚焦以实现创新成为第一动力、协调成为内生特点、绿色成为普遍形态、开放成为必由之路、共享成为根本目的的高质量发展具体要求,招兵买马、广觅天下英才,签订业绩合同"军令状"、以结果论英雄,严格疫情防控的同时,从严从细从实生产经营工作,年度经营业绩实现"开门红",国家管网集团"十四五"稳步启航。

坚持绿色发展,持续为美丽中国建设输入管网力量。坚决落实"双碳"战略,积极推进落实"建设绿色管道"总体要求,确定国家管网集团2028年实现碳达峰、2050年实现碳中和的总体目标,并据此制定细致专项行动方案,聚焦通过优化生产、提高资源利用效率、推动科技创新等具体操作,促进集团公司加快向绿色低碳转型。全年油气一次管输量46760万吨当量,其中,天然气管输总量2016.8亿立方米、比上年增长13.4%,原油管输总量25533.8万吨、比上年增长4.1%,成品油管输总量9375.5万吨、比上年增长0.65%,LNG接收站接卸量1822.5万吨、比上年增长70%,储气库注气115.3亿立方米、比上年增长9.6%,均超额完成年度计划。国家管网集团生产能耗总量449.5万吨标准煤、产值能耗0.46吨标准煤/万元,二氧化碳排放量1345万吨、单位产值二氧化碳排放强度1.38吨/万元,天然气管网单耗106.4、原油管网单耗27.2、成品油单耗21.0、LNG接收站单耗33.8,总体呈下降趋势。

坚持降本减费,确保量效双收两不误。通过精准匹配资源和管网通道,资产利用效率大幅提升。2021年,国家管网集团管网平均负荷率、LNG接收站平均利用率分别比上年提高9%、16%,天然气管输平均运距下降3.0%,为全社会节约管输成本超20亿元。坚持把投资成本、财务费用、税费纳入"大成本"管控,推进存量贷款规模及利率"双降",全年带息负债平均融资成本率3.4%、低于中央企业平均水平,完成首期绿色超短期融资券发行100亿元,为2021年第四季度全国绿债市场新标杆。

坚决落实习近平总书记"让人民生活幸福是'国之大者'"重要指示精神,始终把做好冬季保供、保障人民群众温暖过冬作为重大政治任务来抓。建立保供专班、强化组织领导,各级领导干部驻站跟班保供一线;每年11月12日确定为国家管网集团冬季保供出征日,庄严举办保供誓师大会,振奋士气、坚定决心;积极承办全国性天然气保供合成演练,以实战提高应急处置能力;投入244.5亿元提前完成7项保供改扩建工程,实现新增管网冲峰能力6000万米^3/天;充分汲取首轮保供经验,对照地方人民政府和三大石油公司"压减"清单,逐项开展现场走访核实和三方协议签署,压实南气北上、俄气南下专项方案,支付61亿元提前采购15亿立方米应急资源和垫底气作为"最后防线";超前完成入冬安全检维修,建成投产陕京四线张家口天然气管道及配套支线,以管网力量助力点燃冬奥圣火,保障冬奥圆满举办。去冬今春,国家管网集团累计输送天然气1009亿立方米,增幅11%,占全国天然气表观消费量60%,较2020年保供季提升3%,平稳应对10余轮大小寒潮。

2021年,国家管网集团实现主营业务收入1008.61亿元,开篇首年突破千亿元大关,净利润297.76亿元,归属于母公司所有者的净利润228.93亿元,研发投入强度0.35%、全员劳动生产率254.5万元/(人·年),超额完成国务院国资委"两利四率"考核指标。

【改革发展】 国家管网集团始终牢记国有企业作为中国特色社会主义的重要物质基础和政治基础、我们党执政兴国的重要支柱和依靠力量,在为实现中华民族伟大复兴提供坚实物质基础方面具有不可替代的重要作用这一重要阐述,坚持党对国有企业的全面领导,持续推进坚持党的领导和公司治理相统一,在各种因素叠加的复杂形势下,站在坚决做到"两个维护"的政治高度,从国有企业做强做优做大的初心使命出发,设定人才强企、职能转变等多项任务目标,不断优化管理、提质增效,企业深化改革等各项工作扎实推进。

深度转化党的领导制度优势,生产管理运行竞争力、发展力持续提升。国家管网集团深刻认识习近平总书记关于国有企业改革发展和党的建设的重要论述是习近平新时代中国特色社会主义思想的"国企篇章",始终坚持用习近平总书记重要论述统领集团公司生产经营工作,及时跟进学习习近平总书记最新重要讲话精神,结合国家管网集团生产运行实际,研究明确贯彻落实的工作意见和具体措施。2021年全年,国家管网集团开展集体学习49次,做到一次不漏,修订下发《党组理论学习中心组学习实施细则》,开展所属企业党委理论学习情况专项督查,确保习近平总书记重要指示批示精神和党中央决策部署在集团公司一贯到底、落实落地。国资委党委办公厅在对国家管网集团党组学习贯彻落实习近平总书记重要指示批示情况工作实地督察中给予充分肯定。

以转型发展为契机,油气管网运营机制改革持续深入。大胆向自我开刀,按照"一张网、一中心、一公司"管控准则,靶向瞄准总部定位不清、管理职责交叉握手、市场化战略落实不到位、队伍力量亟待充实等问题,优化总部设置,重新定岗定编,全面推行大部制、无边界管理,着力打造精干高效、平台化、扁平化的总部,重组整合改革迈出关键步伐。蹄疾步稳推进所属企业改革,试点成立山东、广东两个区域运维中心,推进华北公司、华东公司转型为区域市场经营中心,实施新气管道公司专业化重组,所属企业区域化、专业化、市场化改革取得积极成效。结合国家管网集团初创实际与生产经营特点,加快推进国有企业改革三年行动,研究制定改革三年行动实施方案和2021年任务清单,确定6个方面40项改革任务和99项改革议题,截至2021年底,完成国务院国资委规定70%的改革任务要求。

坚持开门问策,经营合作开辟新局面。国家管网集团遵循国家规划指引、把握行业发展趋势、立足自身发展实际,同步开展"走出去"与"请进来",深入调查论证,充分上下结合,结合国家"十四五"规划,编制完成国家管网集团"十四五"规划,为集团公司推动高质量发展、实现治理体系与治理能力现代化明确目标与路径。瞄准主业需求,以坚持做大做强做优主营业务为导向,强化各方协同交流合作,从全局入手、靶向施策,积极开展与北京市、天津市、三家石油公司、深圳燃气集团、裕龙石化等10余个政府部门或企业合资合作,实现资源高效率配置、多元业务融合发展,不断增强自身竞争力、创新力、控制力、抗风险能力,推动形成具规模的管网特色经营模式。健全董事会制度体系建设,不断完善以公司章程为基本的内部制度体系,全年制定完成《董事会工作规则》《董事会授权管理办法》《总经理工作规则》等7项集团公司董事会运行相关制度,聘任董事会秘书,不断完善董事会办公室建设与配套,全方位保障董事会运行权责透明、科学有效,忠实维护国家和出资人利益。

"强内功""拓新路"齐步走,监督体系初步建成。以"零容忍"态度惩治腐败,深化运用"四种形态",大力纠治"四风"顽疾,充分发挥巡视"政治体检"和审计"经济体检"叠加效应,2021年全系统通报两次涉事单位、人员,禁入、限制准入22家企业,挽回资金损失2918万元,"作风建设年"初见实效。坚持信息优化共享,不断加强制度建设,编制完成国家管网集团《违规责任追究工作实施细则》《责任约谈工作实施细则》,推动完善制度532项,真正将权力关进制度"笼子"里。

【市场开拓】 国家管网集团牢牢把握市场化改革是国有企业发展壮大的必由之路这一方向,立足自身发展实际、遵循市场经济发展规律,增强发展信心,苦练内功本领,创品牌、树形象,积极开拓市场,扎实推进"全国一张网"建设,坚定不移做能源安全新战略的践行者、推动者、引领者。

市场开拓上,资源入网量增速跑赢大市,天然气一次入网量增速12.8%,比全国表观消费量增速12.6%高出0.2个百分点;原油一次入网量增速2.9%,与全国原油加工量增速基本持平。

省网融入上,坚持"十个指头弹钢琴",积极与国家部委、地方政府协调沟通,省网融入工作形成立体攻坚局面。继广东省管网纳入集团公司正式管理后,7月完成海南省管网公司更名、10月完成福建省管网公司更名、11月湖南省管网公司正式注册成立、12月完成甘肃省管网挂牌,浙江省管网积极筹备,全国组网"最后一公里"稳步推进,"省网"融入工作取得全新进展。

公平开放上,坚持以客户心为心,积极发挥"X+1+X"油气市场体系中"1"的作用,综合统筹考量各方因素,科学编制生产运行计划,持续完善落实公平开放、管容分配和客户服务制度机制,强化扫街调研、客户对接和合同执行,在排容量、定窗口中,最大限度地释放改革红利。2021年,完成49家托运商提交的168项托运服务申请审核工作,编制1587项下载点管输路径方案,积极推进7家LNG接收站窗口期集中受理工作,涉及672个窗口期,全年新增天然气托运商35家,新增管输服务气量35亿立方米,完成储气库容量交易3.6亿立方米,新增LNG接卸量168万吨,新增原油托运量201万吨、突破原油市场开发第一单。

截至2021年底,国家管网集团建成西北、西南、东北和海上进口天然气"四大战略通道"和"三纵三横"天然气骨干管网,"全国一张网"骨架初步形成,在役天然气管道总里程5.02万千米、约占全国干线管网62%,天然气管网一次管输能力2680亿米^3/年;建成西北、西南、东北和海上进口原油"四大战略通道"以及西部、东部和东北三大区域管网,在役原油管道里程1.73万千米,约占全国87%,原油管网一次管输能力3.3亿吨/年;建成"两纵两横"骨干管网以及华北、华东、华中、华南和西南等五大区域管网,连接国内42家大型炼厂,覆盖全国27个省份,在役成品油管道总里程2.48万千米,约占全国87%,成品油管网一次管输能力1.9亿吨/年。

【重大项目】 2021年是国家管网集团工程建设第一个自然年。国家管网集团以抢占先机的作风、虎虎生风的劲头,克服工期紧、任务重、项目前期工作历史欠账多、新冠肺炎疫情等实际困难,大干实干狠抓工程建设,不松劲、不泄力,全力推动工程建设强劲新开局。

统筹优化布局,各项工程建设跃马扬鞭。新疆煤制气外输管道(潜江—韶关段),西气东输二线、三线西段增压工程,日濮洛原油管道,张家口地区4条支线等重点工程按期投产,我国首条直供雄安新区主干管道蒙西管道项目一期工程、广东省天然气管网"县县通工程"、海西天然气管网二期工程(福州—三明段)等先后开工,中俄东线长江盾构穿越工程正式掘进开钻,西气东输四线(吐鲁番—中卫)、川气东送二线天然气管道工程、文23储气库二期等重大工程高效决策,东营油库站场迁建迅速启动,一批储气库和LNG接收站项目紧锣密鼓推进。2021年,国家管网集团工程建设实现具备投产条件里程3713千米,完成焊接里程3140千米,批复可研项目95个、总里程7393.5千米,实现具备投产条件里程3713千米,均超额完成年度目标,管网建设和保供能力在大攻坚中实现大提速。

强化工程管理,推动工程质量迈上新台阶。建立以互为支撑、双轮驱动为特点的"工程建设企标+《国家管网集团设计与工程建设准则》"技术标准化体系,发布DEC文件45个,有效DEC文件415个,有力支撑油气储运项目大规模建设实施。全面贯彻"管办分离"物资采购业务要求,积极践行"集约化采购"模式,依托工程建设项目大力推动国产化应用与推广,全年完成物资采购总金额202亿元,其中设备45598台(套)、钢管109万吨。积极组织开展各所属企业完成305家一级工程建设承包商年度考核评价及44家招标代理机构年度考核评价,严肃处理5家考核不合格承包商,推动承包商良性有序竞争、维护市场公平公正。

挖掘好利用好专家库资源,筑牢业务发展根基。统筹建立国家管网集团评标专家库,推动专家库充分发挥应用型"智库"在工程建设方面的战略资源作用,着力打造富有国家管网特色"智囊团",不断探索工程创新高质量发展新模式,为国家管网集团长远可持续发展注入强大竞争力。

【重大创新】 国家管网集团再学习再领会习近平总书记关于科技创新重要论述,坚信抓创新就是抓发展、谋创新就是谋未来,聚焦集团公司2021年重点工作任务,把高水平科技自立自强作为公司发展的强大引擎,以"三不变""八个新""打造科技数字化公司"为抓手,持续优化科技创新体系,集中力量突破关键核心技术"卡脖子"问题,坚决打好科技创新攻坚战,把发展的主动权牢牢掌握在自己手中。

积极开展对标世界一流工作,推动技术、人才、资金等创新要素聚集汇拢。完成研究总院注册和工程技术创新公司组建,成立集团公司高层次专家技术委员会,与中国科学技术协会签署全面战略合作协议,通过与国内外科研院所及高效先进企业等优势科研力量协同攻关、"揭榜挂帅""闸门式"管理、科技成果推广与转化创效激励等多种方法机制,为强化关键核心技术攻关和科技成果应用提供物力支持、环境支持、人才支持、制度支持,科技体系顶层蓝图初步勾勒,服务经济主战场积极性、主动性、创造性再创新高。

紧贴集团公司生产运营实际,科技研发工作再创新成绩。重点聚焦核心技术装备国产化、仿真系统国产化、低碳与新能源等关键"瓶颈"技术难题,新增氢能储运技术研究、油气储运"双碳"管控及关键支持技术研究、LNG全容罐高锰钢材料应用等多个项目研究,深入开展SCADA控制系统软硬件、燃驱压缩机组、交接计量设备等全方面国产化研究。顺利开发管道失效概率计算模型,构建燃机多维监测信号关联规则预警模型;试制完成Φ1219毫米多物理场综合内检测器和应力应变专用内检测器初步设计以及自动力内检测器,现场实现GE PⅡ轴向应变内检测技术验证,成功建成超1万千米无人机影像和管道威胁事件样本库。2021年,国家管网集团研发投入强度0.35%、科技计划完成率97.5%、科技成果应用率100%,申请国家专利387件,长输油气管道检测机器人成功亮相国家"十三五"科技创新成就展,30兆瓦级燃驱压缩机组顺利通过国家验收并填补国内空白,中俄东线南段工控系统国产化应用示范项目取得国家立项批复,国产24英寸大口径旋塞阀成功应用于中俄东线工程,水网地区自动焊焊接工艺、中俄东线长江盾构隧道高水压下接缝防水关键技术等多项成果成功应用于中俄东线南段工程,科技成果加速向现实生产力转化。

【党建工作】 国家管网集团秉承坚持党的领导、加强党的建设这一光荣传统,深入学习贯彻领会习近平总书记关于党的建设重要论述,旗帜鲜明讲政治,一以贯之抓党建,砥砺初心谋发展,推动集团公司党的建设迈上新台阶、展开新画卷。

坚持党建引领与公司治理紧密融合,发挥行稳致远高质量发展坚实保障作用。国家管网集团党组严格落实"第一议题"制度,始终把学习贯彻习近平新时代中国特色社会主义思想作为首要政治任务,紧密围绕习近平总书记重要指示批示精神、党中央决策部署,第一时间开展研讨,并制定详细的专项落地方案,重要任务纳入督办,将督导推动、跟踪问效、考核应用

有机结合、同步实施。每周汇编《政治理论学习参考》,在全集团公司上下营造了持续深化理论学习良好氛围,推动全员努力以理论上的清醒确保整治上的坚定。不断推进大党建体系建设完善,顶层设计骨干制度基本完成,配套实施工具初步成型,党建数字化加速推进。纵深推进全面从严治党,召开中国共产党国家管网集团直属第一次党员代表大会,民主选举产生直属纪委第一届委员会委员和纪委书记、副书记,编制完成《直属纪委工作规则》,持续构建风清气正良好的政治生态。

坚决贯彻新时代党的组织路线,不断强化"二十字"标准,各级领导班子和干部队伍建设持续加强。出台《党组(党委)加强自身建设的十项举措》,制定落实专题研讨和专题调研工作计划;建立"素质培养、知事识人、选拔任用、从严管理、正向激励"干部管理"五大体系",树立讲政治、勇担当、重实干、看实绩的用人导向,坚持从事业为上、以事择人、人事相宜出发,着力锻造政治坚强、本领高强、意志顽强的干部队伍。2021年,面向全集团公开竞聘总部34个岗位、择优聘任29人,完成6批次93名集团关岗人员调整,推动16家直属单位领导班子成员实现交流,推动企业面貌实现根本性转变。

高标准高质量开展党史学习教育,形成学党史、悟思想、办实事、开新局生动局面。国家管网集团聚焦学史明理、学史增信、学史崇德、学史力行,重点突出抓好习近平总书记"七一"重要讲话和党的十九届六中全会精神的学习贯彻,通过打造"六个课堂"、举办全集团线上答题竞赛活动、编印党史学习教育应知应会重点知识手册等全方位"沉浸式"学习方式,切实增强党史学习教育针对性和实效性,把党史蕴含的丰富经验和宝贵智慧转化为攻坚克难、干事创业的务实举措,不断激发奋斗热情和担当精神。2021年,集团公司各级党组织累计开展专题学习12927次、专题研讨4178次,专题讲座331次、举办读书班778期、参观红色教育基地1319次,各级党员领导干部分赴生产一线、工程一线开展专题宣讲2749次、讲授专题党课3066次,新华社、《人民日报》等主流媒体发布国家管网集团相关报道180篇,邀请中央宣讲团成员、中央党校等专家教授举办讲座8期,国家管网集团党史学习教育活动开展,得

到中央企业第二指导组的高度肯定。国家管网集团把"我为群众办实事"实践活动作为锤炼广大党员为民服务本领的"磨刀石"、检验初心使命的"试金石",聚焦解决职工群众急难愁盼问题,建立督办机制。2021年,集团公司层面制定49项办实事重点项目,所属单位层面制定办实事事项3019项,在"我为群众办实事"满意度调查中,职工群众对实施进展、实施成效满意度均为98%,切实做到把党史学习教育成效成果及时转化为工作动力,让职工群众获得感成色更足、安全感更有保障、满足感更可持续。

【信息化与数字化建设】 积极落实数字中国战略要求,将推动集团公司数字化转型与推动高质量发展相融合。紧盯数字化、网络化、智能化方向,将数字化转型作为公司重大战略任务来抓,成立数字化转型委员会,开创性提出云协同模式数字化设计平台建设方案,启动数字化协同设计平台、供应链管理系统、工程一体化管控平台、工程及物料编码系统四大平台建设,其中,工程一体化管控平台(一期)成功上线、工程项目信息化工作具备初步数字化能力,资产完整性管理系统(一期)建设同步全面启动,油气储运设施隐患管理系统、安全作业管理平台和阴极保护数字化管理系统以速赢项目形式积极试点。组建流程变革专班,引入华为咨询顾问,迅速扎实开展业务流程梳理重构,于2021年10月正式发布集团公司流程架构1.0版、12月发布6.0流程与IT,为精益生产、规范管理、提高效率、规避风险提供有力保障。与各大部委、研究院校机构充分对接,启动油气储运行业"工业互联网+安全生产"试点工作,并编制完成《国家管网"工业互联网+安全生产"试点方案》,建立"1+1+8+11"框架体系。2021年,国家管网集团统一数字平台和数据标准体系基本建成。

【履行社会责任】 国家管网集团深入领会安全和发展是一体两翼、双轮驱动核心的要义,坚持统筹发展和安全两件大事,居安思危、未雨绸缪,不断强化底线思维、持续提高斗争本领,聚焦"安全生产攻坚战",层层压实防范化解各种风险的领导责任和工作责任,守住安全生产红线,2021年全年未发生较大以上生产安全事故和环境事件。

聚焦技术标准体系构建,安全环保管理根基进一步夯实。编制发布《国家管网集团QHSE管理体系一二级管理要素及三级管控要点架构》,实现集团公司主要业务QHSE管控要点全覆盖;组建专项团队,完成QHSE管理体系量化审核清单编制,完整管理体系审核链条初步建立;参照国际国内同行业、同领域管理绩效考核指标,立足国家管网集团业务实际,打破"一把尺子量到底"单一考核体系,实现"一企一策"安全环保绩效考核方式,做到考核差异化、精准化,倒逼提高风险控制能力,有效提升集团公司安全质效。

聚焦风险隐患管控治理,安全生产三年专项整治行动攻坚成果丰硕。按照"三管三必须"原则,调整完善集团公司安全生产委员会及各部门职责,形成集团公司从严管理"基本法"。推动安全生产队伍脱胎换骨,以开展安全生产队伍"三湾改编"为主抓手,优选组建尖兵团队、导师团队开展跨部门跨专业跨地域跨层级全员轮训,通过开展集团公司首届维抢修技能大赛,实现"以赛促建""以赛促练"。持续推进管网储运设施隐患排查治理与环保历史遗留问题整改,组建安全环保监督中心,建立承包商"黑名单"机制,推进核心岗位外包人员替换。2021年,国家管网集团完成环焊缝开挖复检1.8万道、隐患治理5300项、累计管道内外检测3.69万千米,在用400台压缩机组无故障运行时间由4500小时提升至5400小时,机组可用率98.1%,安全生产攻坚战取得重要的阶段性成果。

聚焦新冠肺炎疫情防控,切实巩固来之不易的疫情防控成果。在常态化管控基础上,从严从实做好各项疫情防控工作,严格落实"四方责任"和"四早"要求,坚持工作场所和生活场所、员工和承包商、个人和家属"三个并重",重点人群、重点场所、重点单位强化管理,积极与有关部门保持紧密联系,确保疫情防控要求同步联动,总部员工新冠病毒疫苗两针接种率89.2%、第三针加强针接种率61%,居北京市朝阳区中央企业前列。编发《疫情防控工作指引》等防疫工作具体指导文件,针对不同人群制定分批返岗方案并督促落实到位,在确保总部人员及家属"零感染"的同时,形成上下同心、共克时艰的良好局面。

(撰稿人:宋明信 郭晓瑛 杨玄佳)

国家电网有限公司

【基本概况】 国家电网有限公司（以下简称国家电网）成立于2002年12月29日，是中央直接管理的国有独资公司，以投资建设运营电网为核心业务，是关系国家能源安全和国民经济命脉的特大型国有重点骨干企业。公司经营区域覆盖我国26个省（自治区、直辖市），供电范围占国土面积的88%，供电人口超过11亿人。2021年，国家电网居《财富》"世界500强"第二位，连续17年在国务院国资委中央企业业绩考核中获评A级，连续九年获标准普尔、穆迪、惠誉三大国际评级机构国家主权级信用评级，连续六年获得"中国500最具价值品牌"第一名，连续四年居"全球公用事业品牌50强"榜首。

电网安全方面，始终把保障电力安全可靠供应摆在突出重要位置，千方百计守牢电网安全生命线，打赢抢险救灾、电力保供等一系列重大战役，保持全球特大型电网安全稳定运行的最长纪录。

清洁发展方面，累计建成特高压输电工程29项，最远输电距离3300千米，跨区跨省输电能力超过2.4亿千瓦，是世界上输电能力最强、新能源并网规模最大的电网。截至2021年底，国家电网经营区新能源并网装机容量5.4亿千瓦，新能源利用率保持在97%以上。

科技创新方面，在特高压输电、智能电网、大电网安全控制、柔性直流输电、新能源接入等技术领域，达到世界领先水平。累计获得国家科技进步奖91项，其中特等奖2项、一等奖9项，累计牵头立项国际标准121项。公司累计专利拥有量居中央企业第一。

业务布局方面，深入推进"一体四翼"发展布局，在全力发展电网业务的同时，大力推动金融业务、国际业务、支撑产业、战略性新兴产业转型升级。国家电网拥有除银行外的全部金融牌照（保险、信托、证券、基金等14块金融牌照），在10个国家和地区投资运营的13个骨干能源网项目全部保持稳健运营。

【主要指标】 截至2021年底，公司资产总额4.67万亿元，营业收入2.97万亿元，实现利润691.1亿元，资产负债率56.0%。全年发展总投入5757亿元，比上年增长4.8%，其中，电网投资4882亿元。公司开工110(66)千伏及以上输电线路43509千米，变电（换流）容量26761万千伏安（万千瓦）。投产110(66)千伏及以上输电线路47009千米、变电（换流）容量31205万千伏安（万千瓦）。完成售电量51725亿千瓦·时，比上年增长13.0%。全员劳动生产率81.3万元/（人·年）。

【改革发展】 发布实施碳达峰、碳中和行动方案。国家电网董事长、党组书记辛保安主持召开专题会议和院士、专家座谈会，专题研究碳达峰碳中和具体工作举措。2021年3月，国家电网首家发布碳达峰、碳中和行动方案，提出6个方面18项重点举措，争当能源清洁低碳转型的推动者、先行者、引领者。

发布实施构建新型电力系统行动方案。国家电网成立碳达峰、碳中和工作领导小组，统筹各方力量和资源，印发《构建以新能源为主体的新型电力系统行动方案（2021—2030年）》，提出"九加强、九提升"举措28条。

"三大三小"装备制造业务改革。2020年12月30日，国家电网有限公司董事长、党组书记辛保安主持召开公司装备制造业务改革工作专题会议，传达国家发展改革委相关文件和国务院国资委相关会议精神，研究成立公司装备制造业务改革工作领导小组并召开第一次会议，要求公司上下以高度的责任感，坚定不移执行改革要求，推动改革落地。2021年，国家电网与国务院国资委和新输配电装备集团（以下简称新集团）筹备组对接，落实改革要求，推进装备制造业务改革工作。配合国务院国资委制定新集团重组整合方案，该方案于9月2日获得国务院正式批复。征集"三大三小"企业相关诉求和筹备组意见，研究解决人员划转、共有知识产权、信息系统及数据迁移、重庆博瑞相关土地及房产、"三小"企业信贷担保等前期争议问题，起草完成"三大三小"股权无偿划转协议、补充协议和网络安全协议并于9月22日通过公司第35次党组会议审议，9月23日通过公司董事会二届二十一次会议审议。

推进国企改革三年行动。公司贯彻落实中央改革精神,推进"改革深化年"各项任务,在攻坚上深化,在深化中提升,为公司高质量发展提供动力。公司发挥统筹协调督导服务作用,组织召开5次会议审议公司改革议题,推动改革进展。通过专题研讨、调研督导、月报专报等形式,解决困难问题,促进改革落地落实。公司主动向政府部门汇报沟通,反映各方面意见建议,争取政策支持和工作指导。通过宣传公司改革观点和改革成效,回应社会关切,营造主动改革、积极改革的环境氛围,为完成国企改革三年行动既定任务创造条件。

【重大项目】 闽粤联网、白鹤滩—浙江、郭隆—武胜等工程开工建设,驻马店—武汉、福州—厦门等特高压工程获得核准,金上—湖北、陇东—山东等"三交九直"特高压工程纳入国家规划。

推进配电网建设。2021年,国家电网全口径系统平均供电可靠率99.872%,比上年增加0.0113个百分点;系统平均停电时间11.22小时/户,比上年减少0.98小时/户,下降8.03%。

巩固拓展脱贫攻坚成果与助力乡村振兴。2021年,国家电网贯彻落实党中央、国务院决策部署,推动巩固拓展脱贫攻坚成果助力乡村振兴工作取得成效,国家电网连续四年在中央单位定点帮扶考核评价为"好",光伏扶贫项目获得第十一届中华慈善奖,国家电网系统15个集体和7名个人获得全国脱贫攻坚先进表彰,国网西藏电力农电部获评"全国脱贫攻坚楷模"。

【走向海外】 实施境外资产投资并购。7月26日,国家电网收购的智利CGE公司97.145%股权交割。该公司是智利第一大配电公司和第二大输电公司,拥有输电线路3500千米,配电线路64738千米,服务人口超过300万人。此次收购后,国家电网在智利投资运营CGE和切昆塔两个重要输配电公司。10月14日,巴西CPFL公司完成收购巴西CEEE输电公司66.08%股权交割。CEEE输电公司是巴西十大输电公司之一,在巴西圣保罗证交所上市,南大河州内运营输电线路超过6000千米,资产规模占巴西全国输电资产的4%。

加强境外资产运营。国家电网投资运营菲律宾、巴西、葡萄牙、澳大利亚、意大利、希腊、智利等10个国家和地区的14个骨干能源网项目均保持稳健运营、全部盈利、无一亏损。菲律宾国家电网公司(NGCP)获得菲律宾全球卓越企业奖,菲律宾"光明乡村"能源基础设施项目获评"第二届全球减贫最佳案例"。巴西美丽山项目获得第二届"一带一路"能源部长会议能源国际合作最佳实践奖;巴西美丽山二期项目获得第六届中国工业大奖,是中国企业首个获得该奖项的海外项目;巴西美丽山特高压输电扶贫、巴西马累贫民区青少年交响乐团等"小而美"项目获评"第二届全球减贫最佳案例"。巴西CPFL公司加美莱拉风电项目获得巴西电监局(ANEEL)2021年度绿地项目管理实践最高等级A级;资助青少年运动员参加东京奥运会,获评"联合国可持续发展优秀案例"。国网澳洲资产公司因污染治理项目获爱迪生发明奖可持续发展银奖和澳大利亚项目管理协会授予的2021年最佳可持续发展项目及新州最佳项目奖,因输电资产重大自然灾害后应急抢修工作获得爱迪生电气协会颁发的2020年度紧急恢复奖。意大利国家输气公司SNAM因能源转型债券框架富有创新性和前瞻性被国际性学术杂志《环境金融》授予2021年债券创新奖。意大利国家配气公司ITALGAS在联合国环境规划署(UNEP)发布的《国际甲烷排放观测报告(第一版)》获评"黄金级标杆"。希腊克里特岛一期联网工程获得第二届"一带一路"能源部长会议能源国际合作最佳实践奖。

【重大创新】 加强科技成果培育和布局。2021年获得国家科学技术奖6项、中国专利奖22项、中国电力科学技术奖75项、省(自治区、直辖市)科学技术奖励233项。其中,"现代电力系统仿真技术及工程化应用"等7项成果获得2021年度中国电力科学技术进步奖一等奖。

加大科研改革力度。开展"科改示范行动",新增5家"科改示范行动"试点单位,数量居中央企业前列。按照国企改革三年行动计划要求,"加大研发投入力度""推进'2020重大攻关计划'""打造高水平双创平台"3项改革任务提前完成预期目标,2021年度实现研究开发专项投入104.35亿元,完成特高压套管和分接开关"1025专项"攻关任务,建设一批省级双创示范中心和双创科技园。

实验研究体系建设。加强国家级实验室建设,西藏野外科学观测研究站、国网湖南电力大数据灾害监测预警实验室、智芯公司工业产品质量控制和技术评价实验室先后获国家部委批复成立。公司所属的新型输配电技术国家工程研究中心、新型电力系统仿真国家工程研究中心等 4 个国家工程研究中心(国家工程实验室)通过优化整合评估,纳入国家工程研究中心新管理序列。国家电网成为国务院国资委首批新型电力系统原创技术策源地,领域为新型电力系统。推动公司实验室共享平台与国家平台对接,搭建完成共享平台二期,完善实验设备、系统和信息,为后续与国家平台贯通打下基础。响应国家关于支持西藏建设清洁能源接续基地和清洁可再生能源利用示范区政策,国网西藏电力牵头,联合产学研用等多家创新主体,建设西藏清洁能源发展中心。落实国家部委关于建设张家口可再生能源示范区的发展规划,支撑张家口地区储能与新能源发展,建设张北储能与新能源研发创新中心。

提升技术标准创新基地综合成效。落实国家技术标准创新基地(智能电网)"三年行动计划"整体布局,设立专家咨询委员会,为创新基地运行工作提供战略指导。加强与其他标准创新基地合作,与智能制造基础国家基地在二次系统及设备质量等交叉领域,共同开展标准研制、试验验证等多项合作,与青岛军民融合创新基地共建标准创新研究中心,与中国光谷创新基地探索"领域型—区域型"合作模式。

优化技术标准工作体系。牵头成立能源行业电力气象应用、配电网系统标委会和中电联电力集成电路、人工智能标委会;能源行业电力市场标委会、中电联电力区块链标委会获批筹建。截至 2021 年底,国家电网牵头成立全国标委会 18 个、行业标委会 26 个、中电联团体标委会 19 个。

推动重点领域技术标准编制。2021 年,国家电网深化新型电力系统标准体系研究,牵头或重点参与的 161 项国家标准、142 项行业标准、285 项团体标准获批发布,274 项企业标准正式实施。GB/T 36498—2018《柔性直流换流站绝缘配合导则》等 24 项标准获得 2021 年度电力创新奖大奖(标准类),3 项牵头项目获得一等奖(标准类)。"企业技术标准体系化实施评价模式研究与典型实践"项目获得 2021 年度电力创新奖大奖(管理类)。

【党建工作】 截至 2021 年底,国家电网系统拥有党组织 45809 个,其中党委 2708 个、党总支 1702 个、党支部 41399 个;党员 579856 人。

开展庆祝建党 100 周年活动。召开学习贯彻习近平总书记"七一"重要讲话精神暨"两优一先"表彰大会,评选表彰公司"两优一先"901 个。公司 15 个集体和个人获评全国"两优一先"、30 个集体和个人获评中央企业"两优一先",数量创历史之最。举行"光荣在党 50 年"纪念章颁发仪式,向 2143 名老党员颁发纪念章。

深化基层组织建设。坚持"四同步、四对接",调整优化基层党组织设置,重点抓好总部本部、新建重组单位、省管产业单位、混合所有制企业、供电班组(站、所)党组织建设,全年新增基层党组织 5524 个,100 家混合所有制企业设立党组织,实现应建必建。按照国务院国资委党委要求,完成公司党的二十大代表候选人提名推荐工作,实现基层党组织全覆盖、所有党员都参加,做到"两个 100%"。

加强思想政治工作。强化党的创新理论武装。把党史学习教育作为贯穿全年的"重头戏",公司党史学习教育工作在中央简报刊发 15 次、国务院国资委简报刊发 49 次,排名中央企业第一。深化"互联网+思想政治工作",组织实施"基于心理学和大数据的思想动态调研分析"项目,创新运用心理学、大数据等手段,提高思想动态调研分析针对性和实效性,推动思想政治工作数字化、智慧化。国家电网获评"2019—2020 年度全国政研会工作优秀单位"。

实施"基层党建创新拓展年"。制定实施 6 个方面 38 项具体措施,推动理念、机制、载体、手段、实践"五个创新",内涵、深度、平台、方式、广度"五个拓展"。实施"旗帜领航·提质登高"行动计划,在党的领导、理论武装、组织建设、队伍建设等方面提高质量。开展"红色基因、电力传承"主题实践活动,创建 3 个全国爱国主义教育示范基地。作为中组部重点推荐单位,公司党建经验成效在《人民日报》、新华社、《光明日报》等中央主要媒体上宣传报道。

开展志愿服务活动。落实中央文明办关于推进学雷锋志愿服务工作会议精神,把志愿服务作为提升队伍素质、履行央企责任、引领社会风尚的重要载体,推进志愿服务制度化常态化。立足电网企业优势,发挥窗口作用,开展岗位学雷锋、青春光明行等志愿服务活动,支持服务新时代文明实践中心建设。国家电网17个先进典型入选第七批全国学雷锋活动示范点和岗位学雷锋标兵以及2021年度全国学雷锋志愿服务"四个100"先进典型,涵盖便民服务、扶危解困、扶老恤幼、应急赈灾等多方面,获奖数量居中央企业首位,占奖项总数的50%。国务院国资委《企业文明》杂志刊载国家电网学雷锋志愿服务经验做法。

【**履行社会责任**】 加强社会责任信息披露和报告发布。加大国家电网社会责任信息披露频次和力度,通过官方网站发布公司各类报告、白皮书、指南、服务地方履责实践、案例和动态信息。2021年,公司编制发布社会责任报告、专项报告、国别报告、服务地方经济发展履责报告154本。国家电网2020年度社会责任报告获工业和信息化部3A级最高评级,获得"金蜜蜂2021优秀企业社会责任报告·长青奖三星级"。

开展社会责任对外交流和传播。组织公司各单位参与全球契约中国网络举行的"企业最佳实践""青年SDG创新者项目"等征集评选活动,"打造可持续发展海岛样板建设全国首个零碳岛""多方合作推动构建区域分布式光伏碳普惠市场"两项案例获评联合国全球契约中国网络"实现可持续发展目标2021企业最佳实践"。指导和支持基层单位参加清华大学与WTO经济导刊联合举办的"金钥匙——面向中国的SDG行动"评选活动,国家电网获得6项冠军奖。参加"金蜜蜂全球CSR2030倡议"共同发起方联席会,发布最新可持续发展倡议。

加强对外捐赠管理。2021年,国家电网对外捐赠预算3.7亿元,实施捐赠项目544项。公司各单位通过公益基金会捐赠1.5亿元,实施捐赠项目44项。全年完成援疆援藏捐赠3100万元,服务乡村振兴捐赠4829.65万元,助力"双碳"目标捐赠139万元,关爱弱势群体捐赠1000万元。面对重大自然灾害,向河南省慈善总会捐赠5000万元,成为第一批捐赠的中央企业。9月,国家电网获得我国慈善领域政府最高奖项——第十一届中华慈善奖,这是公司第八次获得该奖项。12月,国家电网公益基金会获得"中基透明指数"(FTI2021)A+评级,连续两年入围"FTI大型非公募基金会榜单"。

深化公司公益项目品牌建设。构建由"四大工程""十四项行动"组成的国家电网公益项目"品牌树",重点打造"电力爱心超市""候鸟生命线"和"生命鸟巢"三大项目,提升基金会品牌知名度和影响力。"电力爱心超市"在国家电网定点帮扶村开设超市20家。"候鸟生命线"项目与"绿发会"等国内知名鸟类保护组织合作,开展专业护线、科学护鸟行动。"生命鸟巢"项目在三江源地区累计搭建人工鸟巢5018个。

"国家电网"品牌居全球知名品牌价值榜单前列。世界品牌实验室(World Brand Lab)发布"2021年中国500最具价值品牌"排行榜,国家电网品牌价值提升至5576.95亿元,国家电网品牌连续六年居世界品牌实验室"中国500最具价值品牌"榜首,位列"2021年亚洲500最具价值品牌"榜单第二名。世界权威品牌评估机构Brand Finance发布"2021全球最具价值品牌500强"榜单,国家电网品牌以552.03亿美元的价值居"全球品牌500强"第16位,连续四年位居Brand Finance"全球公用事业品牌50强"榜首。

品牌建设工作保持中央企业领先地位。国家电网品牌建设工作位列国务院国资委中央企业品牌建设对标第三名。10个作品获得国务院国资委第四届中央企业优秀故事奖,其中一等奖2个、二等奖3个、三等奖1个、优秀奖4个。公司获得优秀组织奖,作品质量获最高评价。国家电网2个品牌案例入选国务院国资委中央企业优秀品牌案例,3个品牌故事获评国务院国资委中央企业优秀品牌故事。

彰显北京2022年冬奥会官方合作伙伴品牌形象。借助冬奥平台彰显公司品牌价值,推进国家电网首钢、崇礼两项冬奥形象展厅建设运营工作,推荐张北柔性直流电网工程、绿电交易、"煤改电"、冬奥沿线充电网络等案例入选《北京2022年冬奥会和冬残奥会遗产报告》《北京2022年冬奥会和冬残奥会可持续性计划》。

(撰稿人:杨 迪 王春娟 邓慧都 周秋慧)

中国南方电网有限责任公司

【基本概况】 2021年,中国南方电网有限责任公司(以下简称公司)电力保供攻坚战取得阶段性胜利,为经济社会发展提供坚强支撑;经营实现稳中有进、稳中提质,为国有资本保值增值贡献南网力量;改革三年行动提速加力、敢为人先,为全面深化改革提供重要实践;科技攻关和重大工程成果丰硕,为落实"国之大者"发挥中央企业"顶梁柱"作用。全年全系统未发生较大及以上人身事故,未发生设备和电力安全事故,未发生对公司和社会造成重大不良影响的涉电公共安全事件。全网统调最高负荷2.16亿千瓦,比上年增长8.2%;完成售电量12363亿千瓦·时,比上年增长11.7%;西电东送电量2206亿千瓦·时;客户平均停电时间(低压)9.23小时,比上年下降24%;用电营商环境持续优化,深圳、广州"获得电力"指标领跑全国,公司第三方客户满意度85分,广东、广西电网公司和深圳供电局连续多年在地方公共服务评价中名列第一;公司连续15年获得国务院国资委经营业绩考核A级,连续两年获得国务院国资委党建工作责任制考核A级;"世界500强"排名跃升至第91位。

【主要指标】

表1 2021年中国南方电网有限责任公司主要经济指标

项 目	2020年	2021年	比上年增长(%)
资产总额(亿元)	10124.96	10822.33	6.89
所有者权益(亿元)	4070.29	4195.23	3.07
营业收入(亿元)	5775.24	6716.00	16.29
利润总额(亿元)	111.29	134.64	20.98

续表

项 目	2020年	2021年	比上年增长(%)
净利润(亿元)	80.70	100.05	23.98
归属于母公司所有者的净利润(亿元)	68.90	84.12	22.09
技术开发投入(亿元)	37.75	33.28	-11.84
利税总额(亿元)	279.87	328.40	17.34
应交税金总额(亿元)	202.80	237.34	17.03
全员劳动生产率[万元/(人·年)]	57.03	66.07	15.85
净资产收益率(%)	2.06	2.42	增加0.36个百分点
总资产报酬率(%)	2.55	2.63	增加0.08个百分点
国有资本保值增值率(%)	104.30	101.88	减少2.42个百分点

【改革发展】 彻底理顺公司股权,开启发展新篇章。首创6种不同治理结构公司治理范本,经理层成员任期制和契约化管理11个案例入选国务院国资委50个参考示例。中国特色现代企业制度更加成熟定型,应建范围88家各级子企业全面建立董事会、实现外部董事占多数,二级子企业董事会职权全面落实。总部分类施策精准授权,完善治理主体权责清单和议事规则,规范党组织参与治理的方法途径,促进各层级治理水平整体提升。制度简明化成效显著。市场化经营机制建设取得实质突破,全面实施经理层成员任期制和契约化管理,新聘管理人员竞争上岗率73.1%、各级管理人员退出率10.2%,居中央企业前列;"重奖、保障、津贴"的多重激励体系基本建立,中长期激励加快扩面。混合所有制企业转换经营机制不断深化,"双百企业""科改示范企业"积极探索形成改革样本,南网科技获评AA级标杆企业。供应链管理改革迈出一大步,资源整合有序实施,公司入选"全国首批供应链创新与应用示范企业"。深入落实电力体制改革部署,电力交易机构股权改革全面完成,南方区域电力市场加快

建设,全国首个区域调频市场正式运行,广东电力现货市场实现首次跨月跨年连续结算试运行,代理购电平稳实施。装备制造、设计、施工等竞争性业务改革稳步推进。央地电网融合成效显著,广西新电力售电量、供电可靠性等指标大幅提升,贵州电网与兴义地方电网实现220千伏联网。

出台公司发展战略纲要(2021年版),确立新时代新征程的战略定位、战略目标、原则、取向、路径和步骤等,加快向数字电网运营商、能源产业价值链整合商、能源生态系统服务商转型。制定实施公司"十四五"发展规划,明确主要目标、关键指标、重点任务和重大项目。深化南网特色战略管理体系(POCA)建设,非管制业务子战略、各业务规划和职能规划、分子公司规划上下联动、统筹编制,年度计划预算细化分解、有效承接,战略规划闭环管控高效运转。"四类项目"完成验收37项、新增实施40项,涌现出人工智能应用、海岛微电网、智能增值服务等一批标志性成果。扎实推进对标世界一流管理提升行动,超高压公司、广东电网公司、深圳供电局获评国务院国资委"标杆企业","资产管理体系""电网可靠性管理理论与实践"获评"标杆项目"。加强开放合作,与广西、海南政府及产业链相关企业签署战略合作协议。

大力增供扩销,实现电能替代359亿千瓦·时。成本精益管控成效显著,线损率降低0.5个百分点,可归集资金集中度99%以上,统一融资规模超过1500亿元,融资成本率降低超过0.3个百分点。非管制业务发展势头良好,成为公司效益重要支撑。产投集团电动汽车充电、通航、互联网等业务多点突破,供应链金融取得新进展,财务公司积极发挥司库体系执行主体作用,鼎元资产大力推动闲置土地盘活。采购及物流管理更加集约高效,网级物资采购集中度81%,物资公司"一级采购"效率效益进一步提升。工程质量持续提升,深蓄、海蓄获评国家水土保持示范工程,清蓄获得菲迪克奖、中国土木工程詹天佑奖,15项工程获得国家级优质工程奖、中国建设工程鲁班奖和中国安装工程奖。资本运营实现重大突破,鼎和保险引战成为探索央企存量金融资本优化整合的重要示范性实践,南网科技成为电力行业首个科创板上市企业,文山电力启动抽蓄储能业务重大资产重组,资本市场布局初见雏形。一批影响全局的突出问题取得重要进展,中铝欠费问题得到实质性解决,在琼企业经营初步改善,完成15户"两非"企业清理,海蓄等提前完成亏损治理目标。加强资产负债率管控,高负债子企业减少5户。依法维权成效显著,为公司避免和挽回经济损失10.5亿元。

【重大项目】 闽粤联网工程(广东段)全线贯通,广东目标网架等一批重点工程加快实施,藏东南送电大湾区工程纳入国家规划,海南基本建成智能电网综合示范省。全面推进融入和服务粤港澳大湾区、深圳先行示范区、海南自贸港、新时代西部大开发、新时代革命老区振兴发展等重点举措落地,积极服务横琴粤澳合作区、前海深港合作区建设。全力巩固脱贫攻坚成果与乡村振兴有效衔接,投资398亿元建设现代化农村电网,农村及偏远地区频繁停电、长时间故障停电用户数分别比上年下降75%、67%。进一步深化对云南省维西县、广西壮族自治区东兰县的帮扶合作。发行全国规模最大的乡村振兴债券。与中国扶贫基金会合作设立南网知行教育发展基金,在脱贫地区建成101间知行书屋。积极服务扩大内需战略,围绕落实"六稳""六保""两新一重"加大投资力度,完成固定资产投资1357亿元,投资规模连续六年稳定在1000亿元以上。积极推进"一带一路"建设,老挝国家输电网项目完成特许权协议主文本签署,云南电网、云南国际公司如期建成投运中老铁路供电项目,南网国际公司成功中标智利首个直流投资项目。依托能源院组建澜湄国家能源电力合作研究中心。

【重大创新】 提前圆满完成5项国家级攻关项目,首款全国产化电力专用主控芯片"伏羲"实现量产并入选中央企业十大"国之重器","5G+数字电网"获得通信领域世界级大奖,220千伏及以下主设备全面实现国产化替代,投运全国首条自主研制的新型超导电缆。牵头成立电力新能源知识产权运营联合体,发布IEC标准5项、ISO标准2项,累计有效发明专利拥有数突破1万件,获得中国专利奖银奖1项,保底通信网获批国家级示范工程。广东电网公司、科研院获得中国电力科技进步奖一等奖。加快推进创新链产业链融合,科技成果转化收入超过 11 亿元,广东电网公司 2 项成果获得央企熠星创新创意大赛一等奖。加大人才培养引进力度,落实 143 项人才精准支持措施,饶宏当选中国工程院院士,柔性引进 4 名院士、12 名国家特聘专家等战略级高层次人才,聘任公司首批战略级专业技术专家。部署实施一批"揭榜制、挂帅制、赛马制"项目,建立创新活动容错机制,崇尚创新的良好氛围加快形成。大力推进数字化转型,电网管理平台上线运行,资产全生命周期管理实现业务全链条贯通,南网在线、智瞰、智搜、智用等全面推广应用,建成南网公有云,启动南方能源大数据中心建设。首创能源行业数据资产管理体系、数据资产定价方法,承制全国首张公共数据资产凭证。深圳供电局试点开展数字人民币电费结算。

【安全生产】 坚决贯彻总体国家安全观,筑牢风险防范"三道防线"。全面落实"三管三必须"及风险隐患双重预防机制,"大安全"管控格局进一步夯实。风险立体防控、联防联控体系和"1+N"作业风险管控机制不断深化,穿透式安全监督管控有效加强,"双下降"良好态势持续巩固。统筹开展安全生产专项整治三年行动集中攻坚和安全风险隐患大起底大排查大整治,全面完成 GOE 型 500 千伏套管和 MR 真空分接开关隐患整改。巩固提升保底电网建设成效,深圳、广州供电局在全国率先建成获得国家能源局认可的坚强局部电网。"平时预、灾前防、灾中守、灾后抢、事后评"的应急机制高效运转,有效应对台风、地震、强降雨等多轮次自然灾害,庆祝中国共产党成立 100 周年活动等 25 项重大保供电任务做到万无一失。连续六年未发生三级及以上网络安全事件,"护网 2021"取得"零失分"优异成绩。全面建成以合规管理为基础、风险管理为重点的内部控制体系。强化自主可控品类采购和战略物资储备,供应链风险防控体系进一步完善。常态化疫情防控有力有序有效。

【党建工作】 高标准开展党史学习教育,精心组织中心组学习研讨、专题读书班、红色电力故事宣传等活动,突出抓好"我为群众办实事"专题实践,学习教育总体评价"好"率 99.13%。坚持大抓基层、大抓支部,首次总体消除"无党员班组",出台党支部战斗堡垒作用和党员先锋模范作用考核评价指引,制定基层党支部议事参考范本,有效推动党支部参与基层治理。用心用情关爱员工和交流干部,持续为基层减负,用好地方保障性住房政策,改善班站所工作条件,员工满意率 93.7%。大力培养选拔优秀年轻干部,统筹用好各年龄段干部,公司 2019-2020 年度选人用人"好"率为历年最好。"五个一线、五个交流"干部培养与锻炼机制有效运转,"百千人才去基层到西部计划"选派交流挂职干部人才 2100 余人。坚持一体推进"三不",统筹开展 11 个专项整治(治理),形成"靠企吃企"综合治理格局。大监督格局不断深化,监督"五项机制"运转更加有效,对"一把手"和领导班子等"关键少数"监督更加有力,对大集体企业、县级供电企业等"穿透式"治理成效明显。统筹推进中央巡视整改和内部巡视巡察整改,公司巡视巡察覆盖率 92%,上下联动工作格局进一步完善。积极配合做好国家审计并坚持立行立改,内部审计工作切实加强。保持高压反腐不动摇,严肃查办案件 461 件、处分 596 人。牢牢守住意识形态安全底线,重塑新闻宣传管理,依托传媒公司成立新闻中心,全网合唱主旋律,高影响力正面宣传指标创历年最好。北京分公司有效发挥在京窗口作用。制定实施贯彻落实《中国共产党统一战线工作条例》的主要举措,构建统战工作体系。坚持党建带团建,中央企业"青马工程"试点工作深入推进。产业工人队伍建设改革取得新进展,公司入选"全国能源化学地质系统示范单位"。公司系统 98 个集体、71 人获得省部级以上荣誉。

【履行社会责任】 把落实"双碳"纳入工作全局,系统谋划、统筹推进新型电力系统建设。率先发布服务"双碳"、构建新型电力系统的研究成果和专项方案,推动将数字电网打造为承载新型电力系统的最佳形态。依托数研院、能源院、科研院成立专门研究机构,统筹推进 108 项专题研究,参与国家顶层设计,分层分类规划一批示范区,发布行业首个技术标准体系,成功举办博鳌新型电力系统国际论坛。主网实现零弃水,可再生能源发电利用率 99.8%,风电、光伏发电基本全额消纳,非化石能源电量占比 48.9%。调峰调频公司提前投产梅蓄、阳蓄首台机组,广州电力交易中心启动绿色电力交易,综合能源公司积极参与整县(市、区)分布式屋顶光伏建设。积极发展绿色金融,全年业务规模215亿元,发行全国首批碳中和债券和首只碳中和资产支持票据。资本控股公司成立全国首个碳中和融资租赁服务平台,与产投集团组建南网碳资产管理公司。

(撰稿人:刘之阳)

中国华能集团有限公司

【基本概况】 中国华能集团有限公司(以下简称中国华能)是经国务院批准成立的国有重要骨干企业。创立于1985年,因改革开放而生,伴随着改革开放不断成长壮大,是我国电力工业的一面旗帜,持续引领发电行业进步。注册资本金352.8亿元,主营业务包括电源开发、投资、建设、经营和管理,电力(热力)生产和销售,金融、煤炭、交通运输、新能源、环保相关产业及产品的开发、投资、建设、生产、销售,实业投资经营及管理。

中国华能深入贯彻党中央、国务院决策部署,特别是党的十八大以来,坚持以习近平新时代中国特色社会主义思想为指导,坚决扛起中央企业的使命责任,在高质量发展道路上不断迈出坚实步伐。截至2021年底,中国华能拥有二级单位58家、三级企业480余家、上市公司5家(分别为华能国际、内蒙华电、新能泰山、华能水电、长城证券),员工13万人。率先在发电行业中进入"世界500强",2021年排名第248位。累计16次获得年度经营业绩考核A级,在中央发电企业中次数最多。获评2020年度中央企业党建工作责任制考核A级、中央企业董事会"优秀"等级。

进入新时代,中国华能胸怀"两个大局",站在为党和国家事业筑牢"两个基础"、发挥"六个力量"的高度,丰富和发展华能"三色公司"新的时代内涵,即建设服务国家战略,保障能源安全,为中国特色社会主义服务的"红色"公司;践行能源革命,助力生态文明,为满足人民美好生活需要提供清洁能源电力的"绿色"公司;参与全球能源治理,服务"一带一路"建设,为构建人类命运共同体作出积极贡献的"蓝色"公司。提出加快建设创新能力强、价值创造力强、全球竞争力强;资产优、管理优、业绩优的"三色三强三优"世界一流现代化清洁能源企业的战略目标,2025年、2035年"两步走"战略安排,以及科技创新、绿色转型、效益效率、国际化发展、公司治理、党建质量上实现"六个新领先"的战略任务,全面开启二次创业,实现再次腾飞。

截至2021年底,中国华能可控装机超过2亿千瓦,低碳清洁能源装机占比38.1%。煤炭产能突破1亿吨/年。供热面积超过9亿平方米。资产总额1.3万亿元。能源保供作出重大贡献,得到国家主管部门和地方政府高度评价。全年完成发电量(国内)7744亿千瓦·时,比上年增长9.4%。煤炭产量8664万吨,比上年增加1057万吨。核准(备案)电力项目4157万千瓦,其中新能源4020万千瓦,占比96.7%。在能源电力保供、绿色低碳转型、科技创新、改革攻坚、党的建设等方面都取得重大进展和新的积极成效。美誉度大幅提升,行业影响力、核心竞争力显著增强,极大振奋全体干部职工的精气神。

【主要指标】

表1　2021年中国华能集团有限公司主要经济指标

项目	2020年	2021年	比上年增长(%)
资产总额(亿元)	11875.19	13398.77	12.83
所有者权益(亿元)	3608.52	3652.21	1.21
营业收入(亿元)	3141.93	3855.32	22.71
利润总额(亿元)	224.17	133.25	-40.56
净利润(亿元)	146.92	90.75	-38.23
归属于母公司所有者的净利润(亿元)	21.56	43.96	103.90
技术开发投入(亿元)	66.09	101.62	53.76
利税总额(亿元)	520.70	411.06	-21.06
应交税金总额(亿元)	295.49	300.26	1.61

续表

项　目	2020年	2021年	比上年增长(%)
全员劳动生产率[万元/(人·年)]	95.81	96.95	1.19
净资产收益率(%)	4.47	2.53	减少1.94个百分点
总资产报酬率(%)	3.98	2.88	减少1.10个百分点
国有资本保值增值率(%)	106.60	106.40	减少0.2个百分点

【发展改革】 扎实推进国企改革三年行动，认真落实"可衡量、可考核、可检验、要办事"的工作要求，按照以"三方案"（改革三年行动实施方案、年度重点任务、组织推动方案）为支撑的改革路线图，强化学习、领导、推进、考评、宣传贯彻"五机制"，截至2021年底，中国华能累计完成改革措施98项，完成进度93.3%。中国特色现代企业制度更加完善，国有资本布局优化和结构调整取得明显成效，企业活力进一步增强，效率进一步提升，竞争力、创新力、控制力、影响力、抗风险能力进一步增强。国务院国资委《国企改革三年行动简报》《国有企业改革动态》多次刊发中国华能改革经验做法，多次在国务院国资委改革三年行动月例会等会议上作经验交流，改革成效被《人民日报》、中央电视台等中央媒体报道。认真落实国务院国资委"双百行动""科改示范行动"工作部署，聚焦突破带动，改革专项工程成果丰硕。"双百企业"聚焦治理机制、用人机制、激励机制持续发力攻坚。基层企业加强董事会建设落实董事会职权、优化用人机制和薪酬分配机制，提高企业运营水平、激发人员活力。"科改示范企业"改革体制机制，激发科研活力，一举攻克一大批世界首创、国内领先关键技术，跑出科技创新"加速度"。新能泰山获得国务院国资委三项制度改革评估A级，西安热工院获评发电行业唯一科改示范标杆企业。

【重大项目】 国内首个千万千瓦级多能互补绿色综合能源基地——陇东能源基地配套调峰电源和先期320万千瓦风电、上都清洁能源基地"风火打捆"外送200万千瓦风电项目全面开工，标志着公司大型基地开发建设进入快车道。新能源项目核准、开工、新增容量分别突破4000万千瓦、1600万千瓦、1000万千瓦，发展质量行业领先。石岛湾高温气冷堆核电站成功发出华能第一度核电，昌江核电二期工程全面开工，石岛湾压水堆项目一次性取得4台百万千瓦机组路条，核电产业形成滚动发展良好态势。

【走向海外】 截至2021年底，中国华能境外投资运营项目7个，装机容量894.42万千瓦。由中国华能主导建设的英国门迪9.98万千瓦储能项目成功投产并盈利，成为中国华能首个在欧洲发达国家自主建设的电力项目。2021年，中国华能并表口径实现境外利润11.92亿元。

【重大创新】 2021年12月20日，历经17年奋力攻关，国家科技重大专项华能石岛湾高温气冷堆示范工程成功并网，标志着我国在世界第四代核电技术领域实现领先。全力打造原创技术"策源地"、现代产业链"链长"，牵头组建"五位一体"海上风电、CCUS、650℃高温材料、超临界CO_2循环发电4个创新联合体。清洁低碳热力发电系统集成及运维国家工程研究中心成功入选国家新序列首批名单，是发电行业唯一入选单位。主导研制出国内首台5兆瓦（高速永磁型）和7兆瓦（直驱型）国产化海上风机。成功投运国内首套70万千瓦水电机组全国产化监控系统。国家能源局首台（套）示范项目——瑞金二期全国产DCS/DEH/SIS一体化智慧火电机组投运。相变型CO_2捕集技术实现工业规模验证。建成世界容量最大、参数最高的超临界CO_2循环发电试验机组、世界首个非补燃压缩空气储能电站。研制出单槽产能世界最大的水电解制氢装置。获得省部级以上科技奖励66项，其中中国电力科技进步奖一等奖2项，中国能源创新奖一等奖1项。发布IEC国际标准3项。申请专利11986件，比上年增长114.8%；授权专利6356件，比上年增长270.6%；新增海外专利49件；获得中国专利奖优秀奖5项。

【党建工作】 高举习近平新时代中国特色社会主义思想伟大旗帜，深入贯彻党的十九大和十九届历次全会精神，落实"中央企业党建创新拓展年"要求，推动党的建设质量持续提升。以党的政治建设为统领，坚决贯彻习近平总书记重要指示批示精神，再学习、再领会习近平总书记全国国企党建会重要讲话精神,深刻把握"两个确立",坚决做到"两个维护"。高质量开展党史学习教育,坚持学用结合,以党建促发展,以发展强党建。隆重庆祝党的百年华诞,深入开展"8个100"系列活动。广泛开展"开局'十四五',实现新领先"主题实践,党建引领聚力攻坚成果丰硕。加大干部交流和优秀年轻干部选拔力度,在多家二级单位配备"70后"班子正职。深化三项制度改革,推进经理层成员任期制和契约化管理改革任务落地见效。贯彻落实中共十九届中央纪委五次全会部署,围绕落实集团战略任务,"两个责任"同向发力,精准监督执纪问责,发挥监督保障执行、促进完善发展的作用。

【信息化与数字化建设】 印发公司数字化"十四五"规划。工业互联网示范项目顺利通过工业和信息化部验收,华能AIdustry工业互联网平台成为2021年首批通过综合测评的15家工业互联网平台之一。新增工业互联网智能应用120余个,智慧磨煤机防爆燃系统、智慧脱硫优化系统分别在10家区域公司、4家电厂推广使用。完成国产化OA系统研发并在试点单位完成技术、业务测试。统一数字平台有序推进,技术开发平台、数据共享平台、移动门户验证工作圆满完成。国内首家千万点秒级实时新能源数据平台——华能新能源智慧运维系统投入运行。在砚北、核桃峪、伊敏建成国家首批智能化煤矿。基础资源管理能力不断加强,全面实现企业云资源统筹建设、整体部署和集中管理。

【能源保供】 2021年,面对前所未有的保供压力,中国华能上下坚决贯彻习近平总书记重要指示批示精神,闻令而动、听令而行,不计代价、冲锋在前,坚决扛起能源保供的政治责任,充分发挥中央企业"顶梁柱""压舱石"作用。建立日调度、周督办、月总结机制,实行"一票否决",全部机组实现应开尽开、应发尽发。第四季度日均运行容量比上年增长12%。全年机组非停比上年下降6%,各类型机组及综合利用小时对标排名第一。面对煤价高企、煤电严重亏损不利局面,中国华能上下攻坚克难,多方争取煤源,采购量比上年增加3828万吨,创历史新高,在最关键的第四季度,库存水平明显高于全国统调电厂,千方百计筹措保供专项资金470亿元,确保煤电企业资金需求。国家有关部委充分肯定中国华能能源保供工作,评价中国华能"响应最快、临修机组容量和占比最少"。

【履行社会责任】 2021年,中国华能在承担帮扶任务地区投入无偿援助资金1.12亿元,围绕巩固拓展脱贫成果同乡村振兴有效衔接,配合地方政府加强教育医疗保障,做大做强特色产业,建设乡村振兴示范村,积极推进新能源项目开发,促进当地社会经济持续发展。新疆公司驻村工作队获评"全国脱贫攻坚先进集体",总部定点帮扶工作连续五年获评国家考核最优等级"好",集团公司和澜沧江"百千万工程"行动均获得第十一届中华慈善奖。

(撰稿人:黄 杰)

中国大唐集团有限公司

【基本概况】 中国大唐集团有限公司(以下简称中国大唐)成立于2002年12月29日,是中央直接管理的国有特大型能源企业,2017年10月改制为国有独资公司,注册资本金370亿元。截至2021年底,资产总额8301.64亿元,在役及在建资产分布在全国32个省(自治区、直辖市)和香港特别行政区,以及缅甸、柬埔寨、老挝等国家和地区。所属企业包括上市公司5家、区域公司和专业公司39家,员工9.4万人。主要业务覆盖电力、煤炭、金融、海外、煤化工、能源服务等领域。发电总装机16172.11万千瓦,清洁能源装机占38.2%。自2010年起,连续12年入围"世界500强"。

2021年,中国大唐深刻理解把握"三新一高"要求,面向全系统深入开展党史学习教育,继续推进"二次创业"新征程,奋力打造"绿色低碳、多能互补、高效协同、数字智慧"的世界一流能源供应商和美丽中国建设的领军企业,自觉服务国家"双碳"目标,以实际行动迎接党的二十大胜利召开。

【主要指标】 2021年,中国大唐完成发电量5921亿千瓦·时,比上年增长5.67%。平均上网电价383.12元/(兆瓦·时),比上年增加26.42元/(兆瓦·时)。营业收入2238.25亿元,比上年增长16.15%。报表利润亏损216.58亿元,剔除煤价上涨减利、电价联动和折旧政策调整增利等因素后,经营利润228亿元。资产负债率75.77%。研发投入强度2.4%。全年核准2709万千瓦,开工983万千瓦,投产371万千瓦。供电煤耗完成295.92克/(千瓦·时),低于计划0.08克/(千瓦·时)。

表1　　2021年中国大唐集团有限公司主要经济指标

项目	2020年	2021年	比上年增长(%)
资产总额(亿元)	7933.71	8301.64	4.64
所有者权益(亿元)	2403.92	2011.67	−16.32
营业收入(亿元)	1927.06	2238.25	16.15
利润总额(亿元)	124.47	−216.58	−274.00
净利润(亿元)	77.06	−248.06	−421.91
归属于母公司所有者的净利润(亿元)	7.66	−187.31	−2545.30
技术开发投入(亿元)	2.38	4.57	92.02
利税总额(亿元)	251.26	−103.66	−141.26
应交税金总额(亿元)	174.20	144.40	−17.11
全员劳动生产率[万元/(人·年)]	92.75	49.62	−46.50
净资产收益率(%)	4.06	−11.24	减少15.3个百分点
总资产报酬率(%)	3.97	−0.53	减少4.5个百分点
国有资本保值增值率(%)	103.70	—	—

【改革发展】　中国大唐认真贯彻党中央、国务院决策部署,狠抓国企改革三年行动落地,着力推进中国特色现代企业制度建设,推动党的领导融入公司治理,实现子企业党委书记、董事长"一肩挑"和"双向进入、交叉任职"领导体制改革的全覆盖,符合条件的子企业董事会应建尽建,外部董事占多数。

着力推进体制机制改革,围绕总部"六大中心"职能定位,实施总部机构改革,精简机构人员,建设"六强"总部。持续优化科技创新体系,深化二级企业管理体制改革,进一步强化区域公司的市场主体地位,开展新能源体制改革,推动管理力量向一线下沉。加快建立市场化经营机制,推进经理层成员任期制和契约化管理,342家二、三级企业签订岗位聘任协议、年度和任期经营业绩责任书。稳步推行全员绩效考核和"两个合同"管理。完善与经营业绩、经济效益和人工成本效能指标挂钩的工资总额决定机制。

【重大项目】　2021年,中国大唐开工电源项目983万千瓦,在建1452万千瓦,投产371万千瓦(新能源占比75%)。西藏扎拉水电项目列入国家首台(套)重大技术装备,工程建设与关键技术攻关同步推进。宁夏中卫大规模压缩空气储能项目进入国家"揭榜挂帅"项目。托克托基地"风光火"耦合发展、协同送出技术示范项目工程建设顺利推进。630℃超超临界二次再热清洁高效煤电示范项目关键材料攻关进入成果鉴定阶段。"云南万家口子水电站超百米深岩溶大流量涌水封堵关键技术研究及应用"获得中国大坝学会科技进步奖一等奖,广东大唐国际雷州电厂"上大压小"工程获得国家优质工程奖。

【走向海外】　坚持"控风险、提效益、加力度"原则,主动把握"双碳"战略机遇,积极融入"一带一路"建设,服务企业海外发展。截至2021年底,中国大唐拥有柬埔寨、缅甸、印度尼西亚等国家"一网两水三火"项目,装机容量105万千瓦,在建项目2×225兆瓦。完成老挝北本项目购售电协议MOU谈判,被纳入中老两国重点合作项目清单。圆满完成圣普运维援助项目,得到我国外交部、商务部及所在国政府的高度评价。集团公司党组书记、董事长出席博鳌亚洲论坛2021年年会并代表中方企业发言。配合中国贸促会、中国国际商会,成功承办2021年"一带一路"贸易投资论坛,服务国家外交大局,彰显央企责任担当。

【重大创新】　着力加强科技创新对高质量发展的支撑作用,聚焦"双碳"目标,以"锻长板、补短板、优存量、升品质"为方向,构建"224"创新体系。2021年,中国大唐制定实施《中国大唐"十四五"科技创新规划》,开展重大科技项目研究50项,获得行业一等奖等具有创新性和突破性的科技成果6项,取得显著的经济和社会效益。截至2021年底,新增专利授权1050件,累计授权专利10482件。新立项国家推荐性标准3项,行业标准35项,团体标准12项,其中系统内主编14项。联合发布ISO 23043:2021《工业废水处理回用技术评价方法》1项国际标准。发明专利"一种干粉吸附剂烟道注射脱出SO_3的设备"获得2021年第二十二届中国专利奖优秀奖。

【党建工作】 深入学习贯彻习近平总书记"七一"重要讲话和党的十九届六中全会精神,贯彻落实中央企业党的建设工作座谈会部署,以务实举措抓党建、强党建,全面提升党建工作质量。健全完善体系建设,深入开展贯彻落实全国国企党建会精神"回头看",召开基层党建工作会议,系统实施党建提升工程,着力健全完善党建领导体系、组织体系、工作体系、制度体系"四个体系",实施"两年强基、三年提升"计划,推动党建工作质量稳步提升。扎实开展党史学习教育,系统梳理大唐百年红色传承,编纂发布《红色大唐 百年记忆》图志;把红色资源作为第二课堂,渡江战役第一船"京电轮"入选央视《信物百年》栏目。聚焦党建工作与中心工作紧密融合,依托"岗区队日网"党建载体联动建设,组建党员突击队1380支、党支部责任区1670个、青年保供突击队425支,奋战在电煤抢卸、抢发电量等保供前线,让党旗在中国大唐各条战线高高飘扬。

始终保持反腐败高压态势,惩治震慑、制度约束、提高觉悟一体发力,深入开展"靠企吃企"等问题专项整治,严明纪律规矩,健全制度体系。深化运用"四种形态",既注重处置力度又体现工作温度,第一种形态占88.2%、第二种形态占8.2%。建立容错纠错机制,及时为受到不实反映的干部澄清正名,营造鼓励担当作为的积极氛围。开展贯彻落实中央八项规定及其实施细则精神情况"回头看",组织警示教育大会,纠"四风"树新风取得积极成效。

【信息化与数字化建设】 深入贯彻总体国家安全观,全面落实电力网络安全风险管控要求,大力推进信息化建设,常态化开展网络安全风险排查和隐患治理工作。编制《中国大唐"十四五"网络安全和信息化规划》和智慧电厂建设"1+N"系列技术指引,加强"十四五"期间网信工作的顶层设计,强化"数字智慧"标准体系建设。全面推进数字化运营平台、区域集控两级中心、数据共享服务平台等重点项目,提高业务决策和管理水平。在桂冠公司等多家二级单位和托克托发电公司等34家发电企业开展"两化"融合和智慧企业试点建设。在乌沙山发电公司等多家发电企业落地5G技术应用,研究建设基于5G技术的多种应用场景。在三门峡发电公司等单位通过视频识别和分析、电子围栏、人员定位等智能化手段提升人员和设备安全水平。在青海格尔木等光伏企业的新能源场站广泛应用智能无人机技术。集团公司数据共享平台、数字化运营平台、"三重一大"决策运营系统、发电集团工控安全监测与诊断等4项成果通过专家鉴定,达到国内领先或国际先进水平;6项信息化成果入围2021年电力创新奖(信息化类)复评,获得一等奖1项、二等奖2项。

【履行社会责任】 圆满完成保电供热任务。中国大唐位于北京周边的15家发电企业承担着首都50%以上的电力供应任务和"三北"地区10个省(自治区、直辖市)的民生供热任务。在冬奥、冬残奥会期间,核心保奥企业累计发电超过220亿千瓦·时、供热3908.9万吉焦,保障1.63亿平方米供热区域热源稳定,确保电力、热力安全可靠供应,为北京冬奥会和冬残奥会的成功举办贡献大唐力量。

全面完成脱贫攻坚工作任务。中国大唐胸怀"国之大者",积极打造"三扶三真,五位一体"特色帮扶体系。坚持扶持、扶志、扶智、真心、真情、真金白银,突出教育帮扶,教育投入960万元,受益16000余人;注重产业帮扶,投入帮扶资金2377万元,开展产业项目46个;加强民生帮扶,投入1044万元,受益8万多人;推进就业帮扶,招收用工人员86人,帮助转移就业1031人;做实党建帮扶,参与结对共建党支部120个,结对共建脱贫村47个,党员捐赠捐物35万元。

高标准完成疫情防控阶段性任务。健全完善集团公司系统疫情防控指挥体系,进一步明确各级责任,及时掌握国内外的疫情防控形势,及时调整防控措施,保障干部职工人身健康。围绕主责主业,将保电与疫情防控紧密结合,严抓生产区域专项管控,在控制室等重点区域建立准入"白名单"。深入推进政企合作,服务保障地方政府(北京)做好境外人员隔离工作,所属唐韵山庄酒店高质量完成北京境外返京集中隔离观察人员入住137人和政府派驻工作组66人的后勤服务工作,展示中央企业的良好社会形象。

(撰稿人:郭振天 余铸忠)

中国华电集团有限公司

【基本概况】 中国华电集团有限公司(以下简称中国华电)是2002年底国家电力体制改革时组建的国有独资发电企业,是中央直管的国有重要骨干企业。主要有发电、煤炭、科工、金融四大业务板块。公司资产及业务主要分布在全国31个省(自治区、直辖市)以及印度尼西亚、柬埔寨、俄罗斯、越南等多个国家,控股6家上市公司,职工9.3万人,资产总额9480亿元。发电板块装机近1.8亿千瓦,清洁能源装机占比44.4%。煤炭板块产能5830万吨/年,拥有4个千万吨级煤矿。科工板块拥有国家级火力发电检测、分布式能源技术等多个科技创新平台,在国内率先构筑起覆盖煤电、燃机、水电、风电、电网等电力全谱系"华电睿"系列工控产品,有效解决电力工控系统存在的"断供"风险、安全"漏洞"等"卡脖子"问题。金融板块拥有8家机构,取得财务公司、信托公司、证券、保险经纪、保理、融资租赁等6种金融(或类金融)牌照。

2021年,中国华电坚持以习近平新时代中国特色社会主义思想为指导,全面贯彻落实习近平总书记"四个革命、一个合作"能源安全新战略和碳达峰碳中和等重大战略决策,以创建具有全球竞争力的世界一流能源企业为愿景,深入推进"五三六战略",确立中国华电"十四五"发展目标,即"5318"发展目标,提出"六个一"发展思路、"六个字"发展要求。"5318"发展目标:到"十四五"末,公司非化石能源装机占比力争达到50%以上,营业收入超过3500亿元,国际业务收入较"十三五"翻一番,新投产项目净资产收益率力争达到8%。"六个一"发展思路:坚持新发展理念这一指引,聚焦高质量发展这一主题,围绕结构调整这一主线,增强科技创新这一动力,激发全面深化改革这一活力,强化高质量党建这一保障。"六个字"发展要求:"高、优、强、广、好、佳",即发展质量更"高",经济效益更"优",创新能力更"强",市场开拓更"广",治理效能更"好",品牌形象更"佳"。"五三六战略":坚持和加强党的全面领导、坚持稳中求进工作总基调、坚持新发展理念、坚持推动高质量发展、坚持改革创新,持续推进从保障供应向增加有效供给转变、从规模扩张向注重效益提升转变、从要素驱动向创新驱动为主转变,努力实现一流的可持续发展能力、一流的价值创造能力、一流的国际化运营能力、一流的科技创新能力、一流的企业治理能力、一流的品牌影响力,到2035年基本建成具有全球竞争力的世界一流能源企业。

【主要指标】 坚决落实党中央、国务院决策部署,切实扛起国民经济"稳定器""压舱石"的责任担当,积极应对燃料成本大幅上涨严峻挑战,以提质增效为抓手,先后出台"20+10+8"工作举措,第四季度提出公司系统大干一百天,决战保全年,全力以自身增长助力稳定经济基本盘。2021年,公司在消化电煤成本上涨456亿元、煤电亏损300亿元的影响下,全年实现利润总额75.73亿元,净利润25.37亿元,资产负债率69.98%、营业收入利润率2.3%、研发投入强度2.72%、全员劳动生产率92.38万元/(人·年),全面完成国务院国资委"两利四率"考核目标,公司归属于母公司所有者的净利润、资产负债率、国有资本回报率均位列同类型企业第一。中国华电蝉联国务院国资委2021年度和2019—2021年任期经营业绩考核均获评A级,并被授予2019—2021年任期"业绩优秀企业",连续10年获评年度经营业绩考核A级,连续4个任期获评任期经营业绩考核A级。连续11年上榜《财富》"世界500强",2021年居第326位,较上年提升26个位次。以1115.68亿元的品牌价值连续三年登上中国500最具价值品牌排行榜,2021年居第57位,品牌价值较上年增长147.33亿元。

表1　2021年中国华电集团有限公司主要经济指标

项　目	2020年	2021年	比上年增长（%）
资产总额（亿元）	8610.43	9480.53	10.11
所有者权益（亿元）	2641.80	2848.40	7.82
营业收入（亿元）	2376.37	2764.31	16.32
利润总额（亿元）	189.83	75.73	-60.11
净利润（亿元）	125.26	25.37	-79.75
归属于母公司所有者的净利润（亿元）	40.35	24.15	-40.15
技术开发投入（亿元）	58.85	76.08	29.28
利税总额（亿元）	377.80	276.70	-26.76
应交税金总额（亿元）	260.35	289.80	11.31
全员劳动生产率[万元/（人·年）]	93.24	92.38	-0.92
净资产收益率（%）	5.13	0.93	减少4.20个百分点
总资产报酬率（%）	4.39	2.90	减少1.49个百分点
国有资本保值增值率（%）	107.40	107.50	增加0.1个百分点

【改革发展】　认真贯彻《国企改革三年行动方案（2020—2022年）》，层层落实"军令状"，实施"挂表督战"，三年行动台账任务完成率92.86%，获评2021年度中央企业改革三年行动重点任务考核A级。深入落实《关于中央企业在完善公司治理中加强党的领导的意见》等文件要求，完善党组前置研究事项清单、重要事项决策权限清单，开发上线"三重一大"决策运行管理系统，推进中国特色现代企业制度建设。坚持"两个一以贯之"，规范公司系统章程编制，促进治理能力进一步提升，中国华电被国务院国资委评为公司治理示范企业，并在国务院国资委加强专业化体系化法治化监管专题推进会上作典型发言。加强董事会建设，完成董事会换届，修订完善董事会、董事长专题会、总经理办公会等议事规则，制定董事会规范运行指引；系统323家法人企业全部完成董事会应建尽建，其中纳入外部董事占多数的301家子企业全部实现外部董事占多数。完善市场化经营机制，全面完成经理层成员任期制和契约化管理，5家基层企业试点职业经理人制度。推行市场化用工，管理人员末等调整和不胜任退出比例等改革指标均优于中央企业平均值。深化市场化薪酬分配机制改革，在16家科技型企业实施岗位分红激励，华电重工岸桥公司和江苏扬能公司员工持股落地实施。扎实推进改革专项工程，"双百企业""科改示范企业"改革典型案例均入选国务院国资委改革案例集；在国务院国资委专项改革考核中，"双百企业"江苏公司和华电重工获评"优秀"，"科改示范企业"国电南自获评"标杆"。扎实推进对标世界一流管理提升行动，乌江公司获评国务院国资委管理提升标杆企业，榆横煤电公司获评煤炭行业标杆煤矿。剥离企业办社会职能和解决历史遗留问题圆满收官，327户多经企业全部完成规范清理。加强法治华电建设，基本实现内控合规风险一体化管理，依法治企水平明显提升。

【重大项目】　深入贯彻落实党中央关于碳达峰碳中和重大战略决策，编制印发中国华电"十四五"发展规划，发布碳达峰行动方案和"十三五"碳排放白皮书，成立碳资产运营公司，105家发电企业完成碳排放权交易履约，完成全国首笔CCER抵消碳配额清缴。大力发展风光电，推动与13个省市政府、10家行业头部企业签订合作协议，拓展风光电资源2.7亿千瓦。制定实施风光电高质量发展20条措施和管控体系优化指导意见，加大授权力度，优化管理流程，强化工作激励。全年累计核准（或取得指标）4795万千瓦，其中风光电核准4278万千瓦，是中国华电"十三五"期间核准总容量的2.6倍；取得建设指标1923万千瓦，是2020年的5.2倍。新疆、甘肃、青海等区域425万千瓦项目列入国家首批大型风光电基地清单，金上基地首期330万千瓦光伏项目通过西藏自治区备案，湖北武穴和洪湖等基地列入省内保障性并网清单。持续发展水电，金沙江上游波罗、昌波、岗托电站294.6万千瓦完成立项决策；金中龙盘和新疆叶尔羌河米斯克尼、桑皮勒水电站完成预可研编制。有序发展气电，完成四川白马和广东东江项目立项，持续跟踪江苏望亭二期、河北香河等国家能源局首批燃气轮机创新发展示范项目进展。

抓好精品创建，从"六个维度"高质量推进工程建设，中国华电首个海上风电项目福建海坛海峡30万千瓦项目全容量投产，国内首批近海深水区海上风电广东阳江50万千瓦项目并网发电，西藏最大内需水电站DG项目实现"一年四投"全部投产，同类型企业中首座抽水蓄能电站福建周宁项目实现双机并网，世界首台（套）超临界双抽再热背压机组天津南港项目投产，全国首个陆上最大单机0.6万千瓦的整装风场新疆达坂城项目正式并网发电，金上拉哇电站按期实现大江截流。莱州二期获得国家优质工程金奖，是国内首个两期工程均获此殊荣的电力项目；阿海、邵武三期获得国家优质工程奖。乌江构皮滩通航工程投入试运行。

【走向海外】 克服全球疫情造成的不利影响，坚持"四轮驱动"协同发展，全年国际业务收入226.3亿元，比上年增长28%；利润43.55亿元，比上年增长78%。越南得乐风电项目主体工程开工建设，越南沿海二期项目投产，孟加拉国迈门辛光伏项目完成股权交割。境外承包工程EPC项目2个，总装机容量约152万千瓦。对外技术服务业务，继续保持同类企业领先，实施中的服务项目13个，总装机容量862.7万千瓦。开拓运维服务市场，承接系统外的印度尼西亚德龙工业园2×38万千瓦机组运维项目、印度尼西亚青山韦达贝工业园6×25万千瓦机组运行服务项目。国际贸易业务，推动设备、系统、技术出口，全年完成出口额16.6亿元，完成贸易额98亿元。

【重大创新】 深入贯彻落实习近平总书记关于科技创新的重要指示精神，实施创新驱动发展战略，努力打造原创技术"策源地"和现代产业链"链长"。完善"1+1+N"科技创新体系，制定专家咨询委员会院士一对一合作方案，实施中国华电首批7个"揭榜挂帅"项目。构建科技创新"生态圈"，与清华大学、西安交大、华北电力大学、中国电子、中国电科等单位成立联合研发机构，推动产学研用深度融合。大力推进关键核心技术攻关，百万千瓦机组DCS、9E燃机TCS、0.62万千瓦海上风机主控等自主可控工控系统实现重大突破，新能源国产密码系统上线运行，创造一年7个"国内首次"；水电监控和保护装置等5项技术入选能源领域首台（套）重大技术装备，其中燃机TCS通过鉴定"整体达到国际先进水平"并获评国务院国资委数字化转型十大成果。广泛开展创新创效，"自主可控发电分散控制系统研制与应用""超（超）临界空冷机组超长距离大温差高效协同供热重大工程"2项成果获得中国电力奖一等奖，"火电企业碳排放监测与全过程管控关键技术及应用"等3项成果获得中国电力创新奖一等奖，取得首个PCT国际发明专利和国家专利优秀奖，全年获得授权专利1927件，比上年增长44%。

【党建工作】 持续贯彻全国国有企业党的建设工作会议精神，认真落实国务院国资委党委"中央企业党建创新拓展年"要求，围绕建党100周年和全国国企党建会召开5周年，持续提升党建工作质量，获评2021年度中央企业党建工作责任制考核A级。坚持和完善"第一议题"制度，全年学习贯彻落实习近平总书记重要指示批示精神83项，健全完善贯彻落实习近平总书记重要指示批示精神工作机制。广泛开展庆祝中国共产党成立100周年系列活动，13个集体、15名个人获得省（自治区、直辖市）委、国务院国资委党委"两优一先"表彰，4家企业被命名为首批中央企业爱国主义教育基地。高标准高质量开展党史学习教育，扎实开展国企党建会精神贯彻落实情况"回头看"和"我为群众办实事"实践活动，得到党中央党史办、国务院国资委党史办、中央企业第三指导组充分肯定。履行全面从严治党主体责任，加强"一把手"及领导班子监督，持续深化中央巡视整改，部署开展两轮巡视"回头看"，探索建立巡视整改促进机制，加强内部巡视巡察和审计发现问题整改，精准开展违规经营投资责任追究。始终坚持"严"的主基调不动摇，持之以恒落实中央八项规定精神及其实施细则，开展小散远项目、煤炭生产物流领域专项整治，持续推进"三清"企业创建，一体推进不敢腐、不能腐、不想腐。加强干部队伍建设，选优配强直属单位领导班子，大力发现培养选拔优秀年轻干部，中国华电系统领导人员平均年龄实现两年连续下降。加强群团工作，3项劳动竞赛跻身全国引领性竞赛行列,推优入党试点经验被团中央列为典型案例。

【信息化与数字化建设】 加强信息化建设,加快推进数字化转型,为企业高质量发展赋能。编制印发《网信"十四五"规划》,实施数字化转型2025行动计划;修编完善《信息化绩效考核办法》《国际业务信息系统(海外信息化)指导意见》,制度体系不断健全。加强成果转化应用,《自主可控区块链技术(长安链)与物资采购电商平台的融合研究应用》入选电促会2021电力区块链技术典型应用案例,"发电行业数据治理研究与应用"获评央企数研院"数字化转型"研讨班优秀课题,《大型央企网络安全统一管控实践与成果》入选国务院国资委"十三五"网络安全和信息化优秀案例。加快数字华电建设,与北京市共建"长安链",数字电厂试点全面建成,财务共享中心全面运营,综合能源网上服务大厅上线运行,燃机智慧运维云平台试点研发(一期)项目开工,数字档案馆升级改造持续推进。

【履行社会责任】 深入学习贯彻习近平总书记关于能源安全重要指示批示精神,坚决扛起电力、热力安全保供的政治责任,第一时间成立能源保供工作领导小组和工作小组,多次召开党组会、董事会会议、保供专题会、协调会,明确能源保供年度绩效"一票否决"制,建立"非停"机组和出力受阻机组领导挂牌督办机制,组建6个安全保供督导小组和8个工作专班,形成高效快捷的能源保供调度机制。能源保供期间,公司煤机发电量、供热量增幅、非停机组容量及占比等指标均处于同类型企业最优水平,得到国家发展改革委、国家能源局、全国电力安全生产委员会和全国半数以上省级地方政府肯定和表扬。压实安全环保责任,圆满完成庆祝建党100周年、全国两会等重点时段安全环保保障任务。加强生态环保治理体系建设,全面完成中央生态环保督察、国家专项督查指出问题整改。打好污染防治攻坚战,超低燃煤机组容量、台数分别完成国家要求任务的120%、151%,二氧化硫、氮氧化物排放总量完成国务院国资委第六任期考核目标,长江经济带、黄河流域、环渤海等地区发电企业年度废水治理项目如期完成。持续开展节能管理对标,供电煤耗完成292.83克/(千瓦·时),比上年降低2.38克/(千瓦·时),完成值在同类型发电企业领先。

认真落实党中央、国务院关于巩固拓展脱贫攻坚成果同乡村振兴有效衔接的决策部署,连续三年获评中央单位定点帮扶工作成效考核最优等次"好",中国华电扶贫办、华电西藏公司扶贫援藏办获评"全国脱贫攻坚先进集体",结对帮扶的阿图什市瓦克瓦克村被认定为"全国乡村治理示范村",中国华电系统10个集体、13名干部获得相关省(自治区)脱贫攻坚总结表彰先进荣誉。加强品牌建设和社会责任工作,可持续发展报告连续10年获评中国社科院最高评级"五星""五星佳"。

(撰稿人:王振华 罗光涛)

国家电力投资集团有限公司

【基本概况】 2021年是国家电力投资集团有限公司(以下简称国家电投)实施"十四五"规划的第一年,也是国家电投深化改革、转型发展的关键一年。国家电投党组、董事会认真学习贯彻习近平新时代中国特色社会主义思想,坚决落实习近平总书记重要指示批示精神和党中央各项决策部署,坚定不移实施创新驱动、真抓实干优化结构布局、攻坚克难深化企业改革、积极防范化解重大风险、有效提升党建工作质量,成功应对疫情带来的诸多不利影响,全面完成能源电力保供阶段性任务,安全生产总体稳定,经营发展成效显著,圆满完成年度各项目标,交出一份新的亮丽成绩单。

【主要指标】 2021年,国家电投实现营业收入3323.1亿元,比上年增长19.44%;利润总额108.1亿元;新增装机2392万千瓦,期末装机1.95亿千瓦;清洁能源装机占比61.5%,比上年增加5.4个百分点。新能源、可再生能源发电装机规模居全球第一,实现"十四五"良好开局。

表1　2021年国家电力投资集团有限公司主要经济指标

项　目	2020年	2021年	比上年增长（%）
资产总额（亿元）	13241.4	14911.2	12.61
所有者权益（亿元）	3511.9	3901.4	11.09
营业收入（亿元）	2782.3	3323.1	19.44
利润总额（亿元）	207.0	108.1	−47.78
净利润（亿元）	138.3	43.5	−68.55
归属于母公司所有者的净利润（亿元）	23.7	−11.9	−150.21
技术开发投入（亿元）	68.0	86.7	27.50
应交税金总额（亿元）	230.0	258.8	12.52
全员劳动生产率[万元/（人·年）]	86.51	96.05	11.03
净资产收益率（%）	4.3	1.19	减少3.11个百分点
总资产报酬率（%）	4.0	2.85	减少1.15个百分点
国有资本保值增值率（%）	102.6	108.89	增加6.29个百分点

【改革发展】　2021年，国家电投坚持以战略规划为引领，改革发展绘就新蓝图。一是高质量制定发布"十四五"规划。立足新发展阶段，贯彻新发展理念，精准把握发展趋势和时代脉搏，客观总结发展现状和面临形势，构建完成"十四五"期间"1+7+N"规划体系，制定发布集团公司"十四五"总体规划及2035年远景展望、7个专题规划、4个区域规划、12个专项实施方案，批复完成49个二级单位规划、26个省域规划，为高质量实现"2035一流战略"目标擘画全景式的发展蓝图。二是国企改革成效显著。提前完成国务院国资委重点关注的12类24项改革考核事项，全面完成国企改革三年行动计划年度任务；市场化经营机制、正向激励体系和大监督平台建设获得国务院国资委充分肯定并作经验交流；经理层成员任期制和契约化管理实现二、三级单位负责人全覆盖，获得国务院国资委专项刊物推广交流。深入推动党的领导融入公司治理，修订公司章程，确立董事会授权体系。进一步优化授放权体制机制，发布总部权责清单D版。落实董事会职权、职业经理人选聘、上市公司股权激励等市场化机制稳步落地。高效推进"我要改"系列改革任务，优化总部组织体系与运作机制，组建智慧能源投资平台，做实做强产业创新中心，实施核能总部入鲁。三是管理提升扎实推进。以对标世界一流为出发点和切入点，以加强管理体系和管理能力建设为主线，全力提升"八大能力"，持续建设"五大体系"，全面完成国务院国资委对标世界一流管理提升行动年度目标任务。优化集团公司管控体系，调整完善产业协同、营销、燃管、资本运作等服务保障中心职能。建成"五位一体"政策研究落地体系，用足用好政策红利。全面启动"枢畅"专项行动，推动服务型"一流总部"建设。专家委专家作用得到有力发挥，为集团公司改革发展积极建言献策，取得良好效果。

【重大项目】　勇挑重担，跑出重大项目"加速度"。高质量完成"国和一号"示范工程年度里程碑节点目标，首台屏蔽电机主泵完成出厂试验，进入量产化阶段；25项重大专项课题通过国家能源局综合绩效评价，超额完成年度目标。高质量完成工业和信息化部关于重型燃机的年度考核任务，完成300兆瓦级燃机详细设计，临港基地示范燃机建设全面铺开。能源工业互联网专项工程二期建设取得阶段性进展，安全态势感知平台成功接入国家能源局和国务院国资委系统。

攻坚克难，重大项目取得关键突破。海阳核电3号、4号机组具备上报国务院核准开工条件，廉江核电基本具备上报国家发展改革委核准条件，莱阳核电项目建议书报送国家发展改革委。山东核环保处置场项目获得核准，取得分离功进口资质，实现历史性重大突破。乌兰察布600万千瓦风电基地项目建设用地获得国家批复，首批120万千瓦正式开工。羊曲水电项目获得核准并开工建设、成功截流。甘孜基地首批60万千瓦光伏项目开工建设，列入国家成渝双城经济圈战略重点工程。

【走向海外】　稳妥有序，扎实推进海外市场开拓。积极响应"一带一路"倡议，成功应对疫情防控和境外公共安全双重挑战,全年境外新增装机82万千瓦,累计装机近700万千瓦;境外营业收入123亿元,比上年增长17%;利润25亿元,比上年增长192%。几内亚铝矿、巴西GNA等战略性重大项目投产;成功参与沙特红海项目,实现中东地区全球最大单体综合智慧能源项目的重大突破。

【重大创新】 2021年,国家电投坚持以创新创效为动力,转型升级迈出新步伐。围绕国家科技创新、能源电力重点领域,聚焦关键技术,注重价值创造,围绕产业链布局创新链,带动产业优化与升级,将创新优势转化为价值实现。一是创新体制机制更趋完善。科技创新顶层设计进一步强化,建成以中央研究院为先导层、12个创新中心为主体层、25个集团级技术中心为支持层的"宝塔形"创新体系,具有国家电投特色的创新体系日益成熟。创新投入力度持续加强,科研投入从2018年的55亿元增加到2021年的86.4亿元,年均增长26%。以价值创造为导向的创新绩效评价机制初步形成,所属单位创新能力不断提升。二是产业技术创新成果丰硕。全年发布技术标准134项,实现国际标准编制"零的突破"。年度专利申请比上年增长140%,其中发明专利授权增长180%;新增国际专利申请15件,获得中国专利优秀奖2项,实现专利数量、质量双提升。"暖核一号"海阳450万平方米核能供热示范项目投运,海阳成为全国首个零碳供暖城市。世界首个核能"水热同产同送"示范工程正式投运。全面推动包括氢燃机研制在内的重燃专项二期接续研发,实现国家首个氢混燃机示范项目15%掺氢燃烧。国内首条自主可控30万平方米质子交换膜生产线投产运营。国内首台氢燃料电池混合动力机车上线运行。全球首个光储实验实证实训创新平台大庆一期建成投运。发布"天枢一号"综合智慧能源管控与服务平台2.0,开启"云+端"服务模式。三是商业模式创新亮点纷呈。三网融合创新模式设计及推动落地取得阶段性进展。按计划完成智慧核能、户用光储等7项实证重点任务。独角兽培育扎实推进,确定首批成长企业2家、种苗企业4家、重点关注企业14家,制定发布"一企一策"培育方案。打造"融和e链"统一供应链金融平台,在链企业5427家,业务规模690亿元。商情预测预判预动机制正常运转,"技术猎头"实现线上全流程贯通。

【党建工作】 2021年,国家电投坚持以党的领导为根本,党建统领汇聚新优势。一是党建引领,创新开展"红色百年"特色行动。以总部和二级单位本部党支部为主体,在革命老区、苏区、红色地标及改革开放前沿阵地,积极开发绿色智慧能源,助力革命老区振兴和美丽乡村建设,试跑发展"新跑道",对接"红色百年"项目366个,签约294个,开工138个,投产31个。二是高质量开展党史学习教育和庆祝建党100周年系列活动。深入学习贯彻习近平总书记"七一"重要讲话、党的十九届六中全会精神,组织庆祝建党100周年系列活动,召开庆祝建党100周年大会。通过线上与线下相结合、主题宣讲与现场教学相结合、学习研讨与群众性主题教育活动相结合等多元化手段,推进党史学习教育取得扎实成效,得到中央企业党史学习教育第三指导组高度评价。三是充分发挥党建引领新优势。开展"党旗在基层一线高高飘扬"活动,成立创先争优团体4582个,开展志愿服务活动3.5万余人次,在疫情防控、抗击洪涝灾害、能源保供、重点任务攻坚中发挥战斗堡垒和先锋模范作用。建立"三问"常态化机制,总结良好实践,向各级单位拓展延伸。坚持以党建带群建,加强企业文化建设,确立国家电投企业新的使命、愿景、核心价值观、员工行为公约和干部行为公约。开展"我为群众办实事"实践活动,确定清单5992项,完成3644项,评选表彰职工群众最满意的"十大实事"和"百件好事"。四是抓紧抓实管党治党政治责任。坚持全面从严治党战略方针,深化不敢腐、不能腐、不想腐一体推进,坚持有腐必反、有案必查,严肃查处各类违纪违法案件,对有关人员给予党政纪处分。以严密监督体系防范风险挑战、筑牢安全屏障,为集团公司经营发展营造风清气正的良好环境。

【信息化与数字化建设】 2020年,国家电投紧数字化转型成效显著。顶层设计"一张蓝图"绘制完成,电投壹、统一建设ERP、产业数据中台三大平台上线成功。财务共享6个区域建设完成,实现集团公司"一本账"。全球司库创新实践项目成为中央企业资金管理示范标杆。建成全球最大集团化新能源数据平台,1135个新能源场站实现数据纳管,装机容量接入率92.2%。大数据审计、网上办事大厅等系统有序建设,电力营销、燃料三级管理应用实现全覆盖。

【履行社会责任】 2021年,国家电投坚持共享发展,积极履行社会责任。一是能源保供彰显央企担当。坚决执行党中央、国务院能源保供决策部署,迅速行动、全面落实,成立组织机构、完善工作机制、制定行动计划、设立专项资金、争取政策支持、全程监督保障,切实做到机组应开尽开、设备稳定可靠、煤炭增产增存。电厂存煤处于历史高位,可用天数高于上年同期并长期保持;保供机组运行稳定,可调容量占比历年最高,非停容量占比、出力受阻容量占比等关键指标处于领先行列;累计设立专项保供资金100亿元。集团公司电力热力保障及能源保供各项工作取得阶段性成果,获得国家发展改革委、国务院国资委等多个主管部门肯定以及辽宁、重庆等9个省(自治区、直辖市)人民政府的感谢和表扬。二是疫情防控阻击扎实有效。全面贯彻落实党中央、国务院关于常态化疫情防控的各项决策部署,压实责任落实措施,做深做实做细疫情防控各项工作。全年集团公司系统境内未发生疫情事件,疫情防控工作可控在控。持续完善境外疫情防控和应急管理工作体系,境外疫情防控在日趋复杂形势下总体平稳;积极实施"暖风"行动,克服困难落实接返境外滞留人员专项工作。三是安全生产形势总体稳定。按照"党政同责、一岗双责、失职追责、齐抓共管"和"三管三必须"要求,进一步强化安全生产责任落实,扎实开展安全生产专项整治三年行动,持续推进双重预防机制建设,全年未发生责任性生产安全事故。强化境外项目管理,保证"走出去"人员和资产安全。严格遵循《中华人民共和国核安全法》,持续强化核安全文化建设,坚持保守决策,坚决做到两个"零容忍",确保核与辐射安全。四是质量管理发展态势良好。完成2021年质量提升行动计划,全年未发生目标控制的质量事故与事件。质量创优成果丰硕,全年获得质量类国际奖项3项;国家奖项14项,其中国家优质工程金奖4项。持续强化全员质量教育培训,积极推广质量工具应用,深化质量认识、提升管理能力和水平。五是生态环境治理持续加强。完成生态环保"两清单"整改任务,按计划完成率99%。按期完成7台60万千瓦级W型火焰炉机组超低排放改造工作,控降污染物排放的同时储备技术、积累经验。污染物达标排放,未发生生态环保严重违法违规及突发环境事件。

2021年,国家电投坚持以清洁低碳为方向,绿色发展开创新局面。紧紧围绕贯彻国家能源安全战略和应对气候变化两条主线,全力发展可再生能源、积极安全有序推进核电核能发展、大力开拓三新业务、统筹优化火电及非电业务,不断构筑绿色智慧能源发展新跑道,持续扩大清洁低碳智慧发展领先优势。一是一流光伏建设实现重大突破。牢记习近平总书记6年前视察时"一定要将光伏产业做好"的嘱托,全力推进世界一流光伏建设。自主研发的光伏电池光电转换效率居世界领先水平,光伏发电装机6年增长近8倍,达到4110万千瓦,稳居全球第一;累计发电量超过1430亿千瓦·时,减排二氧化碳约1.1亿吨;率先推广应用水风光互补、渔光农光互补、光伏治沙等技术,开拓出一条多能互补、智能协同的生态能源发展道路,成为全球光伏发电领跑者。2021年8月23日,习近平总书记再次肯定中国电投在光伏核心技术研发等方面取得的成绩,鼓励中国电投"再接再厉,再攀高峰"。二是奋勇争先,新能源发展持续领跑全国。紧抓"十四五"风电、光伏跨越式发展机遇,全年新能源核准3190万千瓦、投产1180万千瓦,海上风电272万千瓦"保电价"项目实现全容量投产。构建专业化、区域化、市场化互动平台和工作机制,协同推动市场开发,入围国家第一批集中开工大型可再生能源基地项目、申报国家能源局"两个一体化"项目、整县屋顶分布式试点项目、保障性市场化并网项目以及特高压竞配项目成果显著。三是创新融合,三新业务蓬勃发展。71个县域样板房陆续开工,规模超过800万千瓦,形成"建成一批、在建一批、储备一批"的滚动开发局面。对接锁定大客户资源超过1000万千瓦,宁夏铝业绿能替代和西藏扎布耶盐湖绿色供能等重点项目取得实质性进展。年度累计签约换电重卡12676台,国内市场占有率超过50%,投运世界首台120吨纯电动自卸车。总部大楼智慧楼宇项目投运,安徽小岗村美丽乡村第一阶段项目建成投产,吴淞江智慧园区项目进展顺利,综合智慧能源在重点区域、重要领域、跨行业合作等方面取得积极进展。

2021年,国家电投坚持以提质增效为抓手,资产质量得到新提升。一是提质增效扎实推进。集约化管理取得积极进展,新能源属地化集控接入率超过90%,水电集控覆盖率超过70%。火电"三改联动"效果显现,供电煤耗降至297.07克/(千瓦·时)。燃料集中管理取得实效,年度入厂标煤单价低于同行均值45.83元/吨,节约燃料采购成本50.4亿元。研究制定实施煤电产业优化行动方案,明确"三改一化"短期、中期、长期任务清单。二是电力营销量价齐升。制定区域营销总体方案,分省采取优化策略,跨省跨区交易电量连创新高。SDSJ指标中,水电、煤电、核电电价排名第一,电量、热量、热价实现同比提升。统筹落实电价热价上浮政策,第四季度煤电电价平均上浮15%,售热单价平均提高12.8%,增加收入约28亿元。解决历史遗留问题,回收"皖电东送"拖欠电费5.57亿元。取得周口燃机容量电价政策。抢抓大客户售电量,累计签约各类市场客户电量1785亿千瓦·时,自有用户电量比例70.7%。三是资产优化有序开展。以国务院国资委重点亏损子企业治理为重点,加大资产处置力度,"一企一策"确定处置思路及措施,全年完成资产处置120亿元。加大淘汰煤电落后产能工作力度,煤电结构优化调整取得阶段性进展。"两非"处置取得实效,完成44户"两非"企业剥离任务,涉及资产总额327亿元,提前完成国务院国资委三年考核任务目标。四是碳资产管理扬帆起航。制定碳中和路线图及碳达峰实施方案,组建碳资产管理公司,建立全国首个央企碳普惠平台"低碳e点"。完成全国碳市场首笔配额交易,以较低利率完成全国首次配额抵押融资项目。取得全国首个平价绿证,完成全国首单平价绿证交易。累计绿电交易成交电量40.7亿千瓦·时,居全国首位。高质量开展碳排放核算工作,集团公司所属单位无一进入生态环境部数据督查。

2021年,国家电投持续发力一流人才队伍建设。坚持战略导向、业绩导向、基层导向,实现优秀年轻干部应配尽配,干部队伍结构进一步优化。立足加强干部梯队建设和促进可持续发展,面向全系统公开选拔优秀年轻干部,举办第一、二期年轻干部培训班。实施"961科技人才培养工程",组织选拔出包括9名院士培养对象在内的首批科技创新人才526人。制定"122高技能人才培养工程"实施方案。完成14个专业骨干人才库建设,选拔入库人员1811人。推进人力资源"再出发"专项行动,全年传统产业优化转移超过6500人。多层次多领域开展劳动和技能竞赛,全年获得5个"大国工匠"称号。

(撰稿人:姜力祺)

中国长江三峡集团有限公司

【基本概况】 2021年是中国长江三峡集团有限公司(以下简称三峡集团)改革发展历程中具有里程碑意义的一年。三峡集团坚持以习近平新时代中国特色社会主义思想为指引,坚决贯彻落实党中央、国务院决策部署,聚焦"十四五"规划目标任务,主动担当作为,积极开拓创新,有效应对长江来水阶段性偏枯、能源保供形势严峻、新冠肺炎疫情多点散发等困难挑战,全面完成年度生产经营任务,改革发展和党建工作取得重大成果,高质量发展迈上新台阶,实现"十四五"良好开局。

三峡集团始终把政治建设摆在首位,坚持用习近平新时代中国特色社会主义思想武装头脑、指导实践、推动工作,坚定捍卫"两个确立",坚决做到"两个维护"。深入学习十九届六中全会精神,扎实开展党史学习教育,提炼三峡精神,党的领导、党的建设全面加强,管党治党能力水平不断提升,中央企业党建考核获评"优秀"。三峡集团始终胸怀"国之大者",做强做优做大取得重大成果。主要生产经营指标再创新高,可控装机、清洁能源装机均突破1亿千瓦大关。在重大工程建设运行上担当作为,在共抓长江大保护上攻坚作为,在新能源业务上勇于作为,在国际业务上倾力作为,在改革创新上用心作为,关键核心技术攻关深入推进,高站位完成总部搬迁、能源保供等重大任务。

【主要指标】 2021年,三峡集团完成发电量3633.40亿千瓦·时,比上年增长10%;实现利润总额603.05亿元,比上年增长14.36%;息税折旧及摊销前利润865亿元，比上年增长11.18%；净利润502.45亿元，比上年增长15.64%；应交税金总额219.57亿元。截至2021年底，可控装机容量10936.82万千瓦，其中清洁能源装机容量占比95.77%；资产总额11543.11亿元，比上年增长18.51%；净资产收益率9.72%，国有资本保值增值率108.14%。2021年，三峡集团创造总装机容量和清洁能源装机容量均突破1亿千瓦、资产总额突破1万亿元、主要经营指标再创历史新高的骄人业绩，实现"十四五"良好开局。

表1　2021年中国长江三峡集团有限公司主要经济指标

项　目	2020年	2021年	比上年增长（%）
资产总额（亿元）	9739.92	11543.11	18.51
所有者权益（亿元）	4794.73	5547.36	15.70
营业收入（亿元）	1116.38	1360.27	21.85
利润总额（亿元）	527.34	603.05	14.36
净利润（亿元）	434.50	502.45	15.64
归属于母公司所有者的净利润（亿元）	284.31	324.75	14.22
技术开发投入（亿元）	33.67	41.53	23.35
利税总额（亿元）	646.37	722.02	11.70
应交税金总额（亿元）	211.87	219.57	3.63
全员劳动生产率[万元/（人·年）]	394.40	383.08	−2.87
净资产收益率（%）	10.09	9.72	减少0.37个百分点
总资产报酬率（%）	7.12	6.86	减少0.26个百分点
国有资本保值增值率（%）	108.20	108.14	减少0.06个百分点

【改革发展】　坚持以习近平新时代中国特色社会主义思想为指导，深入学习贯彻习近平总书记对三峡集团9次重要讲话指示批示精神，全面落实国企改革三年行动方案各项任务，推动改革在重要领域和关键环节取得实质性突破，企业发展活力动力持续激发，国有资本质量效益显著提升。全面深化改革成为三峡集团增强服务国家重大战略能力、迈向世界一流企业的必由之路。

深入落实"两个一以贯之"，努力形成更加成熟更加定型的中国特色现代企业制度。截至2021年底，三峡集团党组及重要子企业党委制定前置研究讨论重大经营管理事项清单、董事会应建尽建、外部董事占多数、落实子企业董事会职权和建立经理层授权管理制度等均100%落实，三峡集团和所属长江电力获评"国有企业公司治理示范企业"。奋力实施"两翼齐飞"，推进国有经济布局优化和结构调整。努力在深度融入长江经济带、共抓长江大保护中发挥骨干主力作用，实现沿江11个省市业务全覆盖；世界最大沿江清洁能源走廊基本建成，海上风电快速发展，抽水蓄能业务全面布局，总装机容量和清洁能源装机容量均突破1亿千瓦。加大市场化改革力度，充分激发企业活力动力。制定市场化选人用人指导意见，实行全员绩效考核，合理拉开薪酬差距，大力推行员工公开招聘、管理人员竞争上岗、末等调整和不胜任退出制度；灵活开展上市公司股权激励、科技型企业岗位分红等多种中长期激励；全面推行经理层成员任期制和契约化管理（含职业经理人制度）。坚持"三因三宜三不"原则，积极稳妥深化混合所有制改革。制定稳妥深化混合所有制改革指导意见，明确各方管控权责与程序；三峡能源成功在沪市主板上市，创造A股市值最大新能源上市公司等多项纪录。深入开展改革专项行动，充分发挥改革引领示范带头作用。长江电力、三峡资本持续巩固深化"双百行动"成果，中水电公司"双百行动"各项改革任务纵深推进，三峡科技"科改示范行动"以市场化改革助力高水平科技自立自强；"双百企业""科改示范企业"的典型做法和改革经验在集团内扩点成面、普遍推广。

管理人员竞争上岗和退出力度不断加大。三峡集团统筹推进全集团管理人员竞争上岗和转岗退出工作，研究制定《市场化选人用人指导意见》，明确干部市场化管理12项举措；研究出台《干部转岗工作实施细则》，对干部到龄退出管理序列岗位作出制度性安排。干部"选育用留汰"全面与市场接轨,优秀年轻干部使用持续强化。工资总额决定机制深化改革。制定三峡集团《子企业工资总额管理办法(试行)》,建立完善遵循企业发展规律和行业特点的工资总额管控方式,按照子企业类别划分,选取符合企业特征的工资总额挂钩指标,提升企业效率、激发企业创造力。既强调不同企业相互之间具有可比性,确保内部公平,又鼓励企业快速高质量发展。子企业负责人薪酬体系健全完善。制定三峡集团《子企业负责人薪酬管理办法(试行)》,建立完善与企业功能性质相适应、与经营业绩相挂钩、与干部选任方式相匹配的子企业负责人差异化薪酬分配制度。对市场化程度较高的竞争类子企业,探索建立业绩与薪酬市场双对标机制,赋予子企业对经理层成员更加自主的薪酬分配权。

【重大项目】 持续优化投资管控体系,三峡阳江青洲五、六、七海上风电项目,库布其200万千瓦光伏治沙项目,浙江天台抽水蓄能电站项目,六安市城区供排水一体化特许经营项目等12个重大项目规范高效完成三峡集团董事会决策。

一批重大项目安全准点实现建设目标,服务国家战略能力持续提升。乌东德水电站全部机组投产发电,白鹤滩水电站8台机组并网发电,长江干流6座梯级电站累计投产机组100台,初步建成全球最大沿江清洁能源走廊。浙江长龙山抽水蓄能电站3台机组投产发电。内蒙古乌兰察布"源网荷储"示范项目首批50万千瓦成功并网,金沙江下游水风光一体化基地、内蒙古库布其光伏治沙等11个项目纳入国家首批新能源大基地清单并相继开工建设,国内新能源累计投产装机2622万千瓦。我国首座百万千瓦海上风电场等一批海上风电标志性工程建成投产,海上风电累计投产装机超过450万千瓦,居国内第一。长江大保护建设项目稳步推进,新增污水处理能力198万米^3/日,新增雨污管网长度7826千米,"水管家"新模式在岳阳、六安等地加快落地。"一带一路"重点项目巴基斯坦卡洛特水电站成功下闸蓄水,老挝南公1水电站投产发电。

2021年,三峡集团完成投资1506亿元,连续三年突破1000亿元,发展保持良好态势,其中固定资产投资1035亿元、股权投资471亿元。新增装机容量2150万千瓦,相当于新增一个三峡工程装机规模,可控装机容量10936.82万千瓦,其中清洁能源装机容量突破1亿千瓦。发电量3633.4亿千瓦·时,比上年增长10%,9月国内发电量占同期全国发电量的6.7%,为能源保供作出重要贡献。

2021年,三峡集团完成并购类项目69个,投资完成164亿元。境内主要围绕清洁能源开展战略性投资并购,其中,新能源并购项目64个,投资完成66亿元;新增投产装机容量482万千瓦。境外完成3个新能源项目并购,投资完成59亿元,新增投产装机容量139万千瓦;秘鲁LDS配电项目强制要约收购投资完成36亿元。

【走向海外】 坚决遵循党中央、国务院、国家发展改革委、国务院国资委等部委有关"走出去"的指示批示,以引领中国水电"走出去"为历史使命,全力打造"一带一路"国际清洁能源走廊,2021年在海外业务方面成绩斐然。一是大力开拓国际能源市场。三峡集团全年投资并购项目交割总装机容量138.8万千瓦、新签约总装机容量80.9万千瓦,首次成功进入西班牙、墨西哥、埃及、约旦等国家电力市场,进一步实现全球资产的区域布局和能源类型的配置优化;全年绿地开发项目投产总装机容量25.5万千瓦,其中老挝南公1水电站项目是"一带一路"倡议在老挝结出的硕果,也是中老两国务实合作、互利共赢的典范。二是有序推进重点水电项目建设。巴基斯坦卡洛特水电站项目总装机容量72万千瓦,是"中巴经济走廊"能源合作优先实施项目,也是中巴两国领导人见证签署的重点建设项目,建成后将为巴基斯坦带来清洁、廉价、可持续的绿色能源,满足当地约500万人口用电需求。该项目于2021年11月20日下闸蓄水。三是努力悉心培育绿地风电项目开发能力。三峡集团努力拓展拉丁美洲、欧洲等市场新能源绿地项目,在巴西储备风电资源超过160万千瓦。储备资源的同时,三峡集团在集团层面成立巴西新能源风电绿地项目开发协调组,以巴西新能源风电绿地项目建设为契机,发挥集团公司各单位集成协同优势,培育集团公司海外新能源绿地项目建设管理能力。四是巩固发展战略合作伙伴关系。作为葡萄牙电力(以下简称葡电)第一大股东,三峡集团于2021年底完成与葡电新一轮合作框架协议签署,实现此前合作成果的进一步巩固,并将合作范围扩展到全球新能源项目合作投资、电力行业未来技术研发、国际人才交流等领域。

截至 2021 年底,三峡集团国际业务遍布全球 40 多个国家和地区,拥有国际业务单位 7 家、境外子企业 129 个、境外机构 72 个,境外装机容量约 1800 万千瓦,其中可控装机容量超过 1100 万千瓦、权益装机容量约 700 万千瓦,境外资产总额 1900 亿元。

【重大创新】 根据国务院国资委关于开展对标世界一流管理提升行动总体部署和集团公司《对标世界一流管理提升行动实施方案》要求,结合推出一批管理标杆企业、选树一批管理标杆项目、推广一批管理标杆范式等"三个一批"工作,三峡集团按照"聚焦主责主业,着眼管理提升,体现三峡特色"方针,组织各部门、各单位积极深入开展管理创新活动。并于 2021 年底实施管理创新成果评审,在巨型水电工程建设管理、大型水电机组运维管理、流域梯级水库联合调度、新能源检修管理、国际业务大监督体系建设、长江大保护管网工程管理、信息化与数字化管理等业务领域,评审出 35 项具有创新性、科学性、实践性、效益性和示范性的管理创新成果并实施奖励。根据管理创新成果评审情况,对适用性强、效益性好的创新管理范式,作为管理标杆在集团范围内推广应用。积极组织对外申报创奖,"白鹤滩特高拱坝合同执行四同时管理创新与实践"等多个项目获得 2021 年度电力创新奖重要奖项。通过组织管理创新活动,总结提炼先进管理理念、管理经验和管理方法手段,持续深化创新成果推广与应用,积极发挥管理创新在提升集团公司竞争力、创新力、控制力、影响力、抗风险能力等方面的作用。

2021 年,三峡集团重大科技创新成果丰硕,承担的 3 项关键核心技术攻关项目全部完成攻关任务,组织研制的 6 项技术装备入选 2021 年度能源领域首台(套)重大技术装备(项目)清单。

金沙江白鹤滩水电站首批机组于 2021 年 6 月 28 日正式投产发电,三峡集团联合国内制造企业开展技术创新,持续提升中国水电机组设计制造能力,成功实现从 32 万千瓦到 70 万千瓦、85 万千瓦、100 万千瓦的"三级跳",推动我国水电重大装备制造业成功迈向世界顶峰。"海上风电机组一体化控制系统国产化研究"项目成果达到国际先进水平,研发样机在内蒙古乌兰察布辉腾锡勒风场 5 兆瓦风机上持续进行挂网性能测试和验证运行,可用率 100%。"广东浮式海上风电试验样机工程示范应用研究"项目于 2021 年 12 月 7 日实现我国首个漂浮式海上风电平台和全球首台抗台风型漂浮式海上风电机组成功并网发电,填补国内漂浮式样机工程领域空白,突破一体化设计壁垒,克服浅水系泊系统设计技术难点,成功实现三峡集团在我国漂浮式海上风电领域的全方位引领。"海上风电柔性直流输电关键技术研究及示范应用"项目于 2021 年 12 月 25 日完成机组全容量并网,实现全球最大的海上风电柔性直流输电项目的顺利投产,填补我国在海上风电高电压柔性直流输电领域的空白,攻克多项海上风电场柔性直流技术难题,有效推动海上风电关键设备国产化应用的进程。依托三峡集团乌兰察布新一代电网友好绿色电站示范项目,研发"并网友好型风光储场站群智慧集控与运维系统",实现全球储能配置规模最大的单体新能源场站的大规模风光储协同优化和智能高效运行,优化并网技术性能指标,大幅提升地区新能源消纳利用水平。"适用于新能源电站惯量和调频支撑的兆瓦级飞轮储能系统"在源网荷储一体化架构下,采用 200 千瓦高速磁悬浮飞轮储能单体作为新能源电力系统的惯量和调频支撑系统,该飞轮设备为国内首创、拥有完全自主知识产权。

【党建工作】 2021 年,三峡集团党组以习近平新时代中国特色社会主义思想为指引,以热烈庆祝中国共产党成立 100 周年为主线,深入学习贯彻党的十九大和十九届历次全会精神,认真贯彻落实习近平总书记致金沙江白鹤滩水电站首批机组投产发电贺信精神,圆满完成总部搬迁武汉重大政治任务,全面超额完成年度生产经营任务,实现"十四五"良好开局,高质量党建引领保障高质量发展成效充分彰显。聚焦学党史悟思想,坚决拥护"两个确立",做到"两个维护",始终把习近平新时代中国特色社会主义思想作为学习"第一议题"、发展"第一遵循"、创新"第一动力"、考评"第一指标",突出抓好党的十九届五中、六中学习贯彻全覆盖,扎实推进党史学习教育,党组 67

个、全集团1779个办实事项目全部按期销号，听党指挥、为国担当、为民造福的三峡忠诚更加牢固。聚焦抓创新促拓展，组织800余个基层党组织深入开展全国国企党建会精神贯彻落实情况"回头看"，围绕"党建创新拓展年"深化党建责任体系、制度体系、落实体系和保障体系建设，健全党组织及时设置、定期排查、按期换届、滚动整顿工作机制，以"党旗在基层一线高高飘扬"活动为抓手，提炼形成重大工程项目"大党建""堡垒工程""环保先锋"等一批特色品牌，党旗所指、行动所向的三峡堡垒更加坚强。聚焦强宣传扬正气，紧密围绕改革发展实施"十个一"集中宣传，策划实施防洪度汛、能源保供、助力北京冬奥会等70余项专题宣传，在《人民日报》、新华社、中央电视台等主流媒体上报道3600余篇次，亮相《新闻联播》36次，不断做大做亮正面宣传。将学习党的百年奋斗史与感悟三峡工程百年圆梦史相贯通，建好用好三峡工程、金沙江巨型水电站等全国、中央企业爱国主义教育基地，深入宣传阐释三峡精神，推动落地生根。聚焦"三不"一体推进，建立集团党组和纪检监察组常态化协商沟通机制，抓好常规巡视全覆盖和专项整治工作，紧盯违反中央八项规定精神及其细则、隐形变异突出问题惩治腐败，持续健全监督制约体系，深入抓好廉洁从业教育，"两个大坝"同筑、"两个生态"共建理念深入人心，正气充盈干事创业的三峡生态更加清朗。

2021年，在中央纪委国家监委领导下，三峡集团纪检监察工作坚持以习近平新时代中国特色社会主义思想为指导，扎实履行党章和宪法赋予的职责，充分发挥监督保障执行、促进完善发展作用。一是政治监督更加精准有力。聚焦"国之大者"，紧紧围绕学习贯彻落实习近平总书记对三峡集团9次重要讲话和指示批示精神及党中央重大决策部署，制定专项监督工作方案26项，通过定性和定量相结合的方式，查找贯彻落实习近平总书记重要讲话指示批示精神中存在的政治偏差，保障党中央政令在集团畅通、重大决策部署在集团及时落实落地。二是抓班子带队伍能力不断增强。委托中国纪检监察学院举办纪检监察干部执纪执法业务培训班1期，两年实现全集团280余名专兼职纪检干部培训全覆盖。打造"纪检监察干部上讲台"品牌，组织各室负责人或业务骨干分7期讲授10项专业课程，推进业务培训常态化、制度化。选送6人到中央纪委国家监委相关业务室轮岗锻炼和开展专项工作，选派8人、14人次参加上级调训，不断提升纪检监察干部的专业化水平。

【信息化与数字化建设】 2021年，三峡集团"十四五"数字化工作实现良好开局。一是数据驱动，不断提升运营管控效能。三峡集团结合国资监管信息化建设，推进经营管理数字化平台建设，覆盖人、财、物、计划、合同、采购、风险、安全、科技、党建等管理域，并推进相关应用集成，有效提升企业管理标准化、流程化、集约化及全方位感知和管控能力。三峡集团基于大数据平台完善综合计划、经营预算、资产财务、电力生产、国际业务、工程建设、数字化管理、商旅分析等主题应用，建设领导"驾驶舱"，初步实现集团内外部环境的实时分析和预测预警，为集团经营管理提供决策支撑。二是数字化赋能业务高质量发展。长江电力工业互联网平台上线试运行，平台与电力生产业务紧密结合，以大数据平台实时秒级数据为基础，初步实现全息互融、数智驱动、知识共享、精益协同、价值众创。智慧水电建设初见成效，机组智慧运行、机组工况智能分析、设备智能诊断进入应用阶段。水库群智能调度云平台优化水库调度，保障水资源最大利用和机组满发增发。抽水蓄能电站建设管理平台支撑集团抽蓄业务快速发展。开发应用风光储智慧联合调控系统，助力乌兰察布全球规模最大的"源网荷储"项目建设。智慧水务平台赋能城市治理，形成"全要素、全周期、一体化、一站式"智慧城市水管家服务模式，芜湖排水系统智慧运行管理平台入选住房和城乡建设部2021年智慧水务典型案例。三是多措并举，确保大国重器安全稳定运行。实施网络安全及能源智慧信息平台建设；推进国资国企网络信息安全在线监管平台建设；持续开展国产密码试点示范；开展网络安全等级保护工作；完成关键信息基础设施网络安全隐患诊断；圆满完成建党百年、能源保供等网络安全重保工作；在网络安全攻防演习中表现优异，被评为优秀防守单位。四是聚焦创新，数字化成效显著。建成并应用集团安全大内网，全面保障办公安全；不断拓展自主研发的TGPMS，电力生产管理系统在各业务领域应用；BIM云平台投入试运行；开展区块链研究,形成集团级统一区块链技术试验平台。"新基建"项目东岳庙数据中心首批机柜交付投运,成功入选工业和信息化部首批国家新型数据中心典型案例。25项数字化成果获得省部级或行业奖励。

【履行社会责任】 深入学习贯彻习近平总书记关于乡村振兴和企业社会责任工作的重要论述精神,牢固树立以人民为中心的发展思想,坚决贯彻执行中央决策部署,积极履行中央企业政治责任、经济责任和社会责任,坚决按照"四个不摘"的要求,持续加大定点扶贫力度,全年投入帮扶资金4亿元,实施产业、教育、医疗等一批乡村振兴帮扶措施,全力助力定点帮扶县乡村全面振兴;购买和帮助销售农副产品8043万元,助力脱贫农户增加收入、遏制返贫风险;投入援疆援藏援青资金超过9300万元,多层次、全方位助力民族融合和边疆繁荣稳定;投入资金2.1亿元,统筹做好三峡库区和金沙江库区移民后续工作;投入资金7000余万元支援抗洪抗震抗雪抗疫及灾后重建。2021年,三峡集团1个集体和1名个人获得全国脱贫攻坚表彰,6个集体和7名个人获得省部级脱贫攻坚表彰,三峡集团获得第十一届"中华慈善奖"脱贫攻坚捐赠企业奖和抗击疫情捐赠企业奖,连续四年在中央单位定点帮扶成效考核中获评"好",并位居国务院国资委监管中央企业第一方阵,在中国社科院研究团队发布的国有企业公益发展指数(2021)中位居榜首。

(撰稿人:杨 蒙 赵阳灿 谭文武 阳 煜
罗 乾 郝梦朔 柳 东 戴 佳 李纪龙
严丽华 黄晓天 孙春雨)

国家能源投资集团有限责任公司

【基本概况】 国家能源投资集团有限责任公司(以下简称国家能源集团)2017年11月28日正式成立,是经党中央、国务院批准,由原国电集团和神华集团重组成立,集央企联合重组、国有资本投资公司改革、创建世界一流示范企业、国有企业公司治理示范企业"四个试点"于一身的中央骨干能源企业。拥有煤炭、电力、运输、化工等全产业链业务,是当前全球规模最大的煤炭生产公司、火力发电公司、风力发电公司和煤制油煤化工公司。截至2021年底,职工总数31.7万人,资产总额1.9万亿元,煤炭产能6.19亿吨/年,发电总装机2.71亿千瓦,自营铁路2408千米,港口设计吞吐能力2.9亿吨/年,煤化工产能2934万吨/年,其中煤制油品产能531万吨/年。拥有中国神华、龙源电力2家A+H上市公司,国电电力、长源电力、英力特、龙源技术、莱宝高科等5家A股上市公司,国电科环1家H股上市公司,1000余家生产单位,14家科研院所,21家科技企业,产业分布在全国31个省(自治区、直辖市)及俄罗斯、南非等10多个国家和地区。连续获评中央企业负责人经营业绩考核A级,在2019年度、2020年度中央企业党建责任制考核中获评A级,实现"1+1>2"的重组成效。

【主要指标】 2021年,国家能源集团完成煤炭产销量7.7亿吨,发电量1.1万亿千瓦·时,分别占全国约18%、14%,铁路运量4.8亿吨,含主要中间品的化工品产量2791万吨,主要生产指标均超额完成年度计划。

表1 2021年国家能源投资集团有限责任公司主要经济指标

项 目	2020年	2021年	比上年增长(%)
资产总额(亿元)	17880.8	18976.0	6.13
所有者权益(亿元)	7361.3	7792.6	5.86
营业收入(亿元)	5569.4	6907.9	24.03
利润总额(亿元)	838.2	888.3	5.98
净利润(亿元)	577.4	618.0	7.03
归属于母公司所有者的净利润(亿元)	283.0	351.7	24.28
技术开发投入(亿元)	91.4	127.9	39.93
利税总额(亿元)	1701.3	1861.4	9.41

续表

项　　目	2020年	2021年	比上年增长(%)
应交税金总额(亿元)	904.2	1112.7	23.06
全员劳动生产率[万元/(人·年)]	90.4	101.6	12.35
净资产收益率(%)	7.98	8.15	增加0.17个百分点
总资产报酬率(%)	6.50	6.36	减少0.14个百分点
国有资本保值增值率(%)	105.5	109.3	增加3.8个百分点

【改革发展】 围绕重点领域、关键环节，动真碰硬大力推进各项改革，改革三年行动完成率81%。坚持"两个一以贯之"，明确各治理主体权责关系，完善中国特色现代企业制度体系，提升董事会规范运作水平，子企业董事会应建尽建、外部董事占多数提前完成年度目标，集团获评2020年度董事会考核A级。三项制度改革全面发力，职位职级、全员绩效考核、薪酬激励体系逐步完善，子公司经理层任期制和契约化管理实现全覆盖，煤矿井下用工稳妥有序实现依法合规。"双百企业"、混合所有制、科技企业改革示范、员工持股等专项改革多点突破。按照国有资本投资公司改革方向，优化"战略+运营"管控模式，有序推进产业重组和业务整合，管理整合、文化融合、队伍聚合取得实质性成效。全面完成区域电力体制改革，实施科技环保业务重组，二级子分公司从94家整合为84家。采取协同扭亏、经营扭亏、管理扭亏、改革扭亏、资本扭亏、政策扭亏"六个扭亏"措施，"一企一策"精准发力，全口径亏损企业比上年减少19户，亏损面比上年减少2.83个百分点，彻底清理退出亏损企业35户，有效止住出血点。发布企业文化核心理念，即"为社会赋能、为经济助力"的企业宗旨、"能源供应压舱石、能源革命排头兵"的企业使命、"绿色发展、追求卓越"的核心价值观，"实干、奉献、创新、争先"的企业精神。全力支持配合审计三局工作，实现审计监督全覆盖。高标准推进"法治国家能源"建设，强化依法合规管理，加强疫情防控、保密、信访、网络安全等工作，牢守住不发生重大风险底线。

【重大项目】 深入学习贯彻习近平总书记视察榆林化工重要讲话精神，研究出台《关于深入学习贯彻习近平总书记视察榆林化工重要讲话精神奋力建设世界一流能源集团的决定》，明确29项重点任务180项落实举措，在集团上下掀起学习贯彻习近平总书记重要讲话精神的热潮，全力推动落实落地。坚决服务服从国家战略，高质量编制集团"十四五"发展规划，科学制定"碳达峰碳中和"行动方案，加强与地方政府、优质企业战略合作，加快构建清洁低碳、安全高效现代能源体系。加大清洁能源开发力度，新能源开工1968万千瓦，新增装机1089万千瓦，获取国家第一批大型风电光伏基地项目1390万千瓦，集团清洁能源总装机7736万千瓦。重大项目开发建设亮点纷呈，新街、大保当等煤矿取得积极进展，火电732万千瓦装机高标准投产，玛尔挡、广西横州等多能互补基地项目有序建设，江苏东台海上风电、猴子岩水电站获得国家优质工程金奖。推进煤化工高端化、多元化、低碳化发展，战略布局榆林化工国家级创新示范园和新疆、内蒙古、宁夏三大煤化工国家创新基地，投产榆林化工40万吨/年乙二醇项目，发布首个煤基特种燃料国家标准。做好煤炭清洁高效开发与利用，煤矿全员工效为全国大型煤炭企业平均水平4.5倍，煤电百万千瓦机组增加到43台，超(超)临界机组占比61%，建成国内燃煤电厂规模最大的15万吨/年CCS示范工程。

【走向海外】 构建"大协同+专业化"国际业务发展体系，形成集团总部、平台公司、专业公司、咨询公司"四位一体"发展模式。能源合作取得突破，中蒙项目完成单一过境点谈判，俄罗斯扎舒兰煤矿进入开工准备阶段，希腊风电项目入列中法重点合作清单，乌克兰尤日内风电成功并网。积极参与世界经济论坛、"一带一路"能源部长会议等多双边合作，龙源南非风电团队被授予"央企楷模"称号，印度尼西亚南苏电厂获得"煤电机组连续运行最长世界纪录"奖项。

【重大创新】 国家重大科研任务高质量推进，煤炭清洁高效利用重大科技攻关计划获批实施，3个国家重点研发项目顺利通过绩效评价。发布集团公司"十四五"科技规划，出台关于加强新时期科技创新工作的决定,成立3个协同创新中心,启动6个集团公司级研发平台。400万吨/年煤间接液化项目获得国家科学技术进步奖一等奖,国内首套全国产自主可控智能分散控制系统(IDCS)成功示范应用,酷寒草原区生态修复等85个项目获得行业或省(部)级科技奖励。

【党建工作】 认真贯彻党中央部署,深入学习贯彻习近平总书记"七一"重要讲话精神和党的十九届六中全会精神,弘扬伟大建党精神,汲取奋斗力量,班子成员带头宣讲28次,各级党委班子成员开展宣讲1.5万场,讲授专题党课1.2万次,累计60万人次参加线上培训学习,完成"我为群众办实事"项目1.6万件、投入15.5亿元,经验做法多次在中央简报上刊载。贯彻中央企业党的建设工作座谈会精神,落实"中央企业党建创新拓展年"工作部署,扎实开展全国国企党建会精神落实情况"回头看",实施"四强化、六提升"工作举措,着力构建"大党建"格局,党委领导力、支部战斗力、干部执行力明显提升。实施基层党建创新工程三年行动计划,深入开展支部标准化建设,选树100个"示范党支部",连续第五年开展"社会主义是干出来的"岗位建功行动。全面贯彻新时代党的组织路线,突出实干实绩担当,大力实施优秀年轻干部工程,集团党组管理干部中"70后"占比36%,一大批"80后"年轻干部进入基层企业班子。落实中央人才工作会议精神,出台关于加强新时代人才工作的决定,打造高水平创新团队,培养一大批高层次创新型人才,加大劳模和"大国工匠"选树力度,在全国和行业竞赛中,获得特等奖1个、金奖1个、一等奖31个。严格落实全面从严治党主体责任,持续深化中央巡视整改,开展专项整治,加强对"一把手"及领导班子监督,巡视巡察有效联动,党组巡视实现全覆盖,巡察全覆盖率88%。一体推进"三不"机制,依规依纪开展"六项从严查处""靠企吃企"专项整治,驰而不息纠"四风"树新风,持续为基层减负,营造风清气正的良好政治生态。

【信息化与数字化建设】 深入实施数字化转型行动计划,推动5G、大数据、人工智能等现代信息技术赋能应用,提高数字化智能化的引领驱动能力。健全完善能源工业互联网平台,强化"平台、数据、云网"数字化底座建设,生产运营协同调度指挥系统成功上线。构建智能生产体系,推进新能源"一区域一集控",建成国内首个数字矿山示范矿井,9个国家级智能化示范煤矿加快实施,智能采煤工作面41个,智能化技术及建设覆盖率85%,到2022年底实现"5个100%"目标。建成覆盖全集团78家二级单位、1300余家实施单位的新ERP系统,推进智能电站、智能运输、智能化工示范工程,努力占领"智慧+能源"生产的技术制高点。

【能源保供】 坚决落实党中央、国务院决策部署,巩固增强一体化运营优势,在确保安全前提下,煤电化运各产业协同发力,圆满完成重点区域、重点时段保供任务,发挥能源供应"稳定器""压舱石"作用,得到国务院领导和上级部委的充分肯定。全力保障煤炭增产增供,抓住机遇实现产能核增重大突破,自有煤矿按最大核定能力安排生产,千方百计拓展外购煤源。全力保障电力稳发满发,克服燃料价格大幅上涨、资源资金紧张等困难,守牢民生用能底线。提升"路港航"运输效率,全力保障重点区域用能,一体化出区调运量屡创新高,有效保障四川地区春节度冬、河南水灾应急等用能需求,全年向东北区域供应煤炭1.35亿吨。全力保障电力稳发满发,克服燃料价格大幅上涨、资源资金紧张等困难,守牢民生用能底线,发电量增长明显高于全国平均水平、突破1.1万亿千瓦·时。带头稳价稳市,严格兑现落实长协合同约定价格,全年自产煤长协签约率95%,推动发电供热企业煤炭中长期合同全覆盖,全年累计向社会让利超过600亿元。

【履行社会责任】 做好脱贫攻坚与乡村振兴工作衔接,专设乡村振兴工作处,配备专职工作人员。全年投入3.36亿元,累计投入帮扶资金26.7亿元,助力9个县"脱帽"。因地制宜推动新能源产业与乡村振兴工作融合发展,签署新能源项目开发意向协议超过1000万千瓦,核准或备案144万千瓦,开工建设50万千瓦。充分发挥"慧采商城"平台作用,全年购买帮扶地区农产品1亿元,帮助销售农产品970万元。大力推进节能降碳增效,建成国家级绿色矿山36座,供电煤耗299.8克/(千瓦·时),比上年降低3.5克/(千瓦·时),完成全国碳市场首个周期履约。民企欠款实现"无分歧零新增",第五次获得"中华慈善奖",6支国家级应急救援队多次参与新疆、陕西、河南等地救援救灾。

(撰稿人：张　巍)

中国电信集团有限公司

【基本概况】 中国电信集团有限公司(以下简称中国电信)是传承红色电信基因和"人民邮电为人民"光荣传统的通信央企，是我国电信业改革的母体。拥有中国电信股份有限公司、中国通信服务股份有限公司、新国脉数字文化股份有限公司、北京辰安科技股份有限公司等4家上市公司，2021年8月所属中国电信股份有限公司回归A股上市。集团在全国设立31个省级分公司、338个地市分公司，服务网点延伸至乡镇；在全球71个国家和地区设立机构或项目部；在系统集成、云计算、支付、物联网、数字生活、安全、终端、卫星、大数据及AI等领域，拥有多家专业公司和分支机构。

中国电信主要经营固定电话、光纤宽带和IPTV(交互式网络电视)、移动通信、卫星通信、物联网、互联网接入及应用等综合信息服务，是全球领先的大型全业务综合智能信息服务运营商、新型信息基础设施的主力军、云网融合的全球引领者、国内最大的IDC服务提供商，天翼云在全球运营商公有云IaaS中排名第一。公司注册资本2133亿元，资产规模9961亿元，连续多年入围《财富》"世界500强"，2021年排名第126位，较上年跃升32个位次。截至2021年底，全集团在岗员工近40万人，服务各类用户11.2亿户，其中移动用户3.7亿户、有线宽带用户2.0亿户、物联网用户3.0亿户。

中国电信主营业务收入增幅连续10年高于行业平均水平；自2017年国务院国资委开展党建考核以来，连续四年被评为A级；在国务院国资委业绩考核中，连续九年获得A级；连续四年获得中央单位定点扶贫成效考核最高等次评价，全部位居央企前十名，获得全国脱贫攻坚组织创新奖、先进个人、先进集体等5个国家级荣誉；在全国抗疫表彰中，中国电信1个集体、两名个人获得国家级抗疫先进表彰；27名基层员工被授予"全国劳动模范"称号。2021年，全集团获得国家级荣誉31个，省部级荣誉123个，其中3个集体获得全国五一劳动奖状、7人获得全国五一劳动奖章、13个集体获评"全国工人先锋号"，获奖数量居通信行业之首。

【主要指标】 2021年，中国电信经营发展取得新的成绩，全年完成营业收入5392.23亿元，比上年增长9.4%；实现利润总额302.07亿元，比上年增长9.8%；合并资产总额9897.70亿元，比上年增长9.0%；所有者权益5642.39亿元，比上年增长12.8%；全员劳动生产率55.64万元/(人·年)，比上年增长10.6%。

表1　2021年中国电信集团有限公司主要经济指标

项　目	2020年	2021年	比上年增长(%)
资产总额(亿元)	9078.13	9897.70	9.0
所有者权益(亿元)	5004.26	5642.39	12.8
营业收入(亿元)	4926.67	5392.23	9.4
利润总额(亿元)	275.09	302.07	9.8
净利润(亿元)	207.25	220.37	6.3
归属于母公司所有者的净利润(亿元)	130.14	124.82	−4.1
技术开发投入(亿元)	165.08	182.45	10.5
利税总额(亿元)	342.67	424.71	23.9
应交税金总额(亿元)	67.58	122.64	22.2
全员劳动生产率[万元/(人·年)]	50.30	55.64	10.6
净资产收益率(%)	4.22	4.14	减少0.08个百分点
总资产报酬率(%)	3.36	3.42	增加0.06个百分点
国有资本保值增值率(%)	104.80	103.98	减少0.82个百分点

【改革发展】 扎实推进国企改革三年行动,截至2021年底,中国电信94项重点改革任务完成率92.6%,提前完成国务院国资委要求的年度目标,在重点领域和关键环节取得明显成效。一是进一步完善现代企业制度,全面加强党在公司治理体系中的核心作用,集团公司和所属各级单位党委均修订完善党组研究决策重大事项清单;全面实现137家子企业董事会应建尽建、外部董事占多数,集团公司和重要子企业制定加强董事会建设落实董事会职权工作方案,推动落实董事会职权、董事会向经理层授权;持续开展对标世界一流管理提升行动,清单任务目标完成率超过90%,获得国务院国资委评定的标杆企业、标杆项目4项。二是深化供给侧结构性改革,完成天翼云专业化整合,实现分公司改子公司,引入4家央企作为战略投资方,实现股权多元化;深化政企改革,设立12个产业研究院,赋能千行百业数字化转型;设立安全、数字生活、数字乡村、雄安智慧城市、上海临港算力等公司,助力数字经济和国家区域经济发展;全面推进"两非"剥离、"三供一业"、全民所有制、退休人员实行社会化管理、剥离国有企业办社会等历史遗留问题的解决。三是加大研发体制机制改革,打造原创技术策源地,形成具有自身特色的科技创新布局。持续深化研究院改革,与专业公司、省公司共同构成"1+1+1"科技创新模式;成立中国电信科学技术协会,组建科创咨询专家委员会,推动建立首席专家池。四是深入推动"双百行动"、"科改示范行动"、混合所有制改革等改革专项工程。天翼电子商务有限公司积极推进"双百行动"和混合所有制改革工作,引入19家战略投资人,累计融资超过20亿元,并实施核心骨干员工股权激励和市场化经营机制;中国通服引入国网信通作为战略性股东,进一步加强在电力行业信息化与智能化等领域的战略合作;系统集成公司进一步落实"科改示范行动"方案,大幅提升科技创新能力,2021年研发投入增长96%,被国务院国资委评为"科改示范优秀企业"。五是推动三项制度改革,提升组织和人员活力。"干部能上能下"方面,规范经理层任期制和契约化管理,明确责权利对等的市场化激励约束机制,全年领导人员末等调整、不胜任退出比例3%。"人员能进能出"方面,绩效考核覆盖率100%,人员市场化退出率1.9%。"薪酬能增能减"方面,推动工资总额与增量收入、增量利润直接挂钩,在38家所属企业实施中长期激励。

【重大项目】 云网建设方面。坚持行业协同、深化共建共享,建成全球最大的5G SA共建共享网络,5G基站规模超过69万站,网络覆盖全国所有城市、县城和部分发达乡镇。推进光网建设,FTTH端口累计3.8亿个,政企OTN覆盖扩展到321个城市,千兆网络保持行业领先。加快天翼云建设,优化"2+4+31+X"云资源布局,积极参与国家一体化大数据中心与"东数西算",提前规划集约建设。规划云网融合端到端安全能力体系,部署业界最大的云化安全能力池,覆盖全国80个城市113个节点。实现66个云网融合端到端场景落地推广,前后端联动建设5G定制网项目超过1000项,实现工业、政务等重点行业全覆盖。

科研开发方面。设置国家云、智能网边、云网安全等13条创新链,由链长单位牵头,整合上下游、协同主实业,开展集中攻关,对每条创新链的投入规模、效益评估、技术要求等方面进行分类管理,加快推进研发工作。"超大容量智能骨干路由器技术创新及产业化"项目获得国家科技进步奖二等奖;"'天通一号'卫星移动通信应用系统"项目获得2021年世界互联网领先科技成果;"云化5G网络与产品开发及应用""自主卫星移动通信民用应用系统关键技术及应用"2个项目获得中国通信学会科技进步奖一等奖;《超大规模视频监控系统互联》等3项国际标准获得中国通信标准化协会科学技术奖一等奖。

重大项目投资方面。投资中国国有企业结构调整基金二期股份有限公司(以下简称国调二期基金),认缴50亿元。投资中国电子有限公司混合所有制改革项目,投资10亿元,与中国电子集团深入战略合作,共建信创产业生态体系。

重大基金投资方面。联合中国诚通、中国移动等央企发起设立国有企业结构调整二期基金,助力央企和国企的结构化改革和可持续发展。与央视等机构共同发起设立央视融媒体产业投资基金,在5G、融媒体等技术领域积极布局。联合北京市国资委共同设立北京京国管股权投资基金,在科技创新、高端制造、医疗健康、能源环保、现代服务等领域积极布局。完成电信自主基金管理公司设立的决策程序,积极推进完成基金管理人登记和自主基金设立等工作。

【走向海外】 深入贯彻落实"走出去"战略,积极参与"一带一路"建设。在境外分支机构覆盖方面,在"一带一路"沿线近58个国家和地区设立海外分支机构。完成对巴西、欧洲、肯尼亚3家全资子公司的增资,主要用于拓展当地业务;持续加强国际DICT能力体系建设。在网络资源部署方面,建成境外传输节点128个,其中"一带一路"方向99个;"一带一路"方向骨干传输中继40.03T。在海外重点项目方面,菲律宾第3家运营商项目作为中国电信首个海外绿地项目,顺利通过两次菲政府网络验收测试,技术创新获得多项国际奖项;项目于2021年5月17日正式商用,用户数534万户,并获得菲律宾政府颁发的25年特许经营权延期许可。在海外工程建设方面,所属中国通服在亚太、东南亚、中东、非洲等40多个国家发展海外业务。在尼泊尔电信4G项目、数字马里项目、刚果(布)骨干网陆水缆项目、沙特中电装备智能电表安装项目、PTO FTK基站专项工程、PTO室内分布专项工程等重大项目上,取得突破性进展。积极探索央企协同发展生态圈,与中建三局、国电集团、辰安信息等多家"走出去"企业签订战略合作协议。

【重大创新】 中国电信以建设科技型企业为目标,持续加大科技创新。一是重大攻关项目取得新成效。天翼云4.0升级为分布式云,在算力调度规模、存储IO时延、网络转发性能等大幅提升,一些指标与业界领先水平可比;实现研发上云;高性能虚拟化在四川和上海测试全面通过,为2022年5GC全面上天翼云打下重要基础。在安全原子能力及管理平台的技术上取得重大突破;新一代的OTMS和EOP在多省上线应用。5G2B定制服务完成MEC、UPF、5G小基站等产品研发和规模化应用,UPF现网部署完成1/3,进入国务院国资委中央企业科研成果推荐名单,MEC支撑20多个省、200多个项目;自研5G视频彩铃平台在福建、江西等10多个省承载全部业务,节约资金1.3亿元;VoLTE量子密话完成First Call。二是成果规模应用取得突破。以成果转化清单和小微清单作为抓手,推动科技成果规模应用,33项成果转化清单成果全部实现落地转化,直接收入26亿元,合同签约额17亿元,节约成本10亿元。三是专利数量和质量大幅提升。全集团专利新申请超过3800件,其中发明专利超过3600件,是上年同期的3倍多;PCT专利新申请超过110件,是上年同期的13倍。获得中国专利奖优秀奖项目1项,双重项目专利产出超过450件,是上年同期的10倍。四是重点领域国际影响力持续提升。主导完成ITU等国际标准46项,被国际标准化组织接受文稿数近1000篇;47人担任国际标准化组织董事、主席、报告人等职务。推动成立全球云网宽带产业协会,R17无线网立项数位列全球运营商第二名,引领完成首个算力网络国际标准。

积极推进管理创新系列活动。中国电信积极组织各级单位积极参与企业管理现代化创新活动和优秀质量管理小组活动,涌现一批获得通信企业协会、中国质量协会、中国企业家联合会等单位表彰的优秀成果。在管理创新成果系列评选中,21项成果在通信企业协会管理创新活动中获得表彰,2项成果在中国企业家联合会全国企业管理现代化创新活动中获得表彰。在质量管理小组活动评选中,全年获得国家级优秀质量管理小组奖7项和行业优秀质量小组奖77项,1项成果获得2021年第46届国际质量管理小组大会(ICQCC)金奖。

【党建工作】 中国电信始终坚持以习近平新时代中国特色社会主义思想为指导,全面贯彻落实党的十九大和十九届历次全会精神,深刻认识"两个确立"的决定性意义,进一步增强"四个意识"、坚定"四个自信"、做到"两个维护",高标准高质量推进党史学习教育,庆祝中国共产党成立100周年,开展全国国企党建会精神贯彻落实情况"回头看",深入落实"中央企业党建创新拓展年",以党的政治建设为统领,认真落实"第一议题"制度。系统梳理并学习贯彻习近平总书记对企业工作作出的18项重要指示批示,追溯从"数字福建"到数字中国的思想源头和实践起点,更加坚定建设网络强国、数字中国和维护网信安全主力军的使命责任;追溯从"半部电台"到"云监工"的百年电信历程,提炼出24字红色电信精神。加强"三基"建设,抓实新兴业务领域、混改企业基层组织的动态设置,持续抓好向划小单元、班组选派党建指导员工作,加强西藏公司边境县(支)局党组织建设,"两个覆盖"更加有形有效。持续建强深度融合工作载体,抓实党员教育培训工作,组织广大党员积极投身疫情防控、企业改革发展等重点任务,"两个作用"发挥更加彰显。扎实开展统战工作,全面加强党建带团建,引导广大团员青年在投身疫情防控、云改数转战略中发挥生力军作用。

【信息化与数字化建设】 加快落实云改数转战略,坚持以客户为中心,打造数字化平台,赋能企业内外部数字化转型。一是夯实底座推进上云。2021年底,全网上云率95%;自主创新的"四云平台"实现端到端的上云、用云、管云的能力,上云平台基础版及企业版通过信通院首批可信数字基础设施技术底座认证。二是全面启动新一代云网运营业务系统建设。实现IPRAN等六大专业云网采控能力解耦开放;提升云调网成功率、及时率;5GC云网智能驾驶完成L2等级能力开发和部署,实现新网元入网自动化纳管、工程自动化验收。三是强力推进大数据和AI建设。建设云边协同的数据中台,聚焦关键场景开展AI算法研发,翼知疫行、通信行程卡访问量超过40亿次。四是支撑市场经营水平持续提升。推进政企商机一点汇聚管理,构建OAO运营体系,实现TOP 20类实时营销、5G登网智能外呼。五是数字化推进电费等费用压降。通过数据质量提升,构建集成报账和异常数据稽核能力,强化"一站一费"等精细化管控,推进电费等费用压降。基站节能获得生态环保领域最高奖"母亲河奖"。

【履行社会责任】 作为传承红色基因的通信央企,中国电信积极履行社会责任。一是坚持共建共享,与中国联通建成全球规模最大的5G SA共建共享网络,累计减少二氧化碳排放超过600万吨。二是切实维护网络信息安全,统筹做好新冠肺炎疫情常态化防控工作,忠实履行保障通信安全畅通的使命,完成河南等省防汛防台救灾保障,圆满完成庆祝中国共产党成立100周年、上海进博会、博鳌亚洲论坛、第十四届全运会等重大活动的通信保障。三是保护客户权益,深入开展为广大客户办实事解难题活动,缩小老年群体"数字鸿沟",提升智慧服务能力,全面打造"中国电信值得信赖"的口碑形象。四是热心参与社会公益,鼓励员工发扬志愿精神,建成"爱心翼站"6000余家。五是助力1400多个帮扶点实现巩固拓展脱贫攻坚成果同乡村振兴有效衔接,持续推进普遍服务,获评"全国脱贫攻坚总结表彰先进集体"。

(撰稿人:董银玉)

中国联合网络通信集团有限公司

【基本概况】 2021年,中国联合网络通信集团有限公司(以下简称中国联通)经营态势稳中向好,规模效益持续提升,综合实力再上台阶,顺利实现"十四五"良好开局。胸怀"国之大者",贯彻落实习近平总书记重要指示批示精神和党中央决策部署展现新作为。打造精品网络,通信基础设施能力达到新水平,推动高质量发展跃上新台阶。落实高品质服务,品牌形象实现新提升,工业和信息化部综合满意度、有效申诉率居行业第二位,5G满意度保持行业第一,国务院国资委品牌建设能力居中央企业第七位。实施创新驱动,数字化转型取得新突破。持续深化改革,企业活力得到新激发。

【主要指标】 2021年末,中国联通资产总额6270.2亿元,比上年增长1.8%;所有者权益3458.5亿元,比上年增长1.5%;资产负债率44.8%,比上年增加0.1个百分点。全年实现营业收入3291.2亿元,比上年增长8.0%;利润总额135.9亿元,比上年增长13.4%;净利润101.2亿元,比上年增长20.8%。

表1 2021年中国联合网络通信集团有限公司主要经济指标

项 目	2020年	2021年	比上年增长(%)
资产总额(亿元)	6158.2	6270.2	1.8
所有者权益(亿元)	3405.8	3458.5	1.5

续表

项　目	2020年	2021年	比上年增长（%）
营业收入（亿元）	3048.8	3291.2	8.0
利润总额（亿元）	119.8	135.9	13.4
净利润（亿元）	83.8	101.2	20.8
归属于母公司所有者的净利润（亿元）	23.7	31.9	34.5
技术开发投入（亿元）	119.9	132.3	10.4
利税总额（亿元）	175.4	182.1	3.8
应交税金总额（亿元）	86.5	72.6	−16.1
全员劳动生产率[万元/（人·年）]	53.7	57.9	7.7
净资产收益率（%）	2.5	3.0	增加0.5个百分点
总资产报酬率（%）	2.2	2.4	增加0.2个百分点
国有资本保值增值率（%）	102.2	102.8	增加0.6个百分点

【改革发展】 压紧压实责任，精准组织推进，深化国企改革三年行动。2021年12月，改革任务总体推进进度96%。一是坚持"两个一以贯之"，持续完善现代企业制度。推动党的领导深入有效融入公司治理，应建董事会范围100%建立董事会，100%实现外部董事占多数。二是深化市场化经营机制改革，充分激发企业活力。全面实施领导人员任期制和契约化管理，加强领导班子统筹分析规划，综合施策加大优秀年轻干部发现培养使用力度，在中组部"一报告两评议"中"好"的评价率连续五年提升。实施人才强企工程，明确人才结构调整目标，优化用工总量配置规则，加强高端人才引进和优秀毕业生引进。调整优化人工成本资源配置，持续破除薪酬存量板结，迭代推进激发基层责任单元活力改革。三是深化子公司市场化改革，打造真正独立市场主体。推动价值链关键业务重组整合，组建联通数字科技有限公司，成立联通资产运营公司，加强房产和土地存量资源统一规划运营，完成智网科技股份制改造，积极推进上市筹备工作。四是推进布局优化和结构调整，全面提升企业创新能力。持续强化数字新基建和创新业务布局，深化网络共建共享，探索产学研用创新模式，设立联通西部创新研究院，圆满完成"两非""两资"清理和法人"压减"工作任务，进一步健全科技创新激励保障机制，加强科技创新政策集成供给。

【重大项目】 深入贯彻落实新型数字信息基础设施建设国家重大战略决策部署。持续深化网络共建共享，推进降本增效，减少碳排放，实现网络覆盖与效益双提升。加快千兆宽带部署，积极落实"东数西算"，全面布局"5+4+31+X"数据中心建设。发挥云大物智链安一体化优势，主动融入地方数字经济主战场。服务乡村振兴，为全国上万个村部署数字乡村平台服务。深入落实5G应用"扬帆"行动计划，获得工业和信息化部"绽放杯"各类奖项94项。

落实国家重点区域发展战略，布局重点区域投资。服务京津冀协同发展，打造便捷、高效、极简、协同一体化的京津冀网络；深度参与雄安新区建设，定向增资联通雄安产业互联网公司完成互联网产业园区征地项目；紧扣粤港澳大湾区定位，全面打造覆盖好、低时延、大容量、智能化的湾区"超卓"网络；境外方面重点投资中国香港、新加坡、欧洲区域，多元完善国际网络资源供给，提升网络规模、通达能力、跨境互联能力，为构建全球一体化协同的智能网络打下基础。

深入贯彻落实创新驱动战略，科技创新有效突破。中国联通党组高度重视科技创新，2021年研发经费投入强度4.02%。成立科技创新领导小组，加强科技创新人才建设，建立科技创新能力标准认证体系，强化科技创新生态合作，加强科研成果转化，实现首批专利转让应用。实现3GPP任职突破，成功当选RAN3副主席。

【走向海外】 不断拓展全球布局，完善数字基础设施。2021年，中国联通进一步深化落实"一带一路"倡议和网络强国战略，巩固"一带一路"信息基础设施互联枢纽地位，强化全球化运营服务能力。截至2021年底，境外机构28个，其中"一带一路"沿线分支机构15个，五大国际网管中心、130多个境外接入节点覆盖80多个国家和地区。

加快构建开放共享的全球合作大生态。持续完善国际网络资源布局,2021年累计完成投资4.1亿元,打造辐射全球的云网通信枢纽,促进产业链供应链合作,其中"一带一路"区域投资3.45亿元。拥有国际海陆缆总容量77T,数据中心机房覆盖43个国家和地区,与超过300家国际电信运营商建立长期合作伙伴关系,拥有130多家ICT全球合作伙伴,为中国企业"走出去"提供优质数字化服务。

【重大创新】 提升核心技术自主可控能力,降低"卡脖子"风险。围绕智能车路协同、基于PK体系的电信领域系统自主可控、5G应用及5.5G前沿技术研发等领域,承担三类国务院国资委核心技术攻关任务,经认定,显著提高核心技术自主可控能力,多领域成果打破国外垄断,填补国内空白,达到国际领先或国际先进水平。建成行业首家CNAS国产化测试认证实验室,以共建共享获得GSMA亚洲卓越运营奖。连续七年获得国务院国资委考核国际标准部分满分。

推进各单位管理创新,积极评选输出优秀成果。根据国务院国资委对企业管理现代化、管理提升和全面质量管理相关要求,修订印发中国联通管理办法,强化管理创新优秀成果的培育评选、落地应用和价值转化。2021年,中国联通获得信息通信行业管理创新奖22项、国优质量管理小组6个、国优质量信得过班组10个,年度优秀成果数量和质量继续保持行业领先,4项课题入围国务院国资委2021年度国资国企重点课题。

【党建工作】 以党的政治建设为统领,党建工作取得新的成效。2021年,中国联通坚持以习近平新时代中国特色社会主义思想为指导,深入学习宣传贯彻党的十九届五中、六中全会精神,认真组织开展建党百年系列庆祝活动,扎实开展党史学习教育和全国国企党建会召开五周年"回头看"工作,党建工作责任制考核连续两年获得国资委最高等级"优";定点扶贫工作获评"全国脱贫攻坚先进集体";党史学习教育得到中央企业第五指导组高度评价,职工问卷测评结果为"好"的评价率100%;全国国企党建会召开五周年"回头看"工作得到国务院国资委"好"的评价;思想政治课题研究连续两年获评中央企业思政研究优秀组织单位,连续两年获得课题一等奖。

持续推进全面从严治党向纵深发展,反腐败斗争战略性胜利不断巩固拓展,政治生态持续向好。全系统收到的信访举报量连续四年下降。建立"4+5+N"政治监督体系,"一把手"和领导班子、年轻干部、基层治理、党员领导干部"八小时以外"行为等监督体系日臻完善。反腐高压态势进一步巩固拓展,一体推进不敢腐、不能腐、不想腐,处置问题线索、批评教育帮助和处理均比上年下降。"四风"问题得到有效遏制,全系统因形式主义、官僚主义被问责人数,因享乐主义、奢靡之风问题被查处人数均比上年下降。高质量开展内部巡视巡察,实现对二级单位新一轮巡视全覆盖。

【信息化建设】 网络信息安全能力显著提升。行业内率先建成集团网络和信息安全监控指挥中心,圆满完成庆祝建党百年等重大活动的网络信息安全保障任务。打击治理电信网络诈骗取得阶段性进展,涉案电话大幅下降。保障通信大数据行程卡顺畅平稳,数据准确及时,累计查询近100亿次。

企业数字化运营成效显著。五大中台全面建成,四大App聚合突破,促进业务模式升级,工作方式向移动化、轻载化方向转型。智慧客服100%集约,服务能力水平大幅提升。数据治理体系不断完善,制定企业级数据管理和流程治理办法。

【履行社会责任】 坚持把巩固拓展脱贫攻坚成果同助力乡村振兴有效衔接,定点扶贫点全部脱贫"摘帽",推动全面完成脱贫攻坚任务、巩固深化脱贫攻坚成果、助力乡村振兴谋篇布局,被党中央、国务院授予"全国脱贫攻坚先进集体"称号。拨付帮扶资金2.3亿元,1500余名帮扶干部接续奋斗在乡村振兴第一线,推出"数字乡村"云平台和"数字乡村"品牌,发布《中国联通数字乡村白皮书》,建成"数字乡村"示范村388个。

(撰稿人:李 盈)

中国移动通信集团有限公司

【基本概况】 中国移动通信集团有限公司(以下简称中国移动)是按照国家电信体制改革总体部署,

于2000年组建成立的中央企业。中国移动始终致力于推动信息通信技术服务经济社会民生，加快转型升级和改革创新，成为全球网络规模最大、客户数量最多、盈利能力和品牌价值领先、市值排名前列的电信运营企业，连续18年获得国务院国资委中央企业负责人经营业绩考核A级，连续21年入围《财富》"世界500强"，2021年居第56位。

【**主要指标**】 2021年，中国移动以习近平新时代中国特色社会主义思想为指导，认真贯彻落实党中央、国务院决策部署，在国务院国资委等上级部门的指导支持下，统筹推进疫情防控和改革发展党建，构筑创世界一流"力量大厦"迈出新步伐，推进数智化转型、加快高质量发展取得新成效，在大体量高基数基础上实现收入稳健增长、结构逐步优化，营业收入增速创十年来新高，利润规模创历史新高，利润总额在中央企业排名前列。

表1　2021年中国移动通信集团有限公司主要经济指标

项　目	2020年	2021年	比上年增长（%）
资产总额（亿元）	19870	21465	8.0
所有者权益（亿元）	14086	15041	6.8
营业收入（亿元）	7716	8509	10.3
利润总额（亿元）	1538	1624	5.6
净利润（亿元）	1187	1260	6.1
归属于母公司所有者的净利润（亿元）	891	944	5.8
技术开发投入（亿元）	295	307	4.1
利税总额（亿元）	2037	2118	4.0
应交税金总额（亿元）	499	494	-1.0
全员劳动生产率［万元/（人·年）］	83	94	13.3
净资产收益率（%）	8.7	8.7	与上年持平

续表

项　目	2020年	2021年	比上年增长（%）
总资产报酬率（%）	8.2	8.0	减少0.2个百分点
国有资本保值增值率（%）	107.9	108.6	增加0.7个百分点

【**改革发展**】 2021年，中国移动连接规模保持领先，总连接规模超过22亿个，其中个人客户超过9.9亿个、家庭宽带客户超过2.1亿个、政企客户1883万个、物联网智能连接超过10.4亿个。加快推进业务转型，拓展延伸信息服务范围，业务创新动能强劲，数字化转型业务收入比上年增长26.3%。坚持以人民为中心，深化全方位、全过程、全员"三全"服务体系，升级推出"心级服务"品牌，深入推进"服务领先、阳光行动、削峰行动"三大工程，客户综合满意度持续提升，手机、家宽客户满意度"双领先"。认真落实国资国企改革重点工作，按照国企改革三年行动工作要求，锚定改革任务时序进度和年度目标，加快各项重点改革任务破局闯关，三年行动方案87项任务完结68项、完结率78%，总体工作进度93%，领先时间进度25个百分点。深化企业重点领域改革，创新"特区"机制、试点"两给两出"，推动人才队伍结构持续优化；持续深化"管战建"协同体系，研究制定终端、铁通、设计院、信息港中心改革实施方案，加快子企业聚焦主责主业转型发展；做深做精做细网格化运营改革，印发网格化运营相关指导意见和实施方案，在全国近2万个经营末梢单元全面推行。

【**重大项目**】 服务区域协调发展，以快速部署5G为牵引，打造"云上、融合、共享、协同"的京津冀核心网，推动5G智慧城市实训基地在雄安新区率先落地。建立公司长三角区域联席工作机制，着力打造5G全球标杆城市群，助推长三角成为"数字新基建"发展的先导示范区。公司境外机构55户，资产总额1175亿元、比上年增长80.5%。国际/港澳台漫游服务覆盖264个方向，其中5G开通方向51个，保持全球领先。全力支撑"一带一路"建设，海外传输带宽90T，网络服务提供点（POP点）总数180个，全球数据中心总机架规模超过8000架。持续做大"牵手计划",服务中资企业"走出去",与700多家电信运营企业开展国际合作,为1000余家中外企业提供一站式信息化解决方案。

【重大创新】 围绕强化国家战略力量、强化企业创新主体地位,持续加大研发投入,不断完善研发体系,全力落实国家关键核心技术攻关清单任务,圆满完成物联网芯片等10项国家关键核心技术攻关任务阶段性目标。牵头13家中央企业组建5G创新联合体,整体联动、高效运转,13个领域44项任务实现阶段性突破,成为国家首批原创技术"策源地"和现代产业链"链长"。发挥在信息通信领域影响力,主导推进5G国际标准制定,累计牵头5G国际标准项目155个、申请输出5G专利3600多件,完成国家关键技术攻关任务中期目标,5G R16/17标准立项和专利数稳居全球运营商第一。在已有研发机构基础上,成立广东、浙江、江苏创新研究院,强化与鹏城、之江等国家重点实验室研发合作,推动科技成果共享、技术人才互通。

【信息化与数字化建设】 把推动新型信息基础设施建设布局优化作为重大政治任务和建设网络强国、数字中国、智慧社会的重要举措,累计开通5G基站超过73万个,建成全球规模最大5G精品网络。光缆达到2243万皮长公里,光纤到户覆盖5.8亿户,其中千兆宽带覆盖1.4亿户。落实国家"东数西算"部署,开创性提出构建以算为中心、网为根基,网、云、数、智、安、边、端、链(ABCDNETS)等深度融合,提供一体化服务的算力网络,形成"4+3+X"数据中心布局,总机架数超过111万架。积极申请算力网络国家重点实验室,布局覆盖全国的算力网络试验节点,开展前沿技术与业务场景验证,着力打造技术创新和生态聚合产业平台。在全球运营商没有先例可循的前提下,创新规划建设具有运营商特色、中国移动特点的智慧中台,构建"业务中台+数据中台+技术中台"协同互动的AaaS(能力即服务)体系,汇聚共性能力近325项,月均调用量超过81亿次,注智赋能超过2000个内外部场景应用。

围绕推动数字经济和实体经济深度融合、推进数字产业化和产业数字化,加快建设"连接+算力+能力"新型信息服务体系,拓展信息服务新产品、新业态、新模式,不断引领需求、创造需求,以数智化整体驱动生产方式、生活方式、治理方式变革。布局9 one平台,拓展5G专网项目超过1590个,打造5G龙头示范项目200个,签约高品质"商品房"超过2800个,拓展5G专网项目1590个,在智慧矿山、智慧工厂、智慧电力、智慧冶金、智慧港口、智慧医院等多个行业实现规模拓展,工业和信息化部"绽放杯"5G应用大赛获奖数连续四年排名第一。加强产品管理,提升产品能力,咪咕视频、视频彩铃、139邮箱、权益产品、移动云盘、和包等10个产品客户规模超过1亿人,移动认证、视频彩铃跻身行业第一,咪咕视频以体育为核心,持续构建内容领先生态,全场景月活跃客户比上年增长45%,东京奥运转播综合体验第三方测评第一。移动云产品加速向业界第一阵营冲刺,公有云排名进入业界前七。为27个省、近200个地市提供公安、司法、应急、水利等重点领域政务信息化解决方案。

深入贯彻习近平总书记对打击治理电信网络诈骗犯罪的重要指示精神,落实"断卡"行动部署,自主研发监测预警平台,支撑打击治理各类电信网络违法犯罪行为,全年拦截诈骗电话2.2亿余次、封堵诈骗网址169万条。全力保障网络安全,完善制度和技术规范,打造集中化网络安全态势感知与防护处置平台,构建网络安全审查预判机制,强化关键信息基础设施产品服务网络安全审查。完善网络意识形态责任制落实机制,守好意识形态"红线""底线"。

【党建工作】 牢牢把握新时代党的建设总要求,坚定不移把坚持党的领导、加强党的建设、全面从严治党贯穿改革发展全过程、各领域。深入开展党史学习教育,"我为群众办实事"落实重点任务1879项。建强基层党组织,公司各级党组织超过10600个,新发展党员4150人,总数超过16.2万人。落实"四同步""四对接",实现网格党组织和党员100%覆盖。完善"1+N"党建制度体系,优化推广基层党支部标准化工作手册、基层示范党支部案例集锦。优化完善党建考评,坚持"三把尺子一起量",连续四年开展党建工作考核评价,形成抓党建、促生产的思想共识。创新党业融合,推进"党建和创""质量达标 和格行动"主题实践,全年新增"党建和创"对象2.9万家,网格党建指导员覆盖率96.2%,切实把党的政治优势转化为公司创新优势、发展优势、竞争优势。

【履行社会责任】 圆满完成庆祝建党100周年系列活动、全国两会等重大通信和网络安全保障任务,常抓不懈疫情防控"三个保障",高效做好河南等重大自然灾害通信保障。深化网络提速降费,推出中小微企业帮扶等利企惠民举措,中小企业宽带、专线平均资费分别比上年下降41%、23%,惠及478万家企业。全年投入帮扶资金3.2亿元,推动"网络+"扶贫升级为数智乡村振兴新模式,实施新基建、产业、治理、教育、医疗、文化、金融"七大乡村数智化工程",以信息化、数字化、智能化推动乡村振兴进程。实施"C2三能计划",构建"三能六绿"绿色发展新模式,助力碳达峰碳中和,全年公司单位电信业务总量综合能耗比上年下降22%,通过信息技术应用助力全社会二氧化碳减排约2亿吨。加强污染防治,大力推进节能减排,公司单位电信业务总量综合能耗、单位信息流量综合能耗分别比上年下降18%、20%。深耕爱"心"公益行动,累计救治6574名先天性心脏病贫困患儿。

(撰稿人:郝　峰　马泽坤)

中国电子信息产业集团有限公司

【基本概况】 中国电子信息产业集团有限公司(以下简称中国电子)是中央直接管理的国有重要骨干企业,是以网络安全和信息化为主业、兼具计算机CPU和操作系统关键核心技术的中央企业。2021年,中国电子认真贯彻落实习近平新时代中国特色社会主义思想,按照"两个一以贯之"重要要求,牢记初心使命,围绕加快打造国家网信产业核心力量和组织平台,深化改革、勇于创新,真抓实干、砥砺奋进,实现"十四五"良好开局,完成集团总部迁驻深圳,成为囊括中央企业联合创新平台、"1025"工程、原创技术"策源地"、现代产业链"链长"首批单位的中央企业。截至2021年底,中国电子拥有二级企业27家、上市公司17家、员工19余万人,连续11年跻身《财富》"世界500强"。

【主要指标】 2021年,中国电子资产总额3944.29亿元,比上年增长12.17%;实现营业收入2781.28亿元,比上年增长13.78%;利润总额51.48亿元,比上年增长30.59%;研发经费投入114.73亿元,比上年增长24.05%;全员劳动生产率22.91万元/(人·年),比上年增长9.46%。

表1　2021年中国电子信息产业集团有限公司主要经济指标

项　目	2020年	2021年	比上年增长(%)
资产总额(亿元)	3516.34	3944.29	12.17
所有者权益(亿元)	1089.76	1190.68	9.26
营业收入(亿元)	2444.49	2781.28	13.78
利润总额(亿元)	39.42	51.48	30.59
净利润(亿元)	3.05	19.09	526.67
归属于母公司所有者的净利润(亿元)	-6.97	-10.20	-46.25
研发经费投入(亿元)	92.49	114.73	24.05
利税总额(亿元)	110.27	144.24	30.81
应交税金总额(亿元)	70.85	92.76	30.92
全员劳动生产率[万元/(人·年)]	20.93	22.91	9.46
净资产收益率(%)	0.38	1.67	增加1.29个百分点
总资产报酬率(%)	2.83	2.70	减少0.13个百分点
国有资本保值增值率(%)	100.04	103.48	增加3.44个百分点

【改革发展】 一是编制实施"十四五"规划。紧扣加快打造国家网信产业核心力量和组织平台的使命任务,组织多方研究力量,深入开展战略研究和规划编制工作,取得一系列研究成果,编制完成中国电子"十四五"总体规划及相关分规划、子规划。"十四

五"规划聚焦"发展安全先进绿色计算"主赛道,提出"坚底强链"("底"指安全先进绿色计算底座,"链"指自主安全计算产业链)发展战略,明确中国电子在国家网信事业中的战略定位和战略价值,努力为网信领域科技自立自强提供强有力支撑。二是扎实推进国企改革三年行动。认真落实党中央、国务院关于深化国企改革三年行动的重大决策部署,成立由中国电子主要领导任组长的全面深化改革领导小组,加强改革工作统筹组织,建立党组改革例会、党组成员督导督办、考核评价等工作机制,强力推动国企改革三年行动走深走实,2021年底完成董事会应建尽建、外部董事占多数等重点改革任务,改革三年行动重点任务完成90%以上,超额完成年度目标任务。董事会建设在中央企业年度考核中被评为A级。三是积极稳妥推进核心主业混合所有制改革。在深圳设立核心主业混合所有制改革平台中国电子有限公司,并被国家发展改革委纳入第四批混合所有制改革试点,2021年引入中国移动、航天科技等7家国有战略投资人增资130亿元,有力保障重大战略项目的推进和实施,向打造中央企业核心主业混合所有制改革的典范和标杆迈出关键一步。四是推进干部人才体制机制改革。贯彻落实新时代党的组织路线,组织召开中国电子干部人才工作会议,明确提出"加快建设网信产业重要人才中心和创新高地"的奋斗目标。实施大规模集团总部与所属企业干部"双向挂职",突出"实挂""挂实",52名干部"双向挂职"交流。创新推出集团总部"直选生"计划,突出"总部管理、企业锻炼、专人指导、自主择岗",录用一批来自清华、北大等知名高校优秀博士生。全层级推进子企业经理层任期制和契约化管理改革,有力推动经营管理人员"能上能下"。

【重大项目】 一是推进资本融资项目。上海积塔半导体有限公司、中国长城科技集团股份有限公司等企业通过混合所有制改革引资、定向增发等方式融资170亿元,全年资本融资突破300亿元,创历史新高。二是实施专业化重组整合。完成中国电子系统技术有限公司借壳深圳市桑达实业股份有限公司上市。战略控股数字广东网络建设有限公司,打造广东省数字政府建设运营中心。三是打造信创标杆项目。党政信创三期实现部委和各省(自治区、直辖市)全覆盖,金融市场实现197家试点金融机构全覆盖,成功打造建设银行全栈国产大型协同办公系统、国税总局金税四期电子发票云平台、贵阳银行核心业务系统等三大典型场景应用标杆。全面完成"1025工程"年度任务及中央企业创新联合平台31个项目。

【重大创新】 一是体系创新取得重大进展。"安全为先、单品超越、系统优化、体验更佳"的体系化创新思路趋于成熟,催生安全先进绿色自主计算PKS 3.0体系。召开PKS 2021生态大会,吸引2000余万人次关注参与,行业影响力显著提升。发布PKS体系术语、参考架构、中央处理器参考板等10项团体标准。二是持续推出创新产品。飞腾D2000新八核CPU突破200万片,成为信创旗舰产品;麒麟软件发布操作系统V10桌面SP1版和服务器SP2版,飞腾CPU、麒麟操作系统等14项核心产品入选《中央企业科技创新成果推荐目录》。PKS体系和EDA产品入选"十大国有企业数字技术成果"。三是大力推进应用创新。通过中央企业联合创新模式,打通基于PKS安全先进绿色计算体系在电信、电力、石油、交通等关键基础设施领域应用的"最后一公里",突破关键核心技术80余项,研制创新产品56个,其中首台套设备和解决方案投入应用20多个。四是管理创新成果不断涌现。2家所属企业获评对标世界一流管理提升行动标杆企业,3家所属企业获得国防科技工业管理创新成果一等奖。

【党建工作】 加强党的领导,推动党的建设与改革发展、生产经营深度融合,以高质量党建引领高质量发展。一是坚持用党的创新理论指导网信产业发展实践。党组全年学习"第一议题""首要议题"94项,开展专题学习11次。党组主要负责人在主流媒体发表署名文章4篇,推动全系统持续提升战略理解力和战略执行力。二是党史学习教育走深走实。坚持以史鉴今、向史而新,达到学史目的。推进"我为群众办实事"实践活动,确立13项重点民生项目、652项民生项目和20项"一把手"项目,群众满意度超过95%。三是隆重庆祝建党百年。组织开展"永远跟党走"系列群众性教育、"我看建党百年新成就"主题征文、"牢记革命史、唱响新时代"红色歌曲合唱等系列活动,进一步凝心聚力跟党走。四是扎实开展国企党建会五周年"回头看"。重温习近平总书记全国国企党建会重要讲话精神,总结贯彻落实全国国企党建会精神的工作成效,巩固拓展"回头看"经验成果。"混改企业党建实践研究"课题获得中央企业党建政研会2021年度研究成果一等奖。五是加强党的基层组织建设。考核验收"C-E-C党支部建设提升工程",选树"两优一先"党建创新品牌,推动党建工作与生产经营有效联动、深度融合,推动基层党组织全面进步、全面过硬。六是党风廉政建设和反腐败工作不断深化。严格落实中央八项规定精神,保持纠治"四风"高压态势,精准运用"四种形态",坚决查处职务违法犯罪案件,持续开展"靠企吃企"问题专项治理,完成3轮9家企业常规巡视,巡察覆盖率79%,着力规范领导干部配偶、子女及其配偶经商办企业行为。在中央企业党建责任制考核中被评为A级。

【信息化与数字化建设】 一是推进数据治理工程实施。成立中国电子-清华大学数据治理工程联合研究院,开展基础理论、制度体系及关键技术研究,促进产学研用深度融合。发布《2021中国城市数据治理工程白皮书》,首次定义"数字元件""数据金库"的内涵和标准,推进在武汉、德阳、大理、江阴等城市试点。二是推进现代数字城市建设。开展"百城万企牵手"行动,数字城市业务与53个城市签约。中国电子云市场占有率步入第一梯队。建立现代数字城市"外生态"联盟,生态伙伴突破300家。三是推进"数字CEC"试点示范工程。制定"数字CEC"建设规划,打造数字化运营监控中心,构建人力资源、财务、客户、供应链、金融投资五大共享平台,完成有关应用平台先行先试。自主开发的蓝信平台在全系统推广应用,实现扁平化管理。

【履行社会责任】 选优配强帮扶干部,投入专项资金,助力4个定点帮扶县(市)推进乡村振兴工作。基于中国电子PKS体系架构,构建集运营、平台、调度、采购于一体的消费帮扶电商平台运营新模式。研发数字人民币自助零售消费帮扶智能专柜产品,建设年产20万台服务终端研发制造基地。打造"数字镇安"县域治理能力数字化项目,实现5000个监控系统的数据接入和实时信息数据共享交互服务。保障北京冬奥会、冬残奥会实现奥运史上网络安全"零事故"。

(撰稿人:杨叔军)

中国第一汽车集团有限公司

【基本概况】 中国第一汽车集团有限公司(以下简称中国一汽)是国有特大型汽车企业集团。经过60多年的发展,建立东北、华北、华东、华南、西南等五大生产基地,构建全球化研发布局,拥有红旗、解放、奔腾等自主品牌和大众、奥迪、捷达、丰田等合资品牌,累计产销汽车超过5000万辆,销量规模位居中国汽车行业第一阵营。集团公司总部下设17个职能部门、9个业务部门、5个直属制造工厂、2个事业体,旗下3家分公司、10家全资公司、3家控股公司、17家参股公司。员工总数12.8万人,资产总额6021亿元,连续13年在国务院国资委中央企业经营业绩考核中获评A级,2021年居《财富》"世界500强"第66位。

【主要指标】 2021年,中国一汽实现销量350万辆,比上年下降5.5%;营业收入7057.0亿元,比上年增长1.2%;利润总额482.3亿元,比上年增长3.1%;全员劳动生产率135.5万元/(人·年),比上年增长6.8%。2021年中国一汽在汽车行业实现收入、利润双第一。其中,红旗品牌销量30万辆,增长超过50.1%,增速居高端品牌第一位;解放品牌实现销量44万辆,实现中重卡销量全球"五连冠"、重卡销量全球"六连冠";一汽-大众实现销量207.1万辆,增长1.2%;一汽丰田实现销量增长6.8%,利润增长44.9%。

表1 2021年中国第一汽车集团有限公司主要经济指标

项 目	2020年	2021年	比上年增长(%)
资产总额(亿元)	4889.4	6000.9	22.7
所有者权益(亿元)	2469.6	2673.6	8.3

续表

项　目	2020年	2021年	比上年增长（%）
营业收入（亿元）	6974.2	7057.0	1.2
利润总额（亿元）	468.0	482.3	3.1
净利润（亿元）	334.7	386.5	15.5
归属于母公司所有者的净利润（亿元）	197.8	232.2	17.4
技术开发投入（亿元）	206.1	219.5	6.5
利税总额（亿元）	904.6	1005.6	11.2
应交税金总额（亿元）	735.9	718.0	−2.4
全员劳动生产率[万元/（人·年）]	126.9	135.5	6.8
净资产收益率（%）	14.1	15.0	增加0.9个百分点
总资产报酬率（%）	9.7	9.0	减少0.7个百分点
国有资本保值增值率（%）	108.4	109.8	增加1.4个百分点

注：应交税金总额含合营公司数据。

【改革发展】　中国一汽持续加强和优化"四能"改革，有序推进国企改革三年行动工作任务。截至2021年底，一汽改革三年行动工作任务完成50项，完成率92.6%；主要措施完成247条，完成率95.7%。中国一汽被国务院国企改革领导小组确定为中央企业改革典型，是唯一入选的车企。

中国一汽聚焦"两个一以贯之"，完善中国特色现代企业制度，实现党的领导有机融入公司治理，加强董事会建设，推进子企业董事会建设，充分发挥集团外部董事智库作用。发布中国一汽"十四五"规划，突出战略对改革发展引领作用，集团总部按业务创新化、体系化、数字化要求重建重构。深化"四能"改革，扎实推进工人队伍建设改革落地，按照"先试点再内部横展，先入岗入级再常态化运行"的基本思路，实现总部制造体系及职能体系改革落地，完成202个岗位价值审视和分类，实施7799名生产操作员工薪酬套改；实施"揭榜挂帅制"试点改革，聚焦年度产品项目公开发榜，优秀人才挂帅出征，契约承诺；积极稳妥推进任期制和契约化管理，在深化改革中激发干部干事创业激情。

【重大项目】　中国一汽持续加强和大众、奥迪、丰田等众多合作伙伴的深度融合，加快和国内外大企业集团、高校、科研院所的战略合作，积极布局新兴领域，落地建成一批"新基建"项目。1月18日，奥迪一汽新能源汽车项目落位长春，该项目是奥迪在华首个专门生产纯电动车型的生产基地，规划年产能15万辆，计划投资额超过300亿元；6月29日，红旗繁荣工厂落成并交付首车E−QM5，工厂仅用14.5个月建设落成，年产设计产能20万辆，主要承担一汽"十四五"新能源战略规划落地任务；11月29日，一汽—大众新技术开发中心落成，总建筑面积7万平方米，拥有行业一流、国内领先的试验设备，覆盖整车安全、驱动系统等六大领域；12月14日，一汽解放J7智能工厂落成投产，工厂占地面积5.55万平方米，设计年产能5万辆，新工厂的落成投产标志着一汽解放实现产能的全新升级，迈向高端智能、绿色环保的全新发展阶段。

【走向海外】　2021年，中国一汽实现汽车出口2.4万辆，比上年增长78%，目标完成率102%。其中，红旗品牌出口2718台，增长286%；成功打开欧洲挪威市场，出口904辆红旗E−HS9，位列中国豪华车对挪出口排名第一；中东市场深耕沙特，全年出口翻倍增长突破1600辆；与外交部达成全球战略合作，为驻韩国、比利时等16国使领馆提供用车保障。解放品牌与商用车深度融合，全年实现出口1.5万辆，比上年增长142%；累计新增35个海外网络、12个客服中心、62个服务商及10个备件库；与中国土木、中航国际等多家中央企业开展海外合作。奔腾品牌聚焦沙特、俄罗斯两个核心市场，全年实现出口6318台，比上年增长21%；成功布局埃及、阿塞拜疆等市场。

【重大创新】　制定、实施"创新·2030中国一汽阡旗（R.Flag）技术发展战略"，创建全球化研发布局，加快突破关键核心技术，面向"关难急卡"，大力实施技术攻关计划。创新研发模式，构建一汽、东风、兵装（长安）央企新型汽车产业创新联合体，与航空工业集团等20余家中央企业开展战略合作,与中科院、华为等成立31家协同创新实验室、5家基础应用实验室,集聚创新要素。打造人才高地,搭建从员级到科学家级六级成长通道,制定实施"创新十条"等激励政策,持续加大创新项目和科研团队激励力度。发布"1—6—6—10"重大创新成果;突破"双零"排放氢能发动机、混合动力系统集成与基于国产芯片的核心控制器开发等63项关键核心技术,技术攻关成果在红旗、解放、奔腾等自主产品上搭载应用,申请专利4757件。

【党建工作】 坚持把党的政治建设摆在首位,坚决拥护"两个确立",坚决做到"两个维护"。开展党史学习教育,举办庆祝建党百年系列活动;学习贯彻习近平总书记"七一"重要讲话和党的十九届六中全会精神,不断提高政治判断力、政治领悟力、政治执行力;开展"我为群众办实事"实践活动,解决急难愁盼问题7500余项;强化领导班子和人才队伍建设,大力实施"双星"培育工程,首次自主开展职业技能等级认定等工作;加强"三基"建设,实施"四提升一巩固"专项行动,发布"1+10+100"党建品牌矩阵;开展"聚力转型跃迁、党员带头争先"主题实践活动;持续深化党风廉政建设和反腐败工作,严肃查处一批重点领域违规违纪违法问题,深化中央巡视反馈意见整改,推进巡视巡察全覆盖,坚决纠"四风"树新风,着力解决"四大问题""六型现象",企业政治生态得到持续净化优化。

【信息化与数字化建设】 中国一汽坚持以数智化建设为抓手,把握数字经济发展机遇,加速提升企业创新能力。研发领域,构建基于数字"孪生"的协同设计、软件管理、虚拟仿真和新能源开发平台,实现多专业、一体化、全天候的在线协同研发。制造领域,以建设世界一流智能化工厂为目标,打造基于"5G+工业互联网"的数智化工厂,实现冲压、焊装、涂装、总装四大工艺全流程智能化生产。营销领域,全面创新营销理念、策划、管理和工具,构建直达化、一体化、实时化和智能化的客户生态云平台。管理领域,创建"一汽EASY"协同办公平台,实现办公移动化和数智化;构建组织数字"孪生"和流程挖掘方法,实现员工在线、管理在线、业务在线的智能化协同管理模式;构建全新一代ERP,实现经营全过程的在线化、实时化、智能化等。运营体系,落实"双中台战略",实现对11个业务主题、431个指标的可视化展示,在线、实时展现企业业务经营状态;聚焦研发、制造、营销等关键业务环节,构建"孪生"的数字世界;成立联合创新实验室,成功孵化落地项目6个。

【履行社会责任】 中国一汽严格落实"四个不摘"要求,调整设立乡村振兴工作领导小组及工作小组,制定并发布乡村振兴"十四五"规划和年度工作规划,投入帮扶资金4448万元,聚焦"五大振兴"目标,因地制宜开展稻蟹共作、桑蚕养殖等帮扶项目24个,初步打造"3+1"人才振兴组合模式,购买及帮助销售农副产品4240万元,推动分子公司与帮扶县基层党组织结对共建,全力助推定点帮扶县振兴发展。在2021年中央单位定点帮扶成效考核中,中国一汽获得最高评价等级"好",是自2017年国务院扶贫开发领导小组开展中央单位定点扶贫工作成效考核以来,连续第五年获此殊荣。

(撰稿人:孟媛媛)

东风汽车集团有限公司

【基本概况】 东风汽车集团有限公司(以下简称东风公司)成立于1969年9月,主营业务涵盖全系列商用车、乘用车、新能源汽车、军车、关键总成和零部件、汽车装备及相关业务,事业分布在武汉、十堰、襄阳、广州等20多个城市。在国外建有海外研发平台,产品销往全球80多个国家。截至2021年底,东风公司有从业人员13.1万余人,其中科学研究与试验发展人员16078人。作为中央企业,东风公司52年来产销汽车超过5300万辆,上缴税费5700多亿元。

【主要指标】 2021年,东风公司销售汽车327.5万辆,比上年下滑5.3%;交付340万辆,与上年基本持平。乘用车销售257.7万辆,其中自主品牌乘用车销售53.8万辆,增长30.1%;商用车销售69.8万辆,下滑4.9%,商用车销量行业排名第一,国Ⅵ产品市占份额第一。完成国务院国资委下达的各项主要指标任务。

表1 2021年东风汽车集团有限公司主要经济指标

项　目	2020年	2021年	比上年增长（%）
资产总额(亿元)	4237.90	4144.20	-2.2
所有者权益(亿元)	1618.90	1764.70	9.0
营业收入(亿元)	2787.00	2728.70	-2.1
利润总额(亿元)	190.20	198.70	4.5
净利润(亿元)	122.50	140.50	14.7
归属于母公司所有者的净利润(亿元)	77.00	93.00	20.8
技术开发收入(亿元)	70.90	91.80	29.5
利税总额(亿元)	269.10	272.60	1.3
应交税金总额(亿元)	213.10	212.30	-0.4
全员劳动生产率[万元/(人·年)]	66.89	66.35	-0.8
净资产收益率(%)	7.80	8.30	增加0.50个百分点
总资产报酬率(%)	5.10	5.04	减少0.06个百分点
国有资本保值增值率(%)	107.55	110.64	增加3.09个百分点

【改革发展】 2021年，东风公司建立并落实"国企改革三年行动"的推进体系、考评制度和督办机制，开展改革任务专项巡视，改革任务完成率84%，超出国务院国资委要求70%的目标。完善前置事项清单、落实董事会职权、三项制度改革、中长期激励机制建设、党建与生产经营深度融合五大重点改革任务取得重要进展。基本完成退休人员社会化管理、职工基本医疗保险移交、供暖市场化改革任务。完成高管三年任期考核任务，30多名直管高管退出现岗管理。

加大人事领域市场化改革力度。深化"去机关化"改革，东风集团总部部门级机构精简26%，分部/室级机构精简32%，人员编制精简32%。东风有限推进机关改革，总部级机构精简11%，部级机构精简25%，科级机构精简64%，高管职数精简22%。结合C计划，实施东风零部件集团、东风装备机关整合。东风公司技术中心年初结合东风乘用车事业体制机制改革，率先实施管理人员竞聘上岗，带动公司各单位实质性推动"简、下、减、出"。全年公开竞争上岗的管理人员占32.8%，管理人员末等调整和不胜任退出比例5.68%，员工市场化退出比例3.33%。

【重大项目】 2021年，东风公司着力重大项目建设，战略车型G35、X37b高质量达成量产，在研车型G59、M57、S73等稳步推进。M事业紧扣"三超"（超级动力、超级越野、超级智能）需求，完成双电机高性能电驱动总成、双层大容量电池包和智能越野等关键总成与平台设计，首搭车型M18-2顺利通过J2节点。平台架构DSMA.1顺利进入关键验证阶段，具备多维高效、燃擎驾享、进阶智能三大优势，基本完成工程固化。动力总成C15TDR/HD120顺利投放，连续两年获评"十佳'中国心'"；"马赫动力"外销立项项目30个，交付样机490余台；多挡混动电驱动总成4HD70完成关键性能开发，总体达成预期。

【走向海外】 2021年，东风公司旗下的东风乘用车公司倾力挑战高目标，连续7个月销量突破1万辆，累计销售12万辆；东风柳汽乘用车推进品牌焕新，实现销量12.2万辆；东风启辰大V销量逐步攀升；易捷特新能源抓住出口机遇，实现销量比上年同期明显改善；东风商用车国Ⅵ产品市占率保持领先，实现销量17.7万辆；东风汽车股份跑赢大市，实现销量18.2万辆。

2021年，东风公司海外出口14.4万辆，首次突破出口10万辆关口，创下东风公司出口历史新高，跑赢行业大市。其中，东风进出口公司出口10168辆，稳步踏上在无CKD业务作为支撑下的万辆台阶，挑战目标达成率127%，比上年增长141%，高于东风集团整体出口增幅。

【重大创新】 东风公司注重把握汽车产业"五化（电动化、智能化、网联化、共享化、轻量化）"趋势给自主品牌向上发展带来的"窗口期"，截至2021年底，超额完成国务院国资委相关任务4项，完成东风公司"928工程"二级单位内部结项5项。推动东风集团发明专利受理突破4000件，成果数量、质量位居行业前列。

科技创新和自主发展提速。推出东风风神奕炫MAX等战略车型，年销量突破12万辆；高端电动品牌"岚图"首款产品交付，第二款产品全球发布；高端电动越野车M品牌建设加速。"马赫动力""东风氢舟"搭载上市，"Windlink"等技术品牌逐步打开市场。加快芯片自研能力建设，与中央企业协同共建"芯片联合实验室"；中央企业合作IGBT（绝缘栅双极型晶体管）功率半导体模块顺利投产。新增掌握乘用车关键核心技术140多项，推出启辰大V、东风猛士M50民用版、东风雪铁龙C5X、东风本田新思域、东风日产新奇骏等战略车型。东风风神奕炫MAX依托出色造型设计获得"国际CMF设计奖"，凭借优秀性能先后获得智能网联汽车大赛"中国十佳车身"等重量级奖项，助力风神车队成功卫冕CTCC 2021年度总冠军。东风公司获得中国优秀专利奖、中国汽车工业科学技术奖，"车慧眼"项目在中央企业熠星大赛中获奖。

【党建工作】 东风公司组建由公司领导、职能部门负责人和内部党史讲师构成的49人党史宣讲团，围绕中国共产党党史、习近平总书记"七一"重要讲话和党的十九届六中全会精神，宣讲106期次，覆盖8000余人次。结合党史学习重要内容，组织开展"党史百年""庆祝中国共产党百年华诞"等网络专题班，通过线下线上相结合的方式，扩大党史学习教育覆盖面。组织二级单位主要领导赴湖北大悟县专题学习"中原突围"精神，坚定达成年度目标、推动"十四五"规划落地的决心和信念。在党史学习教育"我为客户做服务，我为群众办实事"实践活动中，切实为员工解决"急、难、愁、盼"的问题。以中国共产党成立100周年为契机，开展以爱党、爱国、爱公司、爱岗位为主题的企业文化建设系列活动。

【信息化与数字化建设】 2021年9月，东风公司发布"星核跃迁"数字化研发"三横三纵"体系，以技术平台、网络安全、数字体系为"三横"支撑，以数字产品、数字业务和数字生态为"三纵"举措。在汽车性能、整车造型、智能软件和仿真验证等领域全面推行云上设计。其中，性能设计包括整车级指标300余项、系统级指标4000余项；造型设计98%在云端实现，软件开发效率提升10%，仿真验证SIL、HIL平台支持智能驾驶场景超过150万例。

数字化营销方面，围绕用户的全旅程需求，通过互联平台打通产品研发、采购、生产到销售的全价值链资源，实现全生命周期动态优化配置。实现通过数字平台贯通用户售前、售中、售后全旅程，打造"线下体验＋线上购买"模式，建立超级App在用户全生命周期与之互动并创造价值，借鉴岚图数字化营销体系，东风M事业部完成东风猛士App开发。智能制造方面，在武汉建成多个智能化工厂，全面应用虚拟仿真、激光焊接、MES等先进技术，搭建工艺设计数据平台，实现3D数据贯穿工艺规划全过程，新车生产准备周期缩短20%，工艺设计成本下降15%。数字化管理方面，提升实时决策水平，实现经营管理降本、增效和提质。截至2021年底，MOCS系统覆盖业务领域14个和分析主题49个，核心管理指标近700个，累计接入数据4.4亿条，为东风公司打造智慧型总部提供有力支撑。

【履行社会责任】 2021年，东风公司聚焦社会责任、乡村振兴两大领域，开展履行社会责任工作94项，重点开展"润丰行动""润兴行动""润美行动"3项行动，推进社会责任实践主题12个，促进社会责任管理及实践能力的双提升。通过实施"逐梦之星"计划，将"青年梦"校企创新联盟、"东风梦想车"大赛、圆梦东风奖学金和"创青春"品牌活动串联起来。

开展"社会责任月"系列活动，协同东风商用车有限公司、东风日产乘用车公司等20多个单位开展系列履责实践项目，形成上下联动、相互呼应、整体推进的工作格局。2021年度东风公司社会责任发展指数居"中国企业300强"第九位，"国有企业100强"第七位，被授予"责任企业奖"，东风"润"计划3.0入选中央企业社会责任优秀案。

【新产品推出】 智能驾驶L3级别进入量产搭载阶段，L4级别依托领航项目，技术联合开发和验证深入开展，累计运营里程超过200万千米。网联化建立集团层面云端核心团队，逐步内化Windlink应用开发能力。启动东风车端操作系统开发，完成AUTOSAR CP初版基础软件释放。新能源车方面，自主IGBT匹配BD90电驱动总成搭载E70车型1万余辆；CTP1.0

电池与自主 BMS 技术应用 E70iEV 于 8 月顺利量产。

前瞻研究聚焦氢能、固态电池等领域持续攻关,燃料电池(国家课题)全面达成既定技术目标,并通过科技部验收。120 千瓦大功率电堆完成短堆测试。12T、18T 物流车完成公告目录发布,与武汉经开区、襄阳市等同步推广应用。

(撰稿人:杨耀红)

中国一重集团有限公司

【基本概况】 中国一重集团有限公司(以下简称中国一重)作为"中国制造业的第一重地",始终秉承"发展壮大民族装备工业,维护国家国防安全、科技安全、产业安全和经济安全,代表国家参与全球竞争"的初心和使命,紧紧围绕钢铁、核电、火电、石化、船舶、汽车、矿山、航天航空、深潜、军工等国民经济和国防建设需要,深耕实体经济,形成国内唯一、世界少有的核岛一回路核电设备及原材料全覆盖制造能力,是全球核岛装备和冶金装备全流程制造技术的领先者,是世界最大"双超"石化锻焊加氢反应器极限制造技术的领导者,也是我国国防装备的重要供应商。

2021 年,中国一重紧密团结在以习近平同志为核心的党中央周围,沿着习近平总书记视察企业时指引的前进方向,坚定不移贯彻落实党中央、国务院决策部署,坚定不移贯彻落实国务院国资委等上级组织部署要求,通过持续解放思想拓市场、改革创新调结构、担当作为强质量、提升能力控风险,圆满完成各项生产经营任务,经营业绩进一步提高,创新成果进一步转化,改革红利进一步突显,人才实力进一步强化,管理水平进一步夯实,用辛勤和汗水夺取奋斗新征程的开局胜利,为"十四五"目标的实现奠定坚实基础。

【主要指标】 2021 年,中国一重实现利润总额 16.18 亿元,比上年增长 20.84%;营业收入 418.57 亿元,比上年增长 12.25%。主要经济指标均比上年大幅增长。

表 1　2021 年中国一重集团有限公司主要经济指标

项　目	2020 年	2021 年	比上年增长(%)
资产总额(亿元)	483.22	538.04	11.34
所有者权益(亿元)	198.59	210.62	6.06
营业收入(亿元)	372.9	418.57	12.25
利润总额(亿元)	13.39	16.18	20.84
净利润(亿元)	8.33	11.10	33.25
归属于母公司所有者的净利润(亿元)	3.44	2.21	−35.76
技术开发投入(亿元)	7.91	9.57	20.99
利税总额(亿元)	21.75	24.45	12.41
应交税金总额(亿元)	13.63	13.73	0.73
全员劳动生产率[万元/(人·年)]	32.10	35.61	10.93
净资产收益率(%)	4.23	5.43	增加 1.20 个百分点
总资产报酬率(%)	4.16	4.67	增加 0.51 个百分点
国有资本保值增值率(%)	104.13	102.11	减少 2.02 个百分点

【改革发展】 扎实做好政策统筹、力量统筹、进度统筹,盯住问题拆壁垒,改革成果有效激发高质量发展活力动力。进一步强化法人治理,深入贯彻"两个一以贯之",修改集团公司章程,制定《中国一重关于在完善公司治理中加强党的领导的实施意见》,明确更好发挥好党委把方向、管大局、促落实的领导作用 18 条具体路径。组建外部董事、监事人才库,8 户二级子公司和 11 户三级子公司全部建立外部董事占多数的规范董事会,实现应建尽建。

驰而不息全面深化改革,紧紧围绕深化改革三年行动要求,有序抓好二、三级单位新任期"全体起立"公开竞聘工作等 72 项具体任务,总体完成率 85%,超过国务院国资委年度预期目标,获评国务院国资委

"学抓促"第二批改革典型。协调推进综合改革试点、"双百行动"、"科改示范行动"等改革专项工程,天津研发实行工资总额备案制,大连工程技术落地实施项目分红激励,各项措施完成率均为100%。

扎实推进三项制度改革,完成新任期公开竞聘,二级单位领导班子中45周岁及以下年轻干部占40.2%,"80后"占28.4%;三级单位中层干部中40周岁及以下年轻干部占51.6%,"85后"占24.6%。完善"优秀工程师人才库",评选高级工程师、工程师170人。新聘大国英才、首席技术专家、大国工匠、首席技能大师16人。启动实施人才学历能力"双提升"三年行动。

下功夫提高企业管理能力,扎实推进"对标世界一流管理提升行动",成立防范化解重大风险领导小组,制(修)订《安全生产管理制度》等规范性规定23项,积极打好提质增效攻坚战,在国务院国资委管理"三个标杆"创建行动中,股份公司入选标杆企业,"225+"精益数字化管理入选标杆项目。

稳步推进转型升级,完整准确全面贯彻新发展理念,统筹开展传统优势产业升级和战略新兴产业培育,聚焦满足国家重大技术装备国产化,不断在做强做优做精成套装备上下功夫,核电反应堆压力容器、千吨级以上锻焊加氢反应器、高端冶金成套装备等核心产品市场占有率始终保持在60%以上。立足成套装备和大型铸锻件制造,积极实施风电集成开发、绿色冷链装备及物流、智能农机装备等地企融合项目,加快推动传统优势产业和战略新兴产业并重发展,金属材料装备和非金属材料装备、"制造+服务"、"制造+系统解决方案"并进转变。

【重大项目】 严格按照"挂表督战图"确定节点,充分发挥重大项目办公室以及"双指挥系统"关键作用,有力克服技术指标要求高、新冠肺炎疫情影响和高温天气、施工资源受限等诸多困难,确保重大项目顺利推进。国家重大项目重要节点堆容器强度试验提前51天完成。积极整合力量,下大力气开展攻关,高质量取得"顺利验收大型风洞项目""试制成功世界首件AP1000全奥氏体钢模锻泵壳"等17项重大科技成果,高标准完成"玲龙一号"等6项国家重大技术装备项目节点目标,高水平落地国务院国资委"央企攻坚工程"项目全部攻关任务。扎实推进国家重大专项课题,"新一代核压力容器用钢工程化"等项目具备验收条件,重型H型钢精轧机组等2个项目入选《中央企业科技创新成果推荐目录》。投资超过30亿元,高质量完成"大型洁净钢平台""大型支承辊整体感应淬火设备"等项目布局建设,进一步完善公司高端装备产品制造能力,为有效解决热加工生产"瓶颈"问题构筑支撑。

【走向海外】 加快"走出去"步伐,充分发挥技术优势,努力开拓土耳其、俄罗斯、乌克兰、印度、巴基斯坦、越南和马来西亚等国家海外市场,推动签订土耳其热轧配套流体系统等一大批重要合同,持续扩大与国际工程公司的合作,海外市场份额持续提升,2021年完成海外订货19.24亿元,比上年增长18%。积极响应"一带一路"倡议,稳步推进一重产品、技术、标准走出去,与沿线国家不断深化国际产能资源合作,尤其是在印度尼西亚投资生产镍产品,年产量突破85万吨,为国家战略资源提供保障。

【重大创新】 坚定实施创新驱动发展战略,召开科技创新表彰大会,系统谋划"十四五"科技创新工作,扎实推进科研项目精准立项、项目负责人公开竞聘及"揭榜挂帅""军令状"制度等,成功制造SD专利环氧乙烷反应器再次刷新世界纪录,实现自主开发研制的示范快堆316H类焊接材料工程化应用,开发出高品质大型铝板轧机热轧工作辊、5%Cr锻造轧辊创新型工艺技术等新产品新技术并实现工程化应用,有力彰显"国之重器"硬实力。积极加强产学研协同创新,与中国钢研集团、东方电气集团等单位联合组建"中央企业高端金属材料创新联合体""先进电力装备研制与应用创新联合体",成功开展610℃~650℃超超临界机组铸锻件研制等项目。全年累计申报专利129件,制(修)订国家及行业标准22项。公司获评"科技创新十大领军企业",获批为首批打造原创技术策源地企业,经国家发展改革委批准重型技术装备国家工程研究中心纳入新序列管理,公司核心竞争力进一步提升。

【党建工作】 认真按照新时代党的建设总要求以及新时代党的组织路线,突出加强政治建设,开展"十心向党、十个一百"主题活动,庆祝中国共产党成立100周年，公司党委获评"全国先进基层党组织"。认真贯彻落实"中央企业党建创新拓展年"要求，制定《2021年党建工作要点》等7个工作计划，扎实开展贯彻落实全国国企党建会重点任务落实情况"回头看"，党建工作质量进一步得到提升，中央企业党建工作考核连续三年获评A级。

抓严干部人才建设，深入开展解放思想讲客观不讲主观，讲问题不讲成绩，讲自己不讲别人"三讲三不讲"主题实践活动。注重素质能力提高，启动实施专业技术、经营管理和技能人才学历能力"双提升"三年行动。召开"五一"先进表彰大会，对"十三五"期间作出突出贡献的8名特级劳模进行专项奖励，职工群众获得感、幸福感、安全感进一步强化。

积极推进党建经营融合，围绕企业改革发展党建热点难点问题，组织15个习近平新时代中国特色社会主义思想实践课题组扎实开展课题立项。创建40支"重大工程、重要项目、重点产品"党员先锋队，依托劳模、党员、技能大师、青年、党外人士创新工作（活动）室，完成基层创新课题249项。举行"深入实践 再悟思想"党建融建活动，11个机关党支部与生产一线党支部互融互通。深入开展"百万一重杯"劳动竞赛，抢攻产品197件（套）。

着力深化全面从严治党，认真落实"两个责任"，始终坚持严的总基调，召开年度党风廉政建设和反腐败暨警示教育会、巡视巡察工作会，制定《关于加强对各级"一把手"和领导班子监督的具体措施（暂行）》等规定，从严开展规范领导干部配偶、子女及其配偶经商办企业行为工作。以完善"三不一加强"从严机制、整治"四风"等为抓手，深入开展"廉洁警示教育宣传月"系列活动，督导检查疫情防控、国家重大项目落实等情况24次，风清气正干事创业氛围更加浓厚。

【信息化与数字化建设】 围绕"数字一重""智造一重"，加快传统产业数字化、智能化转型，先后编制完成公司"十四五"数字化转型规划，制定数字化转型规划和实施路线图，以构建企业数字时代核心竞争能力为主线，加强动态跟踪和闭环管控，加快企业数字化治理模式、手段、方法升级。不断强化组织领导，建立跨部门联合实施团队，探索建设数字化创新中心、智能调度中心、大数据中心等平台化、敏捷化的新型数字化组织，推动面向数字化转型的企业组织与管理变革，统筹构建数字化新型能力。进一步夯实基础保障，完成公司数据中心机房建设，对网络安全防护设备、服务器、存储、数据异地灾备等基础设施进行升级改造，通过平台化整合，有效消除信息孤岛，新建、升级国资监管、客户关系管理、供应链、财务、进出口、售后服务等36个子业务系统。着力推动数字赋能，完成洁净钢平台生产、原材料、能源动力、材质成本、耐材等预算功能的设计与开发，开展智能制造运营管理平台（专项数字化车间MES）升级改造，锻造移动端App在水压机锻造厂上线运行，推进敏捷化辅助决策平台、精益化运营管控平台、数字化研发设计平台、智能化制造执行平台、集成化基础应用平台五大平台的落地。

【履行社会责任】 坚持把履行社会责任融入公司发展战略，在抗灾救灾、精准扶贫、社会公益等方面全力施为，彰显大国重器责任担当，2021年，中国一重投入帮扶资金400万元，向河南省慈善总会捐款1000万元，组织100个支部扶助100名革命老区学子专项行动，募集帮扶资金15万余元，一对一帮助重庆市巫溪县大山深处学子。积极发挥一重的产业链带动能力，促进地方配套企业设备更新、制造能力提升，全面提升"一重产业园"整体能力，确保提供产品质量更高、供货效率更快、制造成本最佳。齐齐哈尔本地配套率由不足20%提升至52%，省内配套率超过60%，三省一区配套率超过75%，有效维护良好产业生态。在中国社科院第十三届《企业社会责任蓝皮书》发布会暨ESG中国论坛2021冬季峰会上，中国一重再次获得责任金牛奖和2021年中国企业社会责任发展指数机械设备制造业三强奖项。

（撰稿人：朱永国）

中国机械工业集团有限公司

【基本概况】 2021年，中国机械工业集团有限公司（以下简称国机集团）在以习近平同志为核心的党中央坚强领导下，以习近平新时代中国特色社会主义思想为指导,坚决贯彻落实党中央、国务院决策部署及国务院国资委工作要求,牢牢把握稳中求进工作总基调,坚持"锻造国机所长、服务国家所需",各项工作取得新的重要进展和明显成效,贯彻落实党中央决策部署更加有力,在国家战略科技力量中的地位更加凸显,生产经营稳增长更加扎实,管理体系更加优化,重大风险防范化解更加有效,全面从严治党引领保障作用更加彰显。2021年居《财富》"世界500强"第224位。

【主要指标】 截至2021年底,国机集团资产总额3644.1亿元,比上年增长1.5%;净资产1257.9亿元,比上年增长1.4%。全年营业收入3705.5亿元,比上年增长28.7%;利润总额97.0亿元,比上年减少11.2%;净利润72.6亿元,比上年减少9.2%。投入研发经费87.0亿元,比上年增长16.0%,在科技研发与服务、先进装备制造、工程承包与供应链的三大主业的研发经费投入规模上均保持稳定增长。国有资本保值增值率105.0%,比上年增加1.5个百分点。

表1 2021年中国机械工业集团有限公司主要经济指标

项 目	2020年	2021年	比上年增长(%)
资产总额(亿元)	3591.6	3644.1	1.5
所有者权益(亿元)	1240.9	1257.9	1.4
营业总收入(亿元)	2878.1	3705.5	28.7
利润总额(亿元)	109.2	97.0	−11.2
净利润(亿元)	80.0	72.6	−9.2
归属于母公司所有者的净利润(亿元)	39.3	29.6	−24.7
技术开发投入(亿元)	75.0	87.0	16.0
利税总额(亿元)	199.3	207.8	4.3
应交税金总额(亿元)	94.8	113.9	20.1
全员劳动生产率[万元/(人·年)]	28.7	32.4	12.9

续表

项 目	2020年	2021年	比上年增长(%)
净资产收益率(%)	6.3	5.8	减少0.5个百分点
总资产报酬率(%)	3.9	3.5	减少0.4个百分点
国有资本保值增值率(%)	103.5	105.0	增加1.5个百分点

【改革发展】 2021年,国机集团全面完成国务院国资委重点考核的12项任务年度工作目标,推动国企改革三年行动走深走实。一是强化董事会行权履职,完善中国特色现代企业制度。集团307户应建董事会企业全面建立董事会;外部董事应占多数的305户企业中,302户企业实现外部董事占多数,占比99%。制定《国机集团落实重要子企业董事会职权工作方案》,并以8家企业为先行试点,深化落实董事职权相关工作。二是市场化经营机制不断健全。国机集团系统修订考核分配制度,与二级企业全面签订任期和年度经营业绩考核责任书,出台管理制度,进一步明确经理层的聘任、考核、退出与取酬机制,在中国电研试点推进职业经理人制度。2021年,国机集团纳入考核的547户企业经理层成员全面签订有关合同或契约。三是改革专项工程持续推进。中工国际、中国联合、中国中元、国机精工、中国重型院等"双百企业""科改示范企业"进一步聚焦战略与主责主业,在现代企业制度建设、市场化选人用人、中长期激励等方面积极探索,发挥先行示范作用。2021年,上述5家企业全员劳动生产率比上年增长16.7%。四是大力推进"两非"剥离工作。2021年,"两非"剥离工作累计完成58户。

【重大项目】 发布实施国机集团"十四五"规划。规划明确"成为具有全球竞争力的世界一流企业"的企业愿景,确立国机集团的主责为:引领中国机械工业高质量发展,成为中国机械工业科技进步的引领者、中国机械工业行业标准的主要制定者、中国机械工业行业发展的主要规划者、国家重大技术装备产业链安全的重要保障力量、中国装备"走出去"的主力军、中国机电产品供应链集成服务的重要平台。确立国机集团主业为"三大主业,八大板块"。

整合板块资源。根据国机集团"十四五"规划部署,推动下属企业中设集团私有化退市,并以退市后中设集团为基础进行专业化整合,推进国机工程集团实体化运行;为加强国机集团规划智库能力建设,对机械工业规划研究院进行提级管理,建设国机智库及机械工业智库平台;充分运用海南政策及区位优势建设集团农业贸易综合平台,组建设立国机海南公司。

服务制造强国战略取得新进展。围绕核电、石化、冶金、航空航天等领域开展重大装备攻关,成功研制300兆瓦F级重型燃气轮机首台样机锻件、亚洲最大负载125兆牛预拉伸机组、7兆瓦海上风电主轴轴承等一系列首台(套)高端装备和产品;积极发展大数据、工业互联网、物联网等技术,助推制造业向高端化、智能化、数字化转型,研发的"重大装备润滑安全数字化运维平台""农机云服务平台"被评为"国有企业数字化转型优秀案例";"全流程智能化棉纺成套装备及系统"生产效率提高24%,推动纺织行业智能化转型。

加强农机装备关键核心技术攻关。开发的无人自动驾驶高速插秧机实现厘米级插秧控制;突破采棉头关键技术,采摘效率提高20%,产品竞争力持续增强;大中型拖拉机、打捆机、手扶插秧机销量分别比上年增长34%、30%、20%,市场占有率均保持第一。

海外项目运行稳中有进。中白工业园建成一期8.5平方千米范围基础设施和配套项目,入园企业85家,协议投资额12.39亿美元。引入首家中医药研发生产企业。推动白方政府颁布第四版园区总统令,营商政策环境进一步优化。

融入新发展格局成效进一步显现。把握国内大循环机遇,国内市场开拓成效明显。主动服务粤港澳大湾区、长江经济带、成渝地区双城经济圈等国家区域战略,与贵州省、重庆市等省市签署战略合作协议,不断拓展合作领域和空间。中标40亿元杭州智能制造产业服务综合体项目、30亿元莱阳开发区基础设施建设项目,助力我国区域经济发展和重大工程建设。

加快商业模式创新,积极服务"两个市场"。牵头成立中央企业经贸促进联盟。在国务院国资委支持下,集团牵头成立中央企业经贸促进联盟,联合28家中央企业推进中央企业经贸协作。

【走向海外】 2021年,国机集团完成境外直接投资4.1亿元,涉及项目10个。境外直接投资主要集中在北美洲、亚洲和欧洲,包括商业服务业、工程矿业、电力生产和园区管理等行业。一是积极践行"一带一路"倡议。2021年,国机集团克服境外疫情不利影响,积极参与"一带一路"互联互通和全球产业链供应链构建,机电设备、大宗商品等国际贸易呈现较好增长态势。新签18亿美元土耳其铁路、哈萨克斯坦12亿美元油气工程和近4亿美元纯碱厂等一批重点工程项目,在能源化工领域取得突破。截至2021年底,国机集团188个在执行项目位于共建"一带一路"国家,合同总金额243.6亿美元。二是积极参与国际组织。作为2021年B20意大利金融与基础设施工作组中方联合主席单位,国机集团代表中国金融与基础设施小组企业,积极在小组内发出中国企业声音,推动政策建议吸纳更多中方立场,表明中国工商界坚定支持多边贸易体制和自由贸易、促进世界经济重振和包容性发展转型的积极态度。三是积极开展援外业务。2021年,国机集团克服疫情等不利因素,结合地域性与功能性,严格依据我国援外的规章制度,全力将援外项目打造成为当地标志性建筑景观的精品工程;开启疫情防控常态化形势下援外人力资源线上合作工作,圆满执行科技部援外培训项目1期和商务部援外培训项目10期,培训总时长和参训总人数均刷新历年同期各项培训项目记录;与贝宁农牧渔业部、棉花协会共同举办援贝宁2021年度植棉机械化操作技术及农机维护保养培训班,促进当地农业机械化发展。

【重大创新】 2021年,国机集团科技创新工作取得显著成效,攻克一批关键核心技术,取得一批重大科研成果。2021年研发投入87亿元,研发投入强度2.35%。

平台建设情况。2021年,国机集团获批省部级以上科研与服务平台29家,其中国家级平台4家,涉及装备制造、智能传感、工业基础、工程建筑、检验检测等诸多领域,进一步夯实技术创新与产业发展基础。农业生产机械装备、大型铸锻件先进制造技术及装备、电气传动等3家工程中心纳入国家发展改革委新的国家工程研究中心管理序列。

科技奖项情况。2021年,国机集团获得省部级及全国行业性协会以上各类成果奖项392项,其中科学技术奖127项。蓝科高新参与的"400万吨/年煤间接液化成套装置"获得国家科技进步一等奖；合肥通用院与浙江大学共同完成的"氢气规模化提纯与高压储存装备关键技术及工程应用"项目、轴研所与浙江工业大学共同完成的"高性能滚动轴承加工关键技术与应用"项目获得国家科技进步二等奖。中国二重牵头完成的"8万吨模锻压力机关键技术及工程应用"获得中国机械工业科技进步特等奖。

专利、标准情况。获得授权专利2276件，其中发明专利436件，登记软件著作权472项。完成制（修）订国际、国家、行业标准347项。

【党建工作】 国机集团坚持以习近平新时代中国特色社会主义思想为指导，全面完成"中央企业党建创新拓展年"各项任务，围绕党史学习教育和庆祝中国共产党成立100周年开展系列活动，落实全面从严治党主体责任，党建工作质量和水平有效提升。一是坚决做到"两个维护"，习近平总书记重要指示批示精神不断深化落实。持续健全完善学习、落实、跟踪督办系统工作机制，深入落实"第一议题"制度，提升中心组学习质量。主动担当落实习近平总书记重要指示批示精神和中央决策部署，在科技创新、装备制造、乡村振兴等方面"锻造国机所长、服务国家所需"。抓好重点项目的建设运营，中白工业园累计入园84家企业，意向投资额超过12亿美元。二是高标准开展党史学习教育，学习贯彻习近平新时代中国特色社会主义思想持续走深走实。建立起"1个目标、6项学习内容、9项工作安排、4项保障措施和29项具体任务"的党史学习教育推进实施体系，组织开展学习培训、"百年党旗红 国机在行动"演讲比赛、党委讲师团专题宣讲、"向党报告工作"、党史知识竞赛等系列特色活动，达到学党史、悟思想、办实事、开新局的目的。扎实推进"我为群众办实事"实践活动，推进重点民生项目12项，各级企业民生项目507项，为基层群众办实事3200件。三是夯实基层基础，党建工作与生产经营深度有效融合。召开国机集团第二次党员代表大会。组织开展全国国有企业党的建设工作会议精神贯彻落实情况"回头看"，持续推进"党建强基、能力提升、制度保障"3个工程，广泛开展"把握新发展阶段、贯彻新发展理念、构建新发展格局"大讨论，制定党建工作与生产经营深度融合的指导意见，围绕生产经营重点、难点问题开展党员先锋岗、党员示范岗、党员先锋队等活动，通过课题攻关、项目攻关、党建共建等载体推进生产经营任务的高质量完成，党建工作与生产经营深度融合的成效日益凸显。

【信息化与数字化建设】 一是加强信息化工作的顶层设计，组织编制"十四五"网络安全和信息化建设规划。二是落实国资监管数字化智能化工作任务，完成国机集团第三方服务机构管理系统、监督追责系统、企业改革"三年行动"指标填报系统开发上线工作，搭建集团采购管理、总部组织机构管理填报模块，不断提升集团国资监管应用深度和广度。三是强化集团数据管理，编制数据治理标准，建立组织机构、人员、会计科目等五类主数据标准，搭建主数据管理信息化系统，打通合并报表、资金管理、投资管理数据通道，持续提升集团数据集成共享水平。四是贯彻落实相关法律法规要求，持续推进国机集团重要信息系统网络安全等级保护工作；完善网络安全应急管理机制，定期开展网络安全应急演练和网络安全专项检查；推进国务院国资委国资国企网络信息安全在线监管平台建设，构建国资监管网络安全新格局。五是推进国机集团产业数字化、数字产业化转型升级，组织下属企业申报国务院国资委数字化转型应用场景项目，下属企业国机智能的基于工业互联网的重大装备润滑安全智能运维平台入选。

【履行社会责任】 编制发布国机集团2020年社会责任报告（中英文版）。聚焦履责核心、凸显国机特色，全面系统呈现国机集团在可持续发展领域作出的积极探索和取得的阶段性成果，再次获得金蜜蜂2021优秀企业社会责任报告长青奖二星级奖。

责任案例入选国务院国资委年度央企社会责任蓝皮书。国机集团海外履责案例《生命之缘——中工国际孟加拉帕德玛水厂项目》获评《中央企业海外社会责任蓝皮书（2021）》优秀案例。

积极参加第13届"大爱无疆界"国际义卖活动。国机集团携下属企业中国机械设备工程股份有限公司捐款80万元，为云南省金平县和麻栗坡县筹集善款，改善当地医疗条件。

高质量完成定点帮扶各项考核指标。2021年，国机集团围绕巩固脱贫攻坚成果、全面推进乡村振兴，及时调整工作思路、优化帮扶举措，实现有序衔接。在4个定点帮扶县（区）投入各类帮扶资金4339.99万元，引进各类帮扶资金1.85亿元。围绕助力"五大振兴"，从农业装备、特色产业、教育培训、基础设施、公共服务等方面，谋划实施帮扶项目50个。在2021年中央单位定点帮扶工作成效考核中被评为最高等次"好"。

（撰稿人：刘 维）

哈尔滨电气集团有限公司

【基本概况】 2021年，面对百年未有之大变局和能源转型的严峻挑战，哈尔滨电气集团有限公司（以下简称哈电集团）深入学习贯彻习近平总书记重要讲话重要指示批示精神，坚决贯彻党中央、国务院决策部署，落实国务院国资委各项要求，迎难而上、锐意进取，企业改革发展和党的建设各项工作取得新成效。

2021年，哈电集团工业总产值207.3亿元，比上年增长6.4%；正式合同签约额319.9亿元，比上年增长6.3%；发电设备产量2048万千瓦，比上年增长14.5%。自主研制的世界首台百万千瓦白鹤滩水电站14号机组率先投产发电，实现我国高端装备制造重大突破，习近平总书记发来贺信，李克强总理作出批示。先进电机原创技术策源地和水力发电设备原创技术策源地获批列入国务院国资委首批技术策源地名单。积极推进国企改革三年行动，建立市场化经营管理机制，列入改革范围的28户子企业全部完成经理层成员任期制和契约化管理。

【主要指标】

表1　2021年哈尔滨电气集团有限公司主要经济指标

项　目	2020年	2021年	比上年增长（%）
资产总额（亿元）	649.83	685.53	5.49
所有者权益（亿元）	228.00	187.20	−17.90

续表

项　目	2020年	2021年	比上年增长（%）
营业收入（亿元）	263.95	247.98	−6.05
利润总额（亿元）	6.61	−42.84	−747.91
净利润（亿元）	5.27	−42.39	−904.61
归属于母公司所有者的净利润（亿元）	2.67	−27.60	−1134.48
技术开发投入（亿元）	14.83	12.03	−18.89
利税总额（亿元）	16.55	−33.29	−301.18
应交税金总额（亿元）	11.48	11.12	−3.17
全员劳动生产率[万元/（人·年）]	31.38	−0.13	−100.42
净资产收益率（%）	2.37	−20.42	减少22.79个百分点
总资产报酬率（%）	1.25	−6.24	减少7.49个百分点
国有资本保值增值率（%）	102.37	81.37	减少21.00个百分点

【改革发展】 扎实推进国企改革三年行动工作。按照确定的188项行动项挂图作战，构建"1142"工作推进体系，全年完成146项行动项，总体完成率77.7%。一是深入落实习近平总书记关于"两个一以贯之"重要论述，集团公司及全部子企业完成"党建入章"。二是应建立董事会的子企业全部完成董事会建立，实现外部董事占多数，完成董事会向经理层授权的管理制度。三是重塑总部管控模式和功能定位，全力打造学习型、创新性、服务型总部。四是压实企业市场开发主体责任，全面激发市场开发活力。五是扎实开展对标提升行动，补齐管理短板，提升公司治理水平，集团公司层面整体完成进度94.9%。六是明确主体权责，建立规范的任期制和契约化制度，完成2021年度任期制和契约化工作。大力推进市场化用工，新进人员全部实现公开招聘，全体员工实现"劳动合同+岗位合同"的双合同管理。实施"头雁"行动、"刀刃计划"，定向激励科技人才。七是以高质量党建引领推动企业高质量发展取得成效，在国务院国资委

2020年度中央企业党建工作责任制考核中获评A级。八是持续推动混合所有制改革,编制《阀门公司管控手册》,不断完善公司治理,激发企业活力动力,2021年阀门公司营业收入比上年增长25.2%,利润比上年增长108.7%,实现历史最好水平。

【重大项目】 水电产业方面,世界单机容量最大白鹤滩水电站右岸14号机组成功并网发电。国内单机容量最大的阳江抽水蓄能电站1号机组正式移交生产,保持抽水蓄能技术世界领先。核电产业方面,研制并提供重要设备的国家科技重大专项华能石岛湾高温气冷堆核电站示范工程并网成功,确立我国在第四代先进核能技术领域全球领先地位。气电产业方面,中标广东能源惠州和深能源光明5台9H重型燃机,在H级燃机市场占有率保持领先。煤电产业方面,上海庙一期百万、永州百万、罗源湾百万等电站项目陆续投产,百万机组设备成为国内清洁绿色、高效低碳、灵活安全、智能智慧煤电机组的典型代表。风电产业方面,参与建设的浙江省最大容量海上风电项目——浙能嘉兴1号顺利实现全容量投产运行,为做强做优做大海上风电业务的发展目标奠定坚实基础。电力工程方面,克服海外疫情影响,完成迪拜哈斯彦清洁燃煤电站2号机组商业运行、乌兹别克斯坦安格连燃煤电厂项目移交、厄瓜多尔美纳斯水电项目移交等重要节点。改造产业方面,国家电投平顶山电厂两台机组综合节能改造项目先后顺利完成,开启百万机组综合节能升级改造新路径,再次擦亮哈电服务品牌。电动机产业方面,启动主氦风机成套产业化项目,为解决能源瓶颈的迫切问题和实现国民经济的快速发展作出贡献。

【走向海外】 立足"双循环"发展格局,持续实施"走出去"战略,积极参与"一带一路"建设,海外市场开发及项目建设取得良好成绩。一是海外市场开发业绩显著提升。2021年,海外正式合同签约额58.7亿元,比上年增长401.1%,正式签订有"巴基斯坦三峡"之称的塔贝拉水电站五期机电总承包合同、印度尼西亚奥比岛项目三大主机设备合同等重要海外订单。二是国际产业布局加速转型。积极应对全球能源结构调整的客观形势,优化国际产业布局,持续发力、加速转型升级。2021年取得土耳其现代纸业PM6制版厂项目和泰国木薯制乙醇及联合循环电站综合项目总承包订单,进军海外轻工和化工领域市场;取得巴基斯坦吉航联合循环电站12年运维服务合同,加快推进向运维服务商转型。三是海外项目建设有序推进。克服疫情及国际形势等不利因素影响,通过减少人员轮换、增设替代供应商等方式全力保障海外建设项目。迪拜哈斯彦项目2号机组投入商业运行,3号机组实现倒送电,4号机组如期完成汽轮机高中压缸就位;乌兹别克斯坦安格连150兆瓦CFB热电站项目、孟加拉国巴库250兆瓦燃煤电站二期扩建项目实现最终移交。

【重大创新】 继续加大科技创新力度,各项工作取得成效。获得省级以上科技奖励24项,获得专利授权643件,完成发布国家及行业标准12项,新签订政府科研项目24项。1025攻关任务进入验收阶段。核心技术攻关技术研究成果获得国家科技重大专项"CAP1400屏蔽泵样机研制"等9个横向纵向科研项目。发布2021年度集团科技重大专项24项,承担国家科研课题35项。

完成《哈电集团"十四五"科技创新发展规划》。先进电机原创技术策源地和水力发电设备原创技术策源地获批列入国务院国资委首批技术策源地名单。持续落实与哈工大、哈工程等高校在海洋工程装备及储能等重点领域的深度合作。

加入由华能集团牵头的CCUS创新联合体,与中国三峡集团、国家电投、中国大唐、中国石化等中央企业之间保持密切合作,在风能、氢能、CCUS、地热、储能等战略性新兴产业领域持续开展科技合作。

【党建工作】 2021年,哈电集团党委扎实开展党史学习教育,深入学习贯彻习近平总书记"七一"重要讲话和党的十九届六中全会精神,深入开展"我为群众办实事"实践活动,突出学党史、悟思想、办实事、开新局,不断在党的百年奋斗历程中汲取智慧和力量。开展习近平总书记国企党建会精神贯彻落实情况"回头看",进一步巩固成果、总结经验,不断提升党的建设质量。坚持党管人才,制定《哈电集团党委关于深入贯彻落实中央人才工作会议精神推动企业高质量发展的意见》,制定"十四五"人才发展规划,进一步激发人才活力。严格落实全面从严治党主体责任,一体推进"三不腐",巩固纪检监察体制改革成果,为企业发展营造良好的政治生态。

2021年,哈电集团党委坚持以习近平新时代中国特色社会主义思想为指导,坚决贯彻落实十九届中央纪委五次全会精神,压实全面从严治党主体责任、监督责任,持续深化纪检监察体制改革,坚决推进纪律监督、监察监督、派驻监督、巡视监督、职能监督等监督融合,努力构建统筹联动的监督格局。坚定不移正风肃纪反腐,加大"靠企吃企"问题专项整治力度,以身边事警示教育身边人。持续加大问题线索处置及案件查办力度。持续加强作风建设,文山会海得到有效遏制,落实中央八项规定精神成果持续巩固,营造风清气正、干事创业的良好氛围。落实党内监督主体责任、加强对"一把手"监督,持续深化中央巡视整改工作,企业改革发展焕发新的活力。

哈电集团党委认真组织建党百年系列庆祝活动,成功举办哈电70周年纪念大会,并在安全环保、乡村振兴、审计监察、依法治企、合规管理、信访维稳、保密管理、疫情防控、统战群团等方面做出大量工作,取得积极成效。

【信息化与数字化建设】 强化规划引领作用,编制《哈电集团"十四五"数智化规划》,全面开展"数字哈电"建设。开展ERP三期项目建设,推广企业动力科贸实现业财一体化管理。持续推进集团管控平台建设,完成中央企业第三方服务机构管理系统、中央企业改革三年行动重点指标系统、中央企业采购管理系统、中央企业总部机构设置情况系统等建设工作。持续优化电站服务平台,拥有电厂客户700多家,备件铺货13184件,累计处理客户问题反馈453条。完善供应链管理,锅炉公司智能供应链管理平台获评2021年全国智慧企业建设创新实践案例。

智能制造建设工作加快推动,锅炉公司建设行业内首条功能最全、覆盖范围最广的集箱管接头备料生产线,电机公司发电机冲片自动叠装车间获评"黑龙江省数字化(智能)示范车间",哈电研究院首次实现激光熔覆焊接机器人的成果转化。

装备智能化能力不断提升,中标工业和信息化部专项"发电行业关键设备数字孪生全生命周期管理系统项目",开展工业数字"孪生"管理系统建设。开发华能大庆锅炉智能运维服务系统,打造国内首个锅炉燃烧可视化智慧电厂建设的新示范。哈电集团工业互联网平台与佳电股份"基于大数据的智能电机远程在线运维服务系统"均获评2021年全国智慧企业建设创新实践案例。

【履行社会责任】 以实际行动践行"友好环境、温馨家园"的社会责任观和绿色发展理念,高度重视经济与生态的和谐统一,坚持回馈社会,大力支持社会公益事业,树立有责任、有担当的企业形象。一是持续加大节能减排工作力度,专项投入节能减排费用1200余万元,重点突出节能减排新技术、新工艺应用,推进用电、用水、供热等升级改造。二是坚持"安全第一、预防为主、综合治理"方针,持续深化落实安全生产主体责任,全年安全生产投入4800余万元,安全生产培训200余次,培训5万人次。三是积极进行企业改革工作,维护企业及所在区域稳定。四是推进工会互助基金、党员爱心基金建设和运行,鼓励员工参与公益活动,志愿献血1000余人,献血量30余万毫升。五是通过幼儿教育、医疗服务、困难帮扶等志愿活动,推动社区和谐和区域公益发展。六是积极开展抗击疫情工作,在实现公司员工零感染的目标同时,为国家和地方抗击疫情贡献企业的力量。七是着力推动对口帮扶地区文山市持续巩固拓展好脱贫攻坚成果,接续做好乡村振兴有效衔接。

(撰稿人:张宇锡)

中国东方电气集团有限公司

【基本概况】 2021年,中国东方电气集团有限公司(以下简称东方电气集团)认真贯彻落实习近平总书记关于国有企业改革发展和党的建设重要论述精神,始终坚持党对深化改革工作的全面领导,围绕"市场化改革主线",纵深推进"1532"改革工程,坚持高质量发展,加快推动转型升级,统筹推进做强做优做大,在2020年同比增长超过10%的基础上主要经济指标跑出"加速度",两年平均增速超过15%,实现"十四五"发展"开门红"。集团公司产业结构绿色低碳转型成效明显，"零碳"发电装备占装备制造板块比重超过60%；煤电产业营业收入、新生效合同占比降至20%以下；风电、光伏等新能源产业营业收入比上年增长65.9%，占比升至26.0%。重大科技创新项目有序推进并按计划完成，关键核心技术不断突破。全球单机容量最大白鹤滩水电机组顺利并网发电，首批机组性能优异、运行稳定，创造"精品工程"；第四代核电示范快堆16台蒸汽发生器提前研制完成；核电"华龙一号"全球首堆汽轮发电机组、蒸汽发生器等关键装备按期顺利交付、运行安全稳定；亚洲单机容量最大10兆瓦海上风电机组实现批量交付；自主研制50兆瓦重型燃气轮机获得示范项目合同。东方电气集团先进电力装备领域水电、风电、核电3个方向进入国务院国资委原创技术策源地首批建设范围。

【主要指标】 2021年，东方电气集团实现营业总收入492.64亿元，比上年增加110.92亿元，增长29.06%；利润总额28.85亿元，比上年增长31.02%，较"十三五"平均增幅26.9%高4.12个百分点，利润总额增幅超过营业收入增幅，实现效益优于规模增长，接近历史最好水平。

表1 2021年中国东方电气集团有限公司主要经济指标

项　目	2020年	2021年	比上年增长（%）
资产总额（亿元）	1001.59	1059.63	5.79
所有者权益（亿元）	359.13	384.95	7.19
营业总收入（亿元）	381.72	492.64	29.06
利润总额（亿元）	22.02	28.85	31.02
净利润（亿元）	20.78	26.24	26.30
归属于母公司所有者的净利润（亿元）	12.40	15.48	24.85
研发费用投入（亿元）	23.47	28.08	19.68
利税总额（亿元）	36.11	47.06	28.17
应交税费总额（亿元）	14.09	18.21	29.26

续表

项　目	2020年	2021年	比上年增长（%）
全员劳动生产率[万元/(人·年)]	44.72	51.68	15.56
净资产收益率（%）	6.0	7.1	增加1.1个百分点
总资产报酬率（%）	2.5	3.0	增加0.5个百分点
国有资本保值增值率（%）	108.6	107.6	减少1.0个百分点

【改革发展】 混合所有制改革方面，通过东方电气集团低效产能退出专项行动计划，创新性以"引入优质民营资本混改"方式，完成东汽铸锻低效业务退出，实现合资混合所有制改革企业引入资本、技术和市场化机制及专业化发展。国企改革"双百行动"、"科改示范行动"方面，推动"双百企业"东方锅炉、东方风电，"科改示范企业"东方武核继续做好综合改革试点重点任务。东方锅炉进一步多维度多层次建立市场化经营机制，在"摘标赛马""揭榜挂帅"等方面改革取得经验；东方风电由"混"转"改"，在推进股份制改造、建立完善公司治理体系、职业经理人制度方面取得成效；东方武核实施"揭榜挂帅"对赌，充分激发队伍活力和创新动能。国企改革三年行动方面，东方电气集团认真贯彻习近平总书记关于国企改革的重要指示批示精神，贯彻落实党中央、国务院决策部署和国务院国资委要求，按照集团公司改革三年行动计划安排，始终坚持党的领导、把握正确改革方向、狠抓任务分解和工作落实，截至2021年底，改革三年行动总体完成进度86.4%，超过国务院国资委70%的年度目标，总体实现"三个全覆盖、两个100%、多个专项突破"，10个重点量化指标全部超过央企平均水平。全面落实中央人才工作方面，以"3111"工作机制迅速持续深入贯彻落实中央人才工作会议精神，在中央企业中率先印发贯彻落实中央人才工作会议精神专项实施方案。编制发布《集团公司"十四五"人力资源规划》，确定"461"人力资源工作总体思路，推动人才发展体制机制改革向纵深推进。干部人事制度改革方面，全面推进任期制契约化管理，实现全级次经营班

子任期制和契约化管理全覆盖,完成首年度任期制契约化目标考核,实现各级次经理层成员年度个性化业绩考核全覆盖。在集团公司总部和6家企业推动实施中层领导人员"全体起立、竞聘坐下",其中,集团公司总部中层领导人员整体退出率12.5%,持续破解干部能上不能下难题,相关经验被《国资工作交流》刊发。劳动用工制度改革方面,进一步突出劳动效率升降在用工总量增减中的决定性作用。2021年末,集团从业人员18232人,全年净减员536人,从业人员连续10年下降,全员劳动生产率51.68万元/(人·年),达到"十三五"以来最好水平。收入分配制度改革方面,稳步推进落实企业董事会经理层业绩考核和薪酬分配权、职工工资总额决定权,在6家单位推进实施工资总额备案制管理。完善企业职工薪酬差异化分配情况评价机制,加大考核奖惩力度,9家单位薪酬差异化系数实现提升。持续提升中长期激励广度和力度,稳慎推进7家企业8项中长期激励计划"落地",实现各类中长期激励方式在集团内"应推尽推"。

【重大项目】 2021年1月,东方电气集团将属国家示范工程项目、重大新产品或新技术项目(首台套)、具有重大技术引领作用项目以及集团关注项目,涉及火电、水电、核电、气电、风电等板块10个项目纳入集团重点管控,每月对项目执行进展、偏差及纠偏措施进行梳理、检查和上报。其中大唐米拉务项目完成交货;白鹤滩项目完成6台机组投运发电目标,7号机组完成无水调试,8号机组完成转子吊装;长龙山项目完成3台机组投运发电,4号机组完成安装;海上浮动核电站ACPR50S实验堆一回路主设备制造技术研发,研制进度可控;CAP1400主设备研制总体正常;首个M701J型燃机项目进度总体可控;长乐外海海上风电场C区项目20套主机全部产成并完成8台机组并网发电。

对外投资方面,聚焦"六电五业"产业布局开展。"六电"方面,风电板块主要为广东、山东和内蒙古等制造基地投资;光伏方面,主要为东方投资实施酒泉50兆瓦光储项目、浙江衢州35兆瓦农光互补项目等;核电板块,主要为东方重机和东方武核能力提升项目;火电板块,主要为东方汽轮机铸锻事业部混合所有制改革;气电和水电板块,主要有东方汽轮机高温叶片试制项目、产业能力提升等。"五业"方面,主要集中在新兴产业投资,包括数字化车间建设项目、东方电气创新及海外业务中心项目投资、设立先进制造产业基金等。

并购重组方面,2021年11月,东方电气集团与航天科工就无偿划转宏华集团有限公司控股权事宜签署协议,重点推进宏华集团有限公司股权划转工作。宏华集团是全球最大的陆地石油钻机制造商之一和中国最大的石油钻机成套出口企业,通过此次专业化整合,有利于宏华集团健康持续发展,防范化解重大经营风险,提高中国能源装备技术水平,增强国有经济竞争力和影响力。

重大科研开发方面,坚决担负起突破"卡脖子"关键核心技术使命职责,按期完成央企攻坚工程一期全部任务。世界最大单机容量白鹤滩1000兆瓦水电机组成功投运发电,引领世界水电跨入"单机容量百万千瓦时代",习近平总书记发来贺信、李克强总理作出批示;第四代核电示范快堆16台蒸汽发生器提前研制完成,中纪委副书记杨晓渡作出批示、国家原子能机构发来贺信;自主研制完成国内最长103米风电叶片、2082毫米(82英寸)大型核电汽轮机的超长末级叶片,完成海上浮动核电站实验堆一回路主设备关键工艺验证,突破大容量高水头冲击式机组模型转轮关键核心技术。强化科技创新政策争取,先进电力装备领域水电、风电、核电方向进入首批重点支持范围,中标工业和信息化部国家新材料示范平台;获批建设能源装备工控网络安全四川省重点实验室;重型燃气轮机制造NQI关键技术纳入"国家质量基础设施体系"重点专项。

【走向海外】 认真贯彻落实习近平总书记关于"一带一路"倡议的重要论述,将"走出去"作为集团公司发展的重要战略方向之一,克服国际经济形势复杂多变、海外疫情导致的人员流动受限、物流通道不畅、成本飙升等不利影响,统筹生产经营和疫情防控工作,工程与国际贸易板块实现逆势增长,实现营业收入72亿元,比上年增长79%,为全年目标的131%;利润总额6.15亿元,比上年减少15%,为全年目标的103%;新生效合同90亿元,比上年增长15%,为全年目标的100%,在"十四五"开局之年交出一份亮丽答卷。坚持"稳妥审慎"原则开展境外投资工作,深入落实集团公司发展战略,积极推动国际投资公司参股郫都氢能产业园等项目,全年累计完成境外投资4757万元,占集团公司总投资额的2.2%。

【重大创新】 重大技术创新方面,全年获得国家科技进步奖二等奖1项,军队科技进步特等奖1项,省部级奖励24项。研发投入强度5.71%,比中央企业平均水平高出3个百分点。PERC太阳能电池用银浆、氢燃料电池发动机入选中央企业科技创新成果目录。涌现一批重大技术创新成果,国内最高水头长龙山抽水蓄能机组投入商运,亚洲最大10兆瓦海上风电机组实现小批量投运发电;国内最大6兆瓦陆上风电机组成功并网运行;全球机位海拔最高(5060米)的西藏措美县哲古分散式2.5兆瓦风电机组成功吊装。着力新产业技术突破。国内首台50Mvar分布式凸极调相机成功商用,关键参数达到世界先进水平;提供透平机组的世界首个非补燃压缩空气储能电站并网试验成功;国内首套商用100千瓦氢燃料电池冷热电三联供系统实现示范运行;东方电气首批3条氢能重卡线路开始示范运行,助推成渝氢走廊。

重要管理创新方面,以对标提升和精益管理为主要抓手,持续提升管理水平,持续推进对标提升行动,完成进度92.9%,提前完成国务院国资委考核目标,推进企业总体完成进度超过95%,东方电机数字化车间建设项目入选国务院国资委标杆项目。深入开展精益管理,持续实施改善项目,实现财务收益超过1.6亿元;推进实施18个精益六西格玛黑带项目,培育首批精益黑带人才;编印精益管理7S、TPM等作业指导书,着力打造精益管理长效机制;初步建立精益管理推进体系,在主要制造企业基本形成"全员参与、持续改善"的精益理念。

【党建工作】 党的建设工作方面,坚决拥护"两个确立",坚持和加强党的全面领导,严格落实"第一议题"要求,优化贯彻落实习近平总书记重要指示批示精神和党中央重大决策部署督查"四有"机制。扎实开展庆祝中国共产党成立100周年系列活动,深入开展党史学习教育,推动广大党员干部职工在潜心自学、集中研学、领导带学、专家讲学、以赛促学中感悟思想伟力,推动"我为群众办实事"实践活动"三层清单"1436项全部到期完成、员工测评满意度100%。扎实开展全国国企党建会精神贯彻落实情况"回头看",提炼形成加强党的建设十大典型做法,制定实施推进高质量党建引领保障企业高质量发展指导意见,党建质量不断提升。促进党建融入生产经营中心工作,打造"挂牌出题-揭榜破题-亮牌解题"模式,擦亮"创争联动"工作品牌,2021年指导各级党组织完成512个创先争优项目,有力推动白鹤滩全球首批百万千瓦水电机组、首台示范快堆蒸汽发生器等重大项目实现高质量交付使用。坚持党建带团建,制定专项实施方案及考评细则,开展第一期"青年马克思主义者培养工程"。

反腐倡廉工作方面,坚定不移加强党的政治建设、强化政治监督,紧紧围绕贯彻落实习近平总书记重要讲话、指示批示和党中央重大决策部署,对创新发展战略落实、定点帮扶项目落实、中央巡视整改、重大专项推进、境外廉洁风险防控等加强监督检查。聚焦"关键少数",落实《中共中央关于加强对"一把手"和领导班子监督的意见》,制定贯彻落实工作方案、工作措施和任务清单,创新监督方式,提升监督质量。聚焦重点领域,开展"靠企吃企"专项整治、采购招标专项治理、境外廉洁风险专项检查、国家重大项目调研监督,以监督治理效能保障高质量发展。坚持"惩、治、防"并重,严肃查处违纪违法案件,立案16件,给予党纪政务处分29人次,监察调查2人,运用监督执纪"四种形态"处理84人次。构建业务监督、职能监督、执纪监督"三道防线",召开警示教育大会,制作《王鹏、黄清明腐败案件警示录》,发布"同心守正 廉洁致远"廉洁理念,一体推进不敢腐、不能腐、不想腐,东方电气集团政治生态和经营环境持续向好。

【信息化与数字化建设】 数字化转型加快推进。制定"十四五"网信规划。编制发布《信息化项目管理办法》《网络安全管理规定》《信息系统数据资源管理规定(试行)》《信息系统运维管理规定》等一系列网信制度和标准。

数字化应用建设。研究制定集团数字化管理架构体系,重点围绕ERP系统、财务共享、销售管理、采购管理、合同管理、科技管理、质量管理、行政办公、数据治理等方面,统筹建设十大集团级管理信息系统,完成方案设计与系统建设,实现试点企业上线运行。

数字化基础设施建设。实施集团网络升级改造,建成架构先进、安全可靠、运维简化、扩展灵活的核心网络,数据中心网络与园区网络有效隔离,关键核心网络设备实现国产化替代。网络安全方面,统筹规划建设集团网络安全运营中心,采取多种方式加强对基础设施、信息系统的安全预警,及时处置潜在风险。统筹推进集团公司本级及各企业的网络安全等保2.0网络安全体系建设。

【履行社会责任】 履行社会责任具体实践方面,始终秉承"共创价值、共享成功"的理念,在社会责任管理与实践过程中,不断探索将社会责任工作融入战略、进入管理、纳入运营,建立健全社会责任管理体系,并不断完善社会责任组织体系建设。2008年至今,集团公司连续发布13份社会责任报告,常态化向公众披露公司履行社会责任的实践成果。严格遵守相关法律法规,坚持平等雇佣,杜绝雇佣童工与其他强制性劳动,持续完善薪酬福利体系,重视民主沟通,积极构建和谐稳定的劳动关系;坚持以人为本,持续开展节日慰问、运动比赛等丰富多彩的员工活动,平衡员工工作与生活,进一步提升员工幸福指数;牢牢树立"安全第一 生命至上"的安全理念,2021年,全集团较大生产安全事故、较大火灾事故、较大突发环境污染事件、重大职业病危害事故均为零,安全生产形势稳定受控;筑牢疫情防控安全网,动态调整疫情防控措施,积极推进新冠疫苗接种,"应接尽接"全程接种率近100%;与地方党政机关、企事业单位、城乡社区等合作联动,积极参与搭建社会事务平台,致力于打造共建共治共享的社会治理格局;积极投身公益志愿活动、抗洪救灾等公益事业中,2021年累计对外捐赠总额3346.65万元。

振兴帮扶方面,全面超额完成年度责任指标分解计划。一是在定点帮扶地区投入直接帮扶资金2650万元,实施帮扶项目37项,为当地引进帮扶资金50.4万元,干部职工捐款捐物折合10.5万元,转移就业60人,集团下属企业直接招聘9人,统筹3项培训758人,完成以购代捐1918.8万元,帮助销售1805万元。二是通过协助定点帮扶县推进"示范村"建设,因地制宜帮助培育壮大优势特色产业,坚持"一县一品一产业"帮扶模式,加强产业产品品牌化打造,进一步激发产业自我发展动力和活力,增强帮扶地区经济活力和发展后劲,切实做到"扶上马送一程",全面推进乡村振兴。东方电气集团连续两年在中央单位定点帮扶工作成效考核中获得最优等次"好"。

抗击疫情方面,贯彻落实党中央、国务院关于疫情防控的决策部署和国务院国资委疫情防控相关要求,坚持"外防输入、内防反弹"总体防控策略,召开集团公司疫情防控领导工作小组会议3次,疫情防控专题会议3次,部署集团公司疫情防控工作。常态化召开集团公司疫情防控办公室例会46次,根据疫情形势适时发布集团公司疫情防控通告19期,动态调整防控措施和应对方案。东方电气集团加强监督考核,积极推进新冠疫苗接种工作,"应接尽接"全程接种率99.97%,进一步筑牢免疫屏障;坚持人、物、环境同防,严格落实对重点环节、重点场所的防控措施;按照"四早"要求排查重点风险人群,落实核酸检测和隔离等防控措施,跟踪健康状况,及时化解关联风险,坚决守住不发生聚集性疫情传播的底线,全年全集团未发生聚集性新冠肺炎疫情,境内无员工被感染。

(撰稿人:康 莉)

鞍钢集团有限公司

【基本概况】 鞍钢集团有限公司(以下简称鞍钢集团)于2010年5月由鞍山钢铁集团公司和攀钢集团有限公司联合重组而成。2017年1月25日,鞍山钢铁集团公司完成公司制改制工商变更登记工作,公司名称正式变更为鞍山钢铁集团有限公司(以下简称鞍山钢铁),是新中国第一个恢复建设的大型钢铁联合企业和最早建成的钢铁生产基地,为国家经济建设和钢铁事业的发展作出巨大贡献,被誉为"新中国钢铁工业的摇篮""共和国钢铁工业的长子";攀钢集团有限公司(以下简称攀钢)是依托攀西地区丰富的钒钛磁铁矿资源,依靠自主创新建设发展起来的特大型钒钛钢铁企业集团。2021年10月15日,鞍钢集团本钢有限公司(以下简称本钢)揭牌,标志着鞍钢重组本钢工作正式完成。鞍钢集团是由钢铁、矿业、钒钛、现代供应链、产业金融、节能环保、新能源、贸易、工程技术、化学科技和信息技术等多个产业集合组成的特大型钢铁企业集团，拥有普钢、特钢、不锈钢和钒钛等完整产品系列，广泛应用于汽车、船舶、工程机械、家电、集装箱、桥梁、石油石化、铁路、核电、航空航天和国防军工等数十个行业。

2021年是鞍钢集团发展史上具有里程碑意义的一年。鞍钢集团党委以习近平新时代中国特色社会主义思想为指导，全面贯彻党的十九大和十九届历次全会精神，深入学习贯彻习近平总书记重要讲话和重要指示批示精神，坚决贯彻落实党中央、国务院决策部署，把党的领导贯穿改革发展始终，坚定不移走"改革+市场"发展之路，实现"三个历史性突破"：一是鞍钢党委在国务院国资委2020年度中央企业党建工作责任制考核评价中首次晋级A级；二是鞍本重组顺利完成并完成债转股和混合所有制改革；三是经营效益创历史最好水平，"十四五"取得开门红。

【主要指标】 2021年，鞍钢集团认真贯彻落实党中央、国务院关于"十四五"时期国民经济和社会发展的重大决策部署，在立足新发展阶段、贯彻新发展理念、构建新发展格局中谋划企业发展，制定鞍钢"十四五"发展战略和规划，确定"7531"战略目标和钢铁、矿业"双核"战略，战略目标和战略路径更加精准清晰。高效应对鲅鱼圈、广州、莆田和大连等地疫情，慎终如始严格常态化疫情防控，取得阶段性胜利，鞍钢集团境内外职工实现"零感染"。面对辽宁地区特大暴风雪，广大干部职工爱厂如家、众志成城、抗灾保产，以实际行动续写新时代鞍钢职工的钢铁意志和家国情怀。2021年，主要指标在中央企业和行业排名前列。归属于母公司所有者的净利润、净利润比上年增利额分别在中央企业排名第33位、第14位；报表利润总额在全国钢铁行业排名第三位。鞍钢集团历史上营业收入、经营利润首次突破3000亿元、300亿元关口，实现营业收入3835亿元（其中本钢908亿元），经营利润390亿元（其中本钢76亿元）。鞍钢集团"十四五"实现高起点开局。

【改革发展】 鞍本重组顺利完成并完成债转股和混合所有制改革，整合融合初见成效。8月20日，重组工作正式启动；10月15日，鞍钢集团本钢集团有限公司揭牌，标志着重组工作正式完成。重组后，鞍钢粗钢产能达到6300万吨，居国内第二位、世界第三位，形成"南有宝武、北有鞍钢"的钢铁产业新格局，有力推动东北振兴、辽宁振兴，进一步提升钢铁产业集中度，促进钢铁行业布局优化和结构调整。加快推进重组整合融合，持续深化"六措并举"综合性改革，完成鞍钢集团股权多元化改革，成功召开第一次股东会，组建新一届董事会并有效运行；本钢44亿元债转股和引入优秀民营企业战略投资者的混合所有制改革顺利完成；形成"1+2+N"改革方案，本钢市场化改革全面启动；注入200亿元资金支持本钢发展。聚焦"要素管控+管理移植""战略引领+资源协同"两条主线，制定实施首月、百日、半年、首年、两年、三年整合融合计划。本钢经营效益显著提升，实现利润创十年来历史最好水平；资产负债率比重组前降低10.79个百分点。

三项制度改革取得突破，国企改革三年行动扎实推进，内生动力显著增强。强化顶层设计，形成"1+12+2"配套制度体系，坚决破除制约发展的堵点痛点。业绩决定用人。全面推进"两制一契"，314家单位实施经营层任期制和契约化管理，管理人员竞争上岗率75.23%，末等调整、不胜任退出占比10.34%，均高于中央企业平均水平。"揭指标竞聘、带契约上岗"成为常态。效率决定用工。推行"双合同"管理，建立员工公开招聘、竞争上岗机制，组建赋能中心，加大市场化退出力度，净化用工环境，解除劳动合同1563人，其中市场化退出1372人，市场化退出率1.2%。全员劳动生产率56.9万元/（人·年），比上年提高44.3%。效益决定薪酬。强化全员岗位绩效管理，浮动工资差异系数1.14，合理拉开收入差距。全面实施即时激励，突出工资效益强相关，83%以上在岗职工收入增幅超过10%。积极推进多元多层激励，两家上市公司实施股权激励；10家符合条件的科技型企业中，8家实施股权和分红激励。市场决定机构。优化组织机构，压减法人和厂矿单元35个、部门和作业区417个、管理岗位2018个，提升管理效率。国企改革三年行动年度任务全部完成。三年行动总体任务完成率76%，完成国务院国资委70%以上的目标要求。

推进子企业加强董事会建设,落实董事会职权,实现应建尽建和外部董事占多数,重要及具备条件的29户子企业完成差异化落实董事会职权。健全市场化经营机制、深化混合所有制改革、国企改革专项工程等均取得积极成效。朝阳钢铁、西昌钒制品公司入选国务院国资委管理标杆创建行动标杆企业,人力资源管理入选标杆项目,鞍钢获国务院国资委"三个标杆"满分评价。鞍钢改革工作得到国务院领导、国务院国资委和辽宁省委、省政府充分肯定,先后3次在全国和国资央企介绍经验。

亏损企业治理成效明显,发展质量不断提升。建立三级联动机制,"一企一策"建立完善治理方案。鞍钢(不含本钢)当期经营亏损企业降至5户,比上年减少22户,减少81%;亏损额0.41亿元,比上年减少15.6亿元,减少97%,超额完成"亏损企业亏损面减少2/3、亏损额减少1/2"治理目标。鞍钢联众扭亏为盈,实现报表利润总额3.58亿元。国务院国资委认定的4户重点亏损子企业提前完成"三年减亏50%"治理任务。完成"两非"企业剥离13户,完成率100%,提前完成国务院国资委目标任务。

【重大创新】 关键核心技术攻关如期完成,创新动能持续激发。服务国家战略,配置最优资源,着力攻克关键领域"卡脖子"技术,关键核心技术攻关任务全部完成。研发投入强度3.87%,总额比上年提高41.6%。加强"四个创新平台"建设,成都材料院"科改示范行动"改革成果案例入选国务院国资委案例集。加快推进科技成果转化,超厚超宽高强度反应堆安全壳用钢AG728、X70级深海高应变管线钢、500MPa级免涂装耐候桥梁钢实现全球首发;中标国内最大24000箱超大型集装箱船全部止裂钢合同,实现95毫米止裂钢国内首次应用;成功研制满足川藏铁路极限服役条件原型钢轨。一批精品钢材广泛应用于北京冬奥会、中老铁路等工程项目建设。获得国家科技进步二等奖2项,冶金科学技术奖14项。在中国钢铁企业专利创新指数排名中,鞍山钢铁、攀钢分别列第三位、第四位。

【党建工作】 2021年,鞍钢集团深入学习贯彻习近平总书记重要讲话和重要指示批示精神,把党的领导贯穿改革发展始终,以实际行动庆祝中国共产党成立100周年。一是党史学习教育扎实开展。把开展党史学习教育作为一项重大政治任务,构建"4+4+4"推进机制,一体推进学党史、悟思想、办实事、开新局。建立"四学"机制,集团党委集体学习研讨9次。以"七讲"方式深入开展"七一"大会、党的十九届六中全会精神宣讲4251场,覆盖11万余人次,深刻感悟思想伟力。推进"我为群众办实事"实践活动,集团领导班子带头推进10项民生实事全部完成,推动基层党委实施办实事项目2815项,完成率100%,职工获得感幸福感明显增强。传承红色基因,弘扬"鞍钢宪法"精神、孟泰精神、雷锋精神,在中央电视台讲述新中国第一根重轨等"百年信物"故事,鞍钢博物馆成为全国爱国主义教育示范基地,开展"党旗在基层一线高高飘扬""党旗引领红色鞍钢"和"七个一百"系列活动,向老党员颁发"光荣在党50年"纪念章,汇聚建设高质量发展新鞍钢的强大合力。中央企业党史学习教育第四指导组对鞍钢进行随机测评结果显示,对鞍钢党史学习教育总体评价为"好"的占100%,对鞍钢"我为群众办实事"实践活动,解决群众急难愁盼问题评价为"好"的占100%,对鞍钢党史学习教育经验做法给予肯定。二是基层党组织建设切实加强。围绕全国国有企业党的建设工作会议召开五周年,开展贯彻落实"回头看"。制定落实全面从严治党主体责任清单,进一步压实管党治党责任。推进党的领导有效融入公司治理各环节,修订党委工作规则、党委常委会议事规则,制定党委常委会前置研究讨论重大经营管理事项清单,充分发挥党委"把方向、管大局、促落实"领导作用。推进党支部"三大工程"建设,打造坚强战斗堡垒。37个优秀个人和基层党组织受到上级党组织表彰,鞍钢股份炼钢总厂党委获评"全国先进基层党组织"。三是干部人才队伍建设不断强化。树立重实干重实绩重担当的用人导向,构建"基层遴选推荐、党校系统培训、基层调研识别、赛马述职鞭策、实践实战历练"五位一体"摇篮计划"体系。2021年底,二级正职50岁以下年轻干部占30%,其中,45岁左右占13.3%;二级班子成员45岁左右、三级班子成员40岁左右总人数占20.6%,达到中组部要求。四是宣传思想文化工作切实提升。在省部级以上媒体发稿量创历史最好水平。在国务院国资委新闻中心发布的"中国企业500强"新媒体指数榜中,鞍钢排名升至第31位,比上年提升143位,创历史最好排名。鞍钢《品牌价值发展指数的构建与应用》入选国务院国资委案例集。严格落实党委意识形态工作责任制实施细则,牢牢把握意识形态话语权和领导权。五是党风廉政建设和反腐败工作深入推进。巩固中央巡视整改成果,建立目标倒逼机制,压实整改责任,整改完成率95.1%,比上年底增加1.2个百分点,在中央企业处于前列。深化整治"靠钢吃钢"问题,扎实开展"清风行动",严肃查处利益输送、以权谋私等违纪违法问题,立案407件,处分374人,分别比上年增长35.7%、26.8%。深入开展警示教育活动,召开现场会186场,通报典型案例200个。鞍钢纪委在中央纪委国家监委2020年度考核评价中获评"优秀"。六是群团组织作用充分发挥。弘扬"鞍钢宪法"精神,发动职工立足岗位建功立业,鞍钢劳动竞赛活动得到全国总工会充分肯定,《工人日报》头版专题报道。获得省级以上五一劳动奖状、奖章16项,"工人先锋号"6项,劳模群体不断壮大。职工创新成果在全国发明展览会获得金、银、铜奖125项。落实党建带团建工作部署,全面启动"青马工程",青年创新创效活动有力开展。七是形式主义、官僚主义整治扎实深入,工作作风切实转变。以专项整治为切入点,通过鲜明的导向、健全的机制、浓厚的氛围,推进工作作风"三个转变"。由"虚"到"实"转变,确定124项为基层减负清单任务,全部完成节点目标;推进安全日志电子化,子企业考核指标精简33%,党建信息网填报事项减少72%;总部部门文件、会议分别比上年减少61%、46%。由"说"到"做"转变,坚持"惩戒失责缺位、激励担当作为"双向发力,查处安全生产、疫情防控工作中的形式主义、官僚主义问题136个;深挖形式主义、官僚主义问题线索,立案90件,党政纪处分88人,内部通报曝光不作为、乱作为典型案例67起。督办落实集团党委议定事项294项,办结率92.5%。聚焦重点任务,提拔直管领导人员20人,其中破格提拔1人。由"立"到"破"转变,打破守成心态、惯性思维和路径依赖,以改革创新的思路和斗争精神研究工作、解决问题。对新任职半年左右的17名领导人员进行"述、问、评、测",工作破局能力和效果明显提升,斗争精神和斗争本领不断增强。《中国纪检监察报》和中央纪委国家监委网站推广鞍钢党委专项整治形式主义、官僚主义做法。

【信息化与数字化建设】 数字鞍钢建设全面启动,数字产业实现创新发展。发布《鞍钢"十四五"信息化发展规划》《数字鞍钢建设方案》及8个专项方案,召开现场推进会和主题论坛。新放行数字鞍钢建设项目144项,总投资18.9亿元,完成鞍山钢铁、攀钢、鞍钢矿业20%主体产线数智化改造建设目标,23项集团管控监督信息系统完成对本钢覆盖。鞍山钢铁管理与信息化整体提升项目成功上线,打造钢铁产业一体化经营管控、多基地协同制造的标杆示范。鲅鱼圈分公司智能料场、炼钢、厚板智能产线、西昌钢钒智慧管控中心、智慧板材等完成数智化改造。齐大山、关宝山两个智慧矿山试点示范建设完成。鞍信公司建成国内首个钢铁行业工业互联网标识解析二级节点平台。基于5G的机器视觉带钢表面检测、ET工业大脑等28项成果获评国务院国资委、工业和信息化部、中钢协试点示范。

【履行社会责任】 定点帮扶持续加力。2021年,鞍钢集团投入无偿帮扶资金4205万元,比上年增长9.5%;派驻帮扶干部51人;消费帮扶5383万元,主要指标均达到或超过上年水平,助力乡村振兴。鞍钢2020年定点扶贫工作被中央农村工作领导小组首次评价为"好"。

绿色发展取得新成效。2021年,鞍钢集团发布碳达峰碳中和宣言、低碳冶金路线图。累计完成超低排放改造200余项,污染物排放量持续降低。吨钢综合能耗、吨钢耗新水、二氧化硫排放量分别比上年降低2.2%、2.7%、9.3%。加快落实矿山生态修复三年规划,完成绿化复垦面积3平方千米。矿山绿化复垦工作保持国内同行业领先水平。

地企融合取得新成效。2021年,鞍钢集团深化"双鞍"深度融合,着力推进重点任务21项,其中取得阶段成果19项。举办鞍山冶金集团产业链供应链对接会,冶金集团在鞍钢业务收入增长13%;西鞍山铁矿项目合作框架协议顺利签署。本钢南芬露天矿、攀钢大水井白云石矿等5座矿山取得采矿权证。

(撰稿人:赵 艳)

中国宝武钢铁集团有限公司

【基本概况】 中国宝武钢铁集团有限公司(以下简称中国宝武)的前身是始建于1978年12月的上海宝山钢铁总厂,后经历宝山钢铁(集团)公司、上海宝钢集团公司、宝钢集团有限公司等不同发展阶段,于2016年12月与武汉钢铁(集团)公司实施联合重组后揭牌成立。2019年9月,中国宝武对马钢(集团)控股有限公司(以下简称马钢集团)实施联合重组;2020年10月,对中国中钢集团有限公司(以下简称中钢集团)实施托管;12月,正式成为重庆钢铁股份有限公司(以下简称重庆钢铁)实际控制人,完成对太原钢铁(集团)有限公司(以下简称太钢集团)的联合重组,对重庆钢铁(集团)有限责任公司(以下简称重钢集团)实施托管;2021年2月,对昆明钢铁控股有限公司(以下简称昆钢公司)实施托管。中国宝武注册资本527.91亿元,资产规模1.11万亿元,产能规模逾1.20亿吨。是国有资本投资公司试点企业,被国务院国资委纳入中央企业创建世界一流示范企业;2021年钢产量11994万吨,是全球最大钢铁企业,在"世界500强"企业排名第72位,全球钢铁企业排名第一。总部设在中国(上海)自由贸易试验区。截至2021年底,中国宝武在册员工222595人,在岗员工185459人(不含托管的中钢集团、昆钢公司和重钢集团)。

2021年,中国宝武面对复杂严峻的宏观环境、急剧变化的行业形势,以及繁重艰巨的新冠肺炎疫情防控和改革、创新、转型任务,奋发有为推进高质量发展,实现"十四五"良好开局。研发投入率3.20%,专利申请4395件,其中发明专利3168件。吨钢综合能耗570千克标准煤,比上年下降3千克标准煤;二氧化硫、氮氧化物和化学需氧量排放总量分别为23079吨、53840吨和1994吨,分别比上年下降20%、23%和8%。对外捐赠3.97亿元。在2020年度中央企业负责人经营业绩考核中获评A级,在中央企业排名第七位,考核得分创中国宝武成立以来新高。在2021年美国《财富》发布的"最受赞赏的中国公司"全明星榜上位列第五。国际三大评级机构标准普尔、穆迪、惠誉继续给予全球综合性钢铁企业最高信用评级。

【主要指标】 2021年,中国宝武完成工业总产值(现行价格)8055.13亿元,工业销售产值8030.07亿元,资产总额11170.84亿元,营业收入9722.58亿元,实现利润总额602.24亿元,营业收入、利润总额均创历史新高,上缴税费443.52亿元,净资产收益率8.70%;铁产量10382万吨,钢产量11994万吨,商品坯材产量11817.13万吨,商品坯材销量11839.01万吨,出口钢材565.08万吨,经营效益指标均较上年实现大幅增长。

表1 2021年中国宝武钢铁集团有限公司主要经济指标

项 目	2020年	2021年	比上年增长(%)
资产总额(亿元)	10140.70	11170.84	10.16
所有者权益(亿元)	4812.90	5423.30	12.68
营业收入(亿元)	6737.40	9722.58	44.31
利润总额(亿元)	455.40	602.24	32.24
归属于母公司所有者的净利润(亿元)	250.40	193.18	−22.85
利税总额(亿元)	662.50	923.86	39.45
应交税金总额(亿元)	280.40	469.00	67.26
企业劳动生产率[万元/(人·年)]	71.00	90.64	27.66
净资产收益率(%)	8.21	8.70	增加0.49个百分点
总资产报酬率(%)	5.58	6.56	增加0.98个百分点
国有资本保值增值率(%)	103.89	105.42	增加1.53个百分点

【改革发展】 2021年,中国宝武制定国企改革三年行动实施方案和任务清单,成立5个改革指导组。全面完成改革规定动作,同时结合实际创造性开展改革自选动作,在子公司董事会应建尽建、落实子公司董事会职权、开展子公司经理层任期制和契约化管

理、落实外部董事占多数、建立健全信息公开等方面有突破性进展。落实国务院国资委委托管理要求,研究制定中钢集团"债务重组＋业务整合＋管理变革"一揽子优化方案。稳妥推进混合所有制改革,举办混合所有制改革项目专场推介会,优先引入有协同效应的产业投资人和战略投资者。推进一级子公司实施混合所有制改革或分类业务混合所有制改革,宝武特种冶金有限公司根据钛金行业特点和发展现状,引入非公资本实施混合所有制改革,成立宝武特冶钛金科技有限公司;宝武碳业科技股份有限公司聚焦做大做强碳基新材料业务,引入5家战略投资者实施混合所有制改革;宝钢金属有限公司对轻量化业务实施混合所有制改革,通过增资扩股引入战略投资者;对4家钢铁上市公司实施股权激励,实施西藏矿业资产经营有限公司首期限制性股票激励计划、上海宝钢包装股份有限公司第二期股票期权激励计划。推进实施剥离企业办社会职能剩余任务,厂办大集体改革全面转向集体法人实体处置退出,累计完成集体产权法人处置499户,完成率92.50%。持续推进子公司"压减"和"参股瘦身"工作,完成全资控股法人压减103户,参股企业退出37户,通过关停并转、清理退出一大批不符合主业规划、持续亏损、业务风险大的境内外全资控股子公司和长期不分红的参股公司。

2021年,中国宝武在总部成立专业化整合办公室,统筹推进专业化整合。推进重钢集团、昆钢公司、太钢集团多元业务专业化整合,成立22个整合项目组,编制整合百日计划,累计实施1227项整合任务和105个协同效益项目,产生协同效益12.68亿元。太钢集团专业化整合宝钢德盛不锈钢有限公司(以下简称宝钢德盛)、宁波宝新不锈钢有限公司,中南钢铁协同支撑昆钢公司。实施研发业务专业化整合,成立中央研究院太钢技术中心和不锈钢研发中心。

【重大项目】 1月9日,宝钢股份下属宝钢湛江钢铁有限公司(以下简称湛江钢铁)三号高炉系统项目转炉、连铸工程热负荷试车;1月21日,炼焦工程3B焦炉点火烘炉。1月22日,重庆钢铁3台360平方米烧结机升级改造项目完工;2月2日,三号高炉完成升级改造、复产点火,全面完成高炉系统升级改造,开始"三大一小"4座高炉同时满负荷生产;3月9日,2700毫米中板生产线升级改造项目完成,轧出第一块钢板;6月30日,完成轧钢工序升级改造,设计产能140万吨/年,主要生产直径8~22毫米螺纹钢棒材。2月9日,太钢集团高端冷轧取向硅钢三号轧机热负荷试车。6月25日,年产能60万吨的宝钢股份下属上海梅山钢铁股份有限公司(以下简称梅钢公司)厚规格酸洗产线全面建成投产,至此,宝钢股份拥有5条连续酸洗产品生产线,年产能400万吨,位列全球首位。6月26日,宝钢德盛精品不锈钢绿色产业基地项目不锈钢冶炼系统热负荷试车,第一块300系不锈钢板坯下线。8月12日,世界首创热轧卷—板连续热处理线——宝钢股份武钢有限高强连续热处理线开工建设。8月16日,昆钢公司红河钢铁有限公司高速线材绿色低碳直接轧制技术改造项目投产。8月19日,马钢集团新特钢工程项目奠基,项目包括新建2座150吨转炉及配套精炼设施、3台连铸机、1条合金钢线材和大盘卷复合生产线、1条合金钢中规格棒材生产线。12月18日,全球钢铁冶金绿色低碳试验及应用项目——八一钢铁富氢碳循环高炉三期项目开工建设。12月23日,全球首个全氢零碳绿色示范工厂——湛江钢铁全氢零碳绿色示范工厂百万吨级氢基竖炉工程奠基。

【重大创新】 2021年,中国宝武坚持创新驱动发展战略,发布科技创新专项规划,加大高水平研发投入,研发投入率3.20%。专利申请4395件,其中发明专利3168件,均创历史新高。一批技术创新成果分别获得国家、行业大奖,其中牵头项目"特高压高能效输变电装备用超低损耗取向硅钢开发与应用"获得2020年国家科学技术进步奖二等奖,与产业链相关单位合作的5个项目获得国家科学技术进步奖一等奖1项、二等奖4项。瞄准关键核心技术,开展"卡脖子"技术和使命类产品攻关,支撑航空航天、核电能源等国家重大工程、重点项目建设。一批使命类产品用于国家重大工程,为载人航天火箭发动机提供GH4169高温合金和1J116精密合金等材料,为神舟12号载人飞船推进舱发动机提供核心材料高温钛合金,保障载人航天任务顺利完成。为全球首座20万千瓦高温气冷堆核电站示范工程提供625合金材料。一批"卡脖子"技术实现突破,高纯净度三联冶炼某合金棒材制备工艺通过中国航空发动机技术评审,初步实现进口替代,为实现中国航空发动机关键材料自主可控提供保障。完成超大型固体火箭发动机壳体研制,解决多项关键技术难题,填补国内空白,达到国际前沿技术水平。提前全面完成国务院国资委专项攻坚18个里程碑节点任务。

2021年,中国宝武耐热刻痕取向硅钢等15项产品实现全球首发。钢钛结合生产钛合金板材、汽车用铝合金内板、耐热耐燃压铸镁合金、高性能中间相碳纤维等新材料取得技术突破。绿色产品应用技术取得系列成果:围绕高强度产品,重点推进渐进成形、差强差厚热冲压等先进汽车用钢成形技术,可实现轻量化51%。低纳米析出控制高塑性超高扩孔钢,单体零件轻量化率最高40%以上。围绕高耐蚀产品,重点推进建筑用低成本不锈钢应用拓展,在公共建筑及工业厂房批量应用,助力绿色建筑快速发展。耐微生物腐蚀管线管通过专家组鉴定,使用寿命较常规产品提升8倍以上。围绕高效能产品,成功研发新型耐热钢材料G115,完成验证性工业化大生产并通过相关评审,成为全球唯一可用于630℃超超临界机组的成熟材料。为白鹤滩水电站核心发电机组和配套输电变压器提供近3万吨关键用材。

【信息化与数字化建设】 2021年,中国宝武深化智慧制造、智慧治理、智慧服务,"三跨融合"(跨产业互通融合、跨空间互通融合、跨人机界面互通融合)初见成效。在基本完成智慧制造1.0的基础上,加快数字化改造,推动钢铁行业数智化转型。开展宝武大数据中心建设,统一工业互联网体系架构,推进"三跨融合"。在跨产业互通融合方面,持续推进钢铁成品交易、物流、原料、工业品、设备等平台与钢铁单元平台对接互通,围绕平台功能建设、平台应用推广覆盖、接口应接尽接和数据服务能力建设等成效明显。在跨空间互通融合方面,围绕"一总部多基地"建设,开展一体化平台化运营和跨基地同工序专业化整合,打造网络化、矩阵式的管理模式,宝钢股份、中南钢铁、山西太钢不锈钢股份有限公司、宝武集团环境资源科技有限公司等试点单位相关工作有序推进。在跨人机界面互通融合方面,以宝钢股份为试点,围绕基层组织变革和打通界面增效,按"人机、人人、机机"等界面分层分类推进重点项目,达到预期目标。其中,打通铁钢界面成果全球首创无人智慧铁水运输系统进入在线全流程调试阶段,有效降低碳排放。启动工业大脑战略计划,针对钢铁制造、服务、治理过程中的难题,明确重点攻关项目14个,通过"揭榜挂帅"落实相关行动方案,打造人工智能与钢铁深度融合的典型示范。7月8日,全球首套智慧高炉运行平台——宝钢股份炼铁控制中心运行智能管控系统投运。通过该平台,宝钢股份可对位于上海宝山、湖北武汉、广东湛江、江苏南京4个生产基地的10座高炉进行实时远程管控与技术支撑,实现专家远程指导。

【履行社会责任】
1."双碳"行动。

2021年,中国宝武系统谋划、科学制定实施"双碳"行动方案,引领行业践行绿色低碳战略,在全国冶金行业率先提出实现"双碳"时间表:2023年力争实现碳达峰,2025年形成减碳30%的技术能力,2035年力争减碳30%,2050年力争实现碳中和。牵头成立全球低碳冶金创新联盟,设立低碳冶金技术创新基金,合作开展基础性、前沿性低碳冶金技术研发。发布碳中和冶金技术路线图,描绘绿色制造、绿色产品、绿色产业全景图,提出极致能效、富氢碳循环高炉、氢基竖炉、近终形制造、冶金资源循环利用、碳回收及利用六大碳中和冶金技术。中国宝武绿色低碳冶金实验平台——八一钢铁富氢碳循环高炉实现重大技术突破,6月11日实现第一阶段35%富氧目标,7月30日实现第二阶段50%高富氧冶炼目标。发挥产融结合优势,发起设立总规模500亿元的宝武碳中和股权投资基金。

2. 生态环境保护。

2021年,中国宝武吨钢综合能耗570千克标准煤,比上年下降3千克标准煤;二氧化硫、氮氧化物和化学需氧量排放总量分别为23079吨、53840吨和1994吨,分别比上年下降20%、23%和8%。加快推进废气超低排放,创建钢铁行业A类企业,各生产基地以"2023年前全部完成超低排放改造"为目标,明确改造提速计划,11家钢铁基地完成A类企业预评估,湛江钢铁成为继山西太钢不锈钢股份有限公司后集团内第二家超低排放A类企业。结合"长江大保护"

行动计划,推进废水零排放,沿江六大主要钢铁基地基本完成雨污分流整治,集团公司钢铁基地吨钢废水排放量比上年下降17.80%。推进"固体废物不出厂",8个长流程钢铁基地全部实现固体废物100%不出厂。能源环保主要绩效指标持续改善,2/3钢铁基地实现70%以上工序能耗比上年持平或下降。梅钢公司和宝武集团鄂城钢铁有限公司分别被当地政府主管部门批准为"国家AAA级旅游景区"。

(撰稿人:张文良)

中国铝业集团有限公司

【基本概况】 中国铝业集团有限公司(以下简称中铝集团)成立于2001年,于2017年12月16日由中国铝业公司改制更名为现名。中铝集团是中央直接管理的国有重要骨干企业,主要从事矿产资源开发、有色金属冶炼加工、相关贸易及工程技术服务等,是全球第一大氧化铝供应商、第一大电解铝供应商,铜业综合实力位居全国第一,是经国家相关部门备案的大型稀土企业集团之一(2021年支持国家重组成立新的中国稀有稀土集团有限公司),是亚洲规模最大的铅锌企业。总部设在北京。截至2021年底,集团注册资本252亿元,资产总额6244.43亿元,从业员工14万人,全级次企业494户,拥有6家境内外上市公司。连续14年入选《财富》"世界500强",2021年排名第198位。

【主要指标】 2021年,中铝集团坚决贯彻落实习近平总书记重要指示批示精神和党中央决策部署,团结带领干部员工踔厉奋发、勇毅前行,以打造高质量发展新模式为牵引,高质量完成各项目标任务,实现利润总额263.04亿元、净利润199.75亿元、归属于母公司所有者的净利润90.23亿元,分别比上年增长287.80%、376.95%、307.56%,均创历史最好水平。经营性权益净利率(ROE)超过15%,创2008年以来的最高水平;经营性经济增加值(EVA)超过300亿元,在扭转多年为负基础上实现大幅增长,呈现稳中有进、稳中向好、稳中提质的良好态势,实现"十四五"良好开局。全年实现营业收入5186.48亿元,首次突破5000亿元,比上年增长41.31%。有色金属原矿产量5275万吨,比上年减产4.09%,消化库存矿。氧化铝产量1968万吨,比上年增产11.13%;电解铝产量669万吨(含广西华磊),比上年增产2.98%;铝加工材产量177万吨,剔除冷连轧注销合并等不可比因素,同口径比上年增产25.6%;精炼铜产量135万吨,比上年增产2.93%;铜加工材产量36.6万吨,比上年增产11.16%;稀土分离产品产量17382吨,比上年增产36.62%。

表1　2021年中国铝业集团有限公司主要经济指标

项　目	2020年	2021年	比上年增长(%)
资产总额(亿元)	6324.04	6244.43	-1.26
所有者权益(亿元)	2275.45	2291.29	0.70
营业收入(亿元)	3670.20	5186.48	41.31
利润总额(亿元)	67.83	263.04	287.80
净利润(亿元)	41.88	199.75	376.95
归属于母公司所有者的净利润(亿元)	22.14	90.23	307.56
技术开发投入(亿元)	65.24	103.63	58.84
利税总额(亿元)	190.70	454.36	138.26
应交税金总额(亿元)	122.87	191.31	55.70
全员劳动生产率[万元/(人·年)]	36.32	56.94	56.77
净资产收益率(不含少数股东)(%)	3.64	8.79	增加5.15个百分点
总资产报酬率(%)	3.09	6.05	增加2.96个百分点
国有资本保值增值率(%)	100.64	130.23	增加29.59个百分点

注:2020年、2021年国有资本保值增值率均为报送数据。

【改革发展】 明确打造中铝高质量发展新模式。在召开战略研讨会的共识基础上,明确提出立足新发展阶段、贯彻新发展理念、构建新发展格局、推进高质量发展的实施路径，即打造中铝高质量发展新模式：坚持党的领导加强党的建设，突出以科技创新和绿色低碳为支撑的战略导向，推行以价值创造为目标的管理提升，以更好的内涵式发展集聚各类资源，依托信息化、智能化手段，形成可复制迭代升级的发展方式，加快建设具有全球竞争力的世界一流有色金属企业进程。

落实中央部署融入新发展格局。编制完成集团"十四五"发展规划纲要，明确"11336"内涵式高质量发展战略和"十四五"时期主要目标任务，发布科技发展等8个专项规划和11家战略单元发展规划。积极响应国家稀土产业整合，顺利完成钢研稀土并购，不讲条件、全力支持中国稀土集团成功组建，为维护国家战略性产业安全自主可控作出贡献。牵头与中远海运推动博法项目海运费人民币结算，突破国际海运业务结算由美元完全垄断的局面。

扎实推进国企改革三年行动。坚持把深化改革作为提升集团内生动力的关键，制定的97项改革任务完成80项，完成率82%。完善中国特色现代企业制度，推进公司治理体系和治理能力现代化，全面制定和修订集团基本管理制度，进一步明晰各治理主体权责。集团子企业董事会100%应建尽建，100%实现外部董事占多数；354户纳入任期制契约化管理和职业经理人制度改革的企业100%签约。深化审计体制机制改革，构建"上审下"审计监督格局。加速财务"一体两翼"建设，财务共享中心、资金管理中心实现试点上线。完成中铝股份炭素资产整合，完成精细氧化铝整合方案，确定铝合金发展方式，打造单项冠军、推进专业化管理迈出新步伐。"两非"企业处置超额完成国务院国资委下达的目标，稳妥处置15户低效无效参股股权，完成5户混合所有制企业改革。

价值管理体系建设成果显著。坚持把价值创造作为提升集团竞争力的基本盘，初步构建具有中铝特色"四层两力"价值管理体系，不断完善全要素对标管理提升行动体系，有效提升集团经营质量和运营效率，广西华昇、山西中润成为国际国内行业新标杆。实践预算管理"五步法"、成本管理"三步走"、债务约束"双管控"价值管理方法，集团主导产品消耗指标实现同比优化，实现降本增效收益20亿元；剔除生产规模扩大及价格上涨因素，"两金"月均占用比上年降低88亿元；累计利息支出实现比上年大幅下降。强化资本运作能力，提升市值管理水平，6家上市公司市值较年初增长45%以上，云铝股份募集权益资金30亿元。积极推进"两商一台账"压减工作，承包商压减25%，中间商压减57%，班组台账数量减少53%，均超额完成年度目标。

【重大项目】 持续提升国家战略资源保障能力，获取广西花山稀土矿、宁夏能源王洼煤矿采矿权，新增离子相稀土13.6万吨、优质动力煤4.4亿吨；勘查新增或升级铜金属资源量131万吨，铅锌金属资源量62万吨，金龙矿权取得新勘查许可证。积极响应"一带一路"倡议，几内亚博法铝土矿达产达效，秘鲁铜矿二期一步顺利投产、二步环评获得批复。

集中资源配置战略性项目。形成具有中铝特色的价值投资方法，优化82个固定资产项目、暂停32个项目，云南建水、防城港核电铝、西南铜异地新建等项目完成可研审查。坚持绿色低碳转型发展，云铝海鑫新增绿色水电铝产能25万吨；在国务院国资委支持下，与国家电投联手整合青海省投75万吨电解铝产能，积极推进西部地区铝产业绿色低碳发展。

【走向海外】 坚持总体国家安全观，深入贯彻落实国务院国资委加强中央企业境外公共安全风险防控要求，有效化解地缘政治风险，加大矿产资源保供。在中国驻几内亚大使馆的支持下，集团所属几内亚博法铝土矿联合其他驻几央企组建临时党支部，积极应对军事政变后政局不稳和大罢工的挑战，保持矿山生产稳定运行，有效保障国内氧化铝生产所需，维护铝土矿价格稳定。积极发挥策应作用，助力宝武集团推进几内亚西芒杜铁矿资源开发，基本实现国家的战略意图。加强与秘鲁政府的沟通协调，保障秘鲁铜矿生产运营和二期项目建设按期推进。

【重大创新】 提升国家重大工程和军工保障能力，坚持"国家所需、中铝所能"，突破系列关键核心技术，保障嫦娥、天和、天问、天舟、神舟等重大工程高性能材料供应，实现型号战机关键铝合金材料100%国产化。组建中国商飞—中铝集团民机铝材联合实验室，10项民机铝材获得中国商飞合格供应商认证，其中 8 项打破国外垄断，民机铝材可供率 33.3%，相当于飞机全部用铝量的 52.9%。保障军工材料增量需求，全年军品销量 9.6 万吨，比上年增长 20%，实现"量""质"双提升。

强化科技创新，实现自立自强，全年研发投入 98.8 亿元，投入强度 2.93%。召开第四届科技创新大会，制定《关于新发展阶段加强科技创新工作的实施意见》，构建中央研究院、专业研究院、领域技术中心、群众性创新平台的创新体系。成功研发系列高纯材料，一批高端材料项目建成投运，产品结构迈向高端化、绿色化。牵头组建中国有色金属绿色低碳发展创新联合体，全行业唯一的国家铝产业计量测试中心获批筹建。实施质量指标穿透管理，14 项质量指标累计值达标率 100%，集团首次获得全国质量奖、国际质量管理小组金奖、中央企业 QC 小组成果一等奖。

【党建工作】 "第一议题"制度落实更加有力。连续第 3 年召开深入学习贯彻习近平总书记对中铝党建重要批示精神会议，聚焦抓推进、抓落实制定学习宣传贯彻习近平总书记"七一"重要讲话、党的十九届六中全会精神方案，做到"两个维护"更加自觉。

党的领导融入公司治理的体系更加完善。修订完善党组议事规则，制定集团在完善公司治理中加强党的领导实施办法，优化党组会和二、三级企业党委前置讨论重大经营管理事项清单，党组（党委）领导作用发挥更加规范。

扎实推进党史学习教育。坚持高站位部署、高标准督导、高质量办实事、高力度宣传，党中央决策部署有序落实，广大职工获得感幸福感增强，党建品牌形象不断优化，中央企业学习教育第四指导组到中铝现场指导 17 次，对集团党史学习教育工作给予支持和肯定。

热烈庆祝建党 100 周年。在陕西照金举办学习习近平总书记"七一"重要讲话精神专题研讨班，以多种形式推动讲话精神进企业、进车间、进班组，推进学习贯彻"七一"重要讲话精神走深走实。

党建基层组织力不断提升。开展国务院国资委党建责任制考核反馈问题整改和全国国企党建会精神贯彻落实情况"回头看"，基层党建基础更加夯实。统筹推进基层党组织副书记试点建档立卡、系统培训和定期分析，从体制上为党建与业务的融合提供保障。做精"两带两创"，做实党员"双提升"，党建与业务工作"双向融合"不断深化。

干部人才队伍更有活力。突出基层工作经历用人导向，"以德为先、事业为上"的选人用人标准更加鲜明，大力选拔优秀年轻干部，突出科技人才队伍建设，严管厚爱狠抓干部监督，激发干部人才队伍的动力活力。

全面从严治党更加深入。深入整治靠企吃企，梳理 4 个方面 40 项任务，提前实现党的十九届中央任期内集团巡视全覆盖，查办李伯含、王再云、王运正等重点案件，处理处分部门副职级及以上干部 23 人次，追责问责 22 名党组管理干部和关键岗位人员，惩贪治腐取得重大阶段性成果。

【信息化与数字化建设】 加速财务"一体两翼"建设，财务共享中心、资金管理中心系统实现试点上线，进入模块化运行和推广阶段。国资监管信息化平台、协同办公系统投入运行，实现战略单元全覆盖。广西华昇、迪庆有色、中铝瑞闽等智能工厂模块化建设初步形成 1.0 版本。

【履行社会责任】 组织召开中铝集团第四届社会责任工作大会暨第五届降碳节，印发《中国铝业集团有限公司社会责任工作专项规划（2021—2025）》，组织集团全级次企业社会责任管理及 ESG 管理培训，着力提升责任竞争力、责任领导力、责任影响力。坚持绿色发展，环保投入 13.64 亿元，针对中央生态环境保护督察反馈问题举一反三整改落实，一批堆场封闭、脱硫脱硝除尘、污水治理、渣库改造等环保项目建成投运，污染物排放满足国家及有关地区生态环境保护标准。积极支持社会公益，制定定点帮扶和对口支援工作计划，落实拨付资金 3750 万元。向云南、青海地震灾区各捐赠 100 万元；向河南暴雨受灾地区捐赠 1500 万元。中铝集团获评联合国全球契约中国网络"实现可持续发展目标 2021 企业最佳实践"。在 2020 年中央单位定点扶贫工作成效评价中，中铝集团获评最高等次"好"，2 人获评"全国脱贫贡献先进个人"。

（撰稿人：韩 露）

中国远洋海运集团有限公司

【基本概况】 中国远洋海运集团有限公司(以下简称中远海运)由中国远洋运输(集团)总公司与中国海运(集团)总公司于2016年重组而成,总部设在上海,是中央直接管理的特大型国有企业,总资产超过9700亿元,在海外设有十大区域公司、1000多家企业和机构,拥有境内外11家控股上市公司,员工总数近14万人,其中船员数量5万人。

作为国家战略坚定的执行者,中远海运以承载经济全球化使命,推进航运强国建设、服务"一带一路"为指引,深度链接"双循环"新发展格局,持续做强做优航运主业,不断提升全球市场竞争力。截至2021年底,集团远洋航线覆盖全球160多个国家和地区的1500多个港口,综合运力及干散货船队、油轮船队、杂货特种船队、集装箱码头吞吐量、船员管理规模均居世界第一,集装箱船队、集装箱租赁、集装箱制造、燃油供应、船舶制造、船舶代理业务居世界前列。集团成立以来,连续五年在国务院国资委考核中被评为A级,在2021年"世界500强"排名中居第231位,较2020年提升33位,排名连续三年超越马士基集团,成为全球排名最高的航运企业。

【主要指标】

表1 2021年中国远洋海运集团有限公司主要经济指标

项 目	2020年	2021年	比上年增长(%)
资产总额(亿元)	8581.00	9761.51	13.76
所有者权益(亿元)	3109.28	4164.93	33.95
营业收入(亿元)	3311.89	5426.63	63.85
利润总额(亿元)	326.77	1355.07	314.69
净利润(亿元)	219.33	1050.35	378.89

续表

项 目	2020年	2021年	比上年增长(%)
归属于母公司所有者的净利润(亿元)	101.52	414.16	307.96
技术开发投入(亿元)	24.57	42.47	72.84
利税总额(亿元)	353.28	1398.61	295.90
应交税金总额(亿元)	46.86	268.90	473.88
全员劳动生产率[万元/(人·年)]	63.35	155.49	145.45
净资产收益率(%)	7.09	28.88	增加21.79个百分点
总资产报酬率(%)	5.18	15.74	增加10.56个百分点
国有资本保值增值率(%)	100.80	123.50	增加22.70个百分点

【改革发展】 中远海运全系统高度重视改革工作,从顶层设计到基层落实,目标明确,责任清晰,各项重点改革工作按时间要求有序推进,改革力度不断增强,成效不断显现,呈现全面推进,重点突破的良好态势。一是落实国企改革三年行动。根据国企改革三年行动部署要求,明确9个领域的重点任务,涵盖集团改革工作的各个层面,进一步加快构建具有核心竞争力的国有资本投资市场主体,在建立界面清晰、精简高效、运行专业的管控模式方面实现破局出新,在创新引领、提升产业链供应链水平、保障社会民生和应对重大挑战、维护国家经济安全方面作出应有贡献,全面实现"打造世界一流的全球综合物流供应链服务生态"的战略愿景。2021年初,中远海运按照"更明确的时点、更进取的目标、更具针对性的措施"的标准,逐一细化完善任务清单和工作措施,明确任务,压实责任,为全面有序推动三年行动奠定基础。全年整体改革工作态势良好,各项重点改革工作按时间要求有序推进,改革力度不断增强,截至2021年底,改革三年行动台账任务完成率超过90%,各项工作取得积极进展,改革成效显著获得国务院国资委肯定。6月,在国务院国资委国企改革三年行动推进会上交流发言,改革成效被充分肯定。7月,在国务院国资委对标

世界一流标杆企业、项目创建评选活动中,下属中远海运集运和中远海运能源被评选为标杆企业、南通中远海运川崎智能制造项目被评为标杆项目。11月,国务院国资委选定中远海运为改革典型单位,中央媒体对集团改革成效进行集中宣传报道。二是推进混合所有制改革。积极参与多项混合所有制改革试点专项工作,下属泛亚航运作为国务院国资委首批员工持股试点企业完成混合所有制改革;作为国务院国资委"双百行动"综合改革工作内容,所属宁波中远海运物流完成混合所有制改革工作,并引入战略投资者;直属中远海运物流被列入国家发展改革委第四批混合所有制改革试点单位,拟定分步实施的混合所有制改革框架方案获国家发展改革委同意。结合集团境内外直属单位实际情况,积极推进部分单位的混合所有制改革实施方案。中远海运物流混合所有制改革项目各项工作任务按照时间表、分工表有序推进。10月,中远海运物流三大平台完成搭建,为开展审计评估工作夯实基础。研究批准对中远海运物流的综合增资方案,促进中远海运物流转型发展、解决历史遗留问题,增强对投资者的吸引力。混合所有制改革工作小组对战略投资者进行分析分类,形成潜在投资者名单,分别发送中远海运物流混合所有制改革项目投资概要,客观反映中远海运物流现状和发展前景,争取获得与中远海运物流发展战略匹配的战略投资者。三是加强直属单位董事队伍建设。集团持续优化直属单位董事会结构,进一步充实专职外部董事队伍,符合条件的38家直属单位均规范建立董事会,实现应建尽建,并保证外部董事占多数。为进一步强化直属单位董事会建设,丰富外部董事来源,集团持续强化专职外部董事队伍建设,充实完善外部(独立)董事人才库,基本满足直属单位董事会运作需要,在完善董事会专业结构,提高董事会运作规范性方面发挥重要作用。不断加强董事监事履职培训和考核,帮助董事及董事会工作人员提升思想认识、拓宽眼界思路、提升履职能力,为董事会规范运作提供坚实保障。建立董事履职保障机制,及时将中央、国家和集团关于企业改革发展的各类文件资料送达专职外部董事;及时提供行业发展信息、企业经营管理和财务数据等资料;开放电子办公、数据报告等信息管理系统,做好专职外部董事的日常服务和履职保障工作。四是全面推行经理层成员任期制和契约化管理。根据国有企业改革三年行动要求,在集团各级子企业全面推行经理层成员任期制和契约化管理,进一步落实市场化经营机制。2021年底,集团623家各级子企业、1504名经理层成员签订岗位聘任协议和年度/任期经营业绩责任书。五是积极稳妥推进职业经理人制度。2021年,按照"市场化选聘、契约化管理、差异化薪酬和市场化退出"的基本原则,在集团所属的中远海运集装箱运输有限公司(以下简称集运)实施职业经理人制度。经中远海运审批通过,集运董事会制定职业经理人管理实施方案,决定聘任8名现有经理层成员为职业经理人,对职业经理人实施业绩考核和薪酬管理等。六是统筹推进薪酬分配制度改革。根据中远海运深化改革发展的工作需要,在总结中远海运组建以来工资总额管理实践的基础上,研究完善工资总额决定机制,拟订《集团工资总额管理办法》(初稿)。指导纳入任期制与契约化管理的直属单位修改完善经理层薪酬方案,并完成方案审核工作。坚持强激励、硬约束,严格按照考核结果开展直属企业负责人等关键岗位薪酬考核兑现工作。七是积极开展实施多元化激励机制。按照国务院国资委关于集团改革三年行动方案相关要求,对所属单位开展中长期激励情况进行梳理评估。实现中远海运控股股票期权第一批次行权工作落地。2021年6月,中远海运控股首次授予股票期权两年锁定期满,且完成行权业绩条件。经中远海运审核同意,中远海运控股按照规定程序开展首期股票期权第一批次行权工作。推动符合条件的科技型企业实施分红激励。2021年,中远海运重工所属大连海事工程、青岛中远海运所属连云港流体分别获批实施科技型企业分红激励。

【重大项目】 琼州海峡港航一体化项目。2021年9月,集团与广东省港航集团就琼州海峡两岸航运资源整合项目签署合作协议,双方同意以船舶资产及部分现金出资在海南设立合资公司,由集团控股,注册资本33.79亿元,统一运营两岸49艘船舶。12月9日,琼州海峡港航一体化航运资源整合平台"琼州海峡(海南)轮渡运输有限公司"正式成立。

比港第二阶段16%股权交割项目。2021年10

月,香港中远海运与希腊共和国发展基金及 Alpha 银行签署《联合交易指示文件》、监管人监管协议、交割完成确认书,完成比港第二阶段 16% 股权交割,投资总额 8800 万欧元(约合人民币 6.57 亿元),收购完成后,集团对比港的持股比例从 51% 增长到 67%,实现集团对比港的绝对控股,将使比港作为地中海主要港口持续为"一带一路"倡议作出更大贡献。

沙特吉达港 RSGT 码头项目。2021 年 7 月,中远海运港口投资 1.4 亿美元(约合人民币 9.04 亿元)收购 RSGT 码头 20% 股份。吉达港位于沙特阿拉伯西海岸中部,濒临红海的东侧,是沙特最大的集装箱港口。RSGT 码头是吉达港最大的码头。该项目进一步完善集团全球码头资源布局,促进中沙经贸合作,助力"一带一路"倡议在中东地区的推进。

天津港 TCT 码头项目。2021 年 2 月,集团与天津港集团签署码头股权并购协议,中远海运港口以 13.48 亿元对价,自天津港买入 TCT 码头 35% 股权,其所持有股权从 16.01% 增至 51% 并实现控股。TCT 码头是天津港内体量最大、设备最先进、功能最齐全的集装箱码头,泊位数 12 个,年设计吞吐能力 565 万 TEU。11 月 24 日各方股东举办 TCT 码头交割文件的签约仪式,12 月 3 日完成 TCT 码头的股东工商变更。

战略入股中国物流集团。2021 年 12 月,集团以 21.86 亿元战略入股中国物流集团,持股 7.3%。集团将进一步依托全球领先的综合性物流供应链服务商优势,发挥助力加快建设现代物流体系、构建新发展格局中的战略支撑作用,有助于所属中远海运物流与中国物流集团发挥协同效应。

中远海运物流重资产平台项目。中远海运物流于 2021 年 7 月在上海临港新片区全资设立中远海运物流发展有限公司,注册资本 13 亿元,主要经营供应链管理等业务。公司是集团打造与航运能力相匹配的陆上高门槛、高标准、专业化的仓储物流资源体系主体和资产运营载体,后续将通过合资合作方式引入战略投资人,持续完善仓储资源布局。

继续推动船舶注册海南自由贸易港。2021 年,新增注册海南船舶 19 艘、189 万载重吨。截至 2021 年底,集团累计注册海南船舶 97 艘、792 万载重吨,其中注册"中国洋浦港"27 艘、472 万载重吨,继续以实际行动为打造"中国洋浦港"船籍港品牌起到表率作用。

洋浦港小铲滩起步工程能力提升项目。项目总投资 7.81 亿元,2021 年 8 月底全部设备投产,9 月取得洋浦管委会颁发 2 个泊位临时危险品作业附证,并完成水工标段工程交工验收,成为海南首个具备堆场远程控制先进技术的集装箱码头,将洋浦小铲滩作业能力由约 65 万标准箱/年扩大到 160 万标准箱/年。

秀英港集装箱公司能力提升项目。该项目总投资 3.99 亿元,计划将秀英港集装箱吞吐能力从 190 万 TEU 提升至 280 万 TEU。

新海客运综合枢纽站项目。项目总投资 14 亿元,总用地面积 36.6 万平方米,总建筑面积 8.3 万平方米,规划年通过能力为旅客吞吐量 2200 万人次、客货车 320 万车次,为海南自贸港依托新海港打造陆岛运输交通门户和进出岛口岸监管体系奠定基础。项目于 2020 年 10 月恢复施工,计划 2022 年底建成。

武汉阳逻铁水联运二期项目。项目总投资 14 亿元,拟建设成为集码头、物流仓库、铁水联运等功能于一体的现代化物流枢纽。项目于 2021 年 8 月 1 日举行开港通车仪式。2021 年 10 月 26 日,中远海运阳逻国际港水铁联运泛亚专列首发。该项目投入运营标志着中国远洋海运积极践行国家长江经济带战略取得里程碑进展,为武汉疫后经济社会重振作出重要贡献。

中远海运企业大学项目。项目总投资 18.12 亿元,将建设成为集团高端人才培训、后备人才培养基地,集团科技创新、高端决策支持平台,集团和行业所需航运高技能专业人才的职教基地,集团落实党建责任的重要阵地。一期工程于 2021 年 8 月竣工,9 月 29 日完成搬迁启用。二期工程于 2021 年 3 月开工。

东方海外配售融资项目。在集团董事会授权及东方海外一般性授权范围内,东方海外分别于 2021 年 1 月、9 月完成两次新股配售工作,分别以 81.81 港元/股、151 港元/股的价格发行 1140 万股、2318 万股,募集资金规模分别为 1.2 亿美元、4.46 亿美元。通过两次新股配售,以及东方海外联合投资人、后续投资人实施减持操作,进一步向市场释放流动性,截至 2021 年底,东方海外市场投资人持有股份超过

11.53%，较收购后 1.57% 大幅增加，集团持股比例降至 71.07%，日均交易量是新股配售前 23 倍，2021 年中东方海外股价最高 249 港元/股历史新高。

中远海运投资收购胜狮货柜项目。项目于 2021 年 10 月 20 日获得证监会的核准批文，11 月 4 日完成标的资产过户手续，12 月 21 日完成配套资金募集工作，合计募集资金 14.61 亿元（已扣除 309.5 万元发行费用），其中集团认购约 6 亿元。本次收购和后续的资产整合弥补集团集装箱制造板块短板，并消除造箱业务的同业竞争，促进集团造箱板块与集装箱运输板块得以发挥协同优势，在积极开拓船公司客户订单的同时保障自有船队用箱需求，有力巩固集团在全球的竞争地位。

中远海运租赁混合所有制改革项目股权交割。根据集团董事会决议精神，老股转让和增资扩股方案有序推进，其中混合所有制改革基金支付全部股权转让款 18 亿元，中保投实缴增资款 14 亿元，后续增资将根据中远海运租赁资金需求逐步实缴到位。2021 年，中远海运租赁完成工商登记变更、监管登记、公司章程和董事变更等工作，并在中远海运发展 2021 年半年报实现出表。

闲置海工项目集中划转、集中处置。2020 年，集团将 10 项闲置海工项目集中划转至国海海工，涉及资产账面价值合计约 120.38 亿元；通过在天津东疆保税区设立 SPV 公司的方式解决出口退税问题，实现出口退税 7.12 亿元，完成国务院国资委交办的集中划转任务。在完成集中划转的同时，集团及中远海运重工积极配合国海海工开展海工资产处置销售工作，并取得积极进展，划转至国海海工的 10 个项目中有 7 个项目确定盘活，签署出租协议或中标，其中 5 个项目离厂赴指定海域开展作业，闲置海工资产盘活工作取得显著进展。中远海运重工将继续支持国海海工加速推进剩余 3 个项目的盘活处置。

【走向海外】 在"一带一路"沿线积极构建"点、线、面"布局。一是积极拓展"一带一路"航线业务。在沿线布局集装箱班轮航线 195 条，投入运力 203 万标准箱，占集团集装箱总运力的 68%。2021 年，旗下双品牌集装箱船队在"一带一路"沿线完成集装箱运输量 1351 万标准箱。二是积极布局全球支点网络，强化产业链核心资源控制。沿线投资经营港口与码头 20 个，遍及亚洲、东南亚地区、欧洲、南美洲和非洲，与集团现有船队形成有效协同，为互联互通提供枢纽和门户。三是积极参与国际通道建设，提升全程供应链服务能力。不断加大对亚欧海铁联运、亚欧国际班列业务投入；增加以广西钦州港为始发港或经停港的远洋航线，助推内陆沿边地区成为开放前沿；深入中东欧腹地以希腊比港作为枢纽港开辟中欧陆海快线。2021 年，中欧陆海快线运量比上年增长 25.2%。

【重大创新】 应用 5G 新基建，开展智能港口示范。坚持以"技术＋场景"为重点，深入挖掘数据价值，推动业务数字化转型。完成"十四五"数字化转型规划和科技规划，明确战略愿景和路线图。作为央企战略合作的新示范，中远海运与东风汽车、中国移动联合打造"智慧港口 2.0"在厦门远海码头正式启动商业化运营，制定港口无人驾驶集装箱车的行业标准，实现 5G 网络从技术试验到商业应用，无人集卡从单车智能到系统解决方案，从传统码头装卸系统升级为智慧港口智能装卸系统。在工业和信息化部第二届促进金砖工业创新合作大赛上，"基于 5G 的自动化码头业务场景应用"项目获得总决赛一等奖。

稳步推进交通强国试点项目。GSBN 合资公司正式运营，吸引包括银行、保险等机构加入。集团牵头编制基于区块链的集装箱电子放货指南，由交通运输部发布。基于开放共享理念，GSBN 平台被纳入《上海国际航运中心建设"十四五"规划》重点工作任务，GSBN 无纸化放货产品在上海港率先应用，进口货物单证办理时间从 24~48 小时缩短到 4 小时内。截至 2021 年底，GSBN 在国内外 11 个港口投入生产应用，中远海运集运在国内港口无纸化放货比例全部在 90% 以上。2021 年，区块链放货箱量 49 万 TEU，服务 1.2 万多客户。数据集成平台入选科技部"科技助力经济 2020"重点专项，被工业和信息化部列为大数据试点项目。IRIS4 系统通过人工智能生成的空箱调运计划比例，提升至 50%。完成智能船船端和岸端数据中心初步建设，截至 2021 年底，安装船端数据平台的船舶 55 艘，其中交付 27 艘。促进落实靠港船舶使用岸电，全年新建的 40 艘船舶，全部加装岸电设备。

完成51艘船舶改装,港口加装7套。有34艘使用船研所/中远海运科技自主研发生产的船舶岸电设备。船研所/中远海运科技船视宝为62家客户提供定制化和SAAS服务,平台用户2961人。入选国务院国资委"2020年国有企业数字化转型100个典型案例",并获评上海市经信委"2020年度上海市质量标杆"等。船研所/中远海运科技与华为签署联合创新备忘录,实现航运中台数据与华为技术的结合,为行业、集团提供全方位数字化服务奠定更加坚实的基础。联合20家行业合作单位编制智能船配置、安全、数据质量管理和通信命名标准,发布《智能船舶船端平台建设技术要求》《智能船舶网络与信息安全技术要求》《智能船舶数据命名技术要求》3项企业标准,并会同合作单位制定智能船数据质量标准。广州中远海运航运环保产业油污水接收量及产值,在珠江口区域市场排名第一。自保公司特战险监测和申报平台入选"2021中国保险业数字化转型优秀案例"。

电商平台走在转型发展前列。2021年,中远海运内、外贸电商平台成交箱量分别为79.5万TEU、104万TEU,增幅分别为50%、187%。外贸电商平台覆盖范围推广至东南亚12国、欧洲基本港、北美洲、澳洲等;泛亚电商平台和外贸电商平台的注册客户分别为10621家和17491家,2021年吸引新注册客户分别为814家和9872家。截至2021年底,船货易平台入驻网店增至404家,平台成交量1.73亿吨,比上年增长47%。中远海运物流2021年电商业务量4.5万票。与百度合资,组建远度云供应链科技有限公司,打造"远通通"智能关务平台,设立中国制单中心。每套单证操作时间由1小时下降到1.5秒,综合平均效率提升53%。2021年入选上海市2021—2023年数字化转型重点项目,集成统建系统和各板块运营系统19个,外部数据49类,数据源13个,提炼货运量、运营、投资、人力以及各板块等行业主题模型20个;建成台风预警、船舶路径预测、燃油采购价格预测、科技部经济助力2020科研专项中欧陆海快线路径优化等模型算法4个;完成应用服务封装110个,企业用户数量超过100家,系统用户数量超过1500人,申请技术专利3件;开展航运大数据平台架构体系、数据体系、岸电数据和平台、航线繁忙指数、港口拥堵指数等标准和航运指数的相关工作,获得工业和信息化部"2021年行业大数据试点"、交通运输部"2021年重点项目清单"。

打造集团创新策源地,科技研发成果丰硕。联合武汉理工大学完成集团院士工作站的建站并获正式批复。联合大连海事大学共建航运科技领域国家级研究基地,优化重组"航运技术与安全"国家重点实验室。中远海运重工所属威海科技和南京船配、香港中远海运所属江门铝厂、青岛中远海运所属连云港流体、广州中远海运电子海图等在"专精特新"方面取得明显成效。2021年,集团及所属公司获得省部级科技奖项13项,获得特等奖1项、一等奖5项、二等奖4项、三等奖3项。其中集团所属天津鲲鹏信息技术有限公司参与天津先进技术研究院"物联网射频感知核心芯片研发与应用"项目,打破国外技术封锁,掌握自主物联核心关键技术,获得天津市科技进步特等奖。南通中远海运川崎突破2万箱级超大型集装箱船综合节能技术,实现国产首制船自主设计与建造,获得中国航海学会科技进步一等奖。中远海科联合复旦大学、上海海事大学共同开展航运领域基础数字底座建设和技术研究,打造面向航运企业的安全可靠、自主可控、稳敏合一、绿色智能的混合云计算服务平台,获得中国航海学会科技进步一等奖。截至2021年底,拥有专利1622件,其中发明专利351件;当年申请专利550件,其中发明专利273件,比上年提升198%。

集装箱数字化运营赋能。2021年,集装箱大客户服务中心主要围绕美的和隆基两家集团战略客户的服务需求,为其定制数字化的服务流程。在对美的的服务中,针对美的国际物流平台对各事业部舱位管理方面存在的业务痛点和内部优化需求,为美的量身设计数字化的《美的中远海运订舱业务定制方案》,先后在华南、武汉荆州实施,在华东区域组织推进中。项目完成后,美的与中远海运集运在中国地区的订舱模式将全部统一为直接订舱,客户在各地原有的订舱代理总体退出;启动美的关务流程与集运口岸船代间的业务及信息集成,打通数据链路,提升海关预配舱单的申报及时性和准确性,改善报关效率;尤其为美的量身定制合作可视化平台,可在线实现"实时合作数据""服务操作指标""履约进度分析""在途货物跟踪"

"全球拆箱天分析"等模块的可视化查询,实时了解战略合作总体情况。该平台成功接入美的国际物流系统,使数字化服务在客户端实现价值的最大化。在对隆基的服务中,面对全球用箱紧张,针对隆基越南至北美洲的出口货物,制定用箱保障的客制化流程,保障隆基供应链的稳定;对接隆基物流平台,发送全球港口操作异常周报,提供货物跟踪 EDI 数据,帮助隆基提升对全球供应链的掌控能力;对于隆基积压在洛杉矶码头的项目货物,协调码头优先挑选、集结至铁路堆场,并专门采购铁路仓位运送至目的地,解客户燃眉之急,获得客户的好评。根据华为、ADIDAS、NIKE 等核心客户的特殊服务需求,制定、实施局部客制化操作流程,提升大客户的满意度。

推进碳减排、碳中和,加快绿色发展步伐。一是推动"双碳"项目的合作。组织参与 C40 城市联盟发起的"上海—洛杉矶绿色航运走廊"项目,旨在降低上海与洛杉矶之间供应链的碳排放。与中国国际知识发展中心签署"双碳"项目的技术合作协议,项目将发挥国务院发展研究中心机构和专家资源优势,采取平台式、网络式研究交流组织形式,促进国际发展合作。参与中央企业智库联盟"关于中央企业碳达峰、碳中和案例研究",分析集团及 14 家所属企业的 46 个"双碳"案例,集中展现集团作为航运业代表企业积极履行节能减排责任,在促进生产方式绿色转型,实现绿色低碳发展方面围绕清洁能源、绿色船舶、绿色制造、智慧港口、经济脱碳等开展的联合攻关和实践应用,起到示范作用。二是开展长江内河全电力 700TEU 零碳排放集装箱船项目研究。项目突破长航程超大容量纯电池动力系统集装箱运输船舶的关键技术,实现示范应用和产业化,带动相关新能源产业链的发展,为实现绿色长江和国家碳达峰、碳中和提供路径和实施方案,将成为绿色长江标杆船型。开展关于电池和电力系统的安全评估工作。三是联合开展氨燃料在 VLCC 上的应用研发。首次将氨清洁能源技术和未来产业链的规划融入新船型研发中,结合清洁能源的科研成果,探索未来真正的清洁能源船型,推动清洁能源发动机研发制造进程,项目成果惠及清洁能源产业链各方。项目配备两个 6000 立方米的 C 型氨燃料舱,续航力满足中东航线的往返航程。该船型的成功研发为未来零碳燃料船型市场订单承接做好技术储备,助力我国航运低碳绿色发展。四是开展新能源动力大型纸浆船船型研究。该船型是具有市场竞争力的绿色、节能、智能、高效的新一代纸浆船,同时大型货舱设计使其具有较强的适货型。研发方案增加节能导管和节能毂帽、空气润滑系统方案节能方案、除湿系统优化、大型货舱的风险控制、新能源电池与柴油机混合供电设计技术、甲醇双燃料动力方案及智能船舶研究等方面内容,全面优化船型,满足可预见的规范法规要求并获得船级社 AIP 证书。

【党建工作】 2021 年,集团党组坚持以习近平新时代中国特色社会主义思想为指导,坚持党的领导,弘扬伟大建党精神,以高质量党建引领企业高质量发展。一是以政治建设为统领,牢记"两个确立"决定性意义,转化为做到"两个维护"的思想自觉政治自觉行动自觉。坚决贯彻落实习近平总书记重要指示批示精神和党中央决策部署,把方向、管大局、促落实,召开党组会 35 次,研究讨论议题 107 项,其中前置研究讨论重大经营管理事项 37 项,始终保持正确政治方向。举办学习贯彻习近平总书记"七一"重要讲话、党的十九届六中全会精神专题研讨班,组织干部专题轮训班 5 期。落实《关于中央企业在完善公司治理中加强党的领导的意见》,细化集团"三重一大"决策事项及权责清单,不断完善中国特色现代企业制度。集团连续三年在国务院国资委党建考核中获评 A 级。二是精心策划庆祝中国共产党成立 100 周年,组织开展党史学习教育。联合交通运输部拍摄《大国交通》《中国船谱》纪录片,编纂出版《中国水运史》。联合中国航海博物馆举办"红色记忆·蓝色航海"特展并入选"中宣部推介庆祝建党百年精品展览"。围绕学史明理、学史增信、学史崇德、学史力行,举办系列读书班、专题研讨班,传承红色血脉,砥砺初心使命。开展"我为群众办实事"实践活动,编纂出版《支部建在船上——中远海运集团船舶党建理论和实践》专著。把学史力行体现到促进集团转型升级、建设世界一流企业上,达到学党史、悟思想、办实事、开新局的目的。三是持续深化党建融合发展,有效提升基层组织建设。集团党建工作被中组部推荐在主流媒体重点宣传。坚持党建服务生产经营不偏离,把党建融合发展作为工作出发点落脚点,制定集团加强和改进船舶政委队伍建设意见、优秀船舶政委人才库建设意见,从机关和陆岸单位选派第二批48名优秀年轻干部挂职船舶政委,累计举办船舶政委集中轮训班和后备、挂职政委培训班19期984人。四是落实党管干部原则,增强干部干事创业动力。坚持后继有人根本大计加强优秀年轻干部队伍建设,编制集团"十四五"人才发展规划,制定完善教育培训体系建设意见、船员调陆管理办法等,建立优秀船员调陆人才后备库。扎实推进直属单位经理层成员任期制和契约化管理;加强干部监督管理,规范集团管理干部配偶、子女及其配偶经商办企业行为。五是强化政治监督,深化全面从严治党,推动党中央重大决策部署贯彻落实,以精准监督护航"六稳六保"落实到位。保持正风肃纪高压态势,全系统立案87件,处分77人;问责党员领导干部、监察对象6人,处分3人。严肃查处违反中央八项规定精神问题19件,处理处分23人。推进落实审计全覆盖,开展审计项目608项,统筹推进内部巡视巡察全覆盖,开展巡视巡察项目156个。严肃整治"靠企吃企",全系统立案查处"靠企吃企"问题23件,给予党纪处分10人,政务处分4人,监管体系更加完善。六是开展主题宣传,强化意识形态主体责任落实,围绕建党百年推出一批高质量政研课题成果,集团被中国政研会评为"全国优秀政研单位"。组织系列重大主题宣传,接受主流媒体采访35次,《人民日报》、新华社、中央电视台等中央及地方主流媒体刊发报道900余篇,境外媒体报道2260余篇。拍摄制作《百年领航》《中国海员日行千里的海漂日记》等多媒体宣传作品。制定集团新闻宣传工作管理办法,推进集团"十四五"品牌战略规划实施。七是坚持服务大局做好群团工作,建设和谐企业。大力弘扬劳模精神、劳动精神、工匠精神,评选表彰集团劳模、"三八红旗手",编辑出版《劳模风采录》,开展各类劳动竞赛733场、各类技术比武206场,把关心关爱职工落到实处。在全系统团组织开展"学党史、强信念、跟党走"学习教育和"请党放心、强国有我"主题团日活动,引领团员青年在提质增效、创新创效中发挥"生力军"和"突击队"作用。八是严肃整治"靠企吃企",全面从严治党持续深化。聚焦"十四五"规划落实、"稳外贸"、"保产业链供应链稳定"等强化政治监督和日常监督。坚持不懈正风肃纪反腐,开展"靠企吃企"专项整治,查办"靠企吃企"案件37件,党纪处分31人,坚持"三不"一体推进,持续深化作风建设,严肃整治职工群众身边腐败和不正之风。持续深化巡审结合,推进审计数字化转型,制定合规免责清单,彻底解决中央巡视指出的"高租金船"问题,用好巡审成果,统筹推进巡视巡察全覆盖。

【信息化与数字化建设】 一是完成"十四五"集团数字化转型规划印发。按照国务院国资委"十四五"网信工作和数字化规划等整体工作部署,完成规划编制与印发,明确集团"十四五"数字化转型的战略愿景、总体目标、蓝图框架;成立集团科技与数字化战略领导委员会及办公室,董事长万敏担任主任,总经理付刚峰担任副主任,集团领导担任委员会成员;印发《中国远洋海运集团科技与数字化创新工作体系》,配套相应组织改革,自上而下,"一把手"推动数字化转型工作的顶层设计、宣传贯彻培训和落地实施等。二是落实国资信息系统建设,推广集团统建系统应用。开展国资央企监管系统的建设、IPv6改造,以及信息化自主可控和软件正版化工作;"应装尽装、应用尽用",全面深化人、财、物、投资、安全等重点系统应用;优化各系统功能、管理能力和用户体验;不断推进集约化应用,扩大使用范围,确保业务和信息系统有机融合,进一步深化国资委信息化三年行动计划。三是构建集团网络安全综合体系,提升防御能力。贯彻落实国家网络强国战略,持续多形式加强网络安全意识培训;结合全年数次重大活动和演习,落实党委党组网络安全责任制,强化事件考核追究机制;启动中远海运"十四五"网络安全专项规划编制项目,加强专业顶层设计;多次组织集团网络安全众测活动,借助外部专业力量主动挖掘风险隐患,并持续做好日常监测防护、应急演练等工作。重点板块态势感知能力普遍增强,集装箱全球口岸加强网络边界统一管理。

【履行社会责任】 始终牢记自身肩负的使命和责任,秉承"服务社会"的宗旨,坚持将承担和履行社会责任融入企业发展中,携手公众,联合社区,以中远海运慈善基金会为平台,加大投入公益慈善与志愿服务,以实际行动践行社会责任,为促进社会和谐发展贡献力量。一是推动科普工作,强化航海使命和责任。2021年7月11日是我国第17个"中国航海日"，也是郑和下西洋716周年。鉴于疫情防控形势，不再接受中小学生和社会人员参观访学，而是另辟新境通过中远海运集团2021年陆岸人员挂职船舶政委培训班和船舶政委集中轮训班等途径，引导前来参加培训的学员和在校大学生参与"中国航海日""中国科普日"等活动，宣传和科普中国航海史和现代航海先进技术，活动参与人数2000余人次。二是积极落实定点帮扶工作。中远海运承担湖南省安化县、沅陵县、云南省永德县、西藏自治区昌都市洛隆县和类乌齐县5个县的定点帮扶工作。继2020年定点帮扶和对口支援的5个县全部脱贫"摘帽"后，调整定点帮扶工作的组织架构，进一步充实力量，并对产业帮扶、人才帮扶、消费帮扶、党建帮扶等重点职责进行明确。全年向定点帮扶的云南省临沧市永德县、湖南省益阳市安化县和怀化市沅陵县以及对口支援的西藏自治区昌都市洛隆县、类乌齐县等5个县无偿投入帮扶资金9930万元，帮助引进资金621.65万元，培训基层干部288人次，培训技术人员1182人次，购买及帮助销售农产品872.86万元，实施助学2860人次。1个集体和1名个人获国家级表彰，5个集体和11名个人获省部级表彰，62人次获得市级以上表彰。三是推动节能减排，挖掘绿色节能潜力。2021年，集团51艘各类船舶完成岸电设备改装，42艘新建船舶和泊位加装岸电设备改装。全年累计用电量超过5800万千瓦·时，减少二氧化碳排放超过5万吨。完成厦门远海、南通远通岸电使用协议签署，组织中远海运客运、海南港航、集运、散运参与上级主管部门牵头的渤海海峡、琼州海峡、长江经济带以及沿海散货运输等重点区域、领域推动靠港船舶使用岸电专项试点工作。2021年，编写标准5项[《船舶岸电系统（高压）运行维护技术标准》等]，集团管理制度1项（《船舶和港口岸电管理办法》），推进建设靠港船舶使用岸电常态化机制。开展中的长江内河全电力推动700TEU零碳排放集装箱船项目将成为绿色长江标杆船型，突破长航程超大容量纯电池动力系统集装箱运输船舶的关键技术，实现示范应用和产业化，带动相关新能源产业链的发展，为实现绿色长江和国家碳达峰、碳中和提供路径和实施方案。

（撰稿人：翟　宇）

中国航空集团有限公司

【基本概况】　2021年，中国航空集团有限公司（以下简称中航集团）坚决贯彻落实党中央、国务院决策部署，立足新发展阶段、贯彻新发展理念、服务新发展格局，努力应对疫情影响，保持安全平稳态势，奋力开展效益攻坚，提速加力深化改革，不断改进服务质量，统筹推进战略重点，持续提升合规经营水平，党的领导和党的建设不断加强，高质量发展进入新阶段。

保证飞行安全，生产组织平稳有序。深入学习贯彻总体国家安全观和习近平总书记对民航安全工作的重要指示批示精神，圆满完成专包机任务，保证中国共产党成立100周年系列庆祝活动、东京奥运会、北京冬奥会测试赛等重要运输任务飞行安全。深入推进安全生产专项整治三年行动，认真开展"五查五严"安全隐患排查整治，严格落实"六个起来"要求，安全管理长效机制进一步强化。推进"四个体系"建设，建成核心业务系统三级危险源数据库，全面推进货物危险品航空运输管理体系建设。加强飞行检查员队伍建设，组建机型师队伍。推进应急管理体系建设，修订发布国航总体应急预案。开展天府和胶东机场投运、北京国际航班转场T2、成都空域调整、湿租澳门航空飞机等专项风险评估，保证新疆、广东分公司投运和ARJ21双基地运行安全。

落实主体责任，完善疫情防控机制。深入学习贯彻习近平总书记关于统筹疫情防控和经济社会发展的重要论述，慎终如始抓好"外防输入、内防反弹、人物同防"。高标准、严要求做好国际机组管理，累计隔离医学观察空勤人员17万人次；严格消杀货物271万件、14万吨；认真落实"四指定、四固定、两集中"和入境航空器消毒要求，防范国际航班疫情风险。快速应对国内散发疫情，迅速组织员工排查、核酸检测与隔离管控，核酸检测人数累计超过100万人次。保证国际供应链稳定，执行客机货班1.54万班、比上年增投33.3%，行业占比超过40%。认真履行联防联控责任，落实旅客免费退票政策，支出近124亿元。通过冷链运输服务体系,累计运输新冠疫苗 677 吨(国际 629 吨)。

奋力效益攻坚,多措并举稳定经营。坚持稳中求进工作总基调,坚持聚焦主业、加强形势研判、积极主动作为,全力以赴开展效益攻坚。紧盯市场变化、科学制定经营策略,以"收入最大化、边际贡献最大化、收益最大化、利润最大化"为原则组织生产,发挥枢纽网络、品牌价值战略优势,通过统筹资源、提质增效、严控成本等多种举措,最大程度地维持航空运输主业生产经营风险可控。抢抓客运机会市场,加强营销管控,坚持主基地市场价格引领,实现座公里收入水平比上年提升,负边航线亏损额降低 57.6%。优化成本与生产匹配,固定成本节支 14.3 亿元,人工成本节支 1.2 亿元。

改善服务品质,持续提升品牌价值。坚持以人民为中心的发展思想,深化"三个导向"、践行"三全方略",旅客投诉比上年减少 5%,整体航班正常率 88.35%,高于行业平均水平 1.07 个百分点。发布新版旅客行李运输总条件,提升符合性和友好度。建立休息室设计标准,翻修新建 10 个自营休息室,统筹机上无线互联网、机载娱乐设备资源,优化客票退改签服务。国内航站全面实现远程自助值机,完成全球地面航班保障平台核心功能开发,359 架飞机装配舱内 Wi-Fi、15 架 A350 实现空地互联。推出冬奥系列品牌宣传活动,强化"双奥"品牌形象,国航股份连续 15 年入选"世界品牌 500 强"。

【主要指标】 2021 年,中航集团实现安全飞行 165 万小时;营业收入 867.39 亿元,比上年增长 9.65%;利润总额 −165.25 亿元,比上年减少 12.55%。

表 1 2021 年中国航空集团有限公司主要经济指标

项 目	2020 年	2021 年	比上年增长(%)
资产总额(亿元)	3077.83	3253.35	5.70
所有者权益(亿元)	978.79	898.06	−8.25
营业收入(亿元)	791.02	867.39	9.65
利润总额(亿元)	−146.82	−165.25	−12.55

续表

项 目	2020 年	2021 年	比上年增长(%)
净利润(亿元)	−131.57	−149.46	−13.59
归属于母公司所有者的净利润(亿元)	−56.23	−64.39	−14.52
技术开发投入(亿元)	1.98	2.17	9.66
利税总额(亿元)	−89.72	−107.00	19.26
应交税金总额(亿元)	48.08	60.45	25.73
全员劳动生产率[万元/(人·年)]	31.59	35.04	10.91
净资产收益率(%)	−12.52	−15.93	减少 3.41 个百分点
总资产报酬率(%)	−2.95	−3.40	减少 0.45 个百分点
国有资本保值增值率(%)	90.00	107.80	增加 17.80 个百分点

【改革发展】 完善中国特色现代企业制度,研究制定集团及重要子企业重大事项权责清单、党组(党委)前置研究重大事项清单;42 家应建范围内的子企业全部实现外部董事占多数;7 家二级重要子企业均制定落实董事会职权实施方案及董事会授权管理规定。推进集团产业布局和结构调整,完成 14 户企业的"压减"工作;完成 2 家"两非"企业和 3 家"两资"企业的清退工作;"三供一业"总体分离移交基本完成率 100%。积极稳妥推进混合所有制改革,引入菜鸟网络、深国际、双百基金作为国货航的战略投资人;完成国货航经理层成员的职业经理人身份切换。加快健全市场化经营机制,覆盖全部 62 家子企业经理层成员。积极推进国企改革专项工程,"科改示范企业"成都富凯坚持创新驱动发展,2021 年研发投入增长 30%,科技成果转化实现收入 2500 万元。

【重大项目】 2021 年 6 月,成都天府国际机场国航基地工程一期项目竣工投运。7 月,中航集团与广东省机场管理集团有限公司签署战略合作协议,双方在构建枢纽航线网络、优化省内机场航线网络、深化物流业务合作、推动产业合作等方面达成共识。8月，增加呼和浩特机场为 ARJ 运营基地，部分 ARJ 飞机开始围绕呼和浩特机场运营。9月，中航集团与吉林省人民政府签署合作框架协议，双方在航线网络、资源保障、物流发展、航空产品开发、物资采购等方面达成共识；中国国际货运航空有限公司混改项目完成政府主管部门审批和备案，获得新的工商营业执照；中航集团"十四五"规划纲要经国务院国资委、民航局等多方专家评审并通过。12月，批准中国航空（集团）有限公司向中国飞机服务有限公司增资 7750 万港元；国家发展改革委批复北京大兴机场国航基地项目；国航北京飞行训练基地项目南区 12 个模拟机位建设完成。

【走向海外】 2021 年，中航集团有客运航线 674 条，其中国际航线 48 条、地区航线 6 条、国内航线 620 条。通航国家及地区 28 个，通航城市 147 个，其中国际 26 个、地区 3 个、国内 118 个。通过与星空联盟成员的合作，将服务进一步拓展到 197 个国家（地区）的 1300 个目的地。

【重大创新】 2021 年 1 月，启动"中航集团首届创新奖评选暨 2021 年创新大赛"，评选收到创新项目申报 31 个，其他奖励申报 119 份，员工创新成果不断涌现。

中航集团与中国民航大学联合实施"北斗在民航运输飞机应用示范"项目。该项目于 2021 年 4 月在 20 架窄体飞机（B737NG 和 A320 系列各 10 架）上成功加装北斗定位追踪设备，并完成适航取证工作，为北斗在运输航空的应用奠定基础。

中航集团联合中国商飞、中电科联合实施"国产 Ka 频段机载宽带卫星通信系统"项目。该系统天线原理样机完成在 ARJ21-700 试验机的安装、地面测试，并于 2021 年 6 月在南昌试飞中心完成科研试飞，成功验证国产大飞机搭载国产 Ka 卫星天线与国产 Ka 卫星互联互通这一全新课题的可行性。

2021 年 12 月 9 日，中航集团核心子企业国航股份与成都富凯共同研发的"飞机地面燃油交输系统"获得第四届中国航空维修（MRO CHINA）红冠奖创新项目奖，该系统首创飞机间的燃油传输这一全新的抽油理念，技术上实现快速、安全、自主清洁的燃油传输，填补该应用领域的空白。

【党建工作】 始终把政治建设放在首位，不断提高政治判断力、政治领悟力、政治执行力，坚决做到贯彻落实党中央决策部署及时到位，引领全体党员深刻认识"两个确立"的决定性意义，以迎接和学习宣传贯彻党的二十大为主线，引导和推动广大党员干部持续深化党史学习教育成果和全国国企党建会精神落实成果，把"两个确立"真正转化为增强"四个意识"、坚定"四个自信"、做到"两个维护"的思想自觉、政治自觉、行动自觉。完善"第一议题"工作机制，健全党中央重大决策部署跟进督办制度，确保习近平总书记重要指示批示精神和党中央决策部署及时贯彻落实。

扎实开展党史学习教育，围绕"学史明理、学史增信、学史崇德、学史力行"目标，组织集团基层党组织和广大党员聚焦精忠报国学党史、聚焦民航强国悟思想、聚焦主责主业办实事、聚焦国之大者开新局。各级党委集中学习近 3000 次，各级书记讲专题党课 2800 余次，地面党员采取"三会一课"、主题党日、读书会等形式开展学习讨论，空勤党员通过"班前会"集中学、"群推送"随手学、"微课堂"线上学。积极推进"我为群众办实事"，制定办实事项目 1864 项，解决实际问题 700 余个，一系列便民服务、暖心举措落地落实，广大旅客、职工群众认可度和满意度不断提升。

加强党的全面领导，明确治理主体权责，以构建"权责法定、权责透明、协调运转、有效制衡"公司治理机制为目标，明确党组与各治理主体、董事会与经理层、集团与子企业的权责边界。完善党组前置工作，研究、制定集团以及重要子企业重大事项权责清单、党组（党委）前置研究重大事项清单。全年召开党组会 59 次，研究审议重大事项 157 个。进一步把"两个一以贯之"落到实处，推动中国特色企业制度优势更好转化为治理效能。

持续强化政治监督，明确聚焦"国之大者"抓监督的工作方向，突出"见人见事"抓监督的工作理念，完善监督体系，推动各级党委主动开展监督、自觉接受监督。对集团基层党组织推进落实"三新一高"、改革三年行动、混合所有制改革等重要任务开展监督，确保高质量的要求贯穿集团发展的全过程、各方面，把监督制度优势转化为治理效能。

【信息化与数字化建设】 谋划并组织编制"十四五"数字化信息化专项规划，明确中长期发展目标和路径。召开数字化专题调研会，加强组织建设，明确推进机制。开展数字化转型和实践系列分享会，提升员工数字素养。持续构建数据管理体系，完善各项数据管理制度。初步完成集团数据资产梳理和分类，形成数据资产地图1.0版。飞机资产数字化运营管理项目成功入选国务院国资委国有重点企业管理标杆创建行动名单。

【履行社会责任】 发挥航空主业优势，完成急难险重任务运输保障工作。冬奥及冬残奥运会保障期间保障国航及其他航企涉奥航班532班，旅客22452人，行李61315件，货物133吨。组织开展新冠疫苗运输保障任务，运输新冠疫苗677吨（国际629吨、国内48吨），完成青海、云南地震应急运输保障工作。

巩固拓展脱贫攻坚成果，全面推进乡村振兴战略。严格落实中央"四个不摘"要求，用心用情用力助力定点帮扶的广西壮族自治区昭平县、内蒙古自治区苏尼特右旗在脱贫"摘帽"的基础上巩固拓展脱贫成果，接续推进乡村振兴。全年投入无偿帮扶资金4077.3万元，开展帮扶项目21个；组织员工购买帮扶地区农牧产品5407万元；帮助销售农牧产品1088万元；引进帮扶资金67.7万元；培训基层干部1314人，技术人员1275人；完成3名定点帮扶地区挂职干部的压茬交接，增派2名优秀团干部赴帮扶地区工作锻炼；35名志愿者参与"中航蓝天课堂"志愿支教，累计支教1374课时。2021年，中航集团扶贫办获评"全国脱贫攻坚先进集体""民航打赢脱贫攻坚战先进集体"。

积极开展公益捐赠，向河南省慈善总会捐款2000万元，用于特大暴雨造成的灾情救助和灾后重建工作，全力为灾区人民提供支持和帮助。

2021年7月，携手中华环境保护基金会，设立"国航长江生态保护基金"，旨在围绕生态系统保护及濒危物种守护，开展物种保护、巡护保护站点建设、巡护员物资保障等公益活动。

2021年10月9—15日，携手中华环境保护基金会，以"万物生长"为主题，举办"生物多样性保护"碳中和主题航班活动，传递国航股份"绿色运营，可持续发展"理念，为《生物多样性公约》缔约方大会第十五次会议（CBD COP15）营造良好氛围。

2021年12月，国航股份取得环境管理体系（ISO14001）认证证书，成为中国大陆首家全面通过环境管理体系认证的航空公司；在国航App推出全新绿色出行服务"净享飞行低碳行"，降低航空出行碳排放对于环境的影响。

（撰稿人：丁　磊）

中国东方航空集团有限公司

【基本概况】 中国东方航空集团有限公司（以下简称中国东航）总部位于上海，是中国三大国有骨干航空运输集团之一，前身可追溯到1957年1月上海成立的第一支飞行中队。截至2021年底，东航集团总资产超过3680亿元，员工10万余人，经营业务涵盖航空客运、航空物流、航空金融、航空地产、航空食品、融资租赁、进出口贸易、航空传媒、实业发展、产业投资等航空高相关产业。在建立起现代航空综合服务集成体系的基础上，中国东航全力打造"全服务航空、经济型航空、航空物流"三大主业，着力打造"东航技术、东航食品、东航科创、东航资本、东航资产"五大航空相关产业板块，致力于成为协同发展、智慧高效、安全优质、绿色环保的世界一流大型航空产业集团。

作为中国东航核心主业的中国东方航空股份有限公司，是首家在纽约、中国香港、上海三地上市的中国航企，截至2021年底，东航的机队规模758架，是全球规模航企中最年轻的机队之一，拥有中国规模最大、商业和技术模式领先的互联网宽体机队。东航构建起以上海和北京为主的"两市四场"双核心枢纽网络，借助天合联盟，通达全球170个国家和地区的1036个目的地，每年为全球超过1.3亿名旅客提供服务，旅客运输量位列全球前十。自新冠肺炎疫情发生以来，东航执行民航首班援鄂、首班援外医疗包机，承担中国民航1/3以上的抗疫运输任务，率先推出"定制包机"、民航最大"客改货"机队和"随心飞"系列创新产品,全力服务复工复产和产供链稳定,畅通"大循环""双循环"。

中国东航积极履行社会责任,执行一系列应急救灾和海外公民接运任务,以航空扶贫、产业扶贫等方式多年定点帮扶云南省临沧市双江县、沧源县,助力两县实现脱贫"摘帽"、接续推进乡村振兴。2021年,东航股份公司被党中央、国务院授予"全国脱贫攻坚先进集体"称号。中国东航在中央企业党建责任制考核中连续三年被评为A级;连续两年获MSCI(明晟)ESG评级A级;入选中国首批"ESG示范企业",居"2021中国ESG优秀企业500强"第23位。

中国东航始终高度重视安全生产和品牌建设。2009年以来,荣膺中国民航飞行安全最高奖——飞行安全钻石奖,9次获评全球品牌传播集团WPP"最具价值中国品牌"前50强,4次入选英国著名品牌评级机构Brand Finance"全球品牌价值500强";2次获评"中国企业海外形象20强"。

【主要指标】 2021年,中国东航实现营业收入840.96亿元,比上年增长13.83%;利润总额-82.39亿元。东航股份完成运输总周转量130.5亿吨千米、旅客运输量7909.9万人次,分别比上年增长11.5%、6.0%。

2021年,中国东航强化政治担当,深入学习贯彻习近平总书记关于民航工作系列重要指示批示精神,坚持科学发展,狠抓安全生产,正确处理安全与发展、安全与效益的关系,实现安全形势平稳向好的良好态势。全年安全飞行180.1万小时、起落76.3万架次,分别比上年增长13.2%、12.4%。

表1 2021年中国东方航空集团有限公司主要经济指标

项 目	2020年	2021年	比上年增长(%)
资产总额(亿元)	3815.94	3694.66	-3.18
所有者权益(亿元)	1145.41	1103.05	-3.70
营业收入(亿元)	738.78	840.96	13.83
利润总额(亿元)	-86.24	-82.39	4.46
净利润(亿元)	-63.83	-62.18	2.65

续表

项 目	2020年	2021年	比上年增长(%)
归属于母公司所有者的净利润(亿元)	-12.74	-17.62	-38.54
利税总额(亿元)	38.03	-42.66	-212.18
应交税金总额(亿元)	101.85	78.66	-22.77
全员劳动生产率[万元/(人·年)]	35.52	46.27	30.26
净资产收益率(%)(含少数股东权益)	-6.50	-5.54	增加0.96个百分点
总资产报酬率(%)	-0.72	-0.27	增加0.45个百分点
国有资本保值增值率(%)	97.40	98.50	增加1.10个百分点

【改革发展】 2021年是国企改革三年行动攻坚突破、纵深推进之年,中国东航围绕机制建设、任务部署、巩固推进、细化落实展开一系列有效工作,三年行动重点任务100%完成。10个方面、50个类别、158项重点任务、415项具体措施全面部署全面推进。初步建立集团"1+N"公司治理制度体系,建立完善董事会及外部董事履职支撑体系。推进职业经理人制度建设,推动78家子企业完成任期制契约化管理。东航物流圆满完成混合所有制改革"三步走",完成上交所主板上市,成为"中国民航混改第一股"。扎实推进机务系统一体化,形成东航江苏公司机务整合总体方案。搭建项目挖掘、研发、转化和孵化于一体的全流程科创平台,累计43个科创项目在平台进行孵化,与清华大学联合研发的"多模态机组疲劳检测方法和工具",有望成为国际民航组织认可的技术标准。"盘、规、治、用数据治理模式"入选国务院国资委"管理标杆创建行动"标杆模式。

【运营管理】 坚决贯彻落实习近平总书记重要讲话、重要指示精神和党中央、国务院决策部署,统筹推进疫情防控和安全生产运营工作。一是强化学思践悟,深入开展党史学习教育。紧扣"学史明理、学史增信、学史崇德、学史力行"要求,紧盯"学党史、悟思想、办实事、开新局"目标,扎实推动党史学习教育,把深入学习贯彻习近平总书记"七一"重要讲话精神作为重大政治责任和党史学习核心内容。党组成员带头悟思想抓落实,开展基层调研58次,解决急难愁盼问题180余项。坚持"我为群众办实事",明确重点项目437项,形成一系列好做法好经验。搭建"蓝天党小组""追寻红色足迹"舞台剧、微视频等线上线下平台,依托遵义、井冈山、延安等红色资源特色航线,开展"追寻精神谱系,传承红色基因"等主题活动,强化学思践悟穿透力。党中央和国务院国资委简报先后17次刊发东航经验做法,中央电视台《信物百年:一顶见证传奇的飞行帽》等节目获得中国品牌故事一等奖,东航系列"红色作品"获得央企庆祝建党百年百部微电影优秀奖。二是强化政治担当,确保安全形势平稳向好。全年安全飞行180.1万小时、起落76.3万架次,分别比上年增长13.2%、12.4%。严格落实安全生产要求,细化实施措施35项,公司飞行安全、航空地面安全、空防安全、地面安全、食品安全、信息安全六大领域的安全态势整体平稳。持续筑牢安全防线。制定完善运行管理、网络安全等手册;对重点单位、重点领域进行安全督导检查;紧盯安全重点环节,重点管控成都天府机场转场、青岛胶东机场转场、客改货安全管理等风险;严格执行机组防疫隔离制度,关注隔离员工生活和心理关爱。持续排查隐患问题。开展"五查五严"风险隐患排查整治,持续开展安全生产专项整治,完成集中攻坚阶段重点任务6项。宣传贯彻培训新修订的《中华人民共和国安全生产法》,加强一线飞行、机务等系统管理人员培训;狠抓作风建设,全面启动飞行员全生命周期管理(PLM)项目;开发机务维修基本技能培训项目,运控系统坚持"每天练、每月考、年底赛"。三是强化攻坚克难,狠抓经营力促提质增效。积极开展提质增效、"两金"管控,开展项目416个;业财融合工作力度大、系统性强,15个项目工作组齐头并进,完成流程梳理19条。各相关产业主动担当,积极作为,为集团经营业绩作出重要贡献,东航金控、东航投资、东航产投、东航租赁、东航物流增收创效实现新突破;东航进出口、东航实业业绩稳定增长;东航食品开展多方合作、创新产品研发,展现拼搏进取积极状态;东航传媒控风险、抓管理,实现效益翻身;东航产投完成法荷航集团一阶段资本强化项目投资,以发行底价全额获配携程港股IPO。航空主业面对巨大经营挑战,积极拼搏,供给端加强客货联动、提前布局。聚焦营销管控精细化,设立营销作战指挥室。销售端建立渠道运价联动机制、优化代理激励机制;采取差异化定价措施,上线"东方万里行"全新会员体系,在国内率先实现积分发行从里程制向收益制转变。四是强化精准施策,慎终如始做好疫情防控。境外疫情受德尔塔、奥密克戎等变异病毒影响,导致新冠肺炎疫情外溢效应加速显现,外防输入压力巨大,国内多地相继出现多点散发疫情。中国东航坚持底线思维,持续围绕"贯彻落实中央决策部署、全力做好旅客服务保障、切实做好员工关爱防护"3条战线,坚决扛起疫情防控责任。压紧压实境外疫情防控责任,严格落实入境航班旅客远端防控各项措施,做好机组人员和地面员工健康防护。按照"不接种不派出,不体检不派出"原则,加大境外机构疫情防控力度。落实"四位一体"境外医疗保障体系建设,搭建"康桥互联"App,连接东航各境外站点。五是强化系统提升,扎实开展为民真情服务。把党史学习教育成效转化成"为群众办实事"真情实意。健全服务管理制度,建立服务风险地图,对各类问题全面梳理,逐一解决。重点管控航班正常性,加强运行全流程监控,推进属地生产指挥中心转型,分子公司基地正常率由82%提升至87%。重点管控不正常航班,多维度查找薄弱环节,实时纠偏。重点管控行李运输质量,行李差错率约为18.92‰,比上年减少3.72个万分点,行李破损万件率比上年减少1.27个万分点,行李赔偿费比上年下降19.19%。加强服务创新。上线智能客服3.0,实现语音交互自助搜索,语义理解正确率95.6%,进一步提升在线客服处置效率;首创"易享退"产品,实现便捷"无损退票";聚焦智慧出行新模式,推出航延赔付、电子登机牌下载、身份证识别航班改期、快速打印行李条、视频手语翻译、数字货币支付等便捷服务功能。加强短板提升。受疫情、天气等影响,航班大面积延误取消比较多,退改签剧增,公司及时采取措施,通过现场值班、机组备份、不正常航班处置,有效提升航班正常性和旅客体验,有效缓解痛点难点。

【党建工作】 强化责任落实,持续提高党建质量水平。严格落实党建工作责任制,层层压实责任。统筹推进东航大党建"五大体系"建设,将党建优势转化为公司治理优势、竞争优势和发展优势。持续深入贯彻全国国企党建会议精神,把党的领导充分融入公司治理,厘清各治理主体权责边界,修订完善集团"三重一大"决策制度,充分发挥各级党委"把方向、管大局、促落实"作用;完善行权履职机制,推动各投资公司把加强党的领导和完善公司治理相统一;扎实做好贯彻全国国企党建会议精神"回头看"。持续推动党建与生产经营深度融合,加强党支部目标管理与考核,发挥党支部战斗堡垒作用;用好"蓝天党小组"、党员责任区、示范岗、突击队等有形载体,充分发挥党员先锋模范作用;深化"五坚持五转化"混合所有制改革党建模式,把党建工作优势转化为混合所有制改革企业发展优势。持续加强干部人才队伍建设。加大年轻干部选拔培养力度,制定管理人员能上能下实施办法;召开中国东航人才工作会议,完成公司高技能人才库、高端专业技术人才库建设。持续加强作风纪律监督,强化"一把手"自上而下的监督,坚定不移推进党风廉政建设和反腐败工作,深入整治"靠企吃企"问题4个方面31项重点任务。持续加强统战群团工作。首次召开中国东航统战工作会,构建大统战工作格局。结合"我为群众办实事",围绕解决职工实际问题,开展工会基层蹲点活动。开展"低碳行动""微心愿"等公益志愿活动,进一步丰富"爱在东航"品牌内涵,6个青年集体被认定为"全国青年文明号"。

【履行社会责任】 强化央企担当,主动作为服务国家战略。始终坚持践行"六个力量"的基本定位,主动服务国家战略和社会经济发展。全力服务构建新发展格局。围绕区域发展战略,完成成都天府机场、青岛胶东机场基地建设和转场投运,厦门分公司完成运行审定备案,海南分公司挂牌成立。全面推进乡村振兴促进共同富裕。在定点帮扶中牢记习近平总书记重要回信的殷殷嘱托和"富脑袋、富口袋"的谆谆教导,高质量、高水平、可持续地做好对云南省沧源、双江两县"富代代"的定点帮扶工作。全力支持国产飞机事业。首家签署5架国产C919飞机合同。全力参与全球行业治理。在中国东航积极倡议和大力推动下,中文成为国际航协官方语言;成功承办首届北外滩国际航空论坛。全力落实绿色发展战略。执飞我国首班全生命周期碳中和航班;辅助动力装置APU替代率99.9%,单发滑行实施率比上年上升6.1个百分点。全力完成重大保障任务。圆满完成第十四届全运会、第十一届残运会、第四届进博会等重大运输保障,在抗震救灾中发挥"主力军"作用,执飞云南漾濞地震国内首个救灾航班。为河南抗灾捐款2000万元。执飞援助河北防疫抗疫包机4架次、新冠疫苗包机1架次,运送援助河北防疫抗疫人员212人次。

(撰稿人:石义刚)

中国南方航空集团有限公司

【基本概况】 中国南方航空集团有限公司(以下简称南航)前身为中国南方航空公司,成立于1991年2月。1993年1月,更名为中国南方航空(集团)公司。1995年3月,更名为南航(集团)公司,成立中国南方航空股份有限公司。1997年7月,中国南方航空股份有限公司在中国香港、美国同时上市。2002年10月,联合中国北方航空公司及中国新疆航空公司,组建新的中国南方航空集团公司。2003年7月,中国南方航空股份有限公司在上海证券交易所上市。2017年10月,中国南方航空集团公司由全民所有制公司改制为国有独资公司,更名为中国南方航空集团有限公司。2019年7月,南航集团完成股权多元化改革,成为多元股东的央企集团。

2021年,南航贯彻落实中央和上级要求,在做好常态化疫情防控的同时,以七场硬仗为抓手,在统筹疫情防控和安全生产经营上克服"四大困难",多项工作取得新成绩。全年完成安全飞行211.1万小时,累计安全飞行2670万小时,连续保证266个月的飞行安全和331个月的空防安全。一是克服疫情多发困难,守住抗疫成果。南航处于外防输入第一线,国际航班五类人员防护压力大、隔离人员多、保障资源紧张;国内航班量大,防控任务艰巨繁重。面对困难,南航针对性调整机上服务流程,减少人员流动,推动疫苗接种全覆盖,开展机场防境外疫情输入专项整治,疫情防控有力有效。二是克服特殊时期风险增多困难,确保安全态势平稳。全年重大活动运输保障任务重,安全风险点多,叠加疫情衍生的松懈麻痹、业务生疏、心理健康等问题。面对困难,南航扎实开展安全生产专项整治三年行动,大力推进安全七大体系建设,出台特殊时期硬措施,推动问题隐患清零,安全品质明显提升,安全水平继续在中国民航保持领先地位。三是克服经营面临多重挑战困难,经营应对成效良好。南航国内主市场很多都成为疫情重灾区,民航需求断崖式下跌,恢复得慢,特别是春运、暑运两个关键盈利期落空;油价大幅上涨,公司成本压力增大;入境机组隔离从严,货运机组一度严重短缺。面对困难,南航制定《经营应对再部署、再落实工作方案》,明确33条措施,全力抢抓收入、压减成本、盘活资源,最大限度降低疫情造成的损失。四是克服恶劣天气多发困难,保持运行服务领先地位。南航运行环境不占优,夏季华南地区和冬季东北、新疆地区恶劣天气多发;既要及时优化航班抢抓收入,又要保障航班正常、提高旅客满意度,统筹平衡难度大。面对困难,南航深入推进大运行建设,狠抓提前关门、快速过站和对外协调,全年航班正常率89.89%,比全民航平均水平高1.9个百分点;各项服务指标均居国内航空公司前列,品牌形象持续提升。

【主要指标】 2021年,南航运输总周转量、旅客运输量、货邮运输量分别为212亿吨千米、9851万人次和144万吨。

表1 2021年中国南方航空集团有限公司主要经济指标

项 目	2020年	2021年	比上年增长(%)
资产总额(亿元)	3474.34	3486.40	0.35
所有者权益(亿元)	1078.29	990.18	-8.17
营业收入(亿元)	930.51	1024.85	10.14
利润总额(亿元)	-134.83	-119.59	11.30
净利润(亿元)	-103.36	-93.19	9.84

续表

项 目	2020年	2021年	比上年增长(%)
归属于母公司所有者的净利润(亿元)	-43.93	-62.39	-42.02
技术开发投入(亿元)	6.86	7.24	5.54
利税总额(亿元)	-119.6	-96.66	19.18
应交税金总额(亿元)	54.08	65.79	21.65
全员劳动生产率[万元/(人·年)]	32.38	38	17.36
净资产收益率(%)(含少数股东)	-9.27	-9.01	增加0.26个百分点
总资产报酬率(%)	-1.94	-1.65	增加0.29个百分点
国有资本保值增值率(%)	93.8	95.0	增加1.2个百分点

注:表内2020年"国有资本保值增值率"为经国务院国资委批复数据。2020年"技术开发投入"数据有修正。

【改革发展】 深化改革取得新进展。改革三年行动提档加速,任期制和契约化管理签约覆盖率90%,实现51家二级单位价值创造核算,推动薪酬总额管理机制向三级单位贯穿,建立与价值贡献挂钩的薪酬总额决定机制。加大干部人事制度改革力度,推动能上能下,新任职管理干部中竞争上岗、公开选聘比例34.4%,党组直管干部退出比例7.6%。启动机务系统改革,成立技术分公司,完成14个维修基地人员和业务划转,推动机务维修"市场化、一体化、产业化、国际化"发展。完成总部职能部门内设机构改革,内设机构和管理人员数量分别压减44%和43%,基本完成二级单位"机关化"问题专项整改。做实做优集团股份两级董事会,推进治理改革向下贯穿,制定董事会向经理层授权管理制度。做好集团股权多元化改革后续工作,完成集团101亿元可转债转股,启动股份公司60亿元非公开发行项目,压减4户低效无效子公司。推动"双百行动""科改示范行动"企业综合改革,中国南方航空货运有限公司正式运营,在"双百行动""科改示范行动"企业开展中长期激励。对标世界一流管理提升任务完成率89%,珠海摩天宇和精益运行项目分别入选标杆企业和标杆项目。在国务院国资委 2020 年世界一流企业评价对标研究中,南航综合评价结果在 15 家航企中排名第一。

发展战略加快落地。明确高质量发展总体思路,制定"十四五"发展规划和 19 个业务子规划,各项战略任务取得阶段性成效。推动北京枢纽高质量发展,打造广深蓉等 6 条快线,华东、西南航线市场占比均有提升。大湾区市场控制力进一步提升,广深珠惠国内始发运力份额提升至 38%。五大结构调整优化初见成效,机型种类减少 2 种,宽体机比例、经营租赁比例下降,主动清退和外包减员超过 3200 人,人机比降至 129。布局海南自贸港取得积极进展,跨境电商、通用航空、飞机租赁等项目加快落地。南航生态圈建设取得新进展,组建客户经营中心,南航商城实现平台化转型,生态圈上架产品数量超过 2000 个,全年打消里程量 279 亿千米。发展基础不断夯实。与湖南等地方政府、中国商飞、中国电子、华为、京东等企业签署战略合作协议;广州产教融合实训基地、深圳运行保障楼、贵州 1 号机库等项目按期完工投用,珠海 36 号地 A1 超高层楼完成竣工备案;成立投资管理委员会,增资厦航 16 亿元,完成物业公司出售签约,创新引入"经营权转让"模式,不动产"投建管营"新体系完成整体构建。持续深化法治南航建设,强化涉外法律风险防范,编制重点领域风险防范指南。

【重大创新】 坚持科技创新与体制机制创新"双轮驱动",提升科技创新能力。通过全面梳理科技创新管理体系,修订科技创新相关管理办法 9 项,新增 3 项,废除 2 项。其中,新增《科技创新成果转化中长期激励办法》,激发员工科技创新积极性;新增《机务科技创新专项资金管理办法》,加大机务领域科技创新的放管服,提高技术分公司的积极性和主动性。

不断深化科技创新生态合作,提升创新效能。推动科技创新生态建设,加快融合创新。参与大湾区中央企业数字化协同创新联盟,与空客公司签署科技创新合作备忘,开展产学研用深度合作,积极探索行业解决方案。积极参与国产飞机科研合作,助力国家战略。与中南管理局、中国商飞联合成立国产民机维修运行保障能力提升工作小组,在运行可靠性、飞行安全性、运营经济性等方面开展合作研究。加强产学研用合作,促进成果转化。通过四大科技创新平台立项 77 个项目,其中包含 6 个产学研用合作项目。

加强科技创新宣传,营造创新氛围。加强科技创新奖励,组织南航科技进步奖评选,航空装备类、信息技术(基础架构类)和信息技术(应用创新类)3 个赛道 13 个项目获奖。与中国民航大学联合主办第二届南航创新挑战赛,吸引 69 家外部企业及高校踊跃参与,成功挖掘 52 个潜力项目,分批纳入 2022 立项评审。发布新技术、新业态、新趋势研究报告,举办创新沙龙,打造明珠创翼网站,营造创新氛围,激发员工创新活力。

科技成果不断涌现,赋能高质量发展。获得 6 个省部级以上奖项、7 个行业级奖项,其中,"面向复杂末端场景的飞机维修智能工场解决方案"获得第三届中国工业互联网大赛领军组三等奖,"大型航空公司部件维修管理体系的研究及应用"获得中国航空运输协会民航科学技术奖二等奖,"南航 e 行"项目作为精品案例在世界互联网大会现场展示。攻克行业技术难题,"D 级模拟机异地重构与审定的研究与实施"项目,首台自主完成拆装的 B737NG 1 号模拟机顺利通过 CAAC 初始鉴定,为模拟机训练释放上千小时产能,成为国内首家自主完成模拟机拆装的飞行训练单位。专利数量大幅增长,全年新增授权专利 65 件,比上年提升 80%,累计有效专利 318 件。

【党建工作】 贯彻中央企业党的建设工作座谈会精神,落实"中央企业党建创新拓展年"要求,出台《以高质量党建引领保障高质量发展的意见》,突出党建"六性",推动党建工作提质增效升级。深入开展党史学习教育,集团党组中心组集中学习 13 次,举办 6 期轮训班,推出"红色之旅"主题产品,打造空中党史课堂,办好 21 项"我为群众办实事"重点民生项目。开展庆祝建党 100 周年系列活动,举办"百年党旗红、党史忆峥嵘"微党课大赛。连续四年在国务院国资委党建工作责任制考核中获评 A 级。

党建基础不断夯实。把突出政治性、引领性、规范性、融入性、创新性、凝聚性作为党建的着力点,落实《关于中央企业在完善公司治理中加强党的领导的意见》,厘清各治理主体权责边界,完善集团和重要子企业党组（党委）前置研究事项清单，加强混合所有制改革企业党建工作。选人用人不断规范。优化"一企一策"党建考核，出台《"十四五"领导班子及干部队伍建设规划纲要》；大力推进竞争上岗、末等调整和不胜任退出，高质量建设干部"两库三班"；推动党建融入中心，加强支部标准化、规范化建设，抓好空勤人员思想政治工作，客舱部党委获评"全国先进基层党组织"。

正风肃纪反腐持续深入。推动政治监督具体化常态化，强化航空安全、疫情防控监督。制定具体措施，加强对"一把手"和领导班子的监督，完成3轮巡视、2轮督查，开展2项专项整治，出台促进各类监督贯通融合规定，监督机制不断完善，监督合力进一步增强，一体推进不敢腐、不能腐、不想腐。

群团组织作用有效发挥。关心关爱员工，提高隔离机组人员、一线值班人员等群体补贴标准，全面做好保障；开展"金点子效益工程""我为安全献真言"等活动，调动全员广泛建言献策，取得良好成效；开展首届"南航工匠"评选、飞行系统SOP大赛、"创新创效·巾帼行动""青春榜样工程"等活动，推动墨玉明珠小学竣工投用、文化帮扶项目落地。

【信息化与数字化建设】 网络安全保持平稳。顺利完成护网演练，完成网络安全重点保护工作，全年信息系统可靠性99.9996%，实现网络安全年。通过两次安全大检查下发整改措施157条，整改按期完成率99%。加强关键IT基础设施安全防护，对运行六大核心系统生产坐席进行安全加固。全面清理违规应用，加强终端管理，主机入侵检测软件全面覆盖至公司8000余台服务器。创新安全测试流程，初步完成武汉测试分中心建设。

数据中台建设成效显现。实现系统上云131个，建立业务标签540个，为21个前端业务系统提供数据服务159项，大数据平台用户量突破1500人。业务中台新增服务中心4个，上线微服务能力40个，对接前端系统33个，各业务中心持续优化，企业级共享能力不断提升。完成飞机域、个人客户域、市场化核算3个领域2021年数据治理任务，实现飞机静态数据在线化202项，精英会员触达率从88%提升至93.9%，全面市场化核算数据手工处理量由80%降为20%。统一公司经营讲评会指标，数据治理实践获得国际数据治理协会最佳实践奖。

数字化重点项目全面完成。采购管理项目实现采购计划编制效率提升20%，价格监控预警分析34.4万次。南航e家3.0版本，全新推出八大亮点功能，完善优化功能143项。收益机器人平台实现收益策略全流程一体化、自动化与管理闭环，日均航班分析量超过50万班次。服务管控平台提供十二大类、218项服务质量管控数据，提供旅客全流程服务信息1172万人次。集成签派运行管理系统初步实现航路全流程管理，全年制作并发送飞行计划超过1.7万份。机场运行风险项目实现机场风险核心模块搭建7个。

南航数字化工作受到广泛认可，参与制定数字化转型成熟度模型、国有企业数字化转型指数与方法路径白皮书等国家级标准，获得2020—2021年度企业数字化转型优秀实践单位、IDC 2021年数字化转型未来企业奖等荣誉。

【履行社会责任】 积极响应国家号召支援全球抗疫，全年累计向柬埔寨、塔吉克斯坦、塞尔维亚等16个境外国家、国内20座城市运输新冠疫苗超过1.3亿剂，运量居中国民航之首。

持续加大资源投入，发挥专业优势，助力国家乡村振兴战略全面实施。通过产业扶持、转移就业等定点扶贫新疆维吾尔自治区皮山、墨玉两县，带动4万余名贫困人口脱贫。脱贫攻坚阶段，直接对口扶贫21个村，均顺利脱贫"摘帽"，脱贫人口超过2万人。在中央单位定点扶贫成效考核中，连续三年荣获最高等级"好"，超额完成《中央单位定点扶贫责任书》捐赠金额1728万元。

为助力碳达峰、碳中和目标实现，将绿色发展融入生产经营全过程。积极开展塑料污染治理；通过优化飞机减重节油举措，加强环保节能技术储备，推进可循环资源利用、清洁能源应用，持续降低吨公里油耗和碳排放，2021年吨公里油耗比上年下降3.39%；全年引导累计参与无纸化登机、办理电子发票等"绿色全旅程"服务1500万人次，累计参与绿色飞行"按需用餐"服务旅客超过371万人次，节约餐食1762余吨；通过精益化数字化节能减排，减少碳排放22.11

万吨,圆满完成国家节能减排考核指标。

2021年4月,为救助一名维吾尔族断臂男孩,指令航班滑回二次打开舱门,确保男孩及时得到救治。6月,广东荔枝因受疫情影响外运受阻,南航急荔农之所急,紧急调配320个班次,承运荔枝超过7200吨,为广东荔枝出省打通空中通道。在66个直属售票处、30个机场开设老年人服务专窗,上线无成人陪伴儿童"一网互通"功能,航延补偿到账时间缩短到2分钟以内,实现国内客票全流程自动化处理,行李运输差错率比上年压降15.7%。

(撰稿人:张海峰)

中国中化控股有限责任公司

【基本概况】 中国中化控股有限责任公司(以下简称中国中化)是由中国中化集团有限公司与中国化工集团有限公司联合重组而成,于2021年5月8日正式揭牌成立,为国务院国资委监管的国有重要骨干企业,员工22万人。重组完成后,中国中化成为央企序列中唯一的化工企业。中国中化业务范围覆盖生命科学、材料科学、石油化工、环境科学、橡胶轮胎、机械装备、城市运营、产业金融等八大领域,是全球规模领先的综合性化工企业,在生命科学业务中的农化、动物营养和材料科学业务中的硅材料、氟材料、工程塑料、聚合物添加剂等细分领域具有领先优势。中国中化在全球超过150个国家和地区拥有生产基地、研发设施以及完善的营销网络体系,旗下拥有中化国际、扬农化工、鲁西化工、昊华科技、安迪苏、埃肯、倍耐力、中国金茂等17家境内外上市公司。

2021年,全球经济强势复苏,中国经济和疫情防控继续领先全球。原油、粮食等大宗商品价格持续上涨,化工行业迎来景气周期。受疫情反复影响,国际海运资源不足、供应链梗阻、能源成本大幅上升,部分企业也因"能耗双控"政策停产减产。面对复杂形势和难得机遇,公司上下加强预研预判,统筹协调内外资源,千方百计提质增效,实现中国中化成立首年经营业绩"开门红"。生命科学板块,公司旗下先正达集团是全球最大农业科技公司,致力成为全球农业转型升级的引领者。2021年,先正达集团发挥业务全球布局和一体化协同优势,抢抓疫情后全球经济复苏和市场对可持续农业产品及服务的强劲需求机会,加大销售力度,营业收入比上年增长23%,增幅领先于主要跨国农化企业。材料科学板块,公司下属中化国际妥善应对主要生产基地疫情,稳产稳销,在化工品价格上行周期中准确研判,净利润比上年大幅提升;鲁西集团发挥园区一体化优势,合理优化产销策略,净利润创历史新高;中化蓝天在新能源汽车迅猛增长背景下,超前布局的含氟锂电材料业务获得丰厚盈利回报。蓝星公司发挥硅材料、工程塑料业务优势,下属埃肯、南通星辰等企业净利润比上年大幅增长。昊华公司聚焦高端化工材料领域,含氟材料、特种化学品等业务齐头并进,昊华科技年末市值突破440亿元。沧州大化共聚硅PC技术取得突破,并建成5000吨/年产能装置。石油化工板块,公司下属中化能源泉州石化百万吨乙烯项目全面投产,炼化一体化发展格局基本形成,抓住原油价格上涨机遇,扎实推进精细化管理,吨油完全费用、综合能耗、汽柴油收率等主要生产指标持续改善,净利润迈上新台阶。环境科学板块,面对我国环保产业不断优化升级的外部环境,公司环保业务全面增强核心能力,在土壤修复、危废处置、工业废水处理等领域继续快速增长。机械装备板块,抓住市场恢复机遇,巩固传统汽车行业优势,拓展新能源车应用,积极开发循环经济、包装、医疗等行业新增需求,全年新增订单比上年增长19%。橡胶轮胎板块,积极克服上游天然胶及合成胶等原材料价格及能源成本比上年大幅上涨的不利局面,稳抓轮胎市场复苏机会,推进中国市场增长战略,净利润比上年显著增长。城市运营板块,中国金茂严守"三道红线",积极应对市场下滑不利因素,坚持城市运营主战略,贯彻"房住不炒"决策部署,稳居行业第一梯队。产业金融板块,认真落实行业监管要求,持续推动业务转型升级,积极应对系统性风险。传统盈利支柱外贸信托公司顺应监管要求,坚定回归信托本源、创新服务实体经济。

【主要指标】 2021年,中国中化累计实现营业总收入11111.4亿元,比上年增长32.1%;累计实现利润总额 357.0 亿元,比上年增长 38.1%;累计实现净利润 217.5 亿元,比上年增长 27.3%;营业收入利润率 3.42%,比上年增加 0.6 个百分点。

表 1　2021 年中国中化控股有限责任公司主要经济指标

项　目	2020 年	2021 年	比上年增长(%)
资产总额(亿元)	14910.5	15356.2	3.0
所有者权益(亿元)	3936.2	3888.5	-1.2
营业收入(亿元)	8408.6	11111.4	32.1
利润总额(亿元)	258.6	357.0	38.1
净利润(亿元)	170.8	217.5	27.3
归属于母公司所有者的净利润(亿元)	0.8	-12.8	-17.0
利税总额(亿元)	536.0	941.7	75.7
应交税金总额(亿元)	365.2	724.2	157.9
全员劳动生产率[万元/(人·年)]	59.56	77.32	29.82
净资产收益率(%)	—	5.56	—
总资产报酬率(%)	—	3.77	—
国有资本保值增值率(%)	—	103.3	—

注:1. 因中国中化 2021 年 5 月 8 日完成重组,故部分数据无上年数;

2. 相关数据均为申报数,暂未获得国务院国资委最终批复。

【改革发展】"十四五"规划。以"两化"业务深度整合为契机,积极研究落实国家"双碳"战略和打造现代产业链链长的要求,推进"1+N"规划体系落地,以高质量发展为主线,推动实施"三个一批",着力调整产业结构,规划发展"10+5"条重点产业链;着力优化区域布局,重点发展国内四大一体化基地和 20 个专业化、特色化基地。

绿色低碳发展。响应并推进落实碳达峰碳中和相关工作,签署《重点行业企业节能降碳承诺书》,扎实推进绿色工厂创建,以实际行动彰显绿色发展的坚定决心。立足公司产业规划,形成以碳排放强度管控为核心的低碳发展思路,提出"2030 年实现碳达峰、2060 年实现碳中和"的总体目标。

国企改革三年行动。贯彻落实国企改革三年行动与"两化"重组整合统筹谋划、一体推动,以改革促融合、促发展、促转型、促升级。通过建立健全组织机制,扎实推进各项改革任务,101 项改革任务总体进度 85%,12 项重点考核任务完成进度均超过 70%,其中经理层任期制契约化管理等 6 项重点任务基本完成,超额完成国务院国资委规定的年度 70% 的节点目标。

【重大项目】2021 年,中国中化完成投资 414 亿元,一批生命科学、材料科学、石油化工领域重大项目稳步推进、达产达效。泉州基地百万吨乙烯项目全面建成投产,进一步夯实强链补链延链战略。连云港基地克服恶劣天气、疫情反复的不利影响,多措并举抢抓项目进度,碳三一期工程主要装置陆续进入中交阶段,ECH、环氧树脂项目建成调试。聊城基地积极应对"两高"政策对己内酰胺-尼龙 6、双酚 A 等项目的影响,乙烯下游一期、高端氟材料、聚碳酸酯扩产等项目加快实施并陆续建成投产。

【走向海外】2021 年,中国中化新批准境外投资项目 6 个,总投资 60.6 亿元,主要在生命科学、材料科学、装备橡胶等领域开展的强链补链项目。全年完成境外投资 124.1 亿元,一批境外重点项目取得积极进展。其中,生命科学领域,先正达集团收购巴西的农业企业 Dipagro Group 100% 股权项目顺利交割,加强先正达对巴西市场的布局;材料科学领域,所属埃肯公司在挪威投资建设的萨尔滕能源回收工厂正式启用,挪威首相约纳斯·加尔·斯特勒于 2021 年 11 月 15 日亲临工厂参观能源回收装置并为其揭幕;橡胶轮胎领域,决策实施橡胶公司回购 PTG 公司 38% 股权项目,项目交割后将实现对于 PTG 公司 100% 控股,为工业胎领域整合和发展壮大创造有利条件。

受外交部和贸促会委任,中国中化党组书记、董事长宁高宁在 2021 年继续担任 APEC 工商咨询理事会(ABAC)可持续发展工作组主席,并出席一系列会议,代表中国工商界发出声音。2021 年 11 月,中国中化首次亮相第四届中国国际进口博览会,与来自 16 个国家和地区的 29 家合作伙伴签订合作协议,签约额超过 129 亿美元,签约数量和涉及范围均创新高。

【重大创新】重大科技攻关项目取得突破,研发产出效率不断提升。按计划完成6项化工新材料领域重大科技攻关专项任务,在突破尖端半导体刻蚀电子气体、5G关键材料国产化替代等技术垄断及封锁方面发挥重要作用。

高度重视科技研发,持续强化科技创新管理体系顶层设计,系统盘点科技资源和人才队伍,改革科技预算、科研立项和科技统计机制。推进成果转化和产学研机制建设,完善科技奖励和知识产权保护体系,激发创新活力。全年研发投入208.8亿元,投入强度持续提升;引进综合性化工业务研发人员811人,科技人才队伍不断壮大。累计拥有有效专利2.7万件,发明专利占比80%。成功入选首批现代产业链链长及原创技术策源地,承担一个领域产业链链长及两个领域策源地建设的重大使命。国家级创新中心"国家玉米种业技术创新中心"揭牌成立;国防科技工业创新中心"晨光高性能氟材料创新中心"获批建设。2021年,下属装备公司天华化工机械及自动化研究设计院获得国家科学技术进步一等奖,昊华公司西南化工研究设计院获得二等奖;黎明化工研究设计院获得中国专利银奖。

【党建工作】 2021年,中国中化党组深入学习贯彻党的十九届六中全会精神和习近平总书记"七一"重要讲话精神。认真组织开展党史学习教育,以"学百年党史、知红色司史、做合格党员、创一流企业"为主线,高起点谋划、高标准推进、高质量落实,广大党员干部受到深刻的政治教育、思想淬炼、精神洗礼;扎实开展"我为群众办实事"实践活动,以学史力行、实干为民的实际成效彰显中央企业的责任担当。隆重庆祝中国共产党成立100周年,召开庆祝大会,举办"聚在党旗下,共建新中化"合唱比赛等形式多样的庆祝活动,激发广大党员职工爱党爱国爱企热情。认真开展国企党建会召开五周年"回头看",进一步强化落实习近平总书记重要指示批示精神和党中央决策部署的政治自觉。积极实施"融化"行动,制定并落实《加强重组整合期间党的建设的意见》,确保广大干部职工思想稳定、工作稳定、队伍稳定。

【信息化与数字化建设】 按照国务院国资委加快推进数字化转型工作要求,中国中化紧密围绕打造世界一流综合性化工企业目标,启动实施"线上中化"数字化转型建设。加强组织保障,成立一把手任组长的"线上中化"领导小组,总部设立数字化部,在此基础上强化顶层设计,开展"线上中化"总体规划编制。具体工作层面上,推动数据治理,绘制形成两化企业图谱和数据地图,实现14个主题相关指标可视化展示;赋能监督管理,完成两化"三重一大"管理系统整合,分解落实国资监管数字化智能化提升专项行动任务,完成境外国资在线监管系统第一阶段建设工作;拓展数字营销,启动中国中化电商平台建设,形成交通和运输等十二大行业应用143项解决方案;建设智能工厂,编制发布中国中化"智能工厂+智慧HSE"评价体系(1.0版本)并启动首次自评;提升网络安全能力,发布《中国中化网络安全规划》并推动相关任务落实落地;升级基础设施,建成"中化云",推进数据入湖;积极开展数字产业化实践,自主研发推广"蚯蚓盒子"工业大数据模式化监控技术等应用。

【履行社会责任】 认真落实党中央、国务院关于巩固拓展脱贫攻坚成果同乡村振兴有效衔接的决策部署,严格落实"四个不摘"要求,以全面推进乡村振兴为引领,充分发挥现代农业、环境科学、产业金融等主业优势,用实干与创新诠释农业"国家队"的使命与担当。全面、扎实做好内蒙古自治区赤峰市阿鲁科尔沁旗、林西县,甘肃省武威市古浪县,河北省石家庄市平山县的定点帮扶工作,承担对口支援西藏日喀则市岗巴县和青海海西州大柴旦的光荣任务。2021年,4个定点帮扶县的主要指标均实现同比增长。在国家乡村振兴重点帮扶县古浪县,投入、引进无偿帮扶资金分别为1048.29万元、215.06万元,分别比上年增长2.39%、115.06%,并投入有偿帮扶资金574.7万元。

(撰稿人:孙佩鑫)

中粮集团有限公司

【基本概况】 2021年,中粮集团有限公司(以下简称中粮集团)坚持以习近平新时代中国特色社会主义思想为指导,自觉增强"四个意识"、坚定"四个自信"、做到"两个维护",认真贯彻落实党中央、国务院决策部署和国务院国资委党委工作要求,紧紧围绕"市场化、国际化、防风险、高质量"工作主线,坚持稳中求进工作总基调,聚焦主责主业、全面深化改革、防范化解风险,以高质量党建引领保障高质量发展,克服海外疫情持续蔓延、供应链阻滞、大宗农产品市场巨幅波动等重大风险挑战,经营业绩再度实现超同期、超历史、超预算、超预期,"世界500强"排名、国际粮商排名、中央企业排名进一步提升,扎实履行中央企业的经济责任、政治责任和社会责任,实现"十四五"良好开局。

【主要指标】 2021年,中粮集团实现营业收入6649亿元、利润总额238亿元,分别比上年增长25.4%、15.5%。在盈利能力提升方面,积极应对疫情反复、农产品价格高位波动等挑战,全年实现净利润159亿元,比上年增长7.4%;净资产收益率8.03%、总资产报酬率4.35%,比上年分别增加0.09个、0.27个百分点,主要业绩指标连续实现新突破。在资产质量改善方面,年末资产总额6860亿元,比上年增长2.4%,其中,总资产周转率0.98次、流动资产周转率1.49次、存货周转率2.56次、应收账款周转率30.46次,分别加快0.14次、0.16次、0.18次、6.25次;非正常"两金"净值1.68亿元,比上年下降68%,完成国务院国资委专项压控目标。年末国有资本及权益总额1008亿元,比上年增加78亿元,国有资本保值增值率109.2%。在债务风险防控方面,资产负债率70.39%,低于国务院国资委下发的考核目标值71%。中粮集团因承担各类政策性业务负债占用492亿元,主要为临储亏损挂账、政策性进口美豆、玉米等,影响负债率2.29个百分点,剔除后集团资产负债率68.10%,低于70%的国务院国资委管控警戒线。在保持规模增长方面,2021年中粮集团坚持稳中求进工作总基调,把握行业市场机遇,狠抓经营发展各项工作落实,农粮业务销量比上年增长12%。

表1 2021年中粮集团有限公司主要经济指标

项 目	2020年	2021年	比上年增长(%)
资产总额(亿元)	6698	6860	2.4
所有者权益(亿元)	1910	2031	6.3

续表

项 目	2020年	2021年	比上年增长(%)
营业收入(亿元)	5303	6649	25.4
利润总额(亿元)	206	238	15.5
净利润(亿元)	148	159	7.4
归属于母公司所有者的净利润(亿元)	95	97	2.1
技术开发投入(亿元)	7.8	8.4	7.7
利税总额(亿元)	355	401	12.9
应交税金总额(亿元)	207	243	17.4
全员劳动生产率[万元/(人·年)]	45.85	61.64	34.4
净资产收益率(%)	7.94	8.03	增加0.09个百分点
总资产报酬率(%)	4.08	4.35	增加0.27个百分点
国有资本保值增值率(%)	110.8	109.2	减少1.6个百分点

【改革发展】 一是坚持"市场化、国际化、防风险、高质量"工作主线,锚定打造具有全球竞争力的世界一流大粮商发展目标,认真落实国企改革三年行动部署要求,在强化组织领导、完善公司治理、促进国有资本布局优化、深化三项制度改革、优化管控机制、推动改革专项任务、坚持党的领导加强党的建设、取得一系列重要阶段性成果。二是牢牢把握"促流转、防流失"的工作定位,多措并举,持续提升产权管理水平,充分发挥产权信息在公司治理、产业投资、财务管理、法律合规等方面的重要作用。三是扎实践行新时代党的组织路线,坚持党管干部、党管人才原则,紧紧围绕"市场化、国际化、防风险、高质量"工作主线,深入推进选人用人市场化改革,着力打造忠诚干净担当的高素质专业化干部人才队伍,持续推动干部"能上能下"、人员"能进能出"、收入"能增能减",有效激发广大干部员工干事创业的内生动力,为加快推动集团高质量发展提供坚强组织保证。

【重大项目】 中粮福临门股份有限公司(以下简

称福临门公司)是中粮集团为推动农粮核心资产重组整合,2021年3月30日完成对中粮集团所属中粮国际、中粮油脂、中粮粮谷、中纺粮油、中纺集团下属棉花企业等农粮核心资产的重组交割。重组后的福临门公司是中国最大、全球领先的农粮贸易和粮油食品加工与销售企业。

2021年,中粮集团坚决落实党中央"稳投资"的决策部署,努力克服疫情影响,完成投资193.2亿元。其中,境外投资项目87个,完成投资40.2亿元,其中固定资产投资13.9亿元、股权投资26.3亿元。

2021年5月,蒙牛乳业股东达能集团以隔夜配售方式转让其所持蒙牛乳业9.82%股份。中粮集团抓住机会果断决策,连夜组织严密操作,尽最大努力争取配售份额,在全球投资人强劲投资需求的情况下,最终获得约27亿港元额度(折合人民币约22.86亿元)。交易完成后,中粮集团持有蒙牛乳业股权比例从16.15%提升至17.87%,加强乳业战略布局,更好履行振兴中国乳业政治责任。

【重大创新】 2021年,中粮集团牵头"十三五"农业农村、食品科技、食品安全等领域国家重点研发计划项目6项,参与30项,是承担项目最多的粮油食品企业。参与开发的11种航天食品成功应用于中国航天空间站阶段载人飞行任务。科技服务西部发展,协助青藏地区建设青稞、小米等杂粮深加工示范线,取得良好的经济效益和社会效益,相关成果顺利入选国家"十三五"科技创新成就展。科技助力北京冬奥,在全球首次将二氧化碳跨临界制冷技术应用于冬奥大道速滑场馆冰面铺设,相比传统技术,碳排放量接近于零,向世界展示可持续利用的"中国方案"。历经十余载攻关,在玉米生物科技领域达到国际领先水平,其中"提高玉米浸泡效果的复合菌剂及其应用"获得第二十二届中国专利金奖,"玉米淀粉及其深加工产品的高效生物制造关键技术与产业化"获得国家科技进步二等奖(第一完成单位)。参与完成的"食品工业专用油脂升级制造关键技术及产业化""奶及奶制品安全控制与质量提升关键技术"获得国家科技进步二等奖,中粮集团作为国家食品科技战略执行主体的领军作用得到进一步彰显。

【走向海外】 坚定国际化战略,推动国内外业务品种线聚焦和统一管理,打造国内外一体化运营的业务模式,优化主要产销区经营策略,国际化经营管理体系不断完善,专业能力和盈利水平明显提升。2021年,中粮国际经营层面实现3.32亿美元的历史最高盈利,步入自我造血的良性发展轨道,实现从"走出去"到"站得稳"的新跨越。截至2021年底,中粮集团在全球35个国家设有分支机构或代表处,境外员工约1万人,业务覆盖50多个国家,在全球范围内拥有粮油糖加工厂11处,年加工能力2700万吨;内陆仓储能力234万吨;17个控股持股租赁港口终端,年中转能力3400万吨,国际化战略布局初显成效。

【重大创新】 2021年,中粮集团以习近平总书记关于科技创新的重要论述精神为指引,贯彻落实创新驱动发展战略,加强产研深度融合,加速创新成果转化,加大改革创新力度,全力推动科技创新工作再上新台阶。一是依托科技赋能助力高质量发展。通过建立大米品质数据库,利用风味组学和感官分析研究,成功锁定大米的特征风味物质,开发9%黄金碾磨工艺,保留核心美味层,在成就"自然香"与"好营养"有机统一的基础上,探索出一条节粮减损、主食升级的创新之路。通过建立食用油感官风味评价体系,突破定制生香和连续留香生产工艺,开发满足不同地域饮食习惯的特色产品,实现更懂"中国味",做好"中粮味"。通过建立微生物组学与代谢组学研究平台,筛选自主功能菌株,解析白酒、红酒的特征风味物质,开发品质提升定向调控工艺,助力馥郁香型白酒代表酒鬼酒成功跻身第十一大国标香型,为振兴"长城"葡萄酒民族品牌提供科技支撑。二是积极探索科技型企业混合所有制改革。按照集团改革三年行动方案要求,以中粮工科为试点,成功完成深交所创业板挂牌上市,通过增强选人用人、股权激励的灵活性,激活科研体制机制,创造国内农粮与冷链工程技术行业的多个"最早""最高""最快"纪录,解决一批行业"卡脖子"技术难题,实现经营业绩稳步增长、经营质量稳步提升。三是持续优化集团科技创新制度体系。出台《中粮集团研发(R&D)经费投入统计规范(试行)》,内容涵盖研发活动统计界定、研发投入统计指标、统计流程和分工,以更好落实国务院国资委有关要求,准确反映集团研发投入水平,规范经费使用。出台《关于中粮集团系统推进科技创新激励保障机制建设的实施办法（试行）》，着重强化科技创新考核引导，健全科技创新多元化激励机制，以制度创新驱动技术创新，激发科技创新活力。

【党建工作】 2021年，中粮集团党建工作围绕"以高质量党建引领保障高质量发展"目标，以加强党的政治建设为统领，以隆重庆祝中国共产党成立100周年和党史学习教育为主线，深入学习贯彻"七一"重要讲话精神和十九届六中全会精神，把"两个确立"作为最坚定的政治领悟和政治信念，把党的百年奋斗重大成就和历史经验转化为推进高质量发展的强大动力。坚决贯彻落实习近平总书记重要指示批示精神和党中央重大决策部署，牢记"国之大者"，聚焦高质量发展，充分发挥"为国谋粮"大国重器作用，全力保障国家粮食安全，满足人民美好生活需要。认真落实全国国有企业党的建设工作会议精神和国务院国资委"中央企业党建创新拓展年"部署要求，在完善公司治理中加强党的领导，不断夯实全面从严治党主体责任，强化基层党组织政治功能和组织力，推进企业党建与生产经营深度融合，切实把党的政治优势、组织优势和群众优势转化为企业的发展优势。

在反腐倡廉工作方面，一是坚持主体责任与监督责任同频共振、同向发力，扎实推进专项整治工作，并将其作为"三不"一体推进的有效载体和实践抓手，把握中粮集团业务特点，加大基层反腐力度，做实做细以案示警、以案促改工作，有效实现"减存量、遏增量"，推动企业政治生态持续净化向好。二是坚持高标准、严要求，结合业务特点加强作风建设，认真落实中央纪委国家监委关于治"四风"树新风的调研工作部署，通过召开专题座谈会、赴基层单位现场走访、个别访谈等方式广泛开展专题调研，并结合中粮集团业务特点，系统梳理廉洁风险点，加强规范管理，督促各专业化公司有针对性地开展日常监督，做好重要节点廉洁提醒、监督检查和专项报告，深化标本兼治，健全长效机制，将作风建设融入日常、抓在经常、严于平常。三是充分发挥党风廉政建设和反腐败协调小组作用，加强与审计、财务、法律、人力、巡视等部门的协作配合，通过共同发力、系统集成，努力推动党内监督和其他监督贯通融合、协调协同，在办案、治理实践中进一步形成监督合力。四是加强对"关键少数"特别是各级"一把手"和领导班子的教育、制约和监督，促进"关键少数"发挥好示范引领作用，注重从违纪干部的剖析反思中，查找家庭家教家风方面存在问题，以身边事教育身边人，为领导干部敲响警钟，结合专项整治中查处的重大问题和典型案件，在相关单位开展形式多样的警示教育，以案示警，以案说法，引导广大干部职工自我警醒、警钟长鸣。五是强化对外派人员的思想政治教育和廉洁教育，紧盯境外机构关键岗位、重点领域和重大事项，推动境外廉洁合规经营和风险防范，发挥"探头"作用，及时听取相关方面汇报，就加强境外企业廉洁风险防控、压实从严管党治党责任提出明确要求，加强境外机构案件查办、风险处置、内部整改和完善制度的贯通联动，推动监督力量向境外延伸。

【信息化与数字化建设】 2021年，中粮集团结合行业标杆企业的系统架构和最佳实践，制定集团"十四五"信息化发展规划，明确"十四五"期间集团信息化工作主线，构建以"5+2+7"为核心的"数智中粮"战略框架体系，全面推动管理与业务向数字化、智能化方向迈进，为集团管理提升与业务创新提供保障支撑。

按照中粮集团"十四五"信息化发展规划，先后完成"中粮E看"、运营分析系统、财务共享平台、储备物资监管系统、忠良法律系统和国资监管系统等集团集中管控系统一期建设；完成"中粮E+"移动办公平台和协同办公系统建设，提高办公数字化水平，强化集团综合办公管控；完成集团数据中台与技术中台基础架构的搭建，为集团数字化转型奠定基础；完成"中粮云"平台技术方案的整体设计工作，建设中粮混合云平台；打造中粮集团内部数字生态联盟，自主开发资金管理、财务机器人、电子签章等可共享复用的产品化解决方案；拓展外部资源，以低成本构建多产品能力的融合性中台，提供可在集团内部推广的产品组合方案，如政策性储备物资监管系统、财务共享平台、国资监管报送平台等。

【履行社会责任】 出台集团层面和各专业公司"十四五"发展规划与专项规划，科学谋划新时期高质量发展新篇章。持续完善主业产能和区域布局，巩固行业领导地位；坚定推进国际化战略，提升全球资源利用能力。2021年，中粮农粮业务总经营量突破1.8

亿吨，净利润贡献率69%，真正做到"主业唱主角，核心业务发挥核心作用"。

聚焦生产经营中心任务，坚持稳中求进保增长，建立健全"3｜4｜3"管控机制，完善决策机制，提升经营管理水平；始终坚持业绩导向，经营业绩实现历史性突破，连续三年高速增长，为"十四五"高质量发展打下坚实基础。锚定提质增效，发展质量和效益稳步提升；推进品牌战略，品牌价值创造能力持续提升；加强产研结合，科技创新成果加快转化。

在抗疫保供战线上，全力以赴保障市场供应不断、价格不涨，多方驰援稳定民生；主动担当积极作为，圆满完成庆祝中国共产党成立100周年活动、北京冬奥会等重大活动供应保障任务；充分发挥中央企业在服务乡村振兴战略中的示范带动作用，以产业为龙头，将信息、品牌、技术、金融等优势引入乡村建设，助力"三农"发展，带动乡村振兴。

把党的百年奋斗重大成就和历史经验转化为推进高质量发展的强大动力，坚持"以高质量党建引领保障高质量发展"，打造一系列具有中粮特色的党建品牌，推动党建工作与生产经营深度融合，为企业发展创造实实在在的价值。推广党建项目制管理经验，围绕企业重点任务和关键难题立项2000多个，涌现出"中粮特色风味菜籽油产品体系研究""废水资源化利用""浸出车间蒸脱机节能改造"等为代表的优秀项目，为企业发展提供有力支撑。探索推动党建联盟，加强产业链、供应链上下游沟通交流，增强价值认同，推动实现合作共赢。试点开展党员积分制，引导党员做表率，在技术改造、修旧利废、生产安全、食品安全等多个领域中"比学赶超"。广泛建立党员先锋岗、责任区，面对疫情防控、物资保供、抗洪救灾等急难险重任务，第一时间组织"党员突击队"冲锋在前、攻坚克难，确保兜住民生底线，守护百姓餐桌。

（撰稿人：姚新宇）

中国五矿集团有限公司

【基本概况】 2021年，中国五矿集团有限公司（以下简称中国五矿）深入贯彻落实习近平总书记重要讲话和重要指示批示精神，全面落实党中央、国务院决策部署，坚持"十四五"战略引领，在开新局中抢抓机遇，在稳增长中提质增效，在强主业中突出品牌，改革发展和党的建设取得新成效，疫情防控与生产经营做到"两手硬"，经营业绩再创历史新高，"十四五"开局之年实现高位起步。2021年，中国五矿居《财富》"世界500强"第65位、"中国企业500强"第19位。

【主要指标】 2021年，中国五矿实现资产总额10039亿元，营业收入8502亿元、利润总额264.7亿元、技术开发投入187亿元、应交税金总额248亿元，分别比上年增长2.1%、20.8%、31.2%、28%、13.2%，净利润比上年增长10%。

表1　2021年中国五矿集团有限公司主要经济指标

项　目	2020年	2021年	比上年增长（%）
资产总额（亿元）	9837	10039	2.1
营业收入（亿元）	7039	8502	20.8
利润总额（亿元）	201.7	264.7	31.2
技术开发投入（亿元）	146	187	28.0
应交税金总额（亿元）	219	248	13.2

【改革发展】 2021年是国企改革三年行动的攻坚之年、关键之年，中国五矿牢牢把握中国特色现代企业制度的根本导向，全方位、定量化推进改革三年行动。一是不断加强企业治理体系和组织管控体系建设。党的领导与公司治理深度融合，深入落实"两个一以贯之"，对标对表动态优化"三清单一流程"，明晰权责边界，理顺决策程序；加强外部董事占多数的董事会建设，落实董事会职权任务要求；推动子企业董事会建设，梳理确定206户子企业实现"应建尽建"；落实国家产业整合政策，形成企业重组整合方案；落实企业全生命周期管理，超额完成年度"压减"工作计划进度安排；子企业经理层成员任期制和契约化管理全面铺开，治理有效、管理实效、运行高效的管理体系加快形成。二是深化企业改革，明确目标任

务。细化责任落实，层层建立"军令状"；牵头编写国务院国资委国有资本投资公司课题研究，并作为典型供各中央企业和地方国资委借鉴参考；稳妥推进混合所有制改革，不断完善权责利匹配的市场化经营机制；抓好改革专项工程和改革试点，"一企一策"开展"双百行动"，中冶京诚、长沙矿冶院分别被国务院国资委评为"科改示范行动"标杆企业、优秀企业；开展"对标一流"专项行动，中国五矿"1+N"全面风险管理体系、深圳市金洲精工科技股份有限公司、五矿资源邦巴斯矿业公司分别入选国务院国资委"国有重点企业管理标杆创建行动"标杆项目、标杆企业。持续推动供给侧结构性改革，稳妥整合两家财务公司，高溢价挂牌转让五矿营钢，国有资本布局进一步优化；"三供一业"、厂办大集体等企业办社会职能分离移交工作基本完成，企业实现轻装上阵。

【重大项目】 上下齐心，统筹抓好疫情防控和生产经营，抓住"国内国际双循环"战略机遇，扭住市场营销"牛鼻子"，持续引领中国钢铁工业智能绿色低碳高效发展。一是世界第一冶金建设运营国家队实现新突破。成功获得邯钢老区退城整合项目、永洋特钢首条国产化万能重轨生产线、印度尼西亚拉曼200万吨/年氧化铝厂、土耳其埃雷利钢铁4号焦炉等国内及"一带一路"沿线标杆项目，继续保持全球冶金市场优势地位。国家雪车雪橇中心项目团队高标准交付国内第一条、亚洲第三条雪车雪橇赛道，高水平做好冬奥会揭幕前系列国际赛事及冬奥期间的运维保障服务，以最靓丽姿态向世界展示"中国形象"。承揽湛江东海岛产业园、肇庆金利高新区等一批百亿级国计民生重大项目，大力服务区域协调发展战略。建设天津茱莉亚学院、北京环球影城、深圳钢铁及共建管廊等一批城市新标项目，不断满足人民对美好生活的需要。厦门国际会展中心四期项目等工程获得中国建设工程质量最高奖——鲁班奖。二是建设钢铁生产碳减排智能管理服务系统，打造全球首个数智孪生料场、国内首个5G+铁钢界面智慧平台，入选工业和信息化部2021年大数据产业发展试点示范项目数量居中央企业前列。数字化设计助力钢铁工程建设，中冶南方"晋南钢铁二期曲沃基地产能减量置换项目转炉连铸项目"成为"2021全球基础设施数字化光辉大奖赛"国内唯一获奖的钢铁工程。

【走向海外】 积极落实"走出去"战略。2021年，中国五矿有境外矿山15座，所属邦巴斯铜矿、杜加尔河锌矿、瑞木镍钴矿、山达克铜金矿、杜达铅锌矿、钨矿山等矿山开足马力，快挖快卖，当期利润总额与上年相比大幅增长。

关爱海外员工健康。2021年，面对海外严峻的新冠肺炎疫情形势，中国五矿坚持抗疫和生产两手抓，及时传达落实国务院国资委境外办有关要求，组织各境外项目制定疫情防控应急预案，开展境外疫情防控视频巡检15场，组织境外医疗系统接入国务院国资委四位一体医疗平台，充实境外疫情防控医疗力量。其中山达克铜金矿建设187间隔离房和核酸检测实验室，并定期向员工发放防疫物资和在岗补贴。为应对阿富汗局势变化，2021年7月，中国五矿主要领导牵头成立工作专班，全力应对现场紧急事件，中方人员79人全部撤回，确保人员和资产安全。

【重大创新】 激发强企动能，牢牢把握科技自立自强的战略基点，组织参编资源环境等领域"十四五"国家科技规划，勇担近100项国家重大科技攻坚重任，在矿产资源绿色高效开发、清洁低碳冶金、深海矿产资源开发、新能源材料制备等领域锻长板补短板，成为国家行业领域重要科技力量。立项实施中冶集团"181攻关计划"首批37个重点研发项目，"极小径微钻""极小径铣刀"等一大批关键核心技术集中攻关突破，成功突破硅基负极材料技术、矿石性质智能识别技术、多元危废无害化处置与清洁利用技术等"卡脖子"难题。编制《中国五矿双碳科技行动方案》，"工业延期多污染物协同深度治理利用技术及应用"等5项重大科技成果获得国家科学技术奖励。制定《企业专利价值度评估体系》，13件发明专利获得中国专利奖，新增授权专利8477件，高价值发明6800件，3项成果亮相国家"十三五"科技创新成就奖，科技成果转化收入超过300亿元。硅基材料制备技术、工业环境保护两大国家工程研究中心全部通过第一批国家级科技创新基地优化整合评估，"金属冶炼重大事故防控技术支撑基地"获国家发展改革委批准建设。长远锂科成功上市科创板，新能源材料产业链孵化成果显著，企业创新发展动能进一步增强。

【党建工作】 始终把政治建设放在首位,深入学习贯彻习近平总书记"七一"重要讲话和党的十九届六中全会精神,聚焦"高质量党建引领保障企业高质量发展"目标,高标准开展党史学习教育,常态开展"党旗飘扬、党徽闪光"行动,坚决捍卫"两个确立"、坚决做到"两个维护"。全面落实全国国企党建会精神,以"五步闭环"保证贯彻落实,以"五化"工作法提升党建质量,以"五个融入"促进党建工作与生产经营、改革发展深度融合。持续加强党建工作责任制,构建"三清单一流程",推进党的全面领导贯穿于企业决策、执行、监督各环节。完善"双向进入、交叉任职"的领导治理体制,健全党管人才领导体制和工作机制。持续加强干部人才队伍建设,完成"三个一批"干部调研。狠抓作风建设,加强"巡审一体化"联动,完善"三报告三清单"成果体系,深化"靠企吃饭"专项整治,开展党史学习教育和国企党建会议"回头看"督导工作。

【信息化与数字化建设】 组织编制"十四五"数字化规划,通过"聚力行动"(聚深化改革之力、聚统一融合之力、聚数智创变之力),打造"三体系"(统一建设应用体系、数据治理体系、网络和信息安全体系)、"二平台"(大数据平台、工业互联网平台)和"一中心"(统一数据中心),编制"十四五"数字化规划数字化转型分册,制定《数字化转型实施方案》,建立《中国五矿数据资产目录体系》,编制《冶金矿山数字化转型白皮书》。在工业和信息化部组织的2021年数字化转型发展高峰论坛上,中国五矿《大数据助力中国五矿打造国资监管系统平台》《国资国企在线监管系统》获得国务院国资委中央企业"十三五"网络安全和信息化优秀案例,《中国五矿国资监管信息化建设》《中国五矿智慧党建在线监管系统》入选国务院国资委《"三年行动计划"创新示范案例集》,中国五矿信息部获评"数字化转型推进优秀集体",十七冶《两化融合筑基工业互联网建设促进企业数字化转型发展》获评国务院国资委"国有企业数字化转型"典型案例。株洲公司获得中国国际经济技术合作促进会"年度企业数字化转型"优秀实践单位奖,上海宝冶"钢结构智能制造一站式信息化管理平台"等3个项目获评工业和信息化部2021年大数据产业发展试点示范项目。多项数字化转型成果亮相第四届数字中国建设峰会成果展。

以产业化思维创新推动新兴信息技术与产业的深度融合,深化数字化转型成果在智慧矿山建设、智慧建造、智慧工厂建设等方面的应用,致力于推动产业数字化进程。以五矿矿业安开矿业智慧矿山数字化转型示范项目为转型示范标杆,推进勘查公司龙江石墨智慧矿山建设、五矿石墨产业项目AR全景平台建设、水口山矿山生产与环保情况实时监督等项目转型。中国五矿《冶金矿山数字化转型白皮书》被推荐为"2021年企业数字化转型十大白皮书",填补国内行业空白。2022年北京冬奥会国家雪车雪橇中心项目通过数字参数化建模技术精准创建赛道模型,将异型双曲面赛道成型控制在毫米级精度。中国五冶获得第六届国际BIM大奖赛最佳产业项目BIM应用成果奖。株冶有色建成行业一流的MES系统,被工业和信息化部列为有色冶炼加工企业智能制造标杆。

【履行社会责任】 深入学习习近平总书记关于脱贫攻坚和乡村振兴的系列重要论述,按照党中央、国务院有关决策部署,牢记"姓党为民"的政治本色,严格落实"四个不摘"要求,按照"精准、特色、长效"三大原则,扎实有序推进对6个定点帮扶县和1个对口支援县的帮扶工作。公司层面专题研究定点帮扶和对口支援工作8次,赴7个县开展督促指导25次,形成督促指导报告23份,其中公司领导班子7人次,分管党组副书记赴定点帮扶6个县开展全覆盖调研。向脱贫地区投入无偿援助资金6697.7万元,其中向定点帮扶6个县投入无偿援助资金5449.7万元,投入有偿帮扶资金5.2亿元,引入无偿援助资金2275.9万元;向对口支援县和其他脱贫地区投入1248万元。购买脱贫地区农产品4531.6万元,帮助销售396.6万元,培训各类干部人才2753人次。在国务院国资委年度帮扶工作测评中结果为"好",居中央企业前30位。

聚焦碳达峰、碳中和及双循环新发展格局,积极拓展新标准、新技术、新能源、绿色化、数智化等领域,持续推动绿色低碳运营。全年综合能耗比上年下降5.9%,万元产值综合能耗比上年下降12.2%,超额完成任期节能减排目标任务。直接淘汰落后生产工艺设备50项,减少能源消耗约2.6万吨标准煤;煤炭消耗量持续九年下降,比上年降低22.4%,煤炭占能源消费比重比上年下降29.6%。其中,中冶集团煤炭消耗下降33%;中钨高新全面淘汰燃煤锅炉,实现"燃煤零使用"。

(撰稿人:高培峻)

中国通用技术(集团)控股有限责任公司

【基本概况】 中国通用技术(集团)控股有限责任公司(以下简称集团)是中央直接管理的国有重要骨干企业,成立于1998年,是在6家原外经贸部直属企业基础上组建的国有独资公司。2006年以来,集团先后重组5家中央企业和一批地方骨干企业。2018年12月获批成为国有资本投资公司试点企业。集团的核心主业包括先进制造与技术服务、医药医疗健康、贸易与工程服务,具体涉及装备制造、新材料、检验检测认证、医疗、健康、医药及医疗器械、贸易、工程服务、产业金融9个细分领域。拥有中国医药、中国汽研、沈机股份、环球医疗4家上市公司。2009—2020年,连续12年在国务院国资委中央企业经营业绩考核中获评A级,位列2021年"世界500强"第430名。

【主要指标】 2021年,剔除跨周期调节因素,集团全面完成"两利四率"经营目标,实现利润总额85.60亿元,比上年增长9.38%;净利润63.72亿元,比上年增长13.04%;经济增加值23.4亿元;营业收入利润率4.94%,比上年增加0.83个百分点;研发经费投入强度1.10%,比上年增加0.41个百分点;全员劳动生产率36.20万元/(人·年),比上年下降1.44%;资产负债率65.26%,比上年减少0.53个百分点。

表1 2021年中国通用技术(集团)控股有限责任公司主要经济指标

项　　目	2020年	2021年	比上年增长(%)
资产总额(亿元)	2257.18	2480.17	9.88
所有者权益(亿元)	772.29	804.91	4.22

续表

项　　目	2020年	2021年	比上年增长(%)
营业收入(亿元)	1958.18	1720.58	−12.13
利润总额(亿元)	78.26	85.60	9.38
净利润(亿元)	56.37	63.72	13.04
归属于母公司所有者的净利润(亿元)	38.52	34.07	−11.55
技术开发投入(亿元)	13.57	18.92	39.43
利税总额(亿元)	149.37	153.23	2.58
应交税金总额(亿元)	71.11	67.63	−4.89
全员劳动生产率[万元/(人·年)]	36.73	36.20	−1.44
净资产收益率(%)	7.93	8.04	增加0.11个百分点
总资产报酬率(%)	5.00	3.58	减少1.42个百分点
国有资本保值增值率(%)	109.53	109.26	减少0.27个百分点

【改革发展】 2021年,集团扎实推进国企改革三年行动,97项改革任务完成80项,完成率82%,实现国务院国资委提出的完成70%以上的目标要求。一是着力推进中国特色现代企业制度建设。深入落实《关于中央企业在完善公司治理中加强党的领导的意见》,制(修)订集团党组工作规则、董事会议事规则、集团重大事项决策权责清单、董事会授权方案等20项制度,进一步厘清各治理主体权责边界,构建权责法定、权责透明、协调运转、有效制衡的公司治理机制。规范二级公司董事会建设,各产业子集团和直属二级公司均建立外部董事占多数的规范董事会,并建立一支31人组成的专职董监事队伍;各级企业董事会应建尽建全部完成并实现外部董事占多数。持续开展行权能力评价和授放权,对10家子公司授权事项23项,有效激发经营主体活力。二是打造支撑战略落地的专业化经营体系。先后改组组建机床装备、资本、高新材料、贸易、工程服务5个产业子集团,打造三级管控架构体系,强化各业务领域的一体化集约化专业化运营管控。三是全面深化三项制度改革。各二级公司全面完成经理层成

员任期制和契约化管理,各层级企业完成比例超过90%。加强薪酬与绩效关联,二级企业负责人绩效年薪与年度经营业绩考核结果紧密挂钩;用好国有控股上市公司股权激励、国有科技型企业股权和分红激励等政策,激励科研和核心骨干人员605人。四是持续推进专项试点改革。中国汽研开展第二批限制性股票激励计划,在国务院国资委"科改示范企业"专项评估中获评"标杆企业";沈阳机床以内部市场化改革破题,实现轻装上阵;中纺标积极推进北交所新三板转板上市;中仪英斯泰克加大职业经理人市场化选聘力度,"三能"改革初见成效。

【重大项目】 机床装备业务。与天津市共同出资100亿元组建机床装备集团,打造机床板块一体化集约化专业化运营管控平台;牵头成立数控机床产业技术创新战略联盟;投资纳米时栅项目,获得具有国际领先水平的超高精度位移测量原创技术;承担的4个国家重大专项课题、15项"1025"项目完成集团内部验收和外部专家鉴定;启动39项"卡脖子"项目攻关,完成19项。

新材料业务。持续加强莱赛尔纤维产业化项目建设运营,国内市场份额为30%;万吨级复合纺丝项目形成2万吨差别化产品生产能力。

检验检测认证业务。在自动驾驶领域取得2项世界前沿成果,承担的"1025"项目打破国外技术垄断;完成检科测试集团并购。

医疗健康业务。拥有医疗机构191家,开放床位数3.5万张;围绕重点学科组建专科联盟35个,建成省级重点专科6个、省级重点建设专科9个、行业特色专科5个;6家医院被国家卫健委授予"改善医疗服务示范医院"称号;北京电力医院获批建设国家老年疾病临床医学研究中心分中心和国家一级癫痫中心,西电集团医院、阳煤集团总医院分别获批建设国家消化系统疾病临床医学研究中心分中心和基地;加快推进互联网医院建设,10家医院获得互联网医院牌照;推动优质医疗资源下沉,完成105家集"检、管、诊、治"于一体的"小通诊所"挂牌;组建健康养老平台,建成49家健康养老机构;推进健康企业建设,制定全流程体检服务规范和全生命周期健康管理服务标准,为10余家中央企业、地方国企提供企业医疗保障和健康管理服务方案;响应国务院国资委号召,为参与"一带一路"建设的中央企业提供医疗服务,为30余家企业境外项目提供防疫药品、医疗器械等物资。

医药及医疗器械业务。稳步发展,中国医药在联合国2020年度医疗设备类全球供应商综合排名中位列第一名,在2020年"中国医药保健品进出口企业100强"中位列第三名;新增6个产品通过一致性评价、4个新产品获批生产。

贸易业务。积极向手机产业链上游延伸,邮电器材自主品牌Hi nova 9系列手机成功发布;在第四届中国国际进口博览会上签订采购合同11.44亿美元,创历史新高。

【走向海外】 积极开发意大利、西班牙、孟加拉国、波黑等国光伏发电项目及马来西亚、非洲等国家和地区清洁发电、智慧城市等基础设施建设项目,实现签约85亿元;哈萨克斯坦汽车组装厂全年生产车辆5.5万辆,保持拥有哈萨克斯坦50%的市场份额。集团位列2021年度《工程新闻记录》(ENR)"全球最大250家国际承包商"第67名。

【重大创新】 加强创新体系建设,成立集团医学科技委,制定医疗健康科技创新体系建设方案;组建机床、新材料、汽车检验检测专家委员会,发布3个领域的技术体系和重大任务清单。创新科技项目实施机制,45项技术攻关项目实施"揭榜挂帅"。集团承担的114项国家级、省部级科技攻关项目结题28项、17项"1025"项目完成验收。获得省部级、行业级奖励42项,机床领域2个项目获得国家科技进步二等奖;授权专利745件,其中发明专利123件;专利申请583件,其中发明专利297件;发布标准109项,其中国际标准3项;获得软件著作权54项;开发新产品96种。

【党建工作】 一是持续推动学习贯彻习近平新时代中国特色社会主义思想,做到"两个维护"更加自觉。严格落实"第一议题"制度,集团党组学习习近平总书记重要讲话和指示批示精神142件,结合实际研究贯彻落实措施,加强跟踪督办,确保落实落地;深入学习习近平总书记在庆祝中国共产党成立100周年大会上的重要讲话,深刻领悟伟大建党精神和"九个必须"的历史启示;迅速兴起学习宣传贯彻党的十九届六中全会精神热潮,组建宣讲团87个、开展宣讲35

场，引导广大干部员工深刻认识"两个确立"的决定性意义、中国共产党百年奋斗取得的"四个伟大成就"及"十个坚持"的宝贵历史经验，旗帜鲜明地做到"两个维护"。二是高质量开展党史学习教育，听党话跟党走更加坚定。通过多种方式开展"五个专题"学习研讨，在革命圣地延安举办三期专题读书班，召开党史学习教育专题组织生活会。围绕贯彻落实新发展理念、巩固脱贫攻坚成果、服务保障社会民生需求、关心关爱职工群众4个方面扎实推进"我为群众办实事"实践活动，集团层面96项和二级公司501项办实事清单完成率均为100%。隆重开展庆祝中国共产党成立100周年系列活动，选树表彰"两优一先"和"劳动模范"；系统梳理企业发展史，总结提炼通用技术人在服务国家战略和国计民生事业中孕育形成的企业精神，建成企业历史文化长廊、劳模榜样主题展，精心编导"奋斗吧，通用技术人"庆祝建党百年文艺展演，弘扬伟大建党精神，传承企业优良传统。三是坚持党管干部党管人才，加强干部人才队伍建设，支撑高质量发展的组织保障更加坚实。全年选拔任用集团党组管理干部187人次；加强核心主业干部人才配备，特别是为机床企业择优选配关键岗位班子成员29人；从集团总部和二级公司领导班子成员中选拔一批经验丰富的专家型人才，全面加强董监事队伍建设；大力培养选拔优秀年轻干部，集团二级机构领导班子成员中"70后"占65%，比上年增加18个百分点，"80后"占12.5%，比上年翻了一番；认真贯彻中央人才工作会议精神，制定出台关于加快推进科技人才队伍建设的指导意见，积极引进海外高层次人才，对国家级创新平台、重大科技项目以及科改示范企业的工资总额予以单列。四是坚定不移深化"三基建设"，基层党组织作用发挥更加有力。组织召开习近平总书记全国国企党建会重要讲话发表五周年学习研讨会，全面总结五年来集团党建工作经验与成效，持续巩固深化全国国企党建会贯彻落实成果。落实国务院国资委党委"中央企业党建创新拓展年"工作部署，扎实推进"一强两无三高"五星级党支部创建，评定2020年度五星党支部99个。五是全方位加大宣传力度，集团品牌影响力更加彰显。结合庆祝建党百年，挖掘集团新中国第一枚金属国徽等红色资源，宣传集团悠久历史和主业优势，全年各大媒体平台报道和转载集团信息超17万条，中央电视台《新闻联播》等节目报道20余次。六是充分发挥统战群团优势，改革发展合力更加凝聚。加强对统战工作的领导，突出团结凝聚党外高知群体；发挥工会组织桥梁纽带作用，加强班组建设，大力传承弘扬"喊破嗓子不如做出样子"的马恒昌小组精神，打造新时代产业工人队伍；坚持党建带团建，以团中央"青马工程"试点单位为契机，持续推进青年"铸魂工程"。七是坚定不移正风肃纪反腐，风清气正的政治生态更加巩固。认真贯彻十九届中央纪委五次全会精神，严格落实党风廉政建设主体责任、监督责任。持续开展境外腐败、利益输送、设租寻租、化公为私、民企挂靠国资、影子股东等"靠企吃企"专项整治，集中精力突破一批职务违法犯罪案件，全年办理留置案件7起、留置11人，形成强有力震慑。坚持纠治"四风"，紧盯形式主义、官僚主义突出问题，全年查处违反中央八项规定精神问题38人次。充分发挥巡视巡察利剑作用，开展两轮对6家二级公司党委的巡视，发现问题149个、移交问题线索12个，实现党的十九大以来二级单位巡视全覆盖；切实做好"后半篇文章"，开展巡视整改"回头看"，前六轮巡视的22家单位巡视整改问题完成率96%；全年20家二级公司党委巡察下级党组织107个，9家二级公司党委实现对所属党组织巡察全覆盖。

【信息化与数字化建设】 组建数科公司（数字化部），全面推动集团各领域数字化转型。机床装备业务组建装备数字化研发基地，聚焦协同研发、生产管理、市场营销打造数字化生产运营体系。医疗服务业务加速集约化平台、数据共享互通等布局，开展互联网医疗、远程医院、AI诊断等创新应用探索，在改善医院管理、提升患者满意度等方面取得初步成效。

【履行社会责任】 集团所属医疗机构继续为航空航天、电力能源等国家重要行业和关键领域发展保驾护航。2021年7月河南特大洪水期间，所属国中康健9家医疗机构派出214人次跨省支援，全力做好防汛抢险和灾后抢修的医疗保障。坚决听从党中央号令，集团近100家医疗机构派出2.9万余人次医护人员参与各地散发疫情防控工作，开展核酸检测590余万人次。2021年，集团向定点帮扶的武川县、商都县投入帮扶资金3402.5万元,比上年增长20.7%;引进帮扶资金101.02万元,培训基层干部410人次、乡村振兴带头人660人次、技术人员120人次,购买定点帮扶县和其他脱贫地区农产品1470.75万元,帮助销售238万元。集团及所属单位分别获评"全国脱贫攻坚先进集体""内蒙古自治区脱贫攻坚先进集体""重庆市脱贫攻坚先进集体"等。

(撰稿人:施 浪)

中国建筑集团有限公司

【基本概况】 中国建筑集团有限公司(以下简称中国建筑)组建于1982年,是我国建筑行业唯一一家由党中央直接管理的国有重要骨干企业、国务院国资委确定的10家创建世界一流示范企业之一,也是我国专业化发展最久、市场化经营最早、一体化程度最高、全球最大的投资建设集团,拥有上市公司7家,二级控股子公司近40家,员工36万人,经营范围遍布全球100多个国家和地区。2021年,中国建筑坚持以习近平新时代中国特色社会主义思想为指导,深入贯彻落实党的十九大和十九届历次全会精神,聚焦"一创五强"战略目标,实施"166"战略举措,圆满完成年度目标任务,实现"十四五"良好开局,在第16次在国务院国资委中央企业负责人经营业绩考核中获评A级,连续三年在国务院国资委中央企业党建工作责任制考核中获评A级,连续九年居《财富》"中国500强"第3位,"世界500强"第13位,继续保持行业全球最高信用评级。

【主要指标】 2021年,中国建筑新签合同额3.53万亿元、完成营业收入1.89万亿元,分别比上年增长10.3%、17.13%;利润总额1009.2亿元、净利润777.1亿元,分别比上年增长7.47%、10.16%;研发经费投入强度2.1%以上,比上年增加0.29个百分点;全员劳动生产率60.8万元/(人·年);年末资产负债率73.5%,比上年减少0.5个百分点,经营效益和发展质量不断提高。

表1 2021年中国建筑集团有限公司主要经济指标

项 目	2020年	2021年	比上年增长(%)
资产总额(亿元)	22056.7	24033.3	8.96
所有者权益(亿元)	5739.5	6379.8	11.16
营业收入(亿元)	16175.4	18945.4	17.13
利润总额(亿元)	939.1	1009.2	7.47
净利润(亿元)	705.4	777.1	10.16
归属于母公司所有者的净利润(亿元)	246.9	286.6	16.09
技术开发投入(亿元)	257.0	401.9	56.38
利税总额(亿元)	1467.4	1492.0	1.68
应交税金总额(亿元)	749.7	815.4	8.76
全员劳动生产率[万元/(人·年)]	61.5	60.8	−1.11
净资产收益率(%)	13.2	12.8	减少0.3个百分点
总资产报酬率(%)	5.0	5.0	与上年持平
国有资本保值增值率(%)	117.1	117.9	增加0.9个百分点

【改革发展】 2021年,中国建筑深入推进国企改革三年行动,集团105项清单改革举措完成率93.8%,二级企业及骨干三级企业3712项清单改革举措完成率91.9%,在国务院国资委管理标杆创建行动中获评5个"标杆",两家"科改示范企业"在专项评估中均获评"标杆",3家企业入选国务院国资委公司治理示范企业。编制发布《关于中建集团子企业在完善公司治理中加强党的领导的实施意见》等30项制度,构建集团统一、规范的"四规则五清单"(党组工作规则及决定、前置清单,董事会议事规则及清单,总办会议事规则及清单,"三重一大"管理办法及清单)治理结构框架。制定落实加强股份公司董事会建设的57项举措,董事会"定战略、作决策、防风险"的功能作用充分发挥、日常运行更加规范有效,独立董事勤勉履职,为公司改革发展提出好意见。"应建"子企业董

事会100%实现外部董事占多数,出台《子企业公司治理结构管理办法》等制度,全面规范各类型、各级次子企业公司治理结构设置及运行安排,扩大对子企业的差异化授权,深化落实子企业董事会职权,推动董事会向经理层授权,董事会运作更加专业尽责、规范高效。各级实质运营子企业全部实行任期制和契约化管理,64户子企业推行职业经理人制度改革。印发《关于加强各级领导班子建设的实施意见》《关于大力发现培养选拔优秀年轻干部的实施意见》,不断优化选育管用工作体系。围绕提升"七种能力",深入实施"青年企业家培养项目",启动"513+X"培养工程。

【重大项目】 中国建筑坚决有力服务保障大局,圆满完成"伟大征程"演出舞台搭建、中央礼品文物管理中心建设、北大红楼修缮等一批重大工程,为党的百年华诞增光添彩。全面完成27个北京冬奥场馆及配套项目建设任务,精心组织运维保障工作。新设6个总部派出机构,充分发挥对接、服务、联络平台作用。2021年,在国家战略区域完成投资额3844亿元、新签合同额3.03万亿元,在集团整体中占比分别为86.7%、85.9%。承接雄安新区至北京大兴国际机场快线项目(合同投资31亿元)、中标G4京港澳高速湖南段相关PPP项目(合同投资123亿元),承接重庆轨道交通27号线(合同投资52亿元),投资建设上海临港新片区世界顶尖科学家社区(合同投资100亿元),承接大湾区城际线网(芳村至白云机场城际)项目(合同投资184亿元)、深圳都市圈城际铁路深圳至惠州段项目(合同投资161亿元)等重大工程,承接西安咸阳国际机场三期扩建项目(合同投资63亿元),新签约香港黄竹坑站第三期商业及住宅发展项目。

【走向海外】 中国建筑积极融入新发展格局,统筹推进境外疫情防控和生产经营各项工作,2021年新签海外合同额1636亿元,实现营业收入893亿元,新签合同额超过1亿美元的国家和地区28个,顺利进入匈牙利、墨西哥、土耳其、几内亚4个新市场。新签约中泰高铁一期4—3标段(那瓦那空—班坡段)、新加坡康宁山综合体等重大工程;与国际知名企业深入开展第三方市场合作,与意大利、韩国、澳大利亚等国家的企业组成联合体签约澳大利亚最大基础设施项目之一——墨尔本东北干线项目,与日本大成联合中标公司海外首个大直径隧道项目——新加坡地铁跨岛线航空园站至罗央站区间盾构隧道CR105项目。公司承建的"非洲第一高楼"埃及新首都中央商务区项目标志塔主体结构封顶,我国对外援助规模最大的体育场援柬埔寨国家体育场项目、泰国重要民生工程素万那普机场扩建项目顺利竣工移交。公司全年获得境外工程鲁班奖9项,位居行业第一。

【重大创新】 中国建筑大力实施科技创新,全年研发经费投入401.9亿元,比上年增长56.4%,研发投入强度2.1%以上。"1025"专项等重大科研攻关任务取得重要阶段性成果,突破BIM软件底层图形平台技术并发布自有软件品牌(AECMate)。实现碳纤维千吨级索锚体系世界首次大型工程应用。万吨压力机完成世界首次竖向万吨加载试验,彰显"大国重器"地位。首批8个中国建筑科技创新平台挂牌成立,与多所高校深入开展产学研合作。获得国家科学技术进步奖5项、其中一等奖2项,获得中国土木工程詹天佑奖15项,获奖数量和质量再创新高。认真落实"双碳"工作,成立双碳产业技术研究院,不断完善超低能耗、零碳建筑技术体系,启动碳排放监测及综合服务平台建设。

【党建工作】 中国建筑各级党组织把党史学习教育作为贯穿全年的重大政治任务,严格落实"第一议题"制度,集团党组召开中心组学习15次,推动各级中心组集体学习4691次;党组领导讲授专题党课28次,带动各级领导干部讲党课3300次。贯彻新发展理念"大学习、大讨论、大落实"实践活动走深走实,集团党组组织专题论坛3期,引导各级党组织举办专题讲坛近1200场,推动集团上下形成学习热潮。精心组织贯彻落实全国国有企业党的建设工作会议精神"回头看"工作,在"七个对标检视"基础上,统筹推进新闻发言人队伍建设等"十项整改提升"。承办"中央企业永远跟党走"党的建设工作展,牵头制作"推进央企改革高质量发展"专题展区。坚持"把支部建在项目上",针对"空白班组"开展靶向消除,实现全面清零。持续打造"建证力量·红色基石""建证匠心·红色先锋"党建品牌,推出100个示范党支部、100个典型案例,党组织战斗堡垒作用和党员先锋模范作用在改革攻坚、疫情防控、抗洪救灾各个方面得到充分发挥。持之以恒推动全面从严治党向纵深发展，开展贯彻落实习近平总书记重要讲话和指示批示精神专项监督检查，紧盯国企改革三年行动、"靠企吃企"专项整治等，以强有力的监督保障党中央重大决策部署贯彻落实到位。

【信息化与数字化建设】 加快推进"中建136工程"，推动建筑产业与互联网、大数据、人工智能深度融合，加快提升产业链、供应链自主可控水平，勇当现代产业链"链长"，带动22万家上下游企业共同发展。建造一体化平台、数字指挥决策系统、云数据中心建设等进展顺利。创新推动财务一体化平台境外推广，中建国际、中建阿尔及利亚公司率先全面上线。加强前瞻性研究，用信息化建设、数字化转型赋能建造主业，中建环能获评国家级专精特新"小巨人"企业，中建铝获评四川省"专精特新"企业，中建安装1项产品获评"制造业单项冠军产品"。中海集团为冬奥会定制开发雪上场馆智能建筑集成管理平台，助力实现智慧冬奥。中建电商云筑集采金额突破1万亿元大关，继续领跑业内。中建科技工业化建造ISO国际标准正式获批立项，预制装配式混凝土结构建筑产业化关键技术等达到国际领先水平。中建方程在郑州双湖科技城项目打造智慧城市标杆工程。中建西部建设所属新材料科技公司跨入全国化工建材企业前列。

【履行社会责任】 圆满完成"时代精神耀香江"之大国建造入港宣传任务，得到中央领导和香港特别行政区政府的高度肯定。扎实推进"我为群众办实事"实践活动，165项"十难"问题解决措施全部完成，426项"十有"惠民工程全部建成交付。全力做好定点帮扶甘肃省三县、对口支援福建省长汀县、援疆援藏工作，坚持"四个不摘"，投入资金1.36亿元，实施帮扶项目120余个，持续助力乡村振兴，获得全国脱贫攻坚奖1项，甘肃省脱贫攻坚奖5项，连续五年保持中央单位定点帮扶考核最高等次评价。接收应届毕业生3.2万人，创造就业岗位248万个，发挥稳就业作用。全力参与河南"7·20"防汛救灾任务，收到各方感谢信、锦旗近200件，河南省防汛救灾新闻发布会点名表扬。

（撰稿人：张晨旭）

中国储备粮管理集团有限公司

【基本概况】 中国储备粮管理集团有限公司（以下简称中储粮集团公司）是涉及国家粮食安全和国民经济命脉的国有大型重要骨干企业，具体负责中央储备粮棉油的经营管理，执行国家调控任务。经过21年的发展，中储粮集团公司发展为世界最大农产品储备企业集团，成为维护国家粮食安全的"压舱石"、服务粮食宏观调控的"主力军"和调节粮食市场的"稳定器"。2021年，面对艰巨繁重的稳市保供和改革发展任务，中储粮集团公司坚持以习近平新时代中国特色社会主义思想为指导，以贯彻落实习近平总书记重要指示批示精神为重大契机，以党史学习教育为主线，以高质量发展为主题，埋头苦干、勇毅前行，统筹抓紧抓好疫情防控和全年任务落实，各项工作取得新进展新成效，主要指标完成情况符合预期，为服务保障国家粮食安全作出新贡献。

【主要指标】

表1 2021年中国储备粮管理集团有限公司主要经济指标

项 目	2020年	2021年	与上年增长（%）
资产总额（亿元）	12806.08	11670.49	-8.87
所有者权益（亿元）	1087.26	1140.73	4.92
营业收入（亿元）	3049.32	2868.64	-5.93
利润总额（亿元）	48.28	42.26	-12.47
净利润（亿元）	40.80	30.97	-24.09
归属于母公司所有者的净利润（亿元）	40.52	30.86	-23.84
技术开发投入（亿元）	0.22	0.77	250.00

续表

项 目	2020年	2021年	与上年增长（%）
利税总额（亿元）	52.83	48.52	-8.16
应交税金总额（亿元）	11.71	18.17	55.17
全员劳动生产率[万元/（人·年）]	43.96	46.19	5.07
净资产收益率（%）	3.83	2.78	减少1.05个百分点
总资产报酬率（%）	2.81	1.85	减少0.96个百分点
国有资本保值增值率（%）	103.92	102.86	减少1.06个百分点

【改革发展】 高效落实国家宏观调控任务。克服疫情影响，采取手机 App 预约、上门服务、协调村委会集中售粮等方式，提升售粮便捷化水平，组织收购最低收购价稻谷 1410 万吨，切实维护种粮农民利益。强化政策性粮库存消化关键环节风险把控，认真执行吞吐调节和轮换任务，2021 年累计销售中央事权粮食 1.1 亿吨，占国内粮食消费量的 1/6，服务保供稳市大局高效落实。积极协调推动压实地方政府属地监管责任，监管合力进一步增强。政策性粮食租仓库点撤并工作基本完成，库点数量由 3000 多个降至 85 个，较最高峰减少 97% 以上，现有租仓库点全面落实"自储、自管、自出"管理要求，实现政策性粮食管理风险"精准拆弹"。

加快落地重点改革任务。全面落实改革三年行动，集团公司改革方案明确的 99 个改革子项完成 91%，超过国务院国资委下达年度任务目标 20 多个百分点。坚持"两个一以贯之"，党的领导融入治理各环节不断深化。全面完成各层级"三重一大"决策制度和事项清单修订，规范董事会应建尽建，子企业董事会职权有效落实。"双百企业"切实发挥引领带动作用。经理层成员任期制和契约化管理实现全覆盖，"以岗定薪、按绩取酬、岗变薪变"的考核分配机制建立健全。围绕推动建立集团公司统一指挥、分公司集中运作、直属库具体执行的新型运营机制，总部机构职能设置不断完善，分公司改革持续深化，直属库改革全面铺开，三项制度改革迈出坚实步伐，全口径人工成本控制和劳务用工清理成效明显，内部治理效能进一步提升。

【重大项目】 2021 年，按照中央储备规模和结构布局优化要求，加快实施"建设一批、收购一批、合资一批"仓储设施建设重大工程任务，突出"强管理、保质量、抢进度"，全年启动建设 118 个项目仓容 1060 万吨，其中 39 个中央投资项目开工建设 37 个，79 个提前启动项目大部分完成招标。

【走向海外】 2021 年，高效执行有关部门下达的大豆专项进口任务，有效服务国家对外贸易战略，夯实重要农产品调控物质基础。参加第四届中国国际进口博览会，与 ADM 公司、邦吉公司、嘉吉公司、路易达孚集团等供应商签约采购进口大豆，利用"两个市场、两种资源"服务调控能力进一步增强。

【重大创新】 加大科研改革创新力度，成立集团公司科技工作委员会，中央储备粮科技储粮覆盖率连年保持在 98% 以上，综合储存损耗率连续五年控制在规定范围以内，仓容完好率连年保持在 95% 以上。联合业内 18 家高校、科研院所和企业，组建中储粮科技创新联合体，以 2 个科技创新示范基地和 30 个科技储粮储棉示范库为支撑的科技储粮示范工程积极推进。

加大轮换运营机制"六统一"改革创新，克服价格大幅波动、合格粮源较少的实际困难，积极发挥各层级协调运营的优势，年度轮换计划完成情况超过序时进度，政策和市场风险有效防控，价差控制目标较好实现，轮换效益明显提高。

【党建工作】 企业党建引领保障作用明显增强。深入学习贯彻习近平总书记"七一"重要讲话和党的十九届六中全会精神，深入开展党史学习教育，全系统开展专题学习 2230 次，举办读书班 1450 期、宣讲报告会 600 余场次，20 万余人次接受学习和辅导，为高质量发展注入"红色动力"。围绕"红色主题"组织 300 余家库点开展公众开放日活动，全面展现党领导下中储粮发展成就。广大党员干部队伍理想信念更加坚定，政治意识明显增强，政治站位进一步提高。再学习再领会习近平总书记在全国国企党建会上的重要讲话精神，扎实开展"回头看"，376 个问题全部完成整改。落实"中央企业党建创新拓展年"部署，制定党建制度 53 项、修订制度 12 项，党建工作制度体系更加完善。深入推进党建与生产经营融合,始终把生产经营"主战场"作为党建工作"主阵地",全系统建立党建联系点128个、党建与业务融合示范点96个,"一优四强"红旗党支部、"两带头五争先"模范党员创建活动有序推进。广大党员关键时刻冲锋在前,不惧危险勇挑重担,始终让党旗在疫情防控、保供稳市、脱贫攻坚、防汛救灾等大战大考一线高高飘扬。

党风廉政建设和反腐败工作向纵深推进。坚决贯彻落实习近平总书记重要批示精神,深入推进粮食购销领域腐败问题专项整治工作。制定进一步深化纪检监察体制改革实施方案,构建集团公司"大监督"工作格局,"两个责任"贯通协调机制不断健全,直属企业和总部各部门539个监督执纪小组在加强"最后一公里"监督中发挥积极作用。持之以恒落实中央八项规定及其实施细则精神,厉行"禁烟""禁酒"令不动摇,突出整治形式主义、官僚主义,全系统各级党组织处理违反中央八项规定精神问题比上年下降62%,"严"的纪律和"实"的作风为推进企业改革发展提供有力保障。

【信息化与数字化建设】 持续做好"惠三农"App的优化完善和推广应用,截至2021年底,"惠三农"综合服务平台累计注册用户数72万余人,游客数27万余人,在线预约售粮累计130余万车,5000余万吨。其中,2021年预约售粮车辆数52万车,预约总量2200万吨,占中储粮全年收购总量的57%。

【履行社会责任】 2021年,中储粮集团公司围绕履行职责使命,积极发挥科技储粮优势,广泛开展"储粮技术进万家"活动,组织宣传培训3万余次,服务种粮农民150万余人。围绕为定点帮扶地区注动力,在3个定点帮扶县投入帮扶资金7159.19万元,积极开展"工装援疆"、消费帮扶、教育帮扶,年度帮扶任务全面完成,2人被授予"全国脱贫攻坚先进个人"称号,有力推进巩固拓展脱贫攻坚成果与乡村振兴有效衔接。

(撰稿人:张华生)

国家开发投资集团有限公司

【基本概况】 国家开发投资集团有限公司(以下简称国投)是中央直接管理的国有重要骨干企业,是中国最早设立的综合性国有资本投资公司。2014年7月14日被确定为首批国有资本投资公司改革试点,2022年6月14日正式转为国有资本投资公司。2021年,国投在以习近平同志为核心的党中央坚强领导下,深入学习习近平新时代中国特色社会主义思想,坚决贯彻党中央、国务院的决策部署,认真落实国务院国资委的工作要求,坚持稳中求进工作总基调,各项工作取得新成效。截至2021年底,国投资产总额7663.73亿元,营业总收入1944.54亿元,主要效益指标均创历史最好水平,连续17年在国务院国资委经营业绩考核中获评A级,连续5个任期获评业绩优秀企业。

【主要指标】

表1 2021年国家开发投资集团有限公司主要经济指标

项　目	2020年	2021年	比上年增长(%)
资产总额(亿元)	6822.70	7663.73	12.33
所有者权益(亿元)	2180.78	2512.10	15.19
营业收入(亿元)	1394.77	1944.54	39.42
利润总额(亿元)	220.98	460.99	108.61
净利润(亿元)	176.90	424.89	140.19
归属于母公司所有者的净利润(亿元)	62.83	341.21	443.07
技术开发投入(亿元)	12.99	20.50	58.00
利税总额(亿元)	298.80	541.35	81.17
应交税金总额(亿元)	126.03	119.71	－5.01
全员劳动生产率[万元/(人·年)]	100.91	148.58	47.24
净资产收益率(%)	8.56	18.30	增加9.74个百分点
总资产报酬率(%)	4.83	7.72	增加2.89个百分点
国有资本保值增值率(%)	111.46	137.48	增加26.02个百分点

【改革发展】 2021年是国企改革三年行动关键一年,国投加强组织领导,强化挂牌督战,聚焦经理层成员任期制和契约化管理、完善公司治理、深化三项制度改革、三年行动考核评估等重点任务,定期研究改革情况,完善实施方案,细化目标分解,严格督办考核,抓好责任落实,推动改革走深走实。截至2021年底,各项改革举措均按时间进度扎实有序推进,37条改革任务、76项改革举措完成86%,超出国务院国资委年底前完成70%的进度目标。

2021年,国投高新、国投生物深化"双百企业"试点,深化中层管理人员聘任制改革,纵深推进所属企业职业经理人改革,激发干事创业活力;电子工程院积极推进混改,"科改示范企业"专项考核获"标杆"等级;国投罗钾组建技术中心,通过"国家级高新技术企业"认定。截至2021年底,国投318家单位全面实现经理层成员任期制和契约化管理,完成率100%,签约人数完成率100%。

【重大项目】 2021年,国投坚持服务国家战略,聚焦高质量发展,统筹协调,创新发展,基础产业结构进一步优化,战略性新兴产业更加专注细分领域,金融及服务业市场定位更加精准。基础产业方面,国投电力推动雅砻江流域水风光互补绿色清洁可再生能源示范基地项目纳入国家及四川省"十四五"发展规划,取得大朝山水风光互补基地项目开发权;雅砻江两河口水电站、杨房沟水电站投产发电,新增装机400万千瓦;国投矿业发挥国投罗钾新型高效肥料研发平台优势,设立国投川农科技公司,推进产业链下游延伸;国投交通成功并购海南华信石油基地,提升服务国家石油战略储备能力。战略性新兴产业方面,中成股份再融资募集资金2.5亿元,亚德公司注入上市公司,中标11.8亿元境外EPC项目;西安鑫垚积极推进国家工程中心项目以及批产基地一期工程建设,积极拓展刹车盘民品业务;国投贸易旗下同益中登陆科创板,实现集团控股企业科创板上市"零的突破";亚普股份自主研发的国内首套侧挂式氢系统成功投入运营;国投生物年产3万吨纤维素乙醇示范项目成功入选国家能源局首台套重大技术装备;国投创益投资隆平生物,推进生物育种产业化。金融及服务业方面,国投资本被国务院国资委评为"管理标杆企业",是唯一入选的央企金融控股平台;安信证券IPO承销家数进入行业头阵;国投资产牵头成立中央企业"两非""两资"处置平台,助力央企结构调整和非主业清理;国投人力贯彻稳就业保就业要求,将"国聘行动"上升为国家级就业工程,以低成本、高效率打造"国聘"品牌。

【走向海外】 立足新发展阶段,国投坚定不移"走出去",深耕"一带一路"沿线国家,加大境外业务布局力度,打造以境外直接投资、国际工程承包、国际贸易等为主的国际业务发展模式,在全球多个国家和地区投资建设项目,培育国际竞争新优势。加大力度"引进来",有效利用国际资本市场,为产业高质量发展提供资金保障。2021年国投成立国际业务统筹开发中心,集中力量加大对国际业务的研究和培育,加快推进集团国际业务;第一次编制对接"一带一路"倡议的"十四五"国际业务发展规划,明确"十四五"时期国际业务发展的总体思路、发展目标。在国际化运营过程中,国投积极践行海外社会责任,彰显全球企业公民形象。截至2021年底,国投在53个国家和地区设立境外全级次法人企业和分支机构等117家,资产总额443.7亿元,利润总额13.65亿元,境外业务利润创历史同期最高水平。

【重大创新】 2021年,国投加大科技创新支持力度,实现研发投入20.50亿元,比上年增长58%。2021年9月6日,国投首次组织召开科技创新工作会,全面部署科技创新工作,开展第三届科技成果奖评选;首次设立科技专项资金,助力关键核心技术攻关;集团与科技部以及广东、湖北、成都等地方政府以及金融机构等联合发起设立基金规模150亿元的国投大湾区科技成果转化创业投资基金。

【党建工作】 2021年,国投认真贯彻落实党中央和国务院决策部署,坚定捍卫"两个确立",不断增强"四个意识"、坚定"四个自信"、做到"两个维护",隆重庆祝中国共产党成立100周年,扎实开展党史学习教育,认真落实"中央企业党建创新拓展年"各项工作部署,持续推进党建工作与业务深度融合,推动全面从严治党向纵深延伸,以高质量党建引领保障企业高质量发展,取得突出成效。

扎实开展党史学习教育。国投党组紧紧围绕学史明理、学史增信、学史崇德、学史力行的要求，高质量推进党史学习教育，广大党员干部受到一次全面深刻的政治教育、思想淬炼、精神洗礼，基层党组织的创造力、凝聚力、战斗力显著提升，达到学党史、悟思想、办实事、开新局的目的。

落实全面从严治党。国投深入学习贯彻党的十九届六中全会精神，落实党中央、中央纪委国家监委和国务院国资委党委关于全面从严治党、党风廉政建设和反腐败斗争的决策部署，保持战略定力，强化政治监督，持续深化中央巡视整改，深入纠治"四风"，一体推进"三不"，高质量推进巡视巡察全覆盖，风清气正的政治生态得到巩固。2021年9月，国投在全国国企党建会五周年"回头看"中获评最高等次"好"。

【信息化与数字化建设】 2021年，国投高质量编制"十四五"信息化和数字化规划，聚焦管理和业务需求，设计"两横两纵三体系一底座"的蓝图框架，阐释"数字国投"的内涵要义，提出"管理数字化提升""产业数字化升级"的建设目标，信息化建设和数字化转型踏上新征程。以集团融媒体平台、财务一体化平台等大项目为代表，信息化建设迈出坚实步伐。在发展的同时，全面提升网络安全防护能力，集团上下同心协力、众志成城，及时响应、有效应对，构筑坚实的"围墙"，经受住国家重大演习的考验，网络安全管理取得明显成效。

【履行社会责任】 2021年，国投启动"125可持续振兴计划"，运用"无偿帮扶和基金引导"两种手段，因地制宜实施"打造一批振兴示范村、引导落地一批基金投资龙头企业、合作培养一批有技术有担当的致富带头人、共建一批特色鲜明的村级党支部、拓展一批特色鲜明的帮扶品牌"等五大振兴工程，助力帮扶地区全面巩固脱贫攻坚成果，全力拓展乡村振兴举措。国投自2017年开展中央单位定点扶贫（帮扶）工作成效考核试评价以来，连续五年获评"好"。2021年，国投管理的帮扶产业基金总规模445亿元，撬动社会资本3400亿元。

2021年是国投连续第13年发布社会责任报告，也是继连续四年获得五星评级后，首次获评最高评级"五星佳级"。国投入选2021年中国首批十家ESG示范企业。国投牵头主办国有投资公司面向3060共同行动论坛，与全国近百家国有投资公司共同发起并签署双碳行动承诺书。国投编写的《"大爱若水 筑梦启航"，雅砻江志愿者在行动》案例获评《中央企业社会责任蓝皮书(2021)》"公益慈善"议题优秀案例。国投接受中国社会责任百人论坛的邀请，进行"分享责任公开课"的主题演讲，介绍国投ESG投资的理念与实践，分享国投履责举措和成效。

（撰稿人：李青林）

招商局集团有限公司

【基本概况】 2021年，招商局集团有限公司（以下简称招商局集团）在以习近平同志为核心的党中央坚强领导下，坚决贯彻落实党中央、国务院决策部署和国务院国资委各项要求，立足新发展阶段，贯彻新发展理念，服务新发展格局，以强烈的战略自信和战略定力，沉着应对外部复杂形势，扎实办好自己的事情，发展稳中有进，"十四五"规划开局良好。

【主要指标】 2021年，招商局集团资产总额和净利润继续蝉联中央企业第一，连续17年在国务院国资委中央企业经营业绩考核中获评A级，在中央企业党建责任制考核中连续获评A级。招商局集团继续成为拥有两家"世界500强"公司的企业，招商局集团和招商银行排名持续提升。

表1 2021年招商局集团有限公司主要经济指标

项目	2020年	2021年	比上年增长(%)
资产总额（亿元）	103118.5	114740.9	11.2
所有者权益（亿元）	14667.2	16729.1	14.1
营业收入（亿元）	8137.1	9291.9	14.2
利润总额（亿元）	1751.4	2122.1	21.2
净利润（亿元）	1371.1	1695.4	23.7

续表

项 目	2020年	2021年	比上年增长(%)
归属于母公司所有者的净利润(亿元)	408.0	548.5	34.4
技术开发投入(亿元)	150.6	169.1	12.3
利税总额(亿元)	2206.8	2726.3	23.5
应交税金总额(亿元)	835.7	1030.9	23.4
全员劳动生产率[万元/(人·年)]	86.1	104.5	21.4
净资产收益率(%)	10.4	12.6	增加2.2个百分点
总资产报酬率(%)	1.9	2.1	增加0.2个百分点
国有资本保值增值率(%)	113.9	117.3	增加3.4个百分点

注：2020年和2021年数据按照合并招商银行口径填报。全员劳动生产率、国有资本保值增值率按国务院国资委考核指标计算。

【改革发展】 一是继续推进混合所有制改革。截至2021年底，招商局集团混合所有制户数2378户，占总户数的81.24%。2021年10月，完成辽港股份重组募集配套资金的新股发行工作，向鞍钢集团、中国交建等战略合作伙伴和市场化投资者发行13.64亿股，募集资金21亿元。二是深入推进国企改革"双百行动"。招商证券启动核心员工中长期激励机制项目；招商交科院与战略投资者达成股权合作方案，实施科技型企业项目分红激励方案。三是扎实推进国企改革三年行动。招商局集团党委以"每月一主题"形式掌握改革进展情况，研究专项改革重点难点问题，全面推进各项改革举措落地。四是加快推进"科改示范行动"。运易通科技有限公司引入战略投资者，完成股权激励方案。五是打造精简高效的总部机构。持续优化调整总部机构，撤销事业部、优化整合党建工作职能、强化战略发展职能、统筹总部研究资源、充实应急管理职能、剥离运营层面职能。

【重大项目】 2021年，招商局集团完成投资446亿元。其中，固定资产投资234亿元、股权类投资212亿元。

招商积余收购上海航空工业集团物业管理有限公司100%股权及中国南航集团物业管理有限公司95%股权。招商局投资发展有限公司收购香港创毅控股有限公司100%股权。招商公路收购浙江乍嘉苏高速45%股权和云南昆玉项目50%股权。招商蛇口在雄安新区的容东B1代建项目正式交付6271套，交付比例95%，并通过招拍挂方式获取启动区组合地块，计容建筑面积21万平方米。

【走向海外】 2021年，招商局集团继续优化全球港口布局，积极构建综合物流服务网络，海外港口集装箱吞吐量3487万标箱，比上年增长20.8%。围绕"丝绸之路经济带"设立的海外注册网点增至80个。首发"湾区号"中老国际班列，开辟大湾区直达东盟陆上物流通道，泰国至老挝海铁联运班列实现常态化运营。中欧班列发运2086列，比上年增长52.7%。开发中国香港特区至欧洲等包机航线产品14条。中白工业园新增居民企业20家，重点配套项目明斯克国际展会中心全面封顶；吉布提国际自贸区新增入园企业78家；斯里兰卡汉班托塔港港内园区新增入园企业7家；老挝赛色塔综合开发区新增入园企业13家，引入上海鹏欣、江苏贝德等大型民营企业。

坚持做好海外疫情常态化防控工作。招商局集团有关二级公司和海外机构有序执行人员轮换和确有必要海外跨境流动，自海外回国员工保持"零确诊"；积极推进海外员工疫苗接种，覆盖率超过98%；全力推进吉布提医务室及吉布提药品临时储备中心建设。

【重大创新】 2021年，招商局集团继续推动以价值创造为导向，以科技创新为引领的全面创新战略，全面推行"揭榜挂帅"机制，加快推进产业关键核心技术攻关。招商局集团研发投入147.2亿元，比上年增长2.2%。招商工业交付全球最大吨位、最大储油量、最先进的海上浮式生产储卸油装置（FPSO），突破输油平台立管安装、多点系泊系统安装、海水提升管制作等核心技术难题。招商交科院在曾家岩大桥项目开展智慧建造和智能管养系列技术攻关，创下国内首座公轨两用刚性悬索桥、国内首次在特大钢桁梁桥主桥上设置轨道交通车站、主跨跨径较同类型桥梁领先等多项纪录。南京金陵船厂制造的滚装船被工业和信息化部认定为制造业"单项冠军产品"。

截至2021年底,招商局集团建有各类研发平台51个。招商交科院的公路隧道国家工程研究中心、公路长大桥梁建设国家工程研究中心被纳入国家工程研究中心新序列。招商局国际科技有限公司获工业和信息化部批准国家级专精特新"小巨人"企业。

【党建工作】 2021年,招商局集团党委以党史学习教育为重要抓手,深入开展"中央企业党建创新拓展年",整体推进党的政治、思想、组织、作风、纪律、制度建设和反腐败工作,党建工作质量水平稳步提升。

庆百年、学党史,凝聚坚决听党话、跟党走的强大正能量。招商局集团党委认真落实"第一议题"制度,全年召开党委集体学习43次、中心组专题学习10次,在中央党校举办专题培训班2期。把党史学习教育作为贯穿全年的重大政治任务,聚焦党史学习教育动员大会、庆祝中国共产党成立100周年大会、党的十九届六中全会三个重大节点,持续掀起学习贯彻热潮,深刻感悟"两个确立"的决定性意义。带头认真研习"四史",组织6次集团专题宣讲,招商局红色信物——5分钱纸币上的"海辽"轮故事在中央电视台播出。扎实推动"我为群众办实事"257个重点民生项目落地。

守初心、担使命,不折不扣贯彻落实党中央决策部署和习近平总书记重要指示批示精神。细化落实习近平总书记对招商局作出的重要指示批示精神具体措施19项,深入践行"一带一路"倡议以及粤港澳大湾区、交通强国等国家战略。认真开展全国国有企业党的建设工作会议精神贯彻落实情况五周年"回头看",并在国务院国资委党委召开的五周年座谈会上作经验交流。坚决履行驻港中央企业职责使命,成功收购服务80万名香港特区居民的物业公司。

抓基层、固基本,不断强化基层党组织政治功能和组织力。召开"三基建设"推进会,成立中共招商局集团党校,2021年各级党组织开展轮训班次712期、培训4467人。各单位聚焦主责主业,推进党建工作标准化、制度化、信息化、品牌化,引导党员在生产经营、科技创新、攻坚克难、质效提升上创先争优。招商局集团近年来抓基层党建工作成效经验在中央组织部《央企情况》上进行介绍。发布《新时代招商局信条》。召开党建带团建工作会议,设立青年工作部,制定《招商局集团党委关于加强共青团和青年工作实施方案》,发挥好集团联谊会、青年联合会等平台作用。

树导向、激活力,着力夯实新时期干部人才队伍建设坚实基础。召开招商局集团组织人事暨人才建设工作会议、集团人才工作座谈会,修订完善加强干部队伍建设的指导意见等制度7项,开展有突出贡献的高层次专业技术、技能和管理人才选拔评审。严格领导干部近亲属回避情况排查整改。

严纪律、明规矩,扎实推进全面从严治党向纵深发展。严格落实主体责任、监督责任清单,每年对领导班子和领导干部落实全面从严治党责任情况开展考核。对5家单位开展常规巡视,指导9家二级单位对50家下属党组织开展巡察。深入开展"靠企吃企"专项整治。

【信息化与数字化建设】 2021年,招商局集团提前一年实现"上云入湖"行动目标。发布"招商云"3.0版本,建成部署边缘计算平台与SD-WAN全球网络,承接国家级"中央企业云计算发展研究课题"。"招商云"实现鲲鹏和飞腾国产芯片,以及麒麟和统信操作系统适配,招商局集团成为首家完成国产芯片和操作系统全栈适配认证单位的中央企业。"招商随行"上线应用超过480个,用户总数近20万人。招商局集团持续完善网信安全防护,稳守系统运行安全底线。继续参与公安部HW行动,并取得历史最好成绩。

【履行社会责任】 2021年,招商局集团充分发挥自身业务优势和招商局慈善基金会专业公益平台作用,围绕"国家所需、招商所能、公益所长",认真履行社会责任工作。

持续做好疫情防控和生产经营工作。招商局集团统一部署,各单位严格落实主体责任,按照属地政府的防疫工作要求,结合自身实际抓好常态化疫情防控各项工作。

扎实做好帮扶工作。2021年,招商局集团投入帮扶资金6701.04万元,实施项目21个,落实招商局集团在贵州威宁、湖北蕲春、新疆叶城和莎车4个定点帮扶县以及招商银行在云南武定和永仁2个帮扶县的帮扶工作。

结合"十四五"发展规划制定香港发展专项规划。收购创毅控股,招商局集团在香港特区员工增加5000余人,进入香港公屋物业管理市场,以便更好地触达民生、服务基层。参与"青春试翼·大学毕业生启航计划",完成招聘任务167个。"招商局 C Me Fly 青少年资助计划"实施青少年教育项目8项,覆盖青少年学生超过8300人。

招商局慈善基金会与招商港口共同开展的"C-Blue"国际公益项目累计接收来自46个国家的学员268人,开创以企业为主导、政府支持、公益资助、专业院校协办的国际公益培训新模式。

2021年,招商局志愿者支持计划支持招商局集团各级单位的志愿者队伍策划实施的志愿服务项目46个,4463人次员工志愿者举办服务活动279场,累计服务16506小时,直接受益群众25708人,推动打造长航集团"小江豚志愿服务队"、招商工业"深蓝义工服务队"、招商仁和"红荷义工队"等志愿服务品牌,开展环境保护、乡村振兴、助学助教、助老服务、社区公益、健康宣教等多样化的志愿服务。

(撰稿人:乔明邦)

华润(集团)有限公司

【基本概况】 2021年,华润(集团)有限公司(以下简称华润集团)坚决贯彻习近平总书记一系列重要指示精神和党中央、国务院的决策部署,坚持稳中求进工作总基调,聚焦主责主业,优化业务布局,发力研发创新,推动数字化转型,加强风险防范,服务国家战略,落实国企改革三年行动,强化监督治理效能,较好地完成国务院国资委下达的业绩经营目标,主要业绩指标再创历史新高,在国务院国资委2020年度中央企业负责人经营业绩考核中获评A级,位居2021年《财富》"世界500强"第69名。

【主要指标】 2021年,华润集团实现营业收入7714.7亿元,比上年增长12.4%;实现利润总额811.7亿元,比上年增长0.2%;净利润600.9亿元,比上年增长1.8%。技术研发投入46.3亿元,全员劳动生产率54.45万元/(人·年)。总资产报酬率4.75%,国有资本保值增值112.6%。

表1 2021年华润(集团)有限公司主要经济指标

项 目	2020年	2021年	比上年增长(%)
资产总额(亿元)	17988.9	20211.1	12.4
所有者权益(亿元)	5636.9	6256.7	11.0
营业收入(亿元)	6861.2	7714.7	12.4
利润总额(亿元)	809.7	811.7	0.2
净利润(亿元)	590.4	600.9	1.8
归属母公司所有者的净利润(亿元)	298.8	293.1	-1.9
技术开发投入(亿元)	33.0	46.3	40.3
利税总额(亿元)	1247.2	1245.7	-0.1
应交税金总额(亿元)	680.8	653.2	-4.1
全员劳动生产率[万元/(人·年)]	50.05	54.45	8.8
净资产收益率(%)	11.2	10.2	减少1.0个百分点
总资产报酬率(%)	5.28	4.75	减少0.53个百分点
国有资本保值增值率(%)	115.3	112.6	减少2.7个百分点

【改革发展】 截至2021年底,华润集团国企改革三年行动计划需要落实的62项改革任务中全部完成18项;在国务院国资委重点考核的12项改革任务中,5项完成进度要求。优化组织管控方面,实行资本层(集团总部)、资产层(业务单元)、运营层(生产经营单位)三级管控模式。董事会建设方面,董事会应建尽建、外部董事占多数均100%完成;明确董事会与经理层职责权限、建立总经理对董事会负责向董事会报告工作机制。经理层任期制契约化方面,推进经理层

成员任期制和契约化工作覆盖各级子企业和经理层成员,管理人员末等调整或不胜任退出的人数占4.7%;市场化招聘完成度100%;因考核不合格、违法违纪等主动解除(终止)员工劳动合同人数占2.57%。混合所有制改革方面,华润啤酒和华润微电子均引入战略投资者,释放董事会席位。优化国有资本布局方面,法人层级最长链条由原来的15级压缩至12级。"压减"工作完成度95%,"两非"企业剥离工作完成21家、占78%,超额完成国务院国资委下达的任务目标。深化国企改革专项工程方面,"双百企业""科改示范企业"持续推进完善公司治理、健全市场化经营机制相关工作,"科改示范企业"持续激发科技创新动能,提升研发投入和成果转化。华润微电子授予持股比例超过5%的国家大基金1名董事席位。华润化学材料通过上市持续提升科技创新引领能力。华润生物医药核心骨干员工组成的员工持股平台参与认购,并率先实施职业经理人制度。华润三九、华润江中、华润微电子实施股权激励方案。

【**重大项目**】 编制规划方面,通过高层研讨确定重塑华润战略的主基调,形成华润"十四五"战略目标、战略举措和重点任务,完成科技、人才、企业文化与社会责任、区域战略等专项规划编制,形成完整的战略规划体系。业务重组方面,将旗下业务板块由五大产业,重组为大消费、综合能源、城市建设运营、大健康、产业金融、科技及新兴产业六大行业领域,明确将生命科学、微电子、环保科技、化学材料作为未来发展的新兴产业。项目推进方面,围绕大消费、大健康、新能源、生物医药等领域设立一批产业基金。华润雪花啤酒入股景芝酒业(山东),进入白酒行业。华润微电子启动重庆12寸晶圆生产线建设,募资50亿元建设功率封测基地,润科基金完成4个国家项目验收。华润医药控股博雅生物进入血液制品行业。华润化材于10月26日在深圳证券交易所创业板上市。华润资产联手华润雪花、水泥和化学材料推动产融协同项目取得实质性进展。

【**重大创新**】 2021年,华润集团整体研发强度比上年增长25.78%。在研国家级重大科技项目14个,累计获得专利授权2170件,其中发明占72.5%。一是完善体制机制。成立华润集团科技创新委员会、华润集团科技创新部,发布指导性意见推动科技创新,制定科技创新管理规定,编制"十四五"科技创新专项规划。召开首届科技创新大会,加快科技人才队伍建设,全面构建"四层四类"科技人才队伍体系。二是搭建平台载体。将生命科学、微电子、环保科技、化学材料作为未来发展的新兴产业,设立华润置地—深圳清华科技创新联合研究院、华润—比亚迪电力储能联合实验室,推进粤港澳大湾区国家技术创新中心香港中心建设。与深圳清华研究院成立的联合研究院有6个实验室落地,进入成果转化阶段。华润江中与江西中医药大学共建中药固体制剂制造技术国家工程研究中心并纳入国家工程研究中心名单。华润环保组建黄河流域生态保护和高质量发展联合研究中心。华润双鹤北京工业园检测中心成为国家认可的标准检测实验室。三是承接重大科技项目攻关。华润微电子攻克集成电路领域多个"卡脖子"技术,填补国内技术和产品空白超过7项。华润江中药业入围国务院国资委"科改示范企业"试点。华润化学材料围绕共聚酯PETG等高度依赖进口的关键技术开展攻关并实现量产。四是激发人才活力。开展华润集团科技人才盘点及评定工作,推动开展高层次科技人才薪酬单独核定、优化科技创新成果奖项等举措。截至2021年底,华润集团入选省级以上各类人才计划46人。

【**服务国家战略**】 一是落实国家区域发展战略。成立服务国家重点区域组织,形成服务国家重点区域战略指引,制定并实施华润集团"4+2"区域发展战略,建立区域协同机制,加强内部资源统筹,加大对重点区域投资,进一步巩固大湾区主战场地位,持续推进长三角创新合作,全力做好京津冀能源保供工作,进一步提升成渝区域优势地位,加大在东北、西北区域的央地合作。二是推进香港特区业务重塑。成立香港工作委员会,制定香港特区业务发展战略,加大在香港特区的投资。华润创业收购香港特区北部都会区的两栋仓储物业——粉岭勉励龙中心和屯门东亚纱厂工业大厦。华润物业通过收购大幅提升在香港特区物管业务规模及影响力。推进粤港澳大湾区国家技术创新中心香港中心筹建,与香港城市大学、中文大学、浸会大学等高校及香港科学园签署合作协议。与香港城市大学成立合资科技投资孵化平台。三是开展国际化业务。华润创业投资的瑞典燕麦奶生产商 Oatly 在美国纳斯达克成功上市。

【党建工作】 2021 年,华润集团党委把政治建设摆在首位,践行"两个维护",加强全面从严治党,发挥党建引领作用,实现党的领导融入公司治理,坚持正确的选人用人导向,发挥巡视利剑作用,推动党内政治生态展现风清气正新气象。一是严格落实"第一议题"制度。将学习贯彻习近平总书记重要讲话和重要指示批示精神作为党委会"第一议题"、理论中心组学习首要议题,第一时间组织学习研讨,第一时间部署贯彻落实,不断提高政治判断力、政治领悟力、政治执行力。将习近平总书记对华润集团"一个定位、三个着力"要求融入"十四五规划"、年度工作计划,建立"回头看"常态化工作机制。二是在公司治理中加强党的领导。符合条件的企业全部完成"党建进章程"工作,全部制定权责手册、党委前置研究讨论重大经营管理事项清单,明确党委、董事会、经理层决策权限和决策程序。健全董事会运作机制,成立外部董事队伍,完善授权制度,提升业务单元治理水平。三是坚持党管干部原则。优化干部能力素质模型,建立领导班子和干部综合考核评价常态化机制。加快干部管理体制改革,实现二级企业党委书记和董事长"一肩挑"。四是开展"不忘初心、牢记使命"主题教育。组织庆祝建党 100 周年系列活动,聚焦"学党史、悟思想、办实事、开新局",高质量开展党史学习教育。制定巩固深化主题教育成果 6 个方面 18 项重点举措,形成常态长效机制。五是构建体系打造品牌。进一步优化升级党建 7C 体系,为新时期基层党建工作提供指引。形成既符合国企领导人员的"二十字"标准、又具有华润特色的华润经理人能力素质模型。构建形成贴合香港特区实际的工作模式,做到有机构、有力量、有投入。共建党建实践基地,开展党建课题研究,打造党组织书记和党务干部示范培训班。六是履行管党治党责任。各级纪检监察机构加强对违反中央八项规定精神问题的立案查出力度,召开警示教育大会发挥震慑效应,认真落实巡视及审计整改工作,截至 2021 年底审计问题整改完成 89%。

【信息化与数字化建设】 召开华润集团智能与数字化大会,发布数字化转型专项行动计划,推动集团产业数字化和数字产业化工作。成立华润数科控股有限公司,以市场化运作为集团内外提供华润云、数字企业、工业智能、智慧城市等数字服务。工业互联网、人工智能、数据中台、数据银行等一批集团公共智能技术平台持续推广应用。各业务单元围绕关键业务环节,快速推进数字化升级覆盖。华润三九、东阿阿胶入选 2021 年度工业和信息化部"智能制造试点示范工厂"。

【履行社会责任】 一是落实绿色低碳发展要求。制定华润集团碳排放管理整体工作方案,继续抓好电力、水泥等耗能大户的双碳管理及绿色发展。华润电力向中国石化出售 10 万吨全国碳市场碳配额,完成全国碳市场首笔大宗协议交易。2021 年,华润集团二氧化硫排放量、氮氧化物排放量、化学需氧量排放量和供电煤耗率分别比 2018 年下降 45%、40%、76% 和 1.5%,超额完成国务院国资委下达的节能减排考核目标。华润集团及多家业务单元获得香港绿色企业大奖。二是实施乡村振兴战略。持续帮扶江西省广昌县、宁夏回族自治区海原县巩固拓展脱贫成果。延安华润希望小镇如期竣工,南江华润希望小镇全面启动。华润集团社会责任发展指数连续第 5 年居"全国 300 强"总榜单第一位。

(撰稿人:朱虹波)

中国旅游集团有限公司
[香港中旅(集团)有限公司]

【基本概况】 2021 年,中国旅游集团有限公司[香港中旅(集团)有限公司](以下简称集团)以习近平新时代中国特色社会主义思想为指导,全面贯彻党的十九大、十九届历次全会和中央经济工作会议精神,增强"四个意识"、坚定"四个自信"、做到"两个维护",坚决落实党中央、国务院各项重大决策部署,努力克服全球疫情不断反复、旅游业几乎停摆的不利影响,团结奋进,迎难而上,危中寻机,紧紧抓住国内疫情受控、海外消费回流的有利时机,努力改革创新,强化经营管理,有效增收节支,各项工作取得积极进展,整体业绩实现逆势上扬,较好完成全年经营任务,实现"十四五"良好开局。

【主要指标】 2021年,集团实现营业收入814.73亿元、利润总额90.39亿元、净利润62.56亿元;截至2021年底,集团资产总额1873.03亿元。平均在岗职工4万人。

表1 2021年中国旅游集团有限公司[香港中旅(集团)有限公司]主要经济指标

项　目	2020年	2021年	比上年增长（%）
资产总额(亿元)	1517.32	1873.03	23.44
所有者权益(亿元)	533.63	567.41	6.33
营业收入(亿元)	699.28	814.73	16.51
利润总额(亿元)	87.22	90.39	3.63
净利润(亿元)	56.52	62.56	10.68
归属于母公司所有者的净利润(亿元)	16.52	−4.36	−126.41
应交税费总额(亿元)	99.95	97.58	−2.37
全员劳动生产率[万元/(人·年)]	49.68	59.75	20.28
净资产收益率(%)	10.83	11.36	增加0.53个百分点
总资产报酬率(%)	7.56	6.38	减少1.18个百分点
国有资本保值增值率(%)	110.63	103.77	减少4.18个百分点

【改革发展】 国企改革三年行动稳步推进。集团召开两次推进会落实上级部署,全年实现重点改革任务完成率超过70%目标。加快完善中国特色现代企业制度,修订集团公司和各二级公司党委前置研究讨论事项清单和相关法人治理制度,厘清各治理主体权责边界,推动党的领导融入公司治理实现制度化、规范化、程序化。着力加强规范董事会建设,重要子企业完成董事会应建尽建,实现外部董事占多数,并稳妥有序推动落实董事会重点职权。完成38户"两非"企业清理退出任务,治理5户"处僵治困"企业,完成剥离国有企业办社会职能任务。不断加大三项制度改革力度,推动经理层成员任期制和契约化管理在各级子企业实现全覆盖,全面实行新录用员工公开招聘和全员绩效考核。

干部人才建设水平得到有效提升。坚持用国有企业好干部标准严把干部选拔任用关,大力选拔使用优秀年轻干部,集团党委管理干部中45周岁及以下干部占比33%,二级公司班子45周岁左右干部占比35%,达到上级对干部年龄结构的要求。畅通干部交流通道,19名集团总部员工交流到下属企业,132名所属企业员工交流到集团总部和直属机构,9名干部选派到国务院国资委和地方政府挂职锻炼。后备人才库建设初见成效。集团领军人才在库127人,专业、高潜及乡村振兴等人才在库1017人,事业群各类人才在库912人。突出政治素养和专业能力提升,组织开展各类培训项目。集团总部累计培训4.4万人次,事业群累计培训38.6万人次,全集团培训覆盖人次比上年增长8.3%。加大稳就业力度,集团在内地通过校园招聘录用本科及以上应届毕业生606人,在香港通过"青春试翼·大学毕业生启航计划"录用102人。

【重大项目】 围绕国内旅游市场新需求,结合党史学习教育大力发展红色旅游项目,红色旅游接待人数比上年增长183%;积极打造精品旅游目的地,宁夏沙坡头星星酒店成为现象级网红打卡地,广西德天景区获评"2020年广西最佳旅游景区目的地"。优化战略布局,围绕国家战略推动项目落地。在粤港澳大湾区方面,落地广州北站文旅商业综合体、九龙湖度假区项目,推进深圳大空港项目。在香港推进红磡三仓酒店改造项目,完成对香港安信信贷股权收购,实现回购后的团队稳定和经营稳健,并创建和优化服务香港年轻客群和家庭佣工的线上系统。集团获得领航粤港澳大湾区杰出贡献奖。在西部大开发方面,聚焦成渝地区双城经济圈,推进与四川省和重庆市文旅业务合作,西南区域总部基地项目成功摘牌,成都金堂海泉湾旅游目的地首期项目开业。在云南,与丽江市、大理州和云南城投等签署战略合作协议,香格里拉松赞、泸沽湖等多个项目取得进展。全面贯彻新时代党的治疆治藏方略,一批合作项目集中签约,新疆旅投项目、新疆柏睿文旅项目相继落地,酒店业务首进乌鲁木齐,与西藏旅投合作打造"地球第三极"酒店品牌。在长三角一体化和长江经济带方面,进一步深耕区域市场,与上海建工集团签署战略合作协议,获取苏州 2 个城市地产项目,拓展湖州南浔综合社区项目与南京浦口汤泉项目。持续开展"引客入鄂"行动,在武汉分别与阿那亚和武钢合作,落地鼓架村和钢旅华府项目,全力支持湖北疫后重建。

【走向海外】 海外业务拓展方面,集团旅游目的地项目首次落子海外,成功收购马尔代夫安巴拉岛持股公司 50% 股权,与中国港湾共建中高端旅游度假村;完成大溪地项目立项。维景国际品牌成功输出至老挝;以英国 KG 为重要平台在泰国拓展 5 家酒店,在巴西、葡萄牙市场取得突破。

【党建工作】 持续加强政治建设。制定印发《集团公司党委"第一议题"制度》,明确"第一议题"的实施方式和责任主体。制定印发《集团公司党委深入贯彻落实习近平总书记重要指示批示精神督查办法》和工作方案,成立工作专班,对各二级公司和重点三级公司进行督查,进一步压实各级党组织贯彻落实习近平总书记重要指示批示精神的政治责任、领导责任和工作责任。

扎实开展党史学习教育。按照中央统一部署,认真制定方案并推动实施。举办"井冈山精神""延安精神""脱贫攻坚精神"3 期培训班,持续落实"我为群众办实事"活动。在香港,认真落实属地党委要求,制定专门方案,成立专门机构,组织开展香港政治形势课程培训、专项工作大讨论和主题党日活动,助力推动党史学习教育在香港可见、可感。

党建工作基础进一步夯实。成立北京、深圳、西南、海南 4 家分公司党委,三级公司党组织覆盖率提升至 100%,全年新增党员 882 人,超额完成年初 500 人目标。制定印发《集团党委关于加强意识形态工作的意见》,重新梳理明确集团使命、愿景、价值观和行为准则,开展集团历史和文化宣传贯彻,在驻港央企中第一家在内地成立集团工会,创建首批基层示范党支部,发挥党建带群建作用。

全面从严治党得到加强。召开集团党建暨党风廉政建设和反腐败工作会议并制定印发工作要点,制定或修订贯彻落实《中共中央关于加强对"一把手"和领导班子监督的意见》等全面从严治党制度。聚焦中央赋予集团职责使命强化政治监督,聚焦关键少数、重点领域和薄弱环节做实做细日常监督,推动各类监督贯通融合。一体推进不敢腐、不能腐、不想腐,与基层腐败治理相结合深入开展"靠企吃企"问题专项整治,召开集团警示教育大会推动以案为鉴、以案促改、以案促治。持之以恒落实中央八项规定精神和纠治四风,严肃查处 10 起典型案件并通报曝光。持续深化中央巡视整改,对 6 家二级公司和直属党组织开展巡视,推进巡视巡察上下联动,完成对 22 家基层党组织的巡察。认真开展全国国企党建会精神贯彻落实"回头看",全面回顾五年来特别是十九届中央巡视以来集团党建工作的成效和不足,总结经验、明确方向,实现党建工作和企业发展、生产经营效果双提升。

【信息化与数字化建设】 数字化转型取得阶段性进展。在管理侧通用系统建设方面,投资、人资、财务等系统陆续上线投产,协同管理平台在总部和 3 家事业群上线试运行。集团数字化防疫解决方案、"三重一大"决策和运行管理系统分别入选国务院国资委中央企业"十三五"网络安全和信息化优秀案例、国资监管信息化建设"三年行动计划"创新示范案例。在业务侧数字化能力建设方面,商旅服务平台、旅游目的地智慧平台和自驾游 App 等上线运营,推动智慧免税门店、智慧酒店建设,酒店线上直销客房较 2019 年同期增长 13 倍,珠海海泉湾"全场景人脸识别授权"、中免三亚店 AI 客服、世界之窗 AR 导览等科技应用取得良好效果。

【履行社会责任】 推进乡村振兴与脱贫攻坚有效衔接。设立集团乡村振兴工作领导小组和办公室,制定集团 2021 年巩固拓展脱贫攻坚成果助力乡村振兴工作意见。在香格里拉高原一线召开集团党委会现场研究帮扶工作。坚持"一县一村"目标,全面推进帮扶任务落地见效。黎平黄岗侗寨、孟连永前老寨、马边福来美丽乡村等项目取得初步成果。集团中央单位定点扶贫工作连续四年被中央农村工作领导小组、国务院扶贫开发领导小组评为最高评价等次"好"。

切实履行在港言政职责。建立上下贯通、整体联动的言政工作体系,全面贯彻落实习近平总书记关于香港工作的一系列重要指示批示精神和中央对港工作决策部署，坚决拥护"爱国者治港"原则，积极参加支持全国人大关于完善香港选举制度决定的宣传、签名等有利于实现香港长期繁荣稳定的各项社会参与工作，深入香港社区开展"中旅关爱进社区"系列慈善公益活动，展示集团关爱社区、服务社会的企业形象。集团主动开展国安法对香港影响和发展趋势等课题研究。在2021年9月举行的香港特别行政区选举委员会选举中，集团12名员工参选并全部当选。在12月举行的立法会选举中，集团两名员工分别循旅游界别和地区直选两个渠道参选并成功当选，全力支持和辅助九龙中、港岛东两个选区参选人成功当选。

（撰稿人：马国亮 蓝天一）

中国商用飞机有限责任公司

【基本概况】 中国商用飞机有限责任公司（以下简称中国商飞公司）是实施国家大型飞机重大专项中大型客机项目的主体，也是统筹干线飞机和支线飞机发展、实现我国民用飞机产业化的主要载体，主要从事民用飞机及相关产品的科研、生产、试验试飞，从事民用飞机销售及服务、租赁和运营等相关业务。

中国商飞公司于2008年5月11日成立，总部设在上海。中国商飞公司由国务院国资委、上海国盛（集团）有限公司、中国航空工业集团有限公司、中国铝业集团有限公司、中国宝武钢铁集团有限公司和中国中化股份有限公司共同出资组建。2018年底，新增股东单位中国建材集团有限公司、中国电子科技集团有限公司、中国国新控股有限责任公司。

中国商飞公司的企业使命："让中国的大飞机翱翔蓝天"；企业愿景："为客户提供更加安全、经济、舒适、环保的商用飞机"；大飞机创业精神："航空强国、四个长期、永不放弃"。截至2021年底，中国商飞公司所属单位有上海飞机设计研究院、上海飞机制造有限公司、上海飞机客户服务有限公司、北京民用飞机技术研究中心、中国商飞民用飞机试飞中心、上海航空工业（集团）有限公司、中国商飞营销中心、上海《大飞机》杂志社有限公司、中国商飞美国有限公司、中国商飞四川公司、商飞资本有限公司、商飞集团财务有限责任公司、商飞学苑（商飞党校）。与俄罗斯联合航空制造集团公司（UAC）合资成立中俄国际商用飞机有限责任公司，作为CR929宽体客机研制主体。设立美国办事处、欧洲办事处，参股中国航空发动机集团有限公司、成都航空有限公司、浦银金融租赁股份有限公司等。截至2021年底，中国商飞公司从业人员16699人。

【改革发展】 全力全速推进公司改革三年行动。《公司改革三年行动实施方案（2020—2022年）》安排10个方面32项改革任务，任务启动率100%，计划完成率100%，进度89%。国务院国资委考核的12项重点改革任务，总体完成进度92%。其中，制定党委（党组）前置研究事项清单等6项改革任务完成进度100%，其余6项改革任务完成进度均超过70%。

建立健全公司改革三年行动工作机制。完善改革会议制度，形成"月例会、季领导小组会、半年报进展、全年报总结"的会议推进机制。建立"军令状"制度，28个部门和单位主要负责人签署改革"军令状"。健全改革考核评估机制，印发《公司改革三年行动重点任务考核评估方案（试行）》，开展公司改革三年行动第一次考核评估。建立改革任务月度提醒机制。积极宣传公司改革经验成果。

深化"双百行动"。按照上航公司改革方案和工作台账，2021年安排37项改革任务，计划完成率100%，总体完成进度73%。按照国务院国资委改革办现场调研三项制度改革有关要求，上航公司逐条落实评估意见，在经理层成员年度及任期考核节点和指标、红黄牌底线标准的设定，以及发挥董事会作用等方面解决"有神"问题。修订印发党委前置研究事项清单，实现外部董事占多数，落实董事会6项职权，全面落实经理层任期制和契约化管理，全面推进市场化用工，推进中长期激励。

按照翔运公司改革方案和工作台账，2021年安排14项改革任务，计划完成率100%，总体完成进度70%。全面完成混合所有制改革，成立股东大会、董事会、监事会、经理层，并制定相关配套制度，全面依法落实董事会各项权利。全面推行经理层任期制和契约化管理,实行一岗一薪酬、一岗一考核,强化刚性考核,刚性兑现。

【重大项目】 继续开展 C919 大型客机建设项目、策划启动 C919 批产建设项目。质量保障成品校验中心、电磁环境效应试验室等投入使用,初步形成航电、飞控、液压、环控等成品件校验能力以及室内系统级高强度辐射场、关键部件电磁兼容试验验证能力。

提前启动 CR929 宽体客机建设项目。复材工艺试验厂房完成主体结构施工,科研办公信息化条件三期完成立项,CR929 飞机系统综合试验厂房提前启动建设项目完成可研批复,满足 CR929 飞机研制过程中的全机级及系统级集成验证需求。

有序推进 ARJ21 飞机批生产建设项目。ARJ21 飞机喷漆厂房完工、支线飞机停机坪和两台训练模拟机投入使用,成功保障 ARJ21 飞机批产提速需求。

加快实施设计、工艺、运行支持试验验证等平台类能力建设项目。建设全机虚拟验证、人在回路飞行仿真等关键试验条件,补充飞控、环控、机构功能等专业的现有不足,形成较为完整的基本试验能力。

【重大创新】 科技创新。2021 年,分布式工厂工业互联网平台研发与应用等国家级科研项目和民机测量辅助规划和快速执行平台研发应用等地方级科研项目获批立项。1 项成果获得上海市科技进步奖二等奖,1 项成果获得国务院国资委第三届中央企业熠星创新创意大赛一等奖,标准文件累计 23149 项。策划并实施民机标准提升三年行动计划,筹建"大飞机先进材料创新联盟",强化 5G 专业能力建设,深化人工智能能力建设。成功举办第五届"COMAC 国际科技创新周",累计与 71 所高校落实近 1300 项科研合作项目。

管理创新。2021 年,中国商飞公司组织开展对标提升行动,按照国务院国资委要求和公司对标提升行动实施方案,组织完成 86% 对标提升行动任务,申报国务院国资委"三个标杆"创建工作,其中上飞院作为标杆企业入选,客服公司"全科急诊室"作为标杆项目入选。优化完善公司组织机构设置,总部增设安全与应急管理部,进一步调整部门职能等。组建公司大飞机产业链供应链促进中心,重组公司计量测试中心。持续开展"效率改进"专项工作,组织开展 23 项年度管理类课题研究。

【党建工作】 2021 年,中国商飞公司党委牢记习近平总书记嘱托,认真贯彻落实党中央、国务院决策部署,开展庆祝建党百年系列活动,密切联系党领导下的大飞机发展历程开展党史学习教育,团结带领党员干部职工弘扬伟大建党精神。制定落实《关于在完善公司治理中加强党的领导的实施意见》和公司重大事项决策权责清单,完善党建工作过程责任、岗位能力地图。巩固深化政治巡视巡察,坚持"三不"一体推进,持续高标准高质量打造"廉洁商飞"。广泛开展"庆百年、爱企业、献良策、做贡献"主题活动,深化产业工人队伍建设改革,大力推进"青马工程",实施"万人精兵"工程,培育践行大飞机创业精神。公司党委连续四年在中央企业党建工作责任制考核中获评 A 级,在国务院国资委党委召开的习近平总书记全国国有企业党的建设工作会议重要讲话发表五周年学习座谈会上书面交流党建工作经验。

【信息化与数字化建设】 2021 年,中国商飞公司发布公司"十四五"信息化规划,发文组建公司数字化转型工作领导小组,组织召开数字化转型工作领导小组会议,形成数字化转型规划。组织召开网信领域自主可控工作领导小组会议,形成公司网信领域自主可控实施方案。"两化"融合工作迈上新台阶,四大中心取得"两化"融合体系贯标证书。打造"1+9+N"的企业 IT 架构,搭建国内首个基于云原生的高端装备制造业企业级运营平台(CMOS),新一代数字研发平台(CDDS)二期项目首批功能上线,基于微服务+云原生架构的 MOM 平台二期主体建成,实施 ERP 优化项目,财务、人力共享系统上线。构建公司私有云平台,升级核心网络,初步实现多云管理及安全防护能力。健全数据治理体系,加强主数据和编码管控,构建公司核心数据资产目录,初步形成网信安全运营管控模式。

【履行社会责任】 2021 年,中国商飞公司高度重视乡村振兴定点帮扶工作,成立公司乡村振兴定点帮扶工作领导小组及办公室。公司党委领导班子奔赴宁夏回族自治区西吉县定点帮扶最前线,召开公司乡村振兴定点帮扶工作领导小组第一次会议,召开乡村振兴定点帮扶座谈会,与西吉县签订《中国商飞公司2021年定点帮扶意向书》,深入开展产业振兴帮扶、人才振兴帮扶、文化振兴帮扶、生态振兴帮扶、组织振兴帮扶;投入党费用于党建结对、党校挂牌、党员培训等;全年帮扶采购西吉农副特产品1190.69万元,帮销267.23万元。对受河南水灾影响的职工群众开展专项慰问,紧急捐赠520万元(含20万元物资)驰援河南。

(撰稿人:王　馨　黄　健)

中国节能环保集团有限公司

【基本概况】 中国节能环保集团有限公司(以下简称中国节能)前身是原国家计划委员会节能计划局,1988年整体转制成立国家能源投资公司节能公司,1994年划归国家计划委员会直接管理,更名为中国节能投资公司,2003年划归国务院国资委监管。2010年经国务院批准,由中国节能投资公司和中国新时代控股(集团)公司联合重组并更名为中国节能环保集团公司,2017年,整体改制为中国节能环保集团有限公司。

中国节能作为一家以节能减排、环境保护为主业的中央企业,自成立之初,即把"节约资源　保护环境"作为自己的宗旨,始终牢记初心使命,为推动我国节能环保事业的起步、发展和壮大作出重要贡献。中国节能拥有下属企业800余家,上市公司7家,业务分布在国内各省份及境外约110个国家和地区,形成"3+3+1"的产业格局(专注节能与清洁供能、生态环保、生命健康三大主业,加快发展绿色建筑、绿色新材料、绿色工程服务三大业务,铸强战略支持能力),是我国节能环保领域规模大、专业全、业务覆盖面广、综合实力强的旗舰企业。

中国节能构建起包括规划咨询、研发设计、投资开发、装备制造、工程建设、运营管理、投融资服务等在内的节能环保全产业链的独特优势,业务基本覆盖能源节约和环境保护的各细分市场,具备为一个区域、流域的绿色发展提供节能环保综合解决方案的能力。

【主要指标】

表1　2021年中国节能环保集团有限公司主要经济指标

项　目	2020年	2021年	比上年增长(%)
资产总额(亿元)	2213.41	2645.59	19.53
营业收入(亿元)	443.94	530.37	19.47
利润总额(亿元)	35.51	50.12	41.14
净利润(亿元)	23.63	36.72	55.40

【改革发展】 2021年,中国节能党委把实施国企改革三年行动作为重大政治任务,主要领导坚决扛起第一责任人责任,对重点任务亲自部署、亲自推动,各有关企业倒排工期,一级抓一级、层层抓落实,经营业绩考核"指挥棒"与政治监督、巡视监督同向发力,有力确保各项重点任务的顺利完成,有效激发企业发展的动力活力。中国节能国企改革三年行动实施方案中需在2021年完成的32项改革任务全面完成,董事会应建尽建、外部董事占多数、经理层成员任期制和契约化管理等重点任务提前完成。

【重大项目】 2021年,中国节能坚决落实国家碳达峰碳中和战略部署,设立组建碳达峰碳中和事业部和研究院,加快组织体系建设。在精心盘查、论证的基础上发布《碳达峰碳中和行动方案》《中国节能员工绿色低碳行为倡议》,构建"1+3+3"战略部署。协助国务院国资委、人民银行等部门开展涉碳重大课题研究,协助地方和部分央企制定碳达峰碳中和实施路径,持续加强标准与智力供给。

中国节能坚决贯彻落实党中央决策部署,深度参与长江大保护、京津冀协同发展、雄安新区建设、长三角一体化发展、黄河流域生态保护和高质量发展、粤港澳大湾区建设、海南国家生态文明试验区建设等重大国家战略任务,积极践行"一带一路"倡议。中国节能作为长江经济带污染治理主体平台企业,充分发挥平台优势,咸宁嘉鱼项目有序推进,生态环境效益初步显现;衡阳湘江左岸项目先期子项目完成方案设计,成功中标幸福河支流水生态环境综合治理工程

EPC总包；湖州太湖首座完成主体结构封顶；毕节乡镇污水处理项目完成竣工验收实现通水，"两园一链"固废综合处理项目落地模式初步总结成型。中国节能各级企业一手挖增量，一手抓存量，在长江经济带、黄河流域、长三角、京津冀以及粤港澳大湾区等地落地一批优质项目，广东阳江300MW海上风电项目并网发电，受到中央媒体和社会广泛关注。

【重大创新】 2021年，中国节能通过不断优化集团科技创新生态，激发创新创造活力，各级企业不断强化创新主体意识，持续加大研发投入，加快建设高水平研发平台，加强关键核心技术攻关，产学研合作更加广泛，科技创新成果显著增加，一批科技创新成果持续涌现。完成《拟重点攻关关键核心技术清单》修订，组织举办集团重大项目"十三五"科技成果展；召开科技创新座谈会，邀请专家院士对集团发展提出意见和建议；与同济大学、浙江大学等13所高等院校、科研院所建立战略合作关系，开展产学研用一体化融合创新。特别是中环装备、中国环保、中节能国祯3家企业参与研发项目，成功获得国家科学技术进步奖一等奖1项、二等奖2项，是中国节能历年来国家级科技创新奖新增数量最多的一年。工业节能公司牵头承担的国家重点研发项目"燃煤锅炉污染物一体化控制装置"完成考察和综合绩效评价工作，得到国务院国资委表扬；工业节能公司成功申报北京市企业技术中心；万润公司获批山东省光电材料技术创新中心，成立精细化工国家重点实验室烟台分中心；中研院加大技术布局力度，专利、软著和标准数量实现翻番，总量突破110项。

【党建工作】 2021年，中国节能充分发挥党建引领作用，突出围绕建党100周年和全国国企党建会召开5周年，把学习贯彻习近平新时代中国特色社会主义思想作为首要政治任务，深入学习贯彻习近平总书记"七一"重要讲话精神和党的十九届五中、六中全会精神，做到及时跟进学、领导带头学、对标对表学、融会贯通学，不断夯实"两个维护"的思想根基。举办庆祝中国共产党成立100周年系列活动，扎实开展党史学习教育，不断深化"我为群众办实事"实践活动，中央企业党史学习教育第十指导组多次给予肯定。扎实推进"中央企业党建创新拓展年"专项行动，深入开展全国国企党建会精神贯彻落实情况"回头看"，夯实"三基建设"，强化"三支队伍"建设，创建基层示范党支部，着力构建坚强有力的战斗堡垒，2个示范项目案例模型和1面旗帜入选中国共产党历史展览馆，4个案例入选"中央企业党的建设工作展"。坚持"两个一以贯之"，把党的领导融入公司治理，党委有效发挥把方向、管大局、促落实的领导作用。深入推进全面从严治党，完成对2家二级子公司党委巡视"回头看"，巡视工作经验做法先后两次刊发于《国资委巡视工作》期刊。统战群团工作持续加强，汇聚干事创业的强大合力。对外宣传成绩突出，中央主流媒体报道303次，《武汉战疫中飘扬的党团旗帜》入选国务院国资委联合央视推出的百集微纪录片《信物百年》。持续巩固脱贫攻坚成果，助力定点帮扶县乡村振兴。

（撰稿人：刘志宏）

中国国际工程咨询有限公司

【基本概况】 中国国际工程咨询有限公司（以下简称公司）是国内规模最大、实力最强的综合性工程咨询机构，拥有全部21项工程咨询甲级资信，业务领域覆盖国民经济、社会发展以及国防建设的主要行业，涵盖政策研究、规划咨询、项目评估、工程管理、后评价和管理咨询等类型，形成贯穿投资项目建设全过程的业务链条，构建咨询评估理论方法及服务体系，培养一支高素质的综合性人才队伍，具有工程技术专业优势和宏观、产业的综合优势，持续开展跨行业、跨部门、跨学科、跨领域的课题研究，形成具有中咨特色的研究领域。截至2021年底，公司累计完成各类规划、咨询任务超过6万项，涉及总投资超过100万亿元，通过咨询评估，绝大多数项目建设方案得以优化，投资更加合理有效，在国家经济社会发展和国防建设中发挥着独特的参谋作用。

2021年，公司以习近平新时代中国特色社会主义思想为指导，全面贯彻党的十九大和十九届历次全会精神，深入贯彻落实"三新一高"要求，聚焦"国之大者""国之重器"，全力推动高端智库建设，深入做好重大项目评估论证,坚定不移深化改革发展,切实加强党的领导党的建设,发展质量效益持续提升,为中央科学决策和经济社会高质量发展提供有力支撑,圆满完成国务院国资委各项考核指标,实现"十四五"良好开局。

【主要指标】 2021年,公司中央政府任务完成率76.22%,比考核目标值高0.62个百分点;服务中央领导决策咨询成果80篇,超出考核目标值30篇;成本费用总额占营业总收入比重87.46%,比考核目标值降低0.53个百分点;净利润16817万元,超出考核目标值1094万元;经济增加值12718万元,超出考核目标值4585万元。全面超额完成国务院国资委核定的2021年度各项经营业绩考核指标。

表1 2021年中国国际工程咨询有限公司主要经济指标

项 目	2020年	2021年	比上年增长(%)
资产总额(亿元)	32.87	40.17	22.22
所有者权益(亿元)	23.75	24.28	2.25
营业收入(亿元)	18.67	21.50	15.18
利润总额(亿元)	2.17	2.46	13.34
净利润(亿元)	1.45	1.68	15.98
归属于母公司所有者的净利润(亿元)	1.38	1.41	1.83
技术开发投入(亿元)	0.38	0.83	119.39
利税总额(亿元)	3.90	4.41	13.06
应交税金总额(亿元)	1.86	1.90	2.15
全员劳动生产率[万元/(人·年)]	24.68	26.21	6.20
净资产收益率(%)	6.67	7.18	增加0.51个百分点
总资产报酬率(%)	7.22	6.53	减少0.69个百分点
国有资本保值增值率(%)	109.69	106.57	减少3.12个百分点

【改革发展】 胸怀"国之大者",建设国家高端智库。紧扣国家高端智库建设战略目标,坚持围绕国民经济发展重大战略、重大政策、重大项目的制定、实施、建设,以及经济社会发展中的热点难点问题,深入开展政策研究,向党中央、国务院提交大量决策咨询建议,数篇报告获得中央领导的重要批示。

聚焦"国之重器",提供高质量咨询服务。为国家重大工程项目提供高质量咨询是公司的核心业务。2021年,公司认真贯彻落实中央有关要求,深入开展南水北调总体规划评估、河南洪涝灾害恢复重建总体规划评估等项目;为加快推进川藏铁路开工建设,组织川藏铁路初步设计评审;服务国家重大科技攻关,围绕芯片及液晶面板项目窗口指导、国家重大科技基础设施等进行评估论证。承担全国水文基础设施建设"十四五"规划评估、江苏华电赣榆LNG接收站新增围填海项目评估、高速磁浮课题研究、白鹤滩—浙江特高压直流输电工程项目申请报告核准评估及陆丰、海阳、三门核电项目评估等一大批具有影响力的国家重大基础设施专项评估等咨询任务。

助力"一带一路"高质量发展。围绕新时期对外开放和高质量推进"一带一路"建设,开展一系列专题研究。公司参与"一带一路"倡议产业布局规划、境外投资项目分类管理、境外项目前期工作准则等专题研究,完成中老铁路沿线综合开发规划,继续在中巴经济走廊产业与园区合作机制中发挥作用。首次成功开发亚投行全过程咨询项目,并按国际金融机构标准完成项目尽职调查;首次开发新加坡银行委托的咨询业务,参与策划的中印"两国双园"项目得到两国首脑的重视和关心。

不断增强服务国资央企的力度。围绕国资国企改革中的难点问题加强研究,先后承担中央企业科技攻关、打造原创技术策源地、科技创新专项规划等研究课题并提出有价值的政策建议,组织开展中央企业对标世界一流管理提升指标体系研究,完成200多家各层级央企管理对标方案初评以及央企"十四五"规划等专项评估。充分发挥综合咨询优势,把宏观政策研究基础、中观产业咨询积累、微观项目评估经验结合起来,在中央企业投资计划评估、投资风险管理评价、投资项目后评价等方面开展一系列咨询服务,努力为国务院国资委投资监管工作提供技术支撑。

聚焦全过程咨询,提升工程管理影响力。2021年,公司获得中国建设工程鲁班奖3项、国家优质工程金奖4项,圆满完成建党百年庆典工程、冬奥场馆工程等重点项目的工程监理任务。参与承担新建川藏铁路雅安至林芝段监理、新建重庆至昆明高速铁路宜宾至嵩明段监理、西安咸阳国际机场三期扩建监理、西宁曹家堡机场三期扩建监理等一大批重点项目的工程管理,影响力显著增强。

稳步推进深化改革工作。聚焦国企改革三年行动方案,统筹对标世界一流管理提升、提质增效等重点工作,加强组织协调、注重调查研究,在完善现代企业制度、深化三项制度改革、推动业务转型发展、防范经营风险等方面取得明显成效,公司经营管控能力和水平显著提升。一是持续健全治理机制,全面修订《公司"三重一大"事项清单》,进一步细化党委、董事会、经理层等权责边界,健全以《公司董事会工作规则》为核心的"1+N"制度体系,规范子企业董事会运作。二是加快健全市场化经营机制,建立行政管理序列、人才技术成长"双通道"机制,全面推进任期制和契约化管理,在坚持多劳多得的基础上,薪酬待遇逐步向贡献大、贡献多的群体倾斜,干部能上能下、人员能进能出的配套制度逐步完善,公司内生活力和发展动力不断增强。三是业务转型取得成效,主动顺应市场导向,大力发展新兴业务,不断加强规划咨询、全过程咨询、管理咨询等新兴业务,设计资质短板逐渐补齐,集团竞争力明显提升。在聚焦主责主业的基础上,严控非主业投资,注重防范化解重大风险,企业生产经营总体保持稳中向好趋势。

持续推进"双百行动"综合改革取得突出成效。中咨工程管理咨询有限公司坚持以业务开发为龙头,全面加大业务转型开发力度,重大项目承揽取得新突破,组织制定《全过程咨询业务工作指南》及9个专业业务手册,为开展全过程咨询业务提供全方位指导。中咨海外咨询有限公司强化战略管理,持续优化业务布局,稳步实施投资并购,补齐公司资质短板,延伸业务链,企业经营保持良好的发展势头,有关改革发展的典型经验被国务院国资委改革办宣传推广,并入选国务院国资委"管理提升标杆"。

【重大项目】 2021年,公司承担的较为重大的项目有南水北调总体规划评估、河南特大暴雨灾后重建规划评估、白鹤滩至浙江±800千伏特高压直流输电工程项目评估、皖江城市带承接产业转移示范区规划评估、榆林能源革命创新示范区创建方案评估、高速磁浮课题研究、跨海通道后续研究、上海市城市轨道交通第三期建设规划调整评估、中国科学院"十四五"科教基础设施实施方案评估、川藏铁路后续咨询服务、污染治理和节能减碳专项评估、碳达峰方案评估、川气东送二线及西气东输四线评估、怀柔科学城国家实验室可行性研究编制、多个芯片及液晶面板项目窗口指导评估、大批解决"卡脖子"问题攻关类专项评估、气象卫星中长期规划评估等。

【重大创新】 加强理论创新,助推工程咨询业创新发展。2021年,公司积极服务国家相关部委开展大量重大政策和科技攻关咨询研究,承担基础设施REITs试点政策制度设计及所有试点项目的评估工作,完成《投资项目可行性研究指南》的研究修订工作,以及民营资本参与基础设施补短板等重大政策专题研究;积极开展后评价理论政策研究,为国家开展重大政策、重大规划及重大工程的评估督导工作提供系列支撑服务。

加快推动数字化赋能业务创新发展。公司分别与海南相关单位、大连市、中海油、长江设计集团等地方政府和大型企业签署战略合作协议,注重将能力提升和业务开拓有效结合,联合推进"以点带面"的业务纵深管理,积极培育新的业务增长点。在完善人力、业务、办公、档案等日常工作数字化链条的基础上,探索构建智慧咨询平台和知识共享中心,应用人工智能和知识图谱技术,将公司咨询成果知识化、场景化,推动咨询业务创新发展,打造新的业务平台,探索智能咨询。

坚持管理创新,助力公司稳步发展。持续加强制度体系建设,全年系统梳理现行有效规章制度269项,制(修)订制度52项,进一步增强管理工作的科学化、法治化水平。公司大力推进人力资源改革,始终将人才视为创新发展、高质量发展的核心资源,坚持以完善正向激励、提升人才队伍水平为基准,加快推进三项制度改革,人才队伍的选、用、育、留机制不断完善,人才发展渠道和人才引进渠道得到大力拓展。

【党建工作】 坚持思想统领,着力践行"两个确立"。坚持党的领导、加强党的建设是国有企业的"根"和"魂",作为服务党和国家科学民主决策的重要参谋单位,这是公司必须牢牢把握的政治方向。公司以提升政治判断力为先导,坚持政治方向、强化理论学习、坚定政治立场,增强"四个意识"、坚定"四个自信"、做到"两个维护",以高度的政治责任感统筹抓好稳增长、促改革、防风险各项任务,牢固树立"生产经营的难点就是党建工作的重点"理念,深化"智库＋党建"工作格局,推动党建工作与生产经营深度融合。

坚定政治立场,扎实组织开展党史学习教育。一是坚持高起点谋划,全面系统"学党史",深入开展"中咨心向党、永远跟党走"群众性主题宣传等活动。二是坚持高标准部署,与时俱进"悟思想",公司8名领导班子成员讲党课28堂,640多名党员现场聆听,80个基层党支部召开专题组织生活会,开展"党旗在一线高高飘扬"主题党日活动100余次,赓续红色基因,锻造坚强堡垒。公司党史学习教育经验做法5次被国务院国资委党史学习教育简报推介。三是坚持高效率组织,坚持不懈"办实事",聚焦贯彻新发展理念、巩固拓展脱贫攻坚成果、服务社会民生需求、关心关爱职工群众,梳理公司"我为群众办实事"实践活动重点民生项目112项,特别是公司服务革命老区振兴发展、支撑"双碳"战略顶层设计、服务科技自立自强等做法,得到上级单位肯定。

坚持一岗双责,注重强化标本兼治。积极践行"阳光咨询、透明评估"理念,以提升队伍廉洁力为抓手,深化"三不"一体推进,落实一岗双责,强化对关键少数和年轻干部的监督约束,聚焦高端智库建设、国企改革三年行动、疫情防控、安全生产、重大项目咨询评估等重点工作落实情况,精准监督、跟进监督、创新监督,以强有力的政治监督保障"两个维护"。

坚持守正创新,着力凝聚精神力量。自觉担负起"举旗帜、聚民心、育新人、兴文化、展形象"的使命任务,以提升榜样号召力为载体,守正创新,从"事、人、效、绩"出发,选树宣传公司优秀集体和先进个人,加强正面宣传和舆论引导,引导干部职工面对困难勇担使命、踔厉奋进。

坚持强基固本,着力夯实组织建设。以提升组织力为重点,突出政治功能,健全基层组织、优化组织设置、理顺隶属关系、创新活动方式,扩大基层党的组织工作覆盖面,努力推动基层党建全面进步、全面过硬。

【信息化建设】 稳步实施管理信息系统优化。2021年,公司各主要管理系统得到显著优化,人力、OA等全面实现集团化部署,线上管理流程得到较大幅度优化,使用更为便捷稳定。根据国务院国资委要求及时完成国资监管信息系统建设任务,保证在线稳定运行和数据信息及时报送,探索建设管理驾驶舱,为公司管理决策发挥支撑作用。

业务信息化支撑迈出实质性步伐。持续加强业务信息平台建设,业务数据库(一期)及知识库系统投入使用。开发服务业量化分析系统,搭建分析模型,初步建成近300个城市的数据库,定期向国家发展改革委提供经济运行跟踪分析报告,并具备向各业务部门提供分析服务的功能;建成全国成品油生产销售监测分析平台,对全国31个省(自治区、直辖市)、中央企业和45个地方企业成品油产、供、储、销实施动态跟踪,及时发现供需缺口,保障能源稳定供应;建成外贸外资、国际海运物流等数据统计分析平台,为业务深入开展提供有利保障。

全面加强网络安全防护。建成国企网络安全监管平台,成立安全事件应急响应小组,初步形成网络安全设备防护体系;通过对公司网络与信息系统扫描加固、关键信息系统的渗透测试和多种形式的网络安全专题教育,有力维护网络与信息安全。在运维服务保障方面,建成公司运维管理系统,进一步提高运维响应效率;对国务院国资委商密视频系统进行全面升级,优化非密视频会议服务工作流程规范,视频会议技术支持更为高效;进一步优化完善设备采购相关制度及操作流程,更好满足业务工作实际需求,不断提升信息化保障能力和水平。

(撰稿人:赵 坤)

中国诚通控股集团有限公司

【基本概况】 2021年,中国诚通控股集团有限公司(以下简称中国诚通)深入学习贯彻习近平总书记重要讲话和重要指示批示精神,坚决贯彻落实党中央、国务院的决策部署及国务院国资委的工作要求,持续从学习百年党史中汲取奋进力量,深刻把握国有资本市场化运作专业平台定位,奋力打造国有资本流动重组、布局调整的有效平台,积极服务构建新发展格局,统筹疫情防控和改革发展各项工作取得新成效,生产经营指标再创新高。

【主要指标】 2021年,中国诚通实现营业收入1711.12亿元,比上年增长37.82%,完成全年预算的121.4%。利润总额140.92亿元,比上年增长17.13%,完成全年预算的108.3%。净利润110.06亿元,比上年增长21.44%,完成全年预算的108.9%;归属于母公司所有者的净利润59.62亿元,比上年增长22.37%,完成年度预算的147.7%。资产总额4934.65亿元,较年初增长24.5%。所有者权益总额2311.92亿元,较年初增长11.3%。在国务院国资委2020年度中央企业负责人经营业绩考核中被评为A级。

表1 2021年中国诚通控股集团有限公司主要经济指标

项 目	2020年	2021年	比上年增长(%)
资产总额(亿元)	3974.49	4934.65	24.16
所有者权益(亿元)	2076.94	2311.92	11.31
营业收入(亿元)	1241.57	1711.12	37.82
利润总额(亿元)	120.31	140.92	17.13
净利润(亿元)	90.63	110.06	21.44
归属于母公司所有者的净利润(亿元)	48.72	59.62	22.37
技术开发投入(亿元)	5.20	7.87	51.25
利税总额(亿元)	148.13	174.19	17.59
应交税金总额(亿元)	15.35	24.25	58.00
全员劳动生产率[万元/(人·年)]	70.71	102.66	45.18

续表

项 目	2020年	2021年	比上年增长(%)
净资产收益率(%)	4.81	5.02	增加0.21个百分点
总资产报酬率(%)	4.81	4.57	减少0.24个百分点
国有资本保值增值率(%)	106.49	105.70	减少0.79个百分点

【改革发展】 2021年,中国诚通党委坚决落实国企改革三年行动工作部署,充分发挥主体作用,牵头制定集团《三年行动实施方案》和工作台账,明确改革总体思路和举措,确保改革始终沿着正确方向前进。全面深化改革领导小组每月研究推动重大改革事项,班子成员按照分管工作条线包保92项改革举措,层层落实"军令状"。构建"党委会作决策、深改组作安排、月例会作调度、改革办抓落实"工作体系,通过培训宣贯、政策解读、在线督办,营造浓厚的改革氛围,实现"横向到边、纵向到底"。聚焦重点任务跑表计时、攻坚克难,全面实现集团二、三级所出资企业董事会应建尽建、外部董事占多数、重要子企业董事会落实职权,所出资企业任期制和契约化户数和经理层人数占比均为100%,"科改示范企业"试点考核获评"优秀"并受到国务院国资委表扬。截至2021年底,国企改革三年行动全部92项任务完成率近85%,为集团高质量发展注入强劲的改革动能。一是通过完善中国特色现代企业制度提升治理水平。全面落实"两个一以贯之",将党的领导融入公司治理各环节,制定印发《中国诚通党的领导融入公司治理实施细则》《集团"三重一大"决策事项、前置事项清单(试行)》,进一步厘清各治理主体权责边界。提升董事会建设和运行质量,有效保障董事会"定战略、做决策、防风险"。纳入应建范围的132户子企业董事会应建尽建、外部董事占多数完成率100%,重要子企业制定落实董事会职权实施方案并落实董事会职权完成率100%。制定完善《董事会授权管理办法》《总经理工作规则》等制度,规范董事会向经理层的授权,支持经理层"谋经营、抓落实、强管理"。二是通过三项制度改革健全市场化机制释放活力。从经理层改起,以上率下破解三

项制度改革难题,所出资企业任期制和契约化实现户数和经理层人数占比均为100%。开展任期制和契约化管理评估和回头看,狠抓契约质量提升。全面推进用工市场化,制定《劳动用工管理办法》,建立市场化招聘制度的企业户数占比和劳动合同签约率均为100%。主动申请成为国务院国资委工资总额备案制管理企业,加快推进所出资企业建立市场化薪酬决定机制。强化正向激励,扩大各类中长期激励政策覆盖面和应用深度。三是通过持续深化改革专项工程打造改革"尖兵"。发挥"双百企业""科改示范企业"引领带动作用,以点带面推动改革全面贯通到系统基层。"双百企业"岳阳林纸全面完成"五突破、一加强"的试点任务,实施完成上市公司限制性股票激励计划,推动全资子公司双阳高科实施科技型企业股权激励计划。接收力神电池后,综合运用运营公司功能手段,多措并举助力企业增资扩股、增收减亏,并增补入选"科改示范企业",支持其打造新能源电池原创技术策源地和现代产业链"链长"。四是注重改革经验的梳理总结、归纳提升。多维度推进国有经济布局优化和结构调整的做法入选《国企改革三年行动简报》,中宣部、国务院国资委在三年行动先进典型宣传活动中,组织16家主流媒体走进集团进行专题报道。

中国诚通党委坚决落实国务院国资委党委书记、主任郝鹏2021年4月调研力神电池作出的重要指示精神,聚焦充分发挥运营公司培育战略新兴产业的功能,深入研究系统性解决方案,提出将力神电池打造成为央企新能源产业一面旗帜和国家新能源战略重要力量的目标。力神电池在2021年下半年产能利用率、产品毛利率稳步提升,增收减亏、降本增效取得初步成效。有序推进力神电池的动力电池业务重组和引入战略投资者工作,2021年底通过挂牌方式公开募集资金59亿元,为下一步发展积蓄力量。中国诚通所属中国纸业坚持以实现碳达峰碳中和目标为战略引领,聚焦浆纸核心,打造"大生态"产业,坚定走高质量可持续发展之路,经营利润再创新高。诚通资产深化资产经营2.0模式,突出市场化路径盘活央企沉淀资产,不良资产专业化基金稳健运营,中新房风险处置有序推进。诚通东方作为集团长三角区域重要企业,持续探索资产经营和资本运营"双轮驱动"路径,历史遗留问题解决取得突破。诚通建投承接国务院国资委"揭榜挂帅"课题,谋划构建中央企业存量土地盘活运营平台,不断创新业务模式、拓展业务资源。诚通人力推动业务转型、升级业务产品,积极服务集团、央企及地区合作,不断扩大市场影响力。中商集团扎实推进转型升级,盘活存量资源,探索增量业务,通过稳健经营取得较好的工作成绩。诚通国贸着力提升经营管理能力,优化组织结构,强化市场开拓,营业收入、利润连续三年创新高。

【重大项目】 推动央企战略性重组方面。中国诚通深刻认识组建中国物流集团,是国务院国资委贯彻落实习近平总书记关于加快构建现代流通体系、服务构建新发展格局重要指示批示的重大战略部署,也是深化运营公司改革、推动运营公司聚焦主责主业的重大举措。在国务院国资委的坚强领导和统一部署下,中国诚通积极推动所属的中国储运、中国物流、华贸物流、中国包装,与所托管的中国铁物整合组建中国物流集团,确保重组整合过程中经营有序不滑坡、重点任务不停滞,人员军心不动摇,圆满完成重组整合工作。积极落实国务院国资委关于钢铁、电气装备等重点行业重组整合的决策部署,现金出资75亿元,成为鞍钢集团并列第二大股东,推动鞍钢重组本钢,全面提高我国钢铁行业产业集中度、资源安全性和国际竞争力;现金出资46.2亿元,参与中国电气装备集团组建,打造具有全球竞争力的世界一流电力装备企业;向中国绿发增资50亿元,打造聚焦绿色产业的一流央企。中国诚通出资超过930亿元参与油气管网、钢铁、电气装备、绿色能源、现代物流等重点行业的重组整合和股权多元化改革,持有5家一级中央企业集团股权,既落实落地国家战略、推动国有资本布局优化,又充分发挥运营公司功能和积极股东作用,形成自身资本配置和财务回报"压舱石"。

发挥基金投资战略引领作用方面。中国诚通形成以两只国家级基金为主、总规模6600亿元的基金体系,成为推进国有经济布局优化结构调整、积极稳妥深化混合所有制改革等改革任务的重要资本力量和支撑载体。国调基金坚持专业化管理、市场化运营,推动航空、电力、能源、航运等关键产业结构调整和转型升级,积极参与电信、高端制造等核心领域混合所有制改革,助力有关重点国企改革脱困,加大对芯片、5G、新能源等前瞻性战略产业投资布局。2021年,国调基金持续加大对中央企业项目的投资力度,投资参与中国电信、中国移动、中国中铁、中国能建等一批重大央企项目。截至2021年底,国调基金交割项目139个,投资金额1131亿元,82%为中央企业及相关项目;连续六年实现盈利,累计实现利润总额184亿元,累计回收投资资金及各项收益528亿元,退出直投项目平均年化收益率超过17%。2021年,中国诚通创新性以平行基金方式募资组建国调基金二期。首只平行基金——长三角基金由集团与无锡作为主发起人,联合8家中央企业于2021年8月设立,募资规模737.5亿元,成为当年国内募资规模最大的股权投资基金。国调基金二期是国务院国资委委托集团发起设立的第三只"国字号"基金,是中央企业支持国家区域发展战略、服务国有资本布局优化的生动实践和重要资本力量。混合所有制改革基金成立以来,积极参与国资央企混合所有制改革重点项目,全力服务国有企业股权多元化和混合所有制改革;"反向"混合所有制改革优秀民营企业,实现优势互补。混合所有制改革基金投资广核新能源等项目,支持重要行业关键领域的转型升级;投资通用技术、中远租赁等项目,支持央企子公司深化混合所有制改革;投资商汤科技、金力永磁等项目,前瞻性布局战略新兴领域;吸引社会资本,设立百亿规模、首期30亿元的混合所有制改革苏州子基金,落实国务院国资委对混合所有制改革基金"边投边募"要求。截至2021年底,混合所有制改革基金投决项目50个,拟投金额合计308.07亿元;完成出资项目23个,出资金额合计108.77亿元,国务院国资类项目占比90%。通盈基金坚决贯彻落实党中央关于降杠杆、减负债,有效发挥运营公司债转股实施机构功能作用,两年来累计投资170亿元,带动917亿元金融资本以及其他社会资本支持中央企业和地方国有企业补充资本金,平均降低标的企业资产负债率6.19个百分点,每年为标的企业节约财务费用约30亿元,充分发挥债转股实施机构作用。

金融服务功能方面。中国诚通通过整合央企金融股权以及重组并购等方式,不断培育服务央企的金融能力。2021年12月14日,中国诚通与新时代证券股权转让方在北京产权交易所签署《产权交易合同》,收购新时代证券98.24%股权,收购价格为挂牌底价131.35亿元,低于145亿元的评估值。中国诚通收购新时代证券并控股其所属的融通基金,符合运营公司功能定位,有利于进一步提升服务中央企业的金融能力。阳光保险股东作用持续发挥,努力推进股东资格批准相关工作。积极开展财务公司、保理、融资租赁、保险经纪等类金融业务,培育产融结合、以融促产的服务体系。财务公司积极支持有关央企债券发行,向物流平台企业提供31.25亿元确保资金稳定。诚通保理构建面向央企和地方大型国企的供应链金融生态平台,累计完成投放额131.04亿元,服务近40家央企国企。诚通租赁成功发行两期30亿ABS,获得上交所"央企绿色资产"认证。诚通保险经纪初步构建集团统保平台。持股50%的南航融资租赁投资收益良好。

股权管理方面。中国诚通通过诚旸公司采取委托管理、ETF运作和自营投资相结合等方式,对近700亿元市值的中央企业上市公司股权进行专业化管理运作,划入股份增值近140亿元,运营收益率24.32%。积极服务中央企业资本运作,2021年发行开放共赢(A+H)指数及ETF,在二级市场增持中央企业上市公司累计近60亿元,促进国有资本合理流动和价值回归;探索通过股票非交易过户方式设立私募基金,为中央企业打造"资金池";与上交所等监管机构加强合作,联合推进中央企业上市公司价值提升服务措施;推进公募REITs投顾业务,助力中央企业基础设施资产盘活。

资产管理方面。中国诚通充分发挥资产管理优势功能,不断提升资产管理服务国资国企改革能力。创新"资产经营+基金"模式,既妥善解决有关央企所属上市公司暴雷风险,又保障集团资产运营收益。组建成立"两非"专项平台诚通国合,截至2021年底,诚通国合与15家中央企业就26个"两非"资产项目达成接收合作,涉及资产42亿元;积极推进有关中央企业的项目托管合作,涉及资产总额超过190亿元。中国康养坚定不移贯彻落实党中央培训疗养机构改革以及普惠养老发展部署,对改革资产接收和转型涉及的40多个环节探索形成行之有效的解决方案,获批拟移交的培疗机构54家,完成机构实质性接收29家,完成机构转型健康养老开业9家。在北京、沈阳、武汉等地落实普惠养老项目,在营床位3000多张、在建床位1万多张。联合中国铁建、国药集团、大家保险成立中康养健康产业投资公司。中国康养在培训疗养机构改革工作和健康养老行业中的引领示范作用初步显现。国海海工为盘活央企沉淀资产打造新范式,2021年完成66项海工资产的集中管理,涉及资产604亿元,完成国内外49项海工资产的盘活,20个先进型号装备供给中国海油、中国石化,成为保障国家海洋油气勘探开发的主力装备。积极参与中石化国勘的公司治理,成功处置存量低效资产,补充优质油气资产。化诚新油气平台实现扭亏为盈。

【走向海外】 2021年,中国诚通立足服务央企高质量共建"一带一路"和"走出去"的需求,高站位建设境外运营平台,稳妥推进国际化建设步伐。诚通香港紧扣集团境外资本运营平台定位,首次开展并获得国际双高投资级评级,积极筹备在境外发行高级无抵押固息债券,扩大在国际资本市场影响。全年诚通香港完成12个项目投资,参与科技类企业港股IPO项目,支持央企产业链整合,参与五矿集团、国电投等海外债券发行,扩大国有资本海外协同效应。诚通国际高水平打造中俄经贸合作公共服务平台,担任俄罗斯中国总商会会长单位和全球境外中资企业商协会联席会议轮值主席;统筹疫情防控和生产经营,不断提升格林伍德国际贸易中心经营质效;圆满完成保障冰球国家集训队备战北京冬奥会、毕业留学生回国前闭环管理等重大政治任务。国调基金、混改基金合计投资7个境外项目,总金额4.04亿美元,涉及生物技术、智能出行、人工智能等新兴产业。积极参加进博会、服贸会等国家级展会,在第四届进博会上,中国诚通交易分团与来自全球12个国家和地区的23家客商签署采购协议,签约金额15.7亿美元,较上届增长46%,创历届新高,位居中央企业前列。集团及11家二级企业参加2021年服贸会,搭建线上和线下展台15个,比上年增加11个,参展企业和展台数量创历届之最,为实现中国服务贸易高质量发展作出应有的贡献。2021年,中国诚通实现进出口贸易总额27.93亿美元,比上年增长9.54%,为稳外贸、稳链保供、促进双循环作出积极贡献。

【重大创新】 截至2021年底,中国诚通累计拥有有效专利1639件,其中发明专利261件;累计主持或参与制定标准53个,其中国家标准29个、行业标准24个。申请专利272件,其中发明专利116件,PCT专利申请量3件,PCT途径进入国家阶段的专利申请量4件;获得专利授权236件,其中发明专利40件;主持或参与制定标准4个,国家标准和行业标准各2个。获省部级科技奖励3项。拥有高新技术企业17家,研发机构16家,国家级企业技术中心3个、国家(工程)技术研究中心1个。中国纸业所属岳阳林纸选送的"以纸代塑新材料研究及应用"项目在第三届中央企业熠星创新创意大赛中获得优秀奖。

所出资企业力神电池承担的国家重点研发计划"高安全高比能乘用车动力电池系统技术攻关项目"完成课题绩效评价,电池系统能量密度213.5Wh/kg,通过GB38031—2020规定的安全性测试。开发建立4.5V锂离子电池化学体系,该体系采用4.5V钴酸锂和高电压电解液匹配高压实石墨构建而成,能量密度800WH/L,同时满足1.5C快充能力,技术处于业界领先水平。中国纸业所属红塔仁恒研制的无塑环保食品卡纸通过欧盟可堆肥认证和国内降解测试,产品安全符合欧美标准。液体包装纸板广泛用于牛奶、果汁等饮料包装中,是液体包装龙头企业利乐主要供货商,打破国内食品包装纸国外产品垄断。研制的防油食品卡纸主要技术指标达到国际先进水平,是麦当劳国内唯一防油食品卡纸供应商。

【党建工作】 2021年,中国诚通党委深入学习贯彻习近平新时代中国特色社会主义思想,扎实开展党史学习教育,不断强化政治建设,深化"管资本管人管党建"机制和模式创新,以高质量党建引领保障高质量发展,在国务院国资委党委党建工作责任制考核中连续第四年被评为"优秀"。一是聚焦庆百年、学党史,爱党爱国爱企热情有效激发。组织党员干部开展党的十九届六中全会精神、习近平总书记"七一"重要讲话精神集中轮训宣讲,做到进基层、进车间、全覆盖。紧扣"学党史、悟思想、办实事、开新局"的目标,穿透式部署、一体化推进、全覆盖落实,高标准完成党史学习教育任务。扎实开展"我为群众办实事"主题实践活动,梳理重点事项297项,落实办实事资金

3111万元。党员干部从百年党史中汲取奋进力量、从理论武装中感悟真理力量、从为民服务中展现先锋力量、从国资运营中彰显诚通力量。二是聚焦强根基、担使命，党建工作质量效益明显提升。集团党委坚决落实"第一议题"要求，出台《常态化贯彻落实习近平总书记重要讲话和指示批示工作实施办法》，对学习要求、重点内容、组织形式和领导责任予以明确，并形成工作台账。全级次收集梳理习近平总书记重要指示批示1287条，为常态化贯彻落实习近平总书记重要指示批示奠定基础。高标准开展国企党建会精神贯彻落实情况"回头看"，对照"30项重点任务"清单和7个方面25项重点内容，总部和所出资企业同步推进、逐项自查，自查检视问题和不足897项，制定整改措施1160条，累计完成整改事项近90%。深化"管资本管人管党建"工作模式，完善公司治理中加强党的领导的机制，形成权责法定、权责透明、协调运转、有效制衡的国有资本运营公司治理机制。持续深化"三融一化"党建工程，开展课题研究，制定工作指引，完善考核机制，建立混合所有制企业和境外企业党建指导意见，推动党组织独特优势转化为内生动力和治理效能。7个方面党建创新案例入选中央企业党建工作成就展。三是聚焦建队伍、强能力，干部人才队伍建设不断加强。健全完善干部管理制度体系，修订领导班子和领导人员综合考核评价办法、派驻企业总会计师管理办法等规定，出台"十四五"时期优秀年轻领导人员队伍建设实施意见。成立诚通党校，形成干部队伍建设与培养的主阵地。优化业绩考核与薪酬管理办法，强化净利润、经济增加值和净资产收益率等反映国有资本运营效率的基本指标，科学客观衡量各企业发展质量。四是聚焦担责任、凝共识，社会责任和群团统战工作成效明显。落实定点帮扶责任，向宜阳县投入帮扶资金1050万元，助力帮扶地区经济发展和乡村振兴。捐赠2000万元支援河南省防汛救灾和灾后重建。制定印发党建带团建实施办法，完成中央企业"青马工程"试点任务，探索青年政治骨干培养体系。统战工作入选央企统战优秀案例。《中国诚通控股集团有限公司2020社会责任报告》获得责任金牛奖。新华社、中央电视台、《人民日报》等中央主流媒体报道党建引领助力构建新发展格局的做法。五是聚焦抓整治、严作风，党风廉政建设持续深化。始终坚持严的主基调，建立完善党委与纪委日常沟通协调机制。召开年度工作会议暨警示教育大会，签订《党风廉政建设责任书》，开展第九届"反腐倡廉宣传教育月"活动，组织纪检干部线上培训，对新入职任职人员进行廉洁谈话，对有苗头性倾向性问题的企业负责人进行约谈或提醒，党员干部廉洁从业观念进一步强化。加大谈话函询和执纪审查力度，对上级移交的问题线索进行核查处理，运用"四种形态"处理66人次，警示震慑作用进一步增强。分两轮对6家所出资企业开展巡视"回头看"，集团巡视巡察工作考核获评A级。深入整治境外腐败、利益输送、设租寻租、化公为私等"靠企吃企"问题，积极配合国务院国资委境外腐败治理专项检查并按时完成全部整改任务，纠治"影子公司""影子股东"等隐性腐败，加强"一把手"和领导班子监督，风清气正政治生态进一步巩固。

【信息化与数字化建设】 2021年，中国诚通按照国资数智化专项提升以及集团数字化转型要求，大力推进集团数字化全面转型工作，充实数字化管理部专业人员队伍，筹建数字化公司，完善管理制度体系建设。完成数字化、信息化顶层设计，编制数字化转型及"十四五"网信规划筹备工作。完善所出资企业网络安全考核评价体系。全面启动集团信息化建设、数字化转型，明确"十四五"集团信息化目标、任务实施安排。重点推进"三重一大"决策系统深化应用、国务院国资委数据采集交换平台的对接和联调、集团财务监管信息化建设、监督追责全流程信息化管理、境外国有资产在线监管系统建设等国资监管业务重点项目建设。启动统一数据中台以及分布式技术平台建设，积极构建数字化转型的核心技术底座，支撑系统集成、融合应用、数据赋能。推动战略投资、运营监控、资金管控等重点项目建设，加快管控一体化建设。推动国资委监管重点业务"三重一大"、违规追责、境外资产管理等系统建设，提升数字化智能化应用水平。推动所出资企业核心业务系统数字化转型，助力企业竞争力提升。完成集团及各所出资企业网信系统等级保护备案、测评、整改。以"诚通云"私有云为重点，加强关键基础设施建设。建设网络安全在线监管平台。推进IPv6规模部署应用。统一内网终端防护系统建设。按照"分类分级分阶段"推进网信领域自主可控应用。打造一体化网络安全保障体系。

【履行社会责任】 2021年,中国诚通落实定点扶贫责任,超额完成定点扶贫任务。投入资金1050万元,引进帮扶资金15万元,培训基层干部2145人,培训技术人员5249人,购买和帮助销售脱贫地区农产品1120.8万元,推进实施扶贫项目21个,助力河南省宜阳县实施乡村振兴战略。2021年2月,集团派出挂职干部宋大鹏被中共中央、国务院授予"全国脱贫攻坚先进个人",5月,集团扶贫办公室被河南省评为"脱贫攻坚先进集体"。7月22日,中国诚通向河南省慈善总会捐款2000万元,支持灾区防汛救灾和灾后重建。

(撰稿人:丁若沙)

中国中煤能源集团有限公司

【基本概况】 中国中煤能源集团有限公司(以下简称中煤集团)是国务院国资委管理的国有重点骨干企业,是唯一具有全产业链的专业煤炭中央企业,肩负着保障国家能源安全的重要使命。中煤集团坚持煤炭安全绿色开采和清洁高效利用发展方向,构建以煤为基的煤电化一体化产业链和能源服务产业链,主营业务包括煤炭生产贸易、煤化工、发电、煤矿建设、煤矿装备制造以及相关工程技术服务。拥有可控煤炭资源储量760亿吨,生产及在建煤矿70余座,煤炭总产能3亿吨级规模。煤化工总产能1800万吨,产品主要包括煤制烯烃、甲醇、尿素、硝铵、焦炭等。拥有控股和参股电厂50余座,总装机超过2850万千瓦,年利用煤矸石、煤泥等副产品超过1000万吨,年发电量超过500亿千瓦·时。大力发展多能互补清洁能源产业,加快风电、光伏项目布局建设,推动氢能、储能等清洁能源技术储备和产业实践。煤矿设计建设、煤机装备制造综合实力、技术水平、市场占有率居行业前列。截至2021年底,职工12.6万人。

【主要指标】 2021年,中煤集团煤炭产量2.5亿吨、销售量3.6亿吨,煤化工总产量769万吨,发电量547亿千瓦·时,主要产品产量创历史最好水平。全年实现营业收入3010.03亿元,比上年增长60.94%;净利润167.24亿元,比上年增长65.05%;经营现金净流入、经济增加值比上年均大幅增长,净资产收益率10.25%,比上年增加3.53个百分点,经营质量实现跨越式提升。

表1 2021年中国中煤能源集团有限公司主要经济指标

项　目	2020年	2021年	比上年增长(%)
资产总额(亿元)	4127.67	4435.57	7.46
所有者权益(亿元)	1561.95	1709.12	9.42
营业收入(亿元)	1870.24	3010.03	60.94
利润总额(亿元)	150.10	260.04	73.24
净利润(亿元)	101.33	167.24	65.05
归属于母公司所有者的净利润(亿元)	33.43	44.59	33.39
技术开发投入(亿元)	26.04	35.63	36.81
利税总额(亿元)	335.53	596.07	77.65
应交税金总额(亿元)	185.43	336.03	81.22
全员劳动生产率[万元/(人·年)]	47.34	59.06	24.76
净资产收益率(%)	6.72	10.25	增加3.53个百分点
总资产报酬率(%)	5.77	7.81	增加2.04个百分点
国有资本保值增值率(%)	105.34	110.46	增加5.12个百分点

【改革发展】 深入贯彻习近平总书记关于国有企业改革创新重要论述,全面推进企业改革,改革三年行动任务总体完成率在80%以上。一是中国特色现代企业制度取得明显突破。坚持加强党的领导和完善公司治理相统一,修订党委会、董事会、总经理工作规则和董事会授权管理办法,进一步厘清各治理主体权责边界。落实子企业董事会职权,应建范围内97%的子企业建立董事会,符合条件的各级子企业全

部实现外部董事占多数。二是优化管控模式迈出实质性步伐。持续深化总部机关改革,打造战略管控型总部,实施安全、审计垂直管理,压缩管理层级,取消重点三级企业,集团管控效能显著提高。有序实施区域化、专业化、一体化管理,推动矿建板块改革重组,制定鄂尔多斯区域企业整合方案,完成山西地区煤炭资源整合,实施新疆地区企业区域一体化管理,筹建内蒙古公司,区域协同能力进一步增强。成立装备事业部,整合国源公司与国投煤炭公司总部,成立营销管理办公室,组建统一招标采购平台,专业化管理水平不断提升。三是市场化经营机制进一步完善。印发所属企业经理层成员任期制和契约化管理办法,各级子企业推行户数占91%。推行市场化用工制度,实行总部公开招聘、全员竞聘,建立管理、技术、技能等多通道员工职业发展体系,全面推进管理人员竞争上岗、末等调整和不胜任退出。制定完善中长期激励三年工作计划,西安设计公司完成2020年岗位分红激励兑现,信息公司项目收益分红激励、电气公司超额利润分享方案落实落地。四是布局优化和结构调整深入推进。接收华电集团6座煤矿,制定12处安全保障程度低、资源枯竭煤矿的关闭退出方案,关停4个矿井。加快专项改革收尾,8户"两非"企业处置全部通过国资委验收,"两资"处置成效明显。修订参股股权管理办法,清理退出低效无效参股股权12户。

【重大项目】 聚焦主责主业,积极有序开展项目投资建设,着力构建完善以煤炭产业为基石、以煤基清洁高效转化利用产业和能源综合服务产业为两翼、以新能源等战略性新兴产业为重要增长极的四业协同高质量发展产业格局。一是强化以煤为基的煤电化产业链,建设在疆"三大基地",推进陕西榆林烯烃二期工程、九鑫200万吨/年焦化项目前期工作,开工建设2×660兆瓦板集电厂二期工程、平朔安太堡2×350兆瓦电厂项目。二是实现新能源产业"零的突破",上海能源260兆瓦渔光互补项目一期先期工程并网发电,有序规划建设新疆、江淮等区域新能源示范基地,推动氢能、储能等清洁能源技术储备和产业实践。三是重大科研项目开发取得新突破。按期完成承担实施的3项能源技术装备补短板项目和11项国家重点研发计划项目年度研发任务,形成2个装备、4个产品、10余项新技术。研发采掘设备关键技术电气件及控制系统,实现智能化综采工作面惯性导航调直控制的国产化替代。应用BIM技术在国内首次实现选煤厂BIM三维可视化全生命周期管理。

【走向海外】 坚定实施"走出去"战略,完善境外投资管理体制,鼓励所属企业抢抓"一带一路"发展机遇,寻求与其他央企联合出海机会,促进国际业务发展。矿山工程施工及能源综合服务业务涉及伊朗、印度、南非、土耳其、塔吉克斯坦、巴基斯坦、纳米比亚等国家,境外业务由矿山工程施工向生产运维和采矿运营、技术服务及其他基本建设领域延伸。矿山装备产品远销俄罗斯、澳大利亚、印度、越南、土耳其等国家和地区。面对全球新冠肺炎疫情和安全稳定复杂形势,通过完善防疫工作方案及应急处置预案,进一步夯实境外业务风险防范和常态化疫情防控工作基础,保障中煤集团"走出去"战略行稳致远。

【重大创新】 坚持"安全、高效、绿色、智能"发展方向,全力开展技术研发。2021年,中煤集团科技投入66亿元,比上年增长65%,研发经费投入强度2.2%,获得煤炭工业科技进步奖励26项,获批国家推荐目录4项,申请专利473件。煤矿智能化提速发展,东露天、大海则等6个国家首批智能化示范煤矿建成智能化采煤工作面32个、智能化掘进工作面22个,固定岗位实现无人值守285处,减少作业人员805人。组织编制煤矿智能化企业标准12项,牵头或以第二单位编制行业煤矿智能化标准4项。关键技术研发取得新成效,研制具有自主知识产权的10米采高液压支架,性能达到国际领先水平。5G融合组网技术在大海则、东露天等煤矿成功应用。建成中煤集团和煤炭行业首个数字孪生选煤厂。首次实现复杂地质条件下利用自动化竖井掘进机进行盲竖井施工。赋能绿色发展,蒙陕矿井水和化工废水资源化利用技术达到国际领先水平。

【党建工作】 坚持以习近平新时代中国特色社会主义思想为指导,坚决拥护"两个确立",树牢"四个意识",坚定"四个自信",做到"两个维护"。扎实开展党史学习教育,明确6个重点任务、32项主要工作、53条工作举措,坚持学党史与悟思想融会贯通,办实事与开新局同向发力,党史学习教育取得显著成效。坚决贯彻新时代党的建设总要求,围绕庆祝建党100周年、全国国企党建会召开5周年,扎实开展"中央企业党建创新拓展年"专项行动,推动党建工作向基层拓展、向纵深拓展、向新领域拓展。践行党建工作"述评考用",常态化制度化开展党组织书记抓党建述职评议,开展"四强五好六有"基层示范(品牌)党支部建设,推进基层党组织全面加强、全面过硬。履行管党治党政治责任,认真贯彻中央反腐败工作要求,细化监督措施,加强监督检查,加大查办力度,坚定不移推进全面从严治党向纵深发展。深入开展"靠企吃企"等专项整治,持之以恒落实中央八项规定精神,开展领导作风、干部学风专项整治,深化形式主义官僚主义整治,部署开展"四纠四治"专项行动,为企业改革发展营造风清气正的良好氛围。

【信息化与数字化建设】 加快推动数字化转型,成立数字化创新中心,编制网信专项规划和"数字中煤"建设方案,推进新技术赋能产业智能化发展。有序推进智能工厂建设,陕西公司列入首批"工业互联网+危化品生产"试点企业,建设电力生产运营一体化平台,新型智慧电厂建设初见成效。推进经营管理业务平台整合、数据协同,建设中煤易购网上工业品超市,大幅提升采购管理数字化水平;深化煤炭贸易电商应用,初步实现市场数据、销售数据的实时共享和跟踪预警。完善网络安全防护体系,组织开展网络安全攻防演习,加大网络安全宣传力度,持续完善"三化六防"体系。

【履行社会责任】 始终把能源保供稳价作为最重要的政治任务和最紧迫的民生大事来抓,2021年第四季度足额承接国家发展改革委和晋陕蒙产煤省(区)下达的1620万吨重点煤炭保供任务,在确保安全的前提下全力增产增供、带头降价稳价,第四季度煤炭产量连创新高,全年累计让利238亿元,以实际行动引导煤炭市场理性回归,全力维护经济秩序稳定,更好地满足人民群众生活需要。践行绿色发展理念,13座煤矿入选全国绿色矿山名录,平朔矿区生态复垦案例被列为行业标杆,多家煤化工企业实现废水"零排放"。坚持和谐共赢发展,全年社会贡献总额845.55亿元,其中缴纳各种税费267.59亿元。持续巩固拓展脱贫攻坚成果,坚持力度不减、干劲不松、标准不降,保持主要帮扶政策总体稳定,投入帮扶资金(含物资折款)3578万元,为推进乡村振兴作出积极贡献。发挥矿山应急救援专业优势,参与地方矿山抢险救援和河南汛情一线救灾,向河南省慈善总会紧急捐赠1000万元,在保障群众生命财产安全方面发挥积极作用。

(撰稿人:蔡洪检)

中国煤炭科工集团有限公司

【基本概况】 中国煤炭科工集团有限公司(以下简称中国煤炭科工)是国务院国资委监管的中央企业,是我国煤炭工业科技创新的国家队和"排头兵",拥有涵盖煤炭行业全专业领域的科技创新体系,致力于煤炭安全绿色智能开发和清洁高效低碳利用,肩负着引领煤炭科技进步的光荣使命。2021年,中国煤炭科工立足新发展阶段,贯彻新发展理念,构建新发展格局,推动高质量发展,紧紧围绕构建世界一流科技创新型企业的使命要求,坚持稳中求进工作总基调,深入推进"1245"总体发展思路,统筹推进常态化疫情防控和企业改革发展,凝心聚力、真抓实干,以实际行动深化党史学习教育,以可喜成绩献礼中国共产党百年华诞,各项工作稳中向好,发展质量明显提升,实现"十四五"良好开局。

【主要指标】 2021年,中国煤炭科工实现营业收入296.1亿元,比上年增长12.41%;利润总额23.4亿元,比上年增长30.00%;净利润19.2亿元,比上年增长34.27%;营业利润率7.7%,比上年减少0.2个百分点;研发经费投入强度7.65%,高于中央企业2.6%的平均水平;全员劳动生产率35.80万元/(人·年),比上年增长21.36%;经济增加值21.7亿元,超额完成考核目标值;科技收入60.9亿元,超额完成考核目标值。截至2021年底,中国煤炭科工资产总额510.2亿元,比上年增长6.16%;净资产280.1亿元,比上年增长5.34%,资产负债率45.1%。

表1　2021年中国煤炭科工集团有限公司主要经济指标

项　目	2020年	2021年	比上年增长（%）
资产总额（亿元）	480.6	510.2	6.16
所有者权益（亿元）	265.9	280.1	5.34
营业收入（亿元）	263.4	296.1	12.41
利润总额（亿元）	18	23.4	30.00
净利润（亿元）	14.3	19.2	34.27
归属于母公司所有者的净利润（亿元）	6.9	9.7	40.58
技术开发投入（亿元）	19.8	22.7	14.65
利税总额（亿元）	36.7	46	25.34
应交税金总额	18.7	22.6	26.26
全员劳动生产率万元/（人·年）	29.50	35.80	21.36
净资产收益率（%）	5.5	7.04	增加1.54个百分点
总资产报酬率（%）	3.89	4.78	增加0.89个百分点
国有资本保值增值率（%）	104.88	106.02	增加1.14个百分点

【改革发展】　2021年，中国煤炭科工党委深入贯彻习近平总书记关于国有企业改革的重要论述和党中央、国务院重大决策部署，深入推进实施改革攻坚三年行动，取得明显阶段性成果。截至2021年底，三年行动任务结项率75.6%，总体任务完成率82.2%。一是着力规范治理体系，现代企业制度更加夯实。围绕建设"专业尽责、规范高效"董事会要求，持续健全制度、建优机制、建强队伍。推动11户子企业新设立董事会，全级次企业100%实现董事会应建尽建；建立外部董事人才库，100%实现外部董事占多数要求；强化外部董事履职支撑服务，切实提升董事履职能力；分层分类落实子企业董事会职权，率先在4户示范企业全面落实董事会6项职权；推动各级企业全面建立董事会向经理层授权制度。二是着力激发活力动力，市场化经营机制更具活力。深化三项制度改革，确立"两控三优一退出"的目标，全级次94户子企业289名经理层成员全面实行任期制和契约化管理，1户企业探索实践职业经理人机制；大力推行竞争上岗、末等调整和不胜任退出机制，2021年管理人员市场化退出比例2.5%，收入差距3.2倍，"下、出、减"难题实现有效破解。构建导向清晰方式多元的中长期激励机制，明确三类21种"一揽子"激励工具箱，推动实施项目收益分红激励计划39个，13户二级子企业实施整体激励计划。三是着力推动产业升级，产业结构布局更加合理。率先提出煤矿智能化标准体系框架，最早提出煤矿智能化一体化解决方案，主导或参与建设全国60%以上的煤矿智能化工作面，先后实施蒋家河5G+智慧矿山、曹家滩智能化煤矿等一批典型特大型煤矿智能化示范项目，为行业智能化升级提供"中国煤炭科工方案"。专业化整合内部生态治理业务资源，聚力发挥矿区治理科技、产业综合优势，承担的青海木里煤田治理工程获青海省政府高度认可。加快低碳绿色转型发展，积极布局碳基新材料、新能源、固碳减碳、煤炭与新能源耦合等领域高端装备制造，产业专业化发展优势进一步凸显。四是着力强化改革示范，示范带动作用更加突出。深入实施"双百行动""科改示范行动"，在治理机制、用人机制、激励机制等方面大胆探索。示范企业率先落实董事会6项职权，率先在本级及下级企业全面推行任期制契约化管理，率先推行职业经理人机制，累计实施岗位分红和项目收益分红19项。2户改革经验入选《改革样本：国企改革"双百行动"案例集》。2户"科改示范企业"在国务院国资委"科改示范行动"中期评估中均获评"优秀"，中国煤炭科工被列为"所属科改企业专项评估结果全部为'优秀'的18户中央企业"之一。

【重大项目】　2021年，中国煤炭科工重点项目成果显著。全国智慧矿山生产基地（一期）示范生产线等多条国内首台套数字化智能化生产线投产使用，有力推动行业智能化建设；自主研发设计的国内首套薄煤层连采成套装备，创造国产设备半煤岩掘进月最高进尺1079米的新纪录；国内首台薄煤层新能源铲运车，填补我国矿用新能源铲运车技术空白；牵头研发的"10米超大采高综采工作面成套技术与装备"推动煤炭开采技术水平迈上新高度;建成山东章丘浅层地热能开发利用示范工程,有力支撑行业绿色低碳转型。

【走向海外】 一是积极践行"一带一路"倡议,稳步推进国际交流与合作,积极开展国际化经营工作。成功开辟印度尼西亚非煤矿山业务,年度国际新签境外市场合同实现较快增长。联合澳大利亚 Test Safe,对标澳大利亚/新西兰矿山设备标准,制定煤矿设备转证与认证流程;代理液压支架电液控制系统在澳认证服务,初步组建一站式 IECEx 代理认证及咨询服务平台。整合吸纳国际优势创新资源,自主研发矿用大容量特殊浇封型锂电池电源及电池管理系统,初步构建技术研发及产品迭代布局。二是加强科技领域国际交流。成功举办中澳国际采矿技术发展论坛,所属安标国家中心与澳大利亚 Test Safe 认证机构签署合作协议,进一步丰富国际合作业务范围,聚焦服务"一带一路"建设和RCEP区域合作,不断推动我国装备制造标准"走出去"。针对煤炭行业发展关键共性技术难题和中国煤炭科工转型升级需求,跟踪对接澳大利亚高校和科研机构研究团队,开展纳米传感、导航定位、耐磨材料和随钻测量等方向4项国际科技合作项目研究。三是助力构建"双循环"新格局,积极参加进博会。中国煤炭科工坚决贯彻落实习近平总书记重要指示精神和党中央决策部署,连续四年参加国际进口博览会,全力以赴做好进博会参展各项工作,大力促成交、推合作,在第四届进博会上与瑞典 SSAB 公司、德国 J.D.T 公司、德国蒂勒(THIELE)公司完成3场全球供应合同签约。

【重大创新】 2021年,中国煤炭科工深入贯彻习近平总书记关于科技创新的重要论述,全面落实党和国家关于科技创新的重大战略部署及国务院国资委党委工作要求,将科技创新摆在企业改革发展的核心位置,加快构建体制机制灵活、高端人才聚集、成果不断涌现的新型创新体系;形成创新驱动发展、持续培育高新技术产业、支撑集团高质量发展的新型创新格局;打造突破重大理论、攻克关键技术、持续引领行业进步的国家战略科技力量。4项成果获得2020年度国家科学技术奖励,其中国家技术发明奖2项、国家科技进步奖2项。"地面应急救援车载钻机""煤矿井下瓦斯抽采钻孔机器人"等2项重大科技成果亮相国家"十三五"科技创新成就展。连续两届斩获熠星创新创意大赛一等奖,获奖数量名列央企前茅。首次跻身国务院国资委中央企业专利质量B档企业,专利授权量首次突破1000件,6件专利获得第22届中国专利优秀奖,获奖数量居中央企业第7位。98项成果获得中国煤炭工业协会科学技术奖,60项成果获得安全科技进步奖,32项成果获得职业安全健康协会科学技术奖,获奖数量、质量及占比均创近年新高。持续加大自主科技投入,一批新的科技创新成果相继涌现。研发出国内首台具有自主知识产权的全断面矩形快速掘进机,具有月进尺3000米的能力,填补国内外煤巷全断面掘进技术的空白。研发国内首台套矿鸿系统煤矿井下多场景巡检机器人,包括四足巡检机器人、危险气体巡检机器人和变电所巡检机器人,有力支撑煤矿智能化建设。研发低浓度无白渍残留、融雪速度快且冰点小于-40℃非氯型环保融雪剂,应用于北京2022年冬奥会赛场。

【党建工作】 2021年,中国煤炭科工党委以庆祝中国共产党成立100周年和全国国企党建工作会议召开5周年为重点,深入推进"中央企业党建创新拓展年"专项行动,以高质量党建引领企业高质量发展。一是深入开展党史学习教育。深刻学习领会习近平总书记关于党史的重要论述,深入学习贯彻习近平总书记对本行业、本领域重要指示批示精神。扎实开展"我为群众办实事"实践活动,完成239项重点民生项目。二是巩固深化全国国企党建工作会议精神成果。制定《基层党支部标准化手册》。制定关于加强混合所有制企业党建工作的指导意见,推动党建工作向新领域拓展。开展基层党组织"揭榜挂帅"突击工程,推动党建工作与中心工作深度融合,3名个人、2个集体获评中央企业"两优一先"。三是加强党对人才工作的全面领导。坚持党管人才,全面构建党委统一领导的人才工作格局。发布《"十四五"人力资源发展规划》,构建具有核心竞争力的人才制度体系。全方位培养引进用好优秀人才,出台《关于加大人才引进培养工作的若干意见》,引进985、211院校人员448人;加强高层次人才队伍建设,首席科学家队伍扩增19人,引进海外高层次人才2人。四是牢牢把握意识形态工作领导权。开设"煤科网群""新媒体矩阵"频道,加强媒体矩阵建设,完善"大宣传"格局。多角度立体化开展以"中国煤炭科工品牌之星"为主题的品牌宣传活动。五是加强对统战群团工作的领导。召开第二次工代会暨二届一次职代会，选举产生新一届工会委员会、经费审查委员会和职工董事。1人获得"全国五一劳动奖章"，1人获评"全国技术能手"。六是持续深化党风廉政建设和反腐败工作。积极配合国务院国资委党委政治巡视工作，扎实做好"后半篇文章"，截至2021年底，整改完成率85.2%。高质量推进内部巡视巡察，巡视覆盖率83%。纪委突出常态化政治监督，健全对"一把手"和领导班子的监督机制，建立干部廉政档案，做实做细日常监督。锲而不舍落实中央八项规定精神，持续深化"靠企吃企"专项整治，持续深化纪检体制改革，一体推进"三不腐"体制机制建设，企业政治生态持续好转。

【信息化与数字化建设】 2021年，中国煤炭科工贯彻落实党中央、国务院关于网络强国、发展数字经济战略部署，坚持打基础、强保障、优管理、抓落实，信息化与数字化水平同步提升。一是统筹推进国资监管与业务系统建设。建成监督追责、改革、电子采购、投资管理等系统。搭建国资监管数据采集平台，打通数据共享交换平台与新建国资监管信息系统的数据交换通道。二是强化信息化建设顶层设计。围绕中国煤炭科工"十四五"发展规划，坚持"2149"信息化建设思路，完成《"十四五"信息化规划》的编制，为"十四五"时期信息化建设提供指导。三是扎实推进数字化转型工作。印发《关于加快推进企业内部数字化转型工作的指导意见》，突破智能化设计、智能掘进、智能开采等领域30余项核心技术，形成智能刮板输送机、智能采煤机、SAC电液控制系统、透明地质保障平台、智能无轨运输车辆等新一代技术产品。统筹推进煤矿智能化建设，制定煤矿智能化一体化解决方案，加快构建煤矿智能化技术标准体系，建成"煤科云"工业互联网平台。积极推动生产制造数字化建设，截至2021年底，4户企业通过"两化"融合体系贯标，基本建成1个数字化车间，20条智能线和41个智能单元。充分发挥子企业各专业兵团协同能力，打造智能矿山建设"兵团协同作战"新模式，基本建成天地王坡智能化煤矿示范建设项目。四是打造数据标准和工作平台。建立健全数据标准体系，建设开发"统一数据平台"以及基于数据平台的"商业智能决策系统"应用，建立中央数据仓库，实现数据指标可视化呈现。五是提升网络安全管控能力。积极推进网络安全监管平台建设，提高网络安全态势感知能力。圆满完成两会、庆祝中国共产党成立100周年、疫情防控等特殊时期的网络安全重保任务。六是持续强化基础设施支撑。积极开展硬件基础设施自主可控应用工作，构建集团总部基于IPv6的网络体系，推进中心机房、煤科信息云等一批项目建设。

【履行社会责任】 一是持续加大定点帮扶工作力度。按照"四个不摘"工作要求，充分发挥自身优势和特点，全力以赴接续帮扶山西省武乡县和安徽省寿县。强化组织领导、加强统筹协调，选派5名优秀干部扎根定点帮扶一线，实施产业、电商、教育、就业、医疗、消费、基础设施建设等方面的帮扶。全年累计投入帮扶资金790万元，引进帮扶资金288万元，督导实施帮扶项目62项，培训各类人才1151人，购买和帮助销售脱贫地区农产品701万元，帮助脱贫人口转移就业192人；加强督导，对扶贫资金开展专项审计。超额完成定点帮扶各项任务，完成率186%。二是落实"稳就业"政策。中国煤炭科工加大招聘力度，主动增加就业数量，其中高校应届毕业生招聘计划人数比上年增加1倍。同等条件下优先推荐录用抗疫一线医务人员子女，优先录用贫困地区特别是深度贫困地区的求职人员，优先推荐录用退役军人。2021年招录大中专毕业生611人，比上年增长10.69%，定点扶贫县、"三州三区"深度贫困地区录用4人，接收退役士兵7人。三是积极履行环保责任。强化环保监督管理，加大节能改造力度，在绿色开采、矿区生态治理、清洁高效利用等领域积极谋篇布局，为国家在煤炭清洁高效利用、矿区土地整治与生态修复等领域提供强有力基础科技支撑，为生态文明建设贡献力量。

（撰稿人：姚雪亮）

中国机械科学研究总院集团有限公司

【基本概况】 2021年是中国机械科学研究总院

集团有限公司(以下简称集团)历史上具有里程碑意义的一年。在以习近平同志为核心的党中央坚强领导下,集团坚决贯彻落实党中央、国务院决策部署,主动服务和支撑国家重大战略,坚守创新主责主业,推进"国企改革三年行动",认真开展党史学习教育和巡视整改,集团改革发展和党的建设取得新的重要进展和显著成效。

党建领航、战略引领持续发力。集团全面加强党的领导、党的建设,党建规划领航集团"1+N"战略系统发力,经济发展增速持续走强,主要经营指标年均增速保持同比两位数增长,获得国务院批准,成功冠名"中国"。

坚守主业,制造强国支撑力持续增强。集团积极承担国家04重大科技专项高质量验收,攻关任务全面完成,3个国家工程中心进入新序列,军工资质批量增至12家,怀柔科技创新基地建设全面封顶,雁栖湖基础院正式注册;有力支撑"天问一号"、白鹤滩水电站、600公里磁悬浮列车等一批国家重大工程建设。

深水奋楫,改革攻坚势能持续增强。形成1家混合所有制改革企业、2家"科改示范企业"、3家"双百企业"改革试点梯队,国企改革三年行动阶段性目标全面完成,中国特色现代企业制度逐渐完善,市场化经营机制不断健全,坚持战略目标引导下的干部配置,发展活力进一步激发。

【主要指标】

表1 2021年中国机械科学研究总院集团有限公司主要经济指标

项 目	2020年	2021年	比上年增长(%)
资产总额(亿元)	140.68	169.88	20.76
所有者权益(亿元)	63.34	73.74	16.43
营业收入(亿元)	73.60	86.11	17.00
利润总额(亿元)	5.40	6.05	11.96
净利润(亿元)	4.57	5.40	18.00
归属于母公司所有者的净利润(亿元)	3.61	4.15	14.99

续表

项 目	2020年	2021年	比上年增长(%)
技术开发投入(亿元)	9.20	11.03	19.93
利税总额(亿元)	7.70	9.91	28.71
应交税金总额(亿元)	3.78	4.97	31.47
全员劳动生产率[万元/(人·年)]	32.84	37.63	14.58
净资产收益率(%)	7.79	7.88	增加0.09个百分点
总资产报酬率(%)	4.43	4.01	减少0.42个百分点
国有资本保值增值率(%)	108.90	108.29	减少0.61个百分点

【改革发展】 中国特色现代企业制度逐步完善。全面实施国企改革三年行动,建立集团和子企业两级改革任务台账式督导贯穿机制,国企改革三年行动超额完成规定目标,截至2021年底,总体进度78%。全部子企业完成董事会应建必建;92%实现外部董事占多数,94%实施全员绩效考核,76%严格规范员工市场化退出,多家改革试点企业完成职业经理人选聘;4家全民所有制企业完成公司制改制。

改革重点难点取得突破。全面建立经理层成员任期制和契约化管理,二级子企业经理层和总部中层干部全员起立、竞聘上岗,全部签订责任承诺书,认领战略目标,奋勇摸高;加大考核激励和专项奖励力度,强化年度经营业绩考核和任期战略考核,将创新指标纳入考核体系,引导各子企业向创新驱动发展上发力。

改革试点成效明显。6家混合所有制改革企业、"双百企业"、"科改示范行动"改革试点企业发挥"尖兵"作用,1家企业通过深圳证券交易所发审委审核,成功提交证监会注册;2家企业完成员工持股、混合所有制改革和股改,解决同业竞争;改革试点企业走实专业化公司到上市公司的发展路径,形成现代企业体制机制为载体、梯次化迈入资本市场的集团产业增长极。

【重大项目】 攻关任务完满收官。高质量完成国务院国资委攻关任务9项,自主研制国内首台(套)关键装备6类,突破关键工艺技术及系列新材料22

项，攻关成果在50家用户成功应用，5项攻关任务编入国务院国资委专刊；集团牵头04专项实现高质量验收，入选科技部国家重大科技专项成果、工业和信息化部04专项平台建设典型案例。

有力支撑服务国家重大工程。集团紧紧围绕主责主业，坚持发挥科技创新优势，集聚精锐力量投入国家重大科技攻关、重大工程项目中，国家战略科技力量持续显现。为探月工程、天和空间站、火星探测等国家重大工程提供大量基础技术与产品，多项科研成果有力支撑大飞机、大型核容器、超高速飞行器等重点工程；多项军民融合技术产品在"民口配套重大成就展""人民军工90年展览"展出，受到国务院领导表扬。

行业服务支撑力、国际影响力持续增强。新承担ISO仿生学国际标准化秘书处，全国机器人标委会正式成立，全国仿生学标委会获批筹建；国际标准化组织主席增至4人，关键领域领跑国际标准迈出新步伐。全年制（修）订国际标准7项，国家标准119项；持续发布制造强国发展指数报告，精准标刻国家制造业发展水平；获批3个产业技术基础公共服务平台；策划并承担科技部重点研发计划NQI等行业研发类项目5项，为智能制造、现代服务、增材制造等方向提供有力支撑。

【重大创新】 打造科技创新重地取得新进展。围绕科研团队、研发方向、专职科研人员量化目标打造的"一院两制"科技创新体系逐渐成熟；整合"四重四工"优势，从雁栖湖工业基础院向国家实验室迈进的怀柔科技创新基地加快建设；对标世界一流创新机构的"十四五""一组机构"加速争创布局。

打造创新人才高地取得新成效。围绕建强"五支人才队伍"，建立集团科技创新激励保障机制、引进高端人才、打造创新团队、建立专业人才序列、成立研究生院；形成3名首席科学家、6名首席专家为塔尖引领，100名高端人才、751名专职科研人员、44个科研团队为组成支撑，1802名四类人才、44名博士后、411名硕博士研究生为牢固基础的创新人才金字塔。

创新成果再创佳绩。集团全年累计获得授权专利340件，新申请专利215件，牵头或参与完成省部级以上科学技术奖35项，其中，中国机械工业科学技术进步特等奖1项、一等奖2项；中国专利银奖1项、优秀奖2项；国防技术发明奖三等奖1项；1家企业获批国家级单项冠军示范企业；3家企业获评工业和信息化部专精特新"小巨人"企业；1家企业获批国家发展改革委制造业与服务业融合发展试点企业。

【党建工作】 坚持党建领航、战略引领。以"十四五"党建规划为引领，制定"十四五""1＋1＋10＋20"战略规划体系。不断深化细化"三个融入"，将党对生产经营"把方向、管大局、促落实"的要求融入各级子企业"公司治理"中，在集团党委、董事会领导下，推进子企业董事长"增信赋能"全覆盖，引导各子企业全面摸高年度目标，在集团科技创新、深化改革、产业升级等重点工作中切实发挥领航作用，带领集团高质量发展行稳致远。

坚决落实政治责任。深入贯彻落实党中央重大决策部署，坚持常态化疫情防控举措不放松；接续定点帮扶，推进新县乡村振兴工作；开展安全生产专项整治，切实维护职工群众生命财产安全。高质量开展巡视整改。截至2021年底，国务院国资委党委常规巡视整改率97％，违规挂靠专项巡视整改率85％。开展党史学习教育"我为群众办实事"活动，实施完成287项民生实事，改善生活、办公环境，切实提升职工群众的获得感、幸福感。

【信息化与数字化建设】 完善网信工作体系，信息化管理效能持续提升。编制完善集团网络安全与信息化"十四五"规划，按照规划实施路线图2021年度建设任务，组织完成集团集中统一规划信息化平台建设任务。成立集团信息化独立处室；制定发布集团网络安全等级保护规定，组织完成集团网络安全检查，召开年度网信工作培训会；指导各子企业完善网络安全管理制度，开展网络安全等级保护。

加强信息系统建设，集团管控能力持续增强。加强国资监管、综合办公、业财融合三大信息化平台建设，完成国资监管平台国企改革督办、第三方服务监管、总部组织机构、大额采购监管、追责管理等信息化建设；完成集团人资、党建、供应链、制度、公文、科研及成果管理等信息化阶段性建设任务。把管理流程、监管要求嵌入集团统一信息化平台中，引导各级子企业持续提升管理基础、规范操作流程。

加强基础设施建设，网络保障能力持续增强。完成集团官网二期建设和子企业网站群一期建设，子企业网站数据统一收归集团管控,满足中央企业互联网收口需要,降低各单位网络安全等保压力和风险。完成总部驻楼单位网络基础设施集中统一部署及网络安全防护;部署集团值班视频会议系统,升级集团商密视频会议系统;指导二级子企业完成视频会议整改,有力保障集团各类视频会议近1000次。

【履行社会责任】 坚持"两个更好",推进老区乡村振兴。2021年,中国机械总院扛稳央企责任,发挥行业优势,努力克服疫情灾情影响,坚持党建领航、乡村振兴规划引领,同新县人民政府签订乡村振兴战略合作协议,制定集团定点帮扶新县五年规划。坚持"科技+帮扶"模式,超额完成定点帮扶计划和责任书目标,老区面貌焕然一新,幸福指数持续攀升,集团挂职干部获评"全国脱贫攻坚先进个人",2个集体获评"全国脱贫攻坚先进集体",新县被确定为河南省乡村振兴示范引领县。

以开展"我为群众办实事"实践活动为抓手,聚焦群众所急所忧所盼,积极回应群众关切,用实际行动践行初心使命,让民生福祉更有质感。统筹解决民生实事。制定发布集团"十四五"民生实事工程专项行动计划;完成总部"两区两间"改造工程,解决驻楼员工母婴区、读书区、健身房、淋浴间使用需求;对接辖区街道、派出所、学校等,争取惠民政策。

(撰稿人:戴黎黎)

中国中钢集团有限公司

【基本概况】 中国中钢集团有限公司(以下简称中钢集团)是一家为冶金工业提供资源、科技、装备集成服务,集矿产资源、科技新材、工程装备、贸易物流、投资服务于一体的大型跨国企业集团。主要从事冶金矿产资源开发与加工,冶金原料、产品贸易与物流,相关工程技术服务与设备制造,在科技新材料、工程技术、冶金装备、矿产资源、贸易物流等产业细分领域具有一定的特色和优势。拥有国家级研发平台30个,其中国家重点实验室3个、国家级企业技术中心4个、国家新材料知识产权运营中心1个,新材料和行业共性技术研发优势突出。具备工程总承包和综合配套能力,参与建设海外钢铁工程项目149个。具备完整的冶金装备研发、制造体系,轧辊产销规模、品种规格、研发水平达到世界一流水平,铁前、卷取等冶金设备国内市场占有率第一。在澳大利亚、南非洲等地建有铁矿、铬矿资源基地,掌控铁矿资源60多亿吨、铬矿资源10亿吨,铬铁资源量和产能位列全球第一。

【主要指标】 2021年,中钢集团实现营业收入677亿元、利润总额10.13亿元、净利润4.63亿元;营业收入利润率1.24%;资产负债率93.66%;经营性净现金流15.76亿元,"两金"增幅低于营业收入增幅6.53%;企业亏损面比上年下降10.60%;工亡事故为零;节能减排完成控制目标,能源消费总量21.1413万吨标准煤,比上年降低1.36%;报告期二氧化硫排放量196.793吨,比上年降低18.18%;氮氧化物排放量279.319吨,比上年降低9.21%;化学需氧量排放量137.022吨,比上年降低14.61%;氨氮排放量41.35吨,比上年降低7.47%。

【改革发展】 2021年,中钢集团积极落实国企改革三年行动,72项重点改革任务总体完成率超过80%。公司治理不断完善,应建范围内企业全部建立董事会并实现外部董事占多数,制定重要子企业董事会授放权清单。"双百行动""科改示范行动"专项改革取得显著成效,中钢洛耐入选国务院国资委标杆企业名单,中钢天源获评"科改示范专项评估优秀企业",中钢矿院、中钢天源改革工作经验入选国务院国资委改革案例集。资本运作扎实有效,中钢洛耐完成引资混合所有制改革、员工持股和股份制改革,IPO工作取得突破性进展;中钢国际工程公开发行可转债募集资金9.6亿元;中钢天源成功完成非公开发行股票募集资金9.5亿元;中钢制品院完成混合所有制改革引资4.9亿元;中钢热能院、中钢安环院引资混合所有制改革有序推进。围绕混和所有制改革、业务经营、项目投资监管等开展专项审计14项。建立"压减"长效机制,2021年完成25户企业退出,亏损企业比例下降10个百分点。全面落实"两个一以贯之",进一步厘清党组织与其他治理主体的权责边界,制定党委前置研究讨论重大经营管理事项清单,党委"把方向、管大局、促落实"的领导作用有效发挥。

【重大创新】 2021年,中钢集团研发投入比例1.23%,比上年增长11.80%;6家科技类企业研发投入强度5.69%,4家生产制造类企业研发投入强度4.73%。创新工程攻坚取得新突破,"1025"专项通过院士专家组验收,某工程通过里程碑节点评审。获得国家级科技奖励2项,其中,中钢集团天澄环保科技股份有限公司参与的"工业烟气多污染物协同深度治理技术及应用"项目获得国家科学技术进步奖一等奖;参与的"钢铁行业多工序多污染物超低排放控制技术与应用"项目获得国家科学技术进步奖二等奖。所属企业获得省部级奖励22项,其中中钢集团洛阳耐火材料研究院有限公司"高效薄带铸轧稳定化生产关键技术及应用"获得2021年度冶金科学技术奖一等奖;中钢集团马鞍山矿山研究总院股份有限公司"空心微珠新材料工业化技术开发与应用"获得安徽省科学技术进步奖一等奖。中钢集团邢台机械轧辊有限公司首次获得中国工业大奖提名奖。全年申请专利690件,其中发明专利317件;新增授权专利584件,其中发明专利124件;编制标准67项,其中新增国际标准2项。

【党建工作】 2021年,中钢集团组织开展全国国有企业党的建设工作会议精神落实情况"回头看"工作,开展"中央企业党建创新拓展年"活动。举办庆祝中国共产党成立100周年活动,组织开展"根植文化润初心"主题书画展等系列活动。围绕"学史明理、学史增信、学史崇德、学史力行"的目标要求,组织开展专题学习培训、"清明祭英烈"主题教育。开展"我为群众办实事"实践活动,完成中钢集团青年公寓建设、改善职工餐厅餐饮质量等140个重点项目。以传承红色基因为导向持续加强企业文化建设,组织撰写报告文学《河洛1008——习仲勋在洛耐的日子》,并报国务院国资委审核。中钢洛耐"不忘初心,信念永恒——洛耐职工怀念习仲勋同志展览"被列为国务院国资委和中国宝武首批红色教育基地。

【企业文化建设】 2021年,中钢集团推进与中国宝武企业文化融合工作。实施《加强与中国宝武企业文化融合的工作方案》,加强中国宝武企业文化的宣传贯彻,参与中国宝武"金牛奖"评选、"创先争优"评选表彰活动,组织开展学习中国宝武130年发展史、中国宝武司歌"云合唱"、中国宝武企业价值观主题宣传日等活动,参加中国宝武首个"公司日"活动。组织拍摄的音乐短片《中国宝武司歌》获得中国宝武司歌音乐短片大赛一等奖,在中国宝武红色故事和红色记忆主题微电影微视频优秀作品征集中获得一等奖2个、二等奖3个、三等奖5个。根据共产党员白布佳事迹改编的专题片被中国宝武推选参加国务院国资委"大国顶梁柱 永远跟党走"红色记忆视频作品评选。通过系列文化融合活动,增强中钢集团员工对"同一个宝武"的认同感和归属感。

【履行社会责任】 2021年,中钢集团深入推进可持续发展战略和社会责任管理,将企业发展与履行社会责任紧密结合,努力实现经济效益和社会效益的和谐与统一。一是以庆百年、学党史为主题传播正能量。发起并参与"印记初心——庆祝中国共产党成立100周年大众篆刻作品展",创作由钢水浇铸的展览主题印章"印记初心",受到社会各界的广泛关注;制作集团"庆百年 印记初心"宣传片;通过云平台"每日红印",弘扬伟大建党精神。二是拓展宣传渠道,策划深度报道。邀请新华社等重要媒体,深入采编中钢洛耐传承红色基因、应对境外疫情中钢案例等报道,增强中钢品牌的影响力。三是编撰并发布《中钢集团2020可持续发展报告》。9月在中央企业可持续发展论坛上与兄弟央企同步发布与展览,受到领导专家的高度肯定,这也是中钢集团《可持续发展报告》连续第7年获评"四星半级"。四是积极推动信息公开。修改完善集团信息公开管理办法,组织召开集团信息公开全覆盖工作调度会,指导各单位开展工作。顺利完成企业信息公开覆盖率100%的任务目标,同步启动信息公开提质增效工作,全力提升阳光国企、法治国企建设力度。

2021年,中钢集团向定点帮扶的内蒙古自治区赤峰市翁牛特旗直接投入帮扶资金(无偿)513.80万元;引入帮扶资金(无偿)91万元;引入帮扶资金(有偿)472万元。发挥党建引领作用,通过党组织结对子开展帮扶,中钢集团党群工作部与乌兰敖都嘎查结对、中钢集团人力资源部与德日苏嘎查结对、中钢集团企业发展部与翁旗应急管理局结对、中钢期货公司与官井子村结对、中钢海外与翁旗德日苏嘎查结对。消费帮扶1239万元,包括购买贫困地区农产品1149万元,其中购买定点帮扶县农产品946.96万元;帮助销售定点帮扶县农产品90.03万元。创新培训形式,利用中国宝武"宝武微学苑"电子学习平台,协调组织,组织229名驻村第一书记、1555名乡镇基层干部、234名乡村振兴带头人、89名专业技术人才、20名乡村教师,参与"兴乡村、智互联"网上培训。面向京内企业员工,组织开展"献爱心"活动,捐献衣物折算金额22.80万元。1224名员工参与"中钢爱心助困帮扶基金"捐助活动,与内蒙古自治区赤峰市翁牛特旗慈善总会开展解决困难家庭专项救助项目,对翁牛特旗符合救助标准的27名患者进行帮扶。

2021年,中钢集团坚持疫情防控与生产经营"两手抓","两手都要硬、两战都要赢",两级领导班子靠前指挥,总部及所属企业闻令而动,齐心协力统筹做好境内外疫情防控。在国内疫情严重时,紧急组织所属海外企业从境外采购医用防护服1万件和医用口罩18万只驰援武汉重灾区,得到中央指导组物资保障组和湖北省人民政府的感谢和认可。境外疫情严重后,又从国内组织防护物资支持驻外企业、所在社区防疫,维护中央企业在所在地的良好形象。坚持分类施策、精准防疫,按照"两稳两争两保"的总体要求,有效应对海外疫情和"带疫解封",境外企业和项目现场没有发生聚集性疫情,抗疫斗争取得阶段性成果,中钢安环院、中钢澳大利亚孙晓轩分别获评"中央企业抗击新冠肺炎疫情先进集体""中央企业抗击新冠肺炎疫情先进个人"。各级企业紧盯年度预算目标,全力以赴克服新冠肺炎疫情的严重影响,扎实推进提质增效专项行动,努力实现生产经营稳中有进、稳中提质,经营业绩再上新台阶。

(撰稿人:王　洋)

中国钢研科技集团有限公司

【基本概况】 中国钢研科技集团有限公司(以下简称中国钢研)是国务院国资委直接管理的中央企业,是我国冶金行业最大的综合性研究开发和高新技术产业化机构。2006年12月,经国务院同意、国务院国资委批准、原钢铁研究总院(创建于1952年)更名为中国钢研科技集团公司,冶金自动化研究设计院(创建于1973年)作为全资子企业并入中国钢研科技集团公司,拥有4家上市公司,20余个国家级技术研发中心等。2009年5月,经国务院国资委批准改制为国有独资公司,并进行董事会试点。

2021年,面对错综复杂的外部环境,中国钢研以习近平新时代中国特色社会主义思想为指导,弘扬伟大的建党精神,全面贯彻党的十九大、十九届历次全会和中央经济工作会议精神,认真落实党中央、国务院决策部署和国务院国资委工作要求,团结奋进、攻坚克难,科技创新、产业发展、改革调整和党的建设各项工作都取得重要进展和显著成效,在"十四五"开局之年交出一份亮丽的成绩单。

【主要指标】

表1　2021年中国钢研科技集团有限公司主要经济指标

项　　目	2020年	2021年	比上年增长(%)
资产总额(亿元)	216.60	236.10	9.00
所有者权益(亿元)	124.12	133.24	7.35
营业收入(亿元)	96.06	116.35	21.12
利润总额(亿元)	5.93	7.40	24.79
净利润(亿元)	5.11	6.41	25.44
归属于母公司所有者的净利润(亿元)	1.97	1.50	—23.86
技术开发投入(亿元)	9.86	12.72	29.01
利税总额(亿元)	10.53	11.00	4.46
应交税金总额(亿元)	5.91	5.09	—13.87
全员劳动生产率[万元/(人·年)]	30.73	33.27	8.24
净资产收益率(%)	4.31	4.97	增加0.66个百分点
总资产报酬率(%)	3.17	3.45	增加0.28个百分点
国有资本保值增值率(%)	104.99	101.14	减少3.85个百分点

【改革发展】 2021年,中国钢研深入推进和落实国企改革三年行动。一是完善法人治理结构。完善"三重一大"决策机制,修订集团公司党委常委会、董事会、总经理办公会议事规则,进一步明确权责边界。全面修订二级企业章程,建立健全集团派出外部董监事选聘、管理、考核等相关制度。全面完成公司制改制工作。二是深化管理体系改革。组建战略客户事业部,提升"一体化解决方案"供给能力。成立审计部和合规部,强化审计监督效能和合规管理。以岗位价值为主线,构建岗位族群图谱。制定出台经营业绩考核办法,开展企业薪酬激励体系改革,制定研发团队、研发人员考核办法。三是推进市场化经营机制。研究制定核心人才中长期激励策略。实施任期制和契约化管理,开展全级次契约签订工作。所属企业开展市场化公开招聘并实施契约化管理。

坚持党管干部、党管人才原则,加大后备干部和年轻干部培养力度,优化干部人才结构。一是完善选人用人机制。建立干部选拔、交流培养、监督、评价和退出全闭环管理体系。加强所属企业领导班子建设,建立所属企业班子、职能部门干部、青年后备骨干胜任力模型及行为标准。强化综合考核评价与绩效沟通有机结合。二是搭建人才成长平台。建立统一的人才遴选体系。继续引进海外高层次人才。深化工程技术系列职称评审改革。获评全国优秀共产党员1人,中央企业优秀党员1人;国防科技工业先进个人1人,冶金青年科技奖2人;新增享受国务院政府特殊津贴专家9人;"全国技术能手"1人,"中央企业青年岗位能手"1人。三是构建全员培训体系。开展集团公司领导班子思维碰撞营。举办年轻干部培训班。所属企业制定多种形式的人才培养培训计划,提升管理专业化水平。实施"领航管理人才、远航专业人才"的双航人才计划;开展精益生产、高潜人才赋能以及IPD项目管理专题培训;深化科研"人才+项目"培养开发机制,提升人才核心竞争力。

【重大项目】 2021年,中国钢研坚持战略引领,层层落实经营目标责任,组织实施提质增效升级版专项行动。集团各板块经营全面向好,所属企业均实现业绩正增长,实现净利润9.33亿元。一是市场开拓成效显著。全年新签合同154亿元,比上年增长32.52%,实现新产品及技术性收入55.12亿元,比上年增长31.77%,创历史新高。所属企业抓住机遇,积极调整市场策略,融入智能制造、军民融合、区域发展等国家重大战略。加强与知名战略客户合作,实现重点领域突破;深入实施客户分级管理,成为多家单位的"金牌供应商"并获"最佳交付奖";加强与生产企业、用户企业的深度合作。二是业务布局不断优化。聚焦产业优化升级、结构调整,所属企业大力推进核心产业做优做强,投资建设包头万吨级稀土永磁产业基地;整合重组钨钼业务;完成铸造业务板块整合,完成多处基地建设;新建热等静压设备热试成功。三是细分领域竞争力不断提升。聚焦核心业务,强化对标管理,高温合金、难熔合金、稀土永磁、检测分析等核心业务在市场占有率、产品交付周期等关键指标上均有明显提升。获得专精特新"小巨人"企业的认定,"耐高温抗腐蚀Fe_3Al金属间化合物粉末滤芯"入选全国制造业单项冠军产品。四是资产结构和运营质量持续改善。从严从细落实降本控费,成本费用占比指标持续改善。完成8户子企业压减、4户"两非"企业剥离任务。

【走向海外】 2021年,中国钢研持续推动国际化进程,融入"一带一路"倡议,签署海外工程项目合同1.5亿元;克服海外疫情蔓延造成的困难,在15个国家的30个工程项目进展顺利。开拓国际宇航市场,获得国外长协订单2.43亿元。

【重大创新】 深入实施创新驱动发展战略,大力提升科技创新能力。一是科技攻关取得突破。突破多项核心技术、关键技术;牵头修订国际标准。二是国家级平台创建成效显著。牵头筹建6个国家级创新平台。先进钢铁材料技术国家工程研究中心进入首批国家工程研究中心新序列;国家新材料测试评价平台—钢铁行业中心获工业和信息化部正式授牌。三是数字化、智能化、绿色化转型效果初步显现。自主开发金属材料数字化研发平台,达到国际领先水平,入选工业和信息化部工业互联网平台创新领航应用案例和中央网信办国家区块链创新应用试点;合作完成的冶金机理模型库达到国际先进水平。入选北京市第一批绿色诊断服务商名单。完成万吨级纯氢冶金项目的工程设计。四是科技成果和项目争取成绩显著。全年获得省部级以上科技奖励30项,授权发明专利173件,制(修)订标准29项,登记软件著作权89项。中央企业专利质量排序从C类提升到B类。"宽幅超薄铁基纳米晶带材工程化技术开发及应用"获得冶金科技特等奖;"用于金属材料质量控制和冶金临线快速分析系统的光谱仪研制与应用"获得中国检验检测学会特等奖。在中央企业熠星创新创意大赛中获得一等奖1项。全年新签国家纵向科研项目85项,合同专项经费3.7亿元。

全面推进"对标世界一流管理提升行动"。一是持续完善战略规划体系。完成集团中长期发展战略及"十四五"规划,形成集团总体规划、专项规划和职能规划、各所属单位规划有效衔接的三级战略规划体系。二是持续推进制度体系建设和流程标准化工作。全年集团层面制(修)订各类规章制度39项,二级及以下单位制(修)订规章制度530项。集团业务流程框架基本搭建。三是持续构建风险防控体系。加强全面预算管理体系建设,深化投资项目全过程管理,重构集团公司安全生产制度体系,制定集团公司"十四五"保密规划。

【党建工作】 2021年,中国钢研深入学习贯彻习近平总书记"七一"重要讲话和党的十九届六中全会精神,贯彻落实中央企业党的建设工作座谈会部署,全面加强党的领导党的建设,进一步提升党建工作质量和水平。一是以庆百年、学党史为主线凝聚强大正能量。举办庆祝中国共产党成立100周年系列活动,深入开展党史学习教育。推出系列文章,大力弘扬老一辈科学家爱党爱国、勇攀高峰、创新探索、忘我奉献的钢研精神。着力开展"我为群众办实事"活动,积极改善员工工作和生活环境,大力解决职工两地分居、子女入园入学等82项群众反映集中的"急难愁盼"问题。二是以巩固拓展为重点推动基层党建工作再上新台阶。深入学习落实《中国共产党国有企业基层组织工作条例》,持续加强"三基"建设,加强党建责任制考核。李卫建言献策工作室获评"'各民主党派、工商联、无党派人士为全面建成小康社会作贡献'先进集体"。三是以专项整治为抓手持续深化党风廉政建设和反腐败工作。召开党风廉政建设和反腐败工作会议,进一步巩固风清气正的政治生态。持续深化"靠企吃企"专项整治,层层压实基层管党治党政治责任。出台《集团公司职能部门党组织履行全面从严治党责任清单》。完成对二级企业领导班子约谈全覆盖。集团全级次40家单位认真配合,上下联动,完成国务院国资委"违规挂靠"专项巡视工作及其他巡视工作。

【信息化与数字化建设】 2021年,中国钢研继续加大投入,大力推进信息化、数字化工作。集团应用系统集成架构逐步建设,已经建成或正在建设的各专业子系统10余个,数字标准化工作取得阶段进展,网安工作逐步推开。各所属单位积极利用信息化、数字化工具,提升管理水平。"稀土永磁智能制造执行信息化管理"项目入选"国有重点企业管理标杆创建行动标杆项目"。开展生产线设备自动化改造,应用MES、ERP等信息管理系统提升生产交付能力。

【履行社会责任】 2021年,中国钢研履行中央企业社会责任,定点帮扶陕西省山阳县,落实国家有关政策,全面完成年度帮扶任务。派驻两名年轻干部分别挂职副县长和驻村书记,投资200余万元,在当地开展教育、产业、科技、基础设施等帮扶。通过电商等方式带动当地蜂农蜂蜜年销售1万千克以上。协助做大做强氮化钒、钒电池等下游产品。援建有关小学,捐赠各种教学设施、图书、校服等。多措并举为山阳县巩固拓展脱贫攻坚成果和乡村振兴有效衔接贡献中央企业力量。向河南水灾捐款500万元。

中国钢研继续从严落实常态化疫情防控举措,抓实抓细疫情防控各项工作,压紧压实相关责任,在确保自身防控安全的同时,积极配合属地卫生防疫部门落实相关防疫政策。始终坚持"人民至上、生命至上",坚持"外防输入、内防反弹"总策略和"动态清零"总方针不动摇,坚持"四早",筑牢疫情防控防线,确保全体干部员工生命安全和大局稳定。加强境外安全管理,针对海外项目突发疫情,加大管控救治力度,取得良好成效。

(撰稿人:朱 平)

中国化学工程集团有限公司

【基本概况】 中国化学工程集团有限公司(以下简称中国化学工程)是国务院国资委直接监管的大型

工程建设企业集团,是我国工业工程领域资质最为齐全、功能最为完备、业务链最为完整、知识技术密集的工程公司。作为我国石油和化学工业体系的缔造者、先进工业综合解决方案的提供者、工程建设体制机制改革的先行者、共建"一带一路"的"排头兵"、清洁能源工程领域的领军者、建设美丽中国的实践者,公司始终践行央企经济、社会、政治责任,牢固树立"专业化、相关多元化、国际化"的发展方向,在化工主业、建筑工程、环境治理、实业和现代服务业等领域实现迅猛发展,全方位服务国家重大发展战略,努力建设成为研发、投资、建造、运营一体化的具有全球竞争力的世界一流工程公司。

中国化学工程自1995年以来连续入选《工程新闻记录》(ENR)"全球最大250家国际承包商",2021年居"全球承包商250强"第17位、"国际承包商250强"第19位,在全球油气相关行业工程建设公司排名中居第一位。累计获得中国建设工程鲁班奖40项,国家优质工程金奖22项,国家优质工程奖100项,省部级优质工程奖1050项,对国家基础工业发展壮大和工业文明持续进步贡献卓著。

中国化学工程从技术研发开始,能够为业主提供项目咨询、规划、勘察、设计、地基处理、施工、安装直至开车、运营维护以及投融资等工程建设全过程综合服务。60余年来,中国化学工程承建我国90%的化工项目、70%的石油化工项目、30%的炼油项目,同时承建众多环保、医药、轻工、纺织、电力、冶金、建筑、市政等工程项目,累计完成工程项目7万多个,为新中国建成独立完整的工业体系、促进国民经济发展、提高人民生活水平作出重要贡献。

中国化学工程坚持以习近平新时代中国特色社会主义思想为指导,深入贯彻落实习近平总书记关于国有企业改革发展和党的建设重要论述,全面贯彻落实党的十九大、十九届历次全会、中央经济工作会议和中央企业负责人会议精神,坚持党的全面领导,坚持稳中求进工作总基调,贯彻"三新一高"部署,决战决胜国企改革三年行动,强化科技创新,防范化解重大风险,继续做好"六稳六保"工作,加快打造"两商",努力建设特色鲜明、专业领先、核心竞争力强的世界一流工程公司,奋力跻身"世界500强",为促进经济社会持续健康发展、全面建设社会主义现代化国家作出更大贡献。

【主要指标】 2021年,中国化学工程经营业绩稳步增长,实现历史最好水平。实现资产总额2076.67亿元,比上年增长28.84%;实现营业收入1520.16亿元,比上年增长25.68%;实现利润总额73.47亿元,比上年增长44.51%;净资产收益率9.35%;国有资本保值增值率112.63%,完成国有资本的保值增值目标。

表1 2021年中国化学工程集团有限公司主要经济指标

项　目	2020年	2021年	比上年增长(%)
资产总额(亿元)	1611.84	2076.67	28.84
所有者权益(亿元)	603.17	674.83	11.88
营业收入(亿元)	1209.50	1520.16	25.68
利润总额(亿元)	50.84	73.47	44.51
净利润(亿元)	42.41	59.73	40.84
归属于母公司所有者的净利润(亿元)	22.15	28.44	28.40
技术开发投入(亿元)	41.44	53.26	28.52
利税总额(亿元)	74.56	97.51	30.78
应交税金总额(亿元)	33.45	38.52	15.16
全员劳动生产率[万元/(人·年)]	34.27	38.22	11.52
净资产收益率(%)	7.77	9.35	增加1.58个百分点
总资产报酬率(%)	3.95	4.22	增加0.27个百分点
国有资本保值增值率(%)	109.57	112.63	增加3.06个百分点

【改革发展】 2021年,中国化学工程认真落实国企改革三年行动方案,始终保持国企改革的"领头羊"和"先锋队"地位。一是稳步推动三项制度改革。根据战略控制型集团总部定位,新设投资事业部、改革办公室、资产管理部。严格落实总部机关化改革要

求,在机构改革新增多个部门的前提下,总部部门岗位编制进一步精简,人员知识结构、年龄结构进一步优化;总部率先完成第二轮全体起立竞聘,新提拔任用中层管理人员10人,竞聘落选1人;持续完善绩效考核体系,同职级考核结果为A和C的绩效薪酬差距最大为40%,有力破除"高水平大锅饭"。规范所属企业经理层成员契约签订,明确考核末位调整和不胜任退出的标准,所属二、三级企业全部实现任期制与契约化管理。所属企业新聘任管理人员竞争上岗比例超过70%,员工公开招聘比例为100%。二是稳步推动混合所有制改革。从产业链、价值链上下游引入"三高"战略投资者,完成9家二、三级企业混合所有制改革,持续完善员工持股跟投、职业经理人制度等市场化机制。所属华陆公司开展职业经理人选聘,法人治理结构不断完善,混合所有制改革成果不断显现。所属桂林公司并购重组上海华谊装备,打造高端化工装备研发、设计、制造基地,同步建设智能装备研究院,转型发展初见成效,同时为优化区域布局奠定基础。所属生态公司开展职业经理人选聘后,经营业绩大幅提升,市场化经营机制优势初步显现。有序推进生产经营组织管理模式变革,全年完成30家三级综合公司改革,项目管控能力不断增强。三是稳步推动改革专项行动。深入推进"学先进、抓落实、促改革"活动,"科改示范行动"和"双百行动"有效落地。所属天辰公司在国务院国资委"科改示范行动"专项评估中获评"标杆企业"。3家"双百企业"在混合所有制改革、三项制度改革、中长期激励等方面取得新进展。所属天辰公司、五环公司、成达公司落实"振兴东北央地百对企业协作行动",与锦化机开展全面合作,获国务院国资委通报表扬。四是稳步推动"瘦身健体"提质增效。全面完成剥离企业办社会职能和解决历史遗留问题收尾工作,"三供一业"、教育机构、医疗机构、社区机构、市政设施和企业管理退休人员等改革工作全部完成。推进重点亏损子企业治理,被国务院国资委纳入治理清单的3家企业中2家实现盈利、1家亏损额大幅减少,顺利完成国务院国资委三年减亏50%的目标。加快处置低效无效参股股权,完成4家参股企业退出。五是稳步推动非公开发行。充分发挥融资平台作用,在北京、上海、深圳、淄博等地举办业绩说明会、路演推介、反向路演活动30多场,2021年8月圆满完成100亿元非公开发行股票再融资工作,创下2018年以来建筑行业定增项目发行规模最大、央企询价定增项目发行规模最大、建筑央企首次百亿级市场化申购倍数最高3项纪录;2021年底市值733.1亿元,比上年增长153.2%。

【重大项目】 2021年,中国化学工程积极融入新发展格局,深化落实"五大经营理念",全力走实走好专业化、相关多元化、国际化发展之路,坚持目标导向,聚焦1500亿元营业收入新目标,开展"大干九十天、实现新跨越"会战活动,不断推动企业做强做优做大。全年新签合同额3506亿元,比上年增长13.8%。其中,境内新签合同额2764.3亿元,占比78.8%;境外新签合同额741.7亿元,占比21.2%。

执行中的境内重大工程项目有浙江石化4000万吨/年炼油化工一体化项目二期(合同额68.78亿元)、盛虹炼化一体化项目(合同额51.30亿元)、陕煤煤炭分质利用制化工新材料示范项目(合同额108.06亿元)、山东烟台裕龙岛项目(合同额109.64亿元)、华谊钦州化工新材料一体化基地项目(合同额38.75亿元)。

执行中的境外重大工程项目有哈萨克斯坦IPCI聚丙烯项目(合同额128.4亿元)、俄罗斯晓基诺化肥工程总承包项目(合同额30.91亿元)、俄罗斯波罗的海GCC项目(合同额942.48亿元)、俄罗斯NFP日产5400吨天然气制甲醇项目(合同额99.1亿元)、印度塔奇尔化肥项目(合同额79亿元)。

【走向海外】 2021年,中国化学工程海外业务发展立足国内国际双循环,克服疫情等不利因素,积极应对困难挑战,海外业绩稳中有进。推动共建"一带一路"高质量发展,不断增强公司品牌实力和国际竞争力,推动大市场、大项目的开发与落地。公司受邀参加中俄投资合作委员会第八次会议并作为中方三家企业代表之一发言。在第三届中俄能源商务论坛上与俄石油签署合作协议。

持续巩固化工为主、油气和基础设施协同发展的"一体两翼"发展战略,稳步开展海外经营。海外新签合同额比上年增长12%。统筹优化全球化市场布局,深耕重点区域市场,海外经营实现重点突破、多点开花。东南亚市场异军突起,在印度尼西亚市场斩获新签合同额119亿元。非洲市场攻城拔寨，在几内亚、多哥、博茨瓦纳等国家实现市场开拓"零的突破"。

加强海外项目管控，境外在建项目总体运行平稳。俄罗斯"千亿大单"波罗的海GCC项目总体顺利，俄罗斯鄂木斯克DCC原油深度转化项目在统一厂区内率先投产，俄罗斯卢克石油DCU项目获得下诺夫哥罗德州建设领袖奖，国内金融机构EPC工程项下的第一单福费廷融资业务的俄罗斯晓基诺化肥项目在疫情期间的项目实施获得业主好评，并受邀参与晓基诺二期项目投标。

【重大创新】 2021年，中国化学工程大力推进中央企业攻坚工程，以被国外垄断的、国内没有工业化生产的化工新材料等关键核心"卡脖子"技术为研发方向，科技创新水平不断提升。一是科技创新体系持续完善。健全"1总院＋多分院＋N平台"平台体系，成立环保研究院、碳中和研究院、智能装备研究院，聚焦化工新材料、减排技术、环保技术、化工智能装备等重点领域开展研究。所属企业创新平台建设取得积极进展，多家企业被认定为国家技术创新示范企业和国家高新技术企业。落实"四个15%""两个五年"激励机制，确定年度激励项目22项，单列奖励金额1944万元，支持集团公司级科研专项资金2296万元。二是科技创新项目稳步实施。成立"双碳"工作领导小组，统筹谋划"双碳"领域战略制定、业务布局、科研创新等工作；所属企业在煤制甲醇、合成氨与光伏制氢耦合等煤化工领域形成一批低碳技术集成创新与优化方案。"干式直流电容器用电介质薄膜材料"项目、"十万吨级可再生能源电解水制氢合成氨示范工程"被列入2021年国家重点研发计划清单。一大批科技成果进入工业化推广商业化应用阶段或进行投运。三是科技创新成果不断涌现。强化知识产权保护意识，加强策划和培训，围绕重点项目落实高质量专利培育。全年获得国家授权专利557件，其中发明专利113件，通过PCT途径申请国际专利8件。发布国家标准3项、行业标准4项、团体标准3项，完成工业和信息化部"化工园区建设标准规范"软课题研究，组织编写《优势技术汇编》。获得省部级以上科技进步奖9项、省部级工法认定21项。集团公司技术创新影响力和话语权不断扩大。

【党建工作】 2021年，中国化学工程党委坚持以习近平新时代中国特色社会主义思想为指导，深入学习贯彻党的十九大、十九届历次全会精神，全面落实党中央部署和国务院国资委党委要求，切实发挥党委"把方向、管大局、促落实"的领导作用，隆重庆祝中国共产党成立100周年，扎实开展党史学习教育，认真开展国企党建会精神落实情况"回头看"和"基层党组织建设创新年"主题活动，深入推动党的建设和生产经营深度融合，以高质量党建引领保障企业高质量发展。公司首次在中央企业负责人会议上作典型经验介绍，受到国务院国资委领导、兄弟央企和社会各界的一致好评；党建责任制考核连续第二年获评A级，纪检工作连续第二年获评"优秀"；在国务院国资委开展的首次巡视工作考核评价中公司获评A级；首次获得全国五一劳动奖状；集团公司党委书记、董事长戴和根获评"2021年十大经济年度人物"。国务院国资委党委书记、主任郝鹏莅临公司调研，对新一届领导班子2017年上任以来的各项工作给予高度评价。

【履行社会责任】 2021年，中国化学工程党委落实"四个不摘"要求，巩固脱贫攻坚成果，在疫情初期抗疫物资最紧缺的时候，助力扶贫县甘肃省庆阳市环县和华池县疫情防控，捐赠口罩4万只；拓宽渠道促进消费扶贫，完成消费扶贫716万元；动员社会力量参与扶贫，引进资金1006万元，均创历史新高。定点扶贫工作受到上级党委的充分肯定和当地党委政府及人民群众的一致好评，公司获评"中国公益企业"，《学习时报》整版和中宣部"学习强国"平台对公司定点扶贫工作进行专门报道，国务院国资委党委书记、主任郝鹏在中央企业决战决胜脱贫攻坚视频会议上对公司扶贫工作给予表扬。中国化学工程的优秀干部、华池县挂职副县长邱军病倒在帮扶第一线，抢救无效不幸去世，被党中央、国务院追授为"全国脱贫攻坚先进个人"，被中宣部追授为"时代楷模"，被国务院国资委追授为"中央企业优秀共产党员"和"央企楷模"。

深入贯彻习近平生态文明思想，贯彻党中央全面加强生态文明建设和生态环境保护的战略部署，不断加强节能减排、生态环境保护工作，强化生态环境风险意识，补齐生态环境保护短板，筑牢生态安全屏障，坚决打好污染防治攻坚战，打好蓝天、碧水、净土保卫战,以高水平生态环保管理水平助力高质量发展。不断强化源头治理,实施全过程管控,在前期咨询、勘察、设计、工程总承包服务等环节,在化工、热电、环保等工程项目中选择成熟可靠的工艺路线,充分考虑原料和能量的消耗指标以及资源再生循环利用,在吸收国外先进技术和总结国内外同类型装置实践经验的基础上,采取余热回收、废水综合利用等多种节能措施,建设绿色工厂,对环境污染风险进行有效控制。在项目现场施工过程中,从全面贯彻"绿色施工",打造"环境友好型社会"理念入手,继续淘汰技术落后、能耗高、污染大的施工设备,选取技术先进、符合国家环保要求、能耗低的施工设备,并逐步推广使用各类新型节能设备。在施工技术及工法的创新方面获得突破,取得多项施工机具发明专利及实用新型专利,并在具体项目实施过程中充分进行运用。

(撰稿人:朱 军)

中国盐业集团有限公司

【基本概况】 2021年,中国盐业集团有限公司(以下简称中盐集团)以习近平新时代中国特色社会主义思想为指导,坚决贯彻落实党中央、国务院决策部署和国务院国资委党委工作要求,众志成城应对疫情严峻考验,聚精会神推动改革发展,一以贯之加强党的领导党的建设,高质量完成"十四五"规划编制工作,纵深推进国企改革三年行动,积极培育布局新兴产业,企业发展活力得到进一步释放,发展质量明显提升,经济效益再创历史新高,年度利润总额迈上20亿元的新台阶,实现"十四五"良好开局。

【主要指标】

表1 2021年中国盐业集团有限公司主要经济指标

项 目	2020年	2021年	比上年增长(%)
资产总额(亿元)	506.46	538.87	6.40
所有者权益(亿元)	163.16	185.78	13.86

续表

项 目	2020年	2021年	比上年增长(%)
营业收入(亿元)	251.75	310.20	23.22
利润总额(亿元)	13.01	22.52	73.10
净利润(亿元)	8.84	16.73	89.25
归属于母公司所有者的净利润(亿元)	3.02	6.10	101.99
技术开发投入(亿元)	4.36	6.50	49.08
利税总额(亿元)	24.93	39.79	59.61
应交税金总额(亿元)	16.09	23.06	43.32
全员劳动生产率[万元/(人·年)]	30.15	41.07	36.22
净资产收益率(%)	5.34	9.59	增加4.25个百分点
总资产报酬率(%)	4.96	6.28	增加1.32个百分点
国有资本保值增值率(%)	102.30	116.66	增加14.36个百分点

【改革发展】 2021年,中盐集团科学编制集团"十四五"规划,成立由集团直接管理的盐穴综合利用公司,开展储气、储油、储能发电等方面的研究和工程建设,提级培育盐穴业务,初步形成"1+3+N"产业体系。国企改革三年行动稳步推进,截至2021年底,中盐集团改革三年行动的55项任务完成43项,完成率近80%。中盐内蒙古化工成功入选国有重点企业管理标杆企业;中盐全级次101家企业全面完成经理层成员任期制和契约化管理;董事会应建尽建、外部董事占多数、"两非"剥离和"压减"工作提前完成。制定《中国盐业集团有限公司所属企业领导班子和干部队伍建设规划(2021—2023年)》,修订所属企业领导班子和领导人员综合考核评价办法、总部中层管理人员选拔任用管理办法等系列制度,干部选拔任用管理的体制机制更加完善。

【重大项目】 强化供应链管理,先后与三大战略供应商签订200万吨煤炭长协合同,长协兑现率77%,及时增加"厂矿直供"供应商资源,签订直供合同130万吨,保障煤炭供应安全,有效应对疫情、"能耗双控"政策、国际大宗物品价格大幅波动等外部因素的影响。制定《柔性化生产和库存结构优化方案》,统筹调节淡旺季生产和营销,有效适应价格变化,优化库存,提升收入。加强形势研判,及时预判价格拐点,调整采购策略和节奏,优化创新招标方式,高标准超额完成年度集采计划,累计节约成本 4.9 亿元。参股额洁淖尔制盐公司运营,推进年产 2000 吨高品质日晒盐生产改造升级项目,与四川、山东、河北区域盐业企业就战略合作达成初步意向。深化中盐内蒙古化工内部改革,有效促进重组后的整合效率,避免同业竞争,实现稳产高产。从战略高度推动纯碱产业优化整合,完成山东海化的股权划转和青海发投碱业并购项目,集团公司实现可控纯碱总产能 730 万吨,规模从 2019 年的第四位跃居国内第一、世界第二。先后与中国长江三峡集团、南方科技大学等签署战略合作框架协议,与中国科学院武汉岩土力学研究所设立联合实验室,共同开展盐穴储氢储氦、盐穴液流电池等前沿研究。中盐金坛盐穴压缩空气储能国家试验示范项目实现发电,成为世界首个非补燃压缩空气储能电站。

【重大创新】 编制完成集团"十四五"科技专项规划,立项科研项目 34 项,年度累计研发投入 5.55 亿元,获得授权专利 212 件,其中发明专利 39 件;获得各级科技奖励 8 项,其中,中盐金坛凭"地下盐矿资源绿色开发与关键技术"成果获评中国轻工业联合会"'十三五'轻工行业科技创新先进集体"。制定《外部董事履职保障方案》,定期向外部董事提交参阅信息,畅通沟通渠道,征求外部董事意见。精细财务管理,加强债务风险管控,有效压降集团负债率。优化带息负债结构,动态发行短期和中长期债券,降低融资成本。制定或修订 8 项投资管理相关制度,建成覆盖投资全周期的规范化、标准化的投资管理体系,对所有投资项目和所属企业实施常态化监管和分级分类管理。优化投资审批机制,对中盐股份、中盐内蒙古化工等 6 家重要子企业投资项目和资产处置实施"一企一策"个性化授权,有效激发企业活力。建立重大风险季度监测制度,制定管控提示函和通报工作规则,完善全面风险管理体系和内部控制管理机制。编制内部审计"十四五"规划,制定区域审计中心相关管理制度,完成审计专业人才库建设,促进审计中心高效运转。开展违规投资经营责任追究,印发集团公司经营投资尽职合规免责清单,初步形成职责明确、流程清晰、规范有序的责任追究体系。

【党建工作】 建立健全"第一议题"制度及相关配套办法,推动"第一议题"常态化制度化。修订集团党委前置清单,细化相关事项额度标准,厘清各治理主体权责边界,确保党的领导有机融入公司治理各环节。重新设计党建考核评分体系,分类完成 34 家二级企业的考核。规范组织所属企业党组织换届选举,12 家企业党组织全面完成换届。开展"两优一先"评选,中盐红四方仪表车间党支部、中盐上海物流党支部获评"中央企业先进基层党组织";中盐长江、中盐昆山、中盐内蒙古化工 3 人获评中央企业优秀共产党员、优秀党务工作者。围绕建党百年,挖掘红色资源,中盐红四方公司红色文化展览馆建成投用。完善网络舆情监测体系建设,坚决抵制和打击涉盐谣言,不断健全舆情监测、预警、处置、反馈工作闭环。制定《贯彻落实〈中共中央关于加强对"一把手"和领导班子监督的意见〉的实施办法》《落实全面从严治党监督责任清单》等制度,持续清理违规现象。制定《关于推进大监督体系建设的实施意见》,推进党内监督与业务职能监督有机融合,常态化、全覆盖、多位一体的大监督格局初步形成。组织对中盐京津冀、中盐新疆等 8 家企业开展常规巡视,对中盐淮安进行巡视"回头看"。

成立党史学习教育领导小组,制定党史学习教育整体方案、庆祝中国共产党成立 100 周年活动方案,贯穿全年,突出特色,推动学史明理、学史增信、学史崇德、学史力行。集团党委理论学习中心组全年组织学习 28 次,与国务院国资委干教中心、清华大学、人民大学、大连高级经理学院合作举办系列学习教育网络培训班。深入开展"我为群众办实事"实践活动,有序落实 26 个集团层面、309 个二级企业层面重点民生项目,职工群众的获得感、安全感和幸福感明显增强。

【信息化与数字化建设】 2021 年,中盐集团编制《中盐集团"十四五"网络安全和信息化规划》,制定中盐集团数据资源、软件资产、网络安全和信息化项目建设管理等方面的系列制度;分领域建设专业功能信息系统,完成集团公司协同办公平台三期建设,建成数据集合平台,加快电子采购平台、全级次 ERP 系统建设,推动办公信息化、管理数字化;建成国企改革三年行动在线督办、监督追责等系统并与国务院国资委对接;实施集团公司数据中心硬件资源扩容改造,更新系列安全设备。

【履行社会责任】 2021年,中盐集团展现行业龙头责任担当,深度参与"健康中国"行动,开展"小盐勺、大健康"宣传,加大低钠盐推广力度。与国家体育总局训练局签订战略合作协议,为奥运健儿提供健康盐品,圆满完成日本东京夏季奥运会相关产品的供应任务,为北京冬奥会产品供应做好充分准备。增强中盐对市场价格管控力度,引导价格理性回升,推动实现新的产销平衡。紧紧围绕国家乡村振兴战略,农肥板块压实肥料保供责任。有序有力开展对定边、宜川两县的定点帮扶,确定4个支部共建点及2个乡村振兴点,全面完成产业扶贫、消费扶贫年度任务。成立集团公司援疆工作领导小组,制定援疆援藏工作措施和"十四五"期间援助项目计划,助力新疆、西藏高质量发展。积极建设绿色中盐,全面完成降能耗减排放年度任务,促进中盐企业绿色低碳发展。

(撰稿人:胡　昊)

中国建材集团有限公司

【基本概况】 2021年,中国建材集团有限公司(以下简称中国建材集团)坚持以习近平新时代中国特色社会主义思想为指导,坚决贯彻党中央、国务院决策部署,在国务院国资委的正确领导下,坚定不移稳中求进、稳中提质,扎实开展各项工作,实现"十四五"良好开局,在献礼党的百年华诞、推动高质量发展过程中取得优异业绩。

【主要指标】 2021年,中国建材集团"两利四率"全面向好,实现利润总额387亿元,比上年增长27%;净利润287亿元,比上年增长42%;营业收入利润率9.14%,比上年增加1.36个百分点;资产负债率67.6%,比上年减少0.91个百分点;研发投入强度3.54%,比上年增加0.52个百分点;全员劳动生产率49.83万元/(人·年),比上年增加5.9万元/(人·年);营业收入4155亿元,比上年增长5%;经营活动净现金流567亿元。

表1　2021年中国建材集团有限公司主要经济指标

项　目	2020年	2021年	比上年增长(%)
资产总额(亿元)	6001	6522	9
所有者权益(亿元)	1890	2113	12
营业收入(亿元)	3941	4155	5
利润总额(亿元)	306	387	27
净利润(亿元)	201	287	42
归属于母公司所有者的净利润(亿元)	7	39	448
技术开发投入(亿元)	119	147	24
利税总额(亿元)	291	302	4
应交税金总额(亿元)	304	307	1
全员劳动生产率[万元/(人·年)]	43.93	49.83	13.43
净资产收益率(%)	11.02	14.31	增加3.29个百分点
总资产报酬率(%)	7.2	8.06	增加0.86个百分点
国有资本保值增值率(%)	100.99	114.32	增加13.33个百分点

注:技术开发投入含研发费用和研发经费投入支出费用。

【改革发展】 面对疫情冲击、需求分化、成本上升等挑战,狠抓"三精管理"提质降本增效,发展质量稳步提升。一是推进"经营精益化",盈利能力持续提高。优化市场生态,践行"价本利"理念,增进行业市场共识,全力维护行业健康生态。优化营销策略,拓展市场空间,水泥、骨料、商混等基础建材进一步提升竞争优势,石膏板、玻璃纤维、碳纤维、TFT玻璃等新材料量价齐升。优化内部协同,集团内部供应链协同、产研协同、境外业务协同的红利持续释放。二是推进"管理精细化",管理效能大幅提升。深入开展对标世界一流管理提升行动,两家企业获评"国有重点企业管理标杆创建行动标杆企业"。"两化"融合贯标企业增至118家,跃居中央企业第一位。多措并举优化融资结构,融资成本显著下降,成员企业累计发行绿色、碳中和概念债券35亿元。统筹发展和安全,强化风险防控,牢牢守住不发生重大风险的底线。三是推进"组织精健化",健体指数明显增强。狠抓减亏治亏,77家"僵困亏损"子企业减亏35亿元,亏损额减亏比例超过91%,处置低效无效股权21项,加大闲置房产、设备和土地的处置和盘活力度。狠抓机构精简和人员精干,中国建材股份全员劳动生产率比上年提高20%,北新建材石膏板基地实现"50人工厂、80人基地"。

坚持主责主业,强化战略引领,持续推进布局优化和结构调整,高质量发展的基础不断夯实。一是管控模式不断完善。突出战略管控,完成10家二级企业主责主业梳理,打造边界清晰、产业链控制有力的主产业平台。突出资本管控,通过公司治理、派出董监事加强股权管理,建立82人董监事库,任职135个,将资本收益收缴比例提升至上市公司35%、非上市公司50%。二是业务布局更加清晰。聚焦主业深化业务整合,基础建材业务优化升级稳做"压舱石",新材料业务蓬勃发展跑出"加速度",工程技术服务业务巩固提升持续稳健发展。以天山水泥为主体整合集团非上市水泥资产,完成A股史上交易规模最大的发行股份购买资产项目,打造全球业务规模最大、市值超过1000亿元的水泥上市公司。以中材国际为主体整合集团工程服务企业,进一步巩固水泥工程全球第一地位。三是资本布局持续优化。持续推进水泥、防水材料、锂电池隔膜、检验检测、非金属矿等业务并购重组。规范开展股权投资、增资扩股、产权资产交易、上市公司运作、债务重组改制等工作81项。发起设立150亿元规模的新材料产业投资基金,带动金融资本和社会资本全面赋能新材料产业。

传承改革基因,全面深化改革工作走深走实,活力动能持续激发。一是国企改革三年行动全面推进。高标准完成台账任务,集团和二级企业改革任务完成率超过80%。建立全级次信息系统,实现改革数据、进度全部可视。围绕混合所有制改革、国有资本投资公司试点、落实董事会职权、混合所有制改革企业党的建设等重点改革任务,在国务院国资委相关会议上作经验交流。二是中国特色现代企业制度更趋完善。制定集团党委会、董事会、总经理办公会170项权责清单,建立董事会向经理层授权制度,"三会"各司其职、协调运转机制更加成熟。全级次458家企业完成董事会应建尽建,17家重要子企业制定落实董事会职权方案。制定穿透非穿透事项清单,70%的事项通过公司治理实施管控,对党建纪检、安全环保等10个方面保持穿透管控,集团与子企业的权责边界更加清晰。三是体制机制改革向纵深发展。探索混合所有制企业差异化管控,强化相对控股企业董事会职能,经理层成员差额选聘、计划内主业投资等由董事会按章程决策,发挥绝对控股企业非公股东作用,6家企业开展试点。全级次完成任期制契约化管理,管理人员退出比例2.2%,员工市场化退出比例超过2.8%。新增17家企业实施中长期激励方案,涉及骨干员工超过2300人。持续深化"双百行动""科改示范行动"等试点。

【重大创新】 2021年,中国建材集团强化全面创新,坚持科技自立自强,心系"国之大者"、打造"国之大材",发展动能显著提高。一是科技创新成果丰硕。入选中央企业原创技术策源地首批名单,关键核心技术攻关多次获国务院国资委表彰,6项成果列入《中央企业科技创新成果推荐目录》。获得国家科技进步一等奖和技术发明二等奖,有效专利累计1.76万件。获批牵头组建玻璃新材料创新中心,新增一批国家技术创新示范企业、制造业单项冠军、"专精特新"企业、"小巨人"企业。大批新材料新技术服务保障"天问一号"、空间站、神舟飞船等国家重大工程,多项成果荣登探月成果展和"十三五"科技成就展。二是"卡脖子"技术攻关取得重大突破。实施原创技术策源地及关键核心技术攻关"揭榜挂帅"。实现单线年产3000吨T700/800高性能碳纤维生产线设计和高端成套技术自主可控。低热水泥筑牢白鹤滩水电站大坝安全屏障,川藏线工程专用水泥通过试用验证。攻克高放核废液玻璃固化世界难题,助力实现我国高放废液处理能力"零的突破"。中性硼硅药用玻璃稳定量产,全力开发疫苗用西林瓶与预灌封注射器。三是创新链产业链深化融合。获得CR929大飞机3个机身部段供应商资格,首批航空发动机涡扇叶片和机匣通过地面验证考核。西宁万吨碳纤维生产基地入选年度中央企业十大超级工程。围绕氢能储运材料、碳纤维复合材料、低碳技术,与中科院、中国石化、航天科技等开展联合攻关。发布首批对外转化科技成果清单,9项C类成果实现对外转化,70%以上收益分配给科研和转化团队。四是商业模式创新推动互利共赢。"水泥+"模式推动全产业链运营,带动骨料、商混等业务年收入约600亿元。"我找车"智慧物流平台注册重卡车辆超过80万辆、合作企业近1000家,降低单位物流成本2~5元/吨。智慧工业、海外连锁超市、"跨境电商+海外仓"等新模式优势进一步巩固。

【党建工作】 2021年,中国建材集团坚持党的领导、加强党的建设,不断彰显政治优势,以高质量党建引领和保障高质量发展。坚定践行"两个维护",推进习近平新时代中国特色社会主义思想大学习大普及大落实。党史学习教育和思想文化工作取得实效,深挖"信物百年"红色印记故事,"三个100"特色活动深受基层党员群众欢迎,"善用资源日"等活动社会反响热烈。党建质量全面提升,召开党建工作座谈会,开展"回头看"活动。人才队伍建设全面加强,探索建立人力资源管理闭环体系,注重选拔任用优秀年轻干部,各级班子结构更加优化。全面深化正风肃纪反腐,抓细抓实对各级"一把手"和领导班子日常监督,探索大监督闭环体系。

【履行社会责任】 2021年,中国建材集团秉持"材料创造美好世界"的使命,践行"站在道德高地做企业"的理念,积极履行中央企业责任。一是争做优秀企业公民。召开扶贫暨援疆援藏工作表彰大会,助力巩固拓展脱贫攻坚成果,接续推进乡村振兴,投入帮扶资金超过1亿元。搭建"善建公益"慈善实践平台。坚持为当地发展作贡献、与当地企业合作、与当地居民友好相处的走出去"三原则",积极参与高质量共建"一带一路",推进跨文化融合,打造负责任、有大爱的企业公民形象。二是加快绿色低碳转型。制定双碳发展路径,联合打造首个国家原材料行业双碳公共服务平台。全面推进绿色生产,坚决落实中央生态环保督察整改,2021年万元产值综合能耗比上年下降2.86%,氮氧化物、二氧化硫和粉尘排放比上年均下降两位数。加快清洁能源替代,开展"零外购电工厂"试点,建成世界单体规模最大的薄膜光伏建筑一体化项目和欧洲单体装机容量最大的光伏电站。

(撰稿人:温 巍)

中国有色矿业集团有限公司

【基本概况】 中国有色矿业集团有限公司(以下简称中国有色集团)成立于1983年,是国务院国资委管理的大型中央企业,主业为有色金属矿产资源开发、建筑工程、新材料加工、相关贸易及服务,是我国有色金属工业最早实施"走出去"战略、国际化经营成果最丰硕的企业之一。

2021年,中国有色集团全面学习贯彻习近平新时代中国特色社会主义思想,深入落实习近平总书记对中国有色集团三次重要指示批示精神,以巡视整改、中央环保督察整改为契机,积极贯彻新发展理念,融入构建新发展格局,推动实现高质量发展,生产经营保持稳中奋进、进中向好、好中突破的良好态势,取得好于预期的优异成绩,实现"十四五"良好开局。全年实现营业收入1445.18亿元,比上年增长6.14%;利润总额69.54亿元,比上年增长119.16%;净利润36.25亿元,比上年增长80.26%;营业收入利润率4.91%,比上年增加2.84个百分点;研发投入强度2.32%(剔除贸易板块收入),比上年增加0.02个百分点。主要经济指标实现历史性突破,全面超额完成国务院国资委各项考核指标,主要指标全面完成"十四五"规划的第一年目标。截至2021年底,集团深化改革三年行动实施方案任务清单243项任务累计完成201项,完成率82.7%。

【主要指标】

表1 2021年中国有色矿业集团有限公司主要经济指标

项 目	2020年	2021年	比上年增长(%)
资产总额(亿元)	1094.12	1108.45	1.31
所有者权益(亿元)	388.84	390.82	0.51

续表

项 目	2020 年	2021 年	比上年增长（%）
营业收入（亿元）	1361.64	1445.18	6.14
利润总额（亿元）	31.73	69.54	119.16
净利润（亿元）	20.11	36.25	80.26
归属于母公司所有者的净利润（亿元）	10.95	16.52	50.87
技术开发投入（亿元）	19.65	22.76	15.83
利税总额（亿元）	35.73	56.63	58.49
应交利税总额（亿元）	37.63	56.63	50.49
全员劳动生产率[万元/(人·年)]	26	42.76	64.46
净资产收益率（%）	5.21	9.30	增加 4.09 个百分点
总资产报酬率（%）	4.28	7.56	增加 3.28 个百分点
国有资本保值率增值（%）	−35.04	3.15	增加 38.19 个百分点

【改革发展】 混合所有制改革方面。把加强党的建设作为混合所有制改革企业优势互补、合作共赢的坚强保证，通过同步健全组织，提升政治领导力；同步开展工作，提升支部战斗力；同步促进发展，提升党员带动力；同步强化保障，提升企业凝聚力的"四同步四提升"措施，有效推进混合所有制改革企业党建工作，以高质量党建引领混合所有制改革企业高质量发展。

"双百行动""科改示范行动"方面。2021 年，所属 5 户"双百企业"和 1 户"科改示范企业"结合三年改革行动，积极推动专项改革工作。全年实施 9 户企业的中长期激励，基本覆盖"双百企业"、"科改示范企业"和新材料板块的企业，累计激励对象 297 人。完成"两非"剥离 19 户，压缩压减控股企业 32 户，清理退出参股企业 8 户。

完善人才体系方面。制定《中国有色矿业集团有限公司三项制度改革方案》，明确改革总体目标和主要工作任务。2019—2021 年，员工市场化退出率从 0.75% 逐步增长到 2.67%，打破"铁交椅"，健全市场化用工机制，减少冗员。

【重大项目】 2021 年，中国有色集团承担实施 5 项"1025 专项"完成全部考核目标，3 项实现产业化及推广应用，2 项突破关键核心技术并形成样品。全年组织申报国有资本金预算项目 7 个，全部获批；申报国家自然科学基金项目、重点研发计划课题、军工配套科研项目、国防科技工业创新中心项目、军民两用技术产业化发展贴息项目获批 7 项；组织申报 2 项原创技术策源地和 4 项产业链"链长"；全面完成 4 项军口攻关任务。承担的国家重点研发计划的 5 个课题全部通过验收。成功加入中央企业"重大装备基础零部件"创新联合体。6 项成果上榜国务院国资委 2020 年度《中央企业科技创新成果推荐目录》。

【走向海外】 中国有色集团是我国有色金属行业从事海外资源开发的"排头兵"和"先行者"，是我国"走出去"开发铜资源时间最长、产业链最完备、海外铜项目数量最多、海外铜产品产量最大的中资企业；首创"全产业链"协同"走出去"模式、工程换资源模式、集群式"走出去"模式、一体化矿山承包开发模式等；培养一大批熟悉扎根当地的党员干部和高素质专业和管理人才。服务国家"一带一路"倡议，加大沿线国家重点产业布局；积极对接中非务实合作"八大行动"，助力打造中非命运共同体。截至 2021 年底，海外总资产占比 50%，营业收入占比 51%，员工人数占比 31%，海外 65 家实体企业对集团利润贡献占比 95.6%。

【重大创新】 应用基础研究成果方面实现重大突破。"平板显示用高性能 ITO 靶材关键技术及工程化"项目获得 2020 年度国家技术发明奖二等奖，大型水轮发电机组异形磁极铜排等 6 项成果入选《中央企业科技创新成果推荐目录》。全集团获得行业科技进步一等奖 4 项、二等奖 1 项、三等奖 4 项。

科技军令状任务进展顺利。布局重点专业方向创新高地，正式筹备成立创新研究院；启动实施钴产业重大专项，开展钴产业的强链延链补链。技术攻关"揭榜挂帅"项目收效显著，中色非矿东南矿体"铜钴混合浮选—铜钴再分选"的混合浮选和"优先选铜，尾矿选钴"的优先浮选的小型试验结果喜人。

科技创新取得丰硕成果。5项"1025专项"攻关任务完成全部考核目标,4项"科技创新军令状"任务取得较好进展,4个技术攻关"揭榜挂帅"项目收效显著;启动实施钴产业重大专项,开展钴产业的强链延链补链。

【党建工作】 加强党的建设。高质量高标准开展党史学习教育,深入学习贯彻习近平总书记"七一"重要讲话和党的十九届六中全会精神,扎实开展"我为群众办实事"实践活动。1名个人获得全国"两优一先"表彰,5名个人和5个集体获得国务院国资委党委"两优一先"表彰,中色沈矿赤峰大井子矿业二矿党支部获评"中央企业基层示范党支部",中色股份白音诺尔一矿技术组获评"全国青年文明号",中色大冶团委获评"全国五四红旗团委"。

提升监督实效。中国有色集团党委、纪委坚持以习近平新时代中国特色社会主义思想为指导,高度重视党风廉政建设和反腐败工作,同向发力,推进作风建设常态化长效化,持续深化政治巡视,全面从严治党取得明显成效。

【信息化与数字化建设】 2021年,中国有色集团秉承完善基础、健全体系、应用为本、服务保障的基本原则,开展各项信息化建设工作,创新开展数字化矿山建设。国务院国资委国资监管信息化建设"三年行动计划"验收评估结果为"优秀","有色通"移动集成平台获评中央企业优秀案例。

【履行社会责任】 坚决落实国务院国资委党委关于社会责任工作各项部署,坚决践行央企使命责任,积极履行央企社会责任,充分发挥中央企业表率作用。一是聚焦巩固拓展脱贫攻坚胜利成果,大力助推乡村振兴战略接续实施。2021年,向云南省梁河县投入和引进帮扶资金830万元,帮扶项目保持在教育助学方向上投入力度不减。2015—2021年派出的3名挂职干部分别获评"全国脱贫攻坚先进个人"和"云南省脱贫攻坚先进个人"。二是持续强化履行社会责任实践,积极打造发展共同体、责任共同体和命运共同体。2021年在境内外开展公共设施建设、弱势群体帮扶、科教文卫事业等各类公益活动;全力支援河南省防汛救灾,所属国家矿山应急救援大冶队驰援新乡市救灾任务,参与一线抢险;所属境外企业配合中国驻赞大使馆实施"春苗行动",为在赞中国公民提供疫苗接种6929人次13458剂,同时帮助提高赞比亚民众疫苗接种率,在厂区设立首个企业"特约疫苗接种点",为外方员工提供现场接种服务。三是充分发挥责任信息披露的沟通力和传播力。2021年,连续第10年发布可持续发展报告,获得五星级评价及金蜜蜂优秀企业社会责任报告长青奖,通过刚果(金)主流媒体首次发布中国有色集团在刚果(金)可持续发展报告;深度参与国务院国资委中央企业社会责任管理和ESG管理课题调研,所属企业中色镍业"胞波情谊、守望相助、共同发展"履行社会责任案例获得国务院国资委《中央企业海外社会责任蓝皮书(2021)》优秀案例奖。

中国稀土集团有限公司

【基本概况】 中国稀土集团有限公司(以下简称中国稀土集团)是国务院国资委管理的股权多元化中央企业,由中国铝业集团有限公司、中国五矿集团有限公司、赣州稀土集团有限公司为实现稀土资源优势互补、稀土产业发展协同,引入中国钢研科技集团有限公司、有研科技集团有限公司等两家稀土科技研发型企业组建而成,是一家按照市场化、法治化原则组建的大型稀土企业集团。中国稀土集团以稀土的科技研发、勘探开发、分离冶炼、精深加工、下游应用、成套装备、产业孵化、技术咨询服务、进出口及贸易业务为主责主业,坚持"政治建企 党建强企",致力于保障稀土产业链供应链安全稳定,打造世界一流稀土产业集团。业务范围涵盖江西、湖南、广西、山东、云南、广东、福建、江苏、四川等省份。公司旗下拥有中重稀土龙头股,深圳证券交易所主板上市公司五矿稀土股份有限公司(000831.SZ)。

【主要指标】 中国稀土集团于2021年12月23日挂牌成立,截至2021年底,总资产比上年增长22.17%;营业收入比上年增长47.57%;利润总额比上年增长305.54%。

【改革发展】 2021年,中国稀土集团以习近平新时代中国特色社会主义思想为指导，深入学习贯彻党的十九大、十九届历次全会和中央经济工作会议精神，坚决贯彻落实党中央、国务院决策部署，积极实施国企改革三年行动，挂图作战、跑表计时，取得一系列重要阶段性成果。一是中国特色现代企业制度成熟定型。全面落实"两个一以贯之"，深入落实中央企业在完善公司治理中加强党的领导的意见，中国稀有稀土、五矿稀土集团、南方稀土集团3家直管企业前置事项清单全面制定并落地见效。董事会实现应建尽建，基本实现外部董事占多数。二是布局优化和结构调整系统深入。加快应整必整，切实做好中国稀土产业专业化深度整合，短时间内完成"中国稀土集团"筹备及挂牌。中国稀有稀土以划转方式获得山东钢研稀土股权，完成对山东省稀土资源的整合，当年收入、利润创历史最好水平，探索稀土行业国有资本优化布局和重组新模式。持续推进"压减"工作，通过吸收合并、股权转让、注销等多种方式，管理层级控制在5级以内。有力有序清退低效无效资产，南方稀土集团列入"僵尸企业"处置范围的4家企业全部注销。三是科技创新赋能成效显著。加强原创技术开发和成果转化孵化，推动绿色智能高效技术集成应用。江华稀土的离子型稀土矿高效采选产业化技术被评定为"国际领先水平"，取得2件专利，并获得中国有色金属工业科技技术二等奖。南方稀土集团全年研发经费比上年增长132.75%，自主研发的"离子型稀土无铵开采提取工艺"被列入《江西省绿色技术目录》；"离子型稀土资源原地浸矿注收液优化及滑坡控制成套技术"获得中国有色金属工业科学技术奖一等奖。四是经理层成员任期制和契约化管理全面推行。中国稀有稀土、五矿稀土集团应推行的企业经理层成员全部实施任期制和契约化管理，完成率100%。员工公开招聘、管理人员竞争上岗、末等调整和不胜任退出等制度进一步完善和推行，收入分配市场化改革力度持续加大，人工成本利润率不断提高。五是监督问责机制不断健全。五矿稀土集团将"大监督"机制与违规经营投资责任追究工作机制有效衔接、深度融合，统筹协调监督问责工作。南方稀土集团加强内控制度建设和内部审计监督力度，强化事前制度规范、事中跟踪检查、事后监督追责的工作闭环，形成全面覆盖、分工明确、齐抓共管的监督管理体系。

【重大项目】 2021年，中国稀土集团聚焦资源保障、产业升级和科技创新，以稳定产业链资源供应、提升价值链价值创造和加强绿色开发可持续发展为重点，持续优化产业结构和产业布局，加大在稀土资源勘探开发、稀土分离升级改造、稀土加工新建扩建和安全环保设施改造领域的投资，各重大投资项目有序推进。

【重大创新】 2021年，中国稀土集团持续加大科研投入，抓好科技研发工作，推动以协同创新为核心的研发体系建设，为降本提质增效创新发展提供强有力支撑。全年新增国家科技研发项目3项；申请专利108件，其中发明专利38件；获得专利授权85件，其中发明专利20件；软件著作权申请6件；主持制定行业技术标准1项，参与制定3项；获得省部级科技奖励3项。

【党建工作】 2021年，中国稀土集团党委认真学习贯彻习近平新时代中国特色社会主义思想，以党的政治建设为统领，以庆祝建党100周年为契机，扎实开展党史学习教育，全面贯彻新时代党的建设总要求，坚决落实党中央、国务院和国务院国资委党委的各项决策部署。一是坚持不懈加强党的政治建设。学懂弄通做实习近平新时代中国特色社会主义思想，胸怀"两个大局"，心怀"国之大者"，始终同以习近平同志为核心的党中央保持高度一致。二是持续深化创新理论武装。坚持高标准高质量完成党史学习教育各项任务，在学用结合上见真章、丰富内容上求实效、办好实事上解难题，将学习教育的显著成效转化为开创改革发展新局、建设世界一流稀土企业的生动实践。三是严格履行党建工作主体责任。牢记主责主业，坚持责任化落实、示范化推进、常态化督导、精准化发力做好各项党建工作，促进党建工作与生产经营工作深度融合。注重统一标准、业务培训、跟踪问效，高位、高效、高质推进基层党建工作。四是守正创新做好新闻宣传。聚焦"学党史、悟思想、办实事、开新局"主题，坚持正面宣传，壮大主流思想舆论，巩固意识形态阵地建设，引领广大干部职工以饱满的精神状态庆祝党的百年华诞，"正能量""好声音"蔚然成风。五是一体推进党风廉政建设。强化"两个责任"和"一岗双责"贯通联动,形成一把手负总责,其他班子成员各司其责,一级抓一级,层层抓落实的工作局面,构建"大监督"格局,营造风清气正的政治生态。

【履行社会责任】 2021年,中国稀土集团全面贯彻落实党中央关于疫情防控、精准扶贫和生态环保工作部署,主动承担央企的社会责任,精心周密组织各项工作开展。一是疫情防控有温度。落实党中央关于统筹疫情防控和经济发展各项工作部署,做到责任不松不散、思想不偏不乱、防护落实落细、员工可控在控、工作有序有力"五个确保",所属企业、在建项目、矿山等率先复产复工,所属企业捐款捐物支援疫情防控,为促进经济恢复增长、维护社会和谐稳定作出积极贡献。二是定点帮扶有深度。实施出资帮扶、消费帮扶、基础设施援建、就业帮扶等帮扶措施,建立定期调度、走访、抽查等动态监测帮扶机制,累计投入各类帮扶资金458万元,助力帮扶地区实现脱贫振兴。三是环境治理保护有力度。高质量完成矿区环保设施建设运营,常态化开展矿区环境监测,持续强化环保体系建设,规范和压实环保工作责任,建立健全环保责任追究机制,不断提升环保管理水平,2021年,广西国盛稀土新材料有限公司入选"国家级绿色工厂"。升级改造萃取工序,实现节能降耗,坚守生态环境保护红线,率先突破稀土尾水处理"瓶颈",为解决南方离子型稀土矿山尾水提供重要实践经验。

2021年,中国稀有稀土履行企业社会责任实践案例《创新环保治理技术提升低碳发展能力》入选《2021金蜜蜂责任竞争力案例集》。在以"30·60责任未来"为主题的第十六届中国企业社会责任国际论坛上,中国稀有稀土获得"金蜜蜂·入围企业"称号。

(撰稿人:夏小雨)

有研科技集团有限公司

【基本概况】 有研科技集团有限公司(原北京有色金属研究总院,以下简称有研集团)成立于1952年,国务院国资委直管中央企业,是中国有色金属行业成立最早、规模最大、综合实力最强的有色金属新材料工程技术开发和高新技术产业培育机构之一,国家首批百家创新型企业。截至2021年底,有研集团资产总额超过134亿元,拥有员工4800余人,其中两院院士4人,国家级专家、领军人才、享受政府特殊津贴专家124人。主营业务领域包括有色金属微电子—光电子材料,有色金属新能源材料与器件,稀有—稀土金属特种功能材料,有色金属结构材料—复合材料,有色金属粉体材料,有色—稀有—稀土金属选矿冶金技术,环保与二次资源回收利用技术,特种制备加工与装备技术,有色金属分析检测评价,科技期刊出版,风险投资等。

有研集团拥有国家工程研究中心、国家工程技术研究中心、国家重点实验室、国家制造业创新中心、国家分析检测中心、国家认定企业技术中心等22个国家科技创新平台;拥有材料科学与工程、冶金工程2个一级学科博士学位授予点和7个硕士学位授予点;拥有包括有研工研院、有研资环院、国联研究院和有研广东院等平台创新实体,有研新材(SH600206)、有研粉材(SH688456)、有研硅、有研复材、国合通测等高新技术产业公司,有研鼎盛、有科出版、有研兴友等投资、科技期刊出版和创新基地运营服务公司在内的成员单位40余家,在北京、河北、山东、上海、安徽、四川、重庆、福建、广东及英国、加拿大、泰国等地建立研究开发、科技服务和高新技术产业基地。累计承担国家科技项目6000余项,获得国家级和省部级科技成果奖励1100余项,授权专利2600余件,制定国家和行业标准800余项,向行业内外输出转移成果超过1300项次;先后支援建设10多个稀有金属、半导体材料等领域的大中型企业和科研院所,为"两弹一星"、"神舟飞船"、"高新工程"、核潜艇、国产大飞机、集成电路、载人航天、探月计划、"点火计划"、新能源汽车、高速轨道交通等国家重大工程提供一大批新材料、新技术、新工艺和新装备;为中国有色金属工业体系的建立、发展提供强有力的支撑,为国家重大科技攻关、重大工程建设和国防军工保障作出重要贡献。

【主要指标】 2021年,有研集团实现营业收入201.9亿元,比上年增长28.8%;利润总额7.4亿元,归属于母公司所有者的净利润4.4亿元,经济增加值5.5亿元,"两金"压控实现预定目标,国有资本保值增值率118.62%,全面完成国务院国资委下达的年度考核任务。截至2021年底,资产总额134.7亿元,比上年增加18.7亿元,资产规模稳定增长。

表1　2021年有研科技集团有限公司主要经济指标

项　目	2020年	2021年	比上年增长(%)
资产总额(亿元)	116.0	134.7	16.1
所有者权益(亿元)	85.9	101.8	18.5
营业收入(亿元)	156.8	201.9	28.8
利润总额(亿元)	4.5	7.4	64.4
净利润(亿元)	3.9	6.7	71.8
归属于母公司所有者的净利润(亿元)	2.0	4.4	120.0
技术开发投入(亿元)	7.3	11.1	52.1
利税总额(亿元)	6.7	10.6	58.2
应交税金总额(亿元)	2.2	3.2	45.5
全员劳动生产率[万元/(人·年)]	35.4	46.0	29.9
净资产收益率(%)	4.9	7.2	增加2.3个百分点
总资产报酬率(%)	4.4	6.3	增加1.9个百分点
国有资本保值增值率(%)	105.08	118.62	增加13.54个百分点

【改革发展】　认真贯彻落实党中央、国务院的决策部署,以落实国企改革"1+N"政策和国企改革三年行动工作部署为抓手,积极推动中国特色现代企业制度建设、市场化改革等各项工作,改革发展取得明显成效。

推进全面深化改革方面。一是加强中国特色现代企业制度建设。制(修)订党委前置讨论清单、集团和所属公司章程,党的领导深度融入公司治理各环节;完善集团董事会制度体系和外部董事履职保障体系,子公司董事会实现应建尽建和外部董事配齐建强;完成全级次经理层成员任期制和契约化协议签订,"权责法定、权责透明、协调运转、有效制衡"的公司治理机制基本形成。二是强化正向激励。制定《有研集团中长期激励指引》,推动正向激励政策能给尽给、用好用足,充分激发干部员工活力动力;有研硅对160名骨干员工实施股权激励;国合通测对155名骨干员工实施员工持股;有研新材实施超额利润分享计划,惠及骨干员工超过200人;有研工研院、有研资环院、国联研究院、有研复材等单位持续实施科技成果转化项目分红激励。三是深化混合所有制改革。有研粉材成功登陆科创板;有研硅完成战略增资,上市申请获正式受理;国合通测完成新一轮股权融资;有研工研院启动股权多元化改革。截至2021年底,国企改革三年行动任务完成率86%,超过国务院国资委的年度目标要求。

提升管理能力方面。一是加强企业经营增加值分析和运用,指导产业公司发现成本管控弱项、明确企业提质增效方向。二是统一集团全级次会计科目,规范各单位费用报销标准,实现银企直联,为资金统收统支、建设财务共享模式奠定基础。三是完善制度体系建设,集团总部制(修)订制度74项,梳理优化流程294项,指导6家所属公司完成流程梳理和制度体系建设工作,集团管控体系更趋完善。四是强化风控合规管理,进一步健全投资、采购、招投标、资金内控、境外佣金等制度;探索设立集团法律共享中心,实现法务管理流程的标准化和扁平化,有效防范风险。五是推进信息化建设,完成集团统一管控平台、人力资源系统、研究生管理信息系统建设并上线运行,有效提升集团管控力。

【重大项目】　促进我国战略性新兴产业的发展方面。一是稳步推进国家新材料检测评价平台主中心和有色行业中心建设项目,完成投资3.87亿元,项目围绕平台建设、互联网和数据体系建设、新材料测试评价联盟工作、测试评价条件、测试评价技术、方法/标准体系、公共技术服务7个方面推进实施,主中心和行业中心的建设有力支撑新材料产业发展,有力保障国家战略和国防军工建设需求。二是积极布局有色金属粉末研发和生产基地,完成投资0.32亿元,有研粉材合肥产业基地建设项目（二期）工程建设基本完成，有研重冶新建粉体材料基地建设项目取得建设工程规划许可证、确定土建中标单位并进场施工；有研粉材泰国产业基地建设项目有序开展建设准备工作。

推进关键核心技术攻关、解决"卡脖子"方面。一是持续推进12英寸集成电路用大硅片产业化项目，有研集团、株式会社RS Technologies以及山东政府基金共同成立合资公司，致力于对集成电路用12英寸硅单晶抛光片的研发和生产，各股东完成第二期缴资，其中有研集团出资1.2亿元。二是推进新一代信息技术用大尺寸高纯稀土金属靶材项目，项目旨在大幅提升高纯稀土金属靶材生产能力和技术水平，开发具有自主知识产权的高纯金属靶材，助力我国集成电路产业发展。

【走向海外】 2021年，有研集团开展境外投资项目2项，其中股权投资项目1项、固定资产投资项目1项。境外投资分布于加拿大、泰国，覆盖新能源动力电池材料、有色金属粉末材料领域。

有研集团所属有研粉材在泰国春武里WHA工业园内建设电解铜粉、铜及铜合金粉生产基地。受新冠肺炎疫情影响，公司通过代理、远程联络，开展建设前期设计等工作；所属国联研究院全资子公司国联固态电池有限公司，建立聚合物固态电池关键材料、电池结构设计、工艺开发等研发体系，建成软包电池试制能力，完成300瓦·时/千克高比能量固态电池项目，开发具有自主知识产权的不燃干电池体系。

【重大创新】 有研集团深入贯彻"创新驱动高质量发展"战略，强化科技创新平台体系建设，全力推进科研争项和核心技术攻关，加大自主科技创新投入和对外交流。

持续打造战略科技力量。一是优化整合组建稀土国家工程研究中心、高品质有色金属绿色特种冶金国家工程研究中心、集成电路关键材料国家工程研究中心，并成功进入国家工程研究中心新序列，牵头申报的栖湖特种有色金属材料创新中心获得批复。二是完成国家新材料测试评价主中心验收，为国家新材料产业快速健康发展提供支撑。三是成立有研（广东）新材料技术研究院，为促进粤港澳大湾区协同创新、实现科技创新跨区域发展迈出坚实步伐。

推进核心技术攻关和科研争项。一是全面完成国务院国资委1025专项任务18项，持续推进国防科工局一2专项攻关任务30余项，在28兆帕轻质高压管路连接件、铝基复合材料锻件、4英寸低位错锗单晶等领域取得重要突破。二是多项重大技术取得标志性突破，如有研硅成功拉制出满足28纳米集成电路要求的12英寸硅单晶，国联研究院突破比能量350瓦·时/千克动力锂电技术，并率先向全行业进行成果发布。三是派出多名专家参与国家"十四五"科技规划—年度计划—项目指南编制工作，有研稀土、有研工研院、有研复材等争取到第一批国家重点研发计划项目，获批多个稀土专项；有研国晶辉、有研工研院等新争取到一批军品配套科研项目，经费总额近1亿元。四是积极对接并融入地方科技发展战略，有研广东院、有研硅、有研资环院等争取到地方政府科技经费超过2.6亿元。

加强科技服务和对外交流合作。有研工研院与行业龙头企业合作攻克一批重点新材料技术，为多项国家重大工程提供保障；有研稀土开发的碳酸氢镁法冶炼分离包头稀土矿新技术、复杂混合型稀土精矿联合法冶炼新工艺等，在甘肃、广西等地实现推广应用；有研资环院围绕中国黄金、金川、紫金等龙头企业持续拓展服务领域，签约甘肃省揭榜挂帅项目、推进行业共性技术应用；集团层面牵头组织与中国电科、航天科技、中核工业等龙头企业和其他地方政府开展技术对接活动20余次；承办全国有色金属标准化工作年会、中国有色金属学会学术年会、中国材料大会2021等行业盛会，有效提升行业影响力。

【党建工作】 有研集团党委坚持以习近平新时代中国特色社会主义思想为指导，全面贯彻党的十九大和十九届历次全会精神，围绕庆祝中国共产党成立100周年、全国国企党建会召开五周年，扎实开展党史学习教育，不断推进党的建设理念创新、机制创新、方式创新，全面推动党建工作向基层拓展、向纵深拓展，持续强化党风廉政建设和反腐败工作，各项工作取得明显成效。

推进党建工作再上新台阶。一是深入开展党史学习教育，将"学党史、悟思想"与回顾集团发展史结合起来，用好革命前辈、老专家红色资源"活教材"，引导广大党员强化家国情怀;围绕职工群众"急难愁盼",推动落实重点民生项目18项、解决难点问题51个;有研兴友开展专项行动,提升园区餐饮质量和物业管理水平,有研幼儿园组织教师首次参加全国职业技能大赛,提升教师专业技能;开展第四批职工住宅配租工作,配租人数200余人,有效提升青年员工幸福感。二是全面落实全国国企党建会和中央企业党建工作座谈会精神,以"党委落实全面从严治党主体责任清单"为中心,制定三级责任清单,制(修)订党建制度33项;以"集团党建工作责任制考核评价办法"为抓手,建立"述职评议、日常督导、满意度评价"三合一考核机制。

持续加强党风廉政建设和反腐败工作。一是贯彻中央纪委五次全会精神和国务院国资委党风廉政工作部署,坚持主体责任、监督责任与协助职责"三责"协同,强化贯通联动,聚焦责任体系,突出"一把手"和领导班子监督,完善一批责任落实机制。二是坚持"三不腐"一体推进,围绕正风肃纪与企业治理相融合突出专责监督,聚焦以案促改,推动巩固一批作风建设成果。三是坚持政治巡视定位,实现所属党组织的巡视全覆盖,深化专项整治和专项巡视,聚焦整改成效,推动完善一批长效机制。

【信息化与数字化建设】 信息化建设重点围绕国资监管、集团管控信息化、基础设施及网络安全建设等方面开展工作。一是持续推进国资监管信息化建设工作。建设有研集团国资监管平台,完成监督追责、第三方服务机构、三年提升督办、总部机构设置、采购管理报送系统5个信息化应用建设,并实现内部监管与国资监管能力的协同提升。二是构建统一集成平台、主数据管理平台,深化人力资源、研究生管理、科研管理应用系统建设,初步实现集团核心业务及数据集成。三是构建私有云平台,加强信息安全管理能力。建设私有云平台,实现核心管控信息化应用的迁移部署,部署集团统一终端安全管理系统,保障信息安全。

【履行社会责任】 在巩固拓展脱贫攻坚成果同乡村振兴有效衔接开局之年,有研集团认真落实"四个不摘"要求,进一步强化政治担当、加强组织领导、压实工作责任、创新帮扶举措,定点帮扶工作成效显著。一是继续选派优秀干部挂职贵州省思南县,加强考察交流与检查督导,研究推进定点帮扶工作做深做实。二是推动建设生猪代养示范项目,带动双安村脱贫户70户239人增收。三是落实国务院国资委消费帮扶工作要求,积极推广和采购当地农特产品,助推"黔货出山"。四是打造市级"特色田园乡村"示范点,推动乡村善治,提升村庄治理水平,建设柚子产业园,开展芭蕉窝水库引水灌溉工程,加强致富带头人和种养殖技术人员培训,促进农民增收。五是开展系列教育帮扶工作,投入100余万元,支持两所"有研金色希望"山村童园建设,设立教育基金,资助和奖励当地困难学生、老师,持续开展"有研金色希望"研究生支教活动。

(撰稿人:吴桂勇)

矿冶科技集团有限公司

【基本概况】 2021年,矿冶科技集团有限公司(以下简称集团)坚决贯彻党中央、国务院决策部署,扎实推进国务院国资委各项工作任务,推动改革发展和党的建设在大庆之年、开局之年取得新的重要进展和显著成效,并交出一份亮丽成绩单。2021年,集团实现营业收入107.69亿元,比上年增长105.94%;利润总额13.70亿元,比上年增长137.74%;净利润11.99亿元,比上年增长142.26%。利润总额与净利润同步增长,均创历史最好水平。

【主要指标】

表1 2021年矿冶科技集团有限公司主要经济指标

项 目	2020年	2021年	比上年增长(%)
资产总额(亿元)	113.41	204.00	79.88
所有者权益(亿元)	71.91	132.07	83.66
营业收入(亿元)	52.29	107.69	105.94

续表

项 目	2020年	2021年	比上年增长（%）
利润总额（亿元）	5.76	13.70	137.74
净利润（亿元）	4.95	11.99	142.26
归属于母公司所有者的净利润（亿元）	1.72	3.53	105.79
技术开发投入（亿元）	4.7	9.4	100.00
利税总额（亿元）	7.29	14.60	100.25
应交税金总额（亿元）	2.34	2.61	11.54
全员劳动生产率[万元/(人·年)]	39.19	64.21	63.85
净资产收益率（%）	7.19	11.76	增加4.57个百分点
总资产报酬率（%）	5.49	8.64	增加3.15个百分点
国有资本保值增值率（%）	104.70	129.02	增加24.32个百分点

【改革发展】 2021年，集团把实施国企改革三年行动作为重大政治任务大力推进，加大政策宣传贯彻指导、督察督办，穿透式、信息化、定量化全面推动改革三年行动求实效。截至2021年底，集团改革三年行动重点任务整体完成率超过85%。一是现代企业制度建设取得新成效。制定《加强子企业董事会建设工作方案》《落实子企业董事会职权工作方案》，配齐建强子企业董事会，分批有序推进重要子企业落实董事会职权，纳入董事会应建范围的15户子企业全部建立董事会，100%实现外部董事占多数。二是市场化经营机制迈出新步伐。积极推动经理层成员任期制和契约化管理工作，23家子企业经理层成员任期协议签约率100%。在二级经营单位探索并试点开展岗位分红和超额利润分享，进一步激励技术人才和核心骨干。破除论资排辈，打破隐性台阶，7家单位通过竞聘上岗选用管理人员27人，选人用人机制进一步健全，三项制度改革向纵深推进。三是"压减"工作取得新进展。完成3家单位工商注销，"两非"剥离任务全面完成，"瘦身健体"成果不断巩固。四是改革专项工程取得新成绩。集团所属"科改示范企业"专项评估全部被评为"标杆"或"优秀企业"，并获得国务院国资委通报表扬。

【重大项目】 2021年，当升科技非公开发行股票筹集资金46.45亿元，北矿科技定向募集资金1.9亿元，集团向两家上市公司注入资金3.9亿元，为上市公司发展注入强劲动力。完成顺安达电梯、矿冶综合加工厂和ZOD公司3家单位工商注销，"两非"剥离任务全面完成。

【走向海外】 2021年，集团进出口总额5.2亿美元，比上年增长121%，其中出口额4.8亿美元，增长116%，均再创历史新高。成功举办中非现代矿物加工技术（第一期）网络培训班，来自中国和南非等9个国家27个矿业企业的100多人参加培训；中国—南非矿产资源开发利用联合研究中心合作方主要负责人普蒂教授获得2021年度中国政府友谊奖；集团领导应邀在中国—塞尔维亚科技合作委员会第五届例会作专题发言，受邀出席中国—中东欧国家科技创新合作论坛，集团国际影响力持续提升。

【重大创新】 一是服务国家战略，参与一批规划编制。集团发挥专业智库优势，深度参与科技部重点专项实施方案、国家发展改革委海外矿产资源开发利用指南、工业和信息化部新材料产业重点攻关任务等编制工作，为服务国家创新发展战略贡献积极力量。

二是聚焦重点领域，成功立项一批重大科研项目。全年申报各类纵向科研项目194项，新批准立项78项，合同总额2.7亿元，比上年增长12.1%；纵向累计到款2.5亿元，比上年增长62.8%。集团牵头和参与的科技部"战略性矿产资源开发利用"专项项目36个课题全部获批立项，覆盖第一批指南的所有研究方向，彰显集团在矿冶领域的整体综合优势和行业地位。

三是加强组织管理，攻关一批关键核心技术。集团精心组织，各单位协同发力，6项"1025专项"攻关项目均取得重要成果，全部通过国务院国资委年度成效评估。抢抓机遇，加入高端分析测试仪器创新联合体并承担两款仪器的攻关研制任务，助力实现关键核心技术自主可控。

四是加大研发投入，推出一批新举措。继续加大科技创新资金投入力度,全年各类科技基金立项经费4737万元;在实施的"双碳"专项中,积极探索"揭榜挂帅"机制,与揭榜团队签署"军令状",设定里程碑考核指标,进一步激发科研人员创新动力和创造潜能。

五是强化技术凝练,取得一批新成果。全年获得各类科技奖励80项,其中,1项成果获得国防科技进步一等奖、7项成果获得中国有色金属工业科学技术奖一等奖。1项项目入选国家"十三五"科技创新成就展;5项成果入选《中央企业科技创新成果推荐目录(2020年版)》。32个科技项目顺利通过成果评价,20项成果被评为"国际领先水平"。获批授权专利258件、获准登记软件著作权103项,分别比上年增长62%、157%。

六是充分发挥自身优势,打造一批重要平台。启动国家工程研究中心、国家重点实验室优化整合工作,进一步提升集团在国家和行业中的地位;无污染有色金属提取及节能技术国家工程研究中心入选国家发展改革委首批新序列国家工程研究中心;获批工业和信息化部5G应用安全创新示范中心;江苏北科获批江苏省(北矿金属)废旧动力电池综合回收循环利用工程技术研究中心;株洲公司获批工业和信息化部专精特新"小巨人"企业;加入天然铀产业技术创新联合体等8个产学研联盟,行业影响力进一步提升。

【党建工作】 一是不断提高政治站位,"两个维护"更加坚定。坚持把政治建设放在首位,坚持党的全面领导,在党和国家大局中谋改革促发展,聚焦集团主责主业,推进重点专项工作,以扎实的举措和行动,确保习近平总书记重要指示批示精神和党中央重大决策部署在集团落实落地,用实际行动践行"两个维护"。

二是突出矿冶特色,党史学习教育取得实效。围绕庆祝中国共产党成立100周年开展"十个一"系列活动,突出矿冶特色、突出学用结合、突出惠及群众、突出促进发展,全方位、全覆盖、立体式开展学习,引领广大党员和职工群众,切实做到学史明理、学史增信、学史崇德、学史力行,将党史学习教育成果转化为集团高质量发展的强大动力。扎实推进"我为群众办实事"实践活动,集团层面27项重点民生项目全面完成,解决一批职工群众的操心事、烦心事和揪心事,以实际行动增强员工获得感幸福感安全感。

三是全面提升基层组织力,战斗堡垒更加坚强。积极支持各级党组织加强基本队伍建设,有针对性地培训各级党组织书记和党务人员,提升履职能力。将基层单位提升管理促发展与党委开展的"强支部、精业务、促发展"试点工作有机融合,充分发挥党支部战斗堡垒作用和党员先锋模范作用。

四是持续正风肃纪,从严治党更加深化。强化政治监督,依规依纪依法严肃执纪问责,全年处置问题线索11件,精准运用"四种形态"给予5人批评教育,1人诫勉谈话,3人开除党籍处分,深化以案示警。锲而不舍落实中央八项规定及实施细则精神、持续整治"四风"。以廉(联)控工程作为全流程监督、全面风险防控的载体,强化对权力运行的制约和监督,提升管理效率和管理效益。发挥内部巡视作用,用政治监督推动工作,用工作落实强化监督,在集团形成监督、整改、治理一体推进新格局。

【信息化与数字化建设】 积极推进建设国资国企在线监管系统,实现集团改革督办、大额采购和监督追责等系统与国务院国资委的融合对接,集团数字化智能化监管效能加速释放;依托OA平台自主搭建建言献策、网信采购等系列审批流程,进一步推进信息化与业务深度融合,业务管理标准化、流程化更加高效。建设完成商密安全防护系统,OA系统通过网络安全等级保护测评并成功验收,网络和信息安全管理向纵深推进。

【履行社会责任】 一是坚定不移做好常态化疫情防控。密切关注国际国内疫情形势变化,抓紧抓实抓细国内常态化疫情防控各项举措,落实"两稳两争两保"境外疫情防控要求,有序组织员工接种疫苗,对重点单位、重点项目和关键岗位开展专项检查,坚决巩固疫情防控成果,集团境内外疫情防控形势保持稳定。

二是勇担使命接续奋战乡村振兴。持续巩固拓展脱贫攻坚成果,有力有序全面启动乡村振兴,全年累计投入各类帮扶资金945万元;拓展帮扶新思路、新方法,开展支教互动、"阳光育苗助学行动"等系列帮扶活动,建立教育帮扶长效机制;集团扶贫办获评

"河南省脱贫攻坚先进集体",驻村第一书记朴永超获评"全国脱贫攻坚先进个人"。

三是认真履行节能减排与生态环境保护主体责任。组织召开"双碳"专题培训,启动"双碳"专项科研基金,加快培育集团"双碳"领域新业务新优势,推动绿色低碳转型发展;开展"节能宣传周""全国低碳日"活动,培育引领低碳节能新风尚。

四是抓实安全生产和职业卫生监督管理。牢固树立安全生产红线意识,严格落实安全生产主体责任,扎实推进专项整治三年行动,强化安全生产检查和隐患排查治理,集团安全生产形势平稳。成立"创建健康促进企业工作"领导小组,多措并举强化职业卫生管理,全面提升企业健康卫生水平。

(撰稿人:朱亦珺)

中国国际技术智力合作集团有限公司

【基本概况】 2021年,中国国际技术智力合作集团有限公司(以下简称中智集团)面对严峻复杂的外部竞争环境和艰巨繁重的改革发展任务,坚决贯彻落实党中央决策部署和国务院国资委工作要求,坚定聚焦主责主业,持续深化改革创新,加快布局结构调整,推动各方面工作取得新进展、新成效,实现"十四五"良好开局。全年新设14家分支机构,服务网点覆盖国内388个城市,服务规模不断壮大。积极整合内外媒体资源,深度参与筹办首届人力资源服务业发展大会,完成中央电视台《信物百年》、"健康中国战略"节目录制和访谈,携手央视网打造"人力资源第一声音"视频号,品牌形象和市场认可度不断提升。2021年,中智集团居"中国企业500强"第189位、"中国服务业企业500强"第76位,连续16年领航中国人力资源服务业。

【主要指标】 2021年,中智集团聚焦国务院国资委"两利四率"和"两高三增一稳"目标,坚定聚焦主责主业,深入推进提质增效,努力攻坚克难,奋力完成全年目标任务,经营业绩创历史新高。资产总额、营业收入、利润总额、净利润分别比上年增长19.06%、19.89%、8.61%、7.55%。

表1 2021年中国国际技术智力合作集团有限公司主要经济指标

项 目	2020年	2021年	比上年增长(%)
资产总额(亿元)	157.84	187.92	19.06
所有者权益(亿元)	59.30	77.14	30.08
营业收入(亿元)	167.75	201.12	19.89
利润总额(亿元)	11.38	12.36	8.61
净利润(亿元)	8.87	9.54	7.55
归属于母公司所有者的净利润(亿元)	8.53	9.38	9.96
技术开发投入(亿元)	2.06	2.51	21.84
利税总额(亿元)	36.07	53.50	48.32
应交税金总额(亿元)	27.63	32.71	18.39
全员劳动生产率[万元/(人·年)]	99.47	111.94	12.54
净资产收益率(%)	16.18	14.01	减少2.17个百分点
总资产报酬率(%)	7.68	7.16	减少0.52个百分点
国有资本保值增值率(%)	117.27	129.23	增加11.96个百分点

【改革发展】 2021年,中智集团扎实推进国企改革三年行动,认真落实国务院国资委深化改革部署要求,加大统筹协调和改革协同力度,补短板强弱项,推动重要领域和关键环节改革取得更大突破。全面落实中央企业在完善公司治理中加强党的领导的各项要求,推动前置研究清单有效执行。推进三项制度改革在各层级企业落深落实,全面实行经理层成员任期制和契约化管理,对关键核心人才实行具有市场竞争力的薪酬激励制度。探索差异化管控,推进混合所有制企业深度转换经营机制。深化开展对标世界一流管理提升行动。做精做深"双百行动""科改示范行

动"等专项工程和改革试点企业,切实发挥示范引领作用。将国企改革重要要求纳入公司章程和企业制度体系,推动各方面制度更加成熟定型。全面总结经验做法,多渠道、多媒介积极宣传推广,不断传播中智改革声音。

【重大项目】 2021年,中智集团聚焦落实外延式发展战略,修订完善投资管理制度,出台激励所属企业加快外延式发展暂行办法;探索全资新设、合资新设、先参后控3种投资模式,形成符合产业发展的投资范式。全年储备不同阶段标的20余个,以投促产的发展格局初步建立。

【走向海外】 2021年,中智集团稳健开展境外投资和生产经营,聚焦签证、出入境、商旅服务等重点领域开展国际化经营,积极开发"一带一路"国际合作项目,与欧亚经济合作组织等签署战略合作协议,启动9个国家海外签证中心投标准备,新开发商旅客户32家。严格境外资产监管,做好重点项目风险评估,严格控制风险。

【重大创新】 2021年,中智集团围绕服务供给侧结构性改革,结合政策导向和客户需求,从供给端全面加强产品服务和商业模式创新,主业竞争优势加快培育。加大产品销售和创新升级力度,对主业价值贡献率稳步提升。加强在线产品研发推广,推进青创赛获奖成果孵化转化,"中智e扫""微财税""智灵云"等一批产品上线推广,在线产品族群更加丰富,有效赋能主业发展。以创新项目统筹管理和经费支持为抓手,对重点攻关任务实行"揭榜挂帅",推动科技创新取得新突破。

【党建工作】 2021年,中智集团坚决贯彻落实全国国有企业党的建设工作会议、中央企业党的建设工作座谈会精神,切实履行管党治党主体责任,集团党建工作质量明显提升。以党史学习教育为切入点,有力推动学史明理、学史增信、学史崇德、学史力行。扎实开展庆祝建党百年系列活动,深入开展全国国企党建会精神落实情况"回头看"和"中央企业党建创新拓展年"专项行动,稳步推进"我为群众办实事"实践活动,形成项目清单425项,集中解决一批长期制约集团改革发展的体制性难题和事关员工群众切身利益的现实问题。召开中智集团第四次党代会,选举产生新一届集团党委和纪委。完成二级分支机构党建工作责任制考核和述职评议,有效发挥考核指挥棒作用。建立健全抓党建制度体系,制定促进党建与业务深度融合和党支部标准化建设等指导性文件,实现党建与业务互融互促,管党治党意识明显增强、主体责任进一步落实。建立集团"巾帼文明岗"、"巾帼建功标兵"、"五四"青年评选表彰等制度,积极落实职代会制度,加强员工关心关爱,努力构建和谐劳动关系。扎实做好国务院国资委专项巡视配合与整改工作。加强对"一把手"和领导班子的监督,规范权力运行。聚焦重点领域,结合新的组织架构、业务形态,滚动更新廉洁风险防控举措。强化巡视巡察上下联动,认真抓好巡视反馈意见整改落实工作。持之以恒纠治"四风",多措并举形成"三不"一体推进新局面。

【信息化与数字化建设】 2021年,中智集团信息化提升和数字化转型取得积极成效。将数字化转型作为结构性调优的重要抓手,在主营业务系统投产推广基础上,以流程优化和重构为切入点积极开展结构性调优,为铸链锻链强链、提升主业核心竞争力夯实基础。以信息化提升、数字化转型为方向,加快推进业务信息化和管理信息化建设,实现核心主营业务系统全覆盖、主营业务数据归集;开展国资监管数字化智能化提升专项行动,不断完善"三线一面"管理信息化系统建设。加强主数据管理,发布《集团代码主数据标准1.0》。加大网络安全管控力度,落实信息系统等级保护测评及安全测试,合规达标率提升到100%。

【履行社会责任】 2021年,中智集团依托"中智招聘"平台,积极承办人力资源和社会保障部、国务院国资委、教育部开展的招聘系列活动,创新开展西藏籍高校毕业生市场化促就业项目,全年推动超过130万人次实现就业择业和流动,为稳就业、惠民生作出积极贡献,中智招聘网获得教育部"24365校园招聘服务"突出贡献感谢状。积极对接服务国家重大区域战略,将市场布局与业务拓展全面融入国家重大区域战略中,与江西、黑龙江等人民政府签署战略合作协议,结合地区资源禀赋特点,有针对性地提供人力资源全产业链专业服务,有效助力地方经济发展。中智集团在定点帮扶云南省大姚、姚安两县成功脱贫"摘帽"基础上,巩固脱贫攻坚成果,推动乡村振兴取得新成效。

《中智2020年度阳光社会责任报告》第二次被评为五星级报告,企业社会影响力明显提升。

(撰稿人:薛俊武)

中国建筑科学研究院有限公司

【基本概况】 2021年,中国建筑科学研究院有限公司(以下简称中国建研院)全体干部职工深入学习习近平新时代中国特色社会主义思想,全面贯彻党的十九大、十九届历次全会精神,认真落实党中央、国务院决策部署和国务院国资委工作要求,围绕"十四五"开局,聚合力、谋发展,抓改革、促创新,统筹疫情防控和生产经营,紧抓机遇、拼搏奋进,在全体员工的共同努力下,圆满完成全年各项目标任务,在高质量发展的道路上迈出新步伐,取得新成效。

【主要指标】 2021年,中国建研院营业收入80.32亿元,比上年增长17.9%;利润总额4.21亿元,比上年增长13.8%;实现净利润3.43亿元,比上年增长13.3%,全员劳动生产率比上年提高20.4%,在研(编)省部级及以上科研和标准规范230项,圆满完成国务院国资委各项考核任务,实现"十四五"良好开局。

表1 2021年中国建筑科学研究院有限公司主要经济指标

项 目	2020年	2021年	比上年增长(%)
资产总额(亿元)	64.84	70.52	4.1
所有者权益(亿元)	29.96	33.34	12.2
营业收入(亿元)	68.10	80.32	17.9
利润总额(亿元)	3.70	4.21	13.8
净利润(亿元)	3.03	3.43	13.3
归属于母公司所有者的净利润(亿元)	2.56	2.88	12.2

续表

项 目	2020年	2021年	比上年增长(%)
技术开发投入(亿元)	7.40	8.94	20.9
利税总额(亿元)	6.33	7.05	11.4
应交税金总额(亿元)	3.49	4.09	17.2
全员劳动生产率[万元/(人·年)]	23.13	27.86	20.4
净资产收益率(%)	10.69	10.59	增加0.10个百分点
总资产报酬率(%)	5.98	6.10	增加0.12个百分点
国有资本保值增值率(%)	110.34	114.24	增加3.90个百分点

注:利税总额=税金及附加+应交增值税+利润总额;全员劳动生产率=劳动生产总值÷全年平均从业人员人数。

【改革发展】 一是明确发展方向,聚焦战略突出重点。实施"十四五"发展规划。公司"十四五"发展规划明确提质科技创新、提升经营效益、提高治理水平3个规划总目标、9个规划分目标,制定9个重点任务和36项重点工作。制定"十四五"人才发展规划,形成"一个核心""三支队伍""五化支撑""四个保障"的"1354"人才发展规划,为高质量推动干部人才队伍建设做好规划牵引。提升治理能力。完善公司及二级单位党组织前置研究讨论重大经营管理事项清单,修订公司董事会议事规则、公司"三重一大"事项范围及重大事项决策权责清单,董事会专委会议事规则、董事会授权管理办法、董事会授权决策建议方案,进一步厘清党委和董事会、经理层治理主体的权责边界,不断促进党的领导和完善公司治理相统一。二是深化公司改革,扎实开展三年行动。全面推行经理层成员任期制和契约化管理,签订岗位聘任协议和年度与任期经营业绩责任书,切实发挥任期制和契约化管理在推动三项制度改革中的"牛鼻子"作用。纵深推进三项制度改革,完善市场化选人用人机制,持续优化考核分配体系,加强工资总额管理,规范劳动用工管理。对标世界一流管理提升取得积极成效,完成第二阶段年度重点任务及对标清单子任务。三是强化人才建设，推进人才强企战略。加强业绩考核完善分配体系，将薪酬与经营规模、价值贡献、发展质量挂钩，形成效益增工资增的同向联动机制。严格按照国有企业领导人员"二十字"要求选优配强中层干部，加大市场化选聘力度，持续优化干部队伍结构，继续选派优秀年轻干部挂职锻炼。

【重大项目】 2021年，中国建研院坚持立足主责主业，全力以赴开拓市场，积极融入构建新发展格局。

全方位建筑技术咨询与服务、软件产品和解决方案方面，完成《混凝土结构通用规范》等3项全文强制工程建设规范，研发成果BIMBase在建筑、电力、交通等行业1000多家企业的工程项目，以及厦门、雄安等新城建工作试点中得到应用。承担成都天府新区489米超高层、南京大悦城等项目的结构顾问；开展上海、深圳等地航空物流园规划咨询，招行总部大厦等超高层风工程咨询，融创室内滑雪场等幕墙咨询；为华润置地、金茂集团等企业提供产品策略与咨询；承接住建部组织的全国自然灾害综合风险普查城镇房屋抽检审核，为各级政府开展自然灾害防治提供有力支撑。

规划设计、工程总承包方面，缓粘结预应力技术、加装电梯等研发成果转化态势良好。以设计带动工程总承包，完成长治滨湖文旅服务中心、廊坊第四人民医院院区升级改造等多个EPC项目；开展金山岭长城自然博物馆等项目的原创设计；承担京能泰州格林美分布式光伏项目等低碳建设项目、北京生物医药科技中心改造等健康产业项目、门头沟区军庄镇新村等乡村振兴项目，服务城乡建设绿色发展。

地基基础和岩土工程领域系统解决方案方面，开展能源桩现场足尺试验研究，推广绿色岩土技术；承担南宁马山高铁站广场及配套设施项目勘察设计、通州运河核心区项目工程桩咨询、东坝回迁安置房工程基坑支护及地基处理等多个专项技术服务；承担国家重点新基建项目南阳—荆门—长沙1000千伏特高压交流输变电桩基工程，实现跨行业业务拓展。

建机行业成套装备与技术服务方面，研制"人防门安装机器人"，在多个项目完成中试。完成冬奥会国家高山滑雪中心等多个赛场电梯和自动扶梯的安全评估和试验任务；为雄安新区、集大铁路、"国和一号"核岛厂房等重大项目提供升降机、擦窗机、钢筋加工成套设备，为"一带一路"重点项目埃及新首都中央商务区项目提供擦窗机产品。

建筑环境与能源领域综合研发与服务方面，成立碳中和研究院，构建服务"双碳"战略的开放式平台。完成住房和城乡建设部、生态环境部等部委委托的"建筑领域二氧化碳达峰目标和实施路径""城乡建设领域碳达峰实施方案"等"双碳"技术路径研究；持续推进近零能耗建筑技术体系在郑州市人才公寓等项目中应用，开展北京生物等多个新冠疫苗车间、青岛动物疫苗国家产业创新基地P3实验室等生物安全实验室的设计、咨询与检测业务；为兰州、呼和浩特等19个清洁取暖试点城市提供支撑服务，以科技助力打赢"蓝天保卫战"。

消防安全和公共安全领域研发与服务方面，在储能电站、智慧消防等方面开展消防安全研究，承接住房和城乡建设部"防火设施灾后受损情况调研、技术模拟和实证分析项目"课题，积极参与消防审验改革工作，开拓相关新业务领域；开展环球影城、广州白云国际机场等项目的消防安全评估；承担北京工人体育场改造、福州市鼓楼区既有建筑改造等项目特殊消防设计工作。

城乡建设领域全方位检测检验方面，完成新址扩项评审，持续扩充检测范围，打造新的经济增长点；承接服贸会首钢园区场馆项目结构检测鉴定，助力工业建筑非工业改造升级；开展北京轨道交通建设工程"十三五"安全质量状态检测，受住房和城乡建设部委托，高效完成山东省和浙江省工程质量评价工作。

"建筑设计＋"综合服务方面，开展中韩（长春）国际合作示范区中心医院、北京经开区信创园、绍兴龙山书院等项目的自主原创设计，原创设计能力大幅提升；与德国gmp在第四届中国国际进口博览会上签约，持续加大双方多领域、深层次合作；承接中国科学院深圳理工大学、中国石化自贸大厦等项目，持续服务雄安新区、粤港澳大湾区、海南自贸港等国家区域发展战略。

"规划＋"综合服务方面，积极参与雄安新区绿色城区规划设计标准、回龙观天通苑地区新一轮行动计划（2021—2025年）等研究，承接西藏比如县国土空间规划、中新天津生态城可再生能源专项规划、中国人民大学通州新校区智慧校园规划等项目。

"认证＋"综合服务方面，取得美国 IAS 认证机构和检验认可资质，服务国内建材企业复合木制品产品走向国际市场；完成人造板和木质地板等绿色产品以及围护结构和混凝土等绿色建材的认证资质扩项。

【走向海外】 2021 年，中国建研院积极配合外交部、商务部等单位承担阿尔及利亚奥兰体育场智能化专业分包，塞内加尔体育场和塞拉利昂体育场的结构检测鉴定等工作；克服疫情影响，线上参加系列 ISO 技术委员会、冬奥组委工作会，组织完成第八届建设 21 国际联盟"绿色解决方案奖"中国区评审；开展"中瑞零碳建筑合作项目"研究，为促进我国绿色低碳技术在"一带一路"应用提供工作基础。

【重大创新】 科技研发成果丰硕。"近零能耗建筑·雄安城市计算中心"等 4 项成果入选国家"十三五"科技创新成就展；"十三五"国家重点研发计划"公共机构高效用能系统及智能调控技术研究与示范"等 10 个项目顺利通过绩效评价。19 项成果获得国家级协会科技奖励，其中"绿色建筑标准体系构建与重点标准编制""近零能耗建筑技术体系研究与规模化应用"获得中国建筑学会科技进步奖一等奖，"大型太阳能供热关键技术及规模化应用"获得中国可再生能源学会科学技术进步奖一等奖。"中国·红岛国际会议展览中心工程""大望京 2 号地超高层建筑群项目"获得中国土木工程詹天佑奖。16 项成果获得 2021 年度华夏建设科学技术奖，其中"生物安全建筑防护关键技术研究与标准体系创建"获得特等奖，"中深层地埋管地热热泵供暖关键技术研究与应用""大型交通枢纽建筑在高速列车运行影响下的振动控制关键技术研究与应用"2 项成果获得一等奖。

标准化工作成效显著。《工程结构通用规范》《建筑与市政工程抗震通用规范》等 6 项全文强制性工程建设规范获批发布，全面支撑工程建设标准化改革深入推进；国家标准《零碳建筑技术标准》等多项重要标准获批立项，重点领域推荐性标准布局不断完善。主导制定的 ISO 标准《幕墙层间变形性能检测方法》获批立项，《幕墙术语》获批发布。

【党建工作】 开展庆祝建党百年活动。组织收听收看庆祝中国共产党成立 100 周年大会，学习习近平总书记"七一"重要讲话。举办庆祝中国共产党成立 100 周年暨公司"两优一先"表彰大会。举办摄影书画作品展、主题征文、微电影微视频征集大赛、英语演讲比赛、知识竞赛、交流座谈会等形式多样的庆祝活动，集中展现职工知史爱党、知史爱国、知责前行精气神，营造共庆建党百年浓厚氛围。

扎实推进党史学习教育。成立领导小组及办公室、2 个巡回指导组，制定落实 11 个方面 22 项重点任务举措。公司党委围绕学习习近平总书记重要讲话、党的十九届六中全会精神及《中共中央关于党的百年奋斗重大成就和历史经验的决议》等，开展集中专题学习 34 次，举办干部培训班 2 期，领导班子全部深入基层讲党课。开展"我为群众办实事"实践活动，立足提供高质量产品服务、履行社会责任、引领行业技术进步、保障职工权益，推进实施 159 个重点民生项目。

全面加强党的领导。以政治建设为统领，深刻领悟"两个确立"的决定性意义，增强"四个意识"、坚定"四个自信"、做到"两个维护"，坚决推动习近平总书记重要讲话、重要指示批示精神和党中央决策部署在公司落地。结合实际修订党委会议事规则，制定党委前置研究讨论重大经营管理事项清单，推进党的领导融入公司治理各环节制度化、规范化、程序化，研究部署党建工作，研究决定重要干部任免，研究讨论重大决策事项，充分发挥党委把方向、管大局、促落实的领导作用。

创新拓展党建工作。召开党建和党风廉政建设工作会议、二级党组织书记述职评议会，总结部署党建工作。结合全国国企党建会精神贯彻落实情况"回头看"及国务院国资委党委巡视整改，开展党建重点任务专项督导。加强基层党组织建设，指导 4 家二级党组织按期换届，挖掘 17 个基层党建创新示范案例。公司 1 个集体和 2 名个人获得 2021 年中央企业"两优一先"表彰。

加强宣传思想工作。举办新闻宣传工作培训会，制定公司关于新时代加强和改进思想政治工作的实施措施，发布新闻报道 1143 篇、举办"建研院大讲堂"6 期、"科技大讲堂"4 期。加大政策调研力度，关于疫苗车间建设、老旧小区改造、村镇建筑防灾减灾、建筑节能减碳等政策建议获中央办公厅、国务院办公厅专报采用。

抓牢群团统战工作。组织职工健康讲座、联谊活动、技能竞赛和体育比赛,做好困难职工帮扶,在办公区配置AED急救箱,开展工会经费审计。加强公司党建带团建工作,制定实施方案并召开工作推进会,启动"青马工程",规范团组织设置,梳理团员组织关系,开展团干部培训,组织青年论坛和青年志愿活动,公司团委被授予"全国五四红旗团委"称号。建立党外代表人士联谊交友机制,召开党外代表人士座谈会,开展统战干部培训。

健全协同高效的监督机制。制定《关于构建公司内部大监督格局的指导意见》,成立监督委员会和办公室,建立定期会商、协同配合、成果共享和整改跟踪工作机制。加强对公司内部纪检力量的协同调配,全年调配所属单位纪检干部32人次。完善二级单位纪委书记、纪检委员定期会商沟通机制,充分发挥好基层纪委作用。

强化日常监督。制定《公司贯彻落实〈中共中央关于加强对"一把手"和领导班子监督的意见〉的实施办法》,加强对"一把手"和领导班子的监督。召开警示教育大会,坚持以案示警、以案为鉴、以案明纪、以案促改。制定《关于建立经营投资尽职合规免责事项清单机制的实施意见》,完善经营投资容错纠错机制,服务公司改革发展。

深化内部巡视。制定《公司党委内部巡察工作办法》《公司党委巡视组工作规则》等9项制度,举办巡视巡察干部培训班。按照巡视工作规划,完成2家二级单位常规巡视,以干代训提级巡视1家三级单位,同步开展选人用人专项巡视工作。

【信息化与数字化建设】 2021年,中国建研院进一步加强党建、人力资源、科研标准、外事、合规经营和财务管理等业务的信息化工作,梳理管理业务流程,完成外事管理移动端、久其财务网络报表及门户网站等系统建设。建成"国企改革在线督办"等5个系统模块,全面完成国务院国资委部署的国资监管信息化系统建设和数据报送工作。完成公司"网络与信息安全体系文件"修编及建党100周年网络安全保障等工作。

【履行社会责任】 打好污染防治攻坚战。持续服务"蓝天保卫战"国家战略,组建专业清洁取暖技术支撑团队奔赴多地开展工作,为数十个城市量身定制清洁取暖全过程技术解决方案。

积极服务国家战略和发展大局。围绕"双碳"目标下的城乡建设绿色发展新方向,加强老旧小区宜居改造、零能零碳、绿色建筑、健康建筑、绿色宜居村镇建设等关键技术研发,以领先的技术服务城市更新、乡村建设行动,推进新城建技术支撑能力建设。

举办以"双碳目标下的新城建"为主题的中国建筑科学大会,推动行业绿色转型发展。建成建筑环境与能源综合实验平台光电示范建筑,光伏与建筑深度融合的思路为建筑绿色低碳发展提供新路径。

向河南省捐款500万元,支持防汛救灾工作。及时调整定点帮扶工作机构,选派挂职干部,制定帮扶计划,推进帮扶措施,持续助力山西省忻州市偏关县巩固拓展脱贫攻坚成果、推进乡村振兴。2021年度投入帮扶资金550万元,技术服务投入170万元,充分发挥公司技术优势,助力偏关县做好巩固拓展脱贫攻坚成果同乡村振兴有效衔接工作。公司派驻偏关县水泉镇水泉村第一书记张大勇获评"全国脱贫攻坚先进个人"。

(撰稿人:钟 杨)

中国中车集团有限公司

【基本概况】 2021年,中国中车集团有限公司(以下简称中国中车)积极践行交通强国战略,全面贯彻新发展理念,服务并融入构建新发展格局,以"高质量发展"为主题,不断激发"创新""改革"两大动力,加快结构调整和转型升级,着力打造"强基""赋能""攀高"三大引擎,同时锚定建设受人尊敬世界一流中车目标,深入实施国企改革三年行动和市场化经营机制改革专项行动,克服因新冠肺炎疫情等因素造成的铁路装备业务下滑及原材料价格上涨等不利影响,积极推动业务布局、市场拓展、科技创新、改革创新、管理提升、产融结合、党建"金名片"和"七个新突破",全面完成国务院国资委下达的年度经营业绩考核指标,经营业绩考核实现"十连A",轨道交通装备业务营业收入稳居全球行业第一,进一步巩固全球轨道交通装备行业地位,实现"十四五"良好开局。

【主要指标】 2021年,中国中车紧密围绕年度经营工作思路,聚焦"七个新突破",统筹疫情防控和经营发展,圆满完成国务院国资委下达的年度考核指标,实现营业收入2384.29亿元、净利润130.24亿元。营业收入利润率、全员劳动生产率、研发投入强度和资产负债率均达到预期目标,全面完成"两利四率"目标。标普、惠誉、穆迪3家国际评级机构分别给予中国中车股份有限公司 A+/Stable、A+/Stable、A1/Stable,维持主权级评价。

表1 2021年中国中车集团有限公司主要经济指标

项　目	2020年	2021年	比上年增长(%)
资产总额(亿元)	4367.25	4782.78	9.51
所有者权益(亿元)	1732.53	1900.61	9.70
营业收入(亿元)	2399.70	2384.29	−0.64
利润总额(亿元)	156.09	153.39	−1.73
净利润(亿元)	129.66	130.24	0.45
归属于母公司所有者的净利润(亿元)	51.61	57.33	11.08
技术开发投入(亿元)	165.87	152.1	−8.30
应交税金总额(亿元)	130.17	125.35	−3.70
全员劳动生产率[万元/(人·年)]	34.98	37.87	8.24
净资产收益率(%)	7.72	7.17	减少0.55个百分点
总资产报酬率(%)	4.04	3.79	减少0.25个百分点
国有资本保值增值率(%)	107.70	107.17	减少0.53个百分点

注:2021年国有资本保值增值率数据为申报数。

【改革发展】 2021年,中国中车编制印发《中国中车"十四五"发展战略纲要》,推进业务、职能、区域等"十四五"专项规划编制及子公司"十四五"发展规划审核,构建定位精准、上下衔接、边界清晰、功能互补的"十四五"战略规划体系。全面推进中车改革三年行动,截至2021年底,中车集团层面,提出的85条改革举措整体推进95%,其中完成60项;重点子企业层面,31家重点子企业提出改革举措1833条,整体推进94%。进一步建立健全中国特色现代企业制度,中车集团境内全级次332家企业全部完成党建进章程工作,设立董事会的36家一级子公司全面实现党委书记和董事长由一人担任,全级次174户企业董事会应建尽建并全部实现外部董事占多数,明确要落实董事会职权的一级重要子企业全部落实董事会职权。

分层分类推进混合所有制改革,批复混合所有制改革项目立项1个、可研项目3个,完成混合所有制改革项目2个。国企改革三年行动以来,实施混合所有制改革的8家企业近两年的技术投入比例均超过10%,经营业绩同比显著增长。深化推进综合改革专项工程,7家"双百企业"主动寻求"破冰突围",并取得良好的成效与社会反响。中国中车改革工作入选国务院国企改革"学先进、抓落实、促改革"专项工作第二批改革典型,并入选中宣部国企改革重点宣传企业名单。

深入实施市场化经营机制改革,确定"优、平、简、去、活"顶层设计思路,制定《中车深入实施市场化经营机制改革工作方案》,发布《中国中车科学定岗定编优效优员指导意见》《中国中车组织机构改革指导意见》,大力推进产权层级优化、管理层级优化、非制造类企业管理机构优化和定岗定编优化、"三铸一锻"产业结构优化、总部任期考核后的结果运用等"五个率先完成",集团全级次企业经理层成员和中层管理人员100%实行任期制和契约化管理,16家子公司深化推行职业经理人制度,并全面推行市场化竞聘。实施科创板上市战略配售,在激励方式上取得新突破。中车市场化选人用人工作得到国务院国资委充分认可,"两制一契"管理经验入选深化三项制度改革首批范例。

深入学习贯彻中央人才工作会议精神,强化干部人才工作顶层设计,制定实施公司"十四五"人力资源战略规划、教育培训规划。实施人才强企战略,全面深化"四全五能"市场化经营机制改革,持续深化人才发展体制机制改革,坚持高端引领、整体开发原则,创新引才引智模式,持续打造高素质的专业技术人才和技能人才队伍。加强领导力系列开发和数字化人才、国际化人才及各类核心人才的培养,加快推进中车人才高地建设。构建灵活高效的市场化劳动用工和收入分配机制,进一步完善全口径用工资源与劳动效率双控指标体系,强化用工总量管控;进一步完善差异化薪酬分配机制,系统构建人才激励体系,完善激励机制,丰富激励手段,强化考评管理,落实激励效果,充分激发人才队伍活力;持续加大中长期激励力度,累计实施中长期激励计划17个,激励科技、管理、技能等各类人才近4000人。

【重大项目】 2021年,中国中车统筹安排投资项目,优化业务布局,提升智能制造能力,促进新产业发展,推动公司"产品+""系统+"业务拓展及业务重组整合。全年完成固定资产投资、长期股权投资、增资和股权调整项目审核88项。发起设立规模40亿元的中车转型升级基金、规模16亿元的宁夏风资源基金,用于支持中车主业发展。多渠道筹集资金,支持轨道交通PPP业务发展,推进境内PPP长期股权投资项目12项。

继续推进企业及业务重组。轨道交通装备制造类企业重组方面,推进完成中车四方股份公司整合中车四方有限公司工作,以及大连公司重组。核心系统和关键部件业务重组方面,推动中车制动业务重组,批复组建中车制动科技有限公司。平台类业务重组方面,推动租赁公司整合中铁装备公司、科技园公司整合南车投资公司、国际公司整合澳大利亚公司,启动中车金控和资本公司的重组工作。"三极多点"业务重组方面,推动新材料、新能源客车和风电装备等三极业务相关企业提级管理。

推动时代电气完成科创板上市,发行融资规模为计划融资规模的97.3%,显著优于市场当期平均水平。推动江苏中车数字科技有限公司完成B轮融资、宁波中车新能源科技有限公司完成A轮融资,为两个公司下一步股份制改制并申报上市奠定基础。推动中车株洲投资控股有限公司通过"受让股权+定向增发+投票权委托"的方式并购江苏亚威机床股份有限公司,形成正式并购请示并提交国务院国资委和证监会待审核。

进一步夯实科研基础,不断增强科研实力。持续完善国家高速列车技术创新中心组织模式和治理结构,筹建国家高速列车技术创新中心公司。轨道交通车辆系统集成国家工程实验室优化整合后被纳入新序列国家工程研究中心管理。依托中车株洲所组建中国中车电子器件与电器装备RAMS技术研发中心,成功打造具有中车特色的RAMS技术研发平台。承担国家重点研发计划"先进轨道交通"重点专项7个方向13个项目;承担国务院国资委"1025"专项,设立12个中车"85"专项、9个GCT专项、8个协同创新团队项目。完成中国中车"十四五"科技重大专项布局,在轨道交通、现代物流、数字化/智能化、碳达峰/碳中和、再制造等技术领域设立的17个研发方向26个项目117个课题"揭榜挂帅",并有序启动实施。

【走向海外】 2021年,中国中车主动应对全球新冠肺炎疫情蔓延及国际政治经济局势变化,合理调整市场策略,克服新冠肺炎疫情带来的一系列不利影响,不断成功实践"走出去"模式,进一步增强中国中车在"一带一路"沿线市场影响力和示范效应。成功突破卢森堡、希腊、科特迪瓦3个新市场,获得阿联酋、巴基斯坦、澳大利亚、新西兰、荷兰、几内亚、智利、阿根廷等国家和地区新订单及中老铁路集中动力动车组增购订单,高标准、高质量完成中老铁路"澜沧号"车辆制造与交付,保障中老铁路年内顺利开通,稳步推进雅万高铁、中泰高铁、匈塞铁路等政府间重大合作项目。启动并成功实施首个境外PPP项目即墨西哥城地铁1号线整体现代化项目。轨道交通产品及三极多点业务出口不断取得新突破,全年出口机车、客车、货车、城轨车辆、小众产品8000余辆/份至欧洲、南美洲、澳洲、亚洲、非洲的多个国家。中车海外首个整车并购企业株机福斯罗公司实现盈利,在欧洲市场取得突破性进展,打出"新造+维保+租赁"组合拳,进一步夯实高端市场"桥头堡"地位。

【重大创新】 2021年,中国中车重点产品和关键技术取得新突破。复兴号高原双源动力集中动车组实现电气化区段和非电气化区段跨线运营"全能型选手"等6项关键技术创新,成功投入拉林铁路运营;全球首创智能空轨集疏运系统——青岛港空轨项目完成建设交付;C87型运煤专用敞车完成样车试制、智能监测系统试装车及监测试验;40英尺铁路运输发电箱正式向中铁特货交付;亚洲最大功率12兆瓦海上半直驱永磁同步风力发电机等标杆产品下线,全球陆上最大功率风力发电机成功在国内张北风场并网发电;基于高分子复合材料的柔性联轴器突破过载保护关键技术,并获得海外销售订单;轨道交通车辆新材料攻克碳纤维结构挤压成型技术难关,突破酚醛泡沫夹芯结构复合材料制品模压工艺;第一代氢燃料电池电堆完成样机试制;大吨位矿用电动轮自卸车330E成功下线,技术达到国内领先水平。时速600千米高速磁浮交通系统入选2021年度中央企业十大国之重器;采用中国标准、融合中老文化特色的"澜沧号"动车组投入运营;冬奥列车助力北京冬奥会;符合TSI标准双层动车组和首列中国标准地铁列车成功下线。全年获得中国交通运输协会科学技术奖18项,其中一等奖7项。完成专利申请6148件,其中发明专利4161件、海外专利603件,获得第22届中国专利奖金奖2项、银奖2项、优秀奖13项,专利获奖创历史最好成绩,专利质量排序位列中央企业A级。

深入开展对标世界一流管理提升活动,按照创建"三个标杆"工作目标,组织开展管理提升标杆创建活动,引导各企业重点突破和打造样板工程。中车入选标杆企业3家、标杆项目1个、标杆模式1个,入围标杆数量为中央企业最多。瞄准世界一流高标准,实施"强基工程",制定《中国中车以深化精益管理为主线的三年"强基工程"实施方案》,围绕基本制度、基础工作、基本能力、基层管理,制定年度"强基工程"清单,形成一批制度、标准、规范。努力培育与世界一流企业相匹配的先进管理理念、管理标准和管理文化。从领导战略层、职能实施层、全员提案改善层等3个层次,组织开展"改善不良 杜绝浪费"专项工作,发动员工应用精益理念和方法在设计、工艺、生产、设备、供应链、物流配送、质量、安全环境等方面实施改善,并取得良好的改善成效。持续完善精益管理体系,构建富有中车特色的精益管理体系,中国中车精益管理体系入选国务院国资委标杆项目1个,中国中车精益管理创新实践获得国家管理创新成果一等奖。

【**党建工作**】 2021年,中国中车党委以习近平新时代中国特色社会主义思想为指引,深入贯彻党的十九大和十九届历次全会精神,全面落实全国国企党建会议精神和"中央企业党建创新拓展年"工作部署,以打造党建"金名片"为主线,以"固化攀升"为主题,以高质量党建引领保障高质量发展。全面系统地组织学习和贯彻习近平新时代中国特色社会主义思想、习近平总书记"七一"重要讲话精神及视察中车重要指示精神和考察北京冬奥会、冬残奥会筹办工作等重要讲话精神,增强"四个意识",坚定"四个自信",做到"两个维护"。扎实开展党史学习教育,做到学史明理、学史增信、学史崇德、学史力行,做到学深悟透、落实落细。

全面落实"两个一以贯之"要求,把加强党的领导与完善公司治理统一起来,健全党委常委会会议制度,"三重一大"决策制度,完善党委前置把关清单等,构建权责法定、权责透明、协调运转、有效制衡的中国特色现代国有企业治理机制。巩固深化落实全国国企党建会精神成果,并组织开展贯彻落实情况"回头看",进一步对标检视、深化落实、巩固成果。坚持在深化改革中加强党的领导和党的建设,做到党的建设与企业改革同步谋划、党的组织及工作机构同步设置、党组织负责人及党务工作人员同步配备、党的工作同步开展,实现体制对接、机制对接、制度对接和工作对接。强化基层党组织标准化、规范化建设,进一步规范基层党组织换届工作。开展党组织"应建未建"专项排查治理及党组织书记、组工干部集中轮训和党员培训,全面加强党组织队伍建设。坚持服务生产经营不偏离,深化开展"创岗建区""创先争优""联学共建"。编制实施混合所有制企业党建工作指导意见,加强混合所有制企业党的建设。规范、稳妥地开展境外企业党建工作,进一步发挥境外党组织凝聚人心、稳定队伍及防范风险、维护安全,保证监督、促进发展的作用。强化党建理论研究,成立党建研究会,编辑出版《党建创新与实践》专刊。扎实开展"我为群众办实事"实践活动,全年为员工办实事、办好事、解难事"2020+37"项,进一步提升广大员工的幸福感、获得感。中国中车党建工作在国务院国资委党建责任制考核中连续四年获评A级,党建工作经验在中央企业党的建设工作座谈会上作经验交流。

举办"庆祝建党100周年 奋进建功新时代"、"中车百年跟党走"、走访慰问老党员等系列活动,唱响时代主旋律。传承红色基因,打造红色教育基地10个,举办"百年伟业 红色中车"红色展览,开展红色课题研究,成为首家在南湖革命纪念馆挂牌党建教育基地的中央企业。持续完善"六位一体"文化传承,并成功举办中国轨道交通工业140年峰会。中车品牌价值再次荣评国内机械设备制造行业品牌价值第一名,位列《财富》2021年最受赞赏的中国公司榜首。

深化政治巡视,分两轮对8家子公司党委开展"常规＋专项＋专题"巡视。常规巡视聚焦"四个落实",专项巡视聚焦形式主义、官僚主义突出问题,专题巡视围绕国企改革三年行动、科技创新、减利因素整改等方面开展。夯实主体责任、包保责任和"一岗双责",坚持和完善巡视整改工作机制,持续巩固政治巡视整改成果。

强化履行"两个责任",召开年度党风廉政建设和反腐败工作会,与子企业党委签订党风廉政建设责任书并开展年度考核,多次专题研究党风廉政建设和反腐败工作,组织召开集体廉政谈话会。聚焦重点领域加强监督,开展坚决贯彻习近平总书记关于冬奥会项目建设讲话精神、疫情防控、党史学习教育等专项监督检查,推动任务落实落地。全面开展"靠企吃企"专项整治,深入贯彻中央八项规定精神有关规定。坚持深化纠治"四风",组织开展集中整治中车总部形式主义、官僚主义问题,建立落实监督检查长效机制。精准运用"四种形态",保持执纪审查高压态势。坚持深化纪律教育,组织开发"智廉中车·党规党纪教育系统",广泛组织开展"百名纪检干部讲纪律"教育活动,着力构建中车廉洁文化,筑牢廉洁防线。

【信息化与数字化建设】 2021年,中国中车编制发布《中国中车"十四五"信息化发展规划》,坚持把发展数字经济作为高质量发展的关键增量,加快推进产业数字化、数字产业化,并取得阶段性成果:1个项目获批制造业高质量发展专项,1个项目获评制造业与互联网融合发展试点示范,1个项目获评工业互联网试点示范,3个项目获评新一代信息技术与制造业融合发展试点示范,2个项目获评大数据产业发展试点示范。持续开展"两化"融合贯标,推动10家子企业启动升级版贯标工作,累计61家企业开展贯标,贯标企业数量居中央企业第四名,2021年中国中车"两化"融合发展指数87.6。

有序推进智能制造工作,依托项目建成标识管理平台,与国家顶级节点互联互通,实现供应链、健康监测、产品追溯等创新场景应用;建成腻子打磨、油漆喷涂等自动化产线,实现高铁白车身关键部件的机器人化制造流程和一体化解决方案;建成数字化车间2个、智能化产线11条;加强智能制造标准建设,成立TC278智能制造工作组,完成2项国家标准申报,中国中车参与的国家标准《GB/T40647－2021智能制造系统架构》正式发布。在2021年智能制造试点示范行动中,1个项目入选智能工厂,8个项目入选智能场景,3个项目入选工业和信息化部工业互联网平台创新领航应用案例,2个项目入选国务院国资委中央企业"十三五"网络安全和信息化优秀案例,5个项目获评工业和信息化部第六批制造业单项冠军产品。中国中车"基于北斗的轨道交通车辆定位与控制创新应用"入选中央企业2020年度北斗应用十大典型案例。在第三届中央企业熠星创新创意大赛中,中国中车获评"优秀组织单位",1个项目获得二等奖、1个项目获得三等奖,2个项目获得优秀奖。

大力推进数字化建设,其中中车集团管控大数据平台完成总体方案制定和评审,并完成指标管理子平台、数据上报子平台、数据采集子平台、分析展示子平台等4个子平台和第三方服务机构管理系统等3个子系统开发与投入运行,实现相关数据的采集、汇聚、分析及向国资监管平台的数据报送。推进协同办公系统建设,实现国产数据库应用、兼容国产OFD版式阅读、适配国产中车安全浏览器,在自主可控办公系统领域起到良好的示范作用,在一级子公司中广泛推广应用。启动配件电商平台二期建设,完成仓储管理11项功能设计开发,实现与国铁物资系统集成应用。开展机车造修数据贯通信息化项目,完成项目总体方案设计与评审及一级数据平台功能开发和测试,推进产品全生命周期管理。编制《中国中车信创工程建设工作方案》,推进轨道交通行业信创适配实验室建设,挂牌成立中国中车&中国电子轨道交通行业信创适配实验室，并完成13个核心应用系统的适配工作。加快推进青岛大数据中心建设，数据中心主体建筑如期封顶。组织开展2021年度数字企业评估工作，新增2家企业达到数字企业标准，中车整体数字化水平为64.2分。

【履行社会责任】 2021年，中国中车积极践行国家"双碳"战略，发布实施中车"双碳"行动计划，坚持以6G理念（绿色投资、绿色创新、绿色产品、绿色制造、绿色服务、绿色企业）引领绿色低碳发展。制定印发《中国中车"十四五"社会责任管理规划》，明确"十四五"时期中车及所属企业社会责任管理的总体思路、具体目标和重点任务。组织编制、发布中国中车股份公司2020年社会责任报告，并如期在上交所、港交所披露。组织召开启动会，部署"十四五"ESG管理提升工作，全面提升公司MSCI-ESG评级。公司连续两年获得《可持续发展经济导刊》评选的"金蜜蜂优秀企业社会责任报告·领袖型企业奖"。

严格落实党中央、国务院和国务院国资委有关定点帮扶的决策部署，认真落实"四个不摘"要求，巩固"两不愁三保障"成果，紧扣"六项帮扶"，在服务国家"六稳""六保"任务与助力乡村振兴战略中，充分彰显中国中车作为"国家名片""大国重器"的责任和担当。中车集团主要领导深入广西壮族自治区百色市和甘肃省天水市调研考察帮扶情况，助力广西壮族自治区靖西市、那坡县和甘肃省麦积区、甘谷县巩固脱贫攻坚成果、增强发展后劲、全面推进乡村振兴。按照中国中车援疆援藏安排，加强同西藏和新疆相关部门的沟通联系，积极发挥在疆企业和在藏挂职干部作用，做好援疆援藏工作。强化智力扶贫，实施第四期"天鹅计划"培训。全年中国中车直接投入定点帮扶资金1525万元，引进帮扶资金68万元，培训基层干部和乡村振兴带头人83人，培训农村技术人员308人，直接购买4个帮扶县农产品3522万元，帮助销售脱贫地区农产品1338万元。定点帮扶案例入选《中央企业社会责任蓝皮书（2021）》，并获评"乡村振兴篇"优秀案例。

（撰稿人：冯 睿）

中国铁路通信信号集团有限公司

【基本概况】 中国铁路通信信号集团有限公司（以下简称中国通号）是国务院国资委直接监管的大型中央企业，是以轨道交通控制技术为特色的高科技产业集团，全球领先的轨道交通控制系统提供商。中国通号拥有投融资、设计研发、系统集成、装备制造、工程服务、运营维护完整产业链，是中国轨道交通控制系统设备制式、技术标准及产品标准的归口单位。中国通号连续四年获得中央企业经营业绩考核A级，2015年成功登陆香港联合交易所，2019年作为首个中央企业和首个A+H股公司首批登陆上海证券交易所科创板。

中国通号是保障国家轨道交通安全运营的核心企业，是我国高铁列控系统技术民族产业的代表者，是我国高铁最核心技术引领全球铁路行业进步的佼佼者。中国通号世界领先的列控技术为我国15万千米铁路、超过4万千米高铁提供安全保障，建立完善6万多个高铁测试案例，超过国外跨国企业的总和，是我国高铁建设运营的突出优势和世界轨道交通行业的宝贵财富。中国通号成功研发时速200千米和350千米高铁自动驾驶技术，标志着我国高铁列车运行控制系统技术走在世界前列。

中国通号坚持引进消化吸收再创新的技术路径，加快自主创新，实现我国高铁、地铁全套列车控制系统技术的完全自主化和产品的100%国产化，完成高铁列控系统（CTCS-3级）、高铁自动驾驶系统（CTCS-3+ATO）、地铁列控系统（CBTC）、城际铁路列控系统（CTCS-2+ATO）、中低速磁悬浮控制系统、货运编组站综合自动化系统、铁路综合智能运维系统、综合运输调度指挥系统等轨道交通核心自主技术的重大突破，将轨道交通核心技术牢牢掌握在自己手里，从根本上保障国家铁路建设和运输安全，为落实"一带一路"倡议和高铁"走出去"提供核心技术支撑。

作为中国高铁建设的国家队和主力军，中国通号先后参与我国京津城际、京沪高铁、武广高铁、哈大高铁、兰新高铁等国内全部重大高铁项目建设。为我国95%以上开通运营高铁提供核心列控技术和装备；中国通号肩负自主创新使命，将成熟的高铁控制系统技术应用于城市轨道交通领域，先后参与北京、上海、广州、深圳、天津、南京、武汉等20多个城市的100余条地铁项目，市场占有率在50%以上。作为中国高铁"走出去"联盟的重要一员，广泛参与印度尼西亚雅万高铁、中泰铁路、匈塞铁路等10多个国家和地区的高铁项目并取得积极进展，向世界展示"中国高铁"亮丽的国家名片。

中国通号始终牢记党中央赋予中央企业的使命，始终以发展民族产业和民族技术为己任，在保持轨道交通通信信号领域全球领先地位的同时，以"六核一体两翼"赋能轨道交通产业，辐射壮大新兴产业，构建"轨道交通＋N"产业协同发展格局，加快向具有全球竞争力的世界一流企业迈进。

截至2021年底，中国通号由1家二级控股公司、4家二级全资企业组成。集团公司控股的中国铁路通信信号股份有限公司（以下简称股份公司）由15家全资子公司、6家控股子公司组成。全集团在岗职工总数20444人，其中经营管理人才6975人、专业技术人才9168人、技能人才4301人。

【主要指标】 2021年，中国通号坚决贯彻执行党中央、国务院决策部署，严格落实国务院国资委工作要求，认真履行央企责任，狠抓工作落实，保质保量地完成各项任务。全年实现营业总收入388.69亿元，比上年下降2.86%；利润总额46.51亿元，比上年下降10.98%；归属于母公司所有者的净利润22.97亿元，比上年下降4.24%。收入及利润下降主要原因是：国家铁路投资总额比上年减少，项目开标滞后，新投产线路比上年减少14.7%，铁路项目营业收入下降3.61%；按照高质量发展要求，公司合理控制工程总承包业务规模，工程总承包收入比上年下降4.98%；大宗商品物资价格上涨，导致设备制造原材料成本增加；国家社保减免政策调整，比上年人工费用增长3.01亿元；加大关键核心技术攻关，增加研发投入，研发费用比上年增加2.04亿元。

2021年，中国通号认真贯彻落实党中央、国务院和国务院国资委决策部署，围绕"两利四率"年度目标，大力推进改革三年行动，激发活力、提高效率，以提质增效为抓手，全力以赴抓市场经营，2021年期末国有资本权益总额336.69亿元，实现国有资本保值增值率107.15%，处于同行业平均值和良好值之间，完成国有资本保值增值目标。国有资本客观增减原因为：国家、国有单位直接或追加投资2047万元，上缴国有资本收益32380.09万元。

表1 2021年中国铁路通信信号集团有限公司主要经济指标

项　目	2020年	2021年	比上年增长（%）
资产总额（亿元）	1132.38	1175.30	3.79
所有者权益（亿元）	512.01	535.38	4.56
营业收入（亿元）	400.14	388.69	−2.86
利润总额（亿元）	52.24	46.51	−10.98
净利润（亿元）	43.76	40.21	−8.10
归属于母公司所有者的净利润（亿元）	23.99	22.97	−4.24
技术开发投入（亿元）	19.60	20.87	6.48
利税总额（亿元）	79.22	72.27	−8.78
应交税金总额（亿元）	26.98	25.76	−4.52
全员劳动生产率[万元/(人·年)]	57.05	56.43	−1.08
净资产收益率（%）	8.80	7.68	减少1.12个百分点
总资产报酬率（%）	4.85	4.11	减少0.74个百分点
国有资本保值增值率（%）	107.99	107.15	减少0.84个百分点

表2 2021年中国铁路通信信号股份有限公司国有资本变动情况

项　目	金　额（万元）
一、年初国有资本及权益总额	3170457.47
二、本年国有资本及权益增加	228859.76

续表

项　目	金　额(万元)
国家、国有单位直接或追加投资	2047.00
经营积累	226812.76
三、本年国有资本及权益减少	32380.09
企业按规定上缴红利	32380.09
四、年末国有资本及权益总额	3366937.13

【改革发展】 2021年，中国通号全面推进改革专项工程，成立5个改革专项工作组，分类研究改革问题，牵头拟定改革方案。强化顶层设计，制定落实改革任务的指导意见，明确体制机制制度改革要求；推动综合改革，将各领域改革有机贯通，系统消除单项改革面临的其他方面问题的制约；开展重点攻坚，重点问题按月跟进，总体进度按月通报，召开改革推进会、改革动员会、改革座谈会、改革培训会，每月组织参加国资委改革月例会，集中解决难点问题；结合三年行动任务研究制度建设计划，形成公司治理、市场化用工等6类50项制度清单，固化改革成果，避免三年行动成为"一阵风"。

稳慎推进混合所有制改革，开展混合所有制改革评估，成熟一户推进一户，着力推动混合所有制改革企业全面建立市场化经营机制，制定参股企业管理办法，开展民企挂靠国资问题专项排查、参股企业自查整改，完成6户低效无效参股企业清理退出。

深入开展对标世界一流管理提升行动，完成89%以上任务，超过国务院国资委确定的80%目标值的要求；2家"双百企业"、2家"科改示范企业"严格按照改革方案推进综合改革，1家企业在国务院国资委"科改示范企业"专项评估中获评"优秀"。

不断完善中国特色现代企业制度，全系统修订完善"三重一大"决策制度和党委"前置事项清单"，建成"三重一大"决策和运行监管系统。加强董事会建设，落实董事会职权，规范董事会授权，24户子企业100%实现董事会应建尽建和外部董事占多数，35户企业设立执行董事，全面推动子企业落实董事会职权，规范董事会授权管理，调整充实外部董事人才库，强化外部董事履职保障，提升董事履职行权能力。产业布局优化和结构调整持续推进，完成"十四五"发展规划编制，推动3组企业重组整合、3户企业"压减"、2户"两非"企业处置、2户重点亏损企业治理，全年无新增非主业投资。解决历史遗留问题基本收尾，退休人员社会化管理移交率99.48%，6户厂办大集体在职职工100%安置。

高质量编制"十四五"规划。主动对接国家战略，进一步落实关于加快打造原创技术策源地和现代产业链"链长"、关于新时代推进国有经济布局优化和结构调整有关文件要求，确定"坚守主责、创新引领、突出主业、多元协同"的战略导向，明确实施"六核一体两翼"业务战略，构建"轨道交通+N"产业格局，引导产业链供应链优化升级，打造新型产业生态集群，为"十四五"时期发展蓄力赋能。

稳步提升科技自主创新能力，建立研发投入强度稳步增长机制，研发投入强度纳入企业负责人绩效考核，2021年科技投入20.87亿元，顺利完成5项"央企攻坚工程"任务相关工作，攻克100%基于国产芯片的轨道交通安全控制系统技术，深入实施"揭榜挂帅"制，稳步实施风险抵押、项目分红等科研激励机制，加速实施数字化、网络化、智能化转型升级。

加速构建市场化经营机制，贯通全级次企业开展机构改革，总部率先实施全员竞聘上岗，5家二级企业开展经理层及管理人员竞聘上岗，经理层成员任期制和契约化管理100%全覆盖，3家企业实施职业经理人制度，1家企业试行轮值总经理制度。试点工资总额备案制管理，实施核心研发团队工资总额单列，放宽对科技创新、承担关键核心技术企业的工资总额限制，实施工资总额特殊事项清单管理，对符合要求的工资支出进行单列，不与经济效益指标挂钩，使科研人员薪酬得到保障。全面推行全员绩效考核，"一企一策"构建薪酬分配体系，推行超额利润分享、岗位分红、跟投等中长期激励。对工资总额执行情况实施过程动态监控。对19家二级企业开展工资总额执行情况的审核，组织所属企业进行2021年度工资总额预算调整，根据集团整体经济效益完成情况，测算工资总额额度，按照各企业效益完成情况进行合理分配。

制定改革考核评估方案，用"五个坚持"明确考核规则：坚持抓重点，围绕172条改革措施，设置16项考核重点任务35个考核指标,做到"考核一项带动一片";坚持科学性,按照定性定量相结合、以定量为主的原则,确保考核过程和结果公正客观;坚持差异化,总部部门、二级企业分别设定考核指标和目标,三级企业按分级管理由二级企业负责考核;坚持强管控,将过程考核和阶段考核相结合,过程考核按月开展,阶段考核按年实施,及时盘点改革进展;坚持重实效,既考核改革措施数量、进度,又考核重点任务完成情况,防止"纸面"改革。开展改革工作检查评估专项行动,及时对过去一年各项改革工作特别是重点改革任务完成情况开展"回头看",查漏补缺,对发现的问题实行立行立改、一体整改、逐项销号,进一步夯实改革工作基础,提高改革工作成效。

【重大项目】 2021年,国内外经济形势不断变化、市场情况不断调整、新冠肺炎疫情交织影响,多种因素导致外部环境更趋复杂严峻,中国通号各级企业克服多重影响,攻坚克难、稳步前行,为"十四五"发展建立良好基础。全年新签外部合同722.8亿元,比上年增长1.2%,其中,铁路领域237.3亿元,下降9.6%;城轨领域133.3亿元,增长2.0%;海外领域22.0亿元,增长47.6%;其他领域330.2亿元,增长7.8%。高铁方面,承揽广汕、湖杭、西延、衢丽、广清南延线、昆明枢纽、梅龙、汕汕等多个项目。普速铁路、地方铁路专用线、既有线改造方面,相继承揽新建地方铁路连乐线工程、河南豫中陆路口岸综合物流港铁路专用线EPC总承包项目、晋城市国睿运通物流公司专用铁路工程EPC项目、华旺热力铁路专用线工程、乌将铁路扩能改造工程、准池铁路改造工程、朔黄铁路改造工程等重大项目。城市轨道交通方面,中国通号所属卡斯柯、城交公司全年相继承揽天津11号线、长沙6号线、西安16号线、苏州8号线、台州S1线、无锡S1线、郑州7号线、郑州8号线、兰州2号线、上海3/4号线改造、长春4号线既有线及南延等15个项目。上海工程局集团相继承揽杭州3号线、深圳12号线、洛阳2号线、苏州S1线、温州S2线等重点项目弱电相关专业安装工程,稳固既有市场份额;通信信息集团大力拓展通信系统集成领域市场,承揽大连5号线、苏州8号线、台州S1线、杭州机场轨道快线等重点项目。

【走向海外】 2021年,中国通号克服疫情影响,稳健拓展海外市场,全年完成外部合同额22亿元,比上年增长47.6%。相继承揽匈塞铁路旧诺段、诺苏段两个重大项目,匈塞铁路塞尔维亚境内全线的通信信号系统工程均由中国通号负责实施,依托设计研发、设备制造及工程服务"三位一体"的独特优势,为匈塞铁路提供定制化系统解决方案,为中国高铁进入欧洲的第一单贡献最大力量;承揽墨西哥地铁1~6号线PCC1重建工程和地铁1号线通信工程等重点项目,打开新的区域市场。进一步完善海外经营组织架构和网络布局,累计建设境外经营机构10余个,建立塞尔维亚轨道交通控制系统实验室,分别在塞尔维亚和匈牙利开展DeBo认证工作,为海外市场的进一步发展建立坚实基础。其他海外项目均按计划推进。

【重大创新】 2021年,中国通号坚持"四个面向",以"巩固行业领先、保障安全质量、支撑业务拓展、促进国际化转型"为重点,强化科技规划战略引领,加速关键核心技术攻关,深化科技体制机制改革,加快科技协同创新步伐。一是强力推进核心技术攻坚推进,"央企攻坚工程"工作里程碑100%完成,关键领域补短板锻长板取得实质性突破。自主化C3列控系统完成合安高铁开通运用状况良好,启骥TACS系统率先实现国内商用,ETCS-2级列控系统、地铁FAO全自动运行系统、城轨综合视频监控系统等一批重大成果完成首次转化和商业应用。二是科技部国家重点研发计划"基于国产芯片列车运行控制系统关键基础装备攻关""区域轨道交通协同运输与服务系统""基于动态间隔的运能可配置列车运行控制技术""川藏铁路建设运营一体化系统集成及关键技术"等重大项目推进顺利;成功获得国家发展改革委批复"高速铁路深度自主化列控系统产业化项目"资助。三是深化科技体制改革,研发投入强度稳步增长,有序推进"揭榜挂帅""集中攻关""成果孵化""风险抵押",探索实施工资总额特殊事项清单管理、工资支出单列。四是全面提升科技创新,申报国家重点实验室入选国务院国资委首批50家推荐名单,新增国家企业技术中心1个、省部级创新平台5个,持续建设海外实验室3个。卡斯柯、西安工业集团获评国家级"制造业单项冠军",北信公司获评工业和信息化部"制造业与互联网融合发展试点示范"。全年中国通号发布技术标准258项,新增授权专利694件、申请海外专利118件,获得省部级以上奖励38项。

在行业内首次完成重载自组网列控系统、关键技术研究,基本完成适用于重载的系统装备开发,为提升轨道交通出行效率及运能提升奠定基础。稳步推进轨道交通领域投资最大、技术最先进的电磁环境效应研究与测试平台建设,完成时速350千米高铁弓网、轮轨电磁干扰研究测试平台和中低速磁悬浮研究测试平台的研制工作,解决凤凰磁浮BTM和应答器干扰等多疑难电磁问题。联合上海申通地铁在上海16号线顺利通过多编组列车在线联挂解编试验,3列3编组列车完成在线联挂解编后,可以ATO模式自动运行,通过智能化调整列车编组,控制平峰时段的列车满载率,大幅提升运能,在节能减排方面将发挥更大价值,这在全国城市轨道交通领域尚属首例。组织持续跟踪更高速超高速列车装备研发进度,组织开展时速400千米高速列车列控系统技术方案研究,保障"CR450科技创新工程"。

【党建工作】 2021年,中国通号党委坚持以习近平新时代中国特色社会主义思想为指导,深入学习习近平总书记重要讲话和重要指示批示精神,坚持把党的政治建设摆在首位,把抓党建、强党建作为最大的政治责任,推动党建工作与中心工作同频共振、同向发力,以高质量党建领航高质量发展。截至2021年底,中国通号党委有基层党组织474个,含党委42个、党总支26个、党支部406个。党员总数8241人,其中在岗职工党员8183人,离退休职工党员58人,大学本科及以上学历党员6433人。一是严格落实"第一议题"制度,及时跟进学习习近平总书记关于发展国有经济、高铁发展和铁路建设等重要论述和指示批示精神,召开习近平总书记全国国企党建会重要讲话发表五周年学习座谈会,部署全系统国企党建工作会议"回头看"活动,重温并进一步深刻领会习近平总书记重要讲话的真理力量和实践伟力。二是隆重举办庆祝建党百年系列活动,各级党组织精心组织重温入党宣誓1200余场、红色研学500余场、红歌比赛178场,广泛开展劳动竞赛、技术比武等活动399场;广大党员干部讲党课1200余场,报送心得体会2000余篇,创作讴歌党、赞美新时代书画作品1000余件,广泛凝聚起跟党创业、为党奋斗的磅礴力量。举行"光荣在党50年"纪念章发放活动,开展"两优一先"评选表彰,成功举办"以史为鉴、开创未来"主题研讨会,邀请出席庆祝建党100周年纪念大会、参加中组部入党宣誓活动的柯晓宾等4名党员代表,谈感受、谈体会、谈心得,激励广大党员干部传承奋斗精神,担当时代重任。三是切实推进党史学习教育走深走实。认真贯彻党史学习教育总要求,一周内实现动员部署、机构成立、方案制定3个"全覆盖"。先后组织召开专题部署推进会13次,7个指导组深入各企业督促指导46次,参加学习座谈25场,携企业百年信物铁路信号"活化石"——煤油号志灯登上央视舞台,到西柏坡、香山接受红色革命传统教育,参观中国共产党历史展览馆,有力推动党史学习教育落实落细。各级领导班子带头抓、带头学、带头讲,广大党员求真务实专题学、丰富形式灵活学、依托资源创新学,各级党委集中解决群众"急难愁盼"问题1284个,中央、国务院国资委党史学习教育网站和各大媒体多次介绍中国通号"我为群众办实事"的经验做法。四是扎实开展国企党建会"回头看"。认真落实国务院国资委党委部署要求,聚焦贯彻落实习近平总书记全国国企党建会重要讲话精神主题主线,逐项逐条开展自查,梳理查摆问题短板8项,制定整改措施19项,同党建考核反馈意见一体推动整改落实。积极参加中央企业"永远跟党走"工作展,系统梳理基层特色亮点,认真总结提炼经验做法,汇编《中国通号党建品牌集锦》在系统推广。举办学习座谈会暨党建品牌建设推进会,首批公布50个特色党建案例,遴选认定29个优秀党建品牌,在全系统形成示范引领效应。五是不断推进党建与生产经营融合。推动党建考核与生产经营业绩考核有效联动,围绕改革发展重点任务部署党建工作,以改革发展成果检验党组织战斗力。深化基层组织建设,围绕"保自主创新强动力、保生产经营促发展、保安全质量促稳定"目标任务,加强"三基建设",推进基层党建工作标准化规范化,构建"一个支部一特色""一名党员一面旗"的基层党建体系,持续加强党建信息化建设,推进基层党建与企业生产经营深度融合。中国通号聚焦职工群众"急难愁盼"问题,深入开展

"我为群众办实事"实践活动。六是持之以恒正风肃纪,制定加强"一把手"监督"十必严"措施,强化政治监督,严明改革纪律,保障改革工作顺利推进。持续强化"不敢腐"惩治震慑,立案审查17件,党政纪处分19人,深化"靠企吃企"违规挂靠问题整治;配套跟进"不能腐"制度约束,完善纪检工作制度体系,落实"一案双报告"要求,用好纪律检查建议书;巩固加强"不想腐"觉悟提升,自主拍摄制作警示教育片《偏轨人生》,强化以身边事教育身边人,不断深化廉洁文化建设。发挥纪委监督作用,筑牢"以督促改"的保障线。改革全过程公司纪委与党委保持同频共振、同向发力,强化各类监督力量对改革落实的兜底保障机制。做实改革监督,将改革工作纳入政治监督和日常监督,纪委印发《关于严肃改革纪律 加强改革风气监督的通知》,充分发挥监督保障执行、促进完善发展作用,严肃改革纪律,匡正改革风气,聚焦"六个严守"精准发力,积极应对五类"守摊者",为改革工作顺利推进保驾护航。实施纪委督办,建立纪委周报制度,定期收集各企业改革信息,及时督促推动各企业党委和相关部门主动作为,积极推进改革进程。突出巡视作用,坚守政治定位,紧跟改革政策要求,细化巡视监督内容体系,将三年行动方案落实情况、改革是否符合国家政策规定等内容纳入党委巡视督察范围,形成79个监督检查点,有效保障改革落实。七是坚持巡视巡察上下联动,持续巩固深化巡视工作成效。坚持有形有效推进巡视覆盖,全面贯彻巡视工作方针,围绕"四个落实",紧盯关键少数,将巡视监督融入企业改革发展大局,提前一年实现集团巡视全覆盖任务;圆满完成国务院国资委违规挂靠专项巡视配合任务,对全系统全级次企业同步开展专项巡视巡察,深挖细查发现问题215项。持续加强巡视巡察规范化建设,依据中央巡视巡察上下联动工作部署,结合国务院国资委党委措施要求,修订完善深化巡察工作的指导意见等10项制度,不断加强对所属企业巡察工作的分类指导,编制下发《巡视巡察工作指引手册》,推动集团巡视巡察工作整体质量提升;持续深化巡视整改成果运用,坚持严字当头、挂图作战,将国务院国资委常规巡视持续整改、国务院国资委专项巡视集中整改与国企改革三年行动任务一体推进,以共性问题整改为抓手,顺利完成各项整改任务,不断推动企业改革工作高质量发展;持续完善贯通协同机制,组织财务、法律、审计、产权管理等部门专业力量深度参与巡视,推动巡视监督与各类监督资源共享、信息共享,形成综合监督合力,不断提升监督的精度和质量。中国通号党委巡视工作取得委管企业巡视考核"优秀"成绩,巡视整改经验入选《中央巡视工作交流》。

【信息化与数字化建设】 2021年,中国通号深入开展贯彻落实习近平总书记关于网络强国战略和发展数字经济的重要论述,持续深化国资国企在线监管系统建设和应用,推动数字化智能化赋能企业高质量发展,以提质增效为目标,按照"标准统一、覆盖全面、协同共享、管控有力"信息化战略,充分利用和发挥网络安全和信息化技术优势,着力打造产业竞争新势力,为公司持续健康发展提供新动能。信息化建设有力推进,财务共享、合同管理、安全质量、监督追责、采购管理等信息化建设项目有序实施,内控管理规范化、信息化水平不断提升,"以信息化建设赋能企业高质量发展"入选中央企业"十三五"网络安全和信息化优秀案例。

持续开展党建系统项目建设,优化党建系统,完成系统二期项目上线。完成国有资产监督追责工作系统的研发及覆盖二、三级企业的流程搭建和配置,实时报告和禁入人员等业务模块功能的上线。开展安全质量管理信息系统二期项目,完成统计分析、监测台、曝光台、安全生产费用、安全教育培训、特种设备与人员、职业健康、注册安全工程师、质量损失等功能模块。开展采购电子商务平台项目,完成电子商务平台系统的研发,深入推进采购管理系统建设,完成询价、竞争性谈判、竞价、单一来源和直接谈判五种采购方式的研发和测试,完善供应商补充报名,供应商的冻结处理、采购项目的变更审批过程和视频监控的对接,切实降低采购交易成本与廉洁风险。开展ERP推广实施项目,逐步实现财务业务一体化管理,强化集团管控能力。

【履行社会责任】 2021年,中国通号积极响应国家号召,在实现经济效益的同时,积极履行社会责任,多措并举做好精准扶贫与乡村振兴有效衔接,助力共同富裕;全力支持抗击新冠肺炎疫情,守护人民生命安全和健康;积极开展社会公益活动,传播"奉献、友爱、互助、进步"的志愿服务精神,为构建和谐社会、增添民生福祉贡献力量。一是接续乡村振兴。贯彻落实《关于坚持做好中央单位定点帮扶工作的意见》,面对乡村振兴新情况、新需求,在产业振兴、人才振兴、文化振兴、生态振兴、组织振兴等方面统筹推进,切实帮助定点帮扶县、村在实现脱贫攻坚的基础上,全面高质量乡村振兴。2021年,中国通号投入乡村振兴帮扶资金543.52万元,累计投入无偿帮扶资金2056.52万元。其中,对河南省南阳市社旗县无偿投入帮扶资金500万元,完成年度计划的100%;引进无偿帮扶资金10万元,完成年度计划的100%;培训基层干部的358人,完成年度计划的358%;培训技术人员104人,完成年度计划的208%;购买贫困地区农产品179.1万元,完成年度计划的179%;帮助贫困地区销售农产品61万元,完成年度计划的122%。成功引进河南昌盛丰农业科技有限公司落户社旗县,实际投资到位7000万元,全面完成各项定点帮扶工作的既定指标。二是抓好疫情防控。中国通号持续高度关注新冠肺炎疫情形势,深入贯彻习近平总书记重要指示精神,落实党中央、国务院决策部署,坚持人民至上、生命至上,从严从细从实抓好疫情防控各项工作,在疫情防控大战大考中,充分发挥中央企业"顶梁柱"、国家队的作用,做细做实各项防控工作。加强疫情防控物资储存管理,确保防疫物资储备和供应;加强员工健康监测,严格日常测温、扫码、询问、登记等防控工作;推进新冠疫苗接种,引导员工"应接尽接",构筑防疫屏障;做好防疫宣传工作,增强员工防护意识;定期发放防疫消毒物品,以最大努力保障员工生命健康安全,保障生产经营活动有序开展。2021年,全系统用于疫情防控的专项资金793.5万元,其中购买防疫物资736.44万元,核酸检测43.5万元,对在防疫一线和海外疫区的127名职工进行慰问,购买慰问品或支付慰问金13.56万元。三是助力社会公益。中国通号持续开展社会公益慈善活动,稳步扩大"同心筑梦"志愿者队伍规模,组织引导员工积极主动参与公益活动、志愿服务,以实际行动助力社会和谐发展。2021年7月,河南多地因持续强降雨造成水灾,导致铁路、地铁站线设备不同程度损毁,列车停运,旅客滞留,中国通号党委迅速集结动员,开展抢险救援,并快速筹集1500万元现金,用于支援河南省防汛救灾和灾后重建,为全面战胜水患灾害、恢复轨道线路畅通、保障地区经济社会正常运转、挽救国家公共财产安全贡献通号力量。2021年,中国通号志愿者走进乡村小学,开展"庆六一、献爱心、感党恩"关爱留守儿童文明实践活动,为留守儿童送去学习用品,切实为青少年儿童成长办实事,传递社会爱心;组织志愿者参与美化滨江森林江岸行动,青年志愿者们从分布在江岸线上厚厚的垃圾堆中徒手捡出塑料瓶、泡沫等垃圾,并进行识别分类,出色地完成净滩任务,唤起更多人对海洋垃圾污染问题的关注;开展驻地所在街区环境卫生清理工作,为城市环境贡献一份力量,以实际行动守护绿水青山;组织志愿者参与全国学雷锋志愿服务活动,开展走访慰问贫困家庭、慰问孤寡老人等活动。其中,由中国通号员工刘兴国和战友共同发起成立"加一"爱心公益组织,2021年获评全国学雷锋志愿服务"最美志愿者"。

(撰稿人:袁　圆)

中国铁路工程集团有限公司

【基本概况】 中国铁路工程集团有限公司是集勘察设计、施工安装、房地产开发、工业制造、科研咨询、工程监理、资本经营、金融信托、资源开发和外经外贸于一体的多功能、特大型企业集团,总部设在北京。前身是1950年3月原铁道部成立的工程总局和设计局,以及1952年9月成立的基建总局,后经分合,于1958年3月合并为基本建设总局。1979年5月,基本建设总局对外称中国铁路工程总公司。1989年7月,原铁道部撤销基本建设总局,正式组建中国铁路工程总公司。2000年9月,经国务院批准,原铁道部与中国铁路工程总公司实行政企分开,中国铁路工程总公司整体移交中央企业工委管理。2003年国务院国资委成立后,中国铁路工程总公司隶属国务院国资委管理。2006年11月,国务院国资委在中国铁路工程总公司总部开展董事会试点。2007年9月12日,中国铁路工程总公司独家发起设立中国中铁股份有限公司(以下简称中国中铁),并于2007年12月3日和12月7日分别在上海证券交易所和香港联合交易所挂牌上市。作为中国中铁的控股股东,中国铁路工程总公司于2017年12月28日完成公司制改制,工商变更登记为中国铁路工程集团有限公司。

中国中铁是中国铁路工程集团有限公司经营业务的运营主体,拥有50余家子、分公司,在90多个国家和地区设有办事处、代表处和项目部等境外机构。主要有中铁一局等18家工程建造企业;中铁二院等8家设计咨询科研企业;中铁工业1家装备制造企业;中铁投资等12家资产经营企业;以及中铁国际等13家国际业务、金融物贸、特色地产、资源利用、信息化公司。中铁国资资产管理有限公司负责管理中国铁路工程集团有限公司有关学校、医院、主辅分离资产等未进入上市范围的机构和资产,集团公司党校为中国铁路工程集团有限公司直属单位。中国中铁具有国家住房和城乡建设部批准的铁路工程施工总承包特级资质、公路工程施工总承包特级资质、市政公用工程施工总承包一级资质以及桥梁工程、隧道工程、公路路面工程、公路路基工程专业承包一级资质。作为全球最大建筑工程承包商之一,连续16年进入"世界500强",2021年居第35位;2021年居"中国500强"第10位、"ENR全球最大承包商250强"第2位。连续8年获评中央企业业绩考核A类企业。经营范围覆盖基础设施建设的全产业链,先后参建成渝铁路、京九铁路、青藏铁路、京沪高铁、京张高铁、港珠澳大桥、中老铁路、雅万高铁等一大批举世瞩目的重大工程,累计参建的工程占中国铁路总里程的2/3,占中国电气化铁路总里程的90%,占高铁总里程的55%,占中国城市轨道工程总里程的3/5,建造跨江跨海大桥1万多座,建造长大隧道2万多千米。

中国中铁作为科技部、国务院国资委和中华全国总工会授予的全国首批"创新型企业",拥有高速铁路建造技术国家工程实验室、盾构及掘进技术国家重点实验室、桥梁结构健康与安全国家重点实验室3个国家实验室及10个博士后工作站,1个国家地方联合研究中心(数字轨道交通技术研究与应用国家地方联合工程研究中心),44个省部级研发中心(实验室),19个国家认定的技术中心和120个省部认定的技术中心,先后组建20个专业研发中心,并参股建设川藏铁路国家技术创新中心。截至2021年底,中国中铁获得国家科学技术奖127项,其中特等奖5项、一等奖16项;承建的项目累计获得国家优质工程奖479项,中国建设工程鲁班奖217项,中国土木工程詹天佑奖167项,全国优秀工程勘察设计奖154项,全国优秀工程咨询成果奖101项,国际工程咨询(FIDIC)和工程设计奖34项。获省部级(含国家认可的社会力量设奖)科学技术奖4253项;国家级工法166项,省部级工法5267项;通过省部级科技鉴定的科技成果2498项;拥有有效专利授权24973件,其中发明专利5157件、海外专利157件。

中国中铁在册员工295442人,其中,干部219199人、工人76243人;管理人才146002人、各类专业技术人才205291人(含在管理岗位的132094人)、技能人才76243人。高级及以上职称40054人(含正高级3211人),其中高级工程师32155人(含正高级工程师2842人)、高级经济师3208人、高级会计师2091人;中级职称69771人。中国工程院院士2人、全国工程勘察设计大师10人、"百千万人才工程"国家级人选11人、享受国务院政府特殊津贴专家136人,全国杰出专业技术人才2人、中国中铁特级专家14人、中国中铁专家103人。

【主要指标】 2021年,中国铁路工程集团有限公司实现营业总收入10736.70亿元,比上年增长10.06%。基础设施建设实现营业收入9234.36亿元,比上年增长9.40%;勘察设计与咨询服务实现营业收入176.04亿元,比上年增长8.75%;工程设备与零部件制造业务实现营业收入238.31亿元,比上年增长3.28%;房地产开发业务实现营业收入502.49亿元,比上年增长1.92%;其他业务方面实现营业收入581.53亿元,比上年增长38.22%;全年在境外地区实现收入547.87亿元,比上年增长16.36%。实现利税653.11亿元,比上年增长12.84%。实现利润总额375.10亿元,比上年增长12.42%;实现净利润304.10亿元,比上年增长11.76%。资产总额13715.03亿元,比上年增长13.42%。负债总额10034.23亿元,比上年增长13.18%。所有者权益3680.80亿元,比上年增长14.09%,其中归属于母公司股东权益1221.82亿元,增长9.11%。资产负债率73.16%,较2020年末的73.32%减少0.16个百分点。12月31日,中国中铁A股、H股总市值1390.71亿元。

表1 2021年中国铁路工程集团有限公司主要经济指标

项 目	2020年	2021年	比上年增长（%）
资产总额(亿元)	12091.85	13715.03	13.42
所有者权益(亿元)	3226.35	3680.80	14.09
营业总收入(亿元)	9755.49	10736.70	10.06
利润总额(亿元)	333.67	375.10	12.42
净利润(亿元)	272.09	304.10	11.76
归属于母公司所有者的净利润(亿元)	113.08	119.54	5.71
技术开发投入(亿元)	218.38	247.56	13.36
利税总额(亿元)	578.77	653.11	12.84
已交税金总额(亿元)	302.98	349.01	15.19
全员劳动生产率[万元/(人·年)]	38.40	42.13	9.70
净资产收益率(%)	9.45	8.81	减少0.64个百分点
总资产报酬率(%)	3.50	3.48	减少0.02个百分点
国有资本保值增值率(%)	111.52	111.14	减少0.38个百分点

【改革发展】 2021年,中国铁路工程集团有限公司制定对标世界一流管理提升行动方案,遵循"可衡量、可考核、可检验、要办事",按计划完成国企改革三年行动70%以上的目标任务。推进混合所有制改革,中铁高铁电气成功登陆科创板,中国中铁成为唯一跨沪港主板、创业板、科创板4个上市平台的建筑央企。统筹"战略+运营管控型""监管+服务型"总部建设,构建职能管理、生产经营管理、监督保障三大系统,形成精简高效的总部中枢。推进战略性重组,中铁装配并入中铁建工,培育发展新优势。以中铁交通为主体重组全系统高速公路运营业务,打造高速公路投建营一体化专业平台,投资公司实体化改革迈出坚定步伐。修订"三重一大"决策实施办法,制定重大事项决策清单,进一步厘清各治理主体权责边界;完善母子公司治理制度体系,进一步加强子公司董事会建设,治理机制实现上下协同,公司董事会获得中央企业董事会评价A级。扎实推进三项制度改革,全面推行经理层成员任期制和契约化管理,构建股权激励、超额利润分享等中长期激励"1+N"制度体系,充分激发体制机制活力。

【重大项目】 2021年,中国中铁围绕国家综合立体交通网建设主动发力,建成一大批重点工程。西藏首条电气化铁路拉林铁路建成通车,武汉青山长江大桥、赤壁长江公路大桥等两条世界级大桥通车运营,京哈高铁、赣深高铁、张吉怀高铁、青岛胶东国际机场、青岛地铁1号线、芜湖地铁1号线、那拉高速公路、遵余高速公路等重大交通工程建成投运,建设14年的大瑞铁路秀岭隧道、大坡岭隧道顺利贯通,世纪工程川藏铁路建设优质高效推进。全年17项工程获得中国建设工程鲁班奖;55项工程获得国家优质工程奖;3座大桥获得国际桥梁大会(IBC)大奖;大连地铁5号线大直径盾构隧道工程、深圳地铁超大规模盾构隧道渣土低碳资源化应用项目获得国际隧协(ITA)大奖,成贵高铁获得菲迪克年度工程项目"杰出奖"。参建的中老铁路、拉林铁路、京新高速公路入选2021年度中央企业十大超级工程。

北京冬奥会工程建设。参建"北京冬奥会"工程,包括基础设施类建设及服务配套工程,工程项目涉及铁路、公路、地铁、奥运场馆及配套设施、市政等类别。中铁设计、中铁建工等14家二级公司参加建设,建设的主要项目有京张高铁和崇礼支线、奥运村与场馆及配套设施、太子城高铁站客运枢纽、北京轨道交通11号线西段(冬奥支线)、延崇高速公路等39项主要工程项目,总合同额280.09亿元。2019年12月,中国中铁承建的京张高铁开通运营。京张高速铁路作为北京2022年冬奥会的重要交通保障设施,是中国第一条采用自主研发的北斗卫星导航系统、设计速度

350千米/小时的智能化高速铁路,也是世界上第一条最高设计速度350千米/小时的高寒、大风沙高速铁路。2021年9月,中国中铁承建的北京冬奥会"三场一村"工程项目(国家跳台滑雪中心、国家冬季两项中心、国家越野滑雪中心和奥运村4个建设群落)竣工,项目占地面积337.76万平方米。

【走向海外】 2021年,中国铁路工程集团有限公司持续深化海外体制机制改革,不断优化业务结构,加快创新商业模式,坚持属地化发展,全年实现海外新签合同额233.46亿美元,比上年增长17.96%。海外业务营业额84.00亿美元,比上年增长21.95%。中标菲律宾南线铁路、所罗门群岛金矿项目、纳米比亚1万套住房、尼日利亚防洪治水项目等重大项目。积极参与高质量共建"一带一路",中老铁路在两国领导人见证下全线通车运营,雅万高铁控制性工程基本完工,匈塞铁路匈牙利段奠基开工,孟加拉国帕德玛大桥公路桥面贯通,越南河内轻轨通车移交,以色列特拉维夫红线地铁进入全面调试阶段。中国中铁高速道岔制造技术首次实现系统集成化出口,中国标准"简统化"接触网装备首次走出国门,盾构机和掘进设备出口新增5个国别市场,覆盖全球30个国家和地区,连续四年实现全球销量第一,彰显中国中铁在高端设备制造领域的强大实力。

【重大创新】 2021年,中国铁路工程集团有限公司大力实施央企攻坚工程,"1025"专项任务完成里程碑节点。启动时速400千米高铁建造技术、高寒高海拔地区铁路建造技术等关键核心技术攻关。锻造国之重器,雪域先锋号、畅通号、大湾区号、妈湾号等盾构机下线始发,世界首套时速600千米高速磁浮交通系统成功下线,国内首台建筑构件装配机器人"赤沙号"研制成功。全年获得国家科学技术奖7项,获得中国土木工程詹天佑奖12项,连续两年获得中国专利金奖。

【党建工作】 2021年,中国铁路工程集团有限公司围绕"学史明理、学史增信、学史崇德、学史力行"扎实开展党史学习教育和庆祝建党百年活动,开展"理想信念情怀、爱党爱国爱企"主题活动,高质量承办国企党建会五周年系列活动,凝聚"中央企业永远跟党走、中国中铁始终走前列"的强大精神力量,得到中央及国务院国资委指导组高度评价。深入推进"中央企业党建创新拓展年",制定深入学习贯彻落实习近平总书记重要指示批示精神工作办法和工作台账,健全完善"第一议题"制度;持续强化"三基"建设和党支部"晋位升级",推动党建业务深度融合,把党建优势转化为企业的发展优势。加强干部人才队伍建设,常态化、制度化、规范化开展子公司领导班子日常履职情况考察,统筹运用考察结果强化班子整体合力和干部履职能力;实施"5100"人才工程,推进"六支人才队伍"建设,构建"老中青"人才雁阵。加强宣传思想文化建设,成立融媒体中心,构建"九位一体"宣传矩阵;传承伟大建党精神,淬炼"开路先锋"企业文化理念系统,高标准建成"开路先锋"文化展馆,树起"永远的开路先锋"精神旗帜。

【信息化与数字化建设】 2021年,中国铁路工程集团有限公司深入实施"信息贯通工程",完成贯通任务95项,初步实现主干网贯通,实现114套系统25亿条数据"颗粒归仓",覆盖人力、财务、营销、投资、生产、科技创新、采购等十三大类,统一机构人员、工程项目、供应商、物资目录等八类数据标准,打通数据共享,推动决策支撑。启动股份公司数智升级工程第一批示范项目,开发中国中铁数智资源共享平台、BIM综合云服务平台、在线教育平台。依托京雄高速公路项目,基于数字化、信息化、智能化等技术手段,研究提出适合中国中铁特点的高速公路数字化运维框架体系,建设高速公路数字化运维管理平台,形成具有自主知识产权、自主可控的高速公路资产的数字化运营管理新模式,破解高速公路具有分布广、管养里程短等难题,降低企业综合运营成本,增加企业效益。

【企业文化】 1月26日,中国中铁"开路先锋"文化理念系统正式发布,开启新时代企业文化建设的新篇章。中国中铁提炼形成以"四大核心价值理念""八项具体工作理念"为"四梁八柱",以"爱国奉献、艰苦奋斗、创新创造、勇争一流"的"开路先锋"精神为核心统领的中国中铁"开路先锋"文化理念系统。正式落成开馆的中国中铁"开路先锋"展览馆沉淀着一脉相承的精神和文化,全面立体展现中国中铁悠久历史、卓越贡献、辉煌成就以及新时代的宏伟愿景,浓缩中国中铁百年历史与荣耀,呈现"开路先锋"的初心使命、"基建狂魔"的力量源泉、"国之大者"的铁建担当。

【履行社会责任】 2021年,中国铁路工程集团有限公司编制发布《中国中铁2021年度环境、社会与管治暨报告社会责任报告》。获评《证券时报》"A股公司ESG百强"企业、入选国务院国资委"央企ESG·先锋50指数"、入选中国上市公司协会"上市公司ESG优秀实践案例"。坚持"绿水青山就是金山银山"理念,落实"3060""双碳"目标,制定"十四五"节能环保规划,万元营业收入综合能耗(可比价)同期下降4.3%,二氧化碳排放同期下降13.6%,竣工项目环评通过率100%。把促进就业作为履行企业社会责任一项关键内容,引进高校毕业生18225人,含西藏、青海、新疆学生190人,并持续为稳定农民工就业创收提供机遇。积极响应属地政府防控政策,调动精干队伍、设备投身石家庄、广州、郑州、南京、阿拉善盟、西安等地疫情防控工作,积极承担方舱实验室、集中隔离点等基础设施建设,受到各地政府高度评价。开启乡村振兴新篇章,新选派挂职干部6人,直接投入帮扶资金6490万元,引进帮扶资金327.2万元,培训基层干部184人次,培训乡村振兴带头人42人次,培训专业技术人员719人次,购买农产品911.41万元,帮助销售农产品60.4万元。积极投身各类自然灾害综合应急救援,中铁二局昆明队获评首届"全国应急管理系统先进集体",受到习近平总书记亲切会见。

(撰稿人:王 琳)

中国铁建股份有限公司

【基本概况】 中国铁建股份有限公司(以下简称中国铁建)的前身是组建于1948年7月的中国人民解放军铁道兵,由中国铁道建筑总公司(改制更名为中国铁道建筑集团有限公司,下同)独家发起设立,于2007年11月5日在北京成立,为国务院国资委管理的特大型建筑企业。2008年3月10日和3月13日,分别在上海证券交易所(A股,代码601186)和香港联合证券交易所(H股,代码1186)上市。

截至2021年底,中国铁建下辖中国土木工程集团有限公司,中铁十一、十二局集团有限公司,中国铁建大桥工程局集团有限公司,中铁十四至二十五局集团有限公司,中铁建设集团有限公司、中国铁建电气化局集团有限公司、中国铁建港航局集团有限公司、中国铁建房地产集团有限公司,中铁第一、第四、第五勘察设计院集团有限公司,中铁上海设计院集团有限公司、中铁物资集团有限公司、中国铁建重工集团股份有限公司、中国铁建国际集团有限公司、中铁城建集团有限公司、中国铁建投资集团有限公司、中国铁建昆仑投资集团有限公司、中铁建资本控股集团有限公司、中国铁建财务有限公司、中铁建商务管理有限公司、中铁磁浮交通投资建设有限公司、中铁建华南建设有限公司、中铁建国际投资有限公司、中铁建发展集团有限公司、北京培训中心(党校)、中铁建锦鲤资产管理有限公司39家直管二级单位;三级法人企业523家;四级法人企业186家。员工总数267760人。其中,管理人才65060人,占24.30%;专业技术人才137774人,占51.45%;技能人才64926人,占24.25%。拥有中国工程院院士1人、国家勘察设计大师11人、"百千万人才工程"国家级人选11人、享受国务院特殊津贴的专家261人。

截至2021年底,公司资产总额13529.70亿元。机械动力设备126648台(套),原值768.55亿元,净值283.82亿元。公司业务涵盖工程承包、规划设计咨询、投资运营、房地产开发、工业制造、物资物流、绿色环保、产业金融及其他新兴产业,具有科研、规划、勘察、设计、施工、监理、运营、维护和投融资完整的行业产业链,具备为业主提供一站式综合服务的能力。在高原铁路、高速铁路、高速公路、桥梁、隧道和城市轨道交通工程设计及建设领域,确立行业领导地位。公司累计获得中国土木工程詹天佑奖123项,中国建设工程鲁班奖157项,国家优质工程奖490项。累计拥有有效专利24896件,获得省部级工法3838项。

中国铁建经营范围遍及全国32个省(自治区、直辖市)以及全球130余个国家,是全球最具实力、规模的特大型综合建设集团之一。连续17年入选《财富》"世界500强",2021年排第42位;连续26年入选美国《工程新闻记录》（ENR）"全球 250 家最大承包商"，2021 年排第三位；连续 20 年入选"中国企业 500 强"，2021 年排第 12 位。公司立足新发展阶段，贯彻新发展理念，融入新发展格局，遵循"实事求是、守正创新、行稳致远"的工作方针，以服务国家经济社会发展和满足人民对美好生活的向往为发展方向，围绕政府、城市和人作文章，倾力打造"品质铁建"，发挥全产业链优势，为客户提供一站式综合服务，向着最值得信赖的世界一流综合建设产业集团的企业愿景迈进。

【主要指标】 2021 年，中国铁建实现营业收入 10200.10 亿元，比上年增长 12.05%；实现利润 351.51 亿元，比上年增长 11.63%；上缴税金 267.12 亿元，实现利税 618.63 亿元，比上年增长 7.21%；实现净利润 293.15 亿元，比上年增长 14.03%；基本每股收益 1.60 元。截至 2021 年底，公司资产总额 13529.70 亿元，负债总额 10064.77 亿元，资产负债率 74.39%。所有者权益总额 3464.93 亿元，其中归属于上市公司股东权益 2687.89 亿元，归属于上市公司股东的每股净资产 19.79 元。

表1 2021 年中国铁建股份有限公司主要经济指标

项　目	2020 年	2021 年	比上年增长（%）
资产总额（亿元）	12427.93	13529.70	8.87
所有者权益（亿元）	3136.39	3464.93	10.48
营业收入（亿元）	9103.25	10200.10	12.05
利润总额（亿元）	314.91	351.51	11.63
净利润（亿元）	257.09	293.15	14.03
归属于母公司所有者的净利润（亿元）	223.93	246.91	10.26
技术开发投入（亿元）	186.06	202.54	8.86
利税总额（亿元）	577.06	618.63	7.21
应缴税金总额（亿元）	253.58	267.12	5.34

续表

项　目	2020 年	2021 年	比上年增长（%）
加权平均净资产收益率（%）	11.45	11.10	减少 0.35 个百分点
总资产报酬率（%）	3.19	3.17	减少 0.02 个百分点
集团公司国有资本保值增值率（%）	109.30	108.92	减少 0.38 个百分点

【公司治理】 坚持"两个一以贯之"，坚持把加强党的领导和完善公司治理有机统一，围绕董事会"定战略、作决策、防风险"的职责定位，以发展战略为引领，坚持科学审慎决策，有效防控风险，持续完善权责法定、权责透明、协调运转、有效制衡的公司治理机制，树立上市公司良好的市场形象，推动企业实现高质量发展。2021 年，获评"国务院国资委国有企业公司治理示范企业"。持续提升全系统公司治理水平，按照国企改革三年行动和完善现代企业制度总体要求，推动公司治理向下贯通，全面提升各级董事会建设质量，实现董事会应建尽建、配齐建强；指导子企业落实董事会职权，完善董事会授权管理。严格按照股票上市地上市规则的规定和要求，真实、准确、完整、及时、公平地进行信息披露，不断提升信息披露水平。全年披露中英文文件 376 份，其中在上海证券交易所披露文件 124 份，在香港联合交易所披露中文文件 161 份、英文文件 91 份。认真落实《中华人民共和国证券法》和监管机构相关规定，高度重视和加强与投资者的交流，规范有效地开展投资者关系管理工作。全年安排投资者和分析师见面会及电话会 23 场，接待来访 186 人次；参加投资者和分析师会议 24 次，接待投资者 159 人次。配合定期报告的披露，召开业绩发布会 4 次，接待机构及中小投资者 193 人次；组织年报路演，安排"一对一"及"一对多"会议 17 场，接待机构投资者 80 人次。10 月 19 日，中国铁建联合控股子公司中国铁建重工集团股份有限公司在长沙举办以"从智造看未来"为主题的反向路演活动，各领域的 60 余名投资者、分析师参加活动。2021 年获得《财经》"长青奖"可持续发展绿色奖，新财富最佳 IR 港股公司，百强高峰论坛中国百强企业奖、中国百强高成长

企业奖、中国道德企业奖,天马奖最佳投资者关系,上市公司价值评选中国上市公司社会责任奖,金牛奖最具投资价值奖、社会责任奖等奖项,公司形象和社会影响力不断提升。

【改革发展】 坚决贯彻落实党中央、国务院关于实施国企改革三年行动的重大决策部署,聚焦高质量发展目标,以改革创新为根本动力,坚持"在真落实上下功夫、在真效果上得求证、在可持续上做完善",改革三年行动取得显著成效。一是在完善现代企业制度建设上取得突破。制定加强子企业董事会建设、落实子企业董事会职权、完善董事会授权管理等配套的制度体系,实现董事会应建尽建、配齐建强,董事会职权有效落实。二是在优化产业布局和结构调整上取得突破。贯彻落实国家重大战略,结合"十四五"规划,调整优化产业布局,确立"8+N"产业结构,加快布局绿色环保、城市运营等领域,加大新技术研发,打造原创技术策源地,担当现代产业链"链长"。中国铁建作为交通强国建设试点单位,大型地下工程装备、智慧建造等工作取得有效进展。三是在健全市场化经营机制上取得突破。全面推动各级子企业实施经理层任期制和契约化管理。四是在深化混合所有制改革上取得突破。中国铁建坚持"三因三宜三不"原则,引导所属二、三级企业采用分拆上市、股权转让等方式,推进混合所有制改革。2021年,控股子公司中国铁建重工集团股份有限公司在上海证券交易所科创板成功挂牌上市。指导混合所有制企业完善公司治理、深度转换经营机制,探索差异化管控模式。

【产业发展】 坚持多元协同发展,构建形成"8+N"产业发展新格局,大力推动产业转型升级。其中,工程承包板块业务结构持续优化,房建、市政业务规模和效益占比大幅提升,矿山开采、装配式建筑业务得到快速发展;规划设计咨询板块主业引领优势增强,新兴业务领域持续扩大,多元发展成效明显;投资运营快速发展,投资驱动与资产运营能力显著提升;房地产开发业务逆势增长,全年实现销售金额1432亿元、销售面积990.58万平方米,分别比上年增长13.20%、14.45%;工业制造板块聚焦高端装备、智能装备、新能源装备、环保建材持续发力,市场竞争力和品牌影响力稳步提升;物资物流规范化、集约化、协同化水平持续上升,云采平台正式上线,集采工作打开新局面;绿色环保业务拓展至污水治理、土壤修复、光伏等多个细分领域,落地实施张贵庄污水处理厂、龙泉山生态保护修复等一批具有行业影响力的项目;产业金融服务主业多点发力,以融促产成果显著。

【市场经营】 2021年,中国铁建新签合同额28196.52亿元,比上年增长10.39%。其中,境内业务新签合同额25623.51亿元,占比90.87%,增长10.38%;境外业务新签合同额2573.00亿元,占比9.13%,增长10.52%。工程承包板块新签合同额24105.04亿元,占新签合同总额的85.49%,比上年增长8.54%。其中,铁路工程新签合同额3764.71亿元,占比15.62%,增长30.17%;公路工程新签合同额2730.36亿元,占比11.33%,增长4.14%;房建工程新签合同额9736.47亿元,占比40.39%,增长13.41%;城市轨道工程新签合同额1696.44亿元,占比7.04%,下降13.73%;市政工程新签合同额4309.20亿元,占比17.88%,下降6.30%;水利电力工程新签合同额605.94亿元,占比2.51%,下降1.37%;机场码头及航道工程新签合同额197.97亿元,占比0.82%,下降34.10%。非工程承包板块新签合同额4091.47亿元,占新签合同总额的14.51%,比上年增长22.67%。其中,勘察设计咨询新签合同额265.55亿元,增长17.74%;工业制造新签合同额340.84亿元,下降1.24%;物资物流新签合同额1819.50亿元,增长51.12%;房地产新签合同额1432.25亿元,增长13.20%。

【重大项目】 以赋能、聚力、增效为努力方向,深入推进供给侧结构性改革,加强三级公司建设,大力培育"专精特新"企业,提升项目管理能力,推行项目群管理、"五优"分供商建设等改革举措;加快推进智慧建造,出台智慧工地建设指导意见,完成选树10个标杆项目、建设100个重点项目任务;强化责任成本管理和分包管理,推动物资设备集约化管控,提升工程项目综合收益水平;扎实推进安全生产专项整治三年行动,落实"三保一降"责任,加强重难点项目督导。2021年,京哈高速铁路北京至承德段、连徐高速铁路、拉林铁路、赣深高速铁路、沈佳高速铁路牡佳段及白敦段、鲁南高速铁路、张吉怀高速铁路、粤港澳大湾区重点项目南沙港铁路、酒泉至额济纳铁路酒泉至东风段、中老铁路等铁路工程开通运营；莫斯科地铁、武汉地铁5号线、洛阳地铁1号线、石家庄地铁3号线东段及二期、厦门地铁3号线、广州地铁18号线首通段、合肥地铁4号线、天津地铁6号线二期、深圳地铁20号线、北京地铁19号线一期、青岛地铁1号线等城市轨道工程开通运营；广州明珠湾大桥、珠海双湖路黄杨河特大桥、重庆长寿经开区跨江大桥、棋盘洲长江公路大桥、济南黄河济泺路隧道、庆盛枢纽项目东涌污水厂二期、昆明站北广场等市政工程建成运营；云南墨临高速公路、京新高速梧桐大泉至木垒段公路、重庆石柱至黔江高速公路、陕西合(阳)铜(川)高速公路林皋至演池段、湖南安乡至慈利高速公路安乡至石门段、乌玛高速公路青铜峡至中卫段等公路工程建成通车。成都天府国际机场开航投运、渝黔复线高速、大足至内江高速、合川至安岳高速3条高速公路重庆境内同日建成通车，涞源国家跳台滑雪训练科研基地BIGAIR单板大跳台投入使用。福厦高速铁路杨梅山隧道、碧峰寺隧道，郑万高速铁路高家坪隧道、保康隧道，玉磨铁路勐腊隧道、曼勒一号隧道、成兰铁路跃龙门隧道左线等重难点长大隧道工程贯通。雄安容东片区安置房及配套设施项目主体完工，"六横七纵"市政骨干路网全部贯通；中国北方单体容量最大、纬度最高的海上风电项目主体工程全部完工；南水北调北京段房桥光伏项目一期工程顺利通过验收，所发电量成功并网；全球首列全景观光山地旅游列车在株洲正式下线。全年获得中国建设工程鲁班奖7项，国家优质工程金奖7项；兰州城市轨道交通1号线工程、武汉三阳路长江隧道工程获得2021年度菲迪克(FIDIC)工程项目奖。

【安全生产】 深入学习习近平总书记关于安全生产的重要论述和重要指示批示精神，贯彻落实《中华人民共和国安全生产法》新要求，坚持人民至上、生命至上，把保护员工生命安全摆在首位，树牢安全发展理念，夯实安全生产基础，强化管控，压实责任，全年未发生重特大安全事故，安全生产形势基本稳定。一是完善安全生产制度体系，推进安全生产精细化管理。二是健全安全生产责任体系，推进全员安全生产责任制落实。三是完善双预控机制，提升事故预防能力。四是扎实推进安全生产专项整治三年行动，补齐工作短板。五是开展北京片区百日安全专项整治和在粤建设项目全覆盖安全检查。六是加强分包安全管理，提升分包安全管理水平。七是加强安全生产领域科技创新，提升本质安全水平。八是加强应急管理，提升应急处置能力。

【风险防控】 制定完善的风险评估规范，针对战略目标、经营目标、合规目标和资产安全目标，分别确认风险评估的范围并进行初始信息的收集和识别。实施过程中，公司管理层对重大风险进行动态监测管理，并采取相应措施加强管控。为进一步健全风险内控体系，优化工作机制，全面提升风险防控能力，牢牢守住不发生重大风险的底线，中国铁建推动构建以法律管控为主的风险管控体系和以审计为主的监督评价追责体系，形成"大风控""大监督"协同工作的机制和体系。通过建立分工合理、职责明确、报告关系清晰的组织结构，明确内部控制与风险管理决策机构、管理机构、执行机构和监督机构的责任和义务，完善公司内部控制与风险管理的职责权限，形成集中管理、高效协同、信息共享、成果共用的风险防控新格局，助力公司治理体系和治理能力现代化。

【工程创优】 2021年，中国铁建获得中国建设工程鲁班奖7项，国家优质工程奖46项。其中，参建的新建浩吉铁路汉江特大桥工程、快速路一横线歇马至蔡家段工程——中梁山歇马隧道及东西干道2标段工程，新建的北京至张家口铁路清华园隧道工程、南昌至赣州客运专线赣州赣江特大桥工程、云南省牛栏江—滇池补水工程、南阳东站站房及相关工程、中国医学科学院肿瘤医院住院综合楼(医技用房、手术用房、病房等)工程获得2021年中国建设工程鲁班奖；参建的苏通GIL综合管廊工程、北京轨道交通新机场线一期工程、青岛地铁2号线一期工程、成都轨道交通18号线工程，新建的北京至张家口铁路(含崇礼铁路)工程、巴基斯坦PKM项目(苏库尔至木尔坦段)、阿尔及利亚东西高速(中段)7项工程获得国家优质工程金奖；岳西至武汉高速公路安徽段明堂山隧道工程、淮滨至信阳高速公路息县至邢集段工程，河南省三门峡至淅川高速公路卢氏至西坪段工程，杨泗港快速通道青菱段（八坦立交至丁字桥路）工程，常德沅江隧道工程，梧州至柳州高速公路工程，崇左市崇左大桥工程，雅安至康定高速公路二郎山隧道工程，广东省龙川至怀集高速公路（连平至怀集段）工程，苏州城北路（金政街至江宇路）综合管廊工程，以及新建的怀化至邵阳至衡阳铁路四电系统集成、防灾安全监控、信息及相关工程，长株潭城际铁路综合工程，怀化至邵阳至衡阳铁路岩鹰鞍隧道工程，怀化至邵阳至衡阳先期开工（隧道工程）HSHZQ－2标段黄岩隧道工程，怀化至邵阳至衡阳铁路南雪峰山隧道工程，黔江至张家界至常德铁路长湾澧水大桥工程，黔张常铁路张家界西站房工程，济南至青岛高速铁路工程淄博北站站房及相关工程施工总价承包JQGTZFSG－6标段工程，黄骅南至大家洼铁路黄河特大桥工程，跨荣潍高速公路特大桥工程，杭州至黄山铁路综合工程，商丘至合肥至杭州铁路赵桥特大桥工程，商丘和合肥至杭州铁路木兰特大桥工程，北京至沈阳铁路客运专线辽宁段站前工程JSLNTJ－13标段蒲河特大桥工程，西成客运专线秦岭天华山隧道工程，广梅汕铁路龙湖南至汕头段增线第二线桥群工程，穗莞深城际轨道交通新塘至洪梅段SZH－5标段桥梁工程，云桂线昆明枢纽Ⅰ类变更设计完善客运配套设施及昆明车辆段迁改工程，苏州轨道交通3号线工程，呼和浩特城市轨道交通1号线一期工程，大同至张家口高速铁路智家堡御河特大桥工程，武汉市轨道交通蔡甸线柏林停车场工程，武汉市轨道交通7号线工程，新建成都至贵阳铁路乐山至贵阳段西溪河大桥工程，正大国际城市广场暨市民中心西地块7号楼项目，毕节市第二人民医院建设项目，南宁综合保税区商务中心1号、2号楼项目，昆明市地铁网线控制中心工程，土耳其安伊高速铁路二期工程获得国家优质工程奖。

【重大创新】坚持科技赋能，加快破解"卡脖子"难题，关键核心技术攻关有序推进，5项科技重大专项成果实现示范应用目标，圆满完成国家重点研发计划"城市地下空间安全施工关键技术研究"，成功申报"陆路交通基础设施智能化设计共性关键技术"等3个国家重点研发项目，中标"超级高铁"试验线建设任务。首批认定的7家中国铁建工程实验室（研发中心）运行状况良好，劳模和工匠人才创新、基层小改小革小创新成果丰硕，自主研发设计制造的世界首台千吨架桥一体机——"昆仑号"入选"2021年度中央企业十大国之重器"。全年获得国家科学技术进步二等奖6项，省部级科学技术奖88项、中国施工企业管理协会工程建设科学技术奖50项、第18届中国土木工程詹天佑奖11项；新增省部级工法378项，获得中央企业熠星创新创意大赛二等奖1项。新增授权专利6638件，获得第22届中国专利奖8项，其中金奖1项、银奖1项、优秀奖6项；主持和参与制定国际标准1项、国家标准17项、行业标准15项、地方标准51项、团体标准42项。

【走向海外】坚定不移推进"海外优先"战略，健全"3＋5＋N"海外经营体系，以海外业务、工程项目为落笔点，彰显海外担当，推动构建人类命运共同体。面对百年变局和世纪疫情，中国铁建坚定发展信心，保持战略定力，相继召开海外重点项目专题会、境外疫情防控工作会、境外财务管理专题会、海外业务调度会等，统筹推进疫情防控和生产经营，全年未发生聚集性疫情和重大安全风险事件，海外员工队伍稳定，健康安全得到有力保障。强化境外风险内控及合规体系建设，深度参与联合国全球可持续交通大会、中非合作论坛企业家大会等重大活动，积极推动科特迪瓦6号桥等项目，展现中国铁建强劲的海外发展势头，提升中国铁建的品牌影响力。2021年，科特迪瓦国防部通讯二期项目实现融资关闭，承建的中老铁路、匈塞铁路、莫斯科地铁、卡塔尔卢赛尔体育场、援非盟疾控中心等项目受到所在国元首、政府的充分肯定，海外业务实现高质量发展。重大境外工程有沙特内政部安全总部发展项目，尼日利亚铁路现代化项目拉各斯至伊巴丹段工程，阿联酋铁路二期B、C、D标段工程，中央线标轨铁路姆万扎至伊萨卡段工程，马来西亚金马士—新山双线电气化铁路设计、施工、供应、安装、竣工、测试、试运行及维护工程，新加坡裕廊区域线登加车辆段与综合基地J101标段工程，俄罗斯莫喀高速公路项目，卡塔尔卢赛尔体育场项目，鲁雷纳瓦克至里韦拉尔塔公路项目。全年中国铁建海外新签合同额398.23亿美元，海外完成营业额86.37亿美元。

【党建工作】 2021年,中国铁建党委以习近平新时代中国特色社会主义思想为指导,认真贯彻党的十九大和十九届历次全会精神,坚持"实事求是、守正创新、行稳致远"工作方针,充分发挥各级党委"把方向、管大局、促落实"领导作用,以高质量党建引领高质量发展。

党的领导持续得到新加强。一是扎实开展党史学习教育,精心组织"两优一先"表彰大会等纪念建党100周年系列活动。二是坚决扛起"两个维护"重大政治责任,确保习近平总书记重要指示批示精神和党中央决策部署落地见效,引导广大党员领导干部把思想和行动统一到党的十九届六中全会精神上来。三是在完善公司治理中加强党的领导,确保党的领导融入公司治理各环节,加强对企业"十四五"规划的把关定向。

党建基础工作再上新台阶。一是基础持续夯实。召开中国铁建党建工作会议,推动所属23家二级单位党委有序开展换届选举,组织党员发展对象培训示范班、新党员培训示范班和党支部书记培训示范班。中国铁建党委在国务院国资委党委2020年度党建考核评价中获评A级。二是责任持续强化。持续开展二级单位党建工作责任制考核评价,组织开展基层党委书记抓基层党建工作述职评议,压紧压实党建工作责任。三是工作持续拓展。制定印发《关于进一步加强和改进新形势下党的建设工作的指导意见》《关于加强和改进混合所有制企业党建工作的指导意见》,持续加强对境外单位党建工作的指导。

干部人才队伍展现新担当。一是选用管理持续加强。全年开展对45家二级单位领导班子及473名领导人员的综合考核评价,组织586名领导人员开展个人事项报告,全面梳理全系统员工数量、员工类别、用工形式、薪酬发放等工作。二是体制机制更趋优化。在确定规范化建设董事会的38家公司和8家平台公司配备外部董事,全部实现外部董事多于内部董事。推动各级子企业制定方案及配套制度,在所有子企业全面推行经理层成员任期制和契约化管理。强化收入分配和薪酬激励,编制完成《"十四五"人力资源规划》。三是素质能力不断提升。组织举办党的十九届五中全会精神和党史学习教育培训班,各级领导人员和党员干部累计参加培训10万人次以上。举办全系统十九届六中全会精神宣讲报告视频会和岗位任职培训班,开展海外人才引进专项计划。

宣传思想工作迈出新步伐。一是企业影响力显著提升。全年在中央和省部级媒体刊稿5048篇,2次登上《人民日报》头版头条;《信物百年》专题片在企业内外反响强烈。二是企业凝聚力显著增强。组织评选表彰第四届"永远的铁道兵杯"十大楷模和第七届"十佳道德模范"。持续开展"国企开放日""道德讲堂"和学雷锋志愿服务等实践活动。铁道兵纪念馆打造党史学习教育"打卡地",获批国务院国资委命名的首批100个中央企业爱国主义教育基地。三是企业引领力显著提高。先后下发《关于全面推进新时代中国铁建文化与品牌体系落地的通知》等8个配套制度办法,推动新文化品牌落地生根。设立融媒体中心和海外分中心,全年舆情形势平稳可控。

党风廉政建设和反腐败斗争取得新成效。一是"两个责任"有效落实。修订完善《落实全面从严治党主体责任清单》,确保管党治党责任落实落地。构建经济"大监督"协同工作体系和机制,织密扎牢监督网络。出台《关于加强对"一把手"和领导班子监督的实施意见》,开展对6家二级单位党委专项巡视整改情况督查;完成对26家二级单位落实"两个责任"情况的监督检查。二是"四风"问题有效遏制。全年查处违反中央八项规定精神问题12个,给予党政纪处分16人次,推动完善相关制度366项。持续减轻基层负担,大力开展整治基层腐败和不正之风。三是"三不腐"有效推进。持续强化不敢腐的震慑,扎牢不能腐的笼子,增强不想腐的自觉,全年全系统开展党章党规党纪教育10252场次,教育人数247216人次。

工会团青工作汇聚新能量。一是引领带动作用稳步提升。开展"永远跟党走、奋进新征程"党史知识竞答和系列读书等活动;开展"我为职工办实事"实践活动,全力完成"十大服务项目清单"。共青团深入推进"学党史、强信念、跟党走"团员党史学习教育活动,开展"我为青年做件事"主题实践活动,铁建"星火"青年宣讲团获评中宣部基层理论宣讲先进集体。二是服务发展作用显著增强。在全系统100个重点项目开展"建功'十四五'、奋进新征程"劳动和技能竞赛,评选表彰中国铁建合理化建议和技术改进项目47项,组织征集科技研发重点指引需求建议235条。三是凝聚保障作用有效发挥。在全系统启动1000个偏远艰苦项目帮扶,形成蓝领公寓、工友之家、产业工人社区等建家样板;成立2000余支青年突击队,在疫情防控、项目攻坚等第一线,有力展现青年队伍的担当作为。

【环境保护】 2021年,中国铁建高度重视环境保护工作,注重自身生产运营对气候变化产生的影响,成立节能环保工作领导小组和"碳达峰、碳中和"工作领导小组,自觉履行和承担环境保护社会责任,助推企业实现高质量可持续发展,为国家生态文明建设作贡献。一是严格遵守《中华人民共和国环境保护法》《中华人民共和国大气污染防治法》《中华人民共和国固体废物污染环境防治法》等法律法规,制定《节能减排管理办法》《节能减排工作目标指标考核评价实施细则》等,健全环保管理体系,加强指导、监督和考核,明确主体责任,全年未发生环境污染事件。二是高度重视资源的合理利用,始终践行"绿色施工"理念,坚持环境保护与施工生产同时设计、同时施工、同时投产使用,把"节能、节地、节水、节材和环境保护"贯穿于项目施工全过程,在资源消费管理方面,资源利用效率得到提高。全年消耗水资源总量29765.37万立方米,耗水密度318.8吨/百万元营业收入;能源消耗总量589.24万吨标准煤,能源消耗密度万元营业收入综合能耗0.0631吨标准煤。三是积极践行"生态铁建、绿色发展"理念,制定《工程项目环境保护管理办法》《工程项目环境保护目标指标考核评价实施细则》等安全文明施工相关制度,注重科学管理和创新技术,最大限度地节约资源,减少对环境负面影响,保护生物多样性。

【履行社会责任】 2021年,中国铁建持续健全社会责任管理体系,扎实开展社会责任工作,推动社会责任管理融入工作实践,塑造负责任的品牌形象。一是谋篇布局,擘画发展新蓝图。9月,发布《中国铁建"十四五"发展战略与规划》,确立建筑为本、相关多元、价值引领、品质卓越,发展成为最值得信赖的世界一流综合建设产业集团的总体发展战略,提出"一创六化"七大重点发展任务、构建"8+N"产业格局,编制出台人力资源、科技创新、信息化、国内经营、海外发展等职能规划,形成总体战略统筹引领、重点任务纵向到底、产业发展横向到边的立体化、系统性战略体系。二是乡村振兴,谱写共富新篇章。贯彻落实习近平总书记关于实施乡村振兴战略重要指示批示精神,全面总结传承脱贫攻坚优秀经验,巩固来之不易的脱贫成果,有效衔接乡村振兴,聚焦产业、人才、文化、生态、组织"五大振兴",扎实增进民生福祉,朝着共同富裕奋勇前进。全年派出定点帮扶干部42人,投入帮扶资金4590.24万元,引进帮扶资金1391.5万元,购买脱贫地区农产品2368.02万元,帮助销售脱贫地区农产品770.65万元,助力巩固"两不愁三保障"成果投入资金239.65万元,打造乡村振兴示范点6个。其中,在河北省尚义县建立无公害小杂粮种植基地34万平方米,吸纳就业5000余人次;在青海省甘德县大力扶持和培育特色畜产品深加工龙头企业,建立帮扶车间,引进青海达尼坤帮妇乐刺绣公司,帮助培训青绣工人,解决当地妇女就业问题;在河北省万全区出资完善三里庄村党建中心电教室相关配套设施,助力落实基层支部"三会一课"制度、扎实开展村民技能培训、群众文化活动,三里庄村党总支被万全区委评定为五星级党组织。三是实事工程,展现民生新作为。落实党中央决策部署,按照国务院国资委统筹安排,开展"我为群众办实事"实践活动,用心用情用力解决基层的困难事、群众的烦心事,完成率100%,让群众感受到组织的关怀和温暖。全年组织开展"工会进万家"活动,投入资金1340万元,入户走访慰问劳动模范、五一劳动奖章获得者、工匠代表及因病、因公致残等职工19801人次,深入基层座谈调研655场次。捐助四川省凉山州普格县铁道兵希望学校50万元,有效缓解办学压力,改善学生学习条件,赢得当地政府和群众广泛称赞;持续抓好境外疫情防控,保障境外员工轮岗轮休等正当权益,确保境外员工队伍和国内家属稳定。四是和谐幸福美好,共筑新生活。公司在自身发展的同时,积极参与抢险救灾工作,关爱农民工,热心公益慈善事业,共建温暖和谐的社区,与社会共享发展成果。全年对外捐赠6583.54万元,参与社会公益活动1987次,参与活动志愿者3.7万人次；参与工程抢险救援和防汛抗洪1800次，出动工程抢险力量2.4万人次，机械设备4000台(套)，有力支援各地抢险救灾。主动履行海外社会责任，促进当地就业，驰援当地抗击新冠肺炎疫情、抢险救灾，在致力于基础设施"硬联通"的同时，带动"软联通""心联通"，促进企业与社会的和谐发展。

(撰稿人：刘爱民)

中国交通建设集团有限公司

【基本概况】 中国交通建设集团有限公司（以下简称中交集团）是国务院国资委监管的特大型综合建筑企业，是国有资本投资公司改革试点单位。中交集团在2021年《财富》"世界500强"排名第61位，较2020年跃升17位，在2020年国务院国资委经营业绩考核评价中连续第16年获评A级，也是建筑行业中唯一获得"16连A"的中央企业。中交集团主要从事交通基础设施的投资建设运营、装备制造、房地产及城市综合开发等，为客户提供投资融资、咨询规划、设计建造、管理运营一揽子解决方案和综合一体化服务，是中国第一家成功实现境外整体上市的特大型国有基建企业，业务足迹遍及全球150多个国家和地区，员工数量超过16万人。经过长期发展，中交集团成为世界最大的港口设计及建设公司、世界最大的公路与桥梁设计建设公司、世界最大的疏浚公司、世界最大的集装箱起重机制造公司、世界最大的海上石油钻井平台设计公司；亚洲最大的国际工程承包公司、中国最大的设计公司、中国最大的高速公路投资商；拥有中国最大的民用船队。

2021年，中交集团坚持以习近平新时代中国特色社会主义思想为指导，沉着应对百年变局和世纪疫情，锚定高质量"两保一争"战略目标，全面推进"科技型、管理型、质量型"世界一流企业建设生动实践，新签合同额、营业收入、净利润均创历史新高，实现"十四五"高质量发展的良好开局。

【主要指标】

表1　2021年中国交通建设集团有限公司主要经济指标

项　目	2020年	2021年	比上年增长(%)
资产总额(亿元)	20002.71	22433.86	12.15
所有者权益(亿元)	5005.09	5613.86	12.16
营业收入(亿元)	7373.89	8428.26	14.30
利润总额(亿元)	347.37	392.19	12.90
净利润(亿元)	256.57	305.04	18.89
归属于母公司所有者的净利润(亿元)	80.39	90.13	12.12
技术开发投入(亿元)	214.08	248.11	15.90
利税总额(亿元)	720.74	767.96	6.55
应交税金总额(亿元)	412.90	401.05	-2.87
全员劳动生产率[万元/(人·年)]	58.34	61.87	6.04
净资产收益率(%)	5.83	5.74	减少0.09个百分点
总资产报酬率(%)	3.15	2.99	减少0.16个百分点
国有资本保值增值率(%)	106.22	109.23	增加3.01个百分点

【改革发展】 中交集团改革三年行动实施以来，主动改革创新，争当行业标杆，各项改革任务深入推进，取得积极成效。一是聚力强化党的领导，全面融入公司治理各环节。全面落实"两个一以贯之"，加强党的领导、完善法人治理，建设更加成熟定型的中国特色现代企业制度，持续推进治理体系和治理能力的现代化。明晰公司治理基本制度6个层次、层层递进、逐级细化，共同构成公司治理基本制度框架。二是聚力服务国家战略，持续优化国有资本布局。以打造引领现代综合交通和城市高质量发展的产业投资控股平台为目标，以"四做"（做大工程、做强投资、做实资产、做优资本）激发发展效能。对照"卡脖子"清

单,积极参加国务院国资委1025专项,实施关键核心技术攻坚行动,加快原创技术策源地建设。三是聚力强化战略引领,为企业发展明确发展蓝图。锚定高质量"两保一争"的战略目标,坚持"123456"总体发展思路,按照"两步走"战略安排,加快建设具有全球竞争力的科技型、管理型、质量型世界一流企业,形成企业"十四五"1个总体规划、22个专业子规划、38个子企业总体规划的"1+22+38"战略规划体系。四是聚力混合所有制改革,推动不同所有制企业共同发展。制定《实施混合所有制改革工作指引》《收购企业并后管理指导意见》《参股管理办法》等系列混合所有制改革制度,强化混合所有制改革的全过程监督,为混合所有制改革明确方向、把牢原则、完善流程,切实防止国有资产流失。五是聚力激发企业活力,注入市场化发展基因。牢牢扭住转换市场经营机制这个改革的"牛鼻子",创新提出"四能改革"的总体要求,为企业发展注入市场化基因,真正把"位子"交给市场,把"薪酬"交给业绩。六是聚力优化管控体系,提升企业发展效能。推进总部功能调整,以产业经营权分离为原则,将集团总部打造成机构精简、运作专业、运转高效的资本配置和资本运作的中枢,推动管资产向管资本转变。按照"放得下、接得住、管得好、动态调"思路,因企施策授权放权。构建涵盖各治理主体及纪委、巡视、审计、法律、财务为一体的"大监督"工作体系,推动多种监督载体贯通融合,打造治理完善、经营合规、管理规范、守法诚信的法治央企。

人事、分配、考核、薪酬方面,一是以"四位一体"工作机制,持续推进三项制度改革。明确目标任务,重点聚焦九大改革方向,制定三项制度改革实施方案;突出典型示范,选取不同业务板块的优秀企业作为"改革尖兵",培育高质量改革的"头羊效应";强化过程督导,紧扣改革成效关键指标构建督导监测体系,有效压实各级主体改革责任;加大奖惩力度,研究制定三项制度改革评估办法,坚持管理闭环,保持改革韧性,强力攻坚克难。二是以"三个突出"为抓手,推进干部"能上能下"。突出业绩导向,科学制定任期制和契约化管理的业绩指标,打造"1+2+N"指标体系;突出刚性考核,科学确定退出情形,明确退出"底线",用好考核评价"指挥棒";突出竞争选拔,开展公开招聘、竞争上岗,破除论资排辈和隐形台阶,推动建立市场化用人机制。三是以"三个坚持"为牵引,促进员工"能进能出"。坚持公开招聘规范化,建立笔试试题库、面试评委库、后备人才库等"三库",搭建"公平竞争、同台比武"的竞争机制;坚持绩效考核常态化,强化绩效考核"刻度尺",加快制度建设落实绩效考核结果的全面应用;坚持"三定"改革穿透化,公司总部一级部门、内设机构和岗位编制较改革前分别压减33%、21%和31%,所属二、三级企业总部在岗员工较改革前减少12%以上。四是以"三个强化"为导向,落实收入"能高能低"。强化工资总额差异调控,坚持效率对标,建立超额贡献嘉奖,突出正向激励,优化单列管理清单,实现战略支撑;强化薪酬绩效精准激励,坚持"考核定薪酬、收入比贡献",推行员工绩效考核排名强制分布,在2个高端人才团队试行协议薪酬管理,助力新业务快速实现突破;强化中长期激励约束机制,构建"1+7"制度体系,2021年累计批准4户中长期激励方案,进一步构建"事业共同体"。

【重大项目】 2021年,中交集团坚持以习近平新时代中国特色社会主义思想为指导,在国务院国资委的正确领导下,沉着应对百年变局和世纪疫情,坚持"123456"总体发展思路,锚定高质量"两保一争"战略目标,迎难而上、真抓实干,圆满完成国务院国资委下达的任务和公司年度目标,实现"十四五"高质量发展的良好开局。

重大工程方面,世界上规模最大的城市湖底、双层超大直径隧道武汉市两湖隧道项目成功中标,项目建成后将有力支撑国家中心城市建设,全面推动长江经济带的发展。川藏铁路雅安至林芝段项目是连续第5次中标川藏铁路,彰显央企"大国重器"担当与实力,奠定中交集团在轨道交通业务的领先优势。新疆乌尉公路包PPP项目作为"一带一路"的战略工程和"交通强国"的试点工程,项目建设取得突破性进展,其中世界最长高速公路隧道——天山胜利隧道中导洞施工成功穿越范围最大、最危险的F6断裂带和F7断层破碎带;世界在建里程最长的沙漠公路——尉且公路沥青路面工程全线贯通,打通贯穿"死亡之海"的"最后一公里";高寒高海拔特长高速公路隧道——依若线巴什库尔干2号隧道全隧胜利贯通;世界首创超大直径硬岩竖向掘进机顺利下井始发；尉三、三若线正式通车，以实际行动践行干好"头号工程"的战略使命。那羊高速项目是世界海拔最高高速公路，西藏和平解放70周年之际顺利建成通车，彻底打通西藏地区纵贯南北的交通大动脉。云南华（坪）丽（江）高速公路项目正式运营并网收费，以四年鏖战完成建设西南边陲新丝绸之路的光荣使命。河北遵秦高速项目被交通运输部列为国家交通重点工程和第一批平安百年品质工程创建示范项目，其控制性工程滦河特大桥采用全预制装配式工艺，实现"在水上搭积木"的高难度建设目标。安徽合枞高速项目被列为交通运输部第一批公路BIM技术应用示范项目、工业化智能建造科技示范项目，首次采取"PPP+分段委托建设+EPC"建设模式，将桩板式无土路基技术应用于新建高速公路。苏锡常南部高速公路太湖隧道项目通车运营，标志着公司参建的全国在建最长湖底隧道——太湖隧道建成通车。广州从化至清远连州高速公路项目建成通车，疏解广乐、京港澳高速以及珠三角环线等的交通压力，构建平行于京港澳国家高速的南北交通新动脉。雄安新区雄安未来科创城项目正式启动产业导入工作，助力雄安新区高质量建设。监利市长江大保护生态环境综合治理一期PPP项目成功中标，助力长江经济带经济社会环境可持续发展。阳西沙扒、平潭大练、大唐南澳勒门Ⅰ海上风电项目强有力地支撑国内海上风电行业的建设和发展，为国家能源结构转型、早日实现"碳达峰、碳中和"贡献中交力量。

并购重组项目方面，中交集团并购北京中航弱电系统工程有限公司，拓展信科集团在机场弱电领域的市场与技术实力；并购北京思源兴业房地产服务集团股份有限公司、海南国际商品交易中心有限公司，完善中交房地产和中国城乡的全产业链运营能力；并购江西晔捷建设工程有限公司、湖北秉曼建设工程有限公司、北京邙润建筑工程有限公司和北京诚跃建筑装饰工程有限公司等建筑、市政施工总承包一级资质企业，补齐公司资质短板。

【走向海外】 中交集团作为最早"走出去"的中国企业之一，深入践行"海外优先"战略，积极推进"五商中交"全球落地。一是海外布局持续优化，由传统的亚洲、非洲向欧洲、拉丁美洲和环加勒比市场不断拓展，在全球157个国家和地区开展实质性业务，设286个境外机构；形成以公路、港航、铁路、机场为龙头，覆盖市政、装备制造、疏浚吹填、房建、城市轨道交通的多元海外业务格局；积极探索商业模式创新，找准投、建、营、退出及多种组合最佳盈利模式；进一步加强"一带一路"互联互通项目对接，深化布局"六廊六路多国多港"，市场开发取得系列成果，连续15年居"ENR全球最大国际承包商"中国企业第一位。二是重大项目保障有力，截至2021年底，在境外各类对外承包工程项目892个，参建的中老互利合作旗舰项目——中老铁路圆满完工，习近平总书记出席通车仪式并给予高度评价；海上丝绸之路重点项目斯里兰卡科伦坡港口城顺利推进，习近平总书记给予亲切关怀并作出重要指示；习近平总书记见签的海外首条大直径水下盾构隧道项目——孟加拉国卡纳普里河河底隧道项目双线贯通；中柬两国元首见签的柬埔寨11号国家公路改扩建工程完工通车；中克与欧盟在"一带一路"框架下推进三方合作的最大基建项目——克罗地亚佩列沙茨大桥成功合龙；"一带一路"旗舰项目——马来西亚东海岸铁路项目全面完成年度实施计划。中交集团海外一大批重点项目，积极助力所在国抗击疫情、复工复产、改善民生、发展经济，展现中国速度、中国品牌、中国形象，在践行国家战略、推动构建人类命运共同体中彰显中交担当。三是风险应对沉着有力，启动46次公司级应急响应处置及50余次紧急安全排查；加强海外大安全管理，对海外项目进行多轮远程综合督查，组织开展海外安全、防疫、维稳专项提升行动，保障总体稳定。圆满完成DF项目两批次6架次1248人包机回国任务，有力缓解维稳压力，受到上级单位高度评价。搭建海外合规尽职调查平台，不断完善合规管理体系，积极稳妥开展专项风险应对工作。四是发展机制优化完善，实施国际化经营战略，统筹推动海外优先、优质、协同发展，推动从中交国际化向全球化中交的跃升，形成中交集团总部、平台公司、专业子集团与专业公司、境外机构之间价值共享、融合发展的生态系统网络。五是品牌美誉度持续提升，与属地社会结成最广泛的命运共同体，在不同国家和区域，因地制宜提供力所能及的社会公益服务,受到所在国政府、业主、驻外使领馆的普遍好评。

【重大创新】 2021年,中交集团坚持创新在公司发展全局的核心地位,坚定不移走创新驱动高质量发展道路,按照"统筹布局、重点突破、自主创新、引领发展"的基本方针,持续完善科技创新体系,进一步提升公司创新能力和科技管理能力,助力公司加速实现高水平科技自立自强。一是关键核心技术攻关和国家重大科技项目取得新突破。国务院国资委专项攻关任务圆满完成,通过自主创新,实现竖井施工关键核心技术与装备的重大突破,科技水平世界领先。自主研发桥隧计算分析软件和自动化码头TOS系统在破解核心软件"卡脖子"问题方面迈出坚实步伐。成功申报国家"十四五"重点研发项目"桥梁智能建造理论与方法"和"交通基础设施数字化软件技术研发",彰显中交实力和央企担当。二是重大科技成果取得新成绩。获得国家科技进步奖2项、技术发明奖1项、詹天佑奖7项、中国专利优秀奖6项、国有企业"十大数字技术成果"1项。其中牵头成果"青藏高海拔多年冻土高速公路建养关键技术及工程应用"获得国家科技进步二等奖。"基于高分遥感的交通一张图平台"入选国务院国资委评选的国有企业"十大数字技术成果"。制(修)订发布《起重机工作和非工作状态下的锚定装置》等3项ISO国际标准,主编的水运基础设施IFC国际BIM标准通过BSI技术委员会审查,牵头ISO国际标准《耙吸挖泥船耙臂位置显示系统》获批立项,公司参与国际科技治理的话语权稳步提升。三是创新体系建设获得新飞跃。高质量制定"十四五"科技发展规划,明确发展目标与路径、布局与重点方向、主要任务与保障措施,规划引领进入新时代。加入国务院国资委高端金属材料创新联合体、CPU芯片和操作系统创新联合体,成为公安部关键信息基础设施安全保护联盟重要成员。公路长大桥和疏浚技术装备两个国家工程研究中心成功纳入新序列管理,成为国家战略科技力量。青海花石峡冻土公路工程安全国家野外科学观测研究站经科技部批准,正式进入运营期。确定长大桥隧等9个公司原创技术策源地,认定工程软件等9个集团研发中心。林鸣总工程师当选工程院院士,王仁贵等3人获评"全国工程勘察设计大师"。四是科技体制改革和制度建设步入新阶段。中交集团科学技术协会获批成立,启动首个揭榜挂帅项目"桥梁工业化智能建造关键技术研究及产业化示范(一期)"。系统制(修)订19项科技管理制度,出台《科技人才与成果激励管理办法》,公司科技管理制度体系不断完善。

【党建工作】 2021年,中交集团党委深入贯彻落实党中央决策部署和国务院国资委党委工作要求,坚决扛起国企党建联系点的政治责任,牢牢把握党的建设使命任务、重点工作和关键举措,党的建设质量和水平进一步提升。一是持续巩固政治建设统领地位。坚决做到"两个维护",始终坚持把学习宣贯习近平总书记重要讲话和指示批示作为"第一议题",第一时间学习研讨、研究部署、推动落实,第一屏幕、第一栏目、第一版面重点宣传,累计梳理习近平总书记对本企业本行业本领域重要讲话和指示批示694条,组织党委会"第一议题"、中心组集中学习交流24次,专家讲座2场,实地研学2次,读书班3期,学习内容139项,同步完善跟踪督办、监督检查机制,落实"首要责任",全年闭环落地成果300余项,确保沿着正确政治方向不偏离。坚决落实"两个一以贯之",完善落实党的领导体制机制,指导所属企业修订各类治理主体议事规则及议事清单,初步形成"六维"(领、导、管、办、督、促)中交治理模式。二是深入开展党史学习教育。公司党委坚决贯彻落实习近平总书记关于党史学习教育的重要指示精神,紧紧围绕学史明理、学史增信、学史崇德、学史力行,科学谋划、周密部署、以上率下、迅速行动,实现学党史、悟思想、办实事、开新局的目标任务。第一时间动员部署,召开专题会议推进,建立全系统330个指导组,以务实作风扎实推动党史学习教育走深走实。以"五议五办"推动"我为群众办实事"落地见效,坚持把实事办在项目建设主战场、乡村振兴第一线、抗洪救灾最前沿和疫情防控主阵地,累计办成实事1.3万项。中交集团党委以"当好为民服务先锋队""学史力行推进交通强国建设""深入学习党的十九届六中全会精神"为主题,先后3次在国务院国资委层面组织的推进会、座谈会上作经验交流。"中交助梦""五议五办"等多个案例入选党史学习教育官网及国务院国资委相关案例集。公司领导就党史学习教育经验特色接受人民网专访。三是隆重献礼建党百年。统筹开展"中交蓝·党旗红·中国梦"系列活动，以"十百千万"活动为牵引，公司领导班子带头到基层宣讲31场次，带动各级党员干部讲授专题党课近4000场，覆盖17万人次，全方位营造喝彩礼赞党的百年奋斗光辉历程和重大成就的浓厚氛围。组织全系统"党课开讲啦"，进行全层级党史知识竞赛，组织全公司7月1日"同升国旗、同听讲话"活动，16余万中交人同庆建党百年。联动开展群众性主题宣教、"四史"宣传教育，组织5000名青年团员同上党史第一课。开展"携手奋斗新征程"统战活动，推动学习教育覆盖全员，唱响"与党同心、与时代同行"主旋律。天鲸号、上海洋山深水港和北京大兴国际机场等诸多"中交元素"集体亮相中国共产党历史展览馆；首批参与央视建党百年信物故事的讲述，中交人参与铸造的"两路"精神成功入选中国共产党精神谱系；参建的港珠澳大桥入选全国爱国主义教育示范基地；天鲲号"鲲+"党建品牌、中交城投流动党员驿站等10余个中交典型在中央企业党建成就展展示，广泛凝聚起新时代中交人弘扬伟大建党精神，启航新时代、奋进新征程的思想共识和行动共识。四是持续夯实基层党建工作基础。适应跨地、跨国、跨所有制经营形势要求，制定完善项目党建、境外党建和混合所有制党建指导意见；优化"四位一体"党建管理系统，以信息化助力党建智慧化、数字化；深入开展"十百千万""四亮四比"系列活动，推进首批基层党建标杆和党员示范岗创建及验收，凸显基层党组织和广大党员干部在疫情防控等急难险重任务中的先锋堡垒作用，全年7家单位、5名党员、3名党务工作者分别获评中央企业先进基层党组织、优秀共产党员、优秀党务工作者，5个案例入选中央党校出版社基层党建优秀案例汇编；凝聚统战群团合力，集团团委获评"全国五四红旗团委"，6家单位、8名员工分别获得全国五一劳动奖状、全国五一劳动奖章。五是持续优化干部人才队伍建设。制定建设忠诚干净担当高素质干部队伍实施意见，出台加强"一把手"和领导班子监督工作方案，不断织密从严管理制度笼子；选拔优秀年轻干部到艰苦地区、复杂环境、关键岗位锻炼成长，广大干部的政治站位与专业水平得到明显提升；全面推行经理层成员任期制和契约化管理，推广协议薪酬、中长期激励等分配制度，同步打通员工多元化职业发展及退出通道，有效推动党管干部人才和市场化选人用人有机统一；加大高端人才引进培养力度，林鸣当选中国工程院院士、获得唯一的个人中国质量奖，汪双杰获评全国杰出专业技术人才，3人获评国家工程勘察设计大师。六是持续净化风清气正政治生态。统筹开展协同监督、派驻监督、监督员监督，有效巩固立体监督格局；开展"落实中央八项规定精神治'四风'树新风"专项工作，修订履职待遇和业务支出管理办法，不断夯实作风建设成果；开展违规挂靠专项巡视巡察，通过3轮内部巡视，强化问题整改；深入推进境外腐败、利益输送、设租寻租等专项整治，创新实践"室组地"联合办案机制，首次启动海外追逃工作，严肃查处一批违纪违法案件，全年挽回国有资产损失2.67亿元，为企业追回赃款9369万元，有力保障国有资产安全，巩固"不敢腐"的态势；紧盯权力运行关键环节，制定"一把手"和领导班子监督实施细则，有效夯实"不能腐"的基础；加强制度宣传贯彻，丰富道德讲堂、廉洁宣教等载体，"心至廉 路致远"文化理念深入人心，提升"不想腐"的自觉。

【信息化与数字化建设】 2021年，中交集团数字化工作以"两保一争"战略目标为牵引，按照"123456"的总体发展思路，以数字化转型发展为目标，着力强化数字化发展规划设计，夯实数字化制度体系，统筹数字化项目建设，打造数字化平台，推动数据治理入湖，各项工作稳步推进，成效逐步显现。一是数字化顶层设计与制度体系日益完善。开展顶层设计，制定《中交集团"十四五"数字化发展规划》，明确数字化发展总体蓝图和愿景目标，规划未来五年公司数字化工作的发展重点、实施路径、能力建设和保障措施；系统梳理并制（修）订公司数字化工作管理制度，基本建立适应"十四五"新时期的数字化管理制度体系。二是数字化应用系统建设如火如荼。财务云业财协同试点上线，首次在集团层面实现业财一体化。合同、分包、一体化协同办公、总部办事大厅和云运营监控等系统上线运行，技术服务平台、人力、党建等10余个系统实现全集团应用，数字化平台覆盖率65%，有力支撑部门管理效率提升。三是数据治理夯基起步。首次建立集团数据治理体系，制定数据治理专项规划，发布数据管理办法、9项主数据标准和相应管理细则。以财务云建设为契机,推动数据资产入湖,按照数据采存管用全周期管理理念,完成主数据系统、数据集成共享、运营监控等平台建设,有效支撑公司财务云业财协同、运营监控和国资监管。四是产业数字化升级稳步推进。聚焦数字化关键、基础、共性的技术平台研发和基础研究开展数字化专项项目建设;数字化成果影响力逐步扩大,公司20多项数字化成果亮相第四届"数字中国"峰会,"高分交通一张图平台"入选国务院国资委评选的国有企业"十大数字技术成果",各单位北斗、BIM等100余项成果在各类大赛中获得奖项;推进北斗"一带一路"重大专项,构建海外工程安全服务平台,推动产业数字化发展从推广数字化技术本身的"数字化+"向赋能关联产业的"+数字化"转变。五是数字基础设施和网络安全能力显著提升。从无到有建设财务云平台、SM专网、网络安全态势感知平台等关键数字基础设施,成为第一家建设SM专网的非SM央企。在2021年HW中获得中央企业组第八名、建筑行业第一名。"网络安全综合防护平台建设方案"入选国务院国资委数字化转型典型案例,"IPv6建设方案"入选中央网信办优秀案例。

【履行社会责任】 2021年,中交集团扛起国资央企使命担当,坚决履行社会责任,努力打造"让出资人放心、客户满意、相关利益方信任、经营者安心、员工幸福、社会赞誉"的受人尊敬的企业。一是扎实开展定点帮扶。2021年,中交集团深入学习习近平总书记关于定点帮扶和乡村振兴工作的重要论述和指示批示精神,全面贯彻落实党中央、国务院国资委有关决策部署,树牢政治意识,抓好顶层设计,构建"351"帮扶格局,围绕"五大振兴"开展"中交助梦"产业振兴、教育提升等系列行动,发挥行业优势,打造中交怒江建筑产业园典型示范,得到中央农村工作领导小组的高度认可,连续四年获评中央单位定点帮扶成效考核最高等次"好",中交怒江公司代表中交集团获评全国脱贫攻坚先进集体。2021年,中交集团选派挂职干部10人,投入帮扶资金41823万元,其中无偿帮扶资金28547万元、投资资金13128万元、引进帮扶资金148万元,实施156个帮扶项目,购买和帮助销售农产品1150万元,订购6.44万套工服,金额近1000万元,帮助培训基层干部1035人、乡村振兴带头人56人、技术人员1176人,助力云南怒江州和新疆英吉沙县巩固脱贫成果、推进乡村振兴。二是全力支持抢险救灾。中交集团依托主责主业优势,在抗洪救灾、隧道救援、抗击台风、地震抢险等灾害险情中逆行而上,"硬核"驰援,积极配合当地政府转移受灾群众、加固河道堤坝、打通救援道路,参与受困群众救援,全力保障人民群众的生命安全,受到各级政府和有关单位的高度肯定和点赞。2021年7月中下旬,河南省遭遇特大暴雨和洪涝灾害。中交集团积极贯彻落实习近平总书记对防汛救灾工作作出的重要指示,迅速组织在豫企业和施工项目部积极投入抢险救灾工作,累计派出抗洪抢险人员1200余人,设备180余台,车辆100余量,积极配合当地政府开展抗汛救援行动,全力保障人民群众生命财产安全;并通过河南省慈善总会向河南灾区捐款1200万元,支持河南水灾紧急救援和灾后恢复重建工作。8月30日,陕西省凤县在建316国道酒奠梁段改建工程酒奠梁隧道发生坍塌事故,导致10名施工人员被困,情况十分紧急。接到国家安全生产应急救援中心出警指令后,中交重庆救援队科学安排,快速行动,携带120余台套设备跨越700余千米,7小时到达事故现场,20个小时钻通逃生通道,成功营救被困人员,展现中交集团大国央企的责任与担当,获得陕西省应急厅的高度评价。三是倾情助力社区和谐。中交集团始终牢记企业公民的责任,用心服务社会、回报社会,积极投身服务群众,开展志愿活动,助力社区和谐,彰显央企的责任、爱心与担当。通过打造"蓝马甲"志愿服务品牌,积极开展志愿活动,解决群众所需所盼,助力建设和谐社区。2021年,中交集团员工志愿者人数约2万人,开展志愿活动约10万小时。中交"蓝马甲"走进社区养老院、福利院开展面对面服务,协助各地政府开展大规模核酸检测、疫苗接种,开展助力高考、交通安全进校园、垃圾分类宣传等活动,让"蓝马甲"成为群众中亮丽的风景线。组织策划"中交助梦"系列活动,开展关爱留守儿童、青少年综合服务等公益项目,对未成年人进行心理辅导、兴趣培养;开展爱心助学活动,助力教育圆梦;通过基金会、红十字会、地方政府等渠道为疫情、需要帮助的特殊群体捐款。2021年,中交集团获得第十一届"中华慈善奖"等奖项。

(撰稿人:宋 莹)

中国信息通信科技集团有限公司

【基本概况】 中国信息通信科技集团有限公司（以下简称中国信科）由武汉邮电科学研究院有限公司和电信科学技术研究院有限公司于2018年7月20日联合重组而成。2021年是中国信科实现高质量发展的起步之年。面对百年变局和世纪疫情，中国信科始终以习近平新时代中国特色社会主义思想为指导，坚决贯彻落实习近平总书记视察集团重要指示精神，坚决贯彻落实党中央各项决策部署和国务院国资委各项工作要求，稳字当头、稳中求进，立足新发展阶段，贯彻新发展理念，融入新发展格局，紧紧围绕推动中国信科"十四五"高质量发展开好局、起好步这个中心任务，迎难而上、内外兼修，改革创新融合突破全面发力，整体经营保持稳中有进、稳中向优态势，高质量发展基础更加坚实、动能更加强劲。

【主要指标】

表1　2021年中国信息通信科技集团有限公司主要经济指标

项　目	2020年	2021年	比上年增长（％）
资产总额（亿元）	1035.6	1006.2	－2.84
所有者权益（亿元）	425.3	436.1	2.53
营业收入（亿元）	475.0	558.0	17.47
利润总额（亿元）	4.0	9.2	133.09
净利润（亿元）	1.2	6.4	440.80
归属于母公司所有者的净利润（亿元）	8.9	4.4	－50.62
技术开发投入（亿元）	69.6	76.0	9.21
利税总额（亿元）	21.8	31.7	45.78

续表

项　目	2020年	2021年	比上年增长（％）
应交税金总额（亿元）	17.8	22.5	26.36
全员劳动生产率［万元/（人·年）］	26.0	30.2	16.29
净资产收益率（％）	0.3	1.5	增加1.2个百分点
总资产报酬率（％）	1.5	1.9	增加0.4个百分点
国有资本保值增值率（％）	105.5	109.3	增加3.8个百分点

【改革发展】 真抓实改、攻坚克难，扎实推动各项改革取得新成效。在国企改革三年行动上，52项改革任务中38项基本完成，整体的细化进度在85％以上，超过国务院国资委统一要求；对标提升工作清单整体完成率92％，高于中央企业平均完成进度。在"双百企业""科改示范企业"改革中，电信一所通过混合所有制改革公开引进战略投资者，递交上市辅导申请；电信十所推进干部经营业绩考核、激励约束机制；电信五所划拨土地处置方案确定；数据所推行干部任期制与契约化管理，推行虚拟股权激励机制丰富中长期激励手段；大唐联诚完成战略投资人入资及员工持股。在进一步规范董事会运作上，中国信科加快推进所属子企业董事会"应建尽建"工作，圆满完成部分重要子企业董事会建设；出台《派出董事、监事管理办法（试行）》，加强和规范集团派出董事、监事的管理工作；发布《落实子企业董事会职权工作方案》，开展重要子企业落实董事会职权的先试先行工作。在以管理提升促改革上，中国信科制定子公司章程指引，规范子公司的组织和行为；制定会计政策及会计估计，规范各单位财务工作；制定财政性资金拨付管理办法，规范各类财政性资金使用及拨付流程；制定信息公开实施办法，提高工作透明度，保障依法依规治企。

【重大项目】 资本运作工作助力中国信科化解风险优化布局作用彰显。积极防范化解大唐股份退市风险，推动优质资产注入，并配套资金10亿元，一系列"组合拳"取得实效,大唐股份退市风险被化解,新公司将聚焦"安全芯片＋专用通信"两大产业方向。成立中信科移动通信技术股份有限公司,统一开展5G技术研发、产品开发、市场营销和工程服务,并完成A、B两轮融资,募集资金61.75亿元,全力推进科创板上市。理工光科定向增发项目获得证监会批复通过。高鸿车联网公司设立及增资等一批重要投资项目实现落地。

基建工作取得积极成效。武汉会展中心不动产权证的过户工作取得突破性进展,并进行规划设计;烽火通信研发中心建设二期项目6号、7号、8号楼投入使用,9号综合楼基本完工,食堂投入使用;烽火通信光缆数字制造产业园一期项目生产车间完成结构封顶;数据所北京A-1科研楼项目完成地上钢混结构封顶;高鸿股份贵阳花溪慧谷物联网和大数据产业园项目基本完工。

【走向海外】 国际市场成绩亮眼,全年实现合同额、销售额均为19.1亿美元,分别比上年增长40.6%和49.1%,超额完成全年任务。有效合同额超过1500万美元客户数量20个、合同贡献10.3亿美元,分别比上年提升82%、68.5%;价值客户10个、合同贡献6.46亿美元,分别比上年提升10%、16%。"有线＋无线"协同发力,中标印度尼西亚4G LTE网络覆盖村村通项目,框架金额6.7亿美元,该项目是集团首个海外中标的4G LTE基站项目,也是迄今为止集团海外框架合同金额规模第二的项目。

【重大创新】 在光传输关键芯片、5G中频芯片、卫星互联网、车联网、硅基光器件、超高速率超大容量超远距离光传输研究、多芯光纤、特种光纤、高精度光纤传感、网信安全和特种通信信创工程等多项关键前沿性技术研究上实现新突破,部分成果达到国内领先、国际先进水平。中央企业攻坚工程圆满收官,13项任务全部超前完成。新增主导发布国际标准10项,专利3000余件,获得国家科技进步奖1项、省部级科技奖11项,中国专利银奖3项,5G专利运营取得重大突破,与某头部终端厂商签署许可协议。

【党建工作】 一是不断提高政治站位,扎实开展政治巡视,持续加强党的政治建设。集团党委思想认识到位、组织精心全面、行动坚决彻底,确保国务院国资委党委对集团常规巡视配合保障各项工作顺利实施;对巡视组指出的问题、提出的意见建议,即知即改、立行立改,高质量保障国务院国资委党委巡视工作顺利完成,并深化巡视整改各项要求。完成对4家直属党组织的内部巡视工作,稳步推进巡视全覆盖。

二是精心组织全面覆盖,扎实开展党史学习教育和建党百年各项活动。集团党委拓宽学习渠道,深化学习内容,发布党史学习教育各类信息1500余条;以"我为群众办实事"为抓手,重点推进242个民生项目改进。组织全体职工收听收看庆祝中国共产党成立100周年大会,开展系列专题宣讲,推出系列丛书,并严格落实"第一议题"制度,组织召开国企党建会五周年座谈会及改革推进会,确保"把方向、管大局、促落实"作用充分发挥。

三是持续压实党建责任,成功召开第一次党代会,扎实推进"中央企业党建创新拓展年"各项工作。结合企业发展特点和要求,系统提出十个"长期坚守",并明确"十四五"党建八项重点任务。加强对十九届五中、六中全会精神的学习宣传贯彻,并形成"3＋N"党建研究新成果;下属二级党组织书记现场述职实现全覆盖;组织开展集团首期工会干部培训研讨班;举办第一期"青马工程";实现巩固拓展脱贫攻坚成果同乡村振兴有效衔接。

四是驰而不息推进党风廉政和反腐败工作。集团党委充分履行主体责任,积极支持纪委工作;充分发挥党风廉政建设和反腐败工作协调机制作用,推进"四个专项整治"工作。集团纪委充分履行监督责任,强化政治监督,出台专项监督工作办法,做实做细日常监督,首次召开全集团警示教育大会,在全集团范围内遴选出第一批特约监督员,进一步拓宽监督渠道、延伸监督触角。

【信息化与数字化建设】 加强组织领导和统筹部署,召开全集团网信会议,对"十四五"做好网信提升工作进行统筹部署,提出明确要求。加快共享数据平台建设步伐,完成共享数据平台的整体架构搭建,纳入集团运营管理部和投资管理部的业务报表,具备集团各二级单位使用系统的支持能力。不断增强信息化应用能力,统一应用平台上线运行,实现全集团3

万多名员工在互联网环境下通过此平台安全访问内部应用系统;协同办公系统应用实现财企直连功能,实现协同办公系统与信科视界系统的新闻信息集成。成立集团数字化转型工作领导小组和工作小组,加快推进数字化转型工作。

【履行社会责任】 坚决落实"四个不摘"要求,做到思想不懈怠,工作不断档,责任不缺位,强化组织领导,配强人员力量,精准投入资金,创新方式方法,助力定点帮扶县做好巩固拓展脱贫攻坚成果同乡村振兴有效衔接,取得显著成效。对定点帮扶县投入帮扶资金360万元,引进帮扶资金517万元;培训基层干部62人,培训技术人员390人;购买贫困地区农产品410万元,帮助销售贫困地区农产品22.8万元。挂职干部和驻村第一书记接续派驻,无缝对接,完成干部轮换工作。沈丘呼叫中心产业园于6月全面入驻,成为当地服务业龙头企业,得到地方政府高度认可,并获评河南省沈丘县2021年度"十佳企业"。

(撰稿人:张楚良)

中国农业发展集团有限公司

【基本概况】 2021年,面对百年变局和世纪疫情带来的困难和挑战,中国农业发展集团有限公司(以下简称中国农发集团)坚决贯彻党中央、国务院决策部署,立足新发展阶段,贯彻新发展理念,构建新发展格局。围绕重点任务,特别是"两利四率"目标,统筹生产经营与疫情防控,做出大量卓有成效的工作,取得优异成绩。

【主要指标】 2021年,中国农发集团面对严峻复杂的内外部环境,一手抓疫情防控,一手抓复工复产,努力降低疫情影响,全年生产经营总体保持平稳有序运行。实现营业收入435.24亿元,比上年增长24.49%;利润总额9.06亿元,比上年增长8.63%;净利润6.52亿元,比上年增长15.81%;资产总额380.68亿元,比上年增长9.52%;资产负债率54.95%,全面完成各项年度经营业绩考核指标。

表1 2021年中国农业发展集团有限公司主要经济指标

项 目	2020年	2021年	比上年增长(%)
资产总额(亿元)	347.59	380.68	9.52
所有者权益(亿元)	157.44	171.49	8.92
营业收入(亿元)	349.61	435.24	24.49
利润总额(亿元)	8.34	9.06	8.63
净利润(亿元)	5.63	6.52	15.81
归属于母公司所有者的净利润(亿元)	4.02	6.48	61.19
技术开发投入(亿元)	4.55	4.39	-3.52
利税总额(亿元)	12.04	13.34	10.80
应交税金总额(亿元)	6.51	7.46	14.59
全员劳动生产率[万元/(人·年)]	21.17	23.95	13.13
净资产收益率(%)	3.64	3.90	增加0.26个百分点
总资产报酬率(%)	3.27	3.28	增加0.01个百分点
国有资本保值增值率(%)	103.30	105.41	增加2.11个百分点

【改革发展】 推进布局结构优化。一是制定集团"十四五"发展规划。明确加快业务布局优化,推进产业结构调整;巩固主业产业根基,大力拓展新兴业;提升科技支撑能力,加快关键核心技术攻关;深化企业改革,提升管理水平;坚持党的领导加强党的建设目标、路径和措施。二是深化对标考核和分类考核。与14家二级企业签订任期经营管理业绩责任书,实施任期超额利润奖励机制,以年度实际净利润与目标净利润的差额计提超额奖励;实施差异化考核,将山丹马场生态保护和可持续发展作为经营指标测算依据。集团选取差异化工资总额挂钩指标,优化工资决定机制,向贡献大的企业倾斜。三是加快业务布局优化。抢抓海南自贸港建设政策机遇,推进集团在三亚崖州湾科技城建立南繁科技创新中心,联合具

有优势资源的战略合作者建设海南渔港。与吉林长春、珲春合作拓展业务布局。四是推进对标世界一流管理提升行动。集团确定的35项对标重点工作完成率86%。开展标杆创建行动，中牧股份胜利生物获评国务院国资委"标杆企业"，入选《国有重点企业管理标杆创建行动案例集》。五是开展"两非"压减。"两非"剥离完成80%，企业"三供一业"、市政社区管理职能、厂办大集体及教育、医疗机构分离移交全面完成。

落实国企改革三年行动。一是不断完善中国特色现代企业制度。修订完善"三重一大"决策制度、"三会"决策事项清单，加强所属企业董事会建设，78家应建董事会的企业实现应建尽建，16家二级企业中15家实现外部董事占多数。二是普遍推行任期制和契约化改革。4家企业董事长岗位实行公开竞聘，10家企业董事长签订市场化"契约"，明确分类考核、激励约束、超利润奖励的制度安排。集团全级次109家符合条件的企业中，92家实行任期制契约化管理，占比84.4%；全级次270名经理层成员中，204人签订"两书"，占比75.6%，完成任期制契约化改革阶段性目标。三是混合所有制改革取得积极进展。中牧股份乾元浩公司完成投资者的募集工作，中牧股份胜利生物、巨明公司、农发种业河南农化开展深化混合所有制改革。四是继续推进中长期激励。中牧股份实施一期股权激励计划，中水渔业、农发种业聘请专业机构拟定限制性股票激励计划，积极推进后续相关工作。中牧公司制定超额利润分享方案。

【重大创新】 加强研发能力建设，科技创新取得新成效。一是完善科技创新制度。编制《集团"十四五"科技发展规划》，明确综合目标、投入目标、产出目标，确定远洋渔业、畜牧制药、农作物种业、机械装备等领域的重点科研任务；编制打造原创技术策源地和现代产业链链长工作实施方案，着力提升原创技术需求牵引、源头供给、资源配置、转化应用能力；修订完善《集团重大科技研发项目管理办法》，优化完善科委职能，强化对重大科技研发项目的技术咨询与审查。二是强化研发项目管理。组织开展集团重大研发管理项目评审，确定关键核心技术项目和重大研发项目，集团给予支持引导资金，比上年增长10%；组织集团科技项目成果奖励评审，16个项目获奖，总奖励金额比上年增长11%。三是深化对外科技合作。强化与中国农业科学院的合作，中牧股份与兰研所、牧医所、饲料所签订研发合作协议；中牧公司与农产品加工所签订研发合作协议；农发种业与油料所、植保所、作科所、资划所签订研发合作协议或深化合作；集团与科技部农村技术开发中心、上海海洋大学开展交流合作。四是加快成果转化应用。2021年，全集团获得授权专利154件，其中发明专利41件；获得新兽药证书6项，获得植物新品种权证书18项，通过审定新品种34项。新增省级科技成果奖励15项，新增标准8项，新增省级研发平台10个，新产品产业化应用109个。

化解风险隐患，保持安全稳定和谐局面。一是认真落实审计整改。积极配合审计署专项审计，制定整改方案、完善整改措施、建立长效机制、加强责任追究。制定印发违规经营投资问题线索查处工作规则、督办工作规则和责任约谈工作规则。实施贸易问题追责、审计署转交问题的专项核查和责任追究，做到立行立改、边整边改。二是开展重大风险评估和专项风险排查整治。评估出重大风险5项，编制集团重大风险应对策略，建立台账，实行"销号"管理。开展安全风险大起底、大排查、大整治专项工作，开展境外项目和老旧设施风险隐患排查，建立完善风险防控长效机制。深入检查整治有关专项问题，完成专项检查整改任务。三是加强依法合规治企和内控体系建设。集团坚持守住管控底线，强化依法合规经营。通过层层签署责任书落实依法治企责任和法治建设第一责任人职责；全面落实法律审核"三个百分百"；坚持法律合规风险排查常态化，防范化解境内外法律合规风险；加强对重点企业和重点案件的跟踪督导，企业重大诉讼案件处置取得良好成效，诉讼案件风险和境外法律风险得到有效防控，集团全年未发生新的重大法律纠纷案件和重大合规风险事件；修订完善新版制度199项，集团内控体系建设进一步加强。四是狠抓安全生产、疫情防控、节能环保工作。加强企业境内外疫情防控，做到境内外疫情防控扎实稳健；认真开展安全生产大检查暨节能环保考评活动，积极推进安全生产专项整治；持续加大安全生产投入，老旧渔船更新改造、船舶修理和生化制药企业出城入园全面提速,本质安全水平不断提升,全年没有发生一般以上生产安全责任事故,没有发生环境污染责任事故和具有不良社会影响的公共事件。

【党建工作】 2021年,中国农发集团认真落实国务院国资委党委"中央企业党建创新拓展年"及党史学习教育工作部署,认真落实全国国有企业党的建设工作会议精神贯彻落实情况"回头看",进一步补短板、强弱项、促提升。一是扎实开展党史学习教育。集团上下坚决贯彻落实习近平总书记在党史学习教育动员大会上的讲话精神和党中央决策部署,把党史学习教育作为重大政治任务,一体推进学党史、悟思想、办实事、开新局,认真学习"四史",学习贯彻习近平总书记"七一"重要讲话、庆祝中国共产党成立100周年系列讲话、十九届六中全会精神,有力推动集团改革三年行动、任期制和契约化管理、关键核心技术创新、"我为群众办实事"等各项工作,取得明显成效,广大党员干部受到全面深刻的政治教育、思想淬炼、精神洗礼,受到国务院国资委党委的充分肯定。二是切实落实党建工作责任制和国务院国资委党委部署要求,深入开展全国国企党建会精神贯彻落实情况"回头看",集团党委领导作用切实发挥,基层党建质量持续提升。三是认真落实巡视整改。按照国务院国资委党委专项巡视整改要求,推进集团二级企业第二轮巡视全覆盖,对集团全级次192家企业开展专项巡视,责任追究8人,挽回经济损失2.1亿元。四是认真贯彻落实党中央关于加强对"一把手"和领导班子监督的意见。细化对"一把手"和领导班子监督的配套措施,制定《关于加强党内日常监督的实施意见(试行)》。五是深入开展党风廉政建设和反腐败工作。集团党委、纪委运用四种形态处理30人次,制作《警示教育纪录片》、编印《违纪案例警示录》,针对专项整治、巡视反馈、审计反馈问题,专题通报,以案明纪、以案促改。六是做好宣传、工会、共青团、信访维稳等工作。

【履行社会责任】 2021年,中国农发集团认真贯彻落实党中央、国务院决策部署,深耕"三农"主业,立足"三农",服务"三农",为农民提供全产业链配套服务,为社会提供安全优质农产品。做好生态保护工作,牢记习近平总书记殷切嘱托,坚持"生态优先、绿色发展",坚持"把新时代的山丹马场建设得更好,做'绿水青山就是金山银山'的实践者和'排头兵'",坚决扛起"牧马人"的职责使命,切实把马场保护好、建设好、发展好,努力成为祁连山生态环境保护的典范,坚决履行农业央企的政治责任。

在汤加发生火山喷发灾害后,中国农发集团所属中水渔业"中水806"和"中水811"两艘渔船圆满完成中国政府援助汤加救灾物资运送任务,受到当地政府和民众的高度赞誉以及我国农业农村部等上级部门的肯定和表扬。所属中水公司"海丰668"号远洋运输船及时运送中国援助基里巴斯紧急抗疫物资,受到基里巴斯政府和人民称赞。中水渔业舟山分公司太平洋超低温生产船"金盛8"在公海航行时成功营救3名基里巴斯渔民,并联系兄弟企业中水公司"中太3号"将3名渔民安全送达基里巴斯塔拉瓦港口,再次见证中基两国人民的深厚友谊。加大力度实施对安徽省萧县的定点帮扶,接续推进乡村振兴。调整定点帮扶领导机构,选派两名干部到萧县任副县长和驻村第一书记,全年投入无偿帮扶资金395万元,实施6个帮扶项目,捐赠拖拉机33台,深翻、平整土地16.53平方千米。新建青龙村卫生室,解决7000多人看病难题。继续投入28万元帮助陶墟村种植榛子林133333平方米。投入25万元帮扶新廷社区打灌溉水井17眼,帮助建成高标准农田566667平方米。

(撰稿人:党晓晨)

中国林业集团有限公司

【基本概况】 2021年,中国林业集团有限公司(以下简称中林集团)坚持以习近平新时代中国特色社会主义思想为指导,深入贯彻党的十九大、十九届历次全会和中央经济工作会议精神,认真落实党中央、国务院以及国务院国资委决策部署,牢牢把握稳中求进工作总基调,坚持党建引领,培育资源基础,深化改革转型,坚决担起生态文明建设"主力军"与"排头兵"使命,树立"做国内最大的碳汇经营实体和生态产品价值实现重要运营平台"的全新战略目标,大规模参与国家储备林建设,全面布局现代林业产业创新业务,高标准谋划国家"双碳"平台搭建,切实提升可持续发展能力,实现"十四五"良好开局。

【主要指标】

表1　2021年中国林业集团有限公司主要经济指标

项　目	2020年	2021年	比上年增长(%)
资产总额(亿元)	1643.96	1861.85	13.02
所有者权益(亿元)	546.16	569.43	4.26
营业收入(亿元)	2046.09	2118.29	3.53
利润总额(亿元)	12.78	4.56	-64.32
净利润(亿元)	9.68	2.11	-78.20
归属母公司所有者的净利润(亿元)	3.94	-3.10	-178.68
技术开发投入(亿元)	0.36	0.56	55.56
利税总额(亿元)	23.35	15.35	-34.26
应交税金总额(亿元)	12.52	11.66	-6.87
全员劳动生产率[万元/(人·年)]	54.97	41.12	-25.20
净资产收益率(%)	2.21	-2.04	减少4.25个百分点
总资产报酬率(%)	3.11	2.42	减少0.69个百分点
国有资本保值增值率(%)	101.11	95.57	减少5.52个百分点

【改革发展】　2021年,中林集团深入推进国企改革三年行动,通过"系统化推进、清单化举措、穿透式操作、定量化督办、典型性推广",构建一套系统集成的改革推进机制,各项任务举措落地见效,取得一系列阶段性成果。截至2021年底,各子公司改革任务平均完成率89.6%,集团公司整体完成率90.1%。国企改革三年行动进一步激活中林集团的改革基因,推动许多领域发生系统性变革。一是中国特色现代企业制度不断完善,党委"把管促"作用充分发挥。集团公司及9户设立党委的重要子企业实现"一企一策"制定完善党委前置研究讨论重大经营管理事项清单。2021年集团公司召开党委会40余次,前置研究涉及年度重点改革任务安排、工作台账调整、重要子企业确定、子企业董事会建立、经理层成员任期制和契约化管理、考核评估方案等众多改革相关议题。二是董事会建设持续规范,制度体系基本形成。109户纳入董事会应建尽建范围内的子企业均建立董事会,82户应占多数的子企业实现外部董事占多数,并按要求设立工作机构,11户二级重要子企业先行探索落实董事会职权。三是经理层成员任期制和契约化普遍实行。166户子企业按照制度规定与经理层成员签订合同或契约。在"科改示范企业"中国林木种子集团有限公司试点推行职业经理人,以差额竞聘方式选聘6名职业经理人。四是用工市场化不断推进。2021年公开招聘人数占新进员工总数的98%;纳入全员业绩考核人员占在岗职工总人数的97%;实现竞争上岗的管理人员占新聘任上岗管理人员的17.5%;管理人员末等调整、不胜任退出人数占比1.8%。五是"双百行动"企业改革转型发展步伐不断加快。中林集团所属"双百企业"绥芬河国林木业城投资有限公司积极稳妥推进混合所有制改革,2021年通过增资引战吸收社会资本2.97亿元,中林集团持股由70%变为55.3%,并通过"以混促改",持续推进商业模式创新,木材产业链价值不断提升。

【重大项目】　2021年,中林集团积极应对疫情冲击,有序有力推进重大项目及投资经营工作。一是大规模推进国家储备林建设,夯实林业产业链根基。2021年,中林集团管控林地资源面积920万余亩①,其中境内750万余亩、境外170万余亩。深度参与国家储备林重点林业工程建设,在重庆、福建、广西、广东等地规划建设1700万亩国家储备林,2021年启动全国林业综合试点(福建)120万亩国家储备林项目、广东肇庆20万亩国家储备林项目。全年完成储备林收储190万余亩、森林抚育60万余亩、迹地更新8万余亩。二是收购上市公司永安林业并实现扭亏为盈。

---

① 1亩约为666.67平方米。

该项目于2021年2月1日经国务院国资委批复同意，通过系统梳理企业情况、研究整合方案、改善经营，提前剥离问题资产，成功实现永安林业"摘星脱帽"。三是积极参与国家重大科技项目。2021年，完成"水稻分子设计育种"和"长江中下游优质高产高效粳稻新品种培育"两项国家重点研发计划项目，分别对完善经济作物分子设计育种技术体系和育种信息系统及建立长江中下游优质高产粳稻育种技术体系发挥重要作用。

【走向海外】 2021年，中林集团主动融入"一带一路"建设，坚持"走出去"合理配置开发森林资源，努力开拓海外市场，与国外众多木材生产企业及贸易商建立长期、稳定的合作关系。2021年所属境外企业20家，主要分布在新加坡、新西兰、开曼群岛、加拿大、美国、俄罗斯、缅甸等9个国家和地区。截至2021年底，所属境外企业资产总额162.7亿元，占集团公司资产总额的8.7%；实现营业收入176.1亿元，占集团公司营业收入的8.3%。海外可控森林资源面积170万余亩，林地总蓄积量3279万立方米。2021年，境外林地自采木材103.2万立方米，销售至国内的木材总量735.5万立方米，矿产230.1万吨，纸浆8.6万吨。

【重大创新】 2021年，中林集团科技创新力度进一步加强。在管理创新方面，谋划搭建集森林碳汇开发、运营、交易为一体的国家绿色发展"双碳"平台，整合全国优质林业资源、林业碳资产，加快形成全产业链条、全生命周期林业碳汇经营管理平台。联合各大科研院所、环交所、绿交所发起成立"中国碳中和行动联盟""中国碳金融研究院"，联合福建三明、中国林权交易所推进林业"碳票"交易业务，打造碳汇创新研究生态圈。在技术创新方面，一是在重庆市开展2万亩松材线虫病防治与马尾松林改培试点。截至2021年底，该项目完成试点任务1.1万亩，同步完成集材道建设62.6千米，疫木采伐3.7万立方米。二是成功研发转基因玉米抗虫性状新品种"ND207"。投入使用后，黑龙江单产可提高5%~6%，吉林和辽宁可以提高10%，有利于我国加速实施转基因主粮产业化。三是加强基础研究与应用。2021年获得具有自主知识产权的国审、省审品种11个，申请并获得受理的新品种权23个。

【党建工作】 截至2021年底，中林集团全系统各层级党组织186个，其中党委13个、党总支17个、党支部156个，党员1923人。中林集团坚持以政治建设为统领，坚决做到"两个维护"，不断推动党组织的政治优势与现代企业治理优势相融合，切实以高质量党建引领高质量发展。一是建立"不忘初心、牢记使命"的长效机制，并将"第一议题"制度写入《党委工作规则》。所有子公司均修订完善党组织工作规则和"三会"决策权限，明确党组织在治理主体中的权责和工作方式。二是持续深化"三基"建设，不断夯实党建基础，狠抓软弱涣散基层党组织整顿提升，严格落实换届提醒督促机制，全年指导2家党委、10家党支部组建、增补和进行换届选举。三是全面实施《党建责任制考核评价暂行办法》，推进全面从严治党向纵深发展。四是坚持党管意识形态原则，把握正确舆论导向。

【信息化与数字化建设】 中林集团以推进林业供给侧结构性改革为着力点，以打造数字交易平台为抓手，进一步推动物联网、云计算、区块链等新模式、新技术在林业领域的应用。一是从木材产业链、智慧园区开发与运营模式、碳资产交易模式等角度，从木材电商平台、智慧园区系统、碳汇综合服务平台3个维度进行基础研究，成功升级迭代林信宝木材产业互联网电商平台，新增集采分销、木材价格指数、供应链金融等功能或服务。二是全面推动现代林业智慧管理系统建设，开发实时监控管理系统、林业地理信息管理系统、遥感调查监测技术系统三大信息化管理系统，通过信息化、智能化手段，为现代林业持续发展、绿色发展提供强有力技术支撑。打造的木材产业智慧园区信息化系统于2021年6月上线，该系统以泗阳绿色家居产业园为试点，利用IoT技术物联感知、实时传输、智能处理的特点进行智慧化应用。

【履行社会责任】 2021年，中林集团在严格落实疫情防控要求基础上，坚持绿色发展理念，投身美丽中国建设，共谋乡村振兴、参与社会公益，踏实履行社会责任。一是积极推进生物多样性保护，实施安徽淮南潘集区泥河浅水型生态净水渔业项目，将湖水水质由劣Ⅴ类提升到Ⅲ类及以上；启动国家重点研发计划

"蓝色粮仓科技创新"重点专项"典型湖泊水域净水渔业模式示范"项目,构建湖泊资源养护、环境修复、水质调控、生物多样性保护和外来物种防控等为一体的净水渔业新模式;同步开展江西鄱阳湖(湿地)生态环境保护科普基地建设项目、浙江千岛湖(湿地)生态保护科学普及项目和西双版纳野生动物园建设项目。二是开展生态修复,在生态区位较为重要的广东省遂溪县螺岗岭、廉江市江头水库营建1000亩热带季雨林,加快推进雷州半岛生态修复,总部和各子公司纷纷开展植树造林活动,将推动国土绿化行动落到实处。三是开展对外捐赠,全年捐赠资金631.8万元,主要用于支援河南灾区和其他地区抗疫工作。四是持续推进巩固拓展脱贫攻坚成果和乡村振兴有效衔接,直接投入帮扶资金200万元用于湖南省通道县林下经济产业、乡村教育助学、"暖心工程"和革命传统教育基地建设。

(撰稿人:米星雨)

中国医药集团有限公司

【基本概况】 中国医药集团有限公司(以下简称国药集团)是由国务院国资委直接管理的唯一一家以生命健康产业为主业的中央企业,是国家创新型企业,拥有集科技研发、工业制造、物流分销、零售连锁、医疗健康、工程技术、专业会展、国际经营、金融投资等为一体的大健康全产业链。医药集团各层级子公司1600余家,包括7家控股上市公司,员工超过20万人。2021年居"世界500强"企业第109位,连续8年在国务院国资委中央企业负责人经营业绩考核中被评定为A级。

2021年,全体国药人在以习近平同志为核心的党中央坚强领导下,沉着应对百年变局和世纪疫情,坚决贯彻落实党中央、国务院决策部署,认真落实国务院国资委工作要求,统筹疫情防控和改革发展,稳步推进"四梁八柱、百强万亿"总体发展战略,主动作为、自我加压、攻坚克难,高质量、高标准、高水平、高效率完成各项改革发展党建重任,在"十四五"开局之年交出一份亮眼的成绩单。

【主要指标】

表1 2021年中国医药集团有限公司主要经济指标

项 目	2020年	2021年	比上年增长(%)
资产总额(亿元)	4623.96	5640.22	21.98
所有者权益(亿元)	1851.84	2606.11	40.73
营业收入(亿元)	5332.21	7016.62	31.59
利润总额(亿元)	256.02	1088.89	325.31
净利润(亿元)	205.03	914.77	346.16
归属于母公司所有者的净利润(亿元)	86.85	784.67	803.48
技术开发投入(亿元)	43.80	79.62	81.78
利税总额(亿元)	372.26	1258.82	238.16
应交税金总额(亿元)	172.97	354.73	105.08
全员劳动生产率[万元/(人·年)]	36.61	82.34	45.73
净资产收益率(%)	12.07	42.68	增加30.61个百分点
总资产报酬率(%)	6.86	22.50	增加15.64个百分点
国有资本保值增值率(%)	119.48	206.80	增加87.32个百分点

【改革发展】 国药集团认真落实国企改革"1+N"系列文件精神和国企改革三年行动任务部署,加强顶层设计,强化高位推动,统筹推进国企改革各项工作,改革三年行动总体任务目标完成90%以上,重点改革任务取得实质性进展,企业内生动力得到有效激发。

一是中国特色现代企业制度不断健全。在党建工作总体要求写入公司章程方面,制定《党委关于深入贯彻落实全国国企党建会议精神 着力提高党建工作质量和水平的决议》,要求全部完成党建工作要求进章程。在制定完善"前置事项清单"方面,制定印发《党委前置研究讨论重大经营管理事项清单》。在加强董事会建设方面，制定《国药集团加强子公司董事会建设工作方案》，结合实际明确应建尽建标准和范围，有序推动各级企业董事会应建尽建和配齐建强工作。截至 2021 年底，国药集团全部实现董事会应建尽建和外部董事占多数，100％完成国务院国资委相关要求。在保障经理层依法行权履职方面，制定《董事会授权管理办法》，进一步细化完善董事会向经理层授权的管理制度，明确董事会授权对象、授权程序、监督和责任等内容，并要求各级企业抓紧制定相应的董事会授权管理制度。在重要子企业落实董事会职权方面，制定《国药集团落实子公司董事会职权工作方案》，在 14 户重要子公司开展落实子公司董事会职权工作。集团 10 家二级子公司均完成落实董事会职权实施方案的制定。

二是产业布局优化和结构调整持续推进。在"两资""两非"剥离清退方面，剥离"两非"企业（业务）12 户，剥离完成率 75％；清理"两资"438 项，账面净额 258.29 亿元。在重点亏损子企业专项治理方面，集团 5 家国务院国资委重点关注的特困企业均按期完成扭亏目标任务，纳入重点亏损专项治理清单的企业提前完成扭亏任务。在剥离企业办社会职能解决历史遗留问题方面，全部完成 5 户厂办大集体企业的清理工作，历史遗留问题均得到妥善解决。截至 2021 年底，移交退休人员属地实行社会化管理 26934 人，整体完成率 99.23％。在所属企业公司制改革方面，中国医药工业研究总院、上海医药工业研究总院的改制工作完成，另有 3 户不具备改制意义的全民所有制企业拟通过办理注销手续完成改革任务，完成税务注销 2 户。

三是混合所有制改革向纵深发展。在推进所属企业的混合所有制改革工作方面，新增混合所有制企业 77 户，引入非公资本 7.32 亿元，主要二级企业、多数三级企业均完成混合所有制改革。在对混合所有制企业改革进行研究评估方面，对所出资企业混合所有制改革进行研究评估，形成《混合所有制改革评估表》。结合评估管理工作实践，修订《资产评估管理办法》《资产评估项目公示暂行办法》《评估机构选聘管理方法》等资产评估制度文件，进一步规范混合所有制改革中的资产评估和公示公开等工作。

四是市场化经营机制更加健全完善。在推动经理层成员任期制和契约化管理方面，印发《国药集团经理层成员任期制和契约化管理工作方案》等系列文件，指导各级子公司全面落实经理层成员任期制和契约化工作。截至 2021 年底，集团全级次纳入改革范围内的子公司 100％制定有关办法，并全部完成有关协议文本的签约工作。在关于全面推进用工市场化方面，印发《关于深化三项制度改革有关工作的通知》，进一步明确三项制度改革的有关要求，有序推进二级子公司建立三项制度改革工作方案及评估方案。2021 年开展财务高级管理人员的社会化公开选聘工作，收简历 3000 余份，参加笔试环节 278 人，入围面试环节 50 余人，面试到场率 100％，成功选聘财务高级管理人员 5 人。在末位调整和不胜任退出方面，集团及各级子企业员工解除（终止）劳动合同 3535 人，占比 1.92％。在开展中长期激励方面，在 2 家子公司实施国有科技型企业股权激励，进一步激发企业活力，企业经营业绩实现跨越式发展。深化完善科技成果奖励制度，对科技创新成果显著的企业和人员进行奖励。完成 2 家子公司分红激励兑现工作，新批准 5 家科技型企业的分红激励方案。在信息公开方面，截至 2021 年底，纳入集团信息公开全覆盖范围的 1316 家下属企业全部完成全覆盖工作。

五是国企改革专项工程落地见效。在开展对标世界一流企业管理提升行动方面，集团层面围绕对标世界一流，编制形成涉及投资并购与战略重组、公司治理、法律管理、合规管理等制度 10 个，完成率 83.3％；完成的量化管理指标 28 个，完成率 82.3％。截至 2021 年底，对标提升重点任务完成率超过 89％。对标提升行动上下联动，集团重要子公司实现全部覆盖。中国生物技术股份有限公司和中国国际医药卫生有限公司成功入选国有重点企业管理标杆创建行动"标杆企业"，"新冠灭活疫苗研发创新及产业化项目管理""医疗健康产业集团的战略管理和转型"2 个项目成功入选"标杆项目"。在推动"科改示范行动"改革工作方面，上海益诺思生物技术股份有限公司全面落实改革任务清单，如期完成各项任务目标，在国务院国资委"科改示范行动"专项评估中获评B级。在深化"双百行动"改革工作方面,中国医药集团联合工程有限公司(以下简称国药工程)和中国医药投资有限公司(以下简称国药投资)全面落实改革任务清单,2家公司制定经理层任期制和契约化工作方案,国药工程制定股权激励方案,国药投资制定超额利润分享方案。2家公司如期完成各项任务目标,取得良好的改革成效。

【重大项目】 2021年,新冠肺炎疫情继续在全球蔓延,国内面临的疫情输入性风险也随之增大。为确保国内民众在最快时间内普及接种新冠疫苗,国药集团顶压前行、果断决策、披荆斩棘,开启"决战百日"新冠疫苗产能扩充建设工程,推动新冠疫苗尽快大规模使用。广大干部职工争分夺秒、日夜奋战,攻克高等级生物安全条件下大规模生产灭活疫苗的国际难题,建成P3高等级生物安全生产车间6个、P3高等级生物安全实验室3个和分包装配套工程基地4个,新冠病毒灭活疫苗整体年产能超过70亿剂,成为全球最大的新冠疫苗生产基地,补齐国家生物安全基础设施短板,壮大国家生物安全战略科技力量;抓紧建设年产能20亿剂基因重组蛋白新冠疫苗生产车间和年产能10亿剂新冠病毒mRNA疫苗生产车间,建成后集团新冠疫苗总体产能将突破100亿剂。

【走向海外】 2021年,新冠肺炎疫情持续在全球蔓延。国药集团作为抗疫"主力军"和"国家队",发挥全产业链优势,继续助力全球抗疫,为推动构建人类命运共同体贡献中国力量,为服务国家外交大局、构建中国与世界各国紧密合作的关系贡献国药力量。

在新冠疫苗国际供应方面,国药集团研发的新冠灭活疫苗获得欧盟GMP认证,被世界卫生组织纳入全球"紧急使用清单"(EUL),进入全球免疫联盟(GAVI)的COVAX采购体系。截至2021年底,集团新冠灭活疫苗在112个国家和地区获得批准使用,接种人群覆盖196个国别;完成向87个国家、地区和国际组织供应新冠疫苗的国家对外援助任务,执行在18个国别近15万剂接种的"春苗行动"专项任务。通过向塞尔维亚和匈牙利出口新冠疫苗,实现中国疫苗进入欧洲国家和欧盟国家"零的突破"。2021年,77个国家和地区政要279人次前往机场迎接或参加国药集团新冠疫苗运抵交接仪式,众多外国领导人、政府官员和国际专家通过各种渠道表达对集团的感谢,集团品牌影响力和社会美誉度得到空前提升。

在支持中央企业海外项目抗击疫情方面,国药集团凭借医疗健康的全产业链和专业优势,为中央企业境外项目供应医疗防护物资、中西药品等,并向海外派出医疗和检验队伍,有力支持中央企业境外项目实现国务院国资委提出的"两稳、两争、两保"防疫目标。

在拓展国际合作、服务国家外交大局方面,国药集团领导与40余个国家的元首、部长、驻华大使及重要国际组织负责人等举行100余次会见会谈,不断拓展合作。积极参加中国—中东欧国家博览会、中国国际服务贸易交易会、中国国际进口博览会等活动,宣传推介国药集团及产品,收到活动组织单位和国家部委的表扬和感谢。

【重大创新】 2021年,国药集团获得药品注册证书23个,药品补充申请批准通知书19个,通过关联审评的原料药3个,临床试验许可通知书21个,新兽药证书2件;申请专利561件,其中发明专利275件,授权专利683件,其中发明专利208件;主导制定各类标准2936项,参与制定各类标准4项;获批国家级科研项目15项,获得资助总额1.2亿元;获得中国专利优秀奖1项,获得省级科技奖励5项。

2021年,国药集团积极响应习近平总书记关于构建人类卫生健康共同体的伟大号召,在抗疫产品的科研攻关上持续发力,战疫利器不断涌现。在诊断试剂方面,推动产品迭代升级,成功研制出新冠快检诊断试剂盒及新冠中和抗体检测试剂,并在多国注册上市销售。在新冠疫苗方面,集团所属武汉生物制品研究所有限责任公司研发的新冠灭活疫苗附条件上市,为新冠灭活疫苗建立"双保险",集团所属国药中生生物技术研究院有限公司研发的基因重组蛋白疫苗成为全球首个获批紧急使用的二代新冠疫苗。在治疗技术及药物方面,单克隆抗体药物研发现重大突破,获得国家药监局临床试验批件;集团所属广东一方制药有限公司与中国中医科学院合作开展化湿败毒方系统的药学及中试生产研究,于2021年3月获得新药注册批件，实现批量生产，该产品在阿联酋获得应急注册批件，并提供给驻外企业华人华侨使用，进一步彰显中医药在全球抗疫中的重要作用。这些科研成果使国药集团成为全球唯一一家在可诊、可治、可防上都有重大突破的医药企业，为实现全球抗疫贡献国药智慧，尽显国药担当。

2021年，国药集团组织开展现有国家重点实验室梳理、重组及拟新建调查工作，完成上报国务院国资委国家重点实验室建设方案3项，其中中国生物技术股份有限公司（以下简称国药中生）组建的创新疫苗应用基础研究国家重点实验室为国务院国资委重点推荐。集团国家工程研究中心、国家企业技术中心认定取得突破，国药中生新型疫苗国家工程研究中心和中国医药工业研究总院有限公司的医药先进制造国家工程研究中心成功入选新序列国家工程研究中心；江阴天江药业有限公司、国药集团威奇达药业有限公司、武汉生物制品研究所有限责任公司获得国家企业技术中心认定。截至2021年底，国药集团拥有国家级科研平台18家。

【党建工作】 党的建设。截至2021年底，国药集团全系统拥有基层党组织1844个，其中党委123个、党总支80个、党支部1641个；党员27777人，其中在岗职工党员25501人；2021年发展党员1585人。2021年，国药集团党委提高政治站位，及时深入学习领会习近平总书记的重要指示批示精神，将其作为集团全部工作的主题，摆在最突出、最重要的位置。全年召开党委会59次，党委理论学习中心组集体学习和专题学习25次，制定并实施"第一议题"制度，及时学习传达习近平总书记最新的重要指示批示精神。对与本企业、本领域、本行业紧密相关的重要指示批示，国药集团党委逐一深入研究，制定具体措施，全力以赴抓好贯彻，并全部落实到位。国药集团党委组织集团全系统2万余名党员原原本本学习习近平《论中国共产党历史》等4本指定学习材料，结合政治巡视进行中心组集体学习18次，聚焦习近平总书记"七一"重要讲话、十九届六中全会精神、党史学习教育、国企改革三年行动、"十四五"规划、数字经济发展等主题，邀请专家学者宣讲辅导，实现全级次全覆盖，党员干部员工参加学习7万余人次。国药集团党委在全级次企业组织开展"百家党委、百名党员领导干部为群众办实事"活动，列出"新冠疫苗产能攻坚以及疫苗出口和援外国际合作""提升窗口服务质量及优化客户服务体验""开展乡村振兴定点帮扶和基层医疗义诊""走进基层开展志愿服务"等重点民生项目137项，并全部完成，受到基层群众的广泛欢迎。

纪检工作。2021年，国药集团纪委坚持严查处、建制度、强教育，坚定不移深化反腐败斗争，一体推进不敢腐、不能腐、不想腐。坚决惩治腐败问题，持续强化"不敢腐"的震慑，国药集团各级纪委处置381人次，其中运用第一种形态295人次、第二种形态66人次、第三种形态14人次、第四种形态6人次。加强制度建设，不断扎紧"不能腐"的笼子，通过强化制度保障，构建高效监督体系，先后研究制定并印发规章制度3项及内部管理办法1项，为深入贯彻党中央和驻委纪检监察组有关要求，制定《中国医药集团有限公司纪委关于贯彻落实〈中共中央关于加强对"一把手"和领导班子监督的意见〉的实施办法》。坚持固本培元，有效增强"不想腐"的自觉，持续加强思想道德和党纪国法教育，深入推进廉洁文化建设，通过微信公众号、编印警示教育材料等方式，持续开展用身边事教育身边人活动。巩固拓展作风建设成效，锲而不舍落实中央八项规定及其实施细则精神。对"四风"问题线索优先处置，对涉嫌违反中央八项规定精神的问题线索坚决予以查处，并进行通报曝光，坚决防止反弹回潮。2021年，国药集团各级纪检机构查处违反中央八项规定精神问题27件，处理55人。

巡视巡察工作。2021年，国药集团党委坚守政治巡视定位，把"两个维护"作为根本政治任务，扎实做好集团内部巡视和"回头看"工作，着力构建大监督格局，不断完善巡视巡察联动机制，持续推进巡视巡察人才队伍建设和信息化建设，全力配合国务院国资委党委巡视集团党委工作，全年巡视工作取得新成效。一是高度重视，认真配合做好国务院国资委党委巡视各项工作。2021年，国务院国资委党委对医药集团党委分别开展常规巡视和专项巡视。国药集团党委坚决扛起整改主体责任，将巡视作为对集团的一次重要"体检"，成立巡视整改工作领导小组，部署巡视整改工作。针对巡视发现的问题，国药集团党委以高度负责的态度、务实过硬的措施，压实责任，确保整改按进度完成。二是统筹安排，圆满完成国药集团年度巡视任务。2021年，国药集团党委成立巡视组，对中国生物技术股份有限公司党委开展常规巡视，巡视结果得到被巡视党组织的高度认可、职工群众的充分肯定。国药集团党委对国药励展展览有限责任公司和中国医药集团联合工程有限公司巡视整改情况开展"回头看"工作。根据职工群众普遍反映，巡视前后企业的面貌发生深刻变化，党组织的凝聚力、战斗力得到显著提升。三是贯通融合，不断增强监督合力。国药集团党委强化巡视巡察和其他监督一盘棋意识，把贯通融合要求落实到巡视巡察各个环节，推动巡视巡察与日常监督部门信息、资源、力量和监督成果的共享共用，形成大监督合力；贴近基层，主动解答基层巡察过程中遇到的难点和热点问题，共同探索研究巡视巡察行之有效的方式和方法，推动巡视巡察上下联动走深走实。

【信息化与数字化建设】 国药集团高度重视网络安全工作，将2021年定为网络安全重点保障年。组织开展全系统网络安全自查整改工作，并协同公安部第一研究所等上级部门，面向涉疫重点企业和重点二级公司开展网络安全现场督导检查工作。全年完成9家子公司的现场督导检查。创新采用"以测代查"模式，通过统筹组织开展重要子公司系统网络安全等级保护测评工作，切实推进企业发现、整改问题，保障网络安全。协助上级部门处置网络安全事件，并向上级部门报告针对性的网络攻击事件。2021年，国药集团第二次受邀参加国家网络安全攻防演习。在200余家演习防守队伍中，国药集团成为"有效阻止攻击（即守住标靶）"的115家单位之一，成为为数不多的提交黑客组织攻击线索、提交"零日"漏洞的防守单位，获得公安部"取得较好成绩"的评价，圆满达成演习目标。

2021年，国药集团持续做好信息系统、IT基础设施的运营和维护工作。根据国务院国资委关于国资监管信息化"三年行动计划"要求，启动管控大数据平台建设项目，支撑子公司和集团各部门需求，开发并上线中央企业总部机构设置报送系统、央企改革三年行动在线督办系统等7个国资监管、集团职能条线管控系统，并同步完成国药集团节能环保系统、运营数据上报系统、医药储备系统"等3个现有报表系统的优化、整合。

2021年，国药集团完成系统统一身份认证的升级改造工作，实现微信扫码、手机短信验证码等登入方式，上线基于智能识别和大数据技术的用户行为动态风险评估功能，提高系统登录的安全性、易用性，尽可能减少因个人信息泄露带来的安全风险。继续做好对45839个信息化监控点的日常监测，做好运维工作，发现问题第一时间处置。全年信息部处理系统故障、设施设备维护以及为避免事故主动进行的网络、服务器配置优化调整4300余次，各项巡检769次。2021年，国药集团各类信息系统运行稳定，未发生重大宕机事故。增加针对海外邮件的服务能力，大大提升跨国邮件的收发成功率，为拓展海外业务提供有效支撑与保障。"协同互联"平台作为集团和各子公司OA系统互联互通的桥梁，有效支撑集团和子公司协同办公需求，全年支持公文交换1236次，协同互联892次，"三重一大"数据报送654次。视频会议系统支持集团全级次会议、各部门、各子公司视频会议10204次，会议总时长786441分钟。

为深入贯彻党中央、国务院关于加快数字化发展的决策部署，落实国务院国资委关于加速推进国有企业数字化转型有关要求，国药集团于2021年成立课题组，开展数字化转型课题研究工作。围绕战略、业务、管理、技术等维度，开展193场内部调研访谈，到华为、京东、中国电信、中铁十一局等典型企业开展4场外部调研，并对14家央企及多元化规模企业进行收资分析。在充分调研的基础上结合集团数字化发展内在需求与外部可借鉴案例，课题组编制完成《集团数字化转型调研报告》《集团数字化转型愿景规划报告》，提出打造"数字国药"愿景建议和"1336"推进机制建议。

【履行社会责任】 2021年，国药集团积极响应习近平总书记关于构建人类卫生健康共同体的伟大号召，始终坚持人民至上、生命至上，继续发扬伟大抗疫精神，持续发力，全力构筑抗疫防线。研发生产的新冠疫苗彻底打破西方发达国家对新冠疫苗的囤积和垄断，为实现中国新冠疫苗作为全球公共产品，特别是在发展中国家的可及性和可负担性迈出跨越性的一步。国药疫苗成为全球获批国家数量最多、供应范围最广、接种量最大、安全性最好、产能最充足的新冠疫苗。

2021年,国药集团全面完成安全生产、节能环保和质量管理目标指标,未发生较大及以上生产安全事故、环境污染事件和质量事件。督导全级次企业强化安全隐患排查治理,全年排查隐患26495项,整改25895项,整改率97.74%;深入开展环境污染源、风险点排查工作,累计排查辨识环境污染源402个,环境风险点776个;组织各级企业开展质量监督检查1100余次,累计排查、整改问题隐患17000余项。

(撰稿人:王英伟)

中国保利集团有限公司

【基本概况】 中国保利集团有限公司(以下简称保利集团)是国务院国资委管理的大型中央企业,前身为1984年成立的保利科技有限公司。1993年,在保利科技有限公司的基础上,经国务院、中央军委批准组建中国保利集团公司。1998年,军企脱钩,保利集团由军队划归中央企业工委领导。2003年,成为由国务院国资委管理的大型中央企业。2010年,中国新时代控股(集团)公司涉军业务并入保利集团。2016年,保利集团被国务院国资委列入国有资本投资公司试点企业。2017年5月,保利集团煤炭板块整体移交中煤集团。2017年8月,经国务院批准,中国轻工集团、中国工艺集团整体并入保利集团。2017年12月,保利集团由全民所有制企业改制为有限责任公司。2019年7月,经国务院批准,中国华信邮电、中国中丝集团并入保利集团。2020年,上海诺基亚贝尔中方股权划入保利集团。30多年来,保利集团通过不断的改革和创新,形成以国际贸易、房地产开发、轻工领域研发和工程服务、工艺原材料及产品经营服务、文化艺术经营、民用爆炸物品产销及服务、信息与通信技术、丝绸相关产业、金融业务等为主的发展格局。截至2021年底,保利集团资产总额在中央企业排第10位,营业收入排第26位,利润总额排第14位,净利润排第15位。连续七年入围"世界500强",最新排名第174位。

【主要指标】

表1 2021年中国保利集团有限公司主要经济指标

指 标	2020年	2021年	比上年增长(%)
资产总额(亿元)	15704.85	17401.57	10.8
营业收入(亿元)	4007.00	4451.17	11.1
利润总额(亿元)	591.45	568.11	−3.9

【改革发展】 以高位推动、精准落实确保改革早落地、早见效。保利集团上下勠力同心、奋力进取,改革三年行动蹄疾步稳、成效渐显。一是穿透式落实。集团领导亲自挂帅,将改革三年行动作为重大政治任务抓紧抓实。二是系统化推进。绘制改革任务台账、定期例会机制、考核督办系统"三位一体"改革图谱。三是刚性化考核。充分发挥考核"指挥棒"作用,制定重点任务考核方案,逐项明确考核内容、评估细则,建立一套可衡量改革进度、可检验改革实效的"标尺"。2021年,保利集团改革任务整体完成率86.5%,超前达成国务院国资委70%的考核目标。

以深化三项制度改革激发企业活力效力。保利集团三项制度改革工作得到国务院国资委肯定,相关经验获多方宣传推广,特别是深化干部人事制度改革力度空前。一是全年调整集团党委管理干部近200人次。二是公开竞聘集团党委管理干部,涉及公司总部及主要子公司领导班子,公开选聘子公司职业经理人。三是全面推进经理层成员任期制和契约化管理,非经理层成员参照执行,建立差异化任期业绩考核,考核结果与岗位退出挂钩。

以完善治理结构推进现代企业建设。一是加强党的领导。按照"应进必进"要求,全级次开展党建进章程。严格落实党委前置把关程序,完成总部及重要子企业清单制定。完善集团党委研究讨论重大事项和"三重一大"决策事项权责清单,党委把方向、管大局、促落实作用切实发挥。二是配齐建强子公司董事会。加强董事会建设，二、三级子企业100%建立董事会，且100%实现外董占多数。规范董事会运行，出台系列文件，明晰专职董事权责边界，优化外部董事履职保障，董事会定战略、作决策、防风险作用有效发挥。三是深化国有资本投资公司试点。重点加强融资、投资、风控三大功能建设，形成有效的投资运营模式；加快优化产业布局和业务结构，切实提高国有资本运营效率，国有资本投资公司试点取得明显成效。

以改革专项工程增添企业发展动力。一是用好混合所有制改革经营机制"转换器"。引入具有协同效应的战略投资人，开展并购重组，发展后劲不断增强。二是树立"双百行动""风向标"。"双百企业"聚焦改革关键环节，集中发力，重点突破。三是打造"科改示范行动""助推器"。保利集团下属食品院、日化院充分发挥示范引领作用，获得国家发明专利授权27件，主持制（修）订国家标准24项。在国务院国资委"科改示范企业"改革创新专项评估中，保利集团获得"双优秀"通报表扬。

以强化科技创新强"引擎"。一是打基础。保利集团加强调研分析和系统谋划，以国家战略方向和市场需要作为创新导向，梳理集团各板块科创方向，聚焦关键技术培育攻坚，努力打造原创技术策源地。二是强认识。专题开展科技创新宣讲，首次举办科技创新座谈会，全面谋划科技创新工作。三是谋发展。深挖各板块发展优势，鼓励通过开放融合、协作共建等方式开展国家重点实验室等国家级研发平台的建设工作，推动科技创新能力跃升。

【走向海外】 2021年，保利集团融入"一带一路"倡议，稳步提升国际化经营规模和水平。一是由"一"到"多"，国际业务多元发展。发挥既有的军贸渠道优势，加快贸易、地产、文化、民爆、轻工、工艺、通信等优势业务国际化步伐，多点开花、整体联动，国际业务遍布全球110个国家和地区。二是从"小"到"大"，规模效益显著提高。截至2020年底，保利集团纯境外总资产较2015年翻一番；纯境外营业收入较2015年翻三番。三是由"量"到"质"，积极稳妥推进国际化经营，扎实稳步提升国际化运营水平，贴合海外市场实际，打造海外客户需求的产品、工程和项目，受到国外客户的高度评价。

【重大创新】 2021年，保利集团把科技创新作为"第一要务"，坚持科技创新的战略性支撑引领作用，科技创新发展进入"快车道"。一是强化科技创新意识。在总部架构中新增科技信息中心专职负责科技创新工作，举办保利大讲堂科技创新专题，召开首次科技创新座谈会，提出"十四五"期间科技创新工作"百千万亿"的发展目标。二是聚焦科技成果产出。全年权利申请量超过1000件，授权发明专利超过600件，参与或主持制定标准100多项，其中主持制定国际标准6项。三是加大科技研发投入。全年集团公司研发费用支出超过30亿元，新建国家市场监管技术创新中心（轻工消费品质量安全方向），12家企业获得高新技术企业证书，2家企业通过"专精特新"企业认定。

【党建工作】 2021年，保利集团坚持把深入学习习近平新时代中国特色社会主义思想作为首要政治任务，全年组织党委会"第一议题"和党委中心组"第一专题"学习78项，构建传达学习、研究部署、贯彻落实、跟踪督办、报告反馈的工作闭环。及时宣传贯彻党的十九届六中全会精神，分批次开展集团公司领导干部、党支部书记、党务工作者和团青干部培训，推动全会精神走深走实。创新拓展学习载体，举办"保利大讲堂"，组织"以信仰之光点亮奋斗之路"主题践学，开展"青马工程"，得到国务院国资委、共青团中央的高度肯定。

【信息化与数字化建设】 2021年，保利集团继续加强信息化顶层设计和战略性布局，统筹协调、积极推进业务管理各条线的信息化系统建设，大力发展数字化转型，各项工作取得新成效。一是加强集团信息化工作顶层设计。编制完成集团首个《"十四五"时期中国保利集团有限公司信息化建设规划纲要》，为"十四五"时期各业务板块信息化建设提供基本遵循。二是创新信息化管理和运营模式。整合内部专业资源，建立信息化能力共享中心。三是加强信息基础设施建设。完成集团本级资产梳理及网络平台重构，逐步完善云服务平台。四是加强信息系统建设。搭建全级次的组织架构、用户中台，重构OA协同平台和集团应用集成的底层服务,加快建设各管理条线的信息化系统。五是加快数字化转型。不断激发数字活力,发展壮大数字产业。

【履行社会责任】 2021年,保利集团坚持以习近平中国特色社会主义思想为指引,深入学习贯彻习近平总书记关于乡村振兴指示批示精神,扎实贯彻落实党中央、乡村振兴局、国务院国资委各项工作部署,及时调整定点帮扶工作领导和工作机构,选派新任挂职干部,确立年度工作思路和帮扶计划,围绕"三个转变"、坚持"四个不摘"、聚焦"五大振兴",以"稳"当先,有序调整、优化工作内容和工作方式,逐步推动各项工作从脱贫攻坚向乡村振兴过渡,全年累计在山西省河曲县、五台县,内蒙古自治区喀喇沁旗,云南省鲁甸县、巧家县、宁蒗彝族自治县,广西壮族自治区忻城县等7个定点帮扶县投入帮扶资金5011.81万元,开展各类帮扶项目30个,帮助引进无偿帮扶资金1856.46万元、引进有偿帮扶资金及招商引资8.7亿元,培训各类干部人员6843人次,采销定点帮扶县农产品1749.21万元。

(撰稿人:欧天奕)

中国建设科技有限公司

【基本概况】 2021年,中国建设科技有限公司(以下简称中国建科)以习近平新时代中国特色社会主义思想为指导,增强"四个意识",坚定"四个自信",做到"两个维护",捍卫"两个确立",坚决贯彻落实党中央、国务院决策部署和国务院国资委各项要求,在"六个者"战略定位引领下,统筹疫情防控和企业发展,顶住各种压力,顽强拼搏、砥砺奋进,取得难能可贵的成绩。完成一批重点项目,服务国家战略、献礼建党百年;面对复杂严峻的外部形势和行业下行压力,努力实现保增长目标;进一步提升科技创新的战略地位和引领支撑作用,加速打造国家战略科技力量;统一思想、凝聚共识,认真谋划"十四五"、起手开新局;创新思维、动真碰硬,关键环节取得突破,为企业转型升级打下坚实基础;积极落实巡视、审计整改、

主动刮骨疗毒、轻装前行;实现更高层次、更大程度的集团一体化,世界一流企业建设又有新提升。

【主要指标】 2021年,中国建科实现营业收入112.69亿元,再创历史新高,比上年增长4.42%;利润总额7.90亿元,再创历史新高,比上年增长12.42%;净利润首次突破6亿元,达到6.18亿元,比上年增长10.40%;资产负债率53.72%,比国务院国资委考核指标(65%)低11.28个百分点;成本费用率88.1%。

表1 2021年中国建设科技有限公司主要经济指标

项 目	2020年	2021年	比上年增长(%)
资产总额(亿元)	164.65	173.68	5.48
所有者权益(亿元)	75.73	81.11	7.10
营业收入(亿元)	107.92	112.69	4.42
利润总额(亿元)	7.03	7.90	12.42
净利润(亿元)	5.60	6.18	10.40
归属于母公司所有者的净利润(亿元)	4.70	5.24	11.39
技术开发投入(亿元)	5.73	6.54	14.27
利税总额(亿元)	12.26	13.73	11.98
应交税金总额(亿元)	7.25	7.88	8.70
全员劳动生产率[万元/(人·年)]	38.95	40.51	4.01
净资产收益率(%)	7.59	7.89	增加0.30个百分点
总资产报酬率(%)	4.67	4.98	增加0.31个百分点
国有资本保值增值率(%)	105.72	107.56	增加1.84个百分点

【改革发展】 2021年,中国建科贯彻落实习近平总书记关于国企改革"两个一以贯之""三个有利于"等重要论述,把坚决完成国企改革三年行动作为一项政治任务,三年行动方案84项任务、207条具体举措

完成83.1%，重点领域、关键环节改革取得突破性进展。一是完善中国特色现代企业治理取得积极成效。制（修）订包括公司章程在内的14项基本制度，"三重一大"决策事项清单实现动态调整，进一步厘清治理主体权责边界。集团董事会制定外部董事履职保障方案，畅通信息渠道、完善调研机制，确保董事会高效运行、科学决策。健全子企业董事会规范运行制度体系，搭建外部董事人员库，配齐建强董事会，落实董事会职权，提高管控效率。二是经理层成员任期制和契约化管理全面推开。制定《所属企业经理层成员任期制和契约化管理办法》，"一企一策"定制可衡量、可执行的考核指标，强化考核结果与薪酬挂钩刚性兑现。三是制定容错纠错办法。以落实国企改革三年行动"制定尽职合规免责事项清单"任务为契机，制定出台集团《容错纠错管理办法》，为改革创新托底，为干事创业撑腰。四是切实为基层减负。制定实施《集团2021年进一步为基层减负工作方案》。通过一类会议平台进行会议整合套开，通过信息化"超额预警、分类压控、智能考评"压减公文数量、提高公文质量。清理4438个不规范微信群，重点整治通过微信群发布白头文件布置工作的情况，取得较好效果。

2021年，中国建科贯彻落实习近平总书记关于推进"十四五"经济社会发展，必须加强前瞻性思考、全局性谋划、战略性布局、整体性推进的指示精神，认真摹画高质量发展蓝图，锚定航向、扬帆启航。一是制定印发"十四五"战略规划，明确"十四五"期间，集团要实现"三大转变"，打造"三大平台"，践行"61288"战略主线。组织制定科技创新、人才建设、数字化转型、区域布局、国际化经营等重点领域专项规划，深化各领域的战略目标、实施路径、保障措施，增强集团总体规划的系统性、完整性、可操作性；各所属企业紧跟集团战略思路，全面落实集团总体规划对本企业的战略定位和战略托付，通过采取有效举措细化分解落实。初步构建上下贯通、统筹协调、相互衔接的"十四五"战略规划体系，对集团"十四五"时期发展具有重要引领作用。二是稳妥推进战略性重组、专业化整合。推进华北院与城建院优势环卫板块强强重组，塑造极具竞争力的核心优势。中城规划完成"绿建、全咨、监理"三大业务板块有序划转、平稳过渡，努力构建规划业务核心竞争力，用较短时间取得规划双甲级资质，为落实"规划引领集团全业务链"战略夯实基础。

【重大项目】 2021年，中国建科贯彻落实习近平总书记关于国有企业发挥战略支撑作用的指示要求，更好地服务国家重大战略、服务人民美好生活需要。一是科技赋能冬奥，实现我国雪上场馆建设"零的突破"。牵头"科技冬奥"国家重点专项"复杂山地条件下冬奥雪上场馆设计建造运维关键技术"研究，形成发明专利35件、实用新型专利7件，有力支撑新建场馆最多、建设周期最短、难度最大、标准最高的冬奥会延庆赛区建设，其中包括我国唯一符合奥运标准的国家高山滑雪中心"雪飞燕"和国家雪车雪橇中心"雪游龙"，建设水准达到国际领先水平，创造多项世界第一，实现我国在该领域"短板"变"硬核"。所属企业中国院、城建院、标准院、中城规划先后参与冬奥项目建设76项，其中包括重点项目11项。二是泉州申遗成功，为支撑"一带一路"建设、提升民族文化自信作出新贡献。发挥世界遗产保护领域科研优势，接手泉州申遗项目再出发，调整申报项目名称、重新凝炼遗产价值、重塑遗产构成体系、创新遗产保护规划，实现重大技术突破，为泉州申遗成功发挥核心作用。三是完成一批标志性重点项目，服务国家战略能力进一步提升。完成被总书记誉为"共产党人精神家园"的中国共产党历史展览馆全过程咨询及馆内重要功能空间室内设计，为献礼建党百年增光添彩。完成雄安新区第一批安置房项目、唯一一个96班规模的完全中学、面积最大的森林公园主场馆、起步区第一座再生水厂等一批具有重要标志性意义的项目。完成首都功能核心区最大城市更新项目龙潭中湖公园改造，服务京津冀协同发展。技术支撑长江上游第一大岛——重庆广阳岛生态系统全面恢复，被列入生态环境部示范工程，实现生态修复新业务领域的强势拓展。积极践行"两山理论"，江苏省园博园项目打造全国绿色发展新标杆。强化服务黄河流域生态保护和高质量发展战略，业务量增长4倍多。

【走向海外】 2021年，中国建科取得国际发明专利3件，实现"零的突破"。所属企业城建院援埃塞俄比亚河岸绿色发展项目，入选《中央企业海外社会责任蓝皮书（2021）》优秀案例，获得ENR全球最佳项目奖。CPG承接"东南海岸气候变化适应措施研究"重大项目,服务共建"一带一路"取得新成绩。标准院成功立项首部"韧性建筑"国际标准,推动《复配岩改性沥青路面技术标准》成为越南国家标准,为中国标准"走出去"再作贡献。华森公司首次参编国际标准《智慧城市基础设施:智慧城市规划数据融合框架》。

【重大创新】 2021年,中国建科贯彻落实习近平总书记关于科技领军企业作为国家战略科技力量,"要自觉履行高水平科技自立自强的使命担当"的重要论述精神,提高政治站位,以更广阔视野、更前瞻眼光、更坚决态度推进科技创新。一是关键核心技术攻关实现从"0"到"1"的重大突破。集团所属中设数字自主研发的国产化BIM设计基础软件平台马良XCUBE入选"中央企业数字化转型十大成果",成功破解建设行业基础软件"卡脖子"难题迈出关键性一步。二是积极申请承担国家"十四五"重点研发计划项目。2021年签约1项;在供排水、城市燃气、城市更新、绿色建筑、超高层建筑、新基建(智慧物流)、钢结构、装配化装修、生态环保、低碳市政、数字化等领域储备项目15项。三是大力推动绿色低碳发展。2021年,集团100余位专家、历时3年编著的"十四五"国家重点出版物《绿色建筑设计导则》出版,充分发挥建筑设计引领作用,为落实"双碳"战略提供有力支撑。首次牵头并圆满完成国务院国资委重大课题"中央企业碳达峰碳中和路径研究"之建筑建材领域。华森公司推进"华森绿100条"更新迭代,形成绿色设计成果6项,注册"华森绿色正向设计"商标。四是推进科技创新平台建设,健全科技创新体制机制。标准院承担的"国家技术标准创新基地(建筑工程—装配式建筑领域)"正式挂牌;华北院跨界联合共建"石化工业水处理国家工程实验室"正式启动。集团科技创新工作制度体系进一步完善,规范国拨类科研项目、科技收入及科技支出的管理;强化科技创新激励机制,不断激发创新活力;调整集团新一届科委,成立重大专项分技术委员会和专业技术委员会;发布集团第一批中青年行业技术专家381人。五是行业共性技术研发取得新成果。受住房和城乡建设部委托开展城市防灾救灾能力专题研究,为制定相关政策提供技术支撑。承担国家绿色建筑新标识设计,为推动绿色建筑发展贡献力量。华北院主编《城镇居民生活污水污染物产生量测定》,填补国内外空白。六是形成一批领先科技创新成果。华北院"城市水系统控制仿真模型"(Simuwater)创造3个国内第一,助力长江大保护先行试点城市——岳阳市首次实现"厂—网—湖"联动及武汉智慧湖泊系统工程建设;管网检测诊断技术,在镇江市建成区实现从测绘、检测到修复的产业链延伸。建科运营"智慧运营平台"成功突破运维环境感知装置在BIM空间中自动定位、建模和动态监测感知参数的关键技术,实现公共设施设备的故障预测。标准院装配化装修实现重大技术突破,23天完成既有住宅装修改造,达行业领先水平;建设衡水中试基地,加快减隔震领域技术成果产业化转化,成功向石化行业拓展。中国院新型板式钢结构模块化建筑体系,成功应用于北京市西城区多所中小学的校舍扩建改造,获得高度评价。城建院自主研发的"分类后有机垃圾成套工艺系统设备"拥有专利近20件,先后在石家庄、福州、台州等地得到应用,取得良好的经济和社会效益。

2021年,中国建科李存东、李颜强、赵锂等3人当选全国工程勘察设计大师,高端人才建设取得重大成就;引进国际高层次人才,实现"零的突破";"中国建科"品牌惊艳亮相,彰显领军企业气质;出版《集团"十三五"科技发展报告》,致敬科技献礼百年;获得华夏建设科技进步一等奖5项、二等奖5项、三等奖8项,中国土木工程詹天佑奖2项。

【党建工作】 2021年,中国建科党委团结带领全体党员干部职工,高举习近平新时代中国特色社会主义思想伟大旗帜,深入学习贯彻党的十九大和十九届六中全会精神,深入学习习近平总书记关于国企改革发展党建重要论述精神,以党的政治建设为统领,坚持"党建引领、业务跟进、强根铸魂、深度融合"的工作思路,落实党建工作"双八"战略,以高质量党建引领保障企业在建党百年新起点上实现高质量发展。一是始终把学习贯彻习近平总书记重要指示批示精神、党中央重大决策部署作为检验党的政治建设成效的第一标准,建立党委会"第一议题"制度和党委理论学习中心组学习"首要议题"制度,2021年围绕习近平总书记重要讲话和重要指示批示精神,组织学习贯彻党委会"第一议题"21次,组织召开党委理论学习中心组9次。二是紧紧围绕"学史明理、学史增信、学史崇德、学史力行",创新"六六四五"典型做法,扎实开展党史学习教育。领导干部发挥"关键少数"的头雁作用,认真领学促学、带头宣讲、带头调研;各级党组织通过知识问答、党史竞赛、有声朗读、参观见学、红色观影、网络课堂等形式开展学习教育;各级团组织开展"学党史、强信念、跟党走"实践活动;统一战线开展"庆百年、爱企业、献良策、做贡献"等活动,一体推进"四史"宣传教育。三是坚决贯彻落实习近平总书记关于坚持"两个一以贯之"的重要论述,在完善公司治理中加强党的领导,深入推进"六个深度融合",以集团的实践探索为中国特色现代企业制度建设提供方案。四是以落实"中央企业党建创新拓展年"为抓手,围绕重大项目、重点工程和生产经营中心工作,策划开展"三个一""支部携手、互学共进"等活动,在二级企业推动党员责任区、党员示范岗、先锋队等创新实践活动,获评"全国工人先锋号""巾帼文明岗"等。五是坚持大抓基层,推进基层党建标准化规范化,强化"四同步、四对接";制定《关于加强集团二级企业所属公司和分支机构党组织建设和党建工作的意见》,做到"应建尽建";制定《关于加强混合所有制企业党的建设指导意见》,在混合所有制企业中坚持党的领导、持续加强党的建设;开展"学党史、强基础、促发展"党务干部培训、"党员学习教育周"活动,分层分类抓好党组织书记、党员队伍培训,推动基层党组织书记轮训工作做实做细;组织党委领导班子成员带队"一对一"上门为17名党龄超过50年的老党员颁发"光荣在党50年"纪念章,加强党内关怀;加大力度推动党建工作信息化,集团3家试点单位上线党建管理系统,党组织、党员、党内组织生活的相关数据和工作流逐渐在系统生成完善;把加强思想政治工作作为党组织的一项经常性、基础性工作来抓,探索思政工作"五解"工作法,在思想上解惑、生活上解忧、工作上解难、文化上解渴、心理上解压。六是开展"5+1"政治监督专项工作和内部巡视巡察,督促党员领导干部严守党的政治纪律和政治规矩,严格执行廉洁自律准则、党内政治生活若干准则,严格落实中央八项规定精神,驰而不息抓作风改作风,打好党风廉政建设和反腐败斗争攻坚战持久战,一体推进不敢腐、不能腐、不想腐。

【信息化与数字化建设】 2021年,中国建科信息化建设取得阶段性重要成果。集即时通信、应用入口归集、多终端访问为一体的安全移动应用平台"i建科"在集团总部上线运行,办公效率得到显著提升,空间无边界加快推进。"建设科技云"完成验收,为集团业务全面上云以及数字化发展打造基础设施智慧底座;管理信息化平台23个系统上线,集团一体化管理平台初具雏形;设计项目业财一体系统在中国院上线试运行,基本实现集团核心业务的业财一体化。2021年,中国建科全面开启集团数字化转型。把数字化转型提到企业生死攸关的战略高度,明确集团5年"换枪"的战略目标。开展数字设计培训工作营3期,组织7家所属企业549人、714人次接受培训并完成关键核心技术攻关项目测试任务。集团组织相关所属企业成功承办首届中央企业数字化转型峰会——智能设计分论坛,全面展示集团数字化转型成果。中国院城市绿心三大公共建筑共享配套设施项目获得2021年"北京市优秀工程勘察设计奖"BIM设计单项奖一等奖。中森公司有力推进数字设计工作,首次参加浦东杯BIM技术应用创新劳动竞赛暨全国BIM菁英邀请赛,获得二等奖。

【履行社会责任】 2021年,中国建科始终坚持"满足人民美好生活的重要承载者"的使命定位,在服务国家区域发展、助力乡村振兴、冬奥场馆建设、世界文化遗产申报、破解科技"卡脖子"难题、行业共性技术研发等重要领域履行央企职责,发挥顶梁柱作用。持续发力将巩固拓展脱贫攻坚成果同乡村振兴有效衔接,集团多个集体和多名个人获评"全国脱贫攻坚先进个人"和甘肃省先进个人、先进集体;连续多年派出援疆援藏干部参与边疆建设,编制《关于加强边境城镇规划建设稳边固边的报告》。

(撰稿人:付 睿)

中国冶金地质总局

【基本概况】 2021年,中国冶金地质总局(以下简称总局)坚持以习近平新时代中国特色社会主义思想为指导,认真落实国务院国资委党委工作部署,以政治建设为统领,以改革创新为抓手,以提质增效为动力,以目标任务为导向,扎实开展庆祝建党百年、党史学习教育,深入学习贯彻党的十九届六中全会精神,聚焦主责主业,统筹推进疫情防控和经济发展,改革创新发展和党的建设各项工作取得新的成效,实现"十四五"良好开局。

【主要指标】 2021年,总局实现营业收入(含财政拨款)166.20亿元,比上年增长0.16%;实现利润总额6.85亿元,比上年增长1.26%;年末资产总额272.18亿元,较年初增长9.33%;国有资本保值增值率107.76%;国家地质调查项目设计质量得分88.7分,完成年度考核目标值。全面完成国务院国资委下达的各项考核指标。

表1 2021年中国冶金地质总局主要经济指标

项　目	2020年	2021年	比上年增长(%)
资产总额(亿元)	248.95	272.18	9.33
所有者权益(亿元)	92.76	100.15	7.97
营业收入(亿元)	165.94	166.20	0.16
利润总额(亿元)	6.77	6.85	1.26
净利润(亿元)	5.19	5.38	3.77
归属于母公司所有者的净利润(亿元)	4.79	4.81	0.58
技术开发投入(亿元)	3.80	5.10	34.15
应交税金总额(亿元)	8.26	9.84	19.05
全员劳动生产率[万元/(人·年)]	21.77	24.97	11.70
净资产收益率(%)	5.56	5.58	增加0.02个百分点
总资产报酬率(%)	3.33	3.03	减少0.30个百分点
国有资本保值增值率(%)	107.10	107.76	增加0.66个百分点

【改革发展】 2021年,总局坚持学习贯彻习近平总书记重要讲话精神,贯彻落实关于深化国有企业改革的指导意见,积极推进总局改革三年行动各项工作,改革改制蹄疾步稳。

改革三年行动齐抓共进,全面完成国务院国资委考核的12项重点任务年度指标,累计完成比例83%。完善中国特色现代企业制度,深入推进党的领导融入公司治理,董事会制度体系基本形成,100%实现所属47家各级公司董事会应建尽建,100%实现外部董事占多数。事业单位改革取得阶段性成果,二局、中南局完成区域公司挂牌,大部分局院完成公司设立并提级。三项制度改革持续深化,基本完成经理层成员任期制契约化管理工作,印发中长期激励工作指导意见,加强劳动用工流程管控,严审用工计划,严控队伍规模,全员劳动生产率比上年提升超过14%。混合所有制改革稳妥开展,所属正元地理信息集团股份公司在上海证券交易所科创板挂牌上市,募集资金3.35亿元,总局实现改制上市"零的突破"。改革专项工程加快推进,围绕九大对标领域33个子领域深入推进对标世界一流管理提升行动,任务完成率85%以上。聚焦主责主业处置完成16家"两非"企业。

【重大项目】 2021年,总局坚持"冶金为根、地质为魂"发展理念,聚焦主业开拓市场,质量管控能力稳步提升。明确"集中管理、分级负责"矿业权管控模式,积极探索地质队伍实现"精兵+现代化"有效途径,有力推进资源环境双重发展。正元国际矿业公司哈巴河金矿基地资源储量进一步夯实,三局在山西探获大型铁矿床,二局福建尤溪县某银矿勘查、中南局上扬子东南缘某锰矿评价均达中型,西北局甘肃酒泉市某铁铜多金属矿"上铁、下铜、中铅锌"地质认识得到工程验证。研究院参与自然资源部"十四五"铁矿规划和钢铁协会冶金行业"十四五"高质量发展指南编制。昆明院滇池、洱海流域污水深度除磷除氮及除藻新技术研究取得阶段性成果。12个项目获得自然资源部"找矿突破战略行动(2010—2020)"成果优秀奖。

【走向海外】 2021年,总局认真研判国内外形势,贯彻落实"走出去"战略,推进"一带一路"建设,推动国际合作业务创新。总局参与的科技部"蒙古古生代岩浆演化与铜(金钼银)成矿作用"项目完成答辩。蒙古国战略性矿产资源调查基地建设取得国家发展改革委备案许可。组织召开"蒙古国战略性矿产资源调查基地"建设研讨会并与中国地质调查局签署共建协议。西北地勘院与宁夏天元锰业集团有限公司就实施加纳锰矿勘查项目进行深入对接,取得较好的海外市场拓展成效。青岛晓成公司欧洲市场份额比上年有所增长,品牌影响力、技术优势进一步提升。

【重大创新】 2021年,总局贯彻创新驱动发展战略,坚持科技创新主体地位,弘扬创新精神,助推引领支撑产业发展。山东局、中南局BIM项目在项目设计施工中得到应用示范。二局"黑臭水体"示范项目被晋江科技创新平台筛选为具有代表性、影响力的产学研合作项目。晶日中晶钻石公司获评中国创新创业大赛全国赛"优秀企业"。黑旋风股份公司获得财政部、工业和信息化部"专精特新"专项支持,入选工业和信息化部第六批制造业单项冠军示范企业名单。三川德青"城市排水管渠污泥湿法生态处理及资源化利用技术"入选《中央企业科技创新成果推荐目录(2020年版)》。研究院获得国土资源科学技术二等奖。正元地信2个项目入选工业和信息化部2021年大数据产业发展试点示范,1个项目入选住房和城乡建设部2021年科学技术项目计划。总局全系统获得专利192件,其中发明8件、外观设计178件;软件著作权129项、各类奖项160项;发表各类文章281篇,其中SCI 9篇、EI 15篇。

【党建工作】 2021年,总局认真学习贯彻党的十九大和十九届历次全会精神,全面落实习近平总书记重要指示批示精神和党中央决策部署,坚持"两个一以贯之",突出加强党对冶金地质的全面领导,持续推进党建融入中心工作。

着力强化政治建设,认真落实请示报告制度,建立党委全面领导机制,完善党委前置研究事项清单。不断加强理论武装,坚持党委会"第一议题"制度,坚持每月开展一次中心组学习,以议促学、以学促用。高标准开展党史学习教育,扎实落实"三会一课"制度,开展系列活动,广泛收集职工意见建议,扎实推进"我为职工群众办实事"实践活动。认真开展全国国企党建会精神"回头看",迅速响应部署,认真总结经验成效,查找短板不足,提出整改措施,强化督促指导,推进整改落实。着力建强干部人才队伍,严格落实选人用人标准,拓宽选人视野渠道,加强横向交流。持续夯实基层党建基础,持续开展党组织书记述职、党建责任制考核、党建年度报告工作,建立领导班子基层党支部联系点制度,开展党建与中心工作融合试点工作,开展"两优一先"评选表彰和推荐工作。持续深化党风廉政建设和反腐败工作。认真落实全面从严治党主体责任,深化整治专项问题,强化政治监督,严肃查处违规违纪违法问题,持续深化政治巡视、巡视整改和规范化建设,持续开展巡视整改"回头看"。认真做好宣传统战群团工作,大力弘扬工匠精神,不断强化各类工作室作用发挥。

【信息化与数字化建设】 2021年,总局党委坚持以习近平新时代中国特色社会主义思想为指导,深入贯彻落实习近平总书记关于网络安全和信息化工作的重要指示批示精神,按照国务院国资委党委国资监管信息化数字化智能化提升专项行动部署安排,研究制定总局网信"十四五"规划,明确"12345"总体工作思路和"SEG-3RP"工作格局,坚持补短板、强弱项,夯基础、重实效,围绕"七个强化"统筹开展各项工作,全年完成重点任务28项和系统集成、升级、新建任务13项,启动"上云用数赋智"行动,开展网络安全体系建设,积极发挥信息化创新引领作用。

【履行社会责任】 2021年,总局党委坚持把全力做好定点帮扶工作,全面推进乡村振兴摆在突出位置,坚决扛起央企政治责任,贯彻落实"四个不摘"要求,确保资金不减、力度不降,聚焦民生领域基础设施建设,围绕"五大振兴",全力以赴开展各项帮扶工作。在帮扶资金投入上总局党委始终坚持"尽力而为、逐年递增"的原则,千方百计压减非生产经营管理费用预算,竭尽全力保障帮扶资金。2021年,向定点帮扶县直接投入帮扶资金1090.69万元,引进帮扶资金64.614万元;培训基层干部2083人,培训乡村振兴带头人和技术人员1420人;购买脱贫地区农产品258.28万元,帮助销售脱贫地区农产品163万元。

(撰稿人:朱奕璇)

中国煤炭地质总局

【基本概况】 2021年,中国煤炭地质总局(以下简称总局)在习近平新时代中国特色社会主义思想引领下,在国务院国资委的正确领导下,扎实做好"六稳"工作,全力落实"六保"任务,深入推进党史学习教育,积极投身"三个地球"建设,不断推动企业高质量发展,各项工作均取得一定进步。

【主要指标】 2021年,总局实现营业收入293.27亿元,比上年增长8.70%;实现利润总额7.63亿元,比上年增长22.47%;国有资本保值增值率105.64%,净资产收益率4.90%,主要指标均完成国务院国资委下达的考核目标任务。立足"地质勘查野战军、生态建设先行军、矿山救援主力军"的企业定位,将总局产业优化为"地质勘查与矿产开发、地质环境与生态建设、地质工程与技术服务"三大板块,进一步聚焦主责主业,推动地质产业化、产业规模化、管理效益化,获评2021年度央企国企"中国数字地勘生态修复产业链链长"。全年提交地质报告2862份,提交煤炭资源储量59.21亿吨,新增煤炭资源量2.11亿吨,提交煤层气资源量92.86亿立方米,萤石480万吨,钾长石5819万吨,磷矿2430万吨,溶剂用灰岩5.86亿吨,新增岩盐资源量6.3亿吨,为国家能源资源保障贡献力量。

表1 2021年中国煤炭地质总局主要经济指标

项 目	2020年	2021年	比上年增长(%)
资产总额(亿元)	329.96	409.75	24.18
所有者权益(亿元)	110.81	145.33	31.15
营业收入(亿元)	269.81	293.27	8.70
利润总额(亿元)	6.23	7.63	22.47
净利润(亿元)	5.42	6.27	15.68
归属于母公司所有者的净利润(亿元)	5.41	5.82	7.58
技术开发投入(亿元)	6.75	10.13	50.07
利税总额(亿元)	14.93	18.06	20.96
应交税金总额(亿元)	8.7	10.43	19.89
全员劳动生产率[万元/(人·年)]	23.99	27.54	14.80
净资产收益率(%)	5.62	4.90	减少0.72个百分点
总资产报酬率(%)	3.22	2.62	减少0.6个百分点
国有资本保值增值率(%)	106.43	105.64	减少0.79个百分点

【改革发展】 改革三年行动取得阶段性进展。任务完成率90%,顺利完成80%的预定任务目标,超额完成国务院国资委设定的70%的目标,国务院国资委明确的12项重点改革任务基本完成,实现党的领导融入公司治理制度化、规范化,完善所属子企业董事会建设,加大"压减""两非"清退力度,企业户数净下降23家,完成全部"两非"企业剥离。以战略管理为先导,修订《总局战略管理办法》,编制完成总局《"十四五"发展战略和规划》,为全局未来五年改革发展作出方向性、整体性、全局性的总体谋划。以财务管理为保障,持续完善资金集中管理,非受限资金集中度稳定在95%以上,加快内部资金融通,节约财务费用支出约9310万元。不断拓宽融资渠道,引入资本市场资金3.62亿元。以投资管理为重点,实施动态差异化授权放权。建立投资监测机制,对2016—2018年49项投资项目组织开展投资后评价,并对8个重点项目开展直接评价,适时调整投资策略,将非主业投资占比压缩至10%以下。以对标管理为举措,推进精益管理,对标清单完成率85%,超过国务院国资委80%完成率要求,所属煤航集团成功纳入国务院国资委标杆企业创建范围。以合规管

理为支撑,持续深化法治央企建设,全面推进法治建设第一责任人职责落实,规章制度、经济合同、重大决策法律审核率100%,总局依法治企能力普遍提升。以风险管理为抓手,持续推进内控体系建设,开展内控自查自纠,深入排查内控缺陷。创新审计工作模式,围绕"经济责任审计+N"开展专项审计,查找薄弱环节和风险隐患,不断提升管理水平。持续加强政策研究,《新时代中央地勘企业投身"三个地球"建设研究与实践》获得中国企业改革发展研究成果特等奖。《大型煤炭地勘集团建设"透明地球""数字地球"和"美丽地球"体系研究与实践》获得2021年煤炭企业管理现代化创新成果一等奖。

【重大项目】 2021年,总局矿山环境修复治理相关业务覆盖全国20余个省份,市场影响力持续提升。建立起煤炭清洁利用资源评价体系。实施的青海省木里矿区生态治理项目克服-25℃的极寒天气和高原缺氧等困难,抢抓种草黄金期,历时34天,种草复绿面积13.33平方千米,出苗率达到设计指标,通过省级检查验收,主体工程基本完成。实施的陕西黄陵对接井项目创下国内地热U形水平对接井深度最深、水平段和换热段长度最长、温度最高等多个纪录,助力地热清洁能源开发。完成国内首个盐穴压缩空气储能库井建设,为"碳储存"技术探索奠定基础。

【重大创新】 2021年,总局持续增强科技创新能力与核心竞争力,研发投入强度比上年增加0.3个百分点。新增"河北省煤系气地质与储层工程技术创新中心"等5家省部级科技创新平台,新增专利授权678件,比上年增长30%,其中新增发明专利68件,增长35%。国务院国资委"1025"专项工程实施取得重大突破,实现关键核心技术突破和科技成果的市场化转化。"高原高寒矿山生态环境修复与治理关键技术"成果填补国内外空白,并成功应用于青海木里矿山生态治理工程,3项科技成果入选国务院国资委央企年度科技创新成果目录,工业和信息化部产业发展试点示范项目。大型煤炭基地资源勘查与潜力评价相关技术获得中国煤炭工业科学技术一等奖,自主研发的矿井水防治技术在山西、内蒙古、陕西等煤炭矿山广泛应用,"面向绿色矿山的注浆关键技术与应用"等多项成果通过鉴定。成立碳中和研究院,获批4项"双碳"领域国家自然科学基金、重点研发计划等国家级科研课题。

【党建工作】 2021年,总局坚持和加强党的全面领导,党建工作质量稳步提升。一是扎实开展党史学习教育。将推动党史学习教育与改革发展中心工作同频共振、融合联动。坚持"办实事"抓为民服务,先后两批确定重点民生项目486项,2021年完成467项。党史学习教育评估工作总体评价满意度100%,在中央企业党史学习教育交流推进会上作经验交流发言。二是加强干部队伍建设。着力培养中青年领导干部,形成重点培养对象的常态化培养、创新拓展式教育机制。开展"青马工程",加大青年干部培训力度。新选拔任用干部中50周岁及以下的26人。三是持续深化党风廉政建设。制定《2021年党风廉政建设和反腐败工作要点及任务分工》。深入整治"境外腐败、利益输送、设租寻租、化公为私"和"靠企吃企"问题,纠治"影子公司""影子股东"等隐性腐败。制定方案破解"一把手"监督和同级监督难题。完成监管企业巡视全覆盖。四是加强宣传工作。开展青海木里矿区生态治理项目等10余个品牌和典型宣传,提升总局品牌知名度。加强工会、共青团建设,开展形式多样的主题活动。积极开展统战工作,为统战人士办实事近100项。严格落实信访维稳主体责任,加强信访维稳工作。

【信息化与数字化建设】 2021年,总局积极推进企业信息系统建设、集成和应用,实现对主要管控业务域的覆盖,信息化支撑业务管控能力显著增强,监管业务协同与数据共享能力不断提升。积极推进国资监管信息安全建设,国资监管安全防护基础持续巩固,国产自主可控工作稳步推进。推动数字化赋能企业发展,充分挖掘地质数据潜力,所属航测遥感局获评"中国地理信息产业百强企业"第二名,煤航大数据中心被评为国务院国资委"2020年度中央企业品牌建设典型案例",自主研发的煤航"e鸟"巡检产品在长输管道巡检市场占有率超过40%,数字产业化红利不断释放。

【履行社会责任】 2021年,总局深入贯彻落实习近平总书记"以人民为中心"思想,履行央企社会责任,获评"全国煤炭工业社会责任报告发布优秀企业"。落实国家乡村振兴战略,持续做好对口帮扶工作,全年落实帮扶资金370万元。发挥专业技术优势,先后参与山东笏山金矿爆炸事故、新疆昌吉州丰源煤矿事故、山西代县铁矿透水事故三起救援任务。参与青海玛多"5·22"地震震区地灾排查工作,排查各类地质灾害隐患点798处,涉及人员安全3万余人,财产14.46亿元。参加门源县地震灾害救援排查工作。支援郑州抗洪救灾,完成51千米重点道路的探测任务,发现18处塌陷隐患。不断加强安全环保节能管理,大力推动设备的更新改造和节能减排新工艺的运用,节能减排取得新成效。编制环保事故专项预案和现场处置措施,增强环境污染事件的处理能力。

(撰稿人:赵彦雄 刘银海)

新兴际华集团有限公司

【基本概况】 新兴际华集团有限公司(以下简称集团公司)是经党中央、国务院、中央军委批准,于2000年由原解放军总后勤部和武警部队78家企事业单位重组而成,是集资产管理、资本运营和生产经营于一体的大型国有独资中央企业,全球最大的球墨铸铁管研发生产企业,全球最大的军需装备研发及生产制造企业,全军及武警部队军需物资装备核心供应商,也是全球最大的职业装和鞋靴研发生产企业。

集团公司始终践行"保军、应急、为民"三大使命,伴随人民军队的发展壮大而成长,形成冶金、轻纺、装备、应急、医药、服务等六大业务板块,具有专业要素齐备、技术力量雄厚、创新资源丰富、制造能力强大的优势。在南水北调、西气东输等多项国家工程,军队换装、阅兵保障等历次专项任务,抗震救灾、抗洪抢险等历次灾害救援中发挥突出作用。"新兴""际华"2个主品牌跻身"亚洲品牌500强",10个子品牌获评"中国驰名商标"。

集团公司所属成员企业200余家,遍布全国30个省(自治区、直辖市),拥有新兴铸管(000778.SZ)、际华集团(601718.SH)、海南海药(000566.SZ)3家上市公司。"十四五"期间集团公司确立"135"发展目标、"531"(冶金铸造、轻工服装、机械装备、应急、医药五大主业,资产经营管理、现代供应链物流、现代商业服务3个专业化领域,1个产业投资平台)产业布局和"3456"(三大使命、四个立足、五个提升、六大任务)总体发展战略。

2021年,集团公司坚持以习近平新时代中国特色社会主义思想为指引,贯彻落实党中央、国务院决策部署,在国务院国资委的正确领导下,统筹发展和安全,在发展中消化解决历史问题,全面深化改革、加快提升企业效益和核心竞争力,实现"十四五"良好开局,取得近年来较为突出的成绩。

【主要指标】

表1 2021年新兴际华集团有限公司主要经济指标

项 目	2020年	2021年	比上年增长(%)
资产总额(亿元)	1358.52	1336.59	−1.61
所有者权益(亿元)	498.87	504.54	1.14
营业收入(亿元)	1187.18	1285.86	8.31
利润总额(亿元)	15.68	13.62	−13.09
净利润(亿元)	5.52	1.74	−68.45
归属母公司所有者的净利润(亿元)	1.87	5.37	187.37
技术开发投入(亿元)	17.83	23.23	30.29
利税总额(亿元)	49.17	60.67	23.39
应交税金总额(亿元)	33.49	47.05	40.47
全员劳动生产率[万元/(人·年)]	24.56	27.29	11.12

【改革发展】 坚持问题导向、坚定全面深化改革,企业活力动力迸发激发。以实施国企改革三年行动为契机,找准病根、对症下药,真正解决痼疾顽疾。集团公司国企改革三年行动完成率85.7%,超

额完成目标任务。一是落实"531"产业布局要求,开展集团历史上改革力度最大、涉及范围最广、调整幅度最深的一次内部结构调整,涉及二级公司10家、三级企业60余家,划转托管企业占集团所属企业总数的25%,通过调整基本实现"主业归核、资源归集、产业归类"。对主业资源进行专业化整合,把新兴重工、新兴发展等公司所属的优质企业分别划转到新兴铸管、医药控股、应急产业等公司,实现集约化管理和专业化运营,集中精力谋发展。通过调整各主业板块将卸掉包袱,一心一意抓实体。设立资本控股公司,强化在新兴产业培育、新产品孵化、技术迭代等方面的平台作用。设置新兴重工、双新公司内外两个专业化资产处置平台,加速低效无效资产处置盘活。二是强化"市场为王"。成立市场部,积极恢复、畅通与军队、政府的沟通渠道,及时摸清各类产品的市场份额底数。二级公司"去机关化",作为经营主体走向市场,捕捉机遇。新兴重工应急装备在河南防汛救灾中发挥作用。三是坚持"刚性考核"。所属企业经理层全部实现任期制和契约化管理,实现硬考核硬兑现。2020年,二级公司负责人薪酬差距拉到5倍以上,部分企业负责人同比降幅超过45%。对超额完成任务的企业予以超额利润奖励,对完不成目标任务的企业负责人扣罚绩效,并作出组织调整。四是推行"揭榜挂帅"。际华股份公开选聘总经理,"选聘公告"就是"任务榜单",把指标亮出来、把责任摆出来、把人才选出来,加快解决市场萎缩、技术缺失、劳效低下、体制僵化各类严重问题。五是做到"能上能下"。对政治过硬、专业突出、作风优良的干部提拔使用,对思想僵化"躺平"的干部批评教育,对不作为、乱作为、群众反映差的干部组织调整,营造"能者上、优者奖、庸者下、劣者汰"的干事氛围。2021年,集团党委对党委管理干部提拔或进一步使用15人,交流任职23人,免职或改任非领导职务6人。六是用好"年轻干部"。落实中组部、国务院国资委关于加强优秀年轻企业领导人员培养选拔的有关要求,拓宽来源、优化方式,着力培育用好一批想干事、能干事的年轻干部。截至2021年底,集团党委管理干部中,45岁以下26人,占比35.1%;其中部室负责人10人,占比50%,同比分别提高2.3%和4.6%。

【重大项目】 冶金铸造方面,2021年完成投资34.19亿元,集中在装备升级改造,做稳存量资产,补齐生存短板,充分发挥产能效率方面,主要项目包括武安本级焦化升级改造项目、黄石新兴绿色智能制造产业园项目。轻工服装方面,2021年完成投资3.82亿元,集中在加快基础制造业技术升级方面,主要项目包括3542纺织印染搬迁项目和3513老厂区搬迁项目。通过退城入园、搬迁改造,新建智能化生产线和更新老旧设备,提高企业的生产自动化水平,从而提升劳动生产率和产品质量。应急和机械装备方面,2021年完成投资0.6亿元,重点围绕车辆改装细分领域布局投资,主要项目为天津生产基地和武汉基地智能化生产线(一期)的两个新增项目投资。医药板块方面,2021年完成投资0.59亿元,重点围绕化学药品原料药制造及化学药品制剂制造进行布局投资,主要项目为海药生物医药产业园和盐城医药化工产业基地建设两个续建项目投资。

【走向海外】 2021年,集团上下认真贯彻落实国家"走出去"战略、积极响应"一带一路"倡议,鼓励各级企业积极开拓国际市场,用好国际国内两种资源、两个市场,投身国际竞争,不断取长补短发展壮大。2021年境外企业实现营业收入36.95亿元、利润总额3.87亿元。新印度钢铁有限公司全部资产位于印度卡纳塔克邦的科普帕尔地区,2021年末总资产3.9亿元,净资产3.72亿元;实现收入4.79亿元,实现利润总额7530万元。一期项目年产80万吨球团生产线正常运营,产品主要销售在工厂附近海绵铁厂,产品质量稳步提高,在当地市场具有一定竞争力,二期项目在调研阶段。铸管股份印度尼西亚MSP公司遵照"外防输入,内防传染,干部包保,全员疫苗"的防控原则,以横向网格化防控和纵向干部三级包保为抓手,努力将国内疫情的防控经验迅速转化为海外项目防疫能力,逐步构建起完善的内部疫情防控体系,全力将疫情阻隔在公司网格之外,确保职工生命健康安全。全体干部职工克服生产工艺、设备等方面的一系列困难,生产节奏逐步稳定,产量稳步提升,2021年项目生产标镍26.16万吨,实现利润总额1.53亿美元,创造历史最好水平。

【重大创新】 科技创新有起色。成立集团公司科技部,组建智能装备研究院和材料技术研究院。应急科技创新专项获批国有资本经营预算支持5亿元。获工业和信息化部"自然灾害防治现代化工程"项目资助7000万元。承担《国家"十四五"应急管理体系和能力建设规划》编制任务。出台《关于系统推进科技创新激励保障机制建设的指导意见》,激发创新活力。铸管股份、际华3514获批国家级工业设计中心。铸管股份主持制定的首个国际标准正式发布,1项工艺技术和1件专利分别获得冶金科学技术一等奖和中国专利优秀奖;球磨铸铁管获得工业和信息化部第五批国家级制造业单项冠军;"耐腐蚀钢"技术达到国际领先水平。际华股份承接航天靴系列产品研发制造任务并顺利完成,获得航天系统表彰肯定;际华3521"野战帐篷医院系统"获得军队科技进步一等奖。

【党建工作】 2021年,集团公司把学懂弄通做实习近平新时代中国特色社会主义思想作为首要政治任务,巩固深化"不忘初心、牢记使命"主题教育成果。集团党委中心组第一时间抓好党的十九届六中全会精神的学习贯彻,印发学习宣传贯彻方案,在全集团各级党组织结合冲刺第四季度生产经营目标任务掀起学习贯彻党的十九届六中全会热潮。坚持把学习贯彻习近平总书记最新重要讲话和指示批示精神作为党委会"第一议题"内容,年度学习传达或研究部署163项,推动"第一议题"在新兴际华落地见效。集团公司党委紧紧结合企业实际,把开展党史学习教育和回顾企业得失、研判当前形势、谋划改革发展结合起来,组织开展"学党史、忆征程、看得失、强信心、创伟业"专题活动,聚焦解决思想涣散、目标缺失、精神懈怠、信心不足4个突出问题。在此次活动中,系统回顾脱钩军队20年来的发展历程,肯定成绩,坚定信心;总结近年来改革发展中的各类问题,找准短板,汲取教训;群策群力、集思广益,重新编制集团"十四五"发展规划,确立"一年走出困局、三年夯实根基、五年再创辉煌"的发展目标,明确"保军、应急、为民"三大使命,提出形成"531"产业布局,"十四五"末重返"世界500强"。集团党委全委会审议通过《集团公司脱钩军队20年以来有关情况的决议》,及时停止争论、统一思想、鼓舞士气。此次活动及时廓清一段时间以来困扰和束缚集团发展的思想迷雾,有力澄清模糊认识,深刻回答"要不要发展"和"怎样发展"两个重大问题,创造性地将党史学习教育成果转化为推动企业改革发展的生动实践,为接下来开展的一系列改革发展工作筑牢思想根基。

【信息化与数字化建设】 集团公司全面贯彻国务院国资委相关决策部署,高度重视信息化建设和数字化转型工作,将信息化与数字化工作列入改革三年行动、对标世界一流管理提升、创伟业行动纲领重点任务推进,在顶层设计、统筹建设、深化应用、安全保障等方面取得一定进展。一是加强顶层设计,编制"十四五"网络安全和信息化规划,确定"数字新兴际华"总体目标和"12132"总体架构。二是做好统筹建设,制定集团公司一体化运营管理信息平台建设方案,明确围绕"服务集团决策、提升管控能力"为主线的一体化运营管理平台建设思路。三是深化业务应用,不断完善财务管理信息化体系,持续构建由主数据管理、统一采集交换、统一门户、统一认证构成的集成技术体系,高质量完成国务院国资委国资监管信息化三年行动建设任务,在验收评估中评为"优秀"。四是强化网络安全,通过完善体系、落实法规、健全制度、提升能力、做好重保等多种措施,系统提升集团公司网络安全保障能力。

【履行社会责任】 2021年,集团公司认真履行污染防治主体责任,推进污染防治工程措施和管理措施落地见效,新兴铸管获评国家级"绿色工厂"。对口帮扶的甘肃省定西市安定区、内蒙古自治区乌兰察布市四子王旗在2020年实现脱贫"摘帽"的基础上,持续巩固脱贫成果。2021年7月下旬,河南省遭受严重洪涝灾害,集团公司党委遵照习近平总书记重要指示批示,第一时间启动Ⅱ级应急响应机制,紧急抽调62名骨干组成应急救援队,携带自行研制的远程供排水车、7000升越野加油车等10多台(套)装备赴郑州、新乡、卫辉、滑县、浚县等五地开展抗洪救灾,成为新乡地区进驻时间最早、工作时间最长、排水量最大的专业队伍,受到河南省委、省政府和国家安全生产应急救援中心表彰,个人记功1人、个人嘉奖4人。紧急调拨球墨铸管等产品支持供水管道抢通,展示中央企业责任与担当。

（撰稿人：俎继兵）

中国民航信息集团有限公司

【基本概况】 2021年,中国民航信息集团有限公司(以下简称中国航信)以习近平新时代中国特色社会主义思想为指导,全面贯彻党的十九大和十九届历次全会精神,按照党中央、国务院决策部署和国务院国资委有关要求,立足新发展阶段、贯彻新发展理念、构建新发展格局,坚持稳中求进工作总基调,以推动高质量发展为主题,以改革创新为根本动力,全面整体推进,突出重点难点,以"钉钉子"精神狠抓落实,在重要领域和关键环节取得实质性进展。一是提高站位,以上率下。公司党委始终坚持把落实国企改革三年行动作为重大政治任务,多次学习研究习近平总书记关于国企改革的关论述和国务院国资委各项政策文件,统一思想、提高认识、压实责任、纵深推进。公司主要领导统抓全局,各分管领导领军督战,坚决保障各项任务按时保质完成。全年召开改革领导小组会议11次,研究各类议题30余个。针对改革难点问题,召开专题推进会26次。二是统筹布局,聚焦重点。始终坚持系统思维,加强整体谋划,以公司战略为指引,协同推进各项改革任务。紧盯改革重点环节,以点带面推动改革工作。牢牢抓住经理层成员任期制契约化管理"牛鼻子",不断完善三项制度改革激发企业活力和效率;紧紧围绕建设中国特色现代企业制度要求,规范董事会建设,加强党的领导融入公司治理各环节;积极推动"双百行动""科改示范行动""混合所有制改革试点"等改革专项工程。坚持问题导向,敢啃"硬骨头",针对制约公司发展的"顽疾"开展改革攻坚。全面优化公司业务、运维、客服等体系；推进区域公司建设,优化业务布局;解决子企业历史遗留问题,实施部分海外公司注销和不良资产处置等。三是严格考核,全力保障。建立健全台账、督办、考核、培训、宣传等工作机制,形成推动改革强大合力。制定中国航信改革三年行动实施方案、改革工作要点及工作台账。将改革成效纳入各单位主要负责人绩效考核,对于各项改革任务落实情况进行全程监督,对推进不力的及时发送工作提示函。引入外部咨询公司,参与公司重点改革项目。组织开展4次改革三年行动系列培训及专题讲座。在公司内网开设改革三年行动专栏,刊发改革概览。

【主要指标】

表1 2021年中国民航信息集团有限公司主要经济指标

项 目	2020年	2021年	比上年增长（%）
资产总额（亿元）	251.81	267.80	6.4
所有者权益（亿元）	210.74	217.37	3.1
营业收入（亿元）	55.49	55.25	-0.4
利润总额（亿元）	4.17	6.58	57.8
净利润（亿元）	5.04	5.93	17.7
归属于母公司所有者的净利润（亿元）	1.98	1.43	-27.8
技术开发投入（亿元）	10.27	11.55	12.5
利税总额（亿元）	7.44	9.98	34.1
应交税金总额（亿元）	5.73	4.13	-27.9
全员劳动生产率[万元/(人·年)]	44.51	51.72	16.2
净资产收益率（%）	2.38	2.77	增加0.39个百分点
总资产报酬率（%）	1.65	2.54	增加0.89个百分点
国有资本保值增值率（%）	103.04	102.25	减少0.79个百分点

【改革发展】 2021年,中国航信认真落实国企改革三年行动工作部署,扎实推动各项改革任务落地。截至2021年底,公司改革三年行动实施方案中

确定的58项重点任务和108项改革措施均完成任务量的70%以上,其中完成改革任务35项、改革措施72项,达到并超越国务院国资委2021年度工作目标要求。一是中国特色现代企业制度建设取得成效。强化战略引领,提出"一二四四五"总体工作思路,构建"三级规划体系",制定《中国航信"十四五"发展规划》。加强党的领导,公司及各控股子企业制定党委（党组）前置研究讨论重大经营管理事项的相关制度及清单。强化子企业董事会建设,全面实现子企业董事会应建尽建,外部董事占多数达到91.3%,建立专职外部董事队伍,重点子企业制定落实董事会职权实施方案,集团及重点子企业制定董事会向经理层授权的管理制度。二是布局优化和结构调整不断加强。按照平台型业务和竞争性业务分类重组业务部门,稳步推进机场板块公司化改革；优化客户服务体系,有效提升对重点客户的服务能力；构建布局合理、资源优化、统筹管理的分布式研发体系；运维体系改革方案初步成型；通过申请破产、转让股权等方式对3家子企业进行处置,全面完成亏损子企业专项治理；建立公司"压减"长效机制,管理层级控制在3级；针对公司子企业较为小、散的特点,推动区域公司建设,并完成新疆区域公司注册。三是通过市场化机制改革,企业活力和效率明显提升。与37家分子企业经理层高质量签署岗位契约,并推广至公司内部各考核单位。按照"三能"要求,印发《干部末等调整和不胜任退出实施细则》《尽职免责事项清单》。四是改革专项工程初见成效。移动科技公司完成第一轮第二步引战增资,成功引入非公资本。"双百行动"和"科改示范行动"企业全面推动各项改革工作。"岗位分红"等中长期激励措施首先在数家示范企业得以应用。

【重大项目】 2021年,中国航信积极响应智慧民航建设号召,全力推进关键核心技术攻关,提升自主创新能力,优化产品布局,助力民航智慧出行、智慧运营、智慧物流建设。关键核心技术攻关方面,完成民航客票交易系统国产化建设任务；航班管理系统首次实现核心业务模块从主机系统迁移下线；完成新一代配载系统建设,结束中国民航配载系统长期"黑屏+指令"的历史；完成基础架构云平台、云计算应用平台项目的一期建设,建成统一技术架构、统一开发平台、自动化部署和运维的云服务平台。优化产品布局方面,推出航空公司全域运营管理系统,助力航空公司构建面向运行、服务、经营、管理为一体的全要素管理平台；推出创新型增值服务"行李门到门",助力民航旅客实现"0"行李出行；智慧中转系统在国内多家大型机场推广；打造全业务链机场物流智慧运营平台,支持机场智慧物流数字化转型。

【走向海外】 2021年,中国航信持续推进海外业务整合和统筹调控,强化海外业务协同联动,将分散化海外服务转变为整体国际化经营,提升公司主营业务的国际竞争力,实现海外业务的一体化管理和集中化支持,统筹海外产品和服务体系建设,提高海外支持能力和水平。在海外分销领域,加入德国、阿联酋及捷克等6个国家和地区的中性化结算体系,覆盖主机航主要的海外运力地区；在海外航空公司系统拓展方面,2021年成功与大湾区航空签署航空公司服务协议,低成本航空公司解决方案成功与菲律宾泛太平洋航空、巴基斯坦宁静航空签约；在海外机场合作方面,重点面向亚太市场积极进行推广,启动七星海国际机场项目,积极参与柬埔寨暹粒新机场建设项目投标。

【重大创新】 2021年,中国航信召开首届科技创新大会,全面总结表彰"十三五"科技创新成果,部署"十四五"期间科技创新工作重点,加快科技创新体制机制创新,优化科技创新成果奖励机制,完善研发体系和科技创新考核机制,启动"931登峰行动计划"。中国航信在多项科技成果填补领域技术空白,全年获得多项中国航空运输协会科学技术奖、中国交通运输协会科学技术奖,共计一等奖3项、三等奖2项。"区块链＋贸易金融"特色试点项目入选国家区块链创新应用试点名单。民航旅客智慧出行重点实验室和民航数据治理与决策优化重点实验室获得民航局2021年民航重点实验室认定。全年组织申报专利243件,新增专利授权65件,其中发明专利58件；13件国际PCT专利进入国家阶段工作。1件发明专利获得第22届中国专利奖优秀奖,1件发明专利获得国务院国资委提名推荐申报第23届中国专利奖。组织完成申报1项行业标准项目建议,成功申报 9 项团体标准项目立项,参与制定 22 项团体标准。参与国家技术标准创新基地(民航)建设,积极申报民航技术标准创新中心,融入国家和行业技术标准创新体系。

【党建工作】 2021 年,中国航信党委贯彻落实"第一议题"制度,传达学习 90 余项,开展中心组学习 16 次。扎实开展党史学习教育,号召公司全体党员学习百年党史,公司领导深入基层宣讲 20 余次。中国航信党委全面推进"我为群众办实事"实践活动,建设推广"行李全流程跟踪系统""中转旅客服务系统"等,解决长期困扰旅客的行李丢失、中转时间长等民航出行问题。进一步强化"三基建设",不断健全基层党组织政治功能和组织力。编制《中国航信基层党委换届选举工作指引》,举办换届选举专项培训,督促指导基层党组织完成换届选举。结合党史学习教育和学习宣传贯彻党的十九届六中全会精神,组织开展"四史讲堂"和专题宣讲,举办专题报告会 3 场,邀请中央宣讲团成员授课辅导。扎实开展"党旗在基层一线高高飘扬"活动,组织开展"党课开讲了"活动,建立党建工作定期会诊机制。举办"三定四力"党务工作人员培训和党组织书记集中培训班 6 期。开展党建制度"废改立"工作,全年指导各级党委新建、修订党建基本制度 80 余项,修订党建工作责任制考评办法,对基层党组织党建工作责任制落实情况进行全面检查考核。

中国航信党委切实履行主体责任,深入推进党风廉政建设和反腐败工作。全年专题研究全面从严治党、党风廉政建设和反腐败工作有关事宜 5 次,修订完善《公司纪委书记与党委书记及班子成员定期沟通协调工作制度》等多项制度,建立纪委书记定期与党委书记沟通机制,压紧压实主体责任和监督责任。按照国务院国资委第五巡视组反馈的情况实行立行立改,深化内部巡视,对二级党组织常规巡视覆盖率在本届党委任期内实现 100%,以深入整治"靠企吃企"问题专项整治工作为抓手,党风廉政建设和反腐败工作取得新成效。

【信息化与数字化建设】 2021 年,中国航信在管理信息系统整合、优化和升级基础上,深入推进"横向到边、纵向到底"的国资监管和管理信息化体系,在提高办公效能、服务公司改革和治理能力等方面取得一定积极成效。一是国资监管和管理信息化工作机制进一步理顺。在中国航信党委的统一领导下,成立中国航信国资监管和管理信息化工作领导小组,统筹推进公司国资监管和管理信息化工作,推动形成"集团办公室统筹协调,各职能部门业务主导,技术团队具体实施,各分支机构协同推进"的工作机制,推动形成统一规划、统一立项、统一建设和统一经费保障的工作规则,保障国资监管信息系统平台化建设、集约化运维。二是公司管理信息化水平进一步提升。完成商密视频会议系统升级扩容和涉密视频会议系统建设工作;国产系统银河麒麟和国产芯片海光、鲲鹏正式投产办公环境,普及国产杀毒和办公软件;完成 OA 办公、财务、采购、合同、外事、风控等系统优化升级,系统功能更加丰富完善、兼容适配逐步增强、易用性能不断提升、技术平台开源主流,初步形成统一基础数据、统一接口规范、统一待办处理、统一移动办公的格局,为下一步完成国资监管和管理信息化工作任务、打破信息孤岛、强化互联互通打下坚实基础。

【履行社会责任】 2021 年,中国航信积极履行央企责任使命,严格落实"四个不摘"要求,举全集团之力开展帮扶工作,努力探索具有科技型企业特色的帮扶工作长效机制,持续加大对山西省忻州市神池县特色农业产业发展的帮扶力度,接续做好巩固拓展脱贫攻坚成果同乡村振兴的有效衔接。实施数字神池二期工程,打造教育数字化平台。针对神池县城乡教育资源不能有效整合的难题,通过研发神池县教育数字化平台,实现神池县教育和教学的数字化管理,促进优质教育资源共享,推动神池县城乡教育均衡发展,为当地群众提供优质的教育服务;按照"央企+政府+科研机构+龙头企业+合作社+农户"的发展模式,建立千亩芥菜示范种植基地;帮助引进农业科技企业,在神池县东湖乡建立现代设施农业扶贫产业园;全年直接投入帮扶资金 1346.2884 万元,引入无偿帮扶资金 216.027 万元,直接购买农产品 311.3548 万元,帮助销售神池农产品 1015.62392 万元,培训基层干部 2020 人次,培训技术人员 1172 人次,培训乡村振兴带头人 276 人次,引进2家企业在神池县开展产业帮扶项目,引入3所院校与神池县签订技术合作协议,中国航信在2021年中央单位定点帮扶工作成效考核中获评"好",连续两年获得最高考核评价等级。

中国航信积极贯彻落实习近平生态文明思想,践行绿色发展理念与低碳战略,响应节能减排号召,坚持绿色开发与运营,减少污染物排放,提高资源能源使用效率。积极发挥专业优势,研发绿色产品,扩大节能成效,以实际行动助力美丽中国建设。2021年,后沙峪数据中心PUE值首次达到1.29。与设计值相比,年节电量3000万千瓦·时,相当于每年减少碳排放18000吨,达到业界领先水平。面向旅客推出的"航信通"智慧出行解决方案,实现旅客出行流程再造,节约旅客排队等候时间,减少纸质登机牌的成本,成为中国民航真情服务的"标兵"产品。截至2021年底,该业务累计服务旅客10.2亿人次,根据国际航协(IATA)有关标准测算,为中国民航节省登机牌纸张成本2.04亿元,减少碳排放约1.53万吨。

(撰稿人:卫 旻)

中国航空油料集团有限公司

【基本概况】 中国航空油料集团有限公司(以下简称中国航油)成立于2002年10月11日,是以中国航空油料总公司为基础组建的国有大型航空运输服务保障企业,是国务院授权的投资机构和国家控股公司试点企业,是国际航空运输协会、国际航煤联合检查集团、美国试验和材料协会、英国石油协会、美国石油协会等国际组织成员。中国航油肩负着竭诚服务全球民航用户,保障航油供应安全的重要职责,是党和国家可信赖的骨干力量。

经过30多年的不懈努力,中国航油构建遍布全国的航油保障体系,控股、参股20多家海内外企业,构建遍布全国的航油、成品油销售网络和完备的油品物流配送体系,在全球260多个机场为560多家航空客户提供航油供应服务,在20多个省级行政单位为民航及社会车辆提供汽柴油及石化产品的批发、零售、仓储及配送服务,在长三角、珠三角、环渤海和西南地区布局大型成品油及石化产品的物流储运基地,为保障国家航油供应安全奠定坚实基础。2021年,中国航油在"中国企业500强"企业中排第156位,在"中国服务企业500强"中排第63位,连续两年在国务院国资委党建考核、规范董事会建设考核中获评A级。

【主要指标】 2021年末,中国航油资产总额689.1亿元,比上年增长10.3%;所有者权益439.3亿元,比上年增长9.4%。2021年,完成业务量5819万吨;实现营业收入2226.6亿元,比上年增长47.1%;利润总额67.3亿元,比上年增长47.3%。

表1 2021年中国航空油料集团有限公司主要经济指标

项 目	2020年	2021年	比上年增长(%)
资产总额(亿元)	624.9	689.1	10.3
所有者权益(亿元)	401.6	439.3	9.4
营业收入(亿元)	1513.2	2226.6	47.1
利润总额(亿元)	45.7	67.3	47.3
净利润(亿元)	35.3	50.2	42.2
归属于母公司所有者的净利润(亿元)	25.5	27.8	9.0
技术开发投入(亿元)	0.4	1.2	200.0
利税总额(亿元)	48.2	77.5	60.8
应交税金总额(亿元)	12.9	27.3	111.6
全员劳动生产率[万元/(人·年)]	66.3	82.0	23.7
净资产收益率(%)	8.6	11.9	增加3.3个百分点
总资产报酬率(%)	7.3	10.8	增加3.5个百分点
国有资本保值增值率(%)	102.5	110.3	增加7.8个百分点

【改革发展】 2021年,中国航油党委全面贯彻落实国资央企改革三年行动各项决策部署,集团层面建立以党委会议决策、改革办牵头抓总的工作体系,围绕改革三年行动的任务书、时间表、路线图,建立"1354"即一条主线、三项机制、五大重点和四大保障的工作格局,全面推进、重点突破,取得积极进展。截至2021年底,集团公司125项改革任务中全部完成103项,完结率82.4%,综合各项任务进展全年总体进度超过90%。其中航油华东公司入选国务院国资委对标管理提升标杆项目,"科改示范企业"上海承飞入选工业和信息化部专精特新"小巨人"企业和被认定为高新技术企业。在重点改革领域方面,中国航油积极推进质量变革、效率变革、动力变革。一是全面规范董事会建设,提前实现各层级董事会应建尽建,董事会中外部董事占多数,企业治理机制更加科学高效。二是三项制度改革实现"破冰",90%以上的企业实现经理层任期制和契约化管理,开展中高级管理岗位公开招聘20余次,市场化经营机制更富活力。三是全面提升科技创新能力,民航能源技术研究中心正式运行,自主研制智慧航油系统覆盖全国234个机场,成功研制七类18台(套)具有自主产权工控产品,设立千万级科技创新激励奖项,努力打造创新发展高地。四是以对标管理促提质增效,持续提升资源保障能力,夯实安全管理基础,企业核心竞争力与抗风险能力显著提升。

【重大项目】 2021年,中国航油坚决贯彻落实党中央、国务院部署,完成主业投资55.54亿元。强化航油产业链链长角色,聚焦航油供应安全,努力加大数字化建设、科技创新等方面的投资力度,积极优化投资结构,推进航油基础设施建设固链,开展科技创新和技术补链,加快航油数字化转型塑链。积极落实国家低碳化发展和民航"四型机场"绿色发展要求,推进供油基础设施绿色升级。重大项目方面,湖北国际物流核心枢纽鄂州机场、成都天府国际机场、呼和浩特新机场、深圳机场卫星厅扩建、中国航油西南战略储运基地、柬埔寨暹粒吴哥国际机场等配套供油项目跟随机场进度压实投资,全力按进度实施。

【走向海外】 2021年,中国航油有海外航空客户30余个,供油机场41个,其中15个为"一带一路"沿线机场。其中,香港公司供油业务覆盖亚太地区及俄罗斯8个国家21个机场,年度合同供应量约129万吨;北美公司供油业务聚焦洛杉矶、纽约等4个机场,年度合同供应量约120万吨;欧洲公司供油业务覆盖欧洲大陆8个国家11个机场,年度合同供应量约130万吨。海外航油市场拓展方面,中标中国邮政航空在泰国曼谷、俄罗斯喀山机场的部分供油合同,中国东方航空在肯尼迪机场供油合同,以及泰国航空在法兰克福机场供油合同等。海外投资方面,积极服务"一带一路"倡议,成功建设柬埔寨暹粒吴哥国际机场供油项目,以国际化标准参与柬埔寨金边新机场供油项目,并同步推进荷兰阿姆斯特丹机场航油加注项目、马来西亚边加兰港油库建设项目等。

【重大创新】 管理创新方面,紧密围绕经营发展中心开展"深入学党史,奋力保目标"立功竞赛活动,创效19.9亿元。科技创新方面,智慧航油系统作为中国航油发展史上具有跨时代意义的革命性创新,是融合加注作业、销售结算和客户服务于一体,贯穿航油供应链上下游,创造性地对航油全要素、全流程、全场景进行数字化处理、智能化响应和智慧化支撑的新应用形态;编制完成中长期科技发展纲要(2021—2035),课题研究列入科技部重点专项申报指南,航油领域"5+2"课题首次列入民航"十四五"科技发展规划;工控网络安全实验室建成投运,5G自动驾驶加油车、高端装备国产化加快研发攻关,专利申请量比上年增长2.5倍。

【党建工作】 一是政治建设取得新成效,中国航油坚持制度化第一行动、常态化领导带头、阵地化学习培训,建立"三个第一"常态化学习贯彻机制,扎实开展党史学习教育,全面落实"讲好一堂党课、办好一件实事、解决一个问题、参加一次专训、提出一条建议"的"五个一"目标,推进集团总部23项、二级单位97项办实事项目落实落地。二是党建质量实现新提升,认真开展国企党建会精神贯彻落实"回头看",在中央党校连续组织党史学习教育暨十九届五中全会精神轮训班4期,创新开展"加强党的建设"行动学习研修班,精心培育"4411""云岭巅峰""雪岭劲松""红帆"等一批基层党建"三个一"特色品牌,以"阳光党建""高原党建""混改党建""党建带工建、党建强团建"为代表的特色党建赢得国务院国资委党委充分肯定。三是干部人才队伍焕发新活力,从严选拔任用监督,大力推行经理层任期制和契约化管理,加大年轻干部培养力度,持续推进"六个百人计划",重启技能人员等级认定自主评价工作,修订《集团公司专业技术职称评审工作管理办法》,贯通高技能人才与专业技术人才职业发展通道。四是政治生态呈现新风貌,组织召开党风廉政建设和反腐败工作会议,签订党风廉政建设责任书,深入推进集团公司和成员企业纪检监察体制改革,出台《中国航油集团公司党委关于构建大监督工作体系的实施意见》,印发《关于加强对"一把手"和领导班子监督的实施意见》,创新实施"联动整改",形成中国航油巡视整改特色模式。

【信息化与数字化建设】 2021年,中国航油牵头承担的工业和信息化部2019工业强基重大专项通过正式验收,取得一系列重要成果,实现自主可控工业控制系统首台套上线,构建体系化的工控安全防护系统能力。牵头组建民航智慧能源工程技术研究中心并获得民航局认定;成功加入中央企业5G创新LHT,高质量完成信创云适配验证工作;安全运营调度指挥平台实现全部生产作业场所的视频监控和自控数据接入汇聚;网络安全态势感知平台首次实现信息系统和工控系统安全态势数据融合接入和分析处置,形成全集团跨平台、跨地域、跨部门的综合安全态势感知能力;石油零管系统实现业务流程各环节全覆盖,开拓非油业务创造新的利润增长点。中国航油创新应用初见成效,首次以独立行业赛道方式组队参加中央网信办正式批复的2021年中国工业互联网安全大赛获得优秀组织奖和企业优胜奖,相继获得工业和信息化部新一代信息技术与制造业融合发展试点示范工业信息安全能力提升第一名、第三届中国工业互联网大赛能源行业三等奖。

【履行社会责任】 2021年,中国航油积极履行社会责任,努力回馈社区、贡献社会。圆满完成重大保障任务,以"最高规格、最强部署、最严措施、最佳状态、最优效果",为建党百年庆祝活动、北京冬奥会和冬残奥会等重大活动的成功举办贡献力量;积极主动承担抗灾抢险、紧急救援任务,高标准完成郑州特大暴雨、青海果洛地震等应急抢险救灾任务,全力保障航油稳定供应,助力灾区脱离险情;从严从紧落实疫情防控举措,妥善应对国内多轮多点散发疫情,牢牢守住疫情防控"双零"目标,确保疫情防控"空中生命线"的绝对畅通;积极推进援疆、援藏、援青工作,深入实施"大振兴"战略,助力建设产业强、生态美、百姓富、治理优的现代化新盐池,2021年850万元帮扶资金全部拨付到位,购买农副产品300余万元、帮助销售6000余万元,通过持续志愿服务、爱心助学等公益行动播洒爱心。

(撰稿人:唐照寓)

中国航空器材集团有限公司

【基本概况】 中国航空器材集团有限公司(以下简称中国航材)是国内最大的、中立的、第三方飞机采购及航材保障综合服务提供商,主要业务涉及航空器整机保障服务、航空器材保障服务、技术装备及机场业务保障服务、通用航空发展及保障服务等领域。在航空业界具有较高的知名度和良好的品牌形象,与国内各航空公司以及国际知名的飞机制造厂商、发动机制造厂商、航材供应商等均保持着长期的密切合作。

【主要指标】 2021年,面对复杂严峻局面和疫情影响下的行业现状,中国航材以落实"两利四率"为主线,发挥考核指挥棒作用,推动提质增效,抢抓市场机遇,创新业务模式,稳步推进经营水平提升,较好地完成国务院国资委下达的主要考核指标。营业总收入比上年增长37.6%,还原跨周期调整因素后"两利四率"指标均高于预算目标,资产负债率、"两金"总额、亏损企业户数压控成效显著。加强资金集约、高效、安全管理,连续三年获AAA信用评级,整体融资成本优于央企平均值。

【改革发展】 2021年,中国航材锚定高质量发展目标,全面贯彻落实《国企改革三年行动方案(2020—2022年)》,完善督促机制,公司体制、机制问题得到有效破解,超额完成年度70%的目标任务,改革三年行动取得新成效。一是中国特色现代企业制度进一步健全,科学有效的国企治理机制加速形成。认真贯彻"两个一以贯之"要求,全面建立集团董事会向董事长、总经理,子公司董事会及董事长、总经理向下授权的授权管理体系。公司治理层面的改革到位后,子公司董事会6项职权通过此次授权有序下放,现代企业治理体系和子企业董事会建设完成情况居中央企业前列。二是着力强化改革专项工程引领带动作用。全面开展"对标世界一流管理提升"专项行动,明确实施方案和工作清单。"双百行动""科改示范行动"两个专项入选国务院国资委先进案例集;重大项目、重点问题实行专班负责人制;三项制度改革进一步取得实质性突破,经理层成员任期制和契约化管理制度全面建立,实现二级企业负责人差异化薪酬,完成"三定"和薪酬体系优化工作,建立动态管理机制,为全面构建以岗位价值为基础、以绩效贡献为依据的岗位、薪酬管理体系奠定良好基础。三是稳步推进战略重组和专业整合,持续优化布局结构,发展质量不断提升。大力推进"两非"剥离工作,依托央企资本投资运营平台,切合实际建立健全责任清晰、分工明确的工作机制。开展民企挂靠国资综合整治专项行动,将整治完成情况纳入相关单位负责人年度考核,梳理集团全级次企业情况。开展境外单位处置工作,制定相关处置方案,经集团公司董事会决策,关闭境外未开展业务的单位。

【重大项目】 一是积极开展国产民机保障基础工作。围绕"构建一个国产民机与现在役主流机型航材保障有机融合的体系,搭建一个全流程航材保障信息化平台"的总体建设目标,与相关企业加强战略合作,加快共建国产民机航材保障体系;为国内部分航空公司制定国产民机ARJ21个性化整体机轮保障方案,并完成ARJ21机型装饰布料及地毯的PMA认证、C919航空地毯的认证工作。二是主动参与国家应急救援能力建设。聚焦国家航空应急救援、国家能源及大型无人机运营领域,多措并举重塑中国通航的行业影响力与竞争力。再次引进2架高原型Mi-171直升机,为川藏、东北、新疆等地质灾害、森林火灾多发地区的航空应急救援能力建设贡献力量,并在四川春季护林灭火、"4·5"渤海油田井喷事故救援行动中担任救援主力。三是加大力度助力智慧民航建设。全面完成大兴机场设施设备交付任务,成都天府国际机场大型安检设备采购项目成功交付运营;自主研发的助航灯光监控系统、泊位引导系统取得突破。围绕航空公司、空管局做好情报性能综合管理系统、电子飞行包、运控系统、航行通告可视化系统等专业技术开发工作。四是推进航材共享平台建设取得新突破。完成超过95%的富余航材处置任务;完成1架飞机拆解和部件维修工作,初步掌握航空资产全周期运营管理基本流程;推进整体机轮保障业务,与部分国内航空公司签署航材互援协议,航材共享平台建设工作不断向前迈进。

【重大创新】 2021年,中国航材高度重视科技创新工作,研发经费投入比上年增长52%,研发投入强度比上年提高。多家下属企业获得高新技术企业认证,导航公司获批工业和信息化部认定的专精特新"小巨人"企业,航摄公司获批山西省认定的"专精特新"中小企业。一是组织制度建设日趋完善。集团总部成立科技创新部,统筹科技创新工作,建立覆盖全集团的管理组织框架,出台科技创新项目管理、创新奖励等制度,编制科技创新理论学习手册,制定科技研发费用核算标准,印发通知对科技创新给予内部优惠利率支持,为营造集团公司科技创新氛围、激励员工创新实践奠定坚实的基础。二是科创成果产出取得新突破。所属中国民航技术装备有限责任公司自主研发的助航灯光监控系统,突破国外技术垄断;首创大视角用于飞机泊位引导系统,各项技术指标处于行业领先水平;自主研发的旅客登机桥系统获得民航局通告。所属北京凯兰航空技术有限公司成立宏伟创新工作室,开展群众性技术开发活动,取得几十件实用新型专利证书,其中全自动轴承封圈清洗线获得2021年全国民航"五小"优秀成果奖。所属中国通用航空有限责任公司成功申请"大型无人机运行风险与安全研究"2022—2023年度科研课题。所属中航材航空救援股份有限公司研发的"应急救援航空服务系统"获得国家版权局签发的计算机软件著作权登记证书。所属中航材导航技术(北京)有限公司成功研发国内唯一基于华为设备鸿蒙系统的电子飞行包,航行通告可视化项目获得中国航空协会颁发的民航科学技术奖。所属中航材利顿航空科技有限公司完成e—航材系统研发工作，研发并上线运营海关航材免税信息平台、航空器材拆解登记查询平台。

【党建工作】 2021年，中国航材党委在党中央和国务院国资委党委坚强领导下，始终坚持以习近平新时代中国特色社会主义思想为指导，深入学习领会习近平总书记重要讲话和重要指示批示精神，全面贯彻落实党的十九大和十九届历次全会精神，深入开展党史学习教育，持续巩固深化全国国有企业党的建设工作会议精神落实成果，坚持以高质量党建引领高质量发展，为奋力完成全年生产经营和改革发展艰巨任务提供坚强保障。一是始终把党的政治建设摆在首位。中国航材党委坚持不懈用习近平新时代中国特色社会主义思想武装头脑，坚决执行"第一议题"制度要求，及时跟进学习贯彻并完善落实习近平总书记重要指示批示精神的工作制度和督办机制。把学习贯彻习近平总书记"七一"重要讲话精神和党的十九届六中全会精神，同学习领会习近平总书记关于党史、"三新"、发展国有经济、国有企业改革发展和党的建设、民航强国等方面的重要论述贯通起来，系统安排集团党委中心组学习、举办专题读书班，开展"请进来走出去"大学习、加强先进单位对标、聚焦集团改革发展重点难点，切实把思想认识和行动统一到党中央决策部署、国务院国资委党委要求上来，党员干部从讲政治的高度把握改革发展任务目标的意识和能力进一步加强。二是坚决完成巡视整改重大政治任务。全力配合国务院国资委党委对集团党委的常规巡视工作，及时落实、监督推动所属单位不折不扣完成巡视组各项工作布置，保障巡视工作平稳有序开展。对集团各所属单位整改工作各环节严格审核把关，强力工作督办；针对整改过程中出现的各类问题，严肃追责问责，党员领导干部政治能力和治企能力进一步提升，集团公司发展方向更明确、制度体系更健全、基层基础更牢固。三是深入开展全国国企党建会精神"回头看"。以习近平总书记全国国有企业党建会重要讲话发表五周年为契机，组织各级党组织系统盘点5年来党建工作情况，总结集团党建和改革发展"六个融合"宝贵经验，围绕做强做优做大国有企业工作成效、国有企业党的建设独特优势是否有效发挥、党建工作短板弱项是否补齐等七个方面进一步对标检视、深化落实、巩固提升，结合巡视反馈问题，制定措施一体整改。四是统筹推进思想建设和宣传舆论工作。中国航材党委把开展好党史学习教育作为贯穿全年的重要政治任务，突出航材特色、突出学用结合、突出惠及群众、突出担当作为，不断把"六个进一步"引向深入。开展"三学联动"，组织专题学研，进一步坚定党员干部践行新时代初心使命、推动中国航材高质量发展的信心和决心。用好"三种资源"，通过用好党课资源、红色资源和活动资源，开展系列主题教育活动，推动党史学习入脑入心，广大干部职工爱党爱国热情和干事创业激情明显提升。推动"三个转化"，把学习党史同总结经验、观照现实、推动工作结合起来，将学习教育成果转化为奋勇拼搏开新局的活力，确立"14558""十四五"总体发展战略；转化为完成重点难点任务的动力，聚焦改革三年行动重点难点不断突破；转化为科技创新的智慧能力，多项技术突破国际垄断，有效解决"卡脖子"问题。立足"三个围绕"，围绕高质量发展、围绕保障职工权益、围绕履行社会责任，有力有序推动"我为群众办实事"主题实践活动，首批和第二批重点民生项目清单均完成并取得明显成效。《先进典型引领 奋发砥砺前行》入选国务院国资委《党史学习教育创新工作案例》，《持续推进"幸福航材"建设》入选国务院国资委办实事特色项目汇编；《民航报》、中国民航网专题报道集团特色做法。五是以先进典型选树正面引导凝聚奋进力量。组织开展"光荣在党30年"、优秀共产党员、优秀党务工作者、先进基层党组织、改革发展突出贡献先进个人等评选表彰。在集团内网和微信公众号精心策划并开展10余项主题宣传活动。六是扎牢基层"根"筑强堡垒"魂"。开展"三基"建设专项检查和指导，推动基层党组织真正成为团结群众的核心、教育党员的学校和攻坚克难的堡垒。积极推进基层党建标准化示范化，组织党支部书记培训，开展示范党支部交流和现场观摩，学习支部建设助力企业改革发展取得的成效经验，强化标杆示范。加强混合所有制企业党建工作，制定出台《加强混合所有制企业党的建设工作方案》，为提高集团混合所有制企业党建工作科学化水平，巩固扩大党的执政基础提供制度依据。七是全面提高党员队伍素质能力。立足企业实际,开展《2019—2023年全国党员教育培训工作规划》实施情况中期评估,切实推进党员教育培训工作再上新台阶。多层次系统化推进党的理论教育,组织党员领导干部、基层党务工作者、组织入党积极分子集中培训,切实增强培训针对性、实效性。

【信息化与数字化建设】 一是根据国务院国资委关于加快推进国有企业数字化转型工作的要求,进一步完善集团公司信息化顶层设计规划,明确转型方向、目标和重点。二是完善网络与信息安全管理制度和机制。加强对集团所属企业的工作统筹、指导、监督和管理工作,完善网络与信息安全相关管理制度,督促各所属企业开展网络安全等级保护定级、备案工作,建立网络安全通报机制。三是落实关于国资国企网络安全在线监管平台的建设工作。

【履行社会责任】 2021年,中国航材坚决贯彻党中央决策部署,以习近平总书记重要指示批示为指引,深入落实国家乡村振兴局和国务院国资委的部署和要求,坚持政治引领,集团党委将定点帮扶工作摆上重要议事日程,加强组织领导和顶层设计,紧紧围绕助力"五大振兴"和"四个不摘"要求,明确"坚持实施长效帮扶机制,助力群众持续增收和巩固"两不愁三保障"成果的帮扶思路,以集团领导调研督导为抓手,促进精准施策和责任落实,以高效管理带动高质量帮扶工作。

中国航材向陕西省白水县投入定点帮扶资金,结合定点县乡村振兴发展的整体规划,实施全方位、立体化持续帮扶,获得地方政府及广大干部群众好评。一是以科技引领推动定点县产业进步。持续建设白水苹果产业现代化示范园项目,通过高标准科学种植带动群众产业增收,并引导定点县实施《推动白水苹果高质量发展规划》,制定全省首个苹果生产地方标准,为促进白水县苹果种植特色产业发展贡献智慧和力量。二是针对当地需求实施人才振兴,帮助培训乡村基层干部,开展乡村振兴带头人培训、农业技术人员培训。三是持续实施文化振兴举措,改善基层教学条件,资助2021年考上大学的困难生,助其顺利入学,并以"心手相牵,为爱圆梦"为主题,开展百名留守儿童研学活动,帮助孩子们身心健康成长。四是围绕改善生态环境助力乡村振兴示范点建设,帮助脱贫村古槐村整理脱贫攻坚档案资料,建设村广播站,升级改造村部办公场所,购置除草机、垃圾清运车辆和垃圾桶等设施设备,修建村巷道花坛围栏,使乡村环境更加整洁美观。五是积极助力组织振兴,开展优秀党支部与脱贫村结对共建活动,促进基层组织为民服务。六是多举措实施医疗帮扶助力防返贫,继续开展"救急难"、残疾人救助等社会救助工作,救助因病残、因灾情突发事件导致生活急难群众。在定点县疫情紧急排查的关键期,购买防护服、护目镜、医用口罩等防疫物资,想方设法送到县里,为保障群众生产生活安全提供有力支持。中国航材以实际行动践行中央企业社会责任,坚持持续倾情倾力帮扶,为助力定点县巩固拓展脱贫攻坚成果稳步衔接乡村振兴贡献力量。

(撰稿人:孔小可)

中国电力建设集团有限公司

【基本概况】 中国电力建设集团有限公司(以下简称中国电建)是全球清洁低碳能源、水资源与环境建设领域的引领者,全球基础设施互联互通的骨干力量,服务"一带一路"建设的龙头企业,为海内外客户提供投资融资、规划设计、施工承包、装备制造、管理运营全产业链一体化集成服务、一揽子整体解决方案的工程建设投资发展商。经过不断转型升级,中国电建当前的产业主要聚焦在水资源与环境、能源电力、城市基础设施,即"水""能""城"三大领域。受国家有关部委委托,承担国家水电、风电、太阳能等清洁能源和新能源的规划、审查等职能。

2021年,中国电建居《财富》"世界500强"第107位、"ENR全球工程设计公司150强"第一位、"全球工程承包商250强"第五位。拥有国家级研发机构9个,院士工作站11个,博士后工作站9个。获得国家科学技术奖112项、省部级科技进步奖3192项,拥有专利18393件。在全球电力建设行业市场(规划、设计、施工等），中国电建的能力和业绩始终位居首位。

【主要指标】

表1　2021年中国电力建设集团有限公司主要经济指标

项　目	2020年	2021年	比上年增长（%）
资产总额（亿元）	10618.17	11455.11	7.88
所有者权益（亿元）	2688.62	2870.74	6.77
营业收入（亿元）	5415.58	6219.52	14.84
利润总额（亿元）	178.89	179.46	0.32
净利润（亿元）	139.88	139.93	0.03
归属于母公司所有者的净利润（亿元）	48.39	43.82	−9.44
技术开发投入（亿元）	174.30	216.18	24.03
利税总额（亿元）	301.73	330.79	9.63
应交税金总额（亿元）	161.85	190.86	19.92
全员劳动生产率[万元/(人·年)]	41.16	44.91	9.11
净资产收益率（%）	5.53	5.03	减少0.5个百分点
总资产报酬率（%）	2.92	2.85	减少0.07个百分点
国有资本保值增值率（%）	109.28	106.58	减少2.7个百分点

【改革发展】　运行质量稳中有升。全年新签合同比上年增长17.6%；实现利润总额、净利润优于上年；营业收入利润率2.9%，研发投入强度3.1%，资产负债率74.99%，较好地完成全年主要经营目标任务。营销质量稳中有进。与甘肃、吉林、西藏、广西等各级地方政府和南水北调、中国华能、中交集团等中央企业建立战略合作关系，国内五大区域总部及部分建投公司组建运行，推动区域市场营销深耕细作、产业链高效协同。签约承建一批重大项目，标志性的有国家电投广西公司新能源EPC项目、雅砻江卡拉水电站、深圳至惠州城际铁路前海保税区至坪地段工程1标段等。国内新签中标合同额50亿元以上项目13个，总金额1121亿元。履约质量稳中提质。承担全过程勘测设计和主要建设任务的世界在建规模最大水电工程白鹤滩水电站首批机组安全准点投产发电，格尔木项目攻坚圆满按期完成，"雄安·电建智汇城"项目高效推进，藏区投资规模最大水电项目两河口水电站首批机组按期投产发电，国内首个百万千瓦级EPC水电项目杨房沟水电站提前一年实现全部机组投产发电；承建的大华桥水电工程等12项工程获得中国建设工程鲁班奖，成都轨道交通18号线等13项工程获得国家优质工程金奖，华电莱州绿色能源示范工程等37项重大工程获得国家优质工程奖，广东清远抽水蓄能电站等3项工程获得中国土木工程詹天佑奖。

发布"十四五"战略规划，引领子企业转型升级、健康发展。聚焦"水、能、城"，加强顶层设计，出台《关于全面开展"碳达峰、碳中和"行动　加快推动风光电业务新发展的实施意见》等指导文件，持续推动"水、能、城"业务高质量发展。全年新签"水、能、城"业务合同、完成营业收入占比分别为93.9%、91.6%，其中新能源业务新签合同比上年增长56.7%，完成营业收入比上年增长23.3%。优化投建营。印发《关于进一步做好近期集团（股份）公司投资工作管控的意见》，明确投资创效创现和风险防控导向。出台新能源和抽水蓄能投资业务专项奖励及重大投资项目前期工作专项资金保障政策。截至2021年底，新增控股新能源装机104万千瓦，核准备案1444万千瓦，签署投资开发协议7821万千瓦。在抽水蓄能资源获取方面，签署投资开发框架协议的抽水蓄能项目29个，装机3720万千瓦，总投资2185亿元。新能源和抽水蓄能新增资源储备1.1亿千瓦，实现历史性、跨越式突破。截至2021年底，日供水能力142万吨，绿色砂石骨料产能3680万吨。2021年否决国内投资项目11个，涉及投资总额777亿元。坚定推进海外业务"三步走"战略。海外新能源市场开发取得较大突破，新签合同657.17亿元，占国际业务新签合同总额的43.35%。

三年行动有力开展。12项三年行动方案考核指标中，10项完成年度目标。重大改革取得突破。50

家纳入应建董事会范围二级子企业实现尽建,17家符合条件的子企业董事会全部实现外部董事占多数,233家三级及以下子企业建立董事会,覆盖面84%。14家科技型企业实施分红激励,1家科技型企业实施股权激励,7家子企业试行超额利润分享。贵阳院下属城建院积极探索虚拟股权,湖北工程公司下属安源公司股权激励方案通过初步审核。华东院、北京院等5家子企业积极推进混合所有制改革,水电十局积极参与海口地方政府平台公司混合所有制改革。资源整合布局有力推进。全面推进区域总部和建投公司建设,统筹协调平台公司和子企业在区域内的营销资源。组建成立电建新能源公司,为中国电建新能源业务健康可持续发展提供强大动力。重组成立电建装备公司,在解决装备制造企业"小、散、弱"问题上迈出坚实一步。控股中国水务投资有限公司,为中国电建水产业实现战略发展奠定坚实基础。批准设立电建财经云公司和职业教育集团/教育培训中心,积极筹备保险经纪公司,推进"向集约化管理要效益"。

提质增效专项行动扎实开展。制定中国电建2021年提质增效专项行动方案,及时督导工作不力的12户子企业负责人。以"两利四率"为目标引领,制定《超额利润分享管理办法》等3项激励政策。完善对区域总部、建投公司、平台公司的考核制度。业财资税一体化改革快速推进。组建财务金融部,设立集团财务共享中心,启动全球司库管理系统建设。

认真落实常态化疫情防控措施。国内职工疫苗接种率在96%以上。高度关注海外疫情,采取包机等一切可行措施保障海外职工往返,实现"双稳"目标,持续推进海外项目工期索赔和经济补偿。全面摸排重大经营风险。开展财务资金风险专项整治行动,深入推进融资性贸易等违规业务排查整顿,全面梳理融资性担保业务。审计监督与违规经营投资责任追究紧密融合,全年完成审计项目768项,启动追责22项。设立中电建投运保障企业管理合伙企业,防范PPP项目运营期系统性风险发生。持续开展风险项目治理,南水北调、榆林光伏、厄瓜多尔德尔西水电站等一批重大风险项目得到有效处置。法治保障能力持续加强。"法治电建"建设成效不断显现,法律合规审查成为工作规范,62家子企业建立总法律顾问制度。普法宣传与风险管理教育有效开展,合规文化建设深入推进。

党建融入生产经营,党的领导更加坚强有力。一以贯之坚持党的全面领导,认真落实"第一议题"制度,深入学习贯彻习近平总书记重要讲话和指示批示精神。深入学习贯彻习近平总书记"七一"重要讲话和十九届六中全会精神,以伟大建党精神推动生产经营管理攻坚克难、提质增效。持续加强基层党组织建设,广大党员始终冲锋在疫情防控和生产经营第一线。全力配合国务院国资委党委违规挂靠专项巡视,全面完成年度专项巡视整改任务。扎实开展内部巡视巡察,推进上下联动,完成3轮对36家子企业党委常规巡视和19家子企业党委巡视整改评估,堵漏洞、补短板、强弱项,有效提升党建工作和生产经营管理水平。推动全面从严治党向纵深发展,一体推进民企挂靠国资专项整治和"靠企吃企"问题综合整治,一体推进不敢腐、不能腐、不想腐,"纠树并举"巩固作风建设成果,为企业经营改革发展提供坚强政治保障。

【重大项目】 6月28日,金沙江白鹤滩水电站首批机组安全准点投产发电;11月19日,4号机组正式并网发电,标志着长江干流成为世界最大清洁能源走廊。

6月16日,装机规模中国第四、世界第七的"巨无霸"工程乌东德水电站最后1台机组顺利完成72小时试运行,成功并入南方电网,正式投产发电。

9月28日,由中国电力建设集团有限公司投资开发的老挝南欧江第七级水电站机组正式并网发电,标志着南欧江水电站实现全流域投产发电。

9月29日,我国藏区开工建设规模和投资规模最大的水电项目两河口水电站首批机组投产发电。

10月9日,金沙水电站4号机组正式并网发电,金沙水电站全面建成并投产发电。4号机组为140兆瓦轴流转桨式水轮发电机组,其转轮直径10.65米,为在建工程世界第一。

10月16日,杨房沟水电站4号机组正式并网发电。至此,杨房沟水电站全部机组投产发电。

12月25日,江苏启东H1号、H2号、H3号海上风电项目，134台风机全部并网发电。标志着国内单体容量最大、机型配置最多元的海上风电项目实现全容量投产目标。

12月30日，由中国电建设计施工的世界最大抽水蓄能电站河北丰宁抽水蓄能电站首批机组正式投产发电，为北京冬奥会历史上首次实现100%绿色电能供应提供可靠保障。

12月31日，华能大连庄河海上风电项目全容量并网发电。该项目是我国北方单体容量最大、纬度最高的海上风电场。

【走向海外】 2021年，中国电建国际业务新签合同、营业收入、净利润指标完成率分别为101.44%、100.91%、150.86%。从规模速度型向高质量可持续发展转变。一是深化改革抓管控。科学编制集团国际业务"十四五"规划。抓好"三个布局"，即优化国别市场布局，编制国别（地区）市场分级管理办法与清单，调整优化资源配置，完善立体营销机制，从"全球打猎"转型为"重点突破"；"扶优扶强"推动差异化企业布局，对子品牌引入竞争机制；加强行业布局，对标"水、能、城"战略发展需要，改革再造面向市场的机构与流程。二是精准防疫抓"双稳"。全面履行海外疫情防控职责，做好海外疫情防控常态化管控工作，"双稳"目标可控在控。建立集团、子企业"包保责任制"，实现境外项目巡检全覆盖，巡检近400余次。加强医疗保障，推进标准医务室建设，做好境外机构（项目）药品和防护物资的配送、储备，组织黄河医院2个医疗小组赴境外机构（项目）进行巡诊和疫情防控指导和培训。全力推进疫苗接种，境外中方人员接种比例提升至99.5%。三是积极应对境外非传统安全风险，集团成立领导小组及专办，制定管理制度及工作方案，开展风险排查及专项治理。全年未发生社会安全致亡事件。HSE管理水平提高，印发《国际工程项目HSE工作标准》；成立境外应急管理中心、应用"电建应急通"，提高应急救援效率。四是创新监管抓项目。不断完善中国电建海外业务综合服务平台功能，实现项目全生命周期管理。合规经营抓防范。积极处置重大法律纠纷案件，取得较好效果。五是加强经营行为法律审核。开展授权事项拉网式排查整改。建立各行业业绩库和对外披露案件库，有效防范投议标信息披露不当风险。积极应对外部合规风险，开展全系统境外咨询服务风险排查。修订合规政策系列文件。组织60多家子企业、1800名合规管理人员培训。开展境外机构股权代持专项整治。全面加强信息化安全，提升网络攻击行为监测及处置能力。六是多措并举抓效益。组织开展财务内控风险专项整治行动及银行账户自查。合理规划资金安排，盘活政策性资金4.11亿元。建立压降"两金"例会制度，聚焦重点项目督导落实。合理使用金融工具探索境外跨国别资金集中，防范外汇风险。七是从以传统能源为主向绿色低碳能源业务转变。坚持"水能城"融合发展。做强"水"，加强传统水电业务同时着力拓展水务市场，中东海水淡化业务取得新进展；《东盟国家大坝安全保障体系建设与示范项目》进入国家战略。做优"能"，抢抓新能源机遇，制定海外风光电业务高质量发展实施方案，布局境外新能源投资重点国别清单；重点布局亚太和欧亚海上风电；实现地热、绿氢领域突破。八是成为国际业务第一领军行业。做精"城"，紧抓公共卫生服务和战后重建契机，开发中标民生类基础设施项目；集团成为中国铁路"走出去"的重要组成力量。贸服业务不断推进，集团入选首批全国"供应链创新与应用示范"企业。

【重大创新】 一是科学制定"十四五"科技创新规划，全面指导新时期公司科技创新发展。打造原创技术策源地建设任务，有序推进公司水电、新能源、水环境和地下工程等领域四大原创技术策源地建设。积极落实国务院2030年前碳达峰行动方案，编制集团践行"碳达峰、碳中和"目标行动方案。二是重大科技攻关。成功研制具有自主知识产权的BIM仿真系统和轨道全生命周期管理系统，以及国内首台百万超超临界机组全容量给水泵组和大型风机，促进高端装备研制和工业软件国产化；及时启动"基于NET+GRID+NET的新型电力系统关键技术"重大科技专项，补齐公司电力系统、新能源运维短板；强化设计施工一体化等在研专项管控，支撑中标履约，促进抽蓄工程智能建造；首次组织新能源（风能、生物质能）、水资源、地下工程（城市轨道、城市深隧）等领域6项核心技术攻关，择优遴选56项年度重点科技项目，强化数字化技术与"水能城"业务深度融合，打造原创引领优势。三是协同创新体系。通过各级研发平台和产业技术创新联盟等,与行业权威科研机构、高校,以及产业链上下游相关企业,在重大技术攻关、先进技术推广应用、科技成果产业孵化以及学术研讨交流等方面进行全方位、多层次科技创新合作,加快推进以企业为主体、市场为导向、产学研深度融合的技术创新体系建设。积极参与重大装备央企创新联合体申报并顺利获批,推动以西藏高原技术中心为依托的西藏水风光储一体化技术创新中心建设,积极申请清洁能源和海上风电国家重点实验室、能源研发中心,持续扶持水环境、光热等集团级平台和典型海外平台建设,夯实集团级专业平台创新基础。四是科技成果丰硕。2021年度中国电建科学技术奖授奖项目131项。喜马拉雅地区高地应力隧洞双护盾TBM施工关键技术获得工程建设科学技术奖特等奖。公司参与制定国际标准9项,国家标准9项。新增授权专利5505件,发明专利458件。

【党建工作】 一是政治建设始终放在首位。严格落实"第一议题"制度,严格执行《公司党委贯彻落实习近平总书记重要指示批示工作办法》,深刻领会"两个确立"的决定性意义,进一步树牢"四个意识"、坚定"四个自信"、做到"两个维护",确保公司改革发展始终沿着习近平总书记指引的方向坚定前进。党史教育凝聚强大力量。认真开展党史学习教育,精心组织庆祝建党百年系列活动,深入推进"永远跟党走"主题活动、"我为群众办实事"实践活动,掀起学习贯彻习近平总书记"七一"重要讲话和党的十九届六中全会精神热潮,突出电建特色、突出学用结合、突出惠及群众、突出担当作为,一体推进学党史、悟思想、办实事、开新局。固本培元深化国企党建会成果。落实"中央企业党建创新拓展年"要求,开展国企党建会精神贯彻落实情况"回头看",全面总结五年来党建工作成效。修订印发《公司党委议事规则(2021版)》《"三重一大"决策制度实施办法》,推动61家子企业制(修)订党委前置研究讨论重大经营管理事项清单。围绕"八个标准化"和"两个作用发挥"创新开展党支部标准化建设,中国电建系统4077个党支部有3276个完成达标验收工作,达标率超过80%。3个课题获得2021年度中央企业党建思想政研会一、二等奖,获评"优秀课题研究组织单位"。二是蹄疾步稳建强干部队伍。按照国有企业领导人员"二十字"标准做好干部选拔任用,加快完善干部梯队建设,优化干部年龄结构,加大年轻干部培养,制定《公司党委"十四五"时期加强优秀年轻领导人员队伍建设的实施意见》《选送优秀青年干部到公司总部学习锻炼管理办法》,抓好后继有人这个根本大计。利剑高悬推进正风肃纪。突出政治监督,强化日常监督,严格落实中央八项规定及其实施细则精神,持之以恒纠治"四风",一体推进"三不腐",加大执纪问责力度,严肃查办违纪违法案件,高质量完成国务院国资委党委违规挂靠专项巡视和公司内部巡视巡察年度任务,持续打造风清气正发展环境。

【信息化与数字化建设】 一是中国电建"十四五"数字化转型战略体系基本形成。集团"数字电建"课题研究和"十四五"发展规划,针对组建"水能城""投建营""PRP应用问题诊断"等19个方面进行研究。2021年,组织启动"一把手谈数字化转型"、典型方案推广、典型案例收集,开展华东、华北、西南三大片区数字化转型宣传培训等系列活动。组织6家子企业参加数字中国成果展、4家子企业参展2021中国国际智能产业博览会,进一步提升中国电建品牌形象。二是企业管理链数字化协同服务能力进一步提升。集团协同办公OA、电子档案、互联网融媒体宣传平台、党工团群纪检监察巡视综合管理平台、项目报批报审报奖管理系统等不断完善。2021年,"人力资源685工程"进一步完善深化应用。完成集团农民工实名制信息平台建设,实现对1100个项目25万人的信息在线采集。三是持续深入推进项目管理PRP体系的应用。促进项目管理PRP系统在施工企业的深化应用。四是完成"电建云""电建通"的基本建设。"电建云"上线投运,累计完成总部及21家子企业56个业务系统上云,通过资源共享实现降本提效。"电建通"覆盖全部二级、三级本部及项目部主要人员,推动办文、办事、办会移动化。

【履行社会责任】 2021年,中国电建编制《"十四五"助力乡村振兴帮扶规划》《2021年度助力乡村振兴帮扶实施方案》,在教育、医疗、就业、产业、消费、基础设施等方面进一步加大帮扶力度,并持续深耕新疆、西藏、云南等重点地区,全年投入帮扶资金4330.53万元,获评"援藏工作先进单位""援藏工作先进集体"等。

全力驰援抗疫一线,第一时间组织人力物力投入抗疫斗争。水电四局萤火虫志愿服务队在青海抗疫一线表现突出,受到共青团青海省委肯定与表扬;水电十五局成立6个疫情防控临时党支部,200余名党员主动请缨,奔赴西安抗疫一线。在海外,全力配合中国驻外使领馆推动"春苗行动",所属子企业积极开展抗疫志愿服务,在老挝、越南、卢旺达、赞比亚、阿尔及利亚等多个国家抗疫行动中留下"电建身影"。面对河南特大暴雨、陕西暴雨、四川双江口泥石流、云南漾濞地震等突发灾情,中国电建全力投入救援力量,全年参与社会抢险救援235次,投入抢险救援人员6600余人次、机械设备1130余台(套)。

持续开展"烛光""萤火虫""若水""乐成"等青年志愿服务队建设行动,广泛开展学雷锋、服务"十四运"等特色公益活动,推进青年志愿服务常态化、制度化。2021年,中国电建603个青年志愿服务组织累计开展志愿服务1731场次,参与人数26232人次。水电七局"中国担当"共建巴铁志愿服务项目获得全国学雷锋最佳志愿服务奖,规划总院青年志愿服务案例《基于流域水电综合监测平台开展的零碳教育——以安谷水电站科教基地为依托》获评共青团中央"全国青少年零碳科技领航项目"。

(撰稿人:郎颂东)

中国能源建设集团有限公司

【基本概况】 2021年,中国能源建设集团有限公司(以下简称中国能建)坚决贯彻习近平总书记重要讲话、重要指示批示精神和党中央、国务院重大决策部署,认真落实国务院国资委工作要求,大力践行公司"1466"战略,圆满完成各项工作任务。公司主要经营指标再攀新高,全年新签合同额、营业收入、利润总额、净利润分别比上年增长51%、19%、9%、10%,企业综合实力和影响力得到大幅提升,成功实现"A+H"两地上市,再次在国务院国资委经营业绩和党建年度考核中均获评A级,"世界500强"排名跃升至第301位,ENR排名稳步提高,企业在高质量发展、加快发展、全面发展上取得历史性突破,在改革系统推进、重点破局上取得重大进展,在强化系统管理、科学管理、精细化管理上取得突出进步,在迎接建党百年、党史学习教育上取得显著成效,交出一份亮丽的答卷,实现"十四五"精彩开局。

【主要指标】

表1　2021年中国能源建设集团有限公司主要经济指标

项　目	2020年	2021年	比上年增长(%)
资产总额(亿元)	4764.23	5426.16	13.89
所有者权益(亿元)	1430.53	1555.94	8.77
营业收入(亿元)	2721.30	3247.40	19.33
利润总额(亿元)	126.55	137.84	8.92
净利润(亿元)	92.81	102.53	10.48
归属于母公司所有者的净利润(亿元)	35.02	38.70	10.51
技术开发投入(亿元)	74.94	99.87	33.27
利税总额(亿元)	228.30	252.14	10.44
应交税金总额(亿元)	107.74	87.92	-22.54
全员劳动生产率[万元/(人·年)]	39.29	42.25	7.53
净资产收益率(%)	7.17	6.89	减少0.28个百分点
总资产报酬率(%)	3.55	3.37	减少0.18个百分点
国有资本保值增值率(%)	108.70	105.45	减少3.25个百分点

【改革发展】 2021年,中国能建深入贯彻落实党中央、国务院和国务院国资委关于深化改革的决策部署,大力推动重点改革任务落实。高标准推进董事会建设、任期制和契约化管理等重点改革任务,国企改革三年行动完成率超过90%,超额完成国务院国资委

考核目标。加快深化系统改革,出台总体方案和各专项方案,完成总部适应性组织建设,组建六大事业部,职能部门从15个精简至10个,实现全员竞聘上岗;组建六大区域总部,构建"事业部＋区域总部＋子公司"三位一体的大市场开发体系,构筑市场"主阵地",跑出经营"加速度";有序推进子企业集约化、区域化、专业化、差异化改革重组,系统实施国际业务改革,完成国际集团组建,重塑海外发展体系,新设数科、氢能、装配式建筑等专业化平台,打造新的支撑点和增长极。

【重大项目】 2021年,中国能建全面聚焦碳达峰和碳中和战略,发布公司践行"30·60"目标行动方案白皮书,提出能建主张、贡献能建方案,行业内外反响强烈。服务国家"十四五"能源电力等相关规划研究,助力地方15个省份制定碳达峰和能源高质量发展方案。推动成立"30·60"研究院,有效整合内外部资源,加快氢能、储能成套技术研究与产业化布局。一批超级工程震撼亮相,完成"智慧能源技术研究"等5项重大技术攻关,承担的"1025专项"通过国务院国资委年度评估。承建的乌东德水电站实现高标准发电、白鹤滩水电站首批机组按期投产,"华龙一号"全球首堆福清核电5号机组、新疆哈密光热项目、珠海金湾海上风电、陕西延黄高速、神头电厂二期3号机组等顺利投运。积极融入区域协调发展战略,以交通能源融合新模式助力区域交通升级发展,山西、海南相关项目策划取得良好效果;雄安1号地块、保定绕城公路、天津津沽污水处理等一批重大项目成功签约。"一带一路"建设取得显著成效,公司投资建设的越南海阳燃煤电站建成投运,建设的菲律宾卡利瓦大坝等项目开工,俄罗斯阿穆尔天然气加工厂首列生产线、马尔代夫首个高压电网等项目投产投运。

【走向海外】 2021年,面对复杂的国际形势和新冠肺炎疫情带来的持续影响,中国能建坚持海外经营与科学防疫"两手抓",国际业务新签合同额比上年增长22％,营业收入比上年增长41％,全年完成海外投资14亿元。搭建境外疫情防控管理预警平台,常态化开展境外包保巡检,向所属企业拨付14.3亿元疫情防控专项资金,设立海外医务室38个,配置医护人员580余人,储备防疫药品70余万份;聚焦海外员工回国和医治,千方百计救治海外重症员工;深入开展"六个一"关爱行动,通过海外员工热线关爱员工400余人次。坚持人民至上、生命至上,以强烈的担当、有力的举措,妥善处置巴基斯坦"7·14"恐怖袭击事件,千方百计维护好境外员工身体健康和生命安全。2021年,公司居ENR"国际承包商250强"第21位、"ENR全球工程设计公司150强"第3位、"ENR工程设计企业国际营业收入225强"第27位。

【重大创新】 2021年,中国能建始终把科技创新摆在更加突出的位置,研发经费投入比上年增长33.3％,发布"十四五"科技发展规划,搭建一批高端研发平台,组建技术中心,引领和统筹所属企业科研开发、成果转化和技术支持;组建"30·60"研究院、新型储能研究院、民爆研究院等一批研发平台,分别负责双碳、储能、民爆等领域前瞻性、全局性和系统性的重大、关键核心技术研发,打造专业方向科技创新主体。狠抓重大科研项目,全面推进产技融合,围绕"30·60"系统解决方案"一个中心"和储能、氢能"两个基本点",攻关掌握一批低碳、零碳、负碳关键核心技术和"卡脖子"技术,国务院国资委"1025专项""基于耦合负压电路的535千伏混合式直流断路器研制"项目圆满通过国务院国资委科创局考核,完成"新能源电源优化技术研究"等8项主要任务研究,全力打造原创技术策源地和现代产业链链长。全年获得行业级以上科学技术奖190项、专利授权2298件,编制并发布国际标准4项,国家和行业标准79项。

【党建工作】 2021年,中国能建围绕建党百年,筑牢思想之魂,始终把思想理论武装摆在"第一位置",把学深悟透习近平新时代中国特色社会主义思想作为"第一任务",把学习贯彻落实好习近平总书记重要讲话和重要指示批示精神作为"第一议题",在庆祝建党百年和建企十年中坚定初心使命,在深化党史学习教育中筑牢思想根基,在深刻领悟"两个确立"中践行"两个初衷"。筑牢党建之魂,系统抓实项目、境外、混企和困难企业四大专项党建工程,建立三级党建责任体系,打通基层党建"最后一公里";完善干部管理、考核评价体系,建立一体化岗位序列,推进干部优化调整交流，激发干事创业动力；扎实开展"我为群众办实事"活动，累计投入资金超过7700万元，为职工办实事3000余件，解决实际问题1500余个；加强大风控、大监督管理，抓好境外腐败、"靠企吃企"、违规挂靠等专项巡视问题整改，全力构建廉洁健康的生态圈。筑牢文化之魂，追忆百年信物，探寻企业之根，重塑文化谱系，讲好能建故事，全年新媒体指数居中央企业第17位，主流媒体传播度、社会公众关注度、企业品牌知名度大幅提升，广大干部职工凝聚力、向心力、战斗力显著增强。

【**信息化与数字化建设**】 2021年，中国能建围绕全面数字化转型，进一步发挥信息化规划引领作用，发布"十四五"信息化规划，加快数字化转型适应性组织建设，成立数字科技集团，成为数字化转型和科技强企的主要载体。进一步加强信息化数字化与生产经营管理深度融合，全面启动业财一体化、项目管理一体化、供应链管理一体化、数据共享"四大平台"建设，开展公司智慧工地样板建设，推进新基建、智慧电厂、智能电网、数字孪生等产业数字化发展，提升电力规划大数据、新能源资源大数据、海上风电大数据服务能力。进一步夯实信息基础设施和网络信息安全，助力公司科学管理和高质量发展。

【**履行社会责任**】 2021年，中国能建认真贯彻落实党中央、国务院决策部署，在国家乡村振兴局、国务院国资委领导下，充分发挥自身优势，积极创新帮扶举措，精准对接地方需求，全面完成年度定点帮扶各项工作任务，在巩固拓展脱贫攻坚成果、全面推进乡村振兴的伟大事业中展现央企担当。中国能建坚持"五个助力"，全方位促进乡村振兴。助力产业振兴，加大无偿资金投入、重大项目投资和引进帮扶资金，大力帮扶特色产业发展，促进脱贫群众就业。助力人才振兴，联合当地劳动部门举办系列培训，成立"镇巴县教育救助专项资金"资助家庭经济困难大学生。助力文化振兴，捐资建设文化活动广场、生态农业旅游拓展训练基地等项目，推进文明乡风建设。助力生态振兴，捐建农业生产用水管网，实施住房立面改造、牲畜家禽集中养殖棚舍、排水排污以及污水处理设施等项目建设，改善乡村人居环境。

（撰稿人：侯雁初）

中国安能建设集团有限公司

【**基本概况**】 中国安能建设集团有限公司（以下简称中国安能）是根据党中央跨军地改革重大战略部署，由武警水电部队转隶组建的一家国有企业，2019年5月28日正式挂牌成立。注册资本金50亿元，拥有水利水电工程、公路工程施工总承包4项特级资质，水利水电行业、建筑行业、公路行业甲级资质4项，以及各类施工资质70余项。具备长大隧洞施工、高面板堆石坝施工、RCC筑坝、超大型船闸施工、高边坡治理及高原高寒地区施工等多项技术优势，屡获国家和行业科技进步奖和工程质量奖。

中国安能的主业范围为建筑工程、相关工程技术研究、勘察、设计及服务，水环境治理，应急救援服务。工程建设方面，先后参建三峡水利枢纽、西电东送、西气东输、青藏铁路、南水北调五大跨世纪工程。参与承建糯扎渡、向家坝、溪洛渡、乌东德、锦屏水电站、黄岛地下油库等200余个国家重点建设项目。先后获得中国建设工程鲁班奖、中国土木工程詹天佑奖、火车头奖及国家、行业科技进步奖等各种国家最高奖项。应急救援方面，先后参与1976年河北唐山抗震救灾、1998年长江抗洪抢险、2008年南方抗击雨雪冰冻灾害、"5·12"汶川抗震救灾等应急救援任务390余次。其中，2009年纳入国家应急救援体系后，圆满完成青海玉树、云南鲁甸、四川芦山抗震救灾，江西抚州唱凯堤决口封堵，甘肃舟曲特大泥石流抢险，青岛"11·22"输油管道爆炸、"东方之星"沉船事故、深圳"12·20"特大山体滑坡救援等230余次。2018年转隶以来，列入国家防汛抗旱总指挥部成员单位，挂牌成立应急管理部自然灾害工程应急救援中心。中国安能坚持改革不忘初心、转隶不转责任，转企后圆满完成金沙江白格堰塞湖排险、江西鹰潭白塔河溃口封堵、贵州水城特大山体滑坡救援、江西鄱阳决口封堵、湖北黄梅考田河漫溢险情处置、河南"7·20"抗洪抢险等应急救援任务110余起，社会影响力不断扩大，品牌价值不断提升，积极履行中央企业社会责任，发挥应急救援"主力军"和"国家队"作用。

【主要指标】 2021年,中国安能新签合同额296.2亿元,完成年计划的134.64%,比上年增长47.72%;营业收入77.31亿元,净利润1.51亿元,经营性净现金10.4亿元,完成国务院国资委下达的财务考核指标。截至2021年底,资产总额176.02亿元,其中货币资金65.04亿元;负债总额130.06亿元,无外部借款,资产负债率73.89%。

表1 2021年中国安能建设集团有限公司主要经济指标

项 目	2020年	2021年	比上年增长(%)
资产总额(亿元)	130.09	176.02	35.31
所有者权益(亿元)	39.51	45.96	16.32
营业收入(亿元)	34.33	77.31	125.20
利润总额(亿元)	0.54	1.88	248.15
净利润(亿元)	0.41	1.51	268.29
归属于母公司所有者的净利润(亿元)	0.41	1.51	268.29
技术开发投入(亿元)	0.89	2.17	143.82
利税总额(亿元)	1.45	2.79	92.41
应交税金总额(亿元)	0.91	0.91	与上年持平
全员劳动生产率[万元/(人·年)]	34.06	33.39	−1.97
净资产收益率(%)	1.19	3.52	增加2.33个百分点
总资产报酬率(%)	0.45	1.23	增加0.78个百分点
国有资本保值增值率(%)	101.50	102.90	增加1.4个百分点

【改革发展】 2021年,中国安能深入贯彻党中央、国务院决策部署和国务院国资委工作要求,坚持与公司实际紧密结合,将国企改革三年行动与跨军地转隶改革捆在一起抓,各项工作有力有序,取得积极成效。一是现代企业制度不断完善。把落实"两个一以贯之"摆在首位,将党建工作总体要求纳入公司章程,明确党组织在法人治理结构中的法定地位,实现党的领导与公司治理有机统一,在国务院国资委党建考核中连续两年获评A级;集团公司和重要子企业均制定"前置事项清单";开展子企业董事会建设试点,首批2户子企业外部董事配备到位;修订公司《章程》,并建立以章程为中心的规章制度体系,制定印发基本制度130余项。二是企业发展战略科学确立。深入学习领会党的十九大和十九届历次全会、中央经济工作会议、国务院国资委中央企业负责人会议精神,着眼战略规划有目标、战略实施有效果、战略传导有保障,坚持宏观牵引、整体谋划,深刻理解把握《国民经济和社会发展第十四个五年规划和二〇三五年远景目标纲要》《"十四五"全国国资系统国有资本布局优化和结构调整规划》《"十四五"中央企业发展规划纲要》的总体要求、指导方针、主要目标、重点任务,以推动高质量发展为主题、以深化供给侧结构性改革为主线,自主研编"十四五"发展规划,确立"一基两翼"战略方向、"四个建成"战略定位。三是市场化经营机制持续构建。深入推进经理层成员任期制和契约化管理,16户子分公司61名经理层成员全部完成签约,签约率100%;积极推动内部选聘竞聘工作,安能科工、华东投资公司、贵州公司等单位积极实行竞聘上岗制度,2021年度管理人员退出比例0.5%;完成企业薪酬体系搭建,实现全员绩效考核;坚持差异化分配兑现工资总额和个人薪酬,子企业负责人绩效倍差1.42倍,班子副职绩效倍差1.75倍;全面启动第二轮薪酬体系改革,探索推动工资总额管理、人员薪酬、薪酬决定机制、薪酬兑现的"四个转变"。四是企业布局优化调整。新设物业、西藏、电力、深圳、贵州、云南、新疆等公司;划转剥离特级资质和军队平移资质,持续拓展提升子企业资质能力;设立集团采购中心,试行独立核算。

【重大项目】 2021年,中国安能充分利用转企政策支持,与多家中央企业建立战略合作关系,达到水利AAA信用等级,获准进入军事设施建设及能源类企业承包商名录,以独立投标、联合经营、指定赋予等方式,积极开展生产经营工作。全年中标项目123个,中标金额328.11亿元,超额完成年度经营目标。

全年完成投资253亿元，带动获取任务57.29亿元。施工生产规模不断扩大，全年完成施工产值85亿元，比上年的40亿元翻了一番，初步形成以工程施工为主的生产经营局面。围绕工程管理，不断完善制度建设，相继出台覆盖进度、质量、技术、成本、分包、物资、设备、科技等方面制度办法20项。坚持日常和重点监管相统一的动态管理，强化进度管理、质量管控和技术帮扶，积极组织疫情下的复工复产，做到合同履约守信，51个项目按期完工，巴塘、金川等重点水电项目顺利截流，金沙江梨园水电站工程获评2021年度中国电力优质工程，新孟河项目部获得智建杯2020中国智慧建造应用大赛创新应用亮点铜奖，叶巴滩水电站项目1号尾水洞（2+915-3+005）段上层开挖获评2021年二季度质量样板工程，华能大渡河硬梁包水电站引水隧洞工程施工CII标工程1号隧洞洞挖工程获得2021年9月份质量样板奖。积极参加国务院国资委等单位举办的各项质量活动，在中国质量协会举办的第四届中央企业QC小组成果发表赛中获得三等奖2个。

【重大创新】 2021年，中国安能坚持"创新是引领发展的第一动力"理念，大力实施创新驱动发展战略，持续加大研发投入，加强关键核心技术攻关。一是科技创新支撑工程建设。紧贴工程破解技术难题、围绕工程强化科技赋能、依托工程开展技术创新，组织专家会审实施施工组织设计、审核优化专项施工方案和危大工程施工方案，支撑保障抽水蓄能电站、水环境治理、水封洞库、清洁能源等100余项重大工程建设顺利进行。二是科技创新赋能应急救援。加强应急抢险技术战法研究，科学配置202台套抢险装备，强化训练及时形成战斗力，570名人员取得应急救援员资格证书。参加"基于水上动力作业平台的溃口封堵成套技术装备"揭榜攻关，与中船应急联合研发"打桩船"。在河南"7·20"特大暴雨抢险中，创新采用动力舟桥高效转移受困群众，综合应用植桩抛护技术稳固堤头实现高流速决口成功封堵，采用大功率排水车集中快速强排隧道积水，安全、科学、高效完成重大抢险任务。三是科技研发持续推进。全年立项"水封洞库施工关键技术研究""抽水蓄能电站水库工程施工关键技术""特大断面隧洞针梁台车衬砌施工关键技术"等37个科技研发项目。参加工业和信息化部、科技部、应急管理部三部委联合组织的防汛抢险急需装备揭榜攻关科研课题项目，与南京水科院联合申报"十四五"国家重点研发计划"重大自然灾害防控与公共安全"重点专项，"堤防渗漏险情快速处置高性能材料与装置研发"课题顺利通过专家评审。四是科技成果不断涌现。获得省部级优质工程奖、科学技术奖等奖励5项，评选集团公司工法40项，获批水利行业工法20项，获批实用新型专利42件，获软件著作权20项，主编、参编技术标准6项，在《水利水电技术》等知名期刊发表科技相关论文189篇，申报工程应急救援员成功纳入《国家职业分类大典》，并顺利通过人力资源和社会保障部审批。

【党建工作】 2021年，中国安能深入开展全国国企党建会召开五周年"回头看"活动，扎实推进"中央企业党建创新拓展年"专项行动，深化对接央企党建标准规范，持续推动全面从严治党走深走实，推动集团"一基两翼"战略目标实施，提供坚强有力的引领保障作用。一是加强党的政治建设。严格落实"第一议题"制度，深入学习中央最新精神，制定《贯彻落实习近平总书记重要批示工作办法》，形成"一月一督办、一季一通报"的工作机制，推动习近平总书记重要指示批示和党中央决策部署落地落实。严格执行《重大事项请示报告条例》，自觉向国务院国资委党委请示报告集团改革发展、生产经营、应急救援等重要事项和重要工作，始终把坚持党的领导作为根本原则和政治保证，确保正确政治方向。紧紧围绕学党史、悟思想、办实事、开新局，抓实党史学习教育，坚持学做结合，广泛开展"我为群众办实事"实践活动，职工幸福感获得感安全感得到提升。二是强化党建"三基"建设。深入开展"中央企业党建创新拓展年"专项行动，制定年度党建工作要点，持续强化党建助经营、党建促生产、党建聚合力，党的建设与主责主业进一步融合。严格落实"四同步""四对接"要求，健全各级党组织，制定《党支部标准化规范化建设工作手册》，依托在建项目召开基层党建标准化建设现场会，发挥以点带面创新引领作用。按照统分结合原则，先后5次集中培训基层党组织书记360余人次，不断提高开展党务工作能力，为企业改革发展提供坚强组织保证。

常态化抓好"三会一课"、组织生活会、民主评议党员、谈心谈话等制度落实,扎实开展主题党日活动,2个党组织和3名党员获得国务院国资委"两优一先"表彰。坚持党建带团建,党委专题议群团、统战工作,制定《关于加强统一战线工作的实施意见》,积极开展"庆百年、爱企业、献良策、做贡献"主题活动,启动青年马克思主义者培养工程,选拔18名青年参加集中培训。1名女职工被授予"全国巾帼建功标兵"称号。三是深化党风廉政建设。聚焦贯彻落实习近平总书记指示批示及党中央重大决策部署、国务院国资委党委决策部署,建立监督清单制度,跟进监督、精准监督,政治监督质效显著增强。紧盯贯彻落实"两个责任",建立健全党风廉政建设协调小组工作机制,强化信息共享和协作衔接,综合监督作用有效发挥。建成纪检监督网络综合平台,针对大项物资采购招标、重大工程项目分包、价款结算等敏感领域出台系列监督制度,日常监督效能有效提升。狠抓中央八项规定精神贯彻落实,深入推进"靠企吃企"问题整治,紧盯重要节假日和重点环节组织常态化明查暗访,企业风气更加纯正。

【信息化与数字化建设】 2021年,中国安能信息化与数字化建设稳步推进。基础网络建设方面,按照国务院国资委部署要求,完成互联网收口工作。支撑环境建设方面,对原网管中心机房和运维区域进行全面升级,改善设备运行环境和人员运维环境。利旧现有硬件资源建成中国安能私有云平台,有效支撑各信息系统部署需求。信息系统建设方面,按照"一级部署、多级使用"的建设思路,全面推进OA、人力、财务、工程项目管理和集采平台建设,打通系统间数据壁垒,系统总体框架初步搭建。国资监管信息化建设方面,全面推进中央企业聘用第三方服务机构管理系统、网络安全在线监管平台、"三重一大"决策运行管理系统、WPS办公软件采购、涉密视频会议室建设、国资监管网及商密视频会议室系统升级等多个项目建设。

【履行社会责任】 2021年,中国安能坚决贯彻落实习近平总书记重要讲话精神和党中央决策部署,主动担当、积极作为,参与抢险救援,助力乡村振兴,在大战大考中充分发挥中央企业"顶梁柱"作用。一是积极投身抢险救援。2021年,中国安能累计投入1.2万人次、装备8000余台次,圆满完成陕西省勉县抗洪抢险、四川省泸县抗震救灾等23起应急救援任务。在参与河南"7·20"抗洪抢险中,从12省(区)20个方向抽组专业骨干434人,救援装备149台,连续鏖战14天,圆满完成郭家咀水库排险、新乡被困群众转移、鹤壁卫河决口封堵、京广隧道内涝排水等六大任务,紧急向河南省郑州市捐款500万元,关键时刻彰显央企责任担当,公司被评为"全国应急管理系统先进集体",1人被评为"全国应急管理系统先进工作者"。二是全力助推乡村振兴。参建广西壮族自治区平南县"两高"沿线乡村风貌改造项目,累计改造房屋20740套。西藏江达项目部为4户困难群众改造上下水设施,解决全乡116户家庭用水难题。巴塘项目部与西松贡村共建联建,为新建村委会办公中心捐赠5万元办公用品及40万元扶贫资金。积极参与"工装援疆"行动,采购工装29472件(套),费用341.74万余元。积极落实就业支持政策,接收西藏籍毕业生1人,新疆籍毕业生2人,招聘新疆、西藏地区高校毕业生20人。三是积极履行环保责任。牢固树立绿色发展理念,全面落实企业环保治理主体责任,有效完善节能环保管理体系,形成节能环保工作长效机制。全年能源消耗总量3.63万吨标准煤,比上年增长77.14%。其中,电力4675.8万千瓦·时、柴油1.81万吨、汽油0.25万吨、天然气40.7万标准立方米。万元营业收入综合能耗(可比价)0.0483吨标准煤/万元,比上年下降22.84%。

(撰稿人:刘轶伟 谭 锐)

中国黄金集团有限公司

【基本概况】 中国黄金集团有限公司是我国黄金行业唯一一家中央企业,是中国黄金协会会长单位、世界黄金协会在中国的首家董事会成员单位,组建于2003年,前身为国家黄金管理局、中国黄金总公司。2017年11月,经国务院国资委批准,中国黄金集团公司由全民所有制企业改制为国有独资公司,名称变更为中国黄金集团有限公司(以下简称中国黄金)。

2021年是党和国家历史上具有里程碑意义的一年。中国黄金党委始终坚持以习近平新时代中国特色社会主义思想为指导,全面贯彻党的十九大和十九届历次全会精神,深入贯彻落实习近平总书记关于国资国企改革发展和党的建设的重要论述精神,按照党中央、国务院决策部署和国务院国资委党委工作要求,坚持稳中求进工作总基调,立足新发展阶段,完整、准确、全面贯彻新发展理念,服务和融入新发展格局,以推动高质量发展为主题,抢抓机遇、乘势而上,凝心聚力、奋勇拼搏,取得令人瞩目的成就,收获全面深化改革的丰硕成果,交出一份金色成绩单,向党的百年华诞献上一份浓墨重彩的黄金之礼。

【主要指标】 截至2021年底,中国黄金累计生产矿产金35.65吨,矿山铜18.03万吨。实现利润总额43.15亿元,比上年增加13.01亿元,增长43.17%;净利润30.8亿元,比上年增加10.93亿元,增长55.01%,全面完成国务院国资委考核指标,主要生产经营指标完成率为近年最好水平。

表1 2021年中国黄金集团有限公司主要经济指标

项 目	2020年	2021年	比上年增长(%)
资产总额(亿元)	1126.64	1129.40	0.24
所有者权益(亿元)	443.78	469.51	5.80
营业收入(亿元)	1086.09	1299.61	19.66
利润总额(亿元)	30.14	43.15	43.17
净利润(亿元)	19.87	30.80	55.01
归属于母公司所有者的净利润(亿元)	5.07	5.52	8.88
技术开发投入(亿元)	19.73	22.84	15.76
利税总额(亿元)	49.31	72.51	47.05
应交税金(亿元)	29.44	41.71	41.68
全员劳动生产率[万元/(人·年)]	31.50	38.97	23.71

续表

项 目	2020年	2021年	比上年增长(%)
净资产收益率(%)	4.77	6.74	增加1.97个百分点
总资产报酬率(%)	4.42	5.42	增加1.00个百分点
国有资本保值增值率(%)	111.70	102.30	减少9.40个百分点

【改革发展】 一是完整、准确、全面贯彻新发展理念,在全面推动服务国家战略与集团发展相融合中塑造新优势。央地合作成果丰硕。主动融入区域协调发展,在辽宁、山东、安徽、贵州、甘肃等地区强化资源生命线战略,立足广西、辐射东盟,夯实资源保障根基;在福建、广东、湖南等地区积极拓展黄金珠宝产业链延伸;在辽宁、安徽、广西等地区推广辐照大健康产业发展;在天津、湖北、河北等地区积极推动新城市建设;在内蒙古、吉林、河南等地区落实社会责任,大力推进矿山生态修复治理;推动具备条件的项目落实落地,带动区域经济社会一体化发展,实现央地双赢。深入推动战略合作,服务国家区域重大战略和区域协调发展战略,积极推进与湖南、河南、福建等地区,矿冶集团、东北大学、北京科技大学等科研院所和高校的深度合作。与湖南长沙合作打造"中国黄金街";与东北大学在科技研发、资源获取、人才培养等方面开展产学研战略合作。将地方资源禀赋与中央企业产业优势紧密结合,促进互利共赢、协同发展,进一步搭建央地合作、央研攻关、央校共建的广阔平台。扎实推动碳达峰碳中和工作。贯彻落实党中央、国务院关于《完整准确全面贯彻新发展理念 做好碳达峰碳中和工作的意见》和国务院国资委《中央企业"双碳"工作指导意见》要求,第一时间制定碳达峰碳中和实施方案,推动降碳增效,实现低碳转型发展。

二是打造高素质专业化干部人才队伍,在全面调整优化发展结构中激发新活力。积极调整优化结构。全面调整总部部门职责和机构设置,集团总部在战略与投资、生产与运营、监督与风险等领域的责任进一步明晰、管控进一步增强。理顺、精简、优化总部职能,明确、完善、下放子公司经营决策权,做到该下放的下放到位,该监管的监管到底,进一步激发基层企业活力。着力推动三项制度改革。干部能上能下激发干事创业活力。总部11个职能部门22名副总经理以上岗位全部实行公开竞聘和社会招聘,有效激发企业的发展活力与动力。110户企业经理层任期制与契约化基本实现全覆盖。中金珠宝等4户企业中长期激励得到全面推行。薪酬能高能低增强企业发展动力。坚持质量第一、效益优先的考核导向,薪酬随效益高低动态调整。对实现核心技术突破、创新效果明显的企业给予高绩效和专项奖励;对长期亏损的企业,整体调减领导班子薪酬。人员能进能出提高企业运转效率。先改"主席台"、再改"前三排",不"变"思想就换人,累计调整、免职领导干部8人,清退总部借调、返聘人员55人。

三是抓紧抓实三年改革行动,在全面破解体制机制难题中实现新突破。中金贸易全体干部职工舍小家顾大家,将金、铜销售业务进行全面整合,让专业的人做专业的事,实现主要产品的集中统一销售,让企业在"一盘棋"前提下实现效益最大化,总结出独具特色的"南迁精神""扎根精神""创业精神"等改革宝贵经验,为推动全面深化改革提供先行示范。中金建设积极回归主责主业,在矿山建设、生态修复治理等方面发挥积极作用。贵州公司认真梳理职能定位,积极推动战略布局优化,从改善办公环境和职工住宿条件入手,着力破解人才短缺、人才难留问题,为省公司改革发展筑牢根基。中金珠宝、中金辐照成功上市,集团公司在混合所有制改革领域的典型做法入选国务院国资委工作交流典型案例。中国特色现代企业制度更加成熟定型。深入贯彻落实《关于中央企业在完善公司治理中加强党的领导的意见》,权责法定、权责透明、协调运转、有效制衡的公司治理机制形成。承担并完成中组部布置的"中央企业所属基层企业在完善公司治理中加强党的领导"课题研究任务,探索形成一套在完善公司治理中加强党的领导的中国黄金实践经验,得到中组部和国务院国资委的好评。

四是持续完善风险防控体系,在全面补短板、强弱项、促提升中迈出新步伐。高标准开展安全专项整治三年行动。开展矿山和尾矿库安全生产大排查、危化危爆品专项检查;27家矿山、冶炼企业完成安全风险分级管控和隐患排查治理双重预防机制建设,44家企业完成尾矿库在线监测系统建设,进一步夯实企业安全管理基础。高站位配合中央环保督察。集团公司党委深入贯彻落实习近平生态文明思想,高度重视、精心准备、积极应对中央环保督察各项工作。督察组正式进驻前,主动查找和揭示存在的问题,以中国地图为底图,专门制作一张"中国黄金地图",为高质量完成环保督察整改奠定基础。督察组进驻期间,领导班子成员陪同督察组深入一线企业认真开展调研,边督边改,立行立改,得到督察组的高度认可。督察意见反馈后,狠抓问题整改和常态化保护治理,投入资金近2亿元,第一时间迅速开展问题整改;对历史欠账问题坚决予以整改,集中力量打好"歼灭战"。高效推动系列专项整治整改。持续深入开展"靠企吃企"问题专项整治。开展民企挂靠国资问题综合整治,有效防范化解国有资产流失风险。法律合规风险防范成效显著。历时8年的吉林新潮案件,在近五年撤裁率2‰的情况下,克服重重困难,变不可能为可能,有效挽回1.15亿元的国有资产损失。

【重大项目】 截至2021年底,中国黄金完成投资20.98亿元,其中固定资产投资19.46亿元、股权(产权)投资1.52亿元。重点项目进展顺利,全年累计完成投资7.33亿元。山东纱岭项目被列为山东省重点基础设施项目,前置手续取得重大进展,安全设施设计通过应急管理部审查;项目四条竖井掘进均超过1200米,地表化验室和水处理车间完成。俄罗斯阳光项目在俄罗斯开展堆浸半工业试验,完成中俄可研报告,项目前期工作进一步做细做实。辽宁新都整体搬迁改造项目按期完成项目建设、实现达产达标。贵州锦丰延伸扩能项目建成投产。

【走向海外】 中国黄金坚决贯彻中央"走出去"的方针政策,积极实施"一带一路"、"周边国家互联互通"、非洲"三网一化"等倡议和海外战略。截至2021年底,中国黄金在境外有25家境外子企业,其中"一带一路"沿线国家和地区子企业7户,广泛分布在北美洲、亚洲、非洲、大洋洲等地。其中,在加拿大多伦多及中国香港主板两地上市的中金国际,年末市值

78.39亿港元。非洲刚果（布）索瑞米铜铅锌矿，是该国第一个采、选、冶一体的现代化矿山，年产阴极铜1万吨、电解锌1.2万吨。吉尔吉斯库鲁捷盖列特铜金矿投产，布丘克金矿基建中，俄罗斯后贝加尔克鲁奇金矿开展建设项目可行性研究中。

【重大创新】 2021年，中国黄金进一步集聚创新发展动能，加强顶层设计，出台《"十四五"提升科技创新能力的指导意见》，配套制定7项制度，着力构建科技创新"1+N"制度体系。加大青年科技人才培育力度，在全集团范围内首次创新设立4个"揭榜挂帅"青年科技攻关项目，进一步激发调动青年科技工作者的积极性和创造性。强化创新主体意识，持续加大研发投入力度，系统总结科技创新经验成果，涌现包头鑫达佐太东、湖北三鑫胡务堂、苏尼特金曦乔永平等一批省级创新工作室，为破解"卡脖子"技术难题提供重要支撑，在打造原创技术"策源地"、现代产业链"链长"中发挥积极作用。

【党建工作】 以党史学习教育为主线，扎实开展"我为群众办实事"实践活动。紧扣"学党史、悟思想、办实事、开新局"目标要求，始终把职工群众放在最高位置，在"我为群众办实事"实践活动中坚持急事快办、难事巧办、愁事妥办，通过开展业务培训、推进棚户区改造、解决员工子女上学等关系职工群众切身利益的实事，得到国务院国资委的充分肯定，并作为优秀典型，在国务院国资委召开的中央企业"我为群众办实事"实践活动调研交流会、中央企业党史学习教育交流推进会上作经验交流发言。以创新巩固拓展为重点，推动党建工作再上新台阶。以全国国企党建会召开五周年为契机，深入开展全国国企党建会精神贯彻落实情况"回头看"工作，高起点谋划、高要求推进、高标准落实，党建工作与生产经营的融合力进一步提升，中国特色现代企业制度进一步健全，干事创业热情进一步激发，基层党组织建设质量和水平进一步提高，筑牢改革发展的"根"和"魂"。加强党建责任制考核，通过优化考核方式、量化考核标准、强化结果运用，全面推动基层党组织党建工作责任落实落地。以提升政治能力为引领，加强干部队伍建设。持续完善"第一议题"制度和党委理论中心组学习制度，全年累计进行"第一议题"学习34次、党委理论中心组学习8次，确保习近平总书记系列重要指示精神在集团公司得到彻底贯彻落实。强力推动党的十九届五中、六中全会精神宣传贯彻落实，首次在中央党校北校区组织三期贯彻党的十九届五中全会精神暨党史学习教育培训班；邀请中央宣讲团成员、中央党史和文献研究院院长曲青山，面向全集团党员领导干部宣讲党的十九届六中全会精神，有效提升干部队伍的政治素质和政治能力。认真学习贯彻习近平总书记"七一"重要讲话精神，第一时间组织学习习近平总书记"七一"重要讲话，组织党员干部参观中国共产党历史展览馆，切实把全体党员干部的思想和行动统一到讲话精神上来。以专项整治整改为抓手，持续巩固发展良好政治生态。锲而不舍落实中央八项规定精神，毫不松懈纠治"四风"特别是形式主义、官僚主义。深入推进"靠企吃企"专项整治，纠治"影子公司""影子股东"等隐性腐败。贯彻落实党中央关于加强"一把手"和领导班子监督的意见，着力破解"一把手"监督难题。强力推动国务院国资委党委巡视反馈问题整改，推动解决许多久拖不决的历史遗留问题，截至2021年底，按期完成99条措施的整改工作和27项制度的制（修）订工作，整改的长效机制进一步健全。

【信息化与数字化建设】 一是持续推进国资国企在线监管平台建设。按照国务院国资委国资国企在线监管平台建设要求，结合中国黄金数字化战略发展规划，建设集团在线监管平台，先后完成"三重一大"、在线督办、总部机构设置填报、第三方服务机构监管、监督追责等业务模块建设。通过在线监管平台建设，深入规避采购交易行为不规范，实现集团全级次交易200万元以上采购数据的系统监管覆盖；着力规范"三重一大"决策事项信息化建设，实现集团公司总部以及子公司的"三重一大"决策和运行监管系统全覆盖；加强规范机构信息管理，建立组织机构基本信息管理系统。将大额资金报送通道切换升级至统一数据采集交换平台，实现统一监管与维护。

二是稳步推进数字化转型、智能矿山建设，实现业务与信息化深度融合。按照集团公司整体数字化推进方案进一步完善信息化基础架构,深化"云"平台、大数据、工业互联网、5G对数字化转型智能矿山建设的支撑作用。在集团层面,夯实数字化底座,打造统一平台(集中管控平台)、建设数据标准体系、推进企业用户统一管理;在企业层面,16家企业被评定为国家级两化融合贯标企业;涌现内蒙古矿业、湖北三鑫、贵州锦丰、中金珠宝等数字化建设典范企业,在露天智能开采、井下三维管控、选矿智能控制、珠宝销售网络建设等方面作出大胆创新,代表同行业的先进技术水平。

【履行社会责任】 一是统筹推动乡村振兴。落实"四个不摘"要求,全年对河南省新蔡县、贵州省贞丰县两个定点帮扶县投入帮扶资金2000万元,围绕产业扶持、易地搬迁、民生改善、基层党建等开展乡村振兴。西藏华泰龙采用吸纳本地人口就业、村企结对帮扶等多种方式,助力边疆民族地区经济社会发展,取得"企业建设促发展、地方经济上台阶、当地百姓得实惠"的良好成效,得到国务院国资委党委书记、主任郝鹏的充分肯定。

二是积极履行社会责任。在河南遭遇罕见洪灾的危急时刻,集团公司第一时间向河南捐赠1000万元,国家矿山应急救援(中国黄金)秦岭队第一时间奔赴灾区,持续战斗在抢险第一线,以实际行动助力灾区人民做好复工复产。面对满洲里疫情,内蒙古矿业讲政治、保民生,第一时间向驻地政府捐赠300万元,公司干部职工积极投身抗疫一线,与满洲里人民风雨同舟,有力彰显中央企业的职责、使命与担当。

(撰稿人:刘 骏)

中国广核集团有限公司

【基本概况】 中国广核集团有限公司(以下简称中广核)成立于1994年,起步于大亚湾核电站建设,是一家"因改革开放而生、因改革开放而兴"的中央企业。经过40年发展,特别是国企改革三年行动以来,在以习近平同志为核心的党中央坚定领导下,在国务院国资委的指导支持下,中广核以"发展清洁能源,造福人类社会"为使命,坚持通过深化改革推动高质量发展,取得一系列阶段性重要成果,逐步形成"6+1"产业布局结构,业务覆盖核电、核燃料、新能源、非动力核技术应用、数字化、科技型环保和产业金融等领域。截至2021年底,中广核资产总额8479.82亿元,员工4.3万人,在运清洁能源控股装机容量6859万千瓦,是中国最大、全球第三大核电企业。主要经营指标连续八年实现两位数增长,连续八年在国务院国资委经营业绩考核获评A级。

【主要指标】 2021年,中广核实现营业收入1213.99亿元、利润总额238.84亿元,分别比上年增长9.49%、8.49%;国有资本保值增值率115.13%,较好地实现国有资本保值增值。资产负债率66.98%,比上年减少2.19个百分点,较好地落实国务院国资委关于降杠杆、减负债、防范经营风险的有关要求。

表1　2021年中国广核集团有限公司主要经济指标

项　目	2020年	2021年	比上年增长(%)
资产总额(亿元)	7871.56	8479.82	7.73
所有者权益(亿元)	2426.88	2799.77	15.37
营业收入(亿元)	1108.74	1213.99	9.49
利润总额(亿元)	220.15	238.84	8.49
净利润(亿元)	181.47	192.40	6.02
归属于母公司所有者的净利润(亿元)	83.95	85.09	1.35
技术开发投入(亿元)	37.92	41.54	9.55
利税总额(亿元)	290.38	318.85	9.80
应交税金总额(亿元)	113.93	132.57	16.36
全员劳动生产率[万元/(人·年)]	151.23	165.02	9.12
净资产收益率(%)	7.82	7.39	减少0.43个百分点

续表

项　目	2020年	2021年	比上年增长(%)
总资产报酬率(%)	4.99	4.76	减少0.23个百分点
国有资本保值增值率(%)	105.85	115.13	增加9.28个百分点

【核安全管理提升】 2021年，中广核深入贯彻落实习近平总书记关于核安全和安全生产的重要论述和指示批示精神，始终坚守"核安全高于一切"的理念和"安全第一、质量第一、追求卓越"的基本原则，扎实推进安全生产专项整治三年行动，严格落实国务院国资委巡视专项整改，以更有力的举措，确保安全生产平稳有序。在总结上年核安全专项检查工作的基础上，继续开展由集团党委班子成员带队的核安全专项检查，聚焦设备可靠性、核电工程建设和环保等领域短板问题，推动深入整改，有效排查和控制重大风险。

2021年，中广核核电安全生产业绩持续提升，群厂83%的世界核电运营者协会（WANO）指标达到世界先进水平，比上年增加约10个百分点。机组平均能力因子91.6%，连续四年达到WANO先进水平。全部23台CPR机组实现"零"非计划停堆，平均能力因子93.7%。岭澳1号机组连续安全运行5622天，不断刷新世界纪录。在"十四五"集团高质量发展的新阶段，中广核提出"卓越运营2025"计划，通过大修创优、重大设备健康管理、关键敏感部件信息化技术平台建设、人因绩效持续提升、安全文化和领导力建设等五大抓手，引领核电运营突破性提升，力争"十四五"全面达到世界先进水平。

【改革发展】 产权管理方面。2021年，中广核全面推进产权及管理关系理顺，实现境内新能源引战，理顺资产评估备案及产权登记审核业务流程，着力推进集团境内外未开展业务全面清理及压减，进一步夯实基础管理工作，产权管理工作迈上新台阶。

国企改革"双百行动"、国企改革三年行动方面。中广核积极深化改革，承接多项改革试点示范任务。集团公司入选国有资本投资公司试点、落实董事会职权试点、创建世界一流示范企业，多家成员公司入选混合所有制改革试点、"双百行动"、"科改示范行动"等。2021年是国企改革三年行动的攻坚之年、关键之年，中广核以现代企业制度建设为主线，扎实推进"1+4+X"改革落实，改革任务整体完成率超过90%，在完善公司治理体系、产业结构调整、干部人才队伍建设、组织管控体系优化等领域取得重要突破。持续深化"双百行动""科改示范行动"，两家"科改示范企业"改革经验入选国务院国资委《科改示范行动案例集》。扎实开展对标世界一流工作，建立具有集团特色的"1930+"对标体系。运营公司、大亚湾公司获评国务院国资委"标杆企业"，集团制度流程"四化"建设获评国务院国资委"标杆项目"。

选人用人方面。为进一步落实中央人才工作会议精神，集团大力实施人才强企战略，深入推进干部人才队伍三年行动改革任务，重点加强三项制度改革突破，激发干部人才动力活力。持续加大对关键核心人才的培育，着力构建一支涵盖中青年专家、资深专家、首席专家和战略专项总指挥的科技人才体系；优化各类人才引进策略，分别针对境内外高层次人才制定"壮骨计划"和针对高素质优秀毕业生制定"壮苗计划"，出台具有竞争性的专项政策加强对优秀人才引进；积极筹建中国南方原子能科学与技术创新中心、长三角新兴产业创新中心，申报与建设国家重点研发计划、课题项目与博士后工作站，为科研人才提供干事创业平台。

收入与分配方面。落实集团国企改革三年行动部署，强化正向激励，精准分类施策，做实激励保障。对科技型企业，加大工资总额支持，对相关科研人员实施工资总额单列，将科研人员薪酬待遇与承担的科研任务和创造的价值紧密挂钩。科技型企业岗位分红等中长期激励迈出实质步伐，苏州院对约200名核心科研骨干实施科技型企业岗位分红激励，2家"科改示范企业"设计公司和广利核公司落地实施岗位分红，核技术公司成功申报上市公司股权激励获得通过。

并购重组方面。中广核坚决落实国务院国资委对集团决算批复的整改意见，治亏扭亏、降本增效、严控风险。全年实现亏损户数比上年减少16户,特别是经过三年努力,国务院国资委挂牌督办的6家重点亏损企业减亏任务全部完成。一是积极推进重大项目并购,完成对哈萨克斯坦两个铀矿49%股权的收购,资源总量可保证4台核电机组16年稳定运行。二是严格实施对并购过程的监督和管理,开展并购领域的自查自纠,形成整改优化清单。加强对并购项目风险的评估和独立稽核,将合规管理要求嵌入并购流程,强化对中介机构出具报告的质量控制,杜绝尽职调查流于形式。三是聚焦主业持续优化资本配置,加大"两非""两资"资产剥离处置力度,对照国务院国资委标准,"两非"剥离完成率85%,在中央企业中排名靠前,累计回收资金13.84亿元;"两资"处置完成率超过80%,超额完成年度目标。

【重大项目】 重大项目进展方面。核电工程建设总体顺利。红沿河5号机组高质量投产,创造集团CPR机组从装料到商运67.83天的工期纪录。"华龙一号"批量建设进入新阶段;防城港3号机组完成安全壳打压试验,钢衬里质量得到最终验证;太平岭1号机组完成穹顶吊装,全面转入安装阶段;三澳2号机组实现核岛主体工程开工,两台机组建设全面铺开。非核项目建设取得积极进展。境内新能源全年投运406万千瓦,总装机容量超过2800万千瓦。海上风电克服资源紧张、条件复杂等诸多困难,所有保电价项目全部并网。环保公司建成江西抚州金溪污水处理厂,垂直式智慧污水处理技术落地应用,"科技型环保"实现起步。

对外投资与经营方面。中广核面对激烈的市场竞争,全力抢抓大基地和整县光伏开发机会,全年获得项目指标超过1000万千瓦;"和睦"系统成功通过德国CE认证,获得欧盟市场的"准入证"。自主研发的L4000风机控制器在集团外市场成功应用;贴近市场需求,实现从废水处理向特种废物处理市场拓展,电子束处理抗生素菌渣项目在新疆伊宁投入运营。积极推进质子医疗设备国产化,开工建设绵阳核医疗产业基地,向高端放射医疗装备市场迈出重要一步。

【走向海外】 海外核电开发方面。2021年是华龙一号通用设计审查(GDA项目)第四阶段的最后一年,也是最终审评的关键期。截至2021年底,中广核按期提交第四阶段所需的全部文件,ONR、EA提出的所有重要问题全部关闭。2021年12月22日,ONR内部召开"华龙一号"GDA项目团队会议,明确给出授予"华龙一号"设计可接受声明(DAC)的建议,标志着GDA评审工作基本结束,后续ONR、EA内部完成审批后即可具备颁证条件。欣克利角C核电项目(HPC项目)受新冠肺炎疫情影响,全年21个关键里程碑中顺利实现20个。

中广核以英国各核电项目为平台,带动中国产业链积极参与英国核电项目建设,不断促进两国核能企业合作。截至2021年底,中国企业参与英国HPC项目62个采购合同的投标,其中中国企业赢得HPC项目的28个采购合同,总金额约8.6亿元。中英核能产业链相关企业签署16份合作备忘录或者合作协议,主要涉及核级DCS平台、仪控仪表、泵体研发和制造、核岛土建、核岛安装等多个领域。

核燃料保障方面。中哈组件厂正式投产,海外浓缩铀首批产品交付,乏燃料干法贮存设施建成投产、公海铁联运完成首次试运输,这些都是中广核在核燃料产业关键环节"零的突破"。完成对哈铀矿股权转让,新增优质铀资源超过2万吨。

海外非核清洁能源开发方面。能源国际克服海外疫情的严峻挑战,投产"一气电、一风电"两个绿地项目,全年新增装机95万千瓦。

【重大创新】 科技研发方面。2021年,集团按照"三位一体"总体布局,面向核能领域前瞻性技术,继续实施"华龙一号"、铅铋快堆、小型压水堆、燃料、智能核电"五大战略专项",突破一批关键核心技术,掌握未来先进生产力,总体进展符合预期。为解决"卡脖子"问题,全力攻克自主化专项,实现核电领域关键核心设备全面自主可控,掌握自身发展主动权。为提升生产、工程经营业绩,支撑产业发展,大力实施尖峰计划,取得一系列成果。积极融入国家和区域科技创新战略,布局建设两大区域创新中心。围绕核能产业发展,集团公司党委研究决策在粤港澳大湾区建设中国南方原子能科学与技术创新中心。围绕数字化、核技术应用产业,在上海、江苏布局建设长三角新兴产业技术创新中心。两大中心建设相继启动。

技术创新方面。2021年,中广核申请专利1646件,获得授权专利1261件,获得中国专利优秀奖6项,获省部级及全国性社团科技奖励57项。其中,"大型核电站核安全级数字化控制保护系统研制及产业化"获得2021年度北京市科技进步一等奖,"核电站高效安全换料大修机器人关键技术与智能装备研发及应用"获得2021年度广东省科技进步一等奖,"核电站安全壳密封性与强度高精度测试技术研发与应用""三代核电站结构安全评价及防护关键技术研究与应用"获得深圳市科技进步一等奖。

管理创新方面。落实中央企业董事会职权试点。2021年,中广核修订完善《集团公司董事会授权管理规定》,把加强党的领导和完善公司治理统一起来,深化中国特色现代企业制度建设,加快形成权责法定、权责透明、协调运转、有效制衡的公司治理机制,厘清各治理主体的权责边界;修订完善《集团公司贯彻落实"三重一大"决策制度实施办法》,完善党委前置研究重大经营管理事项的要求和程序,梳理完善党委研究决定事项清单,采用《问询函》等形式及时督促各治理主体立行立改。

推进子企业董事会应建尽建。截至2021年底,中广核纳入应建尽建范围的二级、三级子企业56户,均设立董事会且实现外部董事占多数。有序撤销173户应建尽建范围外的各级子企业董事会,改设执行董事,提升成员公司治理效能。

【党建工作】 2021年,中广核以庆祝建党百年为契机,以党史学习教育为主线,认真落实中央企业"党建创新拓展年"各项部署要求,以高质量党建引领高质量发展。党史学习教育取得显著成效,通过开展党委专题读书班、党史学习教育轮训班、重走长征路、讲述老一辈红色故事等方式,突出抓好"四史"学习。再学习再贯彻再落实习近平总书记对核电行业和中广核的重要指示批示精神。各级领导干部讲授专题党课3300多场,开展党史学习实践教学870多场。办实事活动扎实开展,制定民生清单,累计投入资金超过5000万元,办成民生项目570多项。党建工作再上台阶,扎实推动"第一议题"制度落地见效,集团公司党委全年开展"第一议题"学习171项,各成员公司党委集中学习859项;强化管党治党责任落实,完善全面从严治党"两个责任"清单,制定加强对"一把手"和领导班子监督实施办法,压实党委全面监督责任;围绕各条战线"急难险重"任务,中广核成立903支党员攻坚队,立足岗位、攻坚克难,为完成全年目标提供有力保障。全力配合国务院国资委党委巡视,全面推进整改落实,全年完成整改任务90%,高质量完成"1+4"整改报告。坚决打好反腐败斗争攻坚战持久战,发挥不敢腐、不能腐、不想腐一体推进的综合效应。果断查处违纪违法案件,坚决清除公器私用、以权谋私、造成国有资产重大损失的"蛀虫"。对"四风"问题露头就打,全年查处违反中央八项规定精神问题18起,处分26人。全年查办案件75起,留置、移送5人,给予党政纪处分87人,问责89人。加大典型案件通报力度,两次召开集团警示教育大会,覆盖各级领导干部和关键岗位6000余人次,不断筑牢拒腐防变的思想防线。针对案件暴露的问题,开展专项整治,完善制度程序,补齐短板、强化监督、堵塞漏洞。

【信息化与数字化建设】 2021年,中广核深入学习习近平总书记对发展数字经济作出的重要指示批示精神,贯彻落实国务院国资委关于数字化转型政策和网络安全相关法律法规,积极响应并作出部署,聚焦改革布局及目标,持续完善集团数字化转型顶层设计,部署系列举措,发挥数据要素"倍增器"作用,聚焦集团主责主业,以场景为驱动,集中火力、重点突破,以试点示范带动产业全面发展;在产业数字化的过程中发展数字化产业,构建集团核心数字化能力及产品,形成数字化核心竞争力;建立健全跨条线、跨产业的数字化协同机制,保障集团基础应用平台稳定运行,促进数字化产业有效运作,取得良好成绩。

做好中广核数字化顶层设计,完善管理机制。中广核通过整合内部资源组建数字化产业平台公司。数字化产业是中广核"十四五"规划中明确提出的"6+1"产业之一,通过打造数字化产业平台,形成中广核数字化发展的技术载体和责任载体,是中广核此轮产业布局结构调整的重要组成部分。中广核数字化产业平台是中广核自动化、数字化和智能化业务的发展平台,企业数字化、智能化转型工作的依托和支撑平台。为进一步规范和保障数字化项目有效落地,集团层面发布数字化项目投资管理办法,更规范地指引集团信息化项目投资,进一步打通投资计划、资源匹配、项目端到端、投后评价的管理流程,将全集团网信项目纳入统一的投资及项目评审,提升网信项目投资有效性,促进网信投资全成本控制。

部署数据治理专项行动,提升数字化转型效应。召开数据治理务虚会,集团公司各职能部门及各成员公司一把手充分认识数据治理的重要性、必要性和迫切性,落实数据治理的主体责任,切实让"一把手"在数据治理方面发挥领导、执行、推动作用;直面集团数据治理存在的问题,对标一流,强基础、补短板、重应用,制定集团数据治理工作纲要和集团数据治理三年行动计划,对集团数据治理工作作出全局性、整体性的谋划。在数据应用方面,建成集团境外国有资产在线监管系统,实现对境外"三重一大"决策事项、投资并购、立项签约、物资采购、招标投标、财务资金、产权转让等重要领域和关键环节的有效管控与监管数据的汇集,提高集团实时掌握全局、动态分析、风险管控的能力,加快实现境外国有资产全过程在线监管。借助智能化手段提升境外投资、立项、采购、招投标、产权转让等重要领域和关键环节的管控能力,并实现与国务院国资委端系统的互联互通。

着重推动产业数字化转型,提升发展质量效益。一是依托集团大数据平台实现"8+1"重大设备全信息互联互通,融合集成6个在运电厂、运营公司、工程公司、苏州院及核电股份公司九大类业务、56套设备管理领域相关系统数据,从底层打通各信息系统之间存在的数据壁垒,解决海量数据存储、多源异构数据抽取、设备异常信息联动处理等问题,实现重大设备全信息互联互通。二是落实现场数字化管理和标准化建设,为核电工程项目建设提质增效。《中广核工程有限公司智慧工地标准化方案》(V1.0版)正式发布,聚焦QHSE管理和Data资源(人、物)加载数据采集,应用数字化手段实现项目现场管理的"监控—预警—处置—评价",达成"服务安全质量管理提升、服务资源加载数据采集"目标,为项目建设提质增效。三是全面提升生产经营数字化水平,为核电生产业务保驾护航。通过群厂预防性维修大纲管理系统的多基地投运,实现维修大纲评估技术信息的"一键获取",大纲优化时间平均可缩短1个月;群厂安全生产远程监控系统实现对6个核电基地的12套视频监控系统6000多路生产相关视频摄像头的接入,实现电厂关键设备及作业场景的可视化管理,第一时间通过视频方式了解生产现场真实情况,为各核电基地生产现场提供技术支持;群厂工作过程移动应用系统实现维修工作过程全面电子化、移动化,标志着电厂工作过程新模式开启;群厂智能仓储管理系统二期项目实现库存指标实时监控,作业流程优化,在减员增效、盘活库容、避免人因失误等方面每年节约400万元;新能源领域三年数据治理收官,实现集控全覆盖接入。

守住网络安全底线,持续提升集团网络安全能力和水平。2021年,集团完成网络安全提升工作,实施网络安全加固、网络安全隔离等困扰集团网络安全和信息化发展的一系列痛点和难点问题。完成核电站生产管理区与办公内网区物理断开的工作,保证核电工控系统的绝对安全。推动核电站按照等级保护要求开展网络安全加固工作,完成设计院、研究院专网建设,加强核电设计、研发阶段的网络安全保障措施。开展全员网络安全意识教育活动,提高全体员工网络安全意识和防护技能,筑牢全员网络安全防守的第一道屏障。全力做好网络安全监测预警、应急处置和安全防护工作,全年未发生重大安全事件。

【履行社会责任】 全力服务"双碳"目标。作为全球领先的清洁能源供应商与服务商,中广核主动将企业经营发展融入国家大局,积极推动核能、风能、太阳能等清洁能源发展,促进能源结构低碳转型,让绿色成为国家高质量发展的鲜明底色。2021年,中广核全球控股在运能源装机超过6800万千瓦,实现上网电量2980亿千瓦·时,等效减排二氧化碳约2.1万吨。其中,核电实现上网电量2011.5亿千瓦·时,超发51.5亿千瓦·时,全部23台CPR

机组平均利用小时数首次超过8000小时,达到8058小时。新能源实现上网电量492亿千瓦·时,超发10.5亿千瓦·时,在全国首批绿电交易试点中成交近20亿千瓦·时,占总交易量的25%,居全国首位。中广核持续降低运营能耗,积极参与绿电交易,从供给侧、生产测、消费侧持续发力,为碳达峰、碳中和目标实现贡献力量。

坚守安全稳定营运。中广核深入贯彻习近平总书记关于核安全和安全生产的重要论述和指示批示精神,把确保核电运营安全和建设质量作为最重要的政治责任,持续完善安全管理体系,加强安全风险管控,全力守护安全运营生命线。2021年,中广核25台在运核电机组保持安全稳定运行,机组超过83%的WANO指标达到世界先进水平,平均能力因子连续四年达到WANO先进水平,23台CPR机组实现"零"自动停堆,创历史最佳。截至2021年底,岭澳1号机组连续安全运行5622天,创造国际同类型机组连续安全运行天数的最高纪录。

全面推进乡村振兴。2021年是"十四五"规划开局之年,是巩固拓展脱贫攻坚成果同乡村振兴有效衔接的起步之年和关键之年。中广核坚决扛起乡村振兴重大政治责任,在广西、广东、新疆、湖北、福建等地接续推进乡村振兴。2021年在定点帮扶广西壮族自治区凌云县和乐业县投入3800万元,以产业振兴和人才振兴为重要抓手,实施15个帮扶项目。发挥风光清洁能源、电子束保鲜、生物质有机肥等综合科技优势,立足地方特色资源,因地制宜,建设示范项目"立好点",拓展产业链"连成线",促进一、二、三产业融合发展"带动面",形成"由点到线再到面"的市场化全产业链帮扶模式。发挥人力资源等综合优势,开办"白鹭班",在广西壮族自治区百色市、四川省凉山彝族自治州、内蒙古自治区兴安盟等欠发达地区,招收少数民族困难家庭学生,"扶智、扶志、扶技"相结合,并持续在全国拓展版图,为更多学子插上腾飞的翅膀。2021年新增广西壮族自治区乐业县谐里小学、内蒙古自治区兴安盟白鹭学校,拓展5个省(自治区)10个学校,累计开设18个班,帮扶学生2132人。纳入中国企业"典型案例"的彩虹计划教育帮扶项目,为山区留守儿童搭建一条出山路。

探索生态、生物多样性保护新模式。中广核始终秉持人与自然和谐发展的理念,结合自身清洁能源优势,打造兼具生态效益、经济效益及社会效益的综合发展模式,积极保护当地生态环境。将生物多样性保护纳入企业发展战略,以生态友好的方式应对生物多样性挑战,有效增进人类福祉与生物多样性丰度,共建万物和谐的美丽家园。2021年10月11日,在联合国《生物多样性公约》第十五次缔约方大会(COP15)第一阶段会议在昆明开幕之际,国内首份基于自然资本核算的生物多样性保护报告——《中国广核集团生物多样性保护报告》发布。中广核依据《自然资本议定书》中的自然资本评估的标准化流程,从核电基地及风电场的建设和运营活动对自身的影响、对社会的影响、对自然资本的依赖3个维度筛选和梳理出实质性议题,进而计量、估算对自然资本的影响和依赖,对综合价值进行分析,呈现生物多样性管理和保护实践的成效。报告显示,深圳大亚湾核电基地在1994—2019年运营期内自然资本总价值约4244.87亿元,云南磨豆山风电场2012—2019年自然资本总价值约7.74亿元。

开展透明沟通特色活动。中广核始终遵循"透明之道"特色公众沟通工作体系,不断创新与利益相关方的沟通形式,加强信息公开,开展公众沟通活动,致力与社会各界构建互动互信、和谐友好的关系。2021年8月7日,中广核在疫情防控的特殊时期,创新沟通模式,联合"国资小新"、科普中国、人民网等平台,共同开启"'8·7'公众云开放"线上直播。活动以"硬核联萌总动员,守护同一个蓝色星球"为主题,连线中国核能行业协会第一届核能公众沟通大使罗育灿等专家、社区、公众代表,与网友共同见证硬核联萌CGN N-Family公仔盲盒的发布,带领公众深度体验各核电基地打卡点。直播公布中广核核电板块助力"双碳"目标数据里程碑和全国核电行业首份自然资本核算结果,展示中广核在应对气候变化、助力"双碳"目标及生物多样性保护等方面的实践。作为开放日的主要预热活动,青少年高校科学营"重器铸梦"探秘大科学装置直播活动第二期顺利开展,中广核乔素凯、王鑫、王树强3位专家线上带领青少年们走进大亚湾核电站,揭秘核电科学知识,

12000多名高中生坐在视频的另一端开启一场新奇的核电之旅。

(撰稿人：王 爽)

中国华录集团有限公司

【基本概况】 2021年,中国华录集团有限公司(以下简称华录集团)努力克服企业内外部多种不利因素,积极应对国内外疫情多点反复对公司外贸业务和制造产业冲击影响,不断加快新旧产业切换调整,大力拓展战略新兴产业发展,努力从追求发展体量向优化产业结构质量转变。全年实现营业收入52.74亿元,比上年下降8.6%;利润总额0.89亿元,比上年下降91.06%;净利润0.48亿元,比上年下降94.17%。研发经费投入强度9.94%,资产负债率54.06%,全员劳动生产率23.11万元/(人·年)。从经营贡献看,纳税总额3.6亿元,国有资本保值增值率101.0%。

【主要指标】

表1 2021年中国华录集团有限公司主要经济指标

指　标	2020年	2021年	比上年增长(%)
资产总额(亿元)	239.22	233.84	-2.25
所有者权益(亿元)	103.99	107.44	3.32
营业收入(亿元)	57.7	52.74	-8.60
利润总额(亿元)	9.95	0.89	-91.06
净利润(亿元)	8.23	0.48	-94.17
归属母公司所有者的净利润(亿元)	3.43	1.09	-68.22
技术开发投入(亿元)	6.5	5.24	-19.38
利税总额(亿元)	14.23	4.5	-68.38
应交税金总额(亿元)	4.5	2.53	-43.78
全员劳动生产率[万元/(人·年)]	46.55	23.11	-50.35
净资产收益率(%)	9.58	0.45	减少9.13个百分点
总资产报酬率(%)	6.61	1.66	减少4.95个百分点
国有资本保值增值率(%)	106.10	101.00	减少5.1个百分点

【改革发展】 华录集团坚持推进国企改革三年行动入实见效,截至2021年底完成改革措施73项,占全部任务的84.9%,实现国务院国资委要求2021年底前完成70%改革工作任务目标。积极推进集团总部增资扩股和股权优化,获得财政部和国务院国资委批复5亿元资本预算支持资金,以实现集团产业结构升级;加强对混合所有制改革全过程的监督,将"对混合所有制改革全过程进行审计监督"纳入年度重点审计监督内容,加强对可行性研究论证、决策审批、资产评估、产权交易等重点环节的监督力度,对发现的问题进行及时披露并推动问题整改;规范参股投资,全面落实参股投资自查整改专项工作要求,实施动态管理,定期更新参股投资基本信息及整改进展情况,进行即时监控,建立参股经营投资风险管控长效机制。截至2021年底,华录集团纳入合并报表范围的控股子企业52户,其中按产权管理"非穿透式"口径进行计算的混合所有制企业25户,混合所有制企业户数占全部控股子公司的48.1%。进一步健全建立权责明确的党委会、董事会、经营班子决策机制,制(修)订《公司章程》《法人治理结构1+5权责清单》等顶层设计文件8项,下发《关于全面推进用工市场化、持续深化三项制度改革的实施方案》等多项方案。截至2021年底,集团各级子企业董事会应建必建100%,实现外部董事占多数的董事会占比92%;实现经理层任期制与契约化管理的各级子企业占比88%,签订任期制与契约化管理协议的经理层成员占比88%;董事会6项职权结合各子企业的公司章程修订、"十四五"规划推进、落实经理层任期制与契约化管理、加强审计监督

和巡视监督等具体工作得到有效落实;职工市场化招聘、市场化退出机制普遍建立,全集团2021年度员工公开招聘比例100%,员工市场化退出比例2.04%,管理人员退出比例2.24%。

【重大项目】 2021年,华录集团完成投资238657.19万元,比上年上升36.14%。其中固定资产投资完成28578.46万元,占总投资额的11.97%,比上年上升87.02%;股权投资完成210078.73万元,占总投资额的88.03%,比上年上升31.28%。投资额全部为境内投资。从投资总量来看,2021年上半年疫情影响逐步减退,华录集团投资规模有所上升。投资分布与集团公司的战略规划目标基本相符,旨在深入贯彻新发展理念推动实体产业向高质量发展。

【重大创新】 2021年,华录集团积极推进核心关键技术及科技应用创新,申请发明专利86件,占当年总量的57.3%,授权发明专利比上年增长60%。申报并牵头国家2021年度重点专项"信息光子技术"中"XX级光信息存储技术"方向"超分辨纳米光信息存储技术研究"项目,实现光存储国家级科研项目"零的突破";获批大连市制造业创新中心项目"500GB高密度光存储关键技术及大容量光盘库系统研发";大容量绿色光存储解决方案入选国务院国资委评选的十大国有企业数字技术成果;数据湖技术被列入《中央企业科技创新成果推荐目录(2020年版)》;积极参与科技部TB级光存储项目、工业和信息化部人工智能、大连市绿色存储等技术创新揭榜挂帅项目;参与制定国标《磁光电混合存储系统通用规范》并通过专家评审,参与中国视像行业协会制定5项标准并发布。

【党建工作】 2021年,华录集团深入贯彻落实习近平总书记"七一"重要讲话和党的十九届五中、六中全会精神,扎实落实国务院国资委关于中央企业党建创新拓展年和党史学习教育工作部署。集团党委坚持把学习贯彻习近平总书记重要讲话和重要指示批示精神作为"第一议题",全年开展理论中心组学习23次,累计学习内容86项,其中习近平总书记重要讲话和重要指示批示50余项。集团党委充分把好"三重一大"党委前置程序关口,严格履行研究战略把方向关政策关,研究关键人员把政治关廉洁关,研究改革方案将党的组织、机构、人员和工作等同步部署;压实党建工作责任制,组织开展现场考核,推动基层党组织书记述职、党建工作责任状考核、分子公司领导班子述职述廉、分子公司经营业绩考核四位一体、相互融合、统筹落实;公司党政工团发挥合力深入推进党史学习教育和"大国顶梁柱,永远跟党走——庆祝中国共产党成立100周年"系列活动;党史学习教育聚焦群众反映问题和企业发展亟待解决的痛点难点,制定解决重点项目清单的制度举措和长效机制,推进集团总部层面重点民生项目29项、各二级单位80项重点民生项目,其中对农村低收入人口帮扶受益5368人次,关爱老区人民受益60人次,职工就业、社保、医疗住房等民生实事32件,受益2539人次,帮扶困难职工群众21人,各级企业在重要时间节点推出便民举措惠及50余万人。

集团党委以专项整治为抓手持续推进全面从严治党。召开2021年党风廉政建设和反腐败工作会议暨警示教育大会,贯彻落实习近平总书记重要讲话精神和十九届中央纪委五次全会部署,先后召开15次专题会议予以督促落实,以系列专项整治工作为抓手纵深推进党风廉政和反腐败工作;组织开展"靠企吃企"专项整治工作,积极推进各项任务,及时向国务院国资委报告审查结论、整改方案和总结报告。组织开展境外腐败专项整治,成立领导小组,多次召开部署会议,制定整改方案,组织多次排查,督促跟踪,确保实效。组织开展设租寻租问题专项整治,截至2021年底,发现设租寻租风险7项,完成整改2项。其中,2020年专项整治工作中发现3项,2021年深化专项整治中发现4项。开展"影子公司""影子股东"问题专项整治,对查出有问题的子企业党政主要负责人予以约谈警示,督促隐名持股股权退出,相关问题全部启动整改工作,拟采取股权转让、减资等方式退出。持续深化化公为私问题专项整治,巩固专项整治成果。

【履行社会责任】 2021年,华录集团积极履行社会责任,对定点帮扶地区直接投入帮扶资金373.6万元,引进帮扶资金30万元,培训基层干部人数700人,培训技术人员人数162人;引进帮扶项目或企业2

个,扶持龙头企业1个;积极开展消费帮扶,购买贫困地区农产品53.38万元,帮助销售贫困地区农产品155万元,累计惠及贫困人口7600人;集团控股上市公司北京易华录国际项目团队克服海外严重疫情困难助力塞尔维亚打造首都智能交通系统,成为塞尔维亚经济社会数字化转型的标志性项目,项目并入选国务院国资委《中央企业海外社会责任蓝皮书(2021)》优秀案例。

(撰稿人:杨 威)

华侨城集团有限公司

【基本概况】 2021年,华侨城集团有限公司(以下简称华侨城集团)全力推动企业高质量发展取得新进展新成效,经营整体稳健,质量效益提高,主业影响力进一步增强。连续11年在中央企业经营业绩考核中获评A级,连续3个任期获评"业绩优秀企业"。2021年,再度获评"中国旅游集团20强""全国文化企业30强",获评首批"全国文明旅游示范单位",居年度中央企业品牌建设能力排行榜第二位,发展成果受到国务院国资委和社会各界高度认可。

【主要指标】 经营整体稳健,效益持续提高。全年实现营业收入1668.09亿元,创历史新高;经营活动净现金流连续两年为正,资产负债率稳定控制在国务院国资委管控目标范围,华侨城股份持续"健康保绿"。

表1 2021年华侨城集团有限公司主要经济指标

项 目	2020年	2021年	比上年增长(%)
资产总额(亿元)	6749.82	6798.27	0.72
所有者权益(亿元)	1883.88	1948.16	3.41
营业收入(亿元)	1470.80	1668.09	13.41
利润总额(亿元)	253.19	103.78	-59.01

续表

项 目	2020年	2021年	比上年增长(%)
净利润(亿元)	186.00	50.30	-72.96
归属于母公司所有者的净利润(亿元)	79.15	15.98	-79.81
技术开发投入(亿元)	10.45	7.26	-30.53
利税总额(亿元)	487.84	297.78	-38.96
应交税金总额(亿元)	301.84	247.48	-18.01
全员劳动生产率[万元/(人·年)]	89.21	68.90	-22.77
净资产收益率(%)	10.46	2.63	减少7.83个百分点
总资产报酬率(%)	5.41	2.91	减少2.50个百分点
国有资本保值增值率(%)	114.38	102.60	减少11.78个百分点

【改革发展】 聚焦中国特色现代企业制度、国有经济结构优化调整和提高企业活力效率,瞄准"三个明显成效",深入实施改革三年行动,构建高质量发展的长效机制。进一步完善治理体系,坚持在完善公司治理中加强党的领导,健全和完善以公司章程为统领,党委会、董事会、总经理办公会议事规则为支撑,董事会授权管理等20余项制度为基础的"1+3+N"制度体系,进一步厘清权责关系;创新董事会工作机制,加强子企业董事会建设,纳入董事会应建范围的子企业全部应建尽建,持续发挥治理效能。进一步提升组织效能,优化总部职能,明确战略管控+运营管控型总部定位,大幅度强化运营管理、资金管理、成本管理和品牌管理等方面能力,形成文化、旅游等四类业务统筹管理机制;优化组织管控体系,坚持分级管理,确定重要三级企业32家,细化区分领导人员管理办法,提升组织管控效能;加快组建城市公司,形成"战区—城市公司—项目"管理架构,实现组织资源的有效整合和集约化配置。持续优化资源配置,提前一年完成三年压减企业户数的目标,为优势业务腾挪发展空间。统筹企业新增与压减的关系,合理规划业务

布局,将资源向潜力较大、效益较好、预期较高的区域和板块倾斜。

【重大项目】 高举文化旅游旗帜,连续第四年举办华侨城文化旅游节,推出主题活动500场和文旅产品1800款,累计实现品牌曝光近29亿人次。向消费者推出深圳宝安"湾区之光"摩天轮、西安欢乐谷玛雅海滩水公园、襄阳奇趣童年亲子乐园、扬州梦幻之城、二十四史书院等一大批新产品,迅速成为各地文旅新地标。投资建设的西双版纳站站前广场于中老铁路开通之际如期呈现,高颜值树立"国门形象"。坚定贯彻"房住不炒"政策,配合政府做好稳地价、稳房价、稳预期工作,坚持把"保交楼"作为一项政治任务来抓,合肥空港小镇项目2020年底开工,2021年底完成竣备,树立地产项目进度标杆。

【走向海外】 积极响应国家"走出去"战略,旗下云南文投集团面向南亚、东南亚市场积极拓展,在"一带一路"沿线的柬埔寨打造"中柬文化创意园"文化综合体项目,提升中国文化的全球影响力;"中柬文化创意园"《吴哥的微笑》驻柬埔寨大型旅游晚会被列为2021—2022年度国家文化出口重点项目。康佳集团稳扎稳打,耕耘海外市场,依托广交会等展会平台,借助2021中国家电及消费电子博览会(AWE2021)等知名展会,展示好康佳海外市场的最新彩电产品,凸显科技创新实力,得到国内外采购商的一致好评,并在"一带一路"沿线国家取得大量订单;与"一带一路"沿线65个国家中的22个国家建立业务往来;与法国、德国、塞尔维亚客户建立良好的合作关系,欧康实现彩电销量17.8万台,销售收入比上年增长75.5%。

【重大创新】 科技创新带动转型,"振兴康佳"步伐进一步加速。康佳集团坚持"科技+产业+园区"战略,经营质量稳步提升。一是半导体关键技术实现突破。2021年研发投入持续增长,搭建"应用性产品开发—共性技术研究—基础性与前瞻性技术研发"三级研发体系,在芯片微小化、巨量转移等首创技术领域均实现突破,达到行业领先水平,夯实康佳在新兴显示终端领域的技术基石。二是创新"产业+园区+资本"履带式发展模式。以直投方式推动参股企业楚天龙、天源环保成功上市,易平方、毅康科技完成引战入股,资本化盈利实现破局。上市公司群的建立与扩展,进一步增强园区产业协同,构建出"产业+园区+资本"的发展新模式,大幅提升发展预期。

【党建工作】 以推动党建工作与生产经营深度融合为主线,高质量党建引领保障高质量发展。组织596个党组织、8400余名党员,带动6万名员工认真学习党的光辉历史、忠实实践党的创新理论,切实把思想和行动统一到习近平总书记重要讲话精神和党中央决策部署上来。抓实学习载体,抓实红色资源挖掘,抓实学习覆盖,抓实学习效果,形成"十个共识",把学习成果转化为指导工作的科学思维和实践方法。深入开展"我为群众办实事",聚焦"老大难""硬骨头",各级党组织100%按节点推进完成行动408项。壮大党员队伍,全年高标准发展党员821人。紧扣"十四五"战略需要,建立覆盖关键人才和总部队伍"521"人才培养体系。深化校园招聘改革,储备人才生力军。开展"匠心筑梦 奋进十四五"系列活动,启动第一届"华侨城工匠"评选,各类技能培训覆盖约27万人次。启动实施"青马工程",第一期59名学员接受政治淬炼,推荐160余名优秀团员入党。落实全面从严治党责任,扎实推进党风廉政建设和反腐败工作,对7个党组织开展监督,对26家单位开展专项巡视,对二级党委2021年度巡察工作进行全面考评,为华侨城集团"十四五"开局起步提供坚强纪律保证。

【信息化与数字化建设】 高质量完成数字化转型战略规划编制;以"数据治理、人力资源、财务管理"为核心的企业管理信息化建设取得阶段性成果;文化旅游及城镇化等主营业务的数字化水平持续提升;通过深耕消费互联网和破题产业互联网,推动构建数字产业化;网络安全能力得到进一步加强。2021年,华侨城花橙旅游入选国务院国资委国有企业数字化转型典型案例,华侨城集团智慧旅游体系入选国务院国资委的中央企业"十三五"网络安全和信息化优秀案例。华侨城集团顺利完成第三方服务机构合作情况、招标采购数据、改革三年行动月报数据等国资监管信息系统的建设并实现与国务院国资委国资监管平台的对接集成,在国务院国资委国资监管信息化"三年行动计划"验收中取得优秀的成绩。

【履行社会责任】 积极践行社会责任,影响力持续扩大。在2021年中央单位定点扶贫工作成效考核中获得最高等次"好"。全面完成2021年定点帮扶任务,贵州省天柱县、三穗县实现巩固拓展脱贫攻坚成果同乡村振兴有效衔接。举办第六届安仁论坛,华侨城集团的乡村振兴成果得到全方位展示,文旅品牌影响面持续扩大,影响力不断增强。华侨城特色美丽乡村模式在贵州、甘肃、四川、内蒙古、西藏等脱贫地区不断深入实践;融入和服务"中老铁路"建设,以西双版纳站前广场助力提升国门形象;主动投入"双碳"实践,华侨城国际低碳示范城探索城市可持续发展之路,华侨城集团社会责任报告首次获得五星级评价。

(撰稿人:黄兴鸿)

南光(集团)有限公司
(中国南光集团有限公司)

【基本概况】 南光(集团)有限公司(中国南光集团有限公司)(以下简称南光集团)是唯一一家总部设在澳门特别行政区的国务院国资委直属中央企业,前身南光贸易公司成立于1949年8月,是澳门最早的中资机构,1985年8月南光(集团)有限公司成立。70多年来,南光集团始终坚持"用最好的回报社会"企业宗旨,积极履行国家赋予的光荣职责,全面完成不同时期的历史使命,为全国解放、国家建设和改革开放、澳门回归祖国怀抱、发展内地与澳门经贸关系、推动国家对外经贸事业发展、凝聚广大爱国爱澳力量、促进澳门经济社会繁荣稳定、推进澳门"一国两制"成功实践行稳致远等作出重要贡献,多次得到上级领导和澳门特别行政区政府及社会各界的肯定和表扬。习近平总书记2019年12月在澳门特别行政区接见中央驻澳机构和主要中资机构负责人时特别指出"南光是一直都在的",这是对南光根植澳门、服务澳门所做工作的最大肯定。南光集团主营包括原油及成品油、日用消费品贸易,酒店旅游,地产经营开发和综合物流服务四大类核心业务。

2021年,南光集团认真学习贯彻习近平总书记系列重要讲话精神,全面落实"六稳""六保"决策部署,坚持"两利四率"指标引领,围绕"十四五""五年再造一个新南光"战略目标,统筹推进疫情防控和经营发展各项重点工作,保持稳中有进、稳中向好的发展态势。

【主要指标】

表1 2021年南光(集团)有限公司(中国南光集团有限公司)主要经济指标

项　目	2020年	2021年	比上年增长(%)
资产总额(亿元)	242.24	269.49	11.25
所有者权益(亿元)	172.61	183.20	6.14
营业收入(亿元)	39.94	54.29	35.93
净利润(亿元)	10.14	11.16	10.06
归属于母公司所有者的净利润(亿元)	9.90	10.42	5.25
利税总额(亿元)	12.02	13.99	16.39
应交税金总额(亿元)	2.35	2.83	20.43
全员劳动生产率[万元/(人·年)]	49.71	53.04	6.70
净资产收益率(%)	5.95	6.13	增加0.18个百分点
总资产报酬率(%)	4.58	4.77	增加0.19个百分点
国有资本保值增值率(%)	100.50	104.50	增加4.00个百分点

【改革发展】 "改"字贯穿,破立并举激发新活力。一是现代企业制度加快完善。南光集团完善法人治理优化方案,制(修)订有关议事规则、董事会授权管理办法和"三重一大"决策相关配套制度,优化落实重大事项前置研究讨论,不断深化实化"两个一以贯之"。认真学习贯彻中央企业董事会建设研讨班精神和系列新制度要求,设立专门机构,制定工作清单,明确时间节点要求,加快推进两级规范董事会建设工

作。集团规范董事会建设持续推进中,二级公司规范董事会实现"应建尽建"。二是三项制度改革关键突破。南光集团以任期制和契约化管理为抓手,按照"一企一策""一岗一策"原则确定岗位职责和考核目标,实现经理层成员任期制和契约化管理全覆盖,有力落实"任职有期限、考核差异化、收入靠业绩、退出要刚性"的核心要求。加强集团总部薪酬与绩效管理,完善考评体系和薪酬结构,强化全员绩效考核结果运用,刚性兑现拉开收入差距。深化二级企业负责人薪酬管理改革,突出基本年薪与岗位价值相匹配,绩效年薪与经营业绩和规划兑现相挂钩,构建增量业绩决定增量激励的薪酬分配机制。完善南光集团工资总额管理机制,推动各级企业将效益增长作为工资总额增长的首要条件,充分发挥工资刚性保障和效益激励作用。三是管控体系改革持续深化。南光集团对已建立规范董事会的二级公司"一企一策"开展投资管理、财务管理、低效无效资产处置等方面的授放权工作。为推动集团房地产主营业务更好地发展,落实房地产公司董事会中长期发展决策权,在充分评估前期授放权效果和风险控制情况的基础上,研究制定专项改革方案,进一步加大对房地产公司董事会自主决策房地产投资项目的授放权力度,进一步明确集团董事会、经理层与二级公司董事会的权责边界,进一步激发企业发展的活力动力。

"稳"字当头,提质增效推动新增长。一是整体业绩加快恢复。面对新冠肺炎疫情反复对澳门经济复苏造成的影响,各单位在积极响应特别行政区政府号召减租降价、共克时艰的同时,主动作为、危中寻机,与2019年疫情前相比,集团经营业绩恢复快于澳门整体经济复苏。二是经营质效持续提升。集团坚持"一切成本皆可控""无预算不支出"原则,深入推进成本管控精细化全覆盖,持续跟踪36项分类管控指标情况,全年6项可控费用占营业收入比重比上年减少0.20个百分点。资金管理调度高效顺畅,为土地竞拍、公交购置、股权收购等项目的顺利开展提供有力保障。

【重大项目】 2021年,南光集团以改革创新和高质量发展为主线,坚持实现经济效益与履行特殊使命有机统一,坚决落实好国务院国资委各项年度工作部署,全力推动各业务板块发展。一是公用事业板块持续巩固拓展。能源服务方面,贯通澳门天然气业务上、中游产业链的天然气一体化项目成功落地;澳门大型酒店天然气能源置换和关键区域燃气管网铺设工作有序推进,过海管道项目正式启动,澳门半岛顺利实现通气;光伏发电项目按期启动,助力澳门能源结构优化。城市公交服务方面,公交业务实现与特区政府新专营合约下首年的平稳过渡;完成首批200台环保能源公交巴士的购置工作,积极响应澳门特区政府"绿色出行"倡导。二是城市建设与运营板块快速发展。集团承建的澳门轻轨延伸横琴线项目开工,助力澳门融入粤港澳大湾区"一小时生活圈";成功获得澳门大学连接横琴口岸通道桥建设项目;精准强化粤港澳大湾区、长三角地区、海南自贸区等重点领域的土地储备和项目建设。三是现代服务业板块探索创新。餐饮业务联手澳门本地企业以新模式开拓新市场,澳门酒店改造项目有序推进;商贸物流实现粤港澳三地联动,取得数个肉食单品港澳独家代理权;"南光MART"超市开张运营,批发零售贯通、线上线下融合迈出新步伐;会展业务进军内地,游艇展览服务品牌在首届中国国际消博会上亮相,学研旅游、影视媒体等新业务探索推进。四是现代金融业加快布局。南光集团参股的中华(澳门)金融资产交易股份有限公司(MOX)债券发行及上市规模超过2700亿澳门元;集团国有资本投资平台公司建设项目完成内部决策程序,即将组建;澳门启新"一带一路"基金股权收购合作基本达成。

【履行社会责任】 2021年,南光集团深入学习贯彻习近平总书记关于推进乡村振兴重要论述,认真落实党中央、国务院决策部署和国家乡村振兴局、国务院国资委工作要求,以高度的政治自觉、强烈的使命担当和深厚的为民情怀,继续做好甘肃省临夏县、云南省禄劝县定点帮扶工作,2021年持续投入帮扶资金1150万元港币、引进无偿帮扶资金188.29万元;继续派出4名干部到帮扶县工作,9月选派2名优秀干部进行驻村书记轮换;培训技术人员641人、基层干部68人;实施各类帮扶项目10个,其中产业项目9个;惠及定点帮扶县22396人,其中禄劝县11993人、临夏县10403人,为两县巩固脱贫攻坚成果、推动乡村振兴作出积极贡献,以"南光+"带动澳门社会深度参与,助力国家乡村振兴融入澳门力量,构建澳门胸怀祖国、人心向党的政治氛围。2021年,集团派驻帮扶干部陈登获评"全国脱贫攻坚先进个人",吴振华、刘毅被中共云南省委及云南省人民政府评为"云南省脱贫攻坚先进个人"、陈植被中共甘肃省委评为"全省脱贫攻坚先进个人",邹云鹏被甘肃省脱贫攻坚领导小组评为"全省脱贫攻坚帮扶先进个人"。

南光集团坚持立足澳门、深耕澳门,不断提升对澳门繁荣稳定的影响力。一是全面打造南光历史文化馆这一境外红色教育基地,在积极传承和弘扬南光优秀历史传统和企业文化的同时以南光历史文化馆为平台加深与爱国爱澳社团以及澳门社会各界的联系,持续提升集团社会影响力。二是继续与澳门各高等院校合作,开展"南光奖学金"计划,与澳门大学等7所学校签署长期性捐赠协议,基本涵盖澳门各大主流院校。三是南光青年协会全力支持政府防疫抗疫工作,第一时间应援全民核酸检测现场工作,南光义工队积极组织献血,缓解澳门关键时候用血需求,得到澳门社会各界广泛好评,企业品牌效应不断提升。

(撰稿人:尹诗岚)

中国电气装备集团有限公司

【基本概况】 2021年9月,按照党中央、国务院实施中央企业战略性重组、专业化整合的决策部署,由中国西电集团有限公司与国家电网有限公司原所属许继集团有限公司、平高集团有限公司、山东电工电气集团有限公司及江苏南瑞恒驰电气装备有限公司、江苏南瑞泰事达电气有限公司、重庆南瑞博瑞变压器有限公司重组整合组建中国电气装备集团有限公司(以下简称中国电气装备)。中国电气装备瞄准建设世界一流智慧电气装备集团的战略目标,致力于电气装备高端制造和综合解决方案提供,拥有中国西电、许继电气、平高电气、宝光股份4家上市公司。产业基地遍及全球,产品、技术、标准和服务出口上百个国家和地区,形成着眼全球市场的输配电产业布局。

【主要指标】 2021年,中国电气装备发展稳中有进、稳中向好,实现营业收入629.82亿元,比上年增长2.28%;利润总额20.82亿元,比上年减少1.81%;净利润17.84亿元,比上年增长4.71%;利税总额42.69亿元,比上年增长0.33%;国有资本保值增值率102.4%。因资产规模快速增加,净资产收益率3.15%、总资产报酬率2.22%,较同期均略有下降。2021年末,资产总额1359.95亿元,比上年增长13.13%;所有者权益总额631.99亿元,比上年增长25.79亿元;资产负债率53.53%,较期初减少4.68个百分点,资产质量及偿债能力进一步增强。严把人员入口,着力解决"结构性缺员和总体人员过剩"突出矛盾,深化人资降本增效,加大核心骨干人才培养,全员劳动生产率39.31万元/(人·年),比上年增长15.23%。加大研发投入力度,技术开发投入23.54亿元,研发投入强度3.74%,比上年增加0.12个百分点。

表1 2021年中国电气装备集团有限公司主要经济指标

项 目	2020年	2021年	比上年增长(%)
资产总额(亿元)	1202.16	1359.95	13.13
所有者权益(亿元)	502.42	631.99	25.79
营业收入(亿元)	615.79	629.82	2.28
利润总额(亿元)	21.20	20.82	−1.81
净利润(亿元)	17.04	17.84	4.71
归属于母公司所有者的净利润(亿元)	8.86	5.67	−35.93
技术开发投入(亿元)	25.62	23.54	−8.13
利税总额(亿元)	42.55	42.69	0.33
应交税金总额(亿元)	27.43	27.47	0.16
全员劳动生产率[万元/(人·年)]	34.12	39.31	15.23

续表

项 目	2020年	2021年	比上年增长(%)
净资产收益率(%)	3.46	3.15	减少0.31个百分点
总资产报酬率(%)	2.47	2.22	减少0.25个百分点
国有资本保值增值率(%)	—	102.40	—

注：2020年数据为同口径追溯模拟数据。

【改革发展】 2021年，中国电气装备坚持将改革作为推动企业高质量发展的有效抓手，紧盯重要领域、重点方面、关键环节攻坚突破、靶向施策，啃下一批改革的"硬骨头"。一是重点改革任务成效明显。全面完成"三供一业"分离移交、退休人员社会化管理移交和医疗教育机构改革，厂办大集体改革改制完成率近90%。4家单位引进社会资本完成混合所有制改革。3家单位"双百行动"和2家单位"科改示范行动"加快推进。二是运营效率不断提高。加强制度建设，优化业务流程。财务报表、运行监控、市场协同实现统一管理，执行体系有效贯通。应收账款周转率由1.79次提升至1.91次，经营活动现金流净额比上年改善12亿元。全员劳动生产率提升8.24%。三是内部管理稳步提升。完善公司法人治理结构，规范"三会一层"运行机制和配套制度，明确权责边界，健全中国特色现代企业制度。按照"小总部、大产业"的总体思路，加强总部建设，实施"战略＋财务"管控模式。

【重大项目】 一是投资并购有序开展。中国电气装备完成主业投资22.18亿元，非主业投资8.7亿元，其中非主业投资方向主要为中国西电集团参股国有企业结构调整基金二期项目7.5亿元。二是传统业务稳步提质。依托国家重大工程，推动传统优势业务提质增效，做强"基本盘"。全力抓好履约服务和产品质量，国家电网供应商绩效评价A级产品持续增加。全面完成陕北—武汉、雅中—江西、南昌—长沙等特高压项目研制任务，用心打造精品工程，树立良好品牌形象。三是新业务发展迅速。新能源、综合能源业务新增订单120亿元，交付并网风电项目10余个、在建履约项目近20个。深化央地合作，全面推进智慧园区、智慧能源城市建设，在国家减碳降耗中实现企业价值。加快推进数字化转型，促进数字技术与制造业务深度融合，产品竞争力持续增强。

【走向海外】 2021年，中国电气装备全面贯彻落实国家"走出去"决策部署，积极参与"一带一路"建设，加强国际间的交流与合作，稳步推进境外投资并购，积极开拓国际市场及产业布局。完成境外投资项目2项，投资额10327万元。以直接出口、配套出口、工程总包为抓手，拓展境外合资及本地化产能合作，全年累计中标国际业务合同77.3亿元，打造东南亚、中亚、南美等境外主阵地。签订意大利国家电力公司HGIS全球采购、断路器两年框架采购项目，自主研发的环保型产品首次进入欧洲市场；签订希腊尚德光伏项目、马来西亚水电项目，清洁能源领域取得重大突破。中标柬埔寨500千伏老挝到金边输电线路项目8.7亿元，刷新海外直销项目单笔金额最大纪录。在实施"走出去"的过程中，有效拉动当地设备配套产业发展，创造就业岗位652个，携手共筑疫情防控屏障，以实际行动树立中国企业良好形象。

【重大创新】 2021年，中国电气装备贯彻落实科技强国战略，坚持创新驱动发展战略，大力推动科技攻关，持续提升科技自立自强水平，积极服务国家能源转型、新型电力系统构建、"双碳"目标实现。一是科研体制机制更加优化。筹建中央研究院，强化共性、前瞻性技术和基础理论研究。大力开展"借脑引智"行动，实现产学研协同，推进联合攻关，加快科技成果转化。二是科技成果丰硕。突出创新引领导向，78项科技成果获得省部级及以上科技奖励，其中2项成果获得国家科学技术进步奖二等奖。申请国内专利1617件，其中发明专利1128件；申请海外专利31件。三是"卡脖子"技术取得突破。承担的国资委"1025专项"4项攻关任务全面完成，成功应用于青海—河南±800千伏特高压直流输电工程，技术水平达到国际领先。塔筒变压器、海上升压站变压器等产品实现工程应用。±535千伏直流电缆及海缆、国内首台套高抗流型海底电缆巡检机器人等产品成功研制，产业链韧性和自主化水平得到极大提升。

【党建工作】 2021年，中国电气装备全面贯彻落实新时代党的建设总要求，紧紧围绕庆祝党的百年华诞、开展党史学习教育、国企党建会五周年"回头看"主题主线，全面加强党的建设。一是认真学习提高站位。认真学习习近平总书记系列重要讲话精神，学习党的十九届六中全会、中央经济工作会议精神，落实国务院国资委各项部署，不断提升对重组整合重大意义、新集团使命定位的认识，自觉增强使命感、责任感。二是统一认识凝聚共识。聚焦发挥中央企业"顶梁柱"作用，用事业凝聚人心，以使命激励奋进，把全体干部员工思想凝聚在建设"世界一流智慧电气装备集团"战略目标上，服务国家战略，引领行业发展。三是变革创新加速建设。快速配齐各公司领导班子及董事会，保证企业平稳运行。实施公司间交流任职，各公司班子成员实现30%的交叉，董事会实现外部董事占多数。落实全面从严治党要求，压实管党治党责任，提升企业党建工作水平。四是纵深推进从严治党。制定《领导班子工作守则》，发挥"头雁"效应，形成积极向上、奋力拼搏的干事氛围，营造风清气正的政治生态。全面落实国有企业领导人员"二十字"要求，提升队伍能力素质，大胆使用年轻干部，培养后备梯队。

【履行社会责任】 2021年，中国电气装备成立定点帮扶工作领导小组和办公室，紧盯年度帮扶工作任务目标，定点帮扶陕西省宝鸡市麟游县，持续推进"五大振兴"，助力巩固脱贫攻坚成果同乡村振兴有效衔接。发挥自身电气产业优势，实施50户居民"光热＋取暖"项目，有效提升农村人居环境质量，解决群众冬日取暖问题。结合当地特点，大力发展种养殖产业，建设社区加工厂，带动当地农民增收。大力开展消费帮扶，购买麟游县农副产品作为职工春节福利。持续做好低收入家庭子女助学，开展志愿者服务、爱心捐赠等活动。积极选派政治素质好、工作作风实、综合能力强的8名挂职干部开展帮扶工作，驻村干部获评"陕西省脱贫攻坚先进个人"。

（撰稿人：韩永权）

中国物流集团有限公司

【基本概况】 2021年12月6日，经国务院批准，中国物流集团有限公司（以下简称中国物流集团）成立。新组建的中国物流集团，由原中国铁路物资集团有限公司与中国诚通控股集团有限公司物流板块的中国物资储运集团有限公司、港中旅华贸国际物流股份有限公司、中国物流股份有限公司、中国包装有限责任公司4家企业整合而成，同步引入中国东方航空集团有限公司、中国远洋海运集团有限公司、招商局集团有限公司作为战略投资者。中国物流集团是国务院国资委直接监管的股权多元化中央企业，是唯一一家综合物流类中央企业，注册资本金300亿元。经营网点遍布国内30个省（自治区、直辖市）及海外五大洲，拥有土地面积2426万平方米、库房495万平方米、料场356万平方米；拥有铁路专用线120条、期货交割仓库42座；整合社会公路货运车辆近300万辆；国际班列纵横亚欧大陆，在国际物流市场具有较强竞争优势。拥有中国铁物（000927.SZ）、中储股份（600787.SH）、华贸物流（603128.SH）、国统股份（002205.SZ）等4家境内上市公司。

中国物流集团以"促进现代流通、保障国计民生"为己任，打造具有全球竞争力的世界一流综合性现代物流企业集团，为加快构建以国内大循环为主体，国内国际双循环相互促进的新发展格局提供有力支撑，为促进经济社会持续健康发展、全面建设社会主义现代化国家作出更大贡献。

【主要指标】

表1　2021年中国物流集团有限公司主要经济指标

项　目	2020年	2021年	比上年增长（%）
资产总额（亿元）	1029.32	1151.11	11.83
所有者权益（亿元）	367.85	403.23	9.62

续表

项　目	2020年	2021年	比上年增长(%)
营业收入(亿元)	1364.36	1943.57	42.45
利润总额(亿元)	59.69	42.45	−28.88
净利润(亿元)	46.59	33.33	−28.46
归属于母公司所有者的净利润(亿元)	33.43	16.26	−51.36
技术开发投入(亿元)	1.26	1.87	48.41
利税总额(亿元)	87.47	77.82	−11.03
应交税金总额(亿元)	40.88	44.49	8.83
全员劳动生产率[万元/(人·年)]	65.13	54.79	−15.88
净资产收益率(%)	13.13	8.65	减少4.48个百分点
总资产报酬率(%)	6.95	4.80	减少2.15个百分点
国有资本保值增值率(%)	118.79	107.18	减少11.61个百分点

【改革发展】　深入贯彻落实《国企改革三年行动方案(2020—2022年)》，以改革月例会、专项推进会等多种形式，全方位、定量化全面落实国企改革三年行动任务，逐户逐项协调推进改革事项。截至2021年底，成员企业国企改革三年行动任务指标完成70%以上。深入贯彻落实《关于中央企业在完善公司治理中加强党的领导的意见》，完善党委前置研究讨论重大经营管理事项清单及配套制度，子企业董事会应建尽建基本完成，三项制度改革深入推进，经理层任期制和契约化管理签约率100%。对标世界一流管理提升行动持续深化，"双百企业"和"科改示范企业"改革专项工程向纵深推进。

加快推行职业经理人制度及经理层成员任期制和契约化管理。研究制定《集团公司职业经理人管理办法(试行)》《直管公司经理层成员任期制和契约化管理办法》《所属公司经理层成员任期制和契约化管理实施方案》。按照"应签尽签"的原则，对全系统全级次分子公司进行逐户梳理，制定经理层成员实施方

案，明确时间表、任务图。多措并举强化业绩导向的市场化激励约束机制，健全总部领导干部考核评价机制，考核结果与个人年度绩效工资直接挂钩；健全所属企业负责人激励约束机制，对考核目标值较高、完成情况较好的单位，按比例给予增量提成绩效，合理拉开分配差距；实施专项奖励，对重组上市、资产盘活等在集团公司改革发展、风险处置、业务开拓等方面作出突出贡献的单位和个人给予特别奖励，引导战略落地，鼓励争先创优；组织符合中长期激励政策的企业开展实施评估并制定激励计划。编印中长期激励政策文件汇编，加强宣传学习。

【重大项目】　围绕主责主业开展重点投资，以保障生产经营、重组上市为目标导向，严格筛选投资项目，优选投资方案，落实国企改革、科技创新精神。2021年1月8日，承载着中国物流集团铁路核心主业的中国铁路物资股份有限公司在深圳证券交易所成功挂牌上市。股权投资重点项目打造海南自贸港中国物流集团国际化战略实施平台，发展现代物流综合服务、轨道交通综合服务、出口加工服务、绿色环保循环经济等相关产业，服务海南环岛铁路运营维护及物资保障，积极参与海南省国有企业股权多元化改革，助推地方经济发展。中国物流所属国际集团是《海南自由贸易港建设总体方案》公布后首批获批开展离岸贸易业务的3家企业之一。重点投资项目完成资源科技公司安徽马鞍山铁路物资循环利用基地建设、安徽铁鹏公司日产4000吨熟料生产线、水泥粉磨系统技术改造项目。

中国物流集团高度重视科技创新工作，坚持自主创新研发，一是"智运云图""物流指数网""运费贷"项目，通过大数据产品创新，释放数据更大的经济价值与战略价值，帮助企业提高数字化运营管理水平，以科技与金融双轮驱动，畅通产业链资金循环。二是"钢轨廓形预打磨检测及控制系统研究""钢轨预打磨与钢轨焊接相互影响的研究""焊轨基地个性化钢轨预打磨设备研究与开发"3个科研项目研发，对钢轨预打磨设备、打磨工艺以及控制系统等进行试验和研究，帮助国铁集团解决大修新换钢轨预打磨无法保证、线路状态综合检测效果不佳的难题。三是研发具有超强耐腐蚀性、超高抗渗性能的新型混凝土管材U

—RCP管道项目,U—RCP与传统RCP管道相比,具有重量更轻,结构更强的特点,特别是其结构自防腐性能是传统RCP管道的数十倍至上百倍,项目受到市政设计院和建设单位的高度关注与期待。

【走向海外】 积极践行国家"一带一路"倡议和中国铁路"走出去"战略,从彩云之南到万象之邦,从东南亚到欧洲大陆,在海外铁路建设中留下一系列坚实足迹,全力推进海外铁路市场保供和市场开发。中国—老挝友谊标志性工程中老铁路2021年12月成功建成通车,中国物流集团全链条提供集招标采购、基地运营、现场组织供应、国际物流配送、清报关、质量监控等于一体的铁路物资供应链集成服务;复制中老铁路经验为匈塞铁路提供服务,成功中标匈塞铁路后续诺维萨德至苏博蒂察段物资代理业务;为雅万高铁提供道岔及100辆铁路平车供应,开创铁路行业时速350千米以上高速道岔代理销售的先河;成功开发巴基斯坦拉合尔橙线地铁项目运维市场;中欧班列双向稳健运行,充分展示出中国物流在国际业务供应链全链条的整体实力,提高竞争壁垒。

【重大创新】 贯彻落实党中央科技创新重大决策部署要求,按照打造世界一流现代综合物流集团战略定位,以科技创新为引领,以新理念、新技术、新工艺为供应链集成服务和现代物流综合服务创新赋能,推动创新技术应用,为国家创新体系建设和行业高质量发展提供重要支撑力量。一是承担"京沪高铁钢轨浅表病害发展规律研究及监测分析平台开发"课题;二是承担国家重点研发计划"现代食品加工储运技术与装备"课题。三是所属企业研发铁路报废货车拆解关键技术项目和铁路报废物资循环再利用信息化管理关键技术项目,建立国内外首条铁路报废货车专业化处置生产线。四是所属企业2021年申报的《快递包装生态设计原则、要求及指南》(Eco—design principle, requirement and guideline for express packaging)国际标准提案,正式获准国际标准化组织(ISO)立项(ISO/NP 4924)。五是参与"新时代铁路发展战略"重大课题"仓储供应及机辆配件售后服务保障体系"专题研究,承接科技部重点研发项目"复杂艰险地区超大型铁路工程建设物流组织及协同高度技术研究"子课题,牵头与中南大学、中铁十一局集团有限公司共同完成子课题"川藏铁路工程建设物流组织内外影响因素及作用机理"。

【党建工作】 中国物流集团公司党委认真学习贯彻习近平新时代中国特色社会主义思想和党的十九届六中全会精神,坚决落实党中央、国务院和国务院国资委党委决策部署,积极做好党建和宣传思想文化工作,围绕中心,服务大局,为集团公司改革发展提供强有力的政治保证、组织保证、思想保证和文化支撑。一是坚定政治方向,加强党的领导,高质量完成中国物流集团筹备工作。筹备组建各项工作扎实高效推进,生产经营态势良好,成立大会成功召开,全面开启打造世界一流综合物流集团的新征程。二是坚守初心使命,注重实绩实效,统筹推进党史学习教育,使广大党员干部接受一次深刻的政治教育、思想淬炼、精神洗礼,进一步强化初心使命,振奋干事创业的精气神。三是坚持责任担当,狠抓落实力度,高效完成国资委党委部署专项工作。根据国务院国资委党委第二巡视组专项巡视要求,集团公司党委将违规挂靠综合整治工作作为一项重大政治任务,积极履行主体责任,建立各层级领导包保体系和工作机制,统筹推进中国物流集团5家整合单位落实整改工作,制定整改措施137条,完成整改89项。四是加强制度建设,健全权力运行制约和监督机制、廉洁风险防控机制、经营投资免责事项清单机制,不断完善"不能腐"制度体系。以"百年传承守初心,崇廉尚俭担使命"为主题,深入开展"廉洁文化月""反腐倡廉宣教月"教育活动。做好查办案件"后半篇文章",开展案件警示教育,以廉洁教育厚植廉洁文化,风清气正深入人心。

【信息化与数字化建设】 积极构建物流数字网络,以"产业数字化、数字产业化"为主线,打造"数字中国物流",推动集团高质量发展。2021年数字化转型投入2.42亿元,主要用于支持生产经营数字化升级以及数字技术平台建设。管控数字化方面,完善ERP、OA、合同、资金、信用、编码等系统功能,调整流程及应用变更177个,促进业务流程和控制措施标准化;升级基于混合云框架的视频会议系统,满足集团公司与各级单位实时通过PC和移动端召开高清视频会议的需要;完成生产经营调度平台建设,接入单位31家、摄像头700余个,实现经营数据可视化展示及重大事件应急指挥。产业数字化方面,以物联网、大数据、人工智能等技术为依托,不断优化业务平台运行。仓储运输系统不断迭代升级,加强物联网设备与系统对接应用,有效提升作业效率和管控能力。网络货运平台进一步扩展系统功能,与车辆终端定位等信息采集设备结合,将数据应用于分析预测、智能匹配等多种场景。货代系统实现空运出口统一标准化管理,电子订舱与四大空运平台通过接口进行全面数据直连,满足各个场合需求。供应链业务平台,钢超市平台完善交易管控功能,覆盖采购、销售、库存管理等交易业务全流程,实现对业务的有效管理和监督。

【履行社会责任】 履行政治责任和社会责任,巩固脱贫攻坚成果,助力乡村振兴,全面完成定点帮扶工作任务。对定点扶贫县湖北省孝昌县,落实"四个不摘"要求,持续加大资金帮扶、消费帮扶、产业帮扶力度,保持并优化"集团总部统领、下沉一级帮扶、派驻干部值守、全体员工参与"的帮扶工作体系。组建定点帮扶工作领导小组,完成驻村第一书记轮换,保持所属公司"一对一"结对帮扶机制,确保过渡期内帮扶资源、帮扶力量总体稳定。2021年,中国物流集团对孝昌县投入帮扶资金815万元,比上年增长8.7%;帮助孝昌县培训基层干部482人,完成率120%;培训技术人员549人,完成率137%;帮助孝昌县销售特色农产品金额55.7万元,完成率159%。为巩固新疆南疆地区脱贫攻坚成效,集团公司2021年投入120万元,比上年提高20%,专项支持所属天山建材集团在新疆维吾尔自治区岳普湖县、英吉沙县承担的"访惠聚"工作,为促进民族团结和少数民族地区经济社会繁荣贡献力量。

(撰稿人:袁 芳)

中国国新控股有限责任公司

【基本概况】 中国国新控股有限责任公司(以下简称中国国新)成立于2010年12月22日,是国务院国资委监管的中央企业之一,2016年初被国务院国有企业改革领导小组确定为国有资本运营公司试点。公司连续三年在国务院国资委中央企业负责人经营业绩考核中获评A级,连续两年在国务院国资委董事会评价中获评"优秀"。

试点以来,中国国新按照党中央、国务院决策部署,围绕国务院国资委工作要求,聚焦试点目标和功能定位,构建完善"资本+人才+技术"轻资产运营模式,逐步形成六大业务板块和1个服务保障平台。基金投资板块以中国国有资本风险投资基金为核心,设立运营包括国新国同基金、央企运营基金、国新建信基金、双百基金、国改科技基金、综合改革试验基金群、科创基金、国新中鑫基金等在内的国新基金系,着力支持中央企业深化改革、创新发展和优化布局,培育孵化前瞻性战略性产业;金融服务板块拥有商业保理、融资租赁、财务公司、保险经纪、金服公司、大公国际等主要金融、类金融机构,通过向中央企业提供创新金融产品和服务,助力中央企业深化供给侧结构性改革、防范化解重大风险,增强资本流动性和提高回报;资产管理板块聚焦盘活存量国有资产,深入探索不良资产接收处置与运营管理,支持中央企业加快"两非""两资"剥离处置工作、聚焦主责主业;股权运作板块服务央企上市公司价值管理,通过稳妥开展持有上市公司股份的专业化运作,促进国有资本合理流动、保值增值;境外投资板块围绕服务"一带一路"倡议,大力推动中国企业境外优质项目落地,支持企业"走出去";直接投资板块以服务深化国资国企改革为导向,积极参与推动有关中央企业战略性重组、专业化整合和股权多元化改革等。成功推动划入的中国华星集团有限公司(原中国华星集团公司)、中国文化产业发展集团有限公司(原中国印刷集团公司)结构调整,实现转型发展。

2021年,中国国新坚持以习近平新时代中国特色社会主义思想为指导,牢记初心使命,践行国家战略,聚焦公司"十四五"时期"1345"战略目标,经营效益再创新高,取得新的跨越。截至2021年底,中国国新资产总额6705.45亿元,所有者权益3163.30亿元,实现净利润218.09亿元。

【主要指标】

表1 2021年中国国新控股有限责任公司主要经济指标

项　　目	2020年	2021年	比上年增长（%）
资产总额（亿元）	5635.74	6705.45	19.01
所有者权益（亿元）	2849.94	3163.30	11.00
营业收入（亿元）	52.29	58.85	12.55
利润总额（亿元）	180.32	256.78	42.40
净利润（亿元）	161.23	218.09	35.27
归属于母公司所有者的净利润（亿元）	82.09	152.18	85.38
技术开发投入（亿元）	1.44	1.67	15.97
利税总额（亿元）	184.00	262.66	42.75
应交税金总额（亿元）	8.18	29.87	265.16
全员劳动生产率[万元/(人·年)]	826.10	1228.19	48.67
净资产收益率（%）	7.13	7.97	增加0.84个百分点
总资产报酬率（%）	4.99	5.50	增加0.51个百分点
国有资本保值增值率（%）	103.21	109.56	增加6.35个百分点

【改革发展】 2021年，中国国新深入贯彻落实国企改革三年行动，以"强功能、优机制、激活力"为主线，深化运营公司改革，全面推动改革提速增效。不断健全治理机制，完善各级企业党的领导融入公司治理的制度机制，有序推动子企业董事会规范建设和落实职权，修订党委前置研究讨论重大事项清单、董事会应建尽建、外部董事占多数、制定董事会授权制度、落实董事会职权等5项任务实现100%全覆盖。持续优化管控机制，对全资控股企业实施战略管控和财务管控相结合，管好关键领域权责事项，将部分审批备案事项授权放权至所属企业；对相对控股混合所有制企业，探索通过建立差异化管控事项清单，实施以股权关系为基础、以派出股权董事为依托的治理型管控；对不控股的基金管理人，通过制定工作指引、遵循公司章程和投资协议，依托派出董监高人员规范履职进行管控。持续深化市场化机制改革，全面推行经理层任期制和契约化管理，实现各层级企业负责人和总部部室负责人全覆盖。完善"两层三类"考核体系，出台所属企业领导班子和领导人员综合考核制度，优化所出资企业目标分档管理和贡献质量评价，打通考核等次、分布比例、指标设置、挂钩机制。严格实行考核结果等级强制分布、刚性应用，实施末等调整、不胜任退出比例不低于5%。建立健全以"分类分层管机制、效益效率定增幅、内外对标调水平"为核心的所出资企业工资总额管控体系。制定出台中长期激励工作指引，建立形成"通用型＋特色型"的中长期激励工具箱。

中国国新全力配合成立中央企业专职外部董事党委，不断完善服务流程，健全管理体系，加强专职外部董事日常服务保障和履职支撑能力建设，探索建立中央企业外部董事履职服务中心，研究推进兼职外部董事履职服务保障工作上水平、见成效。截至2021年底，中国国新服务保障43名在职专职外部董事在85户中央企业112个外部董事岗位上高效履职，成为深入推进中央企业董事会建设、加快完善中国特色现代企业制度的一支重要力量。

【重大项目】 2021年，中国国新紧扣运营公司试点定位，聚焦进入实体产业的国有资本，有效发挥市场化专业化运营平台公司对推动国有经济布局结构优化调整和国有资本做强做优做大的重要作用。

基金投资方面，重点聚焦产业链中有基础、有特色、有优势的战略性新兴产业重点领域进行布局，瞄准关键核心技术"卡脖子"环节，以及具有高附加值、对产业链整体具有控制力的环节，投资布局一批有前沿性、突破性技术的科技类企业，践行培育引领未来创新发展动能的使命任务。

金融服务方面，积极推进设立国民养老保险公司，持续完善综合金融服务平台功能，不断创新金融产品和服务，助力央企实现高质量发展。着力推动金融服务2.0建设，充分发挥中央企业商业保理、融资租赁合作平台作用，中央企业保理、租赁生态圈建设取得积极成效。大公国际成立大公低碳公司,以绿色金融服务支持实体经济低碳转型发展;设立大公责任云公司,推动建立健全本土 ESG 生态体系。

资产管理方面,全力推进"两非""两资"剥离处置及存量资产盘活,积极探索"双平台"模式,与航空工业集团、中国石化、中国船舶集团、新兴际华集团等设立 4 个合作平台,助力央企资产结构优化调整。与航空工业集团、中国东方联合设立航空资产调整基金,专项赋能盘活航空工业集团调整类资产。与国家能源集团、中国东方等联合设立国能基金,推动新能源产业资源整合。与大连市有关国企共同设立大连国新资产,服务区域金融化险和国资央企改革发展,助推央地融合、以融促产。

股权运作方面,自主投资形成以"积极股东"为主的长投、重投模式,推动央企优化治理结构,支持央企在战略新兴和科技创新领域加快发展,支持传统领域央企利用资本市场创新升级,助力央企保障产业链安全。积极调动市场资源为央企市值管理服务,发挥委托投资的资本撬动作用,助力央企增强资本市场认可度和吸引力。初步建立央企公募 REITs 的专业化投资服务平台,助力央企实现对存量国有资产的成功盘活。

直接投资方面,参与鞍钢重组本钢项目、中国电气装备设立、国家管网集团组建、中国绿发股权多元化改革等重大项目,切实助力国有经济布局优化和结构调整。运用直投业务、两股事务管理、市场协同"三位一体"综合性竞争优势,发挥积极股东作用,推动被投企业规范公司治理、提升资源配置效率和发展质量。

【走向海外】 2021 年,中国国新依托境外投资平台国新国际投资有限公司,积极支持中国企业"走出去",参与共建"一带一路"。截至 2021 年底,累计投资项目 91 个,其中"一带一路"项目金额占比 66%,涉及 20 多个"一带一路"沿线国家和地区。

【重大创新】 2021 年,中国国新聚焦战略性新兴产业和"卡脖子"环节,突出服务创新驱动孵化,加大科技创新投资力度,积极培育新技术新产业新业态,投资项目涉及高端装备制造、生物医药、新能源与新材料、节能环保、新一代信息技术等方面。截至 2021 年底,中国国新在战略性新兴产业投资项目近 230 个,实现 9 个子领域全覆盖。

【党建工作】 2021 年,中国国新党委以习近平新时代中国特色社会主义思想为指导,深入贯彻落实党的十九大和十九届历次全会精神,全面加强党的领导和党的建设,以高质量党建引领保障高质量发展。扎实开展党史学习教育,组织开展争做中国国新"三好"标兵活动,突出党史学习教育的履职实效性。适应业务发展需要优化党组织设置,全年新设 3 个二级党组织,推动党的组织和党的工作实现有效覆盖。抓好"三支队伍"教育管理,持续加强所属企业党委班子建设,有针对性地提高基层党务工作者业务能力。努力提高基金管理人党建工作质量,同步提高被投非公企业加强党的建设,印发《中国国新关于在部分独立法人企业开展党支部集体研究把关重大经营管理事项试点工作方案》《关于加强中国国新所属部分国有相对控股混合所有制企业党建工作试点探索的通知》,推动党建融入中心的探索研究走深走实。持续加强党风廉政建设和反腐败工作,以案促改常态化机制逐步完善,"四种形态"有效运用。持续深化"靠企吃企"问题整治工作,统筹推进"4+2"专项整治和专项治理行动,进一步规范基金业务行为防范道德风险。坚持正风肃纪反腐,纠"四风"树新风深入推进,形式主义、官僚主义整治不断深化,中央八项规定精神持续落实,多措并举深化作风建设。聚焦"四个落实",强化政治监督,巡视工作全覆盖取得新进展,强化巡视巡察上下联动,扎实做好巡视"后半篇文章"。管党治党政治责任进一步压实,"两个责任"贯通协同形成合力,纪检体制改革持续深化,有力保障公司经营发展实现新跨越。

【信息化与数字化建设】 2021 年,中国国新高度重视网络安全和信息化工作,统筹推进数字国新"139XE"工程建设。开创中国国新数字化协同提升新局面,构建适应中国国新业务特点和发展需求的新型 IT 架构模式,初步建成敏捷、高效、可复用的集团级数字技术赋能平台,实现基于大数据技术体系的数据统一采集、汇聚、存储、治理和应用。扎实推进管控平台和核心业务系统建设,强化网络安全保护,在优化数字化建设管理机制、提升数字化赋能国有资本运营效能等方面取得积极成效。

【**履行社会责任**】 2021年，中国国新自觉将中央企业的社会责任扛在肩上，充分展现中央企业责任担当。一是全力支持抗击疫情。面对不断反复、严峻复杂的疫情形势，坚持责任压实，增强"首都意识"，毫不放松持续做好常态化疫情防控，有效巩固防疫成果，为统筹疫情防控和经济发展作出贡献。积极推动基金所投核酸检测机构北京基石生命成立党支部，充分发挥战斗堡垒作用，在抗击疫情的战役中贡献应有力量。二是主动参与中国ESG体系建设。旗下的大公国际长期以来努力将环境、社会、公司治理因素纳入绿色债券认证评估及信用评级考察要素当中，推动绿色金融信用评级，引导企业绿色低碳转型。2021年，启动"大公责任云ESG指数"研发运营，积极培育具有影响力的中国ESG指数产品，在打造符合中国国情的ESG评级体系方面作出新的探索和实践。三是接续开展定点帮扶工作。全力以赴助力湖北省利川市乡村振兴，依托自身专业化投资运营优势，推动利川巩固脱贫攻坚成果，全年提供帮扶资金827万元。探索实施公司与利川干部互派交流，联合中华慈善总会开展利川贫困家庭先天性心脏病儿童救助活动，专门开发"到货保理＋供应链金融科技"产品服务，给予500万元专项授信额度，惠及团合村300余农户。驻利川帮扶工作队被授予"湖北省脱贫攻坚先进集体"称号，团合村被评为"党建引领示范村"。

（撰稿人：裴雄飞）

中国检验认证（集团）有限公司

【**基本概况**】 中国检验认证（集团）有限公司（以下简称中国中检）是以"检验、检测、认证、标准"为主业的综合质量服务机构，创建于1980年。中国中检拥有CCIC和CQC两大品牌，设有中国检验认证集团检验有限公司、中国质量认证中心、中国检验认证集团测试技术有限公司三大业务平台，国内机构网络完备，在30多个国家（地区）的主要口岸和货物集散地设有机构，拥有近2万名员工和数百家实验室，为10万余家国内外客户提供"一揽子"解决方案和"一站式""本地化"综合质量服务。

2021年，中国中检坚持以习近平新时代中国特色社会主义思想为指导，坚决贯彻落实习近平总书记关于国企改革发展和党的建设重要论述，关于高质量发展和质量工作的重要指示批示精神，围绕"打造真正在世界上有影响力、在国内绝对领先的一流检验检测认证企业"目标，科学研判国际国内形势，统筹疫情防控和经营管理，全面落实集团党委"四项基础工作"和"八个转型升级"部署，迎难而上、锐意进取，推动生产经营、改革发展、党的建设在大庆之年、开局之年取得新的重要进展和显著成效，交出一份亮丽成绩单。

【**主要指标**】 2021年，中国中检围绕"打造真正在世界上有影响力、在国内绝对领先的一流检验检测认证企业"目标，科学研判国际国内形势，全面落实集团党委"四项基础工作"和"八个转型升级"部署，克服新冠肺炎疫情等不利影响，有序推进经营工作与改革发展，发展动能持续集聚，发展质量持续向好，经营业绩稳健增长，总体经营规模稳中有升，盈利水平稳中有进，全面达到国务院国资委"两利四率"指标要求，并创历史新高。

表1　2021年中国检验认证（集团）有限公司主要经济指标

项　目	2020年	2021年	比上年增长（%）
资产总额（亿元）	242.84	259.61	6.90
所有者权益（亿元）	212.10	222.09	4.71
营业收入（亿元）	88.71	97.26	9.63
利润总额（亿元）	21.12	22.89	8.39
净利润（亿元）	17.73	19.19	8.22
归属于母公司所有者的净利润（亿元）	14.03	14.55	3.71
技术开发投入（亿元）	2.71	3.63	33.74

续表

项　目	2020年	2021年	比上年增长(%)
利税总额（亿元）	24.66	26.68	8.19
应交税金总额（亿元）	6.68	7.71	15.38
全员劳动生产率[万元/(人·年)]	35.43	38.97	9.98
净资产收益率（%）	8.60	8.84	增加0.24个百分点
总资产报酬率（%）	8.99	9.19	增加0.20个百分点
国有资本保值增值率（%）	106.74	106.78	增加0.04个百分点

【改革发展】 对标世界一流管理提升行动方面。2021年，中国中检深入开展对标世界一流管理提升行动，数字中检、辽宁公司两个项目成功入选央企标杆，开展全专题培训，启动中期工作检查，实施内部标杆培育行动，重要子企业全覆盖，确保年底80%任务完成率，推动对标提升行动走深走实。

"科改示范行动""双百行动"方面。2021年，中国中检向国务院国资委正式报送溯源公司、深圳华通威两家"科改示范行动"企业申报材料并开展督导、培训、自评估，组织认证中心、中检西部参加国务院国资委"双百行动"专题培训，推动4家申报企业加快改革进程，加快任期制契约化改革，加快事业单位人员身份转换，加快事业单位转企等门槛性工作，增加备案成功概率，打造集团改革先锋。

产权整合方面。2021年，中国中检为强化产权意识，保证工作质量，印发《中检集团企业产权登记专项工作方案》，明确基本原则、工作要求，建立工作机制。通过国务院国资委产权管理综合信息系统完成127家产权清晰的国内企业登记工作。完成11个项目的资产评估公示、备案等工作并严格按国务院国资委要求旅行进场交易程序。

国企改革三年行动方面。2021年，中国中检以习近平新时代中国特色社会主义思想为指导，全面贯彻党的十九大和十九届历次全会精神，持续推进国企改革。以改革三年行动实施方案和工作台账为抓手，全面、按时完成改革三年行动重点工作任务。推动重要领域和关键环节改革攻坚突破、落地见效，努力形成成熟定型的中国特色现代企业制度；树立市场意识，在三项制度改革上动真碰硬；推进专业化整合，优化业务布局；深化集团内部改革，激发活力动力。

人事建设方面。中国中检按照国企改革三年行动部署，抓住改革窗口期、历史机遇期，进一步深化人事、薪酬制度改革，切实增强企业内生活力。一是全面实行经理层任期制和契约化管理，2021年10月印发《关于下属企业推行经理层成员任期制与契约化管理的指导意见》及系列配套操作文件，2021年各级子企业经理层成员契约协议签订户数占比95.62%；签订人数占比99.42%。二是企业领导人员能上能下取得实质进展，2021年8月印发《关于推进企业领导人员能上能下的若干规定》，组织开展天津公司总经理岗位公开招聘，推进海南公司和新疆公司负责人岗位实行"揭榜挂帅"，检验公司中层干部实行全体起立，通过公开招聘、竞聘上岗选拔12名内设部门负责人。

考核方面。综合考核方面，出台《关于推进企业领导人员能上能下的若干规定》，明确7类25种干部退出情形，将干部综合考核评价结果与"能下"进行挂钩，2021年进行充分探索，进一步夯实干部管理基础，对干部综合考核评价工作发挥重要支撑作用。业绩考核方面，全面落实国务院国资委考核要求，深入推进"三考"改革，并取得显著成效。实施总部职能线考核，引导总部去机关化，促使部门工作与集团经营目标协同推进；实施直管企业分类考核，根据各企业业务特点、发展阶段、管理短板和战略引领任务，设置有针对性的考核指标；实施经理层成员全覆盖考核，明确签约双方，要求各级企业根据岗位职责和工作分工，"一人一书"，分层分类有序推进。党建考核方面，2021年度党建责任制考核适应集团区域化改革的实际，第一次实现对所有集团部室和二级单位的全覆盖。评价要点中一级指标全部对接国务院国资委党建工作责任制考核的一级指标内容，二级指标根据考核对象情况，体现单位性质和党组织形式的差异性。评价要点设置突出大党建的系统观念和党建工作责任的落实,客观项从"有没有""做没做"延伸到"对不对",设置自我举证项3个,引导各单位(部门)更好地发挥党建优势。考核与巡视整改密切衔接,客观评分采信巡视发现和运用日常监督查实情况。

薪酬管理方面。出台《中国中检工资总额管理办法》及实施细则,探索研究企业结构化工资总额改革,集团2021年利润总额增长率10.4%,低于工资总额增长率8.6%;出台《中国中检所属国内二级企业负责人薪酬管理暂行办法》《中国中检所属境外公司驻外人员薪酬管理暂行办法》,加强经营业绩考核结果与个人薪酬挂钩,推动开展二级单位负责人薪酬管理制度改革。

【重大项目】 重大决策方面。坚决贯彻国企改革三年行动部署,严格落实改革三年行动现场推进会和月度专题会要求,完成国务院国资委下达的年度任务。制定中检集团党委会、董事会、总经理办公会议事规则,修订完善"三重一大"决策制度实施办法》,确定党委会、董事会、总经理办公会决策事项清单,形成"权责法定、权责透明、协调运转、有效制衡"的制度规范和"1+3+1"的决策机制。完善党委前置研究程序、选人用人机制、内部监督机制。成立深化三项制度改革领导小组,印发《关于下属企业推行经理层成员任期制与契约化管理的指导意见》及配套文件。组织各级班子成员签署岗位聘任协议和经营业绩责任书,完成"身份管理"向"岗位管理"转变。印发《关于推进企业领导人员能上能下的若干规定》。持续对标世界一流管理提升行动,目标完成率85%,超过国务院国资委80%目标值。开展"两非"剥离专项治理,加大亏损企业治理力度,超额完成整体减亏25%的阶段目标。

重大项目方面。进一步聚焦主责主业,扎实推进专业能力建设。集团获批筹建的第一个国家级质检中心——国家车联网产品质量检验检测中心在深圳启动建设工作,有助于推动集团业务转型升级,打造原创技术策源地,实现认证检测一体化。深圳华通威国际检验有限公司建设十米法电波暗室并改造原电磁兼容实验室,满足有源医疗器械检测及电子电气业务检测需求。认证中心中山检测基地建设项目土建工程竣工验收,有效提升为当地及华南区域家电、电子等企业检测服务能力。

对外投资方面。通过进场交易方式收购天津海关所属4家汽车检测机构的股权,分别为天津天检40%股权、天津天平35%股权、天津天浩50%股权、天津天鑫40%股权。该项目对贯彻落实集团战略,推动专业化整合,提高集团核心竞争力,提升汽车检验检测认证等质量服务供给水平起到重要作用。在中国香港由香港公司增资中检医学检验有限公司,建设医学实验室,开展核酸检测业务,为香港地区疫情防控构筑坚固防线,得到香港中联办、特区政府等机构高度肯定。

重大科研开发方面。承担国家重点研发计划等国家级项目18项。中国中检组织开展的《网络化和制定化生产模式下认证方案设计与应用》(项目编号:2017YFF0211404)、《重点领域绿色产品认证关键技术研究》(项目编号:2017YFF0211500)、《生物质能产品和设备质量性能评价技术研究》(项目编号:2017YFF0211904)3个项目在2021年通过验收。

【走向海外】 "走出去"战略实施情况。2021年,在新冠肺炎疫情的特殊背景下,"走出去"战略的实施受到一定程度的冲击和影响。在集团系统各单位迎难而上,逆境突围的不断努力下,国际合作依然取得亮眼的成绩。2021年11月22日,中国中检与柬埔寨王国商务部通过视频会议形式举办谅解备忘录"云签约"仪式。双方将围绕共建溯源服务体系、共建商务服务平台、共建检测能力以及争取良好政策环境等方面开展深入合作。中国中检高度重视与"一带一路"沿线国家的合作,通过建机构、拓业务、树品牌、展形象、实施区域化管理等举措全面深化"一带一路"倡议。截至2021年底,在"一带一路"沿线国家中,中国中检设境外公司12家、境外实验室23家。

海外投资方面。坚持完善海外网络布局,践行"一带一路"倡议,推动国家战略落地,在海外投资1个项目。在非洲塞拉利昂建设矿产品实验室,提升服务能力和品牌影响力。

【重大创新】 技术创新方面。统筹推进基础研究和应用基础研究,积极与高校、科研院所等开展基础研究,主持和参与制定国家或行业技术标准101

个，其中国家标准75个、行业标准26个，积极推进技术创新体系建设，布局新能源、节能环保等国家战略新兴产业，为新兴产业技术的规范发展和质量服务提供标准基础。

管理创新方面。一是人力资源、国内区域化创新。2021年，中国中检在国内东北和西北地区分别实现区域化改革，将10家机构归集到2家区域总部，区域总部在改革期间实行一体化考核、一体化运营管理，组建区域领导班子，并进行人事、财务、经营、投资等各项管理授权，在区域总部向区域公司的过渡期内，区域内省公司的领导班子依然作为集团党委管理的干部，予以妥善安排，做好思想动员，确保改革成果。截至2021年底，东北区域营业收入和净利润分别比上年增长21.15%和64.35%，西北区域分别比上年增长22.6%和18.67%。二是产品线创新，产品线建设进入高速发展新阶段。2021年，产品线建设作为中国中检"头等大事"进入高速发展新阶段。集团在"统一规划、分步实施、一线一策、动态管理"建设原则基础上，启动建设第三批9条产品线，并对当前产品线及业务资源进行再优化、再调整，形成新的23条产品线，覆盖主营业务90%以上。集团通过加大加强技术、管理、营销等培训工作，扩充专业技术人才队伍；通过建立工作周报、月度例会、季度分析、半年现场会等工作机制，提高协调联络频率，促进线间协同发展；通过完善业务信息管理系统建设，不断提高产品线业务数字化水平。集团圆满完成"既符合行业特征、通行做法，又具有中检特色、创新活力"这一产品线建设总目标的阶段性任务，产品线运营模式覆盖集团整体业务90%以上，取得一系列工作成果，为拉动集团整体营收增长作出突出贡献。三是境外区域化创新，扩大境外区域化改革范围，推进区域化管理向纵深发展。推出欧洲区域化管理深化改革工作方案。协调内外部资源共同针对欧洲区域现状及存在的问题，梳理深化改革目标，进一步明确区域总部定位和扩大管理授权，推动区域资源实现高效配置，提高对市场反应速度，降低区域管理成本，保障区域机构网络。推出港澳台区域化管理工作方案。进一步扩大境外区域化管理覆盖范围的同时，借鉴中央企业在香港的实践经验，筹划国际资本运营中心、国际业务拓展中心、海外网络支援中心等角色定位，充分发挥香港地域和资源优势，促进香港公司与集团的有机融合，加强区域业务协同，提升区域市场竞争能力。

【党建工作】 党的建设。在国务院国资委党委的坚强领导下，深入贯彻党的十九大和十九届历次全会精神，坚持以党的政治建设为统领，持续推动学习贯彻习近平新时代中国特色社会主义思想走深走实。全面落实习近平总书记关于国有企业改革发展和党的建设的重要论述，深刻认识"两个确立"的决定性意义，增强"四个意识"，坚定"四个自信"，做到"两个维护"。牢记"国之大者"，坚决贯彻落实习近平总书记重要指示批示精神、党中央重大决策部署和国务院国资委党委要求。围绕庆祝中国共产党成立100周年、全国国有企业党建会召开五周年，精心组织党史学习教育，扎实开展"中央企业党建创新拓展年"活动，全面实施党建引领工程，深入开展企业文化建设，不断健全与现代国有企业制度相统一的党建领导体制和工作机制，持续提升全系统"三基"建设水平，强化政治监督和执纪问责，把加强党的领导落实到各方面各环节，为打造"最具公信力的世界一流检验检测认证集团"、实现引领全球质量服务的目标提供坚强保证。

反腐倡廉。中国中检始终坚持以党的政治建设为统领，坚定不移全面从严治党，把学习贯彻落实习近平新时代中国特色社会主义思想、增强"四个意识"、坚定"四个自信"、做到"两个维护"作为监督的首要任务，围绕党中央和国务院国资委的重大决策部署开展政治监督。用好监督执纪"四种形态"，做实做细日常监督。积极开展专项整治，着力排查处置"靠企吃企"问题风险。积极推进纪检工作体制改革，不断加强纪检机构和队伍建设。修订关于贯彻"三个区分开来"建立容错纠错机制的实施办法，印发关于贯彻落实对"一把手"和领导班子监督意见的实施办法、对领导干部插手干预重大事项进行记录的规定、二级单位纪委书记履职考核办法。成立党风廉政建设监督联席会议协调小组，实行集体讨论重大问题联席会议制度，有效贯通各类监督力量。专题召开警示教育大会，持之以恒正风肃纪，严肃查处各类违纪违规行为，一体推进不敢腐、不能腐、不想腐。

【信息化与数字化建设】 中国中检自2018年4月启动被定为"1号工程"的信息化项目建设,明确"数字中检、行业领先"的战略目标,确定"高起点、大格局、新理念、自主化"的信息化建设原则,形成"平台中检、智慧中检、生态中检"三阶段建设构想。

2021年,中检信息平台2.1全面上线,标志着"数字中检"业务管理模型的初步确立,开启集团信息化应用的新阶段,形成专业化运营、矩阵式管理的运营模式。中检信息平台依托"数字中检"业务管理模型,围绕"平台化开发、专业化定制、个性化配置"总体思路,探索出独具TIC行业特色的企业管理模型和全生命周期管理体系。7月,"数字中检业务管理模型"入选国务院国资委国有重点企业管理提升标杆项目。12月,"数字中检"业务管理模型获评"企业数字化转型十大成果";数字中检"业务动态一体化场景"获评"首批企业数字化转型百大典型场景";中检集团作为联合研究单位参与起草《2021国有企业数字化转型发展指数与方法路径白皮书》。

【履行社会责任】 在港澳地区发挥央企责任、专业优势,累计完成澳门特别行政区694万人次核酸检测,香港特别行政区200万人次核酸检测,为港澳地区的疫情防控和繁荣稳定作出积极贡献。得到中联办的高度肯定。坚决贯彻落实国家纾困惠企政策,落实各项降费、减租政策,帮扶减免费用5.06亿元。

(撰稿人:张程程)

中国汽车技术研究中心有限公司

【基本概况】 中国汽车技术研究中心有限公司(以下简称中汽中心)是国务院国资委直属中央企业,成立于1985年,是在国内外汽车行业具有广泛影响力的综合性科技企业集团。构建以标准化、行业智库服务、汽车产品检测认证、共性及前瞻性技术研发为核心,覆盖汽车全产业链和全生命周期的全方位技术服务能力,业务涵盖标准化、行业智库、检测试验、工程技术研发服务、数字化、工程设计、咨询服务、认证业务和战略新兴业务、测试评价等十大领域。中汽中心坚持以新发展理念为纲领,事业分布稳步升级,综合实力与核心竞争力不断增强,"一个总部+四个分中心"的网络化布局全面优化,华东、华南、华中、西南4个区域中心特色专业能力建设有序推进。在德国、日本设立子公司及常驻办事处,在瑞士设立我国标准化领域首个在海外设立的专门机构——中国汽车标准化国际中心,为中国汽车产业更加积极融入全球体系起到重要推动作用。截至2021年底,中汽中心设直属机构6个、全资子公司33家、控股公司9家,总资产155.88亿元,净资产113.4亿元,员工4840人。

【主要指标】 2021年,中汽中心实现营业收入60.71亿元,比上年增长4.83%;利润总额19.01亿元,比上年增长11.10%;净利润16.02亿元,比上年增长13.25%;营业收入利润率31.20%,比上年增加1.36个百分点;资产负债率27.35%,研发经费投入强度11.59%。

表1 2021年中国汽车技术研究中心有限公司主要经济指标

项 目	2020年	2021年	比上年增长(%)
资产总额(亿元)	135.62	156.03	15.05
所有者权益(亿元)	99.13	113.36	14.35
营业收入(亿元)	57.91	60.71	4.83
利润总额(亿元)	17.11	19.01	11.10
净利润(亿元)	14.15	16.02	13.25
归属于母公司所有者的净利润(亿元)	13.03	15.04	15.43
技术开发投入(亿元)	6.69	7.04	5.23
利税总额(亿元)	18.74	21.24	13.34
应交税金总额(亿元)	4.79	5.56	16.08
全员劳动生产率[万元/(人·年)]	106.19	119.72	12.74

续表

项目	2020年	2021年	比上年增长(%)
净资产收益率(%)	15.22	15.08	减少0.14个百分点
总资产报酬率(%)	13.83	13.18	减少0.65个百分点
国有资本保值增值率(%)	116.08	116.76	增加0.68个百分点

【改革发展】 2021年,中汽中心党委坚定不移推进国企改革三年行动,顺利达成81项子任务、114项目标,总体任务完成率75%,改革效能不断释放。一是中国特色现代企业制度进一步完善。以"多单一表"准确界定权责,优化决策机制,党的领导融入公司治理实现制度化、规范化、程序化;9家子企业实现董事会应建尽建及外部董事占多数"两个全覆盖";不断完善董事会制度体系、履职支撑体系和职权落实体系,通过"定权责、定主体、定机制"3个方向的全面统筹、协同推进,优化治理结构,提升治理效能。二是系统化构建风险内控合规一体化管理体系。持续完善"1+N"内控制度体系,明确一体化管理的组织体系、制度体系、主要管理内容及运行机制,为中汽中心一体化工作的深入开展提供执行依据及遵循准则;创新性举办"合规文化周"构建"合规环境",通过专题培训、员工访谈、线上研讨会等形式进行广泛传播,活动进一步巩固落实合规管理"一盘棋"思想,树立"合规人人有责""合规创造价值"的理念;开展中汽中心重大风险评估工作,基于2021年全面风险识别工作的489项单项风险点,综合评估出中汽中心2022年前五位重大风险。三是优化资源配置,推进"瘦身健体",做优做大做强主责主业。集团班子成员挂帅成立领导小组和若干专项工作小组,压实责任,专班推进、按表推进,清退9家"两非",13项"两资",提升资产质效;内部整合10余家法人公司,优化业务布局,构建"一个总部+四个分中心"网络布局;布局战略性新兴产业,加快新旧动能转换,科学细分三类业务属性,精准发展,确保优势资源向新能源汽车、大数据、智能网联汽车等战略性新兴领域集中,战略性新兴产业投资占比64%,营业收入占比46%;完成企业办社会职能剥离,解决历史遗留问题。四是推进混合所有制改革,放大国有资本功能,深度转换企业经营发展机制。坚持"三因三宜三不"原则,从8个维度对下属42家全资及控股公司进行全面评估,形成混合所有制改革评估报告,制定《混合所有制企业操作指引》等文件,为下属企业实施混合所有制改革提供制度基础;扎实推进中汽股份上市,中汽中心专门成立上市工作领导小组,通过例会、专题研讨会等方式,全力支持解决上市过程中的难点问题。五是围绕"三能"目标持续深化三项制度改革。严格按照国务院国资委要求,推进经理层成员任期制与契约化管理改革;严格以绩效定薪酬、强激励硬约束,做到考核结果刚性兑现;严格执行市场化退出,对不胜任者解除劳动合同;深入开展破除"高水平大锅饭"专项行动,着手建立全集团范围内统一的岗位职级体系,通过岗位、职级、薪酬、绩效专项盘点,专题辅导培训,编制指引文件等多重举措,为改革工作奠定坚实基础,进一步健全市场化经营机制。六是构建联合监督、责任追究两个体系,堵住风险漏洞,打造阳光国企。构建多级联动、运转高效联合监督体系,搭建业务主体监督、职能监督、审计监督"三道防线"、巡视监督"一把剑"、群众监督"一张网"及纪检监察"专责监督"为主体的联合监督构架;建立违规追责制度体系,搭建"3+X"制度框架,完善信息公开制度,实现信息公开全覆盖。七是大力开展对标提升专项行动,助力中汽中心综合管理水平提升。以对标提升专项行动为契机,大力推进管理体系管理能力现代化,通过系列举措,上下联动,扎实推进覆盖八大管理领域的改革任务,促进中汽中心综合管理水平大幅提升。

【重大项目】 一是以总体规划为统领、12个业务规划纵向贯通、6个专项规划横向协同的"三层两级"中汽中心"十四五"发展规划体系正式发布。明确中汽中心的发展愿景、发展使命、战略定位和战略目标,确定统领中汽中心未来事业发展的重点任务。进一步联动深化改革,开展规划年度审视评价,组织三年滚动规划研究编制,做实"十四五"规划过程管控和动态优化,不断强化规划的引领作用。二是设立重大专项"民族汽车品牌向上计划"并取得重要阶段性进展,助力我国民族汽车企业高质量发展。深入贯彻落实习近平总书记视察中国一汽重要指示批示,设立"民族汽车品牌向上"重大科研专项,2021年4月联合全行业优势资源,协同推进该计划,吸引20余个品牌加入工作组,并携手长安汽车、岚图汽车、星途汽车、东风风神、东风风行等车企建立一对一品牌联合实验室,助力我国民族汽车企业品牌向上。三是深入贯彻习近平总书记关于碳达峰、碳中和的重要指示批示,设立重大专项"面向碳中和目标的汽车产业实施路线图",积极落实国家"双碳"战略。攻关汽车产业碳中和关键技术难点,形成《汽车工业低碳行动方案》等多项研究成果,有效支撑相关部委产业政策的研究制定。四是成立中央汽车企业数字化转型协同创新平台,助力我国汽车产业数字化转型升级。牵头联合11家中央企业发起成立中央汽车企业数字化转型协同创新平台,以"明晰行业数字化转型路线,主动引领产业变革方向"为目标,致力于为汽车企业数字化转型提供政策、标准、技术、对标等全方位支撑服务,成为引领带动汽车行业数字化转型的重要力量,初步建立数字化转型创新生态圈,助力我国汽车产业数字化转型升级。

【走向海外】 2021年6月,中汽中心联合汽车行业各相关方在瑞士日内瓦发起设立中国汽车标准国际化中心(日内瓦),作为我国标准化领域首个在海外设立的专门机构,秉承"开放、合作、融入、贡献"的基本原则,搭建标准化工作的国内外合作桥梁。

【重大创新】 一是"三化融合"管理体系建设项目成功入选国务院国资委队标一流管理提升"国有重点企业管理标杆项目"。围绕"一体化、信息化、精益化"管理目标,系统性开展管理体系建设及管理提升工作,为科技型中央企业在转型升级时期开展管理创新实践做出有益探索。二是深入推进创新驱动发展战略,持续增强创新活力。2021年5月,中汽中心召开首届科技创新大会,发布《科技创新指导意见》及十大配套政策,探索实施首席专家工作室和重大专项"军令状"科技攻关模式,实现项目分红破冰,科研工作的"减负放权赋能"持续深入。全年获得各类省部级科研奖项31项,其中满足国六标准柴油车排放后处理关键技术研发及产业化应用项目获得天津市科技进步一等奖;发布《战略型高层次人才引进指导意见》,大力精准实施靶向引才,全年新进人员硕博占比近70%。三是完善资金集中管理模式,在合规的前提下推动创新与变革,充分发挥集中管理的"聚财"作用。2021年1月,中汽中心发布实施新的资金集中管理工作方案,对资金集中管理后的运营方式、收益分配机制、大额资金支出管控、资金池借款模式等方面制定新的策略,效果显著,集团日常非受限资金集中度保持在90%以上,全资控股公司资金日预算执行率80%,资金支出管控效果明显。

【党建工作】 中汽中心党委紧扣"两个围绕",深入落实"中央企业党建创新拓展年"工作要求,全面推动党建工作向纵深发展。一是深入组织建党100周年系列庆祝活动。通过讲授专题党课、举办"红歌大家唱"比赛活动、进行"学党史、守初心"演讲比赛、举行"奋斗百年路,启航新征程"全民健身运动会、举办中汽中心文化展厅开馆仪式等一系列活动,歌颂中国共产党的伟大历程和丰功伟绩,展示全体员工特别是党员和青年职工了解党、热爱党、心向党的精神面貌。二是全面部署党史学习教育工作。中汽中心党委认真制定和落实党史学习教育实施方案,先后集中组织开展动员部署1次、工作推进会议7次、"第一议题"学习18次、理论学习中心组学习8次、专题读书班1次、红色研学活动3次,专题党建调研1个月。领导班子成员讲党课12次,深入基层开展调查研究63次,通过"走访一线""询问交流""召开座谈"等方式,集团形成重点项目清单44项,直属13个二级党组织形成重点项目清单205项,实现项目清单100%销号。开展党史学习教育、党的十九届六中全会精神专题宣讲2次,覆盖1589名党员和2800余名职工群众。开设1个党史学习教育专题页面和多个专题、专栏,各主流媒体刊发报道21篇,各类自有媒体刊发报道224篇,形成学习经验、创新方式、成果成效类简报79期。创新进行"汽车人讲党史""青年讲党史""百年党史我来讲"等主题活动,在央广网、微信视频号中累计播放百万次,在行业内、社会上产生广泛影响。三是系统开展党建与经营"双融双促双循环"工程。中汽中心党委从治理、责任、落实、考核、监督、优化六大体系入手,在13个直属党组织中开展"党建与业务深度融合专题研究"项目,坚持问题导向，从各基层党组织生产经营中存在的实际困难出发，探索"党建＋业务"工作项目化管理模式，将党建工作与经营发展、人才培养、管理提升等紧密结合，进一步增强基层党建工作的针对性和实效性，以改革创新精神推进党建与业务工作双融双促。四是推动党的组织和党的工作有效覆盖。截至2021年底，中汽中心党委完成3家基层党组织的换届选举工作，调整党组织班子成员22人次。中汽中心将"整顿软弱涣散基层党组织"活动作为长效机制常抓不懈，结合全国国企党建会精神落实情况"回头看"工作，对全部党组织建设情况进行有效筛查，推动基层建设全面进步，全面过硬。规定各级党组织配足配齐专兼职党务工作人员，配足党组织工作经费，并通过年度党建考核严格检查党组织落实党务工作者同职级同待遇情况。组织开展涵盖81人次的党组织书记专题培训和340人次的党务工作者培训，有效提升党建工作能力。五是健全完善基本制度体系。中汽中心党委发布《2021年党建工作要点》《2021年宣传工作要点》《2021年统战工作要点》《加强意识形态工作的安排意见》《关于贯彻落实"第一议题"制度的指导意见》等系列制度文件，根据年度工作要点完善党建考核制度，使年度考核工作有据可依。并就二级党委党建制度建设情况进行深入调研，对照基层党组织制度建设要求，梳理并审核二级党委关于"三重一大"、议事决策、履职待遇、组织发展、干部管理、廉政建设、纪检监察等重点制度建设情况，不断引导二级党委制度从规范化向标准化、特色化、实用化建设发展，形成按制度办事、靠制度管人的有效机制。

【信息化与数字化建设】 2021年，中汽中心信息化建设遵循统一规划、统一标准、统一投资、统一管理、统一建设的"五统一"原则，发布《中汽中心"十四五"信息化发展规划》《中汽中心信息化管理办法》，以构建稳定、安全、经济、高效、可持续的信息化管理体系为建设重点，确立信息化项目全流程管理机制，强化升级现有应用与开发建设新应用相结合，全面提升管理效能和信息化水平。确定集团级应用架构并完成架构设计。完成智慧办公平台建设并全面投入使用，实现现有信息化应用的打通融合，建立贴合职能管理场景、信息开放共享、业务流程协同的集成平台。持续开展运用一体化平台建设，实现固定资产管理、采购管理、投资管理、合同管理、收付款管理等功能，进一步提升数据共享能力。落实国务院国资委在线监管要求，完成国企改革在线督办系统建设。着力健全标准化应用，完成风险内控合规法务一体化管理平台、机器人流程自动化平台、网络负载均衡系统等项目建设15个。加强数字基础设施及信息安全建设，完成私有云计算平台、云桌面、网络安全等级保护测评、下一代防火墙等项目8个，加强网络安全宣传与培训，提供稳定安全的网络环境和强有力的软硬件基础支撑。

【履行社会责任】 2021年，中汽中心彰显中央企业担当，勇于承担中央企业社会责任。全年向河南省紧急捐款500万元，用于当地防汛救灾及灾后重建，以实际行动响应党中央、国务院以及国务院国资委驰援河南的号召。中国新车评价规程（C-NCAP）、中国汽车消费者研究及测试中心（CCRT）完成29款车型测试和第三轮规程升级，并成功举办C-NCAP 15周年庆祝活动，助力提升汽车安全性能、改善道路交通安全。"联合国道路安全十年行动"走进海南省7所村镇小学，开展安全教育，安行中国公益巡展覆盖10个省22个城市，向千万消费者宣传安全理念。

（撰稿人：王丽琴）

中国铁塔股份有限公司

【基本概况】 中国铁塔股份有限公司（以下简称中国铁塔）成立于2014年7月，是经国务院批准成立的大型通信基础设施综合服务企业；主要负责我国移动通信网络的基站基础设施建设、运营和维护。中国铁塔从100亿元资本金起步，发展成为总资产超过3200亿元的国有大型通信基础设施建设运营骨干企业；2018年8月在香港特别行政区上市，融资75亿美元，成为历年来最大的非金融国企香港IPO；是全球最大的通信基础设施服务商，成为通信基础设施建设运营的"国家队""主力军"，并在改革发展中探索形成

"共享竞合、集约高效"的"铁塔模式"。截至2021年底,中国铁塔累计完成通信塔类建设超过320万个,包括普遍服务站址5.5万个,电信企业使用铁塔站址总数增长1.35倍;新建共享率从14.3%大幅提升至81%,相当于少建新塔92万个;节约行业投资1650亿元,减少碳排放2492万吨。

【主要指标】

表1　2021年中国铁塔股份有限公司主要经济指标

项目	2020年	2021年	比上年增长(%)
资产总额(亿元)	3373.8	3232.6	−4.2
所有者权益(亿元)	1862.5	1893.6	1.7
营业收入(亿元)	811	865.8	6.8
利润总额(亿元)	84.1	96.2	14.4
净利润(亿元)	64.3	73.3	14.0
归属于母公司所有者的净利润(亿元)	64.3	73.3	14.0
利税总额(亿元)	93.1	107.4	15.3
应交税金总额(亿元)	29.3	38.5	31.7
全员劳动生产率[万元/(人·年)]	218	234	7.3
净资产收益率(%)	3.5	3.9	增加0.4个百分点
总资产报酬率(%)	3.1	3.4	增加0.3个百分点
国有资本保值增值率(%)	102.0	101.7	减少0.3个百分点

【改革发展】　持续推进"一体两翼"战略落地,着力推动企业高质量发展。运营商业务全面支撑行业健康发展,统筹5G建设和疫情防控,全年建设5G基站55.2万个,累计承建5G基站122.6万个,应交付需求完工率137%,97%通过共享存量资源实现,经济高效助力我国5G网络建设,为我国建成全球规模最大、质量最好的移动宽带网络提供强力支撑。开展"专项行动"助力行业降本增效,93家运营商省级分公司中有88家给予90分以上评价,协同发展取得积极成效。智联业务充分利用"点多面广、站高望远、配套齐全"的资源特点和专业化运营优势,不断从行业共享迈向社会共享,变"通信塔"为"数字塔",围绕视觉感知、数据采集、图像分析、信息处理等数字化需求,打造全国统一开放的铁塔视联平台,形成标准规范、按需定制、丰富多样的"铁塔视联"产品,建立130多种算法的AI算法仓,为千行百业装配"千里眼""顺风耳""智慧脑",近20万座的"通信塔"变成"数字塔"。截至2021年底,智联业务广泛服务于环保、林草、农业、国土、水利、交通、应急、政法等30多个关系国计民生关键领域,服务数字治理,助力数字中国,赋能千行百业。能源业务积极布局网络化、绿色化、智能化换电设施,在全国280多个城市部署智能化的轻型电动车换电设施,累计建设换电网点4.2万个,每天为近70万名外卖骑手、快递小哥提供超过135万次智能换电服务。在居民区部署110多万个充电端口,为超过600万名居民提供安全便捷的电单车充电服务。中国铁塔作为工业和信息化部等七部委认定的新能源汽车动力电池回收利用唯一试点企业,将新能源汽车退役动力电池回收,用于铁塔备电,截至2021年底,使用退役动力电池102万组,相当于5万辆汽车退役电池。

以深入落实国企改革三年行动为契机,持续推进企业改革、注入活力动力。持续加强党的建设,不断完善"三重一大"事项清单,建立"大监督"体系,监督合力和效能持续增强;持续完善中国特色现代企业制度,"董事会应建尽建、外部董事占多数方面全覆盖"得到国务院国资委肯定;持续深化三项制度改革,实现任期制契约化管理全覆盖;持续推进青苗、青岭、融智人才计划,人才强企工程有效落地;持续落实综合改革方案,推动能源公司入选国务院国资委"双百企业",并启动混合所有制改革,不断提升能源公司的市场竞争力。

【重大项目】　北京冬奥项目。认真践行"绿色、共享、开放、廉洁"的办奥理念,统筹3家电信运营企业建设需求、项目施工和疫情防控,累计建设完成基站1089个,室分系统80个,全部项目实现"一家统筹建设,多家集约共享",整体共享率超过95%;冬奥会竞赛场馆17个,非竞赛场馆27个及重要交通干线实现4G/5G网络全覆盖,京张高铁成为全球首条5G网络全覆盖的智慧高铁,为"高铁+5G+超高清科技"的亮丽名片贡献铁塔力量。积极推动"通信塔"变"数字塔",向奥运合作伙伴提供政务专网、安保监控、气象保障、无线电监测、交通监控、森林防火等提供智联产品服务,强化数字赋能,助力精彩奥运。

中老铁路项目。中国铁塔云南公司全面承接红线内、外公网覆盖项目(含传输及主设备安装),2021年12月3日,公众移动通信覆盖与铁路同步开通,得到客户和业主好评。该项目充分共享社会资源,铁路专网塔全部被共享利用;除隧道室分外,沿线宏站均从全部引铁路高保障电,RRU站不配置蓄电池;利用铁路槽道为电信企业建设省干传输,节约建设成本约3200万元。云南公司通过积极协调,努力推动,争取到云南省通信管理、云南省交通厅、昆明铁路局等单位的大力支持,资源占用费由原标准2400万元压降至923万元,降幅62%;维护费由原1400万元/年压降至650万元/年,降幅54%。

【走向海外】 中国铁塔所属东南亚铁塔有限责任公司通过与老挝电信企业建立良好合作关系,积极参与网络规划,提供站址服务,商务模式和专业能力得到客户高度认可,整体发展呈现向上趋势,在服务"一带一路"的基础上,为中国铁塔海外市场发展积累经验。

【重大创新】 发布"十四五"科技发展规划。坚持面向世界科技前沿、面向经济主战场、面向国家重大需求、面向人民生命健康,结合公司实际,确定"十四五"时期23个领域、81项科技创新项目。初期重点围绕低碳电源、边缘计算、AI算法、大数据应用4个领域形成公司级研发项目,规划中后期根据需要滚动调整。为有力支撑"一体两翼"战略落地,成立新能源重点实验室、通信建设重点实验室和人工智能重点实验室,瞄准相关领域当前重点及未来发展技术方向,开展研发项目和课题研究,探索科技创新体制机制改革。

试点推进智能运维。通过技术创新,按照"能自动不人工、能远程不现场"的原则,试点推进运营维护智能化、数字化,实现自动派单、自动巡检、智能排障等九大功能,改变过去的"人海战术",对遍布全国的资产实现"少人、无人维护"。

加大5G新基建创新力度。成功研发新型5G漏缆、全频段POI、交叉极化MIMO等一系列5G创新技术和产品,创新漏缆高频优化及分段耦合专利技术,攻克5G频段高、损耗大等覆盖难题,将京张高铁打造成全球首条5G全覆盖的智慧高铁。为满足多单位、多系统的通信信号覆盖需求,因地制宜,巧妙利用灯杆等建筑设施,创新采用"宏微结合、室内外协同"的综合解决方案,创新研发无源室分共享技术,实现多家需求单位的2G/3G/4G/5G信号全频段共享覆盖,降低建设成本,让通信设施完美融入环境。成功开展铁塔风洞实验,研究出更精确的风荷载计算方法,并应用于35万多座铁塔建设,使铁塔造价降低10%,已有铁塔挂载能力普遍提升30%,经受住如"山竹""利奇马"等多次强台风的考验,获得中国通信学会技术进步一等奖。

全力打造铁塔视联产品。发布"铁塔视联"产品。聚焦打造"一总五分"("一总"即系统集成;"五分"即中高点位数据采集、信息存储与处理、开发算法和大数据、运营管控平台、场景化应用)的核心能力,聚焦林业、水利、农业、环保、应急、交通、国土、政法八大重点行业,通过深化平台专业化建设,完善统一标准规则,让平台赋能业务拓展、支撑业务创新,逐渐将中高点位视频监控打造成为具有竞争优势的核心业务。

【党建工作】 以庆祝中国共产党成立100周年和开展党史学习教育为契机,持续加强党的建设、强化党建统领作用。一是推进党史学习教育走深走实,结合实际创新"学党史、铭初心、勇担当、开新局"实践载体,聚焦"三服务、三满意",深化"我为群众办实事"实践活动,取得阶段性成果。开展庆祝中国共产党成立100周年系列活动和"大国顶梁柱 永远跟党走"等主题活动,通过参与《信物百年》和"对话新国企,百年党旗红"节目,弘扬先进精神,扩大企业影响。二是推进党建工作再上新台阶。优化党建责任制考评办法,继续开展省级分公司党委书记抓党建现场述职评议,压实党建责任;选优建强班子,推进省分公司党委班子和行政班子"双向进入、交叉任职";铁塔党校(学院)正式揭牌成立,并纳入中央党校国资委分校管理序列。持续加强员工关心关爱和权益维护,各级职代会及时规范召开,确保员工行使民主管理权利。中国铁塔在中央企业党建工作责任制考核中连续第四年获评A级。三是强化干部队伍建设,按照"对党忠诚、勇于创新、治企有方、兴企有为、清正廉洁"标准,全面落实中央人才工作会议精神,印发《"十四五"人才发展规划》,实施人才强企工程,全力打造忠诚干净担当的高素质专业化干部人才队伍。四是纵深推进从严管党治企,压实"两个责任",设立两级监督委员会,实行重大事项和重要问题督办整改制度,提升大监督体系效能。坚持重遏制、强高压、长震慑,严肃查处违纪违规行为,开展"靠企吃企"专项整治,完成省分公司内部常规巡视全覆盖,一体推进不敢腐、不能腐、不想腐。

全力配合巡视整改工作并抓好巡视整改"后半篇文章",以实际行动践行"两个维护"、拥护"两个确立"。2021年9月28日至12月3日,国务院国资委党委第二巡视组对中国铁塔党委进行常规政治巡视,并于12月30日反馈巡视意见。中国铁塔党委第一时间深入学习反馈意见,认真制定整改方案,形成5个方面共识,把抓好巡视整改"后半篇文章",作为推动公司改革发展的宝贵机遇和重大契机。公司党委从3个方面梳理12个问题,研究制定136条整改措施,并形成整改台账,以最严格的标准、最坚决的态度、最扎实的措施全面推进问题整改。

【信息化与数字化建设】 高质量完成《"十四五"数字化建设规划》,推进数字化企业建设。一是深化"业财一体"理念。坚持精益化管理,推进划小核算单元,运营商业务要核算到站,智联业务要核算到客户、到项目,能源业务要核算到(换电)柜、到(充电)桩,实现"一个站址一张损益表、一个经营责任人一张损益表、一个经营主体一张损益表",打造以单站、单桩、单柜、单项目为特色的精益化资产管理体系。二是深化数据治理。建立一套制度、一个数据字典、一个数据标准、一个企业级数据模型、一个数据中台、一个数据安全管控平台、一个数据稽核体系的以"七个一"为指引全业务数据治理机制,夯实数据基础。三是加快推进"一码到底",将采购、仓储、建设、资源、资产管理的物资编码统一,设备出厂时分配唯一编码,贯穿从采购到资产形成、资产运营、资产报废的全生命周期。四是加快推进电费电子化管理,绝大多数站址具备电子化出账能力,并加快实现全覆盖步伐。

【履行社会责任】 圆满完成庆祝中国共产党成立100周年系列活动、"7·20"郑州抗汛等重大应急和通信保障任务,以实际行动践行"两个维护",以实际行动保护人民群众生命财产安全,获得上级部委高度肯定,河南、甘肃、辽宁等省委、省政府均发来感谢信。协同电信企业累计建成电信普遍服务站址5.5万个,推动村级通4G比例超过99%;缩小东西部"数字鸿沟",网络布局更加均衡。全面落实习近平总书记脱贫攻坚重要论述和指示批示精神,健全组织建设、干部更替、项目管理等衔接保障机制,在全国15个省36个地(市)对口帮扶43个县、乡、村,其中总部在湖北省恩施州、湘西州对口3个县加大投入;26个帮扶项目全部落地,实现脱贫攻坚与乡村振兴有效衔接,1人获评"全国脱贫攻坚先进个人",2人获评"省级脱贫攻坚先进个人",《中国铁塔加大网络扶贫工作力度》入选中央网信办优秀案例。

(撰稿人:张志峰 边国栋)

中国绿发投资集团有限公司

【基本概况】 中国绿发投资集团有限公司(以下简称中国绿发)是根据党中央深化国资国企改革工作部署,经国务院国资委党委研究同意,以国家电网原所属鲁能集团为主体,于2020年12月11日整建制重组成立的一家股权多元化中央企业。中国绿发深入贯彻新发展理念,坚持"推进绿色发展、建设美丽中国"企业使命,以绿色能源、低碳城市、绿色服务、战略性新兴产业投资为发展方向,打造以绿色低碳为主业的综合型领军企业,建设世界一流绿色产业投资集团。截至2021年底,中国绿发投资企业155家,其中全资、控股企业137家,参股18家,控股上市公司广宇发展(股票代码000537)。

2021年,中国绿发深入学习贯彻习近平新时代中国特色社会主义思想,认真落实"三新一高"要求,高质量完成"十四五"发展规划编制,明确战略目标、发展方向、实施路径和重点任务。扎实有力推动市场化改革,自上而下实施"全体起立、竞争上岗",全面完成经理层成员任期制和契约化管理这项"牛鼻子"工程。认真践行"碳达峰碳中和"战略,坚定落实"房住不炒"定位,全力推动国有资本向国家鼓励发展的产业集中,圆满顺利将上市公司房地产资产置换为新能源资产,显著提升企业形象,为中国绿发深化改革、推动发展转型奠定坚实基础。

【主要指标】 2021年,中国绿发坚持红色引领、绿色发展,统筹推进各项工作任务,大力开展提质增效专项行动。全年实现营业收入345.04亿元,净利润53.79亿元,净资产收益率6.01%,超额完成全年效益目标,经营业绩创历史新高。截至2021年底,中国绿发资产总额2197.29亿元,所有者权益972.98亿元,资产负债率55.72%,实现国有资本保值增值率107.56%,财务状况稳中向好。

表1 2021年中国绿发投资集团有限公司主要经济指标

项　目	2020年	2021年	比上年增长(%)
资产总额(亿元)	1939.48	2197.29	13.29
所有者权益(亿元)	816.83	972.98	19.12
营业收入(亿元)	319.34	345.04	8.05
利润总额(亿元)	30.12	85.11	182.57
净利润(亿元)	17.24	53.79	212.01
归属于母公司所有者的净利润(亿元)	13.34	57.45	330.66
技术开发投入(亿元)	0.1634	0.1651	1.04
利税总额(亿元)	65.79	127.88	94.38
应交税金总额(亿元)	48.28	74.09	53.46

续表

项　目	2020年	2021年	比上年增长(%)
全员劳动生产率[万元/(人·年)]	99.94	125.78	25.86
净资产收益率(%)	2.08	6.01	增加3.93个百分点
总资产报酬率(%)	2.66	5.27	增加2.61个百分点
国有资本保值增值率(%)	101.32	107.56	增加6.24个百分点

【改革发展】 2021年,中国绿发认真贯彻国企改革三年行动方案,建立健全改革组织体系,研究制定企业实施方案和工作台账,以优化资本布局、调整产业结构为基础,统筹落实各项改革工作,超额完成70%任务。一是"两个一以贯之"落实到位。认真贯彻《关于中央企业在完善公司治理中加强党的领导的意见》,研究制定党委、董事会及经理层工作(议事)规则,建立完善党组织前置研究讨论重大经营管理事项清单、董事会授权管理办法。扎实推进子企业董事会建设,36家单位实现应建尽建并全面实现外部董事占多数。二是机制市场化取得重要成果。坚持公开公平公正,分5批次高效平稳完成总部部门和所属单位173名管理人员选拔竞聘。坚持效益效率导向,按照定量为主、"一企一策"、"一岗一策"原则,全面完成年度和三年任期契约签订。全力推进市场化用工和薪酬分配机制改革,推进"管理人员能上能下""员工能进能出""收入能增能减"。优化调整管控模式、组织架构,总部部门和内设机构分别精简23.8%和46%,压减总部和平台公司定员编制179个,缩编30%。三是管理法制化稳步推进。制定对标世界一流管理提升行动实施方案,搭建全业务全方位对标管理体系。开展权责体系建设,颁布规章制度263项,发布专业统一合同文本105套。加强工程质量管理,第三方实测质量排名行业首位,获得国家级工程奖3项、省市级32项。积极推进对标世界一流管理提升行动,中国绿发江苏分公司入选国有重点企业管理标杆创建名单。

【重大项目】 2021年,中国绿发聚焦绿色发展主责主业，紧紧围绕国家重大战略部署，科学谋划企业发展。绿色能源产业方面，获取建设指标667万千瓦、锁定资源812万千瓦，开工汕头、青海等国家示范工程，甘肃马鬃山、山东德州二期等项目顺利投运，累计运营装机403万千瓦。低碳城市产业方面，着力推动传统房地产业务向健康地产转型，累计取得健康建筑认证14项、面积486万平方米，济南领秀城项目获评全国首个、也是规模最大的"金级运营认证"健康社区。深入开展100%绿建行动，建设绿色社区31个。签约落位溧阳瓦屋山低碳城，扎实推进策划定位等前期工作。与中国诚通合作沈阳大东项目，取得中央企业土地资源盘活工作突破。绿色服务业方面，坚持低碳绿色发展，千岛湖项目入选联合国"生物多样性100+全球典型案例"，绿色酒店22家、绿色商场4家。九寨康莱德等7家酒店精彩面市。与凯德、雅诗阁等六大国际集团签署战略合作协议，完成厦门、三亚等项目品牌落位。上海JW万豪侯爵成功实现全国首单酒店资产碳中和类REITs。战略性新兴产业投资方面，与中国科学院控股有限公司签署战略合作协议，加快培育和发展战略性新兴产业。推进与中科院理化所液化空气储能项目孵化，合作开展50兆瓦/600兆瓦·时液态空气储能技术研究。积极开展"新能源+数据中心"产业发展和大规模氢能利用研究。

【重大创新】 2021年，中国绿发深入贯彻落实习近平总书记关于科技创新系列重要讲话精神和国务院国资委有关工作部署，全面开展科技创新工作，部署12项关键技术课题研究，发表论文26篇，申请专利24件，其中发明专利6件、实用新型专利18件。系统开展2021年度管理创新计划及成果申报评审活动，形成管理创新成果84项，申报数量比上年增长58.5%，其中，管理创新示范项目77项、管理创新推广项目7项。

【党建工作】 2021年，中国绿发全面建立"第一议题"制度，建立贯彻落实习近平总书记重要指示批示精神和党中央决策部署工作机制。扎实开展党史学习教育，举办庆祝中国共产党成立100周年系列活动，深入学习党的十九届六中全会精神。扎实开展全国国企党建会精神贯彻落实情况"回头看"，编制党建工作五年规划，中国绿发党员政治生活馆入选新时代中央企业党的建设成就巡礼展。坚持党建服务生产经营不偏离，完成383项支部攻坚任务。创新开展主题党日开放日，累计举办12期，吸引160多万人次参与。"红色传承、绿色发展"文化体系获得"全国优秀企业文化成果"特等奖。举办首期"青马工程"培训班。全力配合完成国务院国资委党委巡视组开展专项巡视和常规巡视。制定加强对"一把手"和领导班子监督的实施意见。聚焦重点任务、关键领域，点题实施协同监督。积极开展创先争优，1个集体获评"全国五一巾帼标兵岗"，1人获得全国五一劳动奖章，2人获评"大国工匠"。

【信息化与数字化建设】 2021年，中国绿发紧紧围绕战略发展需要，完成"十四五"数字化规划纲要编制。按照加快推进国有企业数字化转型工作要求，制定以SAP为企业核心平台的数字化转型工作方案，全面升级企业核心业务平台。严格落实国务院国资委监管要求，制定企业国资国企在线监管系统建设方案，实现国资监管重点领域全覆盖。开展"智慧绿发"系统建设，完成协同办公系统和电子商务平台升级优化，建设智慧安监和数字化智慧审计平台，上线智慧人资和智慧党建系统，推进"绿信"移动办公平台应用，开展云计算平台和基础组件建设，服务企业改革发展和管理提升。高质量完成建党100周年、全国两会等重点保障，企业网络信息系统安全平稳运行。

【履行社会责任】 全面推进产业绿色低碳转型发展，助力"双碳"目标实现。截至2021年底，绿色能源年发电量超过75亿千瓦·时，相当于每年减排二氧化碳约719万吨。强化社会责任沟通，发布《中国绿发绿色发展白皮书》，官方网站上线"社会责任"栏目。全年累计完成客户满意度提升举措765项，组织举办客户关怀活动200余项，覆盖业主16万人次。开展"我为群众办实事"实践活动158项，重点民生项目8个。组织首届社会责任周活动、全国节能宣传周和全国低碳日活动，开展社会责任实践活动70余项。联合中国青少年发展基金会开展第二届青苗暖冬公益项目，为15所学校635名学生提供生活和学习上的物资支持。通过河南省慈善总会紧急捐款1000万元，支援河南省防汛救灾和灾后重建工作。

（撰稿人：陈 芮）

中国南水北调集团有限公司

【基本概况】 2021年是中国南水北调集团有限公司（以下简称集团公司）开局启程之年，集团公司以习近平新时代中国特色社会主义思想为指导，深入贯彻落实习近平总书记关于南水北调的重要讲话和指示批示精神，认真学习领会习近平总书记"十六字"治水思路和"四条生命线""三个事关"的重要论述，在稳步有序推进集团公司组建的同时，重点围绕建设运营南水北调工程、构建国家水网、做强做优做大国有资本谋篇布局。一是确保工程安全平稳运行。集团公司坚持底线思维，有效应对历史罕见特大暴雨袭击、极寒天气影响和新冠肺炎疫情反弹等多重挑战，中线工程年度调水90.54亿立方米，完成年度调水计划的121%，连续两年超过规划多年平均供水量，连续七年供水量持续攀升，其中完成生态补水近20亿立方米，是年度计划的3倍；东线工程提前完成年度调水任务，调水入山东6.74亿立方米，东线北延向河北、天津供水3270万立方米。中线水质持续稳定达到或优于地表水Ⅱ类标准，东线水质持续稳定达到Ⅲ类标准。二是加快推进后续工程规划建设。严格落实南水北调工程前期工作、资金筹措和开发建设的主体责任，全力抓好构建"四横三纵"国家骨干水网的主责主业。扎实推进东、中线后续工程规划建设和西线工程前期工作，深化东线后续工程可研论证，推进西线工程规划，积极配合总体规划评估和有关重大专题研究。积极推进引江补汉工程前置要件办理，做好开工建设准备。三是公司组建稳步有序。以后发优势加快国企改革三年行动进程，半年时间完成128项改革任务的72项。中国特色现代企业制度逐步建立健全，法人治理结构逐步完善，制定出台基本制度100余项，公司运转逐步走向规范化。总部11个职能部门和纪检监察组全部成立并有序运转，正式入驻琨御府新办公楼。加快科研攻关和技术标准制定，建设数字孪生南水北调，努力打造原创技术"策源地"。平稳有序完成中、东线公司交接。积极拓展涉水主业布局，注册成立综合服务中心、水务、新能源等子公司，积极筹备智慧水网、生态环保、文化旅游等业务板块，集团化企业初步成型。

【主要指标】

表1 2021年中国南水北调集团有限公司主要经济指标

项 目	2020年	2021年	比上年增长（%）
资产总额（亿元）	1729.15	1695.61	−1.94
所有者权益（亿元）	1370.22	1366.93	−0.24
营业收入（亿元）	78.63	85.42	8.64
利润总额（亿元）	−13.47	−12.23	9.20
净利润（亿元）	−13.56	−12.33	9.07
归属于母公司所有者的净利润（亿元）	−13.56	−12.33	9.07
技术开发投入（亿元）	0.35	0.86	145.71
利税总额（亿元）	−8.21	−7.55	8.04
应交税金总额（亿元）	5.26	4.68	−11.03
全员劳动生产率[万元/（人·年）]	92.25	94.03	1.93
净资产收益率（%）	−0.99	−0.90	增加0.09个百分点
总资产报酬率（%）	−0.04	−0.02	增加0.02个百分点
国有资本保值增值率（%）	—	99.76	—

【改革发展】 一是扎实推进国企改革三年行动。成立全面深化改革领导小组，多次组织召开会议专题研究改革工作。组织举办国企改革专题培训，掌握改革政策和经验做法。制定《推进落实集团公司改革三年行动工作方案》，逐项明确任务完成标志和工作计划。梳理国资国企改革重大政策，编印《国企改革1+

N政策汇编》。截至2021年底,集团公司总部年度改革任务基本完成,中线公司78项任务完成55项,东线公司98项任务完成69项,预期目标任务基本完成。二是公司制改制取得重要突破。制定印发《中线建管局、东线公司公司制改制工作方案》,明确重点改制任务。编印《国有企业公司制改制政策法规汇编》,学好"方法论"、用足"工具箱"。密切沟通水利部、国务院国资委等部委,解决出资人变更(备案)、企业名称变更核准等问题。2021年12月,完成中线公司、东线公司改制批复,夯实集团公司与中线公司、东线公司的管理关系和产权关系。三是加强产权管理夯实发展基础。以2022年底前完成南水北调东中线一期工程竣工财务决算为目标,加强与财政部、水利部、审计署等国家部委沟通汇报,推动解决决算实际困难。及时协调财政部、水利部办理集团公司产权登记证,完成中线公司、东线公司公司制改制登记工作;完成固定资产管理、股权管理、资产评估、无形资产等产权基础制度建设;同步启动资产管理及产权登记信息化系统建设和资产编码研究工作。开展民企挂靠及控股不控权问题专项治理,确保相关部署落实落地;全面提升国有资产管控能力,依法履行股东权利,切实履行管理责任,防止"失控失管"。四是聚焦主业拓展优化涉水产业布局。以涉水主业为基础,筹备成立水务、新能源、文旅、生态环保等公司,搭建集团公司提升综合效益实现高质量发展的平台。组织中国电建集团北京勘测设计研究院有限公司、国家发展和改革委员会能源研究所、清华大学等机构开展"水产业链发展策略研究""可再生能源布局和试点项目研究""全过程工程咨询模式研究"等重大专题研究,提出多业态发展的可行性、实施路径、产业布局和重点任务,建立完善涉水产业链。五是奋力攻坚做好三项制度改革。制定实施集团公司"三定"方案,健全机构设置,明确职责分工。制定公开招聘管理制度和人员选调制度,把好企业用人关。制定总部领导人员选拔任用工作暂行办法、职位管理暂行办法、劳动合同管理办法等管理制度,初步建立干部人事制度体系。建立健全以岗位价值和业绩贡献决定薪酬的分配制度和体制机制,实行以岗定薪、易岗易薪,合理拉开收入差距,持续推进分配管理体系建设。

【重大项目】 重大决策。一是高质量推进集团公司战略规划编制及相关专题研究。集团公司制定战略规划管理办法,印发"十四五"发展规划编制工作方案,借助高端智库单位开展基础研究。二是积极做好引江补汉工程开工建设准备。集团公司加快推进引江补汉工程项目法人组建,成立由集团公司直管的项目法人筹备组,积极配合深化规划设计,加快办理前置要件,开工准备进一步夯实。三是推动集团公司与政府、企业等的战略合作。集团公司先后与河南省、宁夏回族自治区、甘肃省、北京市丰台区人民政府签订战略合作协议,并与中国长江三峡集团有限公司、中国铁道建筑集团有限公司、中国铁路工程集团有限公司、中国电力建设集团有限公司、中国能源建设集团有限公司、国家能源投资集团有限责任公司、中国建筑集团有限公司等7家中央企业签署战略合作协议。

重大项目。引江补汉工程:水利部组织对《引江补汉工程可行性研究报告》进行修改完善,并向国家发展改革委报送《水利部关于引江补汉工程可行性研究报告修订成果及其审查意见的函》。东线二期工程:按照水利部工作部署,淮河委同海河委开展东线后续工程方案论证等工作,编制完成《南水北调东线二期工程规划报告》(2021年修订)。中线沿线调蓄工程:集团公司积极有序推进中线调蓄工程,积极向国家发展改革、财政部、水利部申请投资计划和国家建设资金。西线工程:集团公司持续推进西线工程前期工作,组织开展新形势下深化西线工程方案比选论证对策研究,与沿黄省(市)、有关规划设计单位就调水线路、调水规模、用水需求等进行深入研讨,加强有关项目对接和战略合作。

对外投资与经营。投资参与国家水网骨干工程浙江省开化县开化水库特许经营项目。

重大科研开发。坚持科技创新作为推动南水北调后续工程高质量发展的强大动力,将科研项目与工程运行紧密结合,参与多个国家重点研发和关键技术攻关课题,推进工程运行安全监测、水下巡检检测、水质预警等课题研究,并在南水北调中线和东线工程多点进行应用示范。发挥自身工程优势,分别与中国水利水电科学研究院等单位建立产学研合作,对南水北调东线工程开展阶段评估和技术创新总结,参建国家科技创新平台。

【重大创新】 坚持科技创新推动南水北调后续工程高质量发展,围绕重大科技攻关任务、科技创新平台、科技成果转化应用、标准化体系建设等方面,启动"十四五"科技创新专项规划编制工作,初步搭建未来南水北调科技创新发展体系。加强水质监测和科研能力,南水北调水质微观检测实验室完成南水北调中线典型危险有机物基本信息整理,建立分级谱图库。参与水下监测机器人系统、输水渡槽流态优化实验、重点建筑物抗震分析、基于卫星 InSAR 技术的区域性地面沉降监测项目研究、无人机的高精度渠坡变形巡测系统研究,冰期冰情原型观测等研究,均取得显著的优化效果,为工程运行管理提供有力科技支撑,其中水下机器人在南水北调东线穿黄工程完成首次水下巡检测试工作。立足自身实际,扎实推进技术标准化工作,修订技术标准 27 项,主编或参编团体标准 6 项,涉及长距离大型引调水工程运行管理、膨胀土边坡工程等技术,相关标准在工程运行管理中得到充分检验。

以管理创新赋能集团公司高质量发展。一是将党的领导融入公司治理各环节,实现决策"清单化"管理,制定集团公司重大经营事项决策"三合一"清单,涵盖党组前置研究讨论事项、董事会决策事项和经理层决策事项。二是构建标准统一、分级分类的制度管理体系,夯实管理"底座"。截至 2021 年底,集团公司层面累计印发管理制度 109 项,实现基本业务领域制度全覆盖,为公司依法管理、合规运营提供坚实保障,推动制度优势转化为治理效能。三是创新南水北调工程管理体制,配合国家发展改革委、水利部等组织开展南水北调工程建设运营体制、筹融资机制、水价和水费收缴机制等研究,加强与相关部委请示汇报,争取政策支持,推进后续工程高质量发展。四是创新安全管理方式,探索推进安全生产网格化管理。责任落实到人,打通安全管理"最后一公里",基于业务名录,建立运行管理全业务流程,充分利用物联网、大数据、云计算等现代信息化手段,不断提升安全监管能力,着力构建更高水平的平安南水北调。

【党建工作】 一是举旗铸魂、凝神聚力推动党史学习教育走深走实。党组第一时间召开党史学习教育动员部署会,举办专题读书班 4 期、辅导报告会 6 期,深入学习宣传贯彻习近平总书记"七一"重要讲话精神和党的十九届六中全会精神,明理增信崇德力行,忠诚捍卫"两个确立"、忠实践行"两个维护"。录制央视《信物百年》纪录片,参加人民网"党史力量国之大业"访谈节目,申报南水北调中线干线穿黄工程和陶岔渠首枢纽工程入选国务院国资委首批名录,传承南水北调精神,赓续红色基因血脉。坚持学史力行、实干为民,接续推进调水补水、冰期输水、应急供水等"我为群众办实事"项目 10 项,引导各级党组织和全体党员干部从百年党史中汲取奋进力量,奋力开辟新征程上南水北调新的波澜壮阔。二是"四专题一总结"深入学习贯彻习近平总书记南阳座谈会重要讲话精神。2021 年 5 月 14 日,习近平总书记在南阳亲自主持召开推进南水北调后续工程高质量发展座谈会并发表重要讲话,为推进南水北调和国家水网建设发展指明前进方向、提供根本遵循。党组第一时间传达学习习近平总书记重要讲话和指示批示精神,制定学习贯彻方案,迅速落实落地。6 月 2 日至 7 月 1 日,党组中心组围绕"三个事关、六条经验、三条线路、六项任务"4 个专题深入学习研讨并召开总结交流会,引导全体党员干部学出坚定信念、学出绝对忠诚、学出使命担当,增强"志建南水北调、构筑国家水网"的信心决心,牢记谆谆嘱托、心怀国之大者,坚定不移为伟大复兴战略全局提供有力水资源支撑和水安全保障。三是强根铸魂、固本培元,全面加强基层组织建设。深入学习贯彻习近平总书记关于国有企业党的建设重要论述,坚持党的领导,加强党的建设,及时成立集团公司直属党委、纪委,调整组建 12 个党支部和 4 个子公司党委,完善基层组织体系。坚持"两个一以贯之",选取 4 个基层支部作为试点,推动党建与生产经营深度融合。成立集团总部工会,推动群团工作守正创新发展。组织"学党史、强党性、跟党走"系列主题党日活动,举办《长津湖》精神专题研讨,弘扬伟大建党精神,传承优良传统作风。在防汛抗洪抢险中充分发挥基层党组织战斗堡垒作用和党员先锋模范作用,组建"党员突击队",设立"党员先锋岗",有效处置河南段多处险情,确保人民群众生命、财产和饮水安全。

四是压紧压实全面从严治党主体责任,深入推进党风廉政建设和反腐败工作。集团公司党组先后印发《关于贯彻落实中央八项规定精神实施办法(试行)的通知》《关于领导人员规范报备婚丧嫁娶事宜的通知》《关于印发领导人员违规插手干预企业重大事项记录报告有关规定的通知》等文件,建章立制,从源头规范用权、严格管理。党组召开全面从严治党专题会议、与纪检监察组专题会商会议、党内法规执行和制度建设专题会议、警示教育会议等,印发主体责任清单和年度重点任务,推动全面从严治党向纵深迈进。建立"纪检监察组+地方纪检监察机关"协作机制,与战略合作单位签署廉洁共建协议。组建党组巡视办,成立党组巡视工作领导小组,启动巡视组长库、巡视人才库建设,制定《巡视监督重点及发现问题》1.0版。深化纪检监察体制改革,成立集团公司党风廉政建设和反腐败工作协调小组,推动集团公司各类监督贯通融合。深入开展"靠企吃企"专项整治,突出抓好对各单位"一把手"和班子成员的监督。严格贯彻中央八项规定精神及其实施细则,坚决纠"四风"、树新风,一体推进"三不"机制建设,着力营造政治生态上的绿水青山。

【信息化与数字化建设】 以设施建设为基础,通过组织编制需求方案、确定一期建设模式、系统测试等工作,顺利完成总部信息化基础设施一期建设,实现"能通话、能上网、能开会"的基础办公条件;以编制专项规划为引领,按照专题调研、确定目录、编写大纲、编制规划"四步走"的工作计划,完成数字化转型转向规划初稿;启动总部信息系统总体框架设计报告编制工作,提出构建包含"一个门户、两个保障、四个平台"的集团总部信息系统建设总体框架;组织研提集团公司信息化板块优化发展建议;从发展原则、远近期发展目标及近期重点项目,完成大数据中心产业项目建议书初稿编制,启动信息化IPv6融合应用试点工作;以技术应用为支撑,尝试推动5G、人工智能、互联网、北斗系统等应用赋能智慧南水北调建设,信息化手段在调水关键业务中的应用日益深化;着手准备数字孪生南水北调建设方案编制工作,加速实现水资源监管、调配决策的数字化、网络化和智能化。

【履行社会责任】 一是充分发挥"四条生命线"的作用。南水北调工程承担着优化国家水资源配置、保障群众饮水安全、复苏河湖生态环境、畅通南北经济循环的生命线作用。2021年东中线一期供水97.5亿立方米,通水以来累计供水近500亿立方米,受益人口1.4亿人,沿线40多座大中城市280余个县(市、区)用上南水,各受水城市生活供水保证率从不足75%提高到95%以上。丹江口水库和中线干线供水水质稳定在Ⅱ类标准及以上,河北省黑龙港区域500余万名群众彻底告别长期饮用苦咸水的历史。全年生态调水近20亿立方米,东中线一期工程向沿线累计实施生态补水超过73亿立方米,永定河、滹沱河、大清河等实现全线通水,有效遏制华北地区地下水水位下降、地面沉降等趋势,大大提升沿线群众获得感、幸福感、安全感,彰显南水北调工程巨大的经济、社会和生态效益。二是坚决确保南水北调"三个安全"。成立集团安全生产委员会和应急管理领导小组,健全完善并严格落实安全生产责任制,积极开展标准化达标创建,夯实筑牢安全生产和应急管理体系,切实维护南水北调工程安全、供水安全、水质安全。防汛过程中,应对特大暴雨洪水袭击,集团党组发布预警通知25次,启动应急响应8次,各级领导率先垂范、深入一线,带动各级党组织以雨为令、闻汛而动,党员"突击队"披坚执锐、向险而行,累计投入抢险力量3000余人次,机械设备1500余台次,中线经受462个交叉建筑所在河道行洪过流,东线5座泵站相继排涝5.6亿立方米,有力有效确保沿线群众生命、财产和饮水安全,充分发挥大国"顶梁柱"的关键支撑作用,彰显一切为了人民的社会责任担当。三是全力服务保障国家重大会议活动。作为在北京中央企业,认真制定专项工作方案和应急预案,扎实细致做好全国两会、十九届六中全会等重大会议和重要节庆活动期间安保维稳和供水保障工作。定期召开思想政治工作会和意识形态专题会,抓好各类意识形态阵地建设,强化政治安全、经济安全、科技安全、生态安全等各方面安全宣传教育,维护安全稳定的社会环境。认真贯彻中央关于常态化疫情防控要求,严格遵从国务院国资委、水利部和北京市防疫部署,落实"四方"责任,强化防控体系,坚决打赢疫情防控阻击战。主动融入首都文明创建,积极参与属地爱国卫生运动、社区志愿服务等新时代文明实践活动,展现国资央企的责任与形象。所属中线公司获评"首都文明单位""全国水利文明单位",中线天津管理处被授予"全国青年文明号"称号,"南水北调公民大讲堂"获得第十三届中国青年志愿者优秀项目奖。四是切实保障集团干部职工权益。坚持以人为本,推动公司与广大职工健康可持续发展,使每一名职工都与集团公司成为命运共同体、生命共同体。建立健全企业年金和补充医疗保险制度,协调注册地提供人才公租房,完善公司体育文化健康等保障措施,公司职工及家属受益300余人。深入开展节能型总部机关转型和集团信息化建设,着力改善办公环境条件,提升集团公司综合服务保障能力和整体效能。针对部分一线职工两地分居等急难愁盼问题,东线公司通过推荐、双选等举措,有效解决职工夫妻两地分居、迁移落户及子女入学等后顾之忧,让基层职工真切感受到党组织的关怀和温暖,激发广大干部职工积极投身南水北调和国家水网建设发展的热情与干劲。

(撰稿人:王子亚)

国有资产统计资料

2022
CHINA'S STATE-OWNED
ASSETS SUPERVISION AND
ADMINISTRATION YEARBOOK

中国国有资产监督管理年鉴

第五篇

2021年国资系统监管企业户数、从业人数、国有资产总量综合分析表

项　目	户　数(户)	年末从业人员人数(万人)	年末国有资产总量(亿元)
国资系统监管企业合并	212286	3214.3	666698.3
国资系统监管企业合计	212286	3216.6	1476999.3
一、按企业规模分类			
(一)大型企业	8644	1874.9	378296.8
(二)中型企业	32515	782.3	363255.0
(三)小型企业	69783	474.2	429851.8
(四)微型企业	101344	85.3	305595.8
二、按组织形式分类			
(一)公司制企业	206808	3062.6	1437440.4
其中:国有独资企业	16225	194.2	403799.9
(二)非公司制企业	5478	154.1	39559.0
三、按盈利或亏损分类			
(一)盈利	136410	2456.5	1198371.3
(二)亏损	75876	760.1	278628.0
四、按监管关系分类			
(一)国务院国资委监管企业	53342	1308.6	152988.9
(二)地方国资委监管企业	158944	1905.7	513709.4
五、按经济带分类			
(一)东部沿海地区	110058	1555.5	856973.3
(二)中部内陆地区	37252	749.8	231627.9
(三)西部边远地区	53393	834.6	306279.5
六、按产业作用分类			
(一)基础性行业	56178	1523.7	555911.7
(二)一般生产加工行业	29993	786.9	163774.2
(三)商贸服务及其他行业	126115	906.0	757313.5

注:①本表数据汇编范围为国务院国资委监管企业和全国37个省(自治区、直辖市、计划单列市、新疆生产建设兵团)所属的国资委系统监管21.2万户,以下简称国资系统监管企业;
②本资料中按照综合及行业划分的分析数据基于单户企业报表数据直接进行汇总(不含合并抵消)。

2021年国资系统监管企业户数、从业人数、国有资产总量行业分析表

项　　目	户　数(户)	年末从业人员人数(万人)	年末国有资产总量(亿元)
国资系统监管企业合并	212286	3214.3	666698.3
国资系统监管企业合计	212286	3216.6	1476999.3
一、农林牧渔业	5920	65.0	27286.9
其中:农业	2973	34.9	21942.8
林业	642	13.6	1316.9
二、工业	47765	1405.0	371047.3
其中:煤炭工业	2069	209.0	26367.2
石油和石化工业	821	126.0	74713.6
冶金工业	2406	126.6	32815.0
建材工业	3796	49.4	11273.3
化学工业	2960	88.0	16447.0
森林工业	105	0.8	94.3
食品工业	1562	26.9	2588.5
烟草工业	9	0.1	9.0
纺织工业	394	9.6	534.7
医药工业	908	23.7	4714.2
机械工业	6996	245.3	35789.0
其中:汽车工业	1295	93.8	16457.1
电子工业	1776	76.8	11449.2
电力工业	11765	193.6	103298.9
市政公用工业	7853	87.5	24672.3
其他工业	2992	64.8	8379.3
三、建筑业	17881	391.8	118486.3
四、交通运输业	10606	319.1	145615.3
其中:铁路运输业	382	6.5	10636.5
道路运输业	6111	222.3	92548.4
水上运输业	1933	26.5	17256.1
航空运输业	703	49.9	11399.3
五、仓储业	4590	26.0	10314.6

续表

项　目	户　数(户)	年末从业人员人数(万人)	年末国有资本总量(亿元)
六、商贸业	23662	164.8	42089.5
七、房地产业	29994	144.7	159372.2
八、信息传输、软件和信息技术服务业	5143	147.3	54295.2
其中:电信业	696	111.7	49587.9
九、社会服务业	44402	310.9	446403.9
十、教育文化广播业	3925	17.4	3482.7
十一、科学研究和技术服务业	11768	122.9	18199.4
十二、金融业	4675	77.1	75312.6
十三、其他	1955	24.7	5093.5

2021年国资系统监管企业户数、从业人数、国有资产总量地区分析表

项　目	户　数(户)	年末从业人员人数(万人)	年末国有资产总量(亿元)
国资系统监管企业合并	212286	3214.3	666698.3
一、国务院国资委监管企业	53342	1308.6	152988.9
二、地方国资委监管企业	158944	1905.7	513709.4
北京市	10049	125.5	18335.9
天津市	3337	24.3	13710.4
河北省	3243	59.6	8247.3
山西省	4898	116.3	6537.2
内蒙古自治区	1519	31.5	7684.7
辽宁省	2941	43.1	7355.8
其中:大连市	527	8.7	1163.4
吉林省	1489	18.2	5880.8
黑龙江省	2058	36.4	7644.7
上海市	13124	165.9	35770.0
江苏省	8660	85.6	52430.3
浙江省	12994	112.7	45007.5
其中:宁波市	1247	8.8	6948.0

续表

项 目	户 数(户)	年末从业人员人数(万人)	年末国有资产总量(亿元)
安徽省	4238	70.4	24419.8
福建省	6970	55.7	10848.4
其中:厦门市	2966	17.9	2515.9
江西省	4026	50.6	20035.0
山东省	13774	156.4	36714.7
其中:青岛市	3075	22.4	8543.6
河南省	2204	46.7	6022.6
湖北省	4726	41.1	19344.9
湖南省	2659	37.3	15876.6
广东省	15246	181.8	38122.5
其中:深圳市	2462	55.1	12034.6
广西壮族自治区	3674	43.0	11330.1
海南省	1369	11.4	2688.1
重庆市	3562	46.1	22001.0
四川省	8018	79.9	31571.4
贵州省	2515	30.5	12368.6
云南省	5929	45.5	16214.3
西藏自治区	683	3.7	1154.9
陕西省	5927	82.0	13659.7
甘肃省	3131	40.4	8667.3
青海省	594	8.0	2081.9
宁夏回族自治区	791	6.8	2175.2
新疆维吾尔自治区	3154	34.2	8428.1
新疆生产建设兵团	1442	15.1	1379.8

2021年国资系统监管企业资产负债综合分析表

项 目	资产总计(亿元)	负债合计(亿元)	所有者权益(净资产)(亿元)	资产负债率(%)
国资系统监管企业合并	2734936.8	1828057.1	906879.7	66.8
国资系统监管企业合计	4186305.8	2584889.5	1601416.3	61.7

续表

项 目	资产总计（亿元）	负债合计（亿元）	所有者权益（净资产）（亿元）	资产负债率（%）
一、按企业规模分类				
（一）大型企业	1287926.2	849409.0	438517.2	66.0
（二）中型企业	1116601.4	722801.1	393800.3	64.7
（三）小型企业	1052365.0	606712.9	445652.1	57.7
（四）微型企业	729413.2	405966.5	323446.7	55.7
二、按组织形式分类				
（一）公司制企业	4109081.9	2548755.7	1560326.1	62.0
其中：国有独资企业	819488.5	410969.4	408519.0	50.1
（二）非公司制企业	77223.9	36133.8	41090.1	46.8
三、按盈利或亏损分类				
（一）盈利	3287647.3	1975830.2	1311817.1	60.1
（二）亏损	898658.5	609059.2	289599.2	67.8
四、按监管关系分类				
（一）国务院国资委监管企业	753185.8	487551.7	265634.1	64.7
（二）地方国资委监管企业	1981750.9	1340505.3	641245.6	67.6
五、按经济带分类				
（一）东部沿海地区	2470054.4	1525653.3	944401.1	61.8
（二）中部内陆地区	636182.8	391126.2	245056.6	61.5
（三）西部边远地区	858457.1	538787.8	319669.3	62.8
六、按产业作用分类				
（一）基础性行业	1352579.4	750416.3	602163.1	55.5
（二）一般生产加工行业	444968.0	259757.1	185210.8	58.4
（三）商贸服务及其他行业	2388758.4	1574716.0	814042.4	65.9

2021年国资系统监管企业资产负债行业分析表

项 目	资产总计（亿元）	负债合计（亿元）	所有者权益（净资产）（亿元）	资产负债率（%）
国资系统监管企业合并	2734936.8	1828057.1	906879.7	66.8
国资系统监管企业合计	4186305.8	2584889.5	1601416.3	61.7

续表

项 目	资产总计（亿元）	负债合计（亿元）	所有者权益（净资产）（亿元）	资产负债率（%）
一、农林牧渔业	44040.5	16315.6	27724.9	37.0
其中：农业	30949.4	8887.0	22062.4	28.7
林业	2622.6	1302.3	1320.3	49.7
二、工业	915372.4	494874.7	420497.7	54.1
其中：煤炭工业	85539.4	55869.3	29670.2	65.3
石油和石化工业	132414.5	51731.4	80683.1	39.1
冶金工业	89507.4	50173.1	39334.3	56.1
建材工业	29127.9	15338.7	13789.2	52.7
化学工业	50120.6	30182.6	19938.0	60.2
森林工业	355.0	223.1	132.0	62.8
食品工业	6357.1	3114.3	3242.8	49.0
烟草工业	40.1	31.1	9.0	77.5
纺织工业	1849.5	1166.5	682.9	63.1
医药工业	10221.7	4099.5	6122.2	40.1
机械工业	101906.5	57669.2	44237.3	56.6
其中：汽车工业	42423.8	22339.6	20084.2	52.7
电子工业	30887.1	15997.0	14890.1	51.8
电力工业	251799.9	139820.6	111979.3	55.5
市政公用工业	61674.0	35043.9	26630.1	56.8
其他工业	20111.5	9717.8	10393.7	48.3
三、建筑业	398886.3	271571.4	127314.9	68.1
四、交通运输业	333448.0	181447.1	152001.0	54.4
其中：铁路运输业	18220.5	7525.3	10695.2	41.3
道路运输业	228592.7	133802.1	94790.6	58.5
水上运输业	37179.6	17760.2	19419.4	47.8
航空运输业	27931.6	15074.3	12857.3	54.0
五、仓储业	32802.7	21531.1	11271.5	65.6
六、商贸业	157459.2	109663.3	47795.9	69.6
七、房地产业	582552.9	409496.2	173056.7	70.3
八、信息传输、软件和信息技术服务业	93022.6	36297.4	56725.2	39.0
其中：电信业	80255.5	28920.4	51335.1	36.0
九、社会服务业	948205.5	491226.8	456978.7	51.8

续表

项 目	资产总计（亿元）	负债合计（亿元）	所有者权益（净资产）（亿元）	资产负债率（%）
十、教育文化广播业	7762.3	4140.9	3621.4	53.3
十一、科学研究和技术服务业	42056.2	23274.0	18782.2	55.3
十二、金融业	618279.1	517995.0	100284.1	83.8
十三、其他	12418.2	7056.1	5362.1	56.8

2021年国资系统监管企业资产负债地区分析表

项 目	资产总计（亿元）	负债合计（亿元）	所有者权益（净资产）（亿元）	资产负债率（%）
国资系统监管企业合并	2734936.8	1828057.1	906879.7	66.8
一、国务院国资委监管企业	753185.8	487551.7	265634.1	64.7
二、地方国资委监管企业	1981750.9	1340505.3	641245.6	67.6
北京市	85036.6	55702.2	29334.4	65.5
天津市	74487.9	58326.6	16161.3	78.3
河北省	31459.0	20923.2	10535.8	66.5
山西省	39108.0	28552.9	10555.1	73.0
内蒙古自治区	19981.4	11578.5	8402.8	57.9
辽宁省	17874.0	9860.7	8013.3	55.2
其中:大连市	3155.3	1715.5	1439.8	54.4
吉林省	16263.2	9783.1	6480.1	60.2
黑龙江省	17303.4	9279.9	8023.4	53.6
上海市	259025.4	204359.9	54665.5	78.9
江苏省	173960.2	112720.3	61239.9	64.8
浙江省	157552.7	106061.8	51490.9	67.3
其中:宁波市	22322.6	14830.7	7491.8	66.4
安徽省	66655.3	37742.3	28913.1	56.6
福建省	54561.2	38237.6	16323.6	70.1
其中:厦门市	16788.9	11665.8	5123.1	69.5

续表

项　目	资产总计（亿元）	负债合计（亿元）	所有者权益(净资产)（亿元）	资产负债率（％）
江西省	57666.2	35419.6	22246.6	61.4
山东省	152391.8	103846.3	48545.5	68.1
其中:青岛市	36816.7	26532.9	10283.8	72.1
河南省	30734.0	22239.0	8495.0	72.4
湖北省	63759.7	41394.9	22364.8	64.9
湖南省	43859.0	25957.0	17901.9	59.2
广东省	145760.5	91584.3	54176.2	62.8
其中:深圳市	50075.7	31535.4	18540.3	63.0
广西壮族自治区	45501.5	31985.6	13515.9	70.3
海南省	7480.8	4473.4	3007.4	59.8
重庆市	75990.7	51362.2	24628.6	67.6
四川省	120261.6	82731.6	37530.0	68.8
贵州省	34081.9	20424.3	13657.6	59.9
云南省	60573.2	40054.3	20518.9	66.1
西藏自治区	3256.0	2097.8	1158.2	64.4
陕西省	57543.8	39358.5	18185.2	68.4
甘肃省	25249.4	15825.0	9424.4	62.7
青海省	7077.6	4733.4	2344.2	66.9
宁夏回族自治区	8130.0	5517.7	2612.3	67.9
新疆维吾尔自治区	23272.2	14273.3	8998.9	61.3
新疆生产建设兵团	5892.8	4098.1	1794.7	69.5

2021年国资系统监管工业企业户数、从业人数、国有资产总量地区分析表

项　目	户　数(户)	年末从业人员人数(万人)	年末国有资产总量(亿元)
工业企业合计	47765	1405.0	371047.3
一、国务院国资委监管企业	19656	693.2	257838.4

续表

项 目	户 数(户)	年末从业人员人数(万人)	年末国有资产总量(亿元)
二、地方国资委监管企业	28109	711.9	113208.9
北京市	2281	49.3	13319.9
天津市	590	6.3	1636.7
河北省	715	31.3	3976.2
山西省	1620	84.6	8647.7
内蒙古自治区	333	11.9	2825.6
辽宁省	579	20.2	1589.3
其中:大连市	141	3.8	346.8
吉林省	291	7.4	544.2
黑龙江省	354	14.7	932.7
上海市	1599	40.6	8052.5
江苏省	1048	22.3	4556.1
浙江省	1465	15.6	5502.8
其中:宁波市	119	0.9	453.6
安徽省	833	37.8	4812.2
福建省	826	18.4	3331.5
其中:厦门市	148	3.6	457.5
江西省	792	13.8	2928.3
山东省	2581	79.3	10092.5
其中:青岛市	531	8.8	1095.1
河南省	708	31.3	2893.9
湖北省	564	10.4	1210.4
湖南省	522	14.8	2484.0
广东省	2774	46.5	7629.1
其中:深圳市	487	6.2	1507.5
广西壮族自治区	738	13.3	1985.0
海南省	166	1.3	339.1
重庆市	664	9.8	1896.7
四川省	1218	25.1	3509.2

续表

项　目	户　数(户)	年末从业人员人数(万人)	年末国有资产总量(亿元)
贵州省	457	15.2	2344.3
云南省	1061	13.9	2424.7
西藏自治区	110	0.6	182.0
陕西省	1453	39.9	8394.7
甘肃省	651	17.3	2850.2
青海省	151	4.5	−170.2
宁夏回族自治区	96	0.9	154.6
新疆维吾尔自治区	549	7.8	1562.4
新疆生产建设兵团	320	5.2	770.7

2021年国资系统监管工业企业资产负债地区分析表

项　目	资产总计(亿元)	负债合计(亿元)	所有者权益(净资产)(亿元)	资产负债率(%)
工业企业合计	915372.4	494874.7	420497.7	54.1
一、国务院国资委监管企业	568497.0	284274.7	284222.3	50.0
二、地方国资委监管企业	346875.3	210599.9	136275.4	60.7
北京市	35879.8	19436.0	16443.7	54.2
天津市	5001.1	3121.2	1880.0	62.4
河北省	14938.0	10270.3	4667.7	68.8
山西省	38114.0	28263.9	9850.0	74.2
内蒙古自治区	6925.3	3721.8	3203.5	53.7
辽宁省	4690.4	2895.8	1794.5	61.7
其中:大连市	1108.5	658.0	450.4	59.4
吉林省	1953.0	1237.4	715.7	63.4
黑龙江省	2786.6	1736.2	1050.4	62.3
上海市	22010.7	12251.9	9758.8	55.7

续表

项　目	资产总计（亿元）	负债合计（亿元）	所有者权益(净资产)（亿元）	资产负债率（%）
江苏省	13410.6	7786.4	5624.1	58.1
浙江省	12932.7	6639.7	6293.0	51.3
其中:宁波市	1029.5	530.7	498.8	51.5
安徽省	13315.0	6666.7	6648.2	50.1
福建省	8444.2	4568.8	3875.4	54.1
其中:厦门市	1259.0	763.5	495.5	60.6
江西省	7646.1	4159.0	3487.1	54.4
山东省	37392.9	23591.6	13801.3	63.1
其中:青岛市	3434.2	1927.0	1507.2	56.1
河南省	12317.2	9188.8	3128.4	74.6
湖北省	3702.2	2351.5	1350.7	63.5
湖南省	7273.7	4137.2	3136.4	56.9
广东省	21401.9	11711.0	9690.9	54.7
其中:深圳市	4149.5	2215.3	1934.2	53.4
广西壮族自治区	5876.6	3661.9	2214.7	62.3
海南省	512.5	169.0	343.5	33.0
重庆市	5519.5	3416.8	2102.7	61.9
四川省	10458.5	6271.6	4186.9	60.0
贵州省	6612.6	3569.5	3043.1	54.0
云南省	7879.1	5097.5	2781.6	64.7
西藏自治区	476.0	289.8	186.2	60.9
陕西省	22756.5	13725.4	9031.1	60.3
甘肃省	7407.9	4215.9	3191.9	56.9
青海省	2376.9	2489.3	−112.4	104.7
宁夏回族自治区	519.1	349.4	169.7	67.3
新疆维吾尔自治区	4129.9	2268.6	1861.3	54.9
新疆生产建设兵团	2214.9	1339.8	875.1	60.5

2021年国资系统监管商业企业户数、从业人数、国有资产总量地区分析表

项　　目	户　数(户)	年末从业人员人数(万人)	年末国有资产总量(亿元)
商业企业合计	23662	164.8	42089.5
一、国务院国资委监管企业	5692	76.5	24715.0
二、地方国资委监管企业	17970	88.3	17374.4
北京市	1336	8.8	1411.9
天津市	431	1.2	163.9
河北省	418	3.1	413.7
山西省	889	4.1	496.1
内蒙古自治区	104	0.4	50.8
辽宁省	216	0.5	97.7
其中:大连市	38	0.2	5.5
吉林省	146	1.2	215.1
黑龙江省	278	0.6	24.1
上海市	1930	14.1	1950.4
江苏省	917	3.8	1012.2
浙江省	1623	5.4	1850.1
其中:宁波市	99	0.2	234.2
安徽省	449	2.7	438.7
福建省	1310	4.1	1349.1
其中:厦门市	781	3.1	883.3
江西省	346	1.5	293.3
山东省	1282	6.0	939.6
其中:青岛市	265	0.9	105.2
河南省	218	0.7	152.6
湖北省	299	5.1	384.3
湖南省	219	0.9	196.3
广东省	1490	6.9	1211.1

续表

项 目	户 数(户)	年末从业人员人数(万人)	年末国有资产总量(亿元)
其中:深圳市	124	0.7	198.0
广西壮族自治区	492	1.6	582.2
海南省	107	0.6	35.2
重庆市	359	1.9	412.2
四川省	784	4.0	1328.3
贵州省	350	1.1	942.6
云南省	429	1.2	391.9
西藏自治区	69	0.2	29.9
陕西省	602	4.3	588.7
甘肃省	285	0.8	124.0
青海省	58	0.1	—2.8
宁夏回族自治区	41	0.1	3.5
新疆维吾尔自治区	331	0.7	159.8
新疆生产建设兵团	162	0.7	128.2

2021年国资系统监管商业企业资产负债地区分析表

项 目	资产总计(亿元)	负债合计(亿元)	所有者权益(净资产)(亿元)	资产负债率(%)
商业企业合计	157459.2	109663.3	47795.9	69.6
一、国务院国资委监管企业	84311.5	56695.2	27616.3	67.2
二、地方国资委监管企业	73147.7	52968.1	20179.6	72.4
北京市	4453.1	2779.2	1673.9	62.4
天津市	1128.6	946.3	182.2	83.9
河北省	2456.1	1993.1	463.0	81.1
山西省	4880.5	4315.5	565.0	88.4
内蒙古自治区	268.7	215.6	53.1	80.2
辽宁省	289.8	188.6	101.2	65.1

续表

项　目	资产总计 （亿元）	负债合计 （亿元）	所有者权益（净资产） （亿元）	资产负债率 （%）
其中：大连市	49.3	43.2	6.1	87.7
吉林省	952.7	604.2	348.5	63.4
黑龙江省	391.2	361.3	29.9	92.4
上海市	8107.9	5740.7	2367.2	70.8
江苏省	4827.3	3698.2	1129.1	76.6
浙江省	6552.6	4510.6	2042.0	68.8
其中：宁波市	684.2	435.3	248.9	63.6
安徽省	1482.0	956.8	525.2	64.6
福建省	6342.6	4450.5	1892.0	70.2
其中：厦门市	5014.5	3623.0	1391.5	72.3
江西省	1295.5	991.0	304.6	76.5
山东省	5823.9	4791.7	1032.1	82.3
其中：青岛市	1032.1	895.9	136.1	86.8
河南省	619.7	445.7	174.0	71.9
湖北省	1136.8	728.1	408.7	64.1
湖南省	768.5	540.2	228.3	70.3
广东省	4101.5	2732.2	1369.3	66.6
其中：深圳市	529.7	299.3	230.4	56.5
广西壮族自治区	1912.0	1317.7	594.3	68.9
海南省	156.8	120.9	35.9	77.1
重庆市	1759.8	1292.3	467.5	73.4
四川省	3965.9	2425.5	1540.5	61.2
贵州省	2217.1	1206.2	1010.9	54.4
云南省	1933.7	1461.0	472.6	75.6
西藏自治区	72.0	41.6	30.4	57.8
陕西省	2840.6	2127.9	712.7	74.9
甘肃省	661.5	539.3	122.3	81.5
青海省	123.3	125.6	-2.2	101.8
宁夏回族自治区	15.7	12.3	3.4	78.5
新疆维吾尔自治区	768.9	592.9	175.9	77.1
新疆生产建设兵团	841.3	715.1	126.2	85.0

2021 年北京市监管企业主要指标表

项　目	户　数（户）	年末国有资产总量（万元）	资产总额（万元）	职工人均利润（元/人）	职工人均税费（元/人）
合并	10049	183359422.8	850365713.8	115322.1	123359.1
合计	10049	512211310.0	1436960566.4	199855.5	122775.4
一、农林牧渔业	186	3443685.4	11007336.3	168431.3	25452.4
其中：农业	49	147119.9	590935.3	－21167.1	34699.7
林业	9	49285.3	210321.9	16031.9	11850.6
畜牧业	75	2470001.7	8669897.0	200212.7	3895.9
渔业	2	35752.8	49746.4	52482.8	19566.4
二、工业	2281	133199150.8	358797533.0	242346.4	151516.9
其中：煤炭工业	22	1426062.8	4451830.8	761684.3	390397.1
石油和石化工业	2	62777.8	199901.4	－434198.2	2822.1
冶金工业	59	17829379.1	62241122.9	161660.4	145883.7
建材工业	219	7081962.0	17712804.0	271012.3	130927.2
化学工业	68	948384.7	3009186.2	－69310.7	49814.8
森林工业	1	20806.1	57075.8	999.0	8872.6
食品工业	116	1839008.4	7767192.4	95984.9	98822.0
烟草工业					
纺织工业	25	302623.4	698916.9	10010.4	36791.1
医药工业	35	1496362.3	3551170.3	284528.2	113297.0
机械工业	329	18024118.1	58834549.1	291764.0	267688.2
电子工业	117	37027238.7	82395006.4	298131.0	126643.2
电力工业	270	16793025.5	45902624.9	553986.0	233133.6
市政公用工业	851	26786683.1	63667327.3	226340.6	79994.6
其他工业	167	3560718.7	8308824.7	32792.4	81290.2
三、建筑业	409	10443050.9	49526927.3	127002.6	76612.0
四、交通运输业	170	34267630.6	82096038.6	19737.1	14059.5
其中：铁路运输业	4	－1350.0	158050.4	－83817.4	166935.7
道路运输业	150	34206987.7	81582238.0	18010.5	13834.5
水上运输业	1	57750.5	109470.7	1579.5	30049.3

续表

项 目	户 数（户）	年末国有资产总量（万元）	资产总额（万元）	职工人均利润（元/人）	职工人均税费（元/人）
航空运输业	3	17443.2	72504.1	−173483.8	2314.0
五、仓储业	107	545467.3	2238042.8	105059.8	57828.4
六、商贸业	1336	14119088.9	44531391.7	301293.1	93328.1
七、房地产业	2120	117682374.0	438806356.5	367426.3	447229.1
八、信息传输、软件和信息技术服务业	198	2087935.6	6857345.9	67280.6	49006.5
其中：电信业	5	108717.9	247994.0	453931.2	92117.6
九、社会服务业	2412	178830154.5	381422730.3	170966.8	45526.8
十、教育文化广播业	246	1431234.2	2232109.5	−15431.6	12555.6
十一、科学研究和技术服务业	405	5517441.8	17408348.8	82511.9	64236.7
十二、金融业	75	9973243.8	39867669.3	1071176.4	472774.7
十三、其他	104	670852.2	2168736.3	−166997.9	8130.2

注：人均利润＝利润总额/全年平均职工人数；人均税费＝已交税费总额/全年平均职工人数。余表同。

2021年天津市监管企业主要指标表

项 目	户 数（户）	年末国有资产总量（万元）	资产总额（万元）	职工人均利润（元/人）	职工人均税费（元/人）
合并	3337	137103731.8	744878685.8	65095.4	146776.1
合计	3337	275209135.0	992764348.2	141152.3	146592.0
一、农林牧渔业	76	836285.9	1998057.7	8758.9	9733.0
其中：农业	35	458814.1	1062033.8	80594.5	19071.9
林业	5	23622.3	120665.3	−986029.7	1164.4
畜牧业	25	337399.8	767159.1	−74.1	3691.2
渔业	7	16270.9	41667.5	105999.5	37929.7
二、工业	590	16366820.8	50011467.3	71623.2	90902.1
其中：煤炭工业					
石油和石化工业					
冶金工业	15	110896.7	1477193.5	−1478054.9	43818.3

续表

项 目	户 数（户）	年末国有资产总量（万元）	资产总额（万元）	职工人均利润（元/人）	职工人均税费（元/人）
建材工业	16	71580.0	397008.5	－168899.9	49724.5
化学工业	61	5102739.1	13691599.8	59955.0	116813.1
森林工业	1	3155.9	3291.5	94403.8	0.0
食品工业	44	295107.5	788135.7	17423.2	30930.9
烟草工业					
纺织工业	30	618770.4	2068391.5	33505.4	17138.0
医药工业	7	330781.6	650656.5	31227.8	80096.5
机械工业	87	315528.4	1817533.4	17861.3	51273.1
电子工业	21	203189.2	1167148.8	160945.6	41862.4
电力工业	122	2315775.0	8586203.5	776242.0	413164.7
市政公用工业	141	3826647.6	14925050.8	58860.0	97209.3
其他工业	45	3172649.3	4439253.9	－5956.2	36470.3
三、建筑业	325	17310190.0	63965039.3	22727.9	77290.8
四、交通运输业	156	40010770.7	85725362.4	112447.2	21849.4
其中：铁路运输业	4	23635.3	61283.5	452166.4	219661.9
道路运输业	102	34214611.9	69635762.2	97417.6	14062.8
水上运输业	17	4239439.1	13133455.3	164456.4	92382.5
航空运输业	1	2083.3	2619.6	－101856.9	26114.6
五、仓储业	114	2350712.0	5527994.4	148776.8	96557.9
六、商贸业	431	1639462.5	11285518.3	－84562.5	198170.8
七、房地产业	633	32697698.7	144162996.9	－479641.7	256844.0
八、信息传输、软件和信息技术服务业	44	148041.2	499877.4	－6672.3	42984.1
其中：电信业					
九、社会服务业	649	144517411.0	319542855.6	408166.8	159485.6
十、教育文化广播业	49	446506.9	792477.2	－178.2	378063.1
十一、科学研究和技术服务业	187	2282681.8	3676224.3	45583.0	32178.4
十二、金融业	62	16951751.1	305275960.0	644233.5	436076.3
十三、其他	21	－349197.4	300517.2	－153149.6	5193.4

2021年河北省监管企业主要指标表

项　目	户　数（户）	年末国有资产总量（万元）	资产总额（万元）	职工人均利润（元/人）	职工人均税费（元/人）
合并	3243	82472580.4	314590342.8	41907.6	73461.8
合计	3243	170962844.9	503136955.8	78279.7	73039.5
一、农林牧渔业	51	136175.0	1322757.2	117211.5	11698.4
其中:农业	28	85318.0	342882.5	−4979.6	6765.5
林业	9	21781.5	42558.9	158775.5	59622.3
畜牧业	4	5154.1	19444.1	−129341.1	6212.4
渔业	1	690.1	1856.0	5104.9	2212.8
二、工业	715	39761612.9	149379619.5	99966.4	77840.6
其中:煤炭工业	107	10560795.2	43735854.0	94695.4	92170.1
石油和石化工业	1	4007.8	18611.5	10734.2	79736.5
冶金工业	64	18854721.4	69756017.1	138020.9	79919.5
建材工业	40	416284.1	1737291.7	10825.5	32664.5
化学工业	45	2216507.2	5709662.2	134575.2	63308.1
森林工业					
食品工业	9	2742.2	23766.8	−34245.7	9997.7
烟草工业					
纺织工业	19	114339.9	1252874.4	−34161.8	22100.2
医药工业	24	770359.2	3780399.5	37569.3	53357.7
机械工业	77	841014.8	2863521.7	23051.9	22479.3
电子工业	2	6156.2	31628.7	37108.3	29805.1
电力工业	110	3022042.1	9634843.2	114907.5	149574.4
市政公用工业	163	2616495.0	9651685.7	72335.6	58450.5
其他工业	54	336147.7	1183462.9	65391.4	102144.8
三、建筑业	309	16430832.8	45521432.4	17416.5	70808.0
四、交通运输业	285	38615842.1	109965687.8	−5373.8	27233.1
其中:铁路运输业	15	1408636.0	3913975.6	−136690.6	54137.1
道路运输业	220	33369642.3	98629006.6	−3167.6	24420.9
水上运输业	19	2904942.7	5708116.5	64496.5	34429.0
航空运输业	9	492627.3	918336.4	−178288.5	19395.8

续表

项　目	户数(户)	年末国有资产总量(万元)	资产总额(万元)	职工人均利润(元/人)	职工人均税费(元/人)
五、仓储业	91	4786539.3	11487518.4	212855.4	101658.1
六、商贸业	418	4136667.9	24561309.0	70484.9	73911.5
七、房地产业	246	9056415.3	23597841.4	20372.3	141437.1
八、信息传输、软件和信息技术服务业	81	402711.2	1312548.1	34049.9	34469.7
其中：电信业					
九、社会服务业	692	52259791.6	116533964.5	109630.6	122124.1
十、教育文化广播业	36	278467.6	600262.0	−21385.2	10800.0
十一、科学研究和技术服务业	239	1008013.9	1995491.6	19559.6	21070.6
十二、金融业	42	3532414.9	14914861.3	865022.9	428211.9
十三、其他	38	557360.5	1943662.4	−7825.4	2809.8

2021年山西省监管企业主要指标表

项　目	户数(户)	年末国有资产总量(万元)	资产总额(万元)	职工人均利润(元/人)	职工人均税费(元/人)
合并	4898	65371739.2	391079925.6	47795.4	102059.2
合计	4898	211913260.4	713200169.2	65352.0	100375.1
一、农林牧渔业	85	580280.9	1319538.9	−31236.4	6396.1
其中：农业	55	515995.5	1173502.7	−56160.7	6930.6
林业	5	6369.0	9015.8	130046.1	9730.2
畜牧业	12	30123.0	75910.8	77269.1	4022.6
渔业	2	1252.9	2182.9	7015.4	2463.8
二、工业	1620	86477473.6	381139688.8	76463.8	116580.5
其中：煤炭工业	570	64441973.7	273210689.7	125990.5	132091.4
石油和石化工业	20	2064390.4	6999325.2	−930972.1	102115.7
冶金工业	37	1062370.2	3695546.7	30142.9	62310.5
建材工业	66	297259.2	2174233.0	−213320.4	17046.8

续表

项 目	户 数（户）	年末国有资产总量（万元）	资产总额（万元）	职工人均利润（元/人）	职工人均税费（元/人）
化学工业	145	3180948.0	29108184.2	－26618.4	42100.4
森林工业	3	－2614.8	4944.6	20713.9	11996.4
食品工业	36	22555.8	206236.0	583.9	6099.5
烟草工业					
纺织工业	6	18879.6	120463.4	－20956.4	6542.1
医药工业	14	－9139.0	252503.9	－134679.1	32805.8
机械工业	230	3851025.0	16015606.5	－20846.6	37685.8
电子工业	9	41720.1	259646.3	11442.0	11358.1
电力工业	186	4436034.6	24812593.7	－354489.3	94750.0
市政公用工业	232	5432703.5	20050302.6	－43529.8	28128.3
其他工业	66	1639367.4	4229413.2	365227.5	366311.0
三、建筑业	379	12910801.6	46234552.4	64916.5	54845.3
四、交通运输业	310	20288977.5	63776765.4	－6369.7	31266.6
其中：铁路运输业	40	1708969.3	3722447.1	40991.7	53023.9
道路运输业	231	17635235.1	58420421.8	－2653.1	25495.4
水上运输业	2	－23802.9	101134.9	－2901537.9	338231.3
航空运输业	20	889724.0	1320612.0	－82217.6	13372.0
五、仓储业	79	270502.9	1377836.0	－99312.2	29340.0
六、商贸业	889	4960812.4	48804823.0	42249.8	112053.4
七、房地产业	346	3159283.2	22802375.8	－302243.5	117049.1
八、信息传输、软件和信息技术服务业	97	977146.9	1737133.1	49809.6	38933.1
其中：电信业	2	6740.2	17995.6	1332.6	9660.2
九、社会服务业	716	75315913.8	123866096.5	70163.2	25432.4
十、教育文化广播业	39	124293.9	465649.5	－15687.8	8060.1
十一、科学研究和技术服务业	251	964741.4	2145839.4	39228.4	28333.5
十二、金融业	60	5085671.2	18510958.7	3459686.2	1011838.8
十三、其他	27	797361.0	1018911.7	－80728.3	5739.8

2021年内蒙古自治区监管企业主要指标表

项 目	户数（户）	年末国有资产总量（万元）	资产总额（万元）	职工人均利润（元/人）	职工人均税费（元/人）
合并	1519	76847221.7	199813634.5	17802.7	45287.9
合计	1519	117949574.3	260293104.0	34312.9	45287.6
一、农林牧渔业	129	8059427.9	11171028.8	4666.4	1022.9
其中：农业	60	6304241.9	7361758.0	6310.0	310.3
林业	27	1137337.2	2555983.4	3158.4	1987.0
畜牧业	7	12866.1	49498.3	−81182.3	1797.4
渔业	1	1242.3	11813.2	9.9	1141.3
二、工业	333	28255615.4	69252991.5	99566.7	84898.8
其中：煤炭工业	22	888682.8	1600179.2	338781.2	548862.1
石油和石化工业	2	3312.5	6944.2	−5053.8	9215.9
冶金工业	52	10623094.2	30752138.0	299435.0	136884.4
建材工业	17	1162428.7	2285431.3	−58349.9	45356.4
化学工业	4	77741.4	123950.5	48397.5	48794.9
森林工业	2	−3416.5	18078.7	−2722016.1	29463.8
食品工业	10	−64118.6	69877.0	−110179.0	6732.0
烟草工业					
纺织工业					
医药工业					
机械工业	18	72206.7	207105.5	−40403.8	31887.3
电子工业	3	68428.0	146889.2	165194.8	86177.3
电力工业	71	7661535.0	19148332.4	−27303.9	47292.4
市政公用工业	113	5275693.0	11868929.9	−40637.2	51106.2
其他工业	19	2490028.1	3025135.6	368816.3	188569.2
三、建筑业	148	13255106.6	25672817.1	−44329.6	68981.0
四、交通运输业	101	7470734.1	20455735.2	−28582.1	19484.8
其中：铁路运输业	7	878933.5	1026855.9	392887.3	116148.9
道路运输业	56	5418449.4	16896405.6	−47772.0	9370.2
水上运输业	2	−1052.9	390.1	−62438.2	0.0
航空运输业	24	897991.6	1937931.2	−135577.4	22304.3

续表

项 目	户 数(户)	年末国有资产总量(万元)	资产总额(万元)	职工人均利润(元/人)	职工人均税费(元/人)
五、仓储业	30	152196.4	1068468.0	－17023.6	4631.6
六、商贸业	104	508155.1	2687049.0	－309428.9	122667.7
七、房地产业	72	3409176.0	14278652.5	78841.6	59005.4
八、信息传输、软件和信息技术服务业	29	126468.7	442947.9	129125.3	30955.4
其中:电信业	3	7868.8	17306.6	9270.7	22910.5
九、社会服务业	403	52541575.3	107336947.4	1749.4	27748.5
十、教育文化广播业	49	1900708.1	2595707.5	－28086.3	1886.0
十一、科学研究和技术服务业	92	505887.5	1027346.4	54694.4	25343.4
十二、金融业	18	1303039.4	3825120.3	1539109.4	495324.6
十三、其他	11	461483.8	478292.5	3956.3	14999.2

2021年辽宁省监管企业主要指标表

项 目	户 数(户)	年末国有资产总量(万元)	资产总额(万元)	职工人均利润(元/人)	职工人均税费(元/人)
合并	2941	73557612.7	178739857.1	－1224.2	32335.4
合计	2941	131610528.6	260683343.1	2354.9	32246.0
一、农林牧渔业	77	1773501.7	3483090.8	－12900.9	1609.1
其中:农业	55	1629939.2	2884317.3	－2086.1	398.1
林业	1	306.4	7301.6	37371.0	2983.0
畜牧业	4	1303.6	2946.0	－13738.6	24030.2
渔业	9	61128.8	128867.8	20389.0	15715.0
二、工业	579	15893327.0	46903764.3	13828.0	44021.7
其中:煤炭工业	41	5331137.6	12489480.1	57812.4	66221.3
石油和石化工业	6	－91867.9	284211.2	－369223.5	47107.7
冶金工业	37	830378.6	3737464.4	134978.2	89360.0
建材工业	30	30154.6	335191.9	－11225.4	42660.1

续表

项　目	户　数（户）	年末国有资产总量（万元）	资产总额（万元）	职工人均利润（元/人）	职工人均税费（元/人）
化学工业	29	−8167.1	227611.8	12124.3	23521.7
森林工业	1	−17145.8	19598.8	−31473.1	0.0
食品工业	19	20981.6	105763.5	−58940.2	10708.9
烟草工业					
纺织工业	4	−61502.5	40272.3	−42476.1	518.4
医药工业	3	84303.5	141977.1	15303056.7	903825.6
机械工业	160	2399108.7	11406790.8	5730.9	28018.8
电子工业	13	73803.0	200485.2	29509.5	28569.2
电力工业	57	474930.7	3089666.2	−360136.6	33427.7
市政公用工业	120	6400608.6	13487906.8	−32244.6	15838.0
其他工业	58	421974.7	1331768.6	−111005.2	47395.2
三、建筑业	285	9537688.5	20833923.8	22738.8	33637.4
四、交通运输业	151	7323797.6	16073601.5	−43229.3	5111.0
其中：铁路运输业	1	7209.9	7991.3	−8001.5	13613.8
道路运输业	116	5800013.8	13460025.4	−41148.9	2471.4
水上运输业	11	228090.5	713950.8	120485.0	44392.4
航空运输业	11	1173970.9	1655001.1	−85373.7	10748.3
五、仓储业	79	523288.6	2375217.9	17249.1	25417.9
六、商贸业	216	977297.3	2898484.8	46042.2	78857.7
七、房地产业	288	8661455.9	23821412.4	−258395.5	63470.6
八、信息传输、软件和信息技术服务业	53	44066.8	181753.7	2619.4	21221.8
其中：电信业	1	147.5	297.6	91275.7	66031.7
九、社会服务业	790	79589113.6	134820328.9	31391.9	22002.1
十、教育文化广播业	62	343962.0	475384.3	3607.6	4654.8
十一、科学研究和技术服务业	286	1409402.8	2663456.6	45189.3	30395.7
十二、金融业	43	730184.3	1050944.5	55594.2	129244.6
十三、其他	32	4803442.5	5101979.7	−72035.8	19841.6

2021年大连市监管企业主要指标表

项 目	户 数（户）	年末国有资产总量（万元）	资产总额（万元）	职工人均利润（元/人）	职工人均税费（元/人）
合并	527	11634037.3	31553146.6	－28188.1	24848.8
合计	527	21209546.7	47910991.7	－24790.5	24848.8
一、农林牧渔业	14	1368.5	45561.8	－78774.1	15391.8
其中:农业	11	5815.5	34076.2	－91902.1	7674.5
林业					
畜牧业	2	－197.9	412.4	－50340.7	71972.0
渔业	1	－4249.2	11073.2	－49125.6	28834.2
二、工业	141	3468210.7	11084739.1	3482.5	37444.9
其中:煤炭工业					
石油和石化工业	1	2101.6	2122.8	82351.2	1272926.4
冶金工业	1	58730.0	167653.5	71534.8	61500.5
建材工业	4	62190.7	181955.3	182814.9	118706.8
化学工业	13	27255.3	121068.0	116814.9	34108.3
森林工业					
食品工业	5	8383.1	33596.9	－109998.7	9956.5
烟草工业					
纺织工业	1	－30045.9	903.7	－205603.3	30666.5
医药工业					
机械工业	82	1618468.7	6894443.9	25059.7	40015.4
电子工业	5	27488.5	106313.8	30106.9	29925.0
电力工业	9	37924.4	806906.8	－148677.8	9865.1
市政公用工业	13	1285414.8	2162018.2	－82600.8	15981.8
其他工业	7	370299.6	607756.0	－127890.2	50079.8
三、建筑业	35	3101944.9	5019754.2	－39603.2	14254.7
四、交通运输业	51	2386777.1	3736539.4	－59288.9	4207.4
其中:铁路运输业					
道路运输业	43	1819491.9	3056597.3	－52411.4	3302.2
水上运输业	2	898.3	1258.2	4064.7	3860.7
航空运输业	3	464489.9	555386.8	－84413.5	7976.9

续表

项　目	户　数(户)	年末国有资产总量(万元)	资产总额(万元)	职工人均利润(元/人)	职工人均税费(元/人)
五、仓储业	2	264.2	553.4	1640.2	953.2
六、商贸业	37	55098.3	488371.1	8009.7	43604.1
七、房地产业	44	105125.6	6475033.6	－367009.9	219924.1
八、信息传输、软件和信息技术服务业	14	14142.1	68695.2	17587.2	25927.5
其中:电信业	1	147.5	297.6	91275.7	66031.7
九、社会服务业	133	11880370.8	20670067.0	－19939.9	11423.6
十、教育文化广播业	7	26601.5	27524.9	11344.9	4008.0
十一、科学研究和技术服务业	38	134573.4	190673.0	83585.8	29450.4
十二、金融业	5	41662.7	68513.5	106300.8	273263.5
十三、其他	6	－6593.2	34965.6	－56962.9	15388.3

2021年吉林省监管企业主要指标表

项　目	户　数(户)	年末国有资产总量(万元)	资产总额(万元)	职工人均利润(元/人)	职工人均税费(元/人)
合并	1489	58807692.8	162632066.9	20423.3	35929.4
合计	1489	94809575.7	223695887.7	40445.8	35017.1
一、农林牧渔业	96	1233016.6	2969533.3	－4244.0	1377.6
其中:农业	47	629223.3	1174667.5	－350813.9	11531.3
林业	23	558218.9	1325175.9	6327.9	967.2
畜牧业	6	17707.8	260945.6	－177816.6	10307.5
渔业	3	1326.1	1909.5	－103624.5	0.0
二、工业	291	5441662.1	19530491.2	83043.0	45548.6
其中:煤炭工业	24	1234306.4	4668764.0	－45226.9	18106.1
石油和石化工业	1	2375.9	2410.5	53055.1	10139.2
冶金工业	2	－3545.5	8592.6	184.7	30071.4
建材工业	18	105649.3	403497.5	159608.6	123895.3

续表

项 目	户 数（户）	年末国有资产总量（万元）	资产总额（万元）	职工人均利润（元/人）	职工人均税费（元/人）
化学工业	20	259123.7	2385942.2	94407.2	26180.0
森林工业	6	9125.0	57696.6	−3656.9	5170.3
食品工业	11	41773.9	217196.2	−215910.4	4046.7
烟草工业					
纺织工业					
医药工业	16	802219.4	1424593.2	959725.9	242033.2
机械工业	59	1185251.1	4619565.0	105085.0	52216.0
电子工业	2	13348.5	85940.3	−235240.1	1368.5
电力工业	40	177670.8	1419792.6	−238213.5	31248.4
市政公用工业	88	1610297.9	4224930.3	−16641.0	21987.4
其他工业	4	4065.7	11570.0	−180187.1	34023.5
三、建筑业	166	7735462.6	24071964.9	−340285.5	66248.1
四、交通运输业	47	16915344.7	41478267.0	−801.2	12049.6
其中:铁路运输业	1	−35341.5	53466.4	−263436.2	20554.8
道路运输业	43	16765107.4	41150402.4	−1910.3	11689.3
水上运输业					
航空运输业					
五、仓储业	70	596595.6	1702284.4	−29623.6	19461.1
六、商贸业	146	2150617.9	9527132.8	159841.9	51120.0
七、房地产业	127	1949335.4	10941018.8	−116425.9	116854.4
八、信息传输、软件和信息技术服务业	31	268547.7	498058.2	−250307.1	25813.1
其中:电信业					
九、社会服务业	331	47806277.4	94628462.5	108926.1	29556.1
十、教育文化广播业	22	36163.5	146077.0	−27048.6	9499.1
十一、科学研究和技术服务业	78	1623481.8	5334163.6	68372.8	31295.4
十二、金融业	66	9000353.4	12620230.2	21358.0	62647.4
十三、其他	18	52717.1	248203.6	−242435.4	10454.4

2021年黑龙江省监管企业主要指标表

项　目	户　数（户）	年末国有资产总量（万元）	资产总额（万元）	职工人均利润（元/人）	职工人均税费（元/人）
合并	2058	76446594.3	173033762.0	6561.0	27178.7
合计	2058	99175323.1	212589941.1	15321.1	27275.5
一、农林牧渔业	194	2371751.2	4183087.2	371.1	667.5
其中：农业	57	76747.2	192843.7	9967.5	709.1
林业	34	1462996.8	2437957.2	−3150.4	390.0
畜牧业	11	460.8	89660.2	−8221.2	869.5
渔业	9	510994.4	552308.5	4734.2	15583.4
二、工业	354	9326792.1	27866061.9	21525.7	28213.2
其中：煤炭工业	34	4445220.0	12723178.8	25292.6	29782.3
石油和石化工业	3	18785.6	35318.2	163480.7	80860.6
冶金工业	1	−3678.3	3830.4	−239112.3	0
建材工业	23	85643.3	316699.7	103290.0	67800.6
化学工业	29	−10481.4	443508.1	−10332.5	43372.2
森林工业	11	−57913.3	50932.0	1041969.5	2776.4
食品工业	16	45262.9	80715.5	−100852.1	10169.0
烟草工业					
纺织工业					
医药工业	7	701128.5	2037225.5	102766.6	56422.9
机械工业	67	−50459.9	1148233.2	24674.6	20878.3
电子工业	7	39076.2	182593.8	2325.1	12288.3
电力工业	37	447171.9	1321470.9	82559.6	45144.4
市政公用工业	61	3490583.4	8900145.1	−59793.0	10329.3
其他工业	58	176453.4	622210.7	24210.1	40106.9
三、建筑业	247	10035694.3	28514025.5	21295.7	86674.4
四、交通运输业	109	13683849.0	31995715.8	−13902.2	12054.0
其中：铁路运输业	8	226006.5	588931.9	−5170.4	11853.9
道路运输业	65	12885532.0	30132588.7	1120.9	11135.8
水上运输业	21	87406.3	183964.4	4622.1	42939.1
航空运输业	6	475120.2	1007646.2	−92261.8	11668.9

续表

项 目	户 数（户）	年末国有资产总量（万元）	资产总额（万元）	职工人均利润（元/人）	职工人均税费（元/人）
五、仓储业	119	420020.3	1010073.2	−9435.1	9609.8
六、商贸业	278	240864.8	3912053.5	63763.9	60269.8
七、房地产业	184	18225723.3	36522484.9	81841.2	86468.9
八、信息传输、软件和信息技术服务业	41	95454.3	344777.0	89509.9	36255.8
其中：电信业	2	350.7	393.7	−41170.8	2845.7
九、社会服务业	349	42361445.6	72729307.8	5439.5	32036.1
十、教育文化广播业	26	2254.7	23921.0	−1348.9	4635.4
十一、科学研究和技术服务业	110	600728.8	1085832.0	21145.8	23126.9
十二、金融业	32	1707485.7	4218022.1	180448.9	95884.0
十三、其他	15	103259.1	184579.4	−16549.8	698.3

2021年上海市监管企业主要指标表

项 目	户 数（户）	年末国有资产总量（万元）	资产总额（万元）	职工人均利润（元/人）	职工人均税费（元/人）
合并	13124	357699758.4	2590254262.1	208913.0	139916.6
合计	13124	824493141.0	3470097487.9	294888.4	140890.1
一、农林牧渔业	188	2426102.4	5353082.1	−46829.7	10506.7
其中：农业	79	820744.0	1665998.1	−28518.4	9990.6
林业	13	478696.6	669946.4	11104.5	8464.8
畜牧业	56	590544.9	1441032.2	−132701.4	3096.4
渔业	20	495054.4	1224640.9	93651.6	22012.7
二、工业	1599	80524889.8	220107091.3	76506.6	94966.2
其中：煤炭工业	2	28901.6	47895.0	−258964.6	0
石油和石化工业	3	252359.5	406697.1	−1724736.4	688289.2
冶金工业	9	496221.4	2509722.6	−75741.3	57276.0
建材工业	157	1546347.1	8162166.0	104146.8	126786.6

续表

项　目	户　数（户）	年末国有资产总量（万元）	资产总额（万元）	职工人均利润（元/人）	职工人均税费（元/人）
化学工业	113	4554575.0	9140185.2	351949.2	113631.0
森林工业	3	9810.8	14772.0	56008.4	34230.0
食品工业	127	2449366.7	7070271.1	93926.9	45511.6
烟草工业	3	78416.0	364173.4	1094393.2	0
纺织工业	28	162550.0	453168.2	－59168.9	28735.6
医药工业	95	5343364.2	11819116.4	254874.2	94483.7
机械工业	458	38816946.5	114460006.7	88860.5	127417.9
电子工业	40	6845976.7	17212209.0	－674389.4	41415.1
电力工业	149	3019619.2	12078078.9	－40284.3	248822.3
市政公用工业	227	15286428.1	31619632.1	168282.6	85729.6
其他工业	184	1632845.0	4747207.1	73225.2	26668.4
三、建筑业	901	28296664.8	139967041.2	45052.3	37285.9
四、交通运输业	429	83548690.7	131433026.4	106525.3	37883.3
其中:铁路运输业	2	25042.0	75108.0	948871.9	479842.3
道路运输业	268	64851211.7	92213400.1	－23228.3	20682.0
水上运输业	64	9132070.2	19366960.7	967811.2	180728.6
航空运输业	20	6995200.0	13330985.7	－99647.7	33744.5
五、仓储业	168	2011530.1	4470333.0	132760.1	72068.2
六、商贸业	1930	19503517.1	81079045.5	172180.6	165147.4
七、房地产业	3892	181137073.3	686956148.7	1082492.5	647374.0
八、信息传输、软件和信息技术服务业	191	1579006.6	5547207.3	－133655.7	91223.9
其中:电信业	3	192481.5	366261.6	337885.4	378430.4
九、社会服务业	2897	291404126.9	497899729.3	503432.3	80150.8
十、教育文化广播业	132	250598.0	691576.1	3772.5	19024.1
十一、科学研究和技术服务业	400	4824375.4	13312152.6	79109.4	51337.8
十二、金融业	264	126604315.2	1676776080.0	922006.9	309797.1
十三、其他	133	2382250.8	6504974.2	－173586.1	20635.2

2021年江苏省监管企业主要指标表

项　目	户　数（户）	年末国有资产总量（万元）	资产总额（万元）	职工人均利润（元/人）	职工人均税费（元/人）
合并	8660	524302978.1	1739601661.5	191544.8	119481.9
合计	8660	791305113.7	2187211626.9	235626.4	119478.3
一、农林牧渔业	310	7937256.7	21658497.5	57826.4	18236.0
其中：农业	171	6244929.2	16159242.1	39453.9	18071.9
林业	36	175485.5	1026612.1	23652.3	24737.2
畜牧业	12	70359.2	178385.0	29605.8	1864.6
渔业	33	393155.4	900566.4	132900.8	12984.9
二、工业	1048	45561017.3	134105572.1	217580.7	129189.7
其中：煤炭工业	23	3294425.1	6418155.2	188573.9	93953.9
石油和石化工业	3	-52538.3	240368.8	225507.0	18788.0
冶金工业	20	77584.4	686810.8	-15597.3	40360.3
建材工业	41	456316.2	1621454.5	77250.5	93877.9
化学工业	51	2485406.7	4825722.2	381269.8	84294.3
森林工业	2	192463.5	875156.7	47432.5	113422.1
食品工业	65	614331.0	2609731.8	68277.5	69779.9
烟草工业	1	742.8	1017.8	80586.3	43619.4
纺织工业	35	813556.1	2336291.9	43608.8	27977.7
医药工业	11	429428.4	1604976.7	127804.2	70642.3
机械工业	187	13470420.6	41650893.0	338849.9	108243.2
电子工业	28	716517.2	2148117.3	142804.8	48701.1
电力工业	186	7233684.5	18968889.4	-167558.8	147021.4
市政公用工业	257	10578008.2	32131172.1	128978.4	79839.9
其他工业	138	5250670.8	17986813.9	306858.4	276179.1
三、建筑业	856	88105723.7	284607386.1	170159.4	154246.0
四、交通运输业	488	95799890.9	212074801.7	113238.4	31381.2
其中：铁路运输业	24	26210340.8	40574833.6	7281086.8	146474.3
道路运输业	274	60333695.2	152306651.2	102799.8	31679.5
水上运输业	95	1224569.9	3173839.2	252093.7	28812.3
航空运输业	42	3331213.1	5279144.5	-124056.1	8255.4

续表

项　目	户数(户)	年末国有资产总量(万元)	资产总额(万元)	职工人均利润(元/人)	职工人均税费(元/人)
五、仓储业	203	8863162.6	17209922.2	86532.0	39374.7
六、商贸业	917	10121787.3	48272726.8	132505.4	132876.3
七、房地产业	1075	97892482.6	326518909.5	403717.8	383056.9
八、信息传输、软件和信息技术服务业	146	663018.2	2971200.8	85086.2	47573.5
其中:电信业					
九、社会服务业	2673	385370328.0	933329686.9	252602.8	97561.7
十、教育文化广播业	139	2168698.0	6338863.7	−66883.5	15699.5
十一、科学研究和技术服务业	333	9936062.5	25329449.4	302387.9	69226.4
十二、金融业	333	35103376.9	166428012.5	1516978.3	539752.3
十三、其他	139	3782309.1	8366597.8	6130.9	19765.6

2021年浙江省监管企业主要指标表

项　目	户数(户)	年末国有资产总量(万元)	资产总额(万元)	职工人均利润(元/人)	职工人均税费(元/人)
合并	12994	450075171.6	1575527279.7	98948.2	66315.6
合计	12994	781041865.4	2160542553.7	141349.4	66292.1
一、农林牧渔业	305	5968990.8	14922656.7	−118035.6	30248.1
其中:农业	148	2830619.6	6733436.7	−157174.7	32340.1
林业	50	1004291.9	2769008.1	−274751.3	22541.1
畜牧业	15	68019.7	184188.8	−98129.8	3829.2
渔业	12	276313.6	527046.9	−156177.4	2026.7
二、工业	1465	55027737.0	129327185.0	163122.5	87913.9
其中:煤炭工业	2	125001.9	145105.7	−440108.8	26280.3
石油和石化工业	1	96858.2	261109.2	0	94709.3
冶金工业	28	2266054.2	4477897.7	566609.2	220043.2
建材工业	114	3060807.8	6771577.1	276774.3	158283.4

续表

项 目	户 数（户）	年末国有资产总量（万元）	资产总额（万元）	职工人均利润（元/人）	职工人均税费（元/人）
化学工业	124	4482786.2	9890654.0	247433.7	100927.8
森林工业	2	158456.6	450653.1	−626302.9	62311.5
食品工业	83	386144.5	930200.0	40669.1	27558.6
烟草工业					
纺织工业	6	56181.2	138466.9	−23829.7	15728.0
医药工业	48	2712070.8	6190831.0	241873.7	72822.1
机械工业	148	4147359.7	14121816.2	170515.5	69936.0
电子工业	16	343828.3	1198541.8	101150.3	89687.5
电力工业	288	16860246.4	34853512.8	169752.0	147006.7
市政公用工业	488	18371572.0	45693340.7	82846.4	61837.3
其他工业	117	1960369.2	4203479.1	75487.5	84454.4
三、建筑业	800	44976515.6	153212023.1	23021.0	25370.3
四、交通运输业	762	83485749.0	187029235.5	72684.4	32468.8
其中:铁路运输业	25	8668754.8	13820381.1	−239455.2	9007.7
道路运输业	501	59931409.5	147250240.7	51610.9	27552.1
水上运输业	169	11415268.2	17584153.5	323865.8	70114.2
航空运输业	29	2958504.7	7655345.4	−62903.6	21006.9
五、仓储业	197	2396848.1	7467265.5	36908.8	33201.6
六、商贸业	1623	18501050.5	65526278.1	492495.8	208654.0
七、房地产业	1415	94370627.7	319005045.5	330394.1	227559.7
八、信息传输、软件和信息技术服务业	243	1791498.6	3883371.1	62870.8	34549.4
其中:电信业					
九、社会服务业	4860	447985308.3	1045816375.5	142292.1	36595.1
十、教育文化广播业	387	3938753.3	8173116.1	3164.3	9818.3
十一、科学研究和技术服务业	605	4980883.1	13512617.8	61338.6	37335.9
十二、金融业	156	15338058.5	206224008.3	859845.1	471999.4
十三、其他	176	2279844.8	6443375.4	−48177.2	6224.2

2021 年宁波市监管企业主要指标表

项　目	户　数（户）	年末国有资产总量（万元）	资产总额（万元）	职工人均利润（元/人）	职工人均税费（元/人）
合并	1247	69479894.0	223225615.5	67706.4	66817.8
合计	1247	99946006.2	266004257.3	118742.2	65700.5
一、农林牧渔业	27	1438196.7	2633523.7	−473656.8	11457.3
其中：农业	9	381004.2	533584.7	−263818.6	4722.6
林业	2	−19559.8	235858.1	−5138909.1	9318.7
畜牧业	1	2895.3	30852.9	0	0
渔业	3	171349.6	355443.1	−1181775.4	23763.2
二、工业	119	4535938.5	10295050.7	228966.1	113769.0
其中：煤炭工业					
石油和石化工业					
冶金工业					
建材工业	26	373840.7	1036052.2	261789.4	137187.1
化学工业	3	20708.8	489782.5	195333.5	43315.9
森林工业					
食品工业					
烟草工业					
纺织工业					
医药工业	1	72173.0	107026.8	−1718547.7	311201.8
机械工业	6	100686.4	305569.5	−1960604.4	137484.2
电子工业	2	3031.3	3177.8	11211.6	11952.0
电力工业	15	166297.4	368663.1	74447.1	83831.3
市政公用工业	56	3720137.2	7809747.7	273954.0	112186.5
其他工业	10	79063.7	175031.1	21064.1	117180.9
三、建筑业	79	4447979.5	16869547.0	21552.7	87954.4
四、交通运输业	39	6209680.6	17922952.0	22855.8	18476.3
其中：铁路运输业	1	16116.3	48931.4	−69994.8	3157.8
道路运输业	32	6166255.4	17390121.8	22995.4	18219.2
水上运输业	5	26818.5	139339.0	79785.3	51259.1
航空运输业	1	490.4	344559.8	−269281.4	0

续表

项　目	户　数（户）	年末国有资产总量（万元）	资产总额（万元）	职工人均利润（元/人）	职工人均税费（元/人）
五、仓储业	12	157490.1	612690.4	－34016.4	12734.3
六、商贸业	99	2342320.7	6841680.1	567572.5	67842.3
七、房地产业	201	16558208.9	63175365.8	260547.5	358521.4
八、信息传输、软件和信息技术服务业	24	194293.5	377049.4	－12960.6	33691.7
其中：电信业					
九、社会服务业	485	61723416.1	142070297.2	152119.2	37768.2
十、教育文化广播业	73	814455.4	1649298.1	－265.5	25470.7
十一、科学研究和技术服务业	61	656914.0	2073888.5	49437.2	22775.6
十二、金融业	16	423152.9	626105.1	336030.6	42164.0
十三、其他	12	443959.3	856809.4	12799.4	13795.4

2021年安徽省监管企业主要指标表

项　目	户　数（户）	年末国有资产总量（万元）	资产总额（万元）	职工人均利润（元/人）	职工人均税费（元/人）
合并	4238	244197610.9	666553230.7	196059.4	102713.0
合计	4238	384340855.5	862449776.8	272766.4	104259.0
一、农林牧渔业	151	5059366.8	9029424.3	9167.9	2422.2
其中：农业	97	3779067.9	5753359.9	7245.6	2304.5
林业	15	253479.4	819376.0	－14774.6	15771.8
畜牧业	3	7932.4	19804.0	－73074.9	78.1
渔业	10	25279.5	63128.4	26509.0	9246.0
二、工业	833	48121626.8	133149796.2	264010.4	110916.8
其中：煤炭工业	39	12070864.4	35511730.4	141122.1	79233.5
石油和石化工业	4	53315.8	77345.1	－16085.9	1621.9
冶金工业	31	2314939.9	11057427.3	287530.4	139146.7
建材工业	219	14039146.2	34247191.4	1192189.6	339900.5

续表

项　目	户　数(户)	年末国有资产总量(万元)	资产总额(万元)	职工人均利润(元/人)	职工人均税费(元/人)
化学工业	61	1772511.6	4655915.7	195730.9	78421.8
森林工业	3	5450.6	15368.8	−3001749.2	1481.5
食品工业	21	32930.2	120243.1	−13355.6	9465.9
烟草工业					
纺织工业	5	237167.1	772599.7	72246.7	25246.0
医药工业					
机械工业	101	4700845.2	17769224.5	36077.6	56433.0
电子工业	10	1373659.2	5607383.5	226842.9	38259.3
电力工业	153	6439375.0	13703432.1	−76284.7	82346.9
市政公用工业	115	2412442.9	5595504.1	36386.6	50489.8
其他工业	71	2668978.6	4016430.5	68444.6	69236.5
三、建筑业	450	19355647.8	63185075.4	100697.9	74583.0
四、交通运输业	238	23991635.7	57145989.4	138748.2	49491.0
其中:铁路运输业	8	193052.1	525359.0	119714.3	47294.6
道路运输业	143	17667555.8	48600754.7	142731.2	51042.8
水上运输业	66	4178105.3	5276772.3	89622.7	50147.7
航空运输业	9	1225071.5	1573219.8	−3743.3	17398.5
五、仓储业	108	306773.0	964477.0	−7901.7	13326.9
六、商贸业	449	4386756.7	14819719.0	254912.7	261724.6
七、房地产业	495	21466728.2	59466756.6	237498.5	244418.4
八、信息传输、软件和信息技术服务业	40	129001.0	592317.7	56439.2	55121.4
其中:电信业					
九、社会服务业	927	233359726.7	446251952.6	833771.5	90862.2
十、教育文化广播业	52	791432.5	1621021.2	−31042.7	6953.3
十一、科学研究和技术服务业	197	2197761.1	4657471.0	142923.8	70665.2
十二、金融业	265	22390835.3	64033821.8	768784.7	288151.5
十三、其他	33	2783563.9	7531954.6	512927.2	62322.3

2021年福建省监管企业主要指标表

项　目	户　数（户）	年末国有资产总量（万元）	资产总额（万元）	职工人均利润（元/人）	职工人均税费（元/人）
合并	6970	108484237.6	545611516.7	145147.9	168648.3
合计	6970	278312516.1	830413413.3	218658.1	169023.2
一、农林牧渔业	117	929175.4	1498652.7	17134.3	16594.3
其中：农业	34	266190.9	412970.5	36529.1	8361.7
林业	16	60039.3	83884.1	190966.0	16865.9
畜牧业	13	38369.4	109011.1	79278.9	4876.6
渔业	7	3338.6	17182.5	－343872.5	4778.9
二、工业	826	33315020.6	84442221.2	124421.9	68980.1
其中：煤炭工业	19	898217.1	1284383.6	173116.8	79551.7
石油和石化工业					
冶金工业	75	6635299.5	15907091.4	315268.3	96353.8
建材工业	74	874241.3	2320159.0	125044.7	136802.4
化学工业	45	4147254.2	12863444.9	182045.4	197955.4
森林工业	10	202286.8	380878.7	12059.3	51541.5
食品工业	45	908090.3	2813166.1	－1270.6	44388.0
烟草工业					
纺织工业	5	105904.9	141406.2	11779.5	30079.2
医药工业	18	683846.8	1368777.8	1272311.9	422887.2
机械工业	122	1949192.2	6009475.6	－53739.8	23130.1
电子工业	82	5251385.8	16567682.8	13991.5	19053.3
电力工业	79	4229867.9	9253940.4	925370.5	220109.1
市政公用工业	171	5944651.3	11522059.4	86602.0	52170.0
其他工业	81	1484782.4	4009755.3	－150367.4	53655.2
三、建筑业	405	28355960.9	74366315.7	100669.1	79071.7
四、交通运输业	552	40581347.2	96971469.6	70854.1	24998.1
其中：铁路运输业	14	1015401.7	1729399.0	126012.3	20973.8
道路运输业	333	35129706.1	85753828.4	52259.8	15413.6
水上运输业	100	2751093.8	6058716.0	205729.6	51961.4
航空运输业	20	1219106.8	2135924.0	47630.0	28822.5

续表

项　目	户　数(户)	年末国有资产总量(万元)	资产总额(万元)	职工人均利润(元/人)	职工人均税费(元/人)
五、仓储业	159	2752045.4	6756794.8	128194.9	73477.5
六、商贸业	1310	13490971.8	63425516.0	522023.6	740988.2
七、房地产业	1396	66104290.4	209651431.0	599629.0	582472.8
八、信息传输、软件和信息技术服务业	168	944196.8	3118574.5	−36966.1	45419.1
其中:电信业					
九、社会服务业	1485	80529168.0	173513689.7	334143.7	133086.1
十、教育文化广播业	105	1039157.7	1444081.9	−24120.9	12351.7
十一、科学研究和技术服务业	277	1808132.4	3726409.5	52323.1	25418.6
十二、金融业	132	8269606.9	111101685.3	966608.7	441893.1
十三、其他	38	193442.7	396571.3	−4995.7	2612.1

2021年厦门市监管企业主要指标表

项　目	户　数(户)	年末国有资产总量(万元)	资产总额(万元)	职工人均利润(元/人)	职工人均税费(元/人)
合并	2966	25158974.0	167888960.5	238729.6	360902.5
合计	2966	83952786.8	302055567.1	379590.4	362436.9
一、农林牧渔业	33	116984.6	344369.1	−30555.8	13419.1
其中:农业	6	27495.7	68225.3	−164538.8	14796.7
林业	3	12270.1	27854.0	10304530.2	0
畜牧业	8	31143.5	97386.3	105272.7	5288.9
渔业	2	1114.0	4066.0	49355.8	21617.0
二、工业	148	4574721.0	12590142.2	164972.6	59359.2
其中:煤炭工业					
石油和石化工业					
冶金工业	8	652464.3	3495289.6	210336.1	5107.9
建材工业	22	298238.7	692134.8	178813.9	136783.6

续表

项　目	户　数（户）	年末国有资产总量（万元）	资产总额（万元）	职工人均利润（元/人）	职工人均税费（元/人）
化学工业	12	398842.2	875821.4	661119.8	165821.1
森林工业	2	289.2	4556.4	0	0
食品工业	22	425677.9	2082177.9	－5312.6	48436.7
烟草工业					
纺织工业	3	7751.8	15767.2	122174.4	56553.0
医药工业	1	58110.3	148976.1	298698.3	152718.3
机械工业	28	331313.5	789091.2	－16766.6	21771.1
电子工业	8	236929.2	415231.5	－48091.1	12605.4
电力工业	3	46940.7	119215.0	10616.4	881.9
市政公用工业	22	2117017.0	3588397.1	160475.2	76137.9
其他工业	17	1146.3	363484.0	－130248.6	252348.9
三、建筑业	70	3819083.8	11840939.5	61038.1	49705.2
四、交通运输业	145	7883553.4	16222633.4	60281.6	28433.4
其中:铁路运输业	10	272636.9	914213.8	88604.4	18976.3
道路运输业	42	6306203.7	12400551.9	36776.3	5224.8
水上运输业	35	151490.8	642230.7	235493.9	22014.1
航空运输业	12	943348.1	1579145.8	58376.9	37226.5
五、仓储业	44	182038.6	411575.1	174202.4	311341.2
六、商贸业	781	8833284.5	50144980.8	616150.6	937427.7
七、房地产业	983	37246346.0	145286072.9	686433.0	643625.1
八、信息传输、软件和信息技术服务业	58	422620.6	1709162.0	18491.6	50678.8
其中:电信业					
九、社会服务业	540	18372228.3	57390058.9	528428.9	299319.4
十、教育文化广播业	40	121259.6	179456.3	－32824.0	6745.5
十一、科学研究和技术服务业	54	315809.9	1088880.0	30854.8	29303.4
十二、金融业	54	2006128.4	4697038.2	1596557.6	383516.4
十三、其他	16	58728.1	150258.8	－55431.8	5099.8

2021年江西省监管企业主要指标表

项 目	户 数（户）	年末国有资产总量（万元）	资产总额（万元）	职工人均利润（元/人）	职工人均税费（元/人）
合并	4026	200349988.2	576661582.6	99733.6	68424.6
合计	4026	278631880.6	719912055.5	124754.8	68424.6
一、农林牧渔业	139	10883101.2	14666778.6	−13154.0	17376.7
其中:农业	71	10313892.4	12939679.3	−12207.2	20020.9
林业	43	519197.4	816449.6	−6099.2	10822.2
畜牧业	2	−12424.6	1355.6	−23245.1	0
渔业	8	24878.6	56408.1	62801.8	4291.7
二、工业	792	29283208.4	76461089.9	189345.5	102420.7
其中:煤炭工业	29	2086013.3	6075090.1	−34869.6	36728.9
石油和石化工业	1	550.0	2861.1	7389.9	7587.8
冶金工业	135	13848812.1	35992265.7	277522.6	129235.6
建材工业	100	2369182.3	4626218.1	523362.6	335071.6
化学工业	46	744693.6	1873652.6	176130.5	77049.6
森林工业					
食品工业	14	−4736.3	39968.7	−93402.3	3509.0
烟草工业					
纺织工业	5	310173.2	479478.9	16452.2	4568.8
医药工业	5	−17778.0	73327.2	−57203.6	25793.7
机械工业	83	2874970.1	7165091.1	44377.6	40635.7
电子工业	15	47223.5	252072.1	32252.3	24976.7
电力工业	84	1246463.4	4613320.4	179677.5	84976.8
市政公用工业	158	4736960.7	11713736.0	146459.3	37780.9
其他工业	117	1040680.7	3554007.9	136362.4	94604.8
三、建筑业	496	54104679.5	155190155.7	27679.8	26453.3
四、交通运输业	239	28184804.8	64261410.7	69621.0	30754.8
其中:铁路运输业	7	2544156.6	4562284.3	−1811714.6	54049.3
道路运输业	191	23693287.6	55766297.3	80673.1	30812.0
水上运输业	29	1655632.1	3155452.5	168031.1	21454.7
航空运输业	9	191006.0	500529.4	−77353.3	32455.5

续表

项 目	户 数（户）	年末国有资产总量（万元）	资产总额（万元）	职工人均利润（元/人）	职工人均税费（元/人）
五、仓储业	88	430714.3	1318065.3	8634.0	11170.8
六、商贸业	346	2933225.8	12955451.4	148429.7	99601.2
七、房地产业	404	44711676.4	113314903.6	402995.9	323866.6
八、信息传输、软件和信息技术服务业	114	435445.8	1153014.9	1235716.5	97863.5
其中:电信业	3	4386.7	5226.7	102998.9	14357.0
九、社会服务业	975	84895075.9	181788415.7	131943.3	56004.2
十、教育文化广播业	161	2947314.4	7941128.1	684490.7	34911.6
十一、科学研究和技术服务业	135	4159045.9	9083071.7	91820.4	46679.0
十二、金融业	91	9318011.9	69876446.9	541788.8	368882.3
十三、其他	46	6345576.2	11902123.1	571434.7	14741.9

2021年山东省监管企业主要指标表

项 目	户 数（户）	年末国有资产总量（万元）	资产总额（万元）	职工人均利润（元/人）	职工人均税费（元/人）
合并	13774	367146504.8	1523918258.3	114231.5	101353.8
合计	13774	659188182.6	2076164987.0	152172.1	101566.3
一、农林牧渔业	357	3814901.1	10770148.7	−72539.3	46774.0
其中:农业	225	3133758.5	7968901.3	−9005.1	73169.5
林业	14	34871.7	128710.5	−54641.7	6819.0
畜牧业	18	43531.1	156285.0	−43614.9	1238.0
渔业	46	282678.4	672109.4	−147762.3	7143.1
二、工业	2581	100924512.0	373928943.0	164044.6	100540.3
其中:煤炭工业	199	29915686.0	106910173.5	132419.0	119729.5
石油和石化工业	24	3189511.6	9089320.1	880684.8	672828.4
冶金工业	189	12094443.2	62600624.1	121100.8	104072.6
建材工业	190	1572732.4	5444448.2	172486.7	135440.3

续表

项 目	户 数（户）	年末国有资产总量（万元）	资产总额（万元）	职工人均利润（元/人）	职工人均税费（元/人）
化学工业	183	12752577.4	42549478.4	729678.9	140149.2
森林工业	11	60653.4	193122.9	−48280.0	22609.0
食品工业	82	603653.9	2013862.6	36650.8	25608.3
烟草工业	1	−0.3	0	0	0
纺织工业	20	279698.9	858451.4	5745.2	16747.6
医药工业	41	771676.1	2487338.5	88068.3	44442.4
机械工业	410	15102445.1	65274185.4	101169.3	64377.9
电子工业	71	966641.7	6688520.7	156385.8	67474.9
电力工业	273	4442949.4	14553321.5	−139236.2	45246.4
市政公用工业	578	13379028.2	40238042.0	−11132.9	44733.7
其他工业	309	5792814.9	15028053.7	145510.3	148397.5
三、建筑业	1326	61567613.3	208400629.9	78178.2	91880.1
四、交通运输业	739	81067446.5	197517526.1	66097.1	39246.6
其中：铁路运输业	28	10903911.5	19280831.1	−277042.1	99932.9
道路运输业	447	49948756.7	132964227.8	54092.2	31834.2
水上运输业	127	10455772.5	22958219.2	123749.4	40359.3
航空运输业	42	5377201.9	10771399.1	−230428.8	38961.9
五、仓储业	247	4320803.7	8836552.7	110215.1	61527.0
六、商贸业	1282	9395996.4	58238500.1	206740.7	164732.7
七、房地产业	1574	85099676.8	285114170.6	251496.3	318060.8
八、信息传输、软件和信息技术服务业	498	3382708.7	11445631.1	61574.9	40149.8
其中：电信业	2	888.8	916.7	0	0
九、社会服务业	3390	267235741.9	592065326.0	157853.1	80031.6
十、教育文化广播业	405	3064860.9	7441419.9	−20286.2	10106.0
十一、科学研究和技术服务业	838	3816376.5	9168477.1	38315.6	39213.5
十二、金融业	397	33083045.1	306574224.1	641185.1	338450.7
十三、其他	140	2414499.8	6663437.6	−8502.0	18537.2

2021年青岛市监管企业主要指标表

项　目	户　数（户）	年末国有资产总量（万元）	资产总额（万元）	职工人均利润（元/人）	职工人均税费（元/人）
合并	3075	85435578.1	368166505.0	118571.9	97479.2
合计	3075	157754027.7	499542634.0	141072.0	98321.3
一、农林牧渔业	59	1077700.8	2833832.1	－546941.5	23393.9
其中：农业	35	875051.1	2274574.1	－479279.0	36922.7
林业	2	1822.8	13941.7	－19276.3	5965.3
畜牧业	4	3446.2	10253.4	－31548.0	547.9
渔业	12	161836.8	304281.4	－785097.8	12243.4
二、工业	531	10951388.9	34342095.7	92784.6	93175.9
其中：煤炭工业	2	1217.0	1449.0	0	0
石油和石化工业	4	6391.9	47424.8	－129046.6	71468.4
冶金工业	6	3600.4	27234.7	126146.4	89093.9
建材工业	17	56137.0	285323.9	147350.4	106240.7
化学工业	62	3338461.8	11600183.7	173532.1	56081.7
森林工业	3	5194.1	10887.5	－27551.4	254052.3
食品工业	15	107625.7	485609.6	30071.8	29009.6
烟草工业	1	－0.3	0	0	0
纺织工业					
医药工业	1	7909.7	19144.7	－259599.1	0
机械工业	69	386591.5	1826010.1	4109.2	67209.1
电子工业	9	41753.9	194362.7	－128961.3	4187.6
电力工业	97	1139477.2	3299580.3	2049512.2	257373.6
市政公用工业	105	2548275.4	8123097.3	－108057.3	28280.4
其他工业	140	3308753.6	8421787.4	130696.3	152464.5
三、建筑业	248	12067455.7	42174370.4	260755.0	140146.8
四、交通运输业	118	18367147.4	39183726.1	－49261.5	8828.4
其中：铁路运输业					
道路运输业	94	16475398.7	32912230.5	－3274.6	3350.2
水上运输业	8	－2298.8	52898.1	－154286.0	14562.6
航空运输业	13	1893946.8	6217318.8	－360491.5	46125.0

续表

项 目	户 数(户)	年末国有资产总量(万元)	资产总额(万元)	职工人均利润(元/人)	职工人均税费(元/人)
五、仓储业	21	247398.1	478490.8	77205.4	36714.9
六、商贸业	265	1052163.0	10320812.5	85143.7	111282.2
七、房地产业	489	29083765.0	87845553.5	592424.1	302072.6
八、信息传输、软件和信息技术服务业	56	345975.6	930510.7	246292.1	117325.9
其中:电信业					
九、社会服务业	886	70779939.4	163008115.2	288210.6	92408.1
十、教育文化广播业	139	1574104.1	2887422.6	28329.1	21407.1
十一、科学研究和技术服务业	133	853150.8	2222843.6	−52268.0	35781.7
十二、金融业	102	11055837.1	112359811.9	745769.3	412918.5
十三、其他	28	298001.6	955049.1	−272364.9	67393.2

2021年河南省监管企业主要指标表

项 目	户 数(户)	年末国有资产总量(万元)	资产总额(万元)	职工人均利润(元/人)	职工人均税费(元/人)
合并	2204	60225732.7	307340388.7	46956.0	60688.7
合计	2204	130017395.4	424476553.0	67213.7	60688.7
一、农林牧渔业	35	680712.8	1527923.2	−30523.7	19132.1
其中:农业	20	511341.6	1022533.6	−12558.9	28117.9
林业	5	140850.8	465090.0	−40540.4	1043.9
畜牧业	7	27963.5	35902.9	−56244.6	8332.6
渔业					
二、工业	708	28939331.9	123172239.5	61837.7	61672.5
其中:煤炭工业	241	15441688.0	77562289.8	51296.9	62550.4
石油和石化工业	5	−50044.2	668283.1	1636500.3	57026.5
冶金工业	45	5008550.9	10680902.8	110439.6	99366.9
建材工业	50	1191284.5	2707053.5	27729.9	75649.7

续表

项　目	户　数 (户)	年末国有资产总量 (万元)	资产总额 (万元)	职工人均利润 (元/人)	职工人均税费 (元/人)
化学工业	86	3080547.8	15295768.6	166623.3	50700.1
森林工业	2	3490.7	5098.1	22526.5	19905.2
食品工业	12	374436.3	465696.5	9869.9	15897.3
烟草工业					
纺织工业	3	91629.9	216472.9	64978.5	41192.8
医药工业	1	－2492.4	1358.9	78208.3	53879.9
机械工业	53	701013.6	4783671.0	－41116.7	29096.3
电子工业	6	263702.7	518099.6	－5960.4	21314.2
电力工业	86	11858.0	1586934.1	－150795.9	24609.6
市政公用工业	84	2858370.2	7798538.8	83534.3	69862.8
其他工业	33	－34484.9	877577.4	－25617.9	69638.6
三、建筑业	177	7629655.0	24157135.7	－5083.7	48049.8
四、交通运输业	111	17373690.1	59381555.4	40096.1	18446.7
其中:铁路运输业	11	540193.9	931780.6	－144507.5	20853.3
道路运输业	68	14033971.0	51327220.2	13956.8	17266.6
水上运输业	2	1794.4	4669.4	－81179.6	1504.8
航空运输业	13	2639305.4	6855762.2	310400.3	26078.7
五、仓储业	39	118148.3	420797.2	－11480.8	15822.3
六、商贸业	218	1525926.7	6196974.8	3045.8	80915.4
七、房地产业	225	9336780.8	22291168.7	179559.1	199728.0
八、信息传输、软件和信息技术服务业	39	106991.4	342663.6	50470.6	28756.0
其中:电信业					
九、社会服务业	450	57395655.4	117737873.2	80751.7	48281.4
十、教育文化广播业	39	499666.3	1450898.7	219646.4	41248.2
十一、科学研究和技术服务业	93	794183.8	2326214.2	40710.5	29226.5
十二、金融业	39	5309013.0	64864788.7	722309.5	390686.8
十三、其他	31	307640.0	606320.2	－35528.1	620.0

2021 年湖北省监管企业主要指标表

项　目	户　数（户）	年末国有资产总量（万元）	资产总额（万元）	职工人均利润（元/人）	职工人均税费（元/人）
合并	4726	193449353.7	637596699.6	147939.1	93209.7
合计	4726	302449151.4	844062267.8	212336.1	92614.2
一、农林牧渔业	172	3175319.1	6510611.0	－11908.4	18355.5
其中：农业	66	694682.2	2035784.1	35046.7	13649.0
林业	21	485362.1	650502.3	84091.2	83040.5
畜牧业	28	57454.9	373287.7	－337902.5	4879.1
渔业	25	759727.8	960875.3	32974.5	3404.2
二、工业	564	12104160.5	37021939.4	331234.5	67150.4
其中：煤炭工业	18	－3346.2	159336.7	－12917.2	2048.8
石油和石化工业	4	47551.8	116413.2	311483.5	223388.4
冶金工业	6	－90414.1	398348.5	135226.6	40583.3
建材工业	43	1370035.2	2310707.8	86475.5	118050.7
化学工业	62	3550442.5	13886752.2	845310.3	120522.1
森林工业	2	139940.1	365440.3	－247205.6	39024.9
食品工业	57	987127.4	2265730.2	152820.3	47796.8
烟草工业	1	2134.6	5393.2	2224.4	40159.9
纺织工业	16	183807.3	634239.0	45658.8	30161.9
医药工业	7	64978.1	283693.0	89877.7	42029.8
机械工业	60	371278.0	1253042.6	46448.0	14178.2
电子工业	29	927679.4	1876742.2	77421.2	35909.2
电力工业	42	822393.9	1660555.4	92303.0	33543.0
市政公用工业	125	3115594.6	9453993.2	9454.1	25122.8
其他工业	91	614957.9	2351478.2	26388.1	62426.7
三、建筑业	507	55188556.2	150921564.6	192294.5	112492.0
四、交通运输业	306	26901748.9	74577001.4	9766.9	15011.6
其中：铁路运输业	15	4522889.5	10492568.0	－1999776.0	58920.6
道路运输业	215	19364659.0	58624165.8	42168.0	13129.9
水上运输业	38	402796.1	885748.7	48187.5	35234.4
航空运输业	16	2374313.3	3676595.2	－123640.0	22358.8

续表

项 目	户 数(户)	年末国有资产总量(万元)	资产总额(万元)	职工人均利润(元/人)	职工人均税费(元/人)
五、仓储业	193	1669031.6	4627534.6	63533.8	27608.3
六、商贸业	299	3842756.0	11368429.7	71672.7	42003.8
七、房地产业	880	39028052.9	155492402.7	542856.7	562434.2
八、信息传输、软件和信息技术服务业	81	368306.1	768109.1	63813.9	45723.5
其中:电信业					
九、社会服务业	1198	146236485.3	363786475.6	469979.3	112459.0
十、教育文化广播业	81	436958.7	1350534.3	7752.4	32217.0
十一、科学研究和技术服务业	236	2706008.2	6240270.3	104896.3	54267.6
十二、金融业	146	7707029.3	23246997.3	610133.9	795717.0
十三、其他	63	3084738.8	8150397.8	149372.9	27460.1

2021年湖南省监管企业主要指标表

项 目	户 数(户)	年末国有资产总量(万元)	资产总额(万元)	职工人均利润(元/人)	职工人均税费(元/人)
合并	2659	158765872.6	438589538.8	106871.1	87048.2
合计	2659	238141389.3	584151694.1	148811.6	87201.6
一、农林牧渔业	93	590925.8	1918893.7	−183528.2	9622.8
其中:农业	32	289153.4	775528.0	−900560.9	24638.3
林业	9	17083.5	130379.4	−122078.1	9339.2
畜牧业	33	215139.7	867183.7	−67852.1	6189.0
渔业	3	3335.4	4542.4	113332.6	1149.4
二、工业	522	24839870.6	72736538.4	222230.2	89895.9
其中:煤炭工业	20	903810.2	1872162.2	35689.9	30246.8
石油和石化工业	3	76041.0	399247.7	79276.2	56414.8
冶金工业	75	11593065.9	21365127.6	536633.7	148011.0
建材工业	16	151569.3	481085.7	23800.4	71402.4

续表

项 目	户 数(户)	年末国有资产总量(万元)	资产总额(万元)	职工人均利润(元/人)	职工人均税费(元/人)
化学工业	27	713885.1	1762881.6	159374.9	42122.1
森林工业	1	74.7	237.4	−101939.3	7022.3
食品工业	28	149922.4	429752.0	−32579.0	20876.1
烟草工业					
纺织工业	10	43023.9	169426.0	−68819.1	7805.7
医药工业	12	147570.9	501352.5	−106213.3	98852.0
机械工业	105	6555440.4	33487732.9	198199.3	105295.1
电子工业	21	237949.6	409957.9	38519.2	41390.7
电力工业	77	1438003.5	4797445.6	188954.3	107156.5
市政公用工业	61	2257455.3	5664571.2	79227.2	33272.4
其他工业	66	572058.5	1395558.0	35467.8	56631.3
三、建筑业	269	57525139.0	153666418.5	139102.9	117849.1
四、交通运输业	163	11021704.4	37900173.4	−9315.9	18942.4
其中:铁路运输业	5	36244.0	161683.1	−68529.7	7598.8
道路运输业	117	7229826.0	31338378.1	−4665.8	18293.1
水上运输业	21	1328261.0	1684568.2	111308.5	34110.7
航空运输业	11	2298191.4	4203823.5	−52019.5	18789.9
五、仓储业	66	707637.6	2608831.7	−229239.8	26506.0
六、商贸业	219	1962786.8	7685288.4	201953.5	127585.2
七、房地产业	422	34341546.5	88074696.0	197378.8	167659.3
八、信息传输、软件和信息技术服务业	55	652864.9	1584096.8	267899.5	616733.5
其中:电信业					
九、社会服务业	541	97366994.1	196213634.6	143445.2	81247.8
十、教育文化广播业	58	777079.5	1931122.7	20533.9	13559.6
十一、科学研究和技术服务业	122	630203.3	1316176.6	43083.0	35505.5
十二、金融业	109	7491827.0	16986965.1	1057626.1	286371.1
十三、其他	20	232809.6	1528858.1	−36558.2	7122.9

2021年广东省监管企业主要指标表

项 目	户 数（户）	年末国有资产总量（万元）	资产总额（万元）	职工人均利润（元/人）	职工人均税费（元/人）
合并	15246	381225217.2	1457605261.4	148652.9	130009.7
合计	15246	792543570.5	2088266618.1	246465.3	129914.7
一、农林牧渔业	303	2338665.7	6481227.3	173735.3	35079.3
其中：农业	143	1127150.4	2523703.8	476486.9	27419.5
林业	12	20668.9	89875.9	28905.6	1357.7
畜牧业	44	383692.8	755978.3	－184751.8	5548.0
渔业	15	－1216.5	64532.9	－98167.7	11753.0
二、工业	2774	76290729.9	214019270.0	171981.4	111626.7
其中：煤炭工业	7	－1079365.0	65894.2	－150884.1	26306.4
石油和石化工业	4	39225.1	73413.7	337840.5	302371.6
冶金工业	114	3786854.9	11803970.9	186913.3	81912.5
建材工业	94	530219.3	2265893.0	246823.5	115340.8
化学工业	159	2431386.0	6547843.8	140146.5	50546.4
森林工业	3	2614.9	2862.9	－25765.8	3199.2
食品工业	134	1503773.7	4334787.2	79895.6	35398.1
烟草工业					
纺织工业	39	148283.2	737814.2	20619.1	10810.6
医药工业	51	2255246.4	5586581.7	225637.6	80881.7
机械工业	378	13061725.3	45682450.2	200444.9	178164.9
电子工业	97	1643471.0	9208759.5	74225.0	42955.0
电力工业	730	25819488.4	65602291.6	258906.6	133332.6
市政公用工业	695	22078879.8	51668367.0	177034.6	70678.9
其他工业	269	4068927.0	10438340.2	119369.0	85532.5
三、建筑业	846	39166233.0	98453354.3	152745.1	159822.4
四、交通运输业	855	167477551.1	337835899.3	94211.7	42177.1
其中：铁路运输业	16	16252208.9	28739998.4	－1426858.9	16700.3
道路运输业	556	132716062.0	273982968.6	110483.5	41016.4
水上运输业	197	9417435.4	17768216.0	265823.1	66661.6
航空运输业	33	8756118.3	16330807.6	－19131.8	29370.8

续表

项　　目	户　数 (户)	年末国有资产总量 (万元)	资产总额 (万元)	职工人均利润 (元/人)	职工人均税费 (元/人)
五、仓储业	342	4656347.9	11640963.3	155139.5	132590.6
六、商贸业	1490	12110641.6	41015010.7	167082.3	123549.7
七、房地产业	2783	116917113.4	535164320.3	460886.6	386629.1
八、信息传输、软件和信息技术服务业	291	4712174.9	11396058.8	163849.7	32586.2
其中:电信业	2	60372.9	79158.8	28078.2	16125.6
九、社会服务业	4002	305894895.2	594390164.6	308036.7	42059.3
十、教育文化广播业	297	1760460.5	2778587.9	39696.8	16222.4
十一、科学研究和技术服务业	782	7148255.0	18346989.8	91686.8	39080.7
十二、金融业	394	53502563.1	215551545.7	839883.2	260232.4
十三、其他	87	567939.0	1193226.1	6051.1	16623.7

2021年深圳市监管企业主要指标表

项　　目	户　数 (户)	年末国有资产总量 (万元)	资产总额 (万元)	职工人均利润 (元/人)	职工人均税费 (元/人)
合并	2462	120346396.1	500756847.2	232019.5	193634.3
合计	2462	211253282.0	627291813.8	316932.6	193634.3
一、农林牧渔业	58	645909.0	2728456.7	233818.3	78445.9
其中:农业	16	76896.4	273999.2	327633.5	83895.2
林业					
畜牧业					
渔业					
二、工业	487	15074989.5	41495224.2	141455.5	63594.5
其中:煤炭工业					
石油和石化工业					
冶金工业	1	−759.8	45702.7	−298387.6	0
建材工业	7	23316.5	141083.4	−1991.3	35788.2

续表

项　目	户　数（户）	年末国有资产总量（万元）	资产总额（万元）	职工人均利润（元/人）	职工人均税费（元/人）
化学工业	24	671020.7	1296128.9	94381.7	27953.5
森林工业					
食品工业	10	71384.1	241056.7	147865.0	23384.4
烟草工业					
纺织工业	1	1823.8	4623.4	4971.8	291.0
医药工业	2	116022.3	200963.5	331739.1	90094.2
机械工业	33	773291.6	3145939.2	−8142.6	18609.4
电子工业	15	254562.0	1388396.8	−31095.7	32266.8
电力工业	211	7746497.6	22962675.1	446773.9	170929.4
市政公用工业	168	5325192.3	11758842.7	258044.3	92418.5
其他工业	15	92638.3	309811.7	−4855.1	14500.9
三、建筑业	73	2051405.5	9201995.9	350184.0	248742.4
四、交通运输业	118	42800984.0	83601429.8	127568.8	59311.8
其中:铁路运输业	1	18373.2	83989.3	338661.8	41498.2
道路运输业	84	35809839.9	70926165.4	112946.5	59015.6
水上运输业	19	3059793.8	4794928.1	2707991.0	344526.3
航空运输业	7	3750519.3	7394149.3	−7489.0	35194.2
五、仓储业	92	2285166.1	5281490.1	545485.6	241917.0
六、商贸业	123	1979582.1	5296789.6	224762.5	125126.5
七、房地产业	603	59260816.7	295533508.4	454322.6	410859.6
八、信息传输、软件和信息技术服务业	81	3564968.0	8894810.3	630317.8	58831.3
其中:电信业	1	17424.5	19385.3	−200814.5	1706.9
九、社会服务业	563	58057903.0	106734949.8	236081.9	34038.8
十、教育文化广播业	49	314347.0	400889.8	56523.4	35975.7
十一、科学研究和技术服务业	119	2004710.9	4608453.3	120696.5	45436.4
十二、金融业	75	23086059.4	63245939.6	729819.8	241433.8
十三、其他	21	126440.8	267876.3	26757.2	32505.9

2021年广西壮族自治区监管企业主要指标表

项 目	户 数（户）	年末国有资产总量（万元）	资产总额（万元）	职工人均利润（元/人）	职工人均税费（元/人）
合并	3674	113301262.0	455015310.6	66119.4	75826.9
合计	3674	233544598.0	662893131.5	107796.5	75964.3
一、农林牧渔业	217	6448288.1	12333479.1	97377.5	16303.3
其中：农业	155	5407587.7	9428201.8	12776.7	18483.1
林业	15	559862.5	1712344.1	317189.6	35826.7
畜牧业	27	443053.3	1022639.1	438668.6	2124.9
渔业	4	555.5	6706.5	142770.3	399.0
二、工业	738	19849833.6	58765738.0	111441.0	80714.7
其中：煤炭工业	18	-131185.7	577429.2	-1260499.5	31765.2
石油和石化工业	8	110712.8	652899.7	3030.0	171322.5
冶金工业	64	7881593.7	20199572.7	228533.4	113803.2
建材工业	82	1025205.2	2263984.5	175497.5	107792.6
化学工业	36	112386.8	1285422.4	-18300.4	37843.8
森林工业	6	74663.2	258917.6	66361.7	12179.8
食品工业	56	375468.1	2688540.4	38739.4	71557.9
烟草工业					
纺织工业	13	40703.8	236889.2	7402.5	12731.5
医药工业	14	586199.8	910477.9	286514.7	170592.5
机械工业	113	2306561.6	8254595.1	51624.8	39432.3
电子工业	3	7874.4	23158.9	6494.1	868390.0
电力工业	114	4141696.2	12051174.6	10852.9	75306.7
市政公用工业	125	2579599.6	7081469.9	87175.6	36835.8
其他工业	86	738354.1	2281206.0	54278.2	129777.9
三、建筑业	222	38395188.3	98155168.0	52903.3	28672.8
四、交通运输业	235	19993972.8	57558734.5	-32713.6	34022.9
其中：铁路运输业	4	50924.9	103045.0	12175.8	23579.7
道路运输业	142	17079233.9	50826419.7	-1547.9	36031.5
水上运输业	49	730374.8	2379360.7	-83387.1	30129.8
航空运输业	21	1959314.9	3740868.1	-183379.5	21714.6

续表

项 目	户数 (户)	年末国有资产总量 (万元)	资产总额 (万元)	职工人均利润 (元/人)	职工人均税费 (元/人)
五、仓储业	87	5270959.7	14004240.6	194370.1	43065.0
六、商贸业	492	5821898.1	19120406.6	179385.9	186092.5
七、房地产业	436	17922083.5	55675946.4	166405.2	230010.9
八、信息传输、软件和信息技术服务业	67	308224.4	741472.3	121279.2	45264.7
其中:电信业					
九、社会服务业	786	92055783.9	195884909.1	195165.9	98684.5
十、教育文化广播业	53	576764.9	1620590.5	−4443.6	21023.9
十一、科学研究和技术服务业	131	678634.6	1458407.8	72719.6	34557.4
十二、金融业	188	26109163.0	147128536.4	367014.0	222471.6
十三、其他	22	113803.1	445502.2	−11822.1	0

2021年海南省监管企业主要指标表

项 目	户数 (户)	年末国有资产总量 (万元)	资产总额 (万元)	职工人均利润 (元/人)	职工人均税费 (元/人)
合并	1369	37463224.1	92850865.9	67217.2	50786.0
合计	243	6917733.1	11493359.7	31123.0	12917.1
一、农林牧渔业	186	6522327.4	10645545.0	30447.2	13209.1
其中:农业	10	88147.5	109453.0	−3709.5	13894.3
林业	17	173849.8	373380.5	49691.8	2077.0
畜牧业	7	2770.8	17130.7	−131235.0	1555.2
渔业	166	3391277.9	5125394.5	99614.2	31205.6
二、工业	1	949.8	5900.8	−10371.0	6697.4
其中:煤炭工业	1	1204.7	6244.2	−121344.2	46191.4
石油和石化工业	3	581190.4	622066.1	6241960.0	447661.4
冶金工业	16	114294.2	283516.4	19539.5	41478.0
建材工业	16	70978.5	208610.6	79930.8	58240.4

续表

项 目	户 数（户）	年末国有资产总量（万元）	资产总额（万元）	职工人均利润（元/人）	职工人均税费（元/人）
化学工业	1	−93.0	8383.5	−75492.1	4246.2
森林工业	9	3328.0	13555.1	2981.9	3055.3
食品工业					
烟草工业	1	2878.3	6006.4	5900.8	2000.9
纺织工业					
医药工业	6	11550.8	22800.6	171542.5	107943.1
机械工业	4	25815.1	43136.8	44706.0	51219.9
电子工业	21	137502.2	359375.3	111386.3	32003.1
电力工业	48	1073434.5	1891892.6	37033.7	21904.1
市政公用工业	39	1368244.4	1653906.0	26248.9	19803.7
其他工业	144	4096240.5	11157999.0	95921.4	215363.2
三、建筑业	86	682746.7	6947796.9	69193.6	7916.4
四、交通运输业					
其中：铁路运输业	69	145104.7	672942.4	−3691.8	7829.2
道路运输业	7	−8572.9	34665.2	−115533.4	7550.7
水上运输业	6	518468.3	6177168.4	18525463.4	1074.7
航空运输业	33	122652.0	388170.4	132356.7	21199.8
五、仓储业	107	352378.0	1567782.7	−9037.8	30456.5
六、商贸业	216	11955909.1	36828922.5	282541.4	289315.3
七、房地产业	22	27814.7	58442.8	49672.8	62540.5
八、信息传输、软件和信息技术服务业					
其中：电信业	217	8817454.4	15976145.9	67181.8	46426.5
九、社会服务业	22	177205.3	315725.7	−7727.7	21572.7
十、教育文化广播业	66	186301.9	784003.2	30464.6	36252.3
十一、科学研究和技术服务业	29	541189.3	1936691.5	817645.8	253341.5
十二、金融业	18	194321.3	270431.1	−64509.9	789.7
十三、其他	20	232809.6	1528858.1	−36558.2	7122.9

2021年重庆市监管企业主要指标表

项 目	户 数（户）	年末国有资产总量（万元）	资产总额（万元）	职工人均利润（元/人）	职工人均税费（元/人）
合并	3562	220009867.8	759907324.8	48200.0	75993.9
合计	3562	323540760.4	926311928.8	45697.0	76892.7
一、农林牧渔业	131	6610617.9	9903402.2	94319.0	23116.2
其中：农业	54	4723314.3	6638648.5	111962.0	27882.2
林业	24	668588.1	1241376.0	－2356.6	66300.4
畜牧业	18	245809.5	422071.7	69382.8	2329.8
渔业	7	136639.9	201786.4	4436.4	2816.2
二、工业	664	18966883.8	55194993.6	－299198.4	63332.1
其中：煤炭工业	25	－929515.3	5669774.1	－4567930.3	20692.1
石油和石化工业					
冶金工业	39	797371.9	4335345.4	146746.7	92031.9
建材工业	31	217333.3	804095.8	－60411.8	78656.8
化学工业	51	1879717.1	5972765.0	199671.3	77393.3
森林工业	3	15166.2	19676.5	63984.6	50052.9
食品工业	21	735791.1	1532747.2	176826.2	53964.5
烟草工业	3	8857.5	30909.4	29956.0	51379.5
纺织工业	5	21902.9	61025.8	－13892.0	67589.6
医药工业	11	78397.1	256833.9	32926.7	42774.0
机械工业	101	3914627.6	9664979.6	94803.1	37412.4
电子工业	11	183858.9	541173.5	－31435.9	15226.9
电力工业	120	3406713.7	9173571.2	146229.8	88567.5
市政公用工业	212	7920541.3	15681230.0	232326.0	89482.8
其他工业	31	716120.5	1450866.0	－643993.7	62119.0
三、建筑业	426	77637122.2	192886996.7	232470.5	129478.7
四、交通运输业	270	43719909.5	84130205.1	－3469.4	16995.4
其中：铁路运输业	4	405241.0	494449.8	－98619.2	15491.2
道路运输业	184	39928390.0	76199703.2	15770.1	15392.9
水上运输业	31	942666.0	1792092.1	37141.4	23259.4
航空运输业	17	2326837.9	5252425.9	－252063.2	31261.7

续表

项 目	户数(户)	年末国有资产总量(万元)	资产总额(万元)	职工人均利润(元/人)	职工人均税费(元/人)
五、仓储业	81	2282358.3	4853326.0	96356.3	59802.2
六、商贸业	359	4122076.5	17598390.6	−108198.4	105245.6
七、房地产业	306	36549959.6	91151137.7	259206.5	175330.2
八、信息传输、软件和信息技术服务业	59	567166.3	1445770.8	265301.3	46586.4
其中:电信业					
九、社会服务业	813	114206647.1	226946319.7	148239.8	39320.7
十、教育文化广播业	88	2327147.9	3680710.9	79139.4	12692.0
十一、科学研究和技术服务业	180	1348962.1	2619447.8	41520.9	27099.8
十二、金融业	141	12611389.9	231090737.4	786671.9	418356.9
十三、其他	44	2590519.4	4810490.3	5481.9	29687.1

2021年四川省监管企业主要指标表

项 目	户数(户)	年末国有资产总量(万元)	资产总额(万元)	职工人均利润(元/人)	职工人均税费(元/人)
合并	8018	315713764.3	1202615734.7	155258.5	128766.3
合计	8018	550295707.0	1590316088.7	239391.0	131090.0
一、农林牧渔业	249	8319355.2	17040050.5	44123.4	39782.2
其中:农业	154	4827519.2	9694075.8	−17171.5	32243.0
林业	28	940563.3	1184751.5	−7338.5	3675.2
畜牧业	20	32526.8	70362.8	2922.8	1159.6
渔业	4	1627.6	10114.2	39530.0	4236.4
二、工业	1218	35092301.7	104585183.6	111111.1	112556.8
其中:煤炭工业	36	299535.9	3515542.4	127670.8	28257.0
石油和石化工业	4	105651.1	111345.8	−81964.7	7312.3
冶金工业	52	1048457.3	2395720.8	200306.3	127213.9
建材工业	158	3428220.7	7402755.4	133665.2	132112.6

续表

项　目	户　数(户)	年末国有资产总量(万元)	资产总额(万元)	职工人均利润(元/人)	职工人均税费(元/人)
化学工业	75	2092898.8	8920813.6	150719.2	60500.2
森林工业	3	25756.7	139260.0	101649.4	44473.8
食品工业	33	76155.7	289153.9	−5560.7	25472.5
烟草工业					
纺织工业	27	471506.2	2622286.7	2553.6	24138.0
医药工业	31	562810.0	1545580.8	345183.8	121247.7
机械工业	117	2325788.0	10032712.6	20749.8	33018.6
电子工业	75	1038560.1	8215026.7	29814.9	31292.1
电力工业	209	12966613.1	32337573.0	332397.7	112776.0
市政公用工业	277	8192338.0	18888447.4	129389.5	72300.5
其他工业	121	2458010.2	8168964.5	99814.4	474384.8
三、建筑业	759	52399990.7	164106645.6	209283.3	126330.5
四、交通运输业	456	88664940.3	211356851.0	−8376.3	36864.3
其中:铁路运输业	22	6707861.9	11968422.8	−271366.2	52976.1
道路运输业	339	71287353.5	178959612.8	42399.5	39613.9
水上运输业	30	2002216.7	4609336.8	−172566.1	49242.0
航空运输业	37	7947825.7	14554408.6	−195872.2	21111.5
五、仓储业	209	5359074.7	8336651.7	31125.1	23564.0
六、商贸业	784	13282947.7	39659465.8	1309113.2	535070.3
七、房地产业	880	56577430.7	186892898.6	342595.1	354861.7
八、信息传输、软件和信息技术服务业	209	719722.0	3335425.4	9158.3	32941.9
其中:电信业	2	332.1	424.5	−40543.5	13765.7
九、社会服务业	2194	257966087.7	600069634.8	291098.3	69925.9
十、教育文化广播业	282	2652112.6	5952927.9	50994.7	21207.6
十一、科学研究和技术服务业	328	2986904.6	7247774.2	52829.7	35231.3
十二、金融业	330	25010969.5	238432099.0	765596.2	358289.2
十三、其他	120	1263869.7	3300480.3	−28707.9	12828.0

2021年贵州省监管企业主要指标表

项 目	户 数(户)	年末国有资产总量(万元)	资产总额(万元)	职工人均利润(元/人)	职工人均税费(元/人)
合并	2515	123686163.8	340818664.4	314598.3	228780.0
合计	2515	184949387.2	456811210.9	573066.4	228780.0
一、农林牧渔业	152	1812072.4	4208007.8	-13285.1	25156.2
其中：农业	69	883941.6	2179503.0	-69075.9	22330.5
林业	25	246206.9	622837.6	-56720.0	2370.5
畜牧业	22	46619.7	203174.8	-3686.4	4325.9
渔业	17	45871.7	73165.3	-18821.0	521.2
二、工业	457	23442620.2	66125925.4	530258.9	191749.5
其中：煤炭工业	40	3048128.0	9633472.5	45283.1	57153.5
石油和石化工业	22	393840.6	660919.9	-9668.0	69003.6
冶金工业	17	429223.5	1253380.6	194743.0	22996.9
建材工业	31	100366.5	417035.3	1033.2	57780.1
化学工业	45	3355740.0	13617919.1	134054.2	87469.8
森林工业	2	-4290.5	94729.1	-646387.5	69.4
食品工业	21	128510.2	566383.6	114961.4	37187.1
烟草工业					
纺织工业	1	201.5	201.5	0	0
医药工业	7	8868.6	19173.9	-99577.1	11198.6
机械工业	34	511852.4	1713585.7	23445.9	20035.6
电子工业	2	-400.2	23065.2	59761.3	22981.1
电力工业	55	1208195.0	5386726.4	-271362.4	87523.8
市政公用工业	132	3101827.7	8350465.6	19842.2	37357.1
其他工业	48	11160557.0	24388867.0	1852215.8	566021.4
三、建筑业	219	33409034.9	85318865.2	-9620.1	50577.3
四、交通运输业	191	31042238.5	84350492.2	-2685.2	43194.2
其中：铁路运输业	9	4752381.3	7953977.4	708763.2	263095.9
道路运输业	142	23286527.1	70365656.4	-9239.9	38945.1
水上运输业	6	260713.7	577323.4	-5097.2	32703.3
航空运输业	24	2574978.5	4924905.4	-22016.3	47043.7

续表

项 目	户 数（户）	年末国有资产总量（万元）	资产总额（万元）	职工人均利润（元/人）	职工人均税费（元/人）
五、仓储业	48	1183832.4	2611241.8	－94414.3	96194.8
六、商贸业	350	9425777.5	22171080.2	7227336.2	2793555.8
七、房地产业	219	6455557.7	22063184.1	51669.8	183964.8
八、信息传输、软件和信息技术服务业	46	400814.3	1373574.4	274021.9	83609.9
其中:电信业	1	2090.2	6369.2	189367.2	19534.1
九、社会服务业	597	72270285.8	144914159.5	263853.1	41017.7
十、教育文化广播业	54	238574.9	541316.7	－9516.6	15948.8
十一、科学研究和技术服务业	78	183291.1	486977.8	10726.8	29326.2
十二、金融业	79	4587633.2	21301444.5	1660013.0	587526.0
十三、其他	25	497654.4	1344941.4	－104922.9	1426.1

2021年云南省监管企业主要指标表

项 目	户 数（户）	年末国有资产总量（万元）	资产总额（万元）	职工人均利润（元/人）	职工人均税费（元/人）
合并	5929	162143014.9	605731681.1	22611.1	79698.1
合计	5929	316188647.3	845127415.8	55130.3	79698.1
一、农林牧渔业	296	4189060.8	8706224.2	－15043.7	5036.7
其中:农业	143	1970149.6	4386361.7	－31124.4	4219.9
林业	81	1675857.7	2624565.9	－7559.4	3550.0
畜牧业	10	33838.3	82472.5	－69263.6	6625.9
渔业					
二、工业	1061	24247223.0	78791217.6	97810.7	106593.2
其中:煤炭工业	79	3251808.6	9175240.2	22979.6	70668.1
石油和石化工业	2	19730.2	174670.3	39237.3	156302.3
冶金工业	71	4758806.3	18124372.5	207695.5	277491.2
建材工业	116	1345119.3	5790899.5	118382.5	91912.9

续表

项　目	户　数（户）	年末国有资产总量（万元）	资产总额（万元）	职工人均利润（元/人）	职工人均税费（元/人）
化学工业	68	4328899.2	13480771.6	244735.2	90761.9
森林工业	5	9753.3	41070.8	－11785.7	5984.5
食品工业	36	470848.7	1248901.1	－83854.2	43989.7
烟草工业					
纺织工业					
医药工业	7	99080.3	266008.9	12281.9	29604.5
机械工业	83	1656429.8	5486722.0	20434.6	34869.7
电子工业	23	151455.3	276990.4	66646.7	32177.0
电力工业	85	1652450.9	5740458.6	90095.1	96354.6
市政公用工业	378	5550366.1	16922614.1	－17995.3	44259.2
其他工业	108	952474.8	2062497.6	－14359.9	35336.5
三、建筑业	459	26587587.9	83485054.9	207151.7	136491.6
四、交通运输业	238	45465787.7	124131909.4	－11108.6	27729.9
其中:铁路运输业	8	313369.4	547349.7	112009.6	50991.4
道路运输业	187	32875002.4	108562298.8	－1417.5	26636.2
水上运输业	6	6782.1	18533.9	－70586.7	27451.9
航空运输业	24	12147438.9	14689314.3	－85527.7	22940.6
五、仓储业	130	1051067.9	4920670.2	－484235.3	29882.7
六、商贸业	429	3919401.9	19336784.0	285878.1	194685.9
七、房地产业	560	17765131.3	69661271.5	－424017.6	153968.0
八、信息传输、软件和信息技术服务业	81	561578.4	1834626.7	6147.7	26238.8
其中:电信业					
九、社会服务业	2049	181270260.5	393163665.9	77611.7	51769.2
十、教育文化广播业	201	1095375.6	2211011.2	－9274.6	9724.2
十一、科学研究和技术服务业	267	1232927.6	5740515.3	86060.2	52883.4
十二、金融业	109	8258584.4	49805650.6	147866.2	231169.7
十三、其他	49	544660.2	3338814.4	－66170.8	2967.8

2021 年西藏自治区监管企业主要指标表

项 目	户 数（户）	年末国有资产总量（万元）	资产总额（万元）	职工人均利润（元/人）	职工人均税费（元/人）
合并	683	11549101.1	32560147.8	64506.7	81899.9
合计	683	15414886.9	40724541.4	76411.1	83949.9
一、农林牧渔业	36	1070889.1	1432002.2	2590.1	32020.8
其中：农业	14	224039.4	502481.4	38904.1	5455.7
林业	6	30756.9	227857.2	7226.1	6718.1
畜牧业	10	17002.8	93966.2	−13587.7	941.2
渔业					
二、工业	110	1820477.9	4759696.8	50855.3	118384.9
其中：煤炭工业					
石油和石化工业					
冶金工业	2	33489.6	52990.7	91284.8	77468.3
建材工业	42	1270789.3	2384360.6	81852.2	236597.6
化学工业					
森林工业	1	690.6	1852.9	67776.3	0
食品工业	11	41758.2	191472.3	−4094.1	6379.7
烟草工业					
纺织工业	3	10435.5	35360.3	−57651.1	170.9
医药工业	5	70263.9	79189.9	70262.9	69139.5
机械工业					
电子工业					
电力工业	14	172136.1	1037465.5	−289429.9	173177.5
市政公用工业	9	78967.6	600378.7	99045.2	25937.2
其他工业	23	141947.1	376625.9	27634.5	43570.9
三、建筑业	94	1757811.2	7250546.2	176235.3	136706.4
四、交通运输业	39	287564.9	2401558.5	−77404.0	100863.4
其中：铁路运输业					
道路运输业	35	147900.3	565840.6	−31576.4	20116.7
水上运输业					
航空运输业	4	139664.6	1835717.9	−110192.7	158636.0

续表

项 目	户 数(户)	年末国有资产总量(万元)	资产总额(万元)	职工人均利润(元/人)	职工人均税费(元/人)
五、仓储业	3	18956.2	22458.9	-119351.7	12635.6
六、商贸业	69	298772.3	719847.7	202361.1	106533.4
七、房地产业	75	4113011.8	11636768.0	406035.5	153370.4
八、信息传输、软件和信息技术服务业	15	107102.9	199714.5	35487.7	238661.7
其中:电信业					
九、社会服务业	168	4979760.9	10494876.5	48352.6	29608.6
十、教育文化广播业	17	357047.1	840289.9	-187445.3	7702.7
十一、科学研究和技术服务业	37	94644.5	222631.0	74229.8	34738.5
十二、金融业	10	350467.8	392035.5	2657166.9	179886.1
十三、其他	10	158380.3	352115.7	-188122.7	2305.5

2021年陕西省监管企业主要指标表

项 目	户 数(户)	年末国有资产总量(万元)	资产总额(万元)	职工人均利润(元/人)	职工人均税费(元/人)
合并	5927	136596708.3	575437864.3	109087.8	138453.2
合计	5927	283936250.6	869397744.3	158483.7	145117.0
一、农林牧渔业	235	1901965.1	4660588.4	-4478.0	6757.5
其中:农业	179	1148701.9	3117993.3	-12776.2	6683.6
林业	22	374912.8	471785.8	4344.9	4476.3
畜牧业	7	22858.1	69631.9	-1007.0	1024.7
渔业	1	243.1	360.9	-16442.4	0
二、工业	1453	83947489.7	227565056.1	227259.7	225806.8
其中:煤炭工业	125	28240642.9	62847194.1	900387.1	373062.7
石油和石化工业	59	17651963.2	48804227.9	-31991.1	511141.8
冶金工业	114	6853969.4	26121026.5	16254.2	82276.2
建材工业	95	2624935.0	8200462.0	312854.1	112265.0

续表

项　目	户　数（户）	年末国有资产总量（万元）	资产总额（万元）	职工人均利润（元/人）	职工人均税费（元/人）
化学工业	119	12944204.4	29187572.8	143576.6	125344.0
森林工业	3	1734.5	15561.8	−74674.0	29741.0
食品工业	40	170668.7	495132.5	35272.9	23968.1
烟草工业					
纺织工业	24	543756.6	1476716.6	−18155.7	7005.6
医药工业	23	261261.8	1763809.9	93998.7	194093.9
机械工业	255	4951601.4	15401447.3	64671.4	45007.9
电子工业	75	506945.6	2183371.1	12022.6	20526.5
电力工业	171	3438047.4	14130986.5	−212682.6	102553.5
市政公用工业	274	4512719.0	12985970.7	53493.5	69913.9
其他工业	75	1243112.0	3941868.1	93543.6	169285.6
三、建筑业	637	37069091.7	144126688.2	131576.8	99231.3
四、交通运输业	187	32367314.7	95186185.6	−22714.2	14494.7
其中：铁路运输业	27	4284236.6	7092999.9	−91232.5	101418.2
道路运输业	127	24160064.8	80002816.9	3833.9	10137.1
水上运输业	1	77.5	602.6	−750460.4	2326.9
航空运输业	26	3245536.3	5478298.9	−129925.8	15651.5
五、仓储业	108	693409.0	2093538.6	14808.9	18231.7
六、商贸业	602	5887028.5	28405782.9	98792.8	105418.9
七、房地产业	764	33106677.6	128884340.4	178179.9	151223.4
八、信息传输、软件和信息技术服务业	94	483344.3	1297043.9	15151.9	45617.1
其中：电信业					
九、社会服务业	1110	71689652.5	187341865.4	139082.2	35558.8
十、教育文化广播业	147	753458.7	2027229.5	−50905.0	15376.3
十一、科学研究和技术服务业	348	4071299.5	9659408.4	110395.3	35386.0
十二、金融业	142	11438215.2	35580673.1	309405.4	194133.7
十三、其他	100	527304.3	2569343.6	−52711.8	2120.9

2021年甘肃省监管企业主要指标表

项　目	户　数 (户)	年末国有资产总量 (万元)	资产总额 (万元)	职工人均利润 (元/人)	职工人均税费 (元/人)
合并	3131	86673221.2	252494114.9	48729.4	64437.4
合计	3131	134316173.2	341702722.8	62235.6	64507.6
一、农林牧渔业	165	2283170.5	6485753.4	7701.6	4471.2
其中:农业	111	1723313.8	4885743.5	3143.9	3988.9
林业	9	29732.4	39313.0	255600.2	20756.6
畜牧业	20	135755.4	326105.8	56007.7	3744.9
渔业					
二、工业	651	28502364.7	74078751.3	115190.4	91714.7
其中:煤炭工业	40	3742027.5	7876180.9	100030.4	68018.6
石油和石化工业	3	23189.8	129047.0	132649.7	133974.4
冶金工业	69	13893272.8	35932956.9	241727.8	151707.2
建材工业	78	1068794.8	2358054.5	22254.3	95489.4
化学工业	37	609644.4	1969110.0	-29509.4	41945.4
森林工业	2	1460.6	10491.9	-38917.0	10792.8
食品工业	14	141948.5	484623.3	31592.8	19910.9
烟草工业					
纺织工业	3	55443.7	113890.8	2493.7	13584.5
医药工业	15	387670.5	1184486.2	74392.9	68869.3
机械工业	115	2499861.7	8262091.7	-5068.5	32207.4
电子工业	2	4334.6	8248.5	-8831.7	15553.7
电力工业	80	2804479.8	7234843.7	74500.9	86495.3
市政公用工业	142	2518333.4	6697337.6	-31607.8	20977.0
其他工业	51	751902.7	1817388.2	-40036.7	28653.0
三、建筑业	430	20048852.9	55791847.3	36235.9	46485.0
四、交通运输业	150	26147032.9	72677827.5	-31890.9	37088.6
其中:铁路运输业	6	1739312.5	2309139.6	-34095.1	31022.2
道路运输业	118	23375616.1	66654804.0	-31717.7	41752.1
水上运输业	5	10110.3	20881.2	84965.9	6572.1
航空运输业	15	945266.4	3571178.1	-37248.6	14491.7

续表

项　目	户　数 （户）	年末国有资产总量 （万元）	资产总额 （万元）	职工人均利润 （元/人）	职工人均税费 （元/人）
五、仓储业	92	1174433.0	2697706.2	−30758.1	24479.8
六、商贸业	285	1239615.0	6615407.1	−146055.8	116489.9
七、房地产业	270	12502923.2	42975628.1	67050.6	121426.8
八、信息传输、软件和信息技术服务业	47	156262.4	498144.7	−8069.9	25923.9
其中：电信业	1	265.9	301.1	−127513.0	0
九、社会服务业	668	32318766.5	60855192.6	1283.6	18725.4
十、教育文化广播业	81	589010.1	1446300.1	−15381.4	18114.7
十一、科学研究和技术服务业	221	1522075.8	3015335.7	75851.6	31997.6
十二、金融业	56	7756068.3	14366321.5	1289459.3	484831.5
十三、其他	15	75597.8	198507.4	−29908.6	1869.8

2021年青海省监管企业主要指标表

项　目	户　数 （户）	年末国有资产总量 （万元）	资产总额 （万元）	职工人均利润 （元/人）	职工人均税费 （元/人）
合并	594	20819184.2	70775793.8	135962.5	106372.3
合计	594	22708066.1	90230639.3	142162.2	106372.3
一、农林牧渔业	35	821098.3	1047762.5	7983.9	2095.4
其中：农业	21	627310.0	795739.1	1936.6	3438.2
林业	2	1626.5	1932.2	30449.4	29.5
畜牧业	9	176832.1	197461.9	−14058.5	1056.3
渔业					
二、工业	151	−1702361.4	23768579.4	198189.0	140633.7
其中：煤炭工业	13	96537.0	1423131.1	−904444.3	66097.4
石油和石化工业					
冶金工业	47	−2333157.0	14540029.5	413525.2	174998.8
建材工业	13	49697.6	228910.2	−18273.2	33298.6

续表

项 目	户 数（户）	年末国有资产总量（万元）	资产总额（万元）	职工人均利润（元/人）	职工人均税费（元/人）
化学工业	29	1337734.7	5048536.6	452300.9	166086.2
森林工业					
食品工业	7	38181.3	67697.0	−5588.7	4907.7
烟草工业					
纺织工业					
医药工业	1	−10.4	0.2	0	0
机械工业	6	−159331.1	120917.0	−151688.2	17705.8
电子工业					
电力工业	14	−918610.9	1235338.2	−59225.3	60733.2
市政公用工业	11	239286.1	818619.0	−45281.2	27076.9
其他工业	10	−52688.8	285400.6	−813786.4	92926.4
三、建筑业	32	1792573.2	4739019.8	356589.1	98702.5
四、交通运输业	48	15383791.8	30737257.6	−21178.9	16413.2
其中：铁路运输业	3	340.2	9832.8	−58.4	808738.5
道路运输业	42	15382363.0	30726323.8	−21213.1	14299.7
水上运输业					
航空运输业	1	−12.1	0.3	0	0
五、仓储业	10	129663.9	328382.0	26482.9	102659.6
六、商贸业	58	−28060.8	1233210.1	266115.1	110682.8
七、房地产业	51	619024.5	2484693.6	83386.7	90724.0
八、信息传输、软件和信息技术服务业	12	13428.8	29104.2	−25790.5	20273.6
其中：电信业					
九、社会服务业	119	4461209.6	22468448.1	−6621.8	131778.7
十、教育文化广播业	9	18164.7	107106.3	−6734.7	2610.8
十一、科学研究和技术服务业	34	174415.5	1179314.7	172425.1	61295.4
十二、金融业	32	964161.5	2037818.0	1539036.9	541588.0
十三、其他	3	60956.5	69942.9	8176.5	621.2

2021年宁夏回族自治区监管企业主要指标表

项 目	户 数（户）	年末国有资产总量（万元）	资产总额（万元）	职工人均利润（元/人）	职工人均税费（元/人）
合并	791	21752041.7	81300018.2	50593.9	40818.7
合计	791	33304121.8	96115300.5	67750.4	40781.8
一、农林牧渔业	90	1388134.8	2891442.5	10176.5	3562.6
其中：农业	55	1051508.5	1862481.1	−22362.6	2179.0
林业	11	47218.8	89813.5	5644.5	28168.8
畜牧业	13	198919.0	795311.1	97490.6	1984.4
渔业	3	6904.7	13064.2	2383.2	16486.7
二、工业	96	1546079.3	5191394.4	−4247.6	44788.0
其中：煤炭工业	4	24203.1	64119.9	665048.0	451894.8
石油和石化工业					
冶金工业					
建材工业	3	10532.1	32721.1	237180.7	46031.0
化学工业	4	8916.7	20578.2	−48622.6	34036.1
森林工业					
食品工业	2	659.8	7073.7	−134256.6	151875.5
烟草工业					
纺织工业	1	18009.2	60476.6	−28253.1	753.3
医药工业					
机械工业	4	11262.4	19312.0	14327.8	39528.0
电子工业					
电力工业	6	118374.2	685944.7	−311520.8	44601.4
市政公用工业	58	1340343.7	4119792.0	38134.7	47790.2
其他工业	14	13778.1	181376.2	−66400.4	30350.0
三、建筑业	62	463645.3	1881955.9	60965.4	56172.5
四、交通运输业	55	7815920.0	14920704.4	65820.3	25567.9
其中：铁路运输业	6	3521284.9	4830177.6	478257.8	115948.1
道路运输业	35	4221954.8	9857447.3	19804.5	14118.1
水上运输业	3	41736.1	177707.5	−125680.5	9313.7
航空运输业	6	19747.3	28387.2	−844653.4	14115.2

续表

项　目	户　数 (户)	年末国有资产总量 (万元)	资产总额 (万元)	职工人均利润 (元/人)	职工人均税费 (元/人)
五、仓储业	19	87913.2	279225.2	52975.2	5924.6
六、商贸业	41	34800.3	156962.9	－23065.2	25822.7
七、房地产业	44	1552111.5	4636408.5	36383.7	108653.1
八、信息传输、软件和信息技术服务业	19	19646.4	102450.0	－22245.4	67733.3
其中：电信业					
九、社会服务业	222	17285130.8	26812729.5	48452.3	22582.5
十、教育文化广播业	29	105750.8	240044.0	－90829.2	2426.4
十一、科学研究和技术服务业	51	101250.2	367006.3	11551.8	17676.7
十二、金融业	59	2833557.2	38530991.4	284349.1	117479.0
十三、其他	4	70182.2	103985.6	－174030.8	4019.6

2021年新疆维吾尔自治区监管企业主要指标表

项　目	户　数 (户)	年末国有资产总量 (万元)	资产总额 (万元)	职工人均利润 (元/人)	职工人均税费 (元/人)
合并	3154	84281301.8	232722337.5	54174.2	44508.7
合计	3154	117965413.0	286281840.7	79024.4	44726.3
一、农林牧渔业	283	6902426.0	11273222.3	12074.9	2240.2
其中：农业	129	3814884.2	5411409.5	11125.8	1536.8
林业	17	270421.0	345603.7	－3695.7	1236.3
畜牧业	66	1716746.5	2021213.8	－1616.1	275.4
渔业	3	287.1	1205.8	－59033.7	46.4
二、工业	549	15623680.1	41298715.0	193671.1	78867.2
其中：煤炭工业	17	1887745.5	4846718.6	237260.2	162042.8
石油和石化工业	12	132964.5	304856.7	242849.2	114622.2
冶金工业	48	1804603.0	4926087.8	346313.7	139189.0
建材工业	44	85004.0	413903.8	－27333.5	49231.2

续表

项　目	户　数（户）	年末国有资产总量（万元）	资产总额（万元）	职工人均利润（元/人）	职工人均税费（元/人）
化学工业	49	5929977.3	17922876.3	357965.3	119241.6
森林工业					
食品工业	34	149930.4	525444.8	6608.7	16788.1
烟草工业					
纺织工业	15	380467.6	1321882.7	71213.7	8883.1
医药工业	3	7528.1	18213.4	11231.6	45569.1
机械工业	13	71488.0	246835.0	−468387.7	44040.7
电子工业	3	15605.4	74497.2	216202.7	58375.7
电力工业	45	479040.4	1321455.7	865151.4	143507.1
市政公用工业	205	4484641.7	8748675.3	−2844.2	18123.3
其他工业	61	194684.4	627267.7	−4931.3	30940.4
三、建筑业	244	6261261.0	20587293.1	90579.9	86936.0
四、交通运输业	150	11997999.8	25264801.0	−8907.6	14912.5
其中:铁路运输业	5	95532.4	444757.6	184919.7	91467.1
道路运输业	122	10161484.9	22456812.7	6621.4	14501.1
水上运输业	1	−45.5	15150.1	39464.2	22557.1
航空运输业	8	1522059.5	1877283.9	−86661.1	11731.5
五、仓储业	109	269876.4	1487967.9	19985.0	11453.2
六、商贸业	331	1597720.7	7688822.3	145215.2	119453.3
七、房地产业	276	9414745.5	31335393.7	6173.5	47486.1
八、信息传输、软件和信息技术服务业	63	140380.1	450296.3	64440.4	45706.9
其中:电信业					
九、社会服务业	829	61091493.3	117869974.5	69588.7	36475.9
十、教育文化广播业	61	422798.1	1024077.2	67809.6	29454.4
十一、科学研究和技术服务业	162	854636.9	1472155.3	50845.4	26054.8
十二、金融业	69	3104226.9	26048107.4	550026.3	309291.0
十三、其他	28	284168.3	481014.9	15512.3	19102.4

2021年新疆生产建设兵团监管企业主要指标表

项 目	户 数（户）	年末国有资产总量（万元）	资产总额（万元）	职工人均利润（元/人）	职工人均税费（元/人）
合并	1442	13797545.0	58928403.3	32797.7	52800.6
合计	1442	26633004.0	85750445.7	56720.1	52800.6
一、农林牧渔业	242	2369103.4	7524543.6	−79632.2	9807.6
其中：农业	56	905472.5	2189044.5	−30995.5	9945.1
林业	5	55323.3	192396.6	160630.1	12897.8
畜牧业	72	866614.4	2154853.2	−201534.7	1913.8
渔业					
二、工业	320	7706930.8	22149239.5	132892.0	71686.1
其中：煤炭工业	14	191479.0	456092.9	150666.0	95075.9
石油和石化工业	2	6336.3	29030.0	385059.6	176648.8
冶金工业	2	41969.3	50081.5	246711.5	135117.8
建材工业	58	1358378.4	2648490.1	155415.7	110171.1
化学工业	42	2500235.0	7368339.1	270479.5	97216.7
森林工业	1	200.7	5819.4	−1144644.0	104307.0
食品工业	79	458014.0	2119133.5	53590.6	19441.4
烟草工业					
纺织工业	5	42891.2	120482.6	−9084.5	15132.0
医药工业	9	679478.4	1260542.2	896680.5	147203.9
机械工业	4	7871.9	104259.9	−1603.5	18731.8
电子工业	2	70565.0	280082.5	5855.3	19292.5
电力工业	43	1784768.4	6175448.8	−46976.2	41090.8
市政公用工业	34	371119.0	1008416.8	40490.9	23901.9
其他工业	25	193624.2	523020.3	102921.3	143223.1
三、建筑业	159	2234805.7	11912287.3	16542.0	31450.7
四、交通运输业	60	1083084.1	4179713.9	10408.0	70555.0
其中：铁路运输业	5	87730.7	331488.2	−10969.7	20081.8
道路运输业	45	883405.0	3479936.7	23832.8	76111.0
水上运输业					
航空运输业	5	91882.3	338988.7	−61578.4	42235.2

续表

项　目	户　数(户)	年末国有资产总量(万元)	资产总额(万元)	职工人均利润(元/人)	职工人均税费(元/人)
五、仓储业	18	153912.4	903180.0	8241.5	59321.4
六、商贸业	162	1281568.9	8412684.0	197309.7	161116.0
七、房地产业	80	876021.8	3111749.0	97808.9	200013.2
八、信息传输、软件和信息技术服务业	14	25244.6	60157.2	100823.0	34513.0
其中：电信业					
九、社会服务业	283	10005671.7	25385981.5	46674.3	43667.7
十、教育文化广播业	7	－18255.3	59267.7	－258228.9	5158.7
十一、科学研究和技术服务业	52	254201.4	782937.4	47136.7	32931.4
十二、金融业	42	644382.8	1250977.8	47462.2	185473.5
十三、其他	3	16331.7	17726.6	35109.1	1807.5

2022

CHINA'S STATE-OWNED ASSETS SUPERVISION AND ADMINISTRATION YEARBOOK

中国国有资产监督管理年鉴

国有资产监督管理政策法规选编

第六篇

关于印发《国资监管责任约谈工作规则》的通知

(国资发监责规〔2021〕14号)

各中央企业,委内各厅局:

《国资监管责任约谈工作规则》(以下简称《工作规则》)已经国资委第342次党委会议、第51次委务会议审议通过。制定责任约谈工作规则是落实国企改革三年行动部署,完善业务监督、综合监督、责任追究三位一体监督机制,健全以管资本为主的国有资产监管体制具体举措。各中央企业要高度重视,强化主体责任,自觉接受约谈,认真做好整改落实工作,进一步提高依法经营和合规管理水平,夯实高质量发展基础,促进做强做优做大国有资本和国有企业。现将《工作规则》印发给你们,请遵照执行。执行过程中遇到的问题,请及时反映。

国资监管责任约谈工作规则

第一条 为健全管资本为主的国有资产监管体制,规范开展中央企业责任约谈工作,指导督促中央企业加强国有资产监管,加大整改追责问责力度,有效防范化解重大风险,促进企业高质量发展,推动做强做优做大国有资本和国有企业,依据《中华人民共和国公司法》《中华人民共和国企业国有资产法》《企业国有资产监督管理暂行条例》《中央企业违规经营投资责任追究实施办法(试行)》等法律法规和有关规定,制定本规则。

第二条 本规则所称责任约谈,是指针对中央企业存在的重大问题、资产损失或风险隐患以及其他造成或可能造成严重不良后果的重大事项等,国资委依法依规对企业有关人员进行告诫谈话,提出监管意见建议、责令整改追责的监管措施。

第三条 国资委在国资监管工作中发现中央企业存在下列情形之一的,可以开展责任约谈:

(一)贯彻落实习近平总书记重要指示批示和党中央、国务院决策部署存在问题的;

(二)违反党章和党内法规以及国资委党委规范性文件的;

(三)违反国家法律法规和国有资产监管规章、规范性文件及政策规定的;

(四)规划投资、财务管控、经济运行、产权管理、改革重组、国企混改、公司治理、业绩考核、薪酬分配、资本运营、科技创新、依法经营、合规管理、内部控制、风险管控、内部审计、监督追责、网络安全、选人用人、巡视巡察和党的建设等方面存在突出问题的;

(五)存在重大风险隐患或发生可能造成严重不良后果的重大事项的;

(六)发生重大资产损失及损失风险,因减少或挽回资产损失等工作需要,暂未启动责任追究程序的;

(七)未按规定执行重大事项请示报告制度,或瞒报漏报谎报迟报重大资产损失及损失风险的;

(八)对出资人监管、审计、纪检监察、巡视监督、督查等工作以及国资监管提示函、通报中提出的整改要求,拒绝整改、拖延整改、整改不力或弄虚作假的;

(九)在国际化经营、国际交流合作、外事管理等工作中有严重不当行为的;

(十)其他需要责任约谈的事项。

第四条 出现第三条所列责任约谈情形的,国资委相关厅局根据职责启动责任约谈工作,拟制《责任约谈通知书》,报经国资委分管负责同志审签同意后,以国资委名义印发被约谈中央企业,根据需要抄送国资委责任追究机构、有关纪检监察机构、组织人事部门、巡视机构等。

《责任约谈通知书》实行统一编号管理,内容主要包括约谈事由、时间、地点、参加人员和需要提交的材料及提交时限等。

第五条 责任约谈由国资委相关厅局负责人主持,必要时可请国资委分管负责同志主持。根据工作需要,可请中央纪委国家监委驻国资委纪检监察组以及国资委有关厅局共同参加责任约谈,在责任约谈前,就有关责任约谈内容和意见要求等进行沟通协商。

第六条　责任约谈形式分为个别约谈和集体约谈。多家中央企业存在同类问题或约谈事项涉及多家中央企业的,可以开展集体约谈。

第七条　责任约谈对象为中央企业有关负责人及相关责任人。根据需要,国资委可指定中央企业及所属子企业相关人员参加约谈。

第八条　责任约谈包括以下内容:

(一)说明约谈事由和目的,指出企业存在的问题,提示相关人员的责任风险,提出监管要求和整改意见。

(二)听取被约谈人员对相关问题的陈述,主要包括有关问题基本情况、造成的资产损失、损失风险或影响,问题原因分析,已采取整改或责任追究措施,下一步工作计划等情况。

(三)对被约谈人员进行必要的询问。

(四)其他需要约谈的内容。

第九条　国资委相关厅局应当做好责任约谈记录,约谈结束后形成约谈纪要,可以根据工作需要印送被约谈中央企业。约谈纪要内容主要包括:约谈时间、地点,约谈主持及参加人员,约谈事由、被约谈人陈述情况、国资监管意见要求等。

第十条　有关中央企业收到《责任约谈通知书》后,应当以书面或电话形式确认通知事项,按要求安排有关人员准时参加约谈并提交相关书面陈述材料。

第十一条　有关中央企业应当按照责任约谈意见要求,研究制定工作方案,明确落实措施、责任主体和时间安排。工作方案于责任约谈后10个工作日内报送国资委。

第十二条　有关中央企业应当认真组织落实责任约谈意见要求和工作方案,主动采取措施,制止纠正违规行为,减少或挽回资产损失,降低损失风险,消除不良影响。

第十三条　有关中央企业对于责任约谈涉及违反党规党纪、违规经营投资造成资产损失或其他严重不良后果的,应当依据有关规定对相关责任人严肃追责问责。

第十四条　有关中央企业应当针对责任约谈中提出的问题风险,在本企业开展同类问题风险排查,举一反三,堵塞管理漏洞,有效防范类似问题发生。

第十五条　有关中央企业应当及时向国资委报告约谈事项整改工作进展情况。约谈意见要求落实完成后,应当将相关工作开展情况、采取措施、落实成效及责任追究情况等形成专项工作报告,正式报送国资委。

第十六条　国资委对有关中央企业整改落实工作进行指导督促和评估,推动中央企业提升管理水平。

第十七条　国资委将责任约谈反映中央企业存在的重大问题风险、整改措施及成效、责任追究情况等,作为被约谈中央企业负责人年度经营业绩考核、企业领导班子和领导人员综合考核评价等重要参考。

第十八条　国资委对被约谈中央企业拒绝整改、拖延整改、整改不力或弄虚作假的,按照有关规定,严肃追究责任。对涉嫌违纪或职务违法的,移送有关纪检监察机构。

责任约谈整改落实情况将作为认定违规经营投资损失及责任,以及作出从重、加重或从轻、减轻责任处理意见建议的重要参考。

第十九条　国资委责任追究机构将定期汇总分析责任约谈反映中央企业存在的重大问题风险以及责任追究情况,对典型性、普遍性问题,组织开展共性问题专项核查,督促指导中央企业健全管控机制和责任追究工作体系。

第二十条　国资委相关厅局应当按照"谁组织、谁负责"的原则,将《责任约谈通知书》、约谈纪要、企业报送的有关材料等立卷归档。涉及违规经营投资问题和线索的有关材料,移送国资委责任追究机构按照有关业务档案进行管理。

第二十一条　责任约谈工作应该严格遵守保密制度规定,《责任约谈通知书》、约谈纪要等有关材料按照有关规定进行定密和管理。

第二十二条　对生产安全事故、环境污染事件的约谈工作,按照有关规定执行。

第二十三条　本规则自印发之日起施行。

关于印发《关于加强地方国有企业债务风险管控工作的指导意见》的通知

(国资发财评规〔2021〕18号)

各省、自治区、直辖市及计划单列市和新疆生产建设兵团国资委:

近期,个别地方国有企业发生债券违约,引发金融市场波动和媒体关注。中央、国务院领导同志高度重视,要求加强国有企业债务风险处置和防范应对工作。国务院金融稳定发展委员会召开专题会议研究部署风险防范化解工作,要求地方政府和地方国有企业严格落实主体责任,防范化解重大债务风险,维护金融市场稳定,并要求国务院国资委督促指导地方加强国有企业债务风险管控。为此,国务院国资委结合中央企业债务风险管控工作实践,研究制定了《关于加强地方国有企业债务风险管控工作的指导意见》,现印发给你们,请结合地方国有企业实际,认真组织实施。

关于加强地方国有企业债务风险管控工作的指导意见

为贯彻落实国务院金融稳定发展委员会工作要求,指导地方国资委进一步加强国有企业债务风险管控工作,有效防范化解企业重大债务风险,坚决守住不引发区域性、系统性金融风险的底线,现提出以下意见:

一、充分认识当前加强国有企业债务风险管控的重要性

加强国有企业债务风险管控,是贯彻落实党中央、国务院决策部署,打好防范化解重大风险攻坚战的重要举措;是维护金融市场稳定和地区经济平稳运行的客观需要;是落实国企改革三年行动,推动国有企业加快实现高质量发展的内在要求。各地方国资委要进一步提高政治站位,增强责任意识,充分认识当前加强地方国有企业债务风险管控的重要性、紧迫性,督促指导地方国有企业严格落实主体责任,切实增强底线思维和风险意识,依法合规开展债务融资和风险处置,严格遵守资本市场规则和监管要求,按期做好债务资金兑付,不得恶意逃废债,努力维护国有企业良好市场信誉和金融市场稳定。

二、完善债务风险监测预警机制,精准识别高风险企业

各地方国资委要加快建立健全地方国有企业债务风险监测预警机制,完善重点债务风险指标监测台账,逐月跟踪分析,充分利用信息化手段加强对各级企业债务风险的动态监测,做到早识别、早预警、早应对。可参照中央企业债务风险量化评估体系,结合地方实际情况,探索建立地方国有企业债务风险量化评估机制,综合债务水平、负债结构、盈利能力、现金保障、资产质量和隐性债务等,对企业债务风险进行精准识别,将债务风险突出的企业纳入重点管控范围,采取特别管控措施,督促企业"一企一策"制定债务风险处置工作方案,确保稳妥化解债务风险。

三、分类管控资产负债率,保持合理债务水平

各地方国资委可参照中央企业资产负债率行业警戒线和管控线进行分类管控,对高负债企业实施负债规模和资产负债率双约束,"一企一策"确定管控目标,指导企业通过控投资、压负债、增积累、引战投、债转股等方式多措并举降杠杆减负债,推动高负债企业资产负债率尽快回归合理水平。督促指导企业转变过度依赖举债投资做大规模的发展理念,根据财务承受能力科学确定投资规模,从源头上防范债务风险。加强对企业隐性债务的管控,严控资产出表、表外融资等行为,指导企业合理使用权益类融资工具,对永续债券、永续保险、永续信托等权益类永续债和并表基金产品余额占净资产的比例进行限制,严格对外担保管理,对有产权关系的企业按股比提供担保,原则上不对无产权关系的企业提供担保,严控企业相互担保等捆绑式融资行为,防止债务风险交叉传导。规范平台公司重大项目的投融资管理,严控缺乏交易实质的变相融资行为。

四、开展债券全生命周期管理,重点防控债券违约

各地方国资委要把防范地方国有企业债券违约,

作为债务风险管控的重中之重。探索实施债券发行年度计划管理，严格审核纳入债务风险重点管控范围企业的发行方案，严禁欺诈发行债券、虚假披露信息、操纵市场价格等违法违规行为，指导地方国有企业严格限定所属子企业债券发行条件。可参照中央企业债券发行管理有关规定，对纳入债务风险重点管控范围的企业实行比例限制，引导企业做好融资结构与资金安全的平衡、偿债时间与现金流量的匹配。将企业发债品种、规模、期限、用途、还款等关键信息纳入债务风险监测预警机制并实施滚动监测，重点关注信用评级低、集中到期债券规模大、现金流紧张、经营严重亏损企业的债券违约风险，督促指导企业提前做好兑付资金接续安排。对于按期兑付确有困难的，各地方国资委要指导企业提前与债券持有人沟通确定处置方案，通过债券展期、置换等方式主动化解风险，也可借鉴央企信用保障基金模式，按照市场化、法治化方式妥善化解风险。

五、依法处置债券违约风险，严禁恶意逃废债行为

对于已经发生债券违约的，各地方国资委要及时报告本级人民政府，在地方政府的统一领导下，切实履行属地责任，指导违约企业按照市场化、法治化、国际化原则妥善做好风险处置，通过盘活土地、出售股权等方式补充资金，积极主动与各方债权人沟通协调，努力达成和解方案，同时要努力挽回市场信心，防止发生风险踩踏和外溢。对于已无力化解风险、确需破产的，要督促企业依法合规履行破产程序，强化信息披露管理，及时、准确披露股东或实际控制人变更、资产划转、新增大额债务等重大事项，保障债权人、投资人合法利益。

六、规范债务资金用途，确保投入主业实业

各地方国资委要加强地方国有企业债务融资资金用途管控，督促企业将筹集的资金及时高效投放到战略安全、产业引领、国计民生、公共服务等关键领域和重要行业，原则上要确保投资项目的回报率高于资金成本，切实发挥资本市场服务实体经济的功能作用。督促企业严格执行国家金融监管政策，按照融资协议约定的用途安排资金，突出主业、聚焦实业，严禁过度融资形成资金无效淤积，严禁资金空转、脱实向虚，严禁挪用资金、违规套利。探索对企业重大资金支出开展动态监控，有效防范资金使用风险。

七、全面推动国企深化改革，有效增强抗风险能力

各地方国资委要坚决贯彻落实国企改革三年行动要求，立足地方国有企业债务风险管控长效机制建设，督促指导企业通过全面深化改革破解风险难题。通过加强"两金"管控、亏损企业治理、低效无效资产处置、非主业非优势企业（业务）剥离等措施，提高企业资产质量和运行效率。严控低毛利贸易、金融衍生、PPP等高风险业务，严禁融资性贸易和"空转""走单"等虚假贸易业务，管住生产经营重大风险点。加快推进国有经济布局优化和结构调整，加速数字化、网络化、智能化转型升级，加快发展新技术、新模式、新业态，不断增强自主创新能力、市场核心竞争力和抗风险能力。

八、发挥监管合力，完善国有企业债务风险管控工作体系

各地方国资委要把加强地方国有企业债务风险管控作为一项系统性工程，从投资规划、财务监管、考核分配、资本预算、产权管理、内控管理、监督追责和干部任免等国资监管的各个环节综合施策，完善监管体系，发挥监管合力，筑牢风险底线。加强与当地人民银行分支机构和证监局等部门的合作，推动债务风险信息共享，共同预警防范企业重大债务风险。国务院国资委将按照推动构建国资监管大格局的要求，督促指导地方加强地方国有企业债务风险管控，加快建立工作联系机制、日常监测机制、风险评估指导机制和重大风险报告机制。

各省级国资委要按照本通知要求督促指导地市和区县级国资监管机构做好监管企业债务风险管控工作。

关于加强中央企业资金内部控制管理有关事项的通知

（国资发监督〔2021〕19号）

各中央企业：

为贯彻党中央、国务院关于防范化解重大风险决策部署，落实国企改革三年行动要求，加强中央企业资金内部控制（以下简称内控）管理，进一步提升防范重大资金损失风险能力，根据《关于印发〈关于加强中央企业内部控制体系建设与监督工作的实施意见〉的通知》（国资发监督规〔2019〕101号）等规定，现就有关事项通知如下：

一、建立健全资金内控管理体制机制

近年来，一些中央企业集中出现资金管理体系不健全、制度执行不到位、支付管理不规范、信息化建设滞后等问题，个别基层单位甚至发生重大违纪违法案件，暴露出资金内控管理严重缺失。各中央企业要高度重视资金内控管理工作，以提升资金内控有效性为目标，以强化资金内控监督为抓手，以健全资金内控制度体系为保障，落实内控部门的资金内控监管责任、工作职责与权限，明确监管工作程序、标准和方式方法，构建事前有规范、事中有控制、事后有评价的工作机制，形成内控部门与业务、财务（资金）、审计等部门运转顺畅、有效监督、相互制衡的工作体系。

二、切实加强资金内控制度建设

各中央企业内控部门要在推动完善财务资金制度的基础上，结合企业行业特点、业务模式和经营规模，抓紧建立资金内控监管制度，明确资金内控监管工作原则和任务、职责权限和控制程序，细化资金内控在资金支出、审批联签、收支结算、银行账户、网银支付、票据管理、不相容岗位设置、上岗资质、定期轮岗、后续教育等关键环节的控制触发条件和控制标准、缺陷认定标准，确保内控要求嵌入到资金活动全流程。根据国家有关部门及国资委关于资金管理相关政策制度变化，以及新设立企业（项目部、分支机构）、新开办业务、资金结算方式更新等情况，及时督促、提示业务部门和财务（资金）部门制定或修订资金业务管理制度，并对资金业务制度修订情况进行检查复核，为有效防范重大资金风险提供制度保障。

三、持续强化资金内控关键环节监管

各中央企业内控部门要建立资金内控关键要素管理台账，对企业资金账户、核心岗位、上岗人员、审批权限、银行印鉴及网银U盾责任人等关键要素进行限时备案管理。持续跟踪监测预警资金内控要素异动情况，对资金内控关键要素失控、重要岗位权力制衡缺失、大额资金拨付异常等风险第一时间启动紧急应对控制措施。严格银行账户和网银监管，定期或不定期对特殊银行账户开户审批、银行印鉴及网银U盾分设管理、银行账户和网银交接程序及密码定期更换等情况进行评估，确保账户和网银安全可控。加强大额资金支付监管，从资金支付额度、支付频次、支付依据等方面研究设置控制参数，对于短期内向同一账户多次或单笔支付大额资金、预算外支出、超出预付信用敞口限额支付预付款等异常情形，通过线上信息系统推送或线下报送（未建立财务资金信息系统企业）等方式及时预警风险，纠正违规问题，消除资金风险隐患。按照不相容岗位分离、定期轮岗、人岗相适原则，对人员调动、分工调整等情形，内控部门应当出具复核意见；定期开展各级企业资金岗位任职情况巡检巡评，对资金结算中心等重点单位进行重点检查，对不符合内控要求的，应当限期整改。

四、加快推进资金内控信息化建设

各中央企业内控部门要深度参与信息化建设顶层设计，通过完善财务资金信息系统权责设置，落实对财务资金风险监督预警职责，有效发挥信息化管控的刚性约束和监督制衡作用。优化完善现有财务资金信息系统功能，将控制触发条件和控制标准、缺陷认定标准等内控要求嵌入信息系统，科学设置异常预警条件，强化资金全流程预警监控，促进资金管理活动可控制、可追溯、可检查，有效减少人为违规操控因素。尚未建立财务资金信息系统或未将相关内控要求嵌入信息系统的中央企业，要抓紧推进有关工作，并于2022年底前完成集团总部及所属二级子企业、三级及以下重要子企业财务资金信息系统内控功能建设或优化工作，实现对财务资金信息全面有效监控。加大新兴技术运用及风险防控，督促财务（资金）部门扩大中央企业银（财）企直连系统覆盖范围，对因客户指定账户等特定原因不能实现银（财）企直连的账户，研究制定替代内控措施和应急预案；定期抽查第三方支付账户监管、余额归集及对账管理情况，严控资金支付风险。

五、有效开展境外资金风险管控

各中央企业内控部门要结合所属境外单位所在国家（地区）法律法规和本企业内控管理要求，建立健全境外资金内控监管体系。完善境外资金内控监管制度，明确境外大额资金审核支付、银行账户管理、财务主管人员委派、同一境外单位任职时限、资金关键岗位设置等方面要求，细化资金内控预警触发条件，促进境外资金合规管理。加强境外资金风险防范，督促境外单位及时搜集所在国家（地区）政治、经济、社会、安全、舆情等国别风险信息，对发生外汇管制、汇率大幅波动、通货膨胀率快速攀升等情况，及时做好重大资金风险应急处置工作。加大对境外单位大额资金监督力度，对大额资金的决策程序、资金调度、资金收付渠道、资金支付联签及银行账户变动、境外项目佣金管理等情况建立备案跟踪内控机制，对出现异常情况的，及时采取应对措施，保障境外资金安全。

六、认真做好资金内控体系监督评价工作

中央企业内控工作要坚持以评促建、以评促改，规范评价方法，提升评价质量，促进资金内控体系持续优化。每年对资金内控体系有效性开展全方位、全覆盖自评工作，深入揭示风险问题，堵塞管理漏洞，建立风险管控长效机制。对新兴业务（开展三年内）、高风险业务以及风险事件频发领域至少每半年开展1次内控自评，评价重点包括资金管理制度建设、重要岗位权力制衡、大额资金拨付程序、网银U盾管理等内容。有效推进"上对下"资金内控体系监督评价工作，将资金管理制度健全性、内控体系执行有效性、关键岗位制衡性、信息系统刚性约束等作为监督评价重要内容，查找内控缺陷和风险隐患，确保集团对全部子企业每三年至少评价1次。加大资金内控体系监督评价结果在干部管理、考核分配等工作中的运用力度，强化问题整改工作，明确整改责任部门、责任人和完成时限，加强整改工作跟踪检查力度，持续完善资金内控体系。对因资金内控缺失、未执行资金内控制度等造成资产损失的中央企业，严肃开展责任追究工作。

各中央企业要认真落实本通知要求，结合实际，研究制定本企业资金内控监管制度，于2021年7月30日前报送国资委综合监督局。

各地方国资委可参照制定所监管企业资金内控管理相关制度规定。

关于做好2021年中央企业违规经营投资责任追究工作的通知

（国资厅发监责〔2021〕11号）

各中央企业：

近年来，中央企业以习近平新时代中国特色社会主义思想为指导，深入贯彻党中央、国务院决策部署，认真落实国企改革系列文件要求，在国资委的指导推动和引领示范下，扎实推进违规经营投资责任追究工作体系建设，初步形成了职责明确、流程清晰、规范有序的责任追究工作机制，"到2020年年底，建立覆盖各级中央企业的责任追究工作体系"的改革目标总体实现，为强化国有资产监督，有效防止国有资产流失，促进企业高质量发展提供了有力支撑。但中央企业责任追究工作体系还不完善，效能发挥还不充分，以追责防风险、促发展的作用有待强化，"不愿追责、不敢追责、不会追责"和"零报告、零查处、零追责"的现象仍然存在。为深入贯彻落实习近平总书记重要指示批示精神，紧紧围绕国企改革三年行动决策部署，指导中央企业扎实做好2021年违规经营投资责任追究工作，强化国有资产监督，促进企业持续健康发展，现将做好2021年中央企业违规经营投资责任追究工作有关事项通知如下：

一、总体要求

以习近平新时代中国特色社会主义思想为指导，全面贯彻党的十九大和十九届二中、三中、四中、五中全会精神，深入贯彻国企改革三年行动部署，落实中央企业负责人会议精神，按照中央企业内部审计监督和责任追究工作视频会议要求，健全完善业务监督、综合监督、责任追究"三位一体"的国有资产出资人监督机制，着力推进责任追究工作体系更加成熟定型、措施更加精准有力、效能更加系统提升、协同更加贯通联动、队伍更加担当善为，切实提高做好新阶段责任追究工作的责任感、使命感和荣誉感，持续增强国资监督针对性、有效性和系统性，为实现中央企业高

质量发展、做强做优做大国有资本和国有企业提供坚强保障。

二、重点任务

（一）组织开展工作体系建设"回头看"。各中央企业要在上半年组织开展责任追究工作体系建设自查，与国企改革三年行动等改革文件相关任务再对标，从责任主体、专门制度、工作机制等方面进行对照检查。尤其是重大资产损失风险"零报告"、违规问题线索"零查处"的企业，要倒查机制设计和执行环节，有针对性地查缺补漏，切实健全用好责任追究工作体系。对新设立或投资并购的子企业，要同步明确责任追究职责主体，建立工作制度机制，确保责任追究工作体系"无死角""全覆盖"。

（二）及时查处重大违规问题线索。对党中央、国务院关注和国资委移交的违规问题线索要加大查办力度，认真查处中央企业有关专项整治工作中发现的违规问题线索，聚焦集团管控、工程建设、资金管理、金融衍生品、境外经营投资等重点领域以及企业会计信息管理存在的问题风险，注重在亏损项目、法律诉讼、大额资产减值中发现违规问题线索。坚持发现一起、查处一起，严肃追究相关人员责任，杜绝久查不追等"零追责"现象，切实发挥责任追究震慑遏制作用。各中央企业要选择1－2个违规责任追究典型案例报送国资委。

（三）主动开展共性问题专项核查。各中央企业要在年内至少组织开展一次共性问题专项核查，发挥责任追究"查得深、看得透"的优势，提高制度执行力和刚性约束力，有效防范化解重大经营投资风险。核查内容由企业自主确定，可以针对责任追究中的普遍性和典型性问题开展。核查范围可以是全集团，也可以选择部分重点子企业。核查方式可以单独立项，也可以与其他专项工作合并开展。核查报告要反映相关业务基本情况、存在的主要问题风险、产生问题的原因以及整改追责安排等。

（四）研究制定尽职合规免责事项清单。贯彻国企改革三年行动部署，按照中央企业负责人会议关于确保2021年完成70%以上改革任务的要求，做好本企业经营投资尽职合规免责事项清单制定工作。对于责任追究工作实践较多的企业，力争在2021年年底前研究制定免责事项清单；其他企业要在年内研究提出免责情形，为按时完成改革任务奠定基础。国资委将在2021年年底前研究制定中央企业经营投资尽职合规免责事项清单，请各企业配合做好调查研究和征求意见等工作。

（五）健全完善"3＋X"项配套制度。各中央企业年内要建立违规问题线索督办制度，规范集团公司对所属企业违规问题线索办理工作的指导督促，对违规情形重大、社会关注度高的问题线索实行挂牌督办。要建立责任约谈工作制度，规范开展约谈工作的方式和内容，针对企业发生的重大问题、资产损失或风险隐患等，提出整改要求，提示责任风险，实现责任约谈与责任追究联通衔接。要建立责任追究工作档案管理制度，明确违规问题线索查办过程中产生的方案、报告、工作底稿等材料的归档主体、时限、形式等，为复核、检查和再监督提供条件。此外，可结合实际，研究制定损失认定、责任认定、离职退休人员违规责任追究处理等配套制度，细化所属企业责任追究范围和资产损失标准，研究建立所属金融、境外、混合所有制等子企业和参股投资企业责任追究工作制度机制。

（六）探索建立管理提升建议书机制。切实做深追责成果运用"后半篇文章"，以管理提升建议书为载体，发挥追责工作"治已病、防未病"作用。在查办违规问题线索过程中，要针对暴露出的企业管理漏洞，书面提出促进管理提升的工作建议，并将建议落实情况作为评估整改效果和问题线索办结销号的依据，以责任追究工作为"起点"，形成提出管理建议、完善内部控制、预防风险隐患的联动机制，促进企业持续提升管理水平。

（七）开发建设监督追责信息系统。各中央企业要按照国资监管信息化建设要求，结合责任追究工作实际，启动建设企业监督追责信息系统，替代国资委国有资产监督追责工作系统客户端。信息系统建设要面向各级子企业，基础功能包含重大资产损失风险实时报告、年度责任追究工作定期报告和禁入限制人员信息录入等模块。要在年底前完成信息系统建设，条件成熟的与国资委实现信息系统对接，并研究开发核查追责、问题整改等业务功能，不断推进企业内部责任追究全流程信息化管理。

（八）切实加强监督追责队伍建设。中央企业在集团配齐责任追究专职人员基础上，要督促子企业配备与行业特性、资产经营规模、管理要求等相适应的责任追究专职人员。要加大培训力度，年内至少组织一次业务培训或中央企业、地方国有企业间调研交流。要突出实践历练、以干代训，积极支持配合国资委抽调业务骨干参与重点追责事项调查工作，强化整体合力。要研究建立适合监督追责工作特点的差异化考核体系，合理确定民主评议范围、形式及结果使用，客观公正评价监督追责干部绩效，有效调动干部干事创业积极性和主动性。

三、组织保障

（一）强化组织领导。各中央企业要进一步提高站位，深化对责任追究工作重要性和紧迫性的认识，要强化对责任追究工作的顶层设计、统筹协调和督促落实，推动违规责任追究与纪检监察、审计巡视等监督工作的协同联动，提高监督效能。董事会要以相关专门委员会为抓手，高度关注和部署推动责任追究重点工作，董事会报告要体现责任追究的战略谋划和工作成效。责任追究职能部门要结合实际，制定重点任务分工方案，明确责任人、任务图、时间表，狠抓责任落实，务求取得实效。

（二）加强指导督促。各中央企业要加强对所属企业责任追究工作的指导督促，及时传达有关文件精神和要求，组织开展调研检查，协调解决存在问题，确保各项重点任务落实落细。国资委将采取组织培训、调研座谈、政策解读、经验推广等形式强化责任追究工作的指导督促，并选取部分企业对重点工作的落实情况进行调研检查。探索按行业组织建立中央企业责任追究工作交流组，形成常态化的沟通机制。

（三）及时反馈报告。各中央企业要做好重点任务落实情况的报告，其中责任追究工作体系建设"回头看"自查报告（纸质版一式两份并附电子版光盘，下同）于7月底前报送国资委；共性问题专项核查报告于10月底前报送；其他任务落实情况纳入企业年度责任追究工作定期报告。工作中取得的经验做法以及成效成果请及时报送，遇到的问题及相关工作意见建议请沟通反映。

关于废止失效部分规范性文件的通知

为落实国企改革三年行动方案有关要求，国务院国资委对截至2019年底现行有效的规章规范性文件进行了全面清理。清理结果已经国务院国资委第55次委务会议审议通过，现予公布。

废止失效的规范性文件目录

1. 关于印发清产核资工作问题解答（一）的通知（国资厅评价〔2003〕53号）

2. 关于印发清产核资工作问题解答（二）的通知（国资厅发评价〔2004〕8号）

3. 关于印发清产核资工作问题解答（三）的通知（国资发评价〔2004〕220号）

4. 国务院国有资产监督管理委员会关于加强中央企业经济责任审计工作的通知（国资发评价〔2008〕53号）

5. 关于中央企业国有产权协议转让有关事项的通知（国资发产权〔2010〕11号）

6. 关于进一步规范中央企业收入分配秩序严肃收入分配纪律有关事项的通知（国资发分配〔2013〕198号）

7. 国家经济贸易委员会、国家计划委员会、财政部、国家国有资产管理局关于变更国有企业隶属关系审批办法的通知（国经贸企〔1994〕649号）

8. 国家经济贸易委员会、劳动部关于印发《国有企业资产经营责任制暂行办法》的通知（国经贸企〔1995〕163号）

9. 国家经济贸易委员会、中国人民银行关于试行国有企业兼并破产中若干问题的通知（国经贸企〔1996〕492号）

10. 国家经贸委办公厅关于加强国有企业商业秘密保护工作的通知（国经贸法〔1997〕419号）

11. 国家经济贸易委员会、财政部、教育部、卫生部、劳动和社会保障部、建设部关于进一步推进国有企业分离办社会职能工作的意见（国经贸企改〔2002〕267号）

关于进一步加强金融衍生业务管理有关事项的通知

(国资厅发财评〔2021〕17号)

各中央企业:

《关于切实加强金融衍生业务管理有关事项的通知》(国资发财评规〔2020〕8号,以下简称8号文)印发以来,多数中央企业认真贯彻执行,完善管理制度,加强集团管控,严守套保原则,金融衍生业务运行总体平稳。但部分企业存在资质审核把关不严、信息化监测水平不高、业务报告不及时等问题。为推动中央企业进一步落实好8号文,规范执行制度规定,现将有关事项通知如下:

一、强化业务准入审批

(一)中央企业集团董事会负责核准具体开展金融衍生业务的子企业(以下简称操作主体)业务资质,研判业务开展的可行性,确定可开展的业务类型,不得授权其他部门或决策机构审批。

1. 业务可行性论证应当包括:开展金融衍生业务的必要性,应当基于降低主业范围内的实货风险敞口而开展,具有客观需要。金融衍生业务管理制度完善性和内控体系完整性、有效性,应当覆盖事前、事中、事后各个环节,涵盖部门职责、审批程序、交易流程、风险管理、定期报告等内容。风险管理体系健全性,应当建立相应的风险识别、监控、处置、报告、应急处理等机制。机构、岗位设置合理性,应当做到前中后台岗位、人员相互分离,并建立定期轮岗制度。人员配置完备性,交易及风控人员应当具备相关专业背景和从业经历等,无不良从业记录。财务承受能力适当性,应当具备与所开展业务相适应的资金实力和抗风险能力。

2. 核准事项应当明确操作主体的交易品种、工具、场所等。品种应当与主业密切相关。工具应当结构简单、流动性强、风险可认知。应当优先选择境内交易场所。集团未经营相关境外实货业务的,不得从事境外金融衍生业务。商品类衍生业务原则上应当仅开展场内业务,确需开展场外业务的,应当进行单独风险评估。

3. 资产负债率高于国资委管控线、连续3年经营亏损且资金紧张的子企业,不得开展金融衍生业务。操作主体开展投机业务或产生重大损失风险、重大法律纠纷、造成严重影响的,业务资质应当暂停,风险处置及整改完成后,需恢复开展业务的,报集团董事会重新核准。

4. 集团内实行专业化集中管理、同类金融衍生业务由统一平台集中操作的企业,应当从管理制度、业务流程等方面清晰界定委托企业与平台企业的风险管控责任、盈亏承担方式。如果委托企业是盈亏承担的主体,则委托企业及平台企业都应当取得业务资质,对委托企业的资质核准,重点审核业务开展的必要性、制度完善性、财务承受能力适当性以及与平台企业的风险管控责任界定明晰性等。

(二)各中央企业应当对集团范围内现有的操作主体业务资质进行全面核查,对未经集团董事会核准的,于2021年6月30日前完成核准。

(三)集团归口管理部门应当每3年对所有操作主体的业务资质进行一次梳理核查,对不具备业务开展必要性或条件的,提请集团董事会取消业务资质。操作主体业务资质核准事项变更时,由集团董事会重新审批。对因并购、划转等新纳入的操作主体,应当在3个月内履行业务资质核准程序。

二、加强年度计划管理

(一)各中央企业应当明确集团层面金融衍生业务归口管理部门或相关决策机构,负责审批操作主体金融衍生业务年度计划。

(二)金融衍生业务年度计划应当与操作主体财务承受能力、年度经营计划相匹配。年度计划的审批内容应当包括:年度实货经营规模、年度保值规模、套期保值策略、资金占用规模、时点最大净持仓规模、止损限额或亏损预警线等。

(三)年度计划不得随意变更。如遇市场环境发生重大变化、国家经济政策调整、企业经营计划变更等情况确需调整的,应当严格履行内部审批程序。

三、加快信息系统建设

(一)各中央企业集团应当建立金融衍生业务风险管理信息系统,对集团范围内所有业务进行每日监控,建立健全风险指标体系,实现在线监测和预警。

仅开展货币类衍生业务,且开展频次较低、业务规模较小的集团,可不单独建立风险管理信息系统,但应当采取有效手段监控业务风险。

(二)开展商品类衍生业务的操作主体,应当建立金融衍生业务信息系统,覆盖业务全流程,嵌入内控制度要求,实现"期现一体"管理,具备套保策略审批、交易信息记录、风险指标监测、超限额或违规交易预警等功能。

(三)已开展金融衍生业务的中央企业应当加快推进各层面信息系统建设,自本通知印发之日起2年内建成上线。新开展金融衍生业务的中央企业应当将信息系统建设作为必备条件。

四、严格备案报告制度

(一)各中央企业应当向国资委(财务监管与运行评价局)备案业务资质及年度计划。业务资质备案时间为集团董事会核准后的20个工作日内,年度计划备案时间为每年3月31日前,具体备案内容及形式另行通知。对于有特殊业务需求,资质核准事项与本通知规定不一致的,应当在核准前报告。对于年度计划调整的,应当及时调整备案,说明情况及原因。

(二)各中央企业应当高度重视金融衍生业务季报统计工作,强化组织管理,明确责任部门,细化指标统计标准和数据口径,确保报送信息及时、准确、完整,于每季度终了15日内随财务快报一并报送金融衍生业务季报表及相关附报文档。未开展金融衍生业务的企业应当进行"零申报"。各中央企业应当从2021年一季度起,按照附件所示表样进行编制和报送。

(三)开展投机业务或产生重大损失风险、重大法律纠纷、造成严重影响的,集团应当于24小时内书面向国资委(财务监管与运行评价局)报告,并就事件处置进展建立周报制度。突发或特别紧急事项可先口头报告,在2个工作日内补充书面报告。报告内容包括事件概况、已采取的处置措施、下一步工作安排等。

(四)各中央企业集团归口管理部门、内审部门应当强化金融衍生业务监督检查力度,归口管理部门每季度抽查,内审部门每年对所有操作主体全覆盖审计。各类审计、检查发现问题及整改情况应当作为年度报告的重要内容。

国资委将不定期开展专项检查,与有关监管部门探索建立交易数据共享机制,加强日常监测和风险预警,对于发现的问题,将进行提示、通报、约谈、问责等。其中:对于业务可行性论证不充分的,将提示董事会重新核准业务资质;对于信息系统未按时建成上线的,将要求企业增加报告频率或提示董事会缩减业务规模;对于开展投机业务,存在超规模、超品种、超限额以及未经资质核准开展业务等违规交易问题的,将按照有关规定严肃问责。

关于进一步促进中央企业所属融资租赁公司健康发展和加强风险防范的通知

(国资发资本规〔2021〕42号)

各中央企业:

近年来,中央企业所属融资租赁公司在服务集团主业、实现降本增效、支持科技创新等方面发挥了积极作用,但也积累和暴露了一些风险和问题。为进一步促进中央企业所属融资租赁公司健康持续发展,加强风险防范,现将有关事项通知如下:

一、准确把握融资租赁公司功能定位。中央企业要围绕加快构建新发展格局,服务深化供给侧结构性改革,聚焦主责主业发展实体经济,增强国有经济战略支撑作用。中央企业所属融资租赁公司要切实回归租赁本源,立足集团主业和产业链供应链上下游,有效发挥融资和融物相结合的优势,优化业务结构,大力发展直接租赁,不断提升服务主业实业能力和效果,实现健康持续发展。加强中央企业间协同合作,在拓宽上下游企业融资渠道、推进产业转型升级和结构调整、带动新兴产业发展等方面发挥积极作用。

二、严格规范融资租赁公司业务开展。中央企业所属融资租赁公司应当严格执行国家宏观调控政策,模范遵守行业监管要求,规范开展售后回租,不得变相发放贷款。切实完善尽职调查,夯实承租人资信,有效落实增信措施,建立重大项目风控部门专项风险评估机制,加强"第二道防线"作用。规范租赁物管理,租赁物应当依法合规、真实存在,不得虚构,不得接受已设置抵押、权属存在争议、已被司法机关查封、扣押的财产或所有权存在瑕疵的财产作为租赁物,严格限制以不能变现的财产作为租赁物,不得对租赁物低值高买,融资租赁公司应当重视租赁物的风险缓释作用。强化资金投向管理,严禁违规投向违反国家防范重大风险政策和措施的领域,严禁违规要求或接受地方政府提供各种形式的担保。

三、着力推动融资租赁公司优化整合。中央企业要坚持有进有退、有所为有所不为,开展融资租赁公司优化整合,不断提高资源配置效率。中央企业原则上只能控股1家融资租赁公司(不含融资租赁公司子公司),控制2家及以上融资租赁公司的中央企业应当科学论证、统筹布局,对于业务雷同、基本停业的融资租赁公司,应当坚决整合或退出。对于参股的融资租赁公司股权应当认真评估必要性,制定优化整合方案,对风险较大、投资效益低、服务主业效果不明显的及时清理退出。新增融资租赁公司应当按照国资委有关要求进行备案,集团管控能力弱、融资租赁对主业促进效果不大的中央企业不得新增融资租赁公司。

四、持续加强融资租赁公司管理管控。中央企业是融资租赁公司的管理主体,要配备具有相应专业能力的管理人员,厘清管理职责,压实工作责任,科学制定融资租赁公司发展战略,完善融资租赁公司治理结构,提升规范治理水平。要将有效管控与激发活力相结合,合理开展放授权,并根据实际适时调整。强化"三重一大"事项管控,加大派出董事、监事、有关高级管理人员履职评价,落实重大事项向派出机构书面报告制度,确保派出人员在重大问题上与派出机构保持一致,杜绝"内部人控制"。强化对融资租赁公司的考核监督,将服务主业、公司治理、风险防范、合规管理、内控执行等作为重要考核内容并赋予较大权重。

五、不断强化融资租赁公司风险防范。中央企业应当正确处理业务发展与风险防范的关系,防止因盲目追求规模利润提升风险偏好。要将融资租赁公司管理纳入集团公司全面风险管理体系,有效防范法律风险、合规风险、信用风险、流动性风险等。运用互联网、大数据、云计算等金融科技手段加强日常风险监测分析,定期组织开展风险排查,发生可能引发系统性风险的重大风险隐患和风险事件应当在24小时内向国资委报告。融资租赁公司应当完善风险防控机制,健全合规管理体系,强化风控部门的资源配置和作用发挥。严格按照规定准确进行风险资产分类,合理计提资产减值损失准备。不断提高租后管理能力,定期开展租后检查,分析判断承租人真实经营情况。落实薪酬延期支付制度,建立追索扣回机制。健全劳动合同管理和激励约束制度,依法约束不当行为。

六、加大融资租赁公司风险处置力度。中央企业所属融资租赁公司要切实提升化解风险的能力,稳妥有序处置风险项目。对于逾期的项目,涉及金额较大、承租人资不抵债等情况的,进行展期或续签应当重新履行决策程序。对于已经展期或续签的项目,应当采取特别管控措施,不得视同正常项目管理。对于已经出现风险的项目,应当采取有效措施积极处置化解,不得简单进行账务核销处理,不得将不良资产非洁净出表或虚假出表。国资委将加强对融资租赁公司风险项目处置跟踪,中央企业按要求定期向国资委报告风险项目处置进展。

七、建立健全融资租赁公司问责机制。中央企业应当按照《中央企业违规经营投资责任追究实施办法(试行)》(国资委令第37号)等有关规定,建立健全融资租赁公司责任追究工作机制,完善问题线索移交查处制度,对违反规定、未履行或未正确履行职责造成国有资产损失或其他严重不良后果的企业有关人员,建立追责问责档案,严肃追究责任。国资委加强对融资租赁公司管理和风险防范工作的监督指导,对融资租赁公司存在的突出问题和重大风险隐患等,依据有关规定开展责任约谈工作。中央企业未按照规定和工作职责要求组织开展责任追究工作的,国资委依据有关规定,对相关负责人进行责任追究。

关于发布《中央企业科技创新成果推荐目录(2020年版)》的通知

各省、自治区、直辖市及计划单列市和新疆生产建设兵团国资委,各中央企业:

为促进科技成果向现实生产力转化,加快中央企业科技创新成果应用推广,经企业推荐和专家评审,确定了《中央企业科技创新成果推荐目录(2020年版)》,现予以发布。

相关成果具体信息可登录国资委网站中央企业科技创新成果展示专栏查看。请各单位认真研究、积极推广使用,国资委科创局将视情况开展跟踪评估。

中央企业科技创新成果推荐目录(2020年版)

序号	技术产品名称	企业名称	所属领域
1	5G毫米波相控阵通信射频芯片	航天科工	核心电子元器件
2	大队列FC—ASM协议处理芯片(HKSFCASMQ—LBC—2G)	航空工业集团	核心电子元器件
3	GF5系列56Gbps高速背板连接器	航空工业集团	核心电子元器件
4	高性能声表面波滤波器	中国电科	核心电子元器件
5	魂芯系列DSP	中国电科	核心电子元器件
6	1200VSiC MOSFET器件	中国电科	核心电子元器件
7	凌久国产图形处理器GP101/GP102	中国船舶集团	核心电子元器件
8	3300V IGBT芯片和模块	国家电网	核心电子元器件
9	高速安全芯片	国家电网	核心电子元器件
10	凤凰系列FPGA产品	中国电子	核心电子元器件
11	高速高精度ADC	中国电子	核心电子元器件
12	5G主基站用TCXO	中国电子	核心电子元器件
13	飞腾FT—2000/4通用桌面应用处理器	中国电子	核心电子元器件
14	飞腾FT—2000+/64通用服务器应用处理器	中国电子	核心电子元器件
15	Cortex—M4高性能工业微控制器MCU	中国电子	核心电子元器件
16	30V—200V先进中低压功率MOSFET—SGT系列产品	华润集团	核心电子元器件
17	600V—1200V沟槽栅FS IGBT及配套FRD	华润集团	核心电子元器件
18	硅基高速光耦系列	华润集团	核心电子元器件
19	水热法KTP电光调Q开关	中国有色集团	核心电子元器件
20	高压IGBT	中国中车集团	核心电子元器件
21	多功能车辆总线芯片	中国通号	核心电子元器件
22	100G/200G硅光相干收发芯片	中国信科	核心电子元器件
23	高压共轨燃油喷射系统	中国船舶集团	关键零部件
24	特高压直流换流变压器	兵器装备集团	关键零部件
25	超御系列PLC产品	中国电子	关键零部件

续表

序号	技术产品名称	企业名称	所属领域
26	动量轮轴承组件	国机集团	关键零部件
27	重大能源工程关键核心铸锻件	国机集团	关键零部件
28	核级温度传感器	国机集团	关键零部件
29	重载车轮	中国宝武	关键零部件
30	高速铁路车轮	中国宝武	关键零部件
31	先进压水堆核电站蒸汽发生器690合金U形管	中国宝武	关键零部件
32	海洋工程大型液压打桩锤	机械总院集团	关键零部件
33	轨道交通驱动齿轮装置	机械总院集团	关键零部件
34	大型水轮发电机组异型磁极铜排	中国有色集团	关键零部件
35	145kV高电压等级真空灭弧室	中国西电集团	关键零部件
36	直流支撑电容器	中国西电集团	关键零部件
37	分布式光纤传感系统	航天科技	分析测试仪器
38	全视角高精度三维测量仪	航空工业集团	分析测试仪器
39	色度亮度计	兵器工业集团	分析测试仪器
40	短波长X射线衍射仪	兵器装备集团	分析测试仪器
41	4051系列信号/频谱分析仪	中国电科	分析测试仪器
42	汽车变速器齿轮试验测试装备	机械总院集团	分析测试仪器
43	电感耦合等离子体质谱仪	中国钢研	分析测试仪器
44	分布式高精度应变、温度、振动光纤传感测试仪	中国信科	分析测试仪器
45	大规模分布式事务型高性能数据库软件	航天科工	基础软件
46	船舶产品三维设计软件（SPD 5.0）	中国船舶集团	基础软件
47	移动认证	中国移动	基础软件
48	"九天"人工智能平台	中国移动	基础软件
49	麒麟服务器操作系统	中国电子	基础软件
50	麒麟桌面操作系统	中国电子	基础软件
51	达梦数据库管理系统	中国电子	基础软件
52	模拟设计全流程/数字分析验证及优化EDA系统	中国电子	基础软件
53	面向智能开采的"透明矿井"构建技术	中国煤炭科工	基础软件

续表

序号	技术产品名称	企业名称	所属领域
54	BIMBase 建模软件	中国建研院	基础软件
55	纳米气凝胶复合材料	航天科工	关键材料
56	关键核心材料重型挤压制造技术	兵器工业集团	关键材料
57	对位芳纶	中国石化	关键材料
58	超高分子量聚乙烯纤维	中国石化	关键材料
59	PERC 太阳能电池用银浆	东方电气集团	关键材料
60	耐低温船舶用钢（FH32—FH690/VL4—4 系列）	鞍钢	关键材料
61	高性能海洋油气输送用管线钢（X65/X70 级）	鞍钢	关键材料
62	大型集装箱船用止裂钢（EH40/EH47）	鞍钢	关键材料
63	低温高压服役条件下高强度管线用钢（X70/X80 级）	鞍钢	关键材料
64	航空发动机及机体结构件用钛合金材料及等温锻件	中国宝武	关键材料
65	超轻镁锂合金高塑性板材	中铝集团	关键材料
66	超细高纯锗粉	中铝集团	关键材料
67	高精度电子压延铜箔	中铝集团	关键材料
68	高纯硒	中铝集团	关键材料
69	特高压输变电领域用硅橡胶绝缘材料	中国化工	关键材料
70	对位芳纶聚合技术及装置	中国化工	关键材料
71	废水资源化分盐纳滤膜	中国化工	关键材料
72	大型化甲醇合成催化剂	中国化工	关键材料
73	5G 和宇航空间级电子器件用有机硅材料	中国化工	关键材料
74	高强高模芳纶Ⅲ长纤维及织物	中国化工	关键材料
75	高性能特种光纤保护涂层材料	中国化工	关键材料
76	热等静压氮化硅陶瓷球	中国建材	关键材料
77	药用玻璃材料	中国建材	关键材料
78	集成电路关键装备用石英玻璃基板及精密碳化硅陶瓷零部件	中国建材	关键材料
79	T800 级高性能碳纤维	中国建材	关键材料
80	高端 PCB 用特种电子玻璃纤维及制品	中国建材	关键材料
81	耐热高强度锂离子电池隔膜	中国建材	关键材料
82	高强高弹铜镍锡合金箔	中国有色集团	关键材料
83	高挠曲压延铜箔	中国有色集团	关键材料
84	钽靶材	中国有色集团	关键材料

续表

序号	技术产品名称	企业名称	所属领域
85	高导热低膨胀铜/金刚石复合材料	有研集团	关键材料
86	高比强度高导热镁合金板材	有研集团	关键材料
87	安全高效储氢材料与固态储氢技术	有研集团	关键材料
88	200mm硅片产品	有研集团	关键材料
89	极大规模集成电路用12英寸超高纯铜靶材	有研集团	关键材料
90	高性能白光LED荧光粉	有研集团	关键材料
91	微电子用高可靠互连材料	有研集团	关键材料
92	新一代高性能烧结永磁铁氧体材料	矿冶集团	关键材料
93	间位芳纶绝缘纸	中国中车集团	关键材料
94	耐高水压盾构用盾尾密封油脂	中国铁建	关键材料
95	铜镁合金接触线等系列产品	中国铁建	关键材料
96	线性摩擦焊技术及装备	航空工业集团	先进工艺
97	芳烃成套技术	中国石化	先进工艺
98	低温多效蒸馏海水淡化装置	国家能源集团	先进工艺
99	400万吨级煤间接液化成套技术	国家能源集团	先进工艺
100	百万吨级煤直接液化成套技术	国家能源集团	先进工艺
101	35MPa加氢机及加氢站工艺控制系统	国家能源集团	先进工艺
102	集成电路制造BCD工艺	中国电子	先进工艺
103	3D打印飞机内饰件技术	东航集团	先进工艺
104	掘支运一体化快速掘进关键技术与装备	中国煤炭科工	先进工艺
105	离子型稀土矿绿色高效浸萃一体化技术	有研集团	先进工艺
106	特种废物等离子体气化熔融处理技术	中广核	先进工艺
107	电子束处理工业废水技术	中广核	先进工艺
108	大功率高速泵	航天科技	高端装备
109	飞机定位仪	航空工业集团	高端装备
110	高动态宽频带五轴飞行仿真转台	航空工业集团	高端装备
111	23000TEU超大型集装箱船	中国船舶集团	高端装备
112	全电动船舶动力系统	中国船舶集团	高端装备

续表

序号	技术产品名称	企业名称	所属领域
113	大功率、高压柱塞泵/马达	中国航发	高端装备
114	3000—5000型成套压裂装备	中国石化	高端装备
115	中国海油旋转导向与随钻测井技术与装备	中国海油	高端装备
116	超高温高压电缆测井系统	中国海油	高端装备
117	自主可控变电站保护控制成套设备	国家电网	高端装备
118	国产绝缘及屏蔽材料的500kV直流陆缆系统	国家电网	高端装备
119	燃气轮机关键部件故障原因分析技术	中国华能	高端装备
120	燃气轮机关键部件无损检测与评估技术	中国华能	高端装备
121	安全级仪控系统—NuPAC	国家电投	高端装备
122	分散控制系统平台—NuCON	国家电投	高端装备
123	火电智能控制系统	国家能源集团	高端装备
124	3000吨级浆态床渣油加氢反应器	中国一重	高端装备
125	重型H型钢精轧机组	中国一重	高端装备
126	碳纤维复合材料飞机蒙皮五轴联动精密水切割装备	国机集团	高端装备
127	铝板带材高速高精度横切机组	国机集团	高端装备
128	1.5吨真空电弧凝壳熔炼装备	国机集团	高端装备
129	大型动力换挡拖拉机	国机集团	高端装备
130	氢燃料电池发动机	东方电气集团	高端装备
131	SRI—VC2110DP动力定位控制系统	中国远洋海运	高端装备
132	LNG低温撬装产品	中国远洋海运	高端装备
133	智能船舶系统	中国远洋海运	高端装备
134	LNG超低温大口径卸料臂	中国远洋海运	高端装备
135	特种型钢万能轧机	中国五矿	高端装备
136	高层建筑智能化集成平台(造楼机)	中国建筑	高端装备
137	车轮缺陷自动检测系统	国投	高端装备
138	高性能气浮式隔振系统	国投	高端装备
139	智能化超大采高综放开采输送系统技术及成套装备	中煤集团	高端装备
140	大采高综采工作面成套智能输送设备	中煤集团	高端装备

续表

序号	技术产品名称	企业名称	所属领域
141	9m级特厚煤层系列采煤机	中国煤炭科工	高端装备
142	煤矿井下近水平超长孔定向钻进技术与装备	中国煤炭科工	高端装备
143	导井式竖井掘进机	中国煤炭科工	高端装备
144	真空热处理装备/生产线	机械总院集团	高端装备
145	冶金轧后处理线炉用辐射管加热系统(含辐射管及烧嘴系统)及炉辊	中国钢研	高端装备
146	五复合橡胶挤出机组	中国化学工程	高端装备
147	320立方米超大型高效浮选机	矿冶集团	高端装备
148	超大直径泥水平衡盾构机	中国中铁	高端装备
149	竖井掘进机	中国中铁	高端装备
150	7.5m海洋竖向复合式掘进机	中交集团	高端装备
151	50米声频环保钻机	中煤地质总局	高端装备
152	1000MW等级FK6A40型超超临界锅炉给水泵	中国电建	高端装备
153	1000MW燃煤火电超(超)临界机组给水泵配套最小流量阀	中国电建	高端装备
154	大流量管道输油泵	中国电建	高端装备
155	用于抑制次同步谐振/振荡的阻塞滤波器	中国能建	高端装备
156	大型先进压水反应堆压力容器无损检测机器人	中广核	高端装备
157	压水堆核电站核燃料组件装卸成套装备	中广核	高端装备
158	大水电用120kA电气制动开关	中国西电集团	高端装备
159	电力电子变压器	中国西电集团	高端装备
160	抽水蓄能用发电机断路器成套装置	中国西电集团	高端装备
161	复合材料气瓶	航空工业集团	其他
162	80kW燃料电池电堆/65kW燃料电池系统	国家电投	其他
163	DLZ—80高效等离子体点火及稳燃技术	国家能源集团	其他
164	轻量级边缘网关UPF	中国电信	其他
165	一体化能源柜	中国移动	其他
166	自主可控整机(服务器、桌面机、一体机、笔记本)	中国电子	其他
167	自主可控交换机及路由器	中国电子	其他
168	有色冶炼烟气脱汞技术	中国五矿	其他

续表

序 号	技术产品名称	企业名称	所属领域
169	隔膜泵	中国有色集团	其他
170	重金属废水复合纳米吸附深度处理技术	矿冶集团	其他
171	臭氧催化高级氧化选矿废水处理回用技术	矿冶集团	其他
172	高浓度泥浆法（HDS）处理酸性重金属废水技术	矿冶集团	其他
173	SmarTram型有轨电车控制系统	中国通号	其他
174	铁路基础设施智能监测预警系统	中国中铁	其他
175	数字集群室外基站	中国普天	其他
176	首信网络接入安全解决方案	中国普天	其他
177	城市排水管渠污泥湿法生态处理及资源化利用技术	冶金地质总局	其他
178	全介质全场景存算一体数据湖技术创新体系产品	华录集团	其他

关于印发国有重点企业管理标杆创建行动标杆企业、标杆项目和标杆模式名单的通知

（国资厅发改革〔2021〕30号）

各中央企业，各省、自治区、直辖市及计划单列市和新疆生产建设兵团国资委：

按照对标世界一流管理提升行动工作部署，国务院国资委组织国有重点企业认真开展管理标杆企业、标杆项目和标杆模式（以下简称"三个标杆"）创建行动。经过企业申报、专家评审、征求意见等环节，现已确定"三个标杆"名单，现印发给你们，请扎实做好"三个标杆"创建工作，切实发挥管理标杆的示范带头作用，以点带面推动对标世界一流管理提升行动取得更大成效，促进国有企业不断强化管理体系和管理能力建设。

国务院国资委将指导和推动企业高标准、严要求做好标杆创建工作，适时开展评估评价，对管理提升成效显著的企业，加大宣传推广，打造一批充分展现新时代国有企业管理水平的优秀品牌。

国有重点企业管理标杆创建行动标杆企业、标杆项目、标杆模式名单

一、标杆企业

中国核工业集团有限公司
1. 中国核能电力股份有限公司
2. 中国原子能工业有限公司

中国航天科技集团有限公司
3. 中国运载火箭技术研究院
4. 中国空间技术研究院
5. 中国四维测绘技术有限公司

中国航天科工集团有限公司
6. 航天科工第二研究院二十三所
7. 航天科工第三总体设计部
8. 西安航天自动化股份有限公司

中国航空工业集团有限公司
9. 成都飞机工业（集团）有限责任公司
10. 航空工业西安飞行自动控制研究所

中国船舶集团有限公司
11. 江南造船（集团）有限责任公司

12. 风帆有限责任公司

中国兵器工业集团有限公司

13. 内蒙古第一机械集团有限公司

中国兵器装备集团有限公司

14. 成都光明光电股份有限公司
15. 重庆长安汽车股份有限公司

中国电子科技集团有限公司

16. 中电海康集团有限公司
17. 中电太极（集团）有限公司

中国航空发动机集团有限公司

18. 中国航发沈阳发动机研究所
19. 中国航发哈尔滨东安发动机有限公司

中国融通资产管理集团有限公司

20. 中国融通农发集团有限公司

中国石油天然气集团有限公司

21. 中国石油长庆油田分公司
22. 中国石油独山子石化分公司
23. 中国石油东方地球物理勘探有限责任公司

中国石油化工集团有限公司

24. 中国石化镇海炼化分公司
25. 中国石化西北油田分公司
26. 中国石化浙江石油分公司

中国海洋石油集团有限公司

27. 中海油田服务股份有限公司
28. 中海石油气电集团有限责任公司

国家石油天然气管网集团有限公司

29. 国家管网西部管道有限责任公司

国家电网有限公司

30. 国家电网江苏省电力有限公司
31. 国家电网天津市电力公司

中国南方电网有限责任公司

32. 深圳供电局有限公司
33. 南方电网超高压输电公司
34. 广东电网有限责任公司

中国华能集团有限公司

35. 中国华能江苏能源开发有限公司

中国大唐集团有限公司

36. 内蒙古赤峰塞罕坝公司
37. 大唐国际发电股份有限公司

中国华电集团有限公司

38. 贵州乌江水电开发有限责任公司

国家电力投资集团有限公司

39. 黄河上游水电开发有限责任公司
40. 国家电投江苏电力有限公司

中国长江三峡集团有限公司

41. 中国长江电力股份有限公司
42. 中国三峡新能源（集团）股份有限公司

国家能源投资集团有限责任公司

43. 国能神东煤炭集团有限责任公司
44. 国能准能集团有限责任公司
45. 龙源电力集团股份有限公司

中国电信集团有限公司

46. 中国电信安徽分公司
47. 中国电信成都分公司

中国联合网络通信集团有限公司

48. 中国联通北京市分公司
49. 中讯邮电咨询设计院有限公司

中国移动通信集团有限公司

50. 中国移动广东有限公司
51. 中国移动设计院有限公司

中国电子信息产业集团有限公司

52. 中国系统技术有限公司
53. 麒麟软件有限公司

东风汽车集团有限公司

54. 东风日产乘用车公司

中国一重集团有限公司

55. 中国第一重型机械股份公司

中国机械工业集团有限公司

56. 苏美达股份有限公司
57. 中国联合工程有限公司

哈尔滨电气集团有限公司

58. 哈尔滨锅炉厂有限责任公司

鞍钢集团有限公司

59. 鞍钢集团朝阳钢铁有限公司
60. 西昌钒制品分公司

中国宝武钢铁集团有限公司

61. 宝山钢铁股份有限公司
62. 马钢（集团）控股有限公司

中国铝业集团有限公司
63. 中国铝业股份有限公司
中国远洋海运集团有限公司
64. 中远海运集装箱运输有限公司
65. 中远海运能源运输股份有限公司
中国航空集团有限公司
66. 中国国际航空股份有限公司
67. 中国国际货运航空有限公司
中国东方航空集团有限公司
68. 中国联合航空有限公司
中国南方航空集团有限公司
69. 珠海保税区摩天宇航空发动机维修有限公司
中国中化控股有限责任公司
70. 江苏优嘉植物保护有限公司
71. 南通星辰合成材料有限公司
中粮集团有限公司
72. 中粮东海粮油工业（张家港）有限公司
73. 中粮麦芽（江阴）有限公司
中国五矿集团有限公司
74. 深圳市金洲精工科技股份有限公司
75. 五矿资源邦巴斯矿业公司
中国通用技术（集团）控股有限责任公司
76. 航天中心医院
中国建筑集团有限公司
77. 中建八局第一建设有限公司
78. 中建科工集团有限公司
79. 中国建筑第三工程局有限公司
中国储备粮管理集团有限公司
80. 中国储备粮管理集团有限公司江苏分公司
国家开发投资集团有限公司
81. 雅砻江流域水电开发有限公司
82. 国投新疆罗布泊钾盐有限责任公司
83. 国投资本股份有限公司
招商局集团有限公司
84. 招商局能源运输股份有限公司
85. 斯里兰卡科伦坡国际集装箱码头有限公司
华润（集团）有限公司
86. 华润电力控股有限公司
87. 华润燃气（集团）有限公司

88. 华润三九医药股份有限公司
中国商用飞机有限责任公司
89. 中国商飞上海飞机设计研究院
中国节能环保集团有限公司
90. 中节能万润股份有限公司
中国国际工程咨询有限公司
91. 中咨海外咨询有限公司
中国诚通控股集团有限公司
92. 广东冠豪高新技术股份有限公司
中国中煤能源集团有限公司
93. 中煤平朔集团有限公司
中国煤炭科工集团有限公司
94. 北京天地玛珂电液控制系统有限公司
中国中钢集团有限公司
95. 中钢洛耐科技股份有限公司
中国化学工程集团有限公司
96. 中国天辰工程有限公司
中国盐业集团有限公司
97. 中盐内蒙古化工股份有限公司
中国建材集团有限公司
98. 北新集团建材股份有限公司
99. 巨石集团有限公司
中国有色矿业集团有限公司
100. 谦比希铜冶炼有限公司
矿冶科技集团有限公司
101. 北京当升材料科技股份有限公司
中国国际技术智力合作集团有限公司
102. 中智关爱通（上海）科技股份有限公司
中国建筑科学研究院有限公司
103. 建科环能科技有限公司
中国中车集团有限公司
104. 中车长春轨道客车股份有限公司
105. 中车青岛四方机车车辆股份有限公司
106. 中车齐车集团齐齐哈尔车辆有限公司
中国铁路通信信号集团有限公司
107. 卡斯柯信号有限公司
108. 通号（北京）轨道工业集团有限公司
中国铁路工程集团有限公司
109. 中铁四局集团有限公司

110. 中铁上海工程局集团有限公司
111. 中铁大桥局集团有限公司

中国铁道建筑集团有限公司
112. 中铁十一局集团有限公司
113. 中国铁建电气化局集团有限公司
114. 中铁第四勘察设计院集团有限公司

中国交通建设集团有限公司
115. 中交投资有限公司
116. 中交第一航务工程局有限公司
117. 中交第四公路工程局有限公司

中国农业发展集团有限公司
118. 山东胜利生物工程有限公司

中国林业集团有限公司
119. 上海胜握胜林业有限公司

中国医药集团有限公司
120. 中国生物技术股份有限公司
121. 中国国际医药卫生有限公司

中国保利集团有限公司
122. 保利发展控股集团股份有限公司
123. 保利国际控股有限公司

中国煤炭地质总局
124. 中煤航测遥感集团有限公司

新兴际华集团有限公司
125. 南京际华三五二一特种装备有限公司

中国航空油料集团有限公司
126. 中国航油华东公司

中国航空器材集团有限公司
127. 中国民航技术装备有限责任公司

中国电力建设集团有限公司
128. 中国水利水电第十一工程局有限公司
129. 中国电建集团海外投资有限公司

中国能源建设集团有限公司
130. 中国葛洲坝集团股份有限公司
131. 中国能建规划设计有限公司

中国安能建设集团有限公司
132. 中国安能集团第二工程局有限公司南昌分公司

中国黄金集团有限公司
133. 中国黄金集团黄金珠宝股份有限公司

中国广核集团有限公司
134. 中广核核电运营有限公司
135. 大亚湾核电运营管理有限责任公司

中国华录集团有限公司
136. 北京易华录信息技术股份有限公司

华侨城集团有限公司
137. 华侨城华南投资有限公司

中国西电集团有限公司
138. 西安高压电器研究院有限责任公司

中国铁路物资集团有限公司
139. 中铁油料集团有限公司

中国国新控股有限责任公司
140. 中国国新基金管理有限公司

中国检验认证(集团)有限公司
141. 中国检验认证集团辽宁有限公司

中国绿发投资集团有限公司
142. 江苏广恒新能源有限公司

中国铁塔股份有限公司
143. 中国铁塔安徽省分公司

北京市
144. 首钢集团有限公司矿业公司
145. 北京京西燃气热电公司
146. 京东方科技集团股份有限公司

天津市
147. 天津创业环保集团股份有限公司

河北省
148. 唐山三友集团有限公司

山西省
149. 晋能控股装备制造集团有限公司寺河煤矿

辽宁省
150. 沈阳鼓风机集团股份有限公司

吉林省
151. 吉林碳谷碳纤维股份有限公司

黑龙江省
152. 龙建路桥股份有限公司

上海市
153. 上海电气风电集团股份有限公司
154. 上海赛可出行科技服务有限公司
155. 海通证券股份有限公司

江苏省
156. 江苏交通控股有限公司
157. 徐州矿务集团有限公司
158. 苏州轴承厂股份有限公司

浙江省
159. 宁波舟山港集团有限公司
160. 杭州制氧机集团股份有限公司
161. 浙江沪杭甬高速公路股份有限公司

安徽省
162. 安徽叉车集团有限责任公司
163. 安徽海螺水泥股份有限公司

福建省
164. 福建省三钢(集团)有限责任公司

江西省
165. 江西铜业集团有限公司
166. 江铃汽车集团有限公司

山东省
167. 山东能源集团有限公司
168. 山东华鲁恒升化工股份有限公司

河南省
169. 麦斯克电子材料股份有限公司
170. 洛阳 LYC 轴承有限公司

湖北省
171. 湖北交投物流集团有限公司
172. 中南建筑设计院股份有限公司
173. 湖北安琪生物集团有限公司

湖南省
174. 湖南新五丰股份有限公司

广东省
175. 广州白云国际机场股份有限公司
176. 广东兴发铝业有限公司
177. 广州汽车集团股份有限公司

广西壮族自治区
178. 广西柳工机械股份有限公司
179. 广西玉柴机器股份有限公司

海南省
180. 海南海汽运输集团股份有限公司

重庆市
181. 庆铃汽车(集团)有限公司

四川省
182. 四川发展环境投资集团有限公司

贵州省
183. 中国贵州茅台酒厂(集团)有限责任公司

云南省
184. 云南华联锌铟股份有限公司
185. 云南云天化股份有限公司

西藏自治区
186. 西藏建工建材集团有限公司

陕西省
187. 陕西煤业股份有限公司
188. 西部机场集团有限公司

甘肃省
189. 金川集团股份有限公司

青海省
190. 西部矿业股份有限公司

宁夏回族自治区
191. 宁夏农垦贺兰山奶业有限公司

新疆维吾尔自治区
192. 乌鲁木齐城市建设投资(集团)有限公司

新疆生产建设兵团
193. 新疆生产建设兵团天然气有限公司

大连市
194. 大连华锐重工集团股份有限公司
195. 瓦房店轴承集团有限责任公司

宁波市
196. 宁波开发投资集团有限公司

厦门市
197. 厦门建发集团有限公司

青岛市
198. 双星集团有限责任公司

深圳市
199. 深圳市投资控股有限公司
200. 深圳市创新投资集团有限公司

二、标杆项目
中国核工业集团有限公司
1. "三高三强"战略规划体系
2. 新时代先进核科技创新体系

中国航天科技集团有限公司

3. 航天产品精益运营管理

中国航天科工集团有限公司

4. 科技型企业内部创业与量化激励机制

中国航空工业集团有限公司

5. 适应航空工业发展趋势的战略规划体系
6. 基于航空工业特点的薪酬管理体系

中国兵器工业集团有限公司

7. 支撑国防和军队"三步走"战略的装备研发体系
8. 以高质量发展指标体系为指引的运行管理

中国兵器装备集团有限公司

9. 战略管控型企业集团的闭环战略管理体系

中国电子科技集团有限公司

10. 复杂军工电子装备数字化可视化智能化全生命周期质量管理

中国航空发动机集团有限公司

11. "一体化"流程要素管理体系

中国石油天然气集团有限公司

12. 以金融资源集约化为核心的司库管理体系
13. "一带一路"油气合作战略管理

中国石油化工集团有限公司

14. 采购供应链管理体系
15. 以高质量发展管理指标为基础的运营评价机制

中国海洋石油集团有限公司

16. 以战略为导向的风险管理体系
17. 销售侧管理数字化转型系统

国家石油天然气管网集团有限公司

18. 中缅油气管道数字化恢复系统

国家电网有限公司

19. 电网数字化转型升级
20. 国网电商"能源＋互联网"管理

中国南方电网有限责任公司

21. 对标国际的资产管理体系
22. 电网可靠性管理的理论与实践

中国华能集团有限公司

23. 全流域开发保护工程建设管理
24. IGCC示范工程科技管理

中国大唐集团有限公司

25. 基于流程机器人（RPA）技术的电力企业数字化财务管理

中国华电集团有限公司

26. 数字赋能的碳排放管理
27. "一体系、一张网"的现代企业管理体系

国家电力投资集团有限公司

28. 基于法治框架的法律、合规、风险、内控协同管理体系

中国长江三峡集团有限公司

29. 电力企业国际化战略管理
30. 长江经济带城镇污水治理机制

国家能源投资集团有限责任公司

31. 一体化发展的能源企业生产运营协同调度系统

中国电信集团有限公司

32. 基于"六力模型"的智能客服管理
33. 大数据财务风险防控体系

中国联合网络通信集团有限公司

34. 智慧供应链管理

中国移动通信集团有限公司

35. 数智化供应链管理
36. 智慧财务管控体系

中国第一汽车集团有限公司

37. OTD流程全自动化管理系统
38. 红旗数字化工厂建设与运营管理

东风汽车集团有限公司

39. 大型企业集团财务一体化管理

中国一重集团有限公司

40. 大连核电石化公司"225＋"精益数字化管理

中国东方电气集团有限公司

41. 大型发电设备核心部件数字化生产管理

鞍钢集团有限公司

42. 以激发活力和提高效率为导向的人力资源管理

中国宝武钢铁集团有限公司

43. 绩效驱动型战略执行体系

中国铝业集团有限公司

44. "三横三纵三个全覆盖"新型管控体系

中国远洋海运集团有限公司
45. 船舶智能制造管理
中国航空集团有限公司
46. 飞机资产数字化运营管理
中国东方航空集团有限公司
47. 航班地面保障管理体系
48. 航企跨境业务风险管理
中国南方航空集团有限公司
49. 精益运行管理
中国中化控股有限责任公司
50. 中长期激励管理体系
中国五矿集团有限公司
51. 1＋N 全面风险管理体系
中国通用技术(集团)控股有限责任公司
52. 通用环球医疗集团专科经营绩效持续改善机制
中国建筑集团有限公司
53. 火神山、雷神山项目建设管理
54. 以价值指数为基础的人力资源管理
国家开发投资集团有限公司
55. 以战略规划为统领的结构调整长效机制
招商局集团有限公司
56. "新海辽"轮精细化运营管理
华润(集团)有限公司
57. 5C 价值型财务管理体系
中国旅游集团有限公司[香港中旅(集团)有限公司]
58. 中旅酒店数字化转型
中国商用飞机有限责任公司
59. 商用飞机"全科急诊室"运行支持系统
中国节能环保集团有限公司
60. 低碳化水务运营管理
中国中煤能源集团有限公司
61. 煤矿智能化科技创新管理
中国钢研科技集团有限公司
62. 稀土永磁智能制造执行信息化管理
中国化学工程集团有限公司
63. 法律、合规、风险、内控"四位一体"管理

中国有色矿业集团有限公司
64. 境内外资金集中管理
矿冶科技集团有限公司
65. 企业管理驾驶舱系统
中国国际技术智力合作集团有限公司
66. "四段十六步"对标管理
中国中车集团有限公司
67. 基于"6621"核心逻辑的精益管理体系
中国铁路通信信号集团有限公司
68. "三攻三保"科技创新方法
中国铁路工程集团有限公司
69. 工程项目现金流自平衡管理
中国铁道建筑集团有限公司
70. "1234＋"工程项目管理
中国交通建设集团有限公司
71. 以实现集团整体利益最大化为核心的供应链管理体系
中国信息通信科技集团有限公司
72. 烽火通信集成产品开发管理
中国医药集团有限公司
73. 新冠灭活疫苗研发创新及产业化项目管理
74. 医疗健康产业集团的战略管理和转型
中国电力建设集团有限公司
75. 基于"三链一平台"的数字化创新管理
中国广核集团有限公司
76. 制度流程管理"四化"
华侨城集团有限公司
77. 市场化薪酬分配与激励约束机制
中国西电集团有限公司
78. 以市场化为导向的人才管理体系
中国国新控股有限责任公司
79. 孚能科技投后赋能管理
中国检验认证(集团)有限公司
80. "数字中检"业务管理模型
中国汽车技术研究中心有限公司
81. "三化融合"管理体系
北京市
82. 北京能源集团宁东公司生产经营测算模型

天津市

83. 天津港集团股权全生命周期数字化管理系统

吉林省

84. 吉林省高速公路集团信息化对标提升管理

上海市

85. 上海电气集团PES中长期激励管理

江苏省

86. 徐工集团工程机械有限公司基于战略的"315"全面预算管理

浙江省

87. 浙江省国有资本运营有限公司财务标准化管理

安徽省

88. 江汽集团基于两化融合管理体系的数字化转型

福建省

89. 福建省港口集团"大法务"管理

江西省

90. 新余钢铁集团信息化智能化系统

山东省

91. 中泰证券股份有限公司数字化转型与流程管理

河南省

92. 河南投资集团数字化智能化管理

广东省

93. 广汽集团数字化转型（G计划）

广西壮族自治区

94. 广西柳州钢铁集团柳钢一体化ERP系统

重庆市

95. 重庆农村商业银行股份有限公司面向感知认知能力的银行数字化管理

四川省

96. 四川发展（控股）有限责任公司以制度体系重构为基础的集团管控

97. 四川长虹电子控股集团以财务云为支撑的业务管理

青海省

98. 西部矿业集团锡铁山分公司"绿色矿山"管理

宁波市

99. 宁波轨道交通集团信息安全管理

深圳市

100. 深圳市城市交通规划设计研究中心城市交通整体解决方案

三、标杆模式

中国宝武钢铁集团有限公司

1. 企业整合融合管理模式

华润（集团）有限公司

2. 世界一流战略导向管理模式

中国华能集团有限公司

3. "五步三化"精智管理模式

国家电网有限公司

4. 集团化、专业化、标准化、数字化管理模式

中国核工业集团有限公司

5. "六大控制七个零"高质量精细化工程项目管理模式

山东省

6. 潍柴控股集团有限公司特色WOS管理模式

中国中车集团有限公司

7. 中国高铁装备自主创新管理模式

国家开发投资集团有限公司

8. "5M"管控模式

中国东方航空集团有限公司

9. "盘、规、治、用"数据治理模式

中国联合网络通信集团有限公司

10. 转型改革一体化管理模式

关于加强中央企业融资担保管理工作的通知

（国资发财评规〔2021〕75号）

各中央企业：

近年来，中央企业认真执行国资委关于担保管理有关要求，建立担保制度、规范担保行为，担保规模总体合理，担保风险基本可控，但也有部分企业存在担保规模增长过快、隐性担保风险扩大、代偿损失风险升高等问题。为贯彻落实党中央、国务院关于统筹发

展和安全的决策部署,进一步规范和加强中央企业融资担保管理,有效防范企业相互融资担保引发债务风险交叉传导,推动中央企业提升抗风险能力,加快实现高质量发展,现将有关事项通知如下:

一、完善融资担保管理制度。融资担保主要包括中央企业为纳入合并范围内的子企业和未纳入合并范围的参股企业借款和发行债券、基金产品、信托产品、资产管理计划等融资行为提供的各种形式担保,如一般保证、连带责任保证、抵押、质押等,也包括出具有担保效力的共同借款合同、差额补足承诺、安慰承诺等支持性函件的隐性担保,不包括中央企业主业含担保的金融子企业开展的担保以及房地产企业为购房人按揭贷款提供的阶段性担保。中央企业应当制定和完善集团统一的融资担保管理制度,明确集团本部及各级子企业融资担保权限和限额、融资担保费率水平,落实管理部门和管理责任,规范内部审批程序,细化审核流程。制定和修订融资担保管理制度需经集团董事会审批。加强融资担保领域的合规管理,确保相关管理制度和业务行为符合法律法规和司法解释规定。

二、加强融资担保预算管理。中央企业开展融资担保业务应当坚持量力而行、权责对等、风险可控原则。将年度融资担保计划纳入预算管理体系,包括担保人、担保金额、被担保人及其经营状况、担保方式、担保费率、违规担保清理计划等关键要素,提交集团董事会或其授权决策主体审议决定。担保关键要素发生重大变化或追加担保预算,需重新履行预算审批程序。

三、严格限制融资担保对象。中央企业严禁对集团外无股权关系的企业提供任何形式担保。原则上只能对具备持续经营能力和偿债能力的子企业或参股企业提供融资担保。不得对进入重组或破产清算程序、资不抵债、连续三年及以上亏损且经营净现金流为负等不具备持续经营能力的子企业或参股企业提供担保,不得对金融子企业提供担保,集团内无直接股权关系的子企业之间不得互保,以上三种情况确因客观情况需要提供担保且风险可控的,需经集团董事会审批。中央企业控股上市公司开展融资担保业务应符合《中华人民共和国证券法》和证券监管等相关规定。

四、严格控制融资担保规模。中央企业应当转变子企业过度依赖集团担保融资的观念,鼓励拥有较好资信评级的子企业按照市场化方式独立融资。根据自身财务承受能力合理确定融资担保规模,原则上总融资担保规模不得超过集团合并净资产的40%,单户子企业(含集团本部)融资担保额不得超过本企业净资产的50%,纳入国资委年度债务风险管控范围的企业总融资担保规模不得比上年增加。

五、严格控制超股比融资担保。中央企业应当严格按照持股比例对子企业和参股企业提供担保。严禁对参股企业超股比担保。对子企业确需超股比担保的,需报集团董事会审批,同时,对超股比担保额应由小股东或第三方通过抵押、质押等方式提供足额且有变现价值的反担保。对所控股上市公司、少数股东含有员工持股计划或股权基金的企业提供超股比担保且无法取得反担保的,经集团董事会审批后,在符合融资担保监管等相关规定的前提下,采取向被担保人依据代偿风险程度收取合理担保费用等方式防范代偿风险。

六、严格防范代偿风险。中央企业应当将融资担保业务纳入内控体系,建立融资担保业务台账,实行定期盘点并对融资担保业务进行分类分析和风险识别,重点关注被担保人整体资信状况变化情况、融资款项使用情况、用款项目进展情况、还款计划及资金筹集情况,对发现有代偿风险的担保业务及时采取资产保全等应对措施,最大程度减少损失。

七、及时报告融资担保管理情况。中央企业应当随年度预算、决算报送融资担保预算及执行情况,应当按季度向国资委报送融资担保监测数据,融资担保余额按照实际提供担保的融资余额填报,应当如实填报对参股企业的超股比担保金额和对集团外无股权关系企业的担保金额,不得瞒报漏报。中央企业应当加强融资担保信息化建设应用,并做好与国资国企在线监管系统的融合。

八、严格追究违规融资担保责任。中央企业应当对集团内违规融资担保问题开展全面排查,对集团外无股权关系企业和对参股企业超股比的违规担保事项,以及融资担保规模占比超过规定比例的应当限期整改,力争两年内整改50%,原则上三年内全部完成整改。对因划出集团或股权处置形成的无股权关系的担保、对参股企业超股比担保,应当在两年内清理完毕。融资担保应当作为企业内部审计、巡视巡查的重点,因违规融资担保造成国有资产损失或其他严重不良后果的,应当按照有关规定对相关责任人严肃追究责任。

收到本通知后,各中央企业应当立即组织贯彻落实,切实扛起主体责任,全面开展自查自纠,对存量违规融资担保行为设立整改台账,明确整改责任人、时间进度,并于2021年底前报送国资委(财务监管与运行评价局)。《关于加强中央企业资金管理有关事项的补充通知》(国资厅发评价〔2012〕45号)等文件有关担保管理要求与本通知不符的,以本通知为准。

关于印发《关于进一步深化法治央企建设的意见》的通知

(国资发法规规〔2021〕80号)

各中央企业:

为深入学习贯彻习近平法治思想,落实中央全面依法治国工作会议部署,进一步推进中央企业法治建设,提升依法治企能力水平,助力"十四五"时期深化改革、高质量发展,我们制定了《关于进一步深化法治央企建设的意见》,现印发给你们,请认真贯彻落实。

关于进一步深化法治央企建设的意见

为深入学习贯彻习近平法治思想,认真落实全面依法治国战略部署,持续深化法治央企建设,更好发挥法治工作对"十四五"时期中央企业改革发展的支撑保障作用,根据《法治中国建设规划(2020—2025年)》《法治社会建设实施纲要(2020—2025年)》等文件精神,现就进一步做好中央企业法治工作提出如下意见:

一、总体要求

(一)指导思想。坚持以习近平新时代中国特色社会主义思想为指导,认真落实习近平法治思想,深入贯彻党的十九大和十九届二中、三中、四中、五中全会精神,按照中央全面依法治国工作会议部署,立足新发展阶段,贯彻新发展理念,构建新发展格局,紧紧围绕国企改革三年行动和中央企业"十四五"发展规划,着力健全领导责任体系、依法治理体系、规章制度体系、合规管理体系、工作组织体系,持续提升法治工作引领支撑能力、风险管控能力、涉外保障能力、主动维权能力和数字化管理能力,不断深化治理完善、经营合规、管理规范、守法诚信的法治央企建设,为加快建设世界一流企业筑牢坚实法治基础。

(二)基本原则。

——坚持融入中心、服务大局。以服务国企改革三年行动和中央企业"十四五"发展规划为目标,牢固树立全局意识和系统观念,法治工作全面融入完善中国特色现代企业制度、深化混合所有制改革、科技创新、国际化经营等重点任务,充分发挥支撑保障作用。

——坚持完善制度、夯基固本。以强化制度建设为基础,坚持尊法、学法、守法、用法,将行之有效的经验做法,及时转化为企业规章制度,嵌入业务流程,加强制度执行情况监督检查,强化制度刚性约束。

——坚持突出重点、全面深化。以落实法治建设第一责任人职责、完善总法律顾问制度、健全法律风险防范机制、强化合规管理为重点,坚持问题导向,在做深做细做实上下更大功夫,真正发挥强管理、促经营、防风险、创价值作用。

——坚持勇于创新、拓展升级。以适应市场化、法治化、国际化发展需要为方向,结合实际拓宽法治工作领域,探索优化法务管理职能,创新工作方式,加快提升信息化、数字化、智能化水平。

(三)总体目标。"十四五"时期,中央企业法治理念更加强化、治理机制更加完善、制度体系更加优化、组织机构更加健全、管理方式更加科学、作用发挥更加有效,法治建设取得更大进展,部分企业率先达到世界一流水平,为企业深化改革、高质量发展提供更加有力的支撑保障。

二、着力健全法治工作体系

(四)着力健全领导责任体系。坚持企业党委(党组)对依法治企工作的全面领导,不断完善党委(党组)定期专题学法、定期听取工作汇报、干部任前法治谈话、述职必述法等制度,切实发挥党委(党组)把方向、管大局、促落实作用。强化董事会定战略、作决策、防风险职能,明确专门委员会推进法治建设职责,把法治建设纳入整体工作统筹谋划,将进展情况作为年度工作报告的重要内容。健全中央企业主要负责人履行推进法治建设第一责任人职责工作机制,党委(党组)书记、董事长、总经理各司其职,对重点问题亲自研究、部署协调、推动解决。将第一责任人职责要求向子企业延伸,把落实情况纳入领导人员综合考核评价体系,将法治素养和依法履职情况作为考察使用干部的重要内容。

(五)着力健全依法治理体系。高度重视章程在公司治理中的统领地位,切实发挥总法律顾问和法务管理机构专业审核把关作用,科学配置各治理主体权利、义务和责任,明晰履职程序和要求,保障章程依法制定、依法实施。多元投资主体企业严格依据法律法规、国有资产监管规定和公司章程,明确股东权利义务、股东会定位与职权,规范议事决策方式和程序,完善运作制度机制,强化决议执行和监督,切实维护股东合法权益。优化董事会知识结构,通过选聘法律专业背景人员担任董事、加强法律培训等方式,提升董事会依法决策水平。落实总法律顾问列席党委(党组)会、董事会参与研究讨论或审议涉及法律合规相关议题,参加总经理办公会等重要决策会议制度,将合法合规性审查和重大风险评估作为重大决策事项必经前置程序。依法对子企业规范行使股东权,认真研究制定子企业章程,严格按照公司治理结构,通过股东(大)会决议、派出董事监事、推荐高级管理人员等方式行权履职,切实防范公司人格混同等风险。

(六)着力健全规章制度体系。明确法务管理机构归口管理职责,健全规章制度制定、执行、评估、改进等工作机制,加强法律审核把关,强化对制度的全生命周期管理。根据适用范围、重要程度、管理幅度等,构建分层分类的制度体系框架,确保结构清晰、内容完整,相互衔接、有效协同,切实提高科学性和系统性。定期开展制度梳理,编制立改废计划,完善重点改革任务配套制度,及时修订重要领域管理规范,不断增强针对性和实效性。加强对规章制度的宣贯培训,定期对执行情况开展监督检查和综合评价,增强制度刚性约束,推动制度有效落实。

(七)着力健全合规管理体系。持续完善合规管理工作机制,健全企业主要负责人领导、总法律顾问牵头、法务管理机构归口、相关部门协同联动的合规管理体系。发挥法务管理机构统筹协调、组织推动、督促落实作用,加强合规制度建设,开展合规审查与考核,保障体系有效运行。强化业务部门、经营单位和项目一线主体责任,通过设置兼职合规管理员、将合规要求嵌入岗位职责和业务流程、抓好重点领域合规管理等措施,有效防范、及时处置合规风险。探索构建法律、合规、内控、风险管理协同运作机制,加强统筹协调,提高管理效能。推动合规要求向各级子企业延伸,加大基层单位特别是涉外机构合规管理力度,到2025年中央企业基本建立全面覆盖、有效运行的合规管理体系。

(八)着力健全工作组织体系。加大企业法律专业领导干部培养选拔力度,在市场化国际化程度较高、法律服务需求大的国有大型骨干企业,推进符合条件的具有法律教育背景或法律职业资格的专业人才进入领导班子。持续完善总法律顾问制度,2022年中央企业及其重要子企业全面写入章程,明确高级管理人员定位,由董事会聘任,领导法务管理机构开展工作。坚持总法律顾问专职化、专业化方向,直接向企业主要负责人负责,2025年中央企业及其重要子企业全面配备到位,具有法律教育背景或法律职业资格的比例达到80%。加强法务管理机构建设,中央企业及其重要子企业原则上独立设置,充实专业力量,配备与企业规模和需求相适应的法治工作队伍。健全法务管理职能,持续完善合同管理、案件管理、普法宣传等职能,积极拓展制度管理、合规管理等业务领域。加强队伍建设,拓宽法务人员职业发展通道,完善高素质法治人才市场化选聘、管理和薪酬制度,采取有效激励方式充分调动积极性、主动性。

三、全面提升依法治企能力

(九)着力提升引领支撑能力。坚持运用法治思维和法治方式深化改革、推动发展,紧盯国企改革三年行动、中央企业"十四五"发展规划重点工作,深入分析对企业提出的新任务新要求,提前研究可能出现的法律合规问题,及时制定应对方案和防范措施。法务人员全程参与混合所有制改革、投资并购等重大项目,加强法律审核把关,坚持依法依规操作,严控法律合规风险。加强对民法典等法律法规的学习研究,深入分析对企业生产经营、业务模式可能产生的影响,推动从健全制度、强化管理等方面及时作出调整。结合企业、行业实际,对相关立法研究提出完善建议,为改革发展创造良好政策环境。

(十)着力提升风险管控能力。持续巩固规章制度、经济合同、重要决策法律审核制度,在确保100%审核率的同时,通过跟进采纳情况、完善后评估机制,反向查找工作不足,持续提升审核质量。常态化开展风险隐患排查处置,针对共性风险通过提示函、案件通报、法律建议书等形式及时开展预警,有效防范化解。加强知识产权管理,完善专利、商标、商号、商业秘密等保护制度,坚决打击侵权行为,切实维护企业无形资产安全和合法权益。严格落实重大法律合规风险事件报告制度,中央企业发生重大法律合规风险事件,应当及时向国资委报告。

(十一)着力提升涉外保障能力。加强涉外法律合规风险防范,健全工作机制,推动在境外投资经营规模较大、风险较高的重点企业、区域或项目设置专门机构,配备专职法务人员,具备条件的设立总法律顾问。完善涉外重大项目和重要业务法务人员全程参与制度,形成事前审核把关、事中跟踪控制、事后监督评估的管理闭环。深入研究、掌握运用所在国法律,加强国际规则学习研究,密切关注高风险国家和地区法律法规与政策变化,提前做好预案,切实防范风险。重视涉外法治人才培养,强化顶层设计,健全市场化选聘和激励制度,形成重视人才、吸引人才、留住人才的良好机制。

(十二)着力提升主动维权能力。加大法律纠纷案件处置力度,综合运用诉讼、仲裁、调解等多种手段妥善解决,探索建立集团内部纠纷调解机制。加强积案清理,健全激励机制,力争2025年中央企业历史遗留重大法律纠纷案件得到妥善解决。深化案件管理"压存控增、提质创效"专项工作,加强典型案件分析,及时发现管理问题,堵塞管理漏洞,推动"以案促管、以管创效"。严格落实案件报告制度,中央企业发生重大法律纠纷案件应当及时报告,按时报送年度法律纠纷案件综合分析报告。

(十三)着力提升数字化管理能力。运用区块链、大数据、云计算、人工智能等新一代信息技术,推动法务管理从信息化向数字化升级,探索智能化应用场景,有效提高管理效能。深化合同管理、案件管理、合规管理等重点领域信息化、数字化建设,将法律审核嵌入重大决策、重要业务管理流程,通过大数据等手段,实现法律合规风险在线识别、分析、评估、防控。推动法务管理系统向各级子企业和重要项目延伸,2025年实现上下贯通、全面覆盖。推动法务管理系统与财务、产权、投资等系统的互联互通,做好与国资国企在线监管系统的对接,促进业务数据相互融合、风险防范共同响应。

四、保障任务顺利完成

(十四)加强组织领导。充分发挥法治建设领导机构作用,将法治工作纳入中央企业"十四五"发展规划和年度计划统筹谋划、同步推进,加强部门协同,强化人员、资金等保障,形成工作合力。制定本企业未来五年法治建设实施方案,与"十四五"规划相衔接,提出目标任务,明确责任分工,细化工作措施。建立法治工作专项考评制度,将法治建设成效纳入对子企业考核体系。统筹推进法治工作与违规经营投资责任追究等监督工作,完善内部协同机制,提高责任追究体系效能。加大问责力度,对未经法律审核或未采纳正确法律意见、违法违规经营投资决策造成损失或其他严重不良后果的,严肃追究责任。

(十五)持续深化对标。综合分析国际大企业优秀实践,研究归纳世界一流企业法务管理基本要素和具体指标。立足行业特点、发展阶段、管理基础等实际,有针对性地制定对标举措,确保目标量化、任务明确、措施有力。将法务管理对标工作纳入本企业对标世界一流管理提升行动。国资委创建世界一流示范企业和国有资本投资、运营公司要充分发挥引领作用,率先在法治工作上达到世界一流水平。其他中央企业要全面开展对标,努力补齐短板,加快提升依法合规经营管理水平。

(十六)强化指导交流。国资委将根据企业法治建设实施方案,定期组织调研督导,深入了解落实情况，推动解决难点问题。完善法治讲堂、协作组等学习交流机制，聚焦重点难点，创新方式方法，增强交流实效。中央企业要进一步加强对子企业法治建设的督促指导，通过加大考核力度、细化工作要求、定期开展调研等方式，层层传导压力，确保目标任务在子企业真正落实到位。

（十七）厚植法治文化。深入学习宣传习近平法治思想，将培育法治文化作为法治建设的基础工程，使依法合规、守法诚信成为全体员工的自觉行为和基本准则。落实"八五"普法要求，进一步推进法治宣传教育制度化、常态化、多样化，将法治学习作为干部职工入职学习、职业培训、继续教育的必修课，广泛宣传与企业经营管理和职工切身利益密切相关的法律法规。总结法治建设典型做法、成功经验和进展成果，通过开展选树典型、评比表彰、集中宣传等形式，营造学习先进、争当先进、赶超先进的良好氛围。

地方国有资产监督管理机构参照本意见，积极推进所出资企业法治建设。

关于印发《关于推进中央企业高质量发展做好碳达峰碳中和工作的指导意见》的通知

（国资发科创〔2021〕93号）

各中央企业，驻委纪检监察组，委内各厅局，各直属单位、直管协会：

现将《关于推进中央企业高质量发展做好碳达峰碳中和工作的指导意见》印发给你们，请结合实际认真贯彻落实。

关于推进中央企业高质量发展做好碳达峰碳中和工作的指导意见

实现碳达峰、碳中和，是以习近平同志为核心的党中央统筹国内国际两个大局作出的重大战略决策，对我国实现高质量发展、全面建设社会主义现代化强国具有重要意义。中央企业在关系国家安全与国民经济命脉的重要行业和关键领域占据重要地位，同时也是我国碳排放的重点单位，应当在推进国家碳达峰、碳中和中发挥示范引领作用。为深入贯彻落实党中央、国务院关于碳达峰、碳中和的决策部署，指导中央企业做好碳达峰、碳中和工作，现提出如下意见：

一、总体要求

（一）指导思想。

以习近平新时代中国特色社会主义思想为指导，全面贯彻党的十九大和十九届二中、三中、四中、五中、六中全会精神，深入贯彻习近平生态文明思想，立足新发展阶段，完整、准确、全面贯彻新发展理念，构建新发展格局，坚持系统观念，处理好发展和减排、整体和局部、短期和中长期的关系，把碳达峰、碳中和纳入国资央企发展全局，着力布局优化和结构调整，着力深化供给侧结构性改革，着力降强度控总量，着力科技和制度创新，加快中央企业绿色低碳转型和高质量发展，有力支撑国家如期实现碳达峰、碳中和。

（二）基本原则。

——坚持系统谋划、统筹推进。加强统筹协调，健全激励约束机制，明确总体目标和实施路径，贯穿到企业生产经营全过程和各环节，加快构建有利于碳达峰、碳中和的国有经济布局和结构。鼓励有条件的中央企业率先达峰。

——坚持节约优先、源头减碳。把节约能源资源放在首位，提升利用效率，优化能源结构，供给侧和需求侧两端同时发力，大力推进绿色低碳转型升级，持续降低单位产出能源资源消耗和碳排放，从源头减少二氧化碳排放。

——坚持创新驱动、科技引领。充分发挥中央企业创新主体作用，强化科技创新和制度创新，突破绿色低碳关键核心技术，提升高质量绿色产品服务供给能力，加速绿色低碳关键技术产品推广应用。

——坚持立足实际、稳妥有序。统筹发展与安全，立足我国能源资源禀赋和企业实际，以保障国家能源安全和经济发展为底线，加强风险研判和应对，着力化解各类风险隐患，确保安全降碳。

二、主要目标

到2025年，中央企业产业结构和能源结构调整优化取得明显进展,重点行业能源利用效率大幅提升,新型电力系统加快构建,绿色低碳技术研发和推广应用取得积极进展;中央企业万元产值综合能耗比2020年下降15%,万元产值二氧化碳排放比2020年下降18%,可再生能源发电装机比重达到50%以上,战略性新兴产业营收比重不低于30%,为实现碳达峰奠定坚实基础。

到2030年,中央企业全面绿色低碳转型取得显著成效,产业结构和能源结构调整取得重大进展,重点行业企业能源利用效率接近世界一流企业先进水平,绿色低碳技术取得重大突破,绿色低碳产业规模与比重明显提升,中央企业万元产值综合能耗大幅下降,万元产值二氧化碳排放比2005年下降65%以上,中央企业二氧化碳排放量整体达到峰值并实现稳中有降,有条件的中央企业力争碳排放率先达峰。

到2060年,中央企业绿色低碳循环发展的产业体系和清洁低碳安全高效的能源体系全面建立,能源利用效率达到世界一流企业先进水平,形成绿色低碳核心竞争优势,为国家顺利实现碳中和目标作出积极贡献。

三、推动绿色低碳转型发展

(一)强化国有资本绿色低碳布局。服务国家绿色低碳发展战略,把绿色低碳发展理念完整、准确、全面贯彻到国资国企改革发展全过程和各领域,深入推进供给侧结构性改革,构建有利于国家实现碳达峰、碳中和的国有经济布局和结构。调整国有资本存量结构,加快清理处置不符合绿色低碳标准要求的资产和企业,深入推进战略性重组和专业化整合。优化国有资本增量投向,加大绿色低碳投资,充分发挥投资引导作用,推动国有资本增量向绿色低碳和前瞻性战略性新兴产业集中。

(二)强化绿色低碳发展规划引领。将碳达峰、碳中和目标要求全面融入中央企业中长期发展规划。加强与各级各类规划的衔接协调,确保企业落实碳达峰、碳中和的主要目标、发展方向、重大项目与各方面部署要求协调一致。中央企业根据自身情况制定碳达峰行动方案,提出符合实际、切实可行的碳达峰时间表、路线图、施工图,积极开展碳中和实施路径研究,发挥示范引领作用。

(三)加快形成绿色低碳生产方式。大力推动中央企业节能减排,建立资源循环型产业体系,全面提高能源资源利用效率。推进工业绿色升级,全面实施重点行业清洁生产提升改造、绿色化改造,鼓励建设厂房集约化、原料无害化、生产洁净化、废物资源化、能源低碳化的绿色工厂。支持中央企业通过项目合作、产业共建、搭建联盟等市场化方式引领各类市场主体绿色低碳发展,构建绿色低碳供应链体系。鼓励节能低碳和环境服务等新业态发展和模式创新。

(四)发挥绿色低碳消费引领作用。扩大中央企业绿色低碳产品和服务的有效供给。推进产品绿色设计,强化产品全生命周期绿色管理,落实生产者责任延伸制。鼓励和推动绿色低碳产品和服务认证管理,鼓励企业发布绿色低碳产品名单。带头执行企业绿色采购指南,全面推行绿色低碳办公,倡导绿色低碳生活方式和消费模式。企业新建公共建筑要全面执行绿色低碳建筑标准,既有公共建筑要加快节能改造。

(五)积极开展绿色低碳国际交流合作。推动中央企业强化绿色低碳经贸、技术国际交流合作。中央企业大力发展高质量、高技术、高附加值的绿色产品贸易,推动绿色低碳产品、服务和标准"走出去",严格管理高耗能高排放产品出口。服务绿色"一带一路"建设,深化与共建"一带一路"国家和地区在绿色基建、绿色能源、绿色金融、绿色技术等领域的合作,优先采用低碳、节能、环保、绿色的材料与技术工艺,提高境外项目环境可持续性,打造绿色、包容的"一带一路"合作伙伴关系。

四、建立绿色低碳循环产业体系

(一)坚决遏制高耗能高排放项目盲目发展。中央企业要严控高耗能高排放项目,优化高耗能高排放项目产能规模和布局,实施台账管理、动态监控、分类处置。科学稳妥推进拟建项目,新建、扩建钢铁、水泥、平板玻璃、电解铝等高耗能高排放项目严格落实等量或减量置换,严格执行煤电、石化、煤化工等产能控制政策。深入挖掘存量项目潜力,加快实施改造升级,推动能效水平应提尽提,力争全面达到国内乃至国际先进水平。坚决关停不符合有关政策要求的高耗能高排放项目。

（二）推动传统产业转型升级。坚持化解产能与产业升级相结合，巩固钢铁、煤炭去产能成果，加快淘汰落后产能。全面建设绿色制造体系，加快推进煤电、钢铁、有色金属、建材、石化化工、造纸等工业行业低碳工艺革新和数字化转型，提高工业电气化水平，促进绿色电力消费，提高能源资源利用效率。持续推进电子材料、电子整机产品制造绿色低碳工艺创新应用，显著降低制造能耗。提升建筑行业绿色低碳发展水平，全面推行绿色建造工艺和绿色低碳建材，推动建材减量化、循环化利用，推进超低能耗、近零能耗、低碳建筑规模化发展。打造绿色低碳综合交通运输体系，调整优化运输结构，积极推动大宗货物和中长距离货物运输"公转铁""公转水"，推动交通领域电气化、智能化，推广节能和新能源载运工具及配套设施设备。加快商贸流通、信息服务等服务业绿色低碳转型，加快绿色数据中心建设。

（三）大力发展绿色低碳产业。鼓励中央企业抢占绿色低碳发展先机，推动战略性新兴产业融合化、集群化、生态化发展。加快发展新一代信息技术、生物技术、新能源、新材料、高端装备、新能源汽车、绿色环保以及航空航天、海洋装备等战略性新兴产业。推动互联网、大数据、人工智能、5G等新兴技术与绿色低碳产业深度融合。进一步提升绿色环保产业发展质量效益，培育具有国际竞争力的大型绿色环保企业集团，培育综合能源服务、合同能源管理、第三方环境污染治理、碳排放管理综合服务等新业态新模式。

（四）加快构建循环经济体系。中央企业要以减量化、再利用、资源化为重点，着力构建资源循环型产业体系。推动企业循环式生产、产业循环式组合，促进废物综合利用、能源梯级利用、余热余压余能利用、水资源循环使用，重点拓宽大宗工业固体废物、建筑垃圾等的综合利用渠道和利用规模，开展示范工程建设。推动再制造产业高质量发展，提升汽车零部件、工程机械、机床等再制造水平，鼓励企业广泛推广应用再制造产品和服务。支持有条件的企业积极参与城市生活垃圾协同处置。提升再生资源加工利用水平，推动废钢铁、废有色金属、废塑料、废旧动力电池等再生资源规模化、规范化、清洁化利用。

五、构建清洁低碳安全高效能源体系

（一）加快提升能源节约利用水平。中央企业要统筹好"控能"和"控碳"的关系，坚持节约优先发展战略，强化能源消费总量和强度双控，严格能耗强度和碳排放强度约束性指标管理，探索增强能耗总量管理弹性，合理控制能源消费总量。健全能耗双控管理措施，严格落实建设项目节能评估审查要求，加快实施节能降碳重点工程，推进重点用能设备节能增效。加强产业规划布局、重大项目建设与能耗双控政策的有效衔接，推动能源资源配置更加合理、利用效率大幅提高。

（二）加快推进化石能源清洁高效利用。中央企业要推进煤炭消费转型升级，严格合理控制煤炭消费增长。统筹煤电发展和保供调峰，严格控制煤电装机规模，根据发展需要合理建设先进煤电，继续有序淘汰落后煤电，加快现役机组节能升级和灵活性改造，推动煤电向基础保障性和系统调节性电源转型。支持企业探索利用退役火电机组的既有厂址和相关设施建设新型储能设施。推进其他重点用煤行业减煤限煤，有序推进煤炭替代和煤炭清洁利用。严控传统煤化工产能，稳妥有序发展现代煤化工，提高煤炭作为化工原料的综合利用效能，促进煤化工产业高端化、多元化、低碳化发展，积极发展煤基特种燃料、煤基生物可降解材料等。加快推进绿色智能煤矿建设，鼓励利用废弃矿区开展新能源及储能项目开发建设，加大对煤炭企业退出和转型发展以及从业人员的扶持力度。提升油气田清洁高效开采能力，加快页岩气、煤层气、致密油气等非常规油气资源规模化开发，鼓励油气企业利用自有建设用地发展可再生能源以及建设分布式能源设施，在油气田区域建设多能互补的区域供能系统。推动炼化企业转型升级，严控炼油产能，有序推进减油增化，优化产品结构。鼓励传统加油站、加气站建设油气电氢一体化综合交通能源服务站。

（三）加快推动非化石能源发展。优化非化石能源发展布局，不断提高非化石能源业务占比。完善清洁能源装备制造产业链，支撑清洁能源开发利用。全面推进风电、太阳能发电大规模、高质量发展，因地制宜发展生物质能,探索深化海洋能、地热能等开发利用。坚持集中式与分布式并举,优先推动风能、太阳能就地就近开发利用,加快智能光伏产业创新升级和特色应用。因地制宜开发水电,推动已纳入国家规划、符合生态环保要求的水电项目开工建设。积极安全有序发展核电,培育高端核电装备制造产业集群。稳步构建氢能产业体系,完善氢能制、储、输、用一体化布局,结合工业、交通等领域典型用能场景,积极部署产业链示范项目。加大先进储能、温差能、地热能、潮汐能等新兴能源领域前瞻性布局力度。

(四)加快构建以新能源为主体的新型电力系统。着力提升供电保障能力,提高电网对高比例可再生能源的消纳和调控能力,确保大电网安全稳定运行。加强源网荷储协同互动,着力提升电力系统灵活调节能力。加快实施煤电灵活性改造,推进自备电厂参与电力系统调节。高质量建设核心骨干网架,鼓励建设智慧能源系统和微电网。强化用电需求侧响应,推动中央企业积极参与虚拟电厂试点和实施。加快推进生态友好、条件成熟、指标优越的抽水蓄能电站建设,积极推进在建项目建设,结合地方规划积极开展中小型抽水蓄能建设,探索推进水电梯级融合改造,发展抽水蓄能现代化产业。推动高安全、低成本、高可靠、长寿命的新型储能技术研发和规模化应用。健全源网荷储互动技术应用架构和标准规范,建设源网荷储协同互动调控平台,塑造多元主体广泛参与的共建共享共赢产业生态。

六、强化绿色低碳技术科技攻关和创新应用

(一)加强绿色低碳技术布局与攻关。充分发挥中央企业创新主体作用,支持中央企业加快绿色低碳重大科技攻关,积极承担国家绿色低碳重大科技项目,力争在低碳零碳负碳先进适用技术方面取得突破。布局化石能源绿色智能开发和清洁低碳利用、新型电力系统、零碳工业流程再造等低碳前沿技术攻关,深入开展智能电网、抽水蓄能、先进储能、高效光伏、大容量风电、绿色氢能、低碳冶金、现代煤化工、二氧化碳捕集利用与封存等关键技术攻关,鼓励加强产业共性基础技术研究,加快碳纤维、气凝胶等新型材料研发应用。加强绿色氢能示范验证和规模应用,推动建设低成本、全流程、集成化、规模化的二氧化碳捕集利用与封存示范项目。

(二)打造绿色低碳科技创新平台。聚焦先进核能、绿色低碳电力装备、新型电力系统、新能源汽车及智能(网联)汽车等重点领域,推动中央企业布局建设一批原创技术策源地,强化原创技术供给,加速创新要素集聚。推进创新主体协同,鼓励中央企业积极承建或参与绿色低碳技术领域国家重点实验室、国家技术创新中心等平台建设,加强行业共性技术问题的应用研究,发挥行业引领示范作用。支持中央企业整合企业、高校、科研院所、产业园区等力量,在绿色低碳技术领域建立体系化、任务型创新联合体,整合创新资源,加强创新合作,打造绿色低碳产业技术协同创新平台。

(三)强化绿色低碳技术成果应用。支持中央企业加快绿色低碳新技术、新工艺、新装备应用,有效支撑中央企业"碳达峰、碳中和"目标实现。研究实施绿色低碳技术重大创新成果考核奖励,激励中央企业扩大绿色低碳首台(套)装备和首批次新材料应用。推动中央企业实施绿色低碳领域重大科技成果产业化示范工程,发挥重大工程牵引带动作用,与有条件的地方和科技园区协同联动,推动绿色低碳重大先进技术成果示范应用,带动产业链上下游各类企业推广应用先进成熟技术。

七、建立完善碳排放管理机制

(一)提升碳排放管理能力。推动中央企业建立健全碳排放统计、监测、核查、报告、披露等体系。提高统计监测能力,加强重点单位能耗在线监测系统建设。加强二氧化碳排放统计核算能力建设,提升信息化实测水平。科学开展碳排放盘查工作,建立健全碳足迹评估体系,强化产品全生命周期碳排放精细化管理,重点排放单位严格落实温室气体排放报告编制及上报要求。创新人才培养机制,组织开展碳减排、碳管理、碳交易等专业化、系统化培训,打造一支高水平的专业人才队伍。

(二)提升碳交易管理能力。鼓励中央企业加快建立完善碳交易管理机制,严格落实碳排放权交易有关会计处理规定,加强对购入碳排放配额的资产管理。支持有条件的企业设立专业碳交易管理机构,建立企业碳交易管理信息系统,强化碳市场分析、碳配额管理、排放报告编制、碳交易运作等工作。积极参加全国和区域碳排放权交易,严格执行碳排放权交易有关管理规定,按要求开展排放权交易及配额清缴。积极培育新产品与新业务,开发碳汇项目与国家核证自愿减排量(CCER)项目。完善国有资产监管信息平台,建立中央企业碳交易信息共享共用机制,发挥协同效应。

(三)提升绿色金融支撑能力。积极发展绿色金融,有序推进绿色低碳金融产品和服务开发,拓展绿色信贷、绿色债券、绿色基金、绿色保险业务范围,积极探索碳排放权抵押贷款等绿色信贷业务。支持符合条件的绿色低碳产业企业上市融资和再融资。鼓励有条件的企业发起设立低碳基金,推动绿色低碳产业项目落实。

八、切实加强组织实施

(一)加强组织领导。国资委成立碳达峰、碳中和工作领导小组,全面统筹推进中央企业碳达峰、碳中和工作。中央企业建立相应领导机构,企业主要负责同志是本企业碳达峰、碳中和工作第一责任人,其他有关负责同志在职责范围内承担相应责任。将碳达峰、碳中和作为干部教育培训体系重要内容,增强各级领导干部抓好绿色低碳发展的本领。

(二)加强统筹协调。国资委加强对企业落实进展情况的跟踪评估和督促检查,统筹各方面资源,充分发挥行业协会作用,协调解决企业实施工作中遇到的重大问题。各中央企业集团公司要结合实际制定具体实施方案,明确工作目标,分解具体任务,压实工作责任,坚决杜绝"运动式"减碳,确保如期高质量完成目标任务。

(三)加强考核约束。国资委将碳达峰、碳中和工作纳入中央企业考核评价体系,对工作成效突出的企业予以表彰奖励。对落实党中央、国务院决策部署不力、未完成目标的企业实行通报批评和约谈,对造成严重不良影响的,严肃追责问责。中央企业要建立健全企业内部碳达峰、碳中和工作监督考核机制,有关贯彻落实情况每年向国资委报告。

(四)加强重点推动。以煤电、钢铁、有色金属、建材、石化化工等排放量大的行业企业为重点,加强政策指导,加大推动力度,支持有条件的中央企业率先实现碳达峰。鼓励企业积极开展绿色低碳先行示范,培育示范企业,打造示范园区,探索并推广有效模式和有益经验。

(五)加强宣传引导。及时总结提炼促进碳减排的先进做法、成功经验、典型模式并加以推广,积极宣传中央企业应对气候变化的举措、成效,善于用案例讲好应对气候变化的央企故事,彰显中央企业责任担当。

关于印发《中央企业重大经营风险事件报告工作规则》的通知

(国资发监督规〔2021〕103号)

各中央企业:

《中央企业重大经营风险事件报告工作规则》已经国资委第74次委务会审议通过,现印发给你们,请结合实际认真贯彻执行。

中央企业重大经营风险事件报告工作规则

第一条 为规范中央企业重大经营风险事件报告工作,建立健全重大经营风险管控机制,及时采取应对措施,有效防范和化解重大经营风险,根据《关于印发〈关于加强中央企业内部控制体系建设与监督工作的实施意见〉的通知》(国资发监督规〔2019〕101号),制定本规则。

第二条 本规则所称中央企业,是指国务院国有资产监督管理委员会(以下简称国资委)代表国务院履行出资人职责的国家出资企业(以下简称企业)。

第三条 本规则所称重大经营风险事件,是指企业在生产经营管理活动中发生的,已造成或可能造成重大资产损失或严重不良影响的各类生产经营管理风险事件。

第四条 企业是重大经营风险事件报告工作的责任主体,负责建立重大经营风险事件报告工作制度和运行机制,明确责任分工、畅通报告渠道。企业主要负责人应当对重大经营风险事件报告的真实性、及时性负责。

第五条　国资委对企业重大经营风险事件报告及处置工作实施监督管理,督促指导企业建立重大经营风险事件报告责任体系,做好重大经营风险事件的研判报送、应对处置、跟踪监测、警示通报及问责整改等工作,对于涉及违规经营投资的风险事件,按有关规定开展责任追究。

第六条　企业发生重大经营风险事件后应当快速反应、及时报告,客观准确反映风险事件情况,确保国资委及企业集团能够及时研判、有效应对、稳妥处置,并举一反三做好风险预警通报工作。

第七条　企业生产经营管理过程中,有下列风险情形之一的,应当确定为重大经营风险事件并及时报告:

(一)可能对企业资产、负债、权益和经营成果产生重大影响,影响金额占企业总资产或者净资产或者净利润10%以上,或者预计损失金额超过5000万元。

(二)可能导致企业生产经营条件和市场环境发生特别重大变化,影响企业可持续发展。

(三)因涉嫌严重违法违规被司法机关或者省级以上监管机构立案调查,或者受到重大刑事处罚、行政处罚。

(四)受到其他国家、地区或者国际组织机构管制、制裁等,对企业或者国家形象产生重大负面影响。

(五)受到国内外媒体报道,造成重大负面舆情影响。

(六)其他情形。

第八条　重大经营风险事件报告按照事件发生的不同阶段,分为首报、续报和终报等三种方式。

第九条　首报应当在事件发生后2个工作日内向国资委报告,报告内容包括:事件发生的时间、地点、现状以及可能造成的损失或影响,向企业董事会及监管部门报告情况,以及采取的紧急应对措施等情况。对于特别紧急的重大经营风险事件,应当在第一时间内以适当便捷的方式报告国资委。

第十条　续报应当在事件发生后5个工作日内向国资委报告,报告内容包括:事发单位基本情况,事件起因和性质,基本过程、发展趋势判断、风险应对处置方案、面临问题和困难及建议等情况。

对于需要长期应对处置或整改落实的,应当纳入重大经营风险事件月度或季度监测台账,跟踪监测事件处置进度,并定期报告重大经营风险事件处置进展情况。

第十一条　终报应当在事件处置或整改工作结束后10个工作日内向国资委报告,报告内容包括:事件基本情况、党委(党组)或董事会审议情况、已采取的措施及结果、涉及的金额及造成的损失及影响、存在的主要问题和困难及原因分析、问题整改情况等。涉及违规违纪违法问题的应当一并报告问责情况。

重大经营风险事件报告,应当由企业主要负责人签字并加盖企业公章后报送国资委。

第十二条　国资委根据重大经营风险事件报告质量评估情况,及时提出处理意见并反馈企业。对于重大经营风险事件报告存在质量问题的,要求企业及时进行修改或重新编制报送。

第十三条　企业在重大经营风险事件报告及处置阶段,应当视情向所属企业及时预警提示或通报重大风险事件情况,做到重大风险早发现、早预警、早处置,并认真总结经验教训,不断完善重大经营风险事件报告及应对处置工作。

第十四条　国资委对企业报送的重大经营风险事件进行初步评估,按有关职能和工作分工,由相关厅局督促指导企业做好重大经营风险事件应对工作,跟踪处置情况,加强重大经营风险管控和防范。对具有典型性、普遍性的重大经营风险事件,深入分析原因、研究管理措施,视情及时向企业预警提示或通报。

第十五条　存在以下情形之一的,国资委将印发提示函、约谈或通报,情形严重的依规追究责任:

(一)严重迟报、漏报、瞒报和谎报的。

(二)对重大经营风险事件报告工作敷衍应付,导致发生重大资产损失或严重不良后果的。

(三)重大经营风险事件应对处置不及时、措施不得力,造成重大资产损失或严重不良后果的。

（四）需要追究责任的其他情形。

第十六条 企业重大经营风险事件报告工作应当严格落实国家保密管理有关规定和要求。

第十七条 企业安全生产、节能减排、环境保护、维稳事件等相关风险事件报告工作不适用本规则。

第十八条 本规则自印发之日起施行。《关于加强重大经营风险事件报告工作有关事项的通知》（国资厅发监督〔2020〕17号）同时废止。

关于认真贯彻落实《保障中小企业款项支付条例》进一步做深做实清理拖欠中小企业账款工作的通知

（国资发财评〔2021〕104号）

各中央企业：

当前我国经济发展面临需求收缩、供给冲击、预期转弱三重压力，中小企业在经营成本、市场需求、要素保障、政策环境、资金回笼等方面面临的困难和挑战明显增多，已成为重大宏观经济问题。党中央、国务院对此高度重视，中央经济工作会议、国务院常务会议作出重要部署，要求严格执行《保障中小企业款项支付条例》（以下简称《条例》），强化契约精神，有效治理恶意拖欠账款。为贯彻落实党中央、国务院决策部署，帮助纾解中小企业困难，现就进一步做深做实清理拖欠中小企业账款（以下简称清欠）工作有关事项通知如下：

一、进一步提高政治站位，切实增强做好清欠工作的积极性主动性

各中央企业要认真学习领会习近平总书记关于支持中小企业发展的系列重要讲话精神，增强"四个意识"，坚定"四个自信"，做到"两个维护"，立足新发展阶段，完整、准确、全面贯彻新发展理念，自觉将清欠工作纳入服务构建新发展格局、实现高质量发展工作中统筹考虑、系统谋划，以更加坚定的思想自觉、精准务实的举措、真抓实干的劲头，切实做好及时支付中小企业账款、支持中小企业发展工作，积极构建大中小企业相互依存、相互促进的企业发展生态，确保党中央、国务院决策部署落到实处，为做好"六稳""六保"工作发挥积极作用。

二、带头贯彻落实《条例》，加快健全完善防范拖欠长效机制

各中央企业要将《条例》作为普法学习的重要内容，持续深入开展宣贯学习，强化契约精神，加强社会责任建设，在做好清欠工作基础上积极开展正面宣传。对照《条例》，按照《关于进一步巩固清欠工作成果 加快健全防止拖欠长效机制的通知》（国资发财评〔2020〕43号）等要求，认真检查本企业贯彻落实方案（计划）实施情况，全面梳理合同管理、支付流程、信息化管理等工作中与《条例》不相符的地方，强化工作保障，确保防范拖欠长效机制不断健全完善，从制度、机制、流程和信息化管控上杜绝滥用市场优势地位恶意拖欠账款行为。同时，要做好清欠工作与投资并购、资产重组、亏损治理等工作的有机统筹，对并购重组等带入的民营企业中小企业无分歧欠款，要纳入前期尽调和后期工作方案，并限期清偿。

三、采取有力有效举措，进一步加强应付账款和应付票据管控

各中央企业要针对当前应付账款和应付票据管控存在的问题，推进应收、应付"一起管"，努力实现集团整体应付账款和应付票据增幅低于营业成本增幅。一是坚持按合同办事，严格按照合同约定的时间、方式及时足额支付款项，同时积极运用信息化手段规范应付账款特别是中小企业账款支付。二是加强合规管理，清理霸王条款，不得滥用市场优势地位设立不合理的付款条件、时限，占压中小企业资金。三是严控"背靠背"付款条款，对于提前明示、合同约定"背靠背"付款条款的，要加强上游款项催收，上游付款后及时对中小企业付款。四是严格票据等非现金支付管理，新签合同要明确约定支付方式和时限，不得利用优势地位强迫中小企业接受非现金支付；新签合同未事先书面约定非现金支付的，事后原则上不得通过补充协议等方式约定或使用非现金支付，确需事后使用非现金支付的，应当承担资金成本；2022年起，除原有合同已有书面约定外，原则上不再开具6个月以上的商业承兑汇票和供应链债务凭证，防止变相延长付款时限。

四、规范供应链金融业务，助力缓解中小企业"融资难""融资贵"

各中央企业要积极发挥产业链"核心"企业作用，支持配合上下游中小企业开展供应链融资，努力实现自身优质信用与上下游中小企业共享，助力缓解中小企业"融资难""融资贵"。一是正确认识供应链金融作用，在依法合规、能力可及、风险可控的基础上，积极稳妥开展供应链金融业务，全面清理与国家有关支持民营企业中小企业精神不符的内部规章制度。二是坚持开放共享，中小企业以其持有的集团内单位出具的商票、供应链债务凭证、应付账款办理贴现、保理等融资业务的，不得拖延确权，不得将融资机构限定为集团内部机构（平台，下同），严禁高息套利。三是集团对相关内部机构绩效考核时，应降低上述业务利润权重或予以剔除，引导相关内部机构提升对上下游中小企业的服务质量，降低服务成本。

五、扎实做好线索核实，及时有效回应中小企业诉求

各中央企业要将拖欠线索核实处理工作，作为纾解中小企业困难、检验《条例》落实成效的重要抓手，慎终如始持续做好拖欠线索核实工作。一是层层落实责任。集团和各级子企业要将清欠投诉举报方式公开在官网或公众号等醒目位置；在业务发生前或在合同中书面告知本企业及上级企业拖欠线索受理方式，引导中小企业优先向本企业及上级企业反映问题；认真核实属地政府部门移交的投诉，不能以"不归地方管"为由推诿塞责，尽可能把矛盾和纠纷解决在业务发生地、解决在基层一线，减少多头、层层、重复举报。二是坚持依法合规。核实处理线索要以法律规定和合同约定为依据，该付的必须及时付、坚决付，同时避免误导中小企业将投诉举报作为催款手段；有分歧的积极协商解决，不得以有分歧为由置之不理；已有生效司法、仲裁结果的，要及时支付；中小企业确有困难，需要提前付款的，要严格履行内部审批程序。三是提升质量效率。对各方面反映问题线索，要限期核实处理，处理结果及时反馈，不得简单以对方联系不上、未提交付款资料等为由敷衍了事；确属拖欠或存在分歧的，不得强行要求对方出具不拖欠"澄清函""说明函"，有分歧事项应有外部或书面证据。四是严格审核把关。要加强对子企业线索核实质量和效率的监督检查，对国办"互联网＋"督查、违约拖欠中小企业款项登记（投诉）平台等转来的线索，要逐级复核，层层压实责任，不能只当"二传手"。五是完善工作闭环。线索核实中发现拖欠无分歧账款、合同约定不合理不明确、投诉举报线索多等问题，要深入排查资金收支、合同签订、供应商管理等方面的薄弱环节，及时堵塞管理漏洞，防范类似问题反复发生；建立销号管理制度，跟踪线索后续处理及还款计划落实情况，直至问题解决。

六、严格考核奖惩，对违规行为严肃追责问责

各中央企业要全面加强对子企业清欠工作的督促和指导，发挥业绩考核引导作用，推动子企业切实落实工作责任。一是将清欠工作情况和长效机制建设情况纳入企业内部考核，明确集团应付账款和应付票据总体管控目标，针对不同子企业业务类型，分类制定重点子企业应付账款和应付票据管控指标，避免"一刀切"，并严格考核奖惩。二是加强监督检查，将清欠工作纳入内部财务监督检查、内部审计、纪检监察、巡视巡查等工作范围，对中小企业账款支付、拖欠线索核实处理、信息化管控、考核奖惩设置等情况进行检查抽查。三是加强追责问责，对各类拖欠行为始终保持高压态势，对强制中小企业接受非现金结算、应付账款融资确权不及时、拖延验收结算、拖欠投诉线索居高不下、核实处理敷衍了事等行为，要倒查工作落实、长效机制建设、监督检查责任，严肃处理相关责任人员，特别是相关单位主要负责人。国资委将视情况对金额大、反映强烈、影响恶劣的拖欠问题，组织开展调查核实和责任追究工作。四是做好信息公开，严格落实《条例》要求，如实将逾期尚未支付中小企业款项的合同数量、金额等信息纳入国家企业信用信息公示系统企业年度报告，通过系统向社会公示，主动接受社会监督。

各中央企业要扎实做好清欠工作，深入排查拖欠隐患，妥善做好资金安排，及时足额支付民营企业、中小企业账款，确保无分歧欠款"零拖欠"。本通知要求落实的情况要纳入集团清欠工作情况报告，于每季度结束后10日内报送国资委（财务监管与运行评价局）。

关于印发《关于全面推行中国特色企业新型学徒制 加强技能人才培养的指导意见》的通知

(人社部发〔2021〕39号)

各省、自治区、直辖市及新疆生产建设兵团人力资源社会保障厅(局)、财政厅(局)、国资委、总工会、工商联：

现将《关于全面推行中国特色企业新型学徒制 加强技能人才培养的指导意见》印发给你们，请结合本地工作实际，认真贯彻执行。

关于全面推行中国特色企业新型学徒制 加强技能人才培养的指导意见

为贯彻落实党的十九届五中全会精神，加强新时代技能人才培养，现就全面推行中国特色企业新型学徒制提出以下指导意见。

一、指导思想

以习近平新时代中国特色社会主义思想为指导，全面贯彻党的十九大和十九届二中、三中、四中、五中全会精神，深入贯彻落实《新时期产业工人队伍建设改革方案》，以高质量发展为引领，以深化企业改革、加大技能人才培养为宗旨，以满足培育壮大发展新动能、促进产业转型升级和提高企业竞争力为根本，以产教融合、校企合作为重要手段，持续实施职业技能提升行动，面向企业全面推行新型学徒制培训，创新中国特色技能人才培养模式，进一步扩大技能人才培养规模，为实现高质量发展提供有力的人才和技能支撑。

二、基本原则

——坚持需求导向。坚持以满足高质量发展、适应产业变革、技术变革、组织变革和企业技术创新需求为目标，瞄准企业人力资源价值提升需求，面向企业技能岗位员工开展企业新型学徒制培训，满足人岗匹配和技能人才队伍梯次发展需要。

——坚持终身培训。进一步健全终身职业技能培训制度，支持企业职工在职业生涯发展的不同阶段通过多种方式，灵活接受职业技能培训，不断提高职工岗位技能，畅通技能人才职业发展通道。

——坚持校企政联动。在充分发挥企业培训主体作用和院校教育培训优势的基础上，各地人力资源社会保障部门要加强组织管理和协调服务，有序高效开展企业新型学徒制培养工作。

——坚持以用为本。充分利用企业新型学徒制培养成果，积极为企业新型学徒提升技能、干事创业提供机会和条件。鼓励企业新型学徒参与技术革新、技术攻关，在技能岗位发挥关键作用。

三、目标任务

按照政府引导、企业为主、院校参与的原则，在企业全面推行新型学徒制培训，进一步发挥各类企业主体作用，通过企校合作、工学交替方式，组织企业技能岗位新入职、转岗员工参加企业新型学徒制培训，力争使企业技能岗位新入职员工都有机会接受高质量岗前职业技能培训；力争使企业技能岗位转岗员工都有机会接受转岗转业就业储备性技能培训，达到"转岗即能顶岗"。以企业新型学徒制培训为引领，促进企业技能人才培养，不断提升企业技术创新能力和企业竞争力。

四、主要内容

(一)培养对象和培养模式。以至少签订1年以上劳动合同的技能岗位新招用和转岗等人员为主要培养对象，企业可结合生产实际自主确定培养对象。发挥企业培养主体作用，培养和评价"双结合"，企业实训基地和院校培训基地"双基地"，企业导师和院校导师"双导师"培养模式，大型企业可依托本企业培训中心等采取"师带徒"的方式，开展企业新型学徒制培养工作。

(二)培养目标和主要方式。学徒培养目标以符合企业岗位需求的中级工、高级工及技师、高级技师为主。培养期限为1—2年，特殊情况可延长到3年。各类企业特别是规模以上企业可结合实际需求和学徒职业发展、技能提升意愿，采用举办培训班、集训班等形式，采取弹性学制和学分制等管理手段，按照"一班一方案"开展学徒培训。中小微企业培训人员较少的情况，可由地方工商联及所属商会，会同当地人力资源社会保障部门根据培训职业,统一协调和集中多个中小微企业人员开展培训。

(三)培养内容。根据产业转型升级和高质量发展要求,紧扣制造强国、质量强国、数字中国建设之急需和企业未来技能需求,依据国家职业技能标准和行业、企业培训评价规范开展相应职业(工种)培训,积极应用"互联网+"、职业培训包等培训模式。加大企业生产岗位技能、数字技能、绿色技能、安全生产技能和职业道德、职业素养、工匠精神、质量意识、法律常识、创业创新、健康卫生等方面培训力度。

(四)培养主体职责。企业新型学徒培养的主要职责由所在企业承担。企业应与学徒签订培养协议,明确培训目标、培训内容与期限、质量考核标准等内容。同一批次同类职业(工种)可签订集体培养协议。企业委托培训机构承担学徒的部分培训任务,应与培训机构签订合作协议,明确培训的方式、内容、期限、费用、双方责任等具体内容,保证学徒在企业工作的同时,能够到培训机构参加系统的、有针对性的专业知识学习和相关技能训练。

五、激励机制

(一)完善经费补贴政策。对开展学徒培训的企业按规定给予职业培训补贴,补贴资金从职业技能提升行动专账资金或就业补助资金列支。补贴标准由各市(地)以上人力资源社会保障部门会同财政部门确定,学徒每人每年的补贴标准原则上5000元以上,补贴期限按照实际培训期限(不超过备案期限)计算,可结合经济发展、培训成本、物价指数等情况定期调整。企业在开展学徒培训前将有关材料报所在地人力资源社会保障部门备案,备案材料应包括培训计划、学徒名册、劳动合同复印件及其他相关材料(具体清单由所在地人力资源社会保障部门自行制定),经审核后列入学徒培训计划,并按规定向企业预支补贴资金。培训任务完成后,应向所在地人力资源社会保障部门及时提交职业资格证书(或职业技能等级证书、培训合格证书、毕业证书)编号或证书复印件、培训视频材料、培训机构出具的行政事业性收费票据(或税务发票)等符合财务管理规定的凭证,由相关部门按照符合补贴申领条件的人员数量,及时拨付其余补贴资金。企业可按照学徒社保缴纳地或就业所在地申领职业培训补贴。

(二)健全企业保障机制。学徒在学习培训期间,企业应当按照劳动合同法的规定支付工资,且工资不得低于企业所在地最低工资标准。企业按照与培训机构签订的合作协议约定,向培训机构支付学徒培训费用,所需资金从企业职工教育经费列支;符合有关政策规定的,由政府提供职业培训和职业技能鉴定补贴。承担带徒任务的企业导师享受导师带徒津贴,津贴标准由企业确定,津贴由企业承担。企业对学徒开展在岗培训、业务研修等企业内部发生的费用,符合有关政策规定的,可从企业职工教育经费中列支。

(三)建立奖励激励机制。充分发挥中华技能大奖获得者、全国技术能手、劳动模范、大国工匠等技能人才传帮带优势,充分利用技能大师(专家)工作室、劳模和工匠人才创新工作室等技能人才培养阵地,鼓励"名师带高徒""师徒结对子",激发师徒主动性和积极性。鼓励企业建立学徒奖学金、师带徒津贴(授课费、课时费),制定职业技术技能等级认定优惠政策,畅通企业间流通渠道。

六、保障措施

(一)加强组织领导。各级人力资源社会保障部门、财政部门、国资监管部门、工会以及工商联要进一步提高认识,增强责任感和紧迫感,把全面推行企业新型学徒制培训作为实施职业技能提升行动、加强高技能人才培养的重要内容,认真组织实施。要建立密切配合、协同推进的工作机制,加强组织领导,全面推动实施。国资监管部门、工商联要以重点行业、重要领域和规模以上企业为着力点,大力推行企业新型学徒制培训。

(二)协调推动实施。企业按属地管理原则纳入当地工作范畴,享受当地政策。各级人力资源社会保障部门要建立与企业的联系制度,做好工作指导。要主动对接属地中央企业,做好资金、政策的落实以及服务保障工作。要加大工作力度,加强工作力量,做好对各类企业特别是中小微企业新型学徒培训的管理服务工作。各企业要加强组织实施,建立人事(劳资)部门牵头,生产、安全、财务、工会等有关部门密切配合、协同推进的工作机制,制定工作方案,认真规划、扎实组织、全面推动。各技工院校要积极参加企业新型学徒培养工作,并将其作为校企合作的重要内容。

(三)加强考核评价。鼓励企业职工人人持证,推动企业全面自主开展技能人才评价,并将参加新型学徒制培训的人员纳入其中。指导企业将学徒技能评价融入日常企业生产活动过程中,灵活运用过程化考核、模块化考核和业绩评审、直接认定等多种方式,对学徒进行职业技能等级认定,加大学徒高级工、技师、高级技师评价工作。加大社会培训评价机构和行业组织的征集遴选力度,注重发挥工商联所属商会作用,大力推行社会化职业技能等级认定。

(四)加强宣传动员。广泛动员企业、院校、培训机构和职工积极参与学徒制培训,扩大企业新型学徒制影响力和覆盖面。强化典型示范,突出导向作用,大力宣传推行企业新型学徒制的典型经验和良好成效,努力营造全社会关心尊重技能人才、重视支持企业职工培训工作的良好社会氛围。

国有企业党的建设成果概览

2022
CHINA'S STATE-OWNED ASSETS SUPERVISION AND ADMINISTRATION YEARBOOK

中国国有资产监督管理年鉴

第七篇

中国石化 SINOPEC

中国石化坚持以习近平新时代中国特色社会主义思想为指导，认真学习贯彻习近平总书记视察胜利油田重要指示精神，完整、准确、全面贯彻新发展理念，积极服务构建新发展格局，大力实施世界领先发展方略，坚决扛稳扛好三大核心职责，凝心聚力推动高质量发展，坚定不移深化全面从严治党，克服了很多困难，打了一系列硬仗，在大庆之年、开局之年交出了一份亮丽的成绩单。

一、深入贯彻能源安全新战略，推动能源革命，端牢能源饭碗。坚决把"能源饭碗端在自己手里"，落实油气勘探开发"七年行动计划"，主动担当、积极作为，奋力实现"勘探大突破、原油稳增长、天然气大发展"。锚定打造"中国第一氢能公司"目标，稳步发展页岩气、地热、光伏、风电等清洁能源，助力构建清洁低碳、安全高效的多元能源供应体系。积极参与国际能源合作，强化国际贸易，立足全球配置资源，提升关键时期保底线的调节和供给能力。

二、加快推进转型升级，大力发展高端新材料，引领我国石化工业高质量发展。坚持优"炼"强"化"，引领"油转化"进程，打造大型化、智能化、一体化世界级炼化基地。2021年，浙江镇海基地一期项目全面建成，福建古雷炼化一体化项目投产。全面发力高端新材料建设，加快发展医卫原料、可降解塑料、绿色环保汽车轻量化材料等高端化工产品。2021年，自主开发的抗菌熔喷布专用料已用于口罩生产，自主研发生产的碳纤维成功应用于冬奥会火炬"飞扬"。顺应交通能源转型大势，加快向"油气氢电服"综合能源服务商转型，满足消费者多元需求。

三、坚定坚持自主创新，强化关键核心技术攻关，奋力担当国家战略科技力量。用好传统"十条龙"攻关机制，实施"大兵团"作战模式，推进"揭榜挂帅""赛马"，把科技成果快速转化锻造成最鲜明的竞争优势。优化科技创新生态，加快培育战略科学家、科技领军人才、一流创新团队和优秀青年科技人才。2021年，中国石化7个项目获得国家科学技术奖。以高质量发展为引领，聚焦产业升级、提质增效，大力推进产业智能化提升和数字化转型，塑造产业竞争新优势。截至2021年底，中国石化智能油田、智能工厂、智能油站、智能研究院、智能运营中心建设已初步规模。

中国石化胜利油田莱113区块　王国章　摄

2021—2022年供暖季，中国石化累计向市场供应天然气236亿立方米，同比增长6.2%；新增地热能供暖能力1076万平方米，同比增长18%，用实际行动践行中国石化供暖季初的庄严承诺，让寒冬里的万家灯火更温暖

中国石化燃料油公司在上海港沪东集装箱码头为我国自主建造的首艘全球最大的"超大型"集装箱船供应2500吨保税低硫重质船用燃料油，刷新最大船型加注量纪录

四、积极践行绿色发展理念,创建绿色企业,服务"双碳"目标实现。 扎实推进化石能源洁净化、洁净能源规模化、生产过程低碳化,坚定不移迈向净零排放,助力碳达峰、碳中和目标实现。持续推进"绿色企业行动计划",104家企业完成绿色企业创建。继续实施"能效提升"计划。积极开展碳足迹研究,连续11年开展碳盘查,持续参与碳交易。

五、始终坚持发展成果共享,聚力乡村振兴和公益慈善,服务人民美好生活。 从能源保供、物资保障、志愿服务、冬奥文化宣传推广等方面全方位助力2022年北京冬奥会、冬残奥会成功举办。率先发布"助力乡村振兴'十四五'计划",聚焦产业、教育、消费"三提升",实施"一县一链"特色帮扶,助力对口支援8个县、616个村可持续发展。全年投入帮扶资金1.92亿元,全系统派出专职驻村帮扶人员940人,消费帮扶完成10.4亿元。连续18年实施"中国石化光明号"健康快车项目,累计免费治愈贫困白内障患者5万余人。连续10年开展"情暖驿站"公益项目,累计服务超过440万名"返乡摩骑"、5500万名春运返乡人员。建成2178座"司机之家"、3520座"爱心驿站",为司机、环卫工人等提供暖心服务。

六、持续参与"一带一路"建设,履行全球企业公民责任,共建更加美好世界。 顺应经济全球化发展趋势和国家对外开放大势,加快"走出去"步伐,服务"一带一路"建设,充分发挥油气勘探开发、石油和石化工程技术服务、油品化工品及设备材料贸易、仓储投资等领域优势,与多个国家和地区开展互利合作,服务全球经济社会可持续发展。遵守国际法律法规,坚持依法纳税,坚持用工本地化,支持当地产业转型升级,实施绿色生产与运营,积极应对气候变化,尊重当地传统和文化,参与社区共建,实施公益慈善,增进民生福祉,搭建友谊桥梁,携手构建命运共同体。

中国石化将更加紧密地团结在以习近平同志为核心的党中央周围,坚持以习近平新时代中国特色社会主义思想为指导,心怀"国之大者",立足"两个大局",团结一心、砥砺奋进,全方位推进高质量发展,传承石油精神、弘扬石化传统,加快打造具有强大战略支撑力、强大民生保障力、强大精神感召力的中国石化,在新时代新征程上为党和人民再立新功、再创佳绩。

中国石化上海局勘探225轮大型作业
胡明凯 摄

燕山石化　王伟 摄

青岛炼化

中国石化深入开展"一县一链"特色产业帮扶,在安徽岳西县助力打造茶产业链,整合茶产业优质资源,确定合作茶企12家,覆盖全县茶园1.2万亩,助力乡村振兴

中国石化涪陵页岩气田日供气增至近2000万立方米

中国石化连续18年实施"中国石化光明号"健康快车项目,累计免费治愈白内障患者5万余人

北京2022年冬奥会官方合作伙伴
Official Partner of the Olympic Winter Games Beijing 2022

牢记领袖嘱托、奋进两翼齐飞
以高质量党建引领保障高质量发展

党的十八大以来，习近平总书记先后多次对中国长江三峡集团有限公司（简称长江三峡）作出重要讲话和指示批示，亲自为三峡集团擘画发展蓝图、指引前进方向。三峡集团党组牢记嘱托、感恩奋进，坚持以习近平新时代中国特色社会主义思想为指引，把学习贯彻习近平总书记重要讲话和指示批示精神作为根本遵循，以高质量党建引领保障高质量发展。截至2021年底，三峡集团在中央企业年度经营业绩考核中连续15年获评A级，在中央企业党建工作考核中连续3年获评A级，在中央单位定点扶贫考核中连续4年获评"好"，中央企业改革三年行动考核获评A级，被国务院国资委授予2019—2021年任期"业绩优秀企业"和"科技创新突出贡献企业"称号，充分发挥了中央企业"顶梁柱""压舱石"作用，坚定成为党和国家最可信赖的依靠力量。

白鹤滩水电站首批机组投产发电仪式

一是把举旗铸魂作为第一责任，锤炼为国担当、为民造福的三峡忠诚。以迎接党的二十大、党史学习教育、"不忘初心、牢记使命"主题教育等为突出抓手，筑牢政治忠诚、强化使命担当，推动"两个维护"贯穿改革发展党建始终。抓创新理论领航引向，建立党组会及时传达、中心组集中研讨、办公会部署落实、调研中深入宣讲机制，推动学思践悟习近平新时代中国特色社会主义思想和贯彻落实习近平总书记重要讲话和指示批示精神融汇贯通。抓"第一议题"对标对表、建立第一时间学习研讨、第一时间制定落实方案、持续跟踪督办、及时报告反馈的闭环机制，综合运用纪检监督、巡视巡察、审计考核等方式狠抓跟踪问效，确保习近平总书记重要讲话和指示批示一贯到底。抓大战大考磨刀试金，在服务国家战略、疫情防控、防洪抗汛、能源保供等大战大考中坚决听党指挥，落实党中央决策部署。

三峡工程

二是把强基固本作为第一导向，筑牢党旗所指、行动所向的三峡堡垒。深入学习贯彻落实全国国企党建会议精神，聚焦主责主业，建强组织、增强功能、服务中心。推动党的领导更好融入公司治理，印发《党组工作规则》，制定党组前置研究事项清单，厘清各治理主体权责边界，充分发挥党组（党委）把方向、管大局、促落实的领导作用。构建管党治党责任体系、制度体系、落实体系和保障体系，推动党建工作责任制层层落实。

三是始终把改革发展作为第一要务，完善全面融入、引领创新的三峡机制。牢记习近平总书记"做强做优做大国有企业，实现国有资产保值增值"的重要指示要求，坚持把党的领导融入公司治理各环节，把党的组织内嵌到公司治理结构，突出融入质量、健全融入机制、提升融入水平，推动党的领导优势更好转化为公司治理效能，不断增强集团公司活力、影响力、抗风险能力。

广东阳江海上风电场

四是把感召凝聚作为第一动力，赓续为我中华、志建三峡的三峡精神。深入挖掘自身历史资源、红色资源，强化总结提炼、宣传阐释、典型引领和实践锤炼，领悟初心使命。深化党史学习教育，推出"中国共产党与三峡工程"专题，把学习党的百年奋斗史和感悟三峡工程百年圆梦史相贯通，作为员工入职第一课、干部培训必修课，厚植职工爱党爱国情怀。强化典型引领，抓住庆祝中国共产党成立100周年等重大契机，精心开展"两优一先""最美三峡人""杰出青年"等评选表彰，持续用先进事迹鼓舞人、激励人，引导广大干部职工将三峡精神内化于心、外化于行。讲好三峡故事，做大做亮正面宣传，树立负责任的央企形象。

湖南岳阳东风湖环境综合治理项目

五是把管党治党作为第一保障，涵养正气充盈、干事创业的三峡生态。围绕工程大坝和廉洁大坝"两个大坝同筑"、长江生态和政治生态"两个生态共建"目标，推动惩治震慑、制度约束、提高觉悟一体发力。强化"不敢腐"的高压态势，严肃执纪问责，坚持信访"零存查"，精准运用"四种形态"，推动惩治"关键少数"向管住"绝大多数"持续拓展，全面堵塞管理漏洞。构建"不能腐"的体制机制，建立集团党组和纪检监察组定期协商沟通机制，贯通巡视监督、审计监督、职能监督，构建大监督格局，落实政治巡视要求，逐项推动中央巡视和审计问题整改销号。筑牢"不想腐"的思想堤坝，紧盯违反中央八项规定精神及其细则、隐形变异突出问题，制定规章制度76项，抓好党风廉政宣传教育，连续7年编印"以案说纪、警钟长鸣"典型案例汇编，引导党员干部知敬畏、守底线，持续营造风清气正、干事创业的良好氛围。

中国一汽

2021年，中国第一汽车集团有限公司（简称中国一汽）坚持以习近平新时代中国特色社会主义思想为指导，贯彻党的十九大、十九届历次全会和习近平总书记视察一汽重要讲话精神，落实党中央、国务院重大决策部署及国务院国资委等上级机关的要求，在吉林省、长春市等地方党委政府大力支持下，面对芯片严重短缺、新冠肺炎疫情肆虐、原材料能源价格上涨等严峻困难挑战，制定实施中国一汽"十四五"发展规划纲要，认真抓好"一个中心""一条主线""三大攻坚战"，在防化风险中实现优效益增长，在转型升级中追求高质量发展，推动中国一汽在"十四五"开局之年迈出了至关重要的一步。

全年共实现销量350万辆；营业收入7057亿元，同比增长1.2%；利润482亿元，同比增长3.1%；劳动生产率135.5万元/（·年）人，同比增长6.8%。2021年中国一汽在汽车行业实现收入、利润双第一。其中，红旗品牌全年销量30万辆，同比增长超过50.1%，增速位列高端品牌第一位；解放品牌实现销量44万辆，实现中重卡销量全球"五连冠"、重卡销量全球"六连冠"；一汽-大众实现销量185.78万辆；一汽丰田实现销量增长6.8%，利润增长44.9%；一汽资本控股利润同比增长18.2%。在中国500最具价值品牌中，中国一汽品牌价值3726.72亿元，位列第9名，连续12年居汽车行业榜首。位列世界500强第66位，较2020年提升23位。在国务院国资委2021年度中央企业央企经营业绩考核、党建中考核均获评A级。

● 弘扬红色精神　礼献建党百年 ●

中国一汽继承和发扬红色精神，举办庆祝建党100周年系列主题活动，营造出奋斗奋进、聚力跃迁的浓厚氛围，引导广大员工传承红色精神、担当责任使命，让红色基因、革命薪火代代传承。

中国一汽干部职工收听收看庆祝
中国共产党成立100周年大会

万名党员重温入党誓词、千名新党员
入党宣誓

中国一汽"红旗颂"职工大合唱
汇报演出

红旗工厂庆祝建党100周年

1 ✚ **10** ✚ **100**

集团公司　　　基层单位　　　党支部
党建品牌　　　党建品牌　　　党建品牌

创建"中国一汽·先锋党建"党建品牌，打造"1+10+100"
党建品牌矩阵，引领党建工作提质增效

中国一汽获赠天安门广场建党百年庆典红旗

高光时刻

● 奥迪一汽新能源汽车项目落位长春　战略合作持续深化

2021年1月18日，中国第一汽车集团有限公司与奥迪汽车股份公司、长春市人民政府共同签署协议，宣布奥迪一汽新能源合资项目落户长春。

奥迪一汽新能源汽车项目签约仪式

● 中国一汽积极履行央企社会责任

2021年2月25日，在全国脱贫攻坚总结表彰大会上，中国第一汽车集团有限公司扶贫工作领导小组办公室被授予"全国脱贫攻坚先进集体"称号。6月25日，召开脱贫攻坚总结暨乡村振兴工作推进会，发布中国一汽乡村振兴"十四五"规划。

被党中央、国务院授予"全国脱贫攻坚先进集体"称号

● "旗E春城"项目在一汽启动　加速打造"绿色吉林"

2021年3月1日，"旗E春城　绿色吉林"项目正式启动。项目聚焦绿色城市、绿色交通、绿色出行，推动公共交通汽车电动化示范试点。11月11日，红旗E-QM5换电车正式投放运营。

红旗E-QM5换电车型上线运营

● 红旗品牌超强阵容登陆上海车展　"1+10"项重磅成果发布

2021年4月19日，中国一汽参与第十九届上海国际汽车工业展览会。红旗品牌发布"1+10"项重磅成果，其中包括1套完整产业生态创新解决方案、3款全新整车产品、5项关键技术和总成，以及2个正式接受预订的顶级产品。新红旗E-QM5、EV-Concept、L-Concept、H9+、H9、E-HS9等产品引发现场观众点赞。

发布新红旗重磅成果

2021上海车展红旗E-HS9敦煌版

● 央企改革三年行动推进会在一汽召开　一汽经验获国务院国资委肯定

2021年6月4日，中央企业改革三年行动推进会在一汽召开，中国一汽作为典型企业代表分享了改革实践与经验，系列改革成果获得国务院国资委肯定。

中央企业改革三年行动推进会

● 深入贯彻落实习近平总书记视察一汽重要讲话精神　取得新进展实现新突破

2021年7月15日，中国一汽召开习近平总书记视察一汽一周年创新成果汇报会，集中展示一年来落实成果和突破进展。会议期间，吉林省、长春市与中国一汽共同签署了《吉林省、长春市支持一汽自主创新重大科技专项合作协议》，进一步助力中国一汽技术创新实力全面提升。

中国一汽自主研发的首款红旗氢能发动机

共同签署《吉林省、长春市支持一汽自主创新重大科技专项合作协议》

● 中国一汽与中国航天科技集团联合攻关　首辆国产雪车交付冬运中心

2021年9月10日，一汽红旗联手航天科技打造的国产雪车装备交付体育总局冬运中心，这也是我国自主研发的首辆雪车。

国产雪车

● 一汽解放J7智能工厂落成投产　设计年产能5万辆

2021年12月14日，一汽解放J7智能工厂落成投产仪式在长春举行。解放J7智能工厂是按照国际领先设计和制造理念建设的数字、柔性、绿色、低碳、智能工厂，集自动化、柔性化、数智化于一体，在生产、质量、设备、物流、能源等领域全过程广泛应用数据采集及分析、信息智能推送与智能决策等行业前沿技术。工厂占地面积5.55万平方米，设计年产能5万辆。

一汽解放J7智能工厂落成仪式

一汽解放J7工厂生产线

东风汽车集团有限公司
DONGFENG MOTOR CORPORATION

2021年，东风汽车集团有限公司（简称东风公司）坚决落实党中央、国务院的重大决策部署，以高质量发展为主题，统筹推进常态化疫情防控和改革发展各项工作，隆重庆祝中国共产党成立100周年，全力落实"两抢抓、两加快、四强化"的工作方针，"十四五"规划体系全面谋定，科技创新和自主发展继续加快，强化基础管理、战略落地、资源协同和内部挖潜，以改革三年行动为抓手的企业改革继续深化，扎实开展党史学习教育，党的领导和党的建设进一步加强，各项工作取得新进展，推动了公司"十四五"的良好开局。

2021年，东风公司销售汽车327.53万辆，比上年下滑5.3%，交付340万辆，与上年基本持平。乘用车销售257.68万辆，其中，自主品牌乘用车销售53.83万辆，同比增长30.1%；商用车销售68.73万辆，比上年下滑5%，商用车销量行业排名第一，国VI产品市场份额第一，各项主要指标均完成国务院国资委下达的任务。公司从业人员13.1万余人，其中，研究与试验发展人员16078人。作为中央企业，东风公司52年来总资产累计达到5513亿元，产销汽车超过5300万辆，上缴税费5700多亿元。

3月15日，东风公司召开党史学习教育动员部署大会

3月13日，东风风神AX7硬核品质之旅启动仪式在武汉首义广场举行

4月17日，东风风神全新一代概念车eπ首秀春季盛典

4月19日，东风公司参加2021上海国际汽车工业展览会

4月21日，龙擎DGi13全系列动力总成联袂登场

5月14日，东风日产与中国宝武集团签署大客户购车协议

6月26日，东风本田开启XR-V百万合伙人潮流之旅

6月28日，东风公司庆祝中国共产党成立100周年文艺汇演举行

6月30日，东风公司第5200万辆汽车暨岚图FREE首辆量产车下线仪式举行

7月1日，东风商用车300辆东风天龙牵引车批量交付

7月7日，华中地区首只量产的车规级IGBT模块产品下线

7月8日，东风猛士首款民品M50下线

7月9日，东风风神奕炫MAX量产下线

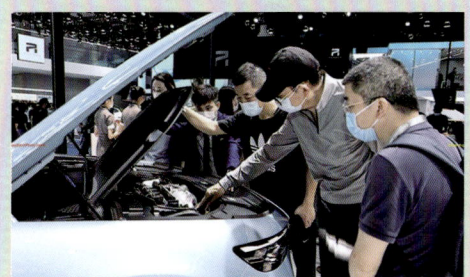
8月29日，岚图汽车首次亮相成都车展

9月1日，东风风神奕炫MAX上市

9月17日，东风公司与十堰市竹山县政府携手共建产业协作（汽车消费）"示范县"

9月26日，东风公司举行重大战略合作签字仪式

10月13日，富康ES500新能源车交付T3出行

10月21日，东风旗下品牌亮相武汉车展

10月21日，东风风神全新AX7马赫版于湖北大区上市，现场向车主代表授钥匙

11月17日，岚图大型豪华电动MPV在广州亮相

11月19日，岚图第二款车型"岚图梦想家"在广州车展发布

广汽集团 GAC GROUP | 匠于心 品于行 CRAFTED BY THE DRIVEN

广州汽车集团股份有限公司（以下简称广汽集团）成立于1997年6月，是一家A+H股上市的大型国有控股股份制企业集团，拥有员工约11万人，带动上下游产业链近80万人。2021年集团第九次入围《财富》"世界500强"，排名第176位。

2021年，广汽集团疫情防控和生产经营保持平稳，全年实现汽车产销213.81万辆和214.44万辆，同比分别增长5.1%和4.9%，主要指标跑赢大势，发展形势持续向好，品牌价值稳步提升。随着国家"双碳"战略的落地实施，国内经济发展模式、能源结构、生产消费方式也将发生巨大变革。广汽集团始终不忘实业报国初心、牢记改革发展使命，为解决资源环境约束突出问题、实现中华民族永续发展、构建人类命运共同体而殚精竭虑。以不折不扣的实际行动，着力成为产业低碳转型的"先行者"、绿色生产的"践行者"和绿色文化的"引领者"。

坚持以低碳转型为己任，把握发展之"机"。 2021年，广汽集团率先发布GLASS"绿净计划"，宣布将于2050年前（挑战2045年）实现产品全生命周期的碳中和。广汽集团坚持以绿色生产为导向，履行发展之"责"。广汽集团立足广汽智联新能源汽车产业园，打造零碳汽车产业园区，带动产业链上下游加快绿色转型。广汽埃安智能生态工厂将于2023年实现零碳排放，成为广汽旗下首个零碳工厂。在消费者使用环节，集团率先发起"2^6能源行动"，通过电池可买可租、可充可换、可回收可梯次利用等，有效降低电动车全生命周期成本，进一步提升绿色出行水平。我们坚持以绿色文化为引领，弘扬发展之"道"。在推进企业低碳转型和绿色生产之外，广汽集团亦主动引导消费者加入低碳减排行列，并积极参与环保公益活动，共同推动全社会构筑更加环保的理念。

4月9日

广汽科技日发布动力电池技术战略"中子星战略"，并正式对外公布了海绵硅负极片电池技术和超级快充电池技术、ADiGO 4.0智驾互联生态系统等黑科技，全面展示广汽科技实力。

7月25日

广汽丰田新能源车产能扩建项目一期在广州市南沙区正式投产，占地面积40.4万平方米，预计释放产能20万台/年。

6月29日

"奋斗百年路 启航新征程"广汽集团举行庆祝建党100周年暨表彰大会。

7月26日

"广汽工作方式"中英文名称和体系图发布，通过统一工作语言和工作方法，强化广汽人对集团整体思想与文化的认同，打造真正意义上的"大广汽"事业共同体。

8月1日

传祺影豹EMPOW正式上市。作为基于GPMA架构打造的第一款运动轿车，运动、超酷的影豹刷新人们对传祺品牌认知，首月订单突破1.5万辆，成为传祺品牌首款"现象级"爆款轿车。

8月2日

广汽集团连续第九年登上"世界500强"企业排行榜，位居第176名，比上年排名上升30位，为历年最好成绩。

8月25日

广汽L4自动驾驶示范运营车队获颁广州市智能网联汽车道路测试试验牌照。这是广汽首次以规模化车队的形式拿下5张牌照。车队在番禺汽车城开展自动驾驶示范运营，并利用如祺出行，探索自动驾驶商业化运营模式。

8月30日

广汽集团宣布，拟通过对新能源汽车研发能力及业务、资产的重组整合，推进广汽埃安的混合所有制改革，对其增资扩股并引入战略投资者，未来将积极寻求上市。

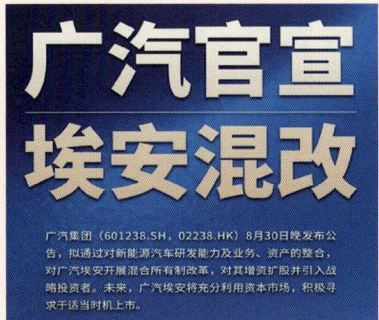

8月30日

广汽智联新能源汽车产业园汽车小镇定向住宅项目总投资112亿元，为产业园提供住宅6206套，可满足广汽番禺汽车城产业人才住有所居的基本需求，为产业人才安居乐业和企业留住人才提供有力保障。

11月8日

广州市国资委党委在广汽埃安召开广汽集团党建工作经验现场交流会，深入学习贯彻落实关于国有企业改革发展和党的建设的重要论述，总结推广广汽集团党建工作经验和做法，广汽集团的党建工作成为以高质量党建引领保障企业高质量发展的经典案例。

11月12日

广汽集团澳门首家经销店揭牌，宣告广汽自主品牌正式进入澳门市场，开辟向东南亚和葡语系国家展示广汽产品的新窗口。

11月19日

在第十九届广州车展上，广汽集团发布"GLASS绿净计划"的具体目标，将于2050年前（挑战2045年）实现产品全生命周期的碳中和。计划实现2025年自主品牌新能源车销量占比50%、2030年全集团新能源车销量占比50%。

11月19日

广汽本田旗下e:N系列首款纯电动车型e:NP1亮相，新车将于2022年上半年上市发售。自此，广汽本田电动化战略全面升级，电动化事业迈入全新天地。

12月18日

广汽集团举行推行任期制和契约化管理契约签订仪式。集团党委书记、董事长曾庆洪、集团总经理冯兴亚与22家投资企业党组织负责人、经营负责人完成契约签订。本次签约仪式是广汽集团推进任期制和契约化管理工作的里程碑，为集团进一步深化国企改革工作迈出了坚实一步。

加强党的领导 优化产业布局
推动党建工作与改革发展同频共振

新兴际华集团有限公司（简称新兴际华集团）是集资产管理、资本运营和生产经营于一体的大型国有独资公司，坚持以习近平新时代中国特色社会主义思想为指导，加强党的全面领导，优化产业结构调整，深化改革创新，坚决扛起"保军、应急、为民"使命，以高质量党建引领和保障高质量发展。

走好赶考路，开创新伟业，构建"531"产业布局。 2021年6月，结合党史学习教育，新兴际华集团开展"学党史、忆征程、看得失、强信心、创伟业"专题活动，进一步统一思想，凝聚共识，谋划改革发展思路。以"主业归核、资源归集、产业归类"为原则，实施重大结构调整，形成冶金铸造、轻工服装、机械装备、应急、医药五大主业，资产经营管理、现代供应链物流、现代商业服务三个专业化领域，以及一个产业投资平台的"531"产业布局，启航高质量发展新征程。

聚焦高质量，激发新活力，推动党建与经营深度融合。 启动"我是党员我自豪、我是党员我担当、我的岗位我尽责"主题党建活动，以教育引导广大党员干部"明职责、强合规、转作风、促发展"为主线，党员干部以上率下、示范带动，引领广大职工寻找差距、补齐短板，积极投身提升产品竞争力、市场占有率和品牌影响力，提升企业治理能力，改善经营效益的实践。如黄石新兴通过开展"党建+创新"项目，注重发挥党员技术带头人作用，立足自主创新，改造了底料安装限位自动控制装置、安装可翻转工作平台，解决了制约生产的"大难题"。际华3542公司发挥党小组创新积极性，布机车间自主设计改造了新型拆综框车，降低了员工劳动强度、减少了拆框时间、提升了机台产量，杜绝了安全隐患，每年可降低成本3万余元。通过高质量的党建促改革活动，有力推进公司整体转型升级工作蓬勃开展。

勇于担使命，展现新作为，积极履行央企社会责任。 在疫情防控的阻击战中，新兴际华集团充分发挥企业技术优势、产品优势和人才优势，驰援一线、全力保供。际华3523公司以战时状态加快生产速度，创下72小时保质保量完成10台"疫情防控综合保障方舱"生产任务的纪录。际华3521公司及时对接防疫物资需求单位，将公司生产的帐篷、隔离衣、防护服等紧急排产发货，三天内提供帐篷400顶、隔离衣防护服20多万套。面对2021年7月河南特大暴雨汛情，新兴际华集团第一时间启动Ⅱ级应急响应机制，紧急抽调62名骨干组成应急救援队，携带自行研制的远程供排水车、7000升越野加油车等10多台（套）装备赴郑州、新乡等地开展抗洪救灾，在灾情最严重的司湾泵站坚守10天9夜，累计排水超过100万吨，是新乡地区第一支进驻、工作时间最长、机械排水量最大的救援队，受到国家安全生产应急救援中心的表彰。

元帅服、将军服及肩章亮相中国共产党历史展览馆

应急物资储备（新兴际华）救援队

疫情防控综合保障方舱

建党一百周年之际赴中共一大开展党史学习教育

离心球墨铸铁管生产一线

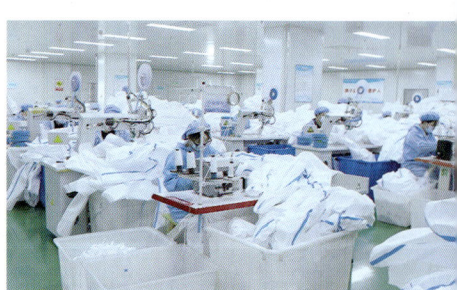
防护服生产一线

大事记

第八篇

2022
CHINA'S STATE-OWNED ASSETS SUPERVISION AND ADMINISTRATION YEARBOOK
中国国有资产监督管理年鉴

2021年国务院国有资产监督管理委员会大事记

1月

7日，国务院国资委、科技部举行会商会议，签订新一轮战略合作协议，进一步支持推动中央企业科技创新。国务院国资委党委书记、主任郝鹏，科技部党组书记、部长王志刚分别代表双方签署协议并讲话。国务院国资委党委委员、副主任任洪斌分别介绍支持推动中央企业科技创新的情况。

8日，中国铁路物资股份有限公司在深圳证券交易所成功挂牌上市。国务院国资委党委委员、副主任袁野出席仪式。

12日，中央纪委国家监委驻国务院国资委纪检监察组组长、国务院国资委党委委员陈超英赴国药集团下属中国生物北京生物制品研究所调研，了解国药集团新冠疫苗研发生产使用进展情况。

12日，中央企业法治工作会议在北京举行。国务院国资委党委书记、主任郝鹏对会议作出批示，国务院国资委党委委员、副主任翁杰明出席并讲话。

13日，国务院国资委组织召开区域性国资国企综合改革试验视频座谈会。国务院国资委党委委员、秘书长彭华岗出席会议并讲话。

14日，印发《关于印发〈国资委履行出资人职责的多元投资主体公司利润分配管理暂行办法〉的通知》（国资发资本规〔2021〕5号）。

15日，国务院国资委党委召开扩大会议。国务院国资委党委书记、主任郝鹏主持会议并讲话。

18日，国务院国资委以视频方式召开地方国资委负责人会议暨地方国有企业改革领导小组办公室主任会议。国务院国资委党委书记、主任，国务院国有企业改革领导小组办公室主任郝鹏出席会议并讲话。中央纪委国家监委驻国务院国资委纪检监察组组长、国务院国资委党委委员陈超英传达有关批示精神。

19日，国务院国资委党委委员、副主任任洪斌作为中国唯一一位联合国全球契约组织理事，出席联合国全球契约组织（UNGC）理事会会议（线上）并积极建言献策。

19日，国务院国资委在国务院新闻办举行新闻发布会，国资委党委委员、秘书长、新闻发言人彭华岗全面介绍2020年中央企业经济运行情况，回答记者提问。

19日，印发《关于印发〈"双百企业"和"科改示范企业"超额利润分享机制操作指引〉的通知》。

21日，国务院国资委在北京召开中央企业、地方国资委考核分配工作会议。国务院国资委党委书记、主任郝鹏对会议作出批示，国务院国资委党委委员、副主任袁野出席并讲话。

27日，中央企业宣传思想工作会议在北京召开。国资委党委书记、主任郝鹏对会议作出批示。国资委党委委员、副主任翁杰明出席会议并讲话。

28日，国务院国资委党委以视频方式召开国资委党风廉政建设和反腐败工作会议暨警示教育大会。国资委党委书记、主任郝鹏出席会议并讲话。中央纪委国家监委驻国务院国资委纪检监察组组长、国务院国资委党委委员陈超英通报查处的典型案件并提出工作要求。国务院国资委党委委员、副主任任洪斌传达十九届中央纪委五次全会精神。

2月

2日，国务院国资委组织召开企业数字化发展调研座谈会。国务院国资委党委委员、副主任翁杰明出席座谈会并讲话。

3日，国务院国资委党委委员、副主任翁杰明赴机械总院集团调研。

4日，国务院国资委党委书记、主任郝鹏赴北京延庆、河北张家口调研中央企业承担的北京2022年冬奥会和冬残奥会体育场馆、训练基地、道路交通、枢纽场站等工程项目建设维护和运营服务保障情况。

4日，国务院国资委以视频会议方式召开国企改革三年行动推进会。国务院国有企业改革领导小组办公室副主任，国务院国资委党委委员、副主任翁杰明出席会议并讲话。

8日，驻国务院国资委纪检监察组召开国务院国资委党风廉政监督员年度联系会议。中央纪委国家监委驻国务院国资委纪检监察组组长，国务院国资委党委委员陈超英出席会议并讲话。

9日，国务院国资委党委书记、主任郝鹏赴国药集团所属中国生物北京生物制品研究所有限责任公司调研新冠疫苗研发生产供应情况。

9日，国务院国资委党委委员、副主任翁杰明赴中国铁路通信信号集团有限公司调研。

20日，国务院国资委党委召开2020年度中央企业党委（党组）书记党建工作述职会议。国务院国资委党委书记、主任郝鹏主持会议并讲话。

20日，印发《关于印发〈国资监管责任约谈工作规则〉的通知》（国资发监责规〔2021〕14号）。

23日，国务院国资委党委书记、主任郝鹏应邀出席国务院新闻办举行的新闻发布会，介绍国资国企发展改革监管和党的建设工作情况，回答中外媒体记者提问。

24日，国务院国资委党委委员、副主任翁杰明赴中国诚通和中国铁物调研物流产业发展情况。

25日，国务院国资委党委书记、主任郝鹏赴中国电子所属中国电子系统技术有限公司调研。

26日，国务院国资委党委书记、主任郝鹏赴中国融通集团调研。

28日，印发《关于印发〈关于加强地方国有企业债务风险管控工作的指导意见〉的通知》（国资发财评规〔2021〕18号）。

3月

1日，国务院国企改革领导小组办公室副主任、国务院国资委副主任翁杰明主持召开国企改革领导小组办公室会议。

1日，国务院国资委党委以视频会议形式召开国务院国资委暨中央企业党史学习教育动员部署会。国务院国资委党委书记、主任，国务院国资委党委党史学习教育领导小组组长郝鹏出席会议并讲话。

2日，国务院国资委党委委员、副主任翁杰明赴国家开发投资集团有限公司调研。

2日，印发《关于加强中央企业资金内部控制管理有关事项的通知》（国资发监督〔2021〕19号）。

2日，印发《关于做好2021年中央企业违规经营投资责任追究工作的通知》（国资厅发监责〔2021〕11号）。

8日，国务院国资委党委书记、主任郝鹏赴矿冶集团调研。

8日、9日、18日、19日，中央纪委国家监委驻国务院国资委纪检监察组组长，国务院国资委党委委员陈超英分别到北京市内和河北张家口调研中央企业承担的北京2022年冬奥会和冬残奥会项目建设维护和运营服务保障情况。其间，分别赴北京冬奥组委（新首钢园区），中国建筑、中国五矿、中国中铁和中交集团所承建项目实地调研。

11日，国务院国资委党委书记、主任郝鹏赴中国电信调研。

11日，国务院国资委党委委员、副主任任洪斌赴中国黄金调研。

18日，国务院国资委党委举行国资委暨中央企业党史学习教育宣讲报告会。国务院国资委党委书记、主任，国资委党委党史学习教育领导小组组长郝鹏主持报告会。

19日，国务院国有企业改革领导小组办公室召开国家机关、事业单位和地方国有企业公司制改革推进会。国务院国有企业改革领导小组办公室副主任，国务院国资委党委委员、副主任翁杰明出席会议并讲话。

19日，国务院国资委党委委员、副主任翁杰明出席中国发展高层论坛2021年会国资委圆桌会，并作题为《新时代国有企业改革成就与展望》的主旨演讲。

25日，国务院国资委举行深化供给侧结构性改革中央企业煤炭资产管理平台公司转隶仪式。国务院国资委党委委员、副主任翁杰明出席仪式并讲话。

25—26日，中央纪委国家监委驻国务院国资委纪检监察组组长，国务院国资委党委委员陈超英赴中国一汽调研。

25—26日，国务院国资委党委委员、副主任袁野赴中核集团所属核工业西南物理研究院、四川红华调研。

26—27日，国务院国资委党委书记、主任郝鹏赴湖北中央企业和地方国有企业调研，深入生产车间、科研实验室，看望慰问在抗击新冠肺炎疫情斗争中作出突出贡献的党员干部职工。

29日，国务院国资委党委和中央企业党委（党组）以视频会议形式举行理论学习中心组联学会。国务院国资委党委书记、主任郝鹏主持联学会并讲话。

30日，国务院国有企业改革领导小组办公室举行媒体通气会，通报区域性国资国企综合改革试验进展成效。国务院国有企业改革领导小组办公室副主任、国务院国资委副主任翁杰明出席会议，介绍有关情况并回答记者提问。

31日，国务院国有企业改革领导小组办公室以视频会议方式召开国有企业经理层成员任期制和契约化管理专题推进会。国务院国有企业改革领导小组办公室副主任，国务院国资委党委委员、副主任翁杰明出席会议并讲话。

4月

2日，国务院国资委党委委员、副主任任洪斌应邀在福建南平会见印度尼西亚国企部长艾瑞克·托希尔一行。

9—10日，国务院国资委党委书记、主任郝鹏赴天津调研中央企业和地方国有企业改革发展、科技创新和党的建设工作情况。

10日，印发《国务院国资委关于废止失效部分规范性文件的通知》。

12日，印发《关于进一步加强金融衍生业务管理有关事项的通知》（国资厅发财评〔2021〕17号）。

13—14日，国务院国资委党委委员、副主任袁野赴中国中车集团所属株机公司、株洲所和株洲电机公司调研。

14日，国务院国资委党委党史学习教育领导小组召开国资委暨中央企业党史学习教育"我为群众办实事"实践活动推进会。国务院国资委党委委员、副主任，国务院国资委党委党史学习教育领导小组副组长翁杰明出席会议并讲话。

15日，国务院国资委在辽宁鞍山召开深化东北地区国资国企改革现场推进会。国务院国资委党委委员、副主任翁杰明出席会议并讲话。其间，实地调研鞍钢炼铁总厂和冷轧镀锌等生产线。

15日，国务院国资委党委专题召开党史学习教育理论学习中心组集体学习扩大会。国务院国资委党委书记、主任，国务院国资委党委党史学习教育领导小组组长郝鹏主持会议并讲话。

16日，国务院国资委在国务院新闻办举行新闻发布会。国务院国资委党委委员、秘书长、新闻发言人彭华岗出席介绍2021年第一季度中央企业经济运行情况，并回答记者提问。

16日，国务院国资委召开中央企业一季度经济运行情况通报暨2021年度经营业绩责任书签订视频会。国务院国资委党委书记、主任郝鹏代表国务院国资委与中央企业负责人签订经营业绩责任书并讲话。国务院国资委党委委员、副主任袁野通报中央企业一季度经济运行情况及2021年度业绩考核工作安排。

18—20日，国务院国资委党委书记、主任郝鹏赴海南调研国资国企改革创新发展和党的建设工作情况。

19日，由国务院国资委、中国日报社共同主办的中央企业海外形象建设交流推进会在北京召开。国务院国资委党委委员、副主任翁杰明出席并致辞。

20日，国务院国资委党委书记、主任郝鹏在出席博鳌亚洲论坛2021年年会期间会见澳门特别行政区行政长官贺一诚。

20日，国务院国资委党委书记、主任郝鹏在出席博鳌亚洲论坛2021年年会期间会见香港特别行政区行政长官林郑月娥。

21日，国务院国资委党委委员、秘书长彭华岗分别出席博鳌亚洲论坛2021年年会"企业社会价值""增强企业竞争力"分论坛，并在会上发言。

22日，国务院国资委组织召开国资监管数字化智能化提升专项行动启动视频会。国务院国资委党委委员、副主任翁杰明出席会议并讲话。

24—25日，国务院国资委党委书记、主任郝鹏赴福建出席第四届数字中国建设峰会开幕式并致辞。

25日，国务院国资委在第四届数字中国建设峰会上举办国有企业数字化转型论坛。国务院国资委党委委员、副主任翁杰明出席论坛并致辞。

28日,国务院国资委以视频会议方式召开深化国有企业分类改革专题推进会。国务院国有企业改革领导小组办公室副主任,国务院国资委党委委员、副主任翁杰明出席会议并讲话。

28日,发布《关于组建中国卫星网络集团有限公司的公告》(国务院国资委公告2021年第1号)。

30日,国务院国资委党委召开中央企业党建带团建工作会暨五四表彰大会。国务院国资委党委书记、主任郝鹏出席会议并讲话。会上宣读中央企业团工委表彰决定,授予国家电网团委等166个团委"中央企业五四红旗团委"称号,中国石油华北油田分公司勘探开发研究院冀中勘探研究所团支部等262个团(总)支部"中央企业五四红旗团支部"称号,中国建筑中海集团中建国际投资(山东)有限公司密淑一等366人"中央企业优秀共青团员"称号,中国石化镇海炼化分公司袁媛等268人"中央企业优秀共青团干部"称号,航空工业集团昌河飞机工业(集团)有限责任公司邓健健等306人"中央企业青年岗位能手"称号,命名中国移动广东有限公司茂名分公司集团客户部等407个青年集体"中央企业青年文明号"称号,并现场向获奖代表颁发奖牌和荣誉证书。

5月

10日,中国智造品牌论坛暨中央企业高端装备制造创新成就展在北京举行,国务院国资委党委委员、副主任翁杰明出席论坛并讲话。

10日,中央企业贯彻落实京津冀协同发展战略支持雄安新区发展暨央地合作座谈会在雄安举行。国务院国资委党委书记、主任郝鹏出席会议并讲话。

11日,国务院国资委党委书记、主任郝鹏出席国务院国资委联合中央广播电视总台推出的百集微纪录片《信物百年》开播暨上线仪式并致辞。

13日,国务院国资委举行媒体通气会,通报中央企业深化法治建设,加强规范管理,防范化解风险,助力企业改革发展有关情况。国务院国资委党委委员、副主任翁杰明出席会议,介绍有关情况并回答记者提问。

13—14日,国务院国资委在四川成都召开全国省会城市国资国企改革工作座谈培训会。国务院国资委党委委员、秘书长彭华岗出席会议并讲话。

14日,国务院国资委党委召开扩大会议。国资委党委书记、主任,国务院国资委全面深化改革领导小组组长郝鹏主持会议并讲话。

14日,国务院国资委党委委员、秘书长彭华岗赴东方电气集团调研。

17日,国务院国资委党委书记、主任郝鹏赴机械总院集团、中国中铁调研。

18日,中国社科院国有经济研究智库召开2020—2021年度十项重点课题中期推进座谈会,国务院国资委党委委员、秘书长、智库学术委员会主任彭华岗主持会议并讲话。

19日,国务院国资委在中国节能召开落实董事会职权专题推进会。国务院国资委党委委员、副主任翁杰明出席会议并讲话。

19日,印发《关于进一步促进中央企业所属融资租赁公司健康发展和加强风险防范的通知》(国资发资本规〔2021〕42号)。

21日,联合国全球契约组织(UNGC)理事会会议在线上举行。国务院国资委副主任任洪斌作为中国唯一一位联合国全球契约组织理事,出席会议并积极建言献策。

24日,国务院国资委在北京召开直属机关定点帮扶暨社会事务管理工作会议。国务院国资委党委委员、副主任任洪斌出席会议并讲话。

26日,综合改革试验基金群在北京举行签约仪式。国务院国有企业改革领导小组办公室副主任,国务院国资委党委委员、副主任翁杰明,国资委党委委员、秘书长彭华岗出席,见证基金协议签约。

28日,国务院国资委在国家电网江苏电力公司召开对标世界一流管理提升现场推进会。国务院国资委党委委员、副主任翁杰明出席会议并讲话。

30日,发布《关于发布〈中央企业科技创新成果推荐目录(2020年版)〉的通知》。

31日,国务院国资委党委组建派出中央企业指导组,召开国资委暨中央企业党史学习教育指导组工作会议。国务院国资委党委书记、主任,国务院国资委党委党史学习教育领导小组组长郝鹏出席会议并讲话。

31日,国务院国有企业改革领导小组办公室以视频方式召开深化国有企业三项制度改革专题推进会。国务院国有企业改革领导小组办公室副主任,国务院国资委党委委员、副主任翁杰明出席会议并讲话。

31日,中央企业专职外部董事党委成立大会在北京举行。国务院国资委党委书记、主任郝鹏作出批示,国务院国资委党委委员、副主任任洪斌出席会议,为专职外部董事党委揭牌并讲话。

6月

3日,中央纪委国家监委驻国务院国资委纪检监察组组长,国务院国资委党委委员陈超英赴中国通号调研。

4日,国务院国资委在中国一汽以"现场＋视频"形式召开中央企业改革三年行动推进会。国务院国资委党委书记、主任,国资委全面深化改革领导小组组长郝鹏出席会议并讲话。

8日,党史学习教育中央第十八指导组与国务院国资委党委就党史学习教育工作情况座谈。国务院国资委党委书记、主任,国务院国资委党委党史学习教育领导小组组长郝鹏主持座谈会,汇报国资委开展党史学习教育的总体情况并讲话。国务院国资委党委委员、副主任,国务院国资委党委党史学习教育领导小组副组长翁杰明、赵爱明分别汇报国资央企系统开展党史学习教育综合情况和国务院国资委直属机关、行业协会党史学习教育开展情况。

8日,国务院国资委党委委员、秘书长彭华岗应邀出席第二十一届亚布力论坛年会开幕式并发表演讲。

8日,联合印发《关于印发〈关于全面推行中国特色企业新型学徒制　加强技能人才培养的指导意见〉的通知》(人社部发〔2021〕39号)。

9日,东航物流在上海证券交易所主板成功挂牌上市。国务院国资委党委委员、副主任翁杰明出席上市仪式并致辞。之后,赴东航物流浦东货运站调研。

9日,国务院国资委党委委员、副主任任洪斌先后赴中检集团和中国钢研调研。

10日,国务院国资委召开全国国有产权管理工作会议。国务院国资委党委书记、主任郝鹏对会议作出批示,国务院国资委党委委员、副主任赵爱明出席会议并讲话。

10日,国务院国资委党委委员、副主任袁野赴中国建材调研。

11日,"时代楷模"彭士禄先进事迹首场报告会在北京举行。报告会前,国务院国资委党委书记、主任郝鹏会见彭士禄先进事迹报告团成员,代表国务院国资委党委向报告团成员致以亲切慰问和衷心感谢。

16日,国务院国资委党委书记、主任,国务院国资委党委党史学习教育领导小组组长郝鹏以"赓续共产党人精神血脉　弘扬国有企业先进精神"为主题,为国务院国资委机关党员干部讲授专题党课。

17日,国务院国资委党委委员、副主任任洪斌赴中智公司下属北京通州公司调研。

18日,中央纪委国家监委驻国务院国资委纪检监察组组长,国务院国资委党委委员陈超英出席驻国资委纪检监察组、国资委党委巡视机构全体党员大会并讲党课。

23日,国务院国资委党委委员、副主任谭作钧主持召开国务院国资委党委党史学习教育领导小组办公室工作会议。

24日,国务院国有企业改革领导小组办公室以视频会议方式召开将国企改革三年行动重点要求纳入公司章程等制度体系专题推进会。国务院国有企业改革领导小组办公室副主任,国务院国资委党委委员、副主任翁杰明出席会议并讲话。

24日,国务院国资委党委在北京举行国务院国资委离退休干部庆祝建党100周年暨"光荣在党50年"纪念章颁发大会。国务院国资委党委书记、主任郝鹏出席大会,代表国资委党委向党龄满50年获得纪念章的老领导、老同志表示热烈的祝贺和崇高的敬意,向国务院国资委广大离退休干部表示亲切的问候。

24日,国务院国资委党委隆重发布2021年度首批"央企楷模",组织召开中央企业"时代楷模""央企楷模"代表座谈会,弘扬楷模先进精神,喜迎党的百年华诞。国务院国资委党委书记、主任郝鹏亲切会见楷模代表并讲话。国务院国资委党委委员、副主任谭作钧主持会见和座谈会，并出席2021年度首批"央企楷模"发布会。

25日，中国海油"深海一号"超深水大气田投产，国务院国资委党委书记、主任郝鹏赴中国海油，视频连线慰问大气田平台干部职工，并主持召开座谈会。

25日，国务院国资委党委委员、副主任谭作钧先后赴国家电网所属北京丰台供电公司、中国电信博物馆和中国诚通集团所属诚通基金管理有限公司调研。

29日，国务院国资委党委委员、副主任翁杰明赴中国中化调研。

30日，国务院国资委党委隆重召开直属机关"两优一先"暨创建模范机关先进集体表彰大会。国务院国资委党委书记、主任郝鹏代表国务院国资委党委，向受到表彰的直属机关优秀共产党员、优秀党务工作者、先进基层党组织和创建模范机关先进集体表示热烈的祝贺。国资委党委委员、副主任翁杰明宣读表彰决定。

7月

2日，国务院国资委党委召开扩大会议。国务院国资委党委书记、主任郝鹏主持会议并讲话。

3日，国务院国资委党委书记、主任郝鹏赴"七一勋章"获得者、航天科技集团科学技术委员会顾问陆元九院士家中看望慰问，代表国资委党委向其致以热烈祝贺和崇高敬意。

4—6日，国务院国资委党委书记、主任郝鹏赴山东调研国资国企改革发展和党的建设工作情况，深入生产车间、科研实验室、项目建设现场等与企业干部职工亲切交流。

6日，国务院国资委召开中央企业创建世界一流示范企业工作推进会。国务院国资委党委委员、副主任翁杰明出席会议并讲话。

6日，国务院国资委和韩国SK集团共同发起的企业社会价值实验室，召开首届理事会。国务院国资委党委委员、秘书长彭华岗出席会议并致词。

7日，国务院国有企业改革领导小组办公室副主任，国务院国资委党委委员、副主任翁杰明主持召开专题会议。

8日，中国电科与中国普天重组大会在北京召开。国务院国资委党委书记、主任郝鹏出席会议并讲话。国务院国资委党委委员、副主任翁杰明宣读国资委关于中国电科与中国普天重组的批复文件。

9日，国务院国资委党委书记、主任郝鹏赴中国移动创新大厦调研。

9日，国务院国资委党委委员、副主任翁杰明赴中国煤炭科工集团有限公司调研。

9日，印发《关于印发国有重点企业管理标杆创建行动标杆企业、标杆项目和标杆模式名单的通知》（国资厅发改革〔2021〕30号）。

12日，国务院国资委党委在北京召开中央企业"两优一先"表彰大会。国务院国资委党委书记、主任郝鹏代表国务院国资委党委，向受到表彰的先进集体先进个人致以热烈祝贺和崇高敬意。国务院国资委党委委员、副主任谭作钧宣读表彰决定。

12—13日，国务院国资委党委在北京举办中央企业负责人学习贯彻习近平总书记"七一"重要讲话精神研讨班。国务院国资委党委书记、主任郝鹏出席研讨班并讲话。

15日，国务院国资委党委召开部分中央企业学习贯彻习近平总书记"七一"重要讲话精神暨党委（党组）理论学习中心组学习交流会。国务院国资委党委委员、副主任谭作钧出席会议并讲话。

16日，国务院国资委在国务院新闻办举行新闻发布会。国务院国资委党委委员、秘书长、新闻发言人彭华岗出席介绍2021年上半年中央企业经济运行情况，回答记者提问。

17日，由中央宣传部、中央党史和文献研究院等共同举办、国务院国资委承办的学习贯彻习近平总书记"七一"重要讲话精神系列专题宣讲报告会（第七场）在中国共产党历史展览馆举行。国务院国资委党委委员、副主任谭作钧主持报告会。

18—19日，国务院国资委在北京召开地方国资委负责人学习贯彻习近平总书记"七一"重要讲话精神研讨班暨国有企业改革推进会。国务院国资委党委书记、主任，国务院国有企业改革领导小组办公室主任郝鹏出席会议并讲话。国务院国资委党委委员、副主任翁杰明主持会议并作小结。

20日,国资委党委在北京召开中央企业统战代表人士学习习近平总书记"七一"重要讲话精神座谈会。国务院国资委党委委员、副主任谭作钧出席会议并讲话。

20日,国务院国资委党委召开全国国有企业党的建设工作会议精神贯彻落实情况"回头看"启动会。国务院国资委党委委员、副主任谭作钧出席会议并讲话。

21日,国务院国资委召开深化国有资本投资公司改革工作推进会。国务院国资委副主任翁杰明出席会议并讲话。

22日,中央第十八指导组赴国务院国资委调研国资央企系统党史学习教育情况。国务院国资委党委委员、副主任,国务院国资委党委党史学习教育领导小组副组长、国务院国资委党委党史学习教育领导小组办公室主任、中央企业组组长谭作钧出席并汇报国资央企系统党史学习教育近期工作整体情况及下一步重点工作。

22—23日,中央纪委国家监委驻国务院国资委纪检监察组组长、国务院国资委党委委员陈超英带队赴青海调研,先后赴中国建材碳纤维生产基地、中铝集团援建的海晏县民政社会福利事业中心和中国电建50MW光热发电项目,深入了解项目建设及生产运行情况。

23日,国务院国资委党委举办"央企好榜样 建功新时代"中央企业"两优一先"代表媒体见面会。5位获得全国"两优一先"、中央企业"两优一先"的优秀个人、先进集体代表出席见面会并回答记者提问。

26—30日,国务院国资委党委在中国大连高级经理学院举办学习贯彻习近平总书记"七一"重要讲话精神研讨班暨提高政治能力专题培训班。国务院国资委党委书记、主任郝鹏出席开班式并作报告。

27日,联合国全球契约组织全球理事、国务院国资委副主任任洪斌出席联合国全球契约组织(UNGC)《企业碳中和路径图》官方发布会暨多方圆桌研讨会并致辞。

30日,由国务院国资委宣传局、人民网联合主办,中国共产党新闻网承办的"百年铸辉煌 央企谱华章"庆祝建党百年暨第四届中央企业优秀故事发布活动在北京举办。国务院国资委党委委员、副主任谭作钧出席活动并为获奖代表颁奖。

30日,国务院国有企业改革领导小组办公室以视频方式召开国有企业强化正向激励专题推进会。国务院国企改革领导小组办公室副主任,国务院国资委党委委员、副主任翁杰明出席会议并讲话。

8月

5日,国务院国资委党委召开中央企业疫情防控工作视频会议。国务院国资委党委委员、副主任谭作钧主持会议并讲话。

18日,国务院国资委以视频会议方式召开振兴东北央地百对企业协作行动推进会。国务院国资委党委委员、副主任翁杰明出席会议并讲话。

20日,鞍钢重组本钢大会在鞍山举行。国务院国资委党委委员、副主任翁杰明出席会议并讲话。

20日,国务院国资委与南非国企部召开部长级视频对话会议,国务院国资委党委书记、主任郝鹏出席会议并讲话。国务院国资委党委委员、副主任谭作钧主持会议。国务院国资委党委委员、秘书长彭华岗出席会议。

25日,国务院国资委举行媒体通气会,通报中央企业结构调整与重组工作有关情况。国务院国资委党委委员、副主任翁杰明出席会议,介绍有关情况并回答记者提问。

26日,国务院国资委党委书记、主任郝鹏赴星网调研。

26日,国务院国资委党委召开全国国有企业党的建设工作会议精神贯彻落实情况"回头看"座谈会。国务院国资委党委委员、副主任谭作钧主持会议并讲话。

30日,国务院国有企业改革领导小组办公室以视频方式召开推动混合所有制企业深度转换经营机制专题推进会。国务院国有企业改革领导小组办公室副主任,国务院国资委党委委员、副主任翁杰明出席会议并讲话。

9月

1日,国务院国资委党委书记、主任郝鹏通过视频形式出席香港第六届"一带一路"高峰论坛开幕式并致辞。

2日,国务院国资委党委书记、主任郝鹏赴在北京有关中央企业,详细调研企业绿色低碳技术创新进展和成果转化工作。

6日,浙江杭州召开区域性国资国企综合改革试验动员会,启动浙江杭州综改试验工作。国务院国资委党委委员、秘书长彭华岗出席会议并讲话。

8日,国务院国资委在国投召开对标世界一流管理提升现场推进会。国务院国资委党委委员、副主任翁杰明出席会议并讲话。

8日,中国社科院国有经济研究智库第一届学术委员会第二次全体会议暨2020—2021年度十项重点课题中期检查会在北京召开。智库学术委员会主任,国资委党委委员、秘书长彭华岗出席会议并讲话。

8日,"新发展阶段与国有企业"学术论坛在北京举办。国务院国资委党委委员、秘书长,智库学术委员会主任彭华岗出席论坛并作主旨发言。

9日,国务院国资委党委委员、副主任翁杰明赴中国信科调研。

10日,国务院国资委党委和新疆维吾尔自治区党委、新疆生产建设兵团党委在乌鲁木齐召开中央企业援疆工作会议暨国资央企助力新疆高质量发展会议。国务院国资委党委书记、主任郝鹏出席会议并讲话。

10日,国务院国资委党委在乌鲁木齐召开中央企业援疆干部座谈会。国务院国资委党委委员、副主任翁洪斌出席会议并讲话。

10日,国务院国资委党委委员、秘书长彭华岗赴中国中车集团调研。

15日,青岛区域性国资国企综合改革试验正式启动,国务院国企改革领导小组办公室副主任、国务院国资委副主任翁杰明出席动员会并讲话。

16日,国务院国资委党委在拉萨召开中央企业援藏干部座谈会。国资委党委委员、副主任任洪斌出席会议并讲话。

17日,国务院国资委党委和西藏自治区党委在拉萨召开中央企业援藏工作会议暨国资央企助力西藏高质量发展会议。国务院国资委党委书记、主任郝鹏出席会议并讲话。

18—19日,国务院国资委党委书记、主任郝鹏赴云南调研中国三峡集团所属白鹤滩水电站建设运行情况。

22日,国务院国资委党委委员、副主任翁杰明赴中国电子所出资的奇安信科技集团股份有限公司调研。

23日,第四届中国企业论坛报告发布会在山东济南举行,会上发布《中央企业高质量发展报告(2021)》《国有企业在构建新发展格局中的作用研究报告》《中国制造业单项冠军研究报告》《2021中国企业舆论传播报告》《中央企业上市公司环境、社会及管治(ESG)蓝皮书(2021)》《山东省区域经济发展报告》6份报告。国务院国资委党委委员、秘书长彭华岗出席并主持发布会。

24日,由国务院国资委和全国工商联、山东省人民政府、新华通讯社共同举办的第四届中国企业论坛在山东济南举办。国务院国资委党委委员、副主任谭作钧出席论坛并作主旨演讲。

25日,发布《关于组建中国电气装备集团有限公司的公告(国务院国资委公告2021年第2号)》。

25日,中国电气装备集团有限公司成立大会在上海举行。国务院国资委党委书记、主任郝鹏出席会议,为公司揭牌并讲话。国务院国资委党委委员、副主任翁杰明主持会议并宣读公司重组的批复文件。

25日,国务院国资委党委书记、主任郝鹏专程深入第二轮第四批中央生态环保督察通报的中国有色集团所属湖北大冶有色公司丰山铜矿,沿着山路现场察看尾矿库截洪沟建设、水处理整改情况,了解公司冶炼厂废杂铜车间废气治理措施和工作进展。

25日,第二届国有企业改革与发展论坛在清华大学举办,国务院国资委党委委员、秘书长彭华岗应邀出席活动并致辞。

25—26日,国务院国资委党委委员、秘书长彭华岗带队赴湖南省华菱湘钢、中联重科等企业调研。

26日,中国三峡集团总部搬迁湖北武汉揭牌大会举行。国务院国资委党委书记、主任郝鹏出席会议并讲话。

26日,国务院国资委党委召开2021年第三轮巡视工作动员部署会。中央纪委国家监委驻国务院国资委纪检监察组组长,国务院国资委党委委员、巡视工作领导小组副组长陈超英出席会议并讲话。

26—27日,国务院国资委党委委员、秘书长彭华岗出席第二届中国—非洲经贸博览会开幕式暨中非经贸合作论坛,并在商务部、国务院国资委、湖南省人民政府联合主办的中非基础设施合作论坛致辞。

26—27日,国务院国资委在北京举办中央企业财务工作专题培训班。国资委党委委员、副主任袁野出席开班式并讲话。

27日,由国务院国资委主办,中国移动、光明网、百度协办的2021年世界互联网大会"5G赋能:创新驱动经济高质量发展"主题论坛在浙江乌镇举行。国务院国资委党委委员、副主任谭作钧出席论坛并致辞。

27日,国务院国资委党委书记、主任郝鹏主持召开电网、发电、煤炭、石油石化等中央企业主要负责人参加的能源保供工作专题会议,并于10月1日赴有关企业实地调研。

28日,国务院国有企业改革领导小组办公室以视频方式召开国有企业专业化整合专题推进会。国务院国企改革领导小组办公室副主任,国务院国资委党委委员、副主任翁杰明出席会议并讲话。

29日,辽宁沈阳区域性国资国企综合改革试验正式启动,国务院国企改革领导小组办公室副主任,国务院国资委党委委员、副主任翁杰明出席启动会并讲话。

10月

9日,中国机械总院贯彻落实全国国有企业党的建设工作会议精神座谈会暨更名揭牌仪式在北京召开,国务院国资委党委委员、副主任翁杰明出席会议并为公司更名揭牌。

9日,印发《关于加强中央企业融资担保管理工作的通知》(国资发财评规〔2021〕75号)。

10日,国务院国资委党委召开习近平总书记全国国有企业党的建设工作会议重要讲话发表五周年学习座谈会。国务院国资委党委书记、主任郝鹏出席会议并讲话。

11日,国务院国资委党委委员、副主任袁野赴内蒙古宝日希勒矿区调研督导,实地了解国家能源集团宝日希勒一号露天矿、中国大唐谢尔塔拉露天矿煤炭增产增供情况及亟需解决的困难,督导企业尽快释放先进煤炭产能。

12日,国务院国资委举行媒体通气会,通报国资央企贯彻落实习近平总书记全国国有企业党的建设工作会议重要讲话精神,坚持党的领导、加强党的建设,引领保障企业高质量发展有关情况。国务院国资委党委委员、副主任谭作钧出席会议,介绍有关情况并回答记者提问。

13日,国务院国资委党委书记、主任郝鹏赴中国化学工程调研。

13日,中央汽车企业数字化转型协同创新平台成立大会在天津市举行。国务院国资委党委委员、副主任任洪斌出席大会并致辞。

13日,国务院国资委党委召开国资委暨中央企业党史学习教育座谈会。国务院国资委党委委员、副主任、国务院国资委党委党史学习教育领导小组副组长谭作钧出席会议并讲话。

14日,国务院国资委党委委员、副主任谭作钧出席第二届联合国全球可持续交通大会开幕式。

15日,"时代楷模"邱军先进事迹首场报告会在北京举行。国务院国资委党委书记、主任郝鹏会前亲切会见慰问邱军先进事迹报告团成员并讲话。

17日,中国社科院国有经济研究智库召开习近平总书记全国国有企业党的建设工作会议重要讲话发表五周年理论研讨会。国务院国资委党委委员、副主任、智库理事长翁杰明出席会议并讲话。

17日,印发《关于印发〈关于进一步深化法治央企建设的意见〉的通知》(国资发法规规〔2021〕80号)。

18日,国务院国资委举办中央企业董事会建设研讨班。国务院国资委党委委员、副主任翁杰明主持开班式,国务院国资委党委委员、副主任任洪斌作研讨班小结。

18日,国务院国资委党委召开扩大会议,对中央企业进一步做好今冬明春能源电力保供工作进行再部署再安排。国务院国资委党委书记、主任郝鹏主持会议并讲话。

20日，国务院国资委在国务院新闻办举行新闻发布会，国务院国资委党委委员、秘书长、新闻发言人彭华岗出席介绍2021年前三季度中央企业经济运行情况，回答记者提问。

20日，国务院国资委党委书记、主任郝鹏赴中国绿发调研。

21日，国务院国资委召开专题会议，对加快煤炭资源优化、推动煤电联动、增强煤电保供能力等工作作出部署。国务院国资委党委委员、副主任翁杰明出席会议并讲话。

22日，国资委在北京召开中央企业今冬明春能源电力保供安全环保专项督导动员部署会并对督导组进行培训。国务院国资委党委委员、副主任任洪斌出席会议并讲话。

22日，国务院国资委召开行业协会支持做好今冬明春能源电力保供工作专题会。国务院国资委党委委员、副主任谭作钧主持会议并讲话。

25日，第三届中央企业熠星创新创意大赛总结颁奖活动在北京举行，国务院国资委党委书记、主任郝鹏出席活动并致辞。国务院国资委党委委员、副主任任洪斌主持颁奖活动。

26日，陕西西安区域性国资国企综合改革试验工作启动会召开，国务院国企改革领导小组办公室副主任，国务院国资委党委委员、副主任翁杰明通过视频方式出席会议并讲话。

26日，国务院国资委党委召开中央企业党委（党组）专职副书记学习研讨会。国务院国资委党委委员、副主任谭作钧出席会议并讲话。

28日，国务院国资委党委委员、副主任翁杰明赴航天科工所属航天信息股份有限公司调研并主持召开"科改示范企业"座谈会。

28日，国务院国资委党委书记、主任郝鹏赴有研集团调研。

28日，国务院国资委党委召开深化学习习近平总书记全国国有企业党的建设工作会议重要讲话精神暨行业协会党建工作座谈会。国务院国资委党委委员、副主任谭作钧出席会议并讲话。

29日，国务院国资委党委召开地方国资委党建工作研讨会。国务院国资委党委委员、副主任谭作钧出席会议并讲话。

11月

2日，国务院国资委党委委员、副主任翁杰明赴国家管网集团调研。

3日，国务院国资委以视频方式组织召开国资央企加强数据安全共享利用推进重点监管业务数字化智能化提升会议。国务院国资委党委委员、副主任翁杰明出席会议并讲话。

4—5日，国务院国资委副主任、中央企业交易团团长任洪斌赴上海参加第四届中国国际进口博览会，出席"中国加入世贸组织二十周年：互利共赢 共创未来"高层论坛，在中央企业招展展区和跨国企业展区巡展，并与部分展商代表交流。

9日，国务院国有企业改革领导小组办公室以视频方式召开强化考核评估、狠抓改革实效专题推进会。国务院国有企业改革领导小组办公室副主任，国务院国资委党委委员、副主任翁杰明出席会议并讲话。

10日，国务院国资委党委委员、副主任袁野赴中国华能北京热电公司、中国华电北燃公司调研。

10日，国务院国有企业改革领导小组办公室召开媒体通气会，通报"科改示范企业"推动改革创新和发展情况。领导小组办公室副主任，国务院国资委党委委员、副主任翁杰明出席会议，介绍相关情况并回答记者提问。

11日，国务院国资委以视频方式召开中央企业涉外法治工作会。国务院国资委党委委员、副主任翁杰明出席会议并讲话。

12日，国务院国资委党委召开扩大会议，认真传达学习习近平总书记重要讲话精神和党的十九届六中全会精神，研究贯彻落实措施。国务院国资委党委书记、主任郝鹏主持会议。

12日，国务院国资委党委委员、副主任谭作钧以视频方式在第十一届中国（澳门）国际汽车博览会开幕式上致辞。

14日,国务院国资委党委召开中央企业负责人视频会议。国务院国资委党委书记、主任郝鹏主持会议并讲话。

17日,国务院国资委党委委员、副主任翁杰明赴中国铁物和中国诚通物流板块调研。

17日,国务院国资委党委书记、主任郝鹏赴通用技术集团环球医疗公司调研。

17日,国务院国资委2021年预算执行等情况审计进点会议召开。国务院国资委党委委员、副主任任洪斌出席会议并讲话。

23—24日,国务院国资委党委委员、副主任谭作钧主持召开调研座谈会,围绕深入学习贯彻党的十九届六中全会精神、持续深化落实全国国有企业党的建设工作会议部署,做好明年中央企业党建工作。

25日,国务院国资委党委委员、副主任翁杰明赴中国电科调研。

25日,国务院国资委党委委员、副主任任洪斌赴河北省邯郸市魏县、邢台市平乡县调研国务院国资委机关定点帮扶工作。

26日,中广核风电公司增资引战签约仪式在北京举行。国务院国资委党委委员、副主任翁杰明出席仪式并就国企股权多元化改革提出要求。

27日,印发《关于印发〈关于推进中央企业高质量发展做好碳达峰碳中和工作的指导意见〉的通知》(国资发科创〔2021〕93号)。

27—29日,国务院国资委党委举办理论学习中心组集体学习暨厅局级干部研修班。

12月

1日,国务院国资委党委在北京召开国资央企系统学习贯彻党的十九届六中全会精神深化拓展党史学习教育工作部署会。国务院国资委党委委员、副主任,国务院国资委党委党史学习教育领导小组副组长谭作钧出席会议并讲话。

2日,国务院国资委党委举行学习贯彻党的十九届六中全会精神国资国企系统宣讲报告会。国务院国资委党委书记、主任郝鹏主持报告会。

3日,国务院国资委召开中央企业"合规管理强化年"工作部署会,国务院国资委党委委员、副主任翁杰明出席会议并讲话。

3日,国务院国资委与中国农业银行签署共同服务乡村振兴战略合作协议。国务院国资委党委书记、主任郝鹏出席签约仪式并讲话。

6日,中国物流集团有限公司成立大会在北京举行。国务院国资委党委书记、主任郝鹏出席会议并讲话。国务院国资委党委委员、副主任翁杰明主持会议并宣读国务院国资委批复文件。

6日,由中央宣传部、国务院国资委、全国工商联共同指导,中国外文局主办的2021·中国企业全球形象高峰论坛以线上线下相结合的方式在北京举办。国务院国资委党委委员、副主任谭作钧出席论坛并致辞。

6日,国务院国有企业改革领导小组办公室以视频方式召开加强专业化、体系化、法治化监管专题推进会,通报截至10月底落实国企改革三年行动有关情况。国务院国企改革领导小组办公室副主任,国务院国资委党委委员、副主任翁杰明出席会议并讲话。

9日,国务院国资委党委委员、副主任翁杰明赴中智调研。

10日,中国电信天翼云科技有限公司股权多元化改革框架协议签约暨公司揭牌仪式在北京举行。国务院国资委党委书记、主任郝鹏出席签约仪式并讲话。

10日,国务院国资委召开中央企业保障农民工工资及时足额支付和清欠工作专题视频会。国务院国资委党委委员、副主任袁野出席会议并讲话。

10日,中国华电与东方电气集团自主G50燃气轮机示范合作推进会暨签约仪式在北京举办。国务院国资委党委委员、副主任任洪斌出席会议并致辞。

11日,国务院国资委党委召开扩大会议,认真传达学习中央经济工作会议精神,结合国资国企实际研究贯彻落实措施。国务院国资委党委书记、主任郝鹏主持会议并讲话。

13日,印发《关于印发〈中央企业重大经营风险事件报告工作规则〉的通知》(国资发监督规〔2021〕103号)。

14日,首届中央企业数字化转型峰会在深圳市举办。国务院国资委党委委员、副主任任洪斌出席峰会开幕式并致辞。

15日,首届中央企业数字化转型峰会"智慧决策"论坛在深圳召开。国务院国资委党委委员、秘书长彭华岗视频出席并致辞。

16日,中国物流股东会第一次会议在北京召开。国务院国资委党委委员、副主任翁杰明出席会议并讲话。

17日,印发《关于认真贯彻落实〈保障中小企业款项支付条例〉进一步做深做实清理拖欠中小企业账款工作的通知》(国资发财评〔2021〕104号)。

18日,国务院国资委召开中央企业负责人会议。国务院国资委党委书记、主任郝鹏出席会议并讲话。

20日、21日,国务院国资委党委委员、副主任谭作钧分别赴通用技术集团、国药集团调研。

22日,国务院国资委党委举行2021年第二批"央企楷模"发布暨年度总发布仪式,组织召开中央企业"全国道德模范""央企楷模"代表座谈会。国务院国资委党委委员、副主任谭作钧会见模范代表,和模范代表座谈交流,并出席发布活动。

23日,发布《关于组建中国稀土集团有限公司的公告》(国务院国资委公告2021年第3号)。

24日,国务院国资委以视频方式召开以中国安能为综合平台联动加强中央企业应急救援体系建设推进会。国务院国资委党委委员、副主任翁杰明出席会议并讲话。

25日,国务院国资委党委书记、主任郝鹏赴广东深圳深入中央企业和地方国有企业生产运营一线调研。国务院国资委党委委员、副主任袁野参加调研。

29日,国务院国资委党委委员、副主任翁杰明赴中国绿发调研。

30日,国务院国资委党委书记、主任郝鹏在国务院国资委以视频方式会见古巴驻华大使佩雷拉,双方就进一步推动国资国企深化改革实现高质量发展、促进两国企业务实合作等进行交流。

30日、31日,国务院国资委党委书记、主任郝鹏赴中储粮集团、中国中化调研。

31日,国务院国资委党委委员、副主任袁野赴深圳调研中广核、航空工业集团所属中航国际,并召开中央企业科技创新激励保障机制建设座谈会。

附录

第九篇

2022
CHINA'S STATE-OWNED ASSETS SUPERVISION AND ADMINISTRATION YEARBOOK
中国国有资产监督管理年鉴

行政事业性国有资产管理条例

（中华人民共和国国务院令第738号）

《行政事业性国有资产管理条例》已经2020年12月30日国务院第120次常务会议通过，现予公布，自2021年4月1日起施行。

行政事业性国有资产管理条例

第一章 总则

第一条 为了加强行政事业性国有资产管理与监督，健全国有资产管理体制，推进国家治理体系和治理能力现代化，根据全国人民代表大会常务委员会关于加强国有资产管理情况监督的决定，制定本条例。

第二条 行政事业性国有资产，是指行政单位、事业单位通过以下方式取得或者形成的资产：

（一）使用财政资金形成的资产；

（二）接受调拨或者划转、置换形成的资产；

（三）接受捐赠并确认为国有的资产；

（四）其他国有资产。

第三条 行政事业性国有资产属于国家所有，实行政府分级监管、各部门及其所属单位直接支配的管理体制。

第四条 各级人民政府应当建立健全行政事业性国有资产管理机制，加强对本级行政事业性国有资产的管理，审查、批准重大行政事业性国有资产管理事项。

第五条 国务院财政部门负责制定行政事业单位国有资产管理规章制度并负责组织实施和监督检查，牵头编制行政事业性国有资产管理情况报告。

国务院机关事务管理部门和有关机关事务管理部门会同有关部门依法依规履行相关中央行政事业单位国有资产管理职责，制定中央行政事业单位国有资产管理具体制度和办法并组织实施，接受国务院财政部门的指导和监督检查。

相关部门根据职责规定，按照集中统一、分类分级原则，加强中央行政事业单位国有资产管理，优化管理手段，提高管理效率。

第六条 各部门根据职责负责本部门及其所属单位国有资产管理工作，应当明确管理责任，指导、监督所属单位国有资产管理工作。

各部门所属单位负责本单位行政事业性国有资产的具体管理，应当建立和完善内部控制管理制度。

第七条 各部门及其所属单位管理行政事业性国有资产应当遵循安全规范、节约高效、公开透明、权责一致的原则，实现实物管理与价值管理相统一，资产管理与预算管理、财务管理相结合。

第二章 资产配置、使用和处置

第八条 各部门及其所属单位应当根据依法履行职能和事业发展的需要，结合资产存量、资产配置标准、绩效目标和财政承受能力配置资产。

第九条 各部门及其所属单位应当合理选择资产配置方式，资产配置重大事项应当经可行性研究和集体决策，资产价值较高的按照国家有关规定进行资产评估，并履行审批程序。

资产配置包括调剂、购置、建设、租用、接受捐赠等方式。

第十条 县级以上人民政府应当组织建立、完善资产配置标准体系，明确配置的数量、价值、等级、最低使用年限等标准。

资产配置标准应当按照勤俭节约、讲求绩效和绿色环保的要求，根据国家有关政策、经济社会发展水平、市场价格变化、科学技术进步等因素适时调整。

第十一条 各部门及其所属单位应当优先通过调剂方式配置资产。不能调剂的，可以采用购置、建设、租用等方式。

第十二条 行政单位国有资产应当用于本单位履行职能的需要。

除法律另有规定外，行政单位不得以任何形式将国有资产用于对外投资或者设立营利性组织。

第十三条 事业单位国有资产应当用于保障事业发展、提供公共服务。

第十四条 各部门及其所属单位应当加强对本

单位固定资产、在建工程、流动资产、无形资产等各类国有资产的管理，明确管理责任，规范使用流程，加强产权保护，推进相关资产安全有效使用。

第十五条　各部门及其所属单位应当明确资产使用人和管理人的岗位责任。

资产使用人、管理人应当履行岗位责任，按照规程合理使用、管理资产，充分发挥资产效能。资产需要维修、保养、调剂、更新、报废的，资产使用人、管理人应当及时提出。

资产使用人、管理人发生变化的，应当及时办理资产交接手续。

第十六条　各部门及其所属单位接受捐赠的资产，应当按照捐赠约定的用途使用。捐赠人意愿不明确或者没有约定用途的，应当统筹安排使用。

第十七条　事业单位利用国有资产对外投资应当有利于事业发展和实现国有资产保值增值，符合国家有关规定，经可行性研究和集体决策，按照规定权限和程序进行。

事业单位应当明确对外投资形成的股权及其相关权益管理责任，按照规定将对外投资形成的股权纳入经营性国有资产集中统一监管体系。

第十八条　县级以上人民政府及其有关部门应当建立健全国有资产共享共用机制，采取措施引导和鼓励国有资产共享共用，统筹规划有效推进国有资产共享共用工作。

各部门及其所属单位应当在确保安全使用的前提下，推进本单位大型设备等国有资产共享共用工作，可以对提供方给予合理补偿。

第十九条　各部门及其所属单位应当根据履行职能、事业发展需要和资产使用状况，经集体决策和履行审批程序，依据处置事项批复等相关文件及时处置行政事业性国有资产。

第二十条　各部门及其所属单位应当将依法罚没的资产按照国家规定公开拍卖或者按照国家有关规定处理，所得款项全部上缴国库。

第二十一条　各部门及其所属单位应当对下列资产及时予以报废、报损：

（一）因技术原因确需淘汰或者无法维修、无维修价值的资产；

（二）涉及盘亏、坏账以及非正常损失的资产；

（三）已超过使用年限且无法满足现有工作需要的资产；

（四）因自然灾害等不可抗力造成毁损、灭失的资产。

第二十二条　各部门及其所属单位发生分立、合并、改制、撤销、隶属关系改变或者部分职能、业务调整等情形，应当根据国家有关规定办理相关国有资产划转、交接手续。

第二十三条　国家设立的研究开发机构、高等院校对其持有的科技成果的使用和处置，依照《中华人民共和国促进科技成果转化法》《中华人民共和国专利法》和国家有关规定执行。

第三章　预算管理

第二十四条　各部门及其所属单位购置、建设、租用资产应当提出资产配置需求，编制资产配置相关支出预算，并严格按照预算管理规定和财政部门批复的预算配置资产。

第二十五条　行政单位国有资产出租和处置等收入，应当按照政府非税收入和国库集中收缴制度的有关规定管理。

除国家另有规定外，事业单位国有资产的处置收入应当按照政府非税收入和国库集中收缴制度的有关规定管理。

事业单位国有资产使用形成的收入，由本级人民政府财政部门规定具体管理办法。

第二十六条　各部门及其所属单位应当及时收取各类资产收入，不得违反国家规定，多收、少收、不收、侵占、私分、截留、占用、挪用、隐匿、坐支。

第二十七条　各部门及其所属单位应当在决算中全面、真实、准确反映其国有资产收入、支出以及国有资产存量情况。

第二十八条　各部门及其所属单位应当按照国家规定建立国有资产绩效管理制度，建立健全绩效指标和标准，有序开展国有资产绩效管理工作。

第二十九条　县级以上人民政府投资建设公共基础设施，应当依法落实资金来源，加强预算约束，防范政府债务风险，并明确公共基础设施的管理维护责任单位。

第四章 基础管理

第三十条 各部门及其所属单位应当按照国家规定设置行政事业性国有资产台账,依照国家统一的会计制度进行会计核算,不得形成账外资产。

第三十一条 各部门及其所属单位采用建设方式配置资产的,应当在建设项目竣工验收合格后及时办理资产交付手续,并在规定期限内办理竣工财务决算,期限最长不得超过1年。

各部门及其所属单位对已交付但未办理竣工财务决算的建设项目,应当按照国家统一的会计制度确认资产价值。

第三十二条 各部门及其所属单位对无法进行会计确认入账的资产,可以根据需要组织专家参照资产评估方法进行估价,并作为反映资产状况的依据。

第三十三条 各部门及其所属单位应当明确资产的维护、保养、维修的岗位责任。因使用不当或者维护、保养、维修不及时造成资产损失的,应当依法承担责任。

第三十四条 各部门及其所属单位应当定期或者不定期对资产进行盘点、对账。出现资产盘盈盘亏的,应当按照财务、会计和资产管理制度有关规定处理,做到账实相符和账账相符。

第三十五条 各部门及其所属单位处置资产应当及时核销相关资产台账信息,同时进行会计处理。

第三十六条 除国家另有规定外,各部门及其所属单位将行政事业性国有资产进行转让、拍卖、置换、对外投资等,应当按照国家有关规定进行资产评估。

行政事业性国有资产以市场化方式出售、出租的,依照有关规定可以通过相应公共资源交易平台进行。

第三十七条 有下列情形之一的,各部门及其所属单位应当对行政事业性国有资产进行清查:

(一)根据本级政府部署要求;

(二)发生重大资产调拨、划转以及单位分立、合并、改制、撤销、隶属关系改变等情形;

(三)因自然灾害等不可抗力造成资产毁损、灭失;

(四)会计信息严重失真;

(五)国家统一的会计制度发生重大变更,涉及资产核算方法发生重要变化;

(六)其他应当进行资产清查的情形。

第三十八条 各部门及其所属单位资产清查结果和涉及资产核实的事项,应当按照国务院财政部门的规定履行审批程序。

第三十九条 各部门及其所属单位在资产清查中发现账实不符、账账不符的,应当查明原因予以说明,并随同清查结果一并履行审批程序。各部门及其所属单位应当根据审批结果及时调整资产台账信息,同时进行会计处理。

由于资产使用人、管理人的原因造成资产毁损、灭失的,应当依法追究相关责任。

第四十条 各部门及其所属单位对需要办理权属登记的资产应当依法及时办理。对有账簿记录但权证手续不全的行政事业性国有资产,可以向本级政府有关主管部门提出确认资产权属申请,及时办理权属登记。

第四十一条 各部门及其所属单位之间,各部门及其所属单位与其他单位和个人之间发生资产纠纷的,应当依照有关法律法规规定采取协商等方式处理。

第四十二条 国务院财政部门应当建立全国行政事业性国有资产管理信息系统,推行资产管理网上办理,实现信息共享。

第五章 资产报告

第四十三条 国家建立行政事业性国有资产管理情况报告制度。

国务院向全国人民代表大会常务委员会报告全国行政事业性国有资产管理情况。

县级以上地方人民政府按照规定向本级人民代表大会常务委员会报告行政事业性国有资产管理情况。

第四十四条 行政事业性国有资产管理情况报告,主要包括资产负债总量,相关管理制度建立和实施,资产配置、使用、处置和效益,推进管理体制机制改革等情况。

行政事业性国有资产管理情况按照国家有关规定向社会公开。

第四十五条 各部门所属单位应当每年编制本

单位行政事业性国有资产管理情况报告，逐级报送相关部门。

各部门应当汇总编制本部门行政事业性国有资产管理情况报告，报送本级政府财政部门。

第四十六条　县级以上地方人民政府财政部门应当每年汇总本级和下级行政事业性国有资产管理情况，报送本级政府和上一级政府财政部门。

第六章　监　督

第四十七条　县级以上人民政府应当接受本级人民代表大会及其常务委员会对行政事业性国有资产管理情况的监督，组织落实本级人民代表大会及其常务委员会审议提出的整改要求，并向本级人民代表大会及其常务委员会报告整改情况。

乡、民族乡、镇人民政府应当接受本级人民代表大会对行政事业性国有资产管理情况的监督。

第四十八条　县级以上人民政府对下级政府的行政事业性国有资产管理情况进行监督。下级政府应当组织落实上一级政府提出的监管要求，并向上一级政府报告落实情况。

第四十九条　县级以上人民政府财政部门应当对本级各部门及其所属单位行政事业性国有资产管理情况进行监督检查，依法向社会公开检查结果。

第五十条　县级以上人民政府审计部门依法对行政事业性国有资产管理情况进行审计监督。

第五十一条　各部门应当建立健全行政事业性国有资产监督管理制度，根据职责对本行业行政事业性国有资产管理依法进行监督。

各部门所属单位应当制定行政事业性国有资产内部控制制度，防控行政事业性国有资产管理风险。

第五十二条　公民、法人或者其他组织发现违反本条例的行为，有权向有关部门进行检举、控告。接受检举、控告的有关部门应当依法进行处理，并为检举人、控告人保密。

任何单位或者个人不得压制和打击报复检举人、控告人。

第七章　法律责任

第五十三条　各部门及其所属单位有下列行为之一的，责令改正，情节较重的，对负有直接责任的主管人员和其他直接责任人员依法给予处分：

（一）配置、使用、处置国有资产未按照规定经集体决策或者履行审批程序；

（二）超标准配置国有资产；

（三）未按照规定办理国有资产调剂、调拨、划转、交接等手续；

（四）未按照规定履行国有资产拍卖、报告、披露等程序；

（五）未按照规定期限办理建设项目竣工财务决算；

（六）未按照规定进行国有资产清查；

（七）未按照规定设置国有资产台账；

（八）未按照规定编制、报送国有资产管理情况报告。

第五十四条　各部门及其所属单位有下列行为之一的，责令改正，有违法所得的没收违法所得，情节较重的，对负有直接责任的主管人员和其他直接责任人员依法给予处分；构成犯罪的，依法追究刑事责任：

（一）非法占有、使用国有资产或者采用弄虚作假等方式低价处置国有资产；

（二）违反规定将国有资产用于对外投资或者设立营利性组织；

（三）未按照规定评估国有资产导致国家利益损失；

（四）其他违反本条例规定造成国有资产损失的行为。

第五十五条　各部门及其所属单位在国有资产管理工作中有违反预算管理规定行为的，依照《中华人民共和国预算法》及其实施条例、《财政违法行为处罚处分条例》等法律、行政法规追究责任。

第五十六条　各部门及其所属单位的工作人员在国有资产管理工作中滥用职权、玩忽职守、徇私舞弊或者有浪费国有资产等违法违规行为的，由有关部门依法给予处分；构成犯罪的，依法追究刑事责任。

第八章　附　则

第五十七条　除国家另有规定外，社会组织直接支配的行政事业性国有资产管理，依照本条例执行。

第五十八条　货币形式的行政事业性国有资产管理，按照预算管理有关规定执行。

执行企业财务、会计制度的事业单位以及事业单位对外投资的全资企业或者控股企业的资产管理,不适用本条例。

第五十九条 公共基础设施、政府储备物资、国有文物文化等行政事业性国有资产管理的具体办法,由国务院财政部门会同有关部门制定。

第六十条 中国人民解放军、中国人民武装警察部队直接支配的行政事业性国有资产管理,依照中央军事委员会有关规定执行。

第六十一条 本条例自2021年4月1日起施行。

2021年度和2019—2021年任期中央企业负责人经营业绩考核A级企业名单

一、2021年度A级企业(48家)

1. 中国航天科技集团有限公司
2. 招商局集团有限公司
3. 中国远洋海运集团有限公司
4. 中国电子科技集团有限公司
5. 国家开发投资集团有限公司
6. 中国海洋石油集团有限公司
7. 中国医药集团有限公司
8. 中国石油化工集团有限公司
9. 中国长江三峡集团有限公司
10. 中国第一汽车集团有限公司
11. 国家能源投资集团有限责任公司
12. 中国建筑集团有限公司
13. 中国移动通信集团有限公司
14. 中国航空工业集团有限公司
15. 中国宝武钢铁集团有限公司
16. 中国船舶集团有限公司
17. 国家电网有限公司
18. 中国建材集团有限公司
19. 中国航天科工集团有限公司
20. 中国广核集团有限公司
21. 华润(集团)有限公司
22. 鞍钢集团有限公司
23. 中国五矿集团有限公司
24. 中国石油天然气集团有限公司
25. 中国核工业集团有限公司
26. 中国兵器工业集团有限公司
27. 中国电信集团有限公司
28. 中国国新控股有限责任公司
29. 中国中化控股有限责任公司
30. 国家石油天然气管网集团有限公司
31. 中国中车集团有限公司
32. 中国保利集团有限公司
33. 中国南方电网有限责任公司
34. 中国交通建设集团有限公司
35. 中国铝业集团有限公司
36. 中粮集团有限公司
37. 中国铁道建筑集团有限公司
38. 中国铁路工程集团有限公司
39. 中国华能集团有限公司
40. 中国中煤能源集团有限公司
41. 中国兵器装备集团有限公司
42. 东风汽车集团有限公司
43. 中国航空发动机集团有限公司
44. 国家电力投资集团有限公司
45. 中国诚通控股集团有限公司
46. 中国能源建设集团有限公司
47. 中国电力建设集团有限公司
48. 中国华电集团有限公司

二、2019—2021年任期A级企业(46家)

1. 中国第一汽车集团有限公司
2. 招商局集团有限公司
3. 中国长江三峡集团有限公司
4. 中国海洋石油集团有限公司
5. 中国移动通信集团有限公司
6. 中国保利集团有限公司
7. 中国航天科技集团有限公司
8. 中国电子科技集团有限公司
9. 中国宝武钢铁集团有限公司
10. 国家开发投资集团有限公司
11. 国家能源投资集团有限责任公司
12. 华润(集团)有限公司
13. 中国石油化工集团有限公司

14. 中国建筑集团有限公司
15. 中国广核集团有限公司
16. 中国医药集团有限公司
17. 中国远洋海运集团有限公司
18. 中国铁路工程集团有限公司
19. 中国兵器工业集团有限公司
20. 中国航天科工集团有限公司
21. 国家电网有限公司
22. 中国核工业集团有限公司
23. 东风汽车集团有限公司
24. 中国船舶集团有限公司
25. 中国电信集团有限公司
26. 中国中煤能源集团有限公司
27. 中国航空工业集团有限公司
28. 中国华能集团有限公司
29. 中国中车集团有限公司
30. 中国中化控股有限责任公司
31. 中国国新控股有限责任公司
32. 中国华电集团有限公司
33. 中国交通建设集团有限公司
34. 中国南方电网有限责任公司
35. 中国铁道建筑集团有限公司
36. 国家电力投资集团有限公司
37. 中国能源建设集团有限公司
38. 中国航空发动机集团有限公司
39. 中国建材集团有限公司
40. 中国石油天然气集团有限公司
41. 中国五矿集团有限公司
42. 华侨城集团有限公司
43. 中粮集团有限公司
44. 中国兵器装备集团有限公司
45. 中国诚通控股集团有限公司
46. 中国电力建设集团有限公司

2021年《财富》"世界500强"中国企业上榜情况

2021年排名	2020年排名	公司名称	营业收入（百万美元）	总部所在城市
3	2	国家电网有限公司	460616.9	北京
4	4	中国石油天然气集团有限公司	411692.9	北京
5	5	中国石油化工集团有限公司	401313.5	北京
9	13	中国建筑集团有限公司	293712.4	北京
20	22	鸿海精密工业股份有限公司	214619.2	新北
22	20	中国工商银行股份有限公司	209000.4	北京
24	25	中国建设银行股份有限公司	200434.0	北京
25	16	中国平安保险(集团)股份有限公司	199629.4	深圳
28	29	中国农业银行股份有限公司	181411.7	北京
31	—	中国中化控股有限责任公司	172260.3	北京
34	35	中国铁路工程集团有限公司	166452.1	北京
39	42	中国铁道建筑集团有限公司	158203.0	北京
40	32	中国人寿保险(集团)公司	157095.3	北京

续表

2021年排名	2020年排名	公司名称	营业收入（百万美元）	总部所在城市
42	39	中国银行股份有限公司	152409.3	北京
44	72	中国宝武钢铁集团有限公司	150730.0	上海
46	59	京东集团股份有限公司	147526.2	北京
55	63	阿里巴巴集团控股有限公司	132935.7	杭州
57	56	中国移动通信集团有限公司	131913.4	北京
58	65	中国五矿集团有限公司	131800.4	北京
60	61	中国交通建设集团有限公司	130664.1	北京
65	92	中国海洋石油集团有限公司	126920.1	北京
68	60	上海汽车集团股份有限公司	120900.2	上海
69	70	山东能源集团有限公司	120012.3	济南
70	69	中国华润有限公司	119601.2	香港
75	67	恒力集团有限公司	113536.0	苏州
76	68	正威国际集团有限公司	112049.2	深圳
77	148	厦门建发集团有限公司	111556.5	厦门
79	66	中国第一汽车集团有限公司	109404.7	长春
80	109	中国医药集团有限公司	108779.3	北京
81	74	中国邮政集团有限公司	108669.0	北京
85	101	国家能源投资集团有限责任公司	107094.5	北京
89	91	中国南方电网有限责任公司	104118.8	广州
91	112	中粮集团有限公司	103087.3	北京
96	44	华为投资控股有限公司	98724.7	深圳
100	107	中国电力建设集团有限公司	96421.7	北京
102	115	中国中信集团有限公司	96125.8	北京
106	171	厦门国贸控股集团有限公司	93791.3	厦门
110	90	中国人民保险集团股份有限公司	92182.3	北京
120	170	物产中大集团股份有限公司	87210.7	杭州
121	132	腾讯控股有限公司	86835.6	深圳
122	85	东风汽车集团有限公司	86122.0	武汉
125	142	绿地控股集团股份有限公司	84454.0	上海
127	231	中国远洋海运集团有限公司	84129.5	上海
131	126	中国电信集团有限公司	83596.3	北京
136	127	中国兵器工业集团有限公司	81785.2	北京

续表

2021年排名	2020年排名	公司名称	营业收入（百万美元）	总部所在城市
138	139	碧桂园控股有限公司	81091.1	佛山
139	198	中国铝业集团有限公司	80406.5	北京
144	140	中国航空工业集团有限公司	79332.2	北京
150	149	太平洋建设集团有限公司	77072.9	乌鲁木齐
152	163	招商局集团有限公司	76766.9	香港
155	137	交通银行股份有限公司	75986.2	上海
160	189	厦门象屿集团有限公司	75094.3	厦门
162	124	北京汽车集团有限公司	74687.3	北京
163	138	晋能控股集团有限公司	74588.2	大同
171	159	联想集团有限公司	71618.2	香港
174	162	招商银行股份有限公司	71063.8	深圳
176	225	江西铜业集团有限公司	70914.0	贵溪
178	160	万科企业股份有限公司	70197.6	深圳
180	255	浙江荣盛控股集团有限公司	69503.2	杭州
181	174	中国保利集团有限公司	69006.9	北京
182	158	中国太平洋保险(集团)股份有限公司	68313.3	上海
186	176	广州汽车工业集团有限公司	66955.2	广州
189	200	河钢集团有限公司	66149.7	石家庄
196	177	中国建材集团有限公司	64416.6	北京
199	282	山东魏桥创业集团有限公司	63738.6	滨州
208	196	兴业银行股份有限公司	61330.5	福州
209	220	陕西煤业化工集团有限责任公司	61299.0	西安
210	194	中国光大集团股份公司	61193.8	北京
215	248	中国华能集团有限公司	60048.5	北京
217	400	鞍钢集团有限公司	59447.7	鞍山
224	284	中国机械工业集团有限公司	57446.0	北京
225	251	台积公司	56836.8	新竹
226	201	上海浦东发展银行股份有限公司	56795.3	上海
229	239	浙江吉利控股集团有限公司	55860.1	杭州
233	354	中国电子科技集团有限公司	55457.2	北京
238	279	青山控股集团有限公司	54573.6	温州
241	311	盛虹控股集团有限公司	53947.5	苏州

续表

2021年排名	2020年排名	公司名称	营业收入（百万美元）	总部所在城市
243	240	中国船舶集团有限公司	53670.9	上海
245	288	美的集团股份有限公司	53231.5	佛山
257	234	陕西延长石油（集团）有限责任公司	51813.4	西安
260	293	国家电力投资集团有限公司	51518.2	北京
264	309	浙江恒逸集团有限公司	50974.1	杭州
266	338	小米集团	50898.1	北京
267	260	中国联合网络通信股份有限公司	50827.6	北京
269	301	中国能源建设集团有限公司	50344.7	北京
273	224	中国民生银行股份有限公司	50079.2	北京
288	213	友邦保险控股有限公司	47525.0	香港
291	308	江苏沙钢集团有限公司	47072.2	张家港
297	451	中国中煤能源集团有限公司	46664.8	北京
299	—	苏商建设集团有限公司	46478.1	上海
302	433	浙江省交通投资集团有限公司	46381.6	杭州
311	235	和硕	45247.0	台北
315	351	中国兵器装备集团公司	44374.4	北京
317	339	仁宝电脑	44243.1	台北
321	363	上海建工集团股份有限公司	43572.3	上海
322	307	中国航天科技集团有限公司	43419.5	北京
324	334	中国电子信息产业集团有限公司	43118.4	深圳
326	352	中国华电集团有限公司	42855.3	北京
328	411	首钢集团有限公司	42090.3	北京
332	384	山东钢铁集团有限公司	41318.7	济南
334	344	中国太平保险集团有限责任公司	41090.8	香港
336	—	杭州钢铁集团有限公司	41008.5	杭州
339	336	金川集团股份有限公司	40957.8	金昌
341	320	中国航天科工集团有限公司	40856.1	北京
346	343	泰康保险集团股份有限公司	40607.7	北京
349	324	广达电脑公司	40439.7	桃园
353	315	安徽海螺集团有限责任公司	39699.5	芜湖
356	390	新希望控股集团有限公司	39168.9	成都
360	460	广州市建筑集团有限公司	38624.0	广州
363	431	北京建龙重工集团有限公司	38356.6	北京
364	371	中国核工业集团有限公司	38327.5	北京
372	396	深圳市投资控股有限公司	37599.3	深圳
376	346	国泰金融控股股份有限公司	37533.6	台北

续表

2021年排名	2020年排名	公司名称	营业收入（百万美元）	总部所在城市
385	349	中国中车集团有限公司	36963.9	北京
386	375	敬业集团有限公司	36882.1	石家庄
393	353	长江和记实业有限公司	36133.9	香港
397	372	怡和集团	35862.0	香港
400	407	铜陵有色金属集团控股有限公司	35511.2	铜陵
405	405	海尔智家股份有限公司	35278.2	青岛
407	486	紫金矿业集团股份有限公司	34897.8	龙岩
411	435	中国大唐集团有限公司	34699.8	北京
412	456	龙湖集团控股有限公司	34630.1	北京
413	—	蜀道投资集团有限责任公司	34549.4	成都
414	—	中国航空油料集团有限公司	34519.2	北京
416	415	新华人寿保险股份有限公司	34475.8	北京
421	—	湖南钢铁集团有限公司	34061.2	长沙
422	—	潞安化工集团有限公司	34043.3	长治
430	437	上海医药集团股份有限公司	33459.4	上海
431	403	山西焦煤集团有限责任公司	33380.0	太原
434	—	新疆中泰（集团）有限责任公司	32890.2	乌鲁木齐
436	—	比亚迪股份有限公司	32758.0	深圳
440	388	富邦金融控股股份有限公司	32223.4	台北
441	—	顺丰控股股份有限公司	32120.3	深圳
445	439	广西投资集团有限公司	31962.1	南宁
447	471	云南省投资控股集团有限公司	31883.7	昆明
452	425	潍柴动力股份有限公司	31556.2	潍坊
453	444	新疆广汇实业投资（集团）有限责任公司	31505.9	乌鲁木齐
458	—	山东高速集团有限公司	31135.8	济南
459	428	海亮集团有限公司	31048.6	杭州
462	421	纬创集团	30866.6	台北
466	—	成都兴城投资集团有限公司	30552.6	成都
467	468	广州医药集团有限公司	30466.4	广州
469	—	上海德龙钢铁集团有限公司	30343.0	上海
475	—	台湾中油股份有限公司	30021.2	高雄
487	488	珠海格力电器股份有限公司	29402.2	珠海

注：该排行榜于2022年8月3日发布于《财富》。

2022
CHINA'S STATE-OWNED ASSETS SUPERVISION AND ADMINISTRATION YEARBOOK

中国国有资产监督管理年鉴

索引

索 引

使用说明

1. 本索引采用内容分析索引法编制。除大事记外,年鉴中有实质检索意义的内容均予以标引,以便检索使用。

2. 本索引基本上按汉语拼音音序排列。具体排列方法如下:以数字开头的,排在最前面;汉字标目则按首字的音序、音调依次排列,首字相同时则以第二个字排序,并依此类推。

3. 索引标目后的数字,表示检索内容所在的年鉴正文页码;数字后面的字母 a、b,表示年鉴正文中的栏别,合在一起即指该页码及左、右两个版面区域。年鉴中用图表反映的内容,则在索引标目后面用括号注明(图)(表)字,以区别于文字标目。

4. 为反映索引款目间的隶属关系,对于二级标目、三级标目,采取在上一级标目下缩二格的形式编排,之下再按汉语拼音音序、音调排列。

1＋N 内控制度框架 67b

500 强中国企业上榜情况(表) 784

2012—2021 年国资系统监管企业 49、50

  利润总额构成及变化(图) 50

  营业收入变化(图) 49

2019—2021 年任期 A 级企业 783b

2021 年《财富》世界 500 强中国企业上榜情况(表) 784

2021 年度和 2019—2021 年任期中央企业负责人经营业绩考核

  A 级企业名单 783a

2021 年度经营业绩责任书签订视频会议 60b

2021 年国务院国有资产监督管理委员会大事记 765a

2021 年国资系统监管工业企业 656、658

  户数、从业人数、国有资产总量地区分析(表) 656

  资产负债地区分析(表) 658

2021 年国资系统监管企业户数、从业人数、国有资产总量综合

  分析(表) 649～651

2021 年国资系统监管企业资产负债 652、653、655

  地区分析(表) 655

  行业分析(表) 653

  综合分析(表) 652

2021 年国资系统监管商业企业 660、661

  户数、从业人数、国有资产总量地区分析(表) 660

  资产负债地区分析(表) 661

A

A 级企业名单 783a

安徽省国有资产监督管理工作 174a

  并购重组 179a

  长三角国资国企一体化发展 178b

  传统产业转型升级 178b

  创新驱动 180b

  创新体系建设 175a、178a

  党的建设 175b、181b

  党的领导 175b

  党史学习教育 182b

  调研论证 175a

  顶层设计 175a

  对标考核机制 181a

  法人治理结构 179a

  分类考核 180b

  服务安徽省经济社会发展大局 175b

  关键核心技术攻关 175a、177b、178a

  国有企业 174b～177a

地区和行业国有资本保值增值情况（表） 177a
　　　改革三年行动 174b
　　　户数情况（表） 176a
　　　责任担当 175b
　　　指标（表） 176a
　国有资本保值增值综合分析评价 177a
　国有资产 175~178
　　　按地区分布情况（表） 176a
　　　按行业分布情况（表） 176b
　　　按经营规模分布情况（表） 177a
　　　资本化证券化 175a、178a
　　　总量与结构分析 176a
　国资布局和结构调整 178b
　国资监管效能 178a
　国资委监管企业改革发展 177b
　混合所有制改革 177b
　基层组织 183a
　经营业绩考核体系 180a
　考核指标体系 180b
　理论武装创新 182a
　廉政建设 181b
　两个确立 181b
　两个维护 181b
　企业负责人考核 181a
　企业领导班子和领导人员综合考核 181a
　三不体制机制 184a
　省属企业领导人员队伍建设 181b
　习近平新时代中国特色社会主义思想学习贯彻 182a
　项目研发 175a
　新兴产业发展壮大 178b
　选人用人机制改革 181a
　一盘棋理念 178b
　战略性重组优化 179a
　政治生态 183b
　正向激励 181a
　制度改革 177b
　重大决策部署落实 181b
　重点任务评估 174b
　重点研发项目 178a

　　　专业化国企干部人才队伍 183a
　　　作风建设 183b
　安徽省监管企业主要指标（表） 682
　安民为民 11a
　安全发展理念 80b
　安全风险 80b、81a
　　　防线 80b
　　　管控 81a
　　　提示制度 81a
　安全生产专项整治 81a
　鞍钢集团有限公司 434b
　　　党建工作 436a
　　　改革发展 435a
　　　基本概况 434b
　　　履行社会责任 437b
　　　信息化与数字化建设 437b
　　　重大创新 436a
　　　主要指标 435a

B

　八五普法规划 42b
　把握历史规律和大势要求 32a
　百年奋斗目标 12a
　班子结构优化 72b
　保障措施 58a
　保障冬奥 64b
　保障中小企业款项支付条例的通知 756b
　保值增值任务 50a
　北斗精神 20b
　北京市国有资产监督管理工作 95a
　　　布局优化 95b
　　　创新发展 95b
　　　党的建设 96b、101a
　　　法人治理结构情况 99b
　　　服务能力 95b
　　　改革机制 98b
　　　公司制改革 100a
　　　管党治党 102a

国企姓党　101*b*

国有企业　97*a*～98*b*

  并购重组　99*b*

  地区和行业国有资本保值增值情况（表）　98*a*

  改革发展　98*b*

  户数情况（表）　97*a*

  指标（表）　97*a*

国有资本　98*a*、99*a*

  保值增值综合分析评价　98*a*

  运行效率　99*a*

国有资产　97*a*～98*a*

  按地区分布情况（表）　97*a*

  按行业分布情况（表）　97*b*

  按经营规模分布情况（表）　98*a*

  总量与结构分析　97*a*

回头看活动　101*b*

监管企业经营业绩考核体系　100*b*

监管效能　96*a*

经营发展活力动力　99*b*

考核指标体系优化　100*b*

廉政建设　101*a*

两个维护　101*b*

两个一以贯之　101*b*

企业高质量发展　100*b*

市场主体地位　100*a*

投资关键作用　101*a*

优布局调结构　99*b*

中国特色现代企业制度　100*a*

重大项目建设　101*a*

主体责任　102*a*

主责主业聚焦　99*b*

北京市监管企业主要指标（表）　663

标杆　738*b*、742*b*、745*b*

  模式　745*b*

  企业　738*b*

  项目　742*b*

标准　65*b*

标准化规范化建设　85*b*

剥离国有企业办社会职能　56*a*、56*b*

剥离国有企业办社会职能和解决历史遗留问题专项小组　57*a*

博士服务团成员选派　74*a*

不发生重大风险底线　46*a*

不胜任干部下的力度　73*a*

布局结构优化　53*a*

部门联动　57*a*

C

《财富》世界500强中国企业上榜情况（表）　784

财务监管基础　47*a*

财务状况分析　49*a*

采购规范管理　55*a*

参谋助手作用　84*a*

产权管理制度体系　52*b*

产业　6*b*

  培育　6*b*

  优势　6*b*

常态化疫情防控　81*b*

长江、黄河流域生态环境保护　82*b*

长效机制　57*b*

厂办大集体企业改革　57*b*

成果转化　65*a*

成果转化制度　65*a*

承担重大任务　64*b*

充分发挥国有经济战略支撑作用　26*b*

重庆市国有资产监督管理工作　265*a*

  并购重组　270*b*

  财务绩效评价细则　272*a*

  差异化考核　271*b*

  创新驱动发展能力　269*b*

  党的建设　273*a*

  党史学习教育　273

  法人治理结构　270*b*、271*a*

  分类考核　271*b*

  干部配备　273*a*

  管党治党责任　274*a*

  国有企业　265～272

    班子建设基础　272*a*

　　　　地区国有资本保值增值情况(表) 267b
　　　　服务重庆市发展大局 270a
　　　　改革三年行动 268b
　　　　改革重点任务 272b
　　　　企业数情况(表) 266a
　　　　行业国有资本保值增值情况(表) 268b
　　　　人才队伍建设 272b
　　　　指标(表) 265b
　　国有资本保值增值综合分析评价 267b
　　国有资产 265～267
　　　　按地区分布情况(表) 266a
　　　　按行业分布情况(表) 267a
　　　　总量与结构分析 265b
　　国资体系现代化建设 270b
　　国资委监管企业改革发展情况 268b
　　基层党组织建设 273b
　　机关职能调整 273a
　　经营业绩考核体系 271b
　　廉政建设 273a
　　企业负责人考核 272a
　　三不机制 274a
　　三大变革 271b
　　选人用人机制改革况 272a
　　巡视反馈意见整改 273b
　　业绩考核体系 271b
　　政治建设 273a
重庆市监管企业主要指标(表) 702
重组企业班子组建 72b
出资人 65b、70a
　　监督手段 70a
　　政策 65b
穿透式操作 90a
创新 10a、15、47a、64b、72a、77a
　　创效 77a
　　第一动力 10a
　　监管方式 47a
　　理论 72a
　　驱动 15a
　　驱动发展战略 15b

　　要素集聚 64b
从党的百年历史中汲取智慧和力量 31a
从严选聘 71b
从严治党 11b、86a
促进共同富裕基础 10b
促进中央企业所属融资租赁公司健康发展和加强风险防范的
　　通知 730b
存量资产盘活 52a

D

大连市国有资产监督管理工作 135b
　　并购重组 139a
　　城市质量服务保障 137a
　　党的建设 140a
　　党风廉政建设 140b
　　党建与生产经营融合式发展 140a
　　党史学习教育 140a
　　董事会建设 139a
　　董事会权利落实 139b
　　法人治理结构 139a
　　负责人考核 139b
　　国企改革三年行动 135b
　　国有企业 138a、139a
　　　　地区和行业国有资本保值增值情况 139a
　　　　户数情况(表) 138a
　　　　指标(不含金融)(表) 138a
　　国有资本保值增值综合分析评价 138b
　　国有资产 136～138
　　　　布局结构优化 136a
　　　　按地区分布情况(表) 138a
　　　　按行业分布情况(表) 138a
　　　　按经营规模分布情况(表) 138b
　　　　总量与结构分析 137b
　　国资监管效能 137a
　　建党百年活动 140a
　　经理层行权履职 139b
　　经营业绩考核体系 139a
　　理论武装 140a

廉政建设　140a
　　企业战略性重组　139a
　　企业转型升级　136b
　　市场化经营机制　136b
　　中国特色现代企业制度　136a
大连市监管企业主要指标（表）　672
大庆精神　19a
大事记　763
大统战工作格局　76b
代表性先进精神　18a
担当奉献　23a
党的建设　3a、5b、11、17a、24b、26b、41a、92a、761
　　成果　761
　　优势　11a
　　与生产经营深度融合　11b
党的根本性建设　3a
党的领导　3、5b、8a、11、14b、17a、24b、26b、41a、92a
党的全面领导　29a
党的团结和集中统一要求　34a
党的性质宗旨认识要求　32b
党的政治建设　3a、72a
党的组织覆盖质量　75b
党对国资国企全面领导　11b、17、31a、74b
　　体制机制　74b
党对群团工作领导　5a
党风廉政建设　86a
党管干部原则　4a
党建带团建　77b
党建工作　17a、74a、75b、84b、85a
　　创新　17a
　　引领作用　85b
　　责任制考核　75b
党建入章　3b
党建述职评议　76a
党建引领　41a、89b、92a
　　第一方阵　89b
　　高质量发展　92a
党建责任制效　75b
党史学习教育　31a、41a、78b、85a、92a

党员　4b、74b、85b
　　教育管理　85b
　　先锋模范作用　4b
党中央决策部署贯彻　3b
党组织　74b
低碳日活动　82a
地方财务监管工作监督与指导　48a
地方国有企业保供责任　47a
地方债务风险管控　46b
地方指导力度　70b
典型经验推广　90b
典型示范带动效应　91b
典型宣传　56a
电信企业提速降费　45b
调查研究　73b
调研督导考核　90a
顶层设计　67b
顶层推动强化　42b
顶梁柱作用　12b
定点帮扶　39a
东北地区国资国企改革　55b
　　推进会　55b
东风汽车集团有限公司　419b
　　党建工作　421a
　　改革发展　420a
　　基本概况　419b
　　经济指标（表）　420a
　　履行社会责任　421b
　　新产品推出　421b
　　信息化与数字化建设　421a
　　重大创新　420b
　　重大项目　420b
　　主要指标　419b
　　走向海外　420b
冬奥会服务保障　44b
董事会　54b、71
　　从严管理　71b
　　履职支撑体系　71a
　　向经理层授权　54b

运行机制　71a

　　职权　54b

董事会建设　70b、71

　　顶层设计　70b

　　工作机制　71a

　　监督职责　71a

　　向下贯通　71a

　　制度体系　71a

督办方式　70a

督导落实　47a

对标世界一流管理提升行动　54b

对口支援　80b

对内服务　83b

对外交流　83b

对外开放排头兵　28b

对外拓展　83a

队伍建设　88a

F

发布《中央企业科技创新成果推荐目录（2020年版）》的通知　731b

发挥党组织战斗堡垒作用　4b

发挥优势　30b

发现问题　87a

发扬革命精神要求　33b

发展成果更多更公平惠及人民群众　38b

发展第一要务　9b

发展动力　7b、60a

　　质量　60a

法律纠纷案件管理　43a

法治　42b、747a

　　机构建设　42b

　　宣传培训　42b

　　央企建设　42b

　　央企建设意见　747a

反腐败斗争　5a、41b

　　高压态势　5a

防控风险　28a

放活与管好相统一　40a

非常之策　8b

非常之功　8b

非常之责　8b

废止失效的规范性文件目录　728b

风清气正政治生态　5a

风险　46a、52b、58a、62b、67b

　　敞口处置　46b

　　管理　67b

　　意识　58a

风险防控　46a、52b、62b、63b、68b

　　协同机制　68b

　　责任机制　68b

扶贫脱贫工作　8、11a

　　队伍　8b

　　体系　8a

　　开发路径　8b

扶志扶智并举　7a

服务国家战略新作为　64a

服务青年职责使命　77a

福建省国有资产监督管理工作　185b

　　八闽国企综合改革专项行动　189a

　　并购重组　189b

　　党的建设　185b、190b

　　党的创新理论　190b

　　队伍建设　190a

　　法人治理结构　189b

　　改革重组　185a

　　管党治党政治责任　191

　　国有企业　187～189

　　　　地区和行业国有资本保值增值情况（表）　188b

　　　　改革三年行动　188b

　　　　公司制改革　189a

　　　　户数情况（表）　187a

　　　　指标（表）　187a

　　国有资本保值增值综合分析评价　188b

　　国有资产　186～188

　　　　按地区分布情况（表）　187b

　　　　按行业分布情况（表）　188a

　　　　按经营规模分布情况(表)　188a

　　　　总量与结构分析　186a

　　国资监管　185b

　　基层党组织建设　191a

　　激励机制　190b

　　考核结果信息公开　190a

　　科技创新能力　189a

　　亏损子企业和一非两资专项治理　189a

　　利润总额　186b

　　廉政建设　190b

　　年度业绩考核结果　190a

　　企业负责人考核　190a

　　企业改革发展　188b

　　企业户数　186a

　　三不综合功效　191b

　　省属企业整合重组　189a

　　投资监管体系　189b

　　项目对接　185a

　　宣传氛围　191b

　　选人用人机制改革　190a

　　业绩考核审核　190a

　　业绩考核体系　190a

　　引才方式创新　190b

　　营业收入　186a

　　正向激励导向　190a

　　资产分布　186a

　　资产运营问题　186b

　　总部机关化专项治理　189a

福建省监管企业主要指标(表)　684

附录　777

G

改革　22a、40a、56b、57b、63、90b

　　成效　56b

　　创新　22a

　　大局服务　63b

　　氛围　90b

　　深化　63a

　　推进机制　90a

　　衔接　57b

　　专项工程　40a

改善人民生活基础　10b

甘肃省国有资产监督管理工作　304a

　　并购重组　309b

　　布局结构优化调整　305a

　　从严治党向　311b

　　党的建设　306a、310b

　　党的领导　306a

　　党建工作与生产经营深度融合　311a

　　党史学习教育　310b

　　法人治理结构　309b

　　改革专项工程示范效应　309a

　　高质量发展引领作用　306a

　　国有经济布局优化和结构调整　309b

　　国有企业　304～308

　　　　地区和行业国有资本保值增值情况(表)　308b

　　　　改革三年行动　304b、308b

　　　　公司制改革　309a

　　　　户数情况(表)　307a

　　　　指标(表)　306b

　　国有资本保值增值综合分析评价　308a

　　国有资产　360b～309a

　　　　按地区分布情况(表)　307a

　　　　按行业分布情况(表)　307b

　　　　按经营规模分布情况(表)　308a

　　　　集中统一监管　309a

　　　　总量与结构分析　306b

　　国资国企担当作为　306a

　　国资监管效能　305b

　　国资委监管企业改革发展情况　308b

　　经营业绩考核体系　310a

　　考核分配　310b

　　考核指标分类确定　310a

　　廉政建设　310b

　　企业发展动能　305a

　　企业负责人考核　310a

　　企业资产证券化　309b

社会责任履行　306a

提质增效稳增长　304a

问题导向　310b

选人用人机制改革　310a

职能转变　305b

重点领域关键环节突破　304b

抓基层打基础工作　311a

甘肃省监管企业主要指标(表)　711

干部担当作为　4a

干部交流和实践锻炼　72b

钢铁煤炭去产能回头看　53b

岗位建功创先争优活动　75b

港澳台工作　83a、84a

高水平对外开放　91b

高素质国有企业领导人员队伍建设　4a

高质量发展　27b、41a、59b

高质量发展做好碳达峰碳中和工作的指导意见的通知　750a

各项工作　57a

公司法人治理　54a

公司制股份制改革　53b

公司治理　3n、54b

　　　示范企业创建活动　54b

公益类业务分类考核　59b

工会工作　77b

工资效益匹配　58b

工资总额分类管理　59a

工作基础　43b

工作机制　79b

工作系统性、预见性、创造性推进　32a

攻坚成效　8a

攻坚克难　57a

攻坚行动　8a

攻坚作风改进　8a

攻克深度贫困堡垒　8a

共产党人精神血脉　17b

共青团工作　77a

股东履职制度机制和模式　63a

股权多元化中央企业履职管理　63a

骨干员工持股　54a

关键材料领域　64a

关键核心技术　15b、91a

　　　攻关　91a

　　　攻坚战　15b

关键零部件领域　64a

关键卡点攻克　64a

关于发布《中央企业科技创新成果推荐目录(2020年版)》的通知　731b

关于废止失效部分规范性文件的通知　728b

关于加强地方国有企业债务风险管控工作的指导意见　723a

关于加强中央企业融资担保管理工作的通知　745b

关于加强中央企业资金内部控制管理有关事项的通知　724a

关于进一步促进中央企业所属融资租赁公司健康发展和加强风险防范的通知　730b

关于进一步加强金融衍生业务管理有关事项的通知　729a

关于进一步深化法治央企建设的意见　747a

关于认真贯彻落实《保障中小企业款项支付条例》进一步做深做实清理拖欠中小企业账款工作的通知　756b

关于推进中央企业高质量发展做好碳达峰碳中和工作的指导意见　750a

关于印发《关于加强地方国有企业债务风险管控工作的指导意见》的通知　723a

关于印发《关于进一步深化法治央企建设的意见》的通知　747a

关于印发《关于推进中央企业高质量发展做好碳达峰碳中和工作的指导意见》的通知　750a

关于印发《国资监管责任约谈工作规则》的通知　721a

关于印发《中央企业重大经营风险事件报告工作规则》的通知　754b

关于印发国有重点企业管理标杆创建行动标杆企业、标杆项目和标杆模式名单的通知　738b

关于做好2021年中央企业违规经营投资责任追究工作的通知　726b

广东省国有资产监督管理工作　240a

　　　并购重组　244a

　　　党的建设　245b

　　　党风廉政建设　245b、246b

　　　法人治理结构　244a

　　　服务广东省经济社会发展大局作用　240b

　　　管资本职能转变　244a

索引

国企改革重点领域和关键环节改革 243b
国有经济战略支撑能力 240b
国有企业 241b、243a
  地区和行业国有资本保值增值情况（表） 243a
  户数情况（表） 241b
  指标（表） 241b
国有资本 242b、244a
  保值增值监管保障 244a
  保值增值综合分析评价 242b
国有资产 241、242
  按地区分布情况（表） 242a
  按行业分布情况（表） 242b
  按经营规模分布情况（表） 242b
  总量与结构分析 241a
国资委监管企业改革发展情况 243b
经营成果考核 244b
经营业绩考核指标体系 244b
年度经营业绩考核 245a
企业发展动力活力 243b
企业负责人考核 245a
企业绩效评价 245a
省属企业综合考核 244b
市场化对标业 245a
脱贫攻坚成果同乡村振兴有效衔接 241a
选人用人机制改革 245a
广东省监管企业主要指标（表） 696
广西壮族自治区国有资产监督管理工作 254b
 并购重组 259a
 创新驱动 255b
 从严治党主体责任 261a
 党的建设 260b
 党史学习教育 260b
 法人治理结构 259a、259b
 风险防控 256a
 国有企业 257～259
  地区和行业国有资本保值增值情况（表） 258a
  改革专项工程 259a
  户数情况（表） 257a
  指标（表） 257a

 国有资本 258
  保值增值综合分析评价 258a
  布局结构 258b
 国有资产 257、258
  按地区分布情况（表） 257a
  按行业分布情况（表） 257b
  按经营规模分布情况（表） 258a
  总量与结构分析 257a
 国资监管 255a
 基层党建 260b
 经营业绩考核体系 260a
 廉政建设 260b
 企业负责人考核 260a
 企业改革发展 258b
 企业效益指标 261
 稳增长 255a
 乡村振兴 256b
 选人用人机制改革 260a
 制度改革 259a
 中国特色现代企业制度 258b
广西壮族自治区监管企业主要指标（表） 699
规范化、法治化、信息化建设 89a
规范性文件目录废止失效 728b
规模实力 49b
规章规范性文件清理 42b
贵州省国有资产监督管理工作 281a
 班子运行情况 285a
 备案职务人员配备 285a
 并购重组 283b
 从严治党 286a
 党的建设 285b
 党的政治建设 285b
 党建引领发展 286a
 董事存量盘点 284a
 法人治理结构 283b
 干部培养互派挂职 285a
 公司章程修改 284a
 国有企业 281、282
  地区和行业国有资本保值增值情况（表） 282b

　　　　户数情况（表）　281b

　　　　指标（表）　281b

　　国有资本　282、283

　　　　保值增值情况（表）　282b

　　　　保值增值综合分析评价　282a

　　　　布局　283a

　　国有资产　281、282

　　　　按地区分布情况（表）　281b

　　　　行业分布情况（表）　282a

　　　　按经营规模分布情况（表）　282a

　　　　总量与结构分析　281a

　　基层基础　285b

　　集中统一监管　283b

　　绩效考核体系　284a

　　经营业绩考核体系　284a

　　科技创新成果　283b

　　廉政建设　285b

　　履职能力提升　284a

　　年初既定目标　283a

　　年度考核评价绩效　285b

　　企业安全稳定态势　286a

　　企业负责人考核　285a

　　企业改革发展情况　282b

　　企业领导班子　285a

　　外部董事监事配备　284a

　　选人用人机制改革　285a

　　指挥棒作用　284b

　　制度机制建设　283b

　　重点领域改革　283a

贵州省监管企业主要指标（表）　705

国际传播　79b

国际创新资源对接平台　84a

国际合作　65a、83a

国际经济合作打造参与　84a

国际治理　83b

国家电力投资集团有限公司　395b

　　党建工作　397b

　　改革发展　396a

　　基本概况　395b

　　经济指标（表）　396a

　　履行社会责任　398a

　　信息化与数字化建设　397b

　　重大创新　397a

　　重大项目　396b

　　主要指标　395b

　　走向海外　396b

国家电网有限公司　379b

　　党建工作　382b

　　改革发展　380a

　　基本概况　379b

　　履行社会责任　383a

　　重大创新　381b

　　重大项目　381a

　　主要指标　380a

　　走向海外　381a

国家顶层设计　81b

国家股东职权履行　63a

国家开发投资集团有限公司　477a

　　党建工作　478a

　　改革发展　478a

　　基本概况　477a

　　经济指标（表）　477b

　　履行社会责任　479a

　　信息化与数字化建设　479a

　　重大创新　478b

　　重大项目　478a

　　主要指标　477b

　　走向海外　478b

国家能源投资集团有限责任公司　404a

　　党建工作　406a

　　改革发展　405a

　　经济指标（表）　404b

　　履行社会责任　406b

　　能源保供　406b

　　信息化与数字化建设　406a

　　重大创新　405b

　　重大项目　405a

　　主要指标　404b

索引

走向海外 405b

国家区域重大战略 10b

国家十四五重点任务 43a

国家石油天然气管网集团有限公司 374a

 党建工作 378a

 改革发展 375b

 基本概况 374a

 履行社会责任 379a

 市场开拓 376b

 信息化与数字化建设 379a

 重大创新 377b

 重大项目 377a

 主要指标 374b

国家战略科技力量发挥作用 38a

国家重大区域战略成果 44b

国家重大战略落实 38b

国内合作 65a

国企党建会 12b

国企党建会精神 41a、75a

 贯彻落实情况回头看系列活动 75a

国企发展 21a

国企改革 11b、23a、24、40a、90a

 标准 24a

 出发点和落脚点 23b

 顶层设计方案 24a

 科学行动指南 23b

 领导小组办公室作用 90a

 前提 24a

 思想武器 23b

 原则 23b

 政治保证 24a

 专项工程 40a

国企改革三年行动 23、25、39a、51a、83b、89b、90b、92a

 进展 89b

 实施 89b

 系列重大标志性成果 90b

国企国资改革任务 48b

国企良好形象树立 5a

国企气概 23a

国有经济布局 25b、39b

 优化和结构调整 25b

国有经济战略支撑作用 12a、26b、27b、30a

国有企业 3～5、10、11a、13b、15、16a、18a、19b、20a、24～26、32～37、53a、57b、75a、91、92a、761

 办医疗机构高质量发展 57b

 重组整合重点难点 53a

 党的建设成果 761

 党的领导党的建设 92a

 发展道路和方向 3a

 发展质量 25a

 改革发展 24b、37a

 改革与重组 53a

 高质量 37b

 根和魂 3a

 公平参与市场竞争 26a、91b

 混合所有制改革过程中党的建设问题专题调研 75b

 基层党组织建设 4a

 领导 3b、4a

 全面从严治党 5a

 市场化经营机制 91a

 体制机制 25a

 质量效益提升 24b

国有企业先进精神 17～22

 实践性特征 22b

 时代性特征 22a

 有代表性先进精神 18a

 政治性特征 21a

国有重点企业管理标杆创建行动标杆企业、标杆项目、标杆模式名单 738b

国有资本 15b、16a、24b、51b、62a、63、90b

 布局结构调整 24b

 布局优化和结构调整 15b、51b

 划转社保后的管理框架 63b

 结构优化 90b

 经营预算和收益管理 62a

 运营公司功能作用 63a

国有资本投资 16b、55a

 公司改革 55a

国有资产　16*b*、26*a*、40*b*、42*a*、88*a*、647～651、656、660、779*a*
　　大监督格局　88*a*
　　管理条例　779*a*
　　监督体系　40*b*
　　监管体制　16*b*、26*a*、42*a*
　　监管效能　26*a*
　　统计资料　647
　　总量地区分析（表）　651、656、660
　　总量行业分析（表）　650
　　总量综合分析（表）　649
国有资产监督管理委员会大事记　765*a*
国有资产综合监督　65*b*、66*b*
　　职责　66*b*
国之大者勇于作为　10*b*
国资国企　9、23～28、45*b*
　　发挥带动拉动作用　28*a*
　　改革　9*b*
　　改革新局面　25*b*
　　高质量发展　23*a*、27*b*
　　经济运行大数据平台建设　45*b*
　　体制机制改革　24*a*
　　新的历史使命和重大责任　27*a*
国资监管　16*b*、17*a*、21*a*、36、37、40、42*a*、70*a*、94、719、721*a*
　　法规制度　42*a*
　　体系优化　40*a*
　　体制改革　37*a*
　　效能　16*b*、40
　　责任约谈工作规则　70*a*、721*a*
　　政策法规选编　719
　　职能体系　40*a*
国资监管大格局　41*a*、42*a*
　　构建　42*a*
国资委　21、37*b*、40、41*a*、46*b*、49*a*、66*b*、88*b*
　　保供工作专班　46*b*
　　机关干部传承弘扬国有企业先进精神　21*a*
　　审计工作领导小组办公室　66*b*
　　系统监管企业资产　49*a*
　　巡视委管企业成果运用和整改落实　88*b*
国资委党委　3*a*、5*b*、9*a*、86*a*、86*b*

　　理论学习中心组　9*a*
国资系统监管工业企业　656、658
　　户数、从业人数、国有资产总量地区分析（表）　656
　　资产负债地区分析（表）　658
国资系统监管企业　49*a*、49、50、649～655
　　户数、从业人数、国有资产总量地区分析（表）　651
　　户数、从业人数、国有资产总量行业分析（表）　650
　　户数、从业人数、国有资产总量综合分析（表）　649
　　利润总额构成及变化（图）　50
　　营业收入变化（图）　49
　　资产负债地区分析（表）　655
　　资产负债行业分析（表）　653
　　资产负债综合分析（表）　652
国资系统监管商业企业　660、661
　　户数、从业人数、国有资产总量地区分析（表）　660
　　资产负债地区分析（表）　661
国资央企　5*b*～8*a*、43、80*a*、83、87*b*、88*b*
　　定点帮扶　6*a*
　　发展提供外部资源　83*b*
　　贡献　83*a*
　　十四五发展作用　43*a*
　　十四五规划编制　43*a*
　　使命担当　5*b*
　　脱贫攻坚任务　80*a*
　　姓党为民政治本色　8*a*
　　巡视巡察工作战略格局　87*b*
　　巡视整改和成果运用　88*b*
过程督导　70*a*

H

哈尔滨电气集团有限公司　428*a*
　　党建工作　429*b*
　　改革发展　428*b*
　　基本概况　428*a*
　　经济指标（表）　428*a*
　　履行社会责任　430*b*
　　信息化与数字化建设　430*a*
　　重大创新　429*b*

重大项目　429*a*

　　主要指标　428*a*

　　走向海外　429*a*

海工装备产业转型升级　63*b*

海南省国有资产监督管理工作　261*a*

　　并购重组　263*b*

　　大局贡献　261*b*

　　党的建设　264*b*

　　党风廉政建设　265*a*

　　党建特色　265*a*

　　法人治理结构　263*b*、264*a*

　　改革发展文件出台　263*a*

　　工作作风　264*b*

　　国企改革专项行动　263*b*

　　国有企业　262

　　　　地区国有资本保值增值情况（表）　262*b*

　　　　户数情况（表）　262*b*

　　　　指标（表）　262*a*

　　国有资本保值增值综合分析评价　262*a*

　　国有资产　262

　　　　按行业分布情况（表）　262*b*

　　　　总量与结构分析　262*a*

　　国资委监管企业改革发展　263*a*

　　混合所有制和股权多元化改革　263*b*

　　基层党组织建设　264*b*

　　经营业绩考核体系　264*a*

　　跨越式发展　261*a*

　　廉政建设　264*b*

　　企业负责人考核　264*a*

　　企业重组整合　263*b*

　　省属国资国企加快融入市（县）发展　262*a*

　　思想引领　264*b*

　　投融资体制改革　263*a*

　　选人用人机制改革　264*a*

　　政治与社会责任　262*a*

　　制度创新　263*b*

　　驻琼央企指标　261*b*

　　资产证券化水平　263*b*

海南省监管企业主要指标（表）　700

　　海外统战工作　76*b*

　　航空企业渡过难关　59*a*

　　行业协会商会监督管理　84*b*

郝鹏　12*a*、17*b*、23*a*、26*b*、29*a*、31*a*、60*b*、83*a*

合法权益　58*a*

合规管理　43*a*

合规约束力　69*b*

合作领域拓展　45*a*

核电领域　64*a*

核心电子元器件领域　64*a*

河北省国有资产监督管理工作　109*a*

　　并购重组　113*a*

　　党的建设　114*a*

　　党建基层基础　114*a*

　　法人治理结构　113*a*

　　高质量发展态势　112*a*

　　国有企业　109～111、114*a*

　　　　地区和行业国有资本保值增值率情况（表）　111*b*

　　　　改革　111*b*

　　　　根和魂筑牢　114*a*

　　　　户数情况（表）　110*a*

　　　　指标　109*b*

　　国有资本保值增值综合分析评价　111*a*

　　国有资产　109～111

　　　　按地区分布情况（表）　110*b*

　　　　按行业分布情况（表）　110*b*

　　　　按经营规模分布情况（表）　111*a*

　　　　总量与结构分析　109*b*

　　国资监管三化能力　112*b*

　　基层党建与生产经营深度融合　114*b*

　　机制改革　113*b*

　　监管企业　111*b*、113*a*

　　　　并购重组　113*a*

　　　　改革发展　111*b*

　　　　经营业绩考核体系　113*a*

　　考核导向　113*a*

　　廉政建设　114*a*

　　企业负责人考核　113*b*

　　薪酬审批　113*b*

　　　　选人用人机制改革　113b

　　　　政治生态　114b

　　　　中国特色现代企业制度　113a

　　　　综合考核评价　113a

　河北省监管企业主要指标(表)　666

　河南省国有资产监督管理工作　219b

　　　　并购重组　224a

　　　　党的建设　221b、225b

　　　　党的领导　224a

　　　　党风廉政建设　226a

　　　　党建基层基础　226a

　　　　党史学习教育　225b

　　　　董事会建设　224b

　　　　法人治理结构　224a

　　　　根魂工程　225b

　　　　公司治理有机融合　224a

　　　　国有企业　220～223

　　　　　　按经营规模分布情况(表)　223a

　　　　　　改革　220a

　　　　　　行业和地区国有资本保值增值情况(表)　223a

　　　　　　户数情况(表)　222a

　　　　　　指标(表)　222a

　　　　国有资本保值增值综合分析评价　223a

　　　　国有资产　221b、222

　　　　　　按地区分布情况(表)　222a

　　　　　　按行业分布情况(表)　222b

　　　　　　总量与结构分析　221b

　　　　国资委监管企业改革发展情况　223b

　　　　监管体制　221a

　　　　经济运行　219b

　　　　经理层任期制　224b

　　　　经营业绩考核体系　224b

　　　　理论武装　225b

　　　　廉政建设　225b

　　　　企业负责人考核　225a

　　　　企业中长期激励制度　225a

　　　　契约化管理　224b

　　　　选人用人机制改革　225a

　　　　业绩考核　225a

　　　　债务风险　220b

　　　　战略重组　224a

　　　　制度机制　224b

　　　　制度约束　226a

　　　　转型发展　220b

　河南省监管企业主要指标(表)　691

　黑龙江省国有资产监督管理工作　146a

　　　　并购重组　149b

　　　　党的建设　150b

　　　　党风廉政建设　151b

　　　　党建规范化标准化　151a

　　　　党建责任落实　150b

　　　　地方国有资产按经营规模分布情况(表)　147b

　　　　对标提升行动　148b

　　　　法人治理结构　149b、150a

　　　　服务社会　146a

　　　　高质量发展　146b

　　　　供给侧结构性改革　148b

　　　　国有企业　147～149

　　　　　　地区和行业国有资本保值增值情况(表)　148a

　　　　　　改革三年行动　148a

　　　　　　改革专项工程　149b

　　　　　　户数情况(表)　147a

　　　　　　指标(表)　147a

　　　　国有资本保值增值综合分析评价　148a

　　　　国有资产　147

　　　　　　按地区分布情况(表)　147a

　　　　　　按行业分布情况(表)　147b

　　　　　　总量与结构分析　147a

　　　　纪检监督　152a

　　　　监管企业改革发展　148a

　　　　监管体制　149a

　　　　监管效能　146b

　　　　经营业绩考核体系　146a、150b

　　　　历史遗留问题解决　149a

　　　　廉政建设　150b

　　　　人才队伍建设　151a

　　　　统战群团工作　151b

　　　　宣传思想和文化建设　151a

制度改革　148*b*

　　重点企业改革　148*b*

黑龙江省监管企业主要指标(表)　675

宏观经济大盘支撑　60*a*

湖北省国有资产监督管理工作　226*b*

　　并购重组　230*b*

　　剥离办社会职能工作　231*a*

　　党的建设　232*a*

　　董事人选配备　231*a*

　　法人治理结构　230*b*

　　高质量发展基础　227*b*

　　固魂抓党建　228*a*

　　　　国有企业　228*b*、231*a*

　　　　改革　230*b*

　　　　改革三年行动　231*a*

　　　　户数情况(表)　228*b*

　　　　指标(表)　228*b*

　　国有资本保值增值综合分析评价　229*b*、230*a*

　　国有资产　228、229

　　　　按地区分布情况(表)　229*a*

　　　　按行业分布情况(表)　229*b*

　　　　按经营规模分布情况(表)　229*b*

　　　　总量与结构分析　228*b*

　　国资监管效能　228*a*

　　红色发展引擎　228*a*

　　经理层成员任期制和契约化管理　231*b*

　　经营性资产统一监管　230*b*

　　经营业绩考核结果核定　231*b*

　　经营业绩考核体系　231*b*

　　廉政建设　232*a*

　　年度经营业绩考核目标值　231*b*

　　企业负责人考核　231*b*

　　企业改革发展　230*a*

　　三峡集团总部搬迁　234*a*

　　上市融资　230*b*

　　深化改革　226

　　省属企业党委人选配备　231*a*

　　市场化选聘　231*b*

　　体制机制重塑　226

　　新冠肺炎疫情专项支持　231*b*

　　选人用人机制改革　231*b*

　　央地对接活动　234*a*

　　央地合作　234*a*

　　央地战略合作　234*a*

　　中国特色现代企业制度　230*a*

　　中央企业与湖北省互动　234*b*

湖北省监管企业主要指标(表)　693

湖南省国有资产监督管理工作　234*b*

　　并购重组　238*b*

　　创新发展活力　237*b*

　　党的建设　239*b*

　　法人治理结构　238*b*、239*a*

　　国有经济指标创新高　234*b*

　　国有企业　235～237

　　　　地区和行业国有资本保值增值情况(表)　237*a*

　　　　户数情况(表)　236*a*

　　　　指标(表)　235*b*

　　国有资本　236*b*、238*b*

　　　　保值增值综合分析评价　236*b*

　　　　布局结构　238*b*

　　国有资产　235～238

　　　　按地区分布情况(表)　236*a*

　　　　按经营规模分布情况(表)　236*b*

　　　　监管体制　235*a*

　　　　总量与结构分析　235*b*

　　混合所有制改革　238*a*

　　经营业绩考核体系　239*a*

　　科技攻关　237*b*

　　廉政建设　239*b*

　　平台公司试点　238*a*

　　企业负责人考核　239*a*

　　企业改革发展　237*b*

　　市州国企改革　238*a*

　　选人用人机制改革　239*a*

　　遗留问题处理　238*a*

　　主担当彰显　239*b*

　　主基调把牢　239*b*

　　主旋律唱响　239*a*

　　　　主阵地筑牢　239b
湖南省监管企业主要指标(表)　694
华侨城集团有限公司　617a
　　　党建工作　618b
　　　改革发展　617b
　　　基本概况　617a
　　　经济指标(表)　617a
　　　履行社会责任　619a
　　　信息化与数字化建设　618b
　　　重大创新　618a
　　　重大项目　618a
　　　主要指标　617a
　　　走向海外　618b
华润(集团)有限公司　482a
　　　党建工作　484a
　　　服务国家战略　483b
　　　改革发展　482b
　　　基本概况　482a
　　　经济指标(表)　482
　　　履行社会责任　484b
　　　信息化与数字化建设　484a
　　　重大创新　483a
　　　重大项目　483b
　　　主要指标　482b
化解矛盾　58a
惠民电　6a
惠民利民　11a
混合所有制改革　16b、25b、39b、51
　　　方向　51a
　　　企业转换经营机制　51b

J

基层党建三基建设　75b
基层基础　4b
基层组织建设　85b
基础保障　9b
基础软件领域　64a
基础研发　15b

机制保障力　70a
吉林省国有资产监督管理工作　140b
　　　党的建设　141a、145b
　　　法人治理结构　144b
　　　国有经济布局优化和结构调整　142a
　　　国有企业　142～144
　　　　　地区和行业国有资本保值增值(表)　143b
　　　　　改革三年行动　144a
　　　　　户数情况(表)　143a
　　　　　指标(表)　142b
　　　国有资本保值增值综合分析评价　143b
　　　国有资产　142、143
　　　　　按地区分布情况(表)　143a
　　　　　按行业分布情况(表)　143a
　　　　　按经营规模分布情况(表)　143b
　　　　　总量与结构分析　142b
　　　国资监管体制　142a
　　　监管企业　144
　　　　　并购重组　144b
　　　　　改革发展　144a
　　　经营业绩考核体系　145a
　　　廉政建设　145b
　　　扭亏脱困　144a
　　　企业办社会职能工作分离　144b
　　　企业发展质量　144a
　　　企业法人治理结构　145a
　　　企业负责人考核　145b
　　　市场化经营机制建设　141b
　　　选人用人机制改革　145b
　　　债务化解　144a
　　　中国特色现代企业制度　141a
　　　重点企业改革　144b
吉林省监管企业主要指标(表)　673
集团层面重组　53a
技能人才培养　758a
加强地方国有企业债务风险管控工作的指导意见　723a
加强中央企业融资担保管理工作的通知　745b
加强中央企业资金内部控制管理有关事项的通知　724b
坚持党的领导、加强党的建设是国有企业的根和魂　3a

坚持和发展中国特色社会主义 13b

坚持和完善社会主义基本经济制度 13b

监测预警作用 68a

监督保障执行作用 66a

监督检查作用 52b

监督聚合力 70a

监督震慑力 69b

监管工业企业 656、658
  户数、从业人数、国有资产总量地区分析(表) 656
  资产负债地区分析(表) 658

监管企业 649~652、655
  户数、从业人数、国有资产总量地区分析(表) 651
  户数、从业人数、国有资产总量行业分析(表) 650
  户数、从业人数、国有资产总量综合分析(表) 649
  资产负债地区分析(表) 655
  资产负债综合分析(表) 652

监管商业企业 660、661
  户数、从业人数、国有资产总量地区分析(表) 660
  资产负债地区分析(表) 661

监管效能 52b

艰苦奋斗昂扬精神 22a、33b

建党100周年系列庆祝活动 75a

建设世界一流企业 27b、30b
  重大任务 27b

江苏省国有资产监督管理工作 156a
  并购重组 159b
  党的建设 162a
  党建促发展 162b
  党史学习教育 162a
  反腐高压态势 162b
  负责人考核 161a
  改革发展智慧力量 162a
  管党治党责任 162b
  国有经济布局优化和结构调整 159a
  国有企业 157~159、162a
    行业国有资本保值增值情况(表) 158b
    改革三年行动 158b
    改革专项工程 159b
    根和魂 162a
    户数情况(表) 157b
    指标(表) 157a
  国有资本 156a、158b
    保值增值综合分析评价 158b
    布局结构 156a
  国有资产 157、158
    按地区分布情况(表) 157b
    按行业分布情况(表) 158a
    按经营规模分布情况(表) 158a
    总量与结构分析 157a
  国资监管能力水平 156b
  基层党建工作 162b
  经营业绩考核体系 160a
  考核作用有效性 160b
  廉政建设 162a
  领导班子及成员年度考核 161a
  领导人员日常选配和管理 161a
  企业法人治理结构 161b
  企业改革发展 158b
  企业综合考核 161a
  人才和教育培训 161b
  市场化经营机制 159b
  五周年回头看 162b
  选人用人机制改革 161a
  政治建设 162a
  指标设置精准性 160b
  中国特色现代企业制度 159a
  重点领域治理 162b
  总体框架统筹性 160a

江苏省监管企业主要指标(表) 678

江西省国有资产监督管理工作 198b
  并购重组 202a
  从严治党 204b
  党的建设 204a
  党的领导 204a
  党建质量 204a
  法人治理结构 202a、202b
  国企改革 198b、202a
  专项工程 202a

国有企业 199～202
  地区和行业国有资本保值增值情况（表） 201a
  户数情况（表） 200a
  运转效率 202b
  指标（表） 199b
国有资本 200b、202a
  保值增值综合分析评价 200b
  配置运行效率 202a
国有资产 199b、200
  按地区分布情况（表） 200a
  按行业分布情况（表） 200a
  按经营规模分布情况（表） 200b
  总量与结构分析 199b
国资监管体制 199a
混合所有制改革 201a
结构调整 202a
经济效益 198a
经理层成员任期制和契约化管理 203a
经营业绩考核体系 203a
科技创新 199a
廉政建设 204a
企业发展活力动力 198b
企业负责人考核 203a
企业改革发展 201a
企业领导班子和领导人员考核评价 203a
企业领导人员日常监督管理 203b
企业人才队伍建设 203b
市场化经营机制 201b
市场化薪酬改革 203a
推进职业经理人制度试点 203a
选人用人机制改革 203a
制度改革 201b
专业化体系化法治化监管 199a
江西省监管企业主要指标（表） 687
讲政治 10b、34a、37a
交通领域 64a
结构调整 15b、39b
节能低碳主题视频展览 82a
节能宣传周 82a

解决历史遗留问题 56
  进展情况 56a
金融衍生业务管理有关事项的通知 729a
金融衍生业务监管 46a
金融业务 62b
  布局 62b
  监管 62b
进取精神 22
进一步加强金融衍生业务管理有关事项的通知 729a
精准考核 60a
经济发展保持全球领先 37b
经济实力跃上新台阶基础 9b
经济文献 1
经济效益 37b、49a
经济运行监测 45a
经济责任 12b
经理层成员任期制 16b、72b、91a
  契约化管理 16b、72b
经营性国有资产集中统一监管 42a
境外风险 45a、68b
  防控 45a
境外国有资产监督 68a
境外内部审计监督 69a
境外重大经营风险防范 68b
竞争新优势打造参与 84a
军令状制度 90a

K

开放协同创新 64b
抗击疫情 64b
科技创新 15a、38a、50b、58b、64a、65、732
  成果推荐目录（2020年版）（表） 732
  成效 65a
  激励保障机制建设 58b
  能力 50b
科技攻关重地 10a
科技奖励 65a
科技人才 10a、58b、64b

高地　10a

　　　激励　58b

科技兴安工程　81a

科技自立自强　10a、15a、28b、91a

　　　国家队　28b

　　　基础　10a

　　　内生动力　91a

矿冶科技集团有限公司　526b

　　　党建工作　528a

　　　改革发展　527a

　　　基本概况　526b

　　　经济指标（表）　526b

　　　履行社会责任　528b

　　　信息化与数字化建设　528b

　　　重大创新　527b

　　　重大项目　527b

　　　主要指标　526b

　　　走向海外　527b

扩大市场　7a

L

理论武装　3a、78a

理论武装创新　89b

历史功勋　12b

联谊交友工作　76b

链长工作　43b

粮食购销领域腐败治理　69

两弹一星精神　19a

两非剥离专项治理　69a

两个确立　37a

两个维护　3b、34a、37a、74b

两个一以贯之　39a、90b

两化重组　53a

两金管控　45b

两利四率指标体系　27b

两路精神　18b

两学一做学习教育　3a

辽宁省国有资产监督管理工作　130

　　　创新发展转型升级　130a

　　　党的建设　134a

　　　党的政治建设　134a

　　　党风廉政建设　135a

　　　党建与生产经营深度融合　135a

　　　法人治理结构　132b

　　　国有企业　129～132

　　　　　地区和行业国有资本保值增值情况（表）　131b

　　　　　改革三年行动　129b、132a

　　　　　户数情况（表）　130b

　　　　　指标（表）　130a

　　　国有资本　129b、131a

　　　　　保值增值综合分析评价　131a

　　　　　布局结构　129b

　　　国有资产　130、131

　　　　　按地区分布情况（表）　130b

　　　　　按行业分布情况（表）　131a

　　　　　按经营规模分布情况（表）　131a

　　　　　总量与结构分析　130a

　　　国资布局结构优化　132a

　　　基层党建重点任务　134b

　　　集聚创新动能　132a

　　　监管短板补齐　132a

　　　监管企业经营业绩考核体系　133a

　　　经理层成员任期制和契约化管理　133b

　　　经营业绩考核目标　133a

　　　考核体系　133

　　　廉政建设　134a

　　　年度经营业绩考核　133b

　　　企业并购重组　132b

　　　企业改革发展　131b

　　　庆祝中国共产党成立100周年系列活动　134a

　　　市场化选聘经理层成员工作　133b

　　　选人用人机制改革　133b

　　　用工市场化水平　134a

　　　重组整合　132b

辽宁省监管企业主要指标（表）　670

领导班子　85a

　　　监督　85a

　　　　结构功能　85a
　　领导人员　72a、73a、85a
　　　　担当作为　73a
　　　　政治能力　72a
　　轮岗交流　4a
　　履职能力　85a
　　绿色健康领域合作　45a
　　绿色低碳技术创新和应用　81b
　　绿色发展　10b

M～N

迈进新征程、奋进新时代精气神　21a
民间交往　83b
民族宗教工作　76b
目标引领　60a
南方电网股权理顺问题　63a
南光(集团)有限公司　619a
　　改革发展　619b
　　基本概况　619a
　　经济指标(表)　619b
　　履行社会责任　620b
　　重大项目　620a
　　主要指标　619b
内部监督评价　68a
内部控制体系　67b
内部审计监督范围　67a
内控抽查评价　68a
内控体系　67b、68
　　持续优化完善　68a
　　刚性约束要求　68a
　　建设与监督　67b
　　有效性　68b
内控信息化建设　68a
内控责任工作机制　67b
内蒙古自治区国有资产监督管理工作　124a
　　办社会职能剥离　127a
　　党的建设　128a
　　党的领导　125a、128b
　　党反腐败斗争　129a
　　党风廉政建设　129a
　　党史学习教育　128b
　　法人治理结构　127a
　　干部队伍建设　128a
　　管党治党政治责任　128a
　　国企改革三年行动　124a
　　国有经济指标　124a
　　国有企业　125a、126a
　　　　地区和行业国有资本保值增值(表)　126a
　　　　户数情况(表)　125a
　　　　指标(表)　125a
　　国有资本保值增值综合分析评价　126a
　　国有资产　125、126a
　　　　按地区分布情况(表)　125b
　　　　按行业分布情况(表)　125b
　　　　经营规模分布情况(表)　126a
　　　　总量与结构分析　125a
　　基层党组织政治功能和组织力提升年活动　128b
　　监管企业改革发展　126b
　　监管效能　124b
　　经营业绩考核体系　127a
　　考核工作规范化建设　127b
　　考核与选人用人制度体系　127b
　　廉政建设　128a
　　两非两资处置　124b
　　领导人员教育管理　128a
　　年度考核　127b
　　企业并购重组　127a
　　企业负责人考核　127b
　　企业经济运行保　129a
　　人才工作　128a
　　社会责任　125a
　　市场化经营机制　126b
　　市场化意识　124b
　　现代企业制度　124b
　　选人用人机制改革　127b
　　中国特色现代企业制度　126b
　　重组整合　124b

　　　　专项工项工作　125a

内蒙古自治区监管企业主要指标（表）　669

内外联通　84a

内需体系主力军　28b

能源保供作用　59a

能源电力保供攻坚战　46b

能源供应保障　59a

年度风险预测评估　68a

年度考核　81a

年度利润分配和收益上交　62a

年度综合监督计划　66a

年轻干部培养选拔　72b、85a

宁波市国有资产监督管理工作　170b

　　2 国有企业户数情况（表）　170b

　　党的建设　173b

　　党风廉政建设　174a

　　党史学习教育　173b

　　国有经济与民营经济深层次融合　172b

　　国有企业　170b、172a、173a

　　　　地区和行业国有资本保值增值情况（表）　172a

　　　　活力　173a

　　　　指标（表）　170b

　　国有资本保值增值综合分析评价　171b

　　国有资产　170~172

　　　　按地区分布情况（表）　170b

　　　　按行业分布情况（表）　171b

　　　　按经营规模分布情况（表）　171a

　　　　证券化　172b

　　　　总量与结构分析　170b

　　国资监管　173a

　　混合所有制改革　172b

　　基层党建　174a

　　监管企业改革发展　172b

　　降本增效成效　170a

　　经济效益　170a

　　廉政建设　173b

　　企业负责人考核　173b

　　人才梯队建设　174a

　　十四五规划目标　173a

　　市场化经营机制　173a

　　投资持续放量　170a

　　现代企业制度建设　172b

　　治理机制　172b

　　资产证券化率　172b

宁波市监管企业主要指标（表）　681

宁夏回族自治区国有资产监督管理工作　318b

　　党的建设　321a

　　关键环节改革　319a

　　国有企业　319~321

　　　　地区和行业国有资本保值增值情况（表）　321a

　　　　户数情况（表）　320a

　　　　活力　319a

　　　　指标（表）　319b

　　国有资本　319b、320b

　　　　保值增值综合分析评价　320b

　　　　总量与结构分析　319b

　　国有资产　320

　　　　按地区分布情况（表）　320a

　　　　按行业分布情况（表）　320a

　　　　按经营规模分布情况（表）　320b

　　国资布局结构优化　318b

　　监管效能效率　319a

　　拒腐防变思想道德防线　322a

　　理论武装　322a

　　廉政教育　322a

　　责任体系　321a

　　政治规矩　322a

　　政治纪律　322a

　　正风肃纪　322b

　　组织领导　321a

　　作风建设　322b

宁夏回族自治区监管企业主要指标（表）　714

女职工工作　77b

P～Q

排头兵作用　13a

贫困地区对接联通市场　6b

贫困地区生产生活落后条件改变 6a

贫困群众勤劳致富本领增强 7a

品牌建设 82b

品牌质量管理 82b

评估监测 60b

普法方式方法创新 42b

企业党建考核工作 76a

企业发展 39a、53b、92a

  活力动力 39a、53b

  质量和效益 92a

企业管理 54b

企业国有产权管理 51a

企业国有资产监管法治建设 42a

企业活力 26a

企业领导班子建设 41b、72

企业领导人员管理 4a

企业目标任务 60b

企业内部审计 66b

企业挑战自我 60a

企业先进精神民族性特征 21b

企业效益效率提升 61a

企业政策 65b

企业主体责任 81a

契约化管理 91a

前瞻性战略性研究 61b

强基固本 4a

抢占制高点 15b

桥梁纽带作用 76b

清单化举措 90a

清理拖欠中小企业账款工作的通知 756b

青藏铁路精神 19b

青岛市国有资产监督管理工作 211b

  1+N 制度体系 216b

  并购重组 216b

  大数据信息化监管格局 212b

  党的建设 218b

  党对国有企业领导 218b

  党建统领 215b

  督导检查 218b

法人治理结构 216b

固本强基 219a

管党治党主体责任 218b

规范设置 216b

国有企业 214a、215a

  地区和行业国有资本保值增值情况（表） 215a

  户数情况（表） 214a

  指标（表） 214a

国有资本 214b、216a

  按经营规模分布情况（表） 214b

  保值增值综合分析评价 214b

  战略布局和结构调整 216a

国有资产 213b、214a

  按行业分布情况（表） 214a

  按隶属关系分布情况（表） 214a

  总量与结构分析 213b

国资监管体制 215b

国资中长期战略规划 212a

混合所有制改革 212b

基层党建基础 219a

建章立制 216b

经营业绩考核体系 217a

决策程序 217b

考核精准性 218a

考核约束性 218b

考核针对性 217b

廉政建设 218b

目标责任 217b

企业发展责任 217b

企业法人治理结构 216b

企业负责人考核 217b

企业改革发展 215b

企业聚焦主责主业 218a

企业目标 218b

庆祝建党 100 周年系列活动 219a

区域性国资国企综合改革试验 211b

任期制和契约化管理 217a

市场化经营机制 213a

外部董事制度 216b

　　　　五大招商平台　212b

　　　　选人用人机制改革　217b

　　　　一盘棋大格局　212b

　　　　债务风险防范工作体系　213a

　　　　战略匹配定位　216a

　　　　政治站位　218b

　　　　正确导向　217a

　　　　中国特色现代企业制度　215b

青岛市监管企业主要指标（表）　690

青海省国有资产监督管理工作　311b

　　　　并购重组　315a

　　　　从严管党治党　318a

　　　　从严监督　318a

　　　　党的建设　317a

　　　　党的领导　312b、317a

　　　　党建引领　317b

　　　　发展方向　318a

　　　　法人治理结构　315a、315b

　　　　国企党建　312b

　　　　国有经济布局优化和结构调整　314b

　　　　国有企业　312～315

　　　　　　地区和行业国有资本保值增值情况（表）　314a

　　　　　　改革　312a

　　　　　　改革专项工程　315a

　　　　　　公平参与市场竞争　315a

　　　　　　户数情况（表）　313a

　　　　　　指标（表）　312b

　　　　国有资本保值增值综合分析评价　313b

　　　　国有资产　312b、323

　　　　　　按地区分布情况（表）　313a

　　　　　　按行业分布情况（表）　313a

　　　　　　按经营规模分布情况（表）　313b

　　　　　　总量与结构分析　312b

　　　　国资监管　311b、314a、315a

　　　　　　企业改革发展　314a

　　　　　　体制　315a

　　　　　　效能　311b

　　　　基层党建基础　317b

　　　　考核导向作用　316a

　　　　考核分配制度　316a

　　　　考核评价机制　316b

　　　　廉政建设　317a、318a

　　　　企业负责人考核分配　316b

　　　　三年行动　312a

　　　　市场化经营机制　314b

　　　　首要任务　314a

　　　　选人用人机制改革　316b

　　　　营业绩考核体系　316a

　　　　硬核担当　317b

　　　　责任落实　317a

　　　　中国特色现代企业制度　314a

　　　　重大责任　317b

　　　　专业化体系化法治化监管　311b

　　　　总体要求　314a

　　　　组织建设　317b

青海省监管企业主要指标（表）　712

青年典型示范引领作用　77b

青年干事创业舞台　77a

青年岗位建功　77a

青年工作　77a

庆祝建党百年　76b、79a、85a

区域协调发展　55b

去产能工作　53b

全国国企党建会精神　41a、75a

　　　　贯彻落实情况回头看系列活动　75a

　　　　落实情况回头看　41a

全国人大国资报告审议意见整改　48b

全链条全过程全方位监督　40b

全面预算管理　47

R

人才队伍建设　73a

人才工作　73

　　　　宏观谋划　73b

人才和机制两个关键点　15b

人才建设　41b

人才教育培训　73b

人才培养引进 73b

人民至上价值追求 10b

任洪斌 83b

认真贯彻落实《保障中小企业款项支付条例》进一步做深做实清理拖欠中小企业账款工作的通知 756b

日常管理 73a

熔炉作用 88a

融资担保管理工作的通知 745b

融资性贸易业务 46b

融资租赁公司健康发展和加强风险防范的通知 730b

S

三八红旗集体 78a

三八红旗手 78a

三不原则 39b

三供一业市场化运营 58a

三化监管优势 40b

三基建设 85b

三统一、三结合国资监管职能体系 40a

三支队伍建设质量 75b

厦门市国有资产监督管理工作 191b
    并购重组 195a
    从严治党 196b
    党的建设 196b
    党的组织路线 197a
    党风廉政建设 197b
    法人治理结构 195a
    服务大局 192a
    干部监督管理 196a
    国有企业 193～196
        地区和行业国有资本保值增值情况（表） 194a
        改革三年行动 194b
        户数情况（表） 193b
        人才选聘 196a
        上市 194b
        指标（表） 193a
        自主创新能力 195a
    国有资本保值增值综合分析评价 194a
    国有资产 192～194
        按地区分布情况（表） 193b
        按行业分布情况（表） 193b
        按经营规模分布情况（表） 194a
        总量与结构分析 192b
    国资委监管企业改革发展情况 194b
    混合所有制改革 194b
    基层党建质量 197a
    监管效能 192b
    经济效益 191b
    经营业绩考核体系 195b
    廉政建设 196b
    企业负责人经营业绩考核和薪酬核定 195b
    思想政治工作 196b
    选人用人机制改革 195b
    战略性重组 195a
    专业化整合 195a

厦门市监管企业主要指标（表） 685

山东省国有资产监督管理工作 204b
    并购重组 208a
    党的建设 210b
    党风廉政建设 211b
    党史学习教育 211a
    法人治理结构 208a、208b
    管党治党责任 210b
    国有企业 205a、106b
        地区和行业国有资本保值增值情况（表） 206b
        户数情况（表） 205a
        指标（表） 205a
    国有资本 206b、204b
        保值增值综合分析评价 206b
        布局结构优化 207b
    国有资产 205、206、208a
        按地区分布情况（表） 205b
        按行业分布情况（表） 206a
        按经营规模分布情况（表） 206b
        监管效能 208a
        总量与结构分析 205a
    国资委监管企业改革发展情况 207a

基层基础 210*b*

　　基层组织建设 210*b*

　　激励约束 209*b*

　　即时考核 209*b*

　　经营业绩考核体系 209*a*

　　考核管理 209*b*

　　廉政建设 210*b*

　　两个维护自觉性 210*b*

　　企业负责人考核 209*b*

　　企业科技创新能力 207*b*

　　企业领导人员 210*a*

　　　　队伍建设 210*a*

　　　　管理机制 210*a*

　　企业人才工作品牌 210*a*

　　人才发展环境 210*a*

　　市场化经营机制 207*a*

　　双招双引考核 209*a*

　　选人用人机制改革 209*b*

　　业绩考核机制 209*a*

　　责任链条 210*b*

　　政治建设 210*b*

　　中国特色现代企业制度 207*a*

　　重大风险防范化解 208*a*

　　重大基础设施建设 208*a*

山东省监管企业主要指标（表） 688

山西省国有资产监督管理工作 115

　　布局优化 118*b*

　　创利增效 118*b*

　　从严治党 123*b*

　　党的建设 122*b*

　　党的领导 115*b*

　　对标挖潜 120*b*

　　发展质量水平 120*b*

　　发展质效提升 115*a*

　　法人治理结构 119*b*

　　风险防范 116*b*、121*a*

　　风险化解 119*a*

　　负责人考核 121*b*

　　高位赋能 118*b*

　　管理提升 119*a*

　　国家安全观 123*b*

　　国有经济布局结构 119*b*

　　国有企业 115～123

　　　　党建新局面 115*b*

　　　　地区国有资本保值增值情况（表） 118*a*

　　　　改革 116*a*

　　　　户数情况（表） 117*b*

　　　　内生动力 120*a*

　　　　三年行动 116*a*

　　　　政治定力 122*b*

　　　　政治根基 123*a*

　　　　指标（表） 117*a*

　　国有资本 117*b*、120*a*

　　　　保值增值综合分析评价 117*b*

　　　　功能 120*a*

　　国有资产 117

　　　　按地区分布情况（表） 117*b*

　　　　按经营规模分布情况（表） 117*b*

　　　　总量与结构分析 117*a*

　　国资监管大格局 116*b*

　　核心竞争力 116*a*

　　混合所有制改革大 120*a*

　　机制创新激发活力 116*a*

　　机制改革 119*a*

　　监管企业 118～120

　　　　并购重组 119*b*

　　　　改革发展 118*a*

　　　　经营业绩考核体系 120*b*

　　奖罚分明 121*a*

　　降本提质 118*b*

　　结果运用 121*a*

　　经营指标历史新高 115*a*

　　考核公开公平公正 121*a*

　　廉政建设 122*b*

　　两个确立 122*b*

　　企业赶超目标 120*b*

　　企业核心竞争力 121*a*

　　企业运行 116*b*

人才队伍建设　121*b*

　　市场化经营机制发　120*a*

　　提质增效　120*b*

　　投入产出　120*b*

　　效益考核导向　120*b*

　　选人用人　121*b*

　　政治安全　123*b*

　　政治担当　123*b*

　　制度执行　116*b*

　　中国特色现代企业制　119*b*

　　资本安全底线　121*a*

　　资本运作　119*a*

　　资源配置效能　119*b*

　　组织路线　123*a*

山西省监管企业主要指标(表)　667

陕西省国有资产监督管理工作　297*a*

　　并购重组　301*a*

　　创新合作　297*b*

　　党的建设　298*b*、302*b*

　　法人治理　301*a*

　　国有企业　299～301

　　　　地区和行业国有资本保值增值情况(表)　300*b*

　　　　改革三年行动年度目标　301*a*

　　　　户数情况(表)　299*a*

　　　　指标(表)　299*a*

　　国有资本　298*b*、300*a*

　　　　保值增值综合分析评价　300*a*

　　　　总量与结构分析　298*b*

　　国有资产　299*b*、300*a*

　　　　按行业分布情况(表)　299*b*

　　　　按经营规模分布情况(表)　300*a*

　　　　按隶属关系分布情况(表)　299*b*

　　国资国企改革　297*b*

　　国资监管效能　298*a*

　　国资委监管企业改革发展情况　301*a*

　　混改上市　301*a*

　　经营业绩考核体系　302*a*

　　经营指标　297*a*

　　廉政建设　302*b*、303*a*

　　领导班子建设　302*a*

　　企业负责人考核　302*a*

　　企业子企业经理层成员任期制和契约化管理　302*b*

　　人才发展机制改革　302*b*

　　社会责任履行　298*a*

　　外部董事占多数改革　302*b*

　　选人用人机制改革　302*a*

　　重组整合　301*a*

　　专项改革　301*a*

陕西省监管企业主要指标(表)　709

商业企业资产负债地区分析(表)　661

上海市国有资产监督管理工作　152*a*

　　并购重组　155*a*

　　从严治党主体责任　156*a*

　　党的建设　155*b*

　　党史学习教育　155*b*

　　法人治理结构　155*a*

　　干部队伍建设　155*b*

　　干部管理制度建设　155*b*

　　公司治理机制　155*a*

　　国有经济布局结构调整　152*a*

　　国有企业　153～155

　　　　地区和行业国有资本保值增值情况(表)　154*b*

　　　　户数情况(表)　153*b*

　　　　指标(表)　153*b*

　　国有资本保值增值综合分析评价　154*a*

　　国有资产　153、154

　　　　按行业分布情况(表)　153*b*

　　　　按经营规模分布情况(表)　154*a*

　　　　按隶属关系分布情况(表)　153*b*

　　　　总量与结构分析　153*a*

　　国资监管体制机制　152*b*

　　经营业绩考核体系　155*a*

　　廉政建设　155*b*

　　企业负责人考核　155*b*

　　企业改革发展　154*b*

　　企业领导班子建设　155*b*

　　人民城市建设骨干作用　153*a*

　　数字化转型　152*a*

选人用人机制改革　155b

　　专业化重组整合　155a

上海市监管企业主要指标(表)　676

上市公司　52～54

　　并购和运行风险防范化解　52b

　　投资者沟通工作　52a

上下联动国资监管大格局　41a

《上下联动意见》落实　87b

涉外法治工作　43a

社会财富　9b

社会贡献　9b、50b

社会稳定　58a

社会责任　13a、46b、80a、82b

　　报告　82b

　　承担　46b

　　履行工作　80a

社会责任和品牌质量管理　82b

深度贫困地区聚焦　7b

深化改革　28a、60a

深圳市国有资产监督管理工作　247a

　　并购重组　251b

　　布局结构优化　248b

　　产业链供应链　248b

　　初心使命践行　247b

　　党的建设　247b、253b

　　法人治理结构　251b、252a

　　国有经济　247b

　　国有经济布局结构优化　250b

　　国有企业　247～250

　　　　行业国有资本保值增值情况(表)　250a

　　　　户数情况(表)　249a

　　　　指标(表)　249a

　　　　质量效益　247b

　　国有资本　248a、250a

　　　　保值增值综合分析评价　250a

　　　　配置效率　248a

　　国有资产　249

　　　　按地区分布情况(表)　249b

　　　　按行业分布情况(表)　249b

　　　　按经营规模分布情况(表)　249b

　　　　总量与结构分析　249a

　　国资国企高质量发展　252a

　　国资监管转变　248a

　　基金群战略　252a

　　激励约束机制改革　253a

　　监督效能　248b

　　监督执纪合力　248b

　　经理层成员任期制和契约化管理　253a

　　经营业绩考核体系　252b

　　理想信念根基　247b

　　廉政建设　253b、254a

　　企业负责人考核　253a

　　企业改革发展情况　250b

　　企业领导人员　253

　　　　队伍建设　253b

　　　　管理制度体系　253a

　　企业上市　251b

　　人才队伍建设　253b

　　先行示范　248a

　　现代国企　251a

　　薪酬总额管理　252b

　　薪效联动　252b

　　选人用人机制改革　253a

　　指挥棒作用　252b

　　注册制改革　251b

　　专业化体系化法治化国资监管体制　251a

　　综改试验阶段性成效　248a

深圳市监管企业主要指标(表)　697

审计署审计移交事项办理和问题整改　66b

审计移交事项　66b

生态环境保护　82a

　　督察反馈问题整改　82a

　　督察移交问题责任追究　82a

　　工作推进视频会议　82a

生态优先　10b

省级经营性国有资产集中统一监管　91b

十四五奋斗新征程　29a

十四五开好局国资央企贡献　30b

十四五时期国资央企工作 29
  主要目标 29
  总体要求 29
世界一流企业 54b、55a
  建设 54b
  示范工作 55a
事故分析会 81a
市场化 16a、26a、39b、51b、52a、91a
  方式推动混合所有制改革 51b
  改革 16a
  经营机制 16a、26a、39b、91a
  手段促进资本形态转换 52a
市场机制作用发挥 4a
收入分配关系改善 59a
收尾工作 57a
授权经营体制改革 55b
授权与监管相结合 40a
双创工作 65a
  示范基地 65a
双碳工作 81b
水电领域 64a
思想根基 77a
思想工作 58a
思想基础夯实 84b
思想伟力要求感悟 31b
思想政治工作 4b、76a
  加强和改进 4b
四川省国有资产监督管理工作 274a
  并购重组 278a
  从严治党 280a
  党的建设 279b
  党的基层组织建设 280a
  党的政治建设 279b
  法人治理结构 278a
  分类考核 278b
  工资总额管理 279a
  国有企业 275、276b、280b
    地区和行业国有资本保值增值情况 276b
    干部队伍建设 280b
    户数情况（表） 275a
    指标（表） 275a
  国有资本保值增值综合分析评价 276a
  国有资产 274～276
    按地区分布情况（表） 275a
    按行业分布情况（表） 276a
    按经营规模分布情况（表） 276a
    总量与结构分析 274b
  国资国企转型发展 277b
  机关干部队伍建设 280b
  监管企业国资监管 279a
  经营业绩考核体系 278b
  廉政建设 279b
  配套激励措施 278a
  企业改革发展 277a
  企业人才队伍建设 280b
  重点领域改革 277a
  重组整合优化资源配置 278a
四川省监管企业主要指标（表） 703

T

太平湾绿色低碳高质量发展先行区重点项目建设 56a
探月精神 20b
碳达峰碳中和工作的指导意见的通知 750a
提质增效稳增长 27b、45a
体制保障 16b
天津市国有资产监督管理工作 102a
  从严治党 108a
  党的建设 108a
  党风廉政建设 109a
  党建质量工程 108b
  党史学习教育 108a
  法人治理结构 106a
  干部队伍管理制度体系 107a
  公司治理 106a
  国有经济发展态势 105a
  国有企业 102～105
    地区和行业国有资本保值增值情况（表） 104b

改革三年行动 105a

户数情况（表） 103b

姓党为民政治本色 102b

指标（表） 103b

国有资本保值增值综合分析评价 104b

国有资产 103b、104

按地区分布情况（表） 104a

按行业分布情况（表） 104a

按经营规模分布情况（表） 104b

总量与结构分析 103b

国资监管综合功效 102b

护安全保稳定 108b

混合所有制改革 105b

监管企业 105a、10

并购重组 106a

改革发展 105a

经营业绩考核体系 106b

考核评价体系 106b

考核指标设置 107a

考核制度机制 106b

历史难题破解 102b

廉政建设 108a

新动能新产业资源整合 106a

选人用人机制改革 107a

一企一策改革 105b

优秀年轻干部选拔培养 107b

重大风险防控 103a

天津市监管企业主要指标（表） 664

天问一号探测器 64a

铁人精神 19a

统筹谋划 81b

统计资料 647

统战工作 76a、76b

统战领导体制和工作机制 76b

统战群团工作 76a

投资监管 44a

制度健全 44a

投资支撑作用 44a

团干部和青联委员素质能力 77b

团青组织改革 77b

团组织建设 77b

推进中央企业高质量发展做好碳达峰碳中和工作的指导意见 750a

拖欠民营企业中小企业账款清理 48b

脱贫攻坚 5b、8a、80a

彰显国资央企使命担当 5b

W

外部董事 71b

从严退出 71b

队伍高素质专业化 71b

人才库 71b

外宣工作 79b

网信工作 79b

为实现中华民族伟大复兴提供物质基础 9a

违规经营投资责任追究 69b

违规经营投资责任追究工作的通知 726b

违规责任追究 69b

委管企业巡视 86b、87

督促指导 87b

全覆盖 87a

稳岗扩就业 74a

稳健发展 61a

稳中求进 58a、60a

总基调 60a

问题导向 87a

我为群众办实事实践活动 75a

物质基础 9a

X

西藏自治区国有资产监督管理工作 293b

并购重组 295b

产权管理 294a

党的建设 296a

党风廉政建设 296b

法人治理结构 295b、296a

反腐败工作　296b

　　　服务民生　296a

　　　国有企业　294、295

　　　　　地区和行业国有资本保值增值情况(表)　295a

　　　　　改革三年行动　295a

　　　　　户数情况(表)　294a

　　　　　指标(表)　294a

　　　国有资本保值增值综合分析评价　295a

　　　国有资产　294

　　　　　按地区分布情况(表)　294b

　　　　　按行业分布情况(表)　294b

　　　　　按经营规模分布情况(表)　294b

　　　　　总量与结构分析　294a

　　　国资监管　293b

　　　混合所有制经济　295b

　　　经营性国有资产集中统一监管　295b

　　　科技创新发展　293b

　　　历史遗留问题解决　295b

　　　廉政建设　296a

　　　企业负责人考核　296a

　　　企业改革发展　295a、296n

　　　　　地方特色　296b

　　　选人用人机制改革　296a

　　　央地合作　296b

　　　中国特色现代国有企业制度　295a

　　　重组整合　295b

西藏自治区监管企业主要指标(表)　708

习近平　3～14、17b、21a～23、27、28a、31b

习近平新时代中国特色社会主义思想　31b、37a、77a

　　　统领国资国企工作　37a

　　　武装青年　77a

　　　武装头脑、指导实践、推动工作　31b

习近平重要指示批示贯彻落实　37b

系统化推进　90a

先进精神　18a、18b

现代产业链的链长　28b

现代企业制度　3b

乡村振兴　80a

乡村振兴战略合作服务　48b

香港中旅(集团)有限公司　484b

　　　党建工作　486a

　　　改革发展　485a

　　　基本概况　484b

　　　经济指标(表)　485a

　　　履行社会责任　486b

　　　信息化与数字化建设　486b

　　　重大项目　485b

　　　主要指标　485a

　　　走向海外　486a

消费帮扶　7a

小康路上一个都不掉队　7b

协会党组织凝聚力号召力　85b

新部署新使命新要求　30a

新发展　9a、27b、37b

　　　阶段　9a

　　　理念　27b、37b

新发展格局　10b、28a、30b、38

　　　构建　28a

　　　基础构建　10b

　　　作用发挥　38b

新公司组建　53a

新疆生产建设兵团国有资产监督管理工作　330b

　　　并购重组　336a

　　　党的领导　336b

　　　党风廉政建设　337b

　　　党管干部原则与市场化选聘相结合　337a

　　　党建工作　332b

　　　党建基层基础　337b

　　　党建引领各项工作　332b

　　　党史学习教育　337a

　　　法人治理结构　336a

　　　分类管理　336b

　　　公司治理体系　336b

　　　国有企业　333、334

　　　　　地区和行业国有资本保值增值情况(表)　334b

　　　　　户数情况(表)　333a

　　　　　指标(表)　333a

　　　国有资本保值增值综合分析评价　334b

国有资产　332～334
  按地区分布情况（表）　333*b*
  按行业分布情况（表）　334*a*
  按经营规模分布情况（表）　334*a*
  总量与结构分析　332*b*
国资国企改革发展　331*a*
混合所有制改革　335*b*
监管企业管理权限　336*b*
廉政建设工作　337*a*
履职尽责　331*a*
年度班子考核与绩效考核同步　337*a*
企业党建　337*a*
企业发展需求　337*a*
企业负责人考核　336*b*
企业改革发展　335*a*
企业领导班子综合评价　337*a*
深度融合　337*b*
思想武装　331*a*、337*a*
选人用人机制改革　336*b*
政治站位　331*a*
制度改革　335*b*
做强做优做大优势产业集团　335*a*
新疆生产建设兵团监管企业主要指标（表）　717
新疆维吾尔自治区国有资产监督管理工作　323*a*
 并购重组　328*b*
 布局优化　324*b*
 创新驱动战略　328*b*
 党的建设　330*a*
 党风廉政建设　330*b*
 法人治理结构　328*b*、329*a*
 改革攻坚　323*b*
 干部管理　329*a*
 国有经济　323*a*、324*b*
  发展　323*a*
  引领带动作用　324*b*
 国有企业　325～328
  地区和行业国有资本保值增值情况（表）　327*a*
  改革三年行动　323*b*、327*b*
  改革专项工程　328*b*

  户数情况（表）　325*b*
  指标（表）　325*b*
 国有资本保值增值综合分析评价　326*b*
 国有资产　325*b*、626
  按地区分布情况（表）　326*a*
  按行业分布情况（表）　326*a*
  按经营规模分布情况（表）　326*b*
  总量与结构分析　325*b*
 国资监管水平　325*a*
 国资委监管企业改革发展情况　327*b*
 混合所有制改革　328*b*
 基薪基数确定机制　329*b*
 经营业绩考核体系　329*a*
 考核工作　329*b*
 廉政建设　330*a*
 企业负责人考核　329*b*
 人才队伍建设　330*a*
 市场化经营机制　328*a*
 收入分配制度体系　329*a*
 提质增效　323*a*
 外部董事薪酬管理制度　329*b*
 效能提升　325*a*
 选人用人机制改革　329*b*
 政治标准　330*a*
 政治功能　330*a*
 政治监督　330*b*
 政治建设　330*a*
 中长期激励操作规则　329*b*
 中国特色现代企业制度　328*a*
新疆维吾尔自治区监管企业主要指标（表）　715
新兴产业布局　90*b*
新兴际华集团有限公司　584*a*
 党建工作　586*a*
 改革发展　584*b*
 基本概况　584*a*
 经济指标（表）　584*b*
 履行社会责任　586*b*
 信息化与数字化建设　586*b*
 重大创新　586*a*

重大项目　585b

　　主要指标　584b

　　走向海外　585b

信息化建设　68a

行动自觉　77a

行政事业性国有资产管理条例　779a

姓党为民　38a

幸福网　6b

宣传思想工作　4b、78a、79b

　　创新　4b

　　文化工作　78a

选人用人　4a、73a

　　监督　73a

巡视工作　86b、87a、89a

　　制度体系　89a

巡视信息化建设和应用　89a

Y

压减工作　53b

压实建责任　4b

严管厚爱　73a

研发　64b

　　平台　64b

　　投入　64b

央地合作　44b

央企参与雄安新区项目　44b

央企协同　64b

央企总部非首都功能疏解　44b

业绩考核体系　59b

业务运行协调联动　79b

一带一路　10b

一对一精准考核　87b

依法合规经营管理　67b

医疗队　6b

以评促建　67b

以人民为中心发展思想　32b

引增量、盘存量、优布局、提质量　51b

印发《关于加强地方国有企业债务风险管控工作的指导意见》的通知　723a

印发《关于进一步深化法治央企建设的意见》的通知　747a

印发《关于推进中央企业高质量发展做好碳达峰碳中和工作的指导意见》的通知　750a

印发《国资监管责任约谈工作规则》的通知　721a

印发《中央企业重大经营风险事件报告工作规则》的通知　754b

印发国有重点企业管理标杆创建行动标杆企业、标杆项目和标杆模式名单的通知　738a

营商环境　26a

应对风险挑战能力水平　33a

应急救援　81a

用人导向　72

优化布局　28a

优秀品格　22b

油气领域　64a

有研科技集团有限公司　523a

　　党建工作　525b

　　改革发展　524a

　　基本概况　523a

　　经济指标（表）　524a

　　履行社会责任　526a

　　信息化与数字化建设　526a

　　重大创新　525a

　　重大项目　524a

　　主要指标　523b

　　走向海外　525a

育才引才并举　73b

预算执行监督和绩效管理　62b

元首外交配合　83a

源头协同　70b

云南省国有资产监督管理工作　286b

　　党的建设　292a

　　党的政治建设　292a

　　党风廉政建设　293a

　　法人治理结构　290a

　　各项监管　289b

　　管党治党层级责任　293a

　　国有企业　287、288

　　　地区和行业国有资本保值增值情况（表）　288b

　　　　户数情况（表）　287*a*

　　　　指标（表）　287*a*

　　国有资本保值增值综合分析评价　288*a*

　　国有资产　287、288

　　　　按地区分布情况（表）　287*a*

　　　　按行业分布情况（表）　287*b*

　　　　按经营规模分布情况（表）　288*a*

　　　　总量与结构分析　287*a*

　　国资委监管企业改革发展情况　288*b*

　　基层党建基础　292*b*

　　经营业绩考核　291*a*

　　考核分配制度建设　291*a*

　　廉政建设　292*a*

　　两个维护力　292*a*

　　明责追责　293*a*

　　企业负责人考核　291*b*

　　十四五规划工作　289*a*

　　选人用人机制改革　291*b*、292*a*

　　组织体系建设　292*b*

云南省监管企业主要指标（表）　706

运行监测数智化建设　45*b*

运营公司改革　16*b*

运营质量　63*b*

Z

载人航天精神　19*b*

载人深潜精神　20*b*

载体建设　77*a*

再起点作用　69*b*

在线动态监管　52*b*

责任践行　82*b*

增量资金引入　51*b*

扎根农村坚强战斗堡垒　8*b*

债务风险管控工作指导意见　723*a*

战略规划　43*b*

战略性新兴产业　25*a*

战略性重组　90*b*

招商局集团有限公司　479*b*

　　党建工作　481*a*

　　改革发展　480*a*

　　基本概况　479*b*

　　经济指标（表）　479*b*

　　履行社会责任　481*b*

　　信息化与数字化建设　481*b*

　　重大创新　480*b*

　　重大项目　480*a*

　　主要指标　479*b*

　　走向海外　480*b*

浙江省国有资产监督管理工作　163*a*

　　并购重组　168*a*

　　布局结构优化　166*b*

　　党的建设　169*a*

　　党的政治建设　169*b*

　　党风廉政建设　169*a*

　　党建基层基础　169*b*

　　党史学习教育　169*a*

　　董事会及董事评价　168*a*

　　董事会日常运行　168*a*

　　董事会向经理层授权管理　168*b*

　　法人治理结构　168*a*

　　服务大局　167*b*

　　国有企业　164*a*、166

　　　　地区和行业国有资本保值增值情况（表）　166*a*

　　　　改革　166*b*

　　　　户数情况（表）　164*a*

　　　　指标（表）　164*a*

　　国有资本保值增值综合分析评价　165*b*

　　国有资产　163*b*~165*b*

　　　　按地区分布情况（表）　164*b*

　　　　按行业分布情况（表）　165*a*

　　　　按经营规模分布情况（表）　165*b*

　　　　监管效能　163*b*

　　　　总量与结构分析　164*a*

　　国资委监管企业改革发展　166*b*

　　经营业绩考核体系　168*b*

　　考核分配系统建设　168*b*

　　历史遗留问题解决　163*b*

年度考评等级工作　168*b*

企业负责人考核　168*b*

企业上市　168*a*

企业子企业规范董事会建设　168*b*

清廉国企建设　169*b*

数字赋能高质量发展　167*a*

统筹协调　163*b*

外部董事履职管理　168*a*

新型考核分配体系　168*b*

选人用人机制改革　168*b*

主要指标　163*a*

浙江省监管企业主要指标（表）　679

真诚关心关爱　73*a*

振兴东北央地百对企业协作行动　55*b*

整改跟踪问效　67*a*

整改工作台账　67*a*

政策法规选编　719

政策协调服务　48*b*

政治本色　8*a*、21*a*、38*a*

政治定力　77*a*

政治规矩　21*a*

政治监督　5*a*

政治建设　11*b*、37*a*、72*a*

政治经济学　13*b*

政治理论学习　84*a*

政治能力　3*b*

政治生活准则　37*b*

政治生态　11*b*、86*a*

政治巡视　87*a*

　　监督内容体系　87*b*

政治要求　37*b*

政治责任　13*a*

政治忠诚　37*a*

支持政策协调　47*a*

直接融资　51*b*

职工队伍　50*a*

制度　3*b*、15*a*、61*b*、91*a*

　　储备　61*b*

　　改革　91*a*

　　建设　3*b*

　　支撑　15*a*

制度体系　42*b*、54*a*、61*b*、62*b*、85*b*

　　建设　42*b*、54*a*

　　健全　62*b*

　　完善　85*b*

治理效能　3*b*

治理主体发挥作用　3*b*

致富路　6*a*

质量管理　82*b*

质量效益提升　44*a*

中管企业中央巡视整改　88*b*

中国安能建设集团有限公司　602*b*

　　党建工作　604*b*

　　改革发展　603*a*

　　基本概况　602*b*

　　经济指标（表）　603*a*

　　履行社会责任　605*a*

　　信息化与数字化建设　605*a*

　　重大创新　604*a*

　　重大项目　603*b*

　　主要指标　603*a*

中国保利集团有限公司　574*a*

　　党建工作　575*b*

　　改革发展　574*b*

　　基本概况　574*a*

　　经济指标（表）　574*b*

　　履行社会责任　576*a*

　　信息化与数字化建设　575*b*

　　重大创新　575*b*

　　主要指标　574*b*

　　走向海外　575*a*

中国宝武钢铁集团有限公司　438*a*

　　改革发展　438*b*

　　基本概况　438*a*

　　经济指标（表）　438*b*

　　履行社会责任　440*b*

　　信息化与数字化建设　440*a*

　　重大创新　439*b*

索引

重大项目　439a

主要指标　438b

中国兵器工业集团有限公司　353

 党建工作　355a

 改革发展　353b

 基本概况　353a

 经济指标（表）　353b

 履行社会责任　355b

 信息化与数字化建设　355b

 重大创新　355a

 重大项目　354b

 主要指标　353a

 走向海外　354b

中国兵器装备集团有限公司　356a

 党建工作　357b

 改革发展　356b

 基本概况　356a

 经济指标（表）　356b

 履行社会责任　358b

 信息化与数字化建设　358a

 重大创新　357b

 重大项目　357a

 主要指标　356a

 走向海外　357a

中国长江三峡集团有限公司　399b

 党建工作　402b

 改革发展　400a

 基本概况　399b

 经济指标（表）　400a

 履行社会责任　404a

 信息化与数字化建设　403b

 重大创新　402a

 重大项目　401a

 主要指标　399b

 走向海外　401b

中国诚通控股集团有限公司　493b

 党建工作　497b

 改革发展　494b

 基本概况　493b

 经济指标（表）　494a

 履行社会责任　499a

 信息化与数字化建设　498b

 重大创新　497b

 重大项目　495b

 主要指标　494a

 走向海外　497a

中国储备粮管理集团有限公司　475b

 党建工作　476b

 改革发展　476a

 基本概况　475b

 经济指标（表）　475b

 履行社会责任　477a

 信息化与数字化建设　477a

 重大创新　476b

 重大项目　476b

 主要指标　475b

 走向海外　476b

中国船舶集团有限公司　351a

 党建工作　352b

 改革发展　351b

 基本概况　351a

 履行社会责任　353a

 信息化建设　352b

 重大创新　352a

 重大项目　352a

 主要指标　351b

 走向海外　352a

中国大唐集团有限公司　389b

 党建工作　391a

 改革发展　390a

 基本概况　389b

 经济指标（表）　390a

 履行社会责任　391b

 信息化与数字化建设　391b

 重大创新　391a

 重大项目　390b

 主要指标　390a

 走向海外　390b

中国第一汽车集团有限公司　417b
　　党建工作　419a
　　改革发展　418a
　　基本概况　417b
　　经济指标（表）　417b
　　履行社会责任　419b
　　信息化与数字化建设　419a
　　重大创新　418b
　　重大项目　418b
　　主要指标　417b
　　走向海外　418b
中国电力建设集团有限公司　595b
　　党建工作　599a
　　改革发展　596a
　　基本概况　595b
　　经济指标（表）　596a
　　履行社会责任　599b
　　信息化与数字化建设　599b
　　重大创新　598b
　　重大项目　597b
　　主要指标　596a
　　走向海外　598a
中国电气装备集团有限公司　621a
　　党建工作　623a
　　改革发展　622a
　　基本概况　621a
　　经济指标（表）　621b
　　履行社会责任　623a
　　重大创新　622b
　　重大项目　622a
　　主要指标　621b
　　走向海外　622b
中国电信集团有限公司　407a
　　党建工作　409b
　　改革发展　408a
　　基本概况　407a
　　经济指标（表）　407b
　　履行社会责任　410a
　　信息化与数字化建设　410a

重大创新　409a
重大项目　408b
主要指标　407b
中国电子科技集团有限公司　358b
　　党建工作　360b
　　改革发展　359a
　　基本概况　358b
　　经济指标（表）　359a
　　履行社会责任　361a
　　信息化与数字化建设　361a
　　重大创新　360b
　　重大项目　359b
　　主要指标　359a、361b
　　走向海外　360a
中国电子信息产业集团有限公司　415a
　　党建工作　416b
　　改革发展　415b
　　基本概况　415a
　　经济指标（表）　415b
　　履行社会责任　417a
　　信息化与数字化建设　417a
　　重大创新　416b
　　重大项目　416a
　　主要指标　415b
中国东方电气集团有限公司　430b
　　党建工作　433a
　　改革发展　431b
　　基本概况　430b
　　经济指标（表）　431a
　　履行社会责任　434a
　　信息化与数字化建设　433b
　　重大创新　433a
　　重大项目　432a
　　主要指标　431a
　　走向海外　432b
中国东方航空集团有限公司　454b
　　党建工作　456b
　　改革发展　455b
　　基本概况　454b

经济指标（表）　455*a*

　　履行社会责任　457*a*

　　运营管理　455*b*

　　主要指标　455*a*

中国钢研科技集团有限公司　509*a*

　　党建工作　511*a*

　　改革发展　510*a*

　　基本概况　509*a*

　　经济指标（表）　509*b*

　　履行社会责任　511*b*

　　信息化与数字化建设　511*b*

　　重大创新　510*b*

　　重大项目　510*a*

　　主要指标　509*b*

　　走向海外　510*b*

中国广核集团有限公司　609*a*

　　党建工作　612*a*

　　改革发展　610*a*

　　核安全管理　610*a*

　　基本概况　609*a*

　　经济指标（表）　609*b*

　　履行社会责任　613*b*

　　信息化与数字化建设　612*b*

　　重大创新　611*b*

　　重大项目　611*a*

　　主要指标　609*b*

　　走向海外　611*a*

中国国际工程咨询有限公司　490*b*

　　党建工作　493*a*

　　改革发展　491*b*

　　基本概况　490*b*

　　经济指标（表）　491*a*

　　信息化建设　493*b*

　　重大创新　492*b*

　　重大项目　492*b*

　　主要指标　491*a*

中国国际技术智力合作集团有限公司　529*a*

　　党建工作　530*a*

　　改革发展　529*b*

　　基本概况　529*a*

　　经济指标（表）　529*b*

　　履行社会责任　530*b*

　　信息化与数字化建设　530*b*

　　重大创新　530*a*

　　重大项目　530*a*

　　主要指标　529*a*

　　走向海外　530*a*

中国国新控股有限责任公司　626*a*

　　党建工作　628*b*

　　改革发展　627*a*

　　基本概况　626*a*

　　经济指标（表）　627*a*

　　履行社会责任　629*a*

　　信息化与数字化建设　628*b*

　　重大创新　628*a*

　　重大项目　627*b*

　　主要指标　627*a*

　　走向海外　628*a*

中国海洋石油集团有限公司　370*b*

　　党建工作　373*a*

　　改革发展　371*b*

　　基本概况　370*b*

　　经济指标（表）　371*b*

　　履行社会责任　374*a*

　　信息化与数字化建设　373*b*

　　重大创新　372*b*

　　重大项目　372*a*

　　主要指标　371*a*

　　走向海外　372*b*

中国航空发动机集团有限公司　361*a*

　　党建工作　363*a*

　　改革发展　362*a*

　　基本概况　361*a*

　　经济指标（表）　361*b*

　　履行社会责任　364*a*

　　信息化与数字化建设　363*b*

　　重大创新　363*a*

　　重大项目　362*b*

走向海外　362*b*

中国航空工业集团有限公司　349*a*
 党建工作　350*b*
 改革发展　349*b*、351*b*
 基本概况　349*a*
 经济指标（表）　349*a*
 履行社会责任　351*a*
 信息化与数字化建设　351*a*
 重大创新　350*a*
 重大项目　350*a*
 主要指标　349*a*、351*b*
 走向海外　350*a*

中国航空集团有限公司　451*a*
 党建工作　453*b*
 改革发展　452*b*
 基本概况　451*b*
 经济指标（表）　452*a*
 履行社会责任　454*a*
 信息化与数字化建设　454*a*
 重大创新　453*a*
 重大项目　452*b*
 主要指标　452*a*
 走向海外　453*a*

中国航空器材集团有限公司　592*b*
 党建工作　594*a*
 改革发展　592*b*
 基本概况　592*b*
 履行社会责任　595*a*
 信息化与数字化建设　595*a*
 重大创新　593*b*
 重大项目　593*a*
 主要指标　592*b*

中国航空油料集团有限公司　590*a*
 党建工作　591*b*
 改革发展　591*a*
 基本概况　590*a*
 经济指标（表）　590*b*
 履行社会责任　592*a*
 信息化与数字化建设　592*a*

 重大创新　591*b*
 重大项目　591*a*
 主要指标　590*b*
 走向海外　591*b*

中国航天科工集团有限公司　346*a*
 党建工作　347*b*
 改革发展　346*b*
 基本概况　346*a*
 经济指标（表）　346*b*
 履行社会责任　348*b*
 信息化与数字化建设　348*a*
 重大创新　347*b*
 重大项目　347*a*
 走向海外　347*a*

中国航天科技集团有限公司　343*a*
 党建工作　345*b*
 改革发展　344*a*
 基本概况　343*a*
 经济指标（表）　343*b*
 履行社会责任　346*a*
 信息化与数字化建设　345*b*
 重大创新　345*a*
 重大项目　344*b*
 主要指标　346*a*
 走向海外　345*a*

中国核工业集团有限公司　341
 党建工作　342*b*
 改革发展　341*b*
 经济指标（表）　341*a*
 履行社会责任　343*a*
 信息化与数字化建化建设　343*a*
 重大创新　342*b*
 重大项目　342*a*
 主要指标　341*a*、343*b*
 走向海外　342*a*

中国华电集团有限公司　392*a*
 党建工作　394*b*
 改革发展　393*a*
 基本概况　392*a*

经济指标（表）　393*a*

　　履行社会责任　395*a*

　　信息化与数字化建设　395*a*

　　重大创新　394*a*

　　重大项目　393*b*

　　主要指标　392*b*

　　走向海外　394*a*

中国华录集团有限公司　615*a*

　　党建工作　616*a*

　　改革发展　615*b*

　　基本概况　615*a*

　　经济指标（表）　615*a*

　　履行社会责任　616*b*

　　重大创新　616*a*

　　重大项目　616*a*

　　主要指标　615*a*

中国华能集团有限公司　387*a*

　　党建工作　389*a*

　　发展改革　388*a*

　　基本概况　387*a*

　　经济指标（表）　387*b*

　　履行社会责任　389*b*

　　能源保供　389*a*

　　信息化与数字化建设　389*a*

　　重大创新　388*b*

　　重大项目　388*b*

　　主要指标　387*b*

　　走向海外　388*b*

中国化学工程集团有限公司　511*b*

　　党建工作　514*b*

　　改革发展　512*b*

　　基本概况　511*b*

　　经济指标（表）　512*b*

　　履行社会责任　514*b*

　　重大创新　514*a*

　　重大项目　513*b*

　　主要指标　512*b*

　　走向海外　513*b*

中国黄金集团有限公司　605*b*

　　党建工作　608*a*

　　改革发展　606*b*

　　基本概况　605*b*

　　经济指标（表）　606*a*

　　履行社会责任　609*a*

　　信息化与数字化建设　608*b*

　　重大创新　608*a*

　　重大项目　607*b*

　　主要指标　606*a*

　　走向海外　607*b*

中国机械工业集团有限公司　424*b*

　　党建工作　427*a*

　　改革发展　425*b*

　　基本概况　424*b*

　　经济指标（表）　425*a*

　　履行社会责任　427*b*

　　信息化与数字化建设　427*b*

　　重大创新　426*b*

　　重大项目　425*b*

　　主要指标　425*a*

　　走向海外　426*a*

中国机械科学研究总院集团有限公司　504*b*

　　党建工作　506*b*

　　改革发展　505*b*

　　基本概况　504*b*

　　经济指标（表）　505*a*

　　履行社会责任　507*a*

　　信息化与数字化建设　506*b*

　　重大创新　506*a*

　　重大项目　505*b*

　　主要指标　505*a*

中国检验认证（集团）有限公司　629*a*

　　党建工作　632*b*

　　改革发展　630*a*

　　基本概况　629*a*

　　经济指标（表）　629*b*

　　履行社会责任　633*a*

　　信息化与数字化建设　633*a*

　　重大创新　631*b*

重大项目　631a
　　　主要指标　629b
　　　走向海外　631b
中国建材集团有限公司　517a
　　　党建工作　519a
　　　改革发展　517b
　　　基本概况　517a
　　　经济指标（表）　517b
　　　履行社会责任　519a
　　　重大创新　518b
　　　主要指标　517a
中国建设科技有限公司　576a
　　　党建工作　578b
　　　改革发展　576b
　　　基本概况　576a
　　　经济指标（表）　576b
　　　履行社会责任　579b
　　　信息化与数字化建设　579a
　　　重大创新　578a
　　　重大项目　577b
　　　主要指标　576a
　　　走向海外　577b
中国建筑集团有限公司　473a
　　　党建工作　474b
　　　改革发展　473b
　　　基本概况　473a
　　　经济指标（表）　473b
　　　履行社会责任　475a
　　　信息化与数字化建设　475a
　　　重大创新　474b
　　　重大项目　474a
　　　主要指标　473a
　　　走向海外　474a
中国建筑科学研究院有限公司　531a
　　　党建工作　533b
　　　改革发展　531b
　　　基本概况　531a
　　　经济指标（表）　531a
　　　履行社会责任　534b

　　　信息化与数字化建设　534a
　　　重大创新　533b
　　　重大项目　532b
　　　主要指标　531a
　　　走向海外　533b
中国交通建设集团有限公司　556a
　　　党建工作　559b
　　　改革发展　556b
　　　基本概况　556a
　　　经济指标（表）　556b
　　　履行社会责任　561a
　　　信息化与数字化建设　560b
　　　重大创新　559a
　　　重大项目　557b
　　　主要指标　556a
　　　走向海外　558a
中国节能环保集团有限公司　489a
　　　党建工作　490a
　　　改革发展　489b
　　　基本概况　489a
　　　经济指标（表）　489b
　　　重大创新　490a
　　　重大项目　489b
　　　主要指标　489a
中国联合网络通信集团有限公司　410b
　　　党建工作　412a
　　　改革发展　411a
　　　基本概况　410b
　　　经济指标（表）　410b
　　　履行社会责任　412b
　　　信息化建设　412b
　　　重大创新　412a
　　　重大项目　411b
　　　主要指标　410b
　　　走向海外　411b
中国林业集团有限公司　566b
　　　党建工作　568b
　　　改革发展　567a
　　　基本概况　566b

经济指标（表）　567a

　　履行社会责任　568b

　　信息化与数字化建设　568b

　　重大创新　568a

　　重大项目　567b

　　主要指标　567a

　　走向海外　568a

中国旅游集团有限公司　484b

中国铝业集团有限公司　441a

　　党建工作　443a

　　改革发展　441b

　　基本概况　441a

　　经济指标（表）　441b

　　履行社会责任　443b

　　信息化与数字化建设　443b

　　重大创新　442b

　　重大项目　442b

　　主要指标　441a

　　走向海外　442b

中国绿发投资集团有限公司　639b

　　党建工作　641a

　　改革发展　640b

　　基本概况　639b

　　经济指标（表）　640a

　　履行社会责任　641b

　　信息化与数字化建设　641b

　　重大创新　641a

　　重大项目　640b

　　主要指标　640a

中国煤炭地质总局　582a

　　党建工作　583b

　　改革发展　582b

　　基本概况　582a

　　经济指标（表）　582a

　　履行社会责任　583b

　　信息化与数字化建设　583b

　　重大创新　583a

　　重大项目　583a

　　主要指标　582a

中国煤炭科工集团有限公司　501b

　　党建工作　503b

　　改革发展　502a

　　基本概况　501b

　　经济指标（表）　502a

　　履行社会责任　504b

　　信息化与数字化建设　504a

　　重大创新　503a

　　重大项目　502b

　　主要指标　501b

　　走向海外　503a

中国民航信息集团有限公司　587a

　　党建工作　589a

　　改革发展　587b

　　基本概况　587a

　　经济指标（表）　587b

　　履行社会责任　589a

　　信息化与数字化建设　589a

　　重大创新　588b

　　重大项目　588a

　　主要指标　587b

　　走向海外　588a

中国南方电网有限责任公司　384a

　　安全生产　386a

　　党建工作　386b

　　改革发展　384b

　　基本概况　384a

　　经济指标（表）　384b

　　履行社会责任　386b

　　重大创新　385b

　　重大项目　385b

　　主要指标　384b

中国南方航空集团有限公司　457b

　　党建工作　459b

　　改革发展　458b

　　基本概况　457a

　　经济指标（表）　458a

　　履行社会责任　460b

　　信息化与数字化建设　460a

重大创新　459a
　　主要指标　458a
中国南光集团有限公司　619
中国南水北调集团有限公司　642a
　　党建工作　644a
　　改革发展　642b
　　基本概况　642a
　　经济指标（表）　642b
　　履行社会责任　645b
　　信息化与数字化建设　645a
　　重大创新　644a
　　重大项目　643b
　　主要指标　642b
中国能源建设集团有限公司　600a
　　党建工作　601b
　　改革发展　600b
　　基本概况　600a
　　经济指标（表）　600b
　　履行社会责任　602a
　　信息化与数字化建设　602a
　　重大创新　601b
　　重大项目　601a
　　主要指标　600b
　　走向海外　601a
中国农业发展集团有限公司　564a
　　党建工作　566a
　　改革发展　564b
　　基本概况　564a
　　经济指标（表）　564b
　　履行社会责任　566a
　　重大创新　565a
　　主要指标　564a
中国企业上榜世界500强情况（表）　784
中国汽车技术研究中心有限公司　633a
　　党建工作　635b
　　改革发展　634a
　　基本概况　633a
　　经济指标（表）　633b
　　履行社会责任　636b

　　信息化与数字化建设　636a
　　重大创新　635a
　　重大项目　634b
　　主要指标　633b
　　走向海外　635a
中国融通资产管理集团有限公司　364a
　　党建工作　365a
　　改革发展　364b
　　基本概况　364a
　　履行社会责任　365b
　　为军服务　364b
　　信息化与数字化建设　365b
中国商用飞机有限责任公司　487a
　　党建工作　488b
　　改革发展　487b
　　基本概况　487a
　　履行社会责任　488b
　　信息化与数字化建设　488b
　　重大创新　488a
　　重大项目　488b
中国石油化工集团有限公司　368b
　　党建工作　370a
　　改革发展　369a
　　基本概况　368b
　　履行社会责任　370a
　　重大创新　369b
　　主要指标　369a
　　转型发展　369b
中国石油天然气集团有限公司　366
　　党建工作　368a
　　改革发展　366b
　　基本概况　366a
　　经济指标（表）　366b
　　履行社会责任　368
　　全球社会公益投入情况（表）　368a
　　信息化与数字化建设　367b
　　重大创新　367b
　　重大项目　366b
　　主要指标　366b

走向海外　367*b*

中国特色企业新型学徒制　758*a*

中国特色现代企业制度　3*b*、15*a*、25*b*、39*a*、54*a*、90*b*

中国铁建股份有限公司　549*a*

  安全生产　552*a*

  产业发展　551*a*

  党建工作　554*a*

  风险防控　552*b*

  改革发展　551*a*

  公司治理　550*b*

  工程创优　552*b*

  环境保护　555*a*

  基本概况　549*a*

  经济指标（表）　550*a*

  履行社会责任　555*a*

  市场经营　551*b*

  重大创新　553*a*

  重大项目　551*b*

  主要指标　550*a*

  走向海外　553*b*

中国铁路工程集团有限公司　545*b*

  党建工作　548*a*

  改革发展　547*a*

  基本概况　545*b*

  经济指标（表）　547*a*

  履行社会责任　549*a*

  企业文化　548*b*

  信息化与数字化建设　548*b*

  重大创新　548*a*

  重大项目　547*b*

  主要指标　546*b*

  走向海外　548*a*

中国铁路通信信号股份有限公司　539*b*

  党建工作　543*a*

  改革发展　541*a*

  国有资本变动情况（表）　540*b*

  基本概况　539*b*

  经济指标（表）　540*b*

  履行社会责任　544*b*

  信息化与数字化建设　544*b*

  重大创新　542*b*

  重大项目　542*a*

  主要指标　540*a*

  走向海外　542*b*

中国铁塔股份有限公司　636*b*

  党建工作　638*b*

  改革发展　637*a*

  基本概况　636*b*

  经济指标（表）　637*a*

  履行社会责任　639*b*

  信息化与数字化建设　639*a*

  重大创新　638*a*

  重大项目　637*b*

  主要指标　637*a*

  走向海外　638*a*

中国铁物和中国诚通物流板块专业化整合　53*b*

中国通用技术（集团）控股有限责任公司　470*a*

  党建工作　471*b*

  改革发展　470*b*

  基本概况　470*a*

  经济指标（表）　470*a*

  履行社会责任　472*b*

  信息化与数字化建设　472*b*

  重大创新　471*b*

  重大项目　471*a*

  主要指标　470*a*

  走向海外　471*b*

中国五矿集团有限公司　467*a*

  党建工作　469*a*

  改革发展　467*b*

  基本概况　467*a*

  经济指标（表）　467*b*

  履行社会责任　469*b*

  信息化与数字化建设　469*a*

  重大创新　468*b*

  重大项目　468*a*

  主要指标　467*b*

  走向海外　468*b*

中国物流集团有限公司　623b
　　党建工作　625b
　　改革发展　624a
　　基本概况　623b
　　经济指标（表）　623b
　　履行社会责任　626a
　　信息化与数字化建设　625b
　　重大创新　625a
　　重大项目　624b
　　主要指标　623b
　　走向海外　625a
中国稀土集团有限公司　521b
　　党建工作　522b
　　改革发展　521b
　　基本概况　521b
　　履行社会责任　523a
　　重大创新　522b
　　重大项目　522b
　　主要指标　521b
中国信息通信科技集团有限公司　562a
　　党建工作　563a
　　改革发展　562b
　　基本概况　562a
　　经济指标（表）　562a
　　履行社会责任　564a
　　信息化与数字化建设　563b
　　重大创新　563a
　　重大项目　562b
　　主要指标　562a
　　走向海外　563a
中国盐业集团有限公司　515a
　　党建工作　516b
　　改革发展　515b
　　基本概况　515a
　　经济指标（表）　515a
　　履行社会责任　517a
　　信息化与数字化建设　516b
　　重大创新　516a
　　重大项目　515b

　　主要指标　515a
中国冶金地质总局　579b
　　党建工作　581a
　　改革发展　580a
　　基本概况　579b
　　经济指标（表）　580a
　　履行社会责任　581a
　　信息化与数字化建设　581b
　　重大创新　581a
　　重大项目　580b
　　主要指标　580a
　　走向海外　580b
中国一重集团有限公司　422a
　　党建工作　423b
　　改革发展　422b
　　基本概况　422a
　　经济指标（表）　422b
　　履行社会责任　424a
　　信息化与数字化建设　424a
　　重大创新　423b
　　重大项目　423a
　　主要指标　422a
　　走向海外　423a
中国医药集团有限公司　569a
　　党建工作　572a
　　改革发展　569b
　　基本概况　569a
　　经济指标（表）　569b
　　履行社会责任　573a
　　信息化与数字化建设　573a
　　重大创新　571b
　　重大项目　571a
　　主要指标　569b
　　走向海外　571a
中国移动通信集团有限公司　412b
　　党建工作　414b
　　改革发展　413b
　　基本概况　412b
　　经济指标（表）　413a

履行社会责任　415*a*

　　信息化与数字化建设　414*a*

　　重大创新　414*a*

　　重大项目　413*b*

　　主要指标　413*a*

中国有色矿业集团有限公司　519*a*

　　党建工作　521*a*

　　改革发展　520*a*

　　基本概况　519*b*

　　经济指标（表）　519*b*

　　履行社会责任　521*a*

　　信息化与数字化建设　521*a*

　　重大创新　520*b*

　　重大项目　520*b*

　　主要指标　519*b*

　　走向海外　520*b*

中国远洋海运集团有限公司　444*a*

　　党建工作　449*b*

　　改革发展　444*b*

　　基本概况　444*a*

　　经济指标（表）　444*a*

　　履行社会责任　450*b*

　　信息化与数字化建设　450*b*

　　重大创新　447*b*

　　重大项目　445*b*

　　主要指标　444*a*

　　走向海外　447*a*

中国中车集团有限公司　534*b*

　　党建工作　537*b*

　　改革发展　535*b*

　　基本概况　534*b*

　　经济指标（表）　535*a*

　　履行社会责任　539*a*

　　信息化与数字化建设　538*a*

　　重大创新　536*b*

　　重大项目　536*a*

　　主要指标　535*a*

　　走向海外　536*b*

中国中钢集团有限公司　507*a*

　　党建工作　508*a*

　　改革发展　507*b*

　　基本概况　507*a*

　　履行社会责任　508*b*

　　企业文化建设　508*a*

　　重大创新　508*a*

　　主要指标　507*b*

中国中化控股有限责任公司　461*a*

　　党建工作　463*a*

　　改革发展　462*a*

　　基本概况　461*a*

　　经济指标（表）　462*a*

　　履行社会责任　463*b*

　　信息化与数字化建设　463*a*

　　重大创新　462*b*

　　重大项目　462*b*

　　主要指标　461*b*

　　走向海外　462*b*

中国中煤能源集团有限公司　499*a*

　　党建工作　500*b*

　　改革发展　499*b*

　　基本概况　499*a*

　　经济指标（表）　499*b*

　　履行社会责任　501*a*

　　信息化与数字化建设　501*a*

　　重大创新　500*b*

　　重大项目　500*a*

　　主要指标　499*a*

　　走向海外　500*b*

中粮集团有限公司　463*b*

　　党建工作　466*a*

　　改革发展　464*b*

　　基本概况　463*b*

　　经济指标（表）　464*a*

　　履行社会责任　466*b*

　　信息化与数字化建设　466*b*

　　重大创新　465*a*

　　重大项目　464*b*

　　主要指标　464*a*

走向海外 465a

中央企业 18a、33b、39a、43~48a、54a、55b、58~63、67~77、82a、86a、90a、339、726b、730b、732、754b、783a

  财务队伍交流和提升 48a

    参股管理 54a

    重组整合 90b

    打造现代产业链链长 43b

    党建工作 74a

    董事会建设 70b

    董事会建设研讨班 70b

    风险管控工作机制 46a

    负责人经营业绩考核A级企业名单 783a

    改革与发展 339

    工业互联网协同推进机制 44a

    规划发展工作 43a

    国际化经营 44b

    国有资本运营公司五年改革 63a

    监督 69b

    经营业绩考核 59b

    境外国有资产监管 68b

    科技创新成果推荐目录（2020年版）（表） 732

    临停机组全面自查 47a

    领导人员管理 72a

    内控体系 67b

    平稳运行 45a

    生态环境保护工作推进视频会议 82a

    实施科技创新巾帼行动座谈会 77b

    收入分配调控 58a

    司库体系 46b

    所属融资租赁公司健康发展和加强风险防范的通知 730b

    统战成员听党话跟党走 76a

    违规经营投资责任追究工作的通知 726b

    委派总会计师管理 48a

    稳岗扩就业 74a

    现代物流体系建设 44a

    新能源汽车产业体系建设 44a

    协同发展能力 44a

    新能源汽车产业体系建设 44a

    新能源汽车产业体系建设 44a

  巡视工作情况 86a

  压减工作 53b

  一季度经济运行情况通报 60b

  永远跟党走大型专题展 75a

  责任追究专业队伍 70a

  重大经营风险事件报告工作规则 754b

  专职外部董事党委 71b

  资本运营与收益管理 62a

  综合改革试点 55b

中央企业财务工作 45a、47

  发展思路 47b

  专题培训 47b

  监督 45a

  决算管理 47b

中央企业内部审计工作 67a

  机制 67a

  监督指导 67a

中央巡视国资委党委整改落实 88b

重大创新 10a、64a

  成果 64a

  要地 10a

重大风险 68

  处置化解 68b

  处置化解能力 68a

  动态监测 68a

  分类处置 68b

  评估 68a

重大工程成效 64a

重大贡献 12b

重大经营风险事件报告工作规则的通知 754b

重大决策部署 25a

重大投资 44、68b

  决策风险评估机制 68b

  支撑作用 44a

重大违规 69

  案件查办 69b

  问题查处 69a

重点行业 45a、82a

  碳达峰、碳中和工作 82a

　　　　运行监测　45*a*

重点亏损子企业专项治理　45*b*

重点领域境外业务监管　68*a*

重点难点　57*a*

重点区域发展　44*b*

重点突破　43*b*

重点问题整改　86*a*

重点专项行动　91*b*

重要经济文献　1

逐项梳理排查　57*a*

主基调一贯到底　87*a*

主力军作用　13*a*

主流媒体宣传　90*b*

主流声势　79*a*

主体责任　69*b*、86*b*

主责主业管理　43*b*

专利　65*b*

专项工作　43*b*、46*b*、69*a*、70*a*

　　　　机制　46*b*

　　　　领导小组　43*b*

　　　　整改追责协同　70*a*

专项活动　82*b*

专项激励政策　60*a*

专项考核实施方案　59*b*

专项课题研究　81*b*

专项小组作用　57*a*

专项整治　5*a*

专业化培训　4*a*

专业化体系化法治化监管　40*a*

专业化整合　53*b*

专业化重组整合　52*a*

专业能力　23*a*

专业特长　6*a*

转变思想观念　7*b*

追求卓越　22*a*

追责工作　69*b*、70

　　　　成果　70*b*

　　　　程序规范　70*a*

　　　　体系　69*b*

　　　　制度建设　70*a*

资本布局优化　52*a*

资本市场　51*b*

资本优势互补共同发展　25*b*

资本预算支出　62*a*

资产负债　46*a*、652--655、658

　　　　地区分析(表)　655、658

　　　　负债率刚性约束　46*a*

　　　　行业分析(表)　653

　　　　综合分析(表)　652

资产总额增长　62*a*

资金内部控制管理有关事项的通知　724*b*

资源配置效率　25*b*

自力更生艰苦奋斗优良作风　21*b*、22*a*

自身建设　89*a*

自主创新道路　10*a*

综合监督　66

　　　　成果运用　66*a*

　　　　检查　66*a*

　　　　检查机制　66*a*

　　　　协同效能　66*b*

总部机关化专项治理　55*a*

总结党的历史经验要求　33*a*

走出去国有资产安全　68*b*

组织领导　8*a*、43*b*

做好2021年中央企业违规经营投资责任追究工作的通知　726*b*

做好稳外贸稳外资工作　84*a*

做强做优做大国有企业　4*b*、10*a*～14*b*

　　　　保证　11*a*

　　　　发挥政府作用的必然要求　14*a*

　　　　巩固党执政兴国重要基础的必然要求　14*a*

　　　　汇聚团结奋进正能量　4*b*

　　　　坚持和完善社会主义基本经济制度的必然要求　13*b*

　　　　坚持使市场在资源配置中起决定性作用　14*a*

做强做优做大国有资本和国有企业　29*a*、30*a*

　　　　重大责任　27*a*

（王彦祥　毋　栋　张若舒　编制）